lonely planet

W0278402

Ungarn

Steve Fallon
Neal Bedford

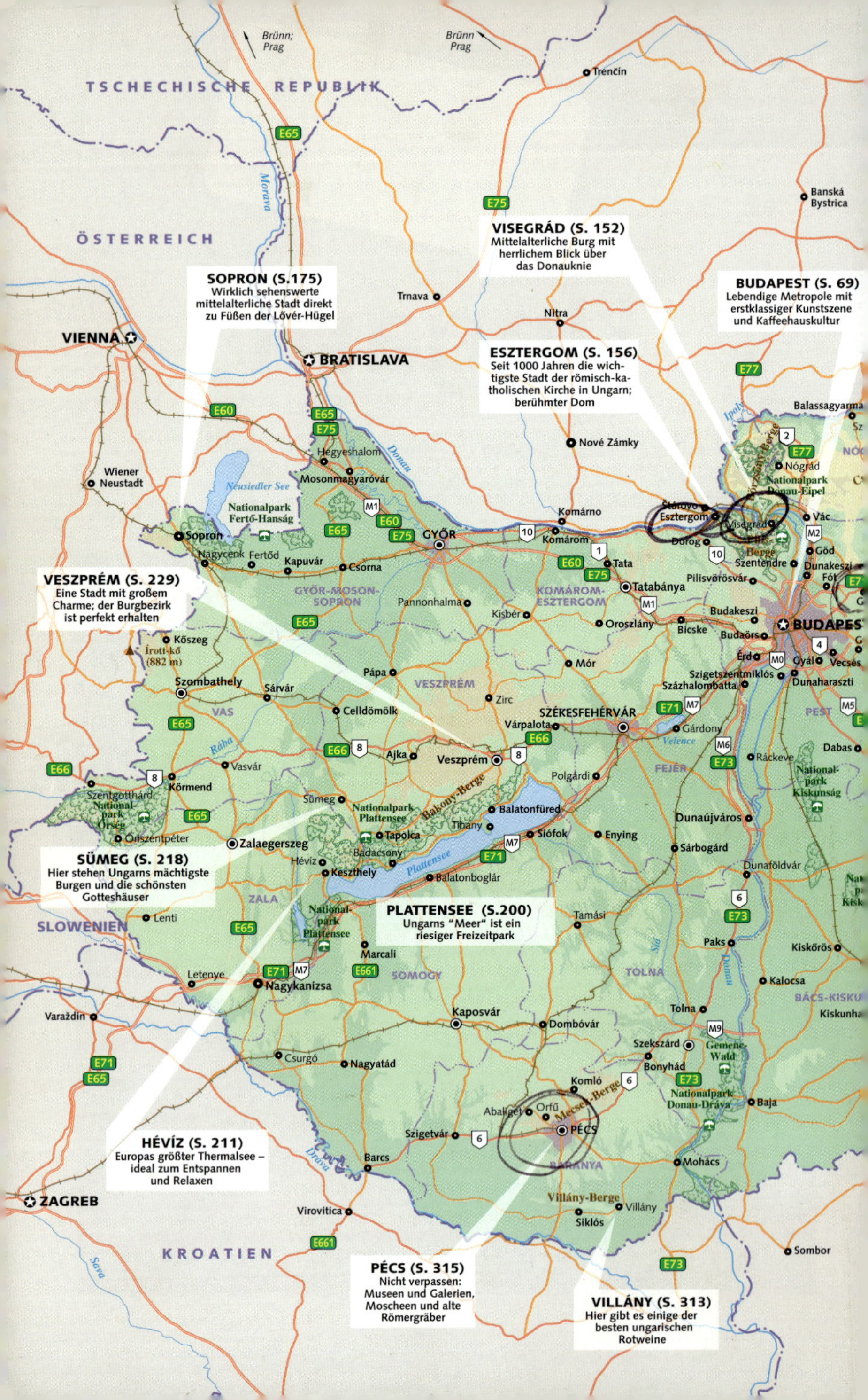

TSCHECHISCHE REPUBLIK
ÖSTERREICH
SLOWENIEN
KROATIEN
Brünn; Prag
Brünn Prag
VISEGRÁD (S. 152)
Mittelalterliche Burg mit herrlichem Blick über das Donauknie
BUDAPEST (S. 69)
Lebendige Metropole mit erstklassiger Kunstszene und Kaffeehauskultur
SOPRON (S.175)
Wirklich sehenswerte mittelalterliche Stadt direkt zu Füßen der Lővér-Hügel
ESZTERGOM (S. 156)
Seit 1000 Jahren die wichtigste Stadt der römisch-katholischen Kirche in Ungarn; berühmter Dom
VESZPRÉM (S. 229)
Eine Stadt mit großem Charme; der Burgbezirk ist perfekt erhalten
SÜMEG (S. 218)
Hier stehen Ungarns mächtigste Burgen und die schönsten Gotteshäuser
PLATTENSEE (S.200)
Ungarns "Meer" ist ein riesiger Freizeitpark
HÉVÍZ (S. 211)
Europas größter Thermalsee – ideal zum Entspannen und Relaxen
PÉCS (S. 315)
Nicht verpassen: Museen und Galerien, Moscheen und alte Römergräber
VILLÁNY (S. 313)
Hier gibt es einige der besten ungarischen Rotweine
VIENNA
BRATISLAVA
BUDAPEST
ZAGREB
Trenčín
Banská Bystrica
Trnava
Nitra
Nové Zámky
Komárno
Komárom
Wiener Neustadt
Neusiedler See
Nationalpark Fertő-Hanság
Hegyeshalom
Mosonmagyaróvár
Sopron
Nagycenk
Fertőd
Kapuvár
Csorna
GYŐR
GYŐR-MOSON-SOPRON
Pannonhalma
Kisbér
KOMÁROM-ESZTERGOM
Tata
Tatabánya
Oroszlány
Mór
Bicske
Budakeszi
Budaörs
Érd
Gyál
Vecsés
Szigetszentmiklós
Százhalombatta
Dunaharaszti
Pilisvörösvár
Szentendre
Dunakeszi
Fót
Göd
Vác
Nógrád
Balassagyarmat
Ipoly
Nationalpark Donau-Eipel
Štúrovo
Esztergom
Dorog
Visegrád
Kőszeg
Írott-kő (882 m)
Szombathely
Sárvár
VAS
Pápa
VESZPRÉM
Zirc
Celldömölk
Várpalota
SZÉKESFEHÉRVÁR
Gárdony
Velence
Ajka
Veszprém
Polgárdi
FEJÉR
Ráckeve
Dabas
PEST
Nationalpark Kiskunság
Rába
Vasvár
Körmend
Szentgotthárd
Nationalpark Őrség
Őriszentpéter
Sümeg
Nationalpark Plattensee
Bakony-Berge
Balatonfüred
Tihany
Tapolca
Badacsony
Siófok
Enying
Zalaegerszeg
Hévíz
Keszthely
Plattensee
Balatonboglár
Dunaújváros
Sárbogárd
Dunaföldvár
ZALA
Lenti
Tamási
Paks
Kiskőrös
Kalocsa
BÁCS-KISKUN
Kiskunhalas
Marcali
SOMOGY
TOLNA
Sió
Donau
Letenye
Nagykanizsa
Varaždin
Kaposvár
Dombóvár
Tolna
Szekszárd
Bonyhád
Gemenc-Wald
Nationalpark Donau-Dráva
Baja
Csurgó
Nagyatád
Komló
Mecsek-Berge
Abaliget
Orfű
PÉCS
BARANYA
Szigetvár
Mohács
Barcs
Dráva
Villány-Berge
Villány
Siklós
Virovitica
Sombor
Sava
Morava
E65
E75
E60
E77
E66
E71
E73
E661
M1
M2
M5
M6
M7
M9
M0

EGER (S. 352)
Barockes Stadtbild, Rotwein und relaxtes Ambiente – eine ungarische Top-Destination
HOLLÓKŐ (S. 339)
Erstes Dorf Ungarns, das zum UNESCO-Weltkulturerbe erklärt wurde; schöne Burg
HORTOBÁGY (S. 263)
Ein kleines Dorf im Herzen der *puszta* – im "Wilden Westen" Ungarns
SZEGED (S. 279)
Bemerkenswerte Stadt mit Meisterwerken des Jugendstils – die "Kulturhauptstadt" der Puszta
POLEN
SLOWAKEI
UKRAINE
RUMÄNIEN
SERBIEN & MONTENEGRO
Kraków
Lviv
Košice
Uzhhorod
Mukačeve
Berehove
Lučenec
Aggtelek
Nationalpark Aggtelek
Sátoraljaújhely
Sárospatak
Encs
Edelény
Zemplén-Berge
Kazincbarcika
Ózd
Sajószentpéter
BORSOD-ABAÚJ-ZEMPLÉN
Bükk-Gebirge
Szerencs
Tokaj
Tisza (Theiß)
Kisvárda
Vásárosnamény
SZABOLCS-SZATMÁR-BEREG
Salgótarján
Lillafüred
MISKOLC
Szilvásvárad
Nationalpark Bükk
NYÍREGYHÁZA
Fehérgyarmat
Berge
Hollókő
Bátonyterenye
Pásztó
Mátra-Berge
Mátraháza
Parád
Kékestető (1014 m)
Eger
Tiszaújváros
Tiszavasvári
Hajdúnánás
Mátészalka
Máriapócs
Nagykálló
Nyírbátor
Satu Mare
Gyöngyös
HEVES
Mezőkövesd
Polgár
Újfehértó
Füzesabony
Hatvan
Nationalpark Hortobágy
Hajdúböszörmény
Hajdúhadház
Carei
Heves
Theißsee
Tiszafüred
Balmazújváros
Hortobágy
DEBRECEN
Jászberény
Jászapáti
Nagykáta
Nádudvar
Hajdúszoboszló
JÁSZ-NAGYKUN-SZOLNOK
Karcag
Püspökladány
HAJDÚ-BIHAR
Albertirsa
Berettyóújfalu
Cegléd
Abony
Szolnok
Törökszentmiklós
Kisújszállás
Túrkeve
Nationalpark Körös-Maros
Zentrale Tiefebene
Nagykőrös
Lajosmizse
Mezőtúr
Szeghalom
Oradea
KECSKEMÉT
Tiszakécske
Tiszaföldvár
Körös-Maros National Park
Gyomaendrőd
Vésztő
Körös
Szarvas
Kunszentmárton
Mezőberény
Békés
Bukarest
Kiskunfélegyháza
Bugac
Csongrád
BÉKÉS
Sarkad
Békéscsaba
0
50 km
Szentes
Gyula
CSONGRÁD
Orosháza
Körös-Maros Nationalpark
HÖHENANGABEN
900 m
600 m
300 m
200 m
150 m
0
Kiskunmajsa
Kistelek
Ópusztaszer
Hódmezővásárhely
Tótkomlós
Mezőhegyes
SZEGED
Maros
Makó
Nagylak
Arad
Subotica
Deva
Timişoara
Belgrad
E71
E573
E60
E75
E68
M3
M30
M35
M5
3
4
21
41
42
45

Reiseziel Ungarn

Ungarn (Magyarország) ist wirklich einzigartig. Das Land liegt nicht nur mitten im Herzen Europas, es hat auch einen besonderen Platz in der Seele des Kontinents. Wer daran zweifelt, sollte sich einmal die Musik von Franz Liszt oder Béla Bartók anhören oder eine romantische Fahrt auf der Donau unternehmen, die der Hauptstadt ihren unverwechselbaren Charme verleiht – oder einfach die einzigartige, paprikahaltige ungarische Küche ausprobieren.

Der Einfluss Ungarns auf die europäische Geschichte war viel größer, als die heutige Ausdehnung des Landes das vermuten lässt. Die Ungarn oder Magyaren haben eine Sprache und Kultur, die sich von jeder anderen ihrer Nachbarn deutlich unterscheidet. Über 1100 Jahre lang war das ein Anlass zu besonderem Stolz, aber natürlich auch ein gewisses Hindernis.

Unter dem Kommunismus flossen fast alle staatlichen Zuschüsse nach Budapest. Dementsprechend reisten die meisten ausländischen Besucher nur in die prächtige Donaumetropole; vielleicht kam gerade noch ein Tagesausflug zum Donauknie oder zum Plattensee hinzu. Natürlich sollte man deshalb diese Orte und Gegenden heute nicht auslassen; aber auch das Ungarn abseits der Touristenpfade ist sehenswert: die bäuerliche Welt der südlichen Puszta, das bunte Völkergemisch im Nordosten, der Weinbau in den Villány-Bergen in Süd-Transdanubien oder die Őrség-Region ganz im Westen.

Ungarn ist einfach ideal, um gleichzeitig Mitteleuropa und Osteuropa kennenzulernen. Mag sein, dass einige Nachbarn noch spektakulärere Landschaften oder ältere und bedeutendere Monumente besitzen – aber in Ungarn kann man dafür wirklich unendlich viel sehen und unternehmen: z. B. angeln, reiten, seltene Pflanzen entdecken oder Vögel beobachten, Rad fahren, in Thermalbädern schwimmen, nach Spuren jüdischer Kultur suchen ... Ungarn ist ein Schatzkästchen, das jedem etwas bietet.

RTIN MO

Highlights

MARTIN MOOS

Blick aus der Vogelperspektive auf den Fő tér von Sopron; dafür muss man allerdings die 200 Stufen des Feuerwehrturms erklimmen (S.176)

KIM GRANT

Immer einen Besuch wert: die Kapellen und die Krypta im neoromanischen Petersdom in Pécs (S. 318)

Der Burgberg von Budapest bietet reichlich mittelalterliche Bauten und wichtige Museen (S. 75)

MARTIN MOOS

MARTIN MOOS

Das Rathaus von Kecskemét ist eine Mischung aus verschiedenen Architekturstilen (S. 269)

Königlich: das prächtige Schloss Esterházy in Fertőd (S. 182)

KIM GRANT

MARTIN MOOS

Das András-Jósa-Museum (S. 385) informiert über die Geschichte von Nyíregyháza

DAVID GREEDY

In der Stadt Tokaj (S. 372) dreht sich alles um die edlen Trauben

MARTIN MOOS

Ein echtes Erlebnis für Weinkenner: die roten Barrique-Weine aus Villány (S. 313)

Ein Besuch im hübschen Hollókő ist wie ein Ausflug in die Vergangenheit (S. 339)

ROBERTO SONCIN GEROMETTA

MARTIN MOOS

Ein echtes Paradies für Wasserfreunde: der Plattensee (S. 200)

MARTIN MOOS

Der Thermalsee bei Hévíz hilft gegen alle möglichen Krankheiten und Beschwerden (S. 211)

Ein Csikós (Pferdehirte) dirigiert fünf Rösser – bei einer Reitshow in der Puszta (S. 272)

ROBERTO SONCIN GEROMETT

Inhalt

Kartenübersicht

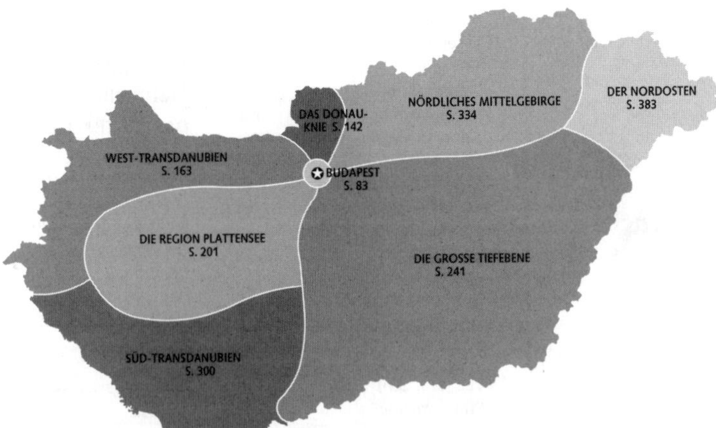

Die Autoren

STEVE FALLON **Hauptautor, Budapest, West-Transdanubien**

Steve ist praktisch bei jeder Ungarn-Ausgabe dabei. Anfang der 1980er-Jahre besuchte er Magyarország zum ersten Mal und hatte dabei drei Dinge vor: ein Thermalbad besuchen, Unmengen von Tokaj trinken und Obst für polnische Freunde kaufen, deren Kinder unter dem neofaschistischen Regime von General Wojciech Jaruzelski noch nie so etwas Exotisches wie eine Banane gesehen, geschweige denn probiert hatten. Obwohl er die kurze Liste bald abgearbeitet hatte, kam er immer wieder und zog 1992 schließlich nach Budapest. Hier lernte er die ungarische Sprache lieben, *pálinka* dem Tokajer vorzuziehen und dampfendes Thermalwasser zu genießen – natürlich nicht unbedingt in dieser Reihefolge. Heute lebt Steve in London und besucht seine Wahlheimat regelmäßig, um sich den erwähnten Genüssen hinzugeben.

Steves Lieblingsroute

Das Problem an Budapest (S. 69) ist: Wenn man mal dort ist, will man nicht wieder weg. Aber wenn ich dann ein paar Tage (und Nächte) lang ununterbrochen geschwelgt habe, will ich doch wieder hoch hinaus. Die Fahrt durch die Mátraberge (S. 345), Ungarns malerischste Gebirgslandschaft, genügt da all meinen Anforderungen: Wein in Gyöngyös (S. 346), Thermalwasser in Parádsasvár (S. 350) und Superlative in Kékestető (S. 350; Ungarns höchste Erhebung) und Eger (S. 352; Ungarns schönste Stadt). Wenn mir der Sinn mehr nach Weite als nach Höhe steht, fahre ich nach Süden Richtung Veszprém (S. 229), am Nordufer des Balaton entlang durch Balatonfüred (S. 225), Tihany (S. 222) und Badacsony (S. 213). Hier gibt's vielleicht nicht so viele Superlative, dafür jede Menge Wein und Thermalwasser in Hévíz (S. 211).

NEAL BEDFORD **Donauknie, Plattensee, Tiefebene, Süd-Transdanubien, nördliches Mittelgebirge, Nordosten**

Neal war von seiner Heimat Wien aus oft nach Ungarn gefahren, um sich günstig die Zähne richten zu lassen und um noch günstiger Wein zu kaufen. Beim Schnäppchenjagen in Sopron oder Budapest lernt man aber ein Land nicht kennen. Das wurde ihm klar, als er vor einigen Jahren erstmals für Lonely Planet loszog, um Magyarország zu erkunden. Nach Tausenden Kilometern Straße mit durchgeknallten Autofahrern, Pferdekutschen und Polizeikontrollen behauptet Neal heute mit Fug und Recht, Ungarn zu kennen. Tief im Herzen aber weiß er: Dieses Land hält immer noch jede Menge Überraschungen für ihn bereit.

LONELY PLANET AUTOREN

Warum sind die Reiseinformationen im Lonely Planet die besten auf der Welt? Die Antwort ist ganz einfach: Unsere Autoren sind begeisterte und absolut unabhängige Reisende. Sie recherchieren nicht übers Internet oder per Telefon, und sie erhalten keine Gegenleistung für eine positive Bewertung. Die Autoren reisen wirklich durch das Land – zu den bekannten und zu den entlegenen Orten. Sie schauen sich Tausende Hotels, Restaurants, Cafés, Bars, Galerien, Paläste und Museen persönlich an – und sie beschreiben alles genau so, wie sie es vorfinden. Weitere Hinweise über die Arbeit der Autoren: www. lonelyplanet.com.

Bevor es losgeht

Eine Reise nach Ungarn erfordert wenig Planung vorab. Es gibt Unmengen kostenloser Reiseinfobroschüren und hervorragendes Kartenmaterial, das man überall kriegt. Die Mitarbeiter in Touristenbüros, Reiseagenturen, Hotels, Bahnhöfen usw. sind im Allgemeinen hilfsbereit und kennen sich aus. Im Grunde kann fast alles vor Ort geregelt werden. Die Erfahrung hat gezeigt, dass Probleme, die man zu Hause sieht, sich meist von selbst lösen oder als irrelevant herausstellen, sobald man erstmals unterwegs ist.

Mehr Informationen s. Klimatabellen (S. 399).

Das jedenfalls gilt für alle, die unbegrenzt Zeit und Geld haben, sich nicht für eine bestimmte Art von Aktivität, Architektur oder Musik interessieren und die alles essen, was sie vorgesetzt bekommen. Wer aufs Geld sehen muss oder beim Reisen auch auf das Preis-Leistungs-Verhältnis achtet, der profitiert sehr von sorgfältiger Planung. Wer sich gezielt etwas vornimmt, will schließlich auch sicher gehen, dass das auch verwirklicht werden kann.

REISEZEIT

Das Klima in Ungarn ist gemäßigt und unterteilt das Land in drei Zonen. Der Süden wird von mediterranem, der Osten von kontinentalem und der Westen von atlantischem Wetter bestimmt. Mehr zur Hauptreisezeit im Kapitel Allgemeine Informationen (S. 394).

AN ALLES GEDACHT?

Besondere Kleidung ist für Ungarn nicht erforderlich – ein Regenschirm im Frühling und Herbst vielleicht, eine warme Mütze im Winter –, es sei denn, man plant richtige Bergtouren oder andere sportliche Aktivitäten. Die Ungarn kleiden sich im Allgemeinen leger und gehen auch in Jeans in die Oper. Die Sommer- und Strandmode ist erstaunlich freizügig. Die Krawatten können getrost daheim im Schrank bleiben. Man(n) wird sie nicht brauchen.

Badekleidung für die Thermalanlagen ist zu empfehlen, auch Plastiksandalen oder Flipflops. Wer in Hostels übernachten will, sollte ein Handtuch und Seife mitbringen. Bettwäsche wird üblicherweise gestellt, man kann natürlich eigene Laken mitbringen. Sinnvoll ist ein Vorhängeschloss im Gepäck, fürs Schließfach.

Was sonst noch nützlich sein könnte:

- Ein Kompass kann helfen, wenn man zu Fuß oder auch mit dem Auto unterwegs ist.
- Eine Taschenlampe ist nützlich, wenn man campen oder Höhlen besichtigen will.
- Ein Universalstöpsel für Badewanne und Waschbecken (manchmal tut's auch eine Plastikfilmdose).
- Sonnenbrille und Sonnenschutzmittel, auch in den kühleren Monaten.
- Feuchttücher oder ein Handtuch, das man in den heißen Sommermonaten in kühle Quellen tauchen kann, um sich abzukühlen.
- Ein gutes Taschenmesser mit Flaschenöffner und Korkenzieher (unbedingt mit dem Gepäck aufgeben, gehört nicht ins Handgepäck).
- Ein Fernglas zum Wandern, Vögelbeobachten oder um Details an Kirchen und anderen Sehenswürdigkeiten zu betrachten.
- Kopien wichtiger Dokumente (Pass, Kreditkarte, Reiseversicherung, Flug-/Bus-/Bahnticket, Führerschein usw.); jeweils ein Exemplar sicher bei einer Vertrauensperson zu Hause aufbewahren.

Selbst wenn man regionale Unterschiede außer Acht lässt, hat jede Jahreszeit in Ungarn ihre Vorzüge. Allerdings muss man nicht unbedingt überprüfen, ob der Winter in der Puszta wirklich so romantisch ist. Abgesehen davon, dass es kalt und oft auch trübe ist, haben im Winter Museen und Sehenswürdigkeiten geschlossen oder nur sporadisch geöffnet.

Der Frühling in Ungarn ist herrlich, auch wenn es im April und Mai ziemlich feucht sein kann. Das Wetter ist meistens mild, und – ein Segen für Individualreisende – die Touristenhorden sind noch nicht eingefallen.

Der ungarische Sommer ist warm, sonnig und ungewöhnlich lang. Die Ferienorte können Ende Juli bis Ende August ziemlich voll sein. In dieser Zeit lohnt es sich, den Balaton und das vielbesuchte Mátra-Gebirge zu meiden. So wie überall in Europa steht im August in Budapest und anderen ungarischen Städten das Leben mehr oder weniger still. Die Ungarn nennen diese Wochen die „Gurkenwachstumszeit" (es passiert nichts – nur die Gurken wachsen).

Der Herbst ist wunderbar, vor allem in den Bergen um Budapest und im nördlichen Mittelgebirge. In Transdanubien und in der Puszta ist Weinlese- und Erntezeit. Der November ist in einigen Landesteilen einer der regenreichsten Monate.

PREISE

Ungarn ist nicht mehr das Billigreiseland, das es vor fünf Jahren noch war. Trotzdem ist es immer noch um ein Drittel oder fast die Hälfte günstiger als die meisten westeuropäischen Länder. Wenn man privat unterkommt, in mittelteuren Restaurants isst und öffentliche Verkehrsmittel nutzt, kommt man auf dem Land mit 30 € am Tag aus, in Budapest mit 40 €.

Wer im Urlaub auf Stil und Komfort Wert legt – zum Essen ein paar Fläschchen Wein, schillerndes Nachtleben, Unterkunft in kleinen Hotels oder Pensionen mit „Charakter" –, der braucht etwa doppelt so viel (60 € auf dem Land, 80 € in der Hauptstadt). 20 € reichen, wenn man in Hostels oder Studentenunterkünften schläft und sich von *burek* auf die Hand und in Selbstbedienungsrestaurants ernährt.

Informationen über Ermäßigungen s. S. 394.

WAS KOSTET WIE VIEL?

Günstige/gute Flasche (75 cl) Wein im Supermarkt: 600/2000 Ft.

Privatunterkunft landesweit/in Budapest pro Übernachtung: ab 2000/4500 Ft.

Tasse Kaffee im Café: 200–380 Ft.

Örtliche deutschsprachige Zeitung: 395–590 Ft.

Abendessen für zwei Personen in einem guten Restaurant landesweit/in Budapest: 9000/15 000 Ft.

LONELY PLANET INDEX

1 l Benzin: 265–273 Ft.

1 l Wasser in der Flasche: 150 Ft.

Korsó (0,5 l) Dreher-Bier in der Kneipe/im Café: 350–600 Ft.

Souvenir-T-Shirt: 1500 Ft.

REISELEKTÜRE

In Reisetagebüchern wird Ungarn oft eher beiläufig behandelt, als Durchreiseland in „exotischere" Ziele wie Rumänien. Es gibt aber ein paar Klassiker – sehr persönliche Berichte –, die immer noch in Buchläden oder bei Amazon.de erhältlich sind.

- *Die Zeit der Gaben. Zu Fuß nach Konstantinopel: Von Hoeck van Holland an die mittlere Donau* (Patrick Leigh Fermor) Als junger Mann wandert der Autor Anfang der 1930er-Jahre von Holland nach Konstantinopel; ein Klassiker der Reiseliteratur und eine interessante Sicht des im Wandel begriffenen Ungarn.
- *Stealing from a Deep Place* (Brian Hall) Sensibel, aber nie schwülstig, beschreibt der Autor seine Liebe zum kommunistischen Budapest der 1980er-Jahre, das er nach einer zweijährigen Fahrradreise durch Ungarn, Rumänien und Bulgarien erreicht (nur auf Englisch).
- *Ungarn und seine Bewohner und Einrichtungen in den Jahren 1839 und 1840* (Julia Pardoe), 3 Bde., Leipzig, Reclam jun. 1842. Eine der besten Quellen für das frühe 19. Jh. in Ungarn. Die alleinreisende (!) Britin beschreibt in ihrem Buch – einer Mischung aus Reisetagebuch und Geschichtsfibel – in blühenden Farben aktuelle Ereignisse wie die verheerende Donauflut von 1838.

TOP TEN

Burgen & Paläste

Ungarns berühmteste Burgen & Paläste:

- Burg Boldogkő in Boldogkőváralja (S. 371)
- Burg Sümeg (S. 218)
- Burg Hollókő (S. 341)
- Burg Eger (S. 353)
- Burg Zrínyi in Szigetvár (S. 328)
- Burg Jurisics in Kőszeg (S. 196)
- Burg Siklós (S. 308)
- Esterházy-Palast in Fertőd (S. 182)
- Königsschloss Gödöllő (S. 139)
- Festetics-Palast in Keszthely (S. 207)

Kirchen & Synagogen

Ungarns schönste Sakralbauten:

- Jugendstilsynagoge in Szeged (S. 282)
- Himmelfahrtskirche in Sümeg (S. 219)
- Gotische Kalvinistenkirche und Minoritenkirche in Nyírbátor (S. 388)
- Abteikirche in Tihany (S. 223)
- Barocke Minoritenkirche in Eger (S. 354)
- Barocke Kathedrale in Kalocsa (S. 273)
- Synagoge in Pécs (S. 318)
- Romanische Kirche in Őriszentpéter (S. 199)
- Gotische Alte Synagoge in Sopron (S. 177)
- Ehemalige Synagoge von Szolnok (heute Galerie; S. 243)

Outdoor-Aktivitäten

Eine Auswahl der beliebtesten Outdoor-Aktivitäten in Ungarn:

- Reiten um Szilvásvárad im nördlichen Mittelgebirge (S. 361)
- Kanu oder Kajak fahren auf der Theiß (S. 247)
- Radeln am Donauknie (S. 160)
- Vögel beobachten im Nationalpark Hortobágy (S. 263)
- Schwimmen im Thermalsee von Hévíz (S. 211)
- Fahrt mit der Schmalspurbahn von Miskolc ins Bükk-Gebirge (S. 364)
- Wandern im Zemplén-Gebirge (S. 371)
- Segeln (oder Windsurfen) auf dem Balaton (S. 202)
- Höhlen erforschen in Aggtelek (S. 369)
- Angeln am Theiß-Stausee (S. 247)

- *Under the Frog* (Tibor Fischer) Amüsanter Bericht über die Possen zweier Mitglieder des ungarischen Elitebasketballteams vom Ende des Zweiten Weltkriegs bis zum Aufstand 1956 (nur auf Englisch).
- *Geschichten aus dem achten Bezirk* (Giorgio und Nicola Pressburger) Ergreifender Bericht über das Leben im jüdischen Arbeiterviertel von Budapest im und nach dem Zweiten Weltkrieg. Die Pressburger-Zwillinge wanderten 1956 nach Italien aus.
- *In Time of Trouble* (Claud Cockburn) Erhellende, oft sehr witzige Autobiografie des berühmten britischen Journalisten, der als junger Mann in den 1920er-Jahren einige Jahre in Budapest lebte, während sein Vater für die Regierung tätig war. Ein Klassiker: die Geschichte der abgebrochenen Party am Donauufer (nur auf Englisch).
- *Ungarn – Land und Leute – ein kleines Konversationslexikon der ungarischen Alltagskultur* (István Bart), Budapest 2000. Kleine Einführung in das Leben und Denken der Magyaren – von ABC (eine Art Lebensmittelhändler unter dem alten Regime) bis Zsolnay.

- *Living in Hungary* (Jean-Luc Soule und Alain Fleischer) Opulenter Bildband mit Einblicken in die besten und elegantesten Cafés, in Thermen, Paläste, Burgen, Hotels, Restaurants und Privatzimmer.

INFOS IM INTERNET

Hungary.hu (www.hungary.hu) Portal der Regierung mit den wichtigsten Daten, leider nicht immer auf dem neuesten Stand (auch auf Deutsch)

Inside Hungary (www.insidehungary.com) Infos über Ungarn und Myriaden von Links zu allem von Business bis Kultur

Museen in Ungarn (www.museum.hu) Vollständige Liste aller öffentlichen Museen des Landes (Ungarisch/Englisch)

Staatliche ungarische Tourismusorganisation (www.hungary.com) Zweifellos die beste Website über Ungarn, sollte auf jeden Fall der erste Klick sein

Travelport (www.hotels.hu) Super Informationsquelle zu Unterkünften für jedes Reisebudget (auch in Deutsch)

Ungarische Homepage (www.fsz.bme.hu/hungary/homepage.html) Referenzsite und Suchmaschine für alles, was Ungarn angeht

Ungarische Jugendherbergen (www.youthhostels.hu) Hervorragende Site für günstige Unterkünfte in ganz Ungarn, außerdem praktische Infos und Hintergrundwissen über das Land

Ungarisches Tourismusamt Deutsche Homepage des Ungarischen Tourismusamtes in Frankfurt mit vielen nützlichen Tipps

Mehr Wissenswertes über Ungarn, Links zu Ungarn-Sites und Infoaustausch im Forum „Thorn Tree" unter www.lonelyplanet.com und im Forum unter www.lonelyplanet.de.

Reiserouten

KLASSISCHE ROUTEN

UM DEN SEE HERUM, AM SEE ENTLANG — Eine Woche

Wenn man die Highlights von Transdanubien und vom Balaton verbindet, bekommt man einen umfassenden Eindruck von Ungarns reichem historischem Erbe und der Schönheit seiner Natur. Von **Budapest** (S. 69) aus geht es durch das sanft gewellte **Pilis-Gebirge** (S. 155) Richtung **Esztergom** (S. 156), Ungarns heiligster Stadt. Die Straße führt nach Westen an der Donau entlang nach **Győr** (S. 167), einer Industriestadt, die reich an historischen Gebäuden und Monumenten ist. Von hier aus kann man nach Süden Richtung **Pannonhalma** (S. 173) fahren, um das eindrucksvolle Kloster (Unesco-Welterbe) zu bestaunen, oder weiter nach Westen über Ungarns „Versailles" in **Fertőd** (S. 182) in das wunderbare **Sopron** (S. 175). Anschließend geht's Richtung Süden nach **Kőszeg** (S. 195), das so hübsch ist, dass es das Schmuckkästchen Ungarns genannt wird. Jetzt führt der Weg südöstlich weiter über **Sárvár** (S. 191). Hier trieb eine psychopathische Massenmörderin, die „Blutgräfin" Elisabeth Báthory, Vorbild für Dracula, einst ihr Unwesen. Nach **Sümeg** (S. 218) mit seiner beeindruckenden Burg liegt der Plattensee nur 20 km weiter im Süden; über die Panoramastraße

Die 545 km lange Fahrt hat für jeden etwas: Burgen, Kirchen, Paläste, Thermalbäder, sanfte Hügellandschaften und den größten See des Landes. Der Weg ist nicht schwierig, man könnte die Strecke auch in wenigen Tagen fahren. Da es aber so viel zu sehen gibt und man unbedingt am Balaton eine Verschnaufpause einlegen sollte, sollte man sich mindestens eine Woche Zeit nehmen.

am Nordufer entlang kommt man durch die Uferstädte **Badacsony** (S. 213), **Tihany** (S. 222) und **Balatonfüred** (S. 225) nach **Veszprém** (S. 229), in die „Stadt der Königinnen". Von hier aus geht's wieder zurück nach Budapest, der Gleichberechtigung halber durch **Székesfehérvár** (S. 236), die „Stadt der Könige".

ÜBER BERG & TAL

Eine Woche

Ungarns nördliches Mittelgebirge ist vielleicht nicht unbedingt bombastisch. Aber es hat seinen eigenen Charme, und an die Hänge schmiegen sich bedeutende historische Städte und traditionelle Dörfer. Von **Budapest** (S. 69) aus geht die Reise nach Norden Richtung **Vác** (S. 148), in die wahrscheinlich schönste Stadt am Donauknie, dann nach **Balassagyarmat** (S. 335), in die Hauptstadt des traditionellen Palóc-Landes. Weiter Richtung Osten nach **Szécsény** (S. 337), bekannt für eine entscheidende Schlacht, aber auch ein zauberhaftes Schloss, und durch die sanften Hügel des Cserhát nach **Hollókő** (S. 339), das „Museumsdorf". Von hier aus windet sich die Straße durch den östlichen Cserhát und die Ausläufer des Mátra-Gebirges nach **Gyöngyös** (S. 346), wo eine ziemlich strapaziöse Etappe durch die Berge über **Kékestető** (S. 350) beginnt, Ungarns höchste Erhebung, und das schaurige **Recsk** (S. 351), Synonym für Ungarns berüchtigtes Zwangsarbeitslager. Das malerische barocke **Eger** (S. 352) wartet am Ende der Straße. Um einen Eindruck von Ungarns Tiefland, der Puszta, zu bekommen, fährt man südöstlich über **Tiszafüred** (S. 247) und den **Nationalpark Hortobágy** (S. 263) nach **Debrecen** (S. 258), auch bekannt als das „Rom der Kalvinisten" und zweitgrößte Stadt des Landes.

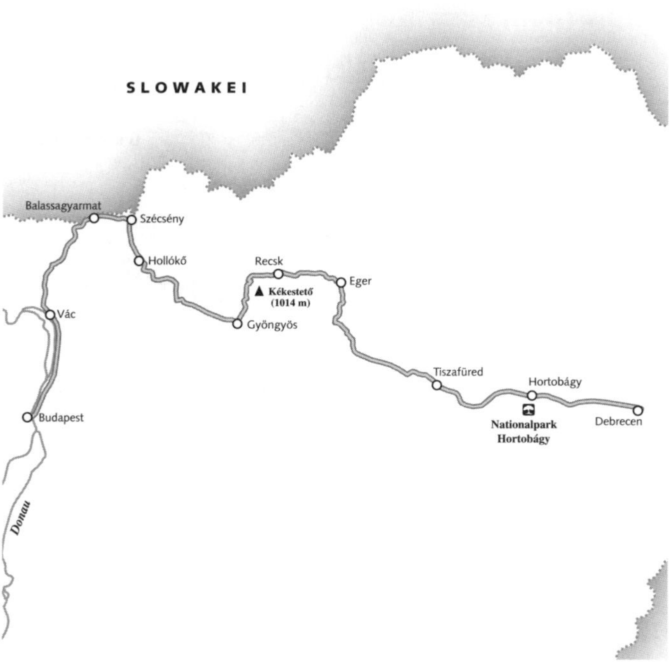

Auf dieser 345 km langen Tour lernt man die Höhen und Tiefen des nördlichen und östlichen Ungarns – das nördliche Mittelgebirge und die Puszta – kennen. Und es gibt ein volles Programm: historische Städte wie Eger und Debrecen erkunden, Weine in Gyöngyös probieren und in der Hortobágy Vögel beobachten.

UNBEKANNTE ROUTEN

WEITAB VOM SCHUSS

Drei Tage

Ungarns nordöstlicher Winkel umfasst Teile des nördlichen Mittelgebirges und eine Region, die einfach der Nordosten heißt. Die Gegend wird von Besuchern oft links liegen gelassen und ist gerade deshalb umso attraktiver. Um einen guten Eindruck von der Region zu bekommen, fängt man am besten in **Miskolc** (S. 362) an, Ungarns drittgrößter Stadt, und fährt dann nach Norden Richtung **Aggtelek** (S. 368), Tor zu einem weitverzweigten riesigen Karsthöhlensystem, das zum Unesco-Welterbe gehört. Von hier aus geht's Richtung Osten über **Boldogkőváralja** (S. 371) mit seiner Disney-artigen Burg nach **Sárospatak** (S. 375), das für Universität und Burg berühmt ist. Weiter geht die Fahrt nach **Vásárosnamény** (S. 390) mit den traditionellen Dörfern und Sehenswürdigkeiten des Nordostens, wie **Tákos** (S. 390) und **Csaroda** (S. 390) im Osten und **Tarpa** (S. 391), **Szatmárcseke** (S. 391) und **Túristvándi** (S. 392) im Süden. Zurück auf der Hauptstraße geht's weiter nach **Nyírbátor** (S. 387) mit den bekannten gotischen Kirchen. Richtung Westen kommen **Máriapócs** (S. 389) und **Nagykálló** (S. 387), Pilgerstätten für Katholiken und Juden, bis die Hauptstadt der Region und das Ziel, **Nyíregyháza** (S. 383), erreicht ist.

Wer wissen möchte, wie es früher einmal war – als die Welt von den Jahreszeiten beherrscht wurde und Pferde das schnellste Transportmittel waren –, der ist hier richtig. Mit einer Länge von 415 km und relativ wenigen größeren Städten und Unterkunftsmöglichkeiten ist diese Route in wenigen Tagen zu bewältigen. Andererseits: Ein Päuschen in Ehren kann niemand verwehren.

MASSGESCHNEIDERTE TOUREN

WASSER ODER WEIN

Es geht doch nichts über ein Glas Wein. Und es geht auch nichts über einen Saunabesuch und einen Sprung ins kühle Nass, wenn es mal eins zu viel war. Warum also nicht Wein und Wasser gleich auf einmal genießen?

Eger (S. 352) ist die Stadt des berühmten Egri Bikavér (Erlauerstierblut) und Pinot Noir und besitzt zahlreiche Thermalbäder. Nur 8 km südwestlich liegt **Egerszalók** (S. 359), eine heiße Quelle, die zweifellos bald zu den größten Heilbädern in Ungarns Norden gehören wird.

Die berühmte **Tokajregion** (S. 372), die sich nordöstlich an den Fuß des Zemplén-Gebirges schmiegt, schwimmt förmlich in Süßwasser und Süßwein. Thermalwasser findet sich hier kaum, dafür kann man in der Theiß plantschen. Die Höhlen- und Heilbäder von **Miskolctapolca** (S. 366) und das Heil- und Strandbad Végardó in **Sárospatak** (S. 375) sind nur einen Katzensprung entfernt.

Sopron (S. 175) ist eine der bedeutendsten Weinregionen Westungarns. Auf den Weinbergen hier gedeihen anerkannte Rotweine wie Kékfrankos und Merlot. Hier befindet sich auch das große **Lővér-Bad** (S. 182), wo man sich nach einer Kneipentour in der Stadt so richtig erholen kann. Im Südosten, Richtung Balaton, liegt die **Somlóregion** (S. 64), wo zwei großartige einheimische Rebsorten wachsen: Hárslevelű (Lindenblättriger) und Juhfark (Lämmerschwanz).

Das Nordufer des Balaton – vor allem die Gegend um **Badacsony** (S. 213) – bringt einige der besten Weine Ungarns hervor, insbesondere den Olaszrizling (italienischer Riesling) und Kéknyelű (Blaustängler). Im See von Badacsonytomaj zu baden macht auch Spaß, aber wer wirklich „kuren" will, sollte sich die weltgrößten Thermalseen in **Hévíz** (S. 211) nicht entgehen lassen.

Die **Villány-Siklós-Region** (S. 62) im Südwesten Ungarns ist die Heimat der besten Rotweine des Landes: Kékoportó (Blauer Portugieser), Cabernet Franc, Cabernet Sauvignon und Merlot. Es sind überwiegend Bordeaux-artige Weine mit vollem Körper und reichlich Gerbstoffen. Wer zu viel des Guten genossen hat, begibt sich am besten gleich in das Heilbad **Harkány** (S. 311), das unweit Richtung Westen liegt. Hier dreht sich alles um die heilkräftigen Thermalbäder.

Überblick

Am Ende seines ersten Jahres als vollwertiges EU-Mitglied (seit Mai 2005) stand Ungarn politisch, wirtschaftlich und – auch wenn das ein wenig dramatisch klingt – historisch an einem Scheideweg.

Ende 2005 hatte sich die Inflation bei 3,5 % eingependelt, nachdem sie zehn Jahre zuvor noch zweistellig gewesen war. Das jährliche Wirtschaftswachstum belief sich auf respektable 4 %. Die Arbeitslosenrate bewegte sich knapp unter 6 %, doch die Zahl trügt: Während in Budapest nur rund 5 % der Erwerbsfähigen ohne Arbeit waren, waren es im Nordosten des Landes 20 %.

Für die Wahlen 2006 hatte sich Viktor Orbán, Kopf der oppositionellen liberal-konservativen Fidesz-MPP und Kandidat für das Amt des Premiers, eine neue Chance erhofft – er blieb allerdings erfolglos. Orbán war 1998 Premierminister geworden, musste dann aber 2002 aus vielerlei Gründen, nicht zuletzt seiner arroganten Art wegen, zurücktreten. Gegenspieler und Nachfolger damals war der ein Jahr jüngere Sozialdemokrat Medgyessy, der 2004 von Ferenc Gyurcsány abgelöst wurde. Aber die Welt steht auf dem Kopf: Der „Sozialist" Gyurcsány, der sich die Hörner in der kommunistischen Jugendbewegung abstieß, gehört heute zu den hundert reichsten Ungarn. Er steht für den Verkauf des staatlichen Transportunternehmens Malév und des Internationalen Flughafens Ferihegy. Der konservative Orbán dagegen lehnt die Privatisierung von Staatseigentum ab und will die Sozialausgaben erhöhen.

In dem ganzen Durcheinander ging ein Ereignis in der westlichen Presse fast unter: Im Dezember 2004 scheiterte eine Volksabstimmung über die doppelte Staatsbürgerschaft für die ungarischen Minderheiten jenseits der Grenzen. Insgesamt 2,5 Mio. Ungarn leben in Rumänien (dort allein geschätzte 1,45 Mio.), der Slowakei, Serbien und der Ukraine. Von denen, die abstimmen durften, sahen viele darin den letzten Sargnagel von „Großungarn" – der Nation mit den aufgeblähten Grenzen, von der die Nationalisten in den Jahren des Faschismus geträumt hatten; ein Traum, der Ungarn schon im Zweiten Weltkrieg auf die falsche Seite gebracht hatte. Und noch 1992 befremdete Premierminister József Antall In- und Ausland mit seiner Aussage, er sei „emotional und spirituell" Premier auch der magyarischen Minderheiten in den Nachbarländern.

In der Kampagne für die Wahlen im April 2006 versuchte der amtierende Premierminister Ferenc Gyurcsány von der sozialistischen MSZP, die Wähler von den Vorteilen des Euro zu überzeugen. Gyurcsány war Péter Medgyessy im August 2004 im Amt nachgefolgt, als sich die Regierung im schlimmsten Stimmungstief seit drei Jahren befand – hatte sie doch Löhne stagnieren lassen, Subventionen gekürzt und Steuern erhöht. Doch das Volk war schwer zu beeindrucken. Das erhoffte Füllhorn der „betrunkenen Onkel" in Brüssel wird nun wohl etwas länger auf sich warten lassen als erhofft; im Mai 2004 hatte Medgyessy den geplanten Einführungstermin für den Euro (2008) schon um zwei Jahre verschieben müssen, als klar wurde, dass er das Haushaltsdefizit nicht wie gefordert um 2,5 % würde senken können. Gyurcsány stand nun vor der unerfreulichen Wahl: entweder Sozialprogramme aus Zeiten des Kommunismus zurückszuchrauben oder die Segnungen des EU-Beitritts aufs Spiel zu setzen. 2006 dürfte das Defizit bei 7 % des BIP liegen – und damit weit oberhalb der von Brüssel geforderten 3 %. Auch von einer Euro-Einführung 2010 geht deshalb heute kaum noch jemand aus.

KURZINFOS

Bevölkerung: 10 083 Mio.

BIP pro Kopf: 10 400 US$; BIP pro Kopf nach Kaufkraftparität: 14 900 US$

Inflation: 3,5 %

Arbeitslosigkeit: 5,9 %

Fläche: 93 030 km^2

Nach eigener Aussage römisch-katholisch: 52 %

Internetdomain: hu

Selbstmordrate: 60,1 pro 100 000 Einwohner (Deutschland: 13,5 pro 100 000; USA: 21,7 pro 100 000)

Nationalhymne: *Himnusz*, Musik von Ferenc Erkel, Text von Ferenc Kölcsey

Zahl der Regierungsangestellten: 800 000 (20 % aller Erwerbstätigen)

Geschichte

FRÜHE BEWOHNER

Ungarn liegt im Karpatenbecken, das seit Hunderttausenden von Jahren besiedelt ist. In Vértesszőlős, rund 5 km südöstlich von Tata (S. 151), wurden in den 1960er-Jahren Knochen gefunden, die eine halbe Million Jahre alt sein sollen. Die Funde lassen vermuten, dass die Gegend mit ihren heißen Quellen und ihrer Fülle an Wild, Bären und Mammuts bereits im Paläolithikum (Altsteinzeit) und zu Zeiten des Neanderthalers Urahnen des Menschen anlockte.

Im Neolithikum (Jungsteinzeit, 3500–2500 v. Chr.) kam es zu klimatischen Veränderungen, und viele Wildtiere wanderten nach Norden ab. Die Menschen gingen dazu über, Tiere zu domestizieren. Wie im übrigen Europa entstanden in dieser Zeit die ersten Formen von Landwirtschaft. Überreste der Körös-Kultur im Szegedin im Südosten Ungarns (S. 279) zeigen, dass das ansässige Volk nicht nur einer Göttin huldigte, sondern auch Schafe hielt und Fischfang und Jagd betrieb.

Millennium in Central Europe: A History of Hungary von Lászlo Kontler ist aktuell und trocken, kurzum: ein Standardwerk (nicht auf Deutsch erschienen). Für Nichthistoriker besser geeignet und außerdem auf Deutsch übersetzt ist Paul Lendvais lebendigeres Werk *Ein Jahrtausend Sieger in Niederlagen* (München 1999).

Um 2000 v. Chr. kamen in Scharen indoeuropäische Stämme vom Balkan mit Pferdewagen ins Karpatenbecken, Werkzeuge und Waffen aus Kupfer im Gepäck. Nach der Entdeckung der haltbareren Bronze begann der Bau von Forts, und es entwickelte sich allmählich eine militärische Elite.

Im Verlauf des nächsten Jahrtausends kamen Invasoren aus dem Westen (Illyrer, Thraker) und Osten (Skythen). Sie brachten das Eisen mit, das aber erst Verwendung fand, als die Kelten zu Beginn des 4. Jhs. v. Chr. auftauchten. Mit ihnen kam auch das Glas in die Region. Aus keltischer Zeit stammen einige der schönen Goldschmuckstücke, die heute überall in den Museen des Landes zu bewundern sind.

Rund drei Jahrzehnte vor Beginn der christlichen Ära eroberten die Römer die Gegend westlich und südlich der Donau. Sie gründeten die Provinz Pannonia, die später in Ober- und Unterpannonien geteilt wurde. Siegreiche Feldzüge gegen die Kelten erweiterten die Herrschaft Roms über die Theiß (Tisza) hinaus bis nach Dacia (heute Rumänien). Die Römer brachten Schrift, Weinbau und die Kunst des Steinbaus mit und errichteten Garnisonsstädte und andere Siedlungen. In Óbuda (Aquincum zu römischer Zeit; S. 70), Szombathely (Savaria; ; S. 186), Pécs (Sophianae; ; S. 317) und Sopron (Scarabantia; ; S. 175) sind die Überreste noch zu sehen. Außerdem bauten sie die Heißquellen der Gegend zu Thermen aus und führten das Christentum ein.

VÖLKERWANDERUNG

Die erste Welle der Völkerwanderung, die aus Asien kam, erreichte die Grenzen des römischen Reiches gegen Ende des 2. Jhs. n. Chr. Schon 270 n. Chr. verließen die Römer Dacia. Kaum 200 Jahre später wurden sie auch aus Pannonien vertrieben, denn nun kamen die Hunnen und ihr kurzlebiges Reich unter Attila. Der Hunnenkönig hatte die Magyaren zuvor an der unteren Wolga besiegt. Lange Zeit hatte man – irrtümlich – angenommen, die beiden Völker hätten gemeinsame Vorfahren. Nichts-

ZEITACHSE	895/896 v. Chr.	1000
	Nomadische Magyarenstämme erobern und besiedeln das Karpatenbecken	Stephan (István) wird am Weihnachtstag in Esztergom zum „Christenkönig" von Ungarn gekrönt

destotrotz ist Attila noch heute sehr beliebt in Ungarn, zumindest als Männername.

Germanische Stämme wie Goten, Gepiden und Langobarden beherrschten die Gegend in den folgenden anderthalb Jahrhunderten. Ende des 6. Jhs. übernahmen die Awaren, ein mächtiges Turkvolk, die Macht über das Karpatenbecken. Karl der Große beendete 796 ihre Vorherrschaft und machte sie zu Christen. Zu dieser Zeit war das Karpatenbecken praktisch unbewohnt. Nur vereinzelt siedelten türkische und germanische Stämme in den Ebenen und Slawen in den nördlichen Bergen.

DIE MAGYAREN & DIE EROBERUNG DES KARPATENBECKENS

Die Herkunft des Magyarenvolkes liegt mehr oder weniger im Dunkeln. Gänzlich irreführend ist die vermeintliche phonetische Verwandtschaft von „Hunnen" und „Ungarn", noch deutlicher im Englischen: „Hun" und „Hungary". Fest steht nur eins: Die Magyaren gehören zu den finno-ugrischen Völkern, die schon um 4000 v. Chr. die Wälder zwischen der mittleren Wolga und dem Uralgebirge besiedelten.

Mehr über die nomadischen Magyaren, über ihre Kunst und Kultur, gibt es unter http://studentorgs.utexas.edu/husa/origins/magyarhist/magyar.art.html.

Um 2000 v. Chr. war die Bevölkerung so stark angewachsen, dass der finnisch-estnische Zweig nach Westen abwanderte, bis zur Ostsee. Die Ugren wanderten von den südöstlichen Hängen des Urals in die Täler. Statt zu jagen und zu fischen, fingen sie nun an, einfache Landwirtschaft und Viehzucht zu betreiben, insbesondere mit Pferden. Die dabei erworbene Reitkunst sollte sich ein halbes Jahrtausend später als äußerst nutzbringend erweisen, als sie auf Grund einer Dürre nach Norden in die endlosen Weiten der Steppe ziehen mussten.

In der Ebene wurden die Ugren zu nomadischen Hirten. Nach 500 n. Chr. – Eisen war jetzt überall in Gebrauch – zogen einige der Stämme Richtung Westen in das zentralasiatische Baschkirien. Hier unter Persern und Bulgaren gaben sie sich selbst den Namen „Magyaren" (das finno-ugrische Wort *mon* bedeutet „sprechen", *i* steht für „Mann, Mensch").

Einige Jahrhunderte später spaltete sich eine weitere Gruppe ab und wanderte nach Süden zum Don, der von den Chasaren, einem Turkvolk, kontrolliert wurde. Hier lebten sie mit anderen Völkergruppen zusammen in einem Stammesbund, der sich „Onoguren" nannte, „zehn Völker". Von „Onogur" leitet sich das deutsche Wort „Ungarn" ab. Eine weitere, die vorletzte Wanderung führte sie in eine Gegend, die Etelköz, „Land zwischen den Flüssen" heißt und zwischen Dnjepr und der unteren Donau nördlich vom Schwarzen Meer liegt.

Die alten Magyaren waren furchteinflößende Krieger. Im Mittelalter beteten die Christen: „Verschone uns, oh Herr, vor den Pfeilen der Ungarn."

Kleinere nomadische Gruppen von Magyaren erreichten das Karpatenbecken vermutlich schon Mitte des 9. Jhs. n. Chr. – als Söldner verschiedener Armeen. Um 889 n. Chr. dann sollen die Petschenegen, ein blutrünstiges Volk aus der asiatische Steppe, mit den Bulgaren verbündet, über die Siedlungen im Etelköz hergefallen sein. Bei einem erneuten Angriff um 895 suchten sieben der Magyarenstämme unter der Führung von Árpád – dem *gyula* (militärischer Führer) – ihr Heil in der Flucht. Sie überquerten den Vereckepass (in der heutigen Ukraine) und drangen in das Karpatenbecken vor, wo sie auf wenig Widerstand trafen.

Die Stämme strebten in drei Richtungen auseinander: Die Bulgaren wandten sich nach Osten, die Germanen hatten sich bereits die Slawen im Westen vorgenommen, und Transylvanien (Siebenbürgen) fiel an

1222
König Andreas II. unterzeichnet die Goldene Bulle, die dem Adel mehr Rechte und Privilegien gewährt

1241/42
Die Mongolen fallen über Ungarn her und metzeln die Hälfte der Bevölkerung nieder

die Magyaren, die für ihre Reit- und Schießkünste berühmt und berüchtigt waren. Sie waren jetzt nicht länger bereit, für fremde Führer zu kämpfen, und begannen zum eigenen Nutzen zu plündern und zu brandschatzen. Ihre Raubzüge führten sie bis nach Spanien, Norddeutschland und Süditalien. Anfang des 10. Jhs. schließlich mussten sie eine Reihe von Niederlagen hinnehmen. 955 machte der deutsche König Otto I. ihrem blutigen Treiben in der Schlacht bei Augsburg endgültig ein Ende.

Diese und weitere Niederlagen – darunter der gescheiterte Feldzug gegen Byzanz 970 – schwächten die Stämme. Es blieb ihnen nichts anderes übrig, als eine Allianz mit einem der mächtigen Nachbarn zu schließen: mit Byzanz im Süden und Osten oder dem Heiligen Römischen Reich deutscher Nation im Westen. 973 bat Fürst Géza, Urenkel von Árpád, den deutschen Kaiser Otto II., christliche Missionare nach Ungarn zu entsenden. Géza ließ sich taufen, zusammen mit seinem Sohn Vajk, der den Namen Stephan (István) annahm, nach dem ersten christlichen Märtyrer. Nach Gézas Tod regierte Stephan zunächst als Fürst, bis er drei Jahre später zum „Christenkönig" Stephan I. gekrönt wurde. Die Krone hatte Rom geschickt, und zwar Papst Sylvester II., Ottos einstiger Lehrer. Die Entsendung und Ankunft der Stephanskrone ist der Moment, der als Geburtsstunde des Reiches und der ungarischen Nation gilt.

KÖNIG STEPHAN I. & DIE ÁRPÁDEN-DYNASTIE

Stephan bemühte sich zunächst, seine königliche Macht zu konsolidieren. Er nahm den unabhängigen Stammesfürsten ihr Land weg und richtete ein System von *megye* („Komitaten") ein, Bezirke, die durch befestige Burgen *(vár)* geschützt wurden. Eine eigene Währung wurde eingeführt, und die treuesten Ritter (überwiegend deutsche) bekamen großzügig Land zugeteilt. Auch die Unterstützung der Kirche war dem König sehr wichtig. Um die Christianisierung seines Volkes zu beschleunigen, ließ er für je zehn Dörfer eine Kirche bauen. Darüber hinaus richtete er zehn Bis-

DER VOGEL WAR'S

Die alten Magyaren glaubten fest an Magie und die Macht des Himmels. Die *táltos* (Schamanen) nahmen eine hohe Stellung in der Gesellschaft ein. Manche Tiere – z. B. Bären, Hirsche und Wölfe – galten als Totems, die nicht mit Namen genannt werden durften. Der Wolf war „der Langschwänzige", der Hirsch hieß „der Gehörnte". Manchmal wurden auch statt der magyarischen Wörter fremde Sprachen bemüht: *medve* für „Bär" etwa leitet sich vom slawischen *medwed* ab.

Kein anderes Totemtier ist im heutigen Ungarn so berühmt wie der Turul, eine Art Falke. Der Vogel soll der Legende nach Emese, Árpáds Großmutter, geschwängert haben. Die Geschichte birgt zahlreiche Interpretationsmöglichkeiten – vielleicht sollte sie in der damals ethnisch bunt gewürfelten Bevölkerung Gemeinschaftssinn und Gruppenidentität stiften; vielleicht war sie der Versuch, Geschlecht und Herrschaft der Árpáds mit göttlichem Ursprung zu verklären; vielleicht sollte sie aber einfach nur gut unterhalten.

In der jüngeren Vergangenheit wurde der furchterregend aussehende Turul von den Ultrarechten als Symbolfigur missbraucht – sehr zum Missfallen der Ungarn, die ihn einfach als ihr Wappentier betrachten, wie einen Adler oder Löwen.

1458–90
Das mittelalterliche Ungarn erlebt eine Blüte unter der klugen Herrschaft von König Matthias Corvinus

1514
Ein Bauernaufstand wird niedergeschlagen; 70 000 Menschen – darunter der Anführer des Aufstands, György Dózsa – sterben

tümer ein, von denen zwei – Kalocsa und Esztergom – zu Erzbistümern ernannt wurden. Überall im Land entstanden Klöster, die sich mit ausländischen – vor allem irischen – Gelehrten füllten. Als der König 1038 starb, war Ungarn eine im Ansatz christliche Nation, ein Land, das Zuwanderer willkommen hieß und sich zunehmend am Westen orientierte. Kaum ein halbes Jahrhundert nach seinem Tod wurde Stephan selig gesprochen.

Trotz dieser vielversprechenden Ausgangslage sollten die kommenden zweieinhalb Jahrhunderte bis 1301 – die Zeit der Árpáden-Regentschaft – das Land immer wieder bis in die Grundfesten erschüttern. Die Periode war geprägt von unablässigen Erbfolgestreitigkeiten, die die junge Nation schwächten, insbesondere in der Verteidigung gegen die mächtigen Nachbarn. Eine kurze Atempause gab es unter König Ladislas I. (László; regierte 1077–95), der mit eiserner Faust herrschte und byzantinische Überfälle abwehrte, und unter seinem Nachfolger Koloman dem Schriftgelehrten (Könyves Kálmán; regierte 1095–1116), der Literatur und Kunst förderte und Chroniken erstellen ließ.

Erneut kritisch wurde die Lage, als der Kaiser von Byzanz seine Hand nach den Provinzen in Dalmatien und Kroatien ausstreckte, die Ungarn Anfang des 12. Jhs. erobert hatte. Béla III. (regierte 1172–96) konnte die Invasion abwehren. Er richtete sich in Esztergom (S. 156) einen ständigen Regierungssitz ein, als Alternativstandort zu Székesfehérvár. Doch bereits sein Sohn, Andreas II. (András; regierte 1205–35), schwächte die Position der Krone wieder. Um seine Kreuzzüge zu finanzieren, gab er der Forderung der örtlichen Barone nach mehr Land nach. 1222 wurde in Székesfehérvár die Goldene Bulle unterzeichnet, eine Art Magna Charta, die die Macht des Königs zu Gunsten des Adels beschnitt.

Als sein Nachfolger Béla IV. (regierte 1235–70) versuchte, das Land zurückzugewinnen, traten ihm die Barone auf Augenhöhe entgegen. Aus Furcht vor den Mongolen und weil er auf seine Untertanen nicht zählen konnte, wandte sich Béla nach Westen und holte deutsche und slowakische Siedler ins Land. Außerdem gewährte er den Stämmen der türkischen Kumanen Asyl, die im Osten von den Mongolen vertrieben worden waren. 1241 schließlich fielen die gefürchteten Ostasiaten über das Land her und töteten in einem gnadenlosen Vernichtungsfeldzug ein Drittel oder sogar die Hälfte der zwei Millionen Einwohner.

„1241 fielen die Mongolen in Ungarn ein … und töteten Schätzungen zufolge ein Drittel oder sogar die Hälfte der zwei Millionen Menschen, die dort lebten."

Um das Land so rasch wie möglich wieder aufzubauen, setzte Béla, bekannt als Ungarns „zweiter Gründungsvater", abermals auf Einwanderer: Deutsche ließen sich in Transdanubien nieder, Sachsen in Transylvanien und Kumanen in der Puszta. Außerdem ließ der König einen Verteidigungsring von Burgen bauen, darunter die Anlagen in Buda (S. 75) und Visegrád (S. 152). Um die niederen Adeligen zu beschwichtigen, übergab er ihnen große Stücke Land. Auf diese Weise wurde ihre Position aber zusätzlich gestärkt, und sie verlangten noch mehr Unabhängigkeit. Als Béla 1270 starb, herrschte Anarchie im Land. Die Regentschaft seines verkommenen Sohnes und Thronfolgers Ladislas des Kumanen (seine Mutter war eine Kumanen-Prinzessin) war von ständigen Unruhen begleitet. Die Árpáden-Linie endete schließlich 1301 mit Andreas III., der keinen Erben hinterließ.

1526
Ungarn unterliegt in der Schlacht bei Mohács; die anderthalb Jahrhunderte währende türkische Besatzung beginnt

1541
Buda fällt den Osmanen in die Hände; Ungarn wird gespalten und zwischen Türken, Habsburg und Siebenbürger Fürsten aufgeteilt

UNGARN IM MITTELALTER

Nach dem Tod Andreas' III. zankten sich gleich mehrere europäische Königshäuser um den ungarischen Thron. Das Rennen machte am Ende Karl Robert (Károly Róbert) aus dem französischen Geschlecht der Anjou. 1308 mit dem Segen des Papstes eingesetzt, regierte er dreieinhalb Jahrzehnte lang. Dem geschickten Führer gelang es, die Macht der Barone zu brechen (wobei viel Land in Privatbesitz blieb), er nahm diplomatische Beziehungen zu seinen Nachbarn auf und führte eine stabile Goldwährung ein, den Forint. 1335 lud er die Könige von Polen und Böhmen in den neuen Königspalast in Visegrád ein, um über territoriale Ansprüche zu diskutieren und um einen Bund zu schließen, der Wien Konkurrenz als Handelsmacht machen konnte.

Unter Karl Roberts Sohn, Ludwig I. dem Großen (Nagy Lajos; regierte 1342–82), besann sich Ungarn auf seine Tradition der Eroberungen. Der Militärstratege verleibte sich Gebiete bis weit in den Balkan und Rumänien hinein ein. Er führte Krieg mit Venedig, das Dalmatien abtreten musste, sogar bis Polen kam er. 1370 wurde er zum König von Polen gekrönt, doch sein Erfolg sollte nur von kurzer Dauer sein – schon standen die Osmanen drohend an den Grenzen.

Da Ludwig keinen Sohn hatte, trat eine seiner Töchter, Maria (regierte 1382–87), die Thronfolge an. Eine Frau an der Macht überstieg allerdings die Vorstellungskraft der Barone, und sie begehrten auf gegen den „Weiberthron". Nach wenigen Jahren wurde Maria von ihrem Gemahl Sigismund (Zsigmond; regierte 1387–1437) von Luxembourg am Szepter abgelöst. In den fünfzig Jahren seiner Regentschaft herrschte nicht nur Frieden im Land, Sigismund sorgte auch dafür, dass die gotische Kunst und Architektur (S. 42) in Ungarn Verbreitung fand. Er griff nach der begehrten Krone von Böhmen und wurde 1433 auch noch zum römischen Kaiser gekrönt. Nur eins schaffte er nicht: die Osmanen aufzuhalten. 1393 unterlag er den Türken bei Nicopolis (heute Bulgarien).

1440 kam es zu einem Bündnis zwischen Polen und Ungarn, sodass die ungarische Krone an Polen fiel. Als Ladislaus I. (Úlászló) aus der polnischen Jagiellonen-Dynastie 1444 in der Schlacht gegen die Türken in Varna fiel, wurde der Siebenbürger General János Hunyadi zum König erklärt. Der Sohn eines Rumänen aus der Wallachei begann seine Laufbahn am Hof von Sigismund. Sein eindrucksvoller Sieg von 1456 über die Türken bei Belgrad (ungarisch: Nándorfehérvár) zögerte den Vormarsch der Osmanen nach Ungarn um 70 Jahre hinaus. Sein Sohn Matthias (Mátyás), der seine Nachfolge antreten durfte, wurde einer der bedeutendsten Führer des mittelalterlichen Ungarn.

Matthias (regierte 1458–90) – sein Beiname Corvinus (Rabe) geht auf sein Wappenmotiv zurück – unterhielt ein 8000 bis 10 000 Mann starkes Söldnerheer, für das er den Adel mit Steuern belegte. Die „Schwarze Armee" eroberte Mähren, Böhmen und sogar Teile Niederösterreichs. Matthias machte aus Ungarn eine der führenden Mächte Europas und bescherte der Nation ihr erstes Goldenes Zeitalter. Seine zweite Frau, die neapolitanische Prinzessin Beatrice, holte Künstler aus Italien, die den gotischen Palast von Visegrád (S. 154) vollständig neu errichteten und erweiterten. Zur damaligen Zeit war der Renaissancebau an Schönheit und Größe in Europa mit nichts zu vergleichen.

1699
In Karlowitz (heute in Serbien) wird ein Friedensvertrag mit den Türken geschlossen

1703–11
Ferenc Rákóczi II. unterliegt im Befreiungskrieg gegen die Habsburger

Doch der aufrechte König war so sehr damit beschäftigt, die Macht der Krone zu bündeln, dass er die wachsende türkische Bedrohung nicht beachtete. Sein Nachfolger Ladislaus II. (Úlászló; regierte 1490–1516) war nicht in der Lage, die Autorität, die ihm kraft seines Amtes zustand, durchzusetzen. Die Versammlung, die eigentlich nur die Dekrete des Königs absegnen sollte, verschleuderte eigenmächtig Mittel und Land aus dem Staatssäckel. Der machthungrige Erzbischof von Esztergom, Tamás Bakócz, strengte einen Kreuzzug an, der im Mai 1514 in einen offenen Bauernaufstand unter Führung eines gewissen György Dózsa umschlug.

Die Revolte wurde von dem Adligen Johannes Szapolyai (Zápolyai János) brutal niedergeschlagen. Rund 70 000 Bauern wurden gefoltert und hingerichtet; Dózsa selbst fand ein grausames Ende auf einem glühenden Eisenthron. Der gnadenlosen Unterdrückung folgte ein reaktionäres Gesetzeswerk, das so genannte Tripartitum. Barone und Adlige sahen darin ihre Rechte und Privilegien bekräftigt, während die Bauern „auf ewig" zur Leibeigenschaft verdammt wurden. Als Ludwig II. (Lajos) 1516 im zarten Alter von neun Jahren den Thron bestieg, konnte er auf keine der beiden Seite zählen.

„Die Niederlage von Ludwigs ‚Lumpenarmee' 1526 gegen die Osmanen bei Mohács markiert eine Zeitenwende in der ungarischen Geschichte."

SCHLACHT BEI MOHÁCS & TÜRKISCHE BESATZUNG

Die Niederlage von Ludwigs „Lumpenarmee" 1526 gegen die Osmanen bei Mohács (S. 306) markiert eine Zeitenwende in der ungarischen Geschichte. Auf dem Schlachtfeld nahe der kleinen Stadt in Süd-Transdanubien starb das relativ wohlhabende, unabhängige Ungarn. Ab diesem Zeitpunkt geriet die Nation in eine fatale Spirale aus Teilung, militärischer Besatzung und Hoffnungslosigkeit, die jahrhundertelang nachwirken sollte.

Es wäre unfair, alle Schuld dem schwachen, unerfahrenen Kindkönig Ludwig oder seinem Chefkommandeur Pál Tomori, dem Erzbischof von Kalocsa, zuzuweisen. Zwist und Zank unter den Adligen und die brutale Antwort auf den Bauernaufstand ein Dutzend Jahre zuvor hatten Ungarn viel von seiner militärischen Stärke gekostet. Die königliche Schatulle gab praktisch nichts mehr her.

Im Jahr 1526 beherrschte der osmanische Sultan Süleyman der Prächtige weite Teile des Balkans, darunter Belgrad. Er war entschlossen, seine 100 000 Mann starke Armee nach Buda und schließlich bis nach Wien zu führen.

Statt auf die Verstärkung aus Transylvanien – unter dem Befehl seines Erzrivalen Johannes Szapolyai – zu warten, stürmte Ludwig mit einer bunt gewürfelten Truppe aus 26 000 Mann Richtung Süden, den Türken entgegen. Zwei Stunden dauerte die Schlacht, dann war Ludwig vernichtend geschlagen. Zusammen mit Bischöfen, Adligen und rund 20 000 Soldaten starb der König – zerquetscht von seinem Pferd auf der Flucht über einen kleinen Fluss. Johannes Szapolyai, der die Schlacht in Tokaj ausgesessen hatte, wurde sechs Wochen später zum König gekrönt. Doch obwohl er vor den Osmanen zu Kreuze kroch, konnte Szapolyai die Macht, die er so zielstrebig verfolgt hatte, niemals wirklich ausüben. In vielerlei Hinsicht hatten Habgier, Eigennutz und Ehrgeiz Ungarn ins Verderben gestürzt.

1848/49
Unabhängigkeitskrieg; Lajos Batthyány und 13 seiner Generäle werden hingerichtet

1867
Mit dem „Ausgleich" entsteht die Doppelmonarchie aus dem kaiserlichen Österreich und dem königlichen Ungarn

Nachdem die Burg von Buda 1541 an die Türken gefallen war, wurde Ungarn in drei Teile zerlegt. Der mittlere Abschnitt mit Buda ging an die Türken. Teile von Transdanubien und die heutige Slowakei wurde den österreichischen Habsburgern zugesprochen, der ungarische Adel durfte von Bratislava (Pressburg) aus mitregieren. Das Fürstentum Transylvanien, östlich der Theiß, erlebte eine Blüte als Vasallenstaat des Osmanischen Reiches. Erster Regent war Szapolyais Sohn Johannes Sigismund (Zsigmond János; regierte 1559–71). Überall in Ungarn wurde heldenhafter Widerstand gegen die Türken geleistet, etwa 1532 in Kőszeg (s. Kasten S. 196), 20 Jahre später in Eger (s. Kasten S. 355) und 1566 in Szigetvár (s. Kasten S. 329). Doch Ungarn blieb über 150 Jahre geteilt.

„Nachdem die Burg von Buda 1541 an die Türken gefallen war, wurde Ungarn in drei Teile zerlegt."

Die türkische Besatzung war gekennzeichnet von ständigen Kämpfen zwischen den besetzten Gebieten. Das katholische „Königliche Ungarn" hasste die Türken ebenso wie die protestantischen transylvanischen Fürsten. Gábor Bethlen, der Transylvanien von 1613 bis 1629 regierte, versuchte, das Kriegstreiben zu beenden: Mit einer Söldnerarmee aus leibeigenen Haiducken und türkischer Unterstützung wollte er 1620 das „Königliche Ungarn" erobern. Doch sowohl Habsburger als auch die Ungarn betrachteten die „ungläubigen" Osmanen als größte Bedrohung Europas seit den Mongolen und stoppten den Vormarsch.

Im 17. Jh. ließ die Macht der Osmanen allmählich nach, während der Widerstand der Ungarn gegen die Habsburger wuchs. Die Österreicher hatten das „Königliche Ungarn" als eine Art Pufferzone zwischen Wien und den Türken benutzt. 1670 wurde ein Komplott des Palatins Ferenc Wesselényi vereitelt, 1682 eine Revolte von Imre Thököly und seiner Kuruzenarmee niedergeschlagen. Am Ende halfen die polnische Armee und österreichische und ungarische Streitkräfte zusammen, um 1686 Buda von den Türken zurückzuerobern. Elf Jahre später vertrieb die kaiserliche Armee unter Eugen von Savoyen die letzten Türken in der Schlacht bei Zenta (heute Senta in Serbien). 1699 wurde der Friede von Karlowitz mit dem Osmanischen Reich geschlossen.

HABSBURG

Die Vertreibung der Türken führte nicht etwa zu einem freien und unabhängigen Ungarn. Die von den Habsburgern betriebene Rekatholisierung und hohe Steuern schürten zunehmend den Unmut des ungarischen Adels. 1703 versammelte der Siebenbürger Fürst Ferenc Rákóczi II. in Tiszahát im Nordosten Ungarns eine Kuruzenarmee gegen die Österreicher. Der Krieg sollte acht Jahre dauern. Bis 1706 hatten die Rebellen die Habsburger als Herrscher von Ungarn faktisch abgesetzt, 1707 wurde bei der Landesversammlung die „Entthronung" der Österreicher verkündet. Überlegene kaiserliche Truppen und mangelnde finanzielle Mittel zwangen die Kuruzen am Ende jedoch, hinter Rákóczis Rücken einen Friedensvertrag mit Wien zu schließen. Der Freiheitskampf von 1703–11 war gescheitert. Gleichwohl gilt Rákóczi als derjenige, der Ungarn erstmals gegen die Habsburger geeint hat.

Habsburger Blut in den Adern? Vielleicht vom österreichischen oder ungarischen Zweig? Wer's wissen will, kann hier stöbern: http://worldroots.com/brigitte/royal/royal10.htm.

Der Vertrag beendete den Krieg, doch Ungarn war jetzt kaum mehr als eine Provinz des Habsburgischen Reiches. 1740 bestieg Maria Theresia den Thron, und fünf Jahre später gelobte ihr der ungarische Adel unbedingte Treue – im Gegenzug für Steuererleichterungen. Damit be-

1918
Österreich-Ungarn verliert im Ersten Weltkrieg, das politische System bricht zusammen. Ungarn proklamiert die Republik

1919
Béla Kuns Räterepublik, die zweite kommunistische Regierung der Welt nach der Sowjetunion, hält fünf Monate

Kaiser Franz Joseph II. von Habsburg, König von Ungarn, bekam den Spitznamen „König mit dem Hut", weil er sich in Ungarn nie hatte krönen lassen.

gann die Periode des „aufgeklärten Absolutismus", der unter Maria Theresias Sohn Joseph II. (regierte 1780–90) fortgeführt wurde.

Unter Maria Theresia und Joseph machte Ungarn in wirtschaftlicher und kultureller Hinsicht große Fortschritte. Bevölkerungsarme Gebiete im Osten und Westen wurden mit Rumänen und Serben besiedelt, Deutsche („Donauschwaben") ließen sich in Transdanubien nieder. Kaiser Joseph versuchte, die Gesellschaft zu modernisieren, indem er die allmächtige (und korrupte) Kirche entmachtete, Freizügigkeit für Leibeigene und statt Lateinisch Deutsch als offizielle Verwaltungssprache einführte. Die Pläne stießen beim ungarischen Adel allerdings auf wenig Gegenliebe, sodass er die meisten davon noch auf dem Sterbebett zurücknehmen musste.

Trotzdem gab es nach wie vor Andersdenkende, und intellektuelle Kreise in Ungarn nahmen die Ideale der Französischen Revolution von 1789 begierig auf. 1795 wurden Ignác Martonovics, ehemaliger Franziskanermönch, und sechs weitere republikfreundliche Mitglieder des „Jakobinerklubs" in Vérmező (Blutwiese) als Verschwörer gegen die Krone enthauptet.

Dennoch fanden Liberalismus und soziale Reformen ihre aktivsten Anhänger unter den Aristokraten. Graf György Festetics (1755–1819) etwa gründete in Keszthely Europas erste Landwirtschaftsschule. Graf István Széchenyi (1791–1860), eine echte Renaissancegestalt, von Zeitgenossen als der „größte Ungar" gepriesen (s. Kasten S. 185), verfocht die Aufhebung der Leibeigenschaft und gab große Teile seines Landes an die Bauern zurück.

Die Befürworter schrittweiser Reformen wurden alsbald von radikaleren Stimmen übertönt, die sofort Veränderungen sehen wollten. Zu dieser Gruppe gehörten Miklós Wesselényi, Ferenc Deák und Ferenc Kölcsey; berühmtester Vertreter aber war Lajos Kossuth (1802–94). Der energische Anwalt und Journalist sollte Ungarn in die bislang größte Konfrontation mit Habsburg führen.

UNABHÄNGIGKEITSKRIEG 1848/49

Anfang des 19. Jhs. begann der Stern des Habsburger Reiches zu verblassen, Ungarn hingegen besann sich zunehmend auf seine nationale Identität. Frankreich versuchte, das Land zu einer Revolte gegen Wien anzustacheln, doch man war misstrauisch, was Napoleons Motive anging. Stattdessen wurden gewisse Reformen durchgeführt: Lateinisch wurde als Amtssprache vom Ungarischen abgelöst; den Leibeigenen wurden gewisse Freiheiten zugestanden; im Landtag der Stände wurde die Zahl der ungarischen Vertreter erhöht.

Die Reformen aber waren nicht nur zu wenig umfassend, sie kamen auch zu spät. Der Landtag wurde zunehmend aggressiver im Umgang mit der Krone. Gleichzeitig schwappte eine revolutionäre Welle über Europa hinweg, die radikale Kräfte beflügelte. 1848 wurde der liberale Graf Lajos Batthyány Premierminister der neuen ungarischen Regierung, zu deren Mitgliedern Deák, Kossuth und Széchenyi zählten. Die Habsburger ließen sich widerstrebend dazu herab, die Leibeigenschaft endlich aufzuheben und Gleichheit vor dem Gesetz zu garantieren. Am 15. März ging eine Gruppe unter Führung des Intellektuellen und Dichters Sándor

Petőfi, die sich selbst „Märzjugend" nannte, auf die Straße, um radikalere Reformen zu fordern.

Im September 1848 marschierten die österreichischen Truppen unter Josip Jelačić, Gouverneur von Kroatien, in Ungarn ein. Batthyánys Regierung wurde aufgelöst. Die Ungarn beriefen rasch einen nationalen Verteidigungsrat ein und verlegten den Regierungssitz nach Debrecen. Kossuth wurde zum regierenden Präsidenten gewählt. Im April 1849 erklärte das Parlament die Unabhängigkeit. Habsburg war erneut „entthront", aber nur für kurze Zeit.

Der neue Kaiser von Österreich, Franz Joseph (regierte 1848–1916), war ganz anders als sein schwacher Vorgänger Ferdinand V. (regierte 1835–48). Er handelte sofort und erbat Hilfe vom russischen Zaren Nikolaus I. Der schickte 200 000 Soldaten. In Ungarn ließ der Revolutionseifer daraufhin schnell nach, insbesondere in den Gebieten mit gemischter Bevölkerung, wo die Magyaren als Unterdrücker betrachtet wurden. Geschwächt und zahlenmäßig unterlegen, wurden die Rebellentruppen im August 1849 besiegt.

Es folgte eine Reihe brutaler Vergeltungsakte. Im Oktober wurden Batthyány und 13 seiner Generäle – die so genannten „Märtyrer von Arad" – hingerichtet. Kossuth gelang die Flucht ins türkische Exil. (Petőfi war im Juli desselben Jahres im Kampf gefallen.) Anschließend zogen die kaiserlichen Truppen durch das Land und legten systematisch Burgen und Befestigungsanlagen in Schutt und Asche. Neue Rebellen sollten nirgendwo mehr Unterschlupf finden können.

„Die Doppelmonarchie dauerte bis 1918. In dieser Phase erlebte Ungarn in wirtschaftlicher, kultureller und intellektueller Hinsicht eine Wiedergeburt."

DIE DOPPELMONARCHIE

Erneut wurde Ungarn dem Kaiserreich als Kronland einverleibt. Regierungsform war jetzt der so genannte Neoabsolutismus. Passiver örtlicher Widerstand und verheerende militärische Niederlagen der Habsburger 1859 und 1865 zwangen Franz Joseph an einen Verhandlungstisch mit den liberalen Ungarn unter Deáks Führung.

Ergebnis war der österreichisch-ungarische Ausgleich, aus dem die Doppelmonarchie hervorging: Kaiserreich Österreich und Königreich Ungarn (k.u.k.). Der Föderalstaat besaß zwei Parlamente und zwei Hauptstädte: Wien und Pest (Budapest ab 1873, als Buda, Pest und Óbuda zusammengelegt wurden). Verteidigung, auswärtige Beziehungen und Handel waren einheitlich. Ungarn durfte sogar eine eigene kleine Armee aufstellen.

Die „kaiserliche und königliche Monarchie" dauerte bis 1918. In dieser Phase erlebte Ungarn in wirtschaftlicher, kultureller und intellektueller Hinsicht eine Wiedergeburt. Die Landwirtschaft entwickelte sich, Fabriken wurden errichtet, Franz Liszt und Ferenc Erkel schufen ihre herausragenden musikalischen Werke. Die Mittelschicht, die vor allem aus Deutschen und Juden bestand, prosperierte, und die Hauptstadt erlebte einen regelrechten Bauboom. Vieles von dem, was heute noch in Budapest zu sehen ist – die großen Boulevards mit ihren vielfältigen Fassaden bis hin zum Parlamentsgebäude und der Matthiaskirche im Stadtteil Burg – entstand zu jener Zeit. Höhepunkt dieses Goldenen Zeitalters war 1896 die sechsmonatige Ausstellung zu Ehren der magyarischen Landnahme des Karpatenbeckens: *honfoglalás*.

1944

Hitler überfällt und besetzt Ungarn; fast alle ungarischen Juden werden in Konzentrationslager deportiert

1945

Budapest wird im April von der Sowjetarmee befreit, einen Monat vor der endgültigen Kapitulation des Nazireiches

Dennoch war im Reich nicht alles Gold, was glänzte. Die Arbeiter in den Städten hatten praktisch keine Rechte. Die Situation auf dem Land war noch immer fast so finster wie im Mittelalter. Die Minderheiten – Tschechen, Slowaken, Kroaten und Rumänen – wurden zunehmend gedrängt, sich zu „magyarisieren". Viele betrachteten ihre neuen Führer als Unterdrücker.

ERSTER WELTKRIEG, RÄTEREPUBLIK & TRIANON

Am 28. Juli 1914, einen Monat nach der Ermordung des österreichischen Thronfolgers Erzherzog Franz Ferdinand durch einen bosnischen Serben in Sarajevo, erklärte Österreich-Ungarn Serbien den Krieg und trat als Verbündeter des Deutschen Reiches in den Ersten Weltkrieg ein. Die Folgen waren verheerend: Zerstörung und Tod überall, Hunderttausende Gefallene an den Fronten in Russland und Italien. Der Waffenstillstand 1918 besiegelte das Schicksal der Doppelmonarchie – und des Vielvölkerstaats Ungarn.

Miklós Jancsós Film *Csend és Kiáltás* (Stille und Schrei; 1967) ist ein Politthriller über einen Kommunisten, der nach dem Scheitern von Béla Kuns Räterepublik 1919 Zuflucht bei politisch fragwürdigen Bauern sucht.

Fünf Tage nach Unterzeichnung der Kapitulation wurde die Republik unter der Führung von Graf Mihály Károlyi ausgerufen, doch das fragile Gebilde sollte nicht lange halten. Armut, die Besetzung Ungarns durch die Alliierten und der Erfolg der bolschewistischen Revolution in Russland hatten weite Teile der Budapester Arbeiterschaft radikalisiert. Im März 1919 putschte sich eine Gruppe ungarischer Kommunisten unter einem ehemaligen Siebenbürger Journalisten namens Béla Kun an die Macht. Die *Tanácsköztársaság*, die Räterepublik, hatte das Ziel, Industrie und Privatvermögen zu verstaatlichen und eine gerechtere Gesellschaft zu errichten. Der Widerstand gegen das Regime aber führte zu einer brutalen Regentschaft des „roten Terrors". Kun und seine Genossen, darunter der berühmte *Dracula*-Darsteller Béla Lugosi (damals Kulturminister), wurden binnen fünf Monaten von rumänischen Truppen aus dem Weg geräumt.

UNGARN VOR DEM TRIANONVERTRAG VON 1920

1949

Die Kommunisten übernehmen die Macht; die „Volksrepublik Ungarn" wird ausgerufen

1956

Volksaufstand im Oktober; János Kádár wird zum Ministerpräsidenten ernannt

Im Juni 1920 unterzeichneten die Alliierten den Friedensvertrag von Trianon, der die Nachkriegsbedingungen für Ungarn regelte – und einige Grenzen neu zog. Länder wurden angestückelt, andere beschnitten, mehrere neue „Nachfolgestaaten" entstanden. Als Verlierernation mit großen Minderheitengruppen, die alle die Unabhängigkeit für sich forderten, hatte Ungarn keine guten Karten – und büßte tatsächlich 40 % seiner alten Fläche ein. Zwar war es nun ein weitgehend homogener Nationalstaat, dafür fanden sich Millionen von Magyaren in Rumänien, Jugoslawien, in der Tschechoslowakei mit einer neuen Lage konfrontiert: Nun waren sie die Minderheit.

„Trianon" ist noch heute eines der meistgehassten Worte in Ungarn, und das ist gewiss kein Wunder. 40 Jahre lang bestimmte das *diktátum* der Alliierten Ungarns Beziehungen zu seinen Nachbarstaaten.

DIE HORTHY-JAHRE & DER ZWEITE WELTKRIEG

Im März 1920 fanden in Ungarn zum ersten Mal geheime Wahlen statt. Als Staatsform hatte das Parlament die Monarchie gewählt. In Ermangelung eines echten Königs wurde der Regent durch Wahlen ermittelt. Der gewählte Admiral Miklós Horthy sollte bis zum Ende des Zweiten Weltkriegs im Amt bleiben. Horthy wurde berühmt durch seinen „weißen Terror", der dem „roten" von Béla Kun in nichts nachstand. Nur dass jetzt Kommunisten und Juden verfolgt wurden, wegen ihrer Rolle in der Räterepublik. Das Regime erwies sich als konservativ, ja extrem rechtsorientiert. Obwohl das Land noch die verblassenden Strukturen eines Parlamentssystems besaß, war Horthy allmächtig. Es gab kaum Reformen, ganz im Gegenteil: Für Arbeiter und Bauern verschlimmerte sich alles nur noch mehr.

Über einen Punkt waren sich alle einig: Die „verlorenen" Gebiete waren unerlässlich für Ungarns Entwicklung und mussten mithin unbedingt zurückerlangt werden. *„Nem, Nem, Soha!"* (Nein, nein, niemals!) wurde zum Schlachtruf. Recht bald gelang es Premierminister István Bethlen, Pécs zurückzubekommen, das von Jugoslawien besetzt worden war; die Einwohner von Sopron stimmten in einer Volksabstimmung für Ungarn, gegen Österreich. Doch all das genügte noch nicht. Von Frankreich, Großbritannien und den USA konnte Ungarn keine Hilfe erwarten, und so wandte man sich stattdessen an die faschistischen Regime in Deutschland und Italien.

Die Schlacht um Budapest, München 1999/2001, eine Doktorarbeit des ungarischen Historikers Krisztián Ungváry, untersucht das Schicksal einer europäischen Kapitale im Zweiten Weltkrieg, die häufig über Berlin oder Warschau in Vergessenheit gerät.

Ungarn blieb in den 1930er-Jahren politisch rechts, verhielt sich aber passiv, als im September 1939 der Zweite Weltkrieg ausbrach. Horthy hoffte, trotz des Bündnisses nicht in den Krieg eintreten zu müssen. Nachdem mit Deutschlands Hilfe das nördliche Siebenbürgen und Teile von Kroatien zurückerobert werden konnten, sah er sich trotz allem gezwungen, sich im Juni 1941 den Achsenmächten Deutschland und Italien anzuschließen. Der Zweite Weltkrieg verlief für Ungarn ebenso verheerend wie der erste. Hunderttausende ungarische Soldaten starben auf dem Rückzug von Stalingrad, wo sie als Kanonenfutter eingesetzt worden waren. Horthy wurde klar, dass sein Land erneut auf der Verliererseite stehen würde, und er handelte einen separaten Frieden mit den Alliierten aus.

Als Hitler Wind davon bekam, schickte er im März 1944 Truppen, die das ganze Land besetzten. Im Oktober wurde Horthy abgesetzt und nach

1958
Imre Nagy und andere werden für ihre Rolle beim Aufstand 1956 von der kommunistischen Führung hingerichtet

1962
Die kommunistische Regierung gewährt den Aufständischen von 1956 eine Amnestie

Deutschland deportiert. Zum Ministerpräsidenten der Landesteile, die noch nicht von den Sowjets besetzt waren, wurde Ferenc Szálasi erklärt, der geistesgestörte Führer der nazifreundlichen Pfeilkreuzler-Partei. (Nikolaus Horthy ging später ins Exil nach Portugal, wo er 1957 starb. Trotz öffentlicher Proteste wurde sein Leichnam im September 1993 nach Ungarn überführt und auf dem Familienbesitz in Kenderes, östlich von Szolnok, beigesetzt.)

Die Pfeilkreuzler machten kurzen Prozess mit der Opposition. Tausende liberaler Politiker und Arbeiterführer wanderten ins Gefängnis. Gleichzeitig erließ das Marionettenregime antijüdische Gesetze; die Juden, die unter Horthy noch relativ unbehelligt geblieben waren, wurden nun von den ungarischen Nazis in Ghettos gezwungen. Im Mai 1944, ein knappes Jahre vor Kriegsende, wurden innerhalb von nur acht Wochen rund 430 000 jüdische Männer, Frauen und Kinder nach Auschwitz und in andere Konzentrationslager deportiert.

US-Präsident Franklin D. Roosevelt kann's nicht fassen: „Ungarn ist ein Königreich ohne König, regiert von einem Herrscher, der ein Admiral ohne Marine ist?"

Zum ersten Mal seit der türkischen Besatzung wurde Ungarn Kriegsschauplatz. Bomben fielen auf Budapest. Der Widerstand rekrutierte sich aus allen politischen Richtungen, auch die Kommunisten waren dabei. Dem Bombardement folgten erbitterte Kämpfe auf dem Land, vor allem nahe Debrecen und Székesfehérvár. Weihnachten 1944 hatte die Sowjetarmee Budapest eingekesselt. Doch die Nazis weigerten sich zu kapitulieren, und so begann die Belagerung der Hauptstadt. Als die deutsche Kriegsmaschinerie im April 1945 endlich zum Stillstand kam, hatten zahlreiche historische Gebäude, Kirchen und Wohnhäuser in Budapest starke Zerstöungen.

VOLKSREPUBLIK UNGARN

Bei den freien Parlamentswahlen im November 1945 erhielt die unabhängige Partei der kleinen Landwirte (FKgP) 57 % der Stimmen. Daraufhin zwangen sowjetische Politoffiziere, unterstützt von der sowjetischen Besatzungsarmee, drei andere Parteien – Kommunisten, Sozialdemokraten und die nationale Bauernpartei – in eine Koalition. Es begann eine Zeit eingeschränkter Demokratie. Eine Landreform, betrieben vom kommunistischen Landwirtschaftsminister Imre Nagy, räumte auf mit den feudalen Strukturen der Vorkriegszeit.

Es dauerte nur wenige Jahre, bis die Kommunisten gänzlich die Macht übernahmen. Nach einer Scheinwahl (1947) erklärten sie ihren Kandidaten, Mátyás Rákosi, zum Sieger. Im Jahr darauf wurde die Partei der Sozialdemokraten den Kommunisten einverleibt – dabei entstand die neue ungarische Arbeiterpartei.

Rákosi, ein glühender Anhänger und Vertrauter von Stalin, begann einen Prozess der Verstaatlichung und trieb die Industrialisierung in großem Stil voran – sehr zum Nachteil der Landwirtschaft. Die Bauern mussten sich Kollektiven anschließen und sämtliche Erzeugnisse in staatlichen Großmärkten abliefern. Ein Netzwerk von Spitzeln und Informanten denunzierte „Klassenfeinde" (wie Kardinal József Mindszenty; s. Kasten S. 158) bei der Geheimpolizei ÁVO (nach 1949: ÁVH). Die Beschuldigten wurden wegen Spionage inhaftiert, in die Verbannung oder in Arbeitslager geschickt, ein solches war das berüchtigte in Recsk im Mátra-Gebirge (S. 351).

1988

János Kádár wird im Mai nach fast 30 Jahren an der Macht zum Rücktritt gezwungen

1989

Der elektrische Grenzzaun zwischen Ungarn und Österreich wird im Juli abgebaut; im Oktober folgt die Ausrufung der Republik Ungarn

Es kam zu erbitterten Streitigkeiten innerhalb der Partei, Säuberungsaktionen und Schauprozesse nach Stalinscher Manier waren an der Tagesordnung. László Rajk, kommunistischer Innenminister (dem die Geheimpolizei unterstand), wurde verhaftet und wegen „Titoismus" hingerichtet. Sein Amtsnachfolger János Kádár wurde gefoltert und eingesperrt. Im August 1949 wurde die „Volksrepublik Ungarn" ausgerufen.

Doch beim großen Bruder Sowjetunion tat sich was. Stalin starb im März 1953, und Chruschtschow wandte sich 1956 offen von ihm ab. Stalinfreund Rákosi musste sein Amt niederlegen, das Terrorregime verlor an Boden. Von der eigenen Partei gedrängt, rehabilitierte Rákosis Nachfolger Ernő Gerő posthum Rajk. Nagy durfte in den Schoß der Partei zurück, die ihn ein Jahr zuvor ausgeschlossen hatte, weil er Reformen angeregt hatte. Gerő entpuppte sich letztendlich ebenfalls als Hardliner. Als Rajk im Oktober 1956 noch einmal in allen Ehren beigesetzt wurde, hörte man bereits die Forderung nach einer echten Reformierung des Systems, nach „Sozialismus mit menschlichem Antlitz".

DER VOLKSAUFSTAND VON 1956

Die größte Tragödie der Nation – ein Ereignis, das den Kommunismus selbst ins Wanken brachte, Ungarn gegen Ungarn aufbrachte und die Welt erschütterte – begann am 23. Oktober in Buda. Rund 50 000 Studenten versammelten sich auf dem Bem tér, skandierten antisowjetische Parolen und forderten Nagy als Premierminister. Nachts stürzte die Menschenmenge die monumentale Stalinstatue nahe dem Heldenplatz. ÁVH-Agenten schossen auf eine andere Gruppe, die sich vor dem Hauptsitz des staatlichen ungarischen Radiosenders in Pest versammelt hatte. Über Nacht war in Ungarn eine Revolution ausgebrochen.

Am nächsten Tag bildete Nagy, der reformfreundliche Landwirtschaftsminister, eine neue Regierung. János Kádár wurde zum Präsidenten des Zentralkomitees der ungarischen Arbeiterpartei ernannt. Zunächst sah es so aus, als könnte Nagy das Land tatsächlich in einen neutralen Staat mit Mehrparteiensystem verwandeln. Am 28. Oktober gewährte die Regierung allen, die an den Gewaltaktionen beteiligt waren, Amnestie und versprach, die ÁVH abzuschaffen. Am 31. Oktober wurden Hunderte von Politikern freigelassen; allenthalben wurden ÁVH-Agenten Opfer von Vergeltungsakten. Am nächsten Tag verkündete Nagy, Ungarn werde aus dem Warschauer Pakt austreten und seine Neutralität erklären.

Daraufhin fiel die Sowjetunion mit Panzern und Truppen in Ungarn ein. Innerhalb von 72 Stunden sahen sich Budapest und andere Städte militärischen Angriffen ausgesetzt. Kádár, der Budapest heimlich verlassen hatte, um sich den russischen Invasoren anzuschließen, wurde zum Ministerpräsidenten erklärt.

Mehrere Tage lang tobten heftige Straßenkämpfe – angestachelt von Radio Free Europe und scheinheiligen Versprechungen des Westens, der mit der Krise um den Suezkanal gleichzeitig vollauf beschäftigt war. Der Aufstand kostete 25 000 Menschen das Leben. Nach dem Ende der Kämpfe begann die größte Vergeltungswelle der ungarischen Geschichte. Über mehrere Jahre hinweg wurden rund 20 000 Menschen verhaftet, 2000 – darunter Nagy und seine Mitstreiter – hingerichtet. Weitere 250 000 flohen nach Österreich.

Die Website des Instituts für die Geschichte der ungarischen Revolution 1956 (www.rev.hu) erläutert Entstehung, Ausbruch und Folgen der größten Tragödie in Ungarns moderner Geschichte.

1990
Die zentristische MDF-Partei gewinnt im April die ersten freien Wahlen nach 43 Jahren; Árpád Göncz wird zum ersten Präsidenten gewählt

1991
Die letzten sowjetischen Truppen ziehen im Juni aus Ungarn ab

UNGARN UNTER KÁDÁR

Nach dem Aufstand wurde die Partei neu organisiert und in Ungarische Sozialistische Arbeiterpartei umbenannt. Kádár, jetzt sowohl Parteivorsitzender als auch Premierminister, startete ein Programm zur Liberalisierung der sozialen und wirtschaftlichen Struktur, wobei er seine Reformen auf Kompromisse gründete. (Sein meistzitierter Satz: „Wer nicht gegen uns ist, ist für uns", war eine Umkehrung des Stalinschen Verdikts: „Wer nicht für uns ist, ist gegen uns.") 1968 stellte er zusammen mit dem Ökonomen Rezső Nyers den so genannten Neuen Ökonomischen Mechanismus (NEM) vor: Die Planwirtschaft sollte um gewisse marktwirtschaftliche Elemente ergänzt werden. Doch den Konservativen in der Partei war schon das zu viel. Nyers wurde gefeuert und der NEM ad acta gelegt.

Kádár überstand den Machtkampf und konnte schließlich freieren Konsum und Ansätze einer sozialen Marktwirtschaft einführen. Mitte der 1970er-Jahre war Ungarn von anderen Ostblockstaaten Lichtjahre entfernt, was Lebensstandard, Bewegungsfreiheit und Meinungsfreiheit anging. Man musste zwar sieben Jahre auf einen Lada warten, vielleicht auch zwölf Jahre auf ein Telefon – dafür konnten sich die meisten Ungarn aber eine kleine Datscha leisten und einen passablen Lebensstandard. Das „ungarische Modell" fand großes Interesse im Westen, was sich auch in Investitionen niederschlug.

In den 1980er-Jahren dann veränderte sich das gesellschaftliche Klima. Der Kádársche „Gulaschsozialismus" – von einem ungarischen Schriftsteller als „zeitlos und immerwährend" gelobt – konnte nicht umgehen mit so unsozialistischen Problemen wie Arbeitslosigkeit, steigender Inflation und den größten Pro-Kopf-Auslandsschulden Osteuropas. Kádár und die „alte Garde" weigerten sich, über Reformen zu reden. Im Juni 1987 übernahm Károly Grósz das Amt des Premiers. Kaum ein Jahr später wurde Kádár aus der Partei ausgestoßen.

ERNEUERUNG & WANDEL

Eine Gruppe von Reformern – darunter Nyers, Imre Pozsgay, Miklós Németh und Gyula Horn – übernahm nun Regierungsverantwortung. Die Betonköpfe in der Partei versuchten zunächst, den Wandel zu behindern: Man wolle die neue Wirtschaftspolitik nur unterstützen, wenn die Liberalisierung der Politik zurückgenommen werde. Doch der *wind of change* ließ sich nicht mehr aufhalten.

„Im Februar 1989 verzichteten die Kommunisten auf ihr Machtmonopol."

Im Sommer und Herbst 1988 wurden neue Parteien gegründet und alte wieder aktiviert. Michail Gorbatschow und seine Reformen in der Sowjetunion gerieten zum Menetekel für die sozialistischen Bruderstaaten; im Januar 1989 erklärte Pozsgay öffentlich, die Ereignisse von 1956 seien ein „Volksaufstand" gewesen und keine „Konterrevolution" – bis dahin die offizielle Lesart des Regimes. Vier Monate später nahmen rund 250 000 Menschen an der endgültigen Beisetzung von Imre Nagy und anderen Opfern des Aufstandes von 1956 in Budapest teil.

Im Juli 1989 begann Ungarn, abermals auf Pozsgays Betreiben, den elektrischen Grenzzaun zu Österreich abzubauen. DDR-Bürger, die ihre Ferien in Ungarn verbrachten, nutzten die Gunst der Stunde und entkamen durch das Schlupfloch in den Westen. Hunderttausende Freiheits-

1994
Die Sozialistische Partei unter Gyula Horn erringt die absolute Mehrheit

1995
Árpád Göncz gewinnt die Präsidentenwahl zum zweiten Mal

hungriger sollten ihnen in den nächsten Monaten folgen. Der Zusammenbruch des Kommunismus in Europa war nicht mehr aufzuhalten.

REPUBLIK UNGARN: ZWEITER VERSUCH

Beim Parteitag im Februar 1989 verzichteten die Kommunisten auf ihr Machtmonopol und ebneten damit den Weg für freie Wahlen im März/April 1990. Am 23. Oktober 1989, am 33. Jahrestag des Aufstandes von 1956, wurde das Land abermals zur Republik Ungarn. Die Partei benannte sich in Ungarische Sozialistische Partei (MSZP) um.

Das neue Programm der MSZP propagierte eine soziale Demokratie und freie Marktwirtschaft. Doch das Stigma ihrer 40 Jahre langen autokratischen Alleinherrschaft ließ sich so leicht nicht abschütteln. Bei den Wahlen 1990 gewann das Ungarische Demokratische Forum (MDF), das für einen stufenweisen Übergang zum Kapitalismus stand. Die sozialdemokratische Allianz der Freien Demokraten (SZDSZ), die den schnellen Wandel forderte, wurde zweitstärkste Kraft, während die Sozialisten unter „ferner liefen" landeten. Gorbatschow ließ den kleinen Bruder gewähren, und so verließ Ungarn ohne weitere Schwierigkeiten die sozialistische Familie. Die letzten sowjetischen Soldaten zogen im Juni 1991 ab.

Das MDF bildete mit zwei kleineren Parteien – den Unabhängigen Kleinen Landwirten und den Christdemokraten (KDNP) – eine Koalitionsregierung, die das Land vernünftig und ruhig durch den schmerzvollen Prozess in die Marktwirtschaft führte. Es waren die Jahre, in denen Ungarns Nachbarn (die Tschechoslowakei im Norden, Jugoslawien im Süden) an ethnischen Konflikten zerbrachen. Regierungschef József Antall verkündete, er sei „emotional und spirituell" auch der Premier der ungarischen Minderheiten in der Slowakei, in Rumänien und Jugoslawien – was die Beziehungen zu den entsprechenden Staaten nicht unbedingt entspannte. Antall starb im Dezember 1993 nach langem Krebsleiden. Amtsnachfolger wurde Innenminister Péter Boross.

Trotz anfänglicher Erfolge – nachlassende Inflation, sinkende Zinssätze – lastete ein dickes Bündel wirtschaftlicher Probleme auf dem Land. Dass sich die Regierung aus allem heraushielt, erwies sich in dieser Phase als schwerer Fehler. Wie die meisten Menschen im Ostblock träumten die Ungarn davon, dass sich ihr Lebensstandard praktisch über Nacht verbessern würde. Der überwiegende Teil der Bevölkerung – 76 % nach einer Umfrage Mitte 1993 – war „sehr enttäuscht" von der Entwicklung im Land.

Im Mai 1994 bekam die Sozialistische Partei unter Führung von Gyula Horn die absolute Mehrheit, und das bedeutete keineswegs einen Rückschritt. Schließlich, so Horn, habe seine Partei seinerzeit den ganzen Reformprozess in Gang gesetzt. 1995 wurde Árpád Göncz von der SZDSZ zum zweiten Mal für fünf Jahre zum Präsidenten gewählt.

„Im April 2002 gingen so viele Menschen zu den Urnen wie nie zuvor in der ungarischen Geschichte. Mit dem knappsten Wahlergebnis, das es je im Land gegeben hatte, wurde die Regierung entmachtet."

DER WEG NACH EUROPA

Nach dem verheerenden Wahlergebnis von 1994 machte die Föderation der Jungdemokraten (Fidesz) – die bis 1993 nur Mitglieder unter 35 Jahre aufnahm, um kommunistische Lebensläufe voller Privilegien und Korruption von vornherein auszuschließen – einen Ruck nach Rechts. Der Namenszusatz „MPP" (Ungarische Bürgerpartei) sollte die neue Mittel-

1999
Ungarn tritt der NATO bei

2002
Péter Medgyessy wird zum Premierminister gewählt; zwei Jahre später wird er von Ferenc Gyurcsány abgelöst

klasse ansprechen. Im Wahlkampf 1998 warb Fidesz-MPP für eine stärkere Bindung an Europa und ging – in einer Koalition mit dem MDF und den konservativen Kleinen Landwirten – als Sieger hervor. Der junge Parteichef Viktor Orbán wurde zum Premierminister ernannt.

Die Koalition zeichnete für ein erstaunliches Wirtschaftswachstum und zahlreiche andere Errungenschaften verantwortlich. Die ausgeprägte nationalistische Rhetorik und die augenscheinliche Hochnäsigkeit der Fidesz-MPP – und Orbáns – kam bei den Wählern allerdings immer weniger gut an. Im April 2002 gingen so viele Menschen zu den Urnen wie nie zuvor in der ungarischen Geschichte. Mit dem knappsten Wahlergebnis, das es je im Land gegeben hatte, wurde die Regierung entmachtet. Als Sieger ging die MSZP hervor, die mit der SZDSZ koalierte. Premierminister wurde Péter Medgyessy, Verfechter des freien Marktes, der schon Finanzminister im Horn-Kabinett gewesen war. Im August 2004 – die Regierung litt gerade unter einem Stimmungstief – kam heraus, dass er Ende der 1970er-, Anfang der 1980er-Jahre während seiner Zeit im Finanzministerium als Geheimdienstoffizier tätig gewesen war. Sein Rücktritt bedeutete den ersten Zusammenbruch einer Regierung in Ungarns postkommunistischer Geschichte. Sportminister Ferenc Gyurcsány von der MSZP übernahm sein Amt.

1999 wurde Ungarn vollwertiges Mitglied der NATO und im Mai 2004, als eines von neun Beitrittsländern, in die EU aufgenommen. Im Juni 2005 wählte das Parlament László Sólyom, Juraprofessor und Gründungsmitglied des MDF, als Nachfolger für den aus dem Amt scheidenden Ferenc Mádl zum dritten Präsidenten der Republik.

2004

Als eines von neun Beitrittsländern wird Ungarn in die EU aufgenommen

2005

László Sólyom wird zum dritten Präsidenten der Republik gewählt

Kultur

MENTALITÄT

Als der italoamerikanische Physiker und Nobelpreisträger Enrico Fermi (1901–54) gefragt wurde, ob er an Außerirdische glaube, antwortete er: „Sie sind unter uns, aber sie bezeichnen sich selbst als Ungarn." Dr. Fermi meinte natürlich die Magyaren, das asiatische Volk ungewisser Herkunft, dessen Sprache nicht indoeuropäisch ist und das den Hauptteil der ungarischen Bevölkerung ausmacht.

Die Ungarn sind keineswegs so überschwänglich wie die extrovertierten Rumänen oder die sentimentalen Slawen, bei denen Lachen und Weinen nur einen Wimpernschlag (oder ein Glas mehr) auseinanderliegen. Leidenschaftlich, unbekümmert und in einem fort am Fiedeln wie die Zigeuner – das ist ein Klischee ohne jeden wahren Kern. In Wirklichkeit sind die Ungarn reserviert, ja geradezu förmlich. Sie sind fast immer äußerst höflich im Umgang mit anderen – das drückt sich auch in ihrer Sprache aus, selbst wenn sie ganz einfach im Metzgerladen an der Theke stehen oder beim Friseur sitzen. Männer begrüßen Frauen (oder Jüngere die Älteren, ungeachtet des Geschlechts) mit *Csókolom* („ich küsse sie" – wobei mit „sie" die Hand gemeint ist). Menschen jedes Alters – selbst enge Freunde – schütteln sich zur Begrüßung schwungvoll die Hand.

Die Nationalhymne nennt die Ungarn „ein Volk, vom Schicksal zerrissen". Die allgemeine Stimmung lässt sich mit *honfibú* beschreiben, wörtlich „patriotischer Kummer". Man hat eine starke Neigung zum kollektiven Blues, allerdings mit dem entscheidenden Schuss Hoffnung, der die meisten am Leben erhält. Diese Stimmung liegt zweifellos auch dem zu Grunde, was die Ungarn *az átkos 40 év* (die verdammten 40 Jahre) des Kommunismus nennen. Um zu verdeutlichen, was sie als „dunkle Seite der ungarischen Natur" bezeichnet, hat die verstorbene US-Auslandskorrespondentin Flora Lewis in ihrem Buch *Europe: A Tapestry of Nations* eine Geschichte wiedergegeben, die Anfang der 1930er-Jahre in Europa kolportiert wurde. „Es heißt", so schrieb sie, „dass ein Lied namens *Gloomy Sunday* (düsterer Sonntag) in Budapest ganz normale Menschen so erschütterte, dass sie sich sofort von der nächsten Donaubrücke in den Tod stürzten." Der Song des ungarischen Komponisten Rezsö Seress wurde von vielen Künstlern schon gecovert, unter anderem von Billie Holiday, Sinéad O'Connor und Björk. Und er ist Thema von Rolf Schü-

DIE LETZTEN ZUERST

Wie die Asiaten nennen die Ungarn ihre Namen immer in umgekehrter Reihenfolge, den Nachnamen zuerst. Hans Schmitt wäre zum Beispiel nicht János Kovács, sondern Kovács János. Elizabeth Taylor ist Szabó Erzsébet, und Franz Mehl würde sich als Liszt Ferenc vorstellen.

Auch die Anreden folgen diesem Muster. Herr Hans Schmitt wird zu Kovács János úr. Viele Frauen stellen sich mit dem vollen Namen ihres Mannes vor. Wäre Elizabeth mit Hans verheiratet, würde sie sich Kovács Jánosné (Frau Hans Schmitt) nennen – oder mittlerweile auch Kovácsné Szabó Erzsébet. Diese Variante wird vor allem bei berufstätigen Frauen immer beliebter.

Um Verwirrungen zu vermeiden, wurden die Namen in diesem Führer nach westlichem Vorbild – den Vornamen zuerst – genannt. Das gilt auch für Namen von Museen, Theatern usw., sofern sie übersetzt sind: Das Budapester Arany János színház heißt auf Deutsch János-Arany-Theater. Bei Straßennamen wurde die ungarische Reihenfolge beibehalten: Kossuth Lajos utca, Dísz tér usw.

bels romantischem Drama mit Joachim Król und Ben Becker, *Ein Lied von Liebe und Tod*, das 1999 in die deutschen Kinos kam.

Ungarns Gesellschaft ist gebildet und kulturell hoch entwickelt. Über 99 % der Erwachsenen können lesen und schreiben. Es herrscht Schulpflicht bis zum Alter von 16. Über 65 % der Bevölkerung haben eine höhere Schulbildung und 10 % einen Hochschulabschluss. Es gibt zurzeit 19 Universitäten.

Ungarns Beitrag auf dem Gebiet der Wissenschaften und der Didaktik ist viel bedeutender, als es die aktuelle Größe des Landes und der Bevölkerung vermuten lassen. Der Komponist Zoltán Kodály (1882–1967) hat eine einzigartige Methode der musikalischen Erziehung entwickelt, die weit verbreitet ist. Das Pető-Institut in Budapest verhilft mit großem Erfolg Kindern, die an zerebraler Kinderlähmung leiden, wieder zum Gehen. Albert Szent-Györgyi (1893–1986) bekam 1937 den Nobelpreis für Medizin bzw. Physiologie für die Entdeckung des Vitamin C. Georg von Békésy (1899–1972) wurde 1961 in Stockholm für seine Erforschung des Innenohres geehrt. Eugene Paul Wigner (1902–95) erhielt 1963 den Nobelpreis für seine Arbeit im Bereich der Kernphysik.

Welche Ungarn man vielleicht sonst noch so kennt oder kennen sollte, steht in *Eminent Hungarians* von Ray Keenoy, der sich dem Thema ganz „unbeschwert" widmet (nur auf Englisch) oder auf www.webenetics.com/hungary/famous.htm.

LEBENSART

Rund zwei Drittel aller Ungarn leben heute in Städten (S. 39). Gleichwohl bleiben viele dem Land irgendwie verbunden – mit einer *nyaralóház* (Datscha) in den Bergen oder am See oder einem Häuschen in einer der Weinregionen.

Traditionelle Bräuche werden in Ungarn nicht unbedingt gepflegt. Es gibt das Busójárásfestival in Mohács (S. 305); Farsang (vom deutschen Wort Fasching) wird auf Bällen und Privatpartys gefeiert, aber nur wenige kostümieren sich dafür. Dass junge Mädchen am Ostermontag mit Wasser oder Parfum besprüht werden, kann man nur noch in Hollókő (S. 339) im nördlichen Mittelgebirge beobachten. Der Betlehemzés-Weihnachtsbrauch hingegen hat sich in manchen ländlichen Gegenden bis heute erhalten: Junge Männer und Jungen tragen ein Kirchenmodell mit einer Krippe von Tür zu Tür. Beliebt bei eingefleischten Städtern mit Hang zum Landleben ist *disznótor*, einer Festivität mit viel Essen und Trinken anlässlich der Schlachtung eines Schweins. (Das Schlachten passiert zum Glück irgendwo abseits und wird von einem kräftigen *paraszt* oder Bauern erledigt.)

Wie die Spanier, Polen und viele andere katholische Völker feiern die Ungarn eher den *névnap* (Namenstag) als den Geburtstag (oder sie feiern beides). Der Namenstag ist zumeist der Gedenktag, also der Todestag, des jeweiligen Heiligen, aber auch weniger heilige Namen haben einen bestimmten Tag. In den meisten ungarischen Kalendern sind sie aufgeführt. Es ist üblich, dass Männer Frauen – Kolleginnen, Klassenkameradinnen, Nachbarinnen und natürlich Ehefrauen und Verwandten – zumindest eine Blume schenken.

Ungarn treffen sich mit Freunden gern außer Haus in Cafés und Restaurants. Wird man zu Ungarn nach Hause eingeladen, sollte man einen Blumenstrauß mitbringen (das ganze Jahr über in Massen erhältlich und sehr günstig) oder eine Flasche Wein aus der Region (S. 60).

Als Gesprächsthema ist praktisch alles erlaubt – von Religion über Politik bis hin zur Sprache (Ist Ungarisch tatsächlich schwieriger als Japanisch oder Arabisch?) –, nur Geld ist tabu. Von jeher wird das Reden über Geld – oder das Tragen auffälliger Schmuckstücke oder Kleidung – als taktlos betrachtet. Es ist somit äußerst schwierig, zu sagen, wo das monatliche Durchschnittseinkommen liegt (zumal die Schattenwirtschaft weit verbreitet ist). Zur Zeit der Entstehung dieses Textes bewegten sich die Gehälter um 146 000/94 000 Ft. brutto/netto (oder 599/386 €) pro Monat. Der Mindestlohn lag bei 57 000 Ft. (235 €) monatlich.

In einem Land, das seit Jahrtausenden Wein und Obstbrände produziert, spielt das Trinken eine große Rolle. Der Alkoholkonsum ist hoch; in Europa haben nur Luxemburg und Irland einen höheren Pro-Kopf-Verbrauch. Der Alkoholismus in Ungarn ist für Außenstehende nicht so offensichtlich wie in Polen oder Russland; dennoch ist er ein Problem. Offiziellen Zahlen zufolge sind 9 % der Bevölkerung alkoholsüchtig.

Ungarische Männer sind vielleicht in Gedanken Machos, doch die Frauen sind vor Belästigungen ziemlich sicher (wobei in den Medien über häusliche Gewalt und Vergewaltigung wenig berichtet wird). Die meisten Männer sind – selbst in betrunkenem Zustand – ausnehmend höflich zu Frauen. Frauen fühlen sich vielleicht nicht unbedingt wohl, wenn sie allein etwas essen oder trinken gehen, aber im Großen und Ganzen ist die Situation in Ungarn auch nicht anders als in den meisten anderen europäischen Ländern.

Die Lebenserwartung in Ungarn ist für europäische Begriffe sehr niedrig: 68 Jahre für Männer, knapp 77 Jahre für Frauen. Die Nation hat eine der niedrigsten Geburtenraten Europas – 9,76 Geburten pro 1000 Einwohner, bei einem Bevölkerungswachstum von – 0,26 % – und eine der höchsten Selbstmordraten (siehe Kasten unten). Aktuell münden 57 % aller ungarischen Ehen in eine Scheidung.

Schwule und Lesben treten außerhalb von Budapest kaum in Erscheinung. Beide Gruppen können eingetragene Partnerschaften eingehen, die ihnen jedoch kaum zusätzliche Rechte gewähren. Bei Redaktionsschluss diskutierte die Regierung über verbesserte gesetzliche Regelungen.

BEVÖLKERUNG

Laut der Volkszählung von 2001 sind über 92 % der ungarischen Bevölkerung Magyaren. Zu den nichtmagyarischen Minderheiten gehören Deutsche (2,6 %), Serben und andere Südslawen (2 %), Slowaken (0,8 %), Rumänen (0,7 %) und andere ethnische Gruppen. Die Zahl der Roma beläuft sich offiziell auf 1,9 % (193 800 Personen); in manchen Quellen ist die Zahl aber doppelt so hoch.

Die Bevölkerungsdichte liegt bei 109 Menschen pro Quadratkilometer; knapp 65 % der Ungarn leben in Städten. Fast ein Viertel der Bevölkerung lebt in einer der sechs größten Städte des Landes: Budapest (1,75 Mio.), Debrecen (205 000), Miskolc (178 000), Szeged (161 000), Pécs (157 000) und Győr (129 000). Mehr als die Hälfte – 54 % – der insgesamt 3150 Gemeinden liegen in Transdanubien.

Cleveland im US-Bundesstaat Ohio war einst die größte „ungarische Stadt" außerhalb Ungarns. Über 200 000 ethnische Magyaren leben in Ohio (www.clevelandmemory.org/hungarian/).

FEINER UNTERSCHIED

Ungarn hat eine der höchsten Selbstmordraten der Welt: 60,1 pro 100 000 Menschen. Mehr gibt es nur in Russland und einigen ehemaligen Sowjetrepubliken. Psychologen rätseln immer noch über die Ursachen. Manche mutmaßen, der Hang der Ungarn zum Düsteren führe unweigerlich häufiger zu Verzweiflungstaten. Andere vermuten ein Phänomen, das Ende des 19. Jhs. auch in Westeuropa zu beobachten war. Die Aristokratie verschwand nach und nach von der Bildfläche, und die *kisnemesség* (niederen Adligen) waren oft kaum besser dran als die Bauern. Viele nahmen sich das Leben, um „Name und Ehre der Familie zu retten". Infolgedessen galt – und gilt – Suizid nicht als unehrenhaft. Die Opfer werden in heiliger Erde begraben; und in Nachrufen heißt es dann beispielsweise verklausuliert: „János Kádár/Erzsébet Szabó starb plötzlich und auf tragische Weise." Rund 60 % der Selbstmörder wählen den Tod durch Erhängen.

Im Großen und Ganzen leiden die ethnischen Minderheiten in Ungarn nicht unter Diskriminierung. Ihre Rechte sind in der Verfassung verbrieft. Trotzdem kommt es hin und wieder zu Angriffen auf nichtweiße Ausländer, der Antisemitismus nimmt zu, ebenso wie Hass auf die Roma und damit einhergehende Diskriminierung.

Außerhalb der Landesgrenzen leben fast halb so viele Magyaren (oder Nachkommen ethnischer Ungarn) wie im Land selbst – rund 5 Mio. Menschen. Dieses bemerkenswerte Faktum lässt sich auf drei Ursachen zurückführen: den Vertrag von Trianon (1920), den Zweiten Weltkrieg und den Volksaufstand von 1956. Die geschätzten 1,45 Mio. Ungarn in Siebenbürgen (heute Rumänien) stellen die größte ethnische Minderheit in Europa. Weitere 580 000 Magyaren leben in der Slowakei, 295 000 in Serbien, 170 000 in der Ukraine, 70 000 in Österreich, 16 500 in Kroatien, 14 500 in Tschechien und 10 000 in Slowenien. Über eine Million Ungarn sind in die USA, nach Kanada, Australien und Israel ausgewandert.

SPORT

Ungarn erreichte im olympischen Medaillenspiegel zweimal Platz 13: in Sydney 2000 und in Athen 2004 mit jeweils 17 Medaillen (8-mal Gold, 6-mal Silber, 3-mal Bronze).

Ungarn sind begeisterte Zuschauer beim Sport, ob live oder im Fernsehen, und sie werden auch gern selbst aktiv. Die beliebtesten „passiven" Sportarten sind Fußball und Wasserpolo, aber auch Auto- und Pferderennen und sogar Schach haben ihre Fans.

Fußball ist mit Abstand der beliebteste Sport der Nation. Es gibt ein Dutzend Erstligavereine in Ungarn, allein vier davon in der Hauptstadt (S. 129). Noch heute wird vom „Spiel des Jahrhunderts" in Wembley 1953 geschwärmt, als die Ungarn England 6:3 schlugen – England verlor zum ersten Mal ein Heimspiel. Als das „goldene Team" ein Jahr später bei der WM in Bern gegen die deutsche Elf unterlagen, trug die Nation Trauer. Viele Ungarn über sechzig haben dieses Trauma bis heute nicht überwunden.

Im Wasserball dominiert Ungarn seit Jahrzehnten Europameisterschaften (zwölfmal) und Olympiaden (achtmal). Es lohnt sich also durchaus, eines dieser schnellen Seven-a-side-Spiele (mit sieben Spielern pro Team) von Profis oder Amateuren zu besuchen, obwohl man wenig mitbekommt, was unter Wasser geschieht. Mehr Infos s. S. 128.

Der Große Preis von Ungarn (S. 395) in der Formel 1 ist *das* Sportereignis des Jahres und findet unweit von Budapest im August statt.

MEDIEN

Wie in den meisten europäischen Ländern ist die Presse in Ungarn stark in das politische Leben involviert. Fast alle größeren Zeitungen sind mittelinks-orientiert. Eine Ausnahme bildet die konservative *Magyar Nemzet* (Ungarische Nation).

Zu den angesehensten Blättern gehören das Wochenmagazin *Heti Világgazdaság* (Weltwirtschaftswoche), bekannt als HVG, und das ehemalige Sprachrohr der kommunistischen Partei, *Népszabadság* (Freiheit der Menschen). Heute ist die Tageszeitung unabhängig und erreicht mit 198 000 Exemplaren die höchste Auflage aller ungarischen Zeitungen – dicht gefolgt von der Schweizer *Blikk,* einem knalligen Boulevardblatt, das sich vor allem um Sport, Stars und Sex kümmert, wenn auch nicht unbedingt immer in dieser Reihenfolge. Dann gibt es noch ein paar Fachzeitschriften wie die wöchentlich erscheinende *Élet és Irodalom* (Leben und Literatur), das vierzehntägig erscheinende Satireblatt *Hócipő* (Schneeschuh) und das Massenblatt *Nemzeti Sport* (Sport national).

Seit dem Verkauf des staatlichen Senders TV2 kontrolliert Magyar Televízió (MTV) nur noch ein Programm (MTV-1). Es gibt allerdings noch

MADONNA & DIE MAGYAREN

Mitte der 1990er-Jahre suchte Regisseur Alan Parker einen geeigneten Drehort für seinen Film *Evita*. Auf Budapest fiel schließlich seine Wahl wegen der dunkelhäutigen Menschen mit ihrem südländischen Temperament. Hauptdarstellerin Madonna machte sich sofort daran, ihre Louis Vuittons zu packen. Während de r Drehzeit in der ungarischen Hauptstadt gewährte *az anyagias lány* („the material girl") dem Boulevardblatt *Blikk* ein Interview, das inzwischen Kultstatus erreicht hat. *Blikk* stellte seine Fragen auf Ungarisch; sie wurden für Madonna ins Englische übersetzt. Ihre englischen Antworten wurden anschließend ins Ungarische übersetzt und so veröffentlicht. Das amerikanische Blatt *USA Today* wollte das Interview ebenfalls drucken, und so wurde das Ganze erneut ins Englische übersetzt. Das Ergebnis lässt sich nur mit einem Wort beschreiben: *kupleráj*, wörtlich „Bordell" – ein Slangausdruck für ein unglaubliches Durcheinander und Übersetzungschaos. Hier einige Auszüge – in der englischen Fassung, denn noch eine Übersetzung würde der Text kaum vertragen (und der Witz ginge verloren):

Blikk: Madonna, Budapest says hello with arms that are spread-eagled. Are you in good odour? You are the biggest fan of our young people who hear your musical productions and like to move their bodies in response.

Madonna: Thank you for saying these compliments. (She holds up her hands.) Please stop with taking sensationalist photographs until I have removed my garments for all to see. (She laughs.) This is a joke I have made.

Blikk: Madonna, let's cut toward the hunt. Are you a bold hussy-woman that feasts on men who are tops?

Madonna: Yes, this is certainly something that brings to the surface my longings. In America it is not considered to be mentally ill when a woman advances on her prey in a discotheque setting with hardy cocktails present. And there is a more normal attitude toward leather play-toys.

Blikk: Tell us how you met Carlos, your love servant who is reputed? Did you know he was heaven-sent right off the stick? Or were you dating many other people in your bed at the same time?

Madonna: No, he was the only one I was dating in my bed then, so it is a scientific fact that the baby was made in my womb using him. But as regards those questions, enough! I am a woman and not a test mouse!

Blikk: May we talk about your other "baby", your movie, then? Please do not be denying that the similarities between you and the real Evita are grounded in basis. Power, money, tasty food, Grammys – all these elements are afoot.

Madonna: What is up in the air with you? Evita never was winning a Grammy!

Blikk: OK, here's a question from left space. What was your book *Slut* about?

Madonna: It was called *Sex*, my book.

Blikk: Not in Hungary. Here it was called *Slut* … There is much interest in you from this geographical region, so I must ask this final question. How many Hungarian men have you dated in bed? Are they No. 1? How are they comparing to Argentine men, who are famous for being tip-top as well?

Madonna: Well, to avoid aggravating global tension, I won't say. It's a tie. (She laughs.) No, no, I am serious now. See here I am working like a canine all the way around the clock! I am too busy even to try the goulash that makes your country for the record books.

Blikk: Thank you for your candid chitchat.

Madonna: No problem, friend who is a girl.

einen privaten terrestrischen Sender (M2) und ein privates Satellitenprogramm (Duna TV). Ein zweiter privater terrestrischer Kanal (RTL Klub) und etwa 20 private Kabel- und Satellitenprogramme senden landesweit alles, angefangen mit Game- und Talkshows bis hin zu klassischen ungarischen Filmen. Die meisten mittelteuren bis teuren Hotels und *Pensionen* verfügen über Satellitenfernsehen, überwiegend sogar in deutscher Sprache.

Der private Radiosender Magyar Rádió (MR; Ungarisches Radio) hat drei Stationen, die nach berühmten Ungarn benannt sind: Lajos Kossuth

(Jazz und Nachrichten; 98,6 AM), die beliebteste Station des Landes; Sándor Petőfi (Musik aus den 1960ern bis 1980ern, Nachrichten und Sport; 94,8 FM) und Béla Bartók (Klassik und Nachrichten; 105,3 FM). Budapest Rádió, der Auslandssender des Ungarischen Radios, sendet auf 88,1 FM und 91,9 FM.

Juventus (89,5 FM), vor allem bei Jugendlichen angesagt, hat angeblich die zweitgrößte Zuhörergemeinde des Landes. Das in Szeged beheimatete Rádió 88 (95,4 FM) spielt die Hits der 1980er- und 1990er-Jahre – das, was Studenten gern hören. Danubius Rádió (98,3 FM und 103,3 FM) bietet eine Mischung aus Popmusik und Nachrichten.

RELIGION

Die Ungarn pflegen ein weitaus pragmatischeres Verhältnis zur Religion als ihre Nachbarn. Volle Kirchen findet man nur noch auf dem Land und an hohen Feiertagen (Ostern, Mariä Himmelfahrt, Weihnachten). Vielleicht ist es ja gerade diese Skepsis in Glaubensdingen, die den Erfolg der Ungarn in Wissenschaft und Mathematik erklärt? Allein die jüdische Gemeinde in Budapest erfreut sich seit einigen Jahren einer Wiederbelebung – die freilich vor allem auf den Zustrom orthodoxer Juden aus den USA und Israel zurückgeht.

Von den Ungarn, die sich bei der Volkszählung 2001 als religiös bezeichneten, waren 52 % römisch-katholisch, 16 % reformiert-protestantisch (Kalvinisten) und knapp 3 % evangelisch. Es gibt aber auch griechisch-katholische (2,5 %), orthodoxe und andere christliche Gemeinden (1 %). Juden (davon nicht alle praktizierend) gibt es rund 80 000 in Ungarn; vor dem Zweiten Weltkrieg waren es nahezu zehnmal so viele. Fast 90 % leben in Budapest.

KUNST & KULTUR

Die Kunst wurde von den einschneidenden Ereignissen der Landesgeschichte jedes Mal stark beeinflusst. König Stephans Übertritt zum Katholizismus brachte Romanik und Gotik nach Ungarn. Die ungarische Renaissance wurde dann aber durch die türkische Besatzung im Keim erstickt. Die Habsburger öffneten die Tore fürs Barock. Während der k.u.k.-Monarchie blühte die Kulturlandschaft ebenso wie danach und selbst unter dem faschistischen Regime. Der Kommunismus brachte den sozialistischen Realismus, der einem wenig beeindruckten Publikum Ernteidyllen und heroische muskelbepackte Stahlarbeiter vorführte. Immerhin wurde viel Geld in Musik und „korrekte Kunst" wie das klassische Theater investiert.

Malerei & Architektur

Die Klosterkirche in Ják (S. 190) ist ein schönes Beispiel für romanische Baukunst. Gotische Kirchen gibt es einige bedeutende in Nyírbátor (S. 388) und Sopron (S. 177). Gotisch sind auch die Altarbilder verschiedener Meister aus dem 15. Jh., zu besichtigen im Museum für christliche Kunst in Esztergom (S. 158). Die Corpus-Christi-Kapelle in der Basilika von Pécs (S. 318), die Bakócz-Kapelle in der Basilika von Esztergom (S. 158) und der Königspalast in Visegrád (S. 152) beherbergen außergewöhnliche Beispiele für die Steinmetzkunst der Renaissance.

Barock ist allgegenwärtig in Ungarn; praktisch jede Stadt kann mit entsprechender Architektur aufwarten. Richtig eindrucksvoll sind der Esterházy-Palast in Fertőd (S. 182 oder die Minoritenkirche in Eger (S. 354). Die kunstvoll geschnitzten Altäre der Minoritenkirche in Nyírbátor (S. 388) und die Abteikirche in Tihany (S. 223) sind barocke Mei-

Die dynamische Vereinigung junger Künstler (www.c3.hu/fkse) ist ein Zweig des ungarischen Landeskünstlerverbandes und ein Schaufenster für die zeitgenössische Kunst Ungarns. Mitglieder werden nur bis zu einem Alter von 35 aufgenommen.

UNGARISCHE VOLKSKUNST

Ungarn hat eine der reichsten Folkloretraditionen Europas. In diesem Kunstsektor hat das Land die größten Erfolge zu verzeichnen. Den modernen Städtern ist das natürlich ein Dorn im Auge: Volkskunst gilt als *déclassé*, zumal sie gerade vom kommunistischen Regime besonders gefördert wurde.

Anfang des 18. Jhs. gelangten Teile der ungarischen Bauernschaft zunehmend zu Wohlstand. Sie versuchten sich ihr Leben zu verschönern, indem sie Gegenstände und Kleidung farbenfroh ausschmückten. Wenn man sich Volkskunst ansieht, muss man immer zwei Dinge bedenken: Erstens, mit wenigen Ausnahmen (etwa die „primitiven" Gemälde im ungarischen Museum für Naive Künstler Kecskemét; S. 270) wurden nur Gebrauchsgegenstände verziert. Zweitens, Volkskunst ist keine höfische Kunst oder das Werk von Kunsthandwerkern, vergleichbar mit denen, die chinesischen Brokat oder Fabergé-Eier herstellen. Volkskunst wird von ganz normalen Menschen gemacht, die versuchen, die einfache Welt um sie herum auf neue und andere Weise zum Ausdruck zu bringen.

Wichtigstes Zentrum der Baumwollweberei war von jeher die Sárközregion (S. 305) um Szekszárd in Süd-Transdanubien – die charakteristischen schwarzen und roten Stoffe werden überall kopiert. Einfachere Webwaren finden sich im Nordwesten, besonders um den Tiszahát (Theißrücken). Auf Grund des üppigen Schilfbewuchses in dieser ehemaligen Sumpfgegend erwarben die Menschen hier auch besondere Fertigkeit im Korbflechten.

Drei Volksgruppen sind berühmt für die Stickereikunst, das Beste, was die ungarische Folklore zu bieten hat: die Palóc im nördlichen Mittelgebirge, insbesondere um das Dorf Hollókő (S. 339), die Matyó aus Mezőkövesd (S. 359) und die Frauen von Kalocsa (S. 274). Die zahlreichen Unterschiede und Merkmale werden in den entsprechenden Kapiteln vorgestellt; aber zweifellos führt keiner so geschickt die Nadel wie eine Matyónäherin. Ebenso eindrucksvoll sind die wasserdichten Wollmäntel, *szűr* genannt; Hirten trugen sie früher in der Puszta. Sie wurden meisterhaft (von Männern!) bestickt, die dazu dickes, flauschiges Garn verwendeten.

Die ungarische Folklorekeramik ist Weltklasse; keine ungarische Küche kommt ohne ein paar passende Keramikteller oder -schalen an der Wand aus. Zentrum dieser Industrie ist die Puszta – vor allem Hódmezővásárhely, Karcag und Tiszafüred. Schöne Beispiele kommen aber auch aus Transdanubien, besonders aus der Őrségregion. Es gibt Becher, Krüge, Teller, Schüsseln und Tassen. Am seltensten und schönsten aber sind die *írókázás fazékok* – Gefäße mit Schriftzug, die gern zur Hochzeit geschenkt werden. Geformt wie Tier- oder Menschengestalten sind z. B. die *Miskai kancsó* (Miska-Becher) aus der Theißregion. Der Ort Nádudvar nahe Hajdúszoboszló in der Puszta hat sich auf schwarze Keramik spezialisiert – erstaunliche Kunstwerke, die viel schöner sind als das graue Zeug aus Mohács in Süd-Transdanubien.

Schnitzkunst aus Holz oder Knochen – Mangelbretter, Modelle für Honigkuchen, Spiegelkoffer, Zigarrenhalter, Salzstreuer: Damit beschäftigten sich Hirten oder Bauern, wenn sie im Winter nicht draußen arbeiten konnten. Die Schäfer und Schweinehirten des Komitats Somogy südlich vom Balaton und die Kuhhirten der Hortobágy haben es in dieser Kunst zu besonderen Weihen gebracht. Ihre Darstellungen von Feiern und örtlichen „Robin-Hood"-Helden wie Hufeisen-Steve machen immer noch großen Spaß.

Früher fertigten und verzierten die meisten Leute ihre Möbel selbst, besonders Schränke für die *tiszta szoba* (gute Stube) und *tulipán ládák* (Aussteuertruhen mit aufgemalten Tulpen). Zu den schönsten traditionellen Möbelstücken Ungarns gehören die goldgesprenkelten Pappelholztische und -stühle aus dem Gemencer Wald bei Szekszárd. Wertvoller als die gewöhnlichen Tulpentruhen sind die schweren Eichentruhen mit geometrischen Mustern aus der abgelegenen Ormánságregion in Süd-Transdanubien.

sterstücke. Die größten Maler des 18. Jhs., die in Ungarn wirkten, waren Anton Maulbertsch (Fresken in der Auferstehungskirche in Sümeg; S. 219) und István Dorffmeister (Fresken im Bischofspalast von Szombathely; S. 186).

Eine eigenständige Kunst und Architektur entwickelte sich in Ungarn erst Mitte des 19. Jhs. Mihály Pollack, József Hild und Miklós Ybl verwandelten nicht nur das Antlitz der Hauptstadt, sondern errichteten überall im Land Kathedralen und Herrenhäuser. Die Schule der Nationalromantik mit ihren Heldengemälden, vertreten durch Bertalan Székely (1835–1910) und Gyula Benczúr (1844–1920), wurde zum Glück bald abgelöst vom Realismus eines Mihály Munkácsy (1844–1900), dem „Maler der Puszta". Die größten Maler dieser Periode waren Tivadar Kosztka Csontváry (1853–1919), der mit Van Gogh verglichen wird, und József Rippl-Rónai (1861–1927), Schlüsselfigur der sezessionistischen Kunst in Ungarn. Ihre Kunst bewundern kann man in Museen in Pécs (S. 319) und Kaposvár (S. 325). Zu den beliebtesten Künstlern des 20. Jhs. gehören Victor Vasarely (1908–97) – der „Vater" der Op Art begann sein Leben als Győző Vásárhelyi, änderte aber seinen Namen, als er 1930 nach Paris auswanderte – und der Bildhauer Amerigo Tot (1909–84). Victor-Vasarely-Museen gibt es in Pécs (S. 319) und Budapest (S. 81), Amerigo Tots Arbeiten sind in Pécs (S. 320) zu besichtigen.

Der romantische Eklektizismus von Ödön Lechner (Kunstgewerbemuseum, Budapest; S. 101) und der ungarische Sezessionismus oder Jugendstil (Reök-Palast Szeged; S. 281) hat Ungarn um die Jahrhundertwende eine einzigartige Architektur beschert. Jugendstilfans finden in Städten wie Budapest, Szeged und Kecskemét einige der schönsten Beispiele dieses Stils außerhalb von Brüssel, Nancy und Wien.

Die Nachkriegsarchitektur in Ungarn kann man leider getrost vergessen. Eine Ausnahme bildet die Arbeit von Imre Makovecz. Er entwickelte einen eigenen „organischen" Stil (der bei seinen Landsleuten nicht immer gut ankommt) und benutzt Materialien wie Baumstümpfe und Fertigrasen. Er hat überall seine Spuren hinterlassen, doch die besten (und vielleicht sonderbarsten) Stücke sind die Kulturzentren in Sárospatak (S. 377) und Szigetvár (S. 329) und die evangelische Kirche von Siófok (S. 204).

Einen Glanzpunkt erlebte die moderne Kunst 2005: Das Budapester Ludwig-Museum (S. 102) zog vom Burgberg weg in ein eigens dafür errichtetes Gebäude im Kunstpalast gegenüber vom Nationaltheater.

Musik & Tanz

Ungarn hat in der klassischen Musik viele große Namen hervorgebracht. Einer aber überragt sie alle: Franz (oder in Ungarn: Ferenc) Liszt (1811–86). Er gründete die Musikakademie in Budapest und beschrieb sich selbst gerne als „Halbzigeuner". Einige seiner Kompositionen, vor allem die zwanzig *Ungarischen Rhapsodien*, erinnern tatsächlich stark an die traditionelle Musik der Roma.

Ferenc Erkel (1810–93) rief die ungarische Nationaloper ins Leben. Zwei seiner Werke – die patriotische Oper *Bánk Bán*, die auf József Katonas Theaterstück gleichen Namens basiert, und *László Hunyadi* – gehören zum Standardrepertoire der ungarischen Staatsoper. Erkel komponierte auch die Musik für die Nationalhymne: *Himnusz*.

Imre Kálmán (1882–1953) war Ungarns berühmtester Operettenschreiber. Die *Csárdásfürstin* und *Gräfin Mariza* sind zwei seiner beliebtesten Werke.

Béla Bartók (1881–1945) und Zoltán Kodály (1882–1967) untersuchten erstmals systematisch die ungarische Volksmusik. 1906 reisten sie zusammen durch die ungarischsprachigen Gebiete, um Material zu sammeln. Was sie fanden, bauten sie in spätere Kompositionen ein – Bartók in *Herzog Blaubarts Burg* zum Beispiel, Kodály in die *Pfauenvariationen*.

Es gibt zahlreiche Symphonieorchester in der Hauptstadt, aber auch in den Provinzstädten. Zu den besten gehören das Budapest Festival Orchestra und das Ungarische Radiosymphonieorchester, das bei allen ausländischen und einigen inländischen Aufnahmen unter dem Namen Budapest Symphony Orchestra firmiert.

Popmusik ist hier ebenso populär wie anderswo – in Ungarn findet sogar eines der größten Popspektakel Europas statt, das jährliche Musikfestival in Sziget (S. 395). Über 200 Bands spielen hier für fast 370 000 Leute.

Ein großer Unterschied besteht zwischen der Musik der „Zigeuner" und der ungarischen Volksmusik. Die so genannte Zigeunermusik, wie man sie in ungarischen Restaurants von Budapest bis Boston hört, ist schmalztriefender Kitsch und geht auf Lieder zurück, *verbunkos*, die während der Rákóczi-Befreiungskriege gespielt wurden. Mindestens zwei Geigen, ein Bass und eine Zimbel (ein zitherartiges Saiteninstrument, das mit Schlegeln gespielt wird) gehören dazu. Die zuckersüße *Csárdas*-Musik (also die in ungarischen Restaurants/Gasthäusern gespielte Musik) ist fast in jedem eleganten Hotelrestaurant in den Provinzen zu hören; Aufnahmen von Sándor Déki Lakatos und seiner Band sind im Handel erhältlich.

In *Der englische Patient (1996)* von Anthony Minghella spielt Almásy (Ralph Fiennes) Katharine (Kristin Scott Thomas) auf dem Phonographen ein ungarisches Volkslied vor; die Stimme, die ertönt, gehört Marta Sebestyén. Sie singt: *Szerelem, Szerelem* (Liebe, Liebe).

Zur ungarischen Volksmusik gehören Geige, Zither, Drehorgel, Dudelsack und Laute; zu Grunde liegt eine diatonische Tonleiter mit fünf Ganztönen. Hörenswert: Muzsikás (mit der unnachahmlichen Marta Sebestyén, oder die Künstlerin solo); Ghymes, ungarische Volksmusikanten aus der Slowakei; und die ungarische Gruppe Vujicsics, die Elemente südslawischer Musik einfließen lässt. Die Musik der Csángó, einer ethnischen Gruppe, die in Osttransylvanien und Moldawien lebt, ist besonders melancholisch; zu hören ist sie auf dem zehntägigen Jászberény-Sommer (S. 395), der Folkmusikfans von überallher anlockt. Moderner – weil mit westlichen Beats unterlegt – klingt z. B. Anima Sound System, vor allem ihre CD *Hungarian Astronaut*.

Um die Verwirrung perfekt zu machen: Die Roma sangen ihre Musik – anders als die Zigeuner – traditionell a capella (allenfalls von Percussion oder Gitarre begleitet). Zwei der bekanntesten modernen Roma-Bands sind Gusztav Várgas Gruppe Kalyi Jag (Schwarzes Feuer) aus Nordostungarn und Romano Drom. Auf dessen Scheibe *Romano Trip: Gypsy Grooves from Eastern Europe* trifft Roma- auf Weltmusik, unterlegt mit elektronischem Touch.

Termine und Orte für *táncház*-Veranstaltungen und -Aufführungen in Budapest und im Rest des Landes finden sich unter www.tanchaz.hu/.

Der Besuch in einem *táncház* (Tanzhaus; S. 126) bietet zweierlei: Man kann traditionelle ungarische Musik hören und sogar tanzen lernen – ein Riesenspaß! Die Tanzhäuser sind relativ leicht zu finden, vor allem in Budapest, wo das Revival begann. In der Hauptstadt, in Pécs und Szeged beheimatet sind auch einige Ballettcompagnien; die mit Abstand beste Truppe ist das Győr-Ballet (S. 172).

Literatur

Was der Dichter Gyula Illyés (1902–83) einst schrieb, trifft den Nagel auf den Kopf: „Die ungarische Sprache ist unsere sanfteste Wiege und unser härtester Sarg zugleich." Die Komplexität und Subtilität des Magyarischen hat es von jeher fast unmöglich gemacht, dass man sich außerhalb von Ungarn mit der dortigen Literatur beschäftigt. Dabei wäre es wundervoll, die draufgängerischen Oden und Liebesgedichte von Bálint Balassi (1554–94) oder Miklós Zrínyis *Die Gefahr in Sziget* (1651) im Original zu lesen – die meisten müssen sich wohl mit den Übersetzungen trösten, die es immerhin gibt (s. Kasten S. 46).

Sándor Petőfi (1823–49) ist Ungarns berühmtester Dichter. Eine Zeile aus seinem *Nationallied* geriet zum Schlachtruf im Unabhängigkeitskrieg von 1848/49, in dem Petőfi kämpfte und starb. Ein zutiefst philoso-

UNGARISCHE LITERATEN IN DEUTSCHER ÜBERSETZUNG

Im Folgenden eine kleine Auswahl der wichtigsten Werke der ungarischen Literatur, die im Buchhandel zu Hause oder sogar vor Ort in deutscher Übersetzung erhältlich sind.

- *Die Tragödie des Menschen* (Imre Madách, 1859/60) Das dramatische Gedicht malt – inspiriert von Milton und Goethe – die Geschichte der Menschheit neu und untersucht die Grenzen von Wissenschaft und Technologie in Hinsicht auf moralische Fragen.
- *Ein Goldmensch* (Mór Jókai, 1872) Jókais beste Arbeit ist ein realistisches Porträt der grausamen Welt des Geldes und eine Anklage gegen die Kommerzialisierung der modernen Gesellschaft.
- *Sankt Peters Regenschirm* (Kálmán Mikszáth, 1895) Dieser köstliche Roman ist eine Mischung aus Legende, Märchen und Sozialsatire, eine optimistische Geschichte von der erfolgreichen Suche nach dem Glück.
- *Tödlicher Halbmond – Sterne von Eger* (Géza Gárdonyi, 1901) Historienschmöker, der die Geschichte von der Belagerung der Stadt Eger 1552 durch die Türken erzählt; ein verwaister Bauernjunge wird zu einem der größten (fiktiven) Helden der ungarischen Geschichte.
- *Mischi und das Kollegium* (Zsigmond Móricz, 1921) Die bewegende Geschichte eines gescheiten und empfindsamen Schuljungen, der in einem alten, sehr etablierten Internat in Debrecen erzogen wird, spiegelt im Kleinen die Lage Ungarns nach seiner Zerstückelung durch den Vertrag von Trianon.
- *Lerche* (Dezső Kosztolányi, 1924) Die Geschichte eines ältlichen Fräuleins, das irgendwo auf dem hintersten Land in der ungarischen Provinz lebt; ein Buch über Abhängigkeiten und die Sinnlosigkeit des Lebens.
- *Die Geschichte meiner Frau* (Milan Füst, 1942) Ein holländischer Kapitän versucht, die Wahrheit über seine kokette französische Frau herauszufinden; komplexe Geschichte über einen Besessenen.
- *Die Glut* (Sándor Márai, 1942) Die Geschichte eines Grolls, der über 40 Jahre lang Leben und Freundschaft zweier Männer vergiftet.

Hungarian Literature Online (www.hlo.hu) ist *das* Tor zur Welt der ungarischen Bücher. Die Seite wendet sich an Autoren, Lektoren, Übersetzer und Verleger und alle Interessierten (nur Englisch).

phisches Theaterstück mit dem Titel *Die Tragödie des Menschen* von Imre Madách (1823–64), veröffentlicht zehn Jahre nach Ungarns Niederlage im Unabhängigkeitskrieg, gilt noch heute als das größte klassische Drama des Landes.

Nach Ungarns Niederlage 1849 suchten viele Schriftsteller in der Romantik Inspiration und Trost: Siegreiche Helden und Ritter in schimmernden Rüstungen wurden beliebte Themen. Petőfis Waffenbruder János Arany (1817–82), dessen Name für das reine Ungarisch steht, verfasste epische Gedichte (etwa die *Toldi-Trilogie*) und Balladen.

Ein weiterer Freund von Petőfi, der produktive Roman- und Theaterautor Mór Jókai (1825–1904), verarbeitete Themen wie Heldentum und Redlichkeit in wunderbaren Werken wie *Ein Goldmensch* und *Schwarze Diamanten*. Der „ungarische Dickens" erfreut sich heute noch großer Beliebtheit. Noch immer ein Dauerbrenner ist auch Kálmán Mikszáth (1847–1910). In seinen satirischen Geschichten wie *St. Peters Regenschirm* machte er sich über den niederen Adel und dessen unaufhaltsamen Untergang lustig. Angeblich war der ehemalige US-Präsident Theodore Roosevelt (1858–1919) so begeistert von der Lektüre, dass er auf einer Europareise 1910 darauf bestand, den Schriftsteller – noch kurz vor seinem Tod – zu besuchen.

Zsigmond Móricz (1879–1942) vertritt eine ganz andere Art von Schriftstellern. Seine Werke stehen in der Tradition von Émile Zola und untersuchen das raue Leben der Bauern im Ungarn des ausgehenden 19. Jhs. Sein Zeitgenosse Mihály Babits (1883–1941), Dichter und Herausgeber des einflussreichen Literaturmagazins *Nyugat* (Westen), widmete sein Leben und seine Schaffenskraft der Neubelebung der ungarischen Literatur.

Auch das 20. Jh. hat zwei hervorragende ungarische Dichter hervorgebracht: Endre Ady (1877–1919) wird von manchen als Nachfolger Petőfis angesehen. Er war ein Reformer, der den Materialismus und die wachsende Selbstgefälligkeit der Ungarn hart kritisierte – wofür er bei den rechten Nationalisten einen Sturm des Protestes erntete. Das Werk des sozialistischen Poeten Attila József (1905–37) kreist um die Entfremdung, der sich die Menschen der Moderne ausgesetzt sehen; sein *Poem über die Donau* ist auch in der Übersetzung ein Genuss. József geriet sowohl mit der kommunistischen Untergrundbewegung als auch mit dem Horthy-Regime in Konflikt und fand ein tragisches Ende: Mit 32 Jahren warf er sich unweit vom Balaton vor einen Zug. Eine jüngere Entdeckung ist Sándor Márai (1900–89). Sein frischer Stil hat weltweit das Interesse an der ungarischen Literatur geweckt.

Zu den bedeutendsten zeitgenössischen Schriftstellern Ungarns gehören Imre Kertész (geb. 1929), György Konrád (geb. 1933), Péter Nádas (geb. 1942) und Péter Esterházy (geb. 1950). Konráds *Geisterfest* (1985) ist ein autobiografisch angehauchter Bericht über eine jüdische Gemeinde in einer Kleinstadt im Osten Ungarns. *Buch der Erinnerung* von Nádas zeichnet im Stil von Thomas Mann den Niedergang des Kommunismus nach und wurde bereits verfilmt. In *Ende eines Familienromans* setzt Nádas einen kindlichen Erzähler ein, um die kommunistischen 1950er-Jahre in Ungarn wie durch einen Filter zu schildern. Esterházys teilweise autobiografischer Roman *Harmonia Caelestis* (2000) malt ein strahlendes Bild von seinem Vater als Prototyp des aufrechten, stolzen Ungarn. Als sich herausstellt, dass der Mann für den Geheimdienst des Kommunistenregimes als Spitzel tätig gewesen war, folgt 2002 *Verbesserte Ausgabe*, eine Art Tagebuch des zutiefst erschütterten Sohnes.

Kertész, der Auschwitz überlebt hat, erhielt 2002 den Nobelpreis für Literatur – es war das erste Mal, dass einem Ungarn diese Ehre zuteil wurde. Er hat acht Romane verfasst, von denen einige auch in deutscher Übersetzung erschienen sind, darunter *Roman eines Schicksallosen* (1975), *Kaddisch für ein nicht geborenes Kind* (1990) und *Liquidation* (2003).

Culture Shock! Hungary: A Guide to Customs & Etiquette von Zsuzsanna Ardo (nur auf Englisch) geht über die üblichen anekdotenhaften Informationen und Beobachtungen hinaus und ist eher eine echte anthropologische und soziologische Studie über die Magyaren an sich.

Kino

Auf Grund mangelnder Unterstützung durch die öffentliche Hand hat Ungarn noch keine 20 Kinofilme produziert. Doch unter diesen wenigen sind eine Hand voll ganz hervorragender. Zu den Klassikern zählen die Streifen von Oskargewinner István Szabó *(Süße Emma, liebe Böbe; Ein Hauch von Sonnenschein)*, Miklós Jancsó *(Die Männer in der Todesschanze)* und Péter Bacsó *(Zeuge, Live Show)*.

Weitere Spitzenfilme sind *Simon Mágus,* die surrealistische Erzählung über zwei Zauberer und eine junge Frau in Paris von Ildikó Enyedi, und ihr *Tender Interface* über die Abwanderung der geistigen Elite aus Ungarn nach dem Zweiten Weltkrieg.

Péter Timárs *Csinibaba – Zuckerpuppe* ist ein satirischer Blick auf das Leben – und die Qualität von Filmproduktionen – während des Kommunismus. *Zimmer Feri* spielt am Balaton; ein junger Witzbold legt sich mit einer Horde krakeelender deutscher Touristen an; der Buchstabendreher im Titel ist Absicht. Timárs *6:3* versetzt die Zuschauer zurück in den glorreichen Augenblick der Geschichte, als Ungarn England im Fußball besiegte (S. 40). Gábor Herendis *Fast Amerika* ist die köstliche Geschichte eines Filmteams, das sich Hilfe von einem ausgewanderten Ungarn erhofft, der sich als reicher Produzent ausgibt.

Aus jüngerer Zeit stammt der Film des ungarisch-amerikanischen Regisseurs Nimród Antal: *Kontroll* ist ein romantischer Thriller voller Hochspannung. Er spielt fast ausschließlich in der Budapester Metro und handelt von Außenseitern, Verliebten und Träumern. Wer das Ungewöhnliche sucht, sollte sich *Hukkle* von György Pálfi ansehen. In diesem bizarren Streifen gibt es statt Dialogen nur eine wilde Kakophonie aus Schluckauf, Rülpsen, Gemurmel und Grunzen. Finsterer Klassiker à la David Lynch oder Männerfilm? Das darf jeder für sich entscheiden.

Natur & Umwelt

GEOGRAFIE

Ungarn liegt im Zentrum Osteuropas im Karpatenbecken, erstreckt sich über 93 030 km^2 und ist damit etwa so groß wie Portugal. Seine 2171 km lange Grenze teilt es sich mit immerhin sieben Nachbarn: Österreich, Slowakei, Ukraine, Rumänien, Serbien, Kroatien und Slowenien.

Das Land weist im Wesentlichen drei Landschaftstypen auf: die tief gelegenen Regionen der Großen Tiefebene oder Puszta (Nagyalföld) im Osten, Südosten und im Zentrum, und die der Kleinen Tiefebene (Kisalföld) im Nordwesten, die zusammen zwei Drittel der Fläche des Landes einnehmen; die Bergregionen im Norden sowie das hügelige Transdanubien im Westen und Südwesten. Die längsten Flüsse sind die Theiß (Tisza; 596 km in Ungarn) und die Donau (Duna 417 km), die das Land in drei Teile teilen. Es gibt in Ungarn über tausend Seen, von denen der Plattensee mit 596 km^2 mit Abstand der größte ist, gefolgt vom künstlichen Theißsee mit 127 km^2.

Wer mehr erfahren möchte über das, was die Ungarn die *szőke* (blonde) Donau nennen, sollte sich Claudio Magris' *Donau: Biografie eines Flusses* zu Gemüte führen, eine wunderbare Mischung aus Reisetagebuch, Kunstgeschichte und Lebensweisheit.

Regionen

Die topografische Unterteilung des Landes sagt nicht wirklich etwas aus über die kulturellen und feineren geografischen Unterschiede des Landes. Auch die 19 *megye* (Regierungsbezirke) helfen da nicht weiter. Ungarn lässt sich aber in acht charakteristische Regionen unterteilen: Budapest und Umgebung, Donauknie, West-Transdanubien, die Balatonregion, Süd-Transdanubien, die Puszta, das nördliche Mittelgebirge und der Nordosten (s. Karte S. 10).

Budapest ist nach London, Berlin, Madrid, Rom und Paris die sechstgrößte Stadt der EU.

Budapest ist mit 1,75 Mio. Einwohnern bei weitem die größte Stadt und das spannendste Reiseziel Ungarns. Begrenzt wird die Metropole von der Donauinsel Csepel im Süden, den Puszta-Ausläufern im Osten, den Budahügeln im Westen und dem Donauknie im Norden. Die Donau spaltet die Stadt; am Ostufer erstreckt sich das flache Pest, im Westen erhebt sich das hügelige Buda.

Das Donauknie ist die Stelle, an der die Donau auf ihrem Weg nach Osten von zwei Hügelketten Richtung Süden gelenkt wird. Die Gegend ist landschaftlich wunderschön und war mehrfach Schauplatz der ungarischen Geschichte. Wichtigste Stadt der Region ist Esztergom.

Transdanubien – die Gegend „hinter der Donau" im Westen – ist eine Region auffälliger Gegensätze. West-Transdanubien ist teils hügelig, teils flach; im Norden erstreckt sich die Kleine Tiefebene. Zentren sind die historischen Städte Győr, Sopron und Szombathely, alle reich an Kunst und Architektur. Zentral-Transdanubien wird vom Balaton beherrscht, dem großen nationalen Gewässer. Székesfehérvár ist hier die größte Stadt. Süd-Transdanubiens „Hauptstadt" ist das mediterran anmutende Pécs. Die Gegend ist weniger hügelig und eine echte Fundgrube fürFreunde traditioneller Baukunst und Kultur. Wein wird überall in Transdanubien gekeltert; am besten aber sind die Roten aus dem Süden.

Die mittlere Tiefe des Balaton, des größten Sees Europas außerhalb von Skandinavien und Russland, beträgt nur 3 m; nur vor der Halbinsel Tihany erreicht er eine Tiefe von 12 m.

Die Große Tiefebene oder Alföld ist eine durch menschlichen Einfluss entstandene steppenartige Landschaft, die knapp 100 m über dem Meeresspiegel liegt. Sie erstreckt sich östlich der Donau über mehrere Hundert Quadratkilometer. Größte Stadt im Zentrum der Puszta, wo die Industrialisierung am weitesten fortgeschritten ist, ist Szolnok. Die salzhaltige Grassteppe im Osten ist teils Weideland, teils Nationalpark und ein Paradies für Vögel (und Ornithologen). Debrecen ist hier die wichtigste

Stadt. Im Süden liegt die Kornkammer Ungarns, mit Getreide und Obst in Hülle und Fülle; nur hin und wieder wird die monotone Ackerlandschaft von Bauernhöfen unterbrochen. Die ehemaligen Marktflecken Kecskemét und Szeged haben sich zu Städten mit jeder Menge Sehenswürdigkeiten entwickelt. Reiten zählt hier zu den beliebtesten Freizeitbeschäftigungen.

Das nördliche Mittelgebirge ist die „Bergregion" Ungarns mit Gipfeln zwischen 400 und 800 m; höchste Erhebung ist der Kékes im Mátra-Gebirge mit 1014 m. An die bewaldeten Hügel und Täler des nördlichen Mittelgebirges grenzen weite Weinberge und verstreute Fabriken, deren bessere Zeiten längst vorüber sind. Die Industriestadt Miskolc und das reizvolle Eger sind die wichtigsten Städte der Region.

Es gibt im Wesentlichen drei ungarische Hunderassen: den großen, zotteligen weißen Hirtenhund Komondor; den kurzhaarigen Vorstehhund Magyar Vizsla; und den unvergleichlichen Hirtenhund Puli.

Der Nordosten Ungarns liegt wesentlich tiefer als das nördliche Mittelgebirge, ist aber nicht so flach wie die Puszta und sehr fruchtbar. Viele verschiedene Volksgruppen leben hier, z. B. der überwiegende Teil der ungarischen Roma. Wer sich für Volkskunst und -architektur, insbesondere Holzkirchen, interessiert, ist hier richtig. Wichtigste Stadt im Gebiet ist Nyíregyháza.

TIERE & PFLANZEN

Tiere

In Ungarn leben überwiegend altbekannte europäische Tiere (Rehe, Hasen, Wildschweine, Füchse, Wölfe), aber auch einige seltene Arten (Wildkatze, Teichfledermaus, Smaragdeidechse, Wiesenotter). Richtig spannend wird die Fauna aber erst, wenn man sich für die gefiederten Freunde interessiert. Weit über die Hälfte der 450 bekannten Wirbeltiere des Landes sind Vögel, zumeist Wasservögel, die an Flüssen, Seen und in Feuchtgebieten leben. Mehr über die besten Plätze zur Vogelbeobachtung s. Kasten S. 56.

Pflanzen

Neben den Nationalparks unterhält Ungarn 1300 Landschaftsschutzgebiete und Naturschutzgebiete, angefangen von der Halbinsel Tihany im Balaton bis hin zu einem Bestand alter Eichen in Hajdúböszörmény.

Knapp über 50 % der Fläche des Landes ist in irgendeiner Form kultiviert; 19 % sind mit Wald bedeckt, aber nur 10 % sind wirklich naturbelassene Waldgebiete. Hier leben rund 2200 Pflanzenarten, davon auf Grund der besonderen Topografie und des Mischklimas viele Arten, die normalerweise auf diesem Breitengrad nicht zu finden sind. Eine Flora wie in den Hügeln von Villány und Mecsek in Süd-Transdanubien etwa gedeiht sonst nur im Mittelmeerraum. Die salzreiche Hortobágy in der östlichen Tiefebene weist zahlreiche Pflanzen auf, die normalerweise nur an der Küste wachsen, und die Gegend um Nyírség ist berühmt für ihre Wiesenblumen. Der Gemencer Wald an der Donau nahe Szekszárd, der Kleine Balaton im Zentrum Transdanubiens und die Theiß östlich von Kecskemét sind große Feuchtgebiete. Die meisten Bäume der ungarischen Wälder sind Laubbäume (Buchen, Eichen, Birken); nur ein kleiner Prozentsatz sind Nadelgehölze.

NATIONALPARKS

Ungarn besitzt zurzeit neun Stätten, die auf der Liste des Unesco-Welterbes verzeichnet sind; zwei davon (die Aggtelekhöhlen und der Fertő-tó) teilt sich das Land mit den Nachbarn Slowakei bzw. Österreich.

Es gibt in Ungarn heute elf Nationalparks; vor zehn Jahren waren es fünf. Die drei in der Großen Tiefebene – Hortobágy-Nationalpark (Unesco-Welterbe; S. 263), Kiskunság-Nationalpark (S. 272) und Körös-Maros-Nationalpark (S. 293) – schützen Flora und Fauna, gefährdete Feuchtgebiete sowie das Sumpf- und Grasland der Puszta. In West-Transdanubien gibt es drei Parks, die überwiegend bewaldet sind: den Őrség-Nationalpark in der Őrségregion (S. 199), den Írottkőwald bei Kőszeg (S. 195), der als „Naturpark" bezeichnet wird, und den Fertő-Hanság-Nationalpark

VERANTWORTUNGSVOLLER TOURISMUS

Die meisten Regeln und Bestimmungen in den Nationalparks erklären sich von selbst. Es ist verboten, Müll wegzuwerfen, Blumen zu pflücken, Insekten zu fangen (z. B. Schmetterlinge), außerhalb von ausgewiesenen Plätzen Feuer zu entzünden, Krach zu machen, laute Musik zu spielen usw. Nicht vergessen: Flora und Fauna mancher Ökosysteme – etwa im Hortobágy-Nationalpark – sind sehr empfindlich; deshalb niemals die markierten Wege verlassen.

Müll lässt sich von vornherein vermeiden, wenn man nur so viel mitnimmt, wie man tatsächlich verzehren will; leere Verpackungen einfach wieder mitnehmen. In oder bei Wasserläufen keine Seife oder Zahnpasta verwenden, auch wenn es biologisch abbaubare Produkte sind.

In der Hauptsaison kann es auf Ungarns Straßen hoch hergehen. Besucher tun sich selbst und den Einheimischen einen großen Gefallen, wenn sie öffentliche Verkehrsmittel benutzen, insbesondere in den Städten.

In größeren Städten stehen an den Straßen öffentliche Mülleimer und Wertstoffcontainer.

am Neusiedler See (S. 175), den sich Ungarn mit Österreich teilt (der ungarische Name des Sees ist Fertő-tó). Das nördliche Mittelgebirge zählt zwei Nationalparks: einen im fast komplett bewaldeten Bükk-Gebirge (S. 351), den anderen in der Karstgegend von Aggtelek (Aggtelek-Nationalpark; S. 368) – mit einem System von Kalksteinhöhlen und Flüssen, das sich bis in die Slowakei erstreckt.

Zum Donau-Dráva-Nationalpark gehören der Gemencer Wald (S. 304) in Süd-Transdanubien; der Balaton-Oberland-Nationalpark (S. 209) umfasst die hügelige Region nördlich vom Plattensee; der Donau-Eipel-Nationalpark (S. 152) liegt am Donauknie.

UMWELTPROBLEME

Luftverschmutzung ist in Ungarn ein großes und kostenintensives Problem, zumal das Land vor dem EU-Beitritt in aller Eile seine Gesetzgebung anpassen musste. Minderwertige Kohle, mit der manche Kraftwerke und Fabriken betrieben werden, hinterlässt Schwefeldioxid und verursacht sauren Regen. Die Stickoxidemissionen der Autos führen zu schwerer Luftverschmutzung. Durch übermäßigen Einsatz von Nitratdünger in der Landwirtschaft ist das Grundwasser mit Phosphaten verseucht.

Seit der Schaffung des Umweltministeriums in den 1990er-Jahren sind aber bereits deutliche Verbesserungen zu verzeichnen. Zwischen 1990 und 1997 etwa fielen die Schwefeldioxidemissionen um ein Drittel. Eine weitere Senkung ist zu erwarten: Ungarns Kohlekraftwerke sollen entweder vom Netz gehen oder in Kraftwerke mit Gasturbinen umgewandelt werden – bis auf ein oder zwei Ausnahmen. Rund ein Drittel des landesweiten Strombedarfs deckt der nach sowjetischen Plänen gebaute Kernreaktor in Paks in Süd-Transdanubien. Der Stickoxid-Level fiel allerdings nur um ein Fünftel. Der Sprit, den die Fahrzeuge verbrennen, ist zwar sauberer geworden, dafür steigt aber die Zahl der Zulassungen unaufhörlich. Und die Gesamtabfallmenge ist von 106 Mio. Tonnen auf 75 bis 80 Mio. Tonnen gesunken, was dem EU-Durchschnitt entspricht.

Auf der Website www.rec.org informiert das Regional Environmental Center for Central and Eastern Europe. Die Organisation sitzt in Szentendre und entwickelt Strategien für ein gemeinsames Ökosystem und die Lösung von Umweltproblemen in der Region.

Aktivitäten

Eine Reise nach Ungarn ist nicht nur gut für die Bildung – man kann hier auch sonst ganz schön aktiv werden. Warum nicht ein paar Sehenswürdigkeiten auslassen und dafür mal Boot fahren, radeln, Vögel beobachten oder ins Thermalbad gehen?

Die Städter lieben Trips aufs Land, um der Enge ihrer Häuserschluchten und der schlechten Luft zu entkommen. Nichts ist ihnen so heilig wie der *kirándulás* (Ausflug) – ein Tag Wandern, Schwimmen, Reiten oder einfach ein Picknick an Fluss oder See mit *gulyás* (Rindergulaschsuppe), die in einem *bogrács,* einem Kessel, über offenem Feuer zubereitet wird.

THERMALBÄDER

Das Wort „Kutsche" im Deutschen und das englische „coach" leiten sich von Kocs ab, einem kleinen Dorf südwestlich von Tata in West-Transdanubien. Hier wurden – für die Reisen zwischen Budapest und Wien – erstmals leichtere Pferdewagen statt riesiger Karossen eingesetzt.

Seit römischer Zeit liebt jeder, der sich in Ungarn niederlässt, das Thermalwasser; rund 1300 Quellen sind registriert, 300 davon werden zu Badezwecken genutzt. Viele der 150 öffentlichen Heilbäder, wie die in Balatonfüred (S. 225), Hajdúszoboszló (S. 266), Hévíz (S. 211) und Gyula (S. 295), sind alles andere als nur reines Vergnügen. Man kommt hierher, um mit Hilfe des Heilwassers spezielle Krankheiten zu kurieren: Erkrankungen der Atemwege, Muskel-, Herz- oder Frauenleiden. Die meisten Hotels in den Spas bieten Komplettpakete an (Unterkunft, Nutzung des Spas und anderer Einrichtungen, medizinische Untersuchung, Therapien etc.), die eine Woche oder länger dauern. **Danubius Travels** (☎ 1-888 8200; www.danubiusgroup.com; V., Szervita tér 8) in Budapest ist Experte auf dem Gebiet und übernimmt die Buchung solcher Pakete. **Tourinform** (☎ 1 438 8080, 24 Std.-Info-Hotline 06 80 630 800; www.tourinform.hu) hat überall im Land Büros. Hier bekommt man die nützliche Broschüre *Health and Wellness* mit den Adressen aller Heilbäder in Ungarn.

Zu den zukunftsträchtigsten Erscheinungen des ungarischen Tourismus zählt die Entstehung von riesigen Wellnesscentern, oft durch Umwandlung alter Heilbäder. Dazu gehören die moderne Anlage in Sárvár (S. 191) und die Rábaquelle in Győr (S. 167). Die medizinische Betreuung ist hier immer noch seriös; zusätzlich aber werden holistische Therapien und Beautybehandlungen angeboten.

REITEN

Eine alte ungarische Redewendung bescheinigt den Magyaren, sie seien „für den Rücken der Pferde erschaffen". Angesichts der zahllosen Reitställe, -schulen und -wege überall im Land scheint das auch heute noch zu gelten.

Mehr Infos über Lipizzaner und die ungarische Züchtung Nonius s. www.pferde-pferderassen.de. Englische Infos unter http://horsecare.stablemade.com und www.imh.org/imh/bw/lip.html.

Reiten in Ungarn heißt allerdings meistens, auf dem Weg zu einem Schloss oder einfach durchs Gelände hinter einem Führer herzutrotten oder sich in einer Kutsche herumfahren zu lassen. Bei größeren Reitschulen aber können erfahrene Reiter auch Pferde mieten, um Ausritte in die Berge oder durch die Puszta zu machen. Diese Schulen bieten zudem Reitunterricht an. Kein Wunder, dass sich die besten Zentren in der Puszta befinden – in Máta (S. 264) bei Hortobágy, Bugac (S. 272) bei Kecskemét und Solt (S. 275), nördlich von Kalocsa. In Transdanubien gibt's eine gute Schule in Orfű (S. 324), am Balaton eine in Sümeg (S. 220) und Keszthely (S. 209). Ein Erlebnis der besonderen Art ist der Ritt auf einem der edlen Lipizzaner des Gestüts in Szilvásvárad (S. 361) im nördlichen Mittelgebirge.

Beim **ungarischen Verein für Reittourismus** (MLTSZ; ☎ 1-456 0444; www.equi.hu; IX., Ráday utca 8) in Budapest bekommt man eine Liste mit empfohlenen Reitschulen im ganzen Land. Ebenfalls in der Hauptstadt findet sich **Pegazus Tours** (☎ 1-317 1644; www.pegazus.hu; V., Ferenciek tere 5), die drei- bis fünftägige (300–350 €) bzw. sieben- bis neuntägige (750–850 €) Ausritte organisieren, und zwar in Transdanubien, in der Puszta und rund um den Plattensee.

UNTERWEGS MIT KANU & KAJAK

Ungarn liegt in einem Becken und wird von zahlreichen Flüssen verschiedener Größe durchkreuzt. Zur Verfügung stehen etwa 4000 km Wasserwege, die zu bestimmten Zeiten im Jahr mit dem Kanu oder Kajak befahrbar sind – April bis September ist zweifellos am besten geeignet. Ein Boot zu mieten, Verpflegung und Camping an den Flüssen und Seen ist nicht teuer; ein *evezőstúra* (Bootsausflug) gilt in Ungarn sogar als „Arme-Leute-Ferien" und ist besonders bei Studenten beliebt.

Kanu- und Kajaktrips werden in Hülle und Fülle angeboten. Beliebte Routen folgen der Donau von Rajka bis Mohács (386 km) oder der Theiß von Tiszabecs bis Szeged (570 km). Es gibt aber auch weniger frequentierte Pfade und kürzere Trips, etwa die 210 km lange Strecke über Körös und Theiß von Békés nach Szeged oder auf dem Rába von Szentgotthárd bis Győr (205 km).

Cartographia (www.cartographia.hu) bietet mehrere spezielle Wassersportkarten (*vízitúrázók térképei*; 800–1100 Ft.) für die Flüsse und Seen in Ungarn (z. B. *Rába* 1:50 000, *Tisza-tó* 1:40 000 etc.).

Alle Kajak- und Kanuclubs in Ungarn finden sich auf der Website der ungarischen **Kajak- und Kanuvereinigung** (MKKSZ; www.mkksz.hu). Viele davon geben Auskunft oder bieten Unterstützung bei der Routenplanung in ihrer Region. Die Wassertourenabteilung des **ungarischen Naturfreundevereins** (MTSZ; ☎ 1-332 7177, 331-2467; www.fsz.bme.hu/mtsz; VI., Bajcsy-Zsilinszky út 31) in Budapest kann ebenfalls sehr hilfreich sein.

Vizitura (☎ 1-280 8182; info@vizitura.hu; IX., Hurok utca 1), mit Sitz in Budapest, organisiert Touren auf fast allen ungarischen Flüssen. Ein Viererkanu kostet 1400 bis 2000 Ft. am Tag, ein Führer 15 000 Ft. (ungarischsprachig) bzw. 30 000 Ft. (englischsprachig).

SCHWIMMEN

Schwimmen ist in Ungarn extrem beliebt. In den meisten Städten gibt es sowohl ein Hallen- als auch ein Freibad, sodass sich Enthusiasten das ganze Jahr über in die Fluten stürzen können. Der Eintritt ist im Allgemeinen niedrig (ab 550 Ft.), und man kann oft sogar Badekleidung und -mützen für etwa den gleichen Preis leihen (Kopfbedeckung ist in den meisten Hallenbädern Pflicht). Alle Bäder verfügen über abschließbare Umkleiden/Spinde. Man zieht sich darin (oder daneben) um und ruft dann eine Aufsichtsperson. Er oder sie wird dann die Kleider einschließen und dem Badegast einen Schlüssel mit Nummer geben, den man an der Badekleidung befestigen kann. Achtung: Um Diebstahlgefahr bei Verlust des Schlüssels zu vermeiden, trägt der Schlüssel eine andere Nummer als der Spind – merken muss man sich also unbedingt die Nummer des *Spindes*.

Erster ungarischer Olympiasieger war der Schwimmer Alfréd Hajós. Bei den ersten Spielen der Neuzeit 1896 in Athen gewann er zwei Goldmedaillen.

Seen und Flüsse haben einen grasbewachsenen *strand*, der oft mit Duschen und Umkleiden ausgestattet ist.

WANDERN

Wandern lässt es sich gut in den Wäldern um Visegrád (S. 155), Esztergom (S. 156), Badacsony (S. 213), Kőszeg (S. 195) und Budapest (S. 75).

Walking in Hungary: 32 Routes through Upland Areas (nur auf Englisch erhältlich) von Tom Chrystal und Beata Dosa führt Wanderer durch die Hügel des nördlichen Ungarn und Transdanubiens.

Nördlich von Eger liegt das Bükk-Gebirge (S. 351), südlich von Kecskemét die Bugac-Puszta (S. 272), beides Nationalparks mit markierten Wanderwegen. Beste Jahreszeiten zum Wandern sind Frühjahr oder Herbst.

Von Cartographia gibt es 30 Wanderkarten (Maßstab 1:40 000 und 1:60 000; 900/2350 Ft. gefaltet bzw. mit Spiralbindung) für die Berge, Ebenen und Wälder in Ungarn. Die meisten sind im Budapester Büro (S. 71) erhältlich. Die Wege sind auf den Karten rot dargestellt und mit einem Buchstaben oder einer ungarischen Abkürzung gekennzeichnet, die der Farbmarkierung der Route vor Ort entspricht. Entweder sind die Markierungen auf Bäume gemalt, oder ein Buchstabe auf einem Schild gibt die Farbe an: „K" für *kék* (blau), „P" für *piros* (rot), „S" für *sárga* (gelb) und „Z" für *zöld* (grün).

Infos und Beratung gibt's beim ungarischen Naturfreundeverein (s. oben).

RADFAHREN

Das ungarische Flachland ist ideal zum Radeln. Über 2000 km Fahrradwege stehen in Stadt und Land zur Verfügung (Budapest, Szeged, an Donau und Theiß, um den Balaton), und das Netz wird noch weiter ausgebaut. Zusätzlich gibt es Tausende Kilometer Straßen und Wege mit wenig Verkehr. Bestens geeignet für Touren mit dem Zweirad sind das Donauknie (S. 142), das Kálbecken südöstlich von Tapolca (S. 216), der Hortobágy-Nationalpark (S. 263), die Őrségregion (S. 198), die Gegend um Sopron (S. 182) und das Zemplén-Gebirge (S. 371).

Frigoria (www.frigoriakiado.hu) gibt einen sehr nützlichen Führer samt Karte im Maßstab 1:250 000 heraus: *Radwandern in Ungarn* (*Kerékpártúrák Magyarországon*; 2950 Ft.). Er enthält 100 Tourenvorschläge, außerdem gibt's Infos zu Sehenswürdigkeiten und Servicecentern auch in deutscher Sprache. Ebenfalls von Frigoria stammen kleinere Führer mit Karte (Durchschnittspreis 1800 Ft.) für ein Dutzend verschiedene Regionen, darunter Balaton, Süd-Transdanubien und das Donauknie.

Auskünfte und Beratung zum Thema Radfahren gibt's beim **ungarischen Radfahrerclub** (MK; ☎ 1-206 6223, 06 30 922 9052; www.kerosz.hu) oder dem **ungarischen Verband der Tourenradfahrer** (MKTSZ; ☎ 1-311 2467; mktsz@dpg.hu; VI., Bajcsy-Zsilinszky út 31, 2/F), beide in Budapest. Mountainbiker sollten sich mit dem **ungarischen Mountainbikeverein** (MMBSZSZ; ☎ 1-278 0946; mktsz@dpg.hu), ebenfalls in der Hauptstadt, in Verbindung setzen.

Bei der Routenplanung unbedingt berücksichtigen: Auf Autobahnen und Landstraßen erster Ordnung (Nr. 0 bis 9) ist Radfahren verboten. Räder müssen überdies mit Beleuchtung und Reflektoren ausgestattet sein. Auf manchen Bahnstrecken können Fahrräder transportiert werden. Dafür sind spezielle Waggons vorgesehen, die jeweils 58 Bikes fassen.

Radsportverein Balázs & Freunde (BBBSE; ☎ 1-227 6236, 06 30 991 6327; info@bbbse.hu; XXII., Háros utca 47–49) in Budapest organisiert das ganze Jahr über Ausflüge mit dem Bike von ein bis drei Tagen Dauer (2000 bis 15 000 Ft., inkl. Transport und Unterkunft).

Happy Bike (☎ 06 20 556 8686; www.happybike.hu) bietet in Zusammenarbeit mit dem ungarischen Radfahrerclub fünf anspruchsvollere einwöchige Touren an, darunter am Balaton, am Donauknie und in der Őrségregion (397–467 €, inkl. Fahrradmiete, Unterkunft, drei Mahlzeiten pro Tag und Gepäcktransport).

Ebenfalls in Budapest ansässig ist **Velo-Touring** (☎ 1-319 0571; www.velo-touring.hu; XI., Előpatak utca 1; 🕑 Mo–Fr 9–17 Uhr). Die große Fahrradreiseagentur bietet eine achttägige Spa-Tour von Hajdúszoboszló in der Puszta zu verschiedenen Heilbädern an (655 €) sowie eine zehntägige Tour vom Balaton nach Wien und zurück (729 €) und eine zehntätige Tour am Donauknie und darüber hinaus (736 €). Die Preise schließen ein Fahrrad, Unterkunft und zwei Mahlzeiten pro Tag mit ein. In den Gruppen fahren zwischen acht und zwanzig Personen mit.

VOGELBEOBACHTUNG

Ungarn ist so etwas wie ein ornithologischer Schmelztiegel und somit ein echtes Mekka für Vogelliebhaber. Etwa 380 von den über 400 europäischen Vogelarten wurden hier schon gesichtet. 250 davon leben fest hier oder ziehen regelmäßig durch. Die einheimischen Populationen von Silberreiher (über 2000 Paare), Löffler (mehrere Hundert Paare) und Rotfußfalken (800 Paare), aber auch von Seeadler (70 Paare), Seggenrohrsänger (600 singende Männchen), Würgfalke (150 Paare) und Großtrappen (1200 Tiere) gehören zu den größten Europas. Häufiger als überall sonst in Europa nisten hier Kaiseradler (80 Paare).

Gerard Gormans *The Birds of Hungary* ist die Bibel aller Birder und eine große Hilfe beim Finden und Benennen der gefiederten Freunde in Ungarn. *Where to Watch Birds in Eastern Europe* gewährt weitere Einblicke, ist allerdings schwer zu ergattern.

Die Ankunft der Störche in der Puszta, im nördlichen Mittelgebirge und im Nordosten des Landes im April/Mai ist ein Erlebnis, das man nicht vergisst.

„Birder“, die lieber mit Anleitung spähen, statt auf eigene Faust loszuziehen, sind bei **Birding Hungary** (☎ 06 70 214 0261; www.birdinghungary.com) genau richtig. Leiter Gerard Gorman ist Ungarns kompetentester Vogelkenner und führt jeden Monat ein bis vier organisierte Touren durch, von Frühling bis Spätherbst. Ziele sind meistens das nördliche Mittelgebirge und der Hortobágy-Nationalpark, Dauer vier bis acht Tage. Maßgeschneiderte Ausflüge und Tagestouren sind ebenfalls möglich (100 € pro Tag).

Einen guten Ruf als Anbieter genießt auch **Aquila Nature Tours** (☎ 52-456 744; aquila@hu.inter.net) in Debrecen. Touren im Hortobágy und im Zempléngebirge für 65 € pro Tag.

Allgemeine Auskünfte erteilt auch die **ungarische Gesellschaft für Vogelkunde & Naturschutz** (MME; ☎ 1-275 6247; mme@mme.hu; XII., Költő utca 21) in Budapest. Dazu gehört ein **Birdershop** (☎ 1-270 2920; XIII., Katona József utca 35; 🕑 Mo–Fr 8–18, Sa 10–14 Uhr) in der Hauptstadt, wo man Bücher und Ratgeber, Ferngläser, Kleidung und sonstiges Zubehör bekommt.

SEGELN & WINDSURFEN

Möglich ist das Segeln auf dem Velencesee oder auf dem Theiß-Stausee; das eigentliche Zentrum des Segelsports aber ist der Balaton. Segler mit Schein können rund um den Plattensee Boote mieten (S. 200), u. a. in Balatonfüred, Siófok, Balatonaliga, Balatonalmádi, Balatonkenese und Tihany. **Sail & Surf** (☎ 0630 227 8927; www.wind99.com) ist ein Segel- und Windsurfzentrum im **Club Tihany** (S. 225); hier kann man Boote mieten und Gruppen- oder Einzelkurse buchen. Auch Yachten lassen sich hier chartern: Für vier bis sechs Personen kostet der Spaß fürs Wochenende zwischen 270 und 300 € und 590 bis 690 € für eine Woche.

Auf dem Plattensee sind nur Segel- und Ruderboote sowie Wasserfahrzeuge mit Elektromotoren erlaubt.

Segelboote mieten kann man überall, wo es Wasser, Wind und einen Campingplatz gibt – am Theiß-Stausee in Abádszalók, am Velencesee (S. 238) in Gárdony und Velence sowie am Neusiedler See (S. 175) nahe Fertőrákos.

Der Treff für Windsurfer aber ist nach wie vor der Balaton (S. 200), insbesondere in Kesthely, Balatonszabadi, Balatonvilágos und Balatonaliga. Die beste Zeit zum Surfen ist im Früh- oder Spätsommer, denn im Juli und August ist der Wind meist zu schwach.

Der **ungarische Windsurfingverein** (MSZSZ; ☎ 1-488 0312; husurf@windsurfing.hu; XII., Krisztina körút 3) in Budapest steht für weitere Fragen zur Verfügung.

UNGARNS VÖGEL

Es gibt in Ungarn Dutzende Plätze zum Beobachten von Vögeln. Die besten sind in der Gegend um Hortobágy, in Kiskunság, am Neusiedler See, in Aggtelek, am kleinen Balaton (Kis-Balaton) und am Theiß-Stausee. Die Pilis-, Bükk- und Buda-Berge und sogar kleinere Seen wie die bei Tata und Fehér, nördlich von Szeged, ziehen viele Wildvögel an. Nach Vögeln Ausschau zu halten lohnt sich immer im Frühling und Herbst; der beste Monat aber ist der Mai als Hauptbrutzeit.

Hortobágy (S. 263)

Die salzige Grassteppenlandschaft der Puszta mit großen Fischteichen und Sümpfen ist eines der artenreichsten Vogelgebiete Europas. Über 300 Arten wurden hier gesichtet, darunter Großtrappen, Rotfußfalken und Seggenrohrsänger. Fast das ganze Jahr über findet man hier Würgfalken, Adlerbussarde und Seeadler; im September/Oktober ziehen Gänse und bis zu 70 000 Kraniche hier vorbei. An den Fischteichen von Hortobágy leben vier Arten von Lappentauchern und acht Arten von Reihern, außerdem mehrere Arten von Seeschwalben. Die Seeadler verbringen hier den Winter.

Neusiedler See (S. 175)

Rund 210 Nist- und Zugvogelarten wurden im Fertő-Hanság-Nationalpark in West-Transdanubien verzeichnet. Der Park umfasst das südliche Ende des flachen, salzigen Neusielder See nahe der österreichischen Grenze (ungarisch: Fertő-tó). Von April bis Juni ist im Schilf am meisten los. Im August kommen die Weißstörche, und der Herbst ist die beste Zeit, um Bläss- und Saatgänse zu sehen.

Aggtelek (S. 368)

Die hügelige Karstregion von Aggtelek ist vor allem als Brutplatz bei Schwarzstorch, Wachtelkönig, Habichtskauz, Zippammer, Wespenbussard und verschiedenen Spechtarten beliebt. Am meisten zu sehen ist hier von April bis September.

Kleiner Balaton (S. 209)

Das riesige Feuchtgebiet mit unzugänglichen schilfüberwucherten Teichen und einem 1984 geschaffenen künstlichen See ist die Heimat von über hundert Nistvogelarten. Der beste Ort, um Reiher, Löffler und Grasmücken zu erspähen, ist auf Kányavári (Kányavári-sziget), einem winzigen Eiland mit zwei Beobachtungstürmen. Optimale Zeit ist von April bis August. Im Herbst machen hier Zehntausende Zugvögel Rast auf ihrer langen Reise.

Theiß-Stausee (S. 247)

Das nördliche Drittel dieses riesigen künstlichen Sees, das Gebiet östlich von Poroszló, ist ein Vogelschutzgebiet und wird vom Hortobágy-Nationalpark verwaltet. Im Schilf und in den Wäldern entlang der Theiß leben zahlreiche Purpurreiher, Zwergdommeln, Silberreiher, Kormorane und Schwarzmilane. Am Theißsee ist das ganze Jahr über etwas zu sehen; Mai und Juni sind am besten für Brutvögel, im August und September sind Störche und Greifvögel auf der Durchreise.

Bükk-Gebirge (S. 351)

Die Bergkette östlich von Budapest, die den Bükk-Nationalpark bildet, ist von Mai bis Juli mit Specht- und Schnäpperarten bevölkert; außerdem trifft man auf Kaiseradler und Waldvögel.

Tata (S. 163)

Der Alte See (Öreg-tó), ein Naturschutzgebiet unweit von Tata in West-Transdanubien, zieht zwischen Oktober und Februar eine beträchtliche Zahl von Wasservögeln in großer Artenvielfalt an. Zwischen 20 000 und 40 000 Bläss- und Saatgänse kommen allein im Februar hier durch. Bester Beobachtungsposten ist das südliche Ende des Sees. Eine Thermalquelle sorgt an dieser Stelle dafür, dass der See nicht zufriert. Der angrenzende Park und Wald lockt im Winter Seidenschwanz, Kernbeißer, Bergfink und verschiedene Spechtarten an.

ANGELN

Ungarns Seen und Flüsse sind wahre Anglerparadiese voller Hechte, Zander, Karpfen und andere Süßwasserfische. Geangelt wird praktisch überall, besonders beliebt aber sind der Balaton und die Theiß – insbesondere auf der Höhe des Stausees von Kisköre südwestlich von Tiszafüred. Alle ungarischen Gewässer zusammen bedecken über 130 000 km². Über die Hälfte davon wird von Anglern genutzt.

Zum Angeln benötigt man den so genannten Staatlichen Fischereischein, der ein Jahr gilt, und Angelschein für den jeweiligen Ort. Letzterer wird für einen Tag, eine Woche oder ein Jahr ausgestellt und ist auf eine bestimmte Region begrenzt. Gewöhnlich erhält man die Scheine an der gleichen Stelle – in Anglerclubs und -vereinen, im Anglerladen oder – an stärker frequentierten Orten – an speziellen Tickethäuschen am Wasser. Beste Informationsquelle ist der **ungarische Landesanglerverband** (MOHOSZ; ☎ 1-248 2590; www.mohosz.hu; XII., Korompai utca 17) in Budapest.

Essen & Trinken

Viel wurde schon geschrieben über die ungarische Küche – viel Unsinniges und viel schlichtweg Falsches. Wahr ist, dass die ungarische Küche stark von Fremdeinflüssen geprägt ist und sehr viel Paprika verwendet. Doch selbst die schärfste Sorte des Letzteren (*csípős* genannt) ist ziemlich mild; Tacos mit Salsa oder indisches Vindaloo-Hühnchen greifen da die Geschmacksnerven weitaus stärker an.

Ungarische Spezialitäten von Aniko Gergely et al. ist ein wunderschön illustriertes Buch, das auf 320 Seiten alles über die ungarische Küche offenbart, von Suppen über Nüsse und vieles andere. Die Rezepte werden durch interessante Geschichten über Land und Leute ergänzt.

Nach westlichen Vorstellungen ist das Essen in Ungarn immer noch vergleichsweise günstig. Die Portionen sind riesig. Allerdings liegen die Gerichte oft schwer im Magen und sind nicht immer wirklich bekömmlich. Fleisch, saure Sahne und Fett sind immer dabei; *saláta* (Salat) steht – außerhalb der Saison – für einen Teller mit eingelegtem Gemüse. Aber die Dinge ändern sich allmählich, zumindest in Budapest. Es gibt inzwischen eine Reihe vegetarischer (oder teilweise vegetarischer) Restaurants. Immer mehr Speisekarten offerieren „echte" vegetarische Gerichte, und Ethnoküche wird immer beliebter. Sogar die ungarische Küche selbst erlebt eine lang ersehnte Wandlung. *Kortárs magyar konyha* (moderne ungarische Küche) wird in immer mehr Restaurants angeboten und erfreut sich zunehmender Beliebtheit.

TYPISCHES & SPEZIALITÄTEN

Die Ungarn sind keine großen Frühstücksesser. Ihr *reggeli* (Frühstück) besteht aus einer Tasse Tee oder Kaffee und einem trockenen Brötchen, zu Hause oder auf dem Weg zur Arbeit. *Ebéd* (Mittagessen) gibt's um 13 Uhr; es ist vor allem auf dem Land das Hauptessen des Tages. *Vacsora* (Abendbrot) ist eher bescheiden – es sei denn, man geht zum Essen aus – und besteht aus Wurst, Käse und eingelegtem Gemüse.

Brot & Nudeln

Ungarische Rezepte stehen unter http://lingua.arts.klte.hu/hungary/konyha.htm und anderswo im Internet.

Es heißt, die Ungarn essen am liebsten „Brot mit Brot". *Kenyér* (altes Brot) wird zumindest seit König Matthias' Zeiten verwendet, um Suppen und Eintöpfe anzudicken. *Kifli* (Hörnchen) gehören seit der türkischen Besatzung zur nationalen Speisekarte. Wesentlich leckerer als das Brot aber sind in Ungarn die *galuska* (Nockerl) und *tarhonya* (Eiernudeln aus Gerste), die zu *pörkölt* (Eintopf), *paprikás* oder *tokány* (S. 59) gereicht werden.

Suppen

Ein Essen beginnt in Ungarn meist mit *leves* (Suppe), üblicherweise *gombaleves* (Pilzsuppe) oder *gombócleves* (mit Fleisch gefüllte Knödel in Brühe). Sättigender sind *gulyásleves* (S. 59) mit Rindfleisch und *bableves,* eine dicke Bohnensuppe, die auch oft als Hauptgericht serviert werden. Ebenfalls beliebt ist die *halászlé* (Fischersuppe), eine Art Ragout, das es in vielen Variationen gibt, mit Karpfen und Stockfisch, Tomaten, Pfeffer und Paprika.

Die frühen Magyaren waren im Kampf so erfolgreich, weil sie sich nicht, wie andere Armeen, von (langsam) mitziehenden Viehherden ernährten. Die ungarischen Reiter hatten stattdessen Trockenfleisch und Nudeln dabei, die sie in nahrhaftes *gulyás* verwandelten, sobald sie Wasser fanden.

Fleisch & Fisch

In Ungarn werden erstaunliche Mengen Fleisch vertilgt. Fleisch, oft noch mit anderem Fleisch gefüllt, ist auf fast jeder Speisekarte zu finden. Schwein, Rind und Geflügel sind die am häufigsten verwendeten Fleischsorten. Es gibt sie paniert, frittiert, gebraten, als Paprikatopf oder geschmort in *lecsó,* einer schmackhaften Mischung aus Paprika, Tomaten und Zwiebeln. Lamm findet man dagegen eher selten auf der Karte.

Üblicherweise stehen zehn Schweine- und Rindfleischgerichte zur Wahl, ein paar Fischgerichte und zumeist ein Geflügelgericht, zumeist Gänseleber oder -schlegel oder Putenbrust.

Süßwasserfisch, wie der einheimische *fogas* (Zander) und der kleinere *süllő* aus dem Balaton sowie *ponty* (Karpfen) aus ungarischen Flüssen gibt es zuhauf, kann aber teuer sein und ist häufig zu lange gebraten.

Paprika

Viele ungarische Gerichte enthalten Paprika, der aus Ungarn ebenso wenig wegzudenken ist wie etwa König Stephan. Er wird nicht nur beim Kochen verwendet, sondern steht auch neben Salz und Pfeffer auf dem Tisch. Das zumeist milde Gewürz ist überwiegend in saurer Sahne oder *rántás* zu finden, einer dicken Mehlsauce mit Schweinespeck, die es zu Gemüse gibt. *Töltött* – Fleisch oder Paprika, gefüllt mit Fleisch und/oder Reis – wird mit *rántás,* Tomatensauce oder saurer Sahne zubereitet.

Ungarn produziert rund 10 000 t Gewürzpaprika im Jahr und exportiert 55 % davon. Jeder Ungar verzehrt durchschnittlich 500 g pro Jahr.

Verwendet wird Paprika vor allem in vier Fleischgerichten: Das bekannteste ist *gulyás* oder *gulyásleves,* eine dicke Rindfleischsuppe mit Zwiebeln, Kartoffeln und Paprika, die meist als Hauptgericht gegessen wird. *Pörkölt* oder „Eintopf" kommt dem am nächsten, was man als „Gulasch" kennt; mit saurer Sahne, weniger Paprika und weißem Fleisch, etwa Hühnchen, wird aus dem Ganzen dann *paprikás. Tokány* ist so ähnlich wie *pörkölt* und *paprikás,* nur dass das Fleisch nicht in Würfel, sondern in Streifen geschnitten ist, dass ebenso viel schwarzer Pfeffer wie Paprika drin ist und außerdem Speck, Würstchen oder Pilze dazugegeben werden.

Gemüse

Frischer Salat, wie man ihn überall auf der Welt kennt, heißt in Ungarn *vitamin saláta.* Erhältlich ist er im Allgemeinen dann, wenn der Kopfsalat Saison hat; fast alles andere ist *savanyúság* (sauer eingelegt). Das können mild süß-säuerliche Gurken sein, eingelegte Paprika oder fast ungenießbar saures Sauerkraut.

Zöldség (gekochtes Gemüse) ist – sofern überhaupt erhältlich – *angolos zöldség,* also „englisch". Traditionell wird Gemüse in Ungarn als *főzelék* zubereitet: Erbsen, grüne Bohnen, Linsen oder Kürbis, frittiert oder gekocht mit *rántás* (heller Mehlsauce).

1971 kam der Film *Szindbád* (Sindbad) unter der Regie von Zoltán Huszárik heraus; er basiert auf dem gleichnamigen Roman von Gyula Krúdy (1878–1933). Eine Szene ließ dem Publikum damals das Wasser im Mund zusammenlaufen: Ein Gast bekommt zum Abendessen Mark auf Toast – im sozialistischen Ungarn ein unvorstellbarer Luxus.

Nachspeisen

Die Ungarn lieben Süßspeisen. Kunstvolles Gebäck wie *Dobos torta,* ein Kuchen aus Schokolade und Sahne mit einem Deckel aus karamellisiertem braunem Zucker oder *rétes* (Strudel) mit Mohn oder Kirschen isst man gewöhnlich am Nachmittag in einer der allgegenwärtigen *cukrászda* (Konditoreien). Zu den beliebtesten Desserts in Restaurants gehören *somlói galuska,* ein Biskuitkuchen mit Schokolade und Schlagsahne, und *Gundel palacsinta,* flambierter Palatschinken (Pfannkuchen, Crêpe) mit Schokolade und Nüssen.

GETRÄNKE

Ein *kávéháv,* wörtlich „Kaffeehaus" oder „Café", ist die beste Adresse für warme und alkoholfreie Getränke. *Eszpresszó* bezeichnet nicht nur die Kaffeesorte, sondern auch ein Café, wo zusätzlich Alkoholisches und kleine Gerichte serviert werden.

Wer einheimische Gersten- und Rebensäfte testen möchte, sollte sich folgende Bezeichnungen merken: *söröző* ist eine Kneipe, wo man Bier vom Fass *(csapolt sör) bekommt*; *borozó* ist meist eine bodenständige Weinstube, *pince* ein Bier- oder Weinkeller, zumeist Letzteres, dann auch *bor pince* genannt.

Alkoholfreie Getränke

Ungarn trinken unglaubliche Mengen *kávé* (Kaffee); als *fekete* (einfach, schwarz), *dupla* (doppelt) oder mit Milch, *tejes kávé*. Entkoffeinierter Kaffee heißt *koffeinmentes kávé*.

Schwarztee (*tea*; *tä*-jah gesprochen) ist in Ungarn nicht so verbreitet wie Kaffee. Dennoch gibt es *teaház* (Teehäuser), die jede erdenkliche Teesorte auf Lager haben. Auch Kräuter- und Früchtetees haben in den letzten Jahren an Beliebtheit gewonnen.

Alkoholische Getränke

Die Ungarn sind eine sehr trinkfreudige Nation und finden jederzeit einen Grund, sich ein Gläschen hinter die Binde zu kippen.

BIER

Ungarn hat ein paar eigene Brauereien, die fürs Inland produzieren. Die bekanntesten Biersorten sind Dreher, Kőbányai und Arany Ászok. Ein paar weitere lokale Biere bekommt man nur dort, wo sie gebraut werden, etwa Borsodi in der Umgebung von Miskolc, Kanizsai in Nagykanizsa und Szalon in Pécs. Biere aus Deutschland, Österreich und Tschechien sind überall erhältlich. Ob einheimisch oder importiert, das Bier in Ungarn ist fast immer *világos sör* (Lager). Manchmal trifft man aber auch auf Dreher Barna (Dreher Braun), ein Schwarzbier. In Kneipen bekommt man sein Bier als *pohár* (0,3 l) oder als *korsó* (0,4 l bzw. 0,5 l) ausgeschenkt.

SCHNAPS & LIKÖR

Pálinka gibt es nur in Ungarn. Der Schnaps ist ziemlich stark (40 %) und wird aus verschiedenen Obstsorten gewonnen, überwiegend aus Aprikosen oder Pflaumen. Es gibt ihn in verschiedenen Arten und Qualitäten. Zu den besten zählen *Óbarack*, die zweifach destillierte „Alte Aprikose", die Sorte mit *málna* (Himbeere) und alle, die mit *kóser* (koscher) ausgezeichnet sind.

Ungarische Liköre schmecken meist unerträglich süß und künstlich. Eine Ausnahme bilden die Produkte von Zwack, u. a. Unicum, ein bitterer Aperitif/Digestif, den es seit 1790 gibt.

Angeblich gab der habsburgische Kaiser Franz Joseph II. Ungarns berühmtestem Schnaps seinen Namen, als er beim Probieren ausrief: „Ist das ein Unikum!"

WEIN

Wein wird in Ungarn seit vielen Jahrhunderten hergestellt. Man bekommt ihn praktisch überall – in einfachen Weinlokalen, an Imbissständen, in Restaurants, Supermärkten und Lebensmittelläden, die rund um die Uhr geöffnet sind, und zwar zu vernünftigen Preisen. Angeboten wird er offen oder als Flaschenwein. In altmodischen Weinlokalen bekommt man noch *deci* (als Zehntel, 0,1 l), aber in modernen Restaurants bestellt man wenig präzise ein *pohár* (Glas). Wer mehr über ungarische Weine erfahren will, sollte Budapests Vinotheken (S. 130) besuchen.

Bei der Auswahl eines ungarischen Weins unbedingt auf den Begriff *minőségi bor* (Qualitätswein) oder *különleges minőségű bor* (Premiumqualitätswein) achten; das ist die ungarische Entsprechung der französischen Qualitätsbezeichnung *appellation controlée*. Der Jahrgang oder *évjárat* hat erst in letzter Zeit an Bedeutung gewonnen; s. Kasten S. 63. Das erste Wort auf dem Etikett benennt die Region, das zweite die Reb-

Die beste Website über ungarische Weine ist www.bortarsasag.hu/en/ (Ungarisch oder Englisch). Hier sind auch die Preise der Bortársaság, Ungarns führender Weingesellschaft, zu finden.

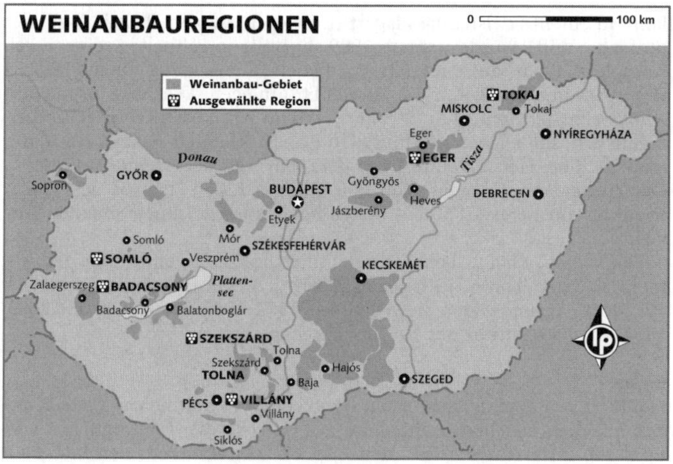

sorte (z. B. Villányi Kékfrankos) bzw. Art des Weines (z. B. Tokaji Aszú, Szekszárdi Bikavér). Weitere wichtige Hinweise auf dem Etikett sind: *édes* (lieblich), *fehér* (weiß), *félédes* (halblieblich), *félszáraz* (halbtrocken), *pezsgő* (Schaumwein), *száraz* (trocken) und *vörös* (rot).

Erstaunlich: Obwohl seit Ungarns Beitritt zur EU 2004 die Preise für den einheimischen Wein in die Höhe geschnellt sind (zumindest für die gehobenen Sorten) und immer mehr günstigere Weine aus dem Ausland importiert werden, kaufen die Ungarn nach wie vor ungerührt ihre eigenen Erzeugnisse. Ist das nun Treue – oder nur Gewohnheit?

Tokaj

Die Tokaj-Hegyalja-Region im nördlichen Mittelgebirge ist mit ihrem vulkanischen Boden, dem sonnigen Klima und dem schützenden Bergmassiv ideal für den Weinbau.

Die Tokajer Dessertweine werden danach beurteilt, wie viele *puttonyos* (Korb, Hohlmaß: 12–15 kg; zwischen drei und sechs) süße Aszútrauben der „normalen" Lese zugegeben werden. Ihre Süße erhalten die besonderen Trauben durch die „Edelfäule", einen Pilz namens *Botrytis cinera*, der sie schon am Stock fast zu Rosinen schrumpeln lässt. Die Aszú Eszencia, der aus diesen Trauben gewonnene Saft, ist noch süßer als ein *Wein mit sechs puttonyos*. Sie wird – mit viel Sachverstand – dem einfachen Wein zugesetzt. Ein Aszú mit sechs *puttonyos* kann schon mal um die 6000 Ft. kosten.

Ungarn hat heute 22 bedeutende Weingegenden in Transdanubien, am Balaton, im nördlichen Mittelgebirge und in der Puszta.

Tokaj bringt aber nicht nur Süßweine hervor. Bekannt sind der trockene Szamorodni (ein hervorragender Aperitif) und der liebliche Szamorodni, der dem italienischen *vin santo* ähnelt. Von den vier Rebsorten, die hier gedeihen, werden Furmint und Hárslevelű (Lindenblüte) am trockensten ausgebaut. Manche ungarischen Weinkenner meinen sogar, der trockene Furmint mit seinem Apfelaroma habe gute Chancen auf das Prädikat als bester Weißwein des Landes.

Wer den Tokajer Aszú probieren will, sollte nach István Szepsy Ausschau halten. Er konzentriert sich vor allem auf die hochwertigen Sorten mit sechs *puttonyos* und die Aszú Eszencia selbst. Sein 2000er Sechs-*puttony*-Aszú erzielt zurzeit 19 950 Ft. pro Flasche, die 1999er Eszencia kostet 45 000 Ft. für lächerliche 37,5 cl. Szepsy Cuvée, der ein bis zwei

Ludwig XIV. nannte den Tokajer „den Wein der Könige und König der Weine." Voltaire schrieb: „Dieser Wein kann nur vom grenzenlos gütigen Gott selbst kommen."

Jahre in einem Edelstahlfass lagert (im Gegensatz zum Tokaji Aszú, der fünf Jahre reift), wurde erstmals 1999 abgefüllt und ähnelt in seiner edlen Komplexität den Sauternes. Für eine Flasche des ausgezeichneten 2002er-Jahrgangs muss man um die 10 900 Ft. hinlegen. Disznókő produziert einen Sechs-*puttony*-Aszú (9000 Ft.), der an Aprikosen erinnert, und einen feinen, süßen Szamorodni (3010 Ft.). Exzellenten Tokajer bekommt man auch bei Hétszőlő und Degenfeld, Furmint bei Oremus und Béres. Der 2003er Mandolás Furmint von Oremus (2050 Ft.) und der 2003er Furmint von Béres (2850 Ft.) bieten beide ausgezeichnete Qualität fürs Geld.

Der Weinbau hat in Tokaj schon immer eine bedeutende Rolle gespielt, mehr als überall sonst in Ungarn. Aber nicht alle Jahrgänge sind gleich gut. Herausragend waren die Weine von 1972, 1988, 1999, 2000 und 2003; annähernd so gut war der 1993er-Jahrgang.

Eger

Flankiert von zwei der schönsten Bergketten des nördlichen Mittelgebirges, auf dem gleichen Breitengrad gelegen wie die Bourgogne: Das ist Eger, die Heimat des berühmten Egri Bikavér (Erlauer Stierblut). Laut Gesetz müssen ungarische Winzer bei Verschnitten die Rebsorten auf dem Etikett ausweisen. Die einzige Ausnahme bildet der Bikavér. Im Allgemeinen handelt es sich dabei aber um eine Mischung aus Kékfrankos (Blaufränkisch) und anderen Rotweinen, z. B. Kadarka. Einer der wenigen Winzer, dessen Bikavér kein Geheimnis birgt, ist Tibor Gál. Der ausgezeichnete Cuvée besteht aus 50 % Kékfrankos und 50 % Cabernet und kostet 2150 Ft. Ebenfalls empfehlenswert ist der Bikavér von István Toth. Sein 1999er (3150 Ft.) kann sich mit den „großen“ Roten aus Villány messen lassen.

Zwei hervorragende Werke über ungarischen Wein sind das üppig illustrierte *Terra Benedicta: Tokaj and Beyond* von Gábor Rohály et al. und *The Wines of Hungary* von Alex Liddell. Die Bücher betrachten nicht nur die Weine selbst, sondern den gesamten Herstellungsprozess. Deutschsprachige Alternative: *Ungarn, Weingebiete und Weine* von Michael Sailer.

Eger produziert auch Pinot Noir. Es gibt Experten, die den 1999er von Vilmos Thummerer (3500 Ft.) mit den *Premiers Crus* der Bourgogne vergleichen. Sein Vili Papa Cuvée, eine Mischung aus Cabernet Franc, Cabernet Sauvignon und Merlot, ist ein monumentaler Tropfen mit frischen Fruchtaromen, im neuen Holzfass gereift. Der 1999er kostet ab 9900 Ft. In Eger findet man eine ganze Reihe guter Weine, darunter Leányka (Kleines Mädchen), Olaszrizling (Italienischer Riesling) und Hárslevelű aus Debrő. Etwas Neues ist Tibor Gáls Viognier 2003 (4350 Ft.; zart blumiger Weißer); das Anbaugebiet wurde von 2 auf 10 ha erweitert.

Villány

Villány-Siklós, Ungarns südlichste und wärmste Region, liegt auf der gleichen Höhe wie Bordeaux. Sie ist Ungarns bedeutendste Weingegend und bekannt vor allem für ihren roten Kékoportó (Blauer Portugieser), Cabernet Franc, Cabernet Sauvignon und Merlot. Es sind fast alles Bordeaux-artige Weine mit viel Körper und hohem Tanningehalt. Die Region experimentiert inzwischen auch mit Pinot Noir.

Zu den besten Winzern in Villány gehört József Bock. Sein Cuvée Barrique (6980 Ft.) ist eine rauchige, erdige Spezialmischung aus Kékfrankos (Blaufränkisch), Cabernet Franc und Merlot. Weitere empfehlenswerte Winzer sind Márton Mayer und Alajos Wunderlich, hier insbesondere der Cabernet Sauvignon (3150 Ft.). Probieren sollte man den eleganten und komplexen Cabernet Sauvignon von Attila Gere (2950 Ft.), ebenso seinen Kopár (9500 Ft.), eine Mischung aus Cabernet Sauvignon, Cabernet Franc und Merlot; ein Gläschen wert sind außerdem Tiffáns strenger, gerbstoffhaltiger Kékoportó und sein Cabernet Franc.

Szekszárd

Milde Winter und warme, trockene Sommer, in Verbindung mit geeignetem Lössboden, haben dazu geführt, dass Szekszárd in Süd-Transdanubien einige der besten bezahlbaren Rotweine Ungarns hervorbringt. Sie haben nicht den Körper der Roten von Villány, sind nicht so komplex im Geschmack. Dafür sind sie weicher und süffiger, mit unverwechselbaren Paprikaaromen. Im Allgemeinen bekommt man hervorragende Qualität fürs Geld. Ein ausgezeichneter Szekszárd in Premiumqualität kostet zwischen 2000 und 3000 Ft.

Das erste Gewächs der Gegend heißt Kadarka, eine spät reifende Sorte, die nur in begrenzten Mengen angebaut wird. Der beste Kadarka stammt von Ferenc Takler (2590 Ft.). Kadarka kommt ursprünglich vom Balkan (und ist mit der bulgarischen Gamzatraube verwandt). Traditionell wird er für den Bikavér von Szekszárd verwendet, einen Wein, der eigentlich aus Eger kommt. Heute bevorzugen viele Weinkenner in Ungarn das „Stierblut" von Szekszárd; empfehlenswert ist der 1999er von Heimann (2750 Ft.), ebenso der hoch gelobte 2003er Stílusgyakorlat Cuvée (3250 Ft.) vom selben Wingert; er besteht zu sechs Teilen aus Merlot und einem Teil aus einer Traube namens Syrah, Ungarns jüngster „Entdeckung". Den besten Merlot (2350 Ft.) und den besten Kékfrankos in Szekszárd macht Ferenc Vesztergombi, der auch einen hervorragenden Bikavér (2970 Ft.) produziert. Tamás Dúzsi ist bekanntermaßen der beste Produzent ungarischer Roséweine; unbedingt testen: seinen 1999er (sehr trockenen) Zweigelt.

Die Website www.wineportal.hu ist super für grundlegende Infos und Hintergrundwissen über ungarische Weine. Außerdem sind hier Termine von Weinfesten und -proben überall im Land aufgelistet.

Badacsony

Die Region von Badacsony am nordwestlichen Ufer des Balaton ist nach dem 400 m hohen Basaltmassiv benannt, das wie ein Brotlaib aus dem Tapolcabecken aufragt. Seit Jahrhunderten wird hier Wein gekeltert. Spezialität der Gegend ist der Olaszrizling, insbesondere der von Huba Szeremley (1850 Ft.), der zu den besten weißen Tafelweinen gehört, die man in Ungarn bekommt. Der Olaszrizling, ein strohblonder Welschriesling mit hohem Säuregehalt, hat mit dem berühmten deutschen Wein nur den Namen gemein; ursprünglich kommt er aus Frankreich. Getrunken wird er jung – je jünger, desto besser. Die 2000er Olaszrizling-Spätlese von Szeremley (6750 Ft.) ist fast so süß wie Tokajer.

Der vulkanische Boden der Region gibt dem einzigartigen Kéknyelű (Blaustängler) seinen charakteristischen mineralischen Geschmack; es ist

DIE JAHRGÄNGE

1997 Exzellentes Jahr für Rotwein, insbesondere in Eger und Szekszárd.
1998 Sehr bescheidenes Jahr, außer für die Produzenten der führenden Roten (z. B. in Villány).
1999 Hervorragendes Jahr, reichste Ernte aller Zeiten für Weiß und Rot.
2000 Sehr heißer Sommer, deshalb hoher Alkoholgehalt bei Weißen, zu hohe Säurewerte, verminderte Qualität; super Jahr für Rote in Eger, Sopron, Szekszárd und Villány.
2001 Gutes Jahr für Weißwein allgemein; sehr gutes für ein paar Rotweine der Spitzenklasse (z. B. aus Eger und Villány).
2002 Keine großen Weißweine, aber saubere Rotweine, die sich gut lagern lassen (je nach Winzer).
2003 Sehr heißes Jahr, mit langer, gleichmäßiger Reifeperiode. Die Weißen leiden unter hohem Säuregehalt und übermäßig viel Alkohol; die Roten aber sind noch besser als die von 2000 – große Weine mit viel Körper und einem Hauch Kalifornien.
2004 Durchweg schlechtes Jahr, mit lauten Weißen und leeren Roten.
2005 Ein sehr feuchter Sommer ist katastrophal für die Weißweine; die Rotweinproduzenten aber sind guter Dinge.

WEIN & ESSEN

Die Frage, welcher Wein zu welchem Essen passt, wird in Ungarn nicht weniger leidenschaftlich diskutiert als etwa in Frankreich. Dass ein Gläschen Tokaji Aszú hervorragend Süßspeisen wie Strudel ergänzt, darüber sind sich alle einig. Die wundervolle Synergie, die dieser Wein mit pikanten Speisen wie Foie gras oder Käse wie Roquefort, Stilton oder Gorgonzola eingeht – da scheiden sich dann aber die Geister. Ein knochentrockener Olaszrizling aus Badacsony rundet jedes Fischgericht ab, am besten aber passt er zum Balatonzander. Villány Sauvignon Blanc paart sich wunderbar mit Ziegenkäse.

Schade wäre es um einen großen Wein wie Vili Papa Cuvée, wenn man ihn zu traditionellen, aber einfachen ungarischen Gerichten wie *gulyás* oder *pörkölt* trinken würde; seine Domäne sind raffinierte Fleischgerichte. Zum einfachen Essen passt Kékfrankos oder Szekszárd Kadarka. Zu Gerichten mit Sahne ist ein Furmint Spätlese eine gute Wahl, Schwein passt gut zu einem jungen Furmint oder Kékfrankos. Hárslevelű ist ein guter Tropfen zu Geflügel.

ein komplexer Trinkwein mit geringem Ertrag, der gut altert. Das einzige wirklich empfehlenswerte authentische Beispiel ist der Kéknyelű von Szeremley (3300 Ft.). Ein bekannter Produzent von hochwertigen Weißweinen (z. B. 2003er Nagykúti Chardonnay; 2550 Ft.) ist Jásdi in der nahe gelegenen Weingegend Csopak am Balaton.

Somló

Die gesamte Region von Somló ist ein Vulkankegel. Der Boden (Basaltschutt und vulkanischer Tuff) bringt einen Wein mit mineralischer, ja fast feuersteinartiger Note hervor. Die Region hat zwei große einheimische Rebsorten: Hárslevelű und Juhfark (Lämmerschwanz), der seinen Namen nach der Form seiner Trauben erhielt. Kernige Säuren verleihen diesem Wein Körper; seinen Höhepunkt erreicht er im Alter von fünf Jahren.

Führender Produzent von Somlói Hárslevelű und Juhfark ist Béla Fekete (3390 Ft.). Ein weiterer großer Name in dieser Gegend ist Imre Györgykovács. Sein Olaszrizling (2490 Ft.) ist ein großer Wein mit einer leichten Note von gebrannten Mandeln. Sein Hárslevelű (2490 Ft.) ist ein brillanter goldener Wein mit herb-mineralischen Aromen.

WOHIN ZUM ESSEN?

Ein *étterem* ist ein Restaurant mit großer Auswahl auch an internationalen Gerichten. Ein *vendéglő* oder *kisvendéglő* ist kleiner und bot ursprünglich günstige regionale Küche oder einfache Hausmannskost. Inzwischen gibt es aber jede Menge Massenabfertigungen, die einfach den authentischen Klang dieser Namen ausnutzen. Ein *étkezde* ist mit einem *vendéglő* vergleichbar, nur billiger, kleiner und oft nur mit einem Tresen zum Sitzen. Der überstrapazierte Ausdruck *csárda* bezeichnete ursprünglich ein ländliches Gasthaus mit rustikaler Atmosphäre, Zigeunermusik und herzhafter lokaler Küche. Heute nennt sich praktisch jeder Laden so, der aufgefädelte getrocknete Paprika und ein paar bemalte Teller an der Wand hängen hat. Die meisten Restaurants bieten mittags ein günstiges *menü* mit zwei oder drei Gängen an.

Ein *bisztró* ist viel günstiger, dafür häufig mit *önkiszolgáló* (Selbstbedienung). Ein *büfé* ist noch günstiger, hat aber meist nur eine sehr kleine Karte. Man isst hier im Stehen an der Theke.

Nützliches Vokabular: *élelmiszer* (Lebensmittelladen), *csemege* (Feinkost) und *piac* (Markt).

Auf die Schnelle

Viele *hentesáru bolt* (Metzger) haben ein *büfé*, wo man gekochte oder frittierte *kolbász* (Wurst), *wirsli* (Wiener), *hurka* (Blut- oder Leberwurst), Brathähnchen, Brot und eingelegtes Gemüse bekommt. Am besten einfach auf das zeigen, was man will; die Verkäufer wiegen ab und reichen einem einen Zettel mit dem Preis. Im Allgemeinen wird erst an der *pénztár* (Kasse) bezahlt. Dann geht man mit dem abgestempelten Beleg wieder zur Theke, um sein Essen entgegenzunehmen.

Imbissstände, *Laci konyha* (Larry's Küche) genannt oder *pecsenyesütő* (Bratröhre), verkaufen die gleichen Dinge, und dazu Fisch, wenn man sich an einem See oder Fluss befindet. Zu den bekanntesten Snacks gehören *lángos*, eine Art Fladenbrot (frittiert oder gebraten) mit verschiedenen Saucen (meist Käse und saure Sahne). Sie sind praktisch überall im Land an Ständen erhältlich.

VEGETARIER & VEGANER

Ein Fleischfresserland wie Ungarn hegt ein natürliches Misstrauen gegen Leute, denen es widerstrebt, tote Tiere zu essen. „Sie wollen kein Fleisch?", hört man einen Kellner einen optimistischen Vegetarier anherrschen. „Dann gehen Sie doch nach Rumänien!" Restaurants, die vegetarische Gerichte anbieten, sind in den Kapiteln über die einzelnen Regionen zu finden. Wo es keine vegetarischen Restaurants gibt, muss man sich entweder mit dem bescheiden, was es gibt, oder auf Märkten nach Alternativen stöbern. Im Winter ist die Auswahl an frischem Gemüse nicht besonders groß; im Frühling aber gibt's Vitamine in Hülle und Fülle: Erdbeeren, Himbeeren, Kirschen, sämtliche Steinfrüchte, Äpfel, Birnen und Nüsse. Große Supermarktketten wie Kaiser's und Rothschild bieten Salate im Plastikbehälter zum Mitnehmen an.

Im Restaurant können Vegetarier zumeist auf *gombafejek rántva* (frittierte Pilzkappen) zurückgreifen, auf Pasta und Nudelgerichte mit Käse, wie *túrós csusza* und *sztrapacska* sowie eine unendliche Vielfalt an *főzelék* (Gemüse).

Weitere fleischlose Gerichte sind *rántott sajt* (frittierter Käse), *gombaleves* (Pilzsuppe), *gyümölcsleves* (Obstsuppe) und *sajtos kenyér* (Brot mit Weichkäse). *Bableves* (Bohnensuppe) enthält meist (aber nicht immer) Fleisch. *Palacsinta* (Palatschinken) gibt's pikant mit *sajt* (Käse) oder *gomba* (Pilzen) oder süß mit *dió* (Nüssen) oder Mohn *(mák)*.

UNGARNS TOP FIVE: RESTAURANTS

- Halászcsárda, Szeged (S. 283) – *der* Ort schlechthin für das Paprika-intensive *szegedi halászlé* (Fischragout Szegediner Art) aus dem Kessel
- Kéhli, Budapest (S. 118) – die Spezialität hier – Mark auf Toast – wird sogar in der ungarischen Literatur gefeiert
- Kisfaludy-Haus, Badacsony (S. 216) – das Essen (besonders alles mit Fisch) ist gut, der Blick über den Balaton spektakulär
- Jégverem, Sopron (S. 179) – die charmante „Eishauspension" ist berühmt für die Qualität und Quantität ihrer Gerichte (nur Ungarn verstehen es so gut, auszuteilen)
- Csülök Csárda, Esztergom (S. 161) – das „Gasthaus zur Haxen" serviert Besuchern und Einheimischen echte gute Hausmannskost

SPRACHFÜHRER ESSEN

Ausspracheregeln s. S. 420.

Was heißt ...?

Ich bin hungrig/durstig.
Éhes/szomjas vagyok. — *ä*·hesch/*ßo'm*·jasch *wo*·djo'k

Die Speisekarte, bitte.
Az étlapot, kérem. — as *ät*·lo·po't *kä*·rem

Gibt es eine deutsch-/ englischsprachige Speisekarte?
Van német/angol nyelvű étlap? — wan *nä*·met/*on*·go'l *njel*·wü *ät*·lop

Was empfehlen Sie?
Mit ajánlana? — *mit o*·jan·lo·no

Ich möchte eine Spezialität der Region.
Valamilyen helyi specialitást szeretnék. — *wo*·lo·mi·jen *he*·ji *schpe*·tsi·a·li·tascht *ße*·ret·näk

Ich bin Vegetarier(in).
Vegetáriánus vagyok. — *we*·ge·ta·ri·a·nusch *wo*·dscho'k

Haben Sie etwas Vegetarisches?
Vannak önöknél vegetáriánus ételek? — *won*·nok *ö*·nök·näl *we*·ge·ta·ri·a·nusch *ä*·te·lek

Ich bin allergisch gegen (Nüsse/Erdnüsse).
Allergiás vagyok a (diófélékre/ mogyoróra) — *ol*·ler·gi·asch *wa*·djo'k o (*di*·oh'·fä·läk·re/ *mo'*·djo'·roh'·ro).

Ist der Service im Preis inbegriffen?
A kiszolgálás díja benne van a számlában? — o *ki*·ßol·ga·lasch *di*·jo *ben*·ne won o *ßam*·la·bon

Ich möchte ..., bitte.
Legyen szíves, hozzon egy ... — *le*·djen ß*ii*·wesch *ho's*·so'n edj ...

Noch ein ..., bitte.
Még (egy)... kérek szépen. — mäg (edj) ... *kä*·rek *ßä*·pen

Bringen Sie bitte die Rechnung.
Kérem, hozza a számlát. — *kä*·rem *ho's*·so o *ßam*·lat

Was steht auf der Karte?

Speisekarten in Restaurants stehen oft in deutscher oder englischer Version zur Verfügung, wobei die Übersetzung nicht immer wirklich erhellend ist. Die folgende Liste entspricht der Karte in einem „echten" ungarischen Restaurant. Sie ist alles andere als vollständig, vermittelt aber einen guten Eindruck von dem, was man so zu erwarten hat.

ELŐÉTELEK (VORSPEISEN)

hortobágyi palacsinta	*ho'r*·to'·ba·dji *po*·lo·tschin·to	Palatschinken mit Fleischfüllung und Paprikasauce
libamájpástétom	*li*·bo·ma·j·pasch·tä·to'm	Gänseleberpastete
rántott gombafejek	*ran*·to'tt *go'm*·bo·fe·j·ek	Pilzkappen, paniert und frittiert

LEVESEK (SUPPEN)

csontleves	*tscho'nt*·le·vesch	Fleischbrühe
jókai bableves	*joh'*-ka-i *bob*·le·vesch	Bohnensuppe mit Fleisch
meggyleves	*medj*·le·vesch	kalte Sauerkirschensuppe (im Sommer)
tyúkhúsleves	*tjuhk*·huhsch·le·vesch	Hühnersuppe mit Karotten, Kohlrabi, Sellerie und Petersilie

SALÁTÁK (SALATE)

cékla saláta	*tsä*-kla *scho*·la·to	eingelegte rote Bete
ecetes almapaprika	*e*·tse·tesch *ol*·mo pop·ri·ko	eingelegter (Apfel-)Paprika
paradicsom saláta	*po*·ro·di·tscho'm *scho*·la·to	Tomatensalat

uborka saláta	*u*·bo'r·ka *scho*·la·to	Salat aus Gewürzgurken
vegyes saláta	*ve*·djesch *scho*·la·to	gemischter Salat (z. B. Paprika, Gurken, Weißkohl in Essig)

KÖRETEK (BEILAGEN)

rizi-bizi	*ri*·si·*bi*·si	Reis mit Erbsen
sült hasábburgonya	schült *ho*-scha-bur-go'-nja	Pommes frites

KÉSZÉTELEK (FERTIGGERICHTE)

csirke paprikás	*tschir*·ke *pop*·ri·kasch	Paprikahühnchen
(marha)pörkölt	(*mor*·ho)·*pör*·költ	Rindereintopf (verschiedene Varianten)
töltött paprika/káposzta	*töl*·tött *pop*·ri·ka/*ka*·po'ß·to	Paprika/Kohl mit Füllung

FRISSENSÜLTEK (FRISCH GEBRATEN AUF BESTELLUNG)

borjú bécsiszelet	*bor*·juh *bä*·tschi ße·let	Wiener Schnitzel
brassói aprópecsenye	*bra*·scho'j *a*·proh'·pe·tsche·nje	Pfannengericht „Brassói" aus Schweinefleisch und Kartoffeln
cigánypecsenye	*tsi* gan·j·pe·tsche·nje	Zigeunerschnitzel
csülök	*tschü*·lök	Räucherhaxe
hagymás rostélyos	*hodj*·masch *ro'sch*·tä·jo'sch	Rumpsteak mit Zwiebeln
rántott hátszínszelet	*ran*·to't *hat*·ßiin·ße·let	Rumpsteak, paniert und frittiert
rántott pulykamell	*ran*·tot *pu*·j·ko·mell	Putenbrust, paniert und frittiert
sertésborda	*scher*·täsch·bor·da	Schweinekotelett
sült csirkecomb	schült *tschir*·ke·tso'mb	gegrillte Hähnchenkeule
sült libacomb	schült *li*·ba·tso'mb	gegrillte Gänsekeule

ÉDESSÉGEK (NACHSPEISEN)

Dobostorta	*do'*·bo'sch·to'r·to	Dobostorte, mehrere Schichten Schokolade und Sahne, bedeckt mit einer Lage Karamell
Gundel palacsinta	*gun*·del *po*·lo·tschin·to	flambierter Palatschinken „Gundel" mit Schokolade und Nüssen
rétes	*rä*·tesch	Strudel
somlói galuska	*scho'm*·loh'·i *ga*·lusch·ka	Somlóer Biskuitkuchen mit Schokolade und Schlagsahne

Essglossar

ALLGEMEINES

bors	bo'rsch	Pfeffer
cukor	*tsu*·ko'r	Zucker
cukorral/cukor nélkül	*tsu*·ko'r-ol/*tsu*·kor *näl*-kül	mit/ohne Zucker
ennivaló	*en*·ni-vo-lo'	Speisen
étel	*ä*·tel	Gericht
étlap	*ät*·lop	Speisekarte
gyümölcs	*djü*·möltsch	Obst
hús	huhsch	Fleisch
jéggel/jég nélkül	*jä*-gel/jäg *näl*-kül	mit/ohne Eis
meleg/forró/hideg	*me*-leg/*fo'r*-roh'/*hi*-deg	warm/heiß/kalt
sajt	*scho*·jt	Käse
só	schoh'	Salz
tojás	*to'*·jasch	Ei
vaj	*vo*·j	Butter
zöldség	*söld*·schäg	Gemüse

FLEISCH & FISCH

borjúhús	*bor*·juh·huhsch	Kalb
csirke	*tschir*·ke	Huhn
disznóhús	*diß*·noh'·huhsch	Schwein
hal	hol	Fisch
hús	huhsch	Fleisch
marhahús	*mor*·ho·huhsch	Rind
pulyka	*pu*·j·ko	Pute

GEMÜSE

gomba	*go'm*·bo	Pilz
káposzta	*ka*·po'ß·ta	Kohl
karfiol	*kor*·fi·ol	Blumenkohl
sárgarépa	*schar*·go·rä·po	Karotte
spenót	*schpe*·noh't	Spinat
zöldbab	*söld*·bob	grüne Bohnen
zöldborsó	*söld*·bor·schoh'	Erbsen

OBST

alma	*ol*·mo	Apfel
banán	*bo*·nan	Banane
cseresznye	*tsche*·reß·nje	Kirsche
(földi)eper	(*föl*·di)·e·per	Erdbeere
körte	*kör*·te	Birne
meggy	medj	Sauer- (Morello-)kirsche
narancs	*no*·rontsch	Orange
őszibarack	*ö*·ßi·bo·rotsk	Pfirsich
sárgabarack	*schar*·go·bo·rotsk	Aprikose
szőlő	*ßö*·lö	Trauben

ALKOHOLFREIE GETRÄNKE

almalé	*ol*·mo·lä	Apfelsaft
ásvány víz	*asch*·wanj·wiis	Mineralwasser
gyümölcslé	*djü*·möltsch-lä	Fruchtsaft
narancslé	*na*·rantsch-lä	Orangensaft
üdítőital	*ü*-dii-tö-i-tol	alkoholfreies Getränk
tej	*tej*	Milch
víz	wiis	Wasser

BIER & SCHNAPS

barackpálinka	bo-rotsk·*pa*-lin-ko	Aprikosenschnaps
barna sör	*bor*-no schör	Schwarzbier
fél barna sör	fäl *bor*-na schör	dunkles Lager
korsó sör	*kor*-scho schör	halber Liter Bier
pohár sör	*po'*-har schör	Glas Bier (0,3 l)
sör	schör	Bier

Budapest

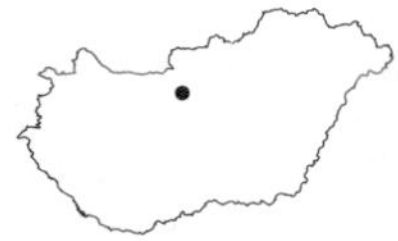

Budapest ist einmalig. Keine andere ungarische Stadt ist so schön, so wohlhabend und so reich an Kunst und sehenswerter Architektur. Als *főváros* (Hauptstadt) ist Budapest das Verwaltungs-, Wirtschafts- und Kulturzentrum des Landes. Praktisch alles in Ungarn beginnt, endet oder passiert in Budapest.

Entlang einer Flussbiegung der Donau (Duna) wird die Stadt im Westen von den Budaer Bergen und im Osten von der Großen Tiefebene begrenzt. Das Kulturerbe ist fast so eindrucksvoll wie die natürliche Lage. Architektonisch ist Budapest eine Perle: Gebäude im barocken, neoklassizistischen, eklektizistischen und Jugendstil gibt es im Überfluss. Budapest strahlt den Charme des *Fin-de-siècle* aus, denn das späte 19. Jh. war durch den industriellen Aufschwung das „goldene Zeitalter" der Metropole. Damals wurde ein Großteil der heutigen Stadt errichtet.

Um den wohlverdienten Status der *világváros* (Weltstadt) zu verteidigen, hat Budapest alle Nachteile auf sich genommen, die ein solcher Status meist mit sich bringt: organisierte Kriminalität, gesichtslose moderne Architektur, ein Handy am Ohr aller Geschäftsleute sowie internationale Imbissketten an jeder Ecke. Und doch ist Budapest ungarisch geblieben.

HIGHLIGHTS

- Den Blick über die Donau genießen: vom **Burgberg** (S. 75) oder vom **Gellértberg** (S. 77), von einem Schiff (ab **Vigadó tér**, S. 110) oder von der **Margareteninsel** (S. 82)
- Die geschwungenen Kurven und asymmetrischen Formen der einzigartigen Jugendstilarchitektur bewundern, z. B. am **Kunstgewerbemuseum** (S. 101)
- Nachmittags in einem Thermalbad entspannen – in einem Bad im türkischen Stil (**Rudas-Bad**, S. 106 oder **Király-Bad**, S. 107), in einer „Kathedrale" (**Gellért-Bad**, S. 106) oder beim Schachspielen (**Széchenyi-Bad**, S. 106)
- Eine Aufführung in der **Ungarischen Staatsoper** (S. 102) oder der **Liszt-Musikakademie** (S. 100) erleben
- Die monumentalen Fehler des Sozialismus im **Skulpturenpark** (S. 137) studieren

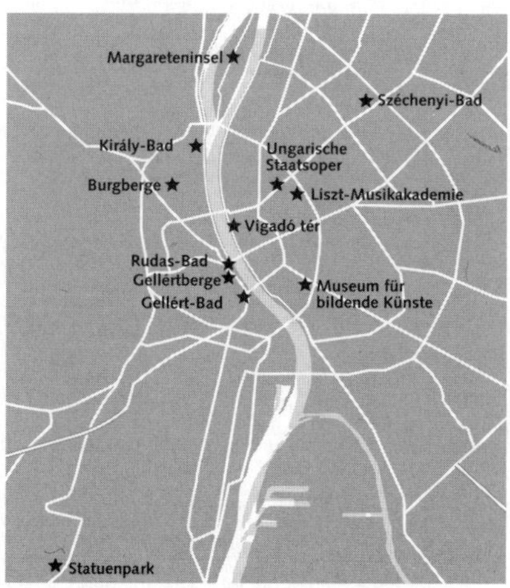

VORWAHL: 1	EINWOHNER: 1,75 MIO.	FLÄCHE: 525 KM²

GESCHICHTE

Streng genommen beginnt die Geschichte der Stadt erst 1873. Damals wurden das hügelige und bürgerliche Buda sowie das historische Óbuda am westlichen Donauufer mit dem flachen, industriell geprägten Pest auf der östlichen Donauseite vereinigt. Zunächst hieß die Stadt Pest-Buda. Aber wie so vieles in Ungarn ist auch die Geschichte nicht ganz so einfach.

Die Römer gründeten hier eine wichtige Kolonie namens Aquincum. Sie bestand bis ins 5. Jh. und musste dann wegen der vorrückenden Hunnen geräumt werden. Die Ungarn (Magyaren) trafen rund 500 Jahre später ein, doch Buda und Pest waren bis Mitte des 12. Jhs. nicht mehr als Dörfer. Dann begannen sich hier ausländische Händler niederzulassen. Im späten 13. Jh. erbaute König Béla IV. eine Festung in Buda, doch erst König Karl Robert (Károly Róbert) verlegte 50 Jahre später den Hof von Visegrád nach Buda. Sein Sohn Ludwig der Große (Nagy Lajos) begann mit dem Bau des Königspalastes.

Die Mongolen hatten Buda und Pest 1241–42 völlig niedergebrannt. Damit begann eine endlose Geschichte von Zerstörung und Wiederaufbau, die bis ins späte 20. Jh. andauern sollte. Unter den Türken verlor die Stadt einen Großteil ihrer Einwohner. Als die Türken von den Habsburgern im späten 17. Jh. vertrieben wurden, war die Budaer Burg eine Ruine. Die Revolution 1848, der Zweite Weltkrieg und der

BUDAPESTER BEZIRKE

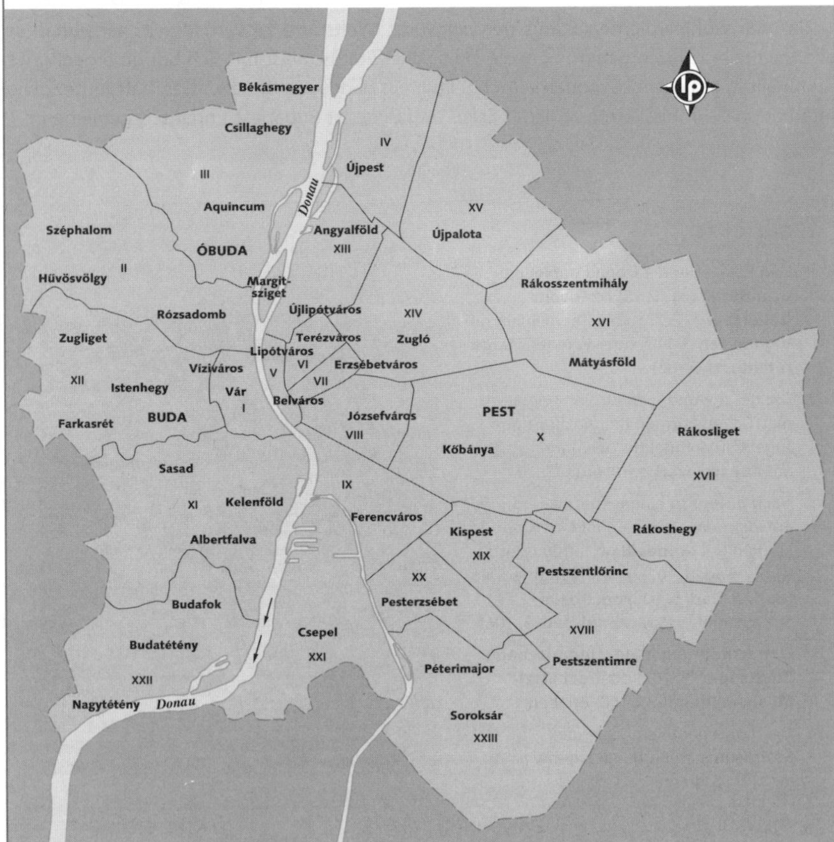

Aufstand von 1956 forderten ebenfalls ihren Tribut. Auf ihrem Rückzug 1944–45 sprengten die Deutschen u. a. alle Donaubrücken.

ORIENTIERUNG

Budapest liegt etwas nördlich der Landesmitte und rund 250 km südöstlich von Wien. Die Donau ist die historische Lebensader der Stadt und wird von neun Brücken überspannt. Sie verbinden das hügelige, historische Buda mit dem flachen und quirligen Wirtschaftszentrum Pest.

Die Stadt hat eine sehr große Ausdehnung. Doch abgesehen von den Budaer Bergen, dem Stadtwäldchen und einigen Ausflugszielen sind die Bezirke jenseits des Nagykörút (Große Ringstraße) in Pest sowie westlich des Moszkva tér in Buda touristisch uninteressante Wohn- oder Industrieviertel. Der Stadtaufbau ist wohldurchdacht, sodass man sich nur schwer verirren kann.

Der Blick auf den Stadtplan zeigt die zwei Ringstraßen, den Nagykörút und den halbkreisförmigen Kiskörút (Kleine Ringstraße). Sie verbinden praktisch alle wichtigen Donaubrücken miteinander und geben dem Stadtzentrum von Pest seine Struktur. Der Nagykörút besteht aus fünf Abschnitten: Szent István körút, Teréz körút, Erzsébet körút, József körút und Ferenc körút. Der Kiskörút besteht aus drei Abschnitten: Károly körút, Múzeum körút und Vámház körút. Wichtige Boulevards sind die Bajcsy-Zsilinszky út, die Andrássy út, die Rákóczi út und die Üllői út, die sternförmig von den Ringstraßen ausgehen und große Plätze schaffen.

Buda wird vom Burgberg und Gellértberg dominiert. Der belebteste Platz ist der Moszkva tér. Bedeutende Straßenzüge sind Margit körút (der einzige Teil der Ringstraßen in Buda), Fő utca und Attila út unterhalb des Burgbergs sowie Hegyalja út und Bartók Béla út, die in westlicher bzw. südwestlicher Richtung verlaufen.

Budapest ist in 23 *kerület bzw.* Bezirke aufgeteilt, die normalerweise auch historische Namen tragen. Beispiele sind die Lipótváros (Leopoldstadt) im V. Bezirk sowie die Víziváros (Wasserstadt) im I. Bezirk. Die römischen Ziffern vor jedem Straßennamen bezeichnen übrigens den Bezirk.

Für Informationen über Verkehrsverbindungen von und zum Internationalen Flughafen Ferihegy, 24 km südöstlich des Stadtzentrums, s. S. 135.

Stadtpläne

Budapest City Map von Lonely Planet deckt die wichtigsten Stadtviertel detailliert ab.

Die besten Faltpläne der Stadt publiziert Cartographia im Maßstab 1:22 000 (690 Ft.) und 1:28 000 (570 Ft.). Wer die Stadt intensiv besichtigen will, benötigt den *Budapest Atlas von* Cartographia. Er hat den Maßstab 1:20 000 und kann in zwei Größen gekauft werden: Die kleinere der Ausgaben kostet 1950 Ft., die größere 2600 Ft. Dazu kommt noch ein Taschenatlas (1:25 000) ausschließlich für das Stadtzentrum (1210 Ft.).

Viele Buchläden, darunter der Libri Könyvpalota (S. 72), haben ein großes Kartenangebot. **Cartographia** (Karte S. 90; ☎ 312 6001; www.cartographia.hu; VI., Bajcsy-Zsilinszky út 37; ⏲ Mo–Fr 10–18 Uhr; Ⓜ M3 Arany János utca) hat seinen eigenen Laden in Budapest, der aber leider ohne Selbstbedienung ist. Empfehlenswerter sind **Térképkirály** (Kartenkönig; Karte S. 90; ☎ 472 0505; VI., Bajcsy-Zsilinszky út 23; ⏲ Mo–Fr 10–18 Uhr; Ⓜ M3 Arany

WECHSELNDE STRASSENNAMEN

Nach dem Zweiten Weltkrieg wurden die meisten Straßen, Plätze und Parks nach Leuten, Ereignissen oder politischen Gruppen benannt, die im heutigen unabhängigen und demokratischen Ungarn nicht mehr in Mode sind. Seit April 1989 wurden Straßen mit einer Entschlossenheit umbenannt, die für manche Leute schon fast zwanghaft war. Die Cartographia-Karte führt 400 Straßennamen auf, die allein in der Hauptstadt geändert wurden. Häufig bekommen die Straßen ihren ursprünglichen oder sogar mittelalterlichen Namen zurück: Aus der Lenin útja wurde die Szent korona útja (Straße der Heiligen Krone). Andere Namen sind ohne historischen Bezug.

Die neuen (oder ursprünglichen) Straßennamen sind nach 15 Jahren nun alle anmontiert und die alten Straßenschilder, die mit einem roten „X" durchgestrichen waren, praktisch verschwunden. Niemand nennt den Ferenciek tere (Platz der Franziskaner) noch Felszabadulás tér (Platz der Befreiung). Der alte Name würdigte die Rolle der Roten Armee bei der Befreiung Budapests im Zweiten Weltkrieg.

János utca) oder der kleinere **Párisi Udvar Könyvesbolt** (Párisi-Udvar-Buchladen; Karte S. 92; ☎ 235 0379; V., Petőfi Sándor utca 2; 🕑 Mo–Fr 9–19, Sa 10–14 Uhr; Ⓜ M3 Ferenciek tere) im Párisi Udvar.

PRAKTISCHE INFORMATIONEN

Buchläden

Bestsellers (Karte S. 92; ☎ 312 1295; V., Október 6. utca 11; 🕑 Mo–Fr 9–18.30, Sa 10–17, So 10–16 Uhr; Ⓜ M1/2/3 Deák Ferenc tér) Der beste englischsprachige Buchladen in Budapest. Der kürzlich erweiterte Laden verkauft Romane, Reiseführer, viele Titel über Ungarn sowie eine große Auswahl an Magazinen und Zeitungen.

Central European University Bookshop (Karte S. 92; ☎ 327 3096; V., Nádor utca 9; 🕑 Mo–Fr 10–18 Uhr; 🚌 15) Dieselbe Firma wie das Pendragon betreibt den zweigeschossigen Buchladen in der Central European University. Gute Auswahl an wissenschaftlichen und Wirtschaftsbüchern mit regionalem Bezug, auch Secondhand-Bücher.

Írók Boltja (Schriftsteller-Buchladen; Karte S. 90; ☎ 322 1645; VI., Andrássy út 45; 🕑 Mo–Fr 10–18, Sa 10–13 Uhr; Ⓜ M1 Oktogon, 🚊 4 oder 6) Hat Übersetzungen der meisten ungarischen Autoren.

Központi Antikvárium (Karte S. 92; ☎ 317 3514; V., Múzeum körút 13–15; 🕑 Mo–Fr 10–18.30, Sa 10–14 Uhr; Ⓜ M3 Kálvin tér) Für alte und Secondhand-Bücher auf Ungarisch, Deutsch und Englisch ist das „Zentrale Antiquariat“ die richtige Adresse. Der Laden wurde 1885 gegründet und ist das größte Antiquariat in Budapest.

Libri Könyvpalota (Karte S. 90; ☎ 267 4844; VII., Rákóczi út 12; 🕑 Mo–Fr 10–19.30, Sa 10–15 Uhr; Ⓜ M2 Astoria) Der „Buchpalast“ ist groß und auf zwei Etagen verteilt. Es gibt zahlreiche englischsprachige Romane, Kunst- und Reiseführer, Karten, Musik und im ersten Geschoss ein Café.

Libri Stúdium (Karte S. 92; ☎ 318 5680; V., Váci utca 22; 🕑 Mo–Fr 10–19, Sa–So 10–15 Uhr; Ⓜ M3 Ferenciek tere) Für englische und anderssprachige Bücher zu ungarischen Themen bietet das zentraler gelegene Stúdium eine gute Auswahl.

Pendragon (Karte S. 86–87; ☎ 340 4426; XIII., Pozsonyi út 21–23; 🕑 Mo–Fr 10–18, Sa 10–14 Uhr; 🚊 4 oder 6) Der englischsprachige Buchladen hat eine exzellente

BUDAPEST IN …

zwei Tagen

Wer nur wenige Tage in Budapest ist, sollte den Großteil des ersten Tages auf dem **Burgberg** (S. 75) verbringen, um den Ausblick zu genießen sowie die Sehenswürdigkeiten und ein oder zwei Museen zu besichtigen. Nachmittags geht es mit der Drahtseilbahn **Sikló** (S. 75) hinunter zum Clark Ádám tér und je nach Wochentag zum Entspannen ins **Király-Bad** (S. 107) oder **Gellért-Bad** (S. 106). Abends lockt der Liszt Ferenc tér mit seinen Cafés und einem Abendessen im **Menza** (S. 120). Am zweiten Tag stehen die zwei Ikonen der ungarischen Nation und ihre Gebäude auf dem Programm: die **Krone des hl. Stephan** (S. 99) im Parlament und die sterblichen Reste des Königs in der **St.-Stephans-Basilika** (S. 98). Spät nachmittags geht es für Kaffee und Kuchen ins **Gerbeaud** (S. 97) am Vörösmarty tér. Für den Abend lohnt es sich, Karten für eine Aufführung in der **Liszt-Musikakademie** (S. 100) oder der **Ungarischen Staatsoper** (S. 102) zu besorgen.

vier Tagen

Wer mehr Zeit mitbringt, sollte den Spaziergang über die Andrássy út machen (s. S. 102) und sich je nach Lust und Laune die Sehenswürdigkeiten anschauen, z. B. das **Haus des Terrors** (S. 102) oder das **Museum der Bildenden Künste** (S. 103). Das **Café Lukács** (S. 122) liegt günstig an der Strecke, und danach wartet schon das **Széchenyi-Bad** (S. 107) im Stadtwäldchen. Das **Robinson** (S. 120) und das **Bagolyvár** (S. 120) sind die Alternativen für ein Abendessen. Am nächsten Tag könnte es ins Umland gehen, z. B. zum **Skulpturenpark** (S. 137). Schön ist auch der Ausflug mit der **Zahnradbahn** (S. 82) oder zu Fuß in die Budaer Berge. Abends ist dann ein Abschiedsdrink oder eine Tour durch die Nachtclubs angesagt. Im Sommer laden die Biergärten der Stadt ein (S. 128).

einer Woche

Bei einer Woche Aufenthalt können die meisten Sehenswürdigkeiten in diesem Kapitel besichtigt werden, einschließlich der „zweitrangigen“ Perlen wie dem **Grabmal des Gül Baba** (S. 80) und dem **Ferenc-Hopp-Museum für Ostasiatische Kunst** (S. 103). Für alle, die shoppen wollen, sind die Märkte wie die **Nagycsarnok** (S. 123) oder der **Ecseri Piac** (S. 130) empfehlenswert. Wer einen Tagesausflug plant, hat die Wahl zwischen der Fahrt ins **Donauknie** (S. 141), zum **Plattensee (Balaton)** (S. 200) oder sogar in die **Hortobágy** (S. 263) in der Großen Tiefebene.

ERMÄSSIGUNGEN

Die **Budapest Card** (☎ 266 0479; www.budapestinfo.hu; für 48/72 Std. 4700/5900 Ft.) bietet freien oder ermäßigten Eintritt in 60 Museen und Sehenswürdigkeiten. Dazu kommen unbegrenzte Fahrten mit allen öffentlichen Verkehrsmitteln, Ermäßigungen für organisierte Touren, beim Autoleihen, in Thermalbädern und in ausgewählten Läden und Restaurants. Die Karte wird bei Tourinform, in Reisebüros, Hotels und an den großen Metrostationen verkauft. Das nationale Gegenstück ist die Hungary Card (S. 394).

Auswahl an Büchern und Reiseführern (darunter auch Titel von Lonely Planet).

Red Bus (Karte S. 92; ☎ 337 7453; V., Semmelweis utca 14; Mo–Fr 11–18, Sa 10–14 Uhr; M M2 Astoria) Unterhalb des beliebten und gleichnamigen Hostels (S. 112) verkauft der Laden als Einziger englischsprachige Secondhand-Bücher in der Stadt.

Szőnyi Antikváriuma (Karte S. 90; ☎ 311 6431; www.szonyi.hu; V., Szent István körút 3; Mo–Fr 10–18, Sa 9–13 Uhr; 4 oder 6) Renommiertes Antiquariat mit einer hervorragenden Auswahl an alten Drucken und Karten (sie liegen in den Schubladen) sowie an Büchern.

Világsajtó Háza (Haus der Weltpresse; Karte S. 92; ☎ 317 1311; V., Városház utca 3–5; Mo–Fr 7–19, Sa 7–14, So 8–12 Uhr; M M3 Ferenciek tere) Die beste Adresse für ausländische Zeitungen, Magazine und Zeitschriften.

Geld

Geldautomaten gibt es überall in Budapest, z. B. auf den Bahnhöfen und Busbahnhöfen. Es gibt auch einige Wechselautomaten für ausländische Währungen.

K&H Bank (Karte S. 92; V., Váci utca 40; Mo 8–17, Di–Do 8–16, Fr 8–15 Uhr; M M3 Ferenciek tere) Günstig an der Haupteinkaufsstraße gelegen; der Umtauschkurs ist passabel.

OTP-Bank (Karte S. 92, V., Deák Ferenc utca 7–9; Mo 7.45–18, Di–Fr 7.45–17 Uhr; M M1/2/3 Deák Ferenc tér) Die Nationale Sparkasse bietet einen der besten Umtauschkurse für Bargeld und Reiseschecks. Man sollte aber mindestens eine Stunde vor Schließung der Bank kommen, damit der Wechselschalter garantiert noch geöffnet ist.

Gepäckaufbewahrung

Budapests drei wichtigen Bahnhöfe, die zwei Busbahnhöfe und der Internationale Flughafen Ferihegy (Terminal 2B) haben alle eine Gepäckaufbewahrung oder Schließfächer. Weitere Informationen stehen in den entsprechenden Abschnitten im Kapitel Verkehrsmittel (S. 406).

Infos im Internet

Ungarische Webseiten mit Budapest-Links s. S. 15.

Budapest Cityguide (www.budapest-cityguide.de) Deutschsprachige Online-Reisemagazin: allgemeine und Insider-Infos, Datenbanken, Kunst und Kultur.

Budapester Tourismusamt (www.budapestinfo.hu) Budapests beste allgemeine Webseite, u. a. auch auf Deutsch.

Budapester Zeitung (www. budapester.hu) Deutschsprachige Onlinezeitung mit Informationen zum Stadtleben.

Budapest Sun Online (www.budapestsun.com) Englischsprachige Online-Wochenzeitung; mit lokalen Nachrichten, Interviews und Reportagen.

Pestiside (www.pestiside.hu) Pestiside nennt sich selbst „Die tägliche Ration des kosmopolitischen Budapest". Die herben und oft sehr lustigen Kommentare zur Hauptstadt (und zum ganzen Land) bringen Besucher schon vor der Ankunft auf den kulturell und politisch letzten Stand.

Internetzugang

Ami Internet Coffee (Karte S. 92; ☎ 267 1644; www.amicoffee.hu, nur Ungarisch; V., Váci utca 40; 15/30/60 Min. 200/400/700 Ft., 5/10 Std. 3250/6400 Ft.; 9–2 Uhr; M M3 Ferenciek tere) Internetcafé im Univiertel mit 40 Terminals.

Electric Cafe (Karte S. 90; ☎ 413 1803; www.electriccafé.hu; VII., Dohány utca 37; 30/60 Min. 100/200 Ft.; 9–24 Uhr; M M2 Blaha Lujza tér) Sehr beliebt bei Besuchern.

Narancs (Karte S. 90; ☎ 413 6071; VII., Akácfa utca 5; 30/60 Min. 100/200 Ft.; 10–24 Uhr; M M2 Blaha Lujza tér) Kleines, aber reizendes Nachbarschafts-Internetcafé mit französischen Besitzern.

Parknet (Karte S. 92; ☎ 270 2249; www.parknetcafé.hu; V., Váci utca 23; 15/30/60 Min. 170/270/500 Ft., 5/10 Std. 1800/3000 Ft.; Mo–Sa 9–20, So 10–20 Uhr; M M3 Ferenciek tere) Zentraler geht es in Pest nicht.

Private Link (Karte S. 86–87; ☎ 334 2057; www.private -link.hu; VIII., József körút 52; 1/5/10 Std. 690/2000/3500 Ft.; 0–24 Uhr; M M3 Ferenc körút) Budapests größtes und gemütlichstes Internetcafé hat rund um die Uhr geöffnet.

Medizinische Versorgung

APOTHEKEN

Alle 23 Budapester Bezirke haben ein rotierendes System an Nachtapotheken. An jeder Apothekentür wird auf die nächstgelegene Nachtapotheke verwiesen. Günstig gelegene Apotheken sind:

Csillag Patika (Karte S. 90; ☎ 314 3695; VIII., Rákóczi

út 39; Mo–Fr 7.30–21, Sa 7.30–14 Uhr; M M2 Blaha Lujza tér)
Déli Gyógyszertár (Karte S. 86–87; ☎ 355 4691; XII., Alkotás utca 1/b; Mo–Fr 8–20, Sa 8–14 Uhr; M M2 Déli pályaudvar)
Teréz Patika (Karte S. 90; ☎ 311 4439, 475 0295; VI., Teréz körút 41; Mo–Fr 8–20, Sa 8–14 Uhr; M M3 Nyugati pályaudvar)

NOTFALLKLINIKEN

FirstMed Centers (Karte S. 89; ☎ 224 9090; www.firstmedcentres.com; I., Hattyú utca 14, 5/F; Sprechstunde Mo–Do 8–19, Fr 8–18 Uhr, Notfälle 0–24 Uhr; M M2 Moszkva tér) Die moderne Privatklinik bietet rund um die Uhr Notfallbehandlungen, die aber nicht billig sind: Ein einfacher Arzttermin kostet 12 600/25 200 Ft. für 10/20 Minuten.
SOS Dental Services (Karte S. 92; ☎ 267 9602, 269 6010; VI., Király utca 14; 0–24 Uhr; M M1/2/3 Deák Ferenc tér) Ein Termin in der Zahnarztpraxis kostet 2000 Ft., ein gezogener Zahn 5000–6000 Ft. und eine Füllung 6000–10 000 Ft.

Notfall

Wer ein Verbrechen oder verlorene bzw. gestohlene Reisepapiere oder Kreditkarten melden will, sollte zunächst die **zentrale Notfallnummer** (☎ 112), die **Polizei** (☎ 107) oder die u.a. **deutschsprachige Tourinform-Hotline** (☎ 8–20 Uhr: 438 8080, 20–8 Uhr: 06 80 660 044) anrufen. Jeder Vorfall muss dann auf der Polizeiwache des zuständigen Bezirks gemeldet werden. Im Stadtzentrum von Pest ist dies die **Polizeiwache Belváros-Lipótváros** (Karte S. 90; ☎ 373 1000; V., Szalay utca 11–13; 15). Eine Ungarisch sprechende Begleitung ist auf jeden Fall hilfreich.

Weitere nützliche Nummern:
Ambulanz (☎ 104)
Feuerwehr (☎ 105)

Post

Hauptpostamt (Karte S. 92; V., Petőfi Sándor utca 13–15; Mo–Fr 8–20, Sa 8–14 Uhr; M M1/2/3 Deák Ferenc tér) Nur wenige Minuten zu Fuß vom Deák Ferenc tér und dem Haupt-Tourinformbüro werden Briefmarken verkauft, Briefe aufgeben und Päckchen sowie Faxe verschickt.
Hauptpostamt (Anbau) (Karte S. 92; V., Városház utca 18; Mo–Fr 8–20, Sa 8–14 Uhr; M M1/2/3 Deák Ferenc tér) Postlagerung ist um die Ecke der Hauptpost möglich.
Postfilialen Bahnhof Keleti (Karte S. 86–87; VIII., Kerepesi út 2–6; Mo–Fr 7–21, Sa 8–14 Uhr; M M2 Keleti pályaudvar); Bahnhof Nyugati (Karte S. 84; VI., Teréz körút 51–53; Mo–Sa 7–21, So 10–17 Uhr; M M3 Nyugati pályaudvar)

Telefon & Fax

SIM-Karten und Leihhandys verkaufen bzw. vermieten mehrere Handygeschäfte:
Pannon GSM (Karte S. 92; ☎ 311 8416; www.pgsm.hu; V., Arany János utca 17; Mo–Fr 9–20, Sa 9–14 Uhr; M M3 Arany János utca)
T-Mobile (Karte S. 92; ☎ 266 5723; www.t-mobile.hu; V., Petőfi Sándor utca 12; Mo–Fr 9–19, Sa 10–13 Uhr; M M3 Ferenciek tere)
Vodafone (Karte S. 86–87; ☎ 238 7281; www.vodafone.hu; Westend City Center, VI., Váci út 3; Mo–Sa 10–19, So 10–18 Uhr; M Nyugati pályaudvar)

Reisebüros

Viele der aufgeführten Büros bieten ebenfalls Informationen und verteilen Broschüren sowie Stadtpläne. Informationen zu kommerziellen Anbietern für Hotelreservierungen s. Privatzimmer (S. 113).
Express (Karte S. 926; ☎ 327 7290, 266 3277; www.express-travel.hu; V., Semmelweis utca 4; Mo–Fr 8.30–17, Sa 9–13 Uhr; M M2 Astoria) Das Hauptbüro der Jugend- und Studentenreiseagentur reserviert Zimmer in Budapest, vor allem Hostels und Studentenwohnheime, und verkauft Fahrscheine.
Ibusz (Karte S. 92; ☎ 485 2700; www.ibusz.hu; V., Ferenciek tere 10; Mo–Fr 9–18, Sa 9–13 Uhr; M M3 Ferenciek tere) Das Hauptbüro der Reiseagentur bietet Reisebroschüren, Geldwechsel und bucht jede Art von Unterkunft; Kreditkarten werden akzeptiert.
Mellow Mood (Karte S. 92; ☎ 411 2390; www.youthhostels.hu, www.mellowmood.hu; V., Molnár utca 3; Mo–Fr 9–18 Uhr; M M3 Ferenciek tere) Das neue Büro, das von der gleichnamigen Hostelkette (S. 113) betrieben wird, bucht Privatzimmer und Hostels, organisiert Ausflüge und verkauft günstige Flugtickets etc.
Vista (Karte S. 92; ☎ 429 9751; www.vista.hu; VI., Paulay Ede utca 2; M M1/2/3 Deák Ferenc tér; Mo–Fr 9–18.30, Sa 9–14.30 Uhr) Vista ist ein exzellenter Allroundladen für alle Reiseangelegenheiten. Das gilt für Leute, die verreisen wollen (Flugtickets, Pauschalangebote etc.) sowie ankommende Reisende (Zimmerreservierungen, geführte Touren, Studienfahrten und Ökotouren in Ungarn etc.).
Wasteels (Karte S. 86–87; ☎ 210 2802, 343 3492; VIII., Kerepesi út 2–6; Mo–Fr 8–20, Sa 8–18 Uhr; M M2 Keleti pályaudvar) Die Agentur am Bahnsteig 9 des Keleti-Bahnhofs verkauft ermäßigte Jugend-Bahntickets (S. 408). Notwendig ist ein internationaler Studentenausweis oder eine Jugendkarte (S. 394).

Touristeninformation

Budapester Tourismusamt (BTH; ☎ 266 0479; www.budapestinfo.hu; Burgberg Karte S. 89; ☎ 488 0475; I., Szentháromság tér; Mai–Sept. 9–20 Uhr, Okt.–April 10–19 Uhr; 16 oder Várbusz; Bahnhof Nyugati Karte

S. 91; ☎ 302 8580; Nyugati pályaudvar, Bahnsteig 10; ⏲ April–Okt. 9–19 Uhr, Nov.–März 9–18 Uhr; Ⓜ M3 Nyugati pályaudvar; Oktogon Karte S. 90; ☎ 322 4098; VI., Liszt Ferenc tér 11; ⏲ April–Okt. 9–19 Uhr, Nov.–März 10–18 Uhr; Ⓜ M1 Oktogon) BTH betreibt auch Büros auf den Budapester Flughafen-Terminals 1, 2A (Ankunft) und 2B (Abflug).

Tourinform (Karte S. 92; ☎ 438 8080, 24-stündige Info-Hotline 06 80 630 800; www.tourinform.hu; V., Sütő utca 2; ⏲ 8–20 Uhr; Ⓜ M1/2/3 Deák Ferenc tér) Tourinform wurde inzwischen in das Budapester Tourismusamt eingegliedert.

GEFAHREN & ÄRGERNISSE

In Budapest gibt es keine Bezirke, die Touristen grundsätzlich nicht betreten sollten. Manche Einheimische vermeiden jedoch im Winter die Margareteninsel nach Einbruch der Dunkelheit. Sowohl Einheimische wie auch Besucher machen um die etwas verrufenen Bereiche des VIII. und IX. Bezirks (Gegenden mit Prostitution) einen weiten Bogen.

Taschendiebstahl kommt am häufigsten auf den Märkten, im Burgviertel, auf der Váci utca und dem Heldenplatz (Hösök tere), in der Nähe von großen Hotels und auf besonders stark frequentierten Bus- (z. B. Linie 7) oder Straßenbahnlinien (2, 4, 6, 47 und 49) vor.

Taxifahrten können in Budapest teuer und ungemütlich sein. Deshalb sollte man niemals vom Straßenrand aus ein Taxi anhalten, sondern immer vorab eines bestellen. Bei öffentlichen Telefonzellen wird dem Taxiunternehmen die Telefonnummer (die immer in der Telefonzelle vermerkt ist) durchgegeben. Für weitere Informationen zu Taxis s. S. 137.

Wer etwas in einem öffentlichen Verkehrsmittel vergessen oder verloren hat, sollte das **BKV-Fundbüro** (Karte S. 90; ☎ 267 5299; VII., Akácfa utca 18; ⏲ Mo–Di, Do–Fr 8–17, Mi 8–18 Uhr; Ⓜ M2 Blaha Lujza tér) kontaktieren.

Betrügereien

Seit über einem Jahrzehnt ist Budapest bekannt für Vorfälle mit attraktiven jungen Frauen, naiven Männern, teuren Drinks in Nachtklubs und einem von hauseigenen Gorillas erzwungenen Gang zum nächsten Geldautomaten. Immer wieder treffen Briefe von männlichen Lesern ein, die sich darüber beschweren, dass sie abgezockt wurden. Jungs: Fallt nicht auf jedes „Angebot" rein! Vertraut dem Spiegel! Falsche Eitelkeit ist schon manchem Möchtegern-Casanova mit Hunderten, sogar Tausenden von Euro teuer zu stehen gekommen.

SEHENSWERTES

Für weitere Informationen zu den zahlreichen Museen und anderen Sehenswürdigkeiten, die hier aufgeführt werden, siehe die Webseite **Museen in Ungarn** (www.museum.hu).

Buda

Von Pest aus wirkt Buda grün und unverschmutzt. Der historisch bedeutende Burgberg und die Zitadelle verströmen einen geradezu majestätischen Eindruck. Das westliche Donauufer ist aber nicht nur eine schöne Fassade: Auf dem Burgberg befinden sich wichtige Museen (Nationalgalerie und Budapester Historisches Museen) und im Norden die alte römische Siedlung Aquincum.

BURGBERG

Der Burgberg (Várhegy) gehört zum Weltkulturerbe der Unesco und wird auch als Burgviertel bezeichnet. Das 1 km lange und 170 m hohe Kalksteinplateau ragt rund 60 m über der Donau empor und beherbergt die wichtigsten Museen und mittelalterlichen Gebäude der Stadt. Unter dem Hügel erstreckt sich ein 28 km langes Höhlensystem, das von Thermalquellen geformt wurde.

Der von Mauern geschützte Berg besteht aus zwei unterschiedlichen Vierteln: In der Altstadt lebten im Mittelalter die einfachen Bürger in den Bürgerhäusern, die heute jedoch alles andere als „einfach" sind … Im südlichen Bereich wurde der Königspalast auf dem Areal der ehemaligen Burg aus dem 13. Jh. errichtet.

Von Pest bietet die Buslinie 16 vom Deák Ferenc tér zum Dísz tér auf dem Burgberg die bequemste Verbindung. Der Platz liegt auf halbem Weg zwischen Bürgerstadt und Königspalast. Eine viel attraktivere Variante ist jedoch ein Spaziergang über die Kettenbrücke und eine Fahrt mit der Standseilbahn **Sikló** (⏲ 7.30–22 Uhr, geschl. 1. & 3. Mo im Monat; Berg-/Talfahrt Erw. 650/550 Ft., Kinder bis 14 Jahre 350 Ft.), die seit 1870 vom Clark Ádám tér zum Szent György tér neben dem Königspalast hinaufgleitet.

Eine weitere Alternative ist entweder der Aufstieg über die „Königstreppe" (Király lépcső), die vom Clark Ádám tér bergan führt, oder die breite Treppe, die vom Szarvas tér zum südlichen Bereich des Königspalastes hinaufleitet.

Mit der Metro M2 fährt man zum Moszkva tér, geht die Treppen auf der nordöstlichen Seite der Platzes empor und biegt dann nach links über die Várfok utca zum Wiener Tor ab. Der Minibus „Várbusz" (oder „Dísz Tér") mit dem Burgsymbol fährt ab Várfok utca über dieselbe Route ins Burgviertel zum Dísz tér.

Wiener Tor

Das **Wiener Tor** (Karte S. 89; Bécsi kapu; ⌚ 0–24 Uhr) war der mittelalterliche Eingang zum Burgviertel. Es wurde 1936 zum 250. Jahrestag der Rückeroberung Budas von den Türken neu errichtet. Das Tor kann jederzeit bestiegen werden. Es ist nicht sehr groß, doch wenn Budapester Kinder zu gesprächig oder laut sind, dann sagen ihnen ihre Eltern: „Dein Mundwerk ist so groß wie das Wiener Tor!"

Mittelalterliches Jüdisches Gebetshaus

Das **Mittelalterliche Jüdische Gebetshaus** (Középkori Zsidó Imaház; Karte S. 89; ☎ 225 7815; I., Táncsics Mihály utca 26; Erw./Kind 400/150 Ft.; ⌚ Mai–Sept. Di–So 10–17 Uhr) stammt teilweise aus dem 14. Jh. Zu sehen sind Urkunden und andere Gegenstände, die mit der jüdischen Gemeinde von Buda verbunden sind, sowie gotische Steinmetzarbeiten und Grabsteine aus der Großen Synagoge von Pest.

Museum für Militärgeschichte

Das **Museum für Militärgeschichte** (Hadtörténeti Múzeum; Karte S. 89; ☎ 356 9522; I., Tóth Árpád sétány 40; Eintritt frei; ⌚ April–Sept. Di–So 10–18 Uhr, Okt.–März Di–So 10–16 Uhr) zeigt Waffen, die noch vor der türkischen Eroberung hergestellt wurden. Sehenswert sind auch die Uniformen, Medaillen, Flaggen und andere kriegsbezogene Kunstgegenstände. Die Ausstellungen konzentrieren sich auf den Freiheitskampf 1848–49 sowie die Königlich-Ungarische Armee unter Admiral Miklós Horthy (1918–43).

Budaer Burglabyrinth

Das **Budaer Burglabyrinth** (Budavári Labirintus; Karte S. 89; ☎ 489 3281; www.labirintus.com; I., Úri utca 9 & Lovas út 4; Erw./Kind 1400/1100 Ft.; ⌚ 9.30–19.30 Uhr) ist ein 1200 m langes Höhlensystem unter dem Burgviertel. Mit seinen neun Sälen und Kammern versucht es zu zeigen, wie eine Höhle in prähistorischen Zeiten ausgesehen haben könnte. Der Eintrittspreis ist für Budapester Verhältnisse sehr hoch, doch ist das Labyrinth amüsant. An einem heißen Sommertag bietet die Höhle zudem Abkühlung und Ruhe vor den Besuchermassen.

Haus der Ungarischen Weine

Das **Haus der Ungarischen Weine** (Magyar Borok Háza; Karte S. 89; ☎ 212 1030; www.winehouse.hu; I., Szentháromság tér 6; Weinprobe ca. 3800 Ft.; ⌚ 12–20 Uhr) bietet einen Crashkurs in ungarischer Weinkunde an. Mitten im Burgviertel werden über 700 Weine aus den 22 Weinregionen präsentiert. 55 davon können probiert werden – falls einer so viel Standfestigkeit besitzt.

Matthiaskirche

Teile der **Matthiaskirche** (Mátyás-templom; Karte S. 89; ☎ 355 5657; www.matyas-templom.hu; I., Szentháromság tér 2; Erw./Kind/Fam. 600/300/1000 Ft., Audioführer 300 Ft.; ⌚ Mo–Fr 9–17, Sa 9–13, So 13–17 Uhr) sind bereits über 500 Jahre alt. Dazu zählt auch das Relief über dem Südeingang. Doch der Großteil der Kirche geht auf einen neogotischen Umbau nach Plänen von Frigyes Schulek (1896) zurück. Benannt wurde die Kirche nach König Matthias Corvinus, der seine Frau Beatrix 1474 hier heiratete. Im April 2005 begann die Regierung mit einer 17 Mio. € teuren Restaurierung der Kirche, die zwei Jahre dauern soll.

Rechts vom Hauptaltar führen Stufen in die Krypta. Der Besuch der **Sakralkunstsammlung der Matthiaskirche** (Mátyás-templom Egyházművészeti Gyűjteménye; Karte S. 89; ☎ 488 0717) ist im Eintrittspreis enthalten. Zu sehen sind kunstvolle Monstranzen, Reliquien, Kelche und Kollektenteller sowie eine Kopie der Krönungsinsignien. Aus der königlichen Kapelle ergibt sich von hoch oben ein interessanter Ausblick auf den Chorraum.

Fischerbastei

Die **Fischerbastei** (Halászbástya; Karte S. 89; Erw./Kind 330/165 Ft.; ⌚ 9–23 Uhr) ist ein weiteres neogotisches Phantasiebauwerk. Die meisten Besucher, auch aus Ungarn, glauben, dass es viel älter ist als es tatsächlich ist. Doch wen interessant das schon? Es sieht mittelalterlich aus und bietet einen der schönsten Panoramablicke auf Budapest, denn Schulek errichtete die Fischerbastei 1905 als Aussichtsplattform. Der Name erinnert an die Fischergilde, die im Mittelalter für die Verteidigung des Festungsabschnittes verantwortlich war. Die sieben markanten Türmchen symbolisieren die sieben Magyarenstämme, die das Karpatenbecken im späten 9. Jh. eroberten. Vor der Bastei errichtete der Bildhauer Alajos Stróbl die kunstvolle **Reiterstatue des hl. Stephan**.

Apothekenmuseum Zum Goldenen Adler

Das **Apothekenmuseum Zum Goldenen Adler** (Arany Sas Patikamúzeum; Karte S. 89; ☎ 375 9772; I., Tárnok utca 18; Eintritt frei; ⌚ Mitte März–Okt. Di–So 10.30–17.30 Uhr, Nov.–Mitte März Di–So 10.30–15.30 Uhr) liegt unmittelbar nördlich des Dísz tér, dort wo die erste Apotheke von Budapest stand (1681). Zu sehen ist eine ungewöhnliche Sammlung an mittelalterlicher Medizin, inklusive eines nachgebauten Alchemistenlabors.

Königspalast

Der ehemalige Königs- oder Burgpalast (Budavári Palota; Karte S. 89) wurde in den letzten sieben Jahrhunderten mindestens ein halbes Dutzend Mal niedergebrannt, bombadiert, abgerissen, wieder aufgebaut und umgebaut. Béla IV. errichtete hier Mitte des 13. Jh. eine königliche Residenz, die von den nachfolgenden Königen entweder erweitert oder komplett neu gebaut wurde. Der Palast wurde bei der Eroberung Budas von den Türken 1686 zerstört. Die Habsburger erbauten ihn neu, waren jedoch kaum zu Besuch. Heute residiert kein König im Palast, stattdessen sind die Ungarische Nationalgalerie und das Budapester Historische Museum sowie die **Széchenyi-Nationalbibliothek** hier untergebracht.

Es gibt zwei Eingänge zum Königspalast: Der erste führt über die **Habsburger Treppe**, die südöstlich vom Szent György tér hinter einem Prunktor (1903) liegt. Der andere Zugang ist das südwestlich gelegene **Corvinus-Tor** (⌚ 6–24 Uhr) mit seinem großen schwarzen Raben. Er war das Wappentier von König Matthias Corvinus.

Die **Ungarische Nationalgalerie** (Magyar Nemzeti Galéria; Karte S. 89; ☎ 201 9082, 06 20 439 7325; Königspalast, Flügel B, C & D; Eintritt frei, Sonderaustellungen Erw./Kind/Fam. 1500/800/3000 Ft.; ⌚ Di–So 10–18 Uhr) hat eine riesige Sammlung, die auf vier Stockwerke verteilt ist. Hier lässt sich die Entwicklung der ungarischen Kunst ab dem 10. Jh. anschaulich verfolgen. Die größten Sammlungen zeigen mittelalterliche und Renaissance-Steinmetzarbeiten, gotische Holzskulpturen und Gemälde, spätgotische Flügelaltäre sowie Kunst der späten Renaissance und des Barock.

Das Museum ist auch für seine bedeutende Sammlung ungarischer Gemälde und Skulpturen aus dem 19. und 20. Jh. bekannt. Viele Namen sind im Ausland unbekannt, doch sollte man die düsteren Darstellungen des Krieges und der Armen von László Mednyánszky beachten. Herausragend sind auch die einmaligen Porträts von József Rippl-Rónai, die überdimensionalen Gemälde von Tivadar Csontváry, die Karnevalsgemälde von Vilmos Aba-Novák sowie die Werke des Realisten Mihály Munkácsy. Ihn nennt man auch den „Maler der Puszta".

Das **Budapester Historische Museum** (Budapesti Történeti Múzeum; Karte S. 89; ☎ 225 7815, 375 7533; Königspalast, Flügel E; Erw./Kind/Fam. 900/450/1500 Ft., Audioführer 800 Ft.; ⌚ Mitte Mai–Mitte Sept. 10–18 Uhr, März–Mitte Mai & Mitte Sept.–Okt. Mi–Mo 10–18 Uhr, Nov.–Feb. Mi–Mo 10–16 Uhr) ist auch als Burgmuseum (Vár Múzeum) bekannt. Seine zahllosen Ausstellungsstücke zeichnen auf drei Etagen die 2000-jährige Geschichte der Stadt nach. Im Keller können restaurierte Teile des Palastes aus dem 15. Jh. sowie eine Ausstellung zum Königspalast im mittelalterlichen Buda besichtigt werden.

Bei den drei gewölbten Sälen im Keller sticht vor allem der wunderbare Renaissance-Türrahmen aus rotem Marmor hervor. Er trägt ein Siegel von Königin Beatrix. Die Kacheln mit einem Raben und einem Ring sind das Siegel ihres Mannes König Matthias Corvinus. Die Tür führt zum **Gotischen Saal**, zum **Königskeller** und zur **Turmkapelle** aus dem 14. Jh.

Im Erdgeschoss befinden sich die Ausstellung „Budapest im Mittelalter" sowie gotische Skulpturen, die 1974 bei Ausgrabungen entdeckt wurden. Die Ausstellung im 1. Stock – „Budapest in der Neuzeit" – verfolgt die Geschichte der Stadt von der Vertreibung der Türken 1686 bis zum ungarischen EU-Beitritt 2004. Im 2. Stock reicht die Zeitreise von prähistorischen Funden bis zur Ankunft der Awaren im späten 6. Jh.

GELLÉRTBERG & TABÁN

Der Gellért-hegy (Karte S. 89) ist ein 235 m hoher Felsen südöstlich des Burgberges. Beherrscht wird er von einer Festung und der Freiheitsstatue, dem inoffiziellen Wahrzeichen von Budapest. Der Ausblick vom Gellértberg zum Königspalast und über die Donau ist atemberaubend. Tabán (Karte S. 89) heißt das grüne Viertel zwischen Gellért- und Burgberg. Einst siedelten hier Serben, die im frühen 18. Jh. vor den Türken flohen. Später war das Viertel für seine Restaurants und Weingärten bekannt und entwickelte sich zu einer Art Montmartre von Budapest. Ein Großteil des Viertels brannte an der Wende zum 20. Jh. ab.

Heute dominieren Wohnhäuser, Parks und drei Thermalbäder den Gellértberg und den Tabán. Die Bäder werden aus den heißen Quellen unter dem Hügel gespeist. Das **Gellért-Bad** (Karte S. 86–87) steht der Öffentlichkeit zur Verfügung (s. S. 97). Das **Rác-Bad** (Karte S. 89) wurde bei Redaktionsschluss noch immer renoviert, das türkische **Rudas-Bad** dagegen im Dezember 2005 wieder eröffnet.

Szent Gellért tér

Der Szent Gellért tér liegt an der **Freiheitsbrücke** (Szabadság híd; Karte S. 86–87 und S. 94–95) und wird vom **Danubius Gellért Hotel** (Karte S. 86–87) dominiert. Der Jugendstilbau (1918) ist das berühmteste Traditionshotel und -thermalbad der Stadt.

Die **Felsenkapelle** (Sziklakápolna; Karte S. 86–87; ☎ 385 1529; ⏲ 9–20 Uhr) wurde 1926 an einem kleinen Felsvorsprung direkt oberhalb des Hotels in einer Höhle für den Paulinerorden eingerichtet. 1951 wurden die Priester von den Kommunisten verhaftet und die Höhle verschlossen. 1992 erfolgte die Wiedereröffnung. Während der Messen ist die Kapelle für die Öffentlichkeit geschlossen.

Zum Gellért tér fahren von Pest die Buslinie 7 sowie die Straßenbahnen 47 und 49. Von Buda verkehren die Buslinie 86 sowie die Straßenbahnen 18, 19 und 41 dorthin.

Zitadelle

Die **Zitadelle** (Karte S. 86–87; ☎ 365 6076; www.citadella.hu; ⏲ 0–24 Uhr) ist eine Festung, die niemals eine Schlacht erlebte. Erbaut wurde sie von den Habsburgern nach dem Freiheitskampf 1848–49, um die Stadt gegen weitere Aufstände zu „verteidigen". Doch als die Zitadelle 1851 fertig gestellt war, hatte sich das politische Klima bereits gewandelt und die Festung wurde überflüssig. In den 1890er-Jahren erwarb die Stadt die Zitadelle und sprengte symbolisch einen Teil der Anlage. Heute sind im zentralen Hof schwere Geschütze und andere angestaubte Gegenstände zu sehen. Dazu kommen das neue **1944-Wachsfigurenkabinett** (1944 Panoptikum; Karte S. 86–87; ☎ 279 1963; Eintritt 1200 Ft.; ⏲ Mo–Fr 9–21, Sa 8–22, So 8–21 Uhr) in einem Bunker aus dem Zweiten Weltkrieg, ein Hotel/Hostel (S. 113), ein Restaurant und ein Tanzklub.

Von Pest geht es über die Elisabethbrücke zu den Treppen hinter dem Denkmal des hl. Gellért und diese hinauf. Die Alternativ führt über die Freiheitsbrücke und die Verejték utca zum Park an der Felsenkapelle und von dort bergan. Die Buslinie 27 fährt fast bis zur Spitze des Hügels. Startpunkt ist der Móricz Zsigmond körtér südwestlich des Danubius Gellért Hotels (Anfahrt mit den Straßenbahnlinien 18, 19, 41, 47 und 49).

Freiheitsstatue

Die **Freiheitsstatue** (Szabadság-szobor; Karte S. 86–87) ist eine sympathische Dame mit einem Palmenwedel, die über die ganze Stadt hinweg die Freiheit beschwört. Die 14 m hohe Statue wurde 1947 auf der Donauseite vor der Zitadelle errichtet, sie erinnert an die sowjetischen Soldaten, die Budapest Anfang 1945 befreit haben.

Denkmäler & Brücken

Die leuchtend weiße, recht unspektakulär aussehende **Elisabethbrücke** (Erzsébet híd; Karte S. 92) spannt sich als Hängebrücke nordöstlich des Gellértberges über die Donau. Für viele Budapester hat sie einen ganz besonderen Stellenwert, weil sie 1964 die erste Donaubrücke war, die nach dem Zweiten Weltkrieg neu entworfen wurde.

Vom Abhang des Gellértberges schaut die **Statue des hl. Gellért** (Karte S. 89) auf die Elisabethbrücke hinunter. Der italienische Missionar war von König Stephan nach Ungarn gerufen worden, um die Bevölkerung zu taufen. Das Denkmal markiert den Ort, an dem der Bischof 1046 in einem Fass von heidnischen Ungarn den Berg hinunter in den Tod gestoßen wurde.

Auf der Nordseite der Brücke findet sich inmitten der Auffahrten die **Statue von Königin Elisabeth** (Karte S. 92), die sowohl ungarische Königin als auch Habsburger Kaiserin war. Die Frau von Franz Joseph wurde von den Ungarn unter anderem deshalb so verehrt, weil sie Ungarisch lernte. Sissi, wie man sie liebevoll nannte, wurde 1898 von einem italienischen Anarchisten in Genf ermordet.

VÍZIVÁROS

Víziváros (Wasserstadt; Karte S. 89 und S. 86–87) heißt der schmale Streifen zwischen der Donau und dem Burgberg, der sich nach Norden Richtung Óbuda und nach Nordwesten Richtung Rózsadomb (Rosenhügel) weitet. Die Wasserstadt erstreckt sich im Westen bis zum Moszkva tér, einem der wichtigsten Budaer Verkehrsknotenpunkte. Im Mittelalter lebten hier Händler, Handwerker und Fischer. Unter den Türken wurden die vielen Kirchen des Viertels als Moscheen genutzt. Zudem wurden mehrere Bäder errichtet, von denen eines heute noch in Betrieb ist. Die Víziváros ist das Herz des städtischen Buda.

Am Batthyány tér im Norden des Víziváros liegt die Metrostation der M2, die Straßenbahnen 19 und 41 fahren vom Viertel zum Szent Gellért tér. Buslinie 16 ab Deák Ferenc tér hält im Viertel auf dem Weg von und zum Burgberg.

Clark Ádám tér

Der Clark Ádám tér (Karte S. 89) wurde nach dem schottischen Ingenieur benannt, der im 19. Jh. den Bau der **Széchenyi-Kettenbrücke** (Széchenyi lánchíd; Karte S. 89) beaufsichtigte, die am Platz beginnt. Clark entwarf auch den **Tunnel** (*alagút*; Karte S. 89) unter dem Burgberg. Für die Arbeiten im Kalkstein benötigte die Arbeiter acht Monate. Die Kettenbrücke war übrigens eine Idee von Graf István Széchenyi (s. S. 185). Als sie 1849 eingeweiht wurde, war sie aus zwei Gründen einmalig: Zum einen war sie die erste feste Verbindung zwischen Pest und Buda, zum anderen mussten Adelige, die bisher von allen Steuern befreit waren, nun wie alle anderen Nutzer eine Maut entrichten. Die merkwürdige Skulptur, die wie ein langezogenes O aussieht und in den Büschen im südlichen Teil des Platzes versteckt liegt, ist der **Kilometerstein 0** (Karte S. 89): Alle Entfernungsangaben von und zur Hauptstadt beziehen sich auf genau diesem Punkt.

Fő utca

Die Fő utca („Hauptstraße“, Karte S. 89) stammt aus römischer Zeit und verläuft mitten durch die Víziváros. An der ehemaligen **Kapuzinerkirche** (Karte S. 89; I., Fő utca 30–32), die während der türkischen Besatzung als Moschee genutzt wurde, finden sich an der Südseite die Reste zweier Türen und Fenster im islamischen Eselrückenstil. Um die Ecke ist das Siegel von König Matthias Corvinus zu sehen – ein Raben und ein Ring. Der kleine Platz mit dem reizvollen **Ludwigsbrunnen** (Lajos kútja; 1904) heißt **Corvin tér**. An seiner Nordseite steht das eklektische Gebäude des **Budaer Konzertsaals** (Budai Vigadó; Karte S. 89; I., Corvin tér 8).

Einige hundert Meter weiter nördlich liegt der **Batthyány tér** (Karte S. 89 und S. 86–87), das Zentrum der Víziváros. Vom Ufer lassen sich die besten Fotos des Parlamentes auf der gegenüberliegenden Donauseite schießen. In der Mitte des unattraktiven Platzes befinden sich die Eingänge zur Metro M2 und zur Vorortbahn HÉV nach Szentendre. Die **St.-Anna-Kirche** (Szent Anna templom; Karte S. 89; I., Batthyány tér 7) ist eine der schönsten Barockkirchen in ganz Budapest.

Einige Straßen weiter nördlich liegt der **Nagy Imre tér** (Karte S. 86–87) mit dem monströsen **Militärgericht** (Karte S. 86–87; II., Fő utca 70-78) auf der nördlichen Seite. Hier wurden Imre Nagy und seine Mitstreiter 1958 vor Gericht gestellt und zum Tode verurteilt (s. S. 33). Hier stand auch das berüchtigte **Fő-utca-Gefängnis**, in dem viele Regimegegner eingesperrt und gefoltert wurden.

Das **Király-Bad** (Király Gyógyfürdő; Karte S. 86–87; II., Fő utca 82–86) wurde in Teilen schon 1580 gebaut. Es liegt einen Straßenblock nördlich (s. S. 107). Hinter der verkehrsberuhigten Ganz utca steht die griechisch-katholische **St.-Florian-Kirche** (Szent Florián kápolna; Karte S. 86–87; II., Fő utca 88–90). Sie wurde 1760 zu Ehren des Schutzpatrons aller Feuerwehrmänner errichtet.

Millennium-Park

Der (Millenáris Park; Karte S. 86–87; ☎ 438 5312; www.millenaris.hu; II., Fény utca 20–22; ⌚ 6–1 Uhr; Ⓜ M2 Moszkva tér, 🚊 4 oder 6) ist eines der erfolgreichsten städtischen Sanierungsprojekte des letzten Jahrzehnts in Budapest. Hinter dem Mammut-Einkaufszentrum befindet sich ein großer Park mit Brunnen, Teichen, kleinen Brücken, einem Theater und dem im Dezember 2005 eröffneten **Haus der Zukunft** (Jövô Háza) mit dem **Palast der Wunder** (Csodák Palotája; II., Fény utca 20–22; ☎ 350 6131; Erw./Kind/Fam. 800/750/2300 Ft.; ⌚ Di–Fr 9–18, Sa 10–21, So 10–19 Uhr). Beide Museen zeigen die moderne technische Welt in einer ganz neuen Sichtweise. Der Palast der Wunder bringt Kindern auf spielerische Weise physikalische

Phänomene und technisches Wissen bei, während das Haus der Zukunft als interktives Wissenschaftsmuseum das gleiche Ziel für die über 14-jährigen Besucher verfolgt.

Frankel Leó út

Am Bem tér geht die Fő utca in die Frankel Leó út über. Rechts und links befinden hinter den Straßenbäumen Antiquitätenläden und Boutiquen. Am nördlichen Ende liegt das **Lukács-Bad** (Lukács Gyógyfürdő; Karte S. 86–87; II., Frankel Leó út 25–29; 🚋 17, 🚌 60 oder 86). Hier treffen sich zumeist ältere, passionierte Badefreunde (s. S. 107). Nicht sehr weit von hier wurde 1888 die **Újlak-Synagoge** (Újlaki zsinagóga; Karte S. 86–87; II., Frankel Leó út 49) errichtet. Sie steht hinter einem Wohnhaus versteckt auf den Resten eines älteren Gebetshauses und ist der Öffentlichkeit nicht zugänglich.

Grabmal des Gül Baba

Das fast schon übertrieben rekonstruierte **Grabmal des Gül Baba** (Gül Baba türbéje; Karte S. 86–87; ☎ 326 0062; II., Türbe tér 1; Erw./Kind/Stud. 500/250/500 Ft.; 🕑 März–Okt. 10–18 Uhr, Nov.–Feb. 10–16 Uhr; HÉV-Station Margit híd, 🚋 4, 6 oder 17) bewahrt die Reste des türkischen Derwisches Gül Baba. Er hatte an der Eroberung von Buda 1541 teilgenommen und wurde später in Ungarn als „Vater der Rosen" bekannt. Von der Török utca, die parallel zur Frankel Leó út verläuft, geht es steil durch die kopfsteingepflasterte Gül Baba utca bergan bis zu den Treppen direkt hinter Haus Nr. 16. Alternativ erreicht man den Eingang von der Margit utca über die Mecset utca. Das Grabmal ist ein Pilgerschrein für Moslems, vor allem aus der Türkei. Vor dem Betreten müssen die Schuhe ausgezogen werden. Das angenehme Café bietet eine tolle Aussicht.

ÓBUDA

„Ó" bedeutet im Ungarischen „alt". Wie der Name suggeriert, ist Óbuda der älteste Teil von Buda. Schon die Römer ließen sich im nördlich gelegenen Aquincum nieder (s. S. 21). Die Magyaren nannten den Ort später Buda, woraus nach dem Bau des Königspalastes auf dem Burgberg Óbuda wurde.

Die Vorortbahn HÉV fährt in das Zentrum von Óbuda. Vom Batthyány tér an der Metro M2 fährt man zur Haltestelle Árpád híd. Auch die Buslinie 86 verbindet die Fő utca und andere Punkte am Budaer Donauufer mit Óbuda. Aus der Nähe des Stadtwäldchens (Városliget) in Pest fährt die Straßenbahn 12 (von der Kreuzung Hungária körút/Thököly út) über die Árpádbrücke direkt nach Óbuda.

Florián tér & Umgebung

Der Florián tér (Karte S. 84–85) wird vom Straßenzubringer der Árpádbrücke zweigeteilt. Rundherum stehen große Plattenbauten, sodass der Platz nicht die schönste Visitenkarte von Óbuda ist. Doch hier befand sich früher das historische Zentrum des alten Ortes.

Die gelbe barocke **Óbudaer Pfarrkirche** (Óbudai plébániatemplom; Karte S. 84–85; III., Lajos utca 168) wurde 1749 gebaut und den Heiligen Peter und Paul geweiht. Die Kirche bildet den östlichen Abschluss des Platzes. Im Inneren befindet sich eine große Rokoko-Kanzel. Auf der südlichen Seite steht neben dem Hotel Corinthia Aquincum die neoklassizistische **Óbudaer Synagoge** (Óbudai zsinagóga; Karte S. 84–85; III., Lajos utca 163) von 1821. Heute sind hier Tonstudios des Ungarischen Fernsehens MTV untergebracht.

Gegenüber veranstaltet das **Ausstellungshaus der Budapest-Galerie** (Budapest Galéria Kiállítóháza; Karte S. 84–85; ☎ 388 6771; III., Lajos utca 158; Erw./Kind 400/200 Ft.; 🕑 Di–So 10–18 Uhr) einige der interessantesten Avantgarde-Ausstellungen in Budapest. Die Dauerausstellung zeigt Werke von Pál Pátzay, dessen Skulpturen in der gesamten Stadt zu sehen sind (u. a. stammt der Brunnen an der Tárnok utca im Budaer Burgviertel oder der *Schlangentöter* zu Ehren von Raoul Wallenberg im Szent István Park in Pest von ihm).

Um das **Römische Militär-Amphitheater** (Római katonai amfiteátrum; Karte S. 84–85; III., Pacsirtamező utca) aus dem 2. Jh. zu bewundern, fährt man mit der Buslinie 86 vom Flórián tér zur Nagyszombat utca (HÉV-Benutzer steigen an der Tímár utca aus). Das für die Garnison erbaute Amphitheater fasste 15 000 Zuschauer und war größer als das Kolosseum in Rom. Das Militärlager dehnte sich bis zum Flórián tér im Norden aus.

In einem Kloster aus dem 18. Jh. residiert das **Kiscelli-Museum** (Kiscelli Múzeum; Karte S. 84–85; ☎ 388 8560, 250 0304; III., Kiscelli utca 108; Erw./Kind 600/300 Ft.; 🕑 April–Okt Di–So 10–18 Uhr, Nov.–März 10–16 Uhr; 🚋 17, 🚌 60). Das Gebäude war später eine Kaserne, die im Zweiten Weltkrieg und nochmals 1956 schwer beschädigt wurde. Die Ausstellung erzählt die menschliche Seite der Budapester Stadtentwicklung seit der Befreiung von den Türken. Zu den sehenswertesten Ausstellungsstücken gehört eine komplette Apothekeneinrichtung aus dem 19. Jh., die vom Kálvin tér hierhin gebracht wurde. Dazu kommen alte Ladenschilder, Zimmer im Empire-, Biedermeier- und Jugendstil sowie Nippes. Die **Hauptstädtische Galerie** (Fővárosi Képtár) residiert mit ihrer bedeutenden Kunstsammlung (József Rippl-Rónai, Lajos Tihanyi, István Csók, Béla Czóbel etc.) im Obergeschoss.

Szentlélek tér & Fő tér

Zwei Plätze grenzen östlich des Flórián tér aneinander: Der Szentlélek tér (Heiliggeistplatz; Karte S. 84–85) ist ein Verkehrsknotenpunkt, während der Fő tér (Hauptplatz; Karte S. 84–85) ein ruhiger restaurierter Platz mit barocken Häusern sowie öffentlichen Gebäuden und Restaurants ist. An den beiden Plätzen befinden sich Óbudas wichtigste Museen.

Das **Vasarely-Museum** (Karte S. 84–85; ☎ 388 7551; III., Szentlélek tér 6; Eintritt frei, Sonderausstellungen Erw./Kind 400/200 Ft.; ⏲ Di–So 10–17.30 Uhr) ist im zerfallenden Zichy-Schloss beheimatet. Es zeigt die Arbeit des verstorbenen „Vaters der Op-Art", Victor Vasarely. Vor seiner Emigration 1930 nach Paris hieß er Vásárhelyi Győző. Seine Werke sind großartig und es macht Spaß, sich die geometrischen Formen anzuschauen, wie sie sich je nach Betrachterstandpunkt auf der Leinwand „bewegen". Im ersten Stock sind Werke von ungarischen Künstlern, die im Ausland leben, ausgestellt.

Die **Imre-Varga-Sammlung** (Varga Imre kiállítóháza; Karte S. 94–95; ☎ 250 0274; III., Laktanya utca 7; Erw./Kind 250/100 Ft.; ⏲ Di–So 10–18 Uhr) gehört zur Budapest-Galerie. Zu sehen sind Skulpturen, Statuen, Medaillen und Zeichnungen von Imre Varga (geb. 1923), einem der führenden Bildhauer des Landes. Seit Jahrzehnten scheint er sich mit allen politischen Kräften gut gestanden zu haben, denn er hat Béla Kun und Lenin genauso meisterlich wie König Stephan und Béla Bartók ausgeführt.

Auf dem Weg vom Fő tér zum Museum steht in der Straßenmitte ein weiteres Werk von Varga: Eine Gruppe von merkwürdigen Metallskulpturen, die ziemlich besorgt aussehende Frauen mit Regenschirmen in der Hand darstellen.

AQUINCUM

Einst war sie die größte römische Zivilstadt in Ungarn, heute ist Aquincum (Karte S. 84–85) ein Museum. Die Römer bauten gepflasterte Straßen und großräumige eingeschössige Häuser mit Innenhöfen, Brunnen und Mosaikböden. Auch ein fortschrittliches Abwasser- und Heizungssystem gab es schon damals. Nicht alles davon lässt sich heute nachvollziehen, wenn man durch die Ruinen spaziert. Doch man kann die Konturen und Grundmauern der großen öffentlichen Bäder, des Marktes, einer frühchristlichen Kirche und eines Mithras-Tempels erkennen. Auf der anderen Straßenseite liegt nordwestlich das **Römische Zivil-Amphitheater** (Római polgári amfiteátrum; Karte S. 84–85; Szentendrei út), das nur halb so groß wie das Militärtheater ist.

Aquincum erreicht man mit der HÉV (Haltestelle Aquincum) oder mit den Buslinien 34 und 42 ab Szentlélek tér.

Das **Aquincum-Museum** (Aquincumi Múzeum; Karte S. 84–85; ☎ 250 1650, 430 1081; www.aquincum.hu; III., Szentendrei út 139; Archäologischer Park Erw./Kind 400/150 Ft., Park & Museum Erw./Kind/Fam. 700/300/1200 Ft.; ⏲ Park Mai–Sept. Di–So 9–18 Uhr, 15.–30. April & Okt. Di–So 9–17 Uhr, Museum Mai–Sept. Di–So 10–18 Uhr, 15.–30. April & Okt. Di–So 10–17 Uhr) liegt im Zentrum der ehemaligen römischen Zivilstadt und erklärt die Ruinen. Viele der großen Skulpturen und Sarkophage stehen links vor dem Museum oder dahinter im Lapidarium. Besonders sehenswert ist eine tragbare Wasserorgel aus dem 3. Jh. sowie das Mosaik, das zeigt, wie die Orgel gespielt wurde. Auch ein römisches Bad wird vorgestellt.

BUDAER BERGE

Mit „Gipfeln" über 500 m Höhe, einem weit verzweigten Wegesystem und mehreren außergewöhnlichen Transportmitteln sind die Budaer Berge (Karte S. 83) das bedeutendste Naherholungsgebiet der Hauptstadt. In den warmen Sommermonaten bieten die Hügel eine willkommene Abwechslung zum heißen und staubigen Stadtzentrum. Manche Familien besitzen hier sogar Ferienhäuser. Für Wanderer empfiehlt sich die Karte Nr. 6 von Cartographia *A Budai-hegység* (1:30 000; 900 Ft.). Abgesehen von dem Anfang 2006 wiedereröffneten Béla-Bartók-Gedenkhaus gibt es in den Budaer Bergen nur wenige Sehenswürdigkeiten. Interessant ist allerdings der Besuch einer der zahlreichen Höhlen (S. 104).

Durch die vielen ungewöhnlichen Verkehrsmittel macht schon die Fahrt in die Berge viel Spaß. Von der Metrostation Moszkva tér an der M2 in Buda geht man rund zehn Minuten zu Fuß entlang des Szilágyi Erzsébet fasor zur Talstation der Zahnradbahn oder fährt mit den Straßenbahnlinien 18 oder 56 zwei Haltestellen weit. Die Talstation der **Zahnradbahn** (Fogaskerekű vasút; Karte S. 83; ☎ 355 4167; Eintritt 1 BKV-Ticket; ⌚ Bergfahrt 5–23 Uhr, Talfahrt 5.20–23.30 Uhr) liegt direkt gegenüber vom großen Hotel Budapest am Szilágyi Erzsébet fasor 47. Die 1874 erbaute Zahnradbahn braucht für die 3,6 km lange Strecke zum **Széchenyi-hegy** (427 m) rund 16 Minuten. Oben liegt eines der schönsten Wohnviertel der Stadt.

Am Széchenyi-hegy lädt der Park südlich der altmodischen Bergstation zu einem Picknick ein. Zur Weiterfahrt bietet sich von der angrenzenden Hegyhát út die Schmalspurstrecke der **Kindereisenbahn** an (Gyermekvasút; Karte S. 83; ☎ 397 5394; Erw./Kind 300/100 Ft.; ⌚ Mitte März–Ende Okt. Mo–Fr 10–17, Sa–So 9.45–17.30 Uhr, Ende Okt.–Mitte März Di–Fr 10–16, Sa–So 10–17 Uhr). Die Bahnstrecke wurde 1951 von Pionieren (sozialistischen Pfadfindern) erbaut und wird komplett von Schulkindern im Alter zwischen 10 und 14 Jahren betrieben - mit Ausnahme des Lokführers. Der kleine Zug zuckelt 12 km bis zur Endstation **Hűvösvölgy** (Kaltes Tal). An jeder Haltestelle unterwegs beginnen Wanderwege durch die Wälder. Alternativ fährt die Straßenbahnlinie 56 von der Endstation Hűvösvölgy zurück zum Moszkva tér. Der Zug verkehrt stündlich (an Sommerwochenenden alle 45 Min.).

Interessanter ist jedoch ein Abstecher zum höchsten Punkt der Budaer Berge, dem 527 m hohen **János-hegy**. Wer bei der vierten Haltestelle der Kindereisenbahn aussteigt, erreicht nach rund 700 m die Bergstation des **Sessellifts** (Libegő; ☎ 394 3764; Erw./Kind 450/200 Ft.; ⌚ Mitte Mai–Mitte Sept. 9.30–17 Uhr, Mitte Sept.–Mitte Mai 9.30–16 Uhr), der zur Zugligeti út hinuntergleitet. (Der Sessellift ist in geraden Wochen montags geschlossen.) Von der Talstation fährt die Buslinie 158 zurück zum Moszkva tér (bis ca. 22.15 Uhr).

Margareteninsel

Die 2,5 km lange Margareteninsel (Margitsziget; Karte S. 86–87 und S. 84–85) liegt in der Mitte der Donau und gehört weder zu Buda noch zu Pest. Bis zur Türkenzeit residierten hier diverse kirchliche Orden. Die Türken verwandelten die damalige Haseninsel in einen Harem, der für alle „Ungläubigen" Sperrbezirk war. Seit der Mitte des 19. Jhs. ist die Insel ein öffentlicher Park.

Von Pest oder Buda fahren die Straßenbahnlinien 4 und 6 zur Insel. Die Buslinie 26 quert die Insel in ihrer ganzen Länge auf dem Weg vom Westbahnhof (Nyugati pályaudvar) zum Busbahnhof Árpádbrücke. Autos sind auf der Insel nur von der Árpádbrücke bis zu den zwei großen Hotels am Nordende zugelassen. Der größte Teil ist Fußgängern, Radfahrern oder Pferdekutschen vorbehalten.

MITTELALTERLICHE RUINEN

Die Ruinen der **Franziskanerkirche und des Klosters** (Ferences templom és kolostor; Karte S. 86–87) liegen praktisch in der geografischen Mitte der Margareteninsel. Zu sehen sind allerdings nur noch ein Turm und eine Mauer aus dem späten 13. Jh. Der Habsburger Erzherzog Joseph baute sich hier eine Sommerresidenz, als er 1867 die Insel erbte. Später wurde daraus ein Hotel, das bis 1949 in Betrieb war.

Das ehemalige **Dominikanerkonvent** (Domonkos kolostor; Karte S. 84–85) liegt nordöstlich des Franziskanerklosters. Es wurde von Béla IV. gebaut. Seine Hofschreiber spielten eine bedeutende Rolle für die Entwicklung der ungarischen Wissenschaften. Die berühmteste Bewohnerin des Konvents war Bélas eigene Tochter, die hl. Margarete (1242–71). Der Legende nach versprach der König, seine Tochter für ein Leben in Demut in ein Kloster zu schicken, falls Ungarn vor den Mongolen gerettet würde. So geschah es und Margarete wurde im Alter von neun Jahren Nonne. Dem Buch *Leben der Heiligen* zu Folge schien sie mit ihrem Schicksal zufrieden zu sein (das gilt vor allem für die Kasteiung des Fleisches und für das Badeverbot oberhalb der Knöchel). Margarete wurde erst 1943 heilig gesprochen und wird in Ungarn fast kultisch verehrt. Eine rote Marmor-Grabplatte, die von einem gusseisernen Geländer umgeben ist, markiert ihren ursprünglichen Ruheort. In der Nähe gibt es einen oft besuchten Votivschrein.

(Fortsetzung auf Seite 96)

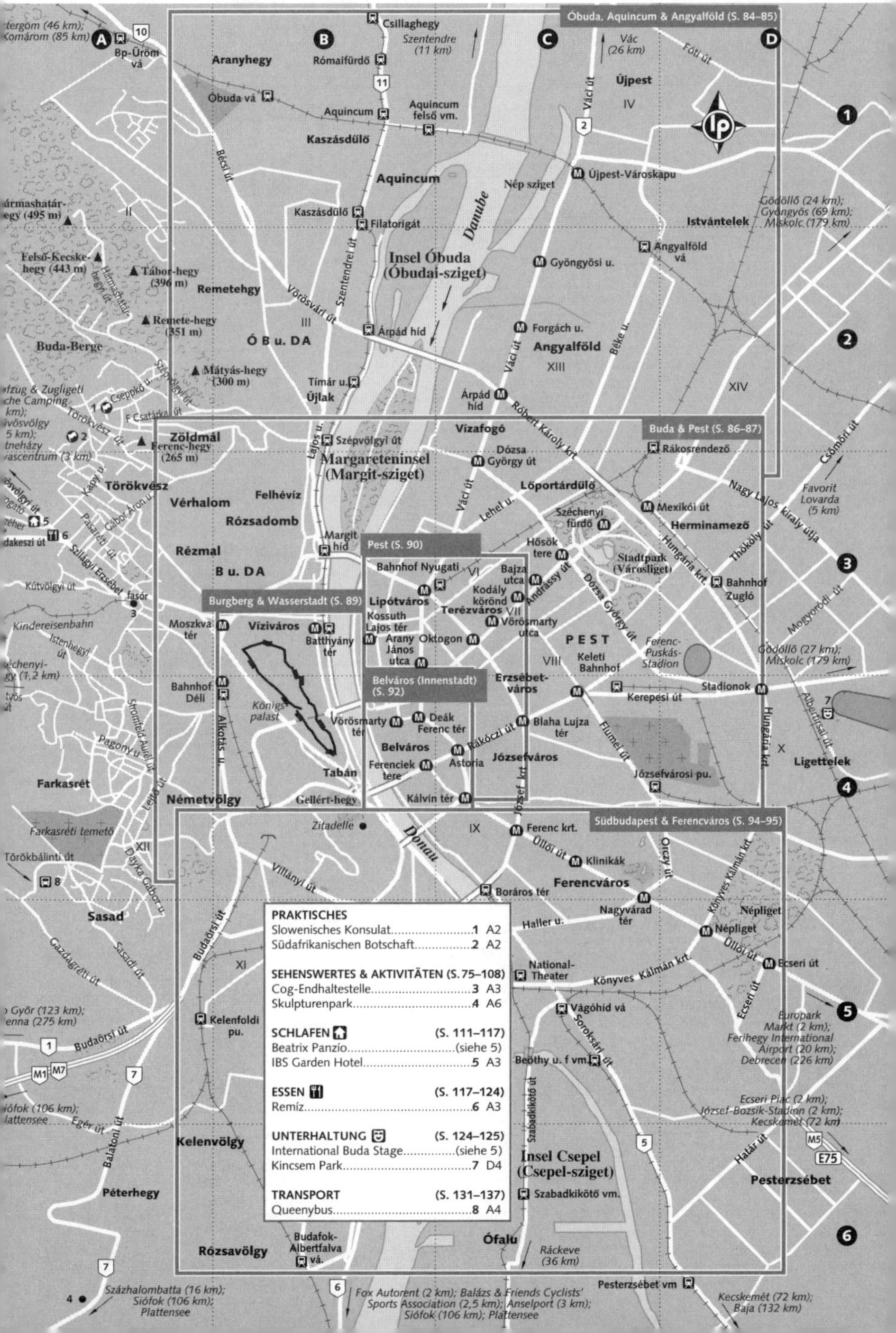
0 2 km
Óbuda, Aquincum & Angyalföld (S. 84–85)
Buda & Pest (S. 86–87)
Pest (S. 90)
Burgberg & Wasserstadt (S. 89)
Belváros (Innenstadt) (S. 92)
Südbudapest & Ferencváros (S. 94–95)
PRAKTISCHES
Slowenisches Konsulat........................1 A2
Südafrikanischen Botschaft................2 A2
SEHENSWERTES & AKTIVITÄTEN (S. 75–108)
Cog-Endhaltestelle...............................3 A3
Skulpturenpark.....................................4 A6
SCHLAFEN (S. 111–117)
Beatrix Panzió..............................(siehe 5)
IBS Garden Hotel..................................5 A3
ESSEN (S. 117–124)
Remíz...6 A3
UNTERHALTUNG (S. 124–125)
International Buda Stage..............(siehe 5)
Kincsem Park..7 D4
TRANSPORT (S. 131–137)
Queenybus..8 A4
Csillaghegy
Szentendre (11 km)
Vác (26 km)
Aranyhegy
Rómaifürdő
Óbuda vá
Aquincum
Aquincum felső vm.
Kaszásdűlő
Újpest
IV
Újpest-Városkapu
Nép sziget
Danube
Filatorigát
Insel Óbuda (Óbudai-sziget)
Gyöngyösi u.
Angyalföld vá
Istvántelek
Gödöllő (24 km); Gyöngyös (69 km); Miskolc (179 km)
Hármashatár-hegy (495 m)
Felső-Kecske-hegy (443 m)
Tábor-hegy (396 m)
Remetehegy
Remete-hegy (351 m)
Buda-Berge
Mátyás-hegy (300 m)
Ó B u. DA
III
Árpád híd
Forgách u.
Angyalföld
XIII
XIV
Tímár u.
Újlak
Árpád híd
Róbert Károly krt
Vízafogó
Zöldmál
Ferenc-hegy (265 m)
Szépvölgyi út
Margareteninsel (Margit-sziget)
Dózsa György út
Rákosrendező
Lőportárdűlő
Törökvész
Vérhalom
Felhévíz
Rózsadomb
Rézmal
B u. DA
Margit híd
Széchenyi fürdő
Mexikói út
Herminamező
Favorit Lovarda (5 km)
Hősök tere
Stadtpark (Városliget)
Bahnhof Zugló
Bahnhof Nyugati
VI
Bajza utca
Kodály körönd
VII
Lipótváros
Terézváros
Vörösmarty utca
Kossuth Lajos tér
Arany János utca
Oktogon
Moszkva tér
Víziváros
Batthyány tér
PEST
Keleti Bahnhof
VIII
Ferenc-Puskás-Stadion
Gödöllő (27 km); Miskolc (179 km)
Bahnhof Déli
Königspalast
Erzsébetváros
Stadionok
Kerepesi út
Vörösmarty tér
Deák Ferenc tér
Blaha Lujza tér
Belváros
Rákóczi út
Józsefváros
Ferenciek tere
Astoria
Tabán
Kálvin tér
Józsefvárosi pu.
Ligettelek
X
Farkasrét
Németvölgy
Gellért-hegy
Zitadelle
Donau
IX
Ferenc krt.
Klinikák
Farkasréti temető
Törökbálinti út
XII
Ferencváros
Boráros tér
Nagyvárad tér
Népliget
Sasad
XI
National-Theater
Ecseri út
Könyves Kálmán krt.
Vágóhíd vá
Europark Markt (2 km); Ferihegy International Airport (20 km); Debrecen (226 km)
Győr (123 km); Wien (275 km)
Kelenfoldi pu.
Budaörsi út
Beöthy u. f vm
Ecseri Piac (2 km); József-Bozsik-Stadion (2 km); Kecskemét (72 km)
Kelenvölgy
Insel Csepel (Csepel-sziget)
Pesterzsébet
Péterhegy
Szabadkikötő vm.
Rózsavölgy
Budafok-Albertfalva vá.
Ófalu
Ráckeve (36 km)
Százhalombatta (16 km); Siófok (106 km); Plattensee
Pesterzsébet vm
Fox Autorent (2 km); Balázs & Friends Cyclists' Sports Association (2,5 km); Anselport (3 km); Siófok (106 km); Plattensee
Kecskemét (72 km); Baja (132 km)

A
B
C
D
1
2
3
4
5
6
Csillaghegy
Rómaifürdő
Rozgonyi Piroska u.
Monostori út
Szentendrei út
Aranyhegy
Óbuda vá
Óbudai temető
Aquincum
Aquincum felső vm.
Keled út
Pók u.
Kaszásdűlő
Záhony u.
Gázgyár u.
Bojtár u.
Kunigunda útja
ÓBUDA
Huszti út
Kaszásdűlő
Filatorigát
Farkastorki út
Hévízi út
Meggyfa u.
Vihar u.
Raktár u.
Hunor u.
Velence u.
Vörösvári út
Laktanya u.
Május 9 park
Insel Óbuda
(Óbudai-sziget)
Donau
Szabadság strand
Remetehegy
Budaberge
Remetehegyi út
Bécsi út
Váradi u.
Reménység u.
San Marco u.
Zápor u.
Szőlő u.
Flórián tér
Vöröskereszt u.
Kórház u.
Polgár u.
Fő tér
Árpád híd
Szentlélek tér
Serfőző u.
Kiscelli u.
Kis Korona u.
Tanuló u.
Mókus u.
Árpád-Brücke (Árpád híd)
Népfürdő u.
Kenyeres u.
Dévai Bíró M tér
Selmeci u.
Perc u.
Tél u.
Beszterce u.
Pacsirtamező u.
Fényes u.
Lajos u.
Tímár u.
Újlaki rkp.
Mátyás-hegy (300 m)
Szépvölgyi út
Mátyáshegyi út
Textilgyár u.
Viador u.
Nagyszombat u.
Újlak
Árpád fejedelem útja
Bokor u.
Csatárka út
Szépvölgyi út
Zöldlomb út
Felső Zöldmáli út
Dereglye u.
Cemelle u.
Hajós Alfréd sétány
Margareteninsel
(Margit-sziget)
Soó Rezső sétány
Zöldmál
Kolosy tér
Szépvölgyi út
Kő tér
Vízafogó sétány
Párkány u.
Viza u.
Vízafogó
Révész u.
Hegedűs Gy. u.
Dráva u.
Tisza u.
Vág u.
Kárpát u.
László u.
Pesti alsó rkp.
Ürömi u.
Cserfa u.
Zsigmond tér
Pusztaszeri út
10
11
1
2
3
4
5
6
7
8
9
10
11
12
14
15
17
18
19
20
21
22
23
24
25
26
27
29
30
31
32
33
34

PRAKTISCHES

Slowakisches Konsulat....................**1** H6
Ungarischer Verband für Menschen mit Behinderungen....................**2** B4

SEHENSWERTES & AKTIVITÄTEN (S.81–106)

Aquincum-Museum....................**3** C2
Aussichtsturm-Galerie....................(siehe 25)
Ausstellungshaus der Budapest-Galerie...**4** C5
Bringóhintó Fahrradverleih....................**5** D5
Csillaghegy-Schwimmbad....................**6** C1
Dagály-Schwimmbad....................**7** D5
Dominikanerkonvent....................**8** D6
Imre-Varga-Sammlung....................**9** C4
Imre-Varga-Skulpturen....................**10** C4
Japanischer Garten....................**11** D5
Kiscell-Museum & Städtische Gallerie......**12** B5
KSH-Kanuclub....................**13** E1
Óbuda-Synagoge....................**14** C5
Óbudaer Pfarrkirche....................**15** C5
Óbuda Sport Club....................**16** E1
Palatinus-Freibad....................**17** C6
Pálvölgy-Höhle....................**18** A5
Pferdekutschen....................**19** C5
Rómaifürdő Strandfürdő....................**20** D1
Römisches Zivil-Amphitheater....................**21** C2
Römisches Militär-Amphitheater....................**22** C5
Szemlő-hegy-Höhle....................**23** A6
Thermalbad....................(siehe 26)
Vasarely-Museum....................**24** C4
Wasserturm....................**25** C6

SCHLAFEN (S. 111–117)

Danubius Grand Hotel Margitsziget......**26** D5
Danubius Thermal Hotel Margitsziget & Thermalbad....................**27** D5
Flandria Hotel....................**28** F6
Római Camping....................**29** C1

ESSEN (S. 117–120)

Corinthia Aquincum Hotel....................**30** C5
Kéhli....................**31** C5
Kisbuda Gyöngye....................**32** B5

UNTERHALTUNG (S. 125–130)

Freilichtbühne....................**33** C6
Mokka Cuka....................**34** D3
UTE-Stadion....................**35** F1

TRANSPORT (S. 131–137)

Bushaltestelle Árpádbrücke....................**36** E5

Zöldmál
Felső Zöldmáli út
Vérhalom
Rózsadomb
Rézmal
Városmajor
Margarentinsel
(Margit-sziget)
Felhévíz
BUDA
Wasserstadt
(Víziváros)
Vérmező
Tabán
Gellért-hegy
Citadelle
Jubilee-park
Németvölgy
Lipótváros
Újlipótváros
Belváros
Donau
Siehe Burgberg & Wasserstadt Karte (S.89)
Siehe Belváros (Innenstadt) Karte (S. 92)
Moszkva tér
Déli pu.
Bahnhof Déli
Batthyány tér
Kossuth Lajos tér
Bahnhof Nyugati
Nyugati pu.
Arany János u.tca
Opera
Bajcsy-Zsilinszky út
Deák Ferenc tér
Vörösmarty tér
Astoria
Ferenciek tere
Margit híd
Margaretenbrücke
(Margit híd)
Széchenyi Kettenbrücke
(Széchenyi lánchíd)
Elisabethbrücke
(Erzsébet híd)
Freiheitsbrücke
(Szabadság híd)
Königspalast
Szilágyi Erzsébet fasor
Cog Endbahnhof
Krisztina krt.
Margit krt.
Szent István krt.
Attila u.
Hegyalja út
Magyar jakobinusok tere
Ungarische Ornithologie & Natur-Gesellschaft (1,5 km)
Istenhegyi út
Királyhágó tér
Apor Vilmos tér
Szent Gellért tér
Fővám tér
Kálvin tér
Vigadó tér
Szervita tér
Erzsébet tér
Roosevelt tér
Szabadság tér
Szent István tér
Clark Ádám tér
Dísz tér
Szentháromság tér
Krisztina tér
Dózsa tér
Szarvas tér
Ybl Miklós tér
Bem József tér
Nagy Imre tér
Széna tér
Marczibányi tér
Margit tér
Türbe tér
Kolosy tér
Zsigmond tér
Kő tér
Lehel tér
Villányi út
Budaörsi út
Alkotás u.
Váci út
Váci u.
Pesti alsó rkp.
Budai alsó rkp.
Belgrád rkp.
Andrássy út
Kossuth L. u.
Károly krt.
Vámház krt.
Szabadsajtó u.
Bartók Béla út
Kelenhegyi út
Somlói út
Ménesi út
Szent Gellért rkp.
Műegyetem rkp.

0
1 km
E
F
G
H
1
2
3
4
5
6
Vízafogó
Dózsa György út
Lőportárdűlő
Rákosrendező
BVSC
78
Mexikói út
Herminamező
Széchenyi fürdő
Kós Károly sétány
Állatkerti krt.
Állatkerti út
Heldenplatz (Hősök tere)
Kolonnaden & Statuen
Hősök tere
Városligeti-tó
Stadtpark (Városliget)
Olof Palme sétány
Siehe Pest Karte (S. 90)
Bajza utca
Kodály körönd
Terézváros
Vörösmarty utca
Oktogon
PEST
Bahnhof Zugló
Istvanmező
Reiner F-Park
Ferenc-Puskás-Stadion
Városi tér (in Bau)
Budapest Sportcsarnok (in Bau)
Stadionok
Bahnhof Keleti
Keleti pu.
Baross tér
Kerepesi út
Pferderennbahn
Kerepesdűlő
Friedhof Kerepes (Kerepesi temető)
Erzsébetváros
Blaha Lujza tér
Rákóczi út
Józsefváros
Józsefvárosi pu
Kőbányai út
Kálvin tér
Ferenc krt.
Klinikák
Kliniken
Ludovika tér
Orczy-kert
Orczy út
Üllői út
Boráros tér
Dózsa György út
Andrássy út
Thököly út
Hungária krt.
Nagy Lajos király útja
Erzsébet királyné útja
Váci út
Lehel u.
Róbert Károly krt.
Szegedi út
Teleki Blanka u.
Városligeti fasor
Erzsébet krt.
Múzeum krt.
József krt.
Könyves Kálmán krt.
Fiumei út
Salgótarjáni u.
Asztalos Sándor u.
Verseny u.
Stefánia út
Népszínház u.
Baross u.
Teleki László tér
Mátyás tér
Horváth Mihály tér
Rákóczi tér
Almássy tér
Rózsák tere
Lövölde tér
Hunyadi tér
Liszt Ferenc tér
Klauzál tér
Köztársaság tér
Bethlen Gábor tér
Garay tér
Kálvária tér
Losonci tér
Molnár F tér
Szabó F tér
Markusovszky tér
Bakáts tér
Ferenc tér

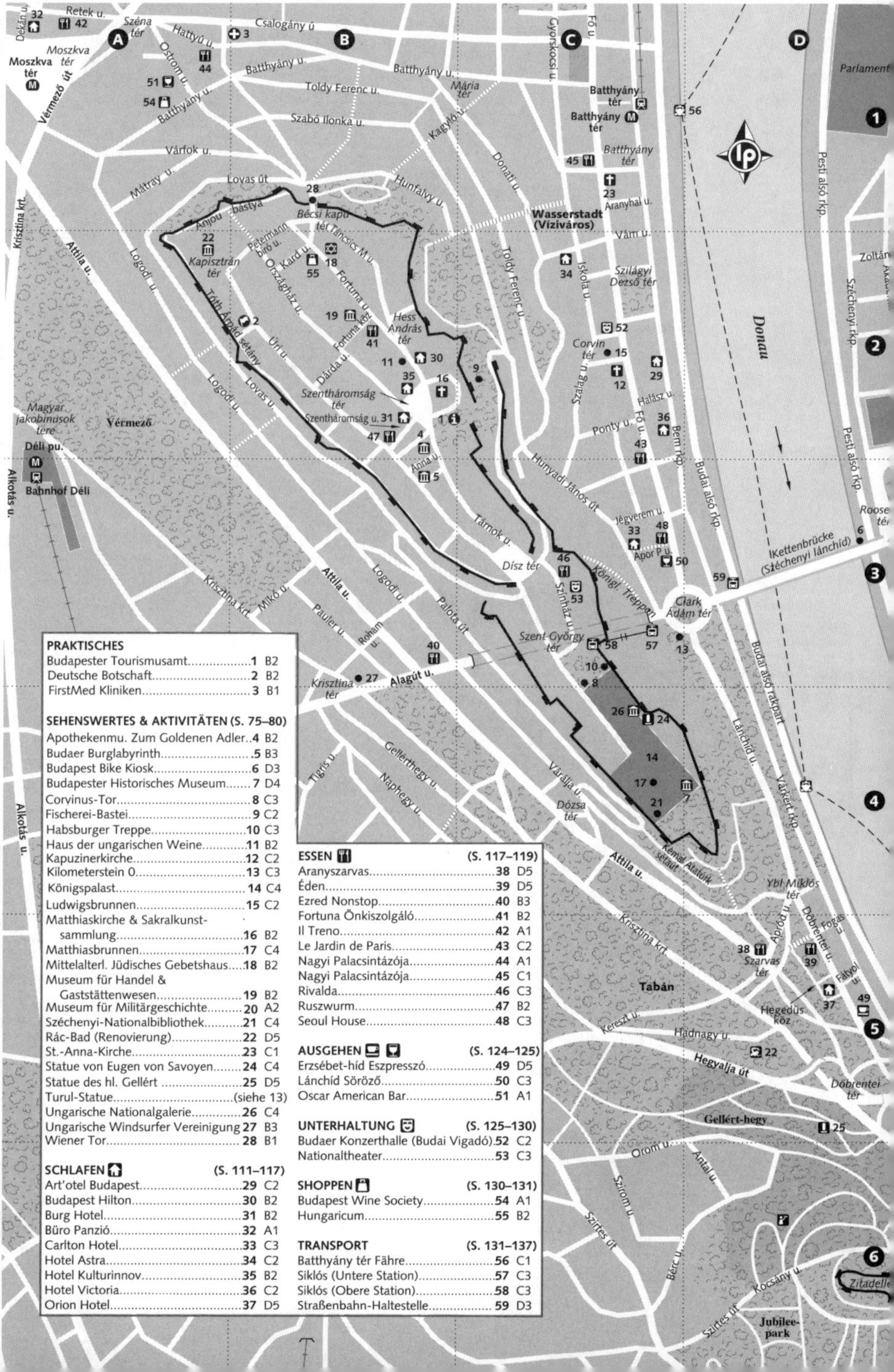

PRAKTISCHES
Budapester Tourismusamt....1 B2
Deutsche Botschaft....2 B2
FirstMed Kliniken....3 B1

SEHENSWERTES & AKTIVITÄTEN (S. 75–80)
Apothekenmu. Zum Goldenen Adler....4 B2
Budaer Burglabyrinth....5 B3
Budapest Bike Kiosk....6 D3
Budapester Historisches Museum....7 D4
Corvinus-Tor....8 C3
Fischerei-Bastei....9 C2
Habsburger Treppe....10 C3
Haus der ungarischen Weine....11 B2
Kapuzinerkirche....12 C2
Kilometerstein 0....13 C3
Königspalast....14 C4
Ludwigsbrunnen....15 C2
Matthiaskirche & Sakralkunst-sammlung....16 B2
Matthiasbrunnen....17 C4
Mittelalterl. Jüdisches Gebetshaus....18 B2
Museum für Handel & Gaststättenwesen....19 B2
Museum für Militärgeschichte....20 A2
Széchenyi-Nationalbibliothek....21 C4
Rác-Bad (Renovierung)....22 D5
St.-Anna-Kirche....23 C1
Statue von Eugen von Savoyen....24 C4
Statue des hl. Gellért....25 D5
Turul-Statue....(siehe 13)
Ungarische Nationalgalerie....26 C4
Ungarische Windsurfer Vereinigung 27 B3
Wiener Tor....28 B1

SCHLAFEN (S. 111–117)
Art'otel Budapest....29 C2
Budapest Hilton....30 B2
Burg Hotel....31 B2
Büro Panzió....32 A1
Carlton Hotel....33 C3
Hotel Astra....34 C2
Hotel Kulturinnov....35 B2
Hotel Victoria....36 C2
Orion Hotel....37 D5

ESSEN (S. 117–119)
Aranyszarvas....38 D5
Éden....39 D5
Ezred Nonstop....40 B3
Fortuna Önkiszolgáló....41 B2
Il Treno....42 A1
Le Jardin de Paris....43 C2
Nagyi Palacsintázója....44 A1
Nagyi Palacsintázója....45 C1
Rivalda....46 C3
Ruszwurm....47 B2
Seoul House....48 C3

AUSGEHEN (S. 124–125)
Erzsébet-híd Eszpresszó....49 D5
Lánchíd Söröző....50 C3
Oscar American Bar....51 A1

UNTERHALTUNG (S. 125–130)
Budaer Konzerthalle (Budai Vigadó)....52 C2
Nationaltheater....53 C3

SHOPPEN (S. 130–131)
Budapest Wine Society....54 A1
Hungaricum....55 B2

TRANSPORT (S. 131–137)
Batthyány tér Fähre....56 C1
Siklós (Untere Station)....57 C3
Siklós (Obere Station)....58 C3
Straßenbahn-Haltestelle....59 D3

0
500 m
Újlipótváros
Pozsonyi út
Jászai Mari tér
Katona József u.
Szent István krt.
Balaton u.
Tátra u.
Pannónia u.
Hegedűs Gyula u.
Visegrádi u.
Kresz Géza u.
Váci út
Kádár u.
Ferdinánd híd
Podmaniczky u.
Székely Bertalan u.
Bajza u.
Szinyei Merse u.
Kmetty György u.
Aradi u.
Nyugati tér
Bahnhof Nyugati
Nyugati pu.
Balassi Bálint u.
Falk Miksa u.
Honvéd u.
Szemere u.
Stollár Béla u.
Honvéd tér
Markó u.
Lipótváros
Szalay u.
Vajkay u.
Kossuth Lajos tér
Alkotmány u.
Kálmán Imre u.
Kozma F. u.
Báthory u.
Nagy I. u.
Bihari János u.
Jókai u.
Weiner L. u.
Lovag u.
Dessewffy u.
Terézváros
Szobi u.
Teréz krt.
Szondi u.
Bajnok u.
Szív u.
Rózsa u.
Izabella u.
Vörösmarty u.
Csengery u.
Eötvös u.
Kodály körönd
Andrássy út
Vörösmarty utca
Hunyadi tér
Szófia u.
Király u.
Vécsey u.
Aulich u.
Vadász u.
Hold u.
Hajós u.
Bajcsy-Zsilinszky út
Nagymező u.
Mozsár u.
Ó u.
Jókai tér
Oktogon
Garibaldi u.
Zoltán u.
Perczel M. u.
Nagysándor J. u.
Szabadság tér
Zichy Jenő u.
Liszt Ferenc tér
Erzsébet krt.
Jósika u.
Hársfa u.
Dob u.
Nádor u.
Bank u.
Arany János utca
Széchenyi u.
Podmaniczky Frigyes tér
Lázár u.
Dalszínház u.
Opera
Kürt u.
Siehe Belváros (Innenstadt) Karte (S. 92)
Arany János u.
Október 6 u.
Sas u.
Hercegprímás u.
Révay u.
Vasvári Pál u.
Kis Diófa u.
Csányi u.
Erzsébetváros
Kertész u.
Wesselényi u.
Vigyázó F. u.
Szent István tér
Zrínyi u.
Kálély Gyula u.
Székely Mihály u.
Akácfa u.
Bajcsy-Zsilinszky út
Kazinczy u.
Klauzál tér
Barcsay u.
Osvát u.
Mérleg u.
Hild tér
Király u.
Holló u.
Nagy Diófa u.
Klauzál u.
Nyár u.
Roosevelt tér
József Attila u.
Erzsébet tér
Madách Imre út
Rumbach S. u.
Eötvös tér
Dorottya u.
József nádor tér
Asbóth u.
Dob u.
Deák Ferenc tér
Harmincad u.
Vörösmarty tér
Károly krt.
Dohány u.
Blaha Lujza tér
Vörösmarty tér
Duna korzó
Deák Ferenc u.
Fehér Hajó u.
Síp u.
Vigadó tér
Kristóf tér
Szervita tér
Városház u.
Rákóczi út
Türr I. u.
Aranykéz u.
Kamermayer Károly tér
Gyulai Pál u.
Stáhly u.
Szentkirályi u.
Pesti alsó rkp.
Belváros
Régi posta u.
Párizsi u.
Petőfi Sándor u.
Pilvax köz
Astoria
Vas u.
Somogyi B. u.
Galamb u.
Haris köz
Puskin u.
Trefort u.
Kőfaragó u.
Múzeum krt.
ELTE
Józsefváros
Petőfi tér
Váci u.
Ferenciek tere
Kossuth L. u.
Szép u.
Magyar u.
Gutenberg tér
Békési u.
Donau
Kígyó u.
Ferenciek tere
Reáltanoda u.
Bródy Sándor u.
Rökk Szilárd u.
Szabadsajtó u.
Curia u.
Károlyi M. u.
Duna u.
Veres Pálné u.
Cukor u.
Ferenczy I. u.
Pollack M. tér
Horánszky u.
Mária u.
Március 15 tér
Elisabethbrücke
Döbrentei tér
(Erzsébet híd)
Belgrád rkp.
Irányi u.
Papnövelde u.
Egyetem tér
Magyar u.
Múzeum u.
Krúdy G. u.
Lőrinc Pap tér
Mikszáth Kálmán tér
József krt.
Pál u.
Nyáry P. u.
Szerb u.
Kecskeméti u.
Kálvin tér
Reviczky u.
Szabó E. tér
Baross u.
Budai alsó
Molnár u.

PRAKTISCHES

BKV-Fundbüro ... 1 D4
Budapester Tourismusamt ... 2 B1
Budapester Tourismusamt Oktogon-Fillialen ... 3 C3
Cartographia ... 4 B3
Csillag Patika ... 5 D4
Electric Café ... 6 D4
Irische Botschaft ... 7 B3
Libri Könyvpalota ... 8 C5
Narancs ... 9 D4
Nationale Föderation des ländlichen Agrotourism ... 10 D2
Polizeiwache Belváros-Lipótváros ... 11 A2
Postamt ... 12 B1
Szőnyi Antikváriuma ... 13 A1
Teréz Patika ... 14 C2
Térképkirály ... 15 B3
Ticket Express Józsefváros Fillialen ... 16 D6
US-Botschaft ... 17 B3
Vodafone ... (siehe 90)

SEHENSWERTES & AKTIVITÄTEN (S. 75–108)

Bike Base ... 18 B2
Cityrama ... 19 B2
Debrecener Sommeruniversität ... 20 A1
Denkmal für die Rote Armee ... 21 A3
Ethnografisches Museum ... 22 A2
Franz-Liszt-Gedenkmuseum ... 23 D2
Haus des Terrors ... 24 D2
Königliche Postsparkasse ... 25 B3
New-York-Palast ... 26 D4
Parlament ... 27 A2
Statue von Imre Nagy ... 28 A2
Ungarischer Camping & Caravanning Club ... 29 D6
Ungarische Fahrrad-Vereinigung ... (siehe 31)
Ungarische Nationalbank ... 30 B3
Ungarischer Verband der Naturfreunde ... 31 B3
Yellow Zebra Bikes ... 32 B3

SCHLAFEN (S. 111–117)

Best Hostel ... 33 C2
Caterina Hostel ... 34 C2
Corinthia Grand Royal Hotel ... 35 D3
Garibaldi Guesthouse & Apartments ... 36 A3
Hostel Marco Polo ... 37 D4
Hotel Hold ... 38 B3
Hotel Medosz ... 39 C3
K+K Hotel Opera ... 40 B3
Residence Izabella ... 41 D2

ESSEN (S. 117–124)

Butterfly ... 42 C3
Café Vian ... 43 C3
Demmer's Teahouse ... 44 B2
Frici Papa Kifőzdéje ... 45 C3
Három Testvér ... 46 D4
Három Testvér ... 47 B1
Három Testvér ... 48 C2
Hold-utca-Markthalle ... 49 B3
Iguana ... 50 A3
Kádár ... 51 D4
Kaiser's Supermarkt ... 52 B1
Lukács ... 53 D2
Marquis de Salade ... 54 B2
Match Supermarkt ... 55 D4
Menza ... 56 C3
Mézes Kuckó ... 57 A1
Művész ... 58 C3
Nyugati ABC ... 59 B1
Okay Italia ... 60 B1
Okay Italia ... 61 B1
Pick Ház ... 62 A2
Rothschild Supermarkt ... 63 A1
Szeráj ... 64 A1
Teaház a Vörös Oroszlánhoz ... 65 C3

AUSGEHEN (S. 124–125)

Becketts ... 66 B2
Darshan Udvar ... 67 D6
Szimpla ... 68 C3

UNTERHALTUNG (S. 125–130)

Angel ... 69 C5
Bank Dance Hall ... 70 B1
Budapester Operettentheater ... 71 C3
Budapester Puppentheater ... 72 D2
Comedy-Theater ... 73 A1
CoXx ... 74 D5
Ungarische Staatsoper ... 75 C3
Liszt-Musikakademie ... 76 D3
Művész ... (siehe 34)
Örökmozgó Film Museum ... 77 D3
Piaf ... 78 C3
Pótkulcs ... 79 C2
Sark ... 80 C4
Süss Fél Nap ... 81 A1
Symphony Ticketschalter ... 82 C3
Szimpla Kert ... 83 C5
Uránia National Cinema ... 84 D5

SHOPPEN (S. 130–131)

Ajka Kristály ... 85 C2
BÁV-Läden ... 86 C3
BÁV-Läden ... 87 A1
Haas & Czjzek ... 88 B3
Ungarisches Pálinka-Haus ... 89 C5
West End City Centre Einkaufsmeile ... 90 B1

TRANSPORT (S. 131–137)

BKV-Büro ... 91 D4
MÁV International Information & Ticketschalter ... 92 C3

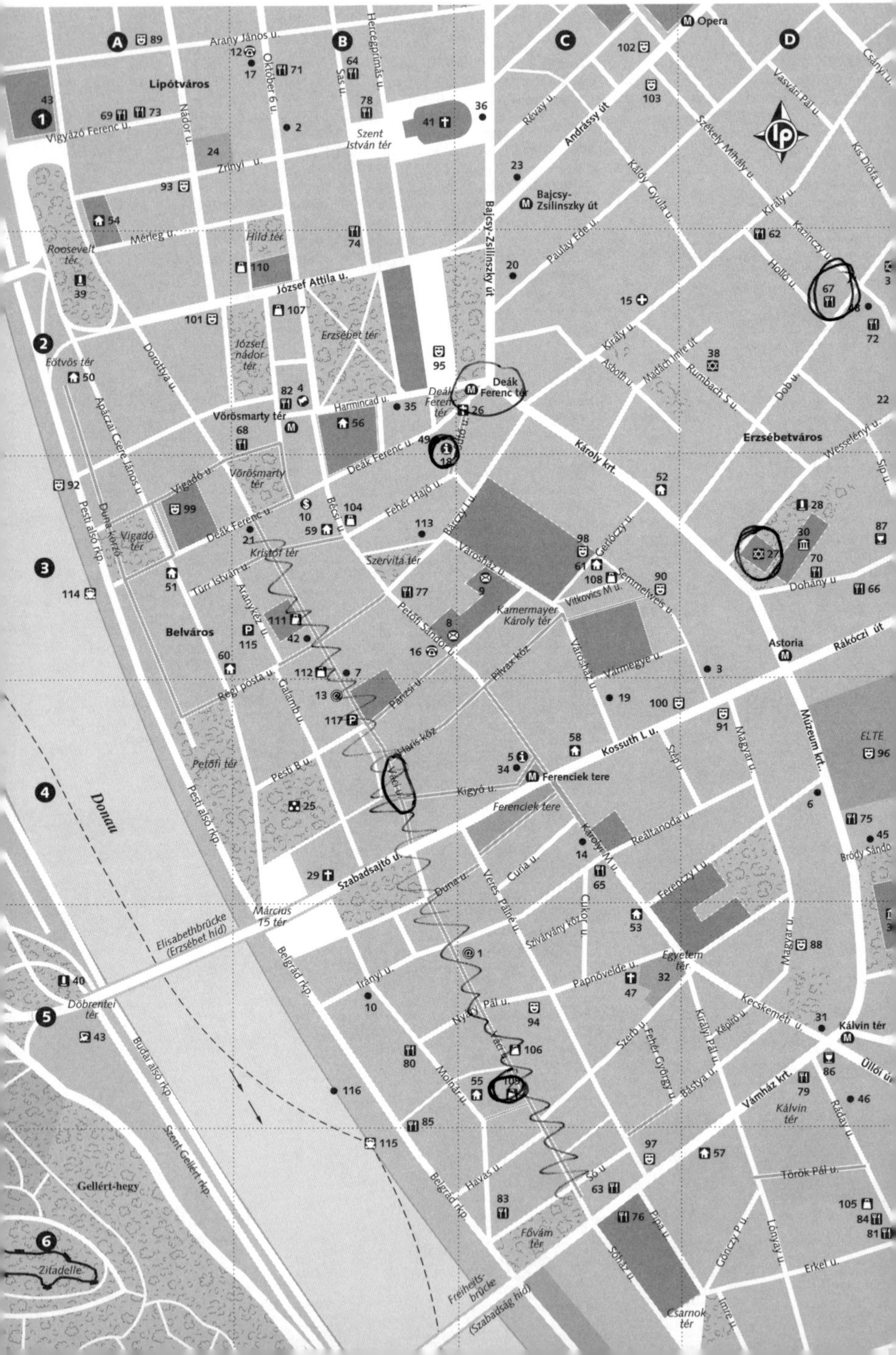

0
300 m
Lipótváros
Arany János u.
Október 6 u.
Hercegprímás u.
Sas u.
Nádor u.
Vigyázó Ferenc u.
Zrínyi u.
Szent István tér
Mérleg u.
Hild tér
Roosevelt tér
József Attila u.
Erzsébet tér
József nádor tér
Eötvös tér
Dorottya u.
Harmincad u.
Deák Ferenc tér
Vörösmarty tér
Apáczai Csere János u.
Deák Ferenc u.
Vigadó u.
Vigadó tér
Duna korzó
Pesti alsó rkp.
Fehér Hajó u.
Bécsi u.
Kristóf tér
Szervita tér
Türr István u.
Aranykéz u.
Belváros
Petőfi Sándor u.
Régi posta u.
Galamb u.
Párisi u.
Haris köz
Pesti B. u.
Petőfi tér
Váci u.
Kígyó u.
Ferenciek tere
Szabadsajtó u.
Március 15 tér
Elisabethbrücke (Erzsébet híd)
Donau
Döbrentei tér
Budai alsó rkp.
Szent Gellért rkp.
Gellért-hegy
Zitadelle
Belgrád rkp.
Irányi u.
Nyáry Pál u.
Molnár u.
Havas u.
Duna u.
Veres Pálné u.
Fővám tér
Freiheitsbrücke (Szabadság híd)
Opera
Andrássy út
Révay u.
Bajcsy-Zsilinszky út
Paulay Ede u.
Káldy Gyula u.
Székely Mihály u.
Vasvári Pál u.
Király u.
Kazinczy u.
Holló u.
Kis Diófa u.
Csányi u.
Asbóth u.
Madách Imre út
Rumbach S. u.
Dob u.
Károly krt.
Erzsébetváros
Wesselényi u.
Síp u.
Dohány u.
Bárczy I. u.
Városház u.
Gerlóczy u.
Semmelweis u.
Vitkovics M. u.
Kamermayer Károly tér
Pilvax köz
Vármegye u.
Astoria
Rákóczi út
Kossuth L. u.
Szép u.
Magyar u.
Múzeum krt.
ELTE
Reáltanoda u.
Károlyi M. u.
Curia u.
Ferenczy I. u.
Szivárvány köz
Cukor u.
Egyetem tér
Papnövelde u.
Kecskeméti u.
Kálvin tér
Szerb u.
Fehér Gyögy u.
Király Pál u.
Képíró u.
Bástya u.
Vámház krt.
Üllői út
Ráday u.
Sóház u.
Só u.
Pipa u.
Török Pál u.
Gönczy P. u.
Lónyay u.
Erkel u.
Imre u.
Csarnok tér
Bródy Sándor
A
B
C
D
1
2
3
4
5
6

PRAKTISCHES

Ami Internet Coffee....................1 C5
Bestsellers....................2 B1
Central European University Bookshop....................(siehe 24)
Express....................3 D3
GB-Botschaft....................4 B2
Hungarian Youth Hostel Association....................(siehe 10)
Ibusz (Hauptbüro)....................5 C4
K&H Bank....................(siehe 1)
Központi Antikvárium....................6 D4
Libri Stúdium....................7 B3
Hauptpostamt....................8 B3
Hauptpostamt (Anabu)....................9 C3
Mellow Mood Travel Agency....................10 B5
OTP-Bank....................11 B3
Pannon GSM....................12 B1
Párisi Udvar Könyvesbolt....................(siehe 35)
Parknet....................13 B4
Pegazus Tours....................14 C4
Roter Bus....................(siehe 61)
SOS Dental Services....................15 C2
T-Mobile....................16 B3
To-Ma....................17 B1
Tourinform....................18 B2
Világsajtó Háza....................19 C4
Vista....................20 C2

SEHENSWERTES & AKTIVITÄTEN (S. 96–108)

Bank Palace....................21 B3
Budapest Bike....................22 D2
Budatours....................23 C1
Central European University....................24 A1
Contra Aquincum....................25 B4
Evangelische Kirche....................26 C2
Große Synagoge....................27 D3
Gresham-Palast....................(siehe 54)
Holocaust-Denkmal....................28 D3
Innenstadtgemeindekirche....................29 B4
Jüdisches Museum....................30 D3
Kecskeméter Tor....................31 D5
Loránd-Eötvös-Universität (ELTE)....................32 C5
Orthodoxe Synagoge....................33 D2
Párisi Udvar....................34 C4
Program Centrum....................35 B2
Queenybus-Haltestelle....................36 C1
Rudas-Bad....................37 A5
Rumbach-Sebestyén-utca-Synagoge....................38 D2
Statue von Ferenc Deák....................39 A2
Statue von Königin Elisabeth....................40 A5
St.-Stephans-Basilika....................41 B1
Thonet-Haus....................42 B3
Ungarische Akademie der Wissenschaften....................43 A1
Ungarisches Nationalmuseum....................44 D5
Ungarische Sprachschule....................45 D4
Ungarischer Verband der Reittouristik....................46 D5
Universitätskirche....................47 C5
Perückenmacher....................48 D2
Yellow Zebra Bikes....................49 B2

SCHLAFEN (S. 112–117)

Budapest Inter-Continental Hotel....................50 A2
Budapest Marriott Hotel....................51 A3
Carmen Mini Hotel....................52 C3
Erzsébet Hotel....................53 C5
Four Seasons Gresham Palace Hotel....................54 A1
Green Bridge Hostel....................55 C5
Kempinski Hotel Corvinus....................56 B2
KM Saga II Guest Residence....................57 D6
Leó Panzió....................58 C4
Mellow Mood Central Guesthouse....................59 B3
Nonstop Hotel Service....................60 A3
Red Bus Hostel....................61 C3

ESSEN (S. 117–124)

Al-Amir....................62 D2
Bangkok House....................63 C6
Café Kör....................64 B1
Central European University Cafeteria....................(siehe 24)
Centrál Kávéház....................65 C4
Fausto's....................66 D3
Fröhlich Cake Shop....................67 D2
Gerbeaud....................68 B2
Govinda....................69 A1
Kinor David....................70 D3
Kisharang....................71 B1
Koschere Bäkerei....................72 D2
Lou Lou....................73 A1
Mokka....................74 B2
Múzeum....................75 D4
Nagycsarnok....................76 C6
Nagyi Palacsintázója....................77 B3
Negro....................78 B1
Pata Negra....................79 D5
Sole d'Italia....................80 B5
Soul Café....................81 D6
Sushi An....................82 B2
Taverna Pireus Rembetiko....................83 C6
Teaház a Vörös Oroszlánhoz Ráday utca Branch....................84 D6
Trattoria Toscana....................85 B5

AUSGEHEN (S. 124–125)

Cha Cha Cha....................86 D5
Champs Sports Bar....................87 D3

UNTERHALTUNG (S. 125–130)

Action....................88 D5
Aranytíz Kulturzentrum....................89 A1
Café Eklektika....................90 C3
Candy....................91 D4
Columbus Jazzklub....................92 A3
Duna Palota....................93 A1
Fat Mo's Music Club....................94 C5
Gödör Klub....................95 B2
Holdudvar....................96 D4
Jazz Garden....................97 C6
Merlin Theater....................98 C3
Pesti Vigadó....................99 A3
Puskin....................100 C4
Szóda Udvar....................101 A2
Ticket Express....................102 C1
Zentraler Ticketschalter....................103 C1

SHOPPEN (S. 130–131)

BÁV-Laden....................104 B3
Budapest Wine Society Ráday utca Fillialen....................105 D6
Folkart Centrum....................106 C5
Herend....................107 B2
Holló Atelier....................108 C3
Intuita....................109 C5
La Boutique des Vins....................110 B2
Philanthia....................111 B3
Zsolnay....................112 B3

TRANSPORT (S. 131–137)

Avis....................113 B3
Büro und Anlegestelle Legenda Boat Tours....................114 A3
Internationaler Fähranleger....................115 B6
Mahart PassNave Ticketschalter....................116 B5
überdachter Parkplatz....................117 B4
überdachter Parkplatz....................118 B3
überdachter Parkplatz....................(siehe 113)

+Vaci

Siehe Belváros (Innenstadt) Karte (S .92)
A
B
C
D
1
2
3
4
5
6
Zitadelle
Freiheitsbrücke (Szabadság híd)
Szent Gellért tér
22
Donau
Budai alsó rkp.
Műegyetem rkp.
Petőfi-Brücke (Petőfi híd)
19
Mátyás u.
Czuczor u.
Lónyay u.
Közraktár u.
Hegyalja út
Otthon u.
Szirtes út
Bérc u.
Jubilee-park
Kelenhegyi út
Schweidel u.
Ménesi út
Somlói út
Rezeda u.
Verejték u.
Minerva u.
Kelenhegyi út
Mányoki út
Orlay u.
Budafoki út
Ramvány u.
Sas-hegy (266 m)
Nedecvár u.
Alsóhegy út
Karolina út
Friss u.
Szüret u.
Balogh u.
Villányi út
Bartók Béla út
2
Bertalan Lajos u.
9
4
6
Sztoczek József u.
Kruspér u.
Diószegi út
Dávid Ferenc u.
Tas vezér u.
Feneketlen-tó
Móricz Zsigmond körtér
Himfy u.
Karinthy Frigyes út
10
Goldman György tér
18
Bocskai út
Nagyszőlős u.
Takács M. u.
3
Kosztolányi Dezső tér
Október 23 u.
8
Bercsényi u.
Kőrösy József u.
Irinyi József u.
Magyar tudósok körútja
ELTE
Bogdánfy u.
Hamzsabégi út
Kanizsai u.
Sárbogárdi út
Baranyai u.
Budafoki út
Halmi utca
16
Budaörsi út
Statuenpark (7 km)
Velo-Touring (1 km)
Bartók Béla út
Fraknó u.
Bártfai u.
Dombóvári u.
Andalgó u.
Bahnhof Kelenfoldi
Somogyi út
Vasút u.
Etele tér
20
Ildikó tér
Vahot u.
Tétényi út
Kelenföld
Fehérvári út
Galambóc u.
Bánát u.
Mérnök u.
Etele út
Lecke u.
Hengermalom u.
Vízpart u.
Kopaszi gát
Menyecske u.
Bikszádi út
Sopron u.
Nabdorfehérvári u.
Szerémi út
Lágymányos
Sztregova u.
11
Major u.
Barazda u.
Borszéki út
Andor u.
6
Allende Park
Zsombor u.
Galvani u.
Egér út
Csurgói út
Péterhegyi út
Kardhegy u.
Latinca Sándor u.
Szabados Sándor u.
Temesvár u.
Téglás u.
Kelenvölgy
Adács u.
Hunyadi Mátyás út
Kondorosi út
Építész u.
Körmend u.
Sáfrány u.
Kunhegyes u.
Albertfalva
Vegyész u.
Ady Endre út
Szerémi út
Hunyadi János út
17
Budafok-Albertfalva vá
Kitérő út
Anna u.
Rózsavölgy

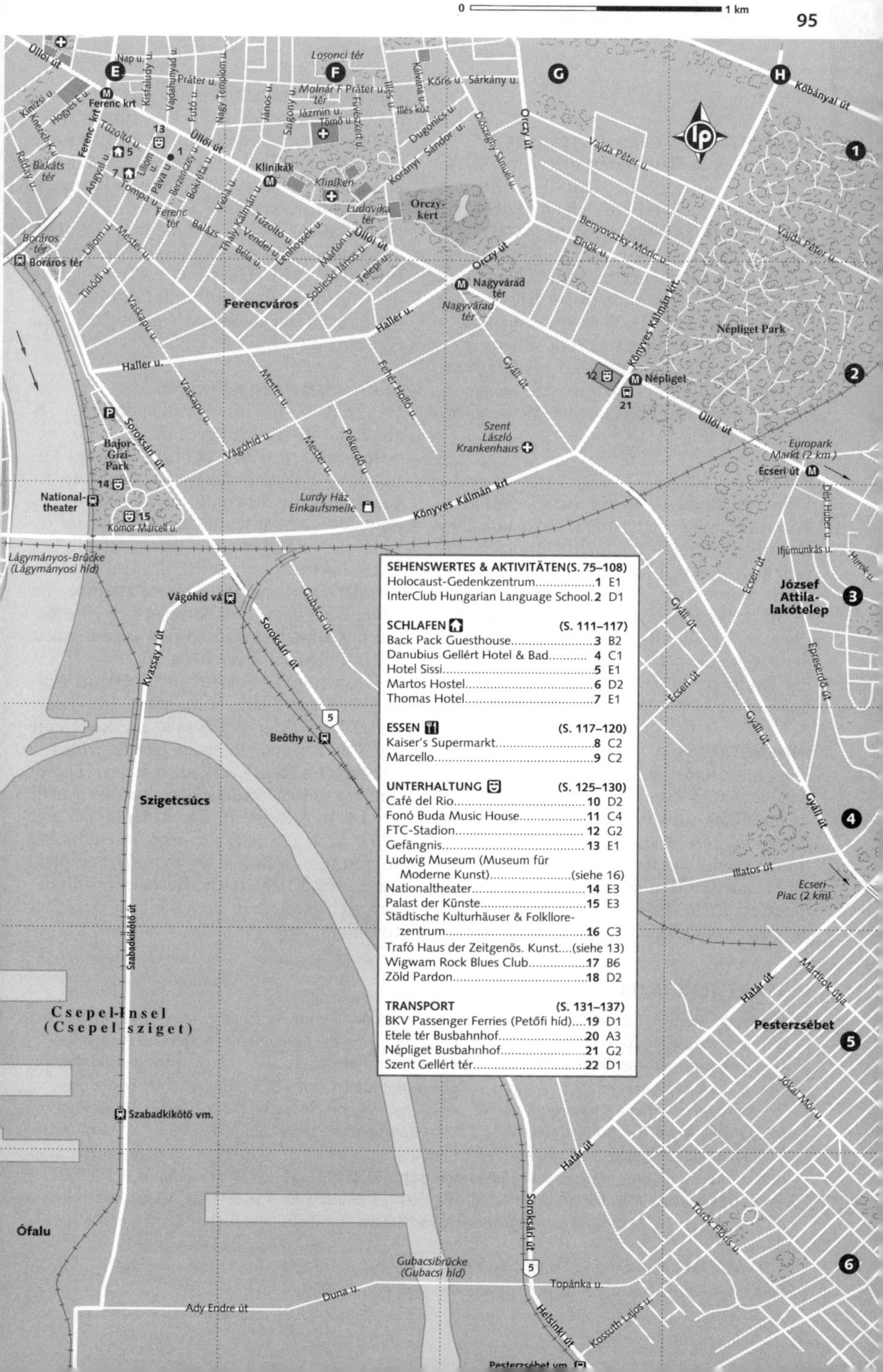
0
1 km
SEHENSWERTES & AKTIVITÄTEN (S. 75–108)
Holocaust-Gedenkzentrum.................1 E1
InterClub Hungarian Language School.2 D1
SCHLAFEN (S. 111–117)
Back Pack Guesthouse.........................3 B2
Danubius Gellért Hotel & Bad.......... 4 C1
Hotel Sissi..5 E1
Martos Hostel..6 D2
Thomas Hotel...7 E1
ESSEN (S. 117–120)
Kaiser's Supermarkt.............................8 C2
Marcello..9 C2
UNTERHALTUNG (S. 125–130)
Café del Rio...10 D2
Fonó Buda Music House...................11 C4
FTC-Stadion...12 G2
Gefängnis...13 E1
Ludwig Museum (Museum für Moderne Kunst).......................(siehe 16)
Nationaltheater...................................14 E3
Palast der Künste................................15 E3
Städtische Kulturhäuser & Folkllore-zentrum...16 C3
Trafó Haus der Zeitgenös. Kunst....(siehe 13)
Wigwam Rock Blues Club.................17 B6
Zöld Pardon...18 D2
TRANSPORT (S. 131–137)
BKV Passenger Ferries (Petőfi híd)....19 D1
Etele tér Busbahnhof.........................20 A3
Népliget Busbahnhof.........................21 G2
Szent Gellért tér.................................22 D1
E
F
G
H
1
2
3
4
5
6
Üllői út
Ferenc krt
Losonci tér
Klinikák
Kliniken
Orczy-kert
Ferencváros
Nagyvárad tér
Népliget
Népliget Park
Szent László Krankenhaus
Europark Markt (2 km)
Ecseri út
József Attila-lakótelep
Boráros tér
Bajor-Gizi-Park
National-theater
Komor Marcell u.
Lágymányos-Brücke (Lágymányosi híd)
Lurdy Ház Einkaufsmeile
Könyves Kálmán krt
Soroksári út
Haller u.
Vágóhíd u.
Gyáli út
Gubacsi út
Vágóhíd vá
Beöthy u.
Kvassay J út
Szigetcsúcs
Szabadkikötő út
Csepel-Insel (Csepel-sziget)
Szabadkikötő vm.
Ófalu
Gubacsibrücke (Gubacsi híd)
Ady Endre út
Duna u.
Topánka u.
Helsinki út
Kossuth Lajos u.
Pesterzsébet vm.
Határ út
Pesterzsébet
Illatos út
Ecseri Piac (2 km)
Jókai Mór u.
Török Flóris u.
Mártírok útja
Kőbányai út
Vajda Péter u.
Orczy út
Benyovszky Móric u.
Elnök u.

(Fortsetzung von Seite 82)

WASSERTURM & FREILICHTBÜHNE

Der achteckige **Wasserturm** (Víztorony; Karte S. 94–95) wurde 1911 etwa in der Mitte der Insel errichtet. Er erhebt sich 66 m über der **Freilichtbühne** (Szabadtéri színpad; ☎ 340 4883), die im Sommer für Opern, Theaterstücke und Konzerte genutzt wird. Im **Aussichtsturm** zeigt eine **Galerie** (Kiállító Galéria; ☎ 340 4520; Erw./Kind 200/100 Ft.; ⏲ Mai–Okt. 11–19 Uhr) im Erdgeschoss interessantes Kunsthandwerk sowie moderne Kunst. Die 153 Stufen bis zur Aussichtsterrasse lohnen sich wegen des atemberaubenden Rundblicks über die Insel bis nach Buda und Pest.

Pest

Während Buda an vielen Stellen parkähnlichen Charakter hat, ist Pest ein städtischer Dschungel. Hier liegen architektonische Juwelen, Museen, historische Gebäude und breite Boulevards dicht beieinander. Auch wenn es in Pest keine Hügel gibt, so fehlt es doch nicht an offenen Grünflächen. Das Stadtwäldchen (Karte S. 86–87) am Ende der Andrássy út ist der größte Park in Budapest.

INNENSTADT

Die Innenstadt (Belváros; Karte S. 92) ist das Herzstück von Pest – und hat den teuersten Baugrund der Stadt. Nördlich des Ferenciek tere drängeln sich schicke Boutiquen sowie Touristenbars und -restaurants dicht aneinander. Hier wird man mehr Deutsch, Italienisch, Spanisch und Englisch als Ungarisch hören. Bis vor wenigen Jahren war die Gegend südlich des Ferenciek tere noch studentischer und ruhiger und stärker von Einheimischen dominiert. Mittlerweile sind auch hier Fußgängerzonen entstanden und es mangelt nicht an trendigen Kneipen, Cafés und Restaurants.

Der Ferenciek tere teilt die Innenstadt an der Szabadsajtó út (Boulevard der Freien Presse) in zwei Hälften. Der Platz liegt an der Metro M3 und kann mit der Buslinie 7 sowohl von Buda wie aus dem östlichen Pest erreicht werden.

Rund um den Egyetem tér

Das Zentrum der Innenstadt südlich der Szabadsajtó út ist der Egyetem tér (Universitätsplatz; Karte S. 92), er liegt rund fünf Minuten zu Fuß vom Ferenciek tere über die Károly Mihály utca entfernt. Der Name des Platzes bezieht sich auf das Gebäude der renommierten **Loránd-Eötvös-Universität** (ELTE; Karte S. 92; V., Egyetem tér 1–3). Neben der Uni steht die wunderschöne barocke **Universitätskirche** von 1748. Über dem Altar befindet sich eine Kopie der **Schwarzen Madonna von Tschenstochau**, die in Polen stark verehrt wird.

Die nette Kecskeméti utca verläuft südöstlich vom Platz zum **Kálvin tér** (Karte S. 92). Am Ende der Straße markiert eine Tafel am Korona Hotel den Ort des früheren **Kecskeméter Tors** (Kecskeméti-kapu). Dieser Teil der mittelalterlichen Stadtmauer wurde im 18. Jh. geschleift. Die **Ráday utca** (Karte S. 92 und S. 86–87) zweigt in südlicher Richtung vom Kálvin tér ab und ist gespickt mit Cafés, Kneipen und Restaurants, in denen sich Studenten und Budapestbesucher tummeln.

SPORTLICHE INSEL

Schon die Römer nutzten die Mineralquellen sowohl als Trinkwasser wie auch zu Heilzwecken. Genauso machen es die modernen Ungarn. Kristályvíz, eine der beliebtesten Mineralwassermarken Ungarns, wird auf der Margareteninsel gewonnen und abgefüllt. Das Thermalbad im Danubius Grand Hotel Margitsziget (S. 117) am nordöstlichen Ende ist eines der modernsten in Budapest.

Fahrräder werden an mehreren Stellen vermietet, z.B. bei **Sétacikli** (Karte S. 86-87.; ☎ 06 30 966 6453; 3-Gang-Rad 30 Min./Std./Tag 400/600/1800 Ft., Tretkutsche für 3/5 Leute 1 Std. 1800/2700 Ft.; ⏲ März–Okt. 10 Uhr–Abenddämmerung). Den Verleih findet man auf der westlichen Seite kurz vor dem Leichtathletikstadion Richtung Margaretenbrücke. **Bringóhintó** (Karte S. 84–85; ☎ 329 2073, 06 30 881 0983; www.bringohinto.hu; Mountainbike 30 Min./Std. 590/990 Ft., Tretkutsche für 4 Leute 1480/3380 Ft., Inlineskates 880/1480 Ft.; ⏲ 8 Uhr–Abenddämmerung) operiert von einem Stand am Japanischen Garten im Norden der Insel.

Eine Runde über die Insel mit einer **Pferdekutsche** (Karte S. 84–85) kostet rund 2000 Ft. pro Person. Der Kutschenstand ist in der Nähe des Radverleihs Bringóhintó.

Entlang der Váci utca

Um die luxuriöse Seite der Innenstadt kennenzulernen, bummelt man am besten über die verkehrsberuhigte Váci utca. Sie ist die wichtigste und teuerste Einkaufsstraße Ungarns. Hier finden sich Designermodeläden, teure Juweliere, Kneipen und einige Buchläden zum Stöbern. Früher durchquerte die Váci utca das mittelalterliche Pest in seiner gesamten Länge. Vom Ferenciek tere geht es durch den **Párisi Udvar** (Pariser Hof; Karte S. 92; V., Ferenciek tere 5): Die im Pariser Stil errichtete Arkade wurde 1909 gebaut und führt in die winzige Kígyó utca, die an der Váci utca endet.

Viele Gebäude an der Váci utca verdienen einen kurzen Stopp, doch in der engen Fußgängerzone fällt es schwer, die Fassaden vollständig zu sehen. Manchmal hilft es, für einen vollständigen Blick in eine der Seitenstraßen zu gehen. Das **Thonet-Haus** (Karte S. 92; V., Váci utca 11/a) ist ein Meisterwerk von Ödön Lechner (1890) und der Blumenladen **Philanthia** (Karte S. 92; V., Váci utca 9) hat noch eine originale Jugendstileinrichtung.

Vörösmarty tér & Umgebung

Die Váci utca mündet in den Vörösmarty tér (Karte S. 92). Der große Platz ist gesäumt von schicken Läden, Galerien, Cafés und je nach Saison einem Freiluftmarkt, an dessen Buden Touristenkitsch angeboten wird. Dazu gesellen sich Porträt- und Karikaturkünstler, die jeden malen, der willens ist, dafür zu bezahlen.

Im Zentrum steht die Statue des Dichters Vörösmarty aus dem 19. Jh., nach dem auch der Platz benannt wurde. Die Statue wurde aus italienischem Marmor gefertigt und wird im Winter von einem bizarr aussehenden Plastik-„Eisberg“ geschützt. Die erste – oder letzte – Haltestelle der kleinen gelben Millennium-Metro M1 befindet sich ebenfalls auf dem Platz. Die nördliche Seite wird vom **Café Gerbeaud** (Karte S. 92 und S. 123) abgeschlossen – es ist das berühmteste Kaffeehaus der Stadt.

Auf der Südseite des Platzes wurde 1915 der ausladende **Bankpalast** (Bank Palota; Karte S. 92; V., Deák utca 5) errichtet, in dem heute die Budapester Börse residiert. Der 1865 im romantischen Stil errichtete Konzertsaal des **Pesti Vigadó** (Karte S. 92; V., Vigadó tér 1) wurde im Zweiten Weltkrieg schwer beschädigt und liegt westlich des Platzes zur Donau hin.

Duna korzó

Wer sich an einem warmen Nachmittag etwas erholen und dabei den herrlichen Blick über die Donau zum Burgberg genießen will, spaziert einfach über den Duna korzó (Karte S. 92). Die „Donaupromenade“ erstreckt sich zwischen der Ketten- und der Elisabethbrücke oberhalb des Belgrád rakpart. Im Sommer sorgen viele Cafés, Musiker und Kunsthandwerksstände für Unterhaltung. Den südlichen Abschluss bildet der **Petőfi tér** (Karte S. 92), der nach dem berühmten Dichter des Freiheitskampfes 1848–49 benannt wurde.

Über die Jahre war das zentrale Denkmal Schauplatz mancher legaler, aber auch illegaler Demonstration. Der **Március 15. tér** (Karte S. 92) weiter südlich erinnert an den Revolutionsbeginn 1848.

Auf der östlichen Seite des Platzes wird die **Innerstädtische Pfarrkirche** (Belvárosi plébániatemplom; Karte S. 92; V., Március 15. tér 2) durch die Auffahrt zur Elisabethbrücke arg bedrängt. Die erste romanische Kirche wurde im 12. Jh. auf den Grundmauern eines römischen Kastells errichtet. Die mageren Reste von **Contra Aquincum** (Karte S. 92) sind im kleinen benachbarten Park zu besichtigen. Die Kirche wurde im 14. und 18. Jh. umgebaut. Die verschiedenen gotischen, Renaissance-, barocken und sogar türkischen Elemente innen wie außen lassen sich leicht unterscheiden.

NÖRDLICHE INNENSTADT

Dieser Bezirk wird auch Lipótváros (Leopoldstadt; Karte S. 90 und S. 92) genannt. Büros, Ministerien, Wohnhäuser aus dem 19. Jh. sowie große Plätze prägen das Viertel.

Roosevelt tér

Der Roosevelt tér (Karte S. 92; 🚌 16 oder 105, 🚊 2 oder 2A) wurde 1947 nach dem langjährigen amerikanischen Präsidenten (1933–45) benannt und liegt am Pester Ende der Kettenbrücke. Von dort eröffnet sich einer der schönsten Blicke auf den Burgberg.

Auf der südlichen Platzseite steht die **Statue von Ferenc Deák** (Karte S. 92). Der ungarische Politiker verhandelte federführend den Ausgleich von 1867, der zur Gründung der österreichisch-ungarischen Doppelmonarchie führte. Auf der Westseite des Platzes reichen sich ein österreichisches und ein ungarisches Kind in friedlicher Eintracht die Hand.

Das beherrschende Jugendstilgebäude mit den goldenen Kacheln ist der **Gresham-Palast** (Karte S. 92; V., Roosevelt tér 5–6), der 1907 von einer englischen Versicherungsgesellschaft gebaut wurde. Nach einer umfassenden Renovierung hat hier nun das luxuriöse **Four Seasons Gresham Palace Hotel** (Karte S. 92 und S. 117) als bestes Hotel der Stadt seinen Sitz. Die **Ungarische Akademie der Wissenschaften** (Magyar Tudományos Akadémia; Karte S. 92; V., Roosevelt tér 9) wurde von Graf István Széchenyi gegründet und residiert an der Nordseite des Platzes.

Szabadság tér

Der „Freiheitsplatz" (Karte S. 90; 🚌 15) ist einer der größten Plätze der Stadt und liegt nur wenige Minuten zu Fuß vom Roosevelt tér entfernt. In der Mitte steht das **Denkmal für die Rote Armee** (Karte S. 90) – es ist eines der letzten seiner Art in Budapest.

Hinter der US-Botschaft steht die ehemalige **Königliche Postsparkasse** (Karte S. 90; V., Hold utca 4) – ein Jugendstiltraum aus bunten Kacheln und Volkskunstmotiven. Das Gebäude wurde 1901 nach Plänen von Ödön Lechner gebaut und ist heute Teil der benachbarten **Ungarischen Nationalbank** (Karte S. 90; Magyar Nemzeti Bank; V., Szabadság tér 8).

Kossuth Lajos tér

Nordwestlich des Szabadság tér liegt der Kossuth Lajos tér (Karte S. 90; Ⓜ M2 Kossuth Lajos tér) mit dem meistfotografierten Gebäude Budapests sowie dem besten ungarischen Museum für Volkskunst und traditionelles Handwerk. Zwischen den beiden Plätzen steht die **Statue von Imre Nagy**, dem reformkommunistischen Ministerpräsidenten, der 1958 für seine Rolle beim Volksaufstand 1956 (s. S. 32) hingerichtet wurde. Das Denkmal wurde mit einer großen Zeremonie im Sommer 1996 eingeweiht.

Imre Steindl entwarf den eklektischen Bau des **Parlaments** (Országház; Karte S. 90; ☎ 441 4904, 441 4415; V., Kossuth Lajos tér 1–3, Tor X; Eintritt für EU-Bürger frei, andere Erw./Kind 2300/1150 Ft.; Ⓜ M2 Kossuth Lajos tér). Das 1902 fertig gestellte Gebäude hat über 700 reich dekorierte Räume, von denen Besucher aber auf der obligatorischen Führung leider nur drei (im Nordflügel) gezeigt bekommen: die Haupttreppe und den Saal mit der **Stephanskrone** (s. Kasten; sie ist die wichtigste Nationalikone des Landes), den Logensaal und den Kongresssaal. Dort tagte bis 1944 das Oberhaus des einstmals aus zwei Kammern bestehenden Parlaments. Das Gebäude ist eine perfekte Mischung aus neogotischem, neoromanischem und neobarockem Stil. Die Parlamentarier tagen von Februar bis Juni sowie von September bis Dezember im Nationalen Parlamentssaal im Südflügel. Die deutschsprachigen Führungen beginnen um 11 und um 15 Uhr.

Das **Ethnografische Museum** (Néprajzi Múzeum; Karte S. 90; ☎ 473 2400; www.hem.hu; V., Kossuth Lajos tér 12; Eintritt frei, Sonderausstellungen Erw./Kind/Fam. ab 500/200/1000 Ft.; 🕑 Di–So 10–18 Uhr; Ⓜ M2 Kossuth Lajos tér) liegt gegenüber vom Parlament und bietet eine leicht verständliche Einführung in das traditionelle ungarische Leben. In den 13 Räumen im 1. Stock werden Tausende von Objekten ausgestellt. Dazu gehören gelungene Nachbauten von Bauernhäusern aus der Region Őrség und dem Sárköz in West- und Süd-Transdanubien sowie andere wertvolle Stücke aus Transdanubien. Im 2. Stock präsentieren Sonderausstellungen das Leben in anderen Regionen Europas und der Welt.

BAJCSY-ZSILINSZKY ÚT

Vom zentralen Deák Ferenc tér, wo sich alle drei Metrolinien treffen, verläuft die Bajcsy-Zsilinszky út (Karte S. 90 und S. 92) als Radialstraße in Richtung Westbahnhof am Nyugati tér.

St.-Stephans-Basilika

Die neoklassizistische **St.-Stephans-Basilika** (Szent István Bazilika; Karte S. 92; ☎ 311 0839, 338 2151; V., Szent István tér; 🕑 Mo–Fr 9–17, 19–20, Sa 9–13, 19–20, So 13–17, 19–20 Uhr; Ⓜ M3 Arany János utca) wurde 1905 nach einer Bauzeit von mehr als 50 Jahren eingeweiht. Grund für die Verzögerung war der Einsturz der Kuppel während eines Sturms 1868. Der gesamte Rohbau musste daraufhin abgerissen und neu gebaut werden. Die Basilika ist innen ziemlich dunkel und düster, doch der Besuch der **Aussichtsplattform** (Erw./Kind 500/400 Ft.; 🕑 April–Mai 10–16.30 Uhr, Juni–Aug. 9.30–18 Uhr, Sept.–Okt. 10–17.30 Uhr) lohnt sich. Zur Plattform führen ein Lift und 146 Stufen – der Panoramablicke von oben ist einer der schönsten in ganz Budapest.

Rechts am Eingang der Basilika befindet sich die kleine **Schatzkammer** (Kincstár; 🕑 April–Sept. 9–17 Uhr, Okt.–März 10–16 Uhr) mit religiösen Objekten. Hinter dem Hauptaltar geht es links zur Hauptattraktion der Kirche: der **Ka-**

pelle der Heiligen Rechten (Szent Jobb kápolna; ⌚ Mai–Sept. Mo–Sa 9–16.30, So 13–16.30 Uhr, Okt.–April Mo–Sa 10–16, So 13–16.30 Uhr). Die Heilige Rechte ist die mumifizierte rechte Hand von König Stephan und genießt Kultstatus. Für die Beleuchtung muss man ein 100-Ft.-Stück in eine kleine Maschine vor dem Schrein werfen.

Englischsprachige Führungen der Basilika (mit/ohne Kuppelbesuch 2000/1500 Ft.) werden Mo–Fr um 9.30, 11, 14 und 15.30 Uhr sowie samstags um 9.30 und 11 Uhr angeboten.

SZENT ISTVÁN KÖRÚT

Szent István körút (Karte S. 90) heißt der nördlichste Abschnitt der Großen Ringstraße (Nagykörút) in Pest. Er verläuft vom Nyugati tér in westlicher Richtung zur Margaretenbrücke und zur Donau. Ein Spaziergang lohnt sich, weil der Ring von vielen schönen eklektischen Häusern gesäumt ist, die mit Atlanten, Reliefs und anderen Details verziert sind. Ein Blick in die Innenhöfe ist ebenfalls lohnenswert.

Zum Jászai Mari tér (Karte S. 90) am westlichen Ende des Szent István körút fahren die Straßenbahnen 4 und 6 von beiden Seiten des Flusses sowie die Straßenbahnen 2 und 2A aus der Pester Innenstadt. Die östliche Seite des Boulevards ist am bequemsten mit der Metro (M3 Nyugati pályaudvar) zu erreichen.

Újlipótváros

Nördlich des Szent István körút erstreckt sich die Újlipótváros (Neue Leopoldstadt; Karte S. 86–87 und S. 90), sie wurde so genannt, um sie von der älteren Lipótváros (Leopoldstadt) südlich des Rings zu unterscheiden (Erzherzog Leopold war der Enkel von Kaiserin Maria Theresa). Das Viertel wurde vor dem Krieg von der oberen jüdischen Mittelklasse geprägt. Deshalb befanden sich hier auch viele der so genannten „Schutzhäuser“, die der schwedische Diplomat Raoul Wallenberg gegen Ende des Zweiten Weltkriegs für die jüdische Bevölkerung einrichtete (s. Kasten). In der Straße, die nach Wallenberg benannt wurde, erinnern eine Gedenktafel und eine **Wallenberg-Statue** (Karte S. 86–87) an den großen Mann. Die Statue wurde 1999 im Szent István Park aufgestellt. Sie zeigt seinen Kampf mit einer Schlange.

ERZSÉBETVÁROS

Die Große Ringstraße durchschneidet den VII. Bezirk, der auch als Erzsébetváros (Elisabethstadt; Karte S. 90 und S. 92) bekannt ist, zwischen den zwei belebten Plätzen Oktogon und Blaha Lujza tér. Stadtauswärts schließt sich ein recht armes Viertel an, das für Reisende kaum interessant ist. Ausnahme ist der Keleti-Bahnhof (Keleti pályaudvar, Karte S. 86–87) am Baross tér. Stadteinwärts befand sich schon immer ein vorwiegend jüdisches Viertel. Hier wurde 1944 auch das Ghetto errichtet.

Nach der Besetzung Ungarns durch die Nazis wurde die jüdische Bevölkerung gezwungen, hinter den Holzzäunen des Ghettos ihren Alltag zu verbringen.

DIE STEPHANSKRONE

Der Legende nach war es Asztrik, der erste Abt der Benediktinerabtei Pannonhalma (S. 173), der Stephan um das Jahr 1000 eine Krone als Geschenk von Papst Sylvester II. überreichte. So wurde die Herrschaft des neuen Königs legitimiert und gleichzeitig seine Loyalität gegenüber Rom anstatt Konstantinopel gesichert. Die Geschichte ist sicher nett, hat jedoch nichts mit dem ausgestellten Objekt im Parlament zu tun. Die zweiteilige Krone mit dem charakteristisch schiefen Kreuz, dem Hängezierat und den Emaille-Schmuckplatten der Apostel stammt aus dem 12. Jh. Ungeachtet ihrer Herkunft ist die Stephanskrone zum Symbol der ungarischen Nation geworden.

Im Laufe der Jahrhunderte verschwand die Krone mehrmals, um doch immer wieder aufzutauchen. Während der Invasion der Tataren fiel die Krone auf dem Weg zu einem sicheren Versteck hin und erhielt so ihr leicht schiefes Aussehen. 1945 nahmen die flüchtenden ungarischen Faschisten die Krone mit nach Österreich. Schließlich fiel sie in die Hand der amerikanischen Armee, die sie nach Fort Knox in Kentucky brachte. 1978 wurde die Krone mit einer großen Zeremonie und voller Erleichterung nach Ungarn zurückgebracht. Weil die Gesetzgebung in Ungarn immer im „Namen der Stephanskrone“ vollzogen wurde, wurde die Krone als lebendiges Symbol gewertet und war deshalb „entführt“ worden.

Der Oktogon liegt an der Metro M1, der Blaha Lujza tér an der M2. Über den Ring verkehren die Straßenbahnlinien 4 und 6.

Liszt-Musikakademie

Die **Liszt-Musikakademie** (Liszt Zeneakadémia; Karte S. 96; ☎ 342 0179; VI., Liszt Ferenc tér 8; Ⓜ M1 Oktogon) wurde 1907 am Liszt Ferenc tér errichtet. Studenten aus aller Welt kommen hierhin zum Studieren. Die Musikakademie gehört mit ihren großen und kleinen Konzertsälen zu den schönsten Veranstaltungsorten in Budapest. Die Inneneinrichtung wurde mit Zsolnay-Porzellan und -Fresken verziert. Es lohnt sich auf jeden Fall, einen Blick hineinzuwerfen, auch wenn gerade kein Konzert stattfindet.

Jüdisches Viertel

Im Herzen des alten jüdischen Viertels bewahren der **Klauzál tér** (Karte S. 90; 🚊 4 oder 6) und seine umliegenden Straßen die Stimmung des Vorkriegs-Budapest. Aktuelle Zeichen jüdischen Lebens sind deutlich erkennbar: eine **koschere Bäckerei** (Karte S. 92; Kazinczy utca 28), das **Café Frölich** (Karte S. 92; Dob utca 22) mit jüdischem Gebäck sowie ein **Perückenmacher** (Karte S. 92; Kazinczy utca 32).

Es gibt rund ein halbes Dutzend Synagogen und Gebetshäuser im Viertel, die für unterschiedliche Glaubensströmungen und ethnische Gruppen – Konservative, Orthodoxe, Polen, Sephardim – reserviert sind. Die **Orthodoxe Synagoge** (Ortodox zsinagóga; Karte S. 92; VII., Kazinczy utca 29–31; 🚊 4 oder 6) kann auch von der Dob utca 35 aus betreten werden; sie wurde 1913 gebaut. Die maurische **Rumbach-Sebestyén-utca-Synagoge** (Rumbach Sebestyén utcai zsinagóga; Karte S. 92; VII., Rumbach Sebestyén utca 11; Ⓜ M1/2/3 Deák Ferenc tér) entstand 1872 nach Plänen des österreichischen Jugendstilarchitekten Otto Wagner für die konservativen Juden.

Die **Große Synagoge** (Nagy zsinagóga; Karte S. 92; VII., Dohány utca 2–8; Ⓜ M2 Astoria) ist nach New York das weltweit zweitgrößte jüdische Gebetshaus und fasst 3000 Gläubige. Sie wurde 1859 errichtet und vereint romantische mit maurischen Stilelementen. Die Renovierung der Synagoge wurde mit Mitteln der ungarischen Regierung sowie einer New Yorker Stiftung unter Führung des Schauspielers Tony Curtis durchgeführt. Seine Eltern waren in den 1920er-Jahren aus Ungarn in die USA emigriert. In einem Anbau befindet sich das **Jüdische Museum** (Zsidó Múzeum; Karte S. 92; ☎ 342 8949; VII., Dohány utca 2; Synagoge Eintritt 300 Ft., Synagoge & Museum Erw./Kind 1000/400 Ft.; 🕑 Mitte April–Okt. Mo–Do 10–17, Fr 10–14, So 10–14 Uhr, Nov.–April Mo–Do 10–15, Fr 10–14, So 10–14 Uhr). Gezeigt werden religiöse und Alltagsgegenstände sowie ein interessantes handschrift-

RAOUL WALLENBERG, GERECHTER UNTER DEN VÖLKERN

Von allen „Gerechten unter den Völkern", die von den Juden weltweit verehrt werden, steht Raoul Wallenberg an erster Stelle. Der schwedische Diplomat und Geschäftsmann rettete im Zweiten Weltkrieg rund 35 000 ungarische Juden.

Wallenberg begann 1936 für eine Handelsfirma zu arbeiten, deren Chef ein jüdischer Ungar war. Im Juli 1944 entsandte das schwedische Außenministerium auf Bitte von jüdischen und anderen amerikanischen Flüchtlingsorganisationen den 32-jährigen Wallenberg als Botschaftsattaché auf eine Rettungsmission nach Budapest. Zu dem Zeitpunkt waren bereits eine halbe Millionen jüdische Ungarn in die Vernichtungslager nach Deutschland und Polen verschleppt worden.

Wallenberg begann sofort damit, schwedische Schutzpässe, so genannte „Wallenberg-Pässe", auszustellen. Er mietete Häuser unter der Fahne Schwedens und anderer neutraler Staaten an, die Juden Asyl boten. Er reiste sogar deutschen „Todesmärschen" und Deportationszügen hinterher, um Lebensmittel und Kleidung zu verteilen. Es gelang ihm dabei, noch 500 Menschen aus diesen Zügen zu retten.

Als die Rote Armee im Januar 1945 Budapest befreite, meldete sich Wallenberg bei den sowjetischen Behörden. Er wurde jedoch im Kriegsgetümmel als Spion verhaftet und nach Moskau gebracht. Anfang der 1950er-Jahre erklärte die sowjetische Regierung als Antwort auf Gerüchte, Wallenberg sei in einem Arbeitslager lebend gesehen worden, dass er 1947 an einem Herzinfarkt gestorben sei. Mehrfach wurde in den folgenden zwei Jahrzehnten behauptet, Wallenberg sei noch immer am Leben, doch gab es dafür nie eine Bestätigung. Viele glauben, dass Wallenberg von den Sowjets hingerichtet wurde, weil sie ihn für einen amerikanischen Spion hielten.

liches Buch der Beerdigungsgesellschaft aus dem 18. Jh. Der Holocaust-Gedenkraum – dunkel und bedrückend – dokumentiert die Ereignisse 1944–45, darunter der schreckliche Massenmord an Ärzten und Patienten des Krankenhauses an der Maros utca.

An der Nordseite der Synagoge steht das **Holocaust-Denkmal** (Karte S. 92; VII., Wesselényi utca) über den Massengräbern der Naziopfer von 1944–45. An den Blättern des metallenen „Lebensbaumes“ sind die Familiennamen von einigen der 400 000 Opfer vermerkt.

Blaha Lujza tér & Rákóczi út

Der Fußgängertunnel unter dem Blaha Lujza tér (Karte S. 90) gehört zu den belebtesten Orten der Stadt. Hier finden sich Bettler und Bauern, die ihre Waren anbieten, sowie Musiker und natürlich Taschendiebe. Der Platz selbst wurde nach einer der bekanntesten Schauspielerinnen des 19. Jhs. benannt. Unmittelbar nördlich liegt am Großen Ring der Jugendstilbau des **New-York-Palastes** (New York Palota; Karte S. 90; VII., Erzsébet körút 9–11). Darin befand sich früher das berühmte **New York Kávéház** – Schauplatz zahlreicher literarischer Treffen. Das Gebäude ist inzwischen fast vollständig renoviert worden und soll in Kürze als Hotel wiedereröffnen.

Die Rákóczi út (Karte S. 86–87 und S. 94) ist eine geschäftige Einkaufsstraße. Sie überquert den Blaha Lujza tér und endet am Baross tér vor dem Keleti-Bahnhof (Keleti pályaudvar; Karte S. 86–87). Der Bahnhof wurde 1884 erbaut und ein Jahrhundert später renoviert.

JÓZSEFVÁROS & FERENCVÁROS

Ab dem Blaha Lujza tér durchquert der Große Ring den VIII. Bezirk, genannt Józsefváros (Josephstadt; Karte S. 86–87 und S. 90). Stadteinwärts liegt Richtung Kleiner Ring ein Viertel mit schönen Wohnhäusern und Palästen aus dem 19. Jh., das sich immer mehr zu einem Studentenviertel entwickelt. In dem rauen und heruntergekommenen Viertel außerhalb des Rings fanden 1956 die meisten Kämpfe des Volksaufstands statt. In den letzten Jahren wurde das Viertel in einem schnellen Tempo modernisiert – der Lärm der Bulldozer ist hier allgegenwärtig.

Die Ferencváros (Franzensstadt; Karte S. 86–871) südlich der Üllői út ist die Heimat des beliebtesten Fußballteams der Stadt, des Ferencvárosi Torna Club (S. 129). Hier wohnen auch viele der harten in grün-weiß gekleideten Fans. Ein Großteil des Bezirks wurde während der Großen Flut 1838 weggeschwemmt. Heute herrscht auch hier eine rege Bautätigkeit.

In die Józsefváros und Ferencváros fahren die Straßenbahnlinien 4 und 6 über den Großen Ring.

Ungarisches Nationalmuseum

Das **Ungarische Nationalmuseum** (Magyar Nemzeti Múzeum; Karte S. 92; ☎ 338 2122, 317 7806; www.mnm.hu; VIII., Múzeum körút 14–16; Eintritt frei, Sonderausstellungen Erw./Kind 700/350 Ft.; Di–So 10–18 Uhr; M M3 Kálvin tér, 47 oder 49) zeigt in seinem neoklassizistischen Gebäude die bedeutendste ungarische Sammlung historischer Objekte. Das Museum wurde 1847 eigens zu diesem Zweck entworfen. Im 1. Stock wird die Geschichte des Karpatenbeckens von der Urzeit bis zur Ankunft der Magyaren im 9. Jh. dokumentiert. Der 2. Stock widemet sich der Geschichte Ungarns bis ins 20. Jh. Eindrucksvoll ist das riesige römische Mosaik am Fuß des zentralen Treppenaufganges. Es stammt aus Balácapuszta bei Veszprém. Der seidene Krönungsmantel wurde 1031 von Nonnen aus Veszprém gestickt. Sehenswert sind auch die rekonstruierte römische Villa aus dem 3. Jh., die Schatzkammer mit Goldschmuck aus der Vormagyaren-Zeit sowie eine zweite Schatzkammer mit später entstandenen Goldobjekten, darunter die Monomachus-Krone aus dem 11. Jh. Abgerundet wird die Ausstellung durch ein türkisches Zelt, die atemberaubende Barockbücherei und Beethovens Broadwood-Piano.

Kunstgewerbemuseum

Die Emporen des **Kunstgewerbemuseums** (Iparművészeti Múzeum; Karte S. 86–87; ☎ 456 5100; IX., Üllői út 33–37; Eintritt frei, Sonderausstellungen Erw./Kind 800/400 Ft.; Di–So 10–18 Uhr; M M3 Ferenc körút) umrahmen einen zentralen Saal aus weißem Marmor, das in Anlehnung an die Alhambra in Andalusien gebaut wurde. Normalerweise sind hier wunderbare ungarische Möbel aus dem 18. und 19. Jh., Jugendstilobjekte sowie Gegenstände ausgestellt, die mit der Geschichte des Handels und des Handwerks (Glasfertigung, Buchbinderei, Goldschmiedekunst, Lederarbeiten etc.) verbunden sind. Seit einiger Zeit sind jedoch nur noch Sonderausstellungen zu sehen, während die Dauerausstellung geschlossen ist. Das Gebäude wurde von Ödön Lechner entworfen und ist mit bunten Zsolnay-Keramikziegeln verziert. Es wurde anlässlich der Millenniumsausstellung 1896 gebaut. Während des Zweiten Weltkrieges und nochmals 1956 erlitt das Museum schwere Schäden.

Holocaust Gedenkzentrum

Das neue **Holocaust-Gedenkzentrum** (Holokauszt Emlékközpont; Karte S. 94–95; ☎ 455 3348; www.hdke.hu; IX., Páva utca 39; Eintritt frei; 🕑 Di–So 10–18 Uhr) wurde 2004 in einem auffallenden Gebäude im Arbeiterviertel Ferencváros eröffnet – dem 60. Jahrestag des Beginns des Holocausts in Ungarn. Das Zentrum ist sowohl ein Museum wie eine pädagogische Einrichtung. 2006 wurde die neue Dauerausstellung „Von der Aberkennung der Menschenrechte bis zum Genozid – Erinnerung an die ungarischen Opfer des Holocaust" eröffnet. Zu sehen sind auch die Bilder des schrecklichen „Auschwitz-Albums" – eine außergewöhnliche Fotosammlung, die den Transport, die Internierung und die Ermordung der ungarischen Juden dokumentiert. Der Fotograf war ein Überlebender der KZs. Im zentralen Innenhof steht die gefühlvoll restaurierte Synagoge von Leopold Baumhorn (1924), in der Sonderausstellungen gezeigt werden.

Ludwig-Museum (Museum für Moderne Kunst)

Direkt neben dem Nationaltheater residiert seit dem Umzug 2005 vom Burgberg das Ludwig-Museum, bzw. das **Museum für Moderne Kunst** (Kortárs Művészeti Múzeum; Karte S. 94–95; ☎ 555 3444; www.ludwigmuseum.hu; IX., Komor Marcell utca 1; Eintritt frei, Sonderausstellungen Erw./Kind 1000/500 Ft.; 🕑 Di, Fr & So 10–18, Mi 12–18, Do 12–20, Sa 10–20 Uhr; 🚊 2 oder 24). Das Museum hat nun neue, deutlich größere Ausstellungsräume in dem architektonisch gleichermaßen umstrittenen **Palast der Künste** (Művészetek Palotája; S. 127). In Ungarn ist das Ludwig-Museum das einzige, das moderne Kunst der letzten 50 Jahre aus Amerika, Russland, Deutschland und Frankreich sowie Kunst ab 1990 aus Ungarn, Tschechien, der Slowakei, Rumänien, Polen und Slowenien sammelt und ausstellt. In den letzten zwölf Jahren hat das Museum rund 150 Sonderausstellungen gezeigt, von denen viele Avantgardekunst zeigten.

ANDRÁSSY ÚT

Die Andrássy út (Karte S. 86–87 und S. 90) beginnt knapp nördlich des Deák Ferenc tér und zieht sich über 2,5 km bis zum Heldenplatz (Hősök tere) und Stadtwäldchen (Városliget). Die Andrássy út ist ein schöner Boulevard, der sich zu Fuß am schönsten besichtigen lässt (s. S. 108). Parallel fährt die Metro M1 vom Deák Ferenc tér unter der gesamten Andrássy út hindurch zum Stadtwäldchen.

Ungarische Staatsoper

Miklós Ybl entwarf 1884 den Neorenaissancebau der **Ungarischen Staatsoper** (Magyar Állami Operaház; Karte S. 90; ☎ 332 8197; www.operavisit.hu; VI., Andrássy út 22; Erw./Stud. 2400/1200 Ft.; Ⓜ M1 Opera). Die Oper gehört zu den schönsten Gebäuden der Stadt. Wer keine Aufführung erleben kann, sollte wenigstens an einer Führung teilnehmen (15 und 16 Uhr), die eine kleine musikalische Kostprobe mit einschließt. Tickets gibt es im Souvenirladen an der Ostseite der Oper zur Hajós utca.

Haus des Terrors

Das **Haus des Terrors** (Terror Háza; Karte S. 90; ☎ 374 2600; www.terrorhaza.hu; Andrássy út 60; Erw./Kind 1200/600 Ft.; 🕑 Di–Fr 10–18, Sa–So 10–19.30 Uhr; Ⓜ M1 Vörösmarty utca) war einst das Hauptquartier der gefürchteten Geheimpolizei ÁVH (S. 32). Thema sind die Verbrechen sowohl des faschistischen wie des stalinistischen Systems in Ungarn – mit einem Schwerpunkt auf der Zeit vom Kriegsende 1945 bis zum Volksaufstand 1956. Die Ausstellung erstreckt sich über drei Dutzend Räume und drei Etagen. Schon der Panzer im Innenhof ist eine schrille Begrüßung. Die Wand mit den Fotos der Opfer spricht für sich ... Noch bedrückender sind die rekonstruierten Gefängniszellen und die Fotos der Peiniger. Von den Agenten, Folterern und „kleinen Rädchen im Getriebe" sind viele noch am Leben. Sie ermöglichten die Verbrechen oder ordneten sie an.

Franz-Liszt-Gedenkmuseum

Der große Komponist lebte von 1881 bis zu seinem Tod 1886 im 1. Stock des Hauses, in dem heute das **Franz-Liszt-Gedenkmuseum** (Liszt Ferenc Emlékmúzeum; Karte S. 90; ☎ 322 9804; VI., Vörösmarty utca 35; Erw./Kind 400/250 Ft.; 🕑 Mo–Fr 10–18, Sa 9–17 Uhr; Ⓜ M1 Vörösmarty utca) untergebracht ist. Die vier Zimmer sind mit seinen Pianos (darunter ein kleines aus Glas), dem Komponiertisch, Porträts und persönlichen Gegenständen ausgestattet.

Museen mit asiatischer Kunst

Gleich zwei interessante Museen, die sich mit asiatischer Kunst beschäftigen, liegen hier in unmittelbarer Nachbarschaft.

Das **Ferenc-Hopp-Museum für Ostasiatische Kunst** (Hopp Ferenc Kelet-Ázsiai Művészeti Múzeum; Karte S. 86–87; ☎ 322 8476; VI., Andrássy út 103; Erw./Stud. 400/200 Ft.; ⌚ Di–So 10–18 Uhr; Ⓜ M1 Bajza utca) ist in der ehemaligen Villa des Stifters und Namensgebers untergebracht. Es wurde 1919 gegründet und besitzt eine sehenswerte Sammlung indonesischer *Wayang*-Puppen, indischer Statuen, Lama-Skulpturen und bemalter Papierrollen aus Tibet. Im hinteren Garten befindet sich ein chinesisches Mondtor aus dem 18. Jh. Doch ein Großteil der Sammlung aus chinesischen und japanischen Keramiken, Porzellan, Textilien und Skulpturen ist im **György-Ráth-Museum** (Ráth György Múzeum; Karte S. 86–87; ☎ 342 3916; VI., Városligeti fasor 12; Eintritt frei; ⌚ Di–So 10–18 Uhr; Ⓜ M1 Bajza utca) ausgestellt. Die großartige Jugendstilvilla liegt etwas weiter südlich. Über die Bajza utca sind es nur wenige Minuten zu Fuß.

HELDENPLATZ

Die Andrássy út endet am Heldenplatz (Hősök tere; Karte S. 86–87) vor dem Stadtwäldchen. Er liegt an der Metro M1 (Haltestelle Hősök tere).

Millenniumsdenkmal

Der Platz wird vom zentralen Millenniumsdenkmal (Ezeréves emlékmű; Karte S. 86–87) beherrscht. Die 36 m hohe Säule wird zu beiden Seiten von Kolonnaden flankiert. Auf der Säule thront der Erzengel Gabriel, der die ungarische Krone und ein Kreuz in der Hand hält. Am Fuß der Säule sind Árpád und die sechs anderen Magyarenfürsten zu sehen, die das Karpatenbecken im späten 9. Jh. besetzten.

In den Kolonnaden wurden 14 Statuen von Herrschern und Staatsmännern aufgestellt. Die Reihe beginnt links mit König Stephan und endet rechts mit Lajos Kossuth. Die darunter befindlichen Reliefs zeigen jeweils eine wichtige Szene aus dem Leben des verehrten Politikers. Die vier allegorischen Figuren auf den Kolonnaden symbolisieren von links nach rechts Arbeit und Wohlstand, Krieg, Frieden sowie Wissen und Ruhm.

Museum der Bildenden Künste

Das renovierte **Museum der Bildenden Künste** (Szépművészeti Múzeum; Karte S. 86–87; ☎ 469 7100, 363 2675; www.szepmuveszeti.hu; XIV., Dózsa György út 41; Eintritt frei, Sonderausstellungen Erw./Kind ca. 1200/600 Ft.; ⌚ Di–So 10–17.30 Uhr) auf der nördlichen Platzseite zeigt die hervorragende Sammlung ausländischer Künstler. In dem Gebäude von 1906 ist die Sammlung Alter Meister am vollständigsten. Zu sehen sind Tausende von Werke niederländischer und flämischer, spanischer, deutscher, französischer und britischer Künstler vom 13.–18. Jh. Ein Höhepunkt sind sieben Gemälde von El Greco. Andere Bereiche umfassen ägyptische und griechisch-römische Objekte sowie Gemälde, Aquarelle, Grafiken und Skulpturen aus dem 19. und 20. Jh. (einschließlich einiger bedeutender impressionistischer Werke). Kostenlose Führungen durch die wichtigsten Ausstellungen werden dienstags bis freitags jeweils um 11 Uhr in Englisch angeboten.

Kunsthalle

Die **Kunsthalle** (Műcsarnok; Karte S. 86–87; ☎ 460 7014, 363 2671; www.mucsarnok.hu; XIV., Dózsa György út 37; 3-D-Film Erw./Kind 1000/500 Ft., Ausstellungen & Film 1500/500 Ft.; ⌚ Di–So 10–18 Uhr) hat eine der größten städtischen Ausstellungsflächen. Zu sehen sind Sonderausstellungen ungarischer und ausländischer Künstler in den Bereichen Bildende und Angewandte Kunst sowie Fotografie und Design. Auch Konzerte werden hier gelegentlich veranstaltet. Ein 3-D-Film mit einem 25-minütigen Überblick über Ungarn läuft regelmäßig in sieben Sprachen (Mitte März–Sept. Di–So 10–17 Uhr, Okt.–Mitte März Fr–So 10–16.30 Uhr).

STADTWÄLDCHEN

Die grüne Lunge von Pest ist das Stadtwäldchen (Városliget; Karte S. 86–87). Das rund 1 km² große Areal war 1896 Schauplatz der Millenniumsausstellung anlässlich der ungarischen Landnahme vor 1000 Jahren. Grob gesehen liegen die Museen südlich des Kós Károly sétány, während die leichte Unterhaltung eher auf der Nordseite zu finden ist. Dazu zählen der Hauptstädtische Großzirkus (S. 130) und das Széchenyi-Bad (gegenüber).

Das Stadtwäldchen wird von der Metro M1 (Haltestelle Széchenyi fürdő) sowie von den O-Buslinien 70, 72, 75 und 79 angefahren.

Verkehrsmuseum

Ein Besuch des **Verkehrsmuseums** (Közlekedési Múzeum; Karte S. 86–87; ☎ 273 3840; XIV., Városligeti körút 11; Eintritt frei, Sonderausstellungen Erw./Kind 400/200 Ft.; ⌚ Mai–Sept. Di–Fr 10–17, Sa–So 10–18 Uhr, Okt.–April Di–Fr 10–17, Sa–So 10–17 Uhr) mag sich vielleicht etwas langweilig anhören. Das Museum ist aber vor allem für Kinder sehr abwechslungsreich. In einem alten und einem neuen Flügel sind Modelle alter Züge untergebracht (von denen manche noch funktionstüchtig sind). Beliebt sind auch die Autos aus dem späten 19. Jh. sowie die zahlreichen alten Holzfahrräder, die als „Knochenschüttler" verrufen waren. Einige Objekte dürfen angefasst werden, bei anderen demonstrieren die Museumswärter ihre Funktionsweise. Draußen stehen Reste der alten Donaubrücken, die nach den Zerstörungen des Zweiten Weltkriegs geborgen wurden. In einem alten Bahnwaggon befindet sich ein Café.

Hauptstädtischer Zoo & Botanischer Garten

Im großen **Hauptstädtischen Zoo und Botanischen Garten** (Fővárosi Állatkert és Növénykert; Karte S. 86–87; ☎ 273 4900, 363 3701; www.zoobudapest.com; XIV., Állatkerti út 6–12; Erw./Kind/Stud./Fam. 1300/900/1000/4100 Ft.; ⌚ Mai–Aug. Mo–Do 9–18.30, Fr–So 9–19 Uhr, April & Sept. Mo–Do 9–17.30, Fr–So 9–18 Uhr, März & Okt. Mo–Do 9–17, Fr–So 9–17.30 Uhr, Nov.–Feb. tgl. 9–16 Uhr) leben zahlreiche Tierarten (z. B. Raubkatzen, Nashörner und Nilpferde). Einige Besucher kommen jedoch nur, um die Tierhäuser im Jugendstil des frühen 20. Jhs. zu bewundern, darunter auch das Elefantenhaus mit seinen Elefantenköpfen aus grüner Zsolnay-Keramik. Das Palmenhaus (mit Aquarium: 300 Ft. extra) wurde übrigens von der Turmbaufirma Eiffel aus Paris errichtet.

Vergnügungspark

Der **Vergnügungspark** (Vidámpark; Karte S. 86–87; ☎ 363 8310, 363 2660; www.vidampark.hu; XIV., Állatkerti körút 14–16; Eintritt frei oder 300 Ft., Fahrgeräte 300–600 Ft.; ⌚ Juli–Aug. 10–20 Uhr, Mai–Juni Mo–Fr 11–19, Sa–So 10–20 Uhr, April & Sept. Mo–Fr 11–18.30, Sa–So 10–19 Uhr, März & Okt. Mo–Fr 11–18, Sa–So 10–18.30 Uhr) wurde vor 150 Jahren gegründet. Das 2,5 ha große Gelände liegt neben dem Hauptstädtischen Großzirkus und bietet zahlreiche Aktivitäten voller Nervenkitzel. Dazu gehören der schwindelerregende Ikarus, die Achterbahn und der Hip-Hop-Turm mit freiem Fall. Weniger schweißtreibend sind die Gokart-Bahn, die Autoscooter sowie das Karussell von 1906.

AKTIVITÄTEN

Budapest sieht auf den ersten Blick nicht wie eine Sportstadt aus, doch gibt es eine Unmenge an Freizeitaktivitäten an der frischen Luft. Highlights sind die Schwimm- und Thermalbäder sowie Radtouren, Höhlenbesuche und Kanufahrten. All dies ist im direkten Umfeld der Metropole möglich.

Höhlenbesuche

Budapest besitzt eine Reihe von Höhlen, von denen zwei mit Führungen (auf Ungarisch) geöffnet sind. Die **Pálvölgyi-Höhle** (Pálvölgyi-barlang; Karte S. 84–85; ☎ 325 9505; II., Szépvölgyi út 162; Erw./Kind 750/450 Ft.; 🚌 65 ab Kolosy tér in Óbuda) ist die zweitgrößte Höhle in Ungarn und ist für ihre Stalaktiten und Fledermäuse bekannt. Der 500 m lange Höhlenweg hat rund 400 Stufen und eine Leiter und ist damit nicht für jedes Alter (Kinder) geeignet. Die stündlichen Führungen beginnen Dienstag bis Sonntag zwischen 10 und 16 Uhr.

Schönere Stalaktiten sowie Stalagmiten und ungewöhnliche traubenförmige Formationen finden sich in der **Szemlőhegyi-Höhle** (Szemlőhegyi-barlang; Karte S. 84–85; ☎ 325 6001; II., Pusztaszeri út 35; Erw./Kind 650/400 Ft.; ⌚ Mi–Mo 10–16 Uhr; 🚌 29 ab Kolosy tér) rund 1 km südöstlich der Pálvölgyi-Höhle.

Kanutouren

Für Kanu- und Kajaktouren auf der Donau fährt man am besten zum Római-part (Karte S. 84–85). Mit der Vorortbahn HÉV geht es zum Rómaifürdő (Karte S. 84–85) und dann zu Fuß östlich zum Fluss. Zwei verlässliche Kanuverleiher sind der **Óbuda Sport Club** (ÓSE; Karte S. 84–85; ☎ 240 3353; III., Rozgonyi Piroska utca 28; Kanu Tag 1400 Ft.; ⌚ 8–18 Uhr) und der **KSH-Kanuclub** (Karte S. 84–85; ☎ 368 8967; III., Királyok útja 31; Kanus Tag 1000/1300 Ft., Einer-/Zweier-Kajaks Tag 1300/1500 Ft., Dreier-/Vierer-Kanus Tag 1800/1900 Ft.; ⌚ Mitte April–Mitte Okt. 8–18 Uhr).

Radfahren

Manche Gegenden von Budapest sind ideal zum Radfahren. Dazu zählen das Stadtwäldchen, der Volkspark, die Margareteninsel und die Budaer Berge. Gegenwärtig gibt es rund 140 km ausgewiesene Radwege in der Donaumetropole, in den nächsten zehn Jahren soll sich das Radwegenetz verdoppeln. Hinsichtlich Kontakten zu Fahrradorganisationen in Budapest s. S. 54.

Für Radverleih auf der Margareteninsel siehe Kasten S. 96.

Yellow Zebra Bikes (Deák Ferenc tér Karte S. 92; ☎ 266 8777, 06 30 211 8861; www.yellowzebrabikes.com; V., Sütő utca 2; 1 Std./halber Tag/Tag 500/2000/3000 Ft.; 🕑 Nov.-März 10–18 Uhr, April–Okt. 9–20 Uhr; Ⓜ M1/2/3 Deák Ferenc tér; Staatsoper Karte S. 90; ☎ 269 3843; VI., Lázár utca 16; 🕑 Nov.–März 10–17 Uhr, April–Okt. 9.30–19.30 Uhr; Ⓜ M1 Oper) ist seit langem ein zuverlässiger Fahrradverleih mit zwei ganzjährig geöffneten Filialen hinter dem Tourinform-Büro und der Oper.

Budapest Bike (Erzsébetváros Karte S. 92 ☎ 06 30 944 5533; www.budapestbike.hu; VII., Wesselényi utca 18; 2 Std./halber Tag/Tag 600/1500/3000 Ft.; 🕑 9–24 Uhr; 🚊 4 oder 6 oder 0-Bus 74; Innenstadt Karte S. 89; ☎ 06 30 944 5533; V., Lánchíd; 🕑 Mai–Sept. 9–24 Uhr) verleiht Räder im Hauptladen sowie an einem Kiosk auf der Pester Seite der Kettenbrücke. Ein weiterer Laden heißt **Bike Base** (Karte S. 90; ☎ 269 5983, 06 70 625 8501; www.bikebase.hu; VI., Podmaniczky utca 19; 1/2/3 Tage 8/12/16 €; 🕑 9–19 Uhr; Ⓜ M3 Nyugati pályaudvar).

Frigoria (www.frigoriakiado.hu) veröffentlicht eine Reihe nützlicher Führer und Karten. Hilfreich ist z. B. *Kerékparral Budapest környékén* („Mit dem Rad rund um Budapest"; 2200 Ft.) mit einer Umgebungskarte und Beschreibungen von 30 verschiedener Routen. Die Touristeninformationen vertreiben die kostenlose, aber nicht so gute *Budapest & Surroundings Bicycle Route Map (Budapest und Umgebung – Fahrradkarte)* mit 20 empfohlenen Touren, die zwischen 24 und 177 km lang sind.

Räder können mit der HÉV, auf allen Mahart-Schiffen, mit der Zahnradbahn sowie mit der Kindereisenbahn transportiert werden. In den Metros, den Bussen und Straßenbahnen sind sie verboten.

Reiten

Die Ungarische Verband der Reittouristik (Karte S. 92 u. S. 52) gibt eine Liste mit empfehlenswerten Reitschulen rund um Budapest heraus. Ungarn ist derzeit dabei, ein neues Bewertungssystem einzuführen: Vieles ändert sich dadurch.

Einer der am nächsten gelegenen Reiterhöfe ist das alteingessesene **Petneházy Lovascentrum** (☎ 397 5048, 06 20 588 3571; petnehazy@net.hu; Feketefej utca 2–4; 🕑 Sa–So 9–16 Uhr; 🚌 63 ab Hűvösvölgyi út) am Adyliget bei Hűvösvölgy. Ob gerade Reitstunden, Koppel- und Geländeausritte angeboten werden, muss erfragt werden. Für Kinder gibt es Ponyreiten (15 Min. 1500 Ft.) sowie Kutschfahrten (30 Min. 15 000 Ft. für 8 Pers.).

Pegazus Tours (☎ 317 1644; www.pegazus.hu; V., Ferenciek tere 5) kann Reitstunden buchen (Details, s. S. 52). Gleiches macht die renommierte **Favorit Lovarda** (☎ 257 1065, 06 30 966 9992; XVI., Mókus utca 23; HÉV Szabadságtelep) im Bezirk Csömör.

Schwimmen

Jede ungarische Stadt, egal welcher Größe, hat mindestens ein Hallen- und Freibad (*uszoda*) – Budapest besitzt gleich Dutzende. Die Bäder sind ideal, um ein paar Runden drinnen zu drehen, sich draußen an einem heißen Sommertag abzukühlen oder den Angebern im Badeanzug zuzuschauen.

Das System innerhalb der Bäder ist ähnlich wie im Thermalbereich, außer dass es statt Kabinen meist Schließfächer gibt. Man zieht sich um, ruft den Aufseher, der das Schließfach abschließt, die Zeit auf der Kreidetafel notiert und dem Besucher einen Schlüssel aushändigt. In vielen Bädern ist die Benutzung einer Badekappe obligatorisch. Wer keine eigene hat, kann sich eine Plastikkappe nehmen oder für ein paar Forint kaufen. Viele Bäder verleihen auch Badezeug und Handtücher.

Nachstehend sind die besten Frei- und Hallenbäder der Stadt genannt, von denen einige an Thermalbäder angeschlossen sind, die bereits oben erwähnt wurden. Andere gehören zu hoteleigenen Wellnessbereichen und sind meist deren Gäste vorbehalten.

Das populäre **Csillaghegy-Schwimmbad** (Karte S. 84–85; ☎ 250 1533; III., Pusztakúti út 3; Erw./Kind 1000/800 Ft.; 🕑 Mitte Mai–Sept. 9–19 Uhr, Sept.–Mitte Mai Mo–Fr 7–19, Sa 7–17, So 7–16 Uhr; HÉV Csillaghegy) nördlich von Óbuda ist das älteste Freibad der Stadt. Es hat drei Becken in einem 90 ha großen terrassenförmig angelegten Park. Im Winter werden die Becken mit einem beheizbaren Zelt überspannt.

Das riesige **Dagály-Schwimmbad** (Karte S. 84–85; ☎ 452 4500; XIII., Népfürdő utca 36; Erw. Eintrittskaution mit/ohne Kabine 1800/1500 Ft., Kind Eintrittskaution 1300 Ft.; Freibad Mai–Sept. 6–19 Uhr, Hallenbad Okt.–April Mo–Fr 6–19, Sa–So 6–17 Uhr; M M3 Árpád híd, 1) hat zehn Becken, große Rasenflächen und Schatten. Wer nach zwei/drei Stunden wieder geht, bekommt 500/300 Ft. zurück.

Das Hallenbad des **Gellért-Bades** (Gellért Gyógyfürdő; Karte S. 86–87; ☎ 466 6166; XI., Kelenhegyi út 4; Eintrittskaution für Schwimm- & Thermalbad mit Schließfach/Kabine 2500/3000 Ft. bzw. Mai–Sept. nach 17 Uhr, Okt.–April Mo–Fr nach 17, Sa–So nach 14 Uhr 2400/2800 Ft.; Mai–Sept. 6–19 Uhr, Okt.–April Mo–Fr 6–19, Sa–So 6–17 Uhr; 18, 19, 41, 47 oder 49) ist das schönste in Budapest. Das Freibad (Mai–Sept.) in der gepflegten Gartenanlage hat ein Wellenbad.

Das **Alfréd-Hajós-Schwimmbad** (Karte S. 86–87; ☎ 450 4214, 340 4946; XIII., Margit-sziget; Erw./Kind 900/550 Ft.; Freibad Mai–Sept. 6–19 Uhr, Hallenbad Okt.–April Mo–Fr 6–19, Sa–So 6–17 Uhr; 4 oder 6, 26) hat ein Hallen- und drei Freibadbecken und ist das Nationale Sportbad, in dem die olympischen Schwimm- und Wasserballteams trainieren.

Das ultramoderne **Helia-Schwimmbad mit Wellnesscenter** (Karte S. 86–87; ☎ 889 5800; XIII., Kárpát utca 62–64; Eintritt Mo–Fr vor/nach 15 Uhr 3500/4500 Ft., Sa–So 4900 Ft.; 7–22 Uhr; M M3 Dózsa György út oder 0-Bus 79) im Vier-Sterne-Hotel Danubius Helia am Donauufer hat drei Becken, eine Sauna und ein Dampfbad.

Das **Béla-Komjádi-Schwimmbad** (Karte S. 86–87; ☎ 212 2750; II., Árpád fejedelem útja 8; Erw./Kind 900/550 Ft.; 6–19 Uhr; 17, 60 oder 86) ist etwas für ambitionierte Schwimmer und Fitnessfreaks, und weniger für die gedacht , die nur Spiel und Spaß suchen.

Die Nutzung der Schwimmbecken des **Lukács-Bades** (Lukács Gyógyfürdő; Karte S. 86–87; ☎ 326 1695; II., Frankel Leó út 25–27; Mo–Fr 6–19, Sa–So 6–17 Uhr; 17, 60 oder 86) ist im allgemeinen Eintrittspreis (S. 107) inbegriffen.

Die meisten Becken in der Hauptstadt hat das **Palatinus-Freibad** (Palatinus Strand; Karte S. 84–85; ☎ 340 4505; XIII., Margit-sziget; Erw./Kind Schließfach 1500/1300 Ft., Eintritt mit Kabine 1900 Ft.; Mai–Juni Mo–Fr 10–18, Sa–So 9–19 Uhr, Juli–Aug. tgl. 9–19 Uhr; 26) auf der Margareteninsel. Zur Anlage gehören elf Becken (2 oder 3 mit Thermalwasser), Wellenanlage, Wasserrutschen etc.

Das **Rómaifürdő Strandfürdő** (Rómaifürdő-Freibad; Karte S. 84–85; ☎ 388 9740; III., Rozgonyi Piroska utca 2; Erw./Kind Schließfach 1200/1000 Ft., Eintritt mit Kabine 1600 Ft.; Mai–Aug. 9–19 Uhr; HÉV Rómaifürdő oder 34) liegt unmittelbar nördlich von Aquincum.

Das Hallenbad des **Rudas-Bades** (Karte S. 92; ☎ 356 1322, 356 1010; I., Döbrentei tér 9; Eintritt mit Schließfach/Kabine Erw. 1000/1200, Kind/Sen. mit Schließfach 900 Ft.; Mo–Fr 6–18, Sa–So 6–13 Uhr; 18, 19 oder 41, 7, 73 oder 86) liegt am Budaer Donauufer.

Die Nutzung der drei großen Thermal-Schwimbadbecken im **Széchenyi-Bad** (Széchenyi Gyógyfürdő; Karte S. 86–87; ☎ 363 3210; XIV., Állatkerti út 11; Mo–Fr 6–22 Uh; M M1 Széchenyi fürdő) ist im allgemeinen Eintrittspreis inbegriffen (S. 105).

Thermalbäder

Budapest liegt an einer geologischen Verwerfung, die die Budaer Berge von der Großen Tiefebene trennt. Mehr als 30 000 m³ warmes bis heißes Mineralwasser (21–76 °C) sprudeln täglich aus den rund 120 Thermalquellen. Nicht umsonst ist die Stadt ein wichtiger Kurort. Der Besuch eines der vielen *gyógyfürdő* (Thermalbäder) ist ein echtes Budapester Erlebnis. Einige Bäder stammen noch aus türkischer Zeit, andere sind Wunderwerke des Jugendstils, während dritte funkelnagelneu sind.

Im Allgemeinen erlaubt der Eintritt in die Bäder, die weder über ein Kautions- noch ein Gutscheinsystem verfügen (wie das Gellért, Lukács und Széchenyi) wochentags einen zweistündigen und an Wochenenden einen anderthalbstündigen Aufenthalt. Die zeitliche Begrenzung wird allerdings nicht immer durchgesetzt. Die meisten Bäder bieten eine breite Palette an medizinischen Behandlungen sowie Wellnessangeboten. Dazu zählen Massage (15/30 Min. ca. 1900/2700 Ft.) und Pediküre (2000 Ft.). Wer weiß, was er an Anwendungen haben will, sollte das gleich beim Kauf der Eintrittskarte sagen.

Ins warme Wasser kommt man ähnlich wie in den Schwimmbädern (S. 105). Manchmal werden in den Budapester Bädern noch Nummern ausgegegen, sie werden dann aufgerufen oder auf einer elektronischen Anzeige angezeigt. Auch wenn manche der Thermal- und Schwimmbäder etwas baufällig aussehen, sind sie doch sauber und das Wasser wird regelmäßig gewechselt. Plastiksandalen sind kein Muss, aber empfehlenswert. In den meisten Bädern sind Badeanzüge bzw. -hosen Pflicht.

Die seltsam aussehenden Lendenschürzen werden heute nicht mehr ausgeteilt. Für rund 800 Ft. lässt sich im Bedarfsfall meistens Badezeug ausleihen.

Einige Bäder werden an Männerbadetagen zu Treffpunkten der Schwulenszene, das betrifft vor allem das Király. Doch auch dort passiert außer intensivem Anbaggern nicht viel. Wer dies nicht mag, sollte die entsprechenden Tage meiden.

Eine hervorragende Informationsquelle ist die Webseite www.spasbudapest.com (auch auf Deutsch).

Ein Besuch im Jugendstilpalast des **Gellért-Bades** (Gellért Gyógyfürdő; Karte S.86–87; ☎ 466 6166; XI., Kelenhegyi út 4; Eintrittskaution vor/nach 15 Uhr 3000/2800 Ft.; Mai–Sept. 6–19 Uhr, Okt.–April Mo–Fr 6–19, Sa–So 6–17 Uhr; 18, 19, 41, 47 oder 49) wurde schon mit einem Bad in einer Kathedrale verglichen. Die Thermalbäder für Männer und Frauen sind getrennt. In den Becken herrscht eine konstante Wassertemperatur von 44 °C. Das an Kalzium, Magnesium und Wasserstoff reiche Wasser ist gut gegen Gelenkschmerzen, Arthritis und gegen einen schwachen Blutkreislauf. Die Eintrittsgebühr ist im Prinzip eine Art Kaution und man erhält 700/400/200 Ft. zurück, wenn man vor 15 Uhr innerhalb von zwei/drei/vier Stunden das Bad verlässt. Nach 15 Uhr sind es 500/200 Ft., wenn man innerhalb von zwei/drei Stunden geht. Dafür unbedingt die Quittung aufbewahren!

Die vier Becken im **Király-Bad** (Király Gyógyfürdő; Karte S. 86–87; ☎ 202 3688, 201 4392; II., Fő utca 84; Eintritt 1100 Ft.; Männer Di, Do & Sa 7–18 Uhr, Frauen Mo, Mi & Fr 7–18 Uhr; 60 oder 86) haben eine Wassertemperatur zwischen 26 °C und 40 °C. Das original türkische Bad wurde 1570 gebaut, die zentrale Kuppel mit ihren Lichtöffnungen ist traumhaft schön.

Das **Lukács-Bad** (Lukács Gyógyfürdő; Karte S. 86–87; ☎ 326 1695; II., Frankel Leó út 25–27; Eintrittskaution Schließfach/Kabine 1500/1700 Ft.; Mai–Sept. 6–19 Uhr, Okt.–April Mo–Fr 6–17, Sa–So 6–17 Uhr; 17, 60 oder 86) befindet sich in einem ausgedehnten Gebäudekomplex aus dem 19. Jh. Hierhin kommen eher ältere Gäste, die die Sache noch sehr ernst nehmen. Angeboten wird alles von Thermal- und Schlammbad (Temperaturen 22–40° C) bis zum normalen Schwimmbad. Das Thermalbad ist dienstags, donnerstags und samstags nur für Männer und montags, mittwochs und freitags nur für Frauen geöffnet. Man erhält 500/300/100 Ft. zurück, wenn man innerhalb von zwei/drei/vier Stunden wieder geht.

Im nördlichen Bereich des Stadtwäldchens lohnt der Besuch des **Széchenyi-Bads** (Széchenyi Gyógyfürdő; Karte S. 86–87; ☎ 363 3210; XIV., Állatkerti út 11; Eintrittskaution vor/nach 15 Uhr 2300/1400 Ft.; 6–19 Uhr ; M M1 Széchenyi fürdő) gleich aus mehreren Gründen: Es ist unglaublich groß, hat ein Dutzend Thermal- und drei Schwimmbecken; es ist hell und sauber und die Wassertemperatur (bis zu 38 °C) stimmt genau mit den Hinweistafeln an der Wand überein. Männer und Frauen haben gleichzeitig Zutritt. Die Eintrittskaution beträgt 800/500/200 Ft. wenn man vor 15 Uhr nach zwei/drei/vier Stunden geht, bzw. 600/300 Ft., wenn man nach 15 Uhr innerhalb von zwei/drei Stunden geht.

Das **Rudas-Bad** (Rudas Gyógyfürdő; Karte S. 92; ☎ 365 1322; I., Döbrentei tér 9; Eintritt 2000 Ft.; Thermalbad Mo–Fr 6–19, Dampfbad Männer Mo, Mi 6–20, Di 14–20, Do 6–12 Uhr, Frauen: Di 6–12, Do 14–20 Uhr; 18, 19 oder 41, 7, 73 oder 86) Das türkische Bad liegt zentral zwischen dem Gellértberg und der Donau. Einige Gebäudeteile stammen von 1566, sind noch original erhalten und strahlen auch heute noch eine orientalische Atmosphäre aus.

Die charakteristische Kuppel hat einen Durchmesser von 10 m und wird von acht Säulen getragen. Darunter befindet sich ein oktogonales Becken. Die Wassertemperatur liegt bei 16–42 °C. Es gibt ein Schwimmbecken und sechs Heilbecken. Das Dampfbad und die Heilbecken wurden zwischen 1936 und 2005 ausschließlich von Männern besucht. Nach der Wiedereröffnung im Dezember 2005 erzwangen Proteste die Öffnung des Dampfbades auch für Frauen. Die Eintrittskaution beträgt 700/400/0 Ft. wenn man nach zwei/zwei bis drei/mehr als drei Stunden geht.

Das **Thermalbad** (Karte S. 84–85; ☎ 889 4737; XIII., Margit-sziget; Eintritt Mo–Fr 5200 Ft., Sa–So 6300 Ft.; 6.30–21.30 Uhr; 26) ist eine moderne Anlage im Danubius Grand Hotel Margitsziget auf der grünen Margareteninsel. Die Badebereiche für Frauen und Männer sind getrennt.

Wandern

Budapest ist ein exzellenter Ausgangspunkt für Wanderungen. Wer in den Budaer Bergen wandern möchte, sollte sich die Karte

Nr. 6 *A Budai-hegység* von Cartographia (1:30 000; 900 Ft.) besorgen.

Die Touristeninformationen verteilen die kostenlose und hilfreiche Karte *Budapest & Surroundings Hiking Tours (Budapest und Umgebung – Wanderrouten)* mit einem Dutzend Wanderungen rund um die ungarische Hauptstadt.

STADTSPAZIERGANG

Der unkomplizierte Stadtspaziergang beginnt ganz in der Nähe des Deák Ferenc tér. Er folgt der Andrássy út, dem attraktivsten Boulevard in Budapest, und endet am Heldenplatz (Hősök tere) und dem weitläufige Stadtwäldchen (Városliget). Die Strecke ist nicht sehr lang, dafür gibt es aber unterwegs eine Unmenge zu sehen und zu machen. Wer nicht den ganzen Tag unterwegs sein will, sollte vorher eine Auswahl treffen. Die kleine gelbe Metro (M1) verkehrt direkt unter dem Boulevard: Wer also müde ist, geht einfach nach unten und steigt ein.

> **ROUTENINFOS**
>
> **Start** Ⓜ M1 Opera
> **Ende** Ⓜ M1 Hősök tere
> **Entfernung** 2,6 km
> **Dauer** mindestens 2 Std.
> **Pause** Café Művész oder Lukács

Die Andrássy út zweigt 200 m nördlich vom Deák Ferenc tér von der Bajcsy-Zsilinszky út ab. Der erste Abschnitt der Andrássy út ist mit Bäumen begrünt und an warmen Tagen angenehm kühl. Die erste wichtige Sehenswürdigkeit ist die **Ungarische Staatsoper** (**1**; S. 127). Die Oper kann im Rahmen einer Führung besichtigt werden. Das wunderschöne Haus strahlt förmlich seit seiner Komplettrenovierung in den 1980er-Jahren.

Gegenüber der Oper wurde das so genannte **Drechsler-Haus** (**2**; VI., Andrássy út 25) 1882 vom berühmtesten Jugendstilarchitekten Ödön Lechner entworfen. Bis vor kurzem war hier das Staatliche Tanzinstitut untergebracht, doch derzeit wird es zu einem Luxushotel umgebaut. Hinter dem Gebäude wurde 1909 das heutige **Neue Theater** (**3**; Új Színház; ☎ 351 1406; VI., Paulay Ede utca 35) als Parisiana-Musiksaal

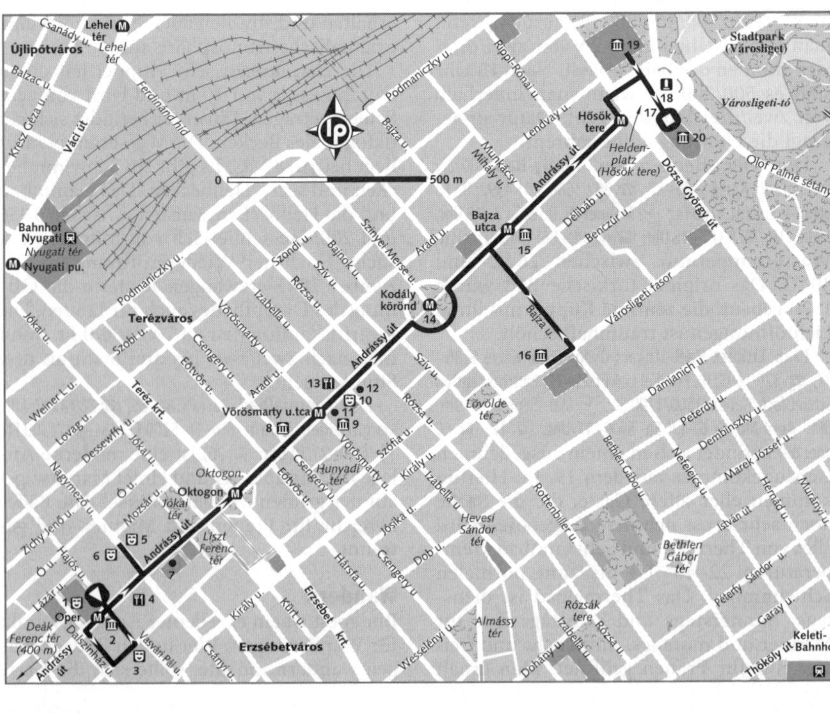

eröffnet. Die Fassade des Jugendstiljuwels übt mit ihren Affengesichtern, Erdkugeln und geometrische Formen eine gradezu magische Anziehung aus.

Auf der Andrássy út folgt das altmodische Café **Művész** (**4**; S. 122). Die nächste Querstraße ist die Nagymező utca, der „Budapester Broadway". Unter den vielen Theatern sind das **Budapester Operettentheater** (**5**; S. 127) in Nr. 17 und direkt gegenüber das **Thália** (**6**; ☎ 331 0500; VI., Nagymező utca 22–24) besonders erwähnenswert. Das Thália wurde 1997 liebevoll renoviert.

Rechterhand liegt das so genannte **Große Pariser Warenhaus** (**7**; Divatcsarnok; VI., Andrássy út 39). Bei seiner Eröffnung war das Párisi Nagyaruház, so der ungarische Name, das eleganteste Kaufhaus der Stadt. Im Zwischengeschoss liegt der herrliche Zeremoniensaal (Díszterem), der von Károly Lotz mit Vergoldungen, Intarsien und Fresken reich verziert wurde. Das Warenhaus ist schon seit Jahren geschlossen.

Am Oktogon trifft die Andrássy út auf den Großen Ring (Nagykörút). Die verkehrsreiche Kreuzung bietet eine Mischung aus hupenden Autos, Fußgängern, Schnellimbissläden und anderen Geschäften. Unmittelbar hinter dem Oktogon liegt das ehemalige Hauptquartier der Geheimpolizei, in dem mittlerweile das **Haus des Terrors** (**8**; S. 102) geöffnet hat. Hier wurden viele Regimegegner – gleich welcher Überzeugung – vor und nach dem Zweiten Weltkrieg verhört und gefoltert. Prominentes Opfer war Kardinal Mindszenty (s. Kasten S. 158). Die Wandstärke wurde offensichtlich verdoppelt, um die Schreie der Opfer zu dämpfen. An der Außenwand des Hauses ist eine Gedenktafel angebracht: „Wir können nicht den Horror des Terrors vergessen und werden immer der Opfer gedenken." Das **Franz-Liszt-Gedenkmuseum** (**9**; S. 102) liegt schräg gegenüber.

Auf dem kommenden Abschnitt folgen einige großartige Gebäude aufeinander, u. a. in Nr. 69 das **Budapester Puppentheater** (**10**; S. 130), die **Akademie der Bildenden Künste** (**11**; Magyar Képzőművészeti Egyetem; VI., Andrássy út 71) sowie die Zentrale der Staatlichen Eisenbahn **MÁV** (**12**; V., Andrássy út 73). Das Café **Lukács** (**13**; S. 122) liegt direkt gegenüber.

Der nächste Platz heißt **Kodály körönd (14)** und ist einer der schönsten in Budapest. Die Fassaden der vier Neorenaissance-Häuser müssten jedoch dringend einmal saniert werden.

Der letzte Abschnitt der Andrássy út und ihrer Umgebung wird von phantastischen alten Villen geprägt – nicht umsonst zählt er zu den begehrtesten Adressen der Stadt. Hier residieren Botschaften, Ministerien, multinationale Firmen und sogar politische Parteien (z. B. die FIDESZ-MPSZ in der Lendvay utca 28).

Das **Ferenc-Hopp-Museum für Ostasiatische Kunst** (**15**; S. 103) hat die Räumlichkeiten der ehemaligen Villa seines Stifters in Nr. 103 bezogen. Weitere Teile der umfangreichen Sammlung sind im nahe gelegenen **György-Ráth-Museum** (**16**; S. 105) zu sehen.

Die Andrássy út endet am **Heldenplatz** (**17**; Hősök tere; S. 103), der zum Stadtwäldchen führt. Der Platz wird vom extravagantesten Denkmal Budapests sowie von zwei der besten Museen bzw. Ausstellungshallen dominiert.

Das **Millenniumsdenkmal** (**18**; Ezeréves emlékmű; S. 103) ist der Blickfang des Heldenplatzes. Zu Füßen der hohen Säule symbolisiert ein leerer Sarg die unbekannten „Helden" des Volksaufstandes von 1956. An der Nordseite kann die großartige Sammlung des **Museums für Bildende Kunst** (**19**; S. 96) besichtigt werden, während auf der Südseite die verzierte **Kunsthalle** (**20**; Műcsarnok; S. 96) liegt. Sie wurde zur Zeit der Milleniumsausstellung 1896 gebaut und 100 Jahre später renoviert.

Die Haltestelle Hősök tere der M1 liegt auf der anderen Seite des Platzes.

KURSE

Sprachen

Die renommierteste ungarische Sprachschule für Ungarischkurse ist die Debrecener Sommeruniversität (S. 398). Sie hat mittlerweile eine **Budapester Filiale** (Karte S. 90; ☎ 320 5751; www.nyariegyetem.hu/bp; XIII., Jászai Mari tér 6, 2/F). Intensivkurse dauern drei Wochen (60 Std., 282 €). Angeboten werden auch reguläre Abendkurse (72/96 Std., 236/322 €).

Zusätzlich sind die folgenden Sprachschulen für Ungarischkurse oder Privatunterricht empfehlenswert:

Hungarian Language School (Karte S. 92; ☎ 266 2617; www.hls.hu; VIII., Brody Sándor utca 4, 1/F)

InterClub Hungarian Language School (Karte S. 94-95.; ☎ 279 0831; www.interclub.hu; XI., Bertalan Lajos utca 17)

International House (Karte S. 86–87; ☎ 212 4010; www.ih.hu; II., Bimbó út 7)

BUDAPEST MIT KINDERN

Budapest bietet viel für Kinder, alle Sehenswürdigkeiten haben günstige Kinderpreise (die Altersgrenze variiert jedoch). Ein Tag mit der Familie kann meistens mit einer Pause oder einem Picknick im Stadtwäldchen, auf der Margareteninsel oder am Donauufer kombiniert werden.

Kinder lieben Verkehrsmittel und in Budapest gibt es viele ungewöhnliche, darunter die **Zahnradbahn** (S. 82), die **Kindereisenbahn** (S. 82) in den Budaer Bergen sowie die Drahtseilbahn **Sikló** (S. 75). Auch die Straßenbahnen, O-Busse und die Metro M1 werden Kinder faszinieren und begeistern. Spezielle Kinderunterhaltung gibt es im **Hauptstädtischen Großzirkus** (S. 130), im **Vergnügungspark** (S. 104), im **Hauptstädtischen Zoo** (S. 104), im **Budapester Puppentheater** (S. 130) und im **Verkehrsmuseum** (S. 104), das ganz besonders auf Kinder jeden Alters zugeschnitten ist.

Lonely Planets Buch *Travel with Children* von Cathy Lanigan gibt zahlreiche nützliche Tipps und Ratschläge für beidersiets stressfreies Reisen mit Kindern.

GEFÜHRTE TOUREN

Bus

Stadtrundfahrten werden von vielen Agenturen angeboten. Dazu zählen **Cityrama** (Karte S. 90; ☎ 302 4382; www.cityrama.hu; V., Báthory utca 22) und **Program Centrum** (Karte S. 92; ☎ 317 7767, 06 20 944 9091; www.programcentrum.hu; V., Erzsébet tér 9–10) neben dem Hotel Le Meridien. Dreistündige Stadtrundfahrten kosten 6500/3000 Ft. pro Erw./Kind unter 12 Jahren.

Angeboten werden auch Ausflüge ins Donauknie, zum Plattensee (Balaton), in die Große Tiefebene mit dem Nationalpark Hortobágy, in die Weinregion bei Eger usw. Für weitere Infos, s. S. 413.

Budatours (Karte S. 92; ☎ 353 0558, 374 7070; www.budatours.hu; VI., Andrássy út 2) bietet im Juli und August täglich neun Stadtrundfahrten sowohl mit offenen wie normalen Bussen an. Im restlichen Jahr sind es drei bis acht Fahrten täglich. Startpunkt ist die Andrássy út 3 gegenüber vom Büro (Erw./Stud. 4300/3000 Ft.). Die zweistündige Tour hält auf dem Gellértberg, die Kommentare vom Band sind in bis zu 16 Sprachen wählbar.

Queenybus (Karte S. 84; ☎ 247 7159; queenybus@queenybus.hu; XI., Törökbálinti út 28) fährt dreimal täglich (10, 11 und 14.20 Uhr) von der St.-Stephans-Basilika auf der Bajcsy-Zsilinszky út (Karte S. 92) ab. Die dreistündige Stadtrundfahrt kostet pro Erw./Stud./Kind unter 14 Jahren 6400/3200/3000 Ft., im offenen Bus 4300/3000/1500 Ft. Die Führungen werden auch in Deutsch durchgeführt.

Fahrrad

Dieselben Leute, die auch Absolute Walking Tours organisieren (s. u.), betreiben auch **Yellow Zebra Bikes** (Karte S. 92; ☎ 266 8777, 06 30 211 8861; www.yellowzebrabikes.com; V., Sütő utca 2; Ⓜ M1/2/3 Deák Ferenc tér). Stadtführungen per Rad kosten pro Erw./Stud. 5500/5000 Ft. Angefahren werden der Heldenplatz, das Stadtwäldchen, das Pester Stadtzentrum und der Burgberg. Der Radverleih und ein Getränk sind inklusive. Startpunkt ist Mai undJuni und September und Oktober jeweils um 11.30 Uhr vor der gelben evangelischen Kirche am Deák Ferenc tér (Karte S. 92) sowie im Juli und August jeweils um 11.30 und 16 Uhr. Auf Anfrage können die Touren auch auf Deutsch gebucht werden.

Schiff

Von Anfang Mai bis Mitte September bietet **Mahart PassNave** (Karte S. 92; ☎ 484 4013, 318 1223; www.mahartpassnave.hu; V., Belgrád rakpart) 1½- bis 2-stündige Donaufahrten an (12 und 19.30 Uhr, Erw./Kind unter 12 Jahren Hochsaison 1900/950 Ft., Nebensaison 1600/800 Ft.). In der Nebensaison von April bis Anfang Mai und von Mitte September bis Mitte Oktober wird von Freitag bis Sonntag nur die Abendfahrt angeboten. Ein Ticket mit einer Mahlzeit an Bord kostet 2800/1400 Ft. pro Erw./Kind. In der Hochsaison kostet das Ticket 3200/1600 Ft.; es gibt Musik und Tanz an Bord.

Zu den teureren Anbietern zählt **Legenda** (Karte S. 92; ☎ 266 4190, 06 30 944 5216; www.legenda.hu; V., Vigadó tér, Pier Nr. 7), die Tages-/ Abendfahrten kosten 3600/4200 Ft. Dazu gibt es Kommentare vom Band in 30 Sprachen. Auf der Webseite steht der Fahrplan.

Spaziergang

Neben anderen Führungen bietet **Absolute Walking Tours** (☎ 266 8777, 06 30 211 8861; www.absolutetours.com) eine 3½-stündige Spaziergänge durch das Stadtwäldchen, das Pester

Stadtzentrum und zum Burgberg an (Erw./Stud. bzw. unter 26 Jahren 4000/3500 Ft.). Startpunkt ist von Mitte Mai bis September jeweils um 9.30 und 13.30 Uhr vor der gelben evangelischen Kirche am Deák Ferenc tér (S. 92). Zu den Spezialtouren gehören die Hammer- und Sicheltour (6000/5000 Ft.) sowie die Tour Ungarisches Essen & Wein (6500/5500 Ft.). Auf Anfrage können alle Touren auch auf Deutsch gebucht werden.

FESTIVALS & EVENTS

In Budapest und Umgebung werden viele Festivals und Events veranstaltet. Das Tourismusamt gibt jährlich einen *Veranstaltungskalender* mit einer kompletten Übersicht heraus.

Januar

Neujahrskonzert (www.hungariaconcert.hu) Alljährlich wird am 1. Januar im Pester Vigadó das neue Jahr begrüßt (Karte S. 92, S. 127).

Februar

Opernball (www.operabal.com) Der renommierte Ball findet in der Ungarischen Staatsoper (Karte S. 90, S. 102) statt.

März

Budapester Frühlingsfestival (www.festivalcity.hu) Das größte und bedeutendste Kulturevent der Hauptstadt (200 Veranstaltungen auf 60 Bühnen) findet in der ganzen Stadt statt.

April

Frühlingsmarathon (www.marathon.hu) Marathon zwischen Budapest und Visegrád.

Mai

Budapester Forum Alter Musik (www.festivalcity.hu) Das Festival konzentriert sich auf klassische Musik – so wie sie gespielt wurde, als sie an der Liszt-Musikakademie (Karte S.90 und S. 127) und in den Kirchen komponiert wurde.

Juni

Budapesti Búcsú (www.festivalcity.hu) Stadtweites Fest mit Konzerten und Straßentheater, das an den Abzug der sowjetischen Truppen 1991 aus Ungarn erinnert.

Donau-Folklorekarneval (www.dunart.hu) Zehntägiger internationaler Karneval mit Folk- und Weltmusik sowie modernem Tanz auf dem Gelände des Vörösmarty tér (Karte S. 86-87, S. 92) und auf der Margareteninsel (Karte S. 86–87, 84–85, S. 82).

August

Formel 1 „Großer Preis von Ungarn" (www.hungaroring.hu) Ungarns wichtigste Sportveranstaltung findet in Mogyoród statt, es liegt 24 km nordöstlich von Budapest.

Sziget-Musikfestival (www.sziget.hu) Inzwischen eines der größten und beliebtesten Musikfestivals in Europa; findet auf der Óbuda-Insel im Norden Budapest statt (Karte S. 84–85, S. 80).

September

Budapester Internationales Wein- und Champagnerfestival (www.winefestival.hu) Ungarns bedeutendste Winzer präsentieren ihre Weine im Burgviertel (Karte S. 89, S. 75).

Oktober

Budapest International Marathon (www.budapestmarathon.com) Der wichtigste Marathon Osteuropas führt an der Donau entlang und über die Brücken.

Dezember

Silvestergala & -Ball (www.viparts.hu) Galaessen und Ball in der Ungarischen Staatsoper (Karte S. 90) am 31. Dezember.

SCHLAFEN

Budapests Unterkunftsauswahl reicht von einfachen, aber gemütlichen Hostels in alten Wohnungen am Großen Ring bis zu Fünf-Sterne-Palästen an der Donau.

Budgetunterkünfte

In Budapest kosten Budgetunterkünfte – Hostels, Privatzimmer, Pensionen und Campingplätze – unter 12 000 Ft. (49 €).

HOSTELS

Internationale Jugendherbergsausweise oder Ähnliches (S. 394) werden in keinem Hostel verlangt. Oftmals bekommt man jedoch auf Nachfrage 10 % Ermäßigung. Ein schlichtes Frühstück ist oftmals im Übernachtungspreis enthalten.

Die meisten Hostels haben Waschmaschinen (Ladung mit Trockner 1000–1500 Ft.), gut ausgerüstete Küchen, Schließfächer, Fernsehzimmer und Computer mit Internetanschluss (kostenlos/1 Min mind. 10 Ft.). Schließzeiten gibt es keine.

Wer nicht direkt zu den angegebenen Adressen gehen will, kann sich an die Agenturen Express und Mellow Mood (S. 74) wenden, sie sind die besten Adressen für Informationen über günstige Unterkünfte.

DER TIPP VOM AUTOR

Back Pack Guesthouse (Karte S. 94–95; ☎ 385 8946; www.backpackbudapest.hu; XI., Takács Menyhért utca 33; im großen/kleinen Schlafsaal 2500/3000 Ft., DZ 7000 Ft.; 🚌 schwarze 7 oder 73, 🚋 19 oder 49; 💻) Das relaxte und recht kleine Back Pack ist in einer bunt gestrichenen „Villa" in Südbuda untergebracht. Doch gerade in seiner „Größe" liegt auch sein Charme: Die knapp 50 Betten sind auf große Schlafsäle zwischen sieben und elf Betten verteilt, dazu kommen kleine Zimmer mit vier bis fünf Betten. Hinter dem Haus befindet sich ein toller Garten mit einer thailändischen Plattform zum Entspannen und Schlafen sowie Hängematten. Der Internetzugang ist kostenlos, außerdem werden günstige Massagen angeboten. Der gut gelaunte, freundliche und weit gereiste Manager sorgt für eine rundum einladende Stimmung.

Mellow Mood ist sogar mit dem Internationalen Jugendherbergswerk assoziiert, betreibt ganzjährig zwei Hostels und Budgethotels sowie ein halbes Dutzend Sommerhostels. Die Organisation hat drei Kioske am **Keleti-Bahnhof** (Karte S. 86–87; VIII., Kerepesi út 2–4; Ⓜ M3 Keleti pályaudvar), wo Zimmer gebucht und sogar der Transfer organisiert werden können:

Kiosk Gleis 9 (☎ 353 2722; 🕑 7–18 Uhr)

Bahn-/Bus-Büro (☎ 461 0948; 🕑 6–22 Uhr) Beim Gleis 6.

U Tours-Reiseagentur (☎ 303 9818; www.utours.hu; 🕑 7–20 Uhr) Am Ende von Gleis 6.

Buda

Martos Hostel (Karte S. 94–95; ☎ 209 4883, 06 30 911 5755; reception@hotel.martos.bme.hu; XI., Sztoczek József utca 5–7; EZ 4000 Ft., DZ/3BZ/4BZ 5000/7500/10 000 Ft., Apt. 15 000 Ft.; 🚋 4 oder 6) Der Großteil des Gebäudes ist ein Sommerhostel mit 200 Betten, doch hält Martos ganzjährig 20 Betten bereit. Die Lage in der Nähe der Donau ist okay und bis zur Petőfi-Brücke sind es nur wenige Minuten zu Fuß.

Pest

Red Bus Hostel (Red Bus I Karte S. 92; ☎ 266 0136; www.redbusbudapest.hu; V., Semmelweis utca 14, 1/F; B 2800–3000 Ft., EZ & DZ 7900 Ft., 3BZ 11 000 Ft.; Ⓜ M2 Astoria; Red Bus II Karte S. 86–87 ☎ 321 7100; VII., Szövetség utca 2, 2/F; B 2800 Ft.; 0-Bus 73, 74 oder 76; 💻) Das Red Bus ist ein sehr freundliches, zentral gelegenes und gut geführtes Hostel mit vier großen und luftigen Vier- bzw. Fünfbettzimmern. Dazu kommen kleinere Zimmer für maximal drei Personen. Das neue Red Bus II hat vier Zimmer mit vier bzw. fünf Betten.

Green Bridge Hostel (Karte S. 92; ☎ 266 6922; www.greenbridgehostel.com; V., Molnár utca 22–24; B 8B-Schlafsaal 11–14 €, 2B/3B/4B/5B-Zimmer 25/19/18/17 €; Ⓜ M3 Kálvin tér; 💻) Nur wenige Hostels liefern wirklich Überragendes in puncto Komfort, Lage und Freundlichkeit, doch das Green Bridge verbindet alles im Übermaß. Doppelstockbetten gibt es keine und das Hostel liegt nur einen Block von der Donau entfernt in einer ruhigen Seitenstraße. Kaffee gibt es den ganzen Tag über gratis.

Station Guesthouse (Karte S. 86–87; ☎ 221 8864; www.stationguesthouse.hu; XIV., Mexikói út 36/b; B 14B/8B-Schlafsaal 2300/2800 Ft., DZ & 3BZ pro Pers. 3600 Ft., 4BZ pro Pers. 3800 Ft.; 🚌 7 (rot), 🚋 1 oder 1A; 💻) Das Station im Vorort Zugló ist ein echtes Party-Hostel. Die Bar ist rund um die Uhr geöffnet, es gibt einen Billardtisch und gelegentlich Livemusik. Je nach Saison stehen 42 oder 56 Betten bereit. Wer etwas länger bleibt, erhält für die zweite bis sechste Nacht jeweils 100 Ft. Ermäßigung pro Nacht.

Best Hostel (Karte S. 90; ☎ 332 4934; www.besthostel.hu; VI., Podmaniczky utca 27, 1. Stock; B 3000 Ft., DZ/4BZ pro Pers. 4200/3600 Ft.; Ⓜ M3 Nyugati pályaudvar; 💻) Aus mehreren Wohnungen wurde ein 6-Zimmer-Hostel geschaffen. Die Parkettböden, die hohen Decken und die großen Zimmer sind sehr angenehm. Es gibt eine Reihe von Regeln (Drogen, Alkohol oder Rauchen sind tabu), sodass Partys hier sicher nicht stattfinden werden.

Caterina Hostel (Karte S. 90; ☎ 269 5990, 06 20 992 8854; www.caterinahostel.hu; VI., Teréz körút 30, 3. Etage; B 6B/8B/10B-Schlafsaal 2800/2600/2500 Ft., EZ/DZ/3BZ pro Pers. 6800/3400/3400 Ft., 5B-Apt. pro Pers. 3200 Ft.; Ⓜ M1 Oktogon; 💻) Lange Jahre war das Caterina eine der bekanntesten Adressen in der Hostelszene. Inzwischen ist man vom Oktogon weggezogen, doch wird nun im 3. Stock über dem berühmten Művész-Kino mit 27 Betten weiterhin eine günstige und gute Unterkunft angeboten.

Hostel Marco Polo (Karte S. 90; ☎ 413 2555; www.marcopolohostel.com; VII., Nyár utca 6; B 12B-Schlafsaal 20 €, EZ 54 €, DZ/3BZ/4BZ pro Pers. 38/28/26 €; 🕑 ganzjährig; Ⓜ M2 Blaha Lujza tér; 💻) Das quirlige und sehr zentrale Hostel-Flaggschiff der Mellow-Mood-Gruppe hat 47 Zimmer und einen bezaubernden Innenhof. In allen Zimmern, außer den Schlafsälen, gibt es Telefone und TV. Selbst die fünf blitzsauberen Schlafsäle, von denen einer in der Nebensaison für Frauen reserviert ist, vermitteln eine private Atmosphäre. Die einzelnen Betten sind durch Schließfächer und Vorhänge voneinander abgetrennt.

Mellow Mood Central Guesthouse (Karte S. 92; ☎ 411 1310; www.mellowmoodhostel.com; V., Bécsi utca 2; B 6B/8B-Schlafsaal 5000/4500 Ft., DZ/3BZ/4BZ pro Pers. 6800/5700/5400 Ft.; Ⓜ M1/2/3 Deák Ferenc tér; 💻) Hier übernachtet man mitten im Stadtzentrum. Das größte Hostel der Stadt bietet auf den vier Etagen 179 Betten, einen ausgesprochen persönlichen Service sollte keiner erwarten. Doch das Hostel ist sauber und freundlich und es gibt rund um die Uhr eine geöffnete Bar.

PRIVATZIMMER

Privat vermietete Einzelzimmer kosten in Budapest rund 4500–6000 Ft., Doppelzimmer 6500–8000 Ft. und kleine Apartments 8000–15 000 Ft. Wer weniger als vier Nächte bucht, zahlt für die erste Nacht normalerweise einen 30-prozentigen Aufschlag. Wer ein Zimmer im Stadtzentrum wünscht, muss evt. mehrere Agenturen anfragen. Ein detaillierter Stadtplan (S. 71) hilft beim Finden der Adresse.

Tourinform vermittelt in Budapest keine Privatzimmer, sondern verweist Besucher an Reisebüros, wie z. B. **To-Ma** (Karte S. 92; ☎ 353 0819; www.tomatour.hu; V., Október 6 utca 22; 🕑 Mo–Fr 9–12, 13–20, Sa–So 9–17 Uhr; Ⓜ M1/2/3 Deák Ferenc tér). Zu den besten Adressen für eine Privatzimmervermittlung gehören Ibusz und Vista (S. 74) sowie U Tours (S. 133) im Keleti-Bahnhof.

Außerhalb normaler Geschäftszeiten ist der **Nonstop Hotel Service** (Karte S. 92; ☎ 266 8942; www.non-stophotelservice.hu; V., Apáczai Csere János utca 1; 🕑 9–22 Uhr; Ⓜ M1 Vörösmarty tér) nahe des Marriott Hotels eine gute Adresse.

PENSIONEN

Budapest verfügt über endlos viele Pensionen (*panzió*), von denen die meisten jedoch in den Vororten von Pest oder in den Budaer Bergen liegen. Sie sind nur interessant für Besucher, die ein eigenes Transportmittel.

Pest

Dominik Panzió (Karte S. 86–87; ☎ 460 9428; dominikpanzio@axelero.hu; XIV., Cházár András utca 3; EZ/DZ/5B-Apt. 28/36/75 €; 🚌 7) Unweit der Thököly út und direkt neben einer großen Kirche liegt die Pension an einer begrünten Straße mit Villen aus dem 19. Jh. Vom Keleti-Bahnhof sind es mit dem Bus nur zwei Haltestellen stadtauswärts. Die 36 Zimmer könnten allerdings eine Renovierung gebrauchen. Es gibt Gemeinschaftsbäder und ein Apartment für fünf Personen.

Garibaldi Guesthouse & Apartments (Karte S. 90; ☎ 302 3457, 06 30 951 8763; garibaldiguest@hotmail.com; V., Garibaldi utca 5, 5. Etage; EZ/DZ 28/32 €, Apt. pro Pers. 25–45 €; Ⓜ M2 Kossuth Lajos tér) Womöglich die einladendste Hostel-Pension in Budapest. Das Garibaldi bietet fünf Zimmer mit Gemeinschaftsbad und einer Küche in einer Wohnung, die direkt am Parlament liegt. Im selben Gebäude unterhält der gesellige Eigentümer mindestens noch ein halbes Dutzend Apartments.

HOTELS

Ein Zimmer in einem günstigen Hotel (zumeist ein oder zwei Sterne) kostet mehr als ein Privatzimmer. Übernachtungen für eine Nacht sind hier jedoch kein Problem.

Buda

Papillon Hotel (Karte S. 86–87; ☎ 212 4750; www.hotels.hu/papillon; II., Rózsahegy utca 3/b; EZ/DZ/3BZ 38/48/58 €, Apt. für 3/5 Pers. 60/75 €; 🚋 4 oder 6; Ⓟ 💻 🏊) Das Papillon ist eines der am besten gehüteten Übernachtungstipps in Buda. Das kleine 20-Zimmer-Hotel auf dem Rosenhügel hat einen wunderschönen Hintergarten mit einem kleinen Schwimmbecken. Auf der gegenüberliegenden Straßenseite gibt es noch zwei Apartments.

Hotel Császár (Karte S. 86–87; ☎ 336 2640; www.csaszarhotel.hu; II., Frankel Leó utca 35; EZ/DZ/4BZ 42/53/84 €, Suite 116 €; 🚋 17, 🚌 86; ✖ 🏊) Das riesige gelbe Gebäude, in dem das „Kaiser" untergebracht ist, wurde in den 1850er-Jahren als Konvent erbaut. Das erklärt vielleicht auch die Größe der 34 zellenartigen Zimmer. Empfehlenswert sind die größeren und komfortableren Zimmer mit Blick auf die Olympiabecken des großen Béla-Komjádi-Schwimmbades (S. 106).

Hotel Citadella (Karte S. 86–87 ☎ 466 5794; www.citadella.hu; XI., Citadella sétány; B 2200 Ft., EZ/DZ mit Gemeinschaftsbad/-Dusche/-WC 10 000/11 000/12 000 Ft.;

(🚌 27; Ⓟ) Das Hotel residiert auf dem Gellértberg mitten in der Zitadelle. Die Zimmer sind leider ziemlich abgenutzt. Viele der zwölf Zimmer haben zwar nur Gemeinschaftsbäder, dafür sind sie aber groß und mit Originalmöbeln bestückt. Der einzige Schlafsaal mit 14 Betten wird normalerweise schon eine Woche im Voraus von Gruppen reserviert, eine frühzeitige Anmeldung ist daher sinnvoll.

Margareteninsel

Hotel Margitsziget (Karte S. 86–87; ☎ 329 2949; www.hotelmsz.hu; XIII., Margit-sziget; EZ 43–53 €, DZ 45–55 €; 🚌 26; Ⓟ 💻) Das günstige Hotel wirkt mit seinen elf Zimmern im Herzen der Margareteninsel wie ein Ferienheim im Grünen. Wer seine Ruhe haben, nur wenig bezahlen und dennoch zentral wohnen möchte, sollte dieses Hotel wählen.

Pest

KM Saga Guest Residence (KM Saga I Karte S. 86–87; ☎ 217 1934; www.km-saga.hu; IX., Lónyay utca 17, 3. Etage; EZ 38–63 €, DZ 50–75 €; 🚌 15, 🚋 47 oder 49; KM Saga II Karte S. 92; ☎ 217 1934; IX., Vámház körút 11, 6. Etage; 💻) Der gastfreundliche und mehrsprachige ungarisch-amerikanische Besitzer betreibt eine außergewöhnliche Pension. Die fünf thematisch eingerichteten Zimmer bieten eine ungewöhnliche Mischung aus Möbeln des 19. Jhs. Es ist zwar in erster Linie eine Pension für schwule Gäste, doch jeder ist willkommen. KM Saga II ist moderner, aber nicht so stimmungsvoll. Dort gibt es drei Zimmer.

Radio Inn (Karte S. 86–87; ☎ 342 8347; www.radioinn.hu; VI., Benczúr utca 19; EZ/DZ 52/75 €, 2-Zi.-Apt. 92 €; Ⓜ M1 Bajza utca; 💻) Unmittelbar hinter der schicken Andrássy út ist das Radio ein echter Tipp. Die 33 großen Einzimmer-Apartments sind mit Bad und Küche ausgestattet, zehn Apartments haben zwei und eines sogar drei Zimmer. Die 44–60 m² großen Apartments verteilen sich über fünf Etagen. Der Garten-Innenhof präsentiert sich wunderschön.

Flandria Hotel (Karte S. 84–85; ☎ 350 3181; hotelflandria@axelero.hu; XIII., Szegedi út 27; EZ/DZ/3BZ/4BZ mit Waschbecken 5100/6300/7400/8600 Ft., mit Dusche 9500/9500/12 000/14 000 Ft.; 🚌 4; Ⓟ) Das Flandria ist ein klassisches Beispiel für ein ehemaliges Arbeiterheim, das in ein Budgethotel umgewandelt wurde. Luxus ist hier ein Fremdwort, doch die 116 Zimmer (1–4 Betten) haben alle TV und Kühlschrank und sind sowohl sauber wie auch funktional.

CAMPING

Buda

Római Camping (Karte S. 84–85; ☎ 388 7167; www.hotels.hu/romaicamping; III., Szentendrei út 189; Stellplätze pro Pers./Zelt/Wohnmobil/Wohnwagen 990/2250/2390/3580 Ft., Hütten 1. Klasse für 6 Pers. 15 000 Ft., Hütten 2./3. Klasse pro Pers. 2500/1800 Ft.; 🕑 Zeltplatz & Hütten ganzjährig; Ⓟ 🏊) Der größte Zeltplatz der Stadt liegt in einem grünen Park nördlich von Óbuda – direkt gegenüber vom beliebten Schwimmbad Rómaifürdő. Das Római erreicht man mit der Vorortbahn HÉV ab Metrostation Batthyány tér in Buda. Die Haltestelle Rómaifürdő liegt direkt am Campingplatz. Den Besuch des Freibads gibt es gratis dazu.

Zugligeti Niche Camping (☎ 200 8346; www.campingniche.hu; XII., Zugligeti út 101; Stellplätze pro Pers./Zelt/Wohnwagen 1200/3800/4600 Ft.; 🕑 ganzjährig; 🚌 158; Ⓟ) Der kleine Campingplatz für 200 Gäste liegt mitten in den Budaer Bergen an der Talstation des Sesselliftes.

Mittelklassehotels

Budapest hat zwar einige Zimmer in der mittleren Preiskategorie, aber nicht so viel wie in anderen westeuropäischen Städten. Zimmer kosten in den Pensionen und Hotels in der Regel ganzjährig zwischen 12 500 Ft. (50 €) und 25 000 Ft. (102 €).

BUDA

Hotel Astra (Karte S. 89; ☎ 214 1906; www.hotelastra.hu; I., Vám utca 6; EZ/DZ/Suite 90/105/135 €; Ⓜ M2 Batthyány tér, 🚌 86) In einer kleinen Gasse zwischen Fő utca und Burgberg liegt diese Hotel-Pension in einem jahrhundertealten Stadthaus. Es gibt sieben Doppelzimmer, zwei Suiten und ein Familienapartment, das im Prinzip aus zwei Doppelzimmern besteht, die durch ein gemeinsames Bad getrennt werden.

IBS Garden Hotel (Karte S. 83; ☎ 274 2088; www.ibsgardenhotel.hu; II., Tárogató út 2-4; EZ/DZ 59 €; 🚌 29, 🚋 56; Ⓟ 💻) Das erst kürzlich eröffnete Mittelklassehotel liegt auf dem Weg in die Budaer Berge. Die 100 Zimmer verteilen sich auf fünf Etagen. Es ist ideal für Gäste, die zwar nahe am Stadtzentrum, aber nicht mittendrin wohnen wollen.

Orion Hotel (Karte S. 89; ☎ 356 8583; www.bestwestern-ce.com/orion; I., Döbrentei utca 13; EZ/DZ/3BZ/Suite

88/112/132/150 €; 🚊 18, 19 oder 41) Es liegt etwas versteckt im Tabán-Viertel, ist gemütlich und hat eine entspannte Atmosphäre. Zu Fuß ist es nur ein kleiner Spaziergang hinauf ins Burgviertel. Die 30 Zimmer sind hell und geräumig.

Beatrix Panzió (Karte S. 83 ☎ 275 0550; www.beatrixhotel.hu; II., Széher út 3; EZ/DZ/3BZ 60/65/75 €, Apt. 75–90 €; 🚌 5, 🚊 56; P) Sie liegt zwar auf dem Weg in die Budaer Berge, ist aber dennoch leicht mit dem öffentlichen Nahverkehr zu erreichen. Die attraktive Pension hat 18 Zimmer, im hübschen Garten gibt es einen Fischteich, eine Sonnenterrasse und einen Grill. Einem selbst organisierten Grillabend steht also nichts im Weg.

Burg Hotel (Karte S. 89; ☎ 212 0269; www.burghotelbudapest.com; I., Szentháromság tér 7–8; EZ/DZ 105/115 €, Suite für 2 Pers. 127 €; 🚌 16 oder Várbusz; ❄ 💻) Ausgestattet mit allen modernen Annehmlichkeiten, kann man hier im Burgviertel direkt gegenüber der Matthiaskirche übernachten. Die 26 Zimmer sind nichts besonderes, doch die Lage macht das wett. Und Mittelklassehotels sind auf dem Burgberg eine echte Rarität.

Carlton Hotel (Karte S. 89; ☎ 224 0999; www.carltonhotel.hu; I., Apor Péter utca 3; EZ/DZ/3BZ 90/115/126 €; 🚌 86; ❄ 💻) Ein kompletter Umbau Anfang 2005 hat dem 95-Zimmer-Hotel am Fuße des Burgberges in der Víziváros eine frischere Atmosphäre und einen zusätzlichen Stern eingebracht. Das Hotel liegt am Ende einer schmalen Sackgasse.

Hotel Victoria (Karte S. 89; ☎ 457 8080; www.victoria.hu; I., Bem rakpart 11; EZ/DZ/3BZ 102/107/148 €; 🚌 86, 🚊 19, 41; P 💻) Das Hotel hat 27 komfortable und geräumige Zimmer mit einem perfekten Panoramablick auf das Parlament und die Donau. Besonders erwähnenswert sind der freundliche Service und die gute Ausstattung. Die besten Zimmer liegen in den Etagen 7 und 9.

Hotel Kulturinnov (Karte S. 89; ☎ 224 8102, 06 20 544 5396; www.mka.hu; I., Szentháromság tér 6; EZ/DZ/3BZ 64/80/100 €; 🚌 16 oder Várbusz; P) Das 16-Zimmer-Hotel im ehemaligen neogotischen Finanzministerium (Baujahr 1904) bleibt in puncto Lage und Preis im Burgviertel unübertroffen. Die Zimmer sind zwar sauber und mit Bad/WC ausgestattet, aber nicht so vornehm wie die luxuriösen Gemeinschaftsräume.

Büro Panzió (Karte S. 89; ☎ 212 2929; http://buro-panzio.Internettudakozo.hu; II., Dékán utca 3; EZ/DZ/3BZ/4BZ 8000/12 000/16 000/20 000 Ft.; Ⓜ M2 Moszkva tér) Die Pension liegt in einer Seitenstraße des Moszkva tér und sieht von außen ziemlich schlicht aus. Doch die zehn Zimmer sind komfortabel und haben TV und Telefon. Sie wurden alle kürzlich renoviert.

PEST

Hotel Hold (Karte S. 90; ☎ 472 0480; www.hotelhold.hu; V., Hold utca 5; EZ/DZ 88/99 €, Suite 121–165 €; Ⓜ M3 Arany János; P) Das „Mond" hat seine Zimmer in einer ehemaligen jüdischen Schule. Es ist eine hervorragende Adresse für alle, die in einem erschwinglichen und romantischen Hotel im Stadtzentrum wohnen möchten. Die 28 Zimmer verteilen sich auf zwei Etagen und liegen zur Hold utca oder zum zentralen überdachten Innenhof; es gibt keinen Lift.

Hotel Sissi (Karte S. 94–95; ☎ 215 0082; www.hotelsissi.hu; IX., Angyal utca 33; EZ/DZ 110/120 €, Suite ab 195 €; Ⓜ M3 Ferenc körút; P) Die Namensgeberin Elisabeth war Habsburger Kaiserin, ungarische Königin sowie Ehefrau von Franz Joseph und wurde von den Ungarn heiß geliebt. Das Hotel ist in einem minimalistischen, aber eleganten Stil eingerichtet und hat 44 angenehm große Zimmer auf sechs Etagen.

Hotel Baross (Karte S. 86–87 ☎ 461 3010; www.barosshotel.hu; VII., Baross tér 15; EZ/DZ/3BZ/4BZ 78/90/102/114 €, Apt. für 4/6/8 Pers. 120/145/160 €; Ⓜ M2 Keleti pályaudvar; ❄ 💻) Das Flaggschiff-Hotel der Mellow-Mood-Hostelgruppe (S. 74) wirkt mit seinen 40 Zimmern wie eine komfortable Karawanserei. Es liegt sehr günstig, direkt gegenüber vom Keleti-Bahnhof. Der leuchtend blaue Innenhof ist herrlich und die Rezeption im 5. Stock ist sauber und hell. Der zentrale Treppenaufgang wirkt etwas dramatisch.

Leó Panzió (Karte S. 92; ☎ 266 9041; www.leopanzio.hu; V., Kossuth Lajos utca 2/a, 2. Etage; EZ/DZ/3BZ 66/82/108 €; Ⓜ M3 Ferenciek tere) Schon allein auf Grund seiner zentralen Lage ist die Pension ein Tipp, doch wenn man die günstigen Übernachtungspreise hinzurechnet, ist sie eine echte Entdeckung. 12 der 14 gepflegten Zimmer gehen zur belebten Kossuth Lajos utca raus, doch alle sind dank der Doppelverglasung sehr ruhig.

Boat Hotel Fortuna (Karte S. 86-87; ☎ 288 8100; www.fortunahajo.hu; XIII., Szent István Park, Pesti alsó rakpart; EZ/DZ/3BZ mit Waschbecken 20/30/40 €, mit Dusche 65/80/100 €; O-Bus 76 oder 79; P) Eine Übernachtung auf einer ausgedienten Donaufähre mag vielleicht nicht jedem zusagen, ist aber ein einmaliges Erlebnis. Das „Bootel" hat 44 Einzel- und Doppelzimmer mit Dusche/WC auf Wasserhöhe. 14 Zimmer mit zwei oder drei Betten und einem Waschbecken liegen unter dem Wasserspiegel.

Erzsébet Hotel (Karte S. 92; ☎ 889 3700; www.danubiusgroup.com/erzsebet; V., Károlyi Mihály utca 11–15; EZ 75–95 €, DZ 95–105 €; Ⓜ M2 Ferenciek tere; Ⓟ) Das Erzsébet war eines der ersten Privathotels in Budapest und liegt sehr zentral. Das Univiertel sowie die Kneipen und Bars der Ráday utca liegen nur wenige Minuten zu Fuß entfernt. Die 123 Zimmer (die meisten DZ) verteilen sich auf acht Etagen, sie sind klein, recht dunkel und mit typischen Hotelmöbeln ausgestattet.

Carmen Mini Hotel (Karte S. 92; ☎ 352 0798; carmen@axelero.hu; V., Károly körút 5/b, 2. Etage; EZ/DZ/3BZ 50/60/75 €; Ⓜ M1/2/3 Deák Ferenc tér; Ⓟ) Mit nur neun Zimmern ähnelt das Hotel eher einer Pension. Es liegt sehr nah zum Deák Ferenc tér und damit sehr verkehrsgünstig.

Benczúr Hotel (Karte S. 86–87; ☎ 479 5650; www.hotelbenczur.hu; VI., Benczúr utca 35; EZ 49–79 €, DZ 69–99 €; Ⓜ M1 Bajza utca; Ⓟ ⛶) Das etwas unscheinbare Hotel ist ganz in crème- und orangefarbenen Tönen gehalten. Die 96 funktionalen Zimmer verteilen sich über sieben Etagen. Einige schauen auf den begrünten Garten raus. Andrássy út, Heldenplatz und Stadtwäldchen liegen in unmittelbarer Nähe.

Hotel Medosz (Karte S. 90; ☎ 374 3001; www.medoszhotel.hu; VI., Jókai tér 9; EZ/DZ/3BZ 55/65/75 €, Suite ab 93 €; Ⓜ M1 Oktogon) Direkt gegenüber vom Liszt Ferenc tér mit seinem Nachtleben liegt eines der günstigsten Hotels im Pester Stadtzentrum. Die 67 Zimmer sind ziemlich angegraut, aber sauber, und haben ein privates Bad und Satelliten-TV. Die besten Zimmer liegen im Haupthaus und nicht in den labyrinthartigen Flügeln.

Thomas Hotel (Karte S. 94–95; ☎ 218 5505; www.hotels.hu/hotelthomas; IX., Liliom utca 44; EZ 55–65 €, DZ 75–85 €; Ⓜ M3 Ferenc körút; Ⓟ) Das bunt gestrichene Hotel in der aufstrebenden Ferencváros hat 45 Zimmer. Für seine Lage ist der Preis sehr günstig. Einige Zimmer, darunter Nr. 14, haben Balkone mit Blick auf den Innenhof.

Star Hotel (Karte S. 86–87; ☎ 479 0400; www.starhotel.hu; VII., István utca 14; Ende März–Okt. EZ/DZ/3BZ/Apt. 64/80/90/120 €, sonst 50/64/90/120 €; O-Bus 74 oder 79; ⛶ 💻) Die Mellow-Mood-Hostelgruppe erweiterte kürzlich ihr Angebot durch dieses 48-Zimmer-Mittelklassehotel. Es lieg in fußläufiger Entfernung zum Keleti-Bahnhof. Das großzügige Erdgeschoss ist zu einem beliebten Treffpunkt der Traveller geworden. Die Mehrzahl der Zimmer sind Doppelzimmer, die sich auf insgesamt vier Etagen verteilen.

Spitzenklassehotels

Doppelzimmer im Spitzenklassebereich kosten 25 500 Ft. aufwärts – auf einer nach oben offenen Skala …

BUDA

Art'otel Budapest (Karte S. 89; ☎ 487 9487; www.artotel.hu; I., Bem rakpart 16–19; EZ/DZ/Suite 198/218/298 €, mit Donaublick 218/238/318 €; 🚌 86, 🚋 19, 41; ⊠ ⛶ 💻) Das Art'otel ist ein minimalistisches 165-Zimmer-Hotel, das in London oder New York nicht weiter auffallen würde. Einmalig ist jedoch die Verbindung des siebenstöckigen modernen Gebäudes (inkl. Blick zum Burgberg und über die Donau) mit einem Barockgebäude aus dem 18. Jh. Beide Teile sind durch einen grünen Innenhof, der an ein Atrium erinnert, miteinander verbunden.

Danubius Gellért Hotel (Karte S. 86–87; ☎ 889 5500; www.danubiusgroup.com/gellert; XI., Szent Gellért tér 1; EZ 75–130 €, DZ 170–210 €, Suite 270 €; 🚋 18, 19, 41, 47 oder 49; Ⓟ ⊠ ⛶ ♿) Budapests *Grande Dame* bietet 234 Zimmer, vier Sterne und eine außergewöhnliche Atmosphäre. Die herrlichen Thermalbäder sind für die Gäste kostenlos, das weitere Angebot ist nicht der Rede wert. Die Preise hängen vom Ausblick und vom Standard des Badezimmers ab.

PEST

Andrássy Hotel (Karte S. 86–87; ☎ 462 2195; www.andrassyhotel.com; VI., Andrássy út 111; Standard EZ/DZ 134–240 €, Suite ab 161 €; Ⓜ M1 Hősök tere; Ⓟ ⊠ ⛶ 💻) Das großartige Fünf-Sterne-Hotel am Prachtboulevard Andrássy út hat 70 geschmackvoll eingerichtete Zimmer, von denen fast die Hälfte einen Balkon hat. Das Foyer und das Restaurant im Erdgeschoss wurden 2004 renoviert. Die phantasievolle Verwendung von Glasverzierungen, vielen Spiegeln und Gusseisen ist schlichtweg einmalig.

Kempinski Hotel Corvinus (Karte S. 92; ☎ 429 3777; www.kempinski-budapest.com; V., Erzsébet tér 7–8;

EZ 260–410 €, DZ 300–450 €, Suite 570 €; Ⓜ M1/2/3 Deák Ferenc tér; ☒ ☒ ☐) Hier fühlen sich vor allem Geschäftsreisende mit unbegrenztem Spesenkonto zu Hause. Das Kempinski verbindet europäischen Service mit amerikanischer Effizienz und ungarischem Charme. Eine sehr gründliche Renovierung hat vor kurzem sowohl dem öffentlichen Bereich wie auch den 369 Zimmern und Suiten auch farblich ein neues und frisches Aussehen verliehen.

Corinthia Grand Hotel Royal (Karte S. 90; ☎ 479 4000; www.corinthia.hu; VII., Erszébet körút 43–49; EZ 180–240 €, DZ 220–280 €, Suite ab 300 €; 🚊 4 oder 6; ☒ ☒ ☐) Das ehemalige Royal Hotel am Großen Ring hat als großartiges Fünf-Sterne-Hotel mit 414 Zimmern wieder eröffnet. Sein Foyer ist ein doppelter Lichthof mit einem massiven Treppenaufgang aus Marmor – es ist das spektakulärste in Budapest. Das Hotel ist in der Tat eine „wiederauferstandene Legende".

Four Seasons Gresham Palace Hotel (Karte S. 92; ☎ 268 6000; www.fourseasons.com/budapest; V., Roosevelt tér 5–6; EZ 250–740 €, DZ 280–770 €, Suite ab 950 €; Ⓜ M1 Vörösmarty tér, 🚌 16 oder 105; ☒ ☒ ☐) Nach viel Schweiß und Sorgen wurde der lange verfallene Jugendstilbau des Gresham-Palastes (1907) zu einem prächtigen 179-Zimmer-Hotel umgebaut. Die Besitzer scheuten keine Mühe, die Zsolnay-Fliesen des Palastes, die berühmten gusseisernen Pfauen und großartigen Mosaiken wieder zusammenzufügen. Das Hotel wird seinem Namen mehr als gerecht.

K+K Hotel Opera (Karte S. 90; ☎ 269 0222; www.kkhotels.com/hotel_HO_en.aspx; VI., Révay utca 24; EZ/DZ/Suite ab 168/209/336 €; Ⓜ M1 Opera; ☒ ☐) Das peppige Hotel hinter der Ungarischen Staatsoper hat österreichische Besitzer und vermietet 206 Zimmer auf sieben Etagen. Die Zimmer sind eher klein, aber in ungewöhnlich leuchtenden Farben, vor allem Gelb, Blau und Rot, gehalten. Das lockert die Atmosphäre des Hotels auf.

MARGARETENINSEL

Danubius Grand Hotel Margitsziget (Karte S. 84–85; ☎ 889 4700; www.danubiusgroup.com/grandhotel; XIII., Margit-sziget; EZ/DZ/Suite 153/168/198 €; 🚌 26; Ⓟ ☒ ☒ ☐ ☒) Im späten 19. Jh. auf der Margareteninsel erbaut, bietet das Hotel 164 komfortable und ruhige Zimmer mit allen modernen Annehmlichkeiten. Es ist über einen beheizten Tunnel mit dem benachbarten Danubius Thermal Hotel (Kurhotel) Margitsziget verbunden, wo man das Thermalbad kostenfrei mitbenutzen kann.

ESSEN

Im Allgemeinen gilt ein Zwei-Gänge-Menü für eine Person mit einem Glas Wein oder Bier für weniger als 2500 Ft. in Budapest als „günstig". Im „mittleren" Bereich zahlt man bis zu 5000 Ft. Es folgt ein großer Sprung Richtung „teuer" (5000–7500 Ft.), „sehr teuer" liegt irgendwo darüber. Die meisten Restaurants sind von 10 oder 11 Uhr bis 23 oder 24 Uhr geöffnet. Wenn keine gesonderten Öffnungszeiten angegeben sind, gelten diese. Wer etwas essen möchte, sollte nicht später als 21 oder 22 Uhr eintreffen. Ab der mittleren Preiskategorie empfiehlt sich eine Reservierung.

Buda

UNGARISCHE RESTAURANTS

Kisbuda Gyöngye (Karte S. 84–85; ☎ 368 6402; III., Kenyeres utca 34; Suppen 880–1180 Ft., Vorspeisen 920–2980 Ft., Hauptgerichte 2380–4880 Ft.; 🕑 Mo–Sa 12–24 Uhr; 🚌 60, 🚊 17) Das traditionelle und sehr elegante ungarische Restaurant in Óbuda verbreitet mit seinen antiken Möbeln und der aufmerksamen Bedienung eine Stim-

DER TIPP VOM AUTOR

Residence Izabella (Karte S. 90; ☎ 475 5900; www.residenceizabella.com; VI., Izabella utca 61; 1-Zi.-Apt. 180–330 €, 2-Zi.-Apt. 440–605 €; Ⓜ M1 Vörösmarty utca; ☒ ☒ ☐) Für eine einzige Nacht in diesem großartig umgebauten eklektischen Gebäude aus dem 19. Jh. würde mancher viel geben. Die 38 Apartments liegen in unmittelbarer Nähe der protzigen Andrássy út und sind zwischen 45 und 97 m^2 groß. In der Mitte befindet sich ein phantastischer und sehr ruhiger Innenhofgarten. Bei der Inneneinrichtung wurden Holz, Terrakotta und Korbwaren verwendet. Das Farbmuster der Gästezimmer sieht vielleicht etwas zu sehr wie „Haferbrei mit Sahne" aus, doch die gusseisernen Möbel und die Raumteiler verstärken das Gefühl der Geräumigkeit auf angenehme Weise. Die Küchenzeilen verfügen über alles Notwendige. Auch Waschmaschinen und Geschirrspüler sind installiert. Bei langfristiger Miete gibt es größere Ermäßigungen.

mung des *Fin-de-siècle*. Die Gänselebergerichte sind hervorragend (rund 3400 Ft.), genau wie das *csirke paprikás* (Hühnchenpaprika; 2380 Ft.).

Aranyszarvas (Goldener Hirsch; Karte S. 89; ☎ 375 6451; I., Szarvas tér 1; Suppen 150–890 Ft., Vorspeisen 1100–2900 Ft., Hauptgerichte 2180–3500 Ft.; 🕑 12–23 Uhr; 🚌 86, 🚋 18, 19, 41) Unmittelbar am Fuß des Burgberges wird in diesem Gasthaus aus dem 18. Jh. natürlich Wild serviert. Donnerstags und samstags spielt abends ein Klavierspieler zum Essen. Die überdachte Terrasse ist im Sommer sehr angenehm, dann werden auch Grillgerichte angeboten.

Kéhli (Karte S. 84–85; ☎ 250 4241; III., Mókus utca 22; Suppen 580–880 Ft., Vorspeisen 980–2880 Ft., Hauptgerichte 1480–6280 Ft.; 🕑 12–24 Uhr; HÉV Árpád híd) Rustikal, aber stilvoll geht es im Kéhli zu. Das Óbudaer Restaurant ist eine der besten Adressen für traditionelle ungarische Küche in Budapest. Sogar einer der meistgeschätzten ungarischen Schriftsteller, Gyula Krúdy (1878–1933), genoss schon das Knochenmark auf Toast (980 Ft. als Vorspeise – es schmeckt besser als der Name vermuten lässt) und erwähnte es sogar in einem seiner Romane. Krúdy war u.a. ein begnadeter Restaurantkritiker und lebte nebenan am Dugovits Titusz tér.

Kacsa (Karte S. 86–87; ☎ 201 9992; II., Fő utca 75; Suppen 450–750 Ft., Vorspeisen 800–2300 Ft., Hauptgerichte 1200–3600 Ft.; 🕑 12–24 Uhr; 🚌 86) In der recht eleganten „Ente“ gibt es auch anderes als Entengerichte (2200–2800 Ft.). An den Wänden hängen Kunstobjekte und abends gibt es Klavierbegleitung.

INTERNATIONALE RESTAURANTS

Rivalda (Karte S. 89; ☎ 489 0236; I., Színház utca; Vorspeisen 975–1800 Ft., Hauptgerichte 3000–4500 Ft.; 🕑 11.30–23.30 Uhr; 🚌 16 oder Várbusz) Neben dem Nationalen Tanztheater hat sich das international ausgerichtete Café-Restaurant in einem alten Konvent niedergelassen. Serviert werden u.a. einige moderne ungarische Spezialiäten. Die Einrichtung greift das Thema Schauspiel auf. Schön ist auch der Garten-Innenhof des Restaurants, das als eines der wenigen im touristischen und teuren Burgviertel empfohlen werden kann.

Remíz (Karte S. 83; ☎ 275 1396; II., Budakeszi út 5; Suppen 780–1240 Ft., Vorspeisen 980–2620 Ft., Hauptgerichte 1980–3220 Ft.; 🕑 9–24 Uhr; 🚌 22, 🚋 56) Das Restaurant liegt neben einem alten *remíz* (Straßenbahndepot) in den Budaer Bergen. Es ist eine Institution und bekannt für seine exzellenten Speisen, die guten Preise und die grüne Gartenterrasse. Empfehlenswert sind die Grillgerichte, vor allem die Rippchen (1980–2980 Ft.).

FRANZÖSISCHE RESTAURANTS

Le Jardin de Paris (Karte S. 89; ☎ 201 0047; II., Fő utca 20; Suppen 900–1900 Ft., Vorspeisen 1500–3000 Ft., Hauptgerichte 1950–4650 Ft.; 🕑 12–24 Uhr; 🚌 86) Hier treffen sich regelmäßig die Angestellten des benachbarten Institut Français, die wohl die *cuisine française* schätzen. Der „Pariser Garten“ liegt in einem wunderbaren alten Stadthaus, das an eine alte Stadtmauer angrenzt. Im Sommer ist der beleuchtete Garten ein abendlicher Traum.

ITALIENISCHE RESTAURANTS

Marcello (Karte S. 94–95; ☎ 466 6231; XI., Bartók Béla út 40; Suppen 450 Ft., Pizza & Pasta 820–950 Ft., Hauptgerichte 1680–2880 Ft.; 🕑 Mo–Sa 12–22 Uhr; 🚋 18, 19, 41, 47 oder 49) Seit seiner Eröffnung vor 15 Jahren ist das Marcello vor allem bei Studenten der nahen Uni sehr populär. Die Preise sind für das gute italienische Essen angemessen. Günstig sind die Salatbar (groß/klein 780/580 Ft.) und die Lasagne (950 Ft.), die einen legendären Ruf genießt. Das Lokal wird durch das Patronat von Vater und Sohn geleitet.

Sole d'Italia (Karte S. 92; ☎ 483 0186; V., Molnár utca 15; Pizza & Pasta 990–1790 Ft., Hauptgerichte 1190–2380 Ft.; 🕑 11–22 Uhr; 🚌 15) Superfreundliche Bedienung, gute und preisgünstige Pizzen und Pastagerichte sowie sehr saubere Toiletten sind die Markenzeichen des Sole. Das Restaurant liegt günstig auf dem Weg zum Nachtviertel an der Ráday utca.

ASIATISCHE RESTAURANTS

Seoul House (Karte S. 89; ☎ 201 9607; I., Fő utca 8; Suppen 400–1000 Ft., Reis- u. Nudelgerichte 2200 Ft., Hauptgerichte 2100–2700 Ft.; 🕑 Mo–Sa 12–15, 18–23 Uhr; 🚌 86) Von den Grillgerichten bis zum würzigem *Kimchi*-Kohl ist das koreanische Essen sehr gut. Atmosphärisch gibt das Lokal nicht viel her, dafür ist es zumindest sehr authentisch.

Szengül

Mongolian Barbecue (Karte S. 86–87; ☎ 212 1859, 212 3743; XII., Márvány utca 19/a; Büfett vor 17 Uhr 2590 Ft., nach 17 Uhr & Sa–So 4390 Ft.; 🕑 12–17, 18–24 Uhr; 🚋 61) Beim Büfett und dem Bier- und Weinkonsum setzt das pseudoasiatische

Restaurant seinen Gästen keine Grenze – alles ist im Preis inbegriffen. Im Sommer stehen Tische in einem attraktiven Hof unter Bäumen.

VEGETARISCHE RESTAURANTS

Éden (Karte S. 89; ☎ 375 7575; I., Döbrentei utca 9; Suppen 590–690 Ft., Hauptgerichte 990–1490 Ft.; ⌚ So–Do 12–23 Uhr; 🚌 86) Durch seine Lage in einem Stadthaus aus dem 18. Jh. unterhalb des Burgbergs ist das Eden vielleicht das eleganteste vegetarische Restaurant überhaupt. Im Winter sitzt man im 1. Stock, im Sommer im idyllischen Innenhof.

KAFFEE- & TEEHÄUSER

In den letzten zwei Jahrhunderten war Budapest für seine Kaffeehäuser, Konditoreien und seine Kaffeekultur genauso berühmt wie Wien. Zu Beginn des 20. Jhs. gab es mehr als 500 Kaffeehäuser. Doch als das sozialistische System 1989 zusammenbrach, waren nur rund ein Dutzend übrig geblieben. Die Mehrzahl der traditionellen Kaffeehäuser liegt in Pest, aber auch in Buda gibt es noch einige.

Völlig überraschend stehen seit einigen Jahren Teehäuser hoch im Kurs – und das in der Hauptstadt eines Landes, das normalerweise nicht mit diesem Getränk assoziiert wird.

Auguszt (Karte S. 86–87; ☎ 356 8931; II., Fény utca 8, 1. Stock; Kuchen 150–350 Ft.; ⌚ Di–Fr 10–18, Sa 9–18 Uhr; Ⓜ M2 Moszkva tér) Das einzige originale Auguszt-Café liegt etwas versteckt im 1. Stock eines Gebäudes hinter dem Fény-utca-Markt und dem Mammut-Einkaufszentrum. Hier werden nur hauseigene Kuchen und Süßwaren verkauft.

Ruszwurm (Karte S. 89; ☎ 375 5284; I., Szentháromság utca 7; Kuchen 190–440 Ft.; ⌚ 9–20 Uhr; 🚌 16 oder Várbusz) Das Ruszwurm ist im Burgviertel der beste Platz für einen Kaffee und Kuchen. Es kann hier allerdings sehr voll werden, die Sitzplatzsuche ist fast immer sehr schwierig.

Angelika (Karte S. 86–87; ☎ 212 3784; I., Batthyány tér 7; Salate 490–1490 Ft., Sandwiches 750–850 Ft., Kuchen 310 Ft.; ⌚ 9–2 Uhr; Ⓜ M2 Batthyány tér) Das Angelika ist ein weiteres schönes Café. Zum Anbau einer Kirche aus dem 18. Jh. gehört eine schöne Terrasse mit Donaublick. Das Essen ist nichts Besonderes – der Kuchen und das Panorama über den Fluss sind die Hauptgründe für einen Besuch.

Demmer's Teaház (Buda Karte S. 86–87; 345 4150; II., Lövőház utca 12; Tee 180–400 Ft.; ⌚ 9.30–19.30 Uhr; Ⓜ M2 Moszkva tér; Pest Karte S. 90; ☎ 302 5674; VI., Podmaniczky utca 14; ⌚ Mo–Sa 11–21, So 13–21 Uhr; Ⓜ M3 Nyugati pályaudvar) Für ernsthafte Teegenießer ist das gemütliche kleine Teehaus neben dem Mammut-Einkaufszentrum der wichtigste Anlaufpunkt in Buda. Auf der anderen Donauseite liegt eine zweite Filiale.

AUF DIE SCHNELLE

Internationale Schnellimbissketten haben Budapest förmlich überflutet, während die alten Selbstbedienungskantinen für Arbeiter und Angestellte immer mehr aussterben. Wie überall sind Pizzerien stark im Kommen.

Fortuna Önkiszolgáló (Fortuna-Selbstbedienungsrestaurant; Karte S. 89; ☎ 375 2401; I., Fortuna utca 4; Suppen 200–300 Ft., Hauptgerichte 500–700 Ft.; ⌚ Mo–Fr 11.30–14.30 Uhr; 🚌 16 oder Várbusz) Das einfache, aber saubere und stimmungsvolle Selbstbedienungsrestaurant im Burgviertel serviert unter der Woche billige Schnellgerichte. Zum Eingang geht es über die Treppen links (von der Fortuna-Passage aus).

Íz-É Faloda (Iss-und-Trink-Snack-Bar; Karte S. 86–87; ☎ 345 4130, 238 0282; II., Lövőház utca 12; Suppen 250–380 Ft., Hauptgerichte 320–590 Ft.; ⌚ Mo–Fr 11–18, Sa 11–16 Uhr; Ⓜ M2 Moszkva tér) Auf dem Fény-utca-Markt neben dem Mammut-Einkaufszentrum tischt der saubere, moderne und sehr billige Laden hervorragende *Főzelék*-Eintopfgerichte auf: Erbsen, grüne Bohnen, Linsen oder statt Hülsenfrüchten Knochenmark werden frittiert bzw. gekocht und dann mit Milch verrührt.

Nagyi Palacsintázója (Omas Palacsinta-Laden; Buda Karte S.89; ☎ 201 5321; I., Hattyú utca 16; Menüs 780–1060 Ft.; ⌚ 0–24 Uhr; Ⓜ M2 Moszkva tér; Buda Karte S. 89; ☎ 212 4866; I., Batthyány tér 5; ⌚ 0–24 Uhr; Ⓜ M2 Batthyány tér; Pest Karte S. 92; ☎ 418 0721; V., Petőfi Sándor tér 17–19; ⌚ 0–24 Uhr; Ⓜ M1/2/3 Deák Ferenc tér) In den Budaer- und Pester Filialen werden ungarische Palatschinken serviert. Angeboten werden würzige (218–398 Ft.) und süße (118–398 Ft.) Varianten. Die stets gut mit Stammkundschaft gefüllten Läden haben rund um die Uhr geöffnet.

Il Treno (Karte S. 89; ☎ 356 2846; II., Retek utca 12; Pizza 820–1790 Ft., Pasta 990–1290 Ft.; ⌚ 11–23 Uhr; Ⓜ M2 Moszkva tér) Mit einem billigen Standardmenü (950 Ft.), einem halben Dutzend Filialen in der ganzen Stadt und einem florierenden **Lieferservice** (☎ 814 1414) ist Il Treno eine der beliebtesten Pizzerien in Budapest.

DER TIPP VOM AUTOR

Malomtó (Karte S. 86-87.; ☎ 336 1830; II., Frankel Leó utca 48; Suppen 750–1100 Ft., Vorspeisen 1400–2100 Ft., Hauptgerichte 2400–4200 Ft.; 🕑 12–22 Uhr; 🚋 17) Der „Mühlensee" liegt in Buda nördlich des Margit körút, direkt gegenüber vom Lukács-Bad. Der Restaurant-Neuling hat eine lockere Inneneinrichtung und eine abwechslungsreiche Speisekarte mit modernen ungarischen und internationalen Gerichten. Aufgetischt werden vor allem Wild und Fisch, oftmals mit einem asiatischen Einschlag. Die Hauptattraktion ist jedoch die Lage an einem winzigen Teich mit Seerosen und quakenden Fröschen. In den warmen Sommermonaten ist ein Platz draußen auf der Terrasse einfach traumhaft. Besonders empfehlenswert ist die Gänseleber-Auswahl, die auf drei verschiedene Arten serviert wird. Lecker sind auch die japanische Schweinefleischtasche mit Pflaumen sowie die Lamm-Kohlrouladen und die gegrillten Koteletts. Der offene Kamin im Winter ist sehr angenehm – das Restaurant ist offensichtlich ein Platz für jede Jahreszeit und immer wieder einladend.

In der oben genannten Filiale sitzt man im benachbarten Trombitás-Restaurant. In den warmen Monaten stehen Tische im Innenhof am belebten Moszkva tér.

MÄRKTE & SELBSTVERSORGER

Budapest hat rund 20 große Märkte und Markthallen, die meisten davon in Pest. Der **Fény-utca-Markt** (Fény utcai piac; Karte S. 86–87; II., Fény utca; 🕑 Mo–Fr 6–18, Sa 6–14 Uhr) ist einer der größten in Buda und liegt neben dem Mammut-Einkaufszentrum.

Supermärkte und rund um die Uhr geöffnete Nonstop-Läden verkaufen alles von Käse und Wurst bis zu Zigaretten und Bier. Zwei zentrale Adressen sind:

Ezred Nonstop (Karte S. 89; I., Attila utca 57; 🕑 0–24 Uhr)

Kaiser's Supermarket (Karte S. 94–95; Ecke XI., Október 23. utca & Bercsényi utca; 🕑 Mo–Fr 7–20, Sa 7–16, So 8–15 Uhr; 🚋 4, 18, 41, 47)

Pest

UNGARISCHE RESTAURANTS

Múzeum (Karte S. 92; ☎ 338 4221, 267 0375; VIII., Múzeum körút 12; Suppen 700–800 Ft.; Vorspeisen 1400–3400 Ft., Hauptgerichte 2400–4400 Ft.; 🕑 Mo–Sa 12–24 Uhr; 🚋 47 oder 49) Das Café-Restaurant verfügt über die Klasse und den Stil alter Zeiten. Selbst nach mehr als einem Jahrhundert an einem Platz – beim Nationalmuseum – laufen die Geschäfte immer noch gut. Die Auswahl an ungarischen Weinen ist sehr gut.

Firkász (Schreiberling; Karte S. 86–87; ☎ 450 1118; XIII., Tátra utca 18; Suppen 590–790 Ft., Vorspeisen 1150–1690 Ft., Hauptgerichte 1990–3600 Ft.; 🕑 12–24 Uhr; 🚌 15) Das retro-ungarische Restaurant wurde von ehemaligen Journalisten eröffnet, das erklärt auch den Namen. An den Wänden hängen liebevolle alte Erinnerungsstücke, das Essen und die Weinkarte sind hervorragend.

Móri Kisvendéglő (Karte S. 86–87; ☎ 349 8390; XIII., Pozsonyi út 37; Hauptgerichte 480–1500 Ft.; 🕑 Mo–Do 10–20, Fr 10–15 Uhr; O-Bus 76 oder 79) Die einfache *borozó* (Weinbar) mit Restaurant liegt nur einen kurzen Fußweg nördlich vom Szent István körút. Hier wird exzellente ungarische Hausmacherkost serviert. *Főzelék* wird nur bis 15 Uhr angeboten.

Menza (Karte S. 90; ☎ 413 1482; VI., Liszt Ferenc tér 2; Suppen 590–650 Ft., Vorspeisen 990–1390 Ft., Hauptgerichte 1390–2790 Ft.; 🕑 10–24 Uhr; 🚋 4 oder 6) Am lebendigsten Platz von Budapest erinnert der Name des trendigen Restaurants zwar an graue Uni-Kantinen, doch der Name täuscht. Das Menza ist sehr modern eingerichtet und immer gut besucht. Die Gäste kommen wegen des einfachen, aber sehr guten ungarischen Essens, das mit einem modernen Touch „gewürzt" ist. In der Woche kosten Zwei-Gänge-Menüs nur 790 Ft.; Tischreservierung empfohlen.

Bagolyvár (Karte S. 86–87; ☎ 468 3110; XIV., Állatkerti út 2; Suppen 500–880 Ft., Hauptgerichte 1330–2400 Ft.; 🕑 12–23 Uhr; Ⓜ M1 Hősök tere) Die „Eulenburg" ist bekannt für ihre ungarischen Klassiker. Die Kenner gehobener Gastlichkeit kommen deshalb lieber hierher als ins benachbarte Gundel, wo sich die reichen Geschäftsleute treffen.

INTERNATIONALE RESTAURANTS

Robinson (Karte S. 86–87; ☎ 422 0222; XIV., Városligeti-tó; Suppen 790–890 Ft., Vorspeisen 1990–2890 Ft., Hauptgerichte 2790–4800 Ft.; 🕑 12–16, 18– 24 Uhr; Ⓜ M1 Hősök tere) An warmen Sommerabenden sollte man sich auf der Seeterrasse am Stadtwäldchen einen Tisch reservieren. Zu den Vorspeisen zählen Gänseleberscheiben (2890 Ft.) und eine selbstgemachte Wildbretpastete. Als Hauptgerichte werden *fogas* (Balaton-Zander; 3790 Ft.), gegrillter Thunfisch und geräucherte Entenbrust serviert, die auf Lavasteinen gegart wird.

Café Kör (Karte S. 92; ☎ 311 0053; V., Sas utca 17; Salate 730–2110 Ft., Hauptgerichte 1590–3190 Ft.; ⏲ Mo–Sa 10–22 Uhr; 🚌 15) Unmittelbar hinter der St.-Stephans-Basilika ist das „Kreiscafé" jederzeit eine gute Adresse für kleine Speisen, einschließlich eines späten Frühstücks (460–590 Ft.). Die Salate, der Nachtisch und die Tagesangebote sind allesamt empfehlenswert. Es gibt auch ein 3-/4-Gänge-Weinprobe-Menü für 4900/6900 Ft.

Mokka (Karte S. 92; ☎ 328 0081; V., Sas utca 4; Suppen 890–960 Ft., Hauptgerichte 2450–5950 Ft.; ⏲ 12–24 Uhr; 🚌 15 oder rote 4) Der Mix an Hauptgerichten fällt unter „Ethno-Küche" – man benötigt eine Landkarte, um die Speisekarte verstehen zu können. Doch das Lokal wirkt mit seinem großartigen afrikanischen Dekor einladend und auch die Weinkarte ist überzeugend. Zu dem 3-Gänge-Menü (7000 Ft.) gehört ein außerdem ein guter Wein, die Preise sind angemessen.

Marquis de Salade (Karte S. 90; ☎ 302 4086; VI., Hajós utca 43; Suppen 800–1700 Ft., Salate 1200–1600 Ft., Hauptgerichte 2500–3400 Ft.; ⏲ 11–1 Uhr; 0-Bus 72 oder 73) Im Kellerrestaurant Marquis werden sowohl russische, als auch aserbeidschanische und ungarische Hauptgerichte angeboten, dazu kommen viele vegetarische Spezialitäten.

Soul Café (Karte S. 92; ☎ 217 6986; IX., Ráday utca 11–13; Vorspeisen 590–1890 Ft., Hauptgerichte 1980–2980 Ft.; ⏲ 12–23.30 Uhr; Ⓜ M3 Kálvin tér) An der Ráday-Straße, wo es zahlreiche zweifelhafte Restaurants und Cafés gibt, sticht das Soul durch seine innovative Küche und die Einrichtung positiv heraus. Auf der Speisekarte findet sich alles vom Sandwich (850 Ft.) oder einer Pizza (890–1500 Ft.) bis hin zu vollständigen Hauptgerichten, darunter vielen vegetarischen (590–1890 Ft.). Die Straßenterrasse ist herrlich.

FRANZÖSISCHE RESTAURANTS

Lou Lou (Karte S. 92; ☎ 312 4505; V., Vigyázó Ferenc utca 4; Suppen 800 Ft., Vorspeisen 1600–2800 Ft., Hauptgerichte 2300–4400 Ft.; ⏲ Mo–Fr 12–15, 19–23, Sa 19–23 Uhr; 🚌 16 oder 105) In Budapest lebende Franzosen kommen sehr gerne in das reizende Bistro mit seinen hervorragenden Tagesgerichten. Das Lou Lou hat vor wenigen Wochen nach kompletter Renovierung neu eröffnet.

ITALIENISCHE RESTAURANTS

Trattoria Toscana (Karte S. 92; ☎ 327 0045; V., Belgrád rakpart 13; Vorspeisen 990–3200 Ft., Pasta & Pizza 1350–2690 Ft., Hauptgerichte 1500–3390 Ft.; ⏲ 12–24 Uhr; 🚌 15) Direkt an der Donau serviert die Trattoria rustikales und sehr authentisches italienisches und toskanisches Essen, darunter *ribollito alla chiantigiana,* eine sehr herzhafte Gemüsesuppe mit *cannellini* (weiße toskanische Bohnen) und Parmesankäse. Die Focaccia ist ebenfalls exzellent.

Fausto's (Karte S. 92; ☎ 269 6806; VII., Dohány utca 5; Suppen 1300–3300 Ft., Vorspeisen 2400–4200 Ft., Hauptgerichte 3200–6400 Ft.; ⏲ Mo–Sa 12–15, 19–23 Uhr; 0-Bus 74) Noch immer ist Fausto's der exklusivste und teuerste Italiener in Budapest. Die gelben Wände und die antiken Möbel stehen für Eleganz. Die Pasta- und Tagesgerichte sowie der Nachtisch sind schlicht brillant und auch für Vegetarier gibt es eine reiche Auswahl. Sehr umfangreich ist die italienische Weinkarte.

Okay Italia (Pest Karte S. 90; ☎ 349 2991; XIII., Szent István körút 20; Pizza 1320–1790 Ft., Pasta 1460–2290 Ft., Hauptgerichte 1680–3050 Ft.; ⏲ Mo–Fr 11–24, Sa–So 12–24 Uhr; 🚋 4 oder 6; Nyugati tér Karte S. 90; ☎ 332 6960; V., Nyugati tér 6; Ⓜ M3 Nyugati pályaudvar) Okay ist ein zeitlos beliebtes Lokal unter italienischer Leitung. In der nahe gelegenen Filiale am Nyugati tér werden nur Pizza und Pasta serviert – doch die meisten Gäste kommen ohnehin nur deswegen. Beide Restaurants haben eine Straßenterrasse.

GRIECHISCHE & ORIENTALISCHE RESTAURANTS

Al-Amir (Karte S. 92; ☎ 352 1422; VII., Király utca 17; Vorspeisen 650–850 Ft., Hauptgerichte 1490–2300 Ft.; ⏲ 12–23 Uhr; Ⓜ M1 Bajcsy-Zsilinszky út 17) Vielleicht das authentischste orientalische (in diesem Fall syrische) Restaurant in Budapest. Die Qualität des Essens ist Lichtjahre von den Gyros- und Falafelläden am Großen Ring entfernt. Durch ein Fenster werden allerdings auch hier Gyros (500 Ft.) und Falafel (450 Ft.) verkauft, doch in einer völlig anderen Qualität.

Taverna Pireus Rembetiko (Karte S. 92; ☎ 266 0292; V., Fővám tér 2–3; Vorspeisen 590–1590 Ft., Hauptgerichte 1690–2290 Ft.; ⏲ 12–24 Uhr; 🚋 47 oder 49) An dem begrünten Platz vor der Großen Markthalle bringt die Taverna preislich akzeptables und ziemlich authentisches griechisches Essen auf den Tisch. *Rembetiko* ist eine Schule für Folkmusik und gleichzeitig ein traditioneller griechischer Musikstil. An Freitag- und Samstagabenden gibt es Liveauftritte.

SPANISCHE & MEXIKANISCHE RESTAURANTS

Pata Negro (Karte S. 92; ☎ 215 5616; IX., Kálvin tér 8; Tapas 250–650 Ft., Hauptgerichte 500–1200 Ft.; Mo–Mi 11–24, Do–Fr 11–1, Sa 12–1, So 12–24 Uhr; M M3 Kálvin tér) Das Pata Negro („Schwarzfuß" = eine Schinkenart) ist eine neue spanische Tapasbar im Kellerstil. Das Restaurant steht qualitätsmäßig (fast) an der Spitze der trendigen Ráday utca. Auch die Käse- und Weinauswahl lässt sich sehen.

Iguana (Karte S. 90; ☎ 331 4352; V., Zoltán utca 16; Vorspeisen 430–1590 Ft.; Hauptgerichte 1890–3990 Ft.; 11.30–0.30 Uhr; 15) Das Iguana serviert akzeptables mexikanisches Essen. Jeder muss allerdings für sich entscheiden, ob das Chilli (1050–1490 Ft.), die Enchilada- und Burrito-Platten (2090–2290 Ft.) oder die frenetische, alkoholisierte „Wir-feiern-jede-Nacht-durch"-Stimmung die Hauptattraktion sind.

JÜDISCHE & KOSCHERE RESTAURANTS

Kinor David (Davids Harfe; Karte S. 92; ☎ 512 8783; VII., Dohány utca 10; Suppen 800–1300 Ft., Hauptgerichte 2800–3200 Ft.; So–Fr 11–23, Sa 12–12 Uhr; M M2 Astoria oder 0-Bus 74) Budapests größtes koscheres Restaurant hebt sich deutlich vom Durchschnitt ab. Es gibt spezielle Fischgerichte (3000–4500 Ft.) und israelische Spezialitäten (2600–3100 Ft.). Für das Abendessen freitags und das Mittagessen am Samstag zahlt man im Voraus.

ASIATISCHE RESTAURANTS

Bangkok House (Karte S. 92; ☎ 266 0584; V., Só utca 3; Suppen & Thai-Salate 550–2250 Ft., Hauptgerichte 1450–4550 Ft.; 12–23 Uhr; 47 oder 49) Das Bangkok House ist voller pseudo-asiatischem Kitsch. Die thailändisch und laotisch angehauchten Hauptgerichte sind jedoch okay und die Bedienung ist sehr gut. Von 12–16 Uhr wird ein Touristenmenü für 1460 Ft. angeboten.

Sushi An (Karte S. 92; ☎ 317 4239; V., Harmincad utca 4; Sushi 300–600 Ft. pro Stück, Sashimi 900–1400 Ft., Menüs 1900–3900 Ft.; 12–22 Uhr; M M1/2/3 Deák tér) Sushi An ist eine winzige Sushi-Bar neben der britischen Botschaft im Pester Stadtzentrum. Sushi und Sashimi sind großartig, doch noch besser sind die japanischen Menüs mit Miso-Suppe.

VEGETARISCHE RESTAURANTS

Napfényes Ízek (Karte S. 86–87; ☎ 351 5649; VII., Rózsa utca 39; Suppen 450–850 Ft., Pasta & Pizza 1190–1490 Ft., Hauptgerichte 1190–1650 Ft.; Mo–Fr 10–23, Sa–So 12–22.30 Uhr; 0-Bus 73 oder 76) Das „Sonnige Leckereien" liegt etwas abseits, falls man nicht an der Andrássy út sein Quartier genommen hat. Doch die Vollwertküche und die Kuchen lohnen den Abstecher. Dazu kommt noch ein Bioladen.

Govinda (Karte S. 92; ☎ 269 1625, 473 1309; V., Vigyázó Ferenc utca 4; Suppen 350 Ft., Hauptgerichte 240–450 Ft.; Mo–Sa 12–21 Uhr; 16 oder 105) Von einem Buddhisten betrieben und vom Dalai Lama gesegnet, liegt das Govinda in einem Keller unweit der Kettenbrücke. Neben den Biosalaten, -Suppen und -Nachtischen wird auch ein Tagesmenü angeboten (groß/klein 1600/1280 Ft.).

KAFFEE- & TEEHÄUSER

Neben den traditionellen Kaffeehäusern erweitert eine neue Gattung von Cafés die Pester Szene, deren Markenzeichen polierter Chrom, Halogenbeleuchtung und schnurgerade Formen sind. Der begrünte Liszt Ferenc tér ist von diesen „In"-Cafés genauso gesäumt wie die Ráday utca und das Viertel hinter der St.-Stephans-Basilika.

Lukács (Karte S. 90; ☎ 302 8747; VI., Andrássy út 70; Kuchen 200–500 Ft.; Mo–Fr 9–20, Sa–So 10–20 Uhr; M M1 Vörösmarty utca) Göttliche Dekadenz empfängt die Besucher in Form von Spiegeln, Gold und sanfter Pianomusik (an Werktagen abends). Für Nichtraucher gibt es eine eigene Abteilung. Die Kuchenauswahl ist klein, aber wohl sortiert, besonders zu empfehlen sind hier die kremigen Lukács-Schnitten (*szelet*).

Művész (Karte S. 90; ☎ 352 1337; VI., Andrássy út 29; Kuchen 280–480 Ft.; 9–23.45 Uhr; M M1 Opera) Schräg gegenüber der Staatsoper ist das „Künstler"-Café ein idealer Ort, um Leute zu beobachten – vor allem von der Terrasse. Die Qualität des Kuchens hat zwar nachgelassen, zu den Ausnahmen zählt aber die *almás torta* (Apfelkuchen).

Centrál Kávéház (Karte S. 92; ☎ 266 4572, 266 2110; V., Károlyi Mihály utca 9; Kuchen 290–350 Ft., Hauptgerichte 1990–3590 Ft.; 8–24 Uhr; M M3 Ferenciek tere) Die *Grande Dame* wurde vor einigen Jahren nach einer umfangreichen Renovierung wieder eröffnet. Sie versucht noch immer, ihren Titel als *das* intellektuelle Kaffeehaus von Pest zurück zu erobern. Neben leichteren Hauptgerichten wie Sandwiches (750–1190 Ft.) und Omelettes (890–990 Ft.) stehen auch gehaltvollere Hauptgerichte auf der Karte.

Gerbeaud (Karte S. 92; ☎ 429 9020; V., Vörösmarty tér 7–8; Kuchen 580–850 Ft.; 🕒 9–21 Uhr; Ⓜ M1 Vörösmarty tér) Das Gerbeaud ist das berühmteste der berühmten Kaffeehäuser in Budapest. Es wurde 1858 eröffnet und schnell zu einem schicken Treffpunkt der städtischen Elite. Seit 1870 befindet es sich an der Nordseite von Pests belebtestem Platz. Auf der Karte stehen u.a. ein Frühstück (2880 Ft.) und Sandwiches (1300–2500 Ft.).

Café Vian (Karte S. 90; ☎ 268 1154; VI., Liszt Ferenc tér 9; Kuchen 300–470 Ft.; 🕒 9–1 Uhr; Ⓜ M1 Oktogon) Das komfortable Vian ist in warmen Pfirsichfarben gehalten und serviert ganztägig Frühstück. Es ist nach wie vor der wichtigste Mieter an der sonnigen Seite des Platzes und *der* Treffpunkt für den Pester Kunstadel.

Negro (Karte S. 90; ☎ 302 0136; V., Szent István tér 11; Frühstück 320–908 Ft.; 🕒 Mo–Mi 8–1, Do–Fr 8–3, Sa 8–4, So 8–24 Uhr; 🚌 15) Unmittelbar hinter der Basilika (Ausblick!) lockt das schicke Café ein trendiges Publikum an, das sich ordentlich rausputzt und immer das angesagteste Getränk der Saison schlürft.

Teaház a Vörös Oroszlánhoz (Jókai tér Karte S. 92; ☎ 269 0579; VI., Jókai tér 8; Tee 480–630 Ft.; 🕒 Mo–Fr 11–23, Sa 15–23, So 17–23 Uhr; Ⓜ M1 Oktogon; Ráday utca Karte S. 92; ☎ 215 2101; IX., Ráday utca 9; 🕒 Mo–Sa 11–23, So 15–23 Uhr) „Das Teehaus zum Roten Löwen" hat zwei Ableger, die gemütliche Oasen für echte Teeliebhaber sind. Die Lage neben dem Liszt Ferenc tér und auf der Ráday utca ist sehr günstig.

AUF DIE SCHNELLE

Die Küche des Nahen und Mittleren Ostens ist in Budapest sehr populär.

Szeráj (Karte S. 90; ☎ 311 6690; XIII., Szent István körút 13; Salate & Meze 200–400 Ft., Hauptgerichte 1100–1250 Ft.; 🕒 9–5 Uhr; 🚊 4 oder 6) Ein sehr günstiges türkisches Selbstbedienungslokal für Falafel und Kebab (700 Ft.), das in rund zehn Varianten angeboten werden.

Három Testvér (Erzsébet körút Karte S. 90; ☎ 342 2377; VII., Erzsébet körút 17; Salate 350–450 Ft., Gyros & Kebab 500–900 Ft.; 🕒 9–3 Uhr; Szent István körút Karte S. 90; ☎ 329 2951; XIII., Szent István körút 20–22; 🕒 So–Mi 9–3, Do 9–4, Fr–Sa 9–5 Uhr; 🚊 4 oder 6; Teréz körút Karte S. 90; ☎ 312 5835; VI., Teréz körút 60–62; 🕒 9–3 Uhr; 🚊 4 oder 6) Selbst mitten in der Nacht bekommt man in den „Drei Brüdern" noch etwas zu essen. Alle drei Filialen liegen am Großen Ring.

Amerikanische Fastfood-Läden finden sich überall in Pest, vor allem rund um den Oktogon. Viel besser sind jedoch die modernen Selbstbedienungsrestaurants, die sich hauptsächlich an Studenten und Büroangestellte wenden. Dazu zählen das unweit des Parlaments gelegene **Pick Ház** (Karte S. 90; ☎ 331 7783; V., Kossuth Lajos tér 9; Sandwiches & Salate 140–180 Ft., Hauptgerichte 210–580 Ft.; 🕒 Mo–Fr 8–16 Uhr; Ⓜ M2 Kossuth Lajos tér) oberhalb der Hauptfiliale des berühmten Salamiherstellers (mit Showroom). Auch die **Central European University Caféteria** (Karte S. 92; ☎ 327 3000; V., Nádor utca 9; Suppen 190–235 Ft., Pizza 220–250 Ft., Hauptgerichte 380–495 Ft.; 🕒 Mo–Fr 11.30–16 Uhr; 🚌 15) steht allen offen.

Noch interessanter sind die kleinen Restaurants, die als *étkezdék* bekannt sind. Hier werden jeden Tag einfache Hauptgerichte angeboten – die oftmals unter 1000 Ft. kosten. Einige der besseren Adressen:

Kádár (Karte S. 90; ☎ 321 3622; X., Klauzál tér 9; Suppen 400 Ft., Hauptgerichte 580–1100 Ft.; 🕒 Di–Sa 11.30–15.30 Uhr; 🚊 4 oder 6) Im jüdischen Viertel ist das Kádár wahrscheinlich das beliebteste Lokal seiner Art in Budapest.

Kisharang (Karte S. 92; ☎ 269 3861; V., Október 6. utca 17; Suppen 145–230 Ft., Hauptgerichte 290–850 Ft.; 🕒 Mo–Fr 11–20, Sa–So 11.30–16.30 Uhr; 🚌 15) Die zentral gelegene „Kleine Glocke" ist vor allem bei Studenten und Mitarbeitern der benachbarten Central European University beliebt.

Frici Papa Kifőzdéje (Papa Fritzens Kantine; Karte S. 90; ☎ 351 0197; VI., Király utca 55; Suppen 279–439 Ft., Hauptgerichte 429–529 Ft.; 🕒 Mo–Sa 11–21 Uhr; 🚊 4 oder 6) Exzellente *Főzelék*-Hauptgerichte (289–339 Ft.).

MÄRKTE & SELBSTVERSORGER

Die meisten der rund 20 Budapester Märkte und Markthallen liegen in Pest und sind sonntags geschlossen. Auch der Montag verläuft zumeist sehr ruhig, falls der Markt nicht sowieso geschlossen ist. Zwei der schöneren Markthallen sind die **Rákóczi-tér-Markthalle** (Karte S. 86–87; VIII., Rákóczi tér 8; 🕒 Mo 6–16, Di–Fr 6–18, Sa 6–13 Uhr; 🚊 4 oder 6) und die **Hold-utca-Markthalle** (Karte S. 90; V., Hold utca 11; 🕒 Mo 6–17, Di–Fr 6.30–18, Sa 6.30–14 Uhr; Ⓜ M3 Arany János utca) in der Nähe des Szabadság tér. Die beiden unten genannten sind deutlich größer und bunter:

Nagycsarnok (Große Markthalle; Karte S. 92; IX., Vámház körút 1–3; 🕒 Mo 6–17, Di–Fr 6–18, Sa 6–14 Uhr;

47 oder 49) Budapests größte Markthalle ist seit ihrer Renovierung 1996 ein wenig zu einer Touristenfalle geworden. Doch auch heute noch kaufen hier viele Einheimische Obst, Gemüse, Feinkost, Fisch und Fleisch ein. An der Westseite der 3. Ebene befinden sich gute Imbissstände.

Lehel Csarnok (Karte S. 86–87; XIII., Lehel tér; Mo–Fr 6–18, Sa 6–14, So 6–13 Uhr; M3 Lehel tér) Einer der interessantesten traditionellen Pester Märkte wurde vor kurzem in ein abscheuliches boot-ähnliches Gebäude verpflanzt. Der Architekt László Rajk ist der Sohn des kommunistischen Innenministers, der 1949 wegen „titoistischer Umtriebe" hingerichtet wurde. Die Markthalle ist offensichtlich seine Rache.

Mézes Kuckó (Karte S. 90; XIII., Jászai Mari tér 4; ganzjährig Mo–Fr 10–18 Uhr, Okt.–Mai Sa 9–13 Uhr; 4 oder 6) Die „Honigecke" ist ein Geheimtipp für den hohlen Zahn. Die Nuss- und Honigplätzchen (180 Ft. pro 100 g) sind himmlisch. Ein bunt dekorierter *mézeskalács* (Honigkuchen) in Herzform (400–600 Ft.) eignet sich auch gut als Geschenk.

Butterfly (Karte S. 90; VI., Teréz körút 20; 90 Ft. pro Kelle; Mo–Fr 10–19, Sa 10–14 Uhr; 4 oder 6) Das Butterfly – und *nicht* die benachbarte Konditorei Vajassütemények boltja – ist *der* Laden für gutes Eis in Pest. Das machen schon die langen Warteschlangen draußen vor der Tür deutlich.

Große Supermärkte gibt es überall in Pest. Empfehlenswert sind:

Match Supermarkt (Karte S. 90; VIII., Rákóczi út; Mo–Fr 6–21, Sa 7–20, So 7–15 Uhr; M3 Blaha Lujza tér) Supermarkt direkt am Blaha Lujza tér.

Kaiser's Supermarkt (Karte S. 90; VI., Nyugati tér 1–2; Mo–Sa 7–20, So 7–16 Uhr; M3 Nyugati pályaudvar) Gegenüber vom Nyugati-Bahnhof.

Rothschild Supermarkt (Karte S. 90; XIII., Szent István körút 4; 0–24 Uhr; 4 oder 6) Empfehlenswert für koschere Produkte.

In Pest haben Nonstop-Läden bis spät abends oder rund um die Uhr geöffnet. Empfehlenswert sind:

Nyugati ABC (Karte S. 90; Gleis 13; 0–24 Uhr; M3 Nyugati pályaudvar) Im Nyugati-Bahnhof.

Keleti Csarnok (Karte S. 86–87; VIII., Baross tér 3; 6–24 Uhr; M2 Keleti pályaudvar) Am Keleti-Bahnhof.

AUSGEHEN

Budapest und vor allem Pest ist voller Kneipen und Bars, die wirklich jeden Geschmack zufrieden stellen. Im Sommer verlagert sich das Nachtleben in die Biergärten (*kertek*, s. Kasten S. 128).

Buda

Lánchíd Söröző (Karte S. 87; 214 3144; I., Fő utca 4; 10–24 Uhr; 86) Die „Kettenbrücken-Bierstube" hat sich ein anheimelndes ungarisches Retro-Feeling bewahrt. An den Wänden hängen alte Kino- und Werbeplakate überall auf den Tischen liegen rot und weiß karierte Tischdecken. Die Bedienung ist freundlich.

Erzsébet-híd Eszpresszó (Karte S. 89; 214 2785; I., Döbrentei tér 1; 10–22 Uhr; 18, 19, 41 86) Wem nach einem entspannenden Drink ohne große Deko der Sinn steht, der sollte die „Espresso-Bar Elisabethbrücke" ausprobieren. Eine riesige Platane davor spendet Schatten und der Blick auf die Brücke ist ungestört.

Oscar American Bar (Karte S. 89; 212 8017; I., Ostrom utca 14; So–Do 17–2, Fr–Sa 17–4 Uhr; M2 Moszkva tér) Die Einrichtung ist vom Kino inspiriert. An den holzgetäfelten Wänden hängen Filmgegenstände und im Raum stehen lederne Regisseurstühle. Das nette Publikum verhält sich manchmal so, als würde es gerade gefilmt. Die starken Cocktails (insgesamt 150) sind super; an den meisten Abenden wird Musik gespielt.

Café Rolling Rock (Karte S. 86–87; 368 2298; III., Bécsi út 53–55; Mo–Do 9–1, Fr 9–2, Sa 9–4, So 12–24 Uhr; 17 oder HÉV Szépvölgyi út) Wer in Óbuda auf einen Zechabend aus ist, ist hier nicht an der schlechtesten Adresse. In der aufgemotzten Kneipe trifft sich die Schickeria von Óbuda, um einige der merkwürdigen amerikanischen Biere in den grünen Flaschen zu trinken.

Pest

Kultiplex (Karte S. 86–87; 219 0706; IX., Kinizsi utca 28; 10–5 Uhr; M3 Ferenc körút) Der riesige Komplex bietet für jeden etwas. Zum Kultiplex gehören eine Bühne, ein Kino und ein Grillrestaurant. In einer schlichten Bar mit Tischen drinnen und draußen gibt es etwas zu trinken.

Szimpla (Karte S. 90; 342 1034; VII., Kertész utca 46; Juni–Aug. 12–24 Uhr, Sept.–Mai 10–2 Uhr; 4 oder 6) In der sehr „simplen" Kneipe gibt es dreimal wöchtlich Livemusik. Das Szimpla liegt nur einen Steinwurf von den Stöckelschuhen auf dem Liszt Ferenc tér entfernt.

Paris, Texas (Karte S. 86–87; ☎ 218 0570; IX., Ráday utca 22; 🕑 So–Mo 10–1, Di–Sa 10–3 Uhr; Ⓜ M3 Kálvin tér) Das Paris, Texas eröffnete als eine der ersten Kneipen an der Ráday utca und verströmt die Atmosphäre eines Kaffeehauses. An den Wänden hängen alte Schwarzweißfotos und unten stehen Billardtische. Die Cocktailkarte ist sehr umfangreich.

Darshan Udvar (Karte S. 90; ☎ 266 5541; VIII., Krúdy utca 7; 🕑 Mo–Fr 11–1, Sa–So 6–1 Uhr; 🚊 4 oder 6) Der Komplex aus zwei Bars, einem Restaurant und einem vegetarischen Café auf der Innenhofterrasse verbindet Euro-Techno mit östlichem Flair. Eine Flucht- und Trutzburg für alle, die den schicken Cafés am Liszt Ferenc tér oder der etwas sterilen Ráday utca entfliehen wollen.

Becketts (Karte S. 90; ☎ 311 1033; V., Bajcsy-Zsilinszky út 72; 🕑 So–Do 10–1, Fr–Sa 10–3 Uhr; Ⓜ M3 Nyugati pályaudvar) Zwischen den allgegenwärtigen „irischen" Pubs der Hauptstadt ist das Becketts das beste und größte. Angeboten werden ganztägig Frühstück (1600 Ft.) sowie Sandwiches (850–1700 Ft.) und Salate (1200–1300 Ft.). Die neue Cocktailbar im hinteren Teil ist eine zusätzliche Attraktion.

Champs Sport Pub (Karte S. 92; ☎ 413 1655; VII., Dohány utca 20; 🕑 So–Do 12–24, Fr–Sa 12–2 Uhr; Ⓜ M2 Astoria) Fünf olympische Medaillengewinner betreiben das Champs. Zwei Großbildschirme und 35 Fernseher erwarten die Sportfans. Die Speisekarte weist die Kalorien- und Fettmenge für jedes Gericht aus und gibt lebenskluge Tipps, was man dagegen tun kann.

UNTERHALTUNG

Für eine Stadt dieser Größe hat Budapest eine große Unterhaltungsszene. Von Oper und Volkstanz bis zu Jazz und Nachtclubs lässt sich alles organisieren. Während die Tickets in der Regel problemlos erhältlich sind, fällt die Auswahl sehr viel schwerer.

Die beste Informationsquelle für Veranstaltungstipps ist das kostenlose Wochenblatt **PestiEst** (www.est.hu, in Ungarisch), das jeden Donnerstag erscheint und in Kneipen, Kinos und Imbissketten ausliegt. Etwas ausführlicher ist das Wochenblatt **Pesti Műsor** (Budapest Program; www.pestimusor.hu, in Ungarisch), auch bekannt als *PM Program Magazin*. Jeden Donnerstag wird es für 149 Ft. an Zeitungskiosken mit Veranstaltungshinweisen für Clubs, Kinos, Ausstellungen und klassische Musik verkauft.

Andere kostenlose Hefte sind die viel schlechteren *Programme in Ungarn/in Hungary* (dafür aber in Deutsch und Englisch) sowie die kleinere Monatsausgabe für die Hauptstadt, *Budapest Panorama*. Das kostenlose *Koncert Kalendárium* wird monatlich (im Sommer zweimonatlich) veröffentlicht und informiert über ernstere Veranstaltungen wie Konzerte, Oper, Tanz usw. Eine willkommene Ergänzung ist *Mr Gordonsky's Budapest City Spy Map*. Die lockere kleine Publikation enthält viele Insider-Tipps und liegt kostenlos in Kneipen und Bars aus.

Kino

In mehreren Dutzend Kinosälen werden englischsprachige Filme mit ungarischen Untertiteln gezeigt. Das Kinoprogramm steht im *Pesti Est* oder dem *Pesti Műsor* (siehe links unten).

Corvin Filmpalota (Karte S. 86–87; ☎ 459 5050; VIII., Corvin köz 1; Ⓜ M3 Ferenc körút) Das Kino war eines der Widerstandszentren beim Volksaufstand 1956. Es wurde großartig renoviert und lohnt einen Besuch. Beachtenswert sind die zwei schönen Reliefs an der Außenwand.

Örökmozgó Filmmúzeum (Karte S. 90; ☎ 342 2167; VII., Erzsébet körút 39; 🚊 4 oder 6) Als Teil des Ungarischen Filminstituts werden hier sehr hochkarätige ausländische Filme in Originalsprache gezeigt. Der Kinoname bedeutet übersetzt in etwa „Perpetuum mobile".

Művész (Karte S. 90; ☎ 332 6726; VI., Teréz körút 30; Ⓜ M1 Oktogon, 🚊 4 oder 6) Programmkino, auch mit Kultfilmen.

Puskin (Karte S. 92; ☎ 429 6080; V., Kossuth Lajos utca

DER TIPP VOM AUTOR

Cha Cha Cha (Karte S. 92; ☎ 215 0545; 🕑 Sept.–Mai Mo–Do 8–3, Fr–Sa 10–4 Uhr, Juni–Aug. 9–23 Uhr; Ⓜ M3 Kálvin tér) Im unterirdischen Durchgang der Metrostation Kálvin tér liegt eine gut besuchte und funkige Café-Bar mit gestreiften, heruntergekommenen Stühlen und Sesseln aus Lederimitat. Das Publikum ist *sehr* gemischt. Wer sich an *Star Wars* erinnert, weiß Bescheid. Am Wochenende geht es hier richtig ab und früh morgens ist es hier voller als tagsüber in der gesamten Station. Das Cha Cha Cha ist also ideal zum Leute kennen lernen. In der Vergangenheit fuhr im Sommer alles auf die Insel zur Cha Cha Cha Terasz (s. Kasten S. 128) am Ende der Margareteninsel.

18; 7 oder 73) Ein Programmkino, das auch populäre Mainstream-Filme zeigt.

Uránia Nemzeti Filmszínház (Karte S. 90; ☎ 486 3413; VIII., Rákóczi út 21; 7 oder 73) Der ausladend und extravagant im Art-déco- und neomaurischen Stil eingerichtete Filmpalast hat auch ein exzellentes Café.

Livemusik

ROCK & POP

Wigwam Rock Blues Club (Karte S. 94–95; ☎ 208 5569; XI., Fehérvári utca 202; 20–5 Uhr; 18, 41 oder 47) Einer der besten Clubs seiner Art in Ungarn. Freitags und samstags spielen gelegentlich bekannte ungarische Rock- und Bluesbands.

Gödör Klub (Karte S. 92; ☎ 06 20 943 5464; V., Erzsébet tér; 9 Uhr–open end; M M1/2/3 Deák Ferenc tér) Der Neuling in der Tiefgarage unter dem Elisabethplatz bietet alles von Folk und Jazz bis hin zu Rock.

Jailhouse (Karte S. 94–95; ☎ 06 30 989 4905, 218 1368; IX., Tűzoltó utca 22; Fr–Sa 22–5 Uhr; M M3 Ferenc körút) Kleiner freundlicher Veranstaltungsort neben dem Trafó-Kulturzentrum (s. unten). Es spielen Underground-DJs und Livebands.

Budapest Sportcsarnok (Karte S. 86–87; ☎ 422 2600; www.budapestarena.hu; XIV., Stefánia út 2; M M2 Stadionok) In der neuen Sportarena, die nach dem ungarischen Boxer László Papp benannt wurde, spielen internationale Stars wie Phil Collins, Duran Duran, Rod Stewart und Simply Red.

Petőfi Csarnok (Karte S. 86–87; ☎ 363 3730, 251 7266; www.petoficsarnok.hu; XIV., Zichy Mihály út 14; M M1 Széchenyi fürdő; 0-Bus 72 oder 74) Das wichtigste Jugend-Kulturhaus der Stadt liegt im Stadtwäldchen. Es eignet sich gut für kleinere Rockkonzerte, weil man hier den Musikern richtig nahe kommen kann.

JAZZ & BLUES

Columbus Jazzklub (Karte S. 92; ☎ 266 9013; V., Pesti alsó rakpart; 12–24 Uhr; 2 oder 2A) Das Boot, das am Donauufer unweit des Vigadó tér und unterhalb vom Hotel Inter-Continental vertäut ist, hat sich von „einem weiteren irischen Pub" zu einem beachtenswerten Jazz-Club entwickelt. Hier treten bekannte lokale und internationale Bands auf.

Fat Mo's Music Club (Karte S. 92; ☎ 267 3199; V., Nyáry Pál utca 11; Mo–Di 12–2, Mi 12–3, Do–Fr 12–4, Sa 18–4, So 18–2 Uhr; M M3 Ferenciek tere, 15) Die Atmosphäre erinnert an die Prohibitionszeit der 1920er-Jahre. Gegen 21 oder 21.30 Uhr treten Jazz- und manchmal Countrybands auf. Von Donnerstag bis Samstag übernehmen nach Mitternacht DJs die Steuerung der Musikregler.

Jazz Garden (Karte S. 92; ☎ 266 7364; V., Veres Pálné utca 44/a; So–Do 18–1, Fr–Sa 18–2 Uhr; 47 oder 49) Ein gehobenes Restaurant mit traditionellem, Gesangs- und Latin-Jazz sowie einer eigenartigen Einrichtung: Im imitierten Keller-„Garten" mit Straßenlampen und einem Nacht-„Himmel" mit leuchtenden Sternen sollte man vorab einen Tisch reservieren (Vorspeisen 1420–2250 Ft., Hauptgerichte 2250–3490 Ft.). Die Livemusik beginnt um 21.30 Uhr.

FOLK & TRADITIONELLE MUSIK

Ein authentisches *táncház*, wörtlich übersetzt „Tanzhaus", ist in Wirklichkeit ein Workshop für Folkmusik. Tanzhäuser finden während der ganzen Woche an unterschiedlichen Orten statt, im Sommer allerdings seltener. Die Zeiten und die Veranstaltungsorte ändern sich oft, sodass man in den bereits erwähnten Publikationen (s. S. 125) nachschlagen sollte. Hilfreich ist auch die **„Tanzhausgilde"** (www.tanchaz.hu). Die beste Klezmerband der Hauptstadt ist die **Budapest Klezmer Band** (www.budapestklezmer.hu).

Fonó Budai Zeneház (Karte S. 94–95; ☎ 206 5300; www.fono.hu; XI., Sztregova utca 3; 18, 41 oder 47) Im Fonó gibt es jeden Mittwoch um 20 Uhr und jeden zweiten Freitag im Monat reguläre Programme. Für diese und für Veranstaltungen an anderen Tagen klickt man am besten auf die Webseite.

Almássy téri Szabadidő Központ (Karte S. 86–87; ☎ 352 1572; VII., Almássy tér 6; 0-Bus 74) Hier finden viele interessante Gigs statt –von Rock über Blues bis zu Folk. Jeden zweiten Samstag startet um 19.30 Uhr ein ungarisches Tanzhaus.

Pótkulcs (Ersatzschlüssel; Karte S. 90; ☎ 269 1050; VI., Csengery utca 65/b; M M3 Nyugati pályaudvar) Wunderbarer kleiner Veranstaltungsort mit sehr unterschiedlicher Musik; jeden Dienstag um 20 Uhr findet ein Tanzhaus statt.

Zwei städtische Kulturhäuser in Buda bieten regelmäßige Folkabende.

Fővárosi Művelődési Háza (Karte S. 94–95; ☎ 203 3868; XI., Fehérvári út 47; 18, 41 oder 47) Das Folklorezentrum bietet jeden Freitag um 19.30 Uhr Folkmusik. Die unvergleichlichen Muzsikás (S. 45) veranstalten jeden Dienstag von 17–18.30 Uhr ein Tanzhaus für Kinder.

Marczibányi téri Művelődési Központ (Karte S. 86–87; ☎ 212 0803, 212 2820; II., Marczibányi tér 5/a; 🚋 4, 6) Angeboten werden ungarische, moldawische und slowakische Tänze und Musik; jeden Mittwoch ab 20 Uhr.

Aranytíz Művelődési Központ (Karte S. 92; ☎ 354 3400, 311 2248; V., Arany János utca 10; 🚌 15) Im wunderbaren neuen Pester Kulturzentrum findet jeden Samstag das Kalamajka *táncház* ab 17 Uhr statt, das meist bis deutlich nach 2 Uhr dauert.

KLASSISCHE MUSIK

Das *Koncert Kalendárium* führt monatlich alle Konzerte in Budapest auf. Die wichtigsten Konzertsäle sind der Nationale Konzertsaal (Nemzeti Hangversenyterem) und das kleinere Festivaltheater (Fesztivál Színház) im neuen **Palast der Künste** (Művészetek Palotája; Karte S. 94–95; ☎ Information 555 3000, Tickets 555 3301; www.mupa.hu; IX., Komor Marcell utca; 🕑 Theaterkasse Mo–Sa 13–18, So 10–15 Uhr; 🚋 2 oder 24). Großartig ist die **Liszt-Musikakademie** (Liszt Zeneakadémia; Karte S. 90; ☎ 342 0179; www.zeneakademia.hu; VI., Liszt Ferenc tér 8; 🕑 Theaterkasse Mo–Fr 10–20, Sa–So 14–20 Uhr; Ⓜ M1 Oktogon) in Pest. In Buda liegt das moderne **Budapester Kongresszentrum** (Budapesti Kongresszusi Központ; Karte S. 86–87; ☎ Information 372 5700, Tickets 372 5429; www.bcc.hu; XII., Jagelló út 1–3; 🚌 8 oder 112), das gerade komplett renoviert wurde.

Der **Pesti Vigadó** (Karte S. 92; ☎ 318 9903, 318 9167; V., Vigadó tér 2; Ⓜ M1 Vörösmarty tér, 🚋 2 oder 2A) und der **Duna Palota** (Karte S. 92); ☎ 235 5500, 317 2790; V., Zrínyi utca 5; 🚌 15) bieten leichte Klassik und im Sommer touristische Musical-Revuen.

Nachtclubs

Piaf (Karte S. 90; ☎ 312 3823; VI., Nagymező utca 25; 🕑 19–6 Uhr; Ⓜ M3 Arany János utca; 0-Bus 70 oder 78) Wenn die Stadt langsam einschläft, ist im Piaf immer noch was los. Hier wird noch bis weit in den neuen Tag getanzt. Die beste Stimmung herrscht unten im verräucherten Keller.

Sark (Karte S. 90; ☎ 06 30 282 9625; VII., Klauzál tér 14; 🕑 So–Do 10–3, Fr–Sa 10–5 Uhr; 🚋 4 oder 6) Die populäre alternative Musikkneipe erstreckt sich über drei Ebenen. Im großen Keller befindet sich eine Tanzfläche, wo auch Livebands gelegentlich auftreten. Das Publikum besteht hauptsächlich aus Studenten.

Süss Fél Nap (Karte S. 90; ☎ 374 3329; V., Honvéd utca 40; 🕑 17–5 Uhr; 🚋 4 oder 6) Im Kellerclub treffen sich vor allem Studenten, die Künstler sind meistens Studentenbands und junge Nachwuchstalente. Der Laden ist sehr locker und viel billiger als die meisten anderen Clubs.

Közgáz Pince Klub (Karte S. 86–87; ☎ 215 4359, 218 6855; IX., Fővám tér 8; 🕑 Di–Sa 21–5 Uhr; 🚋 47 oder 49) Nur wenige Extras und billige Covermusik machen das Közgáz an der Wirtschaftsuni zu einem Favoriten unter den Studenten. Mittwochs ist Karaoke-Abend.

Kaméleon (Karte S. 86–87; ☎ 345 8547; Mammut II, 4. Etage, II., Lövőház utca 2–6; 🕑 So–Do 17–24, Fr–Sa 17–3 Uhr; Ⓜ M3 Moszkva tér) Der sehr laute Club im neuen Teil des Budaer Einkaufszentrums Mammut ist ein wahres Chamäleon. Jeden Abend gibt es ein anderes Party-Thema, von La Noche Cubana (freitags) bis zu Livebands am Montag.

Bank Dance Hall (Karte S. 90; ☎ 06 20 344 4888; VI., Teréz körút 55; 🕑 So–Do 22–4, Fr–Sa 22–5 Uhr; Ⓜ M3 Nyugati pályaudvar) Im Südflügel des Nyugati-Bahnhofs spielt die riesige Disko neben McDonald's in der 1. Etage R&B, in der 2. House und Trance und auf der 3. Dance sowie auf der 4. die ungarische Mischung Funk-House.

Oper

Ungarische Staatsoper (Magyar Állami Operaház; Stadtplan S. 90; ☎ Information 353 0170, Tickets 332 7914; www.opera.hu; VI., Andrássy út 22; 🕑 Theaterkasse Mo–Sa 11–19, Sa–So 16–19 Uhr; Ⓜ M1 Opera) Das Opernhaus sollte man mindestens einmal besuchen – schon alleine wegen der atemberaubenden glänzenden Inneneinrichtung. Ebenso perfekt sind die Aufführungen und die Akustik.

Erkel-Theater (Erkel Színház; Stadtplan S. 86–87; ☎ 333 0540; VIII., Köztársaság tér 30; 🕑 Theaterkasse Di–Fr 11–19, Sa 11–15, So 10–13, 16–19 Uhr; Ⓜ M2 Keleti pályaudvar, 🚌 7 oder 73) Budapests modernes und hässliches zweites Opernhaus liegt südwestlich des Keleti-Bahnhofs.

Budapester Operettentheater (Budapesti Operettszínház; Karte S. 90; ☎ 472 2030, 269 3870; www.operettszinhaz.hu; VI., Nagymező utca 17; 🕑 Theaterkasse Mo–Fr 10–19, Sa–So 13–19 Uhr; Ⓜ M1 Opera) Bei den Operetten kann es auf der Bühne ziemlich turbulent zugehen, z. B. bei der *Csárdásfürstin* von Imre Kálmán.

Schwulen- & Lesbenszene

Angel (Karte S. 90; ☎ 351 6490; VII., Kazinczy utca 2; 🕑 Fr–So 22–5 Uhr; Ⓜ M2 Astoria) Der bekannteste

HEISSES NACHTLEBEN

Der (normalerweise) sehr lange und sehr heiße Sommer in Budapest fegt selbst die beliebtesten Bars und Clubs leer, wenn sie keine Sitzgelegenheit im Freien haben. Stattdessen verlagert sich alles in die so genannten *kertek*. Wörtlich übersetzt heißt *kertek* „Gärten", doch in Budapest bezeichnet der Begriff jeden Freiluftbereich, der für Unterhaltungszwecke umfunktioniert wurde (darunter Innenhöfe und alle nur denkbaren Uferstreifen). Die Örtlichkeiten können sich von Jahr zu Jahr ändern und im Allgemeinen ergibt sich erst im Mai ein vollständiges Bild. Die beste Informationsquelle ist das **Pestiside** (www.pestiside.hu). Einige der Tipps, die unter Ausgehen (S. 73) und Nachtclubs aufgeführt sind, haben ihren eigenen „Garten", der nur im Sommer zum Leben erwacht. Hier einige der beliebteren Adressen der letzten Jahre:

Café del Rio (Karte S. 94–95; ☎ 06 30 297 2158; www.rio.hu, in Ungarisch; XI., Goldmann György tér; 🕓 14–2.30 Uhr; 🚋 4 oder 6) Auf der Budaer Seite der Petőfi-Brücke liegt das aufgestylte Rio, das aber den eigenen Ansprüchen nicht gerecht wird: Hier ist alles pseudomäßig auf tropisch und Karneval getrimmt.

Cha Cha Cha Terasz (Karte S. 86–87; ☎ 215 0545; www.chachacha.hu, in Ungarisch; XIII., Margit-sziget; 🕓 16–4 Uhr; 🚌 26, 🚋 4 oder 6) Das großartige Musik- und Tanzlokal liegt im Stadion am Südende der Margareteninsel liegt.

Holdudvar (Karte S. 92 ☎ 485 5270; VIII., Múzeum körút 6–8; 🕓 8–4 Uhr; Ⓜ M2 Astoria) Der geräumige Innenhof auf dem Gelände der größten Uni hat logischerweise zwei Gesichter: ernst und Kaffee trinkend sowie wild und hemmungslos.

Mokka Cuka (Karte S. 84–85; ☎ 453 2120; www.mokkacuka.hu; III., Óbudai-sziget; 🕓 0–24 Uhr; HÉV Filatorigát) Auf der Insel, die die schönen Menschen der Hauptstadt anzieht, ist das Mokka Cuka die Adresse für alle, die Indie-Musik von erfahrene DJs aufgelegt bekommen möchten.

Szimpla Kert (Karte S. 92; ☎ 321 5880; www.szimpla.hu; VII., Kazinczy utca 14; 🕓 12–24 Uhr; 0-Bus 74) Einer der ersten *kertek* der Hauptstadt. Das Szimpla ist genau das, was der Name verrät: einfach wie es sich´s gehört und unspektakulär.

Szóda Udvar (Karte S. 90; ☎ 461 0007; V., József nádor tér 1; 🕓 12 Uhr–open end; Ⓜ M1/2/3 Deák Ferenc tér) Das gut besuchte Szóda liegt in einem früheren Bankgebäude. Das etwas träge Publikum legt in den frühen Morgenstunden auf der Tanzfläche im Keller aber so richtig los.

Tűzraktár (Karte S. 94–95; ☎ 06 70 523 1593; www.tuzraktar.hu; IX., Tűzoltó utca 54–56; 🕓 17–3 Uhr; Ⓜ 3 Klinikák) Das verlassene Werksgelände, genannt das Feuer-Lagerhaus, und der große Innenhof sind Veranstaltungsort für kulturelle Vorführungen und Feten jeder Art.

Zöld Pardon (Karte S. 94–95; www.zp.hu; XI., Goldmann György tér; 🕓 9–6 Uhr; 🚋 4 oder 6) Das Rock-Paradies direkt gegenüber vom Café del Rio nennt sich selbst „das größte Sommerfestival der Welt.

Budapester Schwulenclub ist auch unter dem ungarischen Namen Angyal bekannt. Freitags und sonntags sind auch Frauen willkommen.

CoXx (Karte S. 90; ☎ 344 4884; VII., Dohány utca 38; 🕓 So–Do 21–4, Fr–Sa 21–5 Uhr; 🚌 7 oder 73) Die Kellerbar hat zwar einen DJ und eine kleine Tanzfläche, doch ist das CoXx mehr eine Kneipe als ein Club. Es gibt eine Galerie und ein **Internetcafé** (🕓 Mo–Fr 12–4, Sa–So 21–4 Uhr) im Erdgeschoss.

Action (Karte S. 92; ☎ 266 9148; V., Magyar utca 42; 🕓 21–4 Uhr; Ⓜ M3 Kálvin tér) Das Action ist für diejenigen gedacht, die Action haben wollen. Die üblichen Vorsichtsmaßnahmen sind hier also angebracht.

Für Frauen gibt es keine eigenen Bars in Budapest. Empfehlenswert sind jedoch:

Café Eklektika (Karte S. 92 ☎ 266 1226; V., Semmelweis utca 21; 🚋 47 oder 49; 🕓 Mo–Fr 12–24, Sa–So 17–24 Uhr) Gemischtes Publikum.

Candy (Karte S. 92; ☎ 789 2130, V., Kossuth Lajos utca 17; Ⓜ M2 Astoria) Lesbenpartys werden jeden letzten Samstag im Monat veranstaltet.

Jailhouse (Karte S. 94–95; ☎ 06 30 989 4905, 218 1368; IX., Tűzoltó utca 22; Ⓜ M3 Ferenc körút) Lesbenpartys werden jeden ersten Freitag im Monat veranstaltet.

Sport

WASSERBALL

Der **Ungarische Wasserball-Verband** (MVLSZ; ☎ 412 0041; www.waterpolo.hu, in Ungarisch) hat seinen Sitz im Alfréd-Hajós-Schwimmbad (S. 106) auf der Margareteninsel. Die Spiele finden zwischen September und Mai hier und in zwei anderen Bädern statt: in Buda im Béla-Komjádi-Schwimmbad (S. 106) und in Pest im **BVSC** (Karte S. 86–87; ☎ 251 3888; XIV., Szőnyi út 2; 0-Bus 74 oder 74A). Wer sich ein Spiel oder das Training anschauen will, kann die MVLSZ wegen Zeit und Ort anrufen. Die Termine stehen auch in der Tageszeitung *Nemzeti Sport* („Nationaler Sport"; 99 Ft.), die es an allen Zeitungsständen gibt.

FUSSBALL

Ungarns Abstieg aus der Topliga des europäischen Fußballs bleibt genauso unverständlich wie die Beliebtheit von Cliff Richard. Die Ungarn beschreiben das Phänomen so: Sie seien *a béka segge alatt* – wörtlich „unter den Arsch eines Frosches" gekommen, also *richtig* im Keller gelandet. Ungarns Siege gegen England 1953 in Wembley (6:3) und 1954 zuhause (7:1) werden immer noch so diskutiert, als wären sie erst gestern passiert.

Vier der zwölf ungarischen Erstligateams kommen aus Budapest: Kispest-Honvéd spielt im **József-Bozsik-Stadion** (☎ 282 9791, 282 9789; XIX., Új temető út 1–3; 🚌 36), das 15 000 Plätze hat. MTK spielt im **Hungária-Stadion** (Karte S. 86–87; ☎ 219 0300; VIII., Salgótarjáni utca 12–14; 🚊 1 oder 1A) mit seinen 8000 Plätzen. UTE spielt im **UTE-Stadion** (Karte S. 84–85; ☎ 369 7333; IV., Megyeri út 13; 🚌 47 oder 96), wo es 15 000 Zuschauerplätze gibt. Doch kein Verein dominiert den ungarischen Fußball so wie Ferencváros (FTC), das lauteste und umstrittenste Team des Landes. Entweder liebt man die Fradi-Jungs in Grünweiß oder man hasst sie. Sie spielen im **FTC-Stadion** (Karte S. 94–95; ☎ 215 1013; IX., Könyves Kálmán körút 26; Ⓜ M3 Népliget) mit 18 000 Plätzen. In der *Nemzeti Sport* stehen die jeweiligen Spieltermine.

PFERDERENNEN

Die Nachfahren der magyarischen Nomaden stehen auf Pferderennen. Der **Kincsem Park** (Karte S. 83; ☎ 433 0522; www.kincsempark.com; X., Albertirsai út 2; Ⓜ M2 Pillangó utca) ist der Veranstaltungsort für *ügető* (Trabrennen) und *galopp* (Galopprennen). Die Rennzeiten können variieren, doch in der Regel finden wöchentlich drei Trab-Wettkämpfe mit je zehn bis elf Rennen statt, normalerweise samstags und sonntags um 15 Uhr und mittwochs um 16 oder 17 Uhr. Galopprennen starten normalerweise zwischen Mai und Anfang November donnerstags und sonntags um 14 Uhr.

Tanz

KLASSISCH

Die zwei eher mäßigen Budapester Ballettensembles sind das Ungarische Nationalballett und das Ungarische Festivalballett. Sie treten in der Ungarischen Staatsoper, im Erkel-Theater sowie im Nationalen Tanztheater auf.

Für Freunde modernen Tanzes gibt es mehrere gute Alternativen. Dazu zählt das **Trafó House of Contemporary Arts** (Trafó Kortárs Művészetek Háza; Karte S. 94–95; ☎ Information 456 2040, Tickets 215 1600; www.trafo.hu; IX., Liliom utca 41; Ⓜ M3 Ferenc körút). Hier treten die besten der besten auf, darunter viele internationale Gruppen und das **Mitteleuropäische Tanztheater** (Közép-Európa Táncszínház; Karte S. 86–87; ☎ 342 7163, 06 30 526 1024; www.cedt.hu; VII., Bethlen Gábor tér 3; 0-Bus 74 oder 78).

FOLKLORE

Die 30 Tänzer des Staatlichen Folkloreensembles (Magyar Állami Népi Együttes) treten im **Budai Vigadó** (Karte S. 89; ☎ 201 3766; I., Corvin tér 8; 🚌 86, 🚊 19, 41) auf. Aufführungen finden von Mai bis Mitte Oktober dienstags, donnerstags und sonntags sowie im restlichen Jahr samstags und/oder sonntags statt. Darüber hinaus tritt das Rajkó-Folkloreensemble (Rajkó Népi Együttes) mit seinen Volkstänzen samstags im Budapester Puppentheater (unten) auf. Das Duna Folkloreensemble (Duna Népi Együttes) tanzt montags und mittwochs im Duna Palota unweit des Pester Roosevelt tér. Das eineinhalbstündige Programm beginnt um 20 Uhr und die Tickets kosten ab 4600/4200 Ft. (Erw./Stud.). Bei **Hungaria Koncert** (☎ 317 2754, 201 5928; www.ticket.info.hu) gibt es weitere Infos; es reserviert auch Karten.

Nationales Tanztheater (Nemzeti Táncszínház; Karte S. 89; ☎ Information 201 4407, Tickets 375 8649; www.nemzetitancszinhaz.hu; I., Színház utca 1–3; 🕑 Theaterkasse 13–18 Uhr; 🚌 16 oder Várbusz) Im Nationalen Tanztheater tritt irgendwann einmal jedes Tanzensemble der Stadt auf. Dazu zählen die zwei Ballettgruppen und das Honvéd-Ensemble. Letzteres ist eine der besten Folkloregruppen Budapests, die mittlerweile auch mit modernen Choreografien experimentiert.

Theater

Merlin Theater (Karte S. 912; ☎ 317 9338, 266 4632; www.merlinszinhaz.hu; V., Gerlóczy utca 4; Ⓜ M1/2/3 Deák Ferenc tér, 🚊 47 oder 49) Das Pester Merlin bringt zahlreiche englischsprachige Stücke auf die Bühne, die oftmals von der hauseigenen Atlantis Company und der Budapester Madhouse-Gruppe aufgeführt werden. Die recht ernsten Stücke werden mit minimalem Bühnenbild inszeniert.

International Buda Stage (IBS; Karte S. 83; ☎ 391 2525; www.ibs-b.hu; II., Tárogató út 2–4; 56, 29) Eine junge Einrichtung ist die Buda Stage auf der anderen Donauseite. Gelegentlich werden englische Stücke, zumeist Komödien, aufgeführt.

Nationaltheater (Nemzeti Színház; Karte S. 94–95; ☎ Information 476 6800, Tickets 476 6868; www.nemzetiszinhaz.hu; IX., Bajor Gizi park 1; Theaterkasse Mo–Fr, Sa–So 14–18 Uhr; 2 oder 24) Wer ein Stück auf Ungarisch hören und sehen oder sich nur die bizarre Architektur (S. 108) angucken möchte, der sollte das bizarre Nationaltheater besuchen.

Budapester Puppentheater (Bábszínház; Karte S. 90; ☎ Information 342 2702, 321 5200; www.budapest-babszinhaz.hu; VI., Andrássy út 69; Tickets 500–1100Ft; M M1 Vörösmarty utca) Das Puppentheater bringt wochentags Kindervorführungen (normalerweise um 10 oder 10.30 Uhr und um 16 Uhr). Ungarischkenntnisse sind meist nicht erforderlich. Abends gibt es gelegentlich Folkloreprogramme, die für Erwachsene bestimmt sind.

Vorverkaufsstellen

Unten finden sich die wichtigsten und/oder nützlichsten Vorverkaufsstellen in Budapest. Über www.jegymester.hu und www.kulturinfo.hu lässt sich nahezu alles online vorbestellen.

Ticket Express (Innenstadt Karte S. 92; ☎ Information 312 0000, Reservierungen 06 30 303 0999; www.tex.hu; VI., Andrássy út 18; Mo–Fr 9.30–18.30 Uhr; M M1 Opera; Józsefváros Karte S. 90; ☎ 334 0369; MCD Zeneáruház, VIII., József körút 50; Mo–Fr 9.30–18.30 Uhr; 4 oder 6) Die größte Vorverkaufsstelle Budapests mit acht Filialen.

Központi Jegyiroda (Karte S. 92; ☎ 267 9737, 267 1267; VI., Andrássy út 15; M M1 Opera; Mo–Fr 10–18 Uhr) Die wichtigste Vorverkaufsstelle für Theaterkarten u. ä. in Budapest.

Szimfonikus Jegyiroda (Karte S. 90; ☎ 302 3841; VI., Nagymező utca 19; M M1 Opera; Mo–Fr 10–19 Uhr) Vorverkaufsstelle für klassische Konzerte.

Zirkus

Hauptstädtischer Großzirkus (Fővárosi Nagycirkusz; Karte S. 86–87; ☎ 343 8300, 343 6002; www.maciva.hu, in Ungarisch; XIV., Állatkerti körút 7; Erw. 1200–1900 Ft., Kind 900–1500 Ft.; M Széchenyi fürdő) Europas einziger ortsgebundener Großzirkus bietet alles, was man erwartet: Akrobaten, wagemutige Reiter sowie Eisshows im Winter. Vorführungen sind von Mittwoch bis Sonntag jeweils um 15 Uhr. Samstags und sonntags gibt es zusätzliche Vorführungen um 10.30 Uhr und nur samstags um 19 Uhr.

SHOPPEN

In Budapest kann jeder seinen Einkaufshunger stillen. Alle Produkte, die im Abschnitt „Allgemeine Informationen“ (S. 401) erwähnt werden, sind vielerorts erhältlich. Viele Leute lieben die städtischen Flohmärkte: Hier kann jeder seinem Laster frönen und damit noch echte Budapest-Erfahrungen sammeln.

Flohmärkte

Ecseri Piac (Karte S. 94–95; ☎ 282 9563; XIX., Nagykőrösi út 156; Mo–Fr 8–16, Sa 6–15, So 8–13 Uhr) Oft wird der Flohmarkt einfach nur der *piac* (Markt) genannt. Er ist einer der größten und besten Flohmärkte in Mitteleuropa. Hier wird alles von Antiquitäten und Schmuck bis zu sowjetischen Armeeuhren und Fred-Astaire-Hüten angeboten. Samstags ist der beste Tag. Zum Flohmarkt fährt die Buslinie 54 ab Boráros tér in Pest. Besser ist jedoch die rote Schnellbuslinie 54, der von der Metrostation Határ utca (M3) zur Haltestelle Fiume utca fährt. Die Besucherscharen über die Fußgängerbrücke zeigen dann von selbst den Weg.

Stadtwäldchen-Flohmarkt (Városligeti bolhapiac; Karte S. 86–87; ☎ 363 3730, 251 7266; www.bolhapiac.com; XIV., Zichy Mihály utca 14; Sa–So 7–14 Uhr; 1 oder 1A; 0-Bus 70, 72 oder 74) Der riesige Flohmarkt unter freiem Himmel (eine Art ungarischer Garagenverkauf) findet neben der Petőfi Csarnok (S. 126) im Stadtwäldchen statt. Gehandelt werden alte Platten, Klamotten, Kerzen, Honig und Kräuter. Sonntag ist der bessere Tag für einen Besuch.

Wer keine Zeit hat, die beiden genannten Flohmärkte zu besuchen, kann es auch in einem der zahlreichen **BÁV-Läden** (Bizományi Kereskedőház és Záloghitel; ☎ 325 2600; Mo–Fr 10–18, Sa 9–13 Uhr) probieren. BÁV ist eine Kette von Pfandleih- und Secondhand-Läden. Einen Versuch wert sind die Filiale **Andrássy út** (Karte S. 90; ☎ 342 9143; VI., Andrássy út 43; M M1 Opera) für alten Schmuck, Uhren und Silber;

die Filiale **Bécsi utca** (Karte S. 92; ☎ 318 4403; V., Bécsi utca 1–3; Ⓜ M1/2/3 Deák Ferenc tér) für Nippes, Porzellan und Glas; die Filiale **Szent István körút** (Karte S. 90; ☎ 473 0666; XIII., Szent István körút 3; 🚊 4 oder 6) für Porzellan, Kleidung und Kunst und die Filiale **Margit körút** (Karte S. 86–87; ☎ 315 0417; II., Margit körút 4; 🚊 4 oder 6) für Möbel, Lampen und Porzellan.

Geschenke & Souvenirs

Holló Atelier (Karte S. 92; ☎ 317 8103; V., Vitkovics Mihály utca 12; 🕑 Mo–Fr 10–18, Sa 10–12 Uhr; Ⓜ M1/2/3 Deák Ferenc tér) Unweit des Nordendes der Váci utca verkauft der Laden attraktive Volkskunst mit einem modernen Touch.

Hungaricum (Karte S. 89; ☎ 487 7306; I., Fortuna utca 1; 🕑 9–21 Uhr; 🚌 16 oder Várbusz) Der Laden liegt sehr günstig im Burgviertel und verkauft hochwertiges ungarisches Kunsthandwerk sowie Lebensmittel (z. B. Gänseleber und Honig), Wein und *pálinka* (Schnaps).

Intuita (Karte S. 92; ☎ 266 5864; V., Váci utca 67; 🕑 Mo–Fr 11–18, Sa 10–14 Uhr; 🚌 15) Hier werden keine bemalten Eier und *pálinka* angeboten, sondern modernes ungarisches Kunsthandwerk, z. B. selbstgemachte Gläser, Keramiken und gebundene Bücher.

Folkart Centrum (Népművészet; Karte S. 92; ☎ 318 5840; V., Váci utca 58; 🕑 10–19 Uhr; 🚌 15) Im großen Laden ist alles „made in Hungary": Folklorekostüme, Puppen, bemalte Eier und gestickte Tischdecken. Die Preise sind klar ausgezeichnet und die Bedienung ist sehr freundlich und hilfsbereit.

Glas & Porzellan

Herend (Karte S. 92; ☎ 317 2622; V., József nádor tér 11; 🕑 Mo–Fr 10–18, Sa 9–13 Uhr; Ⓜ M1 Vörösmarty tér) Für zeitgenössisches und traditionelles Porzellan gibt es keine Alternative zu Herend.

Herend Village Pottery (Karte S. 86–87; ☎ 356 7899; II., Bem rakpart 37; 🕑 Mo–Fr 9–17, Sa 9–12 Uhr; Ⓜ M2 Batthyány tér) Führt Töpferwaren und Geschirr mit gewagten Fruchtmustern – eine ungewöhnliche Alternative zum Herender Porzellan, das von manchen als zu vornehm und zerbrechlich ansehen wird.

Zsolnay (Karte S. 92; ☎ 266 6305; V., Váci utca 19–21; 🕑 10–19 Uhr; Ⓜ M3 Ferenciek tere) Er ist der Laden schlechthin für zeitgenössisches und traditionelles Zsolnay-Porzellan aus Pécs. Besonders nett sind die irisierenden grünen Frösche.

Haas & Czjzek (Karte S. 90; ☎ 311 4094; VI., Bajcsy-Zsilinszky út 23; 🕑 Mo–Fr 10–19, Sa 10–15 Uhr; Ⓜ M3 Arany János utca) Unweit des Deák Ferenc tér verkauft der Laden Zsolnay-Porzellan sowie die erschwinglicheren Modelle von Hollóháza und Alföldi.

Ajka Kristály (Karte S. 90; ☎ 332 4541; VI., Teréz körút 50; 🕑 Mo–Fr 10–18, Sa 10–13 Uhr; Ⓜ M3 Nyugati pályaudvar) Ajka wurde 1878 gegründet und ist in Ungarn führend im Bereich Kristall- und Glasprodukte. Die meisten Gebrauchsmuster sind sehr altmodisch, doch es gibt auch modernere Designs.

Wein & Spirituosen

Budapest Wine Society (Batthyány utca Karte S. 89; ☎ 212 2569; www.bortarsasag.hu; I., Batthyány utca 59; 🕑 Mo–Fr 10–20, Sa 10–18 Uhr; Ⓜ M2 Moszkva tér; Ráday utca Karte S. 92; ☎ 219 5647; IX., Ráday utca 7; 🕑 Mo–Fr 12–20, Sa 10–15 Uhr; Ⓜ M3 Kálvin tér) Die Weingesellschaft verkauft in ihren Läden eine hochkarätige Auswahl ungarischer Weine. Nirgendwo sonst in der Hauptstadt trifft man solche Experten in Sachen madjanischer Rebensaft.

La Boutique des Vins (Karte S. 92; ☎ 317 5919; V., József Attila utca 12; 🕑 Mo–Fr 10–18, Sa 10–15 Uhr; Ⓜ M1/2/3 Deák Ferenc tér) Der ehemalige Kellermeister des Gundel führt in seinem „Weinladen" (klingt besser als das ungarische „Bor Boltja") ungarische Spitzenweine. Die Angestellten helfen mit Empfehlungen, wenn man nicht weiter weiß.

Magyar Pálinka Ház (Karte S. 90; ☎ 338 4219; www.magyarpalinkahaza.hu; VIII., Rákóczi út 17; 🕑 Mo–Sa 9–19 Uhr; Ⓜ M2 Astoria) Freunde des ungarischen *pálinka* sollten sich diesen Laden vormerken. Der exquisite Schnaps kommt u. a. in den Sorten Aprikose, Sauerkirsche, Himbeere oder Pflaume auf den Markt. Zu Auswahl stehen Hunderte von Sorten.

AN- & WEITERREISE

Auto & Motorrad

Alle internationalen Autoverleiher haben in Budapest Filialen. Günstige Angebote gibt es jedoch nur selten. Ein Opel Corsa kostet bei **Avis** (Karte S. 92; ☎ 318 4158; www.avis.hu, in Ungarisch; V., Szervita tér 8; 🕑 Mo–Fr 9–18, Sa 9–15 Uhr; Ⓜ 1/2/3 Deák Ferenc tér) z. B. 33/198 € pro Tag/Woche, plus 0,33 € pro Kilometer sowie 23 € für die Erlassung der Selbstbeteiligung und Diebstahlversicherung. Dasselbe Auto kostet mit unbegrenzter Kilometerzahl und allen Versicherungen 99/88 € pro Tag/Wochenende. Die 25 %-ÁFA (Mehrwertsteuer) wird nicht bei Kunden erhoben, die keinen

Wohnsitz in Ungarn haben und mit ausländischer Währung oder Kreditkarte bezahlen können.

Einer der billigsten und zuverlässigsten Autoverleiher ist **Anselport** (☎ 362 6080, 06 20 945 0279; www.anselport.hu; XXII., V. utca 22; ⌚ 9–18 Uhr; 🚌 14 oder 114) im südlichen Buda.

Der Suzuki Swift kostet zwischen 19 und 43 € pro Tag, inklusive unbegrenzter Kilometer und Versicherung. Der Preis hängt von der Länge des Mietvertrags ab (ein Tag bis drei Wochen). Empfehlenswert ist auch **Fox Autorent** (☎ 382 9000; www.fox-autorent.com; XXII., Nagytétényi út 48–50; ⌚ 8–20 Uhr; 🚌 3, 14 oder 114). Der Verleiher nimmt 46/230 € pro Tag/Woche für einen Fiat Seicento, 55/320 € für einen Smart und 59/349 € für einen Fiat Punto (bestimmte Fahrkilometer und Versicherung inklusive).

Autofahrer erhalten Hilfe vom **Ungarischen Automobilclub** (Magyar Autóklub; Karte S. 86–87; ☎ 212 2821, Infotelefon (0–24 Uhr) 345 1755; II., Rómer Flóris utca 4/a; 🚋 4 oder 6) um die Ecke vom Margit körút an der Margaretenbrücke. Alle Autofahrer können in Ungarn bei Pannen den Automobilclub ☎ 188 anrufen.

Verkehrsinformationen für die Hauptstadt liefert **Főinform** (☎ 317 1173).

Bus

Alle internationalen Busse und einige Inlandslinien (vor allem nach/von Nordungarn verkehren ab dem **Népliget-Busbahnhof** (Karte S. 94–95; ☎ 219 8080; IX., Üllői út 131; Ⓜ M3 Népliget) in Pest. Der **internationale Fahrkartenschalter** (⌚ Sept.–Mai Mo–Fr 6–18, Juni–Aug. Mo–Fr 6–20, Sa–So 6–16 Uhr) liegt im Obergeschoss. **Eurolines** (☎ 219 8021; www.eurolines.com) ist hier genauso vertreten wie die ungarische Partnergesellschaft **Volánbusz** (☎ 382 0888; www.volanbusz.hu). Die unten gelegene **Gepäckaufbewahrung** (⌚ 6–21 Uhr) nimmt 190 Ft. pro Stück/Tag.

Der **Stadionok-Busbahnhof** (Karte S. 86–87; ☎ 251 0125; XIV., Hungária körút 48–52; ⌚ Fahrkartenschalter Mo–Fr 6–18, Sa–So 6–16 Uhr; Ⓜ M2 Stadionok) fährt in östlich von Budapest gelegene Orte. Der Fahrkartenschalter und die **Gepäckaufbewahrung** (⌚ 6–19 Uhr; pro Stück 200 Ft.) liegen im Erdgeschoss. Busse in den Südwesten Ungarns fahren ab dem **Etele-tér-Busbahnhof** (Karte S. 94–95; ☎ 382 4900; XI., Etele tér; ⌚ 6–18 Uhr; 🚌 rote 7) in Buda.

Der **Árpád-híd-Busbahnhof** (Karte S. 84–85; ☎ 329 1450; XIII., Róbert Károly körút; ⌚ Fahrkartenschalter 6–20 Uhr; Ⓜ M3 Árpád híd) auf der Pester Seite der Árpád-Brücke fährt ins Donauknie und in das nördliche Mittelgebirge (z. B. Balassagyarmat, Szécsény, Salgótarján etc.). Der kleine **Széna-tér-Busbahnhof** (Karte S. 86–87; ☎ 201 3688; I., Széna tér 1/a; ⌚ Fahrkartenschalter 6.30–16.30 Uhr; Ⓜ M2 Moszkva tér) in Buda ist für die Verbindungen ins Pilis-Gebirge und die Orte nordwestlich der Hauptstadt zuständig. Ab Bahnsteig 5 fahren täglich ein halbes Dutzend Busse nach Esztergom – sie sind eine Alternative zum Busbahnhof an der Árpád-Brücke.

Für Details zu den internationalen Busverbindungen, s. S. 407.

Flugzeug

Das **Kundenzentrum der Malév** (Karte S. 86–87; ☎ 235 3222; www.malev.hu; XIII., Váci út 26; ⌚ Mo–Fr 8.30–19, Sa–So 10–18 Uhr; Ⓜ M3 Nyugati pályaudvar) liegt 100 m nordwestlich des Nyugati-Bahnhofs. Malév betreibt auch Ticket-Schalter im **Terminal 2A** (☎ 296 7211; ⌚ 5–23 Uhr) und im **Terminal 2B** (☎ 296 5767; ⌚ 6–20.30 Uhr). Telefonnummern und Webseiten anderer Anbieter mit Büros in Budapest, s. S. 406.

Schiff

Tragflügelboote nach Bratislava und Wien werden von **Mahart PassNave** (Karte S. 92; ☎ 484 4013; www.mahartpassnave.hu; V., Belgrád rakpart; ⌚ 8–18 Uhr) betrieben. Sie legen am **Internationalen Fähranleger** (Nemzetközi hajóállomás; Karte S. 92; V., Belgrád rakpart) an. Für weitere Informationen s. S. 4093.

Von April bis Ende Oktober schippert Mahart PassNave mit Ausflugsschiffen von Budapest nach Szentendre, Vác, Visegrád und Esztergom. Von Ende Mai und Anfang September fahren Tragflügelboote von Budapest nach Visegrád, Nagymaros und Esztergom. Die Boote legen normalerweise vom **Büro und Anlegestelle der Legenda Boat Tours** (Karte S. 92; ☎ 318 1223; Ⓜ M1 Vörösmarty tér) am Vigadó tér auf der Pester Donauseite ab. Manchmal werden zusätzlich auch am Budaer Batthyány tér (Metrostation M2, Karte S. 89) Passagiere aufgenommen oder abgesetzt.

Trampen

Die Mitfahrzentrale **Kenguru** (Karte S. 90; ☎ 266 5837, 483 0105; www.kenguru.hu; VIII., Kőfaragó utca 15; ⌚ Mo–Fr 9–18, Sa 10–14 Uhr) vermittelt gegen Gebühr Kontakte zwischen Fahrern und

Mitfahrern, vor allem für Fahrten ins Ausland. Eine einfache Fahrt kostet z. B. nach München 7500 Ft., nach Amsterdam 14 200 Ft., nach Paris 14 900 Ft., nach Prag 8600 Ft. und nach Wien 3000 Ft.

Zug

Budapest hat drei große Bahnhöfe. Die meisten internationalen Züge fahren im **Keleti pályaudvar** (Ostbahnhof; Karte S. 86–87; ☎ 313 6835; VIII., Kerepesi út 2–6; Ⓜ M2 Keleti pályaudvar) ab. Züge zu bestimmten Zielen im Osten (z. B. Rumänien) starten im **Nyugati pályaudvar** (Westbahnhof; Karte S. 90; ☎ 349 0115; VI., Teréz körút 55–57; Ⓜ M3 Nyugati pályaudvar), während vom **Déli pályaudvar** (Südbahnhof; Karte S. 89; ☎ 375 6293, 355 8657; I., Krisztina körút 37; Ⓜ M2 Déli pályaudvar) die Züge in den Süden fahren (z. B. Osijek in Kroatien und Sarajewo in Bosnien). Die Abfahrtsorte ändern sich jedoch von Zeit zu Zeit, sodass man sich beim Fahrkartenkauf immer über den Abfahrtsbahnhof informieren sollte. Die kleineren Bahnhöfe sind für Fernreisende kaum von Bedeutung. Gelegentlich halten Fernzüge jedoch im Budaer Bahnhof **Kelenföldi pályaudvar** (Karte S. 94–95; ☎ 203 1687; XI., Etele tér 5–7; 🚊 19 oder 49). Informationen zum Zugverkehr gibt es rund um die Uhr in Budapest unter der Rufnummer ☎ 461 5500 oder in ganz Ungarn unter ☎ 06 40 49 49 49.

Die Budapester Bahnhöfe haben sicher schon bessere Tage erlebt. Tag und Nacht hängen heute ziemlich heruntergekommene Gestalten herum. Immerhin werden einige Dienstleistungen angeboten: Die Gepäckaufbewahrung im **Keleti-Bahnhof** (🕑 0–24 Uhr) befindet sich neben Gleis 6, im **Nyugati-Bahnhof** (🕑 4–24 Uhr) und im **Déli-Bahnhof** (🕑 3.30–23.30 Uhr) neben der Information und der Fahrkartenhalle. Kleine/große Stücke kosten für sechs Stunden 150/300 Ft. und pro Tag 300/600 Ft. Es gibt auch Postämter und Lebensmittelmärkte, die bis spät oder sogar rund um die Uhr geöffnet sind.

Die drei Hauptbahnhöfe sind durch die Metro und nachts durch Nachtbusse untereinander verbunden. Wer ein Taxi nehmen will, sollte die Haie meiden, die in den Bahnhöfen lauern. Am Déli-Bahnhof geht man am besten über die Alkotás utca und winkt dort ein Taxi heran. Am Keleti-Bahnhof sind die legalen Taxis am Taxenstand in der Kerepesi út oder auf der anderen Bahnhofsseite die beste Wahl. Der Nyugati tér ist eine Hauptverkehrskreuzung, sodass es sehr leicht ist, dort ein seriöses Taxi mit festem Tarif zu erwischen.

Fahrkarten werden in allen drei internationalen Bahnhöfen verkauft, doch die Schlangen sind oft lang. Reisende in Zeitnot und die Schalterangestellten gehören nicht zu den geduldigsten Menschen in Budapest. Einfacher ist daher der Fahrkartenkauf im **internationalen Informations- und Fahrkartenbüro der MÁV** (Karte S. 90; ☎ 461 5500, 352 2800; www.mav.hu, in Ungarisch; VI., Andrássy út 35; 🕑 April–Sept. Mo–Fr 9–18 Uhr, Okt.–März Mo–Fr 9–17 Uhr) – die Fahrpreise stehen im Internet unter der Adresse www.elvira.hu.

Weitere Informationen zu internationalen Zügen, s. S. 414.

UNTERWEGS VOR ORT

Auto & Motorrad

Nachts ist es zwar nicht so schlimm, doch tagsüber ist Autofahren in Budapest ein Alptraum. Baustellen bringen den Verkehr teilweise fast zum Erliegen. Es gibt auch mehr schwere Unfälle als reine Blechschäden, und Parkplätze sind eine Rarität. Der öffentliche Nahverkehr ist hingegen gut und billig: also einfach umsteigen.

Parken kostet von Montag bis Freitag (8–18 Uhr) und Samstag (8–12 Uhr) 120–400 Ft. Rund um die Uhr geöffnete Parkhäuser nehmen bis zu 500/5000 Ft. pro Stunde/Tag. Standorte sind: V., Váci utca 25 (unter dem Millennium Center; Karte S. 92); V., Szervita tér 8 (Karte S. 92) und V., Aranykéz utca 4–6 (Karte S. 92) in der Pester Innenstadt sowie VII., Nyár utca 20 (Karte S. 90).

Illegal geparkte Autos werden heutzutage zumeist nicht mehr abgeschleppt, sondern mit einer Parkkralle versehen. Wer glaubt, sein Auto sei abgeschleppt worden, ruft unter ☎ 383 0700 oder 383 0770 an. Um eine Parkkralle entfernen zu lassen, sind 15 000 Ft. fällig. Auf dem Strafzettel an der Windschutzscheibe steht die Kontakt-Telefonnummer, ansonsten gilt die Zahlenfolge ☎ 313 0810.

Alkohol am Steuer wird in Ungarn streng geahndet; s. S. 410.

Fahrrad

Auf den Straßen von Budapest fahren immer mehr Radfahrer, die vom wachsenden Netz an Radwegen profitieren. Die Haupt-

BUDAPEST METRO, ZUG & STRASSENBAHN

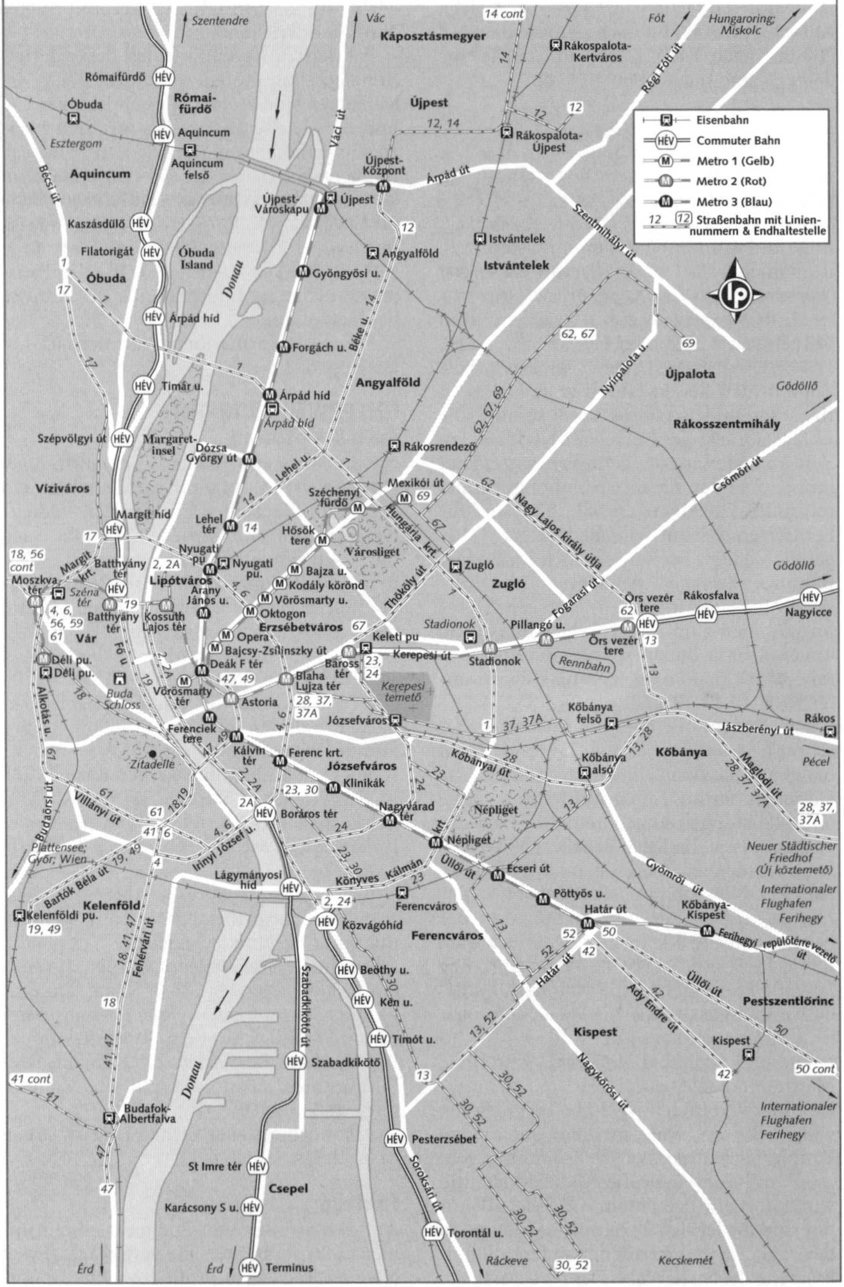

straßen in der Innenstadt sind zu verkehrsreich, um sie wirklich empfehlen zu können, doch die Nebenstraßen sind in Ordnung. Und in manchen Vierteln (Stadtwäldchen, Margareteninsel etc.) ist das Radfahren sogar richtiggehend geruhsam und entspannend. Tipps für Radtouren und Adressen von Verleihern s. S. 105.

Vom/Zum Flughafen

Budapests Flughafen **Ferihegy International Airport** (☎ 296 7000; www.bud.hu) liegt 24 km südöstlich des Stadtzentrums und hat zwei moderne Terminals, die in fußläufiger Entfernung nebeneinander liegen. Ein älterer Terminal liegt 5 km westlich. Informationen, welche Fluglinie welches Terminal benutzt, finden sich auf S. 406. In Terminal 2B finden die Fluggäste eine **OTP-Bankfiliale** (🕑 5.30–22 Uhr) und einen Geldautomaten, sieben Autoverleiher, eine Hotelreservierung, ein **Postamt** (🕑 Mo–Fr 8–15.30 Uhr) sowie eine **Gepäckaufbewahrung** (🕑 0–24 Uhr). Die Tarife für das Einlagern liegen bei 350/1050/1400 Ft. für 1/3/6 Stunden bzw. 2200/6500 Ft. pro Tag/Woche.

Da es viel billigere Optionen für die An-/Abfahrt von und zum Flughafen gibt, wäre es Quatsch, ein Taxi zu nehmen und dabei womöglich übers Ohr gehauen zu werden. Wer auf ein Taxi besteht, sollte *kein* Taxi draußen herbeiwinken, sondern nach der Ankunft mit dem Handy oder von einer Telefonzelle aus eine der empfohlenen Firmen (S. 137) anrufen. Dort wird zumeist Englisch gesprochen. Eine Fahrt kostet ca. 5000 Ft., doch viele Taxifirmen bieten einen günstigeren Pauschalpreis an. **Tele 5** (☎ 355 5555) nimmt 3490 Ft. für die Strecke zwischen Flughafen und Pest sowie 3990 Ft. zwischen Ferihegy und Buda.

Der **Airport-Minibus-Service** (☎ 296 8555; minibus@bud.hu) bringt Passagiere in Minibussen (8 Pers.) von drei Terminals direkt zum Hotel, zum Hostel oder zur Privatadresse (einfache Fahrt/hin & zurück 2300/3900 Ft.). Tickets gibt es an den deutlich ausgeschilderten Schaltern in den Ankunftshallen. Wer *zum* Flughafen will, muss den Minibus mindestens 24 Stunden im Voraus bestellen. Angesicht weiterer Stopps (bis zu sieben) kann das ziemlich nervtötend werden, vor allem, wenn die Zeit knapp wird.

Am billigsten – aber auch langsamsten – ist der Flughafenbus ins Stadtzentrum. Die Haltestelle zwischen den Terminals 2A und 2B ist mit „BKV Plusz Reptér Busz" ausgeschildert. Der Bus fährt zur Metrostation Kőbánya-Kispest, die Metro M3 fährt von dort ins Stadtzentrum. Die ganze Fahrt kostet 320 Ft.

Öffentliche Verkehrsmittel

Budapest hat ein alterndes, aber sicheres, effizientes und preisgünstiges öffentliches Nahverkehrssystem. Nirgendwo muss man länger als zehn Minuten auf eines der fünf wichtigsten Verkehrsmittel warten: die Metro mit drei Linien, die grünen Vorortzüge der HÉV mit vier Linien, die blauen Busse, die gelben Straßenbahnen und die roten O-Busse. Alle werden vom städtischen Verkehrsunternehmen **BKV** (☎ 342 2335, 06 80 406 688; www.bkv.hu) betrieben. Wer intensiv den Budapester Nahverkehr nutzen möchte, sollte den hervorragenden Nahverkehrsstadtplan *Budapesti Közlekedési Hálózata Térképe* (380 Ft.) kaufen. Er ist an den meisten Metro-Schaltern erhältlich.

Tagsüber verkehren die öffentlichen Verkehrsmittel je nach Linie zwischen 4.30 Uhr und ca. 21–23.30 Uhr. Zwischen 23.30 und 4 Uhr morgens verkehren rund 30 Nachtbuslinien, die je nach Strecke alle 10 bis 60 Minuten fahren.

TARIFE & FAHRSCHEINE

Um mit dem öffentlichen Nahverkehr innerhalb der Stadtgrenzen zu fahren, muss man ein gültiges Ticket besitzen, das man an Kiosken, Zeitungsständen oder den Metrozugängen kaufen kann. Kinder unter sechs Jahren fahren kostenlos, wenn sie von einem Erwachsenen begleitet werden. Fährräder werden nur in der Vorortbahn HÉV mitgenommen.

Der Standardtarif für alle Verkehrsmittel ist 185 Ft. (1665/3145 Ft. für einen Block mit 10/20 Fahrscheinen). Mit einem Einzelfahrschein darf in einem Verkehrsmittel ohne Umsteigen so weit gefahren werden, wie man möchte. Ein Umsteigeticket, mit dem man inklusive eines Umstiegs innerhalb von 90 Minuten unbegrenzt weit fahren kann, kostet 320 Ft.

Nur in der Metro gibt es ein Kurzstreckenticket für eine Fahrt von maximal drei Stationen innerhalb von 30 Minuten (130 Ft.). Für 200 Ft. kann man innerhalb von einer Stunde fünf Stationen fahren und am Deák Ferenc tér in eine andere Metro umsteigen. Für 300 Ft. darf die Metro innerhalb einer Stunde (und einem Umstieg) unbegrenzt weit benutzt werden.

Mit jedem dieser Fahrscheine sind Rück- und Umwegfahrten erlaubt. Die Tickets müssen an den Metrozugängen bzw. in den anderen Verkehrsmitteln vor Fahrtantritt entwertet werden, ansonsten droht eine Strafe bei Fahrkartenkontrollen.

Am besten ist die Zeitkarte, die auf allen Verkehrsmitteln innerhalb der Stadtgrenzen gültig ist. Sie erspart auch das ständige Kaufen und Entwerten eines neuen Tickets. Die zentralsten Verkaufsstellen sind die Fahrkartenschalter in den Metrostationen Deák Ferenc tér (Karte S. 92), Nyugati pályaudvar (Karte S. 90) und Déli pályaudvar (Karte S. 86–87). Sie sind täglich von 6 bis 20 Uhr geöffnet.

Eine Tageskarte ist mit 1150 Ft. vergleichsweise teuer, doch die 3-Tageskarte (*touristajegy* oder Touristenticket) für 2500 Ft. und die 7-Tageskarte (*hetijegy* oder Wochenkarte) für 3400 Ft. lohnen sich für die meisten Besucher. Für 14-Tages-/Monatskarten (4500/6900 Ft.) ist ein Lichtbild notwendig. Bis auf die Monatskarten sind alle Zeitkarten von Mitternacht bis Mitternacht gültig. Sie können deshalb im Voraus gekauft und anschließend mit dem gewünschten Datum versehen werden.

Schwarzfahren ist riskant: Durch verstärkte Kontrollen vor allem in der Metro ist das Risiko, erwischt zu werden, ziemlich groß. In der HÉV werden die Fahrscheine *immer* von einem Kontrolleur gecheckt. Die Strafe beträgt bei sofortiger Bezahlung 2500 Ft. Wer mit der Bezahlung im **BKV-Büro** (Karte S. 90; ☎ 461 6800; VII., Akácfa utca 22; 🕒 Mo–Fr 6–20, Sa 8–13.45 Uhr; Ⓜ M2 Blaha Lujza tér) bis zu 30 Tagen nach dem Vorfall wartet, zahlt 7000 Ft, danach sind 14 000 Ft. fällig.

METRO & HÉV

Budapest hat drei Metrolinien, die sich nur einmal am Deák Ferenc tér treffen: Die kleine gelbe (Millenniums-)Linie M1 verkehrt in Pest vom Vörösmarty tér zur Mexikoi út, die rote M2 vom Budaer Déli-Bahnhof zum Örs vezér tere in Pest und die blaue M3 von Újpest-Központ nach Kőbánya-Kispest in Pest. Verwirrend ist, dass auf der M1 eine Station Vörösmarty tér heißt und eine weitere, fünf Stationen später, Vörösmarty utca. Die Vorortbahn HÉV verkehrt auf vier Linien: nach Norden vom Budaer Batthyány tér über Óbuda und Aquincum nach Szentendre, nach Süden Richtung Csepel und Ráckeve sowie nach Osten Richtung Gödöllő. Das System ergänzt oberirdisch das Metrosystem.

BUS, STRASSENBAHN & O-BUS

Der Großraum Budapest wird durch ein ausgedehntes System an Straßenbahnen, O-Bussen (Trolleybussen) und Bussen bedient. Auf derselben Linie verkehren manchmal Busse mit schwarzen und roten Zahlen. Die „roten" sind die schnelleren Expressbusse, die nur an wenigen Haltestellen stoppen.

Die drei Verkehrsmittel unterscheiden sich kaum, auch wenn die Straßenbahnen oftmals schneller und generell angenehmer fürs Sightseeing sind. Die O-Busse durchschneiden die Wohnviertel in Pest und sind für die meisten Touristen wenig hilfreich. Ausnahmen sind die O-Busse zum Stadtwäldchen und Volkspark (Népliget).

Die folgenden Straßenbahnlinien sind die wichtigsten. Sie sind in Budapester Stadtplänen immer rot markiert, die gestrichelten roten Linien stehen für O-Busse.

Linie 2 & 2A Sightseeing-Straßenbahn, die am Pester Donauufer bis zum Jászai Mari tér fährt.

Linie 4 & 6 Sehr nützliche Linien, die im südlichen Buda an der Fehérvári út bzw. am Móricz Zsigmond körtér beginnen und über den gesamten Großen Ring in Pest fahren, bevor sie am Moszkva tér in Buda enden.

Linie 18 Verkehrt vom Süden Budas über die Bartók Béla út durch den Tabán zum Moszkva tér.

Linie 19 Fährt teilweise dieselbe Strecke wie die 18, dann aber am Budaer Donauufer entlang zum Batthyány tér.

Linie 47 & 49 Verbinden den zentralen Deák Ferenc tér in Pest über den Kleinen Ring mit Südbuda.

Linie 61 Verbindet in Buda den Móricz Zsigmond körtér mit dem Déli-Bahnhof und dem Moszkva tér.

Einige wichtige Buslinien, die in Stadtplänen immer mit einer blauen Linie eingezeichnet werden:

Linie 4 (schwarz) Verkehrt aus dem nördlichen Pest über den Hősök tere zum Deák Ferenc tér (die rote Linie 4 fährt über dieselbe Route, dann aber über die Kettenbrücke weiter nach Buda).

Linie 7 Durchschneidet Pest vom Bosnyák tér über die Rákóczi út, überquert die Elisabethbrücke und fährt zum Kelenfölder Bahnhof in Südbuda.

Linie 86 Durchquert Buda von Süd nach Nord vom Kosztolányi Dezső tér nach Óbuda.

Linie 105 Fährt vom Deák Ferenc tér zum Apor Vilmos tér in Buda.

Nachtbus 906 Verkehrt nachts als Ersatz für die Straßenbahn 6 über den Großen Ring.

Nachtbus 907 Fährt über eine sehr lange Route von der Metrostation Örs vezér tere (M2) in Pest zum Kelenfölder Bahnhof in Buda.

Schiff

Zwischen Mai und Mitte September verkehren sechs- bis achtmal täglich Passagierschiffe des Budapester Verkehrsunternehmens **BKV** (☎ 369 1359; www.bkv.hu) zwischen dem Boráros tér (Karte S. 94–95) neben der Petőfi-Brücke und dem Rómaifürdő und Csillaghegy in Óbuda. Die Fahrt mit zehn Zwischenstopps dauert zwei Stunden. Tickets (Erw./Kind 600/300 Ft. ganze Strecke; oder 500/250 Ft. und 200/150 Ft. für kürzere Distanzen) werden an Bord verkauft. Der nächstgelegene Schiffsanleger zum Burgviertel ist der Batthyány tér (Karte S. 89). Der Anleger Petőfi tér liegt nicht weit vom Vörösmarty tér (Karte S. 92) entfernt und ist für die Pester Innenstadt ein guter Zustiegspunkt. Der Fahrradtransport kostet 500 Ft.

Für Informationen zu Schiffsfahrten s. S. 110.

Taxi

Taxis sind in Budapest im Vergleich zu anderen europäischen Städten immer noch günstig. Doch auf Grund des ausgezeichneten öffentlichen Verkehrsnetzes ist ein Taxi nur selten wirklich notwendig. Viele Leser beklagen sich darüber, von Taxifahrern ausgenommen und sogar bedroht worden zu sein. Vorsicht ist also angebracht. Die seriösen Firmen, die unten aufgeführt werden, setzen jedoch auf Kundenfreundlichkeit und gehen Beschwerden ernsthaft nach.

Taxis ohne Firmenschild an der Tür und nur mit einem abnehmbaren Taxischild auf dem Dach sollte generell gemieden werden, hier ist die Gefahr am größen, ausgenommen zu werden. Taxis ohne gelbes Lizenzschild und ohne Identifikationsmarke auf dem Armaturenbrett (gesetzlich vorgeschrieben!) sind illegal unterwegs. Das Logo einer der seriösen Firmen und der Taxameter sollten deutlich sichtbar sein.

Nicht alle Taxameter laufen im selben Takt, einige sind viel teurer als andere. Doch es gibt Höchsttarife, unter denen jedoch alles erlaubt ist. Von 6–22 Uhr beträgt der gesetzliche Höchsttarif 300 Ft. (Grundgebühr), der Kilometerpreis 240 Ft. und die Wartezeit 60 Ft. pro Minute. Von 22–6 Uhr betragen die jeweils etwas heruafgesetzten Tarife 420/330/80 Ft.

Die Budapester winken nur selten ein Taxi am Straßenrand herbei, sondern rufen praktisch immer vorher an, da dann auch der Fahrpreis günstiger ist. Für die Bestellung ist die Festnetznummer des Standortes notwendig, darüber ermitteln die Taxifirmen die Adresse. Doch wer will, kann auch über Handy anrufen.

Die Telefonnummern der seriösen Firmen lauten:

Buda ☎ 233 3333
City ☎ 211 1111
Fő ☎ 222 2222
Rádió ☎ 377 7777
Tele 5 ☎ 355 5555

RUND UM BUDAPEST

Um ehrlich zu sein: In Ungarn liegt sehr viel „rund um Budapest". Viele Orte im Donauknie, in Transdanubien, im nördlichen Mittelgebirge und sogar in der Großen Tiefebene lassen sich relativ leicht von Budapest aus im Rahmen eines Tagesausflugs besuchen. Szentendre (19 km) ist in 30 Minuten erreicht, Gyöngyös am Fuße der Mátra-Berge und -Weinregion liegen nur 80 km östlich der Hauptstadt. Nachfolgend sind einige einfache Tages- oder Halbtagesausflüge von der Hauptstadt aus beschrieben.

SKULPTURENPARK

Ein recht außergewöhnlicher Abstecher führt zum **Skulpturenpark** (Szoborpark; Karte S. 83; ☎ 424 7500; www.szoborpark.hu; Ecke XXII., Szabadkai út & Balatoni út; Erw./Kind 600/400 Ft.; 🕑 10 Uhr–Dämmerung) 10 km südwestlich des Stadtzentrums. Hier wurden mehr als 40 Büsten, Skulpturen und Gedenktafeln von Lenin, Marx, Béla Kun und „heroischen" Arbeitern aufgestellt, die in anderen ehemals sozialistischen Ländern auf dem Schrottplatz gelandet sind. Doch hier dokumentieren sie, wie geschmacklos und unehrlich das *Ancien régime* des Realsozialismus war. Kaum zu glauben, dass mindestens vier dieser monströsen Denkmäler noch in den späten 1980er-Jahren errichtet wurden. Dazu zählt die Béla-Kun-Skulptur von Imre Varga (S. 81), die den „Helden“ in einer Menschenmenge zeigt. Die Skulptur stand noch 1992 am Originalplatz. Der Museumsladen verkauft herrlichen kommunistischen Kitsch, darunter Skulpturen, Anstecker und CDs mit revolutionären Liedern.

Das sozialistische Disneyland erreicht man mit der Straßenbahnlinie 19 vom Batthyány tér in Buda, mit der Straßenbahnlinie 49 vom Deák Ferenc tér in Pest oder mit der roten Linie 7 vom Ferenciek tere in Pest. Alle drei Linien enden am Etele tér. Von dort fährt ein gelber Volán-Bus von Bussteig 7 Richtung Diósd/Érd (133 Ft., 15 Min., 8 km, alle 15–20 Min.); an der fünften Haltestelle sollte man aussteigen.

Ein Direktbus (Erw./Kind, inkl. Eintritt hin und zurück 1950/1350 Ft.) fährt ganzjährig ab dem Le Meridien Budapest Hotel am Deák Ferenc tér jeweils um 11 Uhr zum Park. Zwischen März und Oktober gibt es um 15 Uhr, im Juli und August um 10 und 16 Uhr zusätzliche Verbindungen.

SZÁZHALOMBATTA

☎ 23 / 17 500 Ew.

28 km südwestlich von Budapest liegt die unattraktive Stadt Százhalombatta im Schatten eines großen Heizkraftwerkes. Sehenswert ist aber der **Archäologische Park** (Régészeti Park; ☎ 350 537; http://matrica.battanet.hu; István király út 4; Park Erw./Kind/Fam. 600/300/1600 Ft., Park & Museum 805/415/2070 Ft.; 🕑 April–Okt. Di–So 10–18 Uhr), das einzige Freilichtmuseum Ungarns mit einem prähistorischen Thema. Der 6 ha große Park umfasst mehrere eisenzeitliche Grabhügel – Százhalombatta bedeutet „100 Erdhügel“. Die Ausgrabungen werden kontinuierlich fortgeführt, derzeit können rekonstruierte Siedlungen aus der Bronze- und Eisenzeit besichtigt werden. Dazu kommen nachgemachte Töpferprodukte, Küchenutensilien, Musikinstrumente und Kleidung. Das Highlight des Parkes ist ein rund 2700 Jahre alter Grabhügel, der mit Eichenholz ausgelegt ist. Die 5,5 m² große Grabkammer wurde aus archäologischen Funden unglaublich detailliert rekonstruiert. Ein 18-minütiger Film (in Deutsch, Englisch und Ungarisch) vermittelt einen kurzen Einblick in das Mitteleuropa der Bronze- und Eisenzeit. Danach werden der Beerdigungsablauf sowie die Rekonstruktion der Grabkammer geschildert.

Das **Matrica-Museum** (☎ 354 591; www.matrica.battanet.hu; Gesztenyés út 1–3; Erw./Kind/Fam. 415/210/1035 Ft.; 🕑 April–Okt. Di–So 10–18 Uhr, Nov.–März Di–Fr 10–16, Sa–So 10–18 Uhr) ist Teil des Archäologischen Parks, liegt aber in der Stadt. Hier wird die Geschichte der Siedlung von prähistorischer Zeit bis heute geschildert.

An- & Weiterreise

Mehr als zwei Dutzend Züge fahren von den Budapester Bahnhöfen Déli und Kelenföld täglich mit Halt in Százhalombatta Richtung Pécs (248 Ft., 40 Min., 28 km, alle 20 Min.); der letzte Zug kehrt kurz vor 22.30 Uhr zurück. Ein unregelmäßig verkehrender Bus verbindet den Bahnhof in Százhalombatta mit dem Park; der letzte fährt gegen 16 Uhr zum Budapester Bahnhof zurück.

Vom Kelenfölder Bahnhof am Etele tér in Südbuda fahren regelmäßig Busse nach Százhalombatta (363 Ft., 45 Min., 28 km, alle 30 Min.).

RÁCKEVE

☎ 24 / 9250 Ew.

Die Sehenswürdigkeiten dieser sympathischen Kleinstadt sind der schöne Park und Badestrand am Fluss, die gotische Serbisch-orthodoxe Kirche (*rác* ist das alte ungarische Wort für „Serbe“) sowie das ehemalige Schloss Savoyen, das heute ein prachtvolles Hotel ist. Ráckeve liegt am südöstlichen Ende der Csepel-Insel, die sich von Budapest weit nach Süden erstreckt. **Tourinform** (☎ 429 747; www.tourinform.rackeve.hu; Kossuth Lajos utca 51; 🕑 Mitte Juni–Mitte Sept. Mo–Sa 9–17 Uhr, Mitte Sept.–Mitte Juni Mo–Fr 8–16 Uhr) ist im Kulturzentrum Karóly Ács untergebracht, es liegt rund 1 km südlich des Bahnhofs.

Sehenswertes

SCHLOSS SAVOYEN

Vom HÉV-Bahnhof in Ráckeve führt die Kossuth Lajos utca stadteinwärts zum **Schloss Savoyen** (Savoyai-kastély; ☎ 485 253; Kossuth Lajos utca 95) am Ráckeve-Arm der Donau. Das Schloss mit einer Kuppel und zwei Flügeln wurde 1722 im Barockstil von Prinz Eugen von Savoyen errichtet. Der Prinz vertrieb in der Schlacht bei Zenta 1697 die letzten türkischen Besatzer aus Ungarn. Der österreichische Architekt Johann Lucas Hildebrandt entwarf später auch die Pläne für Schloss Schönbrunn in Wien. 1982 wurde das Savoyen-Schloss komplett renoviert und in ein teures Hotel mit 30 Zimmern und einem Konferenzzentrum umgewandelt. Im Juli und August finden im Schloss Konzerte statt.

ÁRPÁD-MUSEUM

Das kleine **Museum** (☎ 485 364; Kossuth Lajos utca 34; Erw./Kind 400/200 Ft.; ⌚ Mitte März–Okt. Di–So 10–18 Uhr, Nov.–Mitte März Mo–Fr 10–16 Uhr) liegt einige Hundert Meter weiter südlich und konzentriert sich auf das Leben am Fluss. Schwerpunkte sind unterschiedliche Typen von Wassermühlen sowie alte Fotografien.

SERBISCH-ORTHODOXE KIRCHE

Von der Kossuth Lajos utca ist der rechts zu sehende blaue Uhrenturm der **Serbisch-Orthodoxen Kirche** (Görög-keleti szerb templom; Viola utca 1; ⌚ Di–Sa 10–12, 14–17, So 14–17 Uhr) nicht zu verpassen. Die spätgotische Kirche wurde ursprünglich 1487 von Serben gebaut, die aus ihrer Heimatstadt Keve vor den Türken geflohen waren. Viele Straßenschilder sind in dieser Gegend noch heute serbisch beschriftet. Die Kirche wurde im 16. Jh. erweitert und 1758 durch den freistehenden Glockenturm ergänzt.

Die Wände und die Decke im Kircheninneren wurden von einem serbischen Künstler aus Albanien in der Mitte des 18. Jh. mit bunten Fresken versehen. Sie zeigen Szenen aus dem Alten und Neuen Testament sowie ein Reihe von Heiligen und dienten ursprünglich dazu, leseunkundigen Gemeindemitgliedern die Bibel zu erklären. Der erste Teil des Kirchenschiffs ist für Frauen reserviert, hinter der Absperrung sind nur Männer erlaubt. Nur der Priester und seine Helfer betreten den Bereich hinter der Ikonostase. Das reich verzierte und vergoldete Tor ist mit Ikonen ausgeschmückt.

Essen

Savoyai Kastély (☎ 424 189; Kossuth Lajos utca 95; Suppen 350–450 Ft., Vorspeisen 600–2200 Ft., Hauptgerichte 1200–3500 Ft.; ⌚ 12–23 Uhr) Das Kellerrestaurant im Schloss Savoyen ist eine der besseren Gaststätten in Ráckeve. Bei einem Essen kann man sich so das Schloss anschauen, ohne gleich dort zu wohnen.

Cadran (☎ 485 470; Hősök tere 1; Pizza 520–980 Ft.; ⌚ Mo–Sa 10–22, So 12.30–22 Uhr) Die beliebte Pizzeria liegt im Zentrum an der Árpád-Brücke und ist zugleich eine Kneipe. Für die Mittagspause oder nach einem Besuch der Serbischen Kirche ist Cadran die richtige Adresse. Im Innenhof stehen ebenfalls Tische.

An- & Weiterreise

Die Vorortbahn HÉV (520 Ft., 70 Min., 40 km, alle 30 Min.) fährt von der Endhaltestelle Vágóhíd im IX. Bezirk in Pest nach Ráckeve. Zum Bahnhof fährt von der Pester Innenstadt die Straßenbahnlinie 2 oder vom Keleti-Bahnhof auch die Straßenbahnlinie 24. Die letzte HÉV verlässt Ráckeve um 22.30 Uhr Richtung Budapest.

GÖDÖLLŐ

☎ 28 / 32 400 Ew.

Gödöllő liegt nur 27 km nordöstlich des Stadtzentrums und ist mit der HÉV leicht zu erreichen. Die Hauptattraktion ist das Königliche Schloss. Bei seiner Fertigstellung 1760 konkurrierte es in punkto Glanz und Größe mit dem Schloss Esterházy in Fertőd in West-Transdanubien (S. 182). Gödöllő ist heute das größte Barockschloss in Ungarn, doch auch die Stadt selbst ist mit ihren schönen Barockgebäuden eine Fahrt wert. 1901–20 lebte und wirkte hier die Gödöllőer Künstlerkolonie.

Tourinform (☎ 415 402; www.godollotourinform.hu; ⌚ April–Okt. Di–So 10–18 Uhr, Nov.–März Di–So 10–17 Uhr) betreibt ein Büro im Eingangsbereich des Schlosses.

Sehenswertes

Das **Königliche Schloss** (Királyi Kastély; ☎ 410 124; www.kiralyikastely.hu; Szabadság tér 1; Erw./Kind/Fam. 1400/700/2800 Ft.; ⌚ April–Okt. Di–So 10–18 Uhr, Nov.–März Di–So 10–17 Uhr) wird gelegentlich nach seinem Erbauer auch als Grassalkovich-Schloss bezeichnet. Antal Grassalkovich (1694–1771) war Graf und Vertrauter von Kaiserin Maria Theresia. Die Pläne für das Schloss stammen von Antal Mayerhoffer (1741).

Nach der Einrichtung der Doppelmonarchie wurde das Schloss zur Sommerresidenz von Kaiser Franz Joseph ausgebaut. Bald wurde es zum Lieblingsschloss seiner Frau, der in Ungarn heiß geliebten Habsburger Kaiserin und ungarischen Königin Elisabeth (1837–98), besser bekannt als „Sissi". Zwischen dem Ersten und Zweiten Weltkrieg nutzte der Reichsverweser Admiral Miklós Horthy das Schloss ebenfalls als Sommerresidenz, unter den Kommunisten diente es als sowjetische Kaserne, als Altersheim und als Notunterkunft. Alle anderen Gebäude wurden dem Verfall preisgegeben.

Die ersten Renovierungsarbeiten begannen 1994. Heute stehen dem Publikum im Erd- und Obergeschoss 26 Zimmer als Palastmuseum offen. Die Zimmer wurden restauriert, wenn auch ein bisschen überzogen. Der heutige Zustand soll die Anwesenheit des kaiserlichen Paares widerspiegeln. Im ersten Stock wurde Franz Josephs Suite in „männlichen" Grau- und Goldtönen gehalten. Die lavendelfarbene Privatsuite der Kaiserin ist beeindruckend, doch die Räume beschwören nicht so stark die Vergangenheit herauf wie die Zimmer im Schloss Esterházy. Sehenswert ist der **Prunksaal** mit seinen goldenen Verzierungen und Kronleuchtern. Hier werden ganzjährig Kammerkonzerte veranstaltet. Höhepunkt ist von Ende Juni bis Anfang Juli das **Palastkonzerte- und Kammermusik-Festival**. Der **Salon der Königin** zeigt ein romantisches Ölgemälde, auf dem Sissi patriotisch den Krönungsmantel von König Stephan mit Nadel und Faden repariert. Das **Schreibzimmer** besitzt ein restauriertes Deckengemälde und einen Teppich aus dem 18. Jh. mit dem Motiv der jagenden Diana.

Eine Reihe weiterer kürzlich renovierter Räumlichkeiten können gegen ein Extraticket im Rahmen einer Führung besichtigt werden. Dazu gehören das barocke **Palasttheater** (Erw./Kind 960/550 Ft. oder 2500 Ft. mit Museum) im Südflügel, der **Königliche Pavillon** (Eintritt 2750 Ft. mit Theater & Museum), der 1760 im Park errichtet wurde, sowie die **Königlichen Bäder** (Erw./Kind 1200/700 Ft. mit Theater & Pavillon, 2600/1250 Ft. mit Museum, Theater & Pavillon).

Essen

Das Tourinform-Büro im Schloss hat Speisekarten der lokalen Restaurants vorliegen und vertreibt auch Rabatt-Gutscheine.

Pizza Palazzo (☎ 420 688; Szabadság tér 2; Pizza & Pasta 750–1250 Ft., Hauptgerichte 950–1590 Ft.; 🕒 11–23 Uhr) Die beliebte Pizzeria bietet einige größere Gerichte an und liegt günstig an der HÉV-Station Szabadság tér.

Mei Shi Lin (☎ 412 658; Kossuth Lajos utca 33; Reis- & Nudelgerichte 450–1680 Ft., Hauptgerichte 950–2150 Ft.; 🕒 So–Do 11–22, Fr–Sa 11–23 Uhr) Angenehmes Lokal nordwestlich des Schlosses mit überraschend gutem chinesischem Essen.

Kastélykert (☎ 527 020; Szabadság tér 4; Vorspeisen 480–1990 Ft., Hauptgerichte 1000–1840 Ft.; 🕒 12–23 Uhr) Der „Burggarten" liegt in einem wunderschönen Barockhaus gegenüber vom Schloss auf dem ehemaligen Schlossgelände. Ein schöner Ort, um in gehobener Atmosphäre abends sehr gut essen zu gehen.

An- & Weiterreise

HÉV–Vorortbahnen verkehren vom Örs vezér tere an der Endstation der Metro M2 ganztägig nach Gödöllő (326 Ft., 40 Min., 27 km, all 30 Min.). In Gödöllő muss man an der Haltestelle Szabadság tér aussteigen (drittletzte Station). Der letzte Zug nach Budapest fährt gegen 22.45 Uhr zurück.

Daneben fahren Busse vom Budapester Busbahnhof Stadionok nach Gödöllő (302 Ft., 23 km, 40 Min., alle 30 Min.). Der letzte Bus zurück nach Budapest fährt Montag bis Freitag gegen 19.15 Uhr und Samstag und Sonntag kurz nach 20 Uhr ab. Der Busbahnhof Gödöllő liegt direkt östlich der HÉV-Station Szabadság tér neben dem riesigen Kulturzentrum.

Das Donauknie

Die Donau, Ungarns Hauptverkehrsader und Europas zweitgrößter Fluss, bahnt sich ihren Weg durch die Berge bis in den Norden von Budapest. Über die Jahrtausende hinweg hat die starre Masse des Börzsöny-Gebirges am linken und der Pilis-Berge am rechten Ufer den Fluss in eine Reihe enger, stark gewundener Schleifen gezwungen. Sie bilden zweifellos den schönsten Abschnitt der Donau.

Erst waren die Römer, dann die Magyaren der Ansicht, das Gebiet müsse besiedelt und umkämpft werden; die Spuren ihrer Mühen sind für jeden Betrachter mehr als deutlich entlang der Flussufer zu erkennen. Esztergom, als Bischofssitz jahrelang „Auge und Ohr" des Papstes in Ungarn, ist nun ein schlummerndes Städtchen mit der größten Basilika diesseits des Balkans, einem Mammutbau mit Kunstwerken und einer Krypta, die zu den altehrwürdigen Bischöfen passte. Ein wenig östlicher liegt Visegrád, ehemaliger Sitz der Königinnen und Könige Ungarns; heute steht dort die Ruine eines Palastes aus dem 15. Jh. und einer furchteinflößenden Burg. Die Stadt Szentendre ist eine Überraschung. Sie nimmt Neuankömmlinge und unorthodoxe Religionen herzlich auf, stellt eine übermäßig wirkende Anzahl von Kirchturmspitzen zur Schau und profitiert vom Erbe der Künstlerkolonien aus dem frühen 20. Jh.

Am östlichen Ufer ist die Atmosphäre wieder eine andere. Vác, eine kleine Stadt mit großer Geschichte, hat mediterranes Flair, aber unter der beschaulichen Oberfläche verbirgt sich eine gruselige Krypta voller Leichen. Nördlich von Vác liegen die Börzsöny-Berge, ein wildes Stück Natur und zugleich ein echter Abenteuerspielplatz.

HIGHLIGHTS

- Den weiten Ausblick auf das Donauknie von Visegráds mittelalterlicher **Zitadelle** (S. 154) genießen
- Das **Museum für christliche Kunst** (S. 159) in Esztergom mit seiner unvergleichlichen Sammlung mittelalterlicher Kunst und Skulpturen besuchen
- Auf der Suche nach dem perfekten Mitbringsel in der Flut von Kunstgalerien in **Szentendre** (S. 143) herumstöbern
- Sich in der lockeren Atmosphäre des kaum besuchten **Vác** (S. 148) entspannen
- Dem Gedränge, Gehetze und Gewühl entkommen – im sattgrünen Gebirge von **Börzsöny** (S. 152) oder **Pilis** (S. 155)

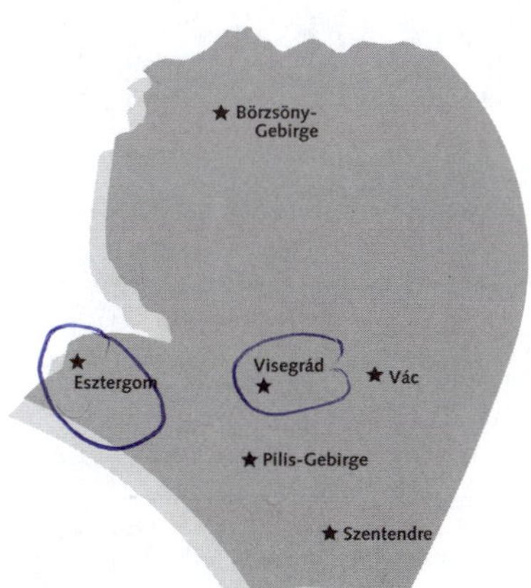

Geschichte

Das Donauknie mag zwar entweder verschlafen oder aber von Touristen völlig überfüllt wirken, doch hat es auf jeden Fall eine glanzvolle und abwechslungsreiche Geschichte zu bieten. Jahrhundertelang bildete es den äußersten Norden der römischen Kolonien; Esztergom war der erste Sitz der magyarischen Könige und über ein Jahrtausend lang das Zentrum der römisch-katholischen Kirche in der Region.

Visegrád war königlicher Sitz, als Ungarn im 15. Jh. kurzzeitig mit der Renaissance liebäugelte. Viele der Wurzeln von Szentendre liegen in der serbischen Kultur; im frühen 20. Jh. wurde die Stadt zu einem echten Kunstzentrum. Vác liegt am östlichen Donauufer und steht seinen westlichen Gegenstücken in nichts nach. Schon während der römischen Besatzungszeit war Vác ein bedeutender Flussübergang, und noch König Stephan I. hielt die Stadt für so großartig, dass er dort im 11. Jh. einen Bischofssitz errichten ließ.

Anreise & Unterwegs vor Ort

Dank der Nähe zu Budapest gibt es vom Donauknie aus gute Verbindungen nach ganz Ungarn. Zwischen den Städten am westlichen Ufer der Donau verkehren regelmäßig Busse, Züge fahren allerdings nur bis Szentendre, nach Esztergom gibt es einen Sonderzug. Das Ostufer genießt den Luxus ausgezeichneter Bus- und Bahnverbin-

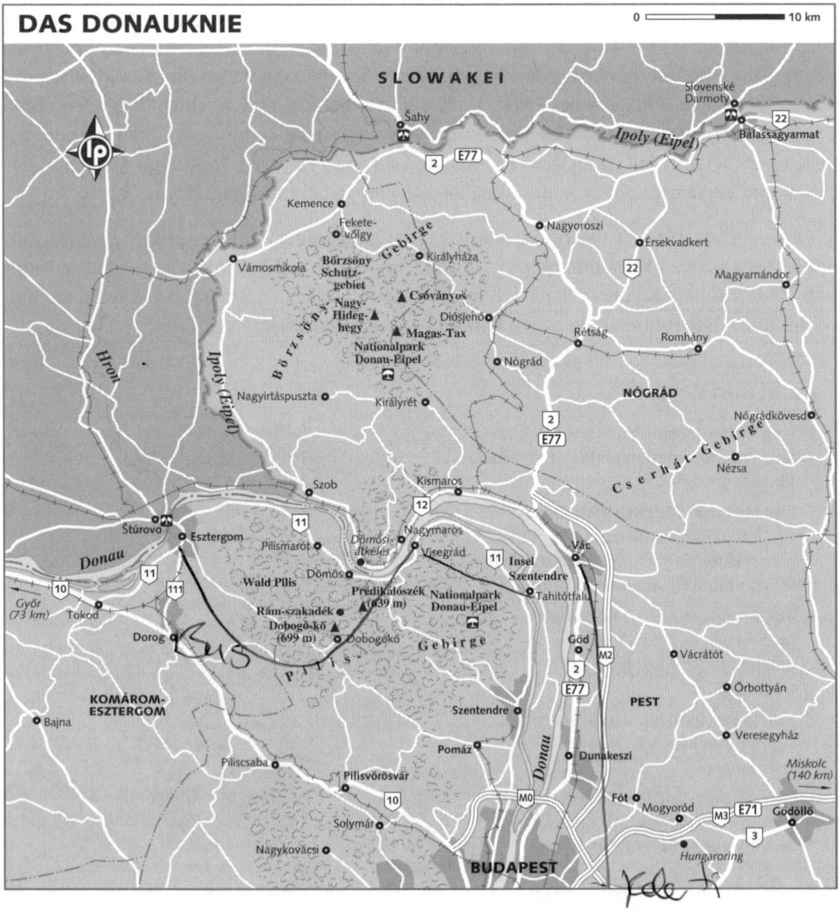

dungen. Der Fluss selbst ist eine perfekte Hauptverkehrsstraße, während der Sommermonate bringen Boote die Besucher nach Budapest und wieder zurück.

Von Mai bis August startet täglich ein Schiff der Reederei Mahart um 9 Uhr in Budapest Vigadó tér, das über Szentendre (einfache Fahrt/hin & zurück 990/1485 Ft., 10.40 Uhr) bis Visegrád (einfache Fahrt/hin & zurück 1090/1635 Ft., 12.30 Uhr) und von dort wieder zurück (16 Uhr) fährt. Im April, September und Oktober wird diese Route nur am Wochenende befahren. Von Juni bis Mitte September fahren zwei Zusatzschiffe von Budapest (10.30 und 14 Uhr) nach Szentendre (einfache Fahrt 1400 Ft.), Rückfahrt ist um 12.20 und 17 Uhr; in der zweiten Mai- und Septemberhälfte gibt es nur eine Hinfahrt um 10.30 Uhr und eine Rückfahrt um 17 Uhr.

An Wochenenden und während der Ferien von Mitte Mai bis Mitte September verkehrt ein Tragflügelboot zwischen Budapest, Visegrád (einfache Fahrt 1990 Ft.) und Esztergom (einfache Fahrt 2490 Ft.). Abfahrt ist um 9.30 Uhr, Ankunft in Visegrád um 10.30 Uhr, in Esztergom um 11.30 Uhr. Langsamere Schiffe fahren ab Budapest Vigadó tér in Pest um 7.30 Uhr ab, und zwar von Mai bis August täglich, im April, September und Oktober nur an den Wochenenden und Feiertagen. Sie machen Halt in Batthyány tér in Buda und fahren weiter über Vác (einfache Fahrt/hin & zurück 490/735 Ft., 9.50 Uhr) und Visegrád (1090/1635 Ft., 10.50 Uhr) bis Esztergom (1490/2235 Ft., 13 Uhr), von wo sie um 16 Uhr wieder zurückfahren. Von Juni bis August verbindet einmal täglich ein Schiff Esztergom mit Visegrád (einfache Fahrt 1400 Ft.); Abfahrt ist um 9 Uhr, Ankunft um 10.25 Uhr; um 16 Uhr Rückfahrt von Visegrád.

SZENTENDRE (ST. ANDREAS)

☎ 26 / 22 700 Ew.

Szentendres Erscheinungsbild hat sich seit dem 18. Jh. kaum verändert. Was dem einen als Segen erscheint, ist für den anderen aber eine Qual. Die kopfsteingepflasterten Gassen und die Skyline aus Kirchturmspitzen sind sicherlich außergewöhnlich, aber die Horden drängelnder Touristen können einem manchmal schon die tolle Stimmung verderben. Wie auch immer man selbst dazu stehen mag, Szentendre ist in jedem Fall einen (kurzen) Besuch wert, und wen die Architektur nicht beeindruckt – die unzähligen Museen und Galerien werden dies ganz sicher tun. Im Sommer sollte man am Wochenende allerdings lieber nicht kommen, und zwischen November und Mitte März hat ein Großteil der Stadt wochentags geschlossen.

Geschichte

Wie die meisten Städte am Donauknie wurde Szentendre zunächst von Kelten, später von Römern besiedelt, die hier eine wichtige Grenzfestung unter dem Namen Ulcisia Castra (lat. für „Wolfslager") errichteten. Im späten 9. Jh. kamen die Magyaren und gründeten eine Kolonie, und im 14. Jh. war Szentendre zu einer wohlhabenden Siedlung nicht weit von der königlichen Burg von Visegrád aufgestiegen.

Etwa zur selben Zeit begann die erste Einwanderungswelle serbisch-orthodoxer Christen, die – noch vor den Türken – aus dem Süden kamen. Die türkische Fremdherrschaft über Ungarn während der folgenden Jahrhunderte beendete jedoch die friedliche Koexistenz in der Stadt, und Ende des 17. Jhs. war diese völlig verwaist. Obwohl Ungarn kurze Zeit darauf von den Osmanen befreit wurde, dauerten die Kämpfe auf dem Balkan an, und eine zweite Welle serbischer, griechischer, dalmatinischer und anderer Flüchtlinge gelangte nach Szentendre. Obwohl alle in ihre Heimat zurückkehren wollten, profitierten sie von der völligen religiösen Freiheit unter der relativ wohlwollenden Regentschaft der Habsburger (den ungarischen Protestanten wurden diese Freiheiten damals verwehrt), und ein halbes Dutzend orthodoxer Gemeinschaften errichtete jeweils eine eigene Kirche und verlieh der Stadt damit ihren einzigartigen Balkanflair.

Anfang des 20. Jhs. zog Szentendres herrliche Lage Tagesausflügler und Maler aus Budapest an, und um 1920 entstand hier eine Künstlerkolonie. Seitdem ist die Stadt für ihre Kunstszene bekannt.

Orientierung

Der Bahnhof des HÉV-Pendelzugs und die Bushaltestellen liegen direkt nebeneinander südlich vom Stadtzentrum am Anfang des Dunakanyar körút (Donauknie-Ring). Von hier aus ist es nur ein kurzer Fußweg in

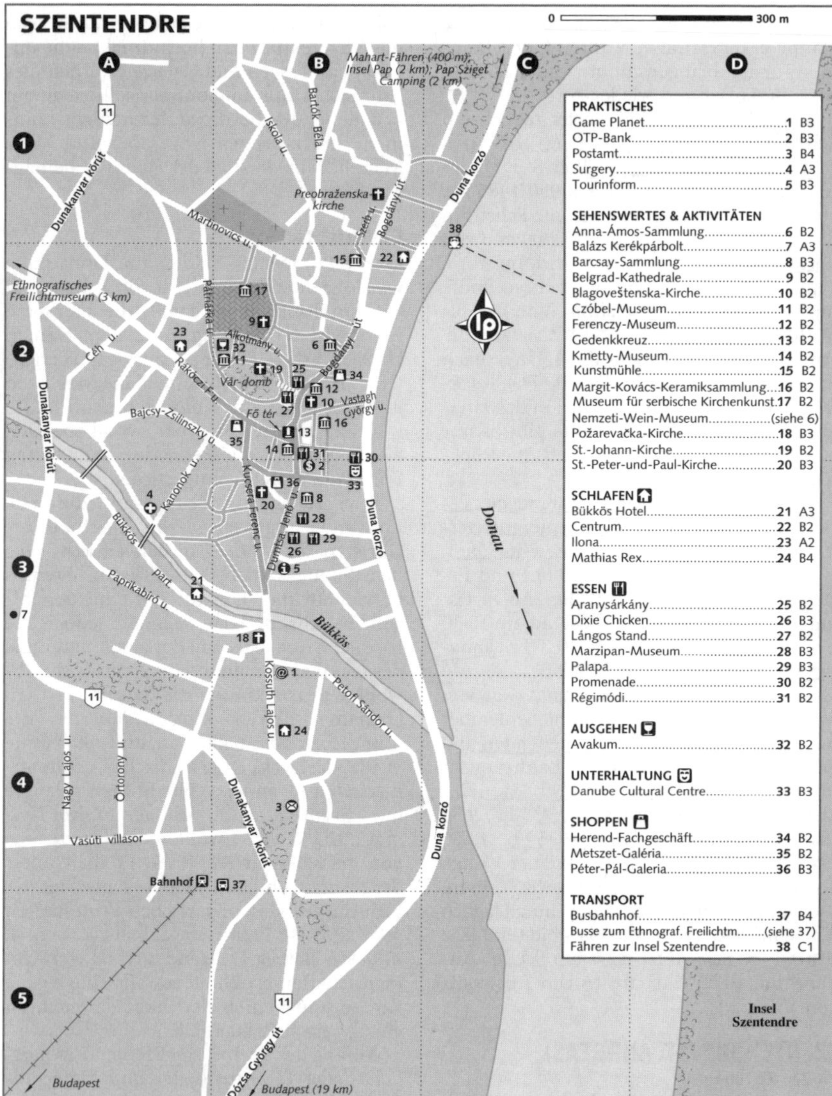

Richtung Norden über die Kossuth Lajos utca und Dumtsa Jenő utca bis zum Platz Fő tér, der das Herz von Szentendre bildet. Die Promenade Duna korzó entlang der Donau und die Schiffsanlegestelle zur Szentendre-Insel liegen ein paar Minuten zu Fuß in Richtung Osten bzw. Nordosten vom Platz Fő tér entfernt. Der **Mahart-Pier** (Czóbel Béla sétány) liegt etwa 1 km nordöstlich, abseits der Duna korzó.

Praktische Informationen

Game Planet (Petőfi Sándor utca 1; 1 Std. 400 Ft.; 10–22 Uhr) Internetzugang.

Krankenhaus (☎ 312 650; Bükkös part 27) Chirurgische Notaufnahme.

OTP-Bank (Dumtsa Jenő utca 6) Mit Wechsel- und Geldautomat.
Postamt (Kossuth Lajos utca 23–25)
Tourinform (☎ 317 965; szentendre@tourinform.hu; Dumtsa Jenő utca 22; ⌚ ganzjährig Mo–Fr 9.30–16.30 Uhr, Mitte März–Okt. Sa & So 10–14 Uhr) Hilfreiche Touristeninformation mit haufenweise Infos.
www.szentendre.hu Nur auf Ungarisch.

Sehenswertes

INNENSTADT

Ein guter Ausgangspunkt für den Rundgang durch Szentendre ist die **Požarevačka-Kirche** (☎ 310 554; Kossuth Lajos utca 1; Eintritt 200 Ft.; ⌚ nach Vereinbarung), an der man auf dem Weg vom Bahnhof vorbeikommt. Die serbisch-orthodoxe Kirche wurde 1763 fertig gestellt, im Innern ist eine prächtige Ikonostase (1742) zu bewundern.

Die **St.-Peter-und-Paul-Kirche** (Péter-Pál utca 6; Eintritt frei; ⌚ Di–So 10–16 Uhr) weiter nördlich begann 1753 als orthodoxe Čiprovačka-Kirche und wurde später von den dalmatinischen Katholiken übernommen. Die **Barcsay-Sammlung** (Barcsay Gyüjtemény; ☎ 310 790; Dumtsa Jenő utca 10; Erw./Kind 400/200 Ft.; ⌚ April–Okt. Di–So 10–18 Uhr) liegt in Richtung Osten und besitzt die Werke eines der Begründer der Künstlerkolonie von Szentendre, Jenő Barcsay (1900–88).

Weiter geht's zum Platz Fő tér, dem farbenfrohen Herzen von Szentendre. Er wird von Bürgerhäusern aus dem 18. und 19. Jh. umgeben, und hier steht auch das **Gedenkkreuz** (1763), ein eisernes Kreuz mit Heiligenbildern auf einem Marmorsockel. Das **Kmetty-Museum** (☎ 310 790; Fő tér 21; Erw./Kind 400/200 Ft.; ⌚ April–Okt. Di–So 10–18 Uhr) südwestlich des Platzes stellt die Arbeiten des Kubisten János Kmetty (1889–1975) aus.

Das Highlight des Platzes ist aber die **Blagoveštenska-Kirche** (☎ 310 554; Eintritt 200 Ft.; ⌚ Di–So 10–17 Uhr), die 1754 erbaut wurde. Von außen sieht die Kirche mit ihren feinen Barock- und Rokokoelementen kaum „östlich" aus, ihr Inneres zeigt jedoch ein ganz anderes Bild. Das kleine, aber eindrucksvolle Kirchenschiff wird von einer reich verzierten Ikonostase begrenzt und besitzt kunstvolle Verzierungen. Ein durchaus erinnerungswürdiger Anblick.

Das **Ferenczy-Museum** (☎ 310 790; Fő tér 6; Erw./Kind 400/200 Ft.; ⌚ April–Okt. Di–So 10–18 Uhr) neben der Blagoveštenska-Kirche ist dem Vater der Freilichtmalerei in Ungarn, Károly Ferenczy (1862–1917), und seinen drei Kindern (einem Maler, einem Bildhauer und einem Weber) gewidmet.

Wer die Görög utca hinuntergeht und dann rechts in die Vastagh György utca einbiegt, gelangt zum **Margit-Kovács-Museum** (Kovács Margit Kerámiagyüjtemény; ☎ 310 244; Vastagh György utca 1; Erw./Kind 600/300 Ft.; ⌚ März 9–17 Uhr, April–Okt. 10–18 Uhr) in einem ehemaligen Salzhaus aus dem 18. Jh. Kovács (1902–77) war Keramikmeisterin und verband ungarische Folklore mit religiösen und modernen Themen, um daraus gotisch anmutende Figuren zu kreieren. Einige ihrer Arbeiten sind ziemlich kitschig, viele aber auch sehr ausdrucksstark, besonders die späteren, in denen sie sich mit dem Tod auseinandersetzt.

Der Burghügel (Vár-domb) ist über die Váralja lépcső (die schmalen Stufen zwischen Fő tér 8 und 9) zu erreichen; im Mittelalter stand dort eine Festung. Heute ist davon nur noch die ummauerte **St.-Johann-Kirche** (Templom tér; Eintritt frei) übrig, von der aus man einen phantastischen Ausblick auf die ganze Stadt genießt. Leider ist die (frühgotische) Tür häufig verriegelt, bei den Fresken, die von den Mitgliedern der Künstlerkolonie in den frühen 1930ern gemalt wurden, gibt es aber Gitter, durch die man hineinsehen kann. Westlich der Kirche liegt das **Czóbel-Museum** (☎ 310 790; Templom tér 1; Erw./Kind 400/200 Ft.; ⌚ April–Okt. Di–So 10–18 Uhr). Dort sind die Arbeiten des Impressionisten Béla Czóbel (1883–1976) ausgestellt, der ein Freund Pablo Picassos und ein Schüler von Henri Matisse war.

Direkt nördlich des Burghügels ist der rote Turm der **Belgrad-Kathedrale** (Belgrád Székesegyház; Alkotmány utca; Erw./Kind inkl. Kunstausstellung 300/150 Ft.; ⌚ März–Okt. Di–So 10–18 Uhr, Jan. & Feb. Fr–So 10–16 Uhr) zu sehen, die 1764 fertig gestellt wurde und Sitz des serbisch-orthodoxen Bischofs von Ungarn war. In einem ihrer Nebengebäude befindet sich heute das **Museum für serbische Kirchenkunst** (Szerb Egyházművészeti Gyüjtemény; ☎ 312 399; Pátriárka utca 5; Erw./Kind 400/200 Ft.; ⌚ April–Okt. Di–So 10–18 Uhr), eine wahre Fundgrube voller Heiligenbilder, Gewänder und sakraler Gefäße aus Edelmetall. Ein Glasbild der Kreuzigung aus dem 14. Jh. ist das älteste Ausstellungsstück; daneben gibt es eine außergewöhnliche „Baumwoll-Ikone" über das Leben Jesu. Eine Treppe höher hängt an der rechten Wand ein verunstaltetes Christusbild. Der Legende nach soll ein betrunkener *kuruc* (ein Söldner) es zerfetzt und sich dann in der Donau ertränkt haben, nachdem er am nächsten Morgen von seiner Untat erfahren hatte.

Bogdányi utca, die lebhafteste Straße in Szentendres Fußgängerzone, führt nördlich vom Fő tér weg zum hervorragenden **Anna-Ámos-Museum** (☎ 310 790; Bogdányi utca 10–12; Erw./Kind 400/200 Ft.; April–Okt. Di–So 10–18 Uhr), in dem die symbolistischen Gemälde des Künstler-Ehepaars Margit Anna und Imre Ámos ausgestellt sind. Direkt nebenan verfolgt das **Nemzeti-Wein-Museum** (Nemzeti Bormúzeum; ☎ 317 054; Bogdányi utca 10; Eintritt 100 Ft., Weinprobe 1600 Ft.; 10–22 Uhr) die Entwicklung der Weinerzeugung in Ungarn. Gegen einen nicht zu knappen Aufschlag können Besucher dort verschiedene Jahrgangsweine verkosten. Die **Kunstmühle** (Művészet Malom; ☎ 301 701; Bogdányi utca 32; Erw./Kind 500/250 Ft.; 10–18 Uhr) am nördlichen Ende der Bogdányi utca ist in einem Fabrikkomplex aus dem 19. Jh. untergebracht. Szentendre hat damit ganz erfolgreich versucht, die eigene Vergangenheit zu rekonstruieren und gleichzeitig ein bedeutendes Kulturzentrum zu schaffen. In dem weitläufigen Ausstellungsraum werden Gemälde, Skulpturen, Grafiken und kunstgewerbliche Erzeugnisse gezeigt – ein echter Ruhepunkt im touristischen Zentrum.

UNGARNS ETHNOGRAFISCHES FREILICHTMUSEUM

Die unterschiedlichen Gebäude dieses **Museums** (Magyar Szabadtéri Néprajzi Múzeum; ☎ 502 500; Sztaravodai út; Di & Mi Eintritt frei, Do & Fr Erw./Kind 600/400 Ft., Sa & So 800/400 Ft.; April–Okt. Di–So 9–17 Uhr), ca. 3 km nordwestlich von der Innenstadt, bilden Ungarns anspruchsvollstes *skanzen* (Freilichtmuseum). Das Museum erstreckt sich über eine Fläche von 46 ha Hügelland und wurde 1967 in der Absicht gegründet, Stadtbewohnern und Touristen die traditionelle Kultur der Magyaren näher zu bringen. Zu dem Zweck trug man nach und nach Teile von Dörfern, Bauernhöfen und Städten an einem Ort zusammen. Geplant sind etwa 300 Bauernhäuser, Kirchen, Kirchtürme, Mühlen usw., die eines Tages auf zehn Bezirke aufgeteilt sein sollen. Bislang gibt es aber erst fünf davon.

Zu den Highlights gehören der Glockenturm der kalvinistischen Kirche aus dem Erdőhát-Gebiet im Nordosten, das deutsche „Langhaus" aus Harka bei Sopron, die einzigartigen herzförmigen Grabsteine aus den Bergen Budas und die hübsche weiße Fassade des strohgedeckten Hauses aus Sükösd auf der Großen Tiefebene. Handwerker und Künstler verrichten hier von Ende März bis Anfang November (im Allgemeinen an Sonn- und Feiertagen) ihre Arbeit, und während der Saison finden im Freilichtmuseum Festivals statt.

Informationen über Busverbindungen zum Museum s. Unterwegs vor Ort (S. 148).

Aktivitäten

Die Pap-Insel (Pap-sziget), 2 km nördlich der Stadt, ist Szentendres Freizeitrevier mit Grasstrand zum Sonnenbaden, einem **Schwimmbad** (Erw./Kind 500/250 Ft.; Mai–Sept. 8–19 Uhr), **Tennisplätzen** und **Ruderbootverleih**.

Fahrräder kann man bei **Balázs Kerékpárbolt** (☎ 312 111; Elód utca 2a; 1 Std./Tag 500/3000 Ft.; Mo–Fr 10–18.30, Sa 9–14 Uhr) leihen. Einmal pro Stunde setzt eine Fähre zur Szentendre-Insel über, wo man kilometerweit auf beinahe menschenleeren Wegen radeln kann. Kanus und Motorboote vermietet **Dunabogdány** (☎ 390 086) für 2000 bzw. 7000 Ft. pro Tag; das Boot wird auf Wunsch an eine bestimmte Stelle gebracht, dieser Service kostet kaum extra.

Schlafen

Budapest ist so nah, dass eine Übernachtung in Szentendre eigentlich überflüssig erscheint, es sei denn, man will den Rest des Donauknies auch noch erkunden. Wer bleiben möchte – hier sind ein paar nette Unterkunftsmöglichkeiten:

Ilona (☎ 313 599; Rákóczi Ferenc utca 11; EZ/DZ 5000/6600 Ft.; P) Eine wunderbare kleine Pension mit vielen Pluspunkten: sehr zentrale Lage, gesicherter Parkplatz, Innenhof zum Frühstücken, Zimmer sind gut in Schuss (wenn auch etwas klein).

Centrum (☎ 302 500; www.hotelcentrum.hu; Bogdányi utca 15; EZ/DZ ab 9000/10 000 Ft.; P) Die drollige Pension ist in einem wunderschön renovierten Haus untergebracht, nur einen Steinwurf von der Donau entfernt. Die Zimmer sind hell, groß und mit antiken Möbeln eingerichtet; Frühstück auf Wunsch.

Bükkös Hotel (☎ 312 021; Bükkös part 16; EZ/DZ 8500/11 000 Ft.; P) Ein geschmackvolles Hotel mit gemütlich warmen Zimmern; am besten fragt man nach einem mit Blick auf den

Fluss Bükkös. Von der Haustür bis in die Stadt sind es nur ein paar Minuten zu Fuß.

Mathias Rex (☎ 505 570; Kossuth Lajos utca 16; EZ/DZ 8500/12 500 Ft.; P) Die Zimmer der relativ neuen Pension wirken fast schon steril vor lauter Sauberkeit. Die Einrichtung ist modern und minimalistisch, im Untergeschoss gibt es ein günstiges Kellerrestaurant.

Pap-sziget Camping (☎ 310 697; www.pap-sziget.hu; Zeltplätze Erw./Kind/Zelt 1000/600/2000 Ft., Bungalows 12 000 Ft.; Mai–Mitte Okt.; P) Der große bewaldete Campingplatz nimmt beinahe die ganze Pap-Insel ein und liegt ca. 2 km nördlich von Szentendre. Die Zimmer im Motel und in der Pension sind sehr einfach, ebenso wie die Bungalows; zu den Einrichtungen gehören ein kleiner Supermarkt, eine Snackbar und ein Restaurant. Für Informationen über Busverbindungen s. Unterwegs vor Ort (S. 148).

Essen & Ausgehen

Aranysárkány (Golden Dragon; ☎ 301 479; Alkotmány utca 1/a; Hauptgerichte ab 2000 Ft.) Es klingt zwar eher chinesisch, aber hier kommen großartige ungarische und österreichische Gerichte sowie saftige Steaks auf den Tisch. Sogar Laura Bush hat dieses Restaurant schon mit ihrer Anwesenheit beehrt _ es muss also gut sein.

Promenade (☎ 312 626; Futó utca 4; Hauptgerichte 1500–2500 Ft.) Gewölbte Decken, weiß getünchte Wände und eine herrliche Terrasse mit Blick auf die Donau sind die Vorzüge des Restaurants, das zu den besten von Szentendre zählt. Die Speisekarte bietet eine Auswahl der beliebtesten ungarischen Gerichte und vereinzelt auch internationale Speisen.

Palapa (☎ 302 418; Batthyány utca 4; Hauptgerichte 1000–1500 Ft.; Mo–Fr 17–24, So 12–24 Uhr) Das farbenfrohe mexikanische Restaurant, in dem kein mexikanisches Lieblingsgericht fehlt, bietet eine perfekte Abwechslung vom reichhaltigen ungarischen Essen; man kann die Gerichte dort auch im Garten genießen.

Régimódi (☎ 311 105; Dumtsa Jenő utca 2; Tagesgericht 1800 Ft.) Die beste aller Touristenfallen im Zentrum. Die Speisekarte ist sehr geflügellastig, es gibt aber auch genügend vegetarische Speisen sowie Fisch- und Wildgerichte, sodass für jeden etwas dabei ist. Am schönsten sitzt es sich im Hauptraum oder auf der ruhigeren Terrasse nach hinten raus.

Marzipan Museum (☎ 311 931; Dumtsa Jenő utca 12; Mai–Okt. 10–19 Uhr, Nov.–April 10–18 Uhr) Hier lässt sich gut eine Pause einlegen, um Kuchen oder Eis zu essen. Kinder werden die Marzipanfiguren im Museum lieben (Erw./Kind 300/200 Ft.).

Avakum (☎ 500 145; Alkotmány utca 14) In der Kellerbar in der Nähe des Burghügels kann man wunderbar untertauchen, um den Horden von Touristen zu entkommen und den Kohlehydratspeicher wieder aufzufüllen.

Um einen kleinen Happen zu konsumieren, hat man die Wahl zwischen den Essständen an den Bus- und HÉV-Haltestellen, dem kleinen **Lángos-Verkaufsstand** (lángos, also Fladenbrote ab 200 Ft.; Váralja lépcső) auf halber Höhe der steilen Treppe vom Fő tér zum Burghügel und **Dixie Chicken** (Dumtsa Jenő utca 16; Burger ab 240 Ft.), einer typischen Fastfood-Bude, die als Bonus immerhin eine Salatbar bietet.

Unterhaltung

Danube Cultural Centre (☎ 312 657; Duna korzó 11/a) Das Zentrum veranstaltet Theateraufführungen, Konzerte und Treffen von Volkstanzgruppen. Außerdem erfährt man dort, was in Szentendre sonst noch los ist.

Shoppen

Szentendre ist eine Stadt zum Shoppen – von Stickereien als Andenken bis zum neuesten Modeschrei. Das Preisniveau ist zwar genauso hoch wie in Budapest, dafür ist aber vieles von dem, was man hier sieht, in der Hauptstadt gar nicht zu bekommen.

Péter-Pál Galéria (☎ 311 182; Péter-Pál utca 1; Do–So 10–18 Uhr) Hier gibt es Keramiken und Spitze.

Metszet Galéria (☎ 312 577; Fő tér 14; Di–So 11–18 Uhr) In diesem Laden gibt es wundervolle alte Gravuren, Drucke und einige Karten.

Herend-Fachgeschäft (☎ 505 288; Bogdányi út 1; Mo–Sa 10–18, So 10–16 Uhr) Wer es nicht bis nach Herend schafft (S. 233), kann hier ein kostspieliges Stück Porzellan erwerben.

An- & Weiterreise

BUS

Busse fahren von der Haltestelle Árpád híd in Budapest, die an der blauen Metrolinie liegt, tagsüber mindestens einmal pro Stunde nach Szentendre (241 Ft., 30 Min., 16 km). Gute Anschlussverbindungen bestehen nach Visegrád (302 Ft., 45 Min., 23 km, 8-mal tgl.) und Esztergom (606 Ft., 1½ Std., 48 km, stündl.).

SCHIFF

Für weitere Informationen s. Unterwegs vor Ort am Kapitelanfang.

ZUG

Am einfachsten kommt man mit der HÉV-Regionalbahn von Budapest nach Szentendre. Abfahrt Batthyány tér in Buda (160 Ft., 40 Min., alle 10–20 Min.). Wichtig: Ein gelbes Stadtbus-/Bahnticket gilt nur bis zur Haltestelle Békásmegyer; wer weiter nach Szentendre will, muss noch einen Zuschlag zahlen.

Einige HÉV-Bahnen fahren außerdem nur bis Békásmegyer, dort muss man den Bahnsteig wechseln und in den Zug nach Szentendre umsteigen. Der letzte Zug nach Budapest fährt um 23.10 Uhr in Szentendre ab.

Unterwegs vor Ort

Jeder Bus, der auf der Landstraße 11 nach Visegrád und Esztergom fährt, hält in der Nähe des Pap-sziget-Campingplatzes (S. 147); Klingel betätigen, wenn man links am Danubius Hotel (Ady Endre utca 28) vorbeikommt. Täglich fahren 14 bis 17 Busse von der Haltestelle 7 (am Busbahnhof in der Stadt) zum Ethnografischen Freilichtmuseum von Ungarn.

Zur Szentendre-Insel setzt stündlich eine Fähre über (März–Okt. 5–19.30 Uhr), die Überfahrt kostet 130/65 Ft. (Erw./Kind) pro Einzelfahrt.

In der Stadt stehen natürlich auch **Taxis** (☎ 311 111) zur Verfügung.

VÁC (WAITZEN)

☎ 27 / 35 000 Ew.

Vác auf der Ostseite der Donau wird von den meisten Besuchern, die sich auf die touristischen Städte auf der anderen Seite des Flusses beschränken, einfach ausgelassen. Das ist ausgesprochen schade, denn die bescheidene Stadt mit ihrer ruhigen Atmosphäre, der Vielzahl an Kirchen und einer reichen Geschichte hat eigentlich jedem etwas zu bieten. Außerdem genießt sie einen entscheidenden Vorteil gegenüber den Städten am Westufer – prächtige Sonnenuntergänge über dem Börzsöny-Gebirge, die sich in der Donau spiegeln.

Geschichte

Im Gegensatz zu den meisten anderen ungarischen Städten kann Vác seine Wurzeln zurückverfolgen, ohne dazu einen Spaten in den Boden rammen zu müssen: Uvcenum – der lateinische Name der Stadt – ist nämlich in der ptolemäischen *Geographia* aus dem 2. Jh. als wichtiger Flussübergang erwähnt. König Stephan I. gründete hier im 11. Jh. ein Episkopat, und innerhalb von 300 Jahren wurde Vác so wohlhabend und einflussreich, dass seine Silbermark als offizielle Währung des Königreichs diente. Der mittelalterliche Stadtkern und die gotische Kathedrale wurden während der türkischen Besatzungszeit zerstört; der Wiederaufbau im 18. Jh. führte zum heutigen barocken Stadtbild.

Im 19. Jh. war Vác noch ein unbedeutendes verschlafenes Provinznest, aber dann kam die Eisenbahn und die Verbindung mit Pest (1846). Eine wirkliche Entwicklung setzte allerdings erst nach dem zweiten Weltkrieg ein. Leider beschwört der Name Vác bei vielen älteren Ungarn ein Bild des Schreckens herauf: das berüchtigte Gefängnis auf der Köztársaság út, in dem politische Häftlinge eingekerkert und gefoltert wurden – vor dem Krieg unter dem rechtsgerichteten Regime von Miklós Horthy, aber auch noch in den 1950er-Jahren unter den Kommunisten. Heute sitzt man entspannt am Donauufer, und dieser Teil der Geschichte scheint unendlich fern.

Orientierung

Der Bahnhof ist am nordöstlichen Ende der Széchenyi utca, die Bushaltestelle ein paar Schritte südwestlich. Folgt man der Széchenyi utca etwa 500 m in Richtung Fluss und überquert dann den Ring (Dr Csányi László körút), so gelangt man zum Március 15 tér, dem Hauptplatz. Der Mahart-Pier befindet sich am nördlichen Ende der Liszt Ferenc sétány; die Auto- und Personenfähre zur Szentendre-Insel liegt direkt südlich davon.

Praktische Informationen

DunaWeb (☎ 301 571; Széchenyi utca 8; 1 Std. 400 Ft.) Internetzugang, direkt gegenüber dem Geldautomaten der OTP-Bank.

Geldautomat der OTP-Bank (Dunakanyar-Einkaufszentrum) Direkt bei der Touristeninformation um die Ecke.

Hauptpostamt (Posta Park 2) Abseits der Görgey Artúr utca.

Touristeninformation (☎ 316 160; vac@tourinform.hu; Március 15 tér 16–18; ⌚ Mitte Juni–Aug. Mo–Fr 10–18, Sa & So 10–14 Uhr, Sept.–Mitte Juni Mo–Fr 9–17, Sa & So 10–12 Uhr) Auf dem Hauptplatz.

Sehenswertes

Auf dem Március 15 tér stehen die farbenprächtigsten Gebäude von Vác. Der Platz an sich ähnelt allerdings einer Baustelle; im Moment finden dort Ausgrabungen statt, um Ruinen aus dem 13. und 14. Jh. zu Tage zu fördern. Die **Dominikanerkirche** (Fehérek temploma; ☎ 305 988; Március 15 tér 19; Erw./Kind 300/150 Ft.; 🕑 Di–So 10–18 Uhr) – heute mit wechselnden Ausstellungen lokaler Künstler – wurde im 18. Jh. im Barockstil erbaut und stammt aus dem 18. Jh., ebenso die prächtige **Stadthalle** (1764; Március 15 tér 11). Die beiden Figuren auf dem Giebel halten das Wappen von Ungarn und das von Bischof Kristóf Migazzi, der die treibende Kraft hinter dem Wiederaufbau von Vác vor mehr als 200 Jahren war. Das Gebäude Nr. 9 direkt nebenan ist seit dem 18. Jh. ein Krankenhaus. Gegenüber ist das frühere **Bischofspalais** (☎ 319 494; Március 15 tér 6; Eintritt 100 Ft.; 🕑 Mitte Mai–Okt. Mi–Fr 14–18, Sa & So 10–18 Uhr), Teile davon gehören zum ältesten Gebäude von Vác; heute befindet sich darin eine Schule, zeitweise wird er auch als Ausstellungsraum genutzt.

Nördlich vom Hauptplatz steht der **Triumphbogen** (Diadalív-kapu), der einzige in dieser Form in Ungarn. Er wurde 1764 von Bischof Migazzi für den Besuch von Königin Maria Theresa und ihrem Gemahl Kaiser Franz I. (beide sind auf den ovalen Reliefs des Bogens abgebildet) errichtet. Von hier aus kann man eine der schmalen Sei-

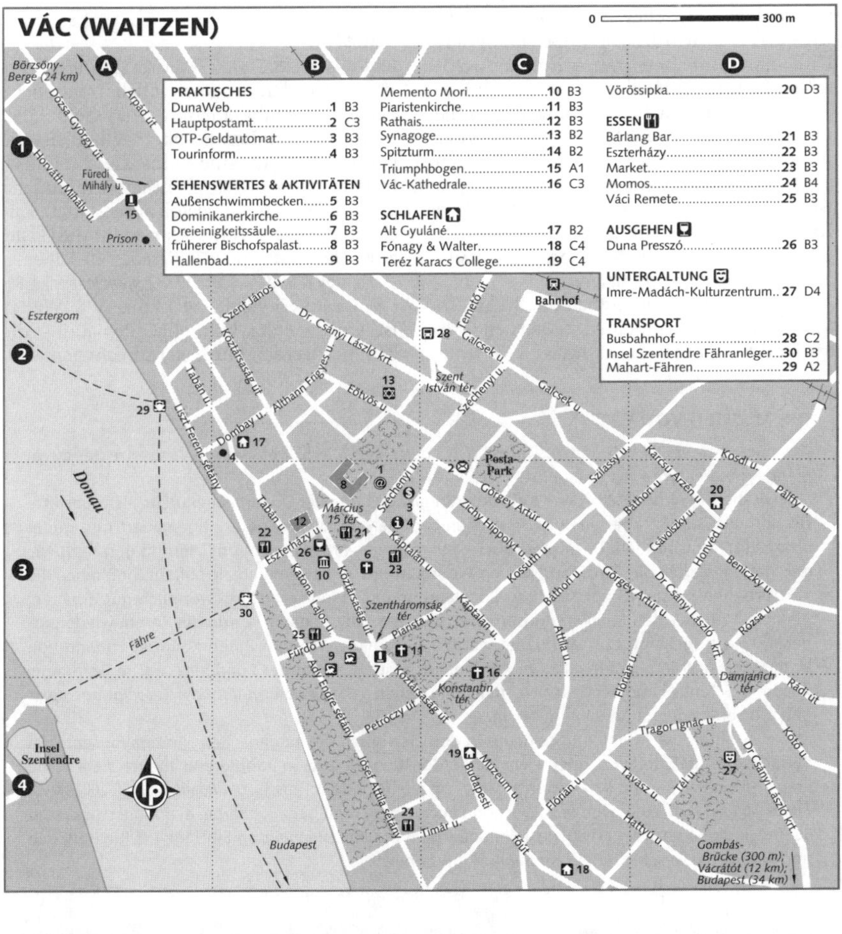

tenstraßen in westliche Richtung einschlagen (z. B. die Molnár utca), um an der Donau entlangzuspazieren. Die **alte Stadtmauer** und der gotische **Spitzturm** (heute ein Privathaus) liegen nahe der Promenade Liszt Ferenc sétány 12.

Wer die Fürdő utca in der Nähe des Schwimmbads hochsteigt, kommt zum winzigen Szentháromság tér mit seiner restaurierten **Dreieinigkeitssäule** (1755). Die **Piaristenkirche** (Piarista templom; Eintritt frei) von 1741 mit blendend weißer Inneneinrichtung und Marmoraltar ist auf der Ostseite des Platzes nicht zu übersehen.

Der von Bäumen umgebene Konstantin tér im Südosten wird von der riesigen **Vác-Kathedrale** (Váci székesegyház; Eintritt frei) beherrscht, die 1775 als einer der ersten Bauten neoklassizistischer Architektur in Ungarn errichtet wurde. Die imposante graue Kirche stammt vom französischen Architekten Isidore Canevale und ist nicht unbedingt nach jedermanns Geschmack, aber die Fresken in der gewölbten Kuppel und das Altargemälde von Franz Anton Maulbertsch sind eine Besichtigung wert. In der Krypta werden Mauerstücke der mittelalterlichen Kathedrale ausgestellt, meistens ist sie aber geschlossen; die Touristeninformation kann einen Rundgang organisieren.

Nun geht es weiter südlich die Budapesti főút entlang bis zur kleinen steinernen **Gombás-Brücke** (Gombás-patak hídja; 1757) mit den Statuen von sieben Heiligen – Vácѕ bescheidene Antwort auf die Karlsbrücke in Prag.

Nahe der Bushaltestelle steht die frisch renovierte **Synagoge** (Eötvös utca 5) aus dem 19. Jh. Noch ist sie innen nicht fertig renoviert, wenn die Arbeiten abgeschlossen sind, soll sie als Ausstellungshalle dienen.

Aktivitäten

Das **Strandfürdő (Freibad)** (Szentháromság tér 3) von Vác mit **Außenschwimmbecken** (Erw./Kind/Stud. 600/360/360 Ft.; ⌚ Juni–Sept. 7–19 Uhr) und einem **Hallenbad** (Erw./Kind/Stud. 600/360/360 Ft.; ⌚ Okt.–April Mo–Fr 6–20, Sa & So 7–20 Uhr, Mai–Sept. Mo–Fr 6-20, Sa 6–19, So 7–17 Uhr) liegt am südlichen Ende des „Strandes"; Zufahrt über die Ady Endre sétány.

Schlafen

Alt Gyuláné (☎ 316 860; Tabán utca 25; EZ/DZ ohne Bad 6000/8000 Ft.) Die ungewöhnlich freundliche Pension (sie gibt einem fast das Gefühl, bei netten Verwandten zu übernachten) ist die perfekte Basis für eine Entdeckungstour östlich der Donau. Die Zimmer sind äußerst gemütlich, es gibt eine voll ausgestattete Küche und einen privaten Garten für die Gäste; außerdem kann man Fahrräder ausleihen.

Fónagy & Walter (☎ 310 682; www.fonagy.hu; Budapesti főút 36; Zi. 9500 Ft.; Ⓟ) Fónagy & Walter ist eine weitere heimelige Pension – die Zimmer werden mit Liebe zurecht gemacht,

DIE MUMIEN VON VÁC

Aus purer Vergesslichkeit und auf Grund eines perfekten Mikroklimas wurde Vác stolze Besitzerin einer eigenen Krypta mit Mumien.

Zwischen 1731 und 1801 diente die ursprüngliche Krypta der Dominikanerkirche als Grabstätte für normale Bürger, aber aus unerfindlichen Gründen wurde sie später zugemauert und geriet schnell in Vergessenheit. Das unterirdische Mikroklima war für eine Mumifizierung geradezu wie geschaffen – durch die ganzjährig kühlen Temperaturen und eine minimale Luftzufuhr blieben die Verstorbenen mitsamt ihrer Kleidung überJahrhunderte hinweg außergewöhnlich gut erhalten. Als man 1994 mit den Renovierungsarbeiten an der Kirche begann, wurde die Krypta wiederentdeckt, und insgesamt 262 Leichname wurden exhumiert. 166 von ihnen konnten anhand von Unterlagen problemlos identifiziert werden. Für Historiker war der Fund eine wahre Goldmine; Kleidung, Schmuck und der Gesamtzustand der Leichen gaben Auskunft über die Beerdigungspraxis und die Lebensgewohnheiten im 18. Jh.

Der Großteil der Mumien liegt heute in den Gewölben des ungarischen Nationalmuseums in Budapest (S. 101), drei von ihnen – ein Mann (der Michael Jackson frappierend ähnlich sieht), eine Frau und ein Baby – sind im **Memento Mori** (☎ 316 160; Március 15 tér 19; Erw./Kind/Stud. 400/200/200 Ft.; ⌚ Di–So 10–18 Uhr) zu bewundern. Dort sind auch einige bunt bemalte Särge, Kleidungsstücke und Schmuck der Verstorbenen ausgestellt, außerdem die entsprechenden Einträge ins Kirchenbuch und eine kurze Geschichte der Kirche und ihrer Krypta.

die Gastgeber sitzen gerne mit den Gästen zusammen, um ein wenig zu quatschen, die Weinauswahl aus dem privaten Weinkeller ist erstklassig, und der Außengrill wird manchmal sogar für einen einzigen Gast angeworfen.

Weitere Empfehlungen:

Vörössipka (☎ 501 055; okktart@netelek.hu; Honvéd utca 14; Zi. 8000/12 000 Ft.; Ⓟ) Das businessmäßigste Hotel in Vác mit ziemlich neuen Zimmern.

Teréz Karacs Kolleg (☎ 510 045; Budapesti főút 2/8; B 1024 Ft.; 🕑 Juli & Aug.) Das zentralste von sechs Colleges.

Essen & Ausgehen

Barlang Bar (Cave Bar; ☎ 501 760; Március 15 tér 12; Hauptgerichte 1000–1500 Ft.; 🕑 So–Do bis 23 Uhr, Fr & Sa bis 1 Uhr) Mit seiner Neonbeleuchtung und den roten Sitzecken wirkt das Barlang so, als würde es eher nach New York gehören als nach Vác. Die internationale Speisekarte ist ebenso ansprechend wie der weitläufige mittelalterliche Weinkeller.

Duna Presszó (☎ 310 569; Március 15 tér 13) Im Duna findet sich alles, was ein Café ausmacht: dunkle Holzeinrichtung, Kronleuchter, vorzügliche Kuchen und leckere Eiscreme, dazu den ein oder anderen Betrunkenen – klasse, um tagsüber einen Kaffee und abends etwas Stärkeres zu trinken.

Vácს farbenfroher, lebendiger Markt liegt südöstlich vom Hauptplatz.

Auch das lohnt sich:

Momos (Tímár utca 9; Hauptgerichte 1500–2000 Ft.) Riesenterrasse mit Blick auf Park und Fluss; der Fisch ist hervorragend, ebenso alles, was vom Grill kommt.

Eszterházy (Eszterházy utca; Eiscreme 100 Ft.; 🕑 9–20 Uhr) Idealer Ort für eine kleine Erfrischung während eines Spaziergangs entlang der Donau.

Unterhaltung

Imre-Madách-Kulturzentrum (☎ 316 411; Dr Csányi László körút 63) In diesem kreisrunden Gebäude erfährt man, was so alles in Vác los ist, z. B. an Theatervorstellungen, Konzerten und Shows für Kinder.

An einigen Sonntagen im Juni, Juli und August finden in der Kathedrale von Vác, in der Dominikanerkirche und im Arboretum in **Vácrátót** um 19 Uhr Konzerte statt. (Eintritt 1600–2000 Ft.).

An- & Weiterreise

BUS

Es fahren regelmäßig Busse nach Árpád híd in Budapest (363 Ft., 1 Std., 30 km). Von Vác aus gibt es von Montag bis Samstag bis zu 18 Busverbindungen nach Vácrátót (182 Ft., 30 Min., 14 km), mindestens ein Dutzend nach Balassagyarmat (605 Ft., 1¼ Std., 45 km) und zwischen zwei und acht nach Diósjenő (363 Ft., 50 Min., 25 km) und Nógrád (241 Ft., 30 Min., 20 km). Ein weiterer Bus fährt nach Salgótarján (1150 Ft., 2½ Std., 95 km, 4-mal tgl.).

> **DER TIPP VOM AUTOR**
>
> **Váci Remete** (☎ 302 199; Fürdő utca; Hauptgerichte 1500 Ft.) Das Váci Remete ist mehr als einladend, es ist ein absolutes Muss: Die schattige Terrasse wird von Blumenbeeten umrahmt, von einigen Stellen aus hat man Aussicht auf die Donau, und die Weinauswahl ist erstklassig. Überraschenderweise ist weit und breit kein einziges Fischgericht zu finden, dafür gibt es neben den ungarischen Spezialitäten eine kleine Auswahl vegetarischer Speisen.

SCHIFF

Autofähren (Auto/Fahrrad/Erw./Kind 1100/300/300/240 Ft., 6–21 Uhr stündl.) setzen zur Szentendre-Insel über; eine Brücke verbindet das Westufer der Insel bei Tahitótfalu mit dem Festland. Von dort fahren stündlich Busse nach Szentendre. Für weitere Informationen s. Unterwegs vor Ort (S. 148) am Kapitelanfang.

ZUG

Fast jede halbe Stunde fährt ein Zug vom Bahnhof Nyugati in Budapest über Vác nach Szob (346 Ft., 34 km), drei von ihnen fahren am östlichen Donauufer nach Štúrovo in der Slowakei, gegenüber von Esztergom. Langsame Züge vom Typ Regionalexpress, die von Vác aus in den Norden nach Balassagyarmat fahren (bis zu 10-mal tgl.), machen Zwischenhalt in Nógrád und Diósjenő im Börzsöny-Gebirge.

Vom letzten Samstag im April bis zum ersten im Oktober betreibt **MÁV Nostalgia** (☎ 1-269 5242; www.mavnosztalgia.hu; Erw./Kind 1020/870 Ft.) den *nosztalgiavonat* (nostalgischer Zug mit Dampflock). Er fährt vom Bahnhof Nyugati in Budapest (Abfahrt um 9.40 Uhr) über Vác und Nagymaros-Visegrád nach Szob (2 Std.); Rückfahrt ab Vac um 17 Uhr. Auf jeden Fall bei der MÁV

Nostalgia nach dem aktuellen Fahrplan fragen oder auf der Webseite nachschauen, bevor es losgeht.

RUND UM VÁC

Börzsöny-Gebirge

Die Berge sind der Beginn einer Kette von insgesamt sechs Gebirgen, die zur nordungarischen Bergwelt gehören und – zusammen mit dem Pilis-Gebirge (S. 155) am gegenüberliegenden Donauufer – Ungarns 600 km² großen **Nationalpark Donau-Eipel** (Duna-Ipoly) bilden. Man kann dort wunderbar wandern, sollte sich aber vorher unbedingt bei der **Touristeninformation** (☎ 316 160; Március 15 tér 16–18, Vác) in Vác die Karte *A Börzsöny* (Nr. 5; 800 Ft.) im Maßstab 1:40 000 besorgen.

Nógrád, mit den Ruinen einer Hochburg aus dem 12. Jh., ist sozusagen das Eingangstor zum Börzsöny-Gebirge. Diósjenő liegt 6 km weiter nördlich und eignet sich gut als Ausgangspunkt für eine Bergtour. Hier gibt es Möglichkeiten zum Übernachten, z. B. den **Diósjenő Campingplatz** (☎ 35-364 134; www.patakpart.hu; Stellplätze pro Pers./Zelt 750/750 Ft., Bungalows 5000–15 000 Ft.; Mai–Sept.; P). Organisation ist hier eher ein Fremdwort, und der Platz ist ziemlich zugewachsen, ein dicker Pluspunkt ist aber der herzliche Empfang durch das Personal. Es gibt einige Bungalows, und während der Recherche vor Ort wurde gerade renoviert. Von hier aus geht es auf markierten Pfaden in Richtung Westen, nach **Nagy Hideg** (864 m) oder **Magas-Tax** (739 m). Der höchste Gipfel des Börzsöny-Gebirges, **Csóványos** (938 m), ragt westlich von Diósjenő auf und erfordert einige Bergsteigerkünste.

Wer auf eigene Faust unterwegs ist, sollte die wunderschöne, aber nur langsam befahrbare Straße von Diósjenő nach Kemence über Királyháza nehmen; sie folgt fast ständig dem Kemence-Strom – im Sommer ein großartiger Platz für ein erfrischendes Bad oder ein Picknick. Kurz vor Kemence führt eine Abzweigung nach Süden zum prächtigen **Fekete-völgy**, dem „Schwarzen Tal“, und zur **Feketevölgy Pension** (☎ 27-365 153; www.feketevolgy.hu; Zi. 9200–14 000 Ft.; P) mitten im Wald. Oder man fährt weiter nach Kemence, einer eher unbedeutenden Stadt mit ein paar Pensionen und Restaurants, Internetzugang und Geldautomat.

Am südlichen Ende des Börzsöny-Gebirges gibt es nicht die Spur einer touristischen Infrastruktur, abgesehen vom **Szent Orbán** (☎ 27-378 034; www.szentorban.hu; EZ/DZ ab 15 200/16 900 Ft.; P), einem Waldhotel im winzigen **Nagyirtáspuszta**. Die Zimmer in den Holzhütten dieses weitläufigen, umweltfreundlichen Hotels sind geräumig und bieten viele moderne Annehmlichkeiten; außerdem gibt es hier ein Restaurant mit einer umfangreichen Weinkarte. Es fahren keine öffentlichen Verkehrsmittel zum Hotel. Häufig finden dort Konferenzen statt, deshalb sollte man lieber vorher anrufen, anstatt einfach aufzukreuzen.

VISEGRÁD

☎ 26 / 1650 Ew.

Visegrád (von slawisch „hohe Burg“) liegt malerisch schön an der stärksten Biegung der Donau und ist das Symbol des Donauknies schlechthin. Die wenigsten Besucher kommen allerdings wegen der landschaftlichen Schönheit hierher (die eigentlich Grund genug für einen Besuch wäre), sondern um in der Stadt auf historische Spurensuche zu gehen – im Renaissance-Palast und der dazugehörigen Zitadelle.

Geschichte

Im 4. Jh. errichteten die Römer auf dem Sibrik-Hügel etwas weiter nördlich von dem Punkt, an dem heute das Schloss steht, eine Grenzfestung. Sie wurde noch 600 Jahre später von den slowakischen Siedlern genutzt. Nach der Invasion der Mongolen im Jahr 1241 begannen unter König Béla IV. die Arbeiten an einer weiter unten beim Fluss gelegenen Burg und später an der Zitadelle auf der Bergspitze. Ein knappes Jahrhundert später zog König Karl von Anjou, dessen Ansprüche auf den Thron von Buda vehement zurückgewiesen wurden, mit seinem gesamten königlichen Haushalt nach Visegrád und ließ die untere Burg in einen Palast umbauen.

Fast 200 Jahre lang galt Visegrád als „zweite“ (Sommer-)Hauptstadt Ungarns und als wichtiges diplomatisches Zentrum. Ihr wahres Goldenes Zeitalter erlebte die Stadt aber erst unter der Regentschaft von König Matthias Corvinus (regierte 1458–90) und Königin Beatrix, die den gotischen Palast von italienischen Architekten im Stil der Renaissance ausbauen ließen. Die gewaltige Größe der Anlage, das Mauerwerk, die

Brunnen und die hängenden Gärten waren im Europa des 15. Jhs. das Gesprächsthema schlechthin.

Beim Einfall der Türken wurde Visegrád zerstört, und später, im Jahr 1702, sprengten die Habsburger die Zitadelle, um zu verhindern, dass ungarische Unabhängigkeitskämpfer sie als Stützpunkt benutzten. Seitdem war der Palast wirklich spurlos verschwunden. Erst in den 1930er-Jahren entdeckten Archäologen die Ruinen und legten sie wieder frei.

Orientierung

Der Mahart-Pier, direkt südlich vom Stadttor und gegenüber dem Hotel Vár, ist einer von zwei Orten, an denen Busse aus Szentendre oder Budapest halten. Rechts vom Hotel Vár gibt es eine Treppe, die zur Salamon-torony utca und weiter zur unteren Burg und zur Zitadelle führt. In der Nähe des Stadtzentrums gibt es ebenfalls Bushaltestellen, die Autofähre fährt etwa 1 km südlich an der Landstraße 11.

Praktische Informationen

OTM-Bank (Rév utca 9) Nicht weit von Visegrád Tours.

Postamt (Fő utca 77; Mo–Fr 8–12, 12.30–16 Uhr) Im Stadtzentrum.

Visegrád Tours (398 160; www.visegradtours.hu; Rév utca 15; 8–17.30 Uhr) Das Büro in der Nähe der Fähre nach Nagymaros-Zentrum hat zwar nur wenige Informationen über Visegrád, ist aber leider das einzige in der Stadt.

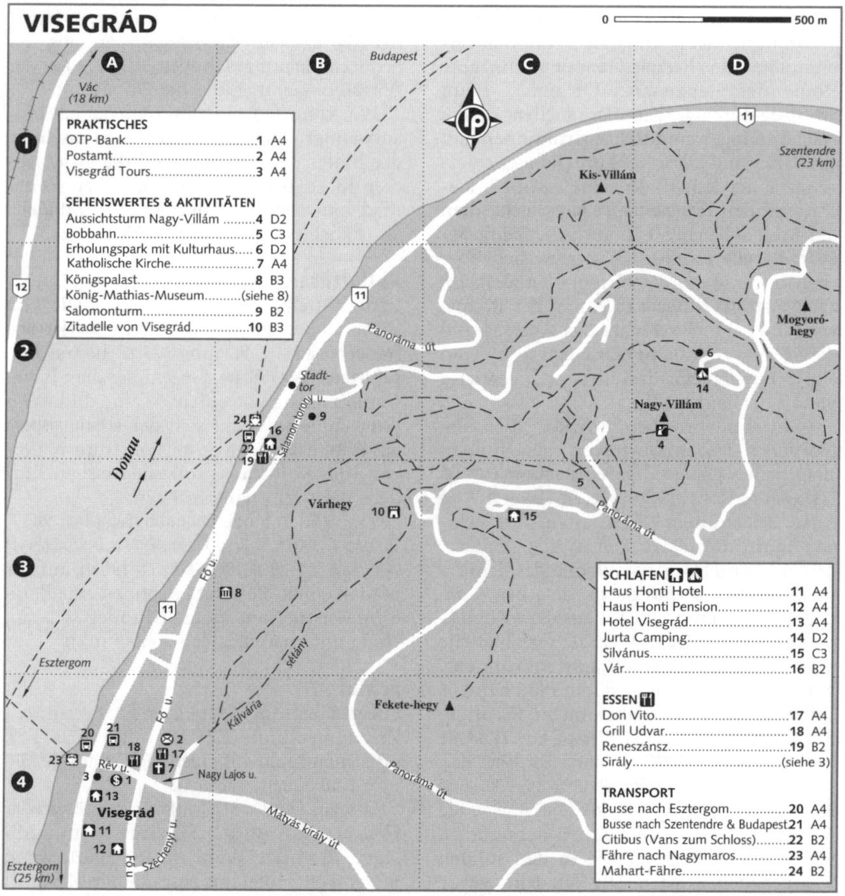

Sehenswertes

Ein perfekter Ausgangspunkt für eine Tour durch Visegrád ist der **Königspalast** (Visegrádi királyi palota; ☎ 398 026; Fő utca 29; Eintritt frei; ⌚ Di–So 9–16.30 Uhr), etwas südlich vom Mahart-Pier gelegen. Der Grundstein des Palastes wurde 1323 von König Karl Robert gelegt, aber erst König Matthias I. und seine zweite Frau, die Neapolitanerin Königin Beatrix, hauchten dem Palast im 15. Jh. wirkliches Leben ein. Die gotische Struktur wurde im Stil der Renaissance total erneuert und war damals einzigartig in Europa.

Der Palast, der früher einmal über 350 Säle umfasste, ist heute nur noch ein Schatten seiner alten Pracht, und nur ein kleiner Teil wurde wieder aufgebaut; der Rest ist von Unkraut überwuchert und liegt immer noch in Trümmern. Die wenigen Räume, die zu besichtigen sind, liegen um den Ehrenhof und den **Herkulesbrunnen** herum, eine Kopie des Renaissance-Originals. Beim Streifzug durch die Zimmer tauchen weitere Nachbildungen und Rekonstruktionen auf: ein kaltes und klammes königliches Schlafgemach aus dem 15. Jh., eine wärmere Küche und den **Löwenbrunnen mit seinem** roten Marmor. Sehenswert ist auch die kleine **St.-Georg-Kapelle** (1366), bei der es sich aber ebenso wenig um das Original handelt. Im **König-Matthias-Museum** in einem der Räume wird über die Geschichte des Palastes und die Rekonstruktion berichtet; zu sehen sind einige Fundstücke, darunter reich verzierte Steine aus dem 14. Jh.

Geht man vom Pier zurück in Richtung Norden die Salamon-torony utca hinauf, sieht man als erstes den **Salomonturm** (☎ 398 233; Erw./Kind/Stud. 500/300/300 Ft.; ⌚ Mai–Sept. Di–So 9–16.30 Uhr) aus dem 13. Jh., einen sechseckigen Turm mit bis zu 8 m dicken Mauern. Früher diente er zur Kontrolle des Schiffsverkehrs, heute sind darin viele der wertvollen Ausgrabungsstücke aus dem Königspalast untergebracht, z. B. die Originalteile des Herkules- und des Löwenbrunnens. Nördlich vom Turm biegt ein Pfad namens Fellegvár an einer Gabelung in Richtung Südosten ab und führt hinauf zur **Zitadelle von Visegrád** (☎ 398 101; Erw./Kind/Stud. 800/350/350 Ft.; ⌚ Mitte März–Mitte Okt. tgl. 9.30–17.30 Uhr, Mitte Okt. –Mitte März Sa & So 9.30–17.30 Uhr). Sie thront auf einem 350 m hohen Berg und ist von Gräben umgeben, die in den soliden Fels gehauen wurden. Die Zitadelle wurde 1259 fertig gestellt und diente als Aufbewahrungsort für die ungarischen Kronjuwelen, bis Elisabeth von Luxemburg, die Tochter von König Sigismund, diese im Jahr 1440 mit Hilfe ihrer Hofdame stahl (sie eilte damit nach Székesfehérvár, um ihren kleinen Sohn László zum König krönen zu lassen). 1464 wurde die Krone an die Zitadelle zurückgegeben, wo sie – dieses Mal zweifellos besser gesichert – bis zur Invasion der Türken blieb.

In den herrschaftlichen Räumen an der Westseite der Zitadelle gibt es eine kleine Ausstellung; zwei kleinere Schaukästen befinden sich in der Nähe des Osttors: Der eine befasst sich mit Jagd und Falknerei, der andere mit den traditionellen Berufen der Region (Steinschleifen, Kohlebrennen, Bienenzucht und Fischen). Das wirkliche Highlight ist aber ein Spaziergang entlang der Schutzwälle mit prächtiger Aussicht auf das Börzsöny-Gebirge und die Donau.

Wer vom Stadtzentrum zur Zitadelle hinaufwandern will: Der Pfad Kálvária sétány, der hinter der **katholischen Kirche** (Fő tér) aus dem 18. Jh. beginnt, ist weniger steil als der Pfad vom Salomon-Turm aus. Zur Zitadelle fährt auch ein Minibus (S. 155).

Aktivitäten

In unmittelbarer Nähe der Zitadelle von Visegrád beginnen einige leichte **Spazier- und Wanderwege** – z. B. zum 377 m hohen **Aussichtsturm Nagy-Villám**. Gegenüber dem Jurta-Campingplatz auf einem Wald- und Wiesengelände erstreckt sich der **Erholungspark mit Kulturhaus**, entworfen von Imre Makovecz; das Kulturhaus soll ungarischen Kindern die Natur näherbringen.

Eine 750 m lange **Bobbahn** (Bob-pálya; ☎ 397 397; Mo–Fr 280 Ft., Sa & So 320 Ft.; ⌚ April–Sept. Mo–Fr 9–18, Sa & So 9–19 Uhr, Okt. –März 11–16 Uhr), auf der man in einem Bob mit Filzboden eine Bahn hinunterrutschen kann, befindet sich am Hang unterhalb des Aussichtspunkts.

Schlafen

Visegrád Tours (☎ 398 160; Rév utca 15) vermittelt Privatunterkünfte (EZ/DZ ab 4000/6500 Ft.), oder man sucht auf eigene Faust auf der Fő utca und Széchenyi utca.

Silvánus (☎ 398 311; hotelsilvanus@mail.matav.hu; EZ/DZ ab 67/96 €; P 🅧) Silvánus ist mit Abstand die beste Wahl in der Stadt, wenn jemand ein Hotel mit besonderem Komfort sucht. Makellos saubere Zimmer sind einem hier ebenso sicher wie ein tolles Panorama, ein Restaurant mit Terrasse, eine Bar mit Wintergarten, ein Hallenbad mit Sauna, Squashplätze und Kegelbahnen. Zimmer mit Ausblick auf die Donau kosten mehr.

Haus Honti (☎ 398 120; Fő utca 66; Hotel EZ/DZ 40/50 €, Pension EZ/DZ 30/35 €; P) Das freundliche und einladende Gästehaus bietet moderne Hotelzimmer nahe der Landstraße 11 und einfachere Pensionszimmer auf der ruhigeren Fő utca. Es gibt einen Fahrradverleih.

Jurta Camping (☎ 398 217; Mogyoróhegy; Stellplätze pro Erw./Kind/Zelt oder Auto 650/400/500 Ft.; P) Schön gelegener Campingplatz in Park- und Waldnähe etwa 2 km nordöstlich der Zitadelle. Allerdings ist er ein ganzes Stück vom Zentrum entfernt, und es gibt nur einen unregelmäßigen Shuttle-Service dorthin (siehe rechts).

Ebenfalls empfehlenswert:

Vár (☎ 397 522; varhotelvisegrad@axelero.hu; Fő utca 9; EZ/DZ 40/50 €; P) Kleine, altmodisch eingerichtete Zimmer in einem hübsch renovierten Gebäude. Der 100 Jahre alte Weinkeller ist eine wahre Wonne.

Hotel Visegrád (☎ 397 034; hotelvisegrad@visefradours.hu; Rév utca 15; EZ/DZ 50/60 €; P ✱) Moderne, gediegene Zimmer in warmen Farben mit Balkon und teilweise mit Blick auf die Burg oder die Donau.

Essen

Sirály (☎ 597 088; Rév utca 15; Hauptgerichte 1500–2000 Ft.) Ein geschniegeltes, beliebtes Restaurant, das von Gästen wie von Einheimischen besucht wird. Es hat große Erkerfenster und eine gewaltige Terrasse mit Blick auf die Donau.

Don Vito (☎ 397 230; Fő utca 83; Pizzen ab 500 Ft.; ⏲ April–Okt.) Das große, helle und neue Don Vito ist eine einladende Mischung aus Pizzeria und Pub mit Sitzplätzen im Freien und geselliger Stimmung am Abend.

Grill Udvar (Rév utca 6; Pizzen & Hauptgerichte 500–1000 Ft.; ⏲ 10–21 Uhr). Das einfache Lokal eignet sich prima für ein schnelles Essen zwischendurch. An heißen, schwülen Tagen ist der kleine überdachte Innenhof ein wahrer Segen.

Reneszánsz (☎ 398 081; Fő utca 11; Hauptgerichte 2000 Ft.) Reneszánsz ist eine Touristenfalle in Reinform; die Touristen werden in Busladungen hierher gekarrt, strömen zur Tür herein und werden von Männern in Strumpfhosen und mit albernen weißen Hüten zu einem mittelaterlichen Festmahl begrüßt. In der richtigen Stimmung sicherlich ein echter Brüller.

An- & Weiterreise

BUS & ZUG

Busse fahren ziemlich häufig (423 Ft., 1¼ Std., 34 km, bis zu 14-mal tgl.) zum/vom Bahnhof Árpád híd in Budapest, außerdem nach Szentendre (302 Ft., 45 Min., 25 km) und Esztergom (302 Ft., 40 Min., 25 km). Nach Visegrád fährt zwar kein Zug, aber man kann eine der zwei Dutzend Zugverbindungen nach Szob (658 Ft., 65 km) ab dem Bahnhof Nyugati in Budapest nehmen. In Nagymaros-Visegrád startet die Fähre nach Visegrád.

SCHIFF

Von 5.30 bis 20.30 Uhr fährt stündlich ein Schiff über die Donau nach Nagymaros (280/280/1050 Ft. pro Pers./Fahrrad/Auto). Die Fähre ist das ganze Jahr über im Einsatz, außer bei Nebel oder wenn die Donau einmal zufriert.

Unterwegs vor Ort

Citibus (☎ 397 372; bis zu 6 Pers. 2000 Ft.) betreibt von April bis September einen Taxi-Service auf Anfrage zwischen dem Mahart-Pier und der Zitadelle mit Zwischenhalt am Nagymaros Pier und dem Jurta-Campingplatz.

RUND UM VISEGRÁD

Pilis-Gebirge

Direkt südlich und südwestlich von Visegrád liegt das Pilis-Gebirge, ein Gebiet mit sanft geschwungenen Hügeln, bedeckt von Eichen- und Birkenwäldern. Das ehemalige Jagdrevier von Matthias Corvinus ist heute das Freizeitgelände Budapests und wird von mehr Wanderpfaden (darunter auch Ungarns erster Wanderweg von 1869) als Straßen durchzogen. Die gesamte Region umfasst 250 km² und zählt zum Gebiet des **Nationalparks Donau-Eipel**; das Börzsöny-Gebirge (S. 151) nördlich der Donau bildet den restlichen Teil dieses Parks.

Ein guter Ausgangspunkt, um die Hügellandschaft zu erkunden, ist Dömös, 6 km westlich von Visegrád. Ganz in der Nähe beginnen markierte Wanderwege zur **Prédikálószék** (Kanzel), einer 639 m hohen Klippe (nur für erfahrene Wanderer und Kletterer!) und nach **Dobogókő** (699 m). Ein wesentlich einfacherer Aufstieg von etwa drei Stunden führt über die **Rám-szakadék** (Rám-Kluft). Dieser Ort ist bei Ornithologen besonders beliebt. Auf der Karte *A Pilis és a Visegrádi-helység vom* Pilis- und Visegrád-Gebirge im Maßstab 1:40 000 (Nr. 16; 800 Ft.) von Cartographia sind die vielen Wanderwege eingezeichnet.

In Dömös gibt es einen großartigen Flussstrand und **Dömös Camping** (☎ 33-482 319; www.domoscamping.hu; Stellplätze pro. Erw./Kind/Zelt/Auto 780–830/580–620/700–830/350–420 Ft., Cottages 9900–12 200 Ft.; Mai–Mitte Sept.; P) mit Stellplätzen und gut ausgestatteten Cottages für bis zu vier Personen.

In Dobogókő gibt es ein Infozentrum für Wanderer, ansonsten kann man auch einen Bus nach Esztergom (241 Ft., 40 Min., 20 km, 4- oder 5-mal tgl.) zur HÉV-Station in Pomáz nehmen, zwei Haltestellen vor Szentendre.

Schön ist auch die Fahrt mit der kleinen Fähre (400 Ft.; fährt auf Anfrage) über die Donau von Dömös nach Dömösi átkelés (auf der Zugstrecke zwei Haltestellen hinter Nagymaros-Visegrád). Dort in die Höhlen klettern, deren Eingänge am Hang zu sehen sind, und hinter Nagymaros zurück in die Berge wandern.

ESZTERGOM (GRAN)

☎ 33 / 28 785 Ew.

Esztergom liegt 25 km westlich von Visegrád; bis Budapest sind es 66 km über die Landstraße 11. Esztergom zählt zu Ungarns geschichtsträchtigsten Städten und ist als „Hauptstadt" des Donauknies allemal einen Besuch wert. Über 1000 Jahre lang hatte die römisch-katholische Kirche hier ihren Sitz; der Erzbischof von Esztergom ist der Primas – der Geistliche mit der höchsten Stellung – von Ungarn. Der erste König des Landes, St. Stephan, wurde 975 hier geboren, und vom späten 10. Jh. bis Mitte des 19 Jhs. war Esztergom Königssitz. Folglich ist Esztergom in religiöser wie weltlicher Hinsicht von großer Bedeutung für das Land.

Geschichte

Auf dem Vár-hegy (Burgberg), der hoch über dem Stadtzentrum aufragt, errichteten die Römer im 1. Jh. ihr Lager Solva Mansio, und Mark Aurel soll in der zweiten Hälfte des 2. Jhs. seine *Meditationen* in einem nahe gelegenen Lager vollendet haben.

Großfürst Géza erklärte Esztergom zur Hauptstadt, und sein Sohn Vajk (später Stephan) wurde hier im Jahr 1000 zum König gekrönt. Stephan I. gründete das Erzbistum von Esztergom und ließ eine Basilika errichten, von der einige Stücke im Palast zu sehen sind.

Esztergom verlor seine politische Bedeutung, als König Béla IV. die Hauptstadt 1241 wegen der Mongoleninvasion nach Buda verlegte. Die Stadt blieb aber weiterhin Bischofssitz und wetteiferte mit dem Königshof um Macht und Einfluss. Esztergom wurde 1543 von den Türken besetzt, was den kirchlichen Aktivitäten vorübergehend ein Ende setzte; der Erzbischof floh in Richtung Südwesten nach Nagyszombat (heute Trnava in der Slowakei).

Erst im frühen 19. Jh. konnte die Kirche ihren Sitz im „Ungarischen Rom" wieder einnehmen. Esztergom verfiel daraufhin in einen regelrechten Bauwahn und verwandelte sich in eine Stadt mit einer Reihe von spätbarocken und vor allem neoklassizistischen Gebäuden.

Orientierung

Esztergom thront hoch über einer engen Biegung der Donau, gegenüber der slowakischen Stadt Štúrovo (ungarisch: Párkány), mit der es durch die Mária-Valéria-Brücke verbunden ist. Zentrum von Esztergom ist heute der Platz Rákóczi tér. Er liegt ein paar Schritte östlich der Klein-Donau (Kis-Duna), die von der Donau abzweigt und die Prímás-Insel (Prímás-sziget) umschließt. Vom Platz aus führt die Bajcsy-Zsilinszky utca nordwestlich zum Burgberg; südwestlich vom Rákóczi tér ist der Széchenyi tér mit dem Rathaus im Rokokostil, das mittelalterliche Zentrum der Stadt.

Esztergoms Busbahnhof (Simor János utca) liegt jenseits der Marktplatzes, 700 m südlich vom Rákóczi tér. Der Bahnhof (am Bem József tér) befindet 1,2 km weiter südlich. Die Mahart-Fähren legen am Pier direkt südlich der Mária-Valéria-Brücke auf der Prímás-Insel an.

Praktische Informationen

Ágost-Bajor-Kulturzentrum (☎ 313 888; Bajcsy-Zsilinszky utca 4; 1 Std. 400 Ft.; Mo–Fr 8–21, Sa 9–13, 17–22, So 17–22 Uhr) Computer mit Internetzugang.

Atek Computers (☎ 501 320; atekcomp@axelero.hu; Bajcsy-Zsilinszky utca 5; 1 Std. 500 Ft.; Mo–Fr 9–17,

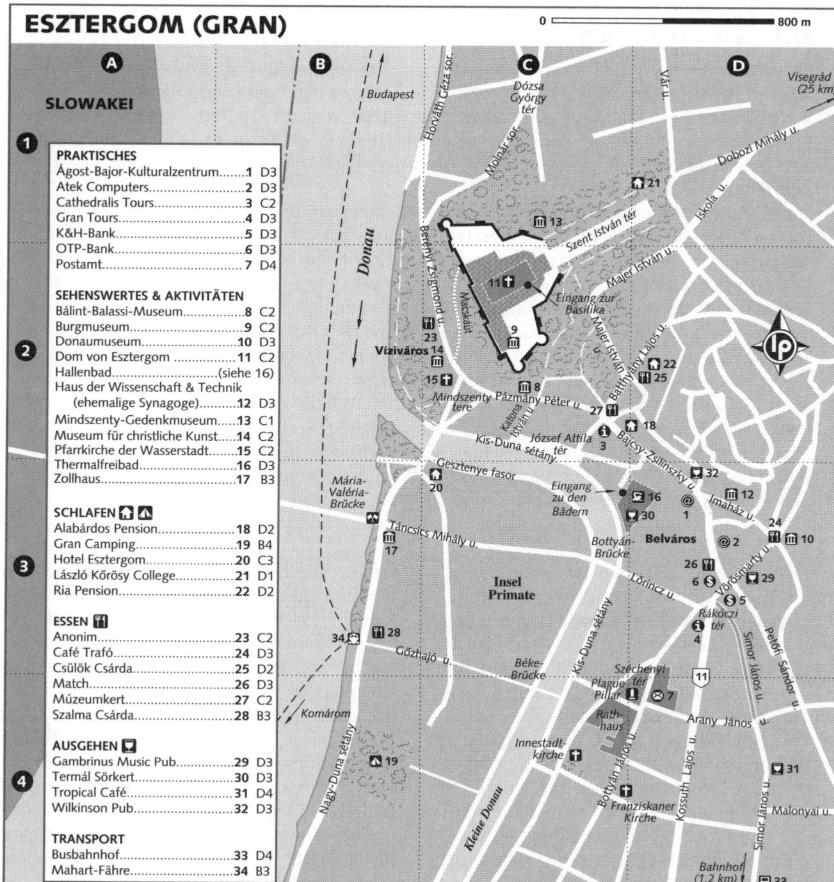

Sa 9–12 Uhr) Der Laden liegt in einem kleinen Hof und bietet Internetzugang an zwei Geräten.

Cathedralis Tours (☎ 403 603; Fax 520 261; Bajcsy-Zsilinszky utca 26; ⌚ Mo–Fr 8–17 Uhr) Nützliche Informationen und Vermittlung von Privatzimmern.

Gran Tours (☎ 502 001; grantours@freemail.hu; Széchenyi tér 25; ⌚ Juni–Aug. Mo–Fr 8–17, Sa 9–12 Uhr, Sept.–Mai Mo–Fr 8–16 Uhr) Besucherzentrum der Stadt Esztergom.

K&H-Bank (Ecke Rákóczi tér & Simor János utca; ⌚ Mo 8–17, Di–Do 8–16, Fr 8–15 Uhr)

OTP-Bank (Rákóczi tér 2–4; ⌚ Mo 7.45–17, Di–Fr 7.45–16 Uhr)

Postamt (Arany János utca 2) Eingang vom Széchenyi tér aus.

www.esztergom.hu Ungarische Website, Informationen auch auf Deutsch.

Sehenswertes

BASILIKA VON ESZTERGOM

Der **Dom** (Bazilika; ☎ 411 895; www.bazilika-esztergom.hu; Szent István tér 1; Eintritt frei; ⌚ 6–18 Uhr) ist die größte Kirche Ungarns; er steht auf dem Burghügel. Seine 72 m hohe Mittelkuppel ist kilometerweit zu sehen.

Die Arbeiten an der derzeitigen Kathedrale im neoklassizistischen Stil begannen 1822 auf dem Gelände einer älteren Kirche, die von den Türken zerstört worden war. József Hild, der auch die Kathedrale in Eger entworfen hat, war an der Fertigstellung des Baus mitbeteiligt. Das fertig gestellte Kirchengebäude wurde 1856 mit der extra zu diesem Anlass von Franz Liszt komponierten *Graner Festmesse* geweiht.

KARDINAL MINDSZENTY

Mindszenty wurde 1892 als József Pehm im Dorf Csehimindszent nahe Szombathely geboren und war seit seiner Priesterweihe 1915 politisch aktiv. 1919, während der kurzen Regierungszeit des Kommunisten Béla Kun, wurde Mindszenty inhaftiert, ein weiteres Mal nach der Übernahme der Regierung im Jahr 1944 durch die faschistischen Pfeilkreuzler. 1945 ernannte die Kirche Mindszenty zum Erzbischof von Esztergom – und somit zum Primas von Ungarn – und im darauf folgenden Jahr zum Kardinal.

Als er sich 1948 weigerte, Ungarns römisch-katholische Schulen unter dem neuen kommunistischen Regime zu säkularisieren, wurde er ins Gefängnis gebracht, gefoltert und wegen Landesverrats zu lebenslanger Haft verurteilt. Während des Aufstands von 1956 ließ man ihn frei, und als die Kommunisten wieder an die Macht gelangten, floh er in die amerikanische Botschaft auf dem Szabadság tér. Dort blieb er bis September 1971.

Als die Beziehungen zwischen Kádárs Regierung und dem Heiligen Stuhl sich Ende der 1960er-Jahre allmählich verbesserten, legte der Vatikan dem Kardinal mehrmals nahe, Ungarn zu verlassen, was er aber ablehnte. Nach der Intervention des amerikanischen Präsidenten Richard Nixon ging Mindszenty nach Wien, von wo aus er aber weiterhin die Beziehungen des Vatikans zu Ungarns Regierung kritisierte. 1974 trat er zurück, ein Jahr später starb er. Da er aber geschworen hatte, erst dann in sein Heimatland zurückzukehren, wenn auch der letzte sowjetische Soldat ungarischen Boden verlassen hatte, wurden Mindszentys sterbliche Überreste erst 1991 überführt. Dies geschah dann allerdings schon einige Wochen bevor der letzte Besatzungssoldat Ungarn verließ.

Der graue Kirchenbau ist riesig (117 m hoch und 47 m breit) und innen ziemlich kahl, aber die **Bakócz-Kapelle** aus weißem und rotem Marmor an der Südseite ist ein großartiges Beispiel für die Bildhauer- und Skulpturenkunst der italienischen Renaissance. Den Auftrag für den Bau erteilte Erzbischof Tamás Bakócz, der nach seinen vergeblichen Bemühungen um das Papstamt einen Kreuzzug gegen die Türken in Gang setzte, welcher 1514 zum Bauernaufstand unter György Dózsa führte (s. S. 26). Die Kapelle hielt den meisten – wenn auch nicht allen – Beilhieben der Türken stand; über dem Altar sind noch die eingeschlagenen Gesichter von Gabriel und anderen Engeln erkennen. Die Kapelle wurde in 1600 Einzelstücke zerlegt und 1823 an ihrem derzeitigen Standort wieder aufgebaut. Die Kopie von Tizians *Assunta* über dem Hauptaltar soll das weltgrößte Gemälde auf einer einzigen Leinwand sein.

Auf der nordwestlichen Seite liegt der Eingang zur **Schatzkammer** (kincstár; ☎ 402 354; Erw./Kind/Fam. 450/220/1000 Ft.; 🕑 März–Okt. tgl. 9–16.30 Uhr, Nov. & Dez. Sa & So 11–15.30 Uhr, Jan. & Feb. geschl.) des Doms mit liturgischen Gewändern und juwelenbesetzten Kirchenschätzen aus Silber und Gold. Diese größte kirchliche Sammlung Ungarns umfasst byzantinische, ungarische und italienische Objekte von herausragender Qualität und hohem künstlerischen Wert.

Die Tür links neben dem Ausgang der Basilika führt zur **Krypta** (Altemplom; Eintritt 100 Ft.; 🕑 9–16.30 Uhr), einem Labyrinth aus unheimlichen Gewölben und Grüften, bewacht von Monolithen, die Trauer und Ewigkeit symbolisieren. Unter jenen, die hier ihre ewige Ruhe gefunden haben, sind János Vitéz, Esztergoms fortschrittlicher Renaissance-Erzbischof, und József Mindszenty, konservativer Primas, der sich dem früheren Regime widersetzte (s. Kasten oben). Der gewundene Aufstieg zur **Kuppel** (Eintritt 200 Ft.; 🕑 9–16.30 Uhr) lohnt sich allein schon wegen der großartigen Aussicht auf die Stadt; die Treppen, die dort hinaufführen, beginnen links vom Eingang zur Krypta.

MUSEEN AUF DEM BURGHÜGEL

Das kleine **Burgmuseum** (Vármúzeum; ☎ 415 986; Szent István tér 1; Eintritt frei; 🕑 April–Okt. Di–So 10–18 Uhr, Nov. –März Di–So 10–16 Uhr) am südlichen Ende des Burghügels ist im ehemaligen Königspalast untergebracht, den vornehmlich französische Architekten unter Béla III. (regierte 1172–96) während Esztergoms Goldener Zeit bauten. Der Palast diente als königliche Residenz, bis die Hauptstadt nach Buda verlegt wurde – anschließend zog der Erzbischof dort ein. Ein Großteil des Palastes wurde unter den Türken zerstört und zu Verteidigungszwecken zugeschüttet; erst in den 1930er-Jahren begannen die Ausgrabungen.

Schwerpunkt des Museums sind archäologische Funde aus der Stadt und den umliegenden Gebieten, zumeist Töpferwaren ab dem 11. Jh. Außerdem interessant: einige verzierte Original-Kapitelle vom Dom und der phantastische Ausblick über die Donau bis hinein in die Slowakei. Draußen gibt es 15 gewaltige Kirchenglocken, die aber nicht mehr geläutet werden.

Nordöstlich der Basilika, im ehemaligen Priesterseminar (Szeminárium), befindet sich das neue **Mindszenty-Gedenkmuseum** (Mindszenty Emlékmúzeum; ☎ 403 162; Szent István tér 4; Eintritt frei; 🕑 Di–So 9–17 Uhr), das eine der gefeiersten und umstrittensten Persönlichkeiten Ungarns vorstellt.

NOCH MEHR SEHENSWERTES

Unterhalb des Burghügels, am Ufer der Klein-Donau, liegt **Víziváros**, die farbenfrohe „Wasserstadt" mit pastellfarbenen Häusern, Kirchen und Museen. Am schnellsten kommt man dorthin, wenn man die steile Macskaút hinuntersteigt, die direkt hinter der Basilika beginnt. Ein einfacherer Weg führt über die Zugbrücke des Palastes, den Grashügel hinunter zur Batthyány Lajos utca, dann nach Westen in die Pázmány Péter utca.

Im **Bálint-Balassi-Museum** (☎ 412 584; Pázmány Péter utca 13; Erw./Kind/Stud. 100/50/50 Ft.; 🕑 Di–So 9–17 Uhr), einem Barockbau aus dem 18. Jh., wird die Lokalgeschichte lebendig; im Mittelpunkt stehen die Kirchen und Klöster des mittelalterlichen Esztergom. Das Museum wurde zu Ehren des Heerführers und Lyrikers Bálint Balassi benannt, der bei dem erfolglosen Versuch, Esztergoms Burg von den Türken zurückzuerobern, 1594 ums Leben kam.

Direkt nördlich von der italienisch anmutenden **Pfarrkirche der Wasserstadt** (Víziváros plébániatemplom; 1738), die ein wenig an die prächtige Minoritenkirche in Eger erinnert, steht das frühere Bischofspalais. Heute ist darin das **Museum für christliche Kunst** (Keresztény Múzeum; ☎ 413 880; www.christianmuseum.hu; Mindszenty hercegprímás tere 2; Erw./Kind/Stud. 500/250/250 Ft.; 🕑 April–Okt. Di–So 10–18 Uhr, März Di–So 10–17 Uhr, Nov. & Dez. Di–So 11–15 Uhr) mit der wertvollsten Sammlung mittelalterlicher kirchlicher Kunst Ungarns untergebracht. Es wurde 1875 von Erzbischof János Simor eingerichtet und verwahrt ungarische Triptycha und Altargemälde der Gotik, spätere Arbeiten deutscher, niederländischer und italienischer Meister, Wandteppiche und das berühmte *Heilige Grab von Garamszentbenedek* (1480), eine Prozessionsschrein mit Rädern in Form einer Kathedrale mit aufwändig geschnitzten Figuren der zwölf Apostel (oben) und römischer Soldaten (unten), die das Grab Jesu bewachen. Es wurde für Prozessionen während der Karwoche verwendet und in den 1970er-Jahren mühevoll restauriert.

Unbedingt sehenswert sind auch der Kreuzigungsaltar von Thamas von Kolozsvár (1427), der von der italienischen Kunst beeinflusst wurde, die spätgotische *Christuspassion* (1506) des Meisters M.S., das grausige *Martyrium der drei Apostel* (1490) des so genannten Meisters der Märtyrerapostel und die *Versuchung des heiligen Antonius* (1530) von Jan Wellens de Cock mit seinen drogenrauschartigen Visionen von Teufeln und Verführern. Am besten vorher im Museum anrufen und einen Termin für eine kostenlose Besichtigung mit Führung auf Englisch vereinbaren.

Wer über die Brücke südlich der Pfarrkirche der Wasserstadt und dann noch etwa 100 m weiter Richtung Süden geht, gelangt zur **Mária-Valéria-Brücke**, die Esztergom mit der slowakischen Stadt Štúrovo verbindet. Die Brücke wurde während des Zweiten Weltkriegs zerstört und erst 2002 im Zuge der Grenzöffnungen wieder eröffnet. Im ehemaligen **Zollhaus** (Vámház) ist jetzt ein EU-Informationsbüro untergebracht.

Das so genannte **Haus der Wissenschaft und Technik** (Technika és Tudomány Háza; Imaház utca 4) wurde 1888 gebaut und war früher eine Synagoge der jüdischen Gemeinde von Esztergom, der ältesten in Ungarn; heute wird es von der Bezirksverwaltung genutzt. Die Synagoge wurde vom Meisterarchitekten Lipót Baumhorn im romantisch-maurischen Stil entworfen. Baumhorn konzipierte auch die Synagogen von Szeged, Szolnok und Gyöngyös. Ganz in der Nähe ist das **Donaumuseum** (Duna Múzeum; ☎ 500 250; www.dunamuzeum.hu; Kölcsey utca 2; Eintritt frei; 🕑 Mai–Okt. Mi–Mo 10–18 Uhr, Nov.–April Mi–Mo 10–16 Uhr), in dem – wer hätte das gedacht – Ungarns größter Fluss präsentiert wird. Mit vielen Ausstellungsstücken zum Anfassen ist es ein prima Ort für Kinder.

Aktivitäten

Direkt östlich der Donau lockt das **Thermalfreibad** (☎ 312 249; Kis-Duna sétány 1; Erw./Kind 550/350 Ft.; ⏲ Mai–Sept. Mo–Sa 9–19, So 8–19 Uhr) mit seinem „Rasenstrand". Das **Hallenbad** (⏲ Di–Fr 6-19 Uhr, Sa 6-18 Uhr, So 8-16 Uhr) ist das ganze Jahr über geöffnet.

Esztergom ist ein hervorragender Ausgangspunkt zum Wandern, Radfahren und für andere Outdoor-Aktivitäten. Bei Gran Tours ist eine kostenlose Broschüre mit wichtigen Tipps erhältlich.

Schlafen

BUDGETUNTERKÜNFTE

Bei **Gran Tours** (☎ 502 001; Széchenyi tér 25) oder **Cathedralis Tours** (☎ 403 603; Bajcsy-Zsilinszky utca 26) gibt es Informationen zu Privatzimmern (2500–3500 Ft. pro Pers.) oder Apartments (8000–12.000 Ft.).

László-Kőrösy-Kolleg (☎ 400 005; korosy-koll@freemail.hu; Szent István tér 6; B 2830 Ft.; ⏲ Juli & Aug.; 🅿) Das Studentenwohnheim ist nur einen Steinwurf vom Dom entfernt und während der Sommerferien für Gäste geöffnet.

Gran Camping (☎ 402 513; fortanex@t-online.hu; Nagy-Duna sétány 3; Stellplätze pro Erw./Kind/Zelt/Zelt & Auto 1100/600/900/1100 Ft., Bungalows 12 000–16 000 Ft., DZ/3BZ 8500/9500 Ft.; ⏲ Mai–Sept.; 🅿 ♿) Der kleine, aber zentral gelegene Campingplatz auf der Prímás-Insel bietet Platz für 500 Menschen und einen großen Swimmingpool. Außerdem gibt es noch ein Hostel mit Schlafsaal für 2200 Ft. pro Person.

MITTELKLASSEHOTELS

Ria Pension (☎ 313 115, 401 428; www.riapanzio.com; Batthyány Lajos utca 11–13; EZ/DZ 10 500/12 500 Ft.; 🅿) Die Pension in Familienbesitz direkt unterhalb des Doms bietet gemütliche Zimmer, eine kleine Sauna und zusätzlich einen Fahrradverleih.

Alabárdos Pension (☎ /Fax 312 640; Bajcsy-Zsilinszky utca 49; EZ/DZ 8500/11 000 Ft.) Die Zimmer sind um einen hübschen Hof herum angelegt, und es gibt einen überdachten Parkplatz. Die Pension liegt ein wenig bergan, abseits der Hauptstraße.

Hotel Esztergom (☎ 412 555; www.hotels.hu/esztergom; Nagy-Duna sétány; EZ/DZ 41/63 €; 🅿 ⊠ 💻 ♿) In dem wenig ansprechenden Klotz auf der grünen Prímás-Insel findet man moderne Gästezimmer, ein ganz nettes Restaurant und eine Dachterrasse. Es gibt einen Sportbereich mit Tennisplatz, Fahrradverleih (1 Std./1 Tag 600/4000 Ft.), und die Hotelgäste können das nahe gelegene Schwimmbad benutzen.

Essen

Anonim (☎ 411 880; Berényi Zsigmond utca 4; Hauptgerichte 1250–3500 Ft.; ⏲ Di–Sa 12–22 Uhr) Das „anonyme" Restaurant ist in einem ansprechenden alten Stadthaus in der Wasserstadt untergebracht und bringt übersichtliche, also nicht überladene, aber ausgesprochen leckere Gerichte auf den Tisch. In den wärmeren Monaten sind die Sitzplätze im Garten ein echter Pluspunkt.

Szalma Csárda (Gaststätte mit Strohdach; ☎ 315 336; Suppen 350–850 Ft., Hauptgerichte 900–4550 Ft.; ⏲ 12–23 Uhr) Die Aufmachung in BUK (Bestem Ungarischen Kitsch) – mit haufenweise Paprikaschoten und Tellern an den Wänden – macht das Szalma gegenüber dem Mahart-Pier bei Ausländern ausgesprochen beliebt. Es ist ideal für ein ländliches Essen, bevor man nach Budapest zurückschippert.

Café Trafó (☎ 403 980; Vörösmarty utca 15; Kaffee 150–400 Ft.; ⏲ 7–23 Uhr) Das kleine Café gegenüber dem Donaumuseum ist eine grüne Oase mit moderner Einrichtung; ein großartiger Platz zum Durchatmen, Zurücklehnen und Entspannen. Kein Problem, hier einen ganzen Tag zu verbringen.

Múzeumkert (☎ 403 775; Batthyány Lajos utca 1; Kuchen 180–300 Ft.; ⏲ April–Okt. 9–24 Uhr, Nov.–März 9–22 Uhr) In dieser Mischung aus Restaurant und Cocktail-Lounge namens Museumsgarten werden einige der besten Kuchen und Torten von Esztergom serviert. Das Múzeumskert zieht ein gemischtes Publikum aus Teeliebhabern und Alkoholfreunden an.

Match (Bajcsy-Zsilinszky utca; ⏲ Mo–Fr 6.30–20, Sa 6.30–18 Uhr) Die Filiale einer Supermarktkette liegt im Zentrum von Esztergom neben der OTP-Bank.

Ausgehen

Wilkinson Pub (☎ 06 70 515 3583; Bajcsy-Zsilinszky utca 25–27; ⏲ Mo–Do 8–22, Fr 8–2, Sa 8–3, So 9–22 Uhr) Das freundliche Pub ist genau richtig für einen Dämmerschoppen in Esztergom. Es gibt eine Terrasse mit Blick auf die geschäftige Bajcsy-Zsilinszky utca.

Termál Sörkert (Kis-Duna sétány; ⏲ 9–22 Uhr) Der „Thermalbiergarten" auf dem Gelände des Thermalfreibads ist ein prima Ort für einen lauen Sommerabend; die Sitzplätze im Freien sind rappelvoll mit jungen Leuten,

DER TIPP VOM AUTOR

Csülök Csárda (☎ 412 420; Batthyány Lajos utca 9; Suppen & Vorspeisen 690–1490 Ft., Hauptgerichte 1290–3220 Ft; 🕒 12–22 Uhr) Das Wirtshaus zur Schweinshaxe – was hier wohl die Spezialität sein mag – ist eine entzückende Gaststätte und bei Besuchern wie Einheimischen beliebt. Hier wird gute alte Hausmannskost serviert (man sollte die Bohnensuppe probieren), und die Portionen sind riesig. Ein besonders gelungener Urlaubstag beginnt mit einem Besuch im Museum für christliche Kunst in Esztergom und endet in diesem Lokal beim Spießbratenessen.

die sich nach Kräften bemühen, gegen die Musik anzubrüllen.

Gambrinus Music Pub (Vörösmarty utca 3; 🕒 Mo–Do 11–2, Fr 11–3, Sa 15–3, So 15–2 Uhr) Wer ordentlich auf den Putz hauen will, sollte das in dieser beliebten Kneipe/Bar im ungarischen Retrolook (kurioses und „antikes" Zeug) und mit Musik aus der Konserve tun.

Tropical Café (☎ 417 354; Simor János utca 46; 🕒 Mo–Do 10–22, Fr & Sa 10–24, So 12–20 Uhr) In der Kneipe direkt an der Bushaltestelle gibt es billiges Bier – äußerst beliebt bei den Studenten der nahe gelegenen Gewerbeschule.

Unterhaltung

Aktuelle Unterhaltungs- und Partytipps findet man im kostenlosen *Komárom-Esztergomi Est.*

Im Sommer gibt es Orgelkonzerte im Dom, die Esztergom Chroniclers führen ab und zu alte ungarische Musik im Palast auf, und von Mitte Juli bis Mitte August können Besucher das ein oder andere Konzert oder Theaterstück erleben. Informationen gibt's bei **Gran Tours** (☎ 502 001; Széchenyi tér 25), dem **Ágost-Bajor-Kulturzentrum** (☎ 313 888; Bajcsy-Zsilinszky utca 4) oder im Internet unter www.esztergominyarijatekok.hu.

An- & Weiterreise

BUS

Von Esztergom fahren regelmäßig Busse zur Budapester Bushaltestelle Árpád híd (544 Ft., 70 Min. bis zu 2 Std., 45 km, alle 20 Min.) in Pest: von Montag bis Samstag zwischen 4 und 21.30 Uhr, sonntags von 4.20 bis 20.10 Uhr. Außerdem gibt es ein paar Verbindungen zur Bushaltestelle Széna tér (766 Ft., 2 Std., 65 km, 4-mal tgl.) in Buda. Die Busse nach Árpád híd fahren über Dorog (70 Min.) oder Visegrád (2 Std.). Busse nach Visegrád (302 Ft., 45 Min., 25 km) und Szentendre (606 Ft., 1½ Std., 50 km) fahren etwa einmal stündlich, und zwar zwischen 6.45 und 21 Uhr.

Verbindungen zu weiteren wichtigen Fahrtzielen:

Zielorte	Fahrpreis	Fahrzeit	km	Taktfrequenz
Balatonfüred	2060 Ft.	4 Std.	165	1-mal tgl. um 5 Uhr
Dobogókő	241 Ft.	40 Min.	20	2–4-mal tgl.
Komárom	795 Ft.	1½ Std.	60	3–4-mal tgl.
Sopron	2300 Ft.	4 Std.	190	1-mal tgl. um 5 Uhr
Tata	665 Ft.	1 Std. 40 Min.	55	stündl.
Veszprém	1820 Ft.	3½–4 Std.	145	3-mal tgl.

ZUG

Regelmäßig fahren Züge zum Bahnhof Nyugati in Budapest (512 Ft., 1½ Std., 55 km, bis zu 24-mal an Wochentagen und 20-mal am Wochenende). Um von Esztergom ins westliche Transdanubien oder zu weiter entfernten Zielen zu kommen, nimmt man einen Zug nach Komárom (512 Ft., 1½–2 Std., bis zu 6-mal tgl.), wo man nach Győr, Székesfehérvár und Wien umsteigen kann.

West-Transdanubien

Die Region West-Transdanubien (Nyugat-Dunántúl) liegt von Budapest aus gesehen jenseits der Donau und erstreckt sich Richtung Westen und Südwesten bis zur österreichischen und slowenischen Grenze. West-Transdanubien wird durch viele Ebenen und sanfte Hügel und die Weingärten von Etyek, Mór und vor allem Sopron geprägt. Dort wird ein hervorragender Tropfen gekeltert. West-Transdanubien ist Ungarns „Fenster nach Westen“, es ist die reichste und am besten erschlossene Region des Landes und hat außerdem einige der wichtigsten historischen Städte, Burgen, Kirchen und Denkmäler des Landes zu bieten.

HIGHLIGHTS

- Winterliche Vogelbeobachtung am Öreg-tó (Alter See) von **Tata** (S. 165) – er ist eine der Attraktionen der Stadt
- Auf Spurensuche im Leben der blutrünstigen Erzsébet Báthory in der **Burg Nádasdy** (S. 192) von Sárvár
- Besuch des farbenfrohen **Jurisics tér** (S. 196) in Kőszeg – er wird auch das „Schatzkästchen der Nation“ genannt
- Wanderung im **Őrség-Nationalpark** (S. 198), einer der ursprünglichsten und typischsten Regionen Ungarns
- Besichtigung der **Storno-Sammlung** (S. 177) in Sopron mit ihrem romanischen und gotischen Mobiliar. Dabei kann jeder für sich entscheiden, ob er den Geschmack der Familie Storno nun teilt oder nicht

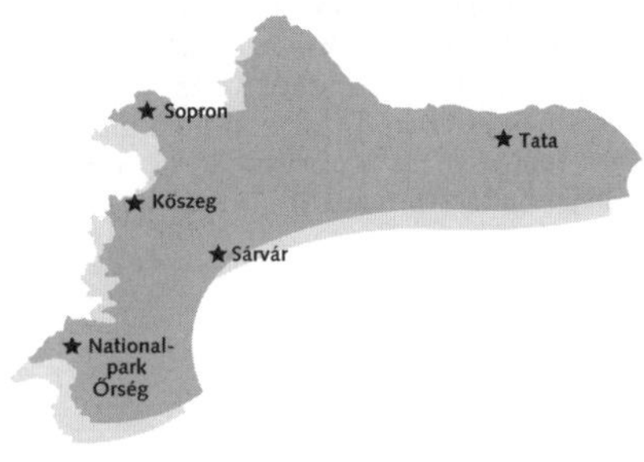

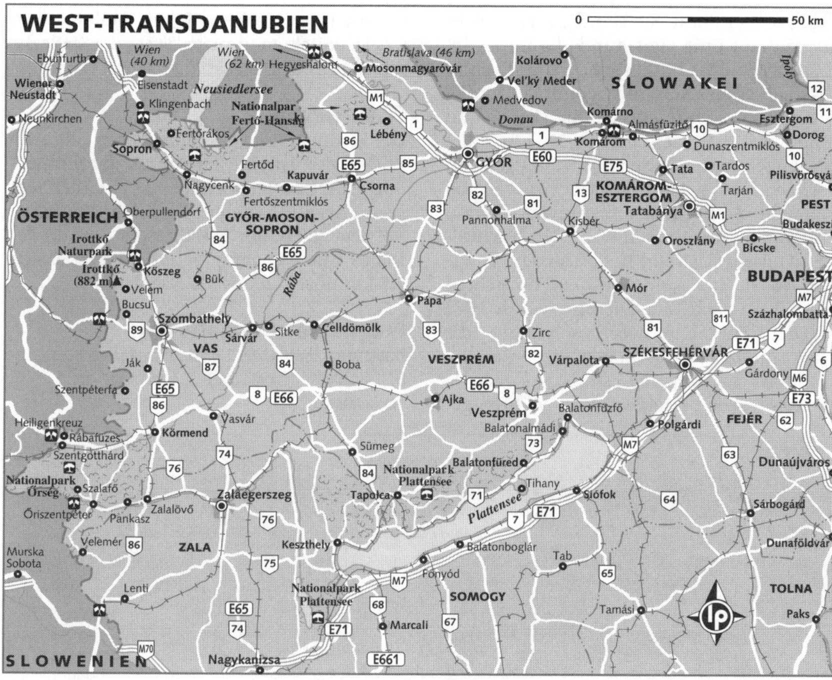

Geschichte

Die Donau setzte den Römern bei ihren Expansionsbestrebungen in das Gebiet des heutigen Ungarn eine natürliche Grenze. Einen Großteil des jetzigen West-Transdanubien bildete damals die Provinz Pannonia Superior. Die Römer errichteten in Pannonia Superior einige ihrer bedeutendsten Militärposten und Städte, darunter Arrabona (Győr), Scarbantia (Sopron), Savaria (Szombathely), Adflexum (Mosonmagyaróvár) und Brigetio (Komárom). Im Mittelalter entwickelten sich diese Orte zu florierenden Städte – zum einen dank ihrer Lage an der Handelsstraße von Nordeuropa zur Adria und weiter nach Byzanz, zum anderen wegen des Zustroms von Deutschen und Slowaken. Bischofssitze wurden gegründet und Burgen gebaut, außerdem erhielten viele der Städte königliche Privilegien verliehen.

Ein Großteil von West-Transdanubien blieb während der türkischen Besetzung in den Händen der Habsburger, sodass die Region nicht wie der Süden oder die Große Tiefebene zerstört wurde. Deshalb blieben einige der schönsten Beispiele romanischer und gotischer Architektur in Ungarn erhalten. Dank des habsburgischen Einflusses in West-Transdanubien wurden hier im 16. und 17. Jh. einige der ersten barocken Kirchen und öffentlichen Gebäude Ungarns gebaut.

TATA

☎ **34 / 23 900 Ew.**

Tata (Totis) liegt im Westen der Gerecse-Berge und ist eine hübsche Stadt mit Quellen, Kanälen und Seen, einer Burg und viel Geschichte. Für einen Ort in dieser Größe hat Tata erstaunlich viele Sehenswürdigkeiten. Die beiden Seen der Stadt bieten viele Sportmöglichkeiten, auch Vögel können hier gut beobachtet werden. Im Norden der Stadt befindet sich eine Kuranlage. Für Reisende aus Budapest und dem Donauknie bietet sich Tata als Sprungbrett für den Besuch weiterer Orte in West-Transdanubien an.

Geschichte

Die alte Burg von Tata (Öregvár) thront am Nordende eines großen Sees auf einem Felsen und ist seit dem 14. Jh. das zentrale

Gebäude der Stadt. Sie war die Lieblingsresidenz von König Sigismund, der im 15. Jh. noch ein Schloss hinzufügte. Seine Tochter Elisabeth von Luxemburg wohnte hier 1440 mit der entwendeten Stephanskrone auf dem Weg nach Székesfehérvár. Dort sollte ihr neugeborener Sohn zum König gekrönt werden. König Matthias Corvinus erhob Tata zum Königlichen Jagdrevier, das an Visegrád angeschlossen war. Sein Nachfolger Vladislav (Úlászló) II. floh an der Wende zum 16. Jh. aus dem von der Pest gebeutelten Buda nach Tata. Die Burg wurde 1683 von den Türken schwer beschädigt – die Stadt erholte sich davon erst wieder, als ein Zweig der Adelsfamilie Esterházy sie im 18. Jh. erwarb. Sie beriefen den in Mähren geborenen Architekten Jakub Fellner zum Chefarchitekten, ihm verdankt die Stadt die meisten ihrer Barockbauen.

Orientierung

Die Hauptstraße von Tata, die lebhafte Ady Endre utca, ist eine Teilstrecke der Straße 1 und trennt den größeren Öreg-tó (Alter See) vom Cseke-tó (Kleiner See). Der Busbahnhof liegt 200 m nordwestlich der Burg an der Május 1 út. Der Hauptbahnhof befindet sich 1,5 km nördlich des Stadtzentrums.

Praktische Informationen

Hauptpost (Kossuth tér 19) Im Südwesten der Burg.
OTP-Bank (Ady Endre utca 1–3) Gegenüber vom Glockenturm.

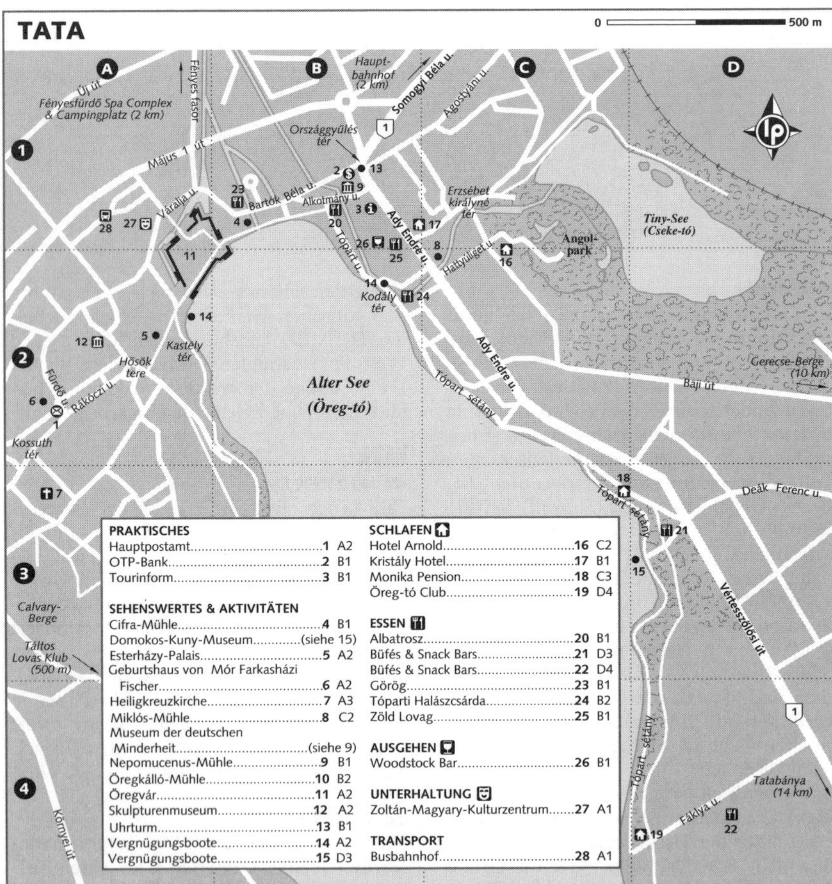

Tourinform (☎ 586 046; tata@tourinform.hu; Ady Endre utca 9; ⌚ Juni–Sept. Mo–Fr 9–18, Sa 9–15, So 9–13 Uhr, Okt.–Mai Mo–Fr 8–16 Uhr) Zentral gelegen, hilfsbereites Personal.

www.tata.hu Gute Einführung in die Stadt, aber kaum von praktischem Nutzen.

Sehenswertes

ÖREGVÁR

Die Überreste der mittelalterlichen Alten Burg – einer der vier Türme und ein Palastflügel – wurden Ende des 19. Jhs. anlässlich eines Besuchs von Kaiser Franz Joseph im neogotischen Stil wieder aufgebaut. Heute befindet sich hier das **Domokos-Kuny-Museum** (☎ 381 251; Erw./Kind/Stud. 500/250/250 Ft.; ⌚ Mitte April–Mitte Okt. Di–So 10–18 Uhr, Mitte Okt.–Mitte April Mi–Fr 10–14, Sa & So 10–16 Uhr). Im Erdgeschoss sind archäologische Funde aus den nahe gelegenen Römersiedlungen, Teile des Benediktinerklosters aus dem 12. Jh. bei Oroszlány sowie zeitgenössische Zeichnungen der Burg während ihrer Blütezeit zu sehen. Die Ausstellung „Das Leben in der Alten Burg" im ersten Stock ist interessant, ebenso der gotische Ofen mit grünen Kacheln im **Rittersaal**. Der Ofen hat schon fast kathedralenhafte Ausmaße. Die zweite Etage präsentiert Arbeiten von einem Dutzend Kunsthandwerker des 18. Jhs., darunter Kuny mit seinen meisterhaften Keramiken. Jahrhundertelang war Porzellan aus Tata ein gefragter Artikel; zu den beliebten Motiven zählten die Krebse, die früher im rauen Mengen im See lebten. Die Porzellanherstellung in Tata führte übrigens indirekt zur Gründung der Porzellanfabrik von Herend in der Nähe von Veszprém.

MÜHLEN

Die Burg ist von einem Burggraben umgeben; ein Schleusensystem reguliert den Wasserzufluss in die umliegenden Kanäle. Tata war einst als „Stadt der Mühlen" berühmt: Die **Cifra-Mühle** (Cifra-malom; Váralja utca 3) aus dem 16. Jh. im Osten der Burg ist heute aber nur noch wegen der roten Marmorfensterrahmen und fünf recht ramponierten Wasserrädern interessant. Die Räder sind von der Nordseite aus zu sehen.

Die hervorragend restaurierte **Nepomucenus-Mühle** (Alkotmány utca 2) von 1758 beherbergt heute das **Museum der deutschen Minderheit** (Német Nemzetiségi Múzeum; ☎ 487 888; Erw./Kind/Stud. 200/100/100 Ft.; ⌚ Mitte April–Mitte Okt. Di–So 10–18 Uhr, Mitte Okt.–Mitte April Mi–Fr 10–14, Sa & So 10–16 Uhr). Wie in Pécs und Székesfehérvár wurde auch in Tata jahrhundertelang überwiegend Deutsch gesprochen; die Ausstellung („1100 Jahre Zusammenleben") spürt allem nach, was mit der deutschen Kultur zu tun hat. Am See stehen außerdem die **Öregkálló-Mühle** (Tópart sétány) und die **Miklós-Mühle** (Ady Endre utca 26).

NOCH MEHR SEHENSWERTES

Wer von der Burg über den grünen Kastély tér zum Hősök tere spaziert, kommt am ehemaligen **Esterházy-Palais** (Eszterházy Kastély; Kastel tér; ☎ 708 106; Erw./Kind/Stud. 300/150/150 Ft.; ⌚ Mai–Sept. Mi–So 10–18 Uhr) vorbei. Es wurde 1764 von Jakub Fellner entworfen und lange Jahre als Krankenhaus genutzt. Seit der Restaurierung werden dort Wechselausstellungen gezeigt. Die restaurierte ehemaligen Synagoge, die im Stil der Romantik gebaut wurde, beherbergt das **Skulpturenmuseum** (Görög-Római Szobormásolatok Múzeuma; ☎ 381 251; Hősök tere 7; Erw./Stud./Kind 200/150/150 Ft.; ⌚ April–Okt. Di–So 10–18 Uhr). Gezeigt werden Gipskopien von antiken griechisch-romanischen Steinskulpturen, die im 19. Jh. die Wege zum Cseke-tó säumten. In der Bercsényi utca 1, kurz vor dem Kossuth tér, liegt das **Geburtshaus von Mór Farkasházi-Fischer**, dem Gründer der Porzellanfabrik von Herend (s. Kasten S. 218). Noch ein weiteres Werk von Fellner beherrscht den Platz: die **Heiligkreuzkirche** (Szent Kereszt-templom) aus dem 18. Jh., die der Einfachheit halber auch Große Kirche genannt wird.

Der **Cseke-tó** im 200 ha großen Naturschutzgebiet Angol-Park wurde 1780 als erster „Englischer Garten" Ungarns angelegt – er eignet sich perfekt zum Entspannen, Spazierengehen oder Angeln.

Der achteckige hölzerne **Uhrturm** (Óratorony; Országgyűlés tér) ist erheblich älter, als er aussieht. Fellner entwarf ihn 1763; damals befand sich darin das winzige Gefängnis der Stadt.

Aktivitäten

Der Öreg-tó, ein „Feuchtbiotop von internationaler Bedeutung", steht unter Naturschutz und bietet Wasservögeln einen wichtigen Lebensraum. (s. Kasten S. 56).

Am See gibt es mehrere **Strände zum Schwimmen. Vergnügungsboote** (☎ 383 136; Erw./Kind 400/300 Ft.) fahren am Anleger am Ostufer des Sees (südwestlich der Burg) ab. In der

Reitschule **Táltos Lovas Klub** (☎ 06 30 242 2233; Fekete utca 2/a) im Süden des Kalvarienbergs werden Pferde vermietet, auch Kutschfahrten sind möglich.

Das im Norden der Stadt gelegene **Fényesfürdő** (☎ 588 144; www.fenyesfurdo.hu; Fényes fasor; Erw./Kind/Stud. 800/500/500 Ft., nach 15 Uhr 500/300 Ft.; Mai–Sept. 9–17 Uhr) ist eine Kuranlage mit Campingplatz, die Gäste haben die Wahl zwischen verschiedenen Thermal- und großen Schwimmbecken.

Bei Tourinform ist die kostenlose Broschüre *Aktivitäten für Urlauber in der Region Komárom-Esztergom* erhältlich. Wer vorhat, in den Geresce-Bergen im Osten von Tata zu **wandern**, nimmt den Bus nach Tardos, Tarján oder Dunaszentmiklós. Nützlich ist die Karte *Gerecse Turistatérkép* (Nr. 10; 900 Ft.) von Cartographia im Maßstab 1:40 000.

Schlafen

BUDGETUNTERKÜNFTE

Öreg-tó Club (☎ /Fax 487 960; Fáklya utca 4; Bungalows pro Pers. 1200 Ft., Hotel DZ 9300 Ft.; P) In der Nähe vom Großen See stehen 19 einfache Bungalows mit Gemeinschaftseinrichtungen und ein Hotel (24 Betten).

Fényesfürdő Camping (☎ /Fax 481 208; www.fenyesfurdo.hu; Fényes fasor; Stellplätze pro großes Zelt/kleines Zelt/Erw./Kind Mai–Juni & Ende Aug.–Mitte Sept. 1100/800/1100/900 Ft., Mitte Juni–Ende Aug. 1400/1000/1300/1000 Ft., Bungalows für 4/6 Pers. 8500/10 500 Ft. & 11 000/13 000 Ft.; Mai–Mitte Sept.; P). Die Anlage liegt etwa 2 km nördlich der Innenstadt und ist an die Kuranlage angeschlossen. Motelzimmer kosten für 2/4 Personen 6500/9000 Ft.

MITTELKLASSEHOTELS

Hotel Arnold (☎ 588 028; www.hotels.hu/arnold; Erzsébet királyné tér 8; EZ/DZ/3BZ 40/54/65 €; P) Das hübsche Hotel mit 25 Zimmern liegt am Rand des Agnol-Parks; bis zum Kleinen See sind es bloß ein paar Meter. Das gemütliche, stilvolle und ruhige Haus stellt das Kristály Hotel locker in den Schatten.

Kristály Hotel (☎ 383 577; www.hotels.hu/kristaly_tata; Ady Endre utca 22; altes Haus EZ/DZ/3BZ 40/50/68 €, neues Haus EZ/DZ 44/54 €; P) Das 200 Jahre alte Esterházy-Gemäuer hat zwar viel Flair, aber auch 20 recht betagte Zimmer. Im neuen schön gestalteten Trakt kommen weitere 17 dazu. Der Garten hinter dem Haus ist schön, die Zimmer auf die Straße sind aber recht laut.

Monika Pension (☎ /Fax 383 208; www.hotels.hu/monikapanzio; Tópart sétány 9; DZ 45 €; P) Die Pension mit acht Zimmern ist nicht gerade die modernste, liegt aber direkt am Großen See (schön sind die Zimmer mit Balkon), und der Preis stimmt auch.

Essen & Ausgehen

Büfés und kleine Kneipen säumen die Fáklya utca in der Nähe vom Campingplatz Öreg-tó und die Deák Ferenc utca beim Pier mit Bootverleih.

Tóparti Halászcsárda (☎ 380 136; Tópart sétány 10; Vorspeisen 500–1400 Ft., Hauptgerichte 860–1800 Ft.; So–Do 12–22, Fr & Sa 12–24 Uhr) Südlich vom Kodály tér ist der „Gasthof zum Fischer" ein nettes kleines Lokal, in dem logischerweise Fischiges auf den Tisch kommt. Spezialität des Hauses ist die berühmte *halászlé* (Fischsuppe; 860 Ft.). Die *csárda* (typisch ungarischer Gasthof oder Restaurant) hat im Winter oftmals montags und dienstags geschlossen.

Görög (☎ 480 980; Váralja utca 20; Vorspeisen 750–1100 Ft., Hauptgerichte 1100–1500 Ft.; 12–22 Uhr) Der „Grieche" in einem restaurierten Esterházy-Palais offeriert eine Art griechisches Essen in pseudo-griechischem Ambiente: eine angenehme Abwechslung zum ewigen Gulasch.

Zöld Lovag (Grüner Ritter; ☎ 481 681; Ady Endre utca 17; Hauptgerichte 1200–2700 Ft.; So–Do 12–23, Fr & Sa 12–24 Uhr) Das in einem Innenhof gelegene Lokal macht mit bunten Fahnen, rustikalen Tischen und Stühlen, einer Speisekarte in altungarischer Handschrift und Typen in altmodischen Beinkleidern auf Mittelalter. Aber das Essen ist ganz in Ordnung.

Albatrosz (Tópart utca 3; Suppen 450–700 Ft., Vorspeisen 500–1050 Ft., Hauptgerichte 1050–1400 Ft.) Das Restaurant mit einer – bisweilen – recht lebhaften Bar befindet sich in einem hübschen Haus mit Blick über den See, liegt nicht weit von der Burg und lockt jede Menge Jungvolk an.

Woodstock Bar (Ady Endre utca 13; So–Do 10–24, Fr & Sa 10–18 Uhr) Moderne Kneipe in einem Hof an der Ady Endre utca mit Tischen im Freien und Horden junger Leuten.

Unterhaltung

Zoltán-Magyary-Kulturzentrum (☎ 380 811; Váralja utca 4) Liegt zwischen Burg und Busbahnhof und bietet Informationsmaterial und aktuelle Tipps, was wo wann läuft. Unter dem Stichwort Tata finden sich weitere Veranstaltungshinweise in der alle zwei Wochen erscheinenden Werbezeitschrift *Komárom-Esztergomi Est*.

An- & Weiterreise

BUS

Häufig fahren Busse nach Tatabánya (133 Ft., 20 Min., 10 km, alle 20 Min.), Dunaszentmiklós (182 Ft., 23 Min., 11 km, mind. Stündl.) und Komárom (423 Ft., 30 bis 50 Min., 31 km, mind. stündl.); außerdem Busse nach Tarján (302 Ft., 1 Std., 31 km, 6-mal tgl.) in den Gerecse-Bergen und nach Oroszlány (423 Ft., 1 Std., 32 km, alle 45–60 Min.),. Oroszlány ist das Tor zu den Vértes-Bergen. Von Tata sind auch auch Győr (907 Ft., 1½ Std., 72 km, Mo–Sa 2-mal tgl.), Budapest (907 Ft., 1½ Std., 75 km, 2-mal tgl. via Visegrád oder Tatabánya) und Esztergom (665 Ft., 1 Std. und 40 Min., 54 km, stündl.) gut zu erreichen.

ZUG

Tata liegt an der Hauptbahnstrecke von Budapest nach Győr (512 Ft., 55–90 Min., 57 km, alle 30 Min.) und Wien (5294 Ft., 2½–3 Std., 189 km, bis zu 4-mal tgl., 1-mal Umsteigen). Direktverbindungen gibt es nach Sopron (1350 Ft., 2 Std. 10 Min., 142 km, 3- oder 4-mal tgl.) und Szombathely (1730 Ft., 3 Std., 174 km, 2- oder 3-mal tgl.) via Tata. Meistens muss man aber in Győr den Zug wechseln. Wer mit der Bahn nach Esztergom (512 Ft., 2 Std., 51 km, bis zu 6-mal tgl.) will, muss in Almásfüzitő umsteigen. Für die Fahrt in die Slowakei nimmt man den Zug nach Komárom (170 Ft., 15–20 Min., 20 km, alle 30 Min.) und geht dann zu Fuß über die Grenze.

Unterwegs vor Ort

Buslinie 1 verkehrt zwischen dem Hauptbahnhof und dem Busbahnhof sowie dem Kossuth tér. Buslinie 3 fährt nach Fényesfürdő; Buslinie 5 hält in der Nähe der Fáklya utca. Taxirufnummer ist die ☎ 489 808 oder die ☎ 489 080.

GYŐR

☎ 96 / 129 000 Ew.

Győr (Raab) rangiert allgemein unter „diese große Industriestadt mit dem komischen Namen" – weder das eine noch das andere ist falsch. Das ehemals deutsche Raab ist das drittgrößte Industriezentrum Ungarns: Hier werden Fahrzeuge und Textilien produziert.

Aber Győr ist auch eine historische Stadt. Nach Budapest und Sopron hat kein anderer Ort so viele bedeutende Gebäude und Denkmäler, die keiner, der in Transdanubien unterwegs ist, versäumen sollte. Schon 100 m vom Bahnhof oder Busbahnhof entfernt tut sich in der Fußgängerzone Baross Gábor utca plötzlich eine Welt auf, die sich seit dem 17. und 18. Jh. kaum verändert hat.

Geschichte

Die Stadt liegt mitten in der Kleinen Tiefebene (Kisalföld) am Zusammenfluss von Mosoni-Donau und Rába (Raab). Győr wurde von den Kelten gegründet; die Römer nannten es später Arrabona. Die Awaren errichteten dann eine Rundfestung – *gyűrű* –, von der die Stadt ihren Namen ableitet; auf sie folgten die Magyaren.

König Stephan etablierte in Győr im 11. Jh. einen Bischofssitz, 200 Jahre später erhielt die Stadt das königliche Privileg, auf alle durch Győr transportierten Waren Steuern zu erheben.

Im 16. Jh. wurde die Burg erbaut. Da sie vom Fluss eingeschlossen wurde, ließ sie sich bis Ende des Jahrhunderts als Außenposten zwischen dem von den Türken beherrschten Ungarn und Wien, dem Sitz des Habsburgerreichs, verteidigen. Als die Türken Győr schlussendlich doch einnahmen, konnten sie die Burg nur vier Jahre halten und wurden schon 1598 wieder vertrieben. Aus diesem Grund wird Győr auch als „die gute Hüterin" bezeichnet, die über die Jahrhunderten hinweg über die Geschicke des Landes gewacht hat.

Orientierung

Der Bahnhof von Győr liegt südlich vom Honvéd liget (Soldatenpark) an der Révai Miklós utca. Zum Busbahnhof in der Hunyadi utca auf der anderen Seite der Bahn gelangt man durch eine Unterführung östlich vom Haupteingang. Die Baross Gábor utca führt zur Belváros, der historischen Altstadt; die Flüsse fließen in Richtung Norden und Nordwesten.

Praktische Informationen

Different Internet Café (☎ 516 810; Zichy-Schloss, Liszt Ferenc utca 20; 30 Min. 250 Ft.; 🕑 Mo–Fr 8–21, Sa 14–21 Uhr) Internetzugang im Tiefgeschoss eines tollen Bürgerhauses aus dem 18. Jh.

Ibusz (☎ 311 700; Kazinczy utca 3; 🕑 Mo–Fr 8–17,

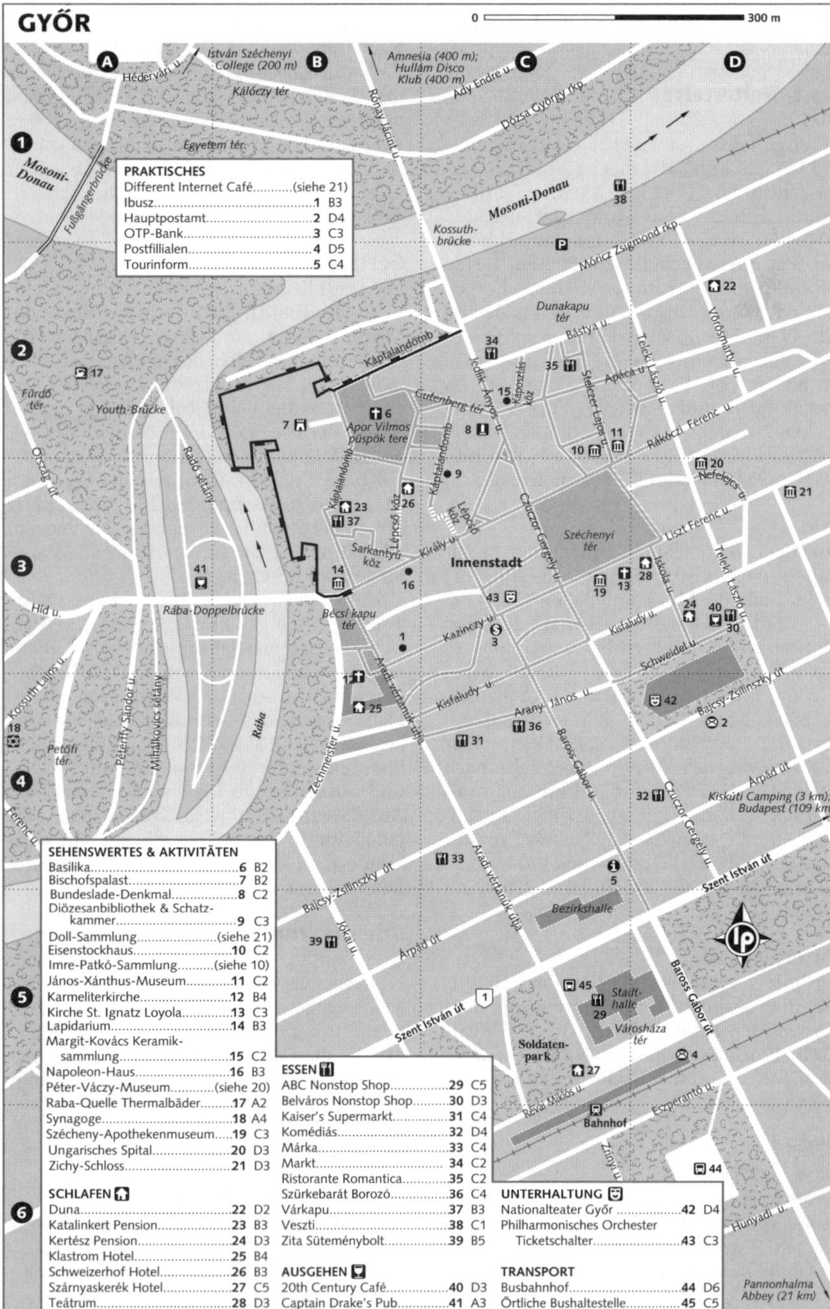
GYŐR
0 300 m
PRAKTISCHES
Different Internet Café (siehe 21)
Ibusz 1 B3
Hauptpostamt 2 D4
OTP-Bank 3 C3
Postfillialen 4 D5
Tourinform 5 C4
SEHENSWERTES & AKTIVITÄTEN
Basilika 6 B2
Bischofspalast 7 B2
Bundeslade-Denkmal 8 C2
Diözesanbibliothek & Schatzkammer 9 C3
Doll-Sammlung (siehe 21)
Eisenstockhaus 10 C2
Imre-Patkó-Sammlung (siehe 10)
János-Xánthus-Museum 11 C2
Karmeliterkirche 12 B4
Kirche St. Ignatz Loyola 13 C3
Lapidarium 14 B3
Margit-Kovács Keramiksammlung 15 C2
Napoleon-Haus 16 B3
Péter-Váczy-Museum (siehe 20)
Raba-Quelle Thermalbäder 17 A2
Synagoge 18 A4
Szécheny-Apothekenmuseum 19 C3
Ungarisches Spital 20 D3
Zichy-Schloss 21 D3
SCHLAFEN
Duna 22 D2
Katalinkert Pension 23 B3
Kertész Pension 24 D3
Klastrom Hotel 25 B4
Schweizerhof Hotel 26 B3
Szárnyaskerék Hotel 27 C5
Teátrum 28 D3
ESSEN
ABC Nonstop Shop 29 C5
Belváros Nonstop Shop 30 D3
Kaiser's Supermarkt 31 C4
Komédiás 32 D4
Márka 33 C4
Markt 34 C2
Ristorante Romantica 35 C2
Szürkebarát Borozó 36 C4
Várkapu 37 B3
Veszti 38 C1
Zita Süteménybolt 39 B5
AUSGEHEN
20th Century Café 40 D3
Captain Drake's Pub 41 A3
UNTERHALTUNG
Nationalteater Győr 42 D4
Philharmonisches Orchester Ticketschalter 43 C3
TRANSPORT
Busbahnhof 44 D6
Örtliche Bushaltestelle 45 C5
István Széchenyi College (200 m)
Amnesia (400 m); Hullám Disco Klub (400 m)
Kiskúti Camping (3 km); Budapest (109 km)
Pannonhalma Abbey (21 km)
Mosoni-Donau
Rába
Innenstadt
Széchenyi tér
Dunakapu tér
Bécsi kapu tér
Apor Vilmos püspök tere
Gutenberg tér
Fürdő tér
Petőfi tér
Városháza tér
Soldatenpark
Stadthalle
Bezirkshalle
Bahnhof
Kossuth-brücke
Youth-Brücke
Rába-Doppelbrücke
Fußgängerbrücke
Szent István út
Bajcsy-Zsilinszky út
Árpád út
Baross Gábor út
Aradi vértanúk útja
Czuczor Gergely u.
Teleki László u.
Móricz Zsigmond rkp.
Dózsa György rkp.
Kálóczy tér
Egyetem tér

WO NAPOLEON EINE PAUSE EINLEGTE

Nur Pedanten und Lonely Planet Autoren wissen, dass Napoleon einmal eine Nacht in Ungarn verbracht hat – und zwar am 31. August 1809 in der Király utca 4, die östlich vom Bécsi kapu tér abgeht. Das Gebäude heißt heute Napoleon-ház (Napoleon-Haus) – wie auch sonst? – und beherbergt eine Abteilung des Stadtmuseums. Aber warum suchte sich Napoleon nun ausgerechnet Győr für seinen Eintritt in Ungarn aus? Offensichtlich war die Stadt nicht weit weg von einem Schlachtfeld, denn eine Inschrift am Arc de Triomphe in Paris gedenkt der „Bataille de Raab".

Sa 8–13 Uhr) Hilft beim Suchen eines Zimmers mehr als bei der Bitte nach allgemeinen Informationen.

Hauptpost (Bajcsy-Zsilinszky út 46; Mo–Fr 8–18 Uhr) Gegenüber vom Győr-Nationaltheater; Zweigstelle am Bahnhof (Révai Miklós utca 8) südlich vom imposanten Rathaus.

OTP-Bank (Baross Gábor utca 16; Mo 7.45–16, Di–Do 7.45–15, Fr 7.45–13.30 Uhr)

Tourinform (☎/Fax 311 771; gyor@tourinform.hu; Árpad út 32; Juni–Mitte Sept. Mo–Fr 8–20, Sa & So 9–18 Uhr, April & Mai Mo–Fr 8–18, Sa 9–14 Uhr, Mitte Sept.–März Mo–Fr 9–16, Sa 9–14 Uhr) In einem Kiosk nördlich der Kreisverwaltung.

www.gyor.hu Bietet praktische Tipps und Hintergrundinformationen, wird aber nicht oft aktualisiert.

Sehenswertes

BÉCSI KAPU TÉR

Der barocke „Wiener Tor-Platz" wird im Süden von der **Karmeliterkirche** (1725) beherrscht. An der Nord- und Westseite des Platzes liegen die Befestigungen aus dem 16. Jh. Sie grenzen den Platz zum Fluss hin ab und trotzten den stürmischen Attacken der Türken. Außerdem steht hier eine Bastion, die als Gefängnis, Geschäft und bis vor kurzem sogar noch als Restaurant genutzt wurde.

In den Kasematten ist das **Lapidarium** (☎ 310 588; Bécsi kapu tér 5; Erw./Sen./Stud. 400/200/200 Ft.; April–Okt. Di–So 10–18 Uhr) untergebracht: Die Sammlung – sie gehört zum János-Xánthus-Museum – zeigt alles Mögliche von der Römerzeit bis zum Mittelalter. Weiter im Norden, aber noch innerhalb der Wehrmauern, steht der **Bischofspalast** (Püspökvár). Teile des festungsartigen Gebäudes stammen aus dem 13. Jh. Die Fundamente der romanischen Kapelle aus dem 11. Jh. liegen auf der Südseite.

KÁPTALAN-DOMB

Vom Bécsi kapu tér führt die Káptalandomb zum Apor Vilmos püspök tere, dem ältesten Viertel der Stadt. Die **Basilika** (Bazilika; Eintritt frei; 8–12, 14–16 Uhr) präsentiert sich als eine etwas seltsame Stilmischung: Die Fundamente gehen bis ins 11. Jh. zurück, die Apsiden sind romanisch (von außen sichtbar), die Fassade ist neoklassizistisch und eine gotische Kapelle hockt Huckepack auf dem südlichen Ende des Baus. Im Innenraum stammt das meiste aus der Zeit des Barock, d.h. aus dem 17. und 18. Jh., so auch die beeindruckenden Fresken (von Franz Anton Maulbertsch), der Hauptaltar, der Bischofsthron und die Kirchenbänke aus dalmatinischer Eiche.

Die gotische **Hédervàry-Kapelle** präsentiert eine der schönsten und wertvollsten Goldarbeiten aus dem mittelalterlichen Ungarn: die vergoldete **Herme von László**. Es handelt sich dabei um eine Kopfreliquie von einem der ältesten heilig gesprochenen Könige (Regierungszeit 1077–95) Ungarns aus dem frühen 15. Jh. Wer ein Wunder sehen will, geht ins nördliche Seitenschiff zur **Weinenden Maria**, einem Gnadenbild, das der irische Bischof von Clonfert 1649 aus Galway mitbrachte; Oliver Cromwell hatte ihn damals des Landes verwiesen. Rund 40 Jahre später – am St.-Patricks-Tag, wann auch sonst – begann das Bild Blutstränen zu weinen und ist seitdem das Ziel vieler Pilger.

Im Osten der Basilika liegt die **Diözesanbibliothek mit Schatzkammer** (Egyházmegyei kincstár és könyvtár; ☎ 525 090; Erw./Sen./Stud./Fam. 300/150/150/500 Ft.; Mitte März–Okt. Di–So 10–16 Uhr) mit einigen der größten Kunstschätzen Ungarns. Die Exponate sind auch in Englisch beschriftet.

Geht man zum schmalen Gutenberg tér östlich der Basilika hinunter, führt der Weg an dem beeindruckenden **Bundesladen-Denkmal** (Frigyszekrény szobor; Jedlik Ányos utca) vorbei, einer großen Statue von 1731. Der Volksmund erzählt, dass König Karl (Károly) III. das schönste Barockdenkmal der Stadt errichtete, um die verärgerte Bürgerschaft von Győr milde zu stimmen: Einer seiner Soldaten hatte nämlich während einer Prozession aus

WEST-TRANSDANUBIEN

Versehen dem Bischof die Monstranz mit dem heiligen Sakrament aus den Händen gestoßen. Gleich gegenüber vom Denkmal (aber nur über die Káposztás köz 8 zugänglich) liegt die **Margit-Kovács-Keramiksammlung** (Kovács Margit kerámiagyűjtemény; ☎ 326 739; Apáca utca 1; Erw./Sen./ Stud./Fam. 400/200/200/1000 Ft.; ⏰ Di–So 10–18 Uhr). Die Filiale des städtischen Kunstmuseums zeigt das Werk der renommierten Keramikkünstlerin Margit Kovács (1902–77), die in Győr geboren wurde.

SZÉCHENYI TÉR

Ein paar Blocks südöstlich der Káptalandomb beeindruckt der riesige Széchenyi tér, er war im Mittelalter der Marktplatz der Stadt. An der Südseite ragt die schönste Kirche von Győr auf, **St. Ignatz**, eine Jesuiten- und später Benediktinerkirche, die 1641 gebaut wurde. Die Seitenkapellen aus dem 17. Jh. mit weißem Stuck und die Deckenfresken schuf der Wiener Barockkünstler Paul Troger 1744. Gleich nebenan gründeten die Jesuiten 1654 das **Szécheny-Apothekenmuseum** (Szécheny Patikamúzeum; ☎ 320 954; Széchenyi tér 9; Eintritt frei; ⏰ Mo–Fr 7.30–16 Uhr) – es ist Barock pur. Die Gewölbedecken im Stil des Rokoko und die sagenhaften Fresken mit religiösen Themen und seltenen Darstellungen von Kräutern sind wirklich sehenswert.

Wer wenig Zeit hat, lässt das **János-Xánthus-Museum** (☎ 310 588; Széchenyi tér 5; Erw./Sen./ Stud. 500/250/250 Ft.; ⏰ April–Sept. Di–So 10–18 Uhr, Okt.–März Di–So 10–14 Uhr) mit Exponaten zur Regionalgeschichte, Briefmarken, Münzen, antiken Möbeln und Naturgeschichte weg und geht gleich nebenan in die **Imre-Patkó-Sammlung** (☎ 310 588; Széchenyi tér 5; Erw./Sen./ Stud. 400/200/200 Ft.; ⏰ April–Sept. Di–So 10–18 Uhr, Okt.–März Di–So 10–14 Uhr mit Vorreservierung) im **Eisenstockhaus** (Vastuskós Ház) aus dem 17. Jh. In der ehemaligen Karawanserei (Zugang über die Stelczer Lajos utca) ist noch immer der Baumstamm zu sehen, in den fahrende Handwerkskünstler früher einen Nagel schlugen, um ihre Anwesenheit zu bezeugen. Das Museum präsentiert in den ersten beiden Etagen eine hervorragende Kunstsammlung mit Werken aus dem 20. Jh. Im dritten Stock sind Objekte ausgestellt, die der Journalist und Kunsthistoriker Imre Patkó von seinen Reisen nach Indien, Tibet, Vietnam und Westafrika mitbrachte.

NOCH MEHR SEHENSWERTES

Das **Ungarische Spital** (Magyar Ispita; 3 Nefelejcs köz) aus der Spätrenaissance war früher ein karitatives Krankenhaus und beherbergt heute das **Péter-Váczy-Museum** (☎ 318 141; Erw./Sen./ Stud./Fam. 400/200/200/1000 Ft.; ⏰ Di–So 10–18 Uhr). Váczy – Geschichtsprofessor und Antiquitätensammler – trug eine recht stattliche Sammlung an griechischen und römischen Stücken bis hin zu Terrakottafiguren aus China zusammen, die nun alle hier zu bewundern sind.

Attraktion im **Zichy-Schloss** (Zichy palota; Liszt Ferenc utca 20) ist die **Puppen-Ausstellung** (Baba Kiállítás; ☎ 320 289; Erw./Kind 200/100 Ft.; ⏰ Mo–Do 8–15.30, Fr 8–13 Uhr) mit 72 Puppen und Möbeln aus dem 19. Jh. Doch das Barockschloss aus dem 18. Jh. ist für sich genommen schon einen Besuch wert. Ab und zu werden hier Konzerte und Theaterabende veranstaltet.

Auf der anderen Seite des Flusses steht die ehemalige **Synagoge** (Kossuth Lajos utca 5) von 1870, sie hat eine achteckige Kuppel, Galerien und Tabernakel. Es ist nicht ganz einfach, in das nur teilweise restaurierte Gebäude hineinzukommen, eine Möglichkeit ist der Eingang der Musikakademie, in der sich früher die jüdische Schule befand.

Aktivitäten

Am linken Flussufer der Rába befindet sich die **Rába-Quelle** (☎ 514 900; www.gyortermal.hu; Fürdő tér 1; Erw./Kind/Stud. Tag 1600/1000/1000 Ft., 3 Std. 1300/800 Ft.; ⏰ Thermalbäder ganzjährig 9–22 Uhr, Hallenbad ganzjährig Mo–Sa 6–20 Uhr, Freibad Mai–Aug. Mo–Sa 8–20 Uhr), Győrs Badeanlage mit Thermalbädern, Schwimmbecken, Fitness- und Wellnesscenter und allen nur denkbaren Anwendungen.

Festivals & Events

Das renommierte **Ungarische Tanzfestival** (www.gyoriballett.hu, auf Deutsch) findet alle zwei Jahre Ende Juni in Győr statt.

Schlafen

BUDGETUNTERKÜNFTE

Ibusz hat nur wenige Privatzimmer (2 Pers. 4200 Ft.).

István-Széchenyi-Schule (☎ 503 447; Hédervári út 3; B 2300 Ft.) In der riesigen Schule nördlich vom Stadtzentrum werden das ganze Jahr über Schlafsaalbetten vermietet.

Szárnyaskerék Hotel (☎ 314 629; Fax 317 844; Révai Miklós utca 5; DZ ohne/mit Bad 5500/7800 Ft.) Dem 30-

Zimmer-Hotel gleich beim Bahnhof und Busbahnhof würde eine Runderneuerung nicht schaden, bevor es komplett zusammenkracht. Die zwei Dutzend Zimmer ohne Bad haben aber zumindest ein Waschbecken.

Kiskúti Camping (☎ 318 986, 06 30 600 7905; Stellplätze pro Zelt & Erw. 1600 Ft., Bungalows 2/4 Pers. 2400/4000 Ft., Motel DZ/3BZ/4BZ 4000/6000/8000 Ft.; Bungalows Mitte April–Mitte Okt.; P) Der Campingplatz für 300 Personen liegt rund 3 km nordöstlich der Stadt in Kiskútliget (Kleiner-Brunnen-Park) und nicht weit vom Stadion entfernt. Wer nicht zelten will, kann auf Bungalows und ein geheiztes Motel mit 32 Zimmern ausweichen.

MIITTELKLASSEHOTELS

Győr hat viele Pensionen – was eher ungewöhnlich für eine ungarische Stadt ist. Sie liegen zentral und sind häufig in recht malerischen alten Gemäuern untergebracht, haben aber nur selten einen Lift. Dafür stimmt der Preis.

Teátrum (☎/Fax 310 640; www.teatrum.hu, auf Ungarisch; Schweidel utca 7; EZ/DZ/3BZ 7500/9500/11 500 Ft.) Die zentral gelegene Pension in einer netten Fußgängerzone hat zehn Zimmer.

Duna (☎/Fax 329 084; paarhotels@mail.arrabonet.hu; Vörösmarty utca 5; EZ/DZ/3BZ 6500/8500/10 400 Ft.) Die Zwillings-Pension zum Teátrum hat 14 zartblau gestrichene Zimmer und in einigen der Gemeinschaftsräume antike Möbel stehen.

Katalinkert Pension (☎/Fax 542 088; katalinkert@axelero.hu; Sarkantyú köz 3; EZ/DZ 7100/9100 Ft.; P) Die Pension mit sechs modernen Zimmern findet man über einem netten Lokal mit Innenhof. Die Angestellten sind außergewöhnlich freundlich und hilfsbereit.

Kertész Pension (☎/Fax 317 461; sometimes love@freemail.hu; Iskola utca 11; EZ/DZ/3BZ/4BZ 6900/9900/13 000/15 000 Ft.) Das freundliche „Gärtner" hat neun ansprechende Zimmer, eine Minisauna und ein paar Fitnessgeräte.

SPITZENKLASSEHOTELS

Schweizerhof Hotel (☎ 329 171; www.schweizerhof.hu; Sarkantyú köz 11–13; EZ 68 €, DZ 73–82 €; P) Das absolute Tophotel von Győr lockt mit einem Wellnesscenter, einem Weinkeller, einem hervorragenden Restaurant und einer Bar.

Klastrom Hotel (☎ 516 910; www.klastrom.hu; Zechmeister utca 1; EZ/DZ/3BZ 55/70/80 €; P) Das entzückende 3-Sterne-Hotel in einem 300 Jahre alten Karmeliterkloster liegt südlich vom Bécsi kapu tér. Für die Gäste gibt es eine Sauna, ein Solarium, ein Lokal mit Gewölbedecke und ein Restaurant mit Tischen im beschaulichen Hofgarten. Die besten Zimmer gehen auf den Hof hinaus.

Essen

RESTAURANTS & CAFÉS

Várkapu (☎ 328 625; Bécsi kapu tér 7; Hauptgerichte 700–2400 Ft.; Di–So 10–23 Uhr) Vom hübschen kleinen Lokal fällt der Blick auf die Karmeliterkirche, besonders schön ist der Blick von der Terrasse. Die Speisekarte bietet ungarische Gerichte vom Feinsten.

Komédiás (☎ 527 217; Czuczor Gergely utca 30; Suppen 350–750 Ft., Vorspeisen 500–1900 Ft., Hauptgerichte 960–2720 Ft.; Mo–Sa 11–24 Uhr) Das gehobene Kellerlokal ist postmodern in Grau und Schwarz gehalten und liegt gegenüber vom Béla-Bartók-Kulturzentrum. Es gibt Tische im Hof – schön, wenn es warm ist –und jede Menge preiswerte Menüs (570 Ft. und 670 Ft.).

Ristorante Romantica (☎ 314 127; Dunakapu tér 5; Vorspeisen 1125–3750 Ft., Pasta 1250–1875 Ft., Hauptgerichte 1850–3850 Ft.) Das hübsche und nicht übertrieben „romantische" Restaurant mit Sinn fürs Detail bietet edles italienisches Essen und liegt nicht weit vom Fluss entfernt.

Szürkebarát Borozó (☎ 311 548; Arany János utca 20; Suppen & Vorspeisen 250–600 Ft., Hauptgerichte 750–2600 Ft.; Mo–Fr 9–22, Sa 9–16 Uhr) Ein anständiger Weinkeller mit Restaurant in einem kleinen Hof. Im Restaurant werden auch ein Frühstück (350–600 Ft.) und ein Mittagsmenü (530 Ft.) angeboten. Der Hit aber ist der Kiosk, der hervorragendes Eis (00 Ft. pro Kugel) verkauft.

Zita Süteménybolt (☎ 323 180; Jókai utca 6/a; Kuchen 100–120 Ft.; unterschiedlich) Wem der Sinn

DER TIPP VOM AUTOR

Veszti (☎ 337 700; Móricz Zsigmond rakpart 3; Suppen 440–640 Ft., Vorspeisen 460–1690 Ft., Hauptgerichte 990–1990 Ft.; Mo–Do 10.30–22, Fr 10.30–24, Sa 10.30–14, So 10.30–15 Uhr) Exquisites Essen kommt hier kaum auf den Tisch, aber das stimmungsvolle Lokal in einem alten Schiff auf der Mosoni-Donau hat von ungarischen Gerichten bis hin zu Pizza (490–1490 Ft.) und Tex-Mex (1290–1690 Ft.) für jeden Geschmack etwas zu bieten. Die Bedienung ist auf Zack, und das bunte Volk strömt nur so herbei.

nach Süßem steht, sollte an dem Schaufenster mit Kuchen und Gebäck nicht vorbeigehen. Manchmal stehen die Leute bis zur Straße Schlange.

AUF DIE SCHNELLE & SELBSTVERSORGER

Márka (☎ 320 800; Bajcsy-Zsilinszky út 30; Hauptgerichte 250–540 Ft.; ⏰ Mo–Sa 11–17 Uhr) Wer in der Innenstadt schnell etwas essen will, ist in dieser modernisierten Cafeteria mit Selbstbedienung genau richtig.

Der ganz kleine, aber bunte **Markt** (Dunakapu tér) findet fast jeden Morgen statt.

Läden, in denen Lebensmittel und vieles mehr angeboten werden:

ABC-Nonstop-Laden (Révai Miklós utca; ⏰ 24 Std.) Neben dem Bahnhof.

Belváros-Nonstop-Laden (Schweidel utca 27; ⏰ 10–18 Uhr)

Kaiser-Supermarkt (Arany János utca 16; ⏰ Mo 7.30–19, Di–Fr 6.30–19, Sa 6.30–15 Uhr)

Ausgehen

Captain Drake's Pub (☎ 312 686; Radó sétány 1; ⏰ So–Do 12–24, Fr & Sa 12–14 Uhr) Entspannte Kneipe auf einer kleinen Insel im Fluss Rába.

20th Century Café (☎ 312 819; Schweidel utca 25; ⏰ So–Do 7–24, Fr & Sa 7–17 Uhr) Das zentrale Café wirbt auch mit seiner Cocktailbar, das Publikum ist nicht mehr das jüngste.

Unterhaltung

Eine gute Informationsquelle für Veranstaltungen ist die kostenlose Zeitschrift *Győri Est*; sie erscheint alle zwei Wochen.

Győr-Nationaltheater (Győri Nemzeti Színház; ☎ 520 600, 314 800, Theaterkasse 520 611; www.gyoriszinhaz.hu, auf Ungarisch; Czuczor Gergely utca 7; ⏰ Mo 10–13, Di–Fr 14–18 Uhr) Das moderne, technisch fortschrittliche, aber recht unattraktive Gebäude ist mit Kacheln in Op-Art verkleidet. Sie stemmen von Victor Vasarely, dem Begründer des Op-Art-Stils. Das berühmte **Győr-Ballett** (www.gyoribalett.hu), das städtische Opernensemble , und das **Symphonieorchester** (☎ Kartenschalter 326 323; Kisfaludy utca 25; ⏰ Mo–Mi & Fr 8–12, 13–16.30, Do 8–12, 13–17 Uhr) treten hier auf.

Amnésia (☎ 06 30 402 2411; Szövetség utca 12; ⏰ Mo–Mi 10–24, Do & Fr 10–2, Sa 14–2, So 16–24 Uhr) Eine beliebte Bar mit Club. Mit seinen sehr beliebten und Themennächten wie der Italo-Disko-Nacht zieht es vor allem Studenten an.

Hullám Disco Klub (☎ 315 276; Hédervári utca 22; ⏰ Fr & Sa 22–5 Uhr) Der Tanzclub hat ausschließlich am Wochenende geöffnet und liegt nur wenige Schritte vom Amnésia entfernt. Im Club legen DJs auf; ein marokkanisch angehauchtes Restaurant serviert bis um 4 Uhr in der Früh noch Essen.

An- & Weiterreise

BUS

Busse fahren von Győr zu den folgenden Orten:

Zielorte	Fahrpreis	Fahrzeit	km	Taktfrequenz
Balatonfüred	1210 Ft.	2½ Std.	100	7-mal tägl.
Budapest	1570 Ft.	65 Min.	128	12–16-mal tägl.
Dunaújváros	1690 Ft.	2½–3 Std.	137	5-mal tägl.
Esztergom	1210 Ft.	2½ Std.	99	1–2-mal tägl.
Hévíz	1570 Ft.	3 Std.	124	2-mal tägl.
Kapuvár	605 Ft.	70 Min.	50	alle 30 Min.
Keszthely	1570 Ft.	3¼ Std.	129	4-mal tägl.
Lébény	302 Ft.	30 Min.	23	8–12-mal tägl.
Mosonmagyaróvár	484 Ft.	50 Min.	39	bis zu 12-mal tägl.
Pannonhalma	302 Ft.	30 Min.	21	alle 30 Min.
Pápa	605 Ft.	1 Std.	48	10-mal tägl.
Pécs	3020 Ft.	4-5 Std.	243	2-mal tägl.
Sümeg	1210 Ft.	2¼ Std.	99	4-mal tägl.
Székesfehérvár	1090 Ft.	1½ Std.	86	7-mal tägl.
Szombathely	1330 Ft.	2½ Std.	110	5–7-mal tägl.
Tapolca	1330 Ft.	2½ Std.	106	2–3-mal tägl.
Tata	786 Ft.	1½ Std.	64	3-mal tägl.
Veszprém	968 Ft.	1½ Std.	79	9-mal tägl.
Wien	1918 Ft.	2 Std.	129	2–3-mal tägl.
Zalaegerszeg	2060 Ft.	4 Std.	165	5-mal tägl.

ZUG

Győr ist nach Budapest der zweite wichtige Eisenbahnknotenpunkt des Landes. Es gibt gute Verbindungen nach Budapest (1338 Ft., 1½–2 Std., 131 km, alle 30 Min.) und Wien (4750 Ft., 1½ Std., 119 km, 6- bis 8-mal tgl.) über Hegyeshalom. Züge nach Ebenfurth in Österreich fahren über Sopron und werden von GySEV betrieben, gehören also nicht zur MÁV; sie fahren auch seltener.

Nach Szombathely (1142 Ft., 1½–2 Std., 117 km, 8-mal tgl.) fahren Züge über Celldömölk oder Csorna, außerdem gibt es Verbindungen nach Veszprém (739 Ft., 2 Std., 79 km, 4- oder 5-mal tgl.), dem Tor zum Plattensee – sie führen über Pannonhalma und Zirc. Wer in die Slowakei will, muss in Komárom (326 Ft., 30 Min., 37 km, stündl.) umsteigen.

Unterwegs vor Ort

Zum Campingplatz Kiskútifährt die Buslinie 8 neben dem Rathaus am Városház tér ab, dort halten auch viele andere Busse.

Parken ist in Győr eine schwierige und kostspielige Angelegenheit, auch die vielen Einbahnstraßen sind verwirrend. Wer nicht muss, sollte das Auto außerhalb der City stehen lassen. Die Taxirufnummer ist die ☎ 444 444.

PANNONHALMA

☎ 96 / 4090 Ew.

Seit dem ausgehenden 10. Jh. steht in dem kleinen Dorf 21 km südöstlich von Győr eine Benediktinerabtei, die sogar in den düstersten Zeiten unter Stalin arbeitete. Die weiterführende Schule (mit 300 Schülern) wurde 1802 gegründet und zählt zu den besten des Landes. Die Abtei wurde 1996 von der Unesco zum Weltkulturerbe erklärt und ist einer der beeindruckendsten historischen Gebäudekomplexe in Ungarn.

Geschichte

Das Kloster wurde von Mönchen aus Venedig und Prag mit Unterstützung von Prinz Géza gegründet. Die Benediktiner galten als militanter Orden, und Gézas Sohn, König Stephan, wollte mit ihrer Hilfe die Magyaren zum Christentum bekehren.

Die Abtei samt angeschlossenen Gebäuden wurde geschleift, wieder aufgebaut und im Lauf der Jahrhunderte viele Male restauriert. Da sie während der türkischen Besetzung jedoch als Moschee diente, wurde sie nicht zerstört. Heute präsentiert sie sich als ein Konglomerat verschiedener Architekturstile.

Orientierung

Pannonhalma wird vom Várhegy (Burgberg) und der Abtei beherrscht. Die meisten Busse aus Győr halten in der Dorfmitte; von hier geht es die Váralja zur Abtei hinauf. Etwa vier oder fünf Busse fahren an der Ostseite des Burgbergs nach oben und halten vor dem Haupteingang der Abtei.

Der Bahnhof liegt ein paar Kilometer westlich vom Dorf an der Petőfi utca in Richtung der Straße 82.

Praktische Informationen

Hauptpostamt (Dózsa György utca 7; 🕒 Mo–Fr 8–16 Uhr) Geldwechsel.

OTP-Bank (Dózsa György utca 1)

Tourinform (☎/Fax 471 733; pannonhalma@tourinform.hu; Petőfi utca 25; 🕒 Mo–Fr 9–16 Uhr) Liegt ungünstig etwa 600 m südlich vom Szabadság tér beim Ferenc-Kazinczy-Kulturzentrum.

Sehenswertes

Die **Abtei Pannonhalma** (Pannonhalmi főapátság; ☎ 570 191; www.bences.hu; Vár utca 1; 🕒 Ende März–Mai & Okt.–Mitte Nov. Di–So 9–16 Uhr, Juni–Sept. 9–17 Uhr, Mitte Nov.–Ende März Di–So 10–15 Uhr) wurde zu ihrem 1000. Geburtstag 1996 renoviert. Die Eintrittskarten werden im Gebäude gegenüber vom Parkplatz verkauft. Ein 15 Minuten langer Film führt in das Klosterleben ein, anschließend beginnt im zentralen Hof die Führung. In der Mitte des Hofes steht die Statue des ersten Abtes Asztrik, der die Krone König Stephans von Rom nach Ungarn brachte. Ein Relief zeigt König Stephan, der seinen Sohn Imre seinem Lehrer Bischof Gellért vorstellt. In Richtung Norden bietet sich ein spektakulärer Ausblick über die Kleine Tiefebene, Richtung Süden fällt der Blick auf die modernen Flügel der Abtei sowie einen neoklassizistischer Glockenturm aus dem frühen 19. Jh.

In die **St.-Martin-Basilika** (Szent Márton-bazilika) aus dem frühen 12. Jh. führt die **Porta Speciosa**. Das Portal aus rotem Kalkstein wurde in der Mitte des 19. Jhs. von der Familie Stornos umgestaltet. Die umstrittene Restauratorenfamilie war dafür bekannt, romanische und gotische Gebäude mit romantischen Elementen des 19. Jhs. (s. S. 177) zu „verschönern“. Auch wenn es ein Stilbruch ist, wirkt das Portal dennoch sehr attraktiv. Das Fresko über der Tür von Ferenc Storno zeigt den Schutzheiligen der Kirche, den hl. Martin von Tours, wie er seinen Umhang mit einem Bettler teilt. Rechts unterhalb der Säulen findet sich das wohl älteste Graffiti Ungarns: „Benedikt Padary war 1578 hier“ – auf Lateinisch natürlich.

In den Arkaden des Kreuzgangs sind kleine Gesichter zu sehen, die an der Wand in Stein gemeißelt sind. Sie zeigen menschliche Gefühle und Laster wie Zorn, Gier und Täuschung und sollten die Mönche an die Vergänglichkeit des menschlichen Lebens erinnern. Im Klostergarten konfrontiert die Sonnenuhr die Besucher mit dem ernüchternden Gedanken: „Una Vestrum, Ultima Mea“ (Eine von euch wird meine letzte Stunde sein).

Der schönste Teil der Abtei ist die neoklassizistische **Bibliothek** (Főapátság könyvtára). János Packh baute sie 1836; er war auch am Entwurf der Basilika von Esztergom beteiligt. Der Bibliothek gehören 300 000 Bände, darunter viele unbezahlbare historische Aufzeichnungen – sie ist damit die größte Privatbibliothek Ungarns. Das seltenste und wichtigste Dokument befindet sich jedoch in den Archiven der Abtei. Gemeint ist die Stiftungsurkunde der Benediktinerabtei in Tihany, die 1055 ausgestellt wurde. Sie ist auf Lateinisch abgefasst, enthält aber an die 50 ungarische Ortsnamen und ist somit das älteste geschriebene Zeugnis der ungarischen Sprache. Was in der Bibliothek wie Marmor aussieht, ist in Wirklichkeit bearbeitetes Holz. Mittels eines genialen Systems von Spiegeln in den Oberlichtern wird natürliches Tageslicht in den ganzen Raum gebracht.

Die **Gemäldegalerie** *(képtár)* gleich neben der Bibliothek zeigt Werke von niederländischen, italienischen und österreichischen Meistern aus dem 16. bis 18. Jh. Das älteste Gemälde stammt von 1350.

Da das Kloster noch aktiv ist, kann die Abtei nur im Rahmen einer Führung besichtigt werden. Einstündige Führungen werden auf Ungarisch angeboten (Juni–Sept. tgl. 9–17 Uhr), Führungen in Deutsch, Englisch, Italienisch, Französisch und Russisch finden um 11.20, 13.20 und 15.20 Uhr statt. Von Ende März bis Mai und von Oktober bis Mitte November gibt es dienstags bis sonntags von 9 bis 16 Uhr Führungen, wobei die fremdsprachigen Führungen nur um 11.20 und 13.20 Uhr stattfinden. Im Winter finden täglich fünf ungarische Führungen pro Tag statt (Di–So 10–15 Uhr), die fremdsprachigen nur auf Anfrage.

Aktivitäten

Oázis Bikerent in der Pension Familia vermietet **Fahrräder** (Tag 1500 Ft.). Tourinform hat eine Broschüre: *Radtouren in West-Transdanubien: Pannonhalma–Sokoró*. Die drei Strecken der Radtouren sind zwischen 45 km und 56 km lang.

Festivals & Events

Sechs **Orgel- und Chorkonzerte** stehen von April bis Dezember in der Basilika auf dem Programm – und zwar um 15.30 am Ostermontag, Pfingstmontag, Stephanstag (20. August), am Geburtstag der hl. Jungfrau Maria (Sa vor/nach dem 8. Sept.), an Nationaltag (23. Okt.) und am 26. Dezember. Weitere Informationen siehe www.bences.hu.

Schlafen

Pannon (☎/Fax 470 041; www.hotels.hu/pannon; Hunyadi út 7/c; EZ/DZ/3BZ/4BZ 6200/8300/9800/11 000 Ft.; Ⓟ) Das relativ große Gästehaus ist mit seinen 16 Zimmern fast schon ein kleines Hotel. Es liegt auf dem Weg zur Abtei hinauf in einem schönen Garten.

Família (☎/Fax 570 592; http://w3.enternet.hu/familiap; Béke utca 61; EZ/DZ/3BZ/4BZ 3750/5500/6750/9000 Ft.; Ⓟ) Die gemütliche Pension mit sieben Zimmern hat eine kleine Küche und einen Aufenthaltsraum; Räder werden auch verliehen. Sie liegt an der Straße 82, wenn man von Norden in den Ort hineinfährt.

Fazekas Vendégház (☎/Fax 470 157; Kisfaludy utca 1; DZ/3BZ 4300/5800 Ft.; Ⓟ) Das B&B mit seinen vier Zimmern liegt gegenüber des Tourinform-Büros. Es ist sehr einfach, aber gemütlich und das billigste, was sich in Pannonhalma auftreiben lässt.

Essen & Ausgehen

Pannon (☎/Fax 470 041; Hunyadi út 7/c; Hauptgerichte 900–1950 Ft.; ⏰ Di–So 12.30–21.30 Uhr) Das Restaurant der gleichnamigen Pension liegt günstig für alle, die sich vor oder nach der Abteibesichtigung stärken wollen.

Kolostor (☎ 470 012; Szabadság tér 1; Suppen 380–550 Ft., Vorspeisen 680–1500 Ft., Hauptgerichte 950–2680 Ft.; ⏰ Mo–Do 10–21, Fr & Sa 10–22, So 10–17 Uhr) Das beste Lokal der Stadt hat seine Räume in einem historischen Gebäude im Zentrum von Pannonhalma.

Szent Márton (☎ 470 793; Vár utca 1; Suppen 400–700 Ft., Vorspeisen 900–1500 Ft., Hauptgerichte 800–2400 Ft.; ⏰ 10–16 Uhr) Unterhalb der Abtei und hinter dem Parkplatz gibt es eine Snackbar, eine Kneipe und einen Andenkenladen, außerdem ein ganz anständiges, wenn auch nicht gerade berauschendes Restaurant.

Wer in der Stadt ist, sollte auch die Weine der Region Pannonhalma-Sokoróalja probieren, vor allem den hervorragenden weißen Riesling. Die Abtei füllt jährlich 300 000 Flaschen ab – und das ausschließlich mit den Weinstöcken, die 2001 gepflanzt wurden.

Borbirodalom (Wein-Reich; ☎ 471 240; Szabadság tér 27; ⏰ 11–19 Uhr) Der Weinkeller mit Lokal schräg gegenüber vom Restaurant Kolostor in der Innenstadt ist ein guter Platz für eine

Weinprobe. Zur Auswahl stehen jede Menge Weine (10 cl 140–200 Ft., 25 cl 350–500 Ft.).

An- & Weiterreise

Viele Busse fahren von und nach Győr (302 Ft., 30 Min., 21 km, alle 30 Min.).Der erste Bus fährt in Győr um 7.20 Uhr (Sa und So 8.50 Uhr) nach Pannonhalma ab, der letzte verlässt den Ort Richtung Győr täglich um 17.35 Uhr.

Die Züge nach Veszprém (512 Ft., 1¾ Std., 58 km, 6-mal tgl.) halten auch in Pannonhalma, meistens kommen sie aus Győr (248 Ft., 30 Min., 21 km, 6- bis 8-mal tgl.).

SOPRON

☎ 99 / 55 600 Ew.

Sopron (Ödenburg) liegt am Fuß der Lővér-Hügel nur ein paar Kilometer vom Fertő tó (Neusiedler See), dem Nationalpark Fertő-Hanság und Österreich entfernt. Die Stadt zählt zu den schönsten mittelalterlichen Städten Ungarns – sie ist dank ihrer gotischen und frühbarocken Architektur so eine Art Miniausgabe von Prag. Ein Streifzug durch die Gassen und Höfe der Altstadt ist eine Zeitreise in die Vergangenheit.

Geschichte

Sopron litt stärker unter Kriegen, schwierigen Entscheidungen und politischen Regimes als die meisten anderen ungarischen Städte. 1921 mussten die Bürger darüber abstimmen, ob sie, wie im Friedensvertrag von Trianon (S. 30) beschlossen, im österreichischen Bundesland Burgenland bleiben oder wieder nach Ungarn eingegliedert werden wollten. Die Wahl fiel auf Ungarn – dadurch ragt heute ein Zipfel von Ungarn ins österreichische Staatsgebiet hinein.

Als erstes kamen die Kelten, dann die Römer. Sie lebten vom 1. bis 4. Jh. in einer Siedlung namens Scarbantia, die der heutigen Altstadt von Sopron entspricht. Den Römern folgten die Germanen, Awaren, Slawen und Magyaren. Im Mittelalter lag Sopron gerade zu ideal an der Bernsteinstraße von der Ostsee zur Adria und weiter nach Byzanz. Nachdem die Ungarn und Österreicher sich 100 Jahre um die Vorherrschaft gestritten hatten, wurde Sopron um 1300 das Privileg einer freien königlichen Stadt verliehen: Die gemischte Bevölkerung konnte somit unbehelligt von feudalen Landbesitzern agieren. Dank dieser Privilegien entwickelte sich eine wohlhabende Mittelklasse aus Kaufleuten und Handwerkern, deren Reichtum Sopron wiederum zu einem Zentrum von Wissenschaft und Lehre avancieren ließ.

Da weder die Mongolen noch die Türken bis in das Herz der Stadt vordringen konnten, sind heute noch viele alte Gebäude erhalten. Die Schäden im Zweiten Weltkrieg waren allerdings enorm – der Wiederaufbau zog sich bis in die 1960er-Jahre.

Orientierung

In der mittelalterlichen Belváros (Altstadt) befindet sich so ziemlich alles, was interessant ist; ein paar weitere Sehenswürdigkeiten liegen auf der anderen Seite des Flusses Ikva gleich hinter der Stadtmauer im Nordosten. Die Lővér-Hügel beginnen rund 4 km südwestlich der Stadt. Die Várkerület und Ógabona tér bilden eine Ringstraße um die Altstadt und zeichnen grob die römischen und mittelalterlichen Mauern nach.

Der Hauptbahnhof von Sopron (Karte S. 176) liegt in der Állomás utca, etwa 800 m südlich der Altstadt. Der Bahnhof Sopron-Déli (Karte S. 176), durch den die Züge von und nach Szombathely kommen, liegt im Nordwesten des Hauptbahnhofs. Das Busbahnhof befindet sich im Nordwesten der Altstadt in der Lackner Kristóf utca.

Praktische Informationen

Ciklámen Tourist (☎ 312 694; Fax 311 480; Ógabona tér 8; ⏲ Mo–Fr 8–16.30, Sa 8–12 Uhr) An der Straße zum Busbahnhof.

Hauptpost (Széchenyi tér 7–8) Südlich der Innenstadt; Filiale in der Altstadt (Várkerület 37; ⏲ Mo–Fr 8–16 Uhr)

OTP-Bank (Várkerület 96/a)

Tourinform (Hauptbüro ☎ 517 560; sopron@tourinform.hu; Ferenc Liszt-Konferenz- & Kulturzentrum, Liszt Ferenc utca 1; ⏲ ganzjährig Mo–Fr 9–17 Uhr, Juni–Mitte Sept. Sa & So 9–15 Uhr; Filiale in der Altstadt ☎ /Fax 338 892; Előkapu utca 11; ⏲ Juni–Mitte Sept. Mo–Fr 9–17 Uhr) Ein Stück nördlich der Altstadt.

www.sopron.hu Ansprechend und einfach zu nutzen, mit praktischen Tipps und Hintergrundinformationen.

Sehenswertes

ALTSTADT

Ein guter Beginn für eine Stadtbesichtigung ist der 60 m hohe **Feuerwehrturm** (Tűztorony; ☎ 311 327; Fő tér; Erw./Kind/Stud. 500/250/250 Ft.; ⏲ Mai–Aug. Di–So 10–20 Uhr, Sept. & Okt. Di–So 10–

18 Uhr) am nördlichen Ende des Fő tér. Eine schmale Wendeltreppe mit 200 Stufen führt nach oben. Vom Turm aus bietet sich ein herrlicher Blick über die Stadt, die Lővér-Hügel im Südwesten und die österreichischen Alpen im Westen. Zu Füßen des Turms liegen der Fő tér und die vier schmalen Gassen der Altstadt.

Der Turm, auf dem im Mittelalter bei Feuer die Trompete als Warnsignal geblasen, die Uhrzeit verkündet (heute mit einer blechernen Melodie) und Besucher des mittelalterlichen Sopron begrüßt wurden, ist eine Mischung aus mehreren Stilrichtungen. Der 2 m dicke Schaft wurde auf einem römischen Tor errichtet und stammt aus dem

SOPRON

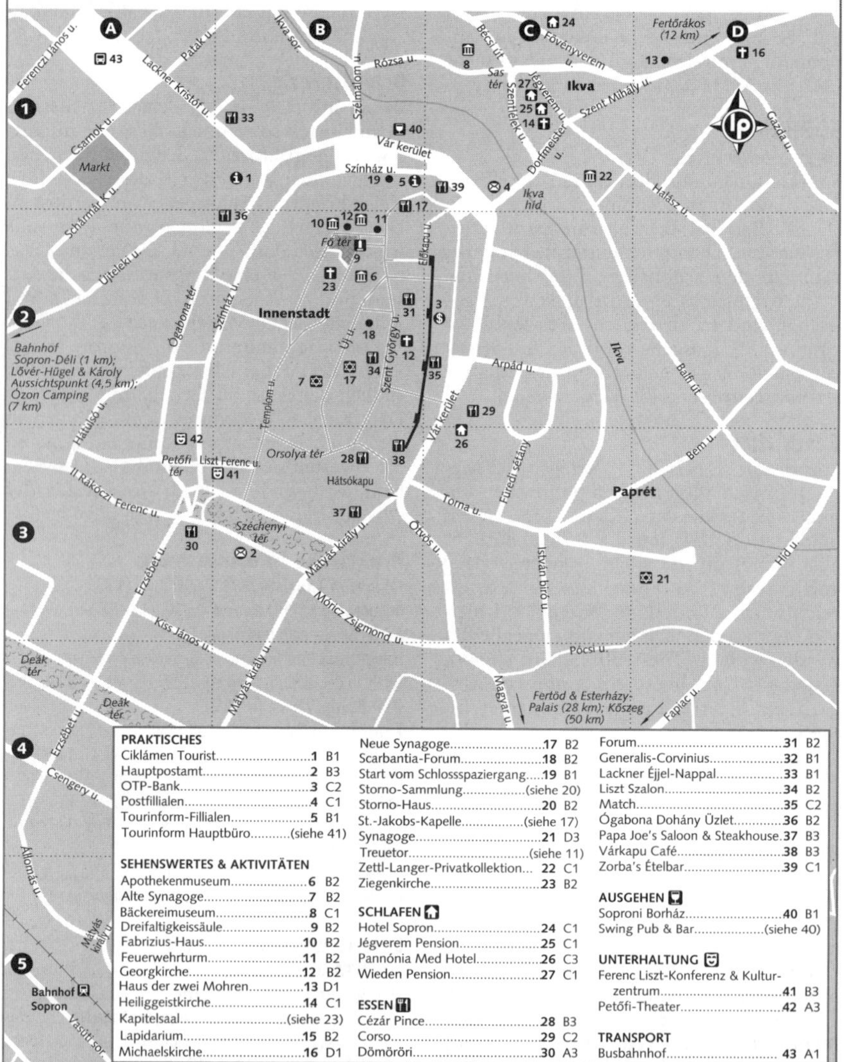

PRAKTISCHES
Ciklámen Tourist ... 1 B1
Hauptpostamt ... 2 B3
OTP-Bank ... 3 C2
Postfillialen ... 4 C1
Tourinform-Fillialen ... 5 B1
Tourinform Hauptbüro ... (siehe 41)

SEHENSWERTES & AKTIVITÄTEN
Apothekenmuseum ... 6 B2
Alte Synagoge ... 7 B2
Bäckereimuseum ... 8 C1
Dreifaltigkeissäule ... 9 B2
Fabrizius-Haus ... 10 B2
Feuerwehrturm ... 11 B2
Georgkirche ... 12 B2
Haus der zwei Mohren ... 13 D1
Heiliggeistkirche ... 14 C1
Kapitelsaal ... (siehe 23)
Lapidarium ... 15 B2
Michaelskirche ... 16 D1
Neue Synagoge ... 17 B2
Scarbantia-Forum ... 18 B2
Start vom Schlossspaziergang ... 19 B1
Storno-Sammlung ... (siehe 20)
Storno-Haus ... 20 B2
St.-Jakobs-Kapelle ... (siehe 17)
Synagoge ... 21 D3
Treuetor ... (siehe 11)
Zettl-Langer-Privatkollektion ... 22 C1
Ziegenkirche ... 23 B2

SCHLAFEN
Hotel Sopron ... 24 C1
Jégverem Pension ... 25 C1
Pannónia Med Hotel ... 26 C3
Wieden Pension ... 27 C1

ESSEN
Cézár Pince ... 28 B3
Corso ... 29 C2
Dömöröri ... 30 A3
Forum ... 31 B2
Generalis-Corvinius ... 32 B1
Lackner Éjjel-Nappal ... 33 B1
Liszt Szalon ... 34 B2
Match ... 35 C2
Ógabona Dohány Üzlet ... 36 B2
Papa Joe's Saloon & Steakhouse ... 37 B3
Várkapu Café ... 38 B3
Zorba's Ételbar ... 39 C1

AUSGEHEN
Soproni Borház ... 40 B1
Swing Pub & Bar ... (siehe 40)

UNTERHALTUNG
Ferenc Liszt-Konferenz & Kulturzentrum ... 41 B3
Petőfi-Theater ... 42 A3

TRANSPORT
Busbahnhof ... 43 A1

12. Jh., das zylindrische Mittelstück und der Balkon mit den Arkaden sind aus dem 16. Jh, und die barocke Spitze wurde 1681 aufgesetzt. Das **Treuetor** zeigt Hungaria, der die *civitas fidelissima* (die „treueste Bürgerschaft") von Sopron gerade die Ehre erweist. Das Tor wurde 1922 nach der Volksbefragung errichtet.

Eine weitere Einstimmung in die mittelalterliche Stadt bietet ein Spaziergang auf der **Burgmauer** (Várfal sétány; Eintritt frei; Mo–Fr 9–20, Sa & So 9–18 Uhr). Sie verläuft allerdings häufig zwischen oder hinter den Gebäuden, sodass nicht so viel zu sehen ist, wie vielleicht mancher erwartet.

Die beiden Wahrzeichen des hübschen Fő tér sind die **Dreifaltigkeitssäule** (1701), die schönste Pestsäule in ganz Ungarn, und am Süden des Platzes die alte **Ziegenkirche** (Kecsketemplom; Templom utca 1; Eintritt frei; 8–18 Uhr). Ihren Namen verdankt sie dem Wappentier des Stifters. Die Kirche wurde ursprünglich Ende des 13. Jhs. gebaut, doch wurde im Lauf der Jahrhunderte viel ergänzt und verändert. Innen ist die Kirche überwiegend barock; die rote Marmorkanzel datiert allerdings aus dem 15. Jh. Unter dem Gotteshaus befindet sich der **Kapitelsaal** (Káptalan-terem; ☎ 338 843; Templom utca 1; Eintritt frei; Besichtigung Juni–Aug. Mo–Sa 10, 11, 14, 15, 16 Uhr, So 11 Uhr) – er ist Teil eines Benediktinerklosters aus dem 14. Jh. Zu sehen sind Fresken und Steinmetzarbeiten, die Fratzen, Dämonen sowie menschliche Stimmungen und Gefühle zeigen.

Das **Apothekenmuseum** (Patikamúzeum; ☎ 311 327; Fő tér 2; Erw./Sen./Stud. 300/150/150 Ft.; April–Sept. Di–So 10–18 Uhr, Okt.–März Di–So 10–14 Uhr) befindet sich in einem gotischen Gebäude neben der Ziegenkirche. Zu sehen ist jede Menge Gruseliges in Fläschchen und Gläschen unter Spinnweben.

Auf der anderen Seite des Platzes beeindrucken das **Fabrizius-Haus** (Fő tér 6) und das **Storno-Haus** (Fő tér 8) – beide zeigen Exponate aus dem Sopron-Museum. Im Fabrizius-Haus vermitteln die **Wohnungen** (Polgári lakások; ☎ 311 327; Erw./Sen./Stud. 500/250/250 Ft.; April–Sept. 10–18 Uhr, Okt.–März 10–14 Uhr) im oberen Stockwerken, wie die Menschen im 17. und 18. Jh. in Sopron gelebt haben. Gezeigt werden einige nachgebaute Küchen sowie Exponate, die erklären, wie die Leute damals die Betten gemacht und ihr Geschirr gespült haben. Wirklich interessant sind jedoch die Zimmer, die auf den Platz hinausgehen: Sie sind mit wertvollen Antiquitäten möbliert. In den unteren Etagen zeigt eine **Archäologische Ausstellung** (Erw./Sen./Stud. 500/250/250 Ft.; April–Sept. Di–So 10–18 Uhr, Okt.–März Di–So 10–14 Uhr) Exponate aus der Zeit der Kelten, Römer und Magyaren. Riesige römische Statuen wurden aus Fragmenten aus Scarbantia und Umgebung rekonstruiert, u. a. Juno, Jupiter und Minerva, sie bewachen das **Lapidarium** *(kőtar)* im Keller des Hauses Nr. 7 (zwischen Fabrizius- und Storno-Haus), wo sich früher eine gotische Kapelle mit einer 15 m hohen Gewölbedecke (Eintritt inklusive) befand.

Im ersten Stock des Storno-Hauses (1417) ist die Ausstellung zur jüngeren Geschichte von Sopron nicht ganz so spannend. Doch eine Etage höher befindet sich die sehr schöne **Storno-Sammlung** (Storno Gyűjtemény; ☎ 311 327; Erw./Sen./Stud. 800/400/400 Ft.; April–Sept. Di–So 10–18 Uhr, Okt.–März Di–So 10–14 Uhr), die im 19. Jh. einer Restauratorenfamilie italienisch-schweizer Herkunft gehörte. Heute findet ihre Umgestaltung romanischer und gotischer Denkmäler in ganz Transdanubien unter Kunsthistorikern wenig Beifall. Zu ihrer Ehrenrettung ist allerdings zu sagen, dass die Stornos viele Altargemälde und Kircheneinrichtungen vor dem Vergessen bewahrt haben. Ihr eigenes Haus ist eine wahre Fundgrube an gotischen Schätzen. Zu den Höhepunkten gehören eine Loggia mit Bleiglasfenstern und Fresken, Ledersessel mit der Darstellung von Mephisto, wie er mit den Drachen kämpft, und Türrahmen aus dem Holz der Kirchenbänke der St. Georg-Kirche (15. Jh.) in der Szent György utca. Franz Liszt gab hier Mitte des 19. Jhs. einige Konzerte.

Das **Scarbantia-Forum** (☎ 321 804; Új utca 1; Erw./Sen./Stud. 240/120/120 Ft.; Mo–Do 8–17, Fr 8–13.30 Uhr) ist ein original römischer Marktplatz, der kürzlich unter einem Bürokomplex entdeckt wurde (dort ist auch der Eingang). Wer auf der Új utca weitergeht – sie hieß bis zur Vertreibung der Juden 1526 auch Zsidó utca (Judengasse) –, kommt zur **Alten Synagoge** (Ó

ERMÄSSIGUNGEN

Der **Sopron-Pass** ermöglicht den Besuch von zehn Museen der Stadt. Er gilt eine Saison lang, kostet 2000/1000 Ft. für Erwachsene/Senioren und wird von Tourinform verkauft.

Zsinagóga; ☎ 311 327; Új utca 22; Erw./Sen./Stud. 400/200/200 Ft.; ⌚ Mai–Sept. Di–So 10–17 Uhr, Okt. Di–So 10–14 Uhr) und zur **Neuen Synagoge** (Új Zsinagóga; Új utca 11). Beide wurden im 14. Jh. gebaut und zählen zu den bedeutendsten jüdischen Gebäuden der Gotik in Europa und sind in ihrer Art einzigartig in Ungarn. Die Alte Synagoge – heute ein Museum – besteht aus zwei Betsälen: einem für die Frauen und einem für die Männer (an der Westmauer sind die Sehschlitze der Frauen zu sehen). Im Hauptraum befindet sich ein mittelalterliches „Allerheiligstes", es ist mit geometrischen Mustern und in Stein gemeißelten Bäumen sowie hässlichen Buntglasfenstern verziert. Die Inschriften an den Wänden stammen von 1490. Im Hof steht eine rekonstruierte *mikwah* (rituelles Frauenbad). Die Neue Synagoge gehörte früher zu einem Privathaus mit Büros und wurde vor kurzem mit EU-Geldern restauriert und sollte nun wieder öffentlich zugänglich sein.

NOCH MEHR SEHENSWERTES

Die Sehenswürdigkeiten von Sopron liegen nicht alle in der Altstadt. Um sie zu besichtigen, geht es zunächst zum Fő tér zurück, an den römischen Mauern vorbei die Előkapu hinunter und dann über eine kleine Brücke, die nach Ikva hinüberführt. Ikva war das ehemalige Viertel der Kaufleute und Kunsthandwerker. Als erster Halt lohnt die wichtigste Privatsammlung Ungarns, die hervorragende **Zettl-Langer-Privatsammlung** (Zettl-Langer Magángyűjtemény; ☎ 311 136; Balfi út 11; Eintritt 300 Ft.; ⌚ April–Okt. Di–So 10–12 Uhr, Nov.–März Fr–So 10–12 Uhr). Gezeigt werden Keramik, Malerei und Möbel.

Nächstes Ziel ist die die **Heiliggeistkirche** (Szentlélek-templom) aus dem 15. Jh. , sie liegt Richtung Norden in der Dorfmeister utca und sollte wegen ihrer Wand- und Deckenfresken besichtigt werden. Noch weiter nordwärts befindet sich in der Szent Mihály utca 9 das **Haus der zwei Mohren** (Két mór ház). Es besteht aus zwei Bauernhäusern aus dem 17. Jh. und wird von zwei Statuen bewacht, die jetzt weiß gestrichen sind.

Oben auf dem Berg ragt in der Szent Mihály utca die **Michaelskirche** (Szent Mihály-templom) auf, die vom 13. bis 15. Jh. erbaut wurde. Dahinter steht die kleine romanisch-gotische **St.-Jakobs-Kapelle** (Szent Jakab-kápolna), das älteste Gebäude von Sopron und ursprünglich ein Beinhaus. Der Restaurierungswut der Stornos entging kaum etwas – sie ergänzten hier sogar die Turmspitze. Im Kirchhof steht eine schöne polychrome Kreuzstationen (1892) sowie viele Grabsteine mit deutschen Familiennamen.

Wer zum Haus der zwei Mohren zurückgeht, kann nun über die Fövényverem utca Richtung Westen spazieren, bis zur Bécsi út mit dem nostalgischen **Bäckereimuseum** (Pékmúzeum; ☎ 311 327; Bécsi út 5; Erw./Sen./Stud. 300/150/150 Ft.; ⌚ Mai–Aug. Di–So 10–14 Uhr) ist es nicht weit. Das Gebäude ist ein komplett restauriertes Wohnhaus mit Bäckerei und Laden und gehörte dem erfolgreichen Bäcker und Konditor Weissbeck, der im 19. Jh. lebte. Gezeigt werden interessante Geräte, mit denen er sich schon damals viel Arbeit sparte.

Im Osten der Altstadt steht eine weitere, allerdings verfallene **Synagoge** (Paprét 14). Die Gedenktafel verrät, dass am 5. Juli 1944 „1640 Märtyrer" von hier nach Auschwitz deportiert wurden.

Aktivitäten

Tóth & Fia (Karte S. 180; ☎ 334 001, 06 20 935 7625; Bécsi utca 13; ⌚ Nov.–März Mo–Fr 9–12 Uhr, April–Okt. Mo–Fr 8–12, 13–17, Sa 9–12 Uhr) Das Fahrradgeschäft ein Stück unterhalb der Pension Bástya verleiht Räder (Tag 1500 Ft., 3/5 Tage 3300/5500 Ft.).

Festivals & Events

Sopron ist eine Stadt der Musik. Zu den Highlights gehören die **Frühlingstage** Ende März, die **Sopron-Festivalwochen** von Mitte Juni bis Mitte Juli und das **Internationale Chorfestival** Anfang Juli. Karten für die verschiedenen Veranstaltungen sind im Ferenc Liszt-Konferenz- und Kulturzentrum erhältlich. Nähere Infos finden sich im Veranstaltungskalender, der auf der Homepage von **Sopron** (www.sopron.hu) unter dem Stichwort Tourismus zu finden ist.

Schlafen

BUDGETUNTERKÜNFTE

Ciklámen Tourist vermittelt Privatzimmer (2500 Ft. pro Pers.).

Vakáció Vendégház Sopron (Karte S. 180; ☎ 338 502; Ady Endre út 31; B 2200 Ft.; Ⓟ ⊠) 16 saubere und gut eingerichtete Zimmer mit zwei bis zehn Betten in einem farbenfrohen, nagelneuen Hostel. Buslinie 10 hält direkt davor.

Ózon Camping (☎/Fax 331 144; ozoncamping@sopron.hu; Erdei Malom köz 3; Stellplätze pro großes Zelt/

kleines Zelt/Erw./Kind 1600/800/1200/850 Ft.; Mitte April–Mitte Okt.; P) Der tolle Campingplatz mit 60 Stellplätzen bietet alles – vom Kühlschrank und der Waschmaschine bis hin zu einem Pool und Sporteinrichtungen. Er liegt 4,5 km westlich der Altstadt in einem grünen Tal.

MITTELKLASSEHOTELS

Jégverem Pension (/Fax 510 113; www.jegverem.hu; Jégverem utca 1; EZ 4990–5790 Ft., DZ 7990–9590 Ft., 3BZ 9990–11 590 Ft.) Die fünf Zimmer eines ehemaligen Kühlkellers aus dem 18. Jh. im zentralen Viertel Ikva sind fast schon Suiten. Die Angestellten sind unglaublich nett, und das Restaurant ist ebenfalls sehr zu empfehlen – auch für Nicht-Pensionsgäste.

Wieden Pension (523 222; www.wieden.hu; Sas tér 13; EZ 26–29 €, DZ 39–43 €, 3BZ 55–61 €, 4-Pers.-Apt. 61–70 €, 8-Pers.-Apt. 106–115 €; P) Das Gästehaus in einem hübsch renovierten alten Bürgerhaus ist die nobelste Pension in Sopron (allerdings sind die Dachgauben in den meisten Zimmer von Nachteil). Die Pension hat insgesamt sieben Zimmer und sechs Apartments, vier davon liegen im Gebäude gegenüber.

Bástya Pension (325 325; info@bastya-panzio.hu; Patak utca 40; EZ/DZ/3BZ/4BZ 6000/9000/11 000/14 000 Ft.; P) Die moderne Pension mit 16 Zimmern liegt zehn Minuten zu Fuß von der Altstadt entfernt. Wer mit dem Auto unterwegs ist, findet hier locker einen Parkplatz.

SPITZENKLASSEHOTELS

Pannónia Med Hotel (312 180; www.pannoniahotel.com; Várkerület 75; EZ 75 €, DZ 85–115 €, Suite 115–130 €; P) Das altehrwürdige 100 Jahre alte Hotel gehört jetzt zur Best-Western-Kette. Es hat 62 renovierte Zimmer und im ersten Stock ein begrüntes Wellnesscenter mit Pool, Sauna und Kraftraum. Wer sich nicht lumpen lassen will, nimmt eine der 14 mit Antiquitäten möblierten Suiten. Die Preise der Doppelzimmer variieren von Zimmer zu Zimmer.

Hotel Sopron (512 261; www.hotelsopron.hu; Fövényverem utca 7; EZ 56–75 €, DZ 65–83 €, Suite 145–250 €; P) Das Hotel am Koronzódomb (Krönungsberg) bietet einen schönen Blick über die Stadt und die Lővér-Hügel. Neben den 100 Zimmern gibt es mehrere Bars, ein Restaurant und den Vinosseum-Weinkeller, außerdem Tennisplätze und einen kleinen Pool im Freien.

Essen

RESTAURANTS

Cézár Pince (311 337; Hátsókapu 12; Hauptgerichte 340–850 Ft.; Mo–Sa 11–24, So 13–23 Uhr) Das Lokal befindet sich in einem historischen Gebäude am Orsolya tér in einem mittelalterlichen Keller und ist die richtige Adresse für alle, die nur eine Kleinigkeit essen oder für eine Mahlzeit nicht so viel Geld ausgeben wollen. Der Teller mit Würsten und Salat (850 Ft.) ist bei den Einheimischen beliebt; zum Runterspülen bietet sich ein Glas Soproni Kékfrankos (rot) oder ein junger Weißwein an, z. B. der Zöldveltelini. Wer will, kann im Sommer auch an den Tischen im Hof sitzen.

Generális-Corvinus (505 035; Fő tér 7–8; Hauptgerichte 990–2100 Ft.; 9–23 Uhr) Die Pizza (650–1700 Ft.) ist hier hervorragend – vor allem, wenn man im Sommer einen der Tische am Hauptplatz der Altstadt ergattert.

Corso (340 990; 1. Stock, Várkerület 73; Suppen 290–320 Ft., Vorspeisen 440–740 Ft., Hauptgerichte 990–1990 Ft.; Mo–Do 11–22, Fr & Sa 11–24, So 11–17 Uhr) In der Korona-Einkaufsarkade neben dem Hotel Pannónia Med wird gehobene ungarische Küche gekocht. Das Zwei-Gänge-Menü (780–1290 Ft.) bietet viel fürs Geld.

Forum (340 231; Szent György utca 3; Vorspeisen 350–1050 Ft., Hauptgerichte 1090–2290 Ft.; 11–22 Uhr) Besonders im Sommer ist es hier toll, denn dann stehen die Tische draußen in einem Hof zwischen zwei Altstadtgassen. Die Speisekarte ist abwechslungsreich, besonders lecker sind aber die Pizzen (650–1350 Ft.),

DER TIPP VOM AUTOR

Jégverem (/Fax 510 113; www.jegverem.hu; Jégverem utca 1; Suppen 170–550 Ft., Vorspeisen 620–1550 Ft., Hauptgerichte 860–1790 Ft.) Die rustikale Pension mit Restaurant wirbt mit einem Slogan, der da lautet: „Restaurant für den Gierschlund". Dementsprechend riesig ist die Auswahl an ungarischen Gerichten zu vernünftigen Preisen; einige sind recht phantasievoll gekocht und werden in selbst für ungarischen Maßstäben gigantischen Portionen serviert. Wer sich das Frühstück und das Mittagessen am nächsten Tag sparen will, isst hier zu Abend. Und: die halbe Portion bestellen – wenn es denn möglich ist –, oder die ganze Nacht wach liegen.

die Pastagerichte (550–1100 Ft.) und die Salate. An der Salattheke kann sich jeder seinen Lieblingssalat zusammenstellen (klein/groß 350/420 Ft.).

Papa Joe's Saloon & Steak House (☎ 340 933; Várkerület 108; Suppen 270–520 Ft., Vorspeisen 650–1150 Ft., Hauptgerichte 950–3200 Ft.; ⌚ So–Mi 11–24, Do–Sa 11–2 Uhr) Wenn der Magen knurrt, ungarisches Essen im Jégverem aber nicht angesagt ist, bieten sich das Steak (1500–3200 Ft.) oder die ganz passablen Tex-Mex-Angebote (1210–1600 Ft.) vielleicht als eine gute Alternative an.

CAFÉS

Várkapu Café (☎ 311 523; Várkerület 108/a & Hátsókapu 3; Kuchen 140–260 Ft.; ⌚ Mo–Fr 7.30–20, Sa 7.30–22 Uhr) Das nostalgische Café ist während der sommerlichen Hochsaison eine Oase der Ruhe und serviert hervorragende Kaffees und Kuchen.

Dömöröri (☎ 506 623; Széchenyi tér 13; Eiskugel 100 Ft., Kuchen ab 250 Ft.; ⌚ Mo–Do 7–22, Fr & Sa 7–23, So 8–22 Uhr) Die langen Schlangen lassen schon ahnen, wie lecker hier alles ist. Nicht verpassen!

Liszt Szalon (☎ 323 407; Szent György utca 12; heiße Getränke 190–490 Ft.; ⌚ 10–22 Uhr) Das neu eröffnete Café in einem alten Gemäuer ist echt schick, die Auswahl an heißer Schokolade (mit Chili gefällig?), Tee und Kaffee kann sich sehen lassen.

AUF DIE SCHNELLE & SELBSTVERSORGER

Zorba's Ételbár (☎ 06 70 249 5454; Várkerület 40; Gyros 490–690 Ft., Burger 350–390 Ft.; ⌚ 10/10.30–1 Uhr) Das Fastfood-Lokal macht ganz passable Gyros und Burger, die – für Sopron – auch noch zu nachtschlafender Zeit zubereitet werden. Auf der anderen Straßenseite gibt es Sitzgelegenheiten.

Match (Várkerület 100–102; ⌚ Mo–Fr 6.30–19, Sa 6.30–16 Uhr) Filiale der Supermarktkette im Zentrum.

Die Stadt Sopron hat zwei Läden, die allerdings rund um die Uhr geöffnet haben und nur einen Steinwurf voneinander entfernt liegen:

Ógabona Dohány Üzlet (Ógabona tér 12; ⌚ 24 Std.) Vor allem Tabak und Getränke.

Lackner Éjjel-Nappal (Lackner Kristóf utca 2; ⌚ 24 Std.) Alles, was der Mensch so braucht.

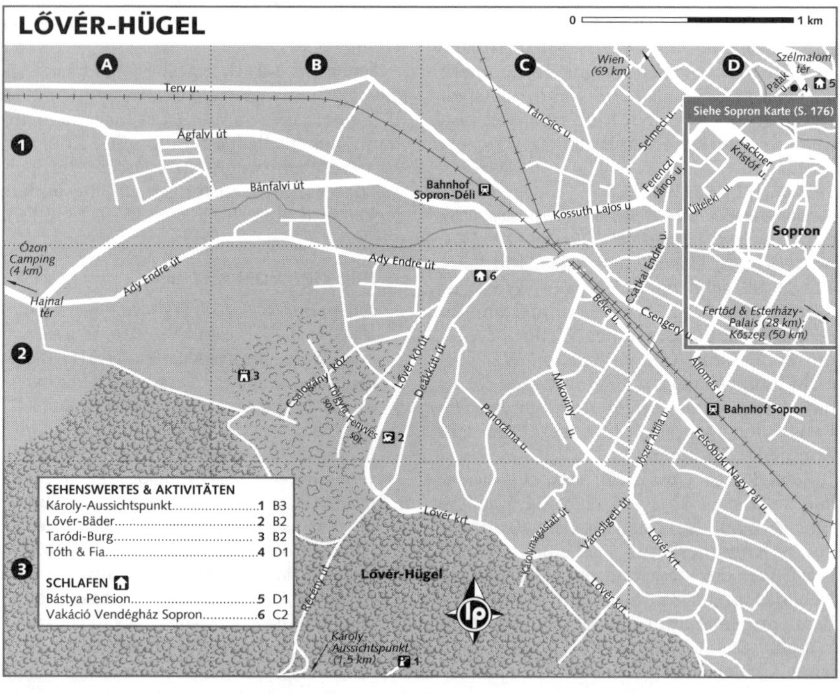

Ausgehen

Die Region Sopron ist für ihren Rotwein bekannt, vor allem den Kékfrankos und den Merlot. Viele Weine sind billig und haben einen hohe Säure- und Tanningehalt, sind also nicht ganz ungefährlich. Viele wachen am nächsten Morgen mit einem gewaltigen *macskajaj* – „Katzenjammer“, so der ungarische Ausdruck für Kater – auf. Tourinform verteilt eine Broschüre mit dem Titel *A Soproni Bor Útja* (Die Weinstraße von Sopron), darin sind alle Kellermeister aufgelistet, die in der Region Weinproben anbieten.

Soproni Borház (Sopron-Weinhaus; ☎ 510 022; Várkerület 15; Di–Sa 11–23 Uhr) Soproni ist der größte Keller mit angeschlossenem Weingeschäft in der Stadt und die beste Anlaufstelle, um regionale Weine zu verkosten und/oder eine Flasche zu kaufen.

Swing Pub & Bar (☎ 06 20 214 8029; Várkerület 15; So–Fr 17-24, Sa 17-2 Uhr) Die beliebte Kneipe befindet sich im gleichen Hof wie das Soproni Borház und ist der richtige Ort, um Livemusik – vor allem Jazz – zu hören.

Unterhaltung

Einen aktuellen Veranstaltungskalender für Sopron bietet die alle zwei Wochen kostenlos erscheinende *Soproni Est* oder auch das monatlich erscheinende *Soproni Program Ajánló*.

Ferenc-Liszt-Konferenz- und Kulturzentrum (☎ 517 500, Kasse 517 517; www.prokultura.hu; Liszt Ferenc utca 1; Mo–Fr 9–17, Sa 9–12 Uhr) Die neu renovierte Kulturhochburg am Széchenyi tér bietet Theater, Konzerte, ein Casino und ein Restaurant. Hier finden die bedeutendsten Veranstaltungen von Sopron statt. Nähere Informationen hat Tourinform.

Petőfi-Theater (☎ 511 738; Petőfi tér 1) Das wunderschöne Theater mit romantisch angehauchten Mosaiken an der Hauptfassade liegt gleich um die Ecke vom Ferenc-Liszt-Konferenz- und Kulturzentrum. Im Stadtbereich von Sopron gibt es noch eine Vielzahl von Unterhaltungsmöglichkeiten, etwa ein Besuch des römischen Steinbruchs, der schon als Materialquelle für etliche Wiener Bauten diente. Im Sommmer finden hier Theateraufführungen statt. Immer möglich ist aber ein Blick auf den Neusiedler See, der sonst bei Sopron stark verschilft ist. Für Eisenbahn-Nostalgiker fährt gelegentlich eine Schmalspurbahn ins Burgenland.

An- & Weiterreise

BUS

Der Busfahrplan von/nach Sopron:

Zielorte	Fahrpreis	Fahrzeit	km	Taktfrequenz
Balatonfüred	1930 Ft.	4 Std.	158	2-mal tgl.
Budapest	2660 Ft.	3¾ Std.	218	4-mal tgl.
Esztergom	2300 Ft.	4 Std.	190	1-mal tgl.
Fertőd	363 Ft.	45 Min.	28	alle 30 Min.
Fertőrákos	182 Ft.	20 Min.	11	alle 30 Min.
Győr	1150 Ft.	1½ Std.	94	alle 30 Min.
Hévíz	1690 Ft.	2½–3 Std.	132	1–2-mal tgl.
Kaposvár	2780 Ft.	4½ Std.	220	1-mal tgl.
Kapuvár	544 Ft.	1 Std.	45	alle 30 Min.
Keszthely	1690 Ft.	2½-3 Std.	138	1–2-mal tgl.
Komárom	1690 Ft.	2¾ Std.	137	1-mal tgl.
Kőszeg	725 Ft.	1 Std. 20 Min.	59	6-mal tgl.
Nagycenk	241 Ft.	20 Min.	15	alle 30 Min.
Nagykanizsa	2170 Ft.	4¼ Std.	179	2-mal tgl.
Pécs	3510 Ft.	5½ Std.	285	1-mal tgl.
Sárvár	786 Ft.	1½ Std.	62	3-mal tgl.
Sümeg	1330 Ft.	2½–3½ Std.	107	3-mal tgl.
Székesfehérvár	2170 Ft.	4½ Std.	182	2-mal tgl.
Szombathely	968 Ft.	1¾ Std.	76	bis zu 6-mal tgl.
Tapolca	2060 Ft.	4 Std.	170	1-mal tgl.
Tatabánya	1930 Ft.	2¾ Std.	160	1-mal tgl.
Veszprém	1690 Ft.	3½ Std.	138	3-mal tgl.
Zalaegerszeg	1570 Ft.	3 Std.	129	2-mal tgl.

Von Montag bis Freitag fahren um 8 Uhr Busse nach Wien (2000 Ft., 1¼ Std., 66 km), am Montag, Donnerstag und Freitag auch noch um 9.25 Uhr. Von Ende Juni bis September gibt es zusätzlich eine Verbindung am Samstag. Zudem fahren Busse nach München (9300 Ft., 7 Std., 496 km) und Stuttgart (13 700 Ft., 10½ Std., 728 km) und zwar am Donnerstag (20.05 Uhr) und Sonntag (21.05 Uhr).

ZUG

Schnellzüge verkehren via Győr und Komárom nach Budapest (2656 Ft., 2¾ Std., 216 km, 5-mal tgl.). Regionalzüge fahren nach Szombathely (620 Ft., 1¼ Std., 62 km, bis zu 12-mal tgl.) und Wiener Neustadt in Österreich (1900 Ft., 40 Min., 34 km, 5-mal tgl.). Dort besteht eine Umsteigemöglichkeit nach Wien (3850 Ft., 1¼ Std., 84 km, bis zu 9-mal tgl.).

Unterwegs vor Ort

Die Buslinie 12 fährt auf einem Rundkurs vom Busbahnhof und Bahnhof durch die

Altstadt. Zum Vakáció Hostel fährt vom Busbahnhof die Buslinie 10. Buslinie 3 hält am Campingplatz Ózon. Ein Taxi ruft man unter ☎ 555 555, 313 313 oder 06 80 626 626.

RUND UM SOPRON

Lővér-Hügel

Der 300 bis 400 m hohe Höhenzug ist ein Ausläufer der Österreichischen Alpen und liegt rund 5 km im Süden und Südwesten der Stadt. Im Zweiten Weltkrieg wurden hier Juden und Partisanen von den Nazis und der faschistischen ungarischen Bewegung Pfeilkreuz hingerichtet. Heute sind die Berge das Naherholungsgebiet der Soproner Bevölkerung, die die Berge zum Wandern und Spazierengehen nutzen. Spaß macht es, auf den **Károly-Aussichtspunkt** (Károly kilátótorony; ☎ 313 080; Erw./Kind/Stud. 250/150/150 Ft.; 🕑 Mai–Aug. 9–20 Uhr, Sept. 9–19 Uhr, April & Okt. 9–18 Uhr, März 9–17 Uhr, Nov.–Feb. Di–So 9–16 Uhr) auf dem 394 m hohen Berg westlich vom Hotel Lővér zu steigen. Ein weiteres Ziel ist die **Taródi-Burg** (Csalogány köz 8; Erw./Stud. 500/300 Ft.; 🕑 unterschiedlich): Sie ist die „selbst gebaute" Privatburg der ausgeflippten Familie Taródi. Wer lieber baden will, besucht stattdessen die **Lővér-Bäder** (☎ 510 964; Lővér körút 82; Erw./Kind Tag 650/375 Ft., halber Tag 430/280 Ft.; 🕑 Hallenbad ganzjährig Mo–Fr 5.30–19, Sa & So 9–20 Uhr, Sauna & Solarium ganzjährig Mo–Fr 14–19.30, Sa & So 10–19 Uhr, Freibad Ende Mai–Mitte Sept. 9–20 Uhr).

FERTŐD

☎ 99 / 3400 Ew.

Fertőd liegt rund 27 km östlich von Sopron und wird seit Mitte des 18. Jhs. mit der Aristokratenfamilie Esterházy in Verbindung gebracht. Damals sprach Miklós die berühmten Worte: „Alles, was sich der Habsburger Kaiser leisten kann, kann ich mir auch leisten" und ließ sich anschließend die größte und prächtigste Sommerresidenz in ganz Mitteleuropa bauen. Als das Schloss 1766 fertig war, hatte es 126 Gemächer, dazu eine Oper, eine Eremitage (samt einem verrückten Alten in Sackleinen, der seine Ruhe haben wollte), zwei Diana und Venus gewidmete Tempel, ein chinesisches Tanzhaus, ein Puppentheater sowie einem 250 ha großen Garten im französischen Stil. Fertöd – oder Esterháza, wie es bis Mitte des 20. Jhs. hieß – war europaweit in aller Munde.

Geschichte

Viel ist über das Schloss Esterházy geschrieben worden, darunter auch jede Menge Gemeinplätze im Stil von „ungarisches Versailles". Sicher ist jedenfalls, dass das Barock- und Rokokogebäude das schönste Schloss in Ungarn ist. Derzeit werden große Teile der Anlage renoviert. Die Architekten sind übrigens unbekannt, von dem Österreicher Melchior Hefele einmal abgesehen. Auch wenn die Zimmer überwiegend kahl und unmöbliert sind, bleibt die Geschichte dennoch sehr lebendig. Viele der Werke des Komponisten Franz Joseph Haydn – er wohnte hier 30 Jahre lang – wurden im schlosseigenen Konzertsaal uraufgeführt, darunter die *Abschiedssymphonie* (Sinfonie Nr. 45 fis-Moll). In den Chinoiserie-Räumen nahm Kaiserin Maria Theresia 1773 an einem Maskenball teil, und in der französischen Gartenanlage schmiss der Prunk liebende Miklós eines der größten Feste aller Zeiten für seine Freunde (darunter auch Goethe) – mit Feuerwerk und 10 000 chinesischen Laternen etc.

Nach eineinhalb Jahrhunderten schändlicher Missachtung – der Palast wurde im 19. Jh. als Stallung und im Zweiten Weltkrieg als Krankenhaus genutzt – erstrahlt das Gebäude inzwischen zumindest in Teilen wieder in seiner alten Pracht; die Restaurierungsarbeiten sind aber noch nicht abgeschlossen.

Orientierung

Das Schloss samt seinen Gärten liegt an der Joseph Haydn utca (früher Béla Bartók utca) und beherrscht die ganze Stadt. Alle Busse halten unweit des Haupteingangs, die Innenstadt beginnt nur 700 m weiter westlich. Der Bahnhof Fertőszéplak liegt 1,5 km westlich des Schlosses, ist aber für die meisten Reisenden uninteressant. Der Bahnhof von Fertőszentmiklós (an der Bahnstrecke Sopron–Győr) liegt 4 km weiter südlich.

Praktische Informationen

OTP-Bank (Fő utca 7; 🕑 Mo–Do 7.45–12, 12.30–15, Fr 7.45–12 Uhr)

Postamt (Fő utca 6; 🕑 Mo–Fr 8–16 Uhr)

Tourinform (☎ /Fax 370 544; fertod@tourinform.hu; Joseph Hayden utca 3; 🕑 Mitte Juni–Mitte Sept. Mo–Fr 10–17, Sa & So 10–16 Uhr, Mitte Sept.–Mitte Juni Mo–Fr 9–16 Uhr) Im Ostflügel des Grenadier-Hauses.

Sehenswertes & Aktivitäten

Etwa zwei Dutzend restaurierte Zimmer des hufeisenförmigen **Schloss Esterházy** (☎ 537 640; Joseph Haydn utca 2; Erw./Sen./Stud./Fam.1000/600/600/2500 Ft.; ⌚ Mitte März–Okt. Di–So 10–18 Uhr, Nov.–Mitte März Fr–So 10–16 Uhr) sind öffentlich zugänglich; der Rest des riesigen Komplexes nehmen ein Hotel und eine weiterführende Schule in Beschlag.

Auf dem Weg vom Haupteingang zum **Ehrenhof** lohnt ein Blick auf das schmiedeeiserne Tor – ein Meisterwerk des Rokoko. Das Schloss kann nur im Rahmen einer Führung besichtigt werden. An der Kasse ist aber ein Infoblättchen erhältlich, mit dem man sich ein Stück hinter der Gruppe zurückfallen lassen kann. Somit lässt sich dann doch noch alles in (relativer) Ruhe besichtigen.

Im Erdgeschoss geht es durch mehrere pseudo-chinesische Zimmer – im 18. Jh. waren sie der letzte Schrei. Die **Sala Terrena**, das sommerliche Speisezimmer, hat einen Boden aus Carrara-Marmor und Deckenfresken, die das von Blumen umrankte Monogramm von Miklós Esterházy zeigen. Das **Schlafzimmer des Prinzen** zeigt Bilder von Amor. Im ersten Stock begeistern dann die prächtigen Barock- und Rokokosalons sowie der überbordende **Konzertsaal** und der **Zeremoniensaal**. Eine Ausstellung widmet sich dem Leben und Werk des Komponisten Haydn.

Die Räume, die Haydn von 1761 bis 1790 bewohnte, befinden sich im Westflügel des barocken **Musikhauses** (Muzsikaház; Madach sétány 1) südwestlich vom Schloss; dort wurde in der ersten Etage der **Joseph-Haydn-Gedenksaal** (Joseph Haydn Emlékszoba; ☎ 537 043; Erw./Sen./Stud. 200/100/100 Ft.; ⌚ Mai–Aug. Mo–Fr 9–17 Uhr) eingerichtet – eine Huldigung des berühmten österreichischen Komponisten.

Die Gegend um Fertőd lädt zum Radfahren ein; das Dori Hotel & Camping verleiht **Fahrräder** (Tag 1500 Ft.). Tourinform vertreibt die Karte/Broschüre *Kerékpárral Nyugat-Pannóniában* („Mit dem Rad unterwegs in West-Pannonien").

Festivals & Events

Die beiden bedeutendsten Musikfestivals im Schloss sind das **Haydn-Festival des Budapester Streichorchesters** im Juli und das renommierte **Haydn-Festival** Ende August/Anfang September. Weitere Informationen finden sich unter www.artsfestivals.hu. Beide Veranstaltungen sind in der Regel Monate im Voraus ausgebucht, doch einmal bei der Tourinform nachfragen sollte man auf jeden Fall.

Schlafen

Kastély (☎ 537 640; esterhazy@enternet.hu; Schloss Esterházy, Joseph Haydn utca 2; DZ/3BZ/4BZ 4900/6400/7200 Ft.; Ⓟ) Das Hotel mit 17 Zimmern im zweiten Stock des östlichen Schlossflügels ist einer der Hauptgründe, warum alle Welt nach Fertőd und zum Schloss strömt. Wie das Schlafzimmer des Prinzen sehen die Hotelzimmer zwar nicht aus, aber für ein Schloss stimmt der Preis. Eine Reservierung lange im Voraus ist unbedingt notwendig!

Bagatelle (☎ 06 30 378 5423; Lés erdő) Die wahren Romantiker sollten nach einem Zimmer im Bagatelle fragen, einem Pavillon im Park hinter dem Schloss. Es hat vier Apartments.

Újvári (☎/Fax 537 097; ujvaripanzio@freestart.hu; Kossuth Lajos utca 57/a; EZ 5700–5900 Ft., DZ 7800–8200 Ft., 3BZ 11 100–11 400 Ft.; Ⓟ) In der Pension mit ihren sechs Zimmern ist jeder herzlich willkommen, außerdem gibt es unten noch ein Studio mit Massage und Reflexzonentherapie. Das Újvári befindet sich in Fertőd-Sarród, rund 120 m nördlich vom Postamt.

Dori Hotel & Camping (☎/Fax 370 838; www.hotels.hu/dori; Pomogyi út 1; Stellplätze pro Zelt/Erw./Kind/Auto 590/690/550/590 Ft., EZ/DZ/3BZ Bungalows 6600/9800/13 200 Ft., EZ/DZ/3BZ Hotelzimmer 6400/9800/13 200 Ft.; Ⓟ) Der große Komplex am Waldrand liegt nur 100 m nördlich des Schlosses und bietet verschiedenste Übernachtungsmöglichkeiten. Ein perfekter Standort für alle, die Rad fahren oder wandern wollen.

Essen

Zwei angenehme Restaurants befinden sich im Grenadier-Haus, den früheren Wohnräumen der Wachen gegenüber vom Schloss.

Gránátos (☎ 370 944; Joseph Haydn utca 1; Vorspeisen 490–850Ft, Hauptgerichte 990–1790 Ft.; ⌚ 9–22 Uhr) Dunkle Gaststube und der Renner bei österreichischen Gruppen.

Kastélykert (☎ 349 418; Joseph Haydn utca 1; Hauptgerichte 1190–1790 Ft.; ⌚ 10–22 Uhr) Hier geht es ruhiger zu, ganztägig wird ein preisgünstiges Menü (1030 Ft.) angeboten.

Coop (Fő utca 5; ⌚ Mo 6–17, Di–Fr 8–18, Sa 6–13 Uhr) Eine Filiale der allgegenwärtigen Supermarktkette neben der OTP-Bank.

An- & Weiterreise

Häufig fahren Busse nach Sopron (363 Ft., 45 Min., 28 km, alle 30 Min.), außerdem nach Győr (846 Ft., 1½ Std., 67 km, zwei- bis 4-mal tgl.) und Kapuvár (302 Ft., 30 Min., 21 km, alle 30 Min.).

Züge verbinden Fertőszentmiklós im Süden von Fertőd mit Sopron (248 Ft., 20 Min., 24 km, bis zu 12-mal tgl.) und Győr (620 Ft., 1 Std., 61 km, bis zu 10-mal tgl.).

NAGYCENK

☎ 99 / 1700 Ew.

Eigentlich nur 14 km westlich von Fertőd und dem Schloss Esterházy, aber mental doch Lichtjahre weit weg liegt Nagycenk, das alte Stammschloss der Familie Széchenyi. Die beiden Anwesen – oder Familien – könnten unterschiedlicher nicht sein: Die privilegierten und oft oberflächlichen Esterházys hielten in ihrem „Kaiserpalast" Hof, die Széchenyis hingegen waren allesamt Demokraten und Reformer und gingen in dem düsteren neoklassizistischen Gebäude, das ihre pragmatische Einstellung und ihr Temperament eindrücklich widerspiegelt, ihren Aufgaben nach.

Das Haus wurde komplett restauriert und zum Teil in ein Museum umgewandelt, das der Familie gewidmet ist. Wer sich ernsthaft für die ungarische Geschichte interessiert und historische Zusammenhänge verstehen will, sollte das Museum unbedingt besuchen.

Geschichte

Der Gemeinsinn der Familie Széchenyi begann mit dem Patriarchen Ferenc, der seine komplette Sammlung an Büchern und Kunstobjekten 1802 dem Staat schenkte und so den Grundstein für die Staatsbibliothek legte, die heute ihm zu Ehren seinen Namen trägt. Doch erst sein Sohn István (1791–1860) sollte schließlich die wirtschaftliche und kulturelle Entwicklung Ungarns maßgeblich beeinflussen. Weitere Informationen siehe Kasten.

Orientierung

Der Bahnhof befindet sich südwestlich vom Sitz der Széchenyi und damit nicht weit vom Stadtzentrum entfernt. Auch die neoromanische Stephanskirche, ein Entwurf von Miklós Ybl von 1864, und das Familienmausoleum der Széchenyi liegen in der Nähe. Der Bus aus Sopron hält am Haupteingang zum Schloss.

Sehenswertes

Der Eingang zum **Széchenyi-Gedenkmuseum** (Széchenyi Emlékmúzeum; ☎ 360 023; www.nagycenk.hu; Kiscenki utca 3; Erw./Sen./Stud. 500/250/250 Ft.; 🕑 April–Okt. Di–So 10–18 Uhr, Nov.–März Di–So 10–17 Uhr) befindet sich im Schloss. Dafür muss zunächst die Sala Terrena durchquert werden – verglichen mit dem gleichnamigen Saal im Schloss Esterházy in Fertőd wirkt sie fast schon karg. In jedem Raum stehen Audioführungen in mehreren Sprachen zur Verfügung – ein Knopfdruck setzt das Band in Gang.

Die mit Stilmöbeln ausgestatteten Räume im Erdgeschoss des Museums spüren der Geschichte und der politischen Entwicklung der Familie Széchenyi nach. Sie entwickelten sich von typisch barocken Aristokraten des 18. Jhs. zu Schlüsselfiguren des Unabhängigkeitskriegs von 1848, auch Istváns Beteiligung an der fatalen Regierung von Lajos Batthyány kommt hier zur Sprache. Ein großzügiges Barocktreppenhaus führt in den ersten Stock hinauf, wo István und seine ingenieurtechnischen Leistungen gewürdigt werden – sei es die Kettenbrücke in Budapest, das Schleusensystem an Donau und Theiß (Tisza) oder die Eisenbahn und Dampfschifffahrt. Die Ausstellung mit Münzen aus Ungarn ist ebenfalls sehenswert.

Wie passend, dass sich das Schloss von István Széchenyi, der sich maßgeblich für die Weiterentwicklung der Eisenbahn eingesetzt hat, nicht weit vom **Freilicht-Lokomotivenmuseum** (Mozdony Skanzen; Eintritt frei; 🕑 24 Std.) entfernt befindet. Zu sehen sind Dampfloks, die noch bis 1950 in Betrieb waren. Eine **Schmalspurbahn** fährt eine 5,5 km lange Strecke nach Fertőboz und zurück (Dampflok/Diesellok einfache Fahrt Erw. 310/240 Ft., Kind 155/120 Ft.). Von April bis Anfang Oktober fahren die Züge vom Bahnhof Kastély in Nagycenk um 9.50 und 11.15 Uhr sowie am Samstag und Sonntag um 14, 15.35 und 17.35 Uhr los. Bis auf den letzten Zug machen alle nach knapp 30 Minuten in Fertőboz kehrt und fahren nach Kastély zurück. Es gibt auch kürzere Strecken nach Barátság (3,3 km, Abfahrt 13.15 und 17.05 Uhr) zum gleichen Preis.

Die 2,6 km lange **Lindenallee** gegenüber von Haupteingang des Palastes ließ 1754 Istváns Großmutter anlegen, sie führt zur **Eremitage**. Wie die Esterházys, so hatte auch die Familie Széchenyi hier jemanden wohnen, der sich Kost und Logis verdienen musste, indem er die Glocke der Kapelle läutete und sich um den Garten kümmerte.

Das **Széchenyi-Mausoleum** (☎ 360 059; Széchenyi tér; Erw./Sen./Stud. 200/100/100 Ft.; ⌚ Mai–Okt. Di–Sa 10–18 Uhr), die letzte Ruhestätte von István und anderen Familienmitgliedern, befindet sich auf dem Dorffriedhof gegenüber von der Stephanskirche und ist ein Pilgerziel vieler Ungarn.

Schlafen & Essen

Kastély (☎/Fax 360 061; www.kastelyszallo.try.hu; Kiscenki utca 3; SZ 35–75 €, DZ 56–87 €, 3BZ 68–100 €, 2-Pers.-Suite 84–125 €; P ⊠) Im Westflügel des Herrenhauses wurden die 19 schönen Zimmer kürzlich frisch renoviert und so variieren die Preise je nach Saison und Zimmerkategorie. Wer das nötige Kleingeld hat, nimmt Zimmer 106 oder 107 - geräumige Suiten mit Stilmöbeln und schönem Blick auf den 6 ha großen Garten. Im Preis ist der Eintritt für das Museum eingeschlossen. Der prächtige Speisesaal (Vorspeisen 750–900 Ft., Hauptgerichte 1650–3500 Ft.; 7–22 Uhr) ist ein schöner Ort für ein Mittagessen, doch auch die Tische im Hof sind im Sommer ein herrlicher Platz.

An- & Weiterreise

Nagycenk erreicht man von Sopron (241 Ft., 20 Min., 15 km, alle 30 Min.) mit dem Bus. Das Dorf liegt an der Bahnlinie, die von Sopron (170 Ft., 15 Min., 12 km, bis zu 12-mal tgl.) nach Szombathely (404 Ft., 1 Std., 50 Min., bis zu 12-mal tgl.) führt.

Bei gutem Timing lässt sich Nagycenk mit der Schmalspurbahn erreichen: Dafür nimmt man zunächst den Bus von Sopron nach Fertőboz und steigt dort um 10.35, 12.15, 15 oder 16.15 Uhr in den Zug nach Kastély um.

SZOMBATHELY

☎ 94 / 80 200 Ew.

Szombathely (Stein am Anger, auch Steinamanger geschrieben) ist ein wichtiger Verkehrsknotenpunkt im westlichen Ungarn. Hier kommt so ziemlich jeder, der in West-Transdanubien unterwegs ist, ganz automatisch durch - was aber nicht schadet, denn es gibt mehr als genug zu sehen.

DER GRÖSSTE UNGAR

Was der Graf István Széchenyi geleistet hat, ist wirklich enorm - und unglaublich vielfältig. In seinem erfolgreichen Werk *Hitel* (Kredit) machte er sich 1830 für drastische Wirtschaftsreformen sowie für die Abschaffung der Leibeigenschaft stark. Er war persönlich mit gutem Beispiel vorangegangen und hatte zwei Jahre zuvor einen Großteil seines Besitzes an mittellose Bauern verteilt.

Die Kettenbrücke, die mit Széchenyis Hilfe im Parlament durchgesetzt wurde, stellte die erste Verbindung zwischen Buda und Pest dar, und jeder, der diese Brücke benutzte, musste einen Wegezoll zahlen - auch die Adeligen.

Széchenyi war auch federführend bei der Begradigung des sich bis dato dahinschlängelnden Flusses Tisza (Theiß): Durch die Flussbegradigung konnte die Hälfte des ungarischen Ackerlandes zukünftig vor Überschwemmungen und Erosion bewahrt werden. Er veranlasste auch, dass die Donau bis zum Eisernen Tor in Rumänien schiffbar gemacht wurde.

Széchenyi organisierte die Finanzierung der ersten Bahnlinien in Ungarn (von Budapest nach Vác im Norden und Szolnok im Osten, außerdem nach Westen bis Wiener Neustadt in Österreich). Auch der Dampfschifffahrtsverkehr auf der Donau und dem Plattensee sind ihm zu verdanken.

Als Fan von allem Englischen weckte Széchenyi bei der Oberschicht das Interesse an Pferderennen; sein eigentliches Anliegen war jedoch, bessere Nutztiere für die Landwirtschaft zu züchten.

Eine großzügige Geldspende von ihm ermöglichte die Gründung der renommierten Akademie der Wissenschaften.

Széchenyi gehörte 1848 der Revolutionsregierung von Lajos Batthyány an. Die ständigen politischen Querelen und Auseinandersetzungen mit Wien führten schließlich zu einem Nervenzusammenbruch. Rund zehn Jahre verbrachte er in einem Sanatorium, erholte sich jedoch nie mehr wirklich vom Zusammenbruch und beging schließlich 1860 Selbstmord.

Wegen seiner Leistungen bezeichnete sein Zeitgenosse und Mitreformator Lajos Kossuth Széchenyi ihn als den „größten Ungarn" - eine Würdigung, die der dynamische, wenn auch mit Problemen behaftete Visionär bis heute genießt.

Der Name der Stadt bedeutet so viel wie „Samstagsplatz" und bezieht sich auf den bedeutenden Wochenendmarkt, der hier im Mittelalter abgehalten wurde: Viele Österreicher setzen die Tradition auch heute noch fort, in dem sie am Wochenende regelmäßig einen Abstecher über die Grenze machen, um hier billig einzukaufen.

Geschichte

Szombathely hat ältere Wurzeln als andere Städte. Im Jahr 43 gründeten die Römer hier an der lukrativen Bernsteinstraße die Handelsniederlassung Savaria. Anfang des 2. Jhs. war der Ort so wichtig, dass er zur Hauptstadt von Oberpannonien erklärt wurde. In den folgenden Jahrhunderten wurde Savaria wohlhabend, und das Christentum hielt Einzug. Martin von Tours, der Schutzheilige Frankreichs, wurde hier 316 geboren. Doch Angriffe der Hunnen, Langobarden und Awaren schwächten die Stadt, und nach einem Erdbeben 455 blieb bloß noch ein Trümmerhaufen übrig.

Szombathely erlebte im frühen Mittelalter einen erneuten Aufschwung, doch die Mongolen, die Türken und Habsburger bereiteten dem schon bald ein Ende. Erst 1777, als János Szily zum ersten Bischof von Szombathely ernannt wurde, begann die Stadt wieder wirtschaftlich und kulturell aufzublühen. Der Bau der Bahnlinie nach Graz förderte zudem den Handel. 1945 machten die Bomben der Alliierten einen Großteil der Stadt dem Erdboden gleich; sie wurde inzwischen aber wieder aufgebaut.

Orientierung

Szombathely besteht aus einem Gewirr aus Gassen und Plätzen, das Zentrum bildet der riesige begrünte Fő tér. Im Westen liegen der Berzsenyi Dániel tér und der Templom tér (auch Mindszenty József tér genannt), das Verwaltungs- und religiöse Zentrum der Stadt. Der Bahnhof liegt am Éhen Gyula tér, etwa 1 km nordöstlich vom Mártírok tere am Ende der Széll Kálmán út. Der Busbahnhof liegt in der Petőfi Sándor utca im Nordwesten des Fő tér.

Praktische Informationen

Hauptpostamt (Kossuth Lajos utca 18)

Ibusz (☎ 314 141; Fő tér 44; ⌚ Juni–Aug. Mo–Fr 8–17, Sa 9–13 Uhr) Gute Privatzimmer, aber keine allgemeinen Auskünfte.

Internetpont (☎ 310 161, 06 70 204 9368; Kossuth Lajos utca 19; 1 Std. Erw./Stud. 420/360 Ft.; ⌚ Mo–Sa 12–24, Sa 18–24 Uhr) 15 PCs im Südwesten des Fő tér.

OTP-Bank (Király utca 10; ⌚ Mo 7.45–17, Di–Fr 7.45–15 Uhr)

Tourinform (☎ 514 451; szombathely@tourinform.hu; Kossuth Lajos utca 1–3; ⌚ Mitte Sept.–Mitte Juni Mo–Fr 9–17 Uhr, Mitte Juni–Mitte Sept. Mo–Fr 9–18, Sa & So 10–18 Uhr) Südlich vom Fő tér im Rathaus.

www.szombathely.hu Die Website der Stadt mit jeder Menge praktischer Tipps und Hintergrundinformationen über das kommunale Geschehen.

Sehenswertes

DOM

In den letzten Tagen des Zweiten Weltkriegs verschonten die Alliierten den **Dom** (Szombathelyi Székeshegyház; Templom tér; Eintritt frei), der 1797 im Zopfstil gebaut worden war. Melchior Hefele hatte ihn 1791 für Bischof Szily entworfen. Früher war die Kirche mit Stuck und Fresken von Franz Anton Maulbertsch ausgeschmückt und ruhte auf gewaltigen Marmorsäulen. Sie sind verloren, doch einige wenige Originalwerke von Maulbertsch und eine prächtige rot-weiße Marmorkanzel blieben erhalten und lockern den ansonsten eher sterilen Bau auf. Hübsch sind auch die dekorativen Gipsengel und Putten über dem Hauptaltar. Maulbertsch, der aus Langenargen am Bodensee stammte, zählt zu den Hauptmeistern des barocken Freskos.

BISCHOFSPALAST

Die Fresken von Maulbertsch oben im Festsaal des **Bischofspalastes** (Püspöki palota; ☎ 312 056; Berzsenyi Dániel tér 3; Erw./Sen./Stud. 200/100/100 Ft.; ⌚ Mo–Fr 9.30–12, 12.30–15, Sa 9.30–11.30 Uhr) – er wurde 1783 gebaut und steht im Süden des Doms – haben die Luftangriffe wie durch ein Wunder überlebt, können jedoch nicht besichtigt werden. Bestaunen lassen sich jedoch die Wandmalereien (1784) mit römischen Ruinen und Göttern von István Dorffmeister in der **Sala Terrena** im Erdgeschoss. Andere Räume zeigen Fotos des Doms vor und nach den Bombenangriffen. In der **Diözesansammlung mit Schatzhaus** (Egyházmegyei Gyüjtemény és Kincstár) werden Messbücher und Bibeln aus dem 14. bis 18. Jh., gotische Ornate, eine herrliche Monstranz aus dem 15. Jh. aus Kőszeg und sogar die mit Edelsteinen besetzte Kopie der Stephanskrone (sie stammt aus den USA) ausgestellt.

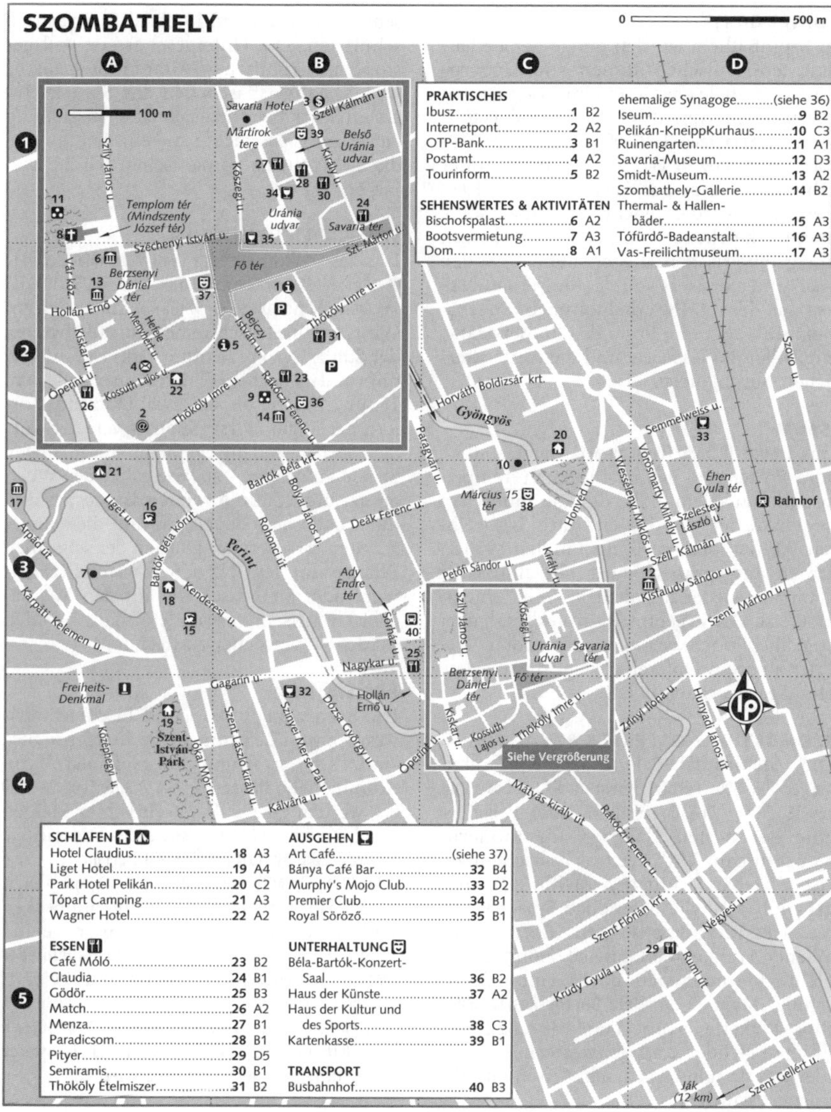

SMIDT-MUSEUM

Gleich südlich vom Bischofspalast ist das **Smidt-Museum** (☎ 311 038; Hollán Ernő utca 2; Erw./Sen./Stud./Fam. 460/250/250/900 Ft.; März–Dez. Di–So 10–17 Uhr, Jan. & Feb. Di–Fr 10–17 Uhr) in einem herrschaftlichen Barockgebäude untergekommen. Präsentiert wird die Privatsammlung von Lajos Smidt, dem Krankenhausdirektor, der sich die meiste Zeit seines Lebens mit dem Horten von antiken Waffen, Möbeln, Fächern, Pfeifen, Uhren, römischen Münzen und dergleichen beschäftigt hat. Allein die Menge macht's, und so lohnt das Museum dann doch einen Besuch. Zu den Schätzen zählt auch die Taschenuhr von Franz Liszt.

RUINENGARTEN

In Szombathely wurden einige der bedeutendsten römischen Ruinen ganz Ungarns freigelegt. Viele davon sind im so genannten **Ruinengarten** (Romkert; ☎ 313 369; Templom tér 1; Erw./Sen./ Stud./Fam. 360/180F/180/700 Ft.; ⌚ Mitte März–Nov. Di–So 9–17 Uhr) zu sehen, darunter zahlreiche Funde aus Savaria, die seit 1938 frei gelegt wurden. Nicht versäumen sollte man die herrlichen Mosaiken mit Pflanzen und geometrischen Mustern auf dem Boden – sie sind alles, was von der **St.-Quirinus-Basilika** aus dem 4. Jh. erhalten blieb. Sehenswert sind auch die Reste der Römerstraße, ein Zollamt, Geschäfte und die mittelalterlichen Burgmauern.

ISEUM

Das **Iseum** (Rákóczi Ferenc utca 12) liegt südlich vom Fő tér und gehört zu einem Tempelkomplex aus dem 2. Jh., den die römischen Legionäre der ägyptischen Göttin Isis weihten. Als der kleinere Tempel in den 1950er-Jahren ausgegraben wurde, beschloss die Stadt, ihn wieder aufzubauen – mit Zementquadern. Das Ergebnis ist grotesk, soll aber angeblich noch verschönert werden. Der Fries auf dem Opferaltar zeigt die auf dem Hund Sirius reitende Isis.

SZOMBATHELY-GALERIE & SYNAGOGE

Die **Szombathely-Galerie** (Szombathelyi Képtar; ☎ 508 800; Rákóczi Ferenc utca 12; Erw./Stud. 360/180 Ft.; ⌚ Di & Do–So 10–17, Mi 10–19 Uhr) ist eine der besten Galerien für moderne Kunst in ganz Ungarn. Das hübsche maurische Gebäude mit den Zwillingstürmen gegenüber ist die ehemalige **Synagoge** (Zsinagóga; Rákóczi Ferenc utca 3), ein Entwurf des Wiener Architekten Ludwig Schöne (1881). Heute befindet sich darin eine Musikschule, daneben der **Béla-Bartók-Konzertsaal**. Eine Plakette erinnert an die „4228 jüdischen Brüder und Schwestern, die von hier am 4. Juli 1944 nach Auschwitz deportiert wurden."

SAVARIA-MUSEUM

Das **Savaria-Museum** (☎ 500 720; Kisfaludy Sándor utca 9; Erw./Sen./Stud./Fam. 460/230/230/900 Ft.; ⌚ Mitte April–Mittte Okt. Di–Sa 10–17 Uhr, Mitte Okt.–Mitte April Di–Fr 10–17 Uhr) geht auf einen kleinen Park östlich vom Mártírok tere hinaus und ist sehenswert. Im Erdgeschoss sind dekorative, aber dennoch praktische Objekte zu sehen, die Schäfer im 19. Jh. als Zeitvertreib schnitzten. Das Untergeschoss ist voll gestopft mit römischen Altären, Steintorsos und Kobaltglasfläschchen aus Savaria. Im ersten Stock befinden sich eine Ausstellung zur Regionalgeschichte und eine Sammlung, die sich mit der romanischen Kirche von Ják beschäftigt.

VAS-FREILICHTMUSEUM

Das **Vas-Freilichtmuseum** (Vasi Múzeumfalu; ☎ 311 004; Árpád út 30; Erw./Sen./Stud./Fam. 500/250/250/1000 Ft.; ⌚ April–Anf. Nov. Di–So 10–17 Uhr) befindet sich am Westufer eines Fischweihers im Nordwesten der Stadt. Das Freilichtmuseum ist ein Dorf mit rund 40 *porták* (Bauernhäuser) aus dem 18. und 19. Jh., die aus zwei Dutzend Dörfern der Region Őrség hierher versetzt wurden. Sie sind entlang einer halbkreisförmigen Straße aufgebaut – so, wie es an der Westgrenze üblich war. Am interessantesten sind die kroatischen, deutschen und die „eingezäunten" Häuser. Die Dornen der seltsamen Pflanze mit dem Namen *kővirózsa* (Dachwurz oder Steinrose), die auf den Reetdächern wachsen, verwendete man, um den Mädchen Ohrlöcher zu stechen.

Aktivitäten

Die Seen zum Rudern und Fischen nordwestlich vom Zentrum an der Kenderesi utca sind 12 ha groß und der „Spielplatz" von Szombathely. **Boote** (⌚ März–Mitte Sept. 9–17.30 Uhr) werden an der Westseite einer kleinen Insel in der Mitte vermietet. Die riesige **Tófürdő-Badeanstalt** (☎ 505 690; Liget utca; Erw./Kind 790/670 Ft.; ⌚ Mitte Mai–Mitte Okt. 9–20 Uhr) gleich in der Nähe bietet riesige Schwimmbecken und ein paar Wasserrutschen für große und kleine Kinder. Die **Thermal- und Hallenbäder** (☎ 314 336; Bartók Béla körút 41; Erw./Kind 750/500 Ft.; ⌚ Thermalbäder Mo–Fr 16–19, Sa & So 9–17.30 Uhr, Schwimmbad ganzjährig Mo 14–21.30, Di–Fr 6–21.30, Sa & So 9–18 Uhr) liegen gleich im Süden. Je später man reingeht, desto billiger wird es.

Schlafen

Tourinform hat ein Verzeichnis mit Studentenunterkünften (Bett ab etwa 2000 Ft.), die allerdings nur den Sommer über zur Verfügung stehen. Privatzimmer vermittelt Ibusz (DZ 5000 Ft.).

Wagner Hotel (☎/Fax 322 208; www.hotelwagner.hu; Kossuth Lajos utca 15; EZ 10 500–14 500 Ft., DZ 16 500 Ft., Suite ab 20 500 Ft.; P ⊠ ❄) Hübsches

Hotel mit sonnigem Innenhof und einem Dutzend Zimmern ein Stück südwestlich vom Fő tér. Die Zimmer sind klein, aber gemütlich, und bieten den üblichen modernen Schnickschnack.

Park Hotel Pelikán (☎ 513 800; www.hotelpelikan.hu; Deák Ferenc utca 5; Okt.–April EZ 15 500–18 500 Ft., DZ 21 500–24 900 Ft., Mai–Sept. EZ 20 000–21 000 Ft., DZ 24 000–27 000 Ft.; P) Das tolle Vier-Sterne-Hotel nördlich vom Zentrum ist im ehemaligen Waisenhaus samt Kinderklinik untergebracht; das alte Gemäuer blieb größtenteils erhalten. Die 43 geräumigen Zimmer bieten alles, was der Mensch so braucht. Zum Hotel gehört das **Pelikán-Kneipp-Kurhaus** (Markusovszky 2) ein paar Meter westlich mit Hallenbad, Kuranlagen, Sauna und Fitnessraum sowie vielerlei Anwendungen und Heilbehandlungen.

Hotel Claudius (☎ 313 760; www.claudiushotel.hu; Bartók Béla körút 39; EU 11 900–12 900 Ft., DZ 14 900–15 900 Ft., Suite ab 17 900 Ft.; P) Das große moderne Hotel in der Nähe der Seen hat seit der Generalrenovierung nun ein paar Zimmer weniger (nämlich nur noch 87), dafür aber einen Stern mehr (jetzt vier). Von außen ist es unscheinbar, aber die Zimmer und die Gemeinschaftsräume wie die Lobby etc. sind hell und freundlich gehalten.

Liget Hotel (☎ 509 323; www.hotels.hu/liget_szombathely; Szent István park 15; EZ/DZ mit Dusche 5000/6000 Ft., mit Bad 6999/7999 Ft.; P) Das Hotel westlich vom Zentrum hat 38 funktionale Zimmer, das Viertel ist ruhig, und zum See und Freilichtmuseum ist es nicht weit. Das monströse Befreiungsdenkmal auf dem Berg im Nordwesten hat bis Mitte der 1990er-Jahre oben noch einen roten Stern getragen.

Tópart Camping (☎ 509 038; Fax 509 039; Liget utca 14; Stellplätze pro Zelt/Erw./Kind 500/700/350 Ft., DZ/4BZ Bungalows 6500/10 500 Ft.; Mai–Sept.; P) Der Campingplatz liegt angenehm im Nordwesten des Stadtzentrums in der Nähe der Seen und der Badeanstalt. Von der Bushaltestelle (Linie 27) in der Bartók Béla körút geht es zu Fuß über die Liget utca zum Campingplatz.

Essen

RESTAURANTS

Pityer (☎ 508 010; Rumi út 18; Suppen 350–990 Ft., Vorspeisen 900–1600 Ft., Hauptgerichte 1590–2990 Ft.; So–Do 11–23, Fr & Sa 11–24 Uhr) liegt 1,5 km südwestlich vom Fő tér und ist eine typische *halászcsárda*, ein traditionelles ungarisches Fischlokal. Die Umgebung hat viel Flair. Wer großen Hunger hat, ist hier richtig: die Portionen sind groß.

Gödör (☎ 510 078; Hollán Ernő utca 12; Suppen 170–550 Ft., Vorspeisen 620–1550 Ft., Hauptgerichte 860–1790 Ft.; Mo–Do 11–23, Fr & Sa 11–24, So 11–3 Uhr) Das Restaurant mit Weinkeller gehört zum Jégverem in Sopron und ist etwas für Leute, die sonst nie satt werden. Die Portionen sind gewaltig, die Gerichte recht authentisch, und über die Preise kann man auch nicht meckern.

Café Móló (☎ 509 200; Rákóczi Ferenc utca 1–3; Pizza 790–1290 Ft.; Mo–Do 10–24, Fr & Sa 11–13, So 11–24 Uhr) Wem der Sinn nach Pizza steht, ist in dem modernen, fröhlichen Lokal gegenüber vom Iseum goldrichtig.

Paradicsom (☎ 342 012; Belsö Uránia Udvar; Vorspeisen 480–990 Ft., Pizza 650–2000 Ft.) Das „Tomate" ist ein überdurchschnittlicher Italiener mit einer breiten Auswahl für Vegetarier auch Pizza und Pasta (740–990 Ft.) sind nicht zu verachten. Zur Belsö Uránia Udvar geht es über den Mártírok tére oder Fő tér 20.

CAFÉS

Claudia (☎ 313 375; Savaria tér 1; Eis ab 90 Ft.; Mo–Sa 9–22, So 14-22 Uhr) Ein schöner Ort zum Entspannen, besondern im Sommer an den Tischen im Freien. Das Claudia ist bekannt für seinen erstklassigem Kuchen und sein Eis.

Semiramis (Király utca 7; Kaffee 230–490 Ft.; Mo–Fr 7–18, Sa 8–13 Uhr) Hier gibt es den besten Kaffee in Szombathely.

AUF DIE SCHNELLE & SELBSTVERSORGER

Menza (☎ 511 348; Mártírok tere 5/b; Hauptgerichte 190–660 Ft.; Mo–Fr 9–17, Sa 9–15 Uhr) Moderner Imbiss mit einfachem Essen, das pappsatt macht – und das zu erstaunlich günstigen Preisen.

Match (Ecke Óperint utca & Kiskar utca; Mo–Fr 6–19, Sa 6–14 Uhr) Gigantische Filiale der beliebten Supermarktkette.

Thököly Ételmiszer (Thököly Imre utca 35; Mo–Sa 5–24, So 6–24 Uhr) Kramerladen mit sehr langen Öffnungszeiten.

Ausgehen

Art Café (☎ 310 661; Fő tér 10; Mo–Sa 8–23, So 9–23 Uhr) Das beschauliche Café am Hauptplatz lockt weniger die Partytypen als diejenigen an, die gerne Leute beobachten und quatschen. Nett für einen ruhigen Drink.

Royal Söröző (☎ 339 727; Fő tér 16; So–Do 8.30–24, Fr & Sa 8.30–1 Uhr) Beliebte Kneipe mit

Tischen am Straßenrand an der Nordostseite des Fő tér. Der Internetzugang kostet pro 30 Minuten 130 Ft.

Premier Club (☎ 330 792; Uránia Udvar; 🕑 Mo–Do 9–23, Fr & Sa 9–6, So 4–23 Uhr) Große, abgefahrene Kneipe mit acht Billardtischen in der Einkaufspassage Uránia Udvar.

Bánya Café Bar (☎ 321 123; Szinyei Merse Pál utca; 🕑 Mo–Mi 10–23, Do & Fr 10–24, Sa 14–2, So 14–22 Uhr) Die beeindruckende ehemalige Arbeiterkneipe im Keller (*bánya* heißt Mine) macht jetzt auf 21. Jh. und könnte in jeder Großstadt stehen. Am Samstag und Sonntag geht hier bei Livemusik die Post ab.

Murphy's Mojo Club (☎ 315 891; Semmelweis Ignác utca 28; 🕑 Mo–Do 16.30–24, Fr & Sa 16.30–1, So 16.30–23 Uhr) Die Bar liegt nicht gerade zentral, lohnt aber den Abstecher wegen der Musik (CD). Das Essen ist auch in Ordnung.

Unterhaltung

Eine hervorragende Quelle ist das kostenlose Werbemagazin *Szombathelyi Est*, ein zweiwöchig erscheinender Veranstaltungskalender. Karten für die meisten Events gibt es an der **Kartenkasse** (☎ 312 579; Király utca 11; 🕑 Mo–Fr 10–13, 14-17, Sa 9–12 Uhr) ein Stück südlich vom alten Savaria Hotel. Der Eingang liegt am Mártírok tere.

In Szombathely steht die Musik im Mittelpunkt, seit Bischof Szily Profimusiker engagierte, die außerhalb der Gottesdienste in der Kirche auftraten. Zu den bedeutenden Veranstaltungsorten zählen der **Béla-Bartók-Konzertsaal** (☎ 313 747; Rákóczi Ferenc utca 3) – er gehört zur ehemaligen Synagoge, in der das Savaria-Symphonieorchester das ganze Jahr über konzertiert. Das **Haus der Künste** (Művészetek Háza; ☎ 509 641; Fő tér 10) und das hässliche **Haus der Kultur und des Sports** (Művelődési és Sportház; ☎ 312 666; Március 15 tér 5) stammen aus den 1960er-Jahren.

An- & Weiterreise

BUS

Im Allgemeinen sind die Busverbindungen von und nach Szombathely nicht gerade berauschend, obwohl häufig Busse nach Ják (241 Ft., 20 Min., 21 km, 15-mal tgl.), Kőszeg (302 Ft., 35 Min., 21 km, stündl.) und Körmend (363 Ft., 30 Min., 29 km, stündl.) fahren. Dreimal die Woche fährt ein Bus nach Wien (2454 Ft., 2½ Std., 165 km), und zwar mittwochs um 6.40 Uhr, freitags um 7 Uhr und samstags um 3.55 Uhr.

Weitere Verbindungen von/nach Szombathely sind:

Zielorte	Fahrpreis	Fahrzeit	km	Taktfrequenz
Budapest	3150 Ft.	3½–4½ Std.	230	3-mal tgl.
Győr	1570 Ft.	2½ Std.	125	5-mal tgl.
Kaposvár	2300 Ft.	3½ Std.	188	3-mal tgl.
Keszthely via Héviz	1090 Ft.	2¼ Std.	90	2-mal tgl.
Nagykanizsa	1330 Ft.	2½ Std.	107	6 tgl.
Pécs	3260 Ft.	5 Std.	261	2–3-mal tgl.
Sárvár	423 Ft.	1 Std.	35	stündl.
Sopron	968 Ft.	1¾ Std.	76	bis zu 6-mal tgl.
Sümeg	907 Ft.	1½ Std.	73	2–3-mal tgl.
Szeged	4230 Ft.	7½ Std.	348	1-mal tgl.
Velem	302 Ft.	40 Min.	21	bis zu 8-mal tgl.
Veszprém	1450 Ft.	2½ Std.	117	2–3-mal tgl.
Zalaegerszeg	725 Ft.	1½ Std.	56	2–3-mal tgl.

ZUG

Schnellzüge nach Budapest (ab 2226 Ft., 3½ Std., 236 km, 15-mal tgl.) fahren über Veszprém und Székesfehérvár. Nach Győr (1142 Ft., 1½–2 Std., 117 km, 8-mal tgl.) verkehrt ebenfalls ein Schnellzug (via Celldömölk), ein weiterer nach Pécs (ab 2376 Ft., 4 Std., 250 km, 4-mal tgl.). Regionalzüge fahren nach Kőszeg (170 Ft., 30 Min., 18 km, bis zu 12-mal tgl.), Sopron (620 Ft., 1¼ Std., 62 km, bis zu 12-mal tgl.) und Körmend (248 Ft., 30 Min., 26 km, bis zu 12-mal tgl.). Außerdem gibt es noch durchgehende Züge von und nach Graz (4750 Ft., 3 Std., 136 km, 3-mal tgl.).

Unterwegs vor Ort

In Szombathely lässt sich locker alles zu Fuß erreichen. Buslinie 27 fährt vom Bahnhof zum Vas-Freilichtmuseum, zu den Seen, zum Campingplatz und zum Liget Hotel. Die Buslinien 1 oder 1/c sind günstig für die Fahrt zum Kámon-Arboretum. Die Taxi-Rufnummern sind die ☎ 322 322 und 333 666.

RUND UM SZOMBATHELY

Ják

☎ **94 / 2300 Ew.**

Das verschlafene Dorf hat eine **Benediktinerabteikirche** (Bencés apátsági templom; ☎ 356 217; Erw./Sen./Stud. 260/130/130 Ft.; 🕑 Mai–Aug. 8–17 Uhr, Sept.–April 9–17 Uhr) zu bieten, die zu den schönsten romanischen Gebäuden in ganz Ungarn zählt. Ihr markantestes Merkmal ist das herrliche, zwölfschichtige Stufenportal mit geometrischen Mustern sowie Darstellungen von Christus und den Aposteln an der Westseite. Es wurde 1996 zur Tausendjahrfeier Ungarns restauriert. Die dekorativen Skulpturen an der Außenwand des Altarraums und der Kirchenraum lohnen ebenfalls einen Blick.

Das Gebäude mit zwei Türmen wurde 1214 von Márton Nagy als Familienkirche begonnen und 1256 dem hl. Georg geweiht. Während der Mongoleninvasion entging die zum Teil fertige Kirche der Zerstörung, wurde aber unter den Türken schwer beschädigt. Die Kirche wurde mehrmals restauriert, dreimal im großen Stil: Zunächst Mitte des 17. Jhs., dann von 1896 bis 1904 (die Statuen am Portal wurden plastisch nachgestaltet oder ausgetauscht, Buntglasfenster in Rosettenform ergänzt und barocke Ergänzungen wieder entfernt) und zuletzt von 1992 bis 1996 anlässlich der bereits erwähnten Tausendjahrfeier.

Die Kirche wird durch eine Tür im Süden betreten, die früher ausschließlich den Mönchen vorbehalten war. Der einschiffige Kirchenraum mit drei Seitenschiffen wirkt erhabener und persönlicher als die meisten gotischen Kirchen in Ungarn. Im Westen befindet sich unterhalb der Türme eine Galerie, die sich mit dem Stifter und seiner Familie beschäftigt. Die Fresken in Rosé und Blau an der Wand zwischen dem Gewölbe und den Bögen darunter stammen möglicherweise von Márton Nagy und seinen Nachkommen.

Im Westen der romanischen Kirche steht die winzige **St.-Jakobs-Kapelle** (Szent Jakab-kápolna) mit einem Zwiebelturm. Sie wurde um 1260 als Gemeindekirche erbaut, da die Hauptkirche ja zum Kloster gehörte. Sehenswert sind das Lamm Gottes (das Christus symbolisiert) über dem Haupteingang sowie der Barockaltar und die Fresken innen.

Häufig fahren Busse von Szombathely (241 Ft., 20 Min., 21 km, 15-mal tgl.) vorbei, die am Szabadság tér halten. Von Ják aus besteht die Möglichkeit, nach Szombathely zurückzukehren oder nach Körmend (302 Ft., 30 Min., 20 km, 2- bis 3-mal tgl.) weiterzufahren und dann dort umzusteigen.

SÁRVÁR

☎ 95 / 15 350 Ew.

Sárvár ist für seine 44 °C heißen Thermalquellen bekannt, die in den 1960er-Jahren bei Probebohrungen nach Öl zufällig entdeckt wurden. In die Kuranlagen im Südosten der Stadt wurde in letzter Zeit viel Geld investiert, und so hat sich die Stadt von einer „Schlammburg" betagter Österreicher, die das Zipperlein plagt, zu einem der modernsten Kurzentren Ungarns entwickelt. Alles ist blitzsauer und gut gemanagt; jede Menge Kureinrichtungen und Spaß für die ganze Familie sind garantiert.

Aber natürlich kommt nicht jeder wegen des Thermalwassers hierher. Viele wollen einen Blick auf die Burg werfen, in der im 18. Jh. eine Gräfin ihren blutrünstigen Neigungen frönte – und zwar im wahrsten Sinn des Wortes (s. Kasten S. 193).

Geschichte

Rund 27 km östlich von Szombathely gelegen, hat das an der Rába (Raab) gelegene Sárvár in den letzten 500 Jahren gute und schlechte Zeiten erlebt. Während der Reformation war die befestigte Burg ein Zentrum der kalvinistischen Kultur und Gelehrsamkeit, und ihre Besitzer, die Familie Nádasdy, galten als ehrenwerte Dynastie in Sachen Staatskunst und Militärführung. 1537 nahm Tamás Nádasdy eine Druckerpresse in Betrieb, mit der dann die ersten beiden Bücher auf Ungarisch gedruckt wurden – eine ungarische Grammatik auf Lateinisch sowie eine Übersetzung des Neuen Testaments. Ferenc Nádasdy II. – mit dem Spitznamen „Schwarzer Kapitän" – kämpfte gegen die Türken, und sein Enkel Ferenc III., ein Oberrichter, schuf eine der bedeutendsten Bibliotheken und privaten Kunstsammlungen in ganz Mitteleuropa.

Aber Anfang des 17. Jhs. ging dann alles den Bach hinunter. Während der Schwarze Kapitän im Krieg war, trieb seine völlig durchgeknallte, blutrünstige Frau Erzsébet Báthory ihr Unheil. Dann wurden die Vorhaben von Ferenc III. aufgedeckt, der unter der Führung von Ferenc Wesselényi an einem Plan zum Sturz der Habsburger beteiligt gewesen war. Er wurde 1671 in Wien enthauptet.

Orientierung

Der Bahnhof von Sárvár befindet sich in der Selyemgyár utca. Wer in die Innenstadt will, geht gen Süden die Hunyadi János utca entlang und biegt dann nach Osten in die Batthyány Lajos utca ein, die zum Kossuth tér

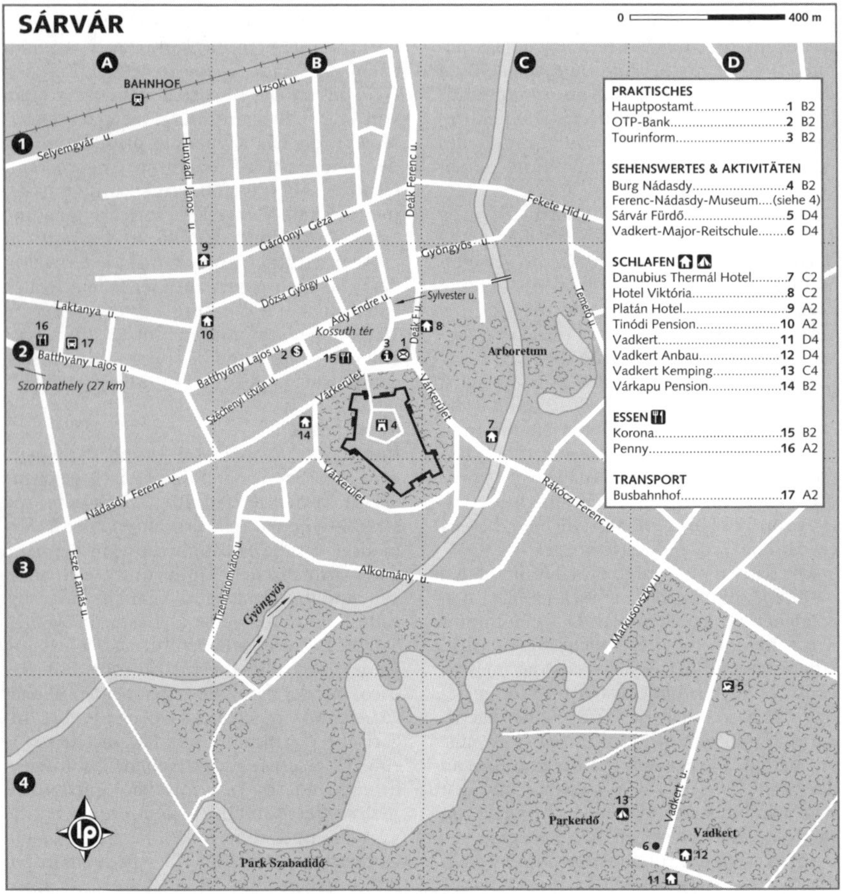

und zur Burg führt. Über die Rákóczi Ferenc utca und die Vadkert utca geht es zu den Kuranlagen. Der Busbahnhof befindet sich am westlichen Ende der Batthyány Lajos utca.

Praktische Informationen

Hauptpostamt (Várkerület 32)
OTP-Bank (Batthyány Lajos utca 2)
Tourinform (☎ 520 178; sarvar@tourinform.hu; Várkerület 33; 🕑 Mo–Fr 9–16 Uhr) Die Touristeninformation liegt gegenüber vom Eingang zur Burg.

Sehenswertes

BURG NÁDASDY

Der Eingang zum **Ferenc-Nádasdy-Museum** (☎ 320 158; Várkerület 1; Erw./Sen./Stud./Fam. 460/230/230/900 Ft.; 🕑 Di–So 9–17 Uhr) in der fünfeckigen Burg Nádasdy liegt jenseits der Fußgängerbrücke an der Kossuth tér. Durch das Tor eines Turms aus dem 14. Jh. geht es hinein. Die Burg datiert zum Teil aus dem 13. Jh., das meiste stammt jedoch aus der Renaissance (16. Jh.) und ist in gutem Zustand trotz der Untaten von Erzsébet Báthory und den Plünderungen der Habsburger. Zur Strafe für die Beteiligung der Familie Nádasdy am Aufstand von 1670 wurde ihr Besitz von der österreichischen Krone konfisziert und alles, was in der Burg nicht niet- und nagelfest war – darunter auch die Bibliothek – nach Wien geschafft. Was es heute an Mobiliar, Wandteppichen und Kunstobjekten in den drei Flügeln des

Museums zu sehen gibt, stammt also aus anderen Beständen.

Etwas konnten die Habsburger allerdings doch nicht mitnehmen – das herrliche Deckenfresko im **Rittersaal**: Es zeigt, wie die Ungarn – und auch der Schwarze Kapitän – bei Tata, Székesfehérvár, Győr, Pápa, Kanizsa und Buda gegen die Türken kämpfen. Das Werk schuf Hans Rudolf Miller Mitte des 17. Jhs. Die Bibelszenen an den Wänden zeigen Samson und Delilah, David und Goliath, Mordekai und Esther, etc. und wurden 1769 von István Dorffmeister geschaffen. Besonders schön ist ein Kabinett aus dem 16. Jh. mit vergoldetem Holz und Marmor, es steht rechts vom Saal, wenn man durch die Einganhspforte tritt.

Das Museum präsentiert auch eine der besten Sammlungen an Waffen und Rüstungen, fast ein ganzer Flügel ist den Hussaren gewidmet, einem Regiment, das nach der Familie Nádasdy benannt wurde. Die Uniformen mit jeder Menge Knöpfen, Ordensbändern und Epauletten würden hervorragend in eine bunte Operettenaufführung passen.

Zu den Exponaten zählt auch die schon erwähnte Druckerpresse, außerdem einige hitzige kalvinistische Traktate, die mit ihrer Hilfe veröffentlicht wurden. Ein Werk auf Ungarisch von 1603 mit dem Titel *Der Papst*

DIE BLUTGRÄFIN

Es war der Skandal schlechthin im 17. Jh.: In der Nacht vom 29. Dezember 1610 stürmte Graf György Thurzó, der Stellvertreter des Ungarischen Königs, die Burg von Csejta (heute Čachtice im Westen der Slowakei) und ertappte die Gräfin Erzsébet Báthory auf frischer Tat – so behaupteten es jedenfalls er bzw. die Geschichtsschreibung. Über und über mit Blut besudelt und dämonische Schreie ausstoßend, war die Witwe des berühmten Schwarzen Kapitäns gerade dabei, eines ihrer Dienstmädchen zu verspeisen.

Und, wie es schien, war das Dienstmädchen nur eine von vielen … Thurzó sammelte Beweise und befragte die Hausangestellten und Anwohner von Čachtice und Sárvár. An die 300 sagten aus, und alle bezichtigten die Gräfin der Folter, Verstümmelung und des Mordes. Aber am schlimmsten war, dass die Gräfin die Leichen von über 600 Mädchen und jungen Frauen ohne christliches Begräbnis beiseite geschafft hatte.

Die so genannte Blutgräfin hat die Phantasie von Schriftstellern (Erzsébet soll das Vorbild für Bram Stokers *Dracula* sein) und Musikern (man denke nur an die Goth-Group Bathory) bis hin zu Filmemachern und Fetischisten nie mehr losgelassen. Es wurden auch einige ziemlich verrückte Theorien aufgestellt, weshalb sie diese Taten begangen haben könnte. Einige meinen, dass sie das Blut junger Mädchen als Lebenselixier nutzte und darin badete, um nicht zu altern. Andere behaupten, sie habe an einem akuten Eisenmangel gelitten und musste sich deshalb die roten Blutkörperchen zuführen. Wieder andere verwiesen auf das gesteigerte Auftreten von Wahnsinn in beiden Zweigen der Dynastie Báthory, die immer wieder untereinander geheiratet hatten. Wahrscheinlicher ist jedoch, dass Erzsébet Báthory selbst das Opfer einer Verschwörung war.

Als der Schwarze Kapitän 1604 starb, erbte seine Witwe alle seine Ländereien – Besitz, auf den Thurzó und auch Erzsébets Schwiegersohn Miklós Zrínyi, der Dichter und Urenkel des Helden von Szigetvár (s. S. 327), Anspruch erhoben. Beide waren durch Heirat miteinander verwandt. Aber noch schlimmer: Mit der Ernennung des Neffen der Gräfin – Gábor Báthory – zum Prinzen von Transsylvanien (einem Vasallenstaat unter osmanischer Herrschaft) drohte die Vereinigung der beiden Familienzweige der Báthorys und die Stärkung ihrer Machtposition. Es lag also im Interesse des Königlichen Stellvertreters – und der Habsburger – die Matriarchin der Familie Báthory irgendwie aus dem Weg zu räumen.

Gábor wurde 1613 ermordet, damit war die Bedrohung einer „Fraktion Báthory" in Ungarn beendet. Die Blutgräfin kam nie vor Gericht, sondern wurde bis 1614 – ihrem Tod im Alter von 54 Jahren – „zwischen den Steinen", d. h. in einer versiegelten Kammer, auf der Burg eingesperrt.

Aber war Erzsébet nun so blutrünstig, wie die Geschichte sie darstellt? Hat sie wirklich den Mädchen riesige Fleischstücke aus Nacken und Brüsten gebissen und ihnen die Genitalien verstümmelt? Die Aussagen der Dorfbewohner scheinen größtenteils stimmig. Wer seine eigenen Schlüsse ziehen will, sollte das gut recherchierte, aber leider nur auf Englisch erhältliche Buch von Tony Thorne lesen: *Countess Dracula: The Life and Times of Elisabeth Bathory*.

ist nicht der Papst – und damit basta wurde später von der Gegenreformation verunstaltet – jemand schrieb auf Lateinisch „lutheranischer Skandal“ quer darüber.

Am Ende des Westflügels zeigt ein Raum eine exquisite – und unbezahlbare – Sammlung von rund 60 antiken ungarischen Landkarten, die ein in England ins Exil gegangener Ungar 1986 stiftete – die „Carta Hungarica“.

Das 9 ha große **Arboretum** (Várkerület 30/a; Eintritt frei; April–Mitte Okt. 9–19 Uhr, Mitte Okt.–März 9–17 Uhr) im Osten der Burg wird vom Fluss Gyöngyös, einem Nebenfluss der Rába, in zwei Teile geteilt. Die Baumschule wurde von den Nachfahren der Nádasdys, den Wittelsbachern aus Bayern, angelegt. Als Letzter bewohnte Ludwig III. die Burg; er starb 1921 im Exil.

Aktivitäten

Das riesige und supermoderne Kur- und Wellnesscenter im Südosten der Burg, **Sárvár Fürdő** (☎ 523 600; www.sarvarfurdo.hu; Vadkert utca 1; Erw./Kind 6–16 Jahre 1600/700 Ft., Erw. nach 17/20 Uhr 1100/700 Ft.; Thermalbäder ganzjährig 8–22 Uhr, Freibäder Mai–Sept. 9–20 Uhr) bietet drinnen und draußen Thermal- und Schwimmbäder, mehrere Saunen, ein Wellness- und ein Fitnesszentrum sowie umfassende medizinische Einrichtungen mit allen möglichen Therapien. Der Eingang zum Sommerfreibad liegt ein Stück südlich vom Haupteingang.

Am Ende der Vadkert utca warten **Tennisplätze** (Std. 400 Ft.) und die **Vadkert-Major-Reitschule** (☎ 320 045). Das Personal vom Gasthof Vadkert gibt gern Auskunft in Sachen **Reiten** (30 Min. 1500 Ft.) und **Kutschfahrten** (bis zu 3 Pers. 4500 Ft.).

Schlafen

BUDGETUNTERKÜNFTE

Vadkert (☎/Fax 320 045; Vadkert utca; Hauptgebäude EZ/DZ/3BZ 7500/8800/10 700 Ft., Anbau 6200/7500/9800 Ft.; P) Der Gasthof südlich der Kuranlagen hat wirklich Flair, der er hat seine Räume in einem königlichen Jagdhaus aus dem 19. Jh. Das alte Gemäuer hat 24 Zimmer, weitere 16 befinden sich in einem neueren Anbau. Die älteren Zimmer sind rustikal in Kiefer gehalten, der Aufenthaltsraum mit dem offenen Kamin hat etwas von einem Agatha-Christie-Krimi.

Vadkert Kemping (☎ 523 600; Vadkert utca; Stellplätze pro Zelt/Erw./Kind 900/650/500 Ft.; P) Der Campingplatz liegt nördlich vom Vadkert; die Kuranlagen sind gut zu Fuß zu erreichen.

MITTELKLASSEHOTELS

Várkapu Pension (☎/Fax 326 475; www.varkapu.hu; Várkerület 5; EZ 6700–7000 Ft., DZ 9300–9900 Ft., 3BZ 12 300–13 200 Ft.; P) Die neun sauberen, angenehmen Zimmer liegen so nah wie nur möglich an der Burg. Die Sauna und das hervorragende Restaurant sind auch nicht zu verachten.

Tinódi Pension (☎/Fax 323 606; www.tinodifogado.hu; Hunyadi János utca 11; EZ/DZ/3BZ 7800/9900/13 500 Ft.) Fröhliches Gästehaus mit 15 renovierten Zimmern und einem ruhigen Hof. Das rustikale Restaurant ist sehr beliebt.

Hotel Viktória (☎/Fax 320 525; www.hotel-viktoria.hu; Deák Ferenc utca 6; EZ/DZ/Suite 7500/11 000/12 000 Ft.; P) Das recht komfortable Hotel mit 20 Zimmern liegt unweit des Arboretum und der Burg. Es hat ein Geheimnis, von dem nicht mehr viel zu sehen ist: Hier stand früher die romanische Synagoge, die 1850 gebaut worden war.

SPITZENKLASSEHOTELS

Platán Hotel (☎ 320 623; www.platanhotel.hu; Hunyadi János utca 23; DZ/3BZ 13 500/17 500 Ft.; P) Das hübsche und recht kleine Hotel mit 20 Zimmern hat einen Pool. Es ist zwar nicht weit bis zum Bahnhof von Sárvár, aber sonst ist in der Gegend nicht viel los.

Danubius Thermál Hotel (☎ 888 400; www.danubiusgroup.com/sarvar; Rákóczi Ferenc utca 1; EZ 91-98 €, DZ 122–130 €; P) Sárvárs Nobelherberge mit 136 Zimmern beim Arboretum bietet jeden modernen Schnickschnack, Thermalbecken draußen und drinnen sowie komplette Kureinrichtungen.

Essen

Várkapu (☎/Fax 320 045; Vadkert utca; Suppen 390–560 Ft., Vorspeisen 750–1390 Ft., Hauptgerichte 1490–2390 Ft.; So–Do 8.30–22, Fr & Sa 8.30–23 Uhr) Das Restaurant schlechthin in Sárvár. Die Speisekarte mit ungarischen und internationalen Hauptgerichten variiert je nach Jahreszeit; die Auswahl an ungarischen Weinen kann sich sehen lassen. Der beschauliche Blick auf die Burg und den Park runden das alles noch ab.

Tinódi (☎/Fax 323 606; www.tinodifogado.hu; Hunyadi János utca 11; Suppen & Vorspeisen 260–650 Ft., Hauptgerichte 990–2300 Ft.; 8–22 Uhr) Das Kellerrestaurant der Pension ist im Winter warm und einladend, im Sommer ist man mit einem Tisch im grünen Innenhof besser bedient. Er ist ideal für ein Frühstück im Freien (330–490 Ft.).

Platán (☎ 320 623; Hunyadi János utca 23; Suppen 250–780 Ft., Vorspeisen 860–1600 Ft., Hauptgerichte 750–2300 Ft.) Hauptanziehungspunkt der *csárda* ist nicht die gut bestückte und beliebte Bar, sondern h die Terrasse im Sommer.

Korona (☎ 320 542; Kossuth tér 3; Eis ab 100 Ft., Kuchen 80–160 Ft.; ⌚ 9–21 Uhr) Wem es nach etwas Süßem gelüstet, ist im Café mit Konditorei genau richtig.

Penny (Batthyány Lajos utca; ⌚ Mo–Sa 7–20, So 7–14 Uhr) Große Filiale der Supermarktkette ein Stück westlich vom Busterminal.

An- & Weiterreise

BUS

Busse von und nach Sárvár:

Zielorte	Fahrpreis	Fahrzeit	km	Taktfrequenz
Budapest	2780 Ft.	3 Std.	221	1–2-mal tgl.
Bük	363 Ft.	40 Min.	28	8–10-mal tgl.
Celldömölk	363 Ft.	50 Min.	28	8-mal tgl.
Győr	1090 Ft.	2 Std.	96	2-mal tgl.
Kapcsvár	1930 Ft.	3¼ Std.	159	1-mal tgl.
Keszthely	907 Ft.	1½–2 Std.	75	2-mal tgl.
Lenti	1450 Ft.	2¾ Std.	117	Mo–Fr 1 tgl.
Pápa	605 Ft.	1½ Std.	50	2–3 tgl.
Pécs	2780 Ft.	4½ Std.	224	1-mal tgl.
Sitke	133 Ft.	15 Min.	10	8–10-mal tgl.
Sopron	786 Ft.	1¼ Std.	62	2–3-mal tgl.
Sümeg	484 Ft.	1 Std.	40	2–3-mal tgl.
Szombathely	423 Ft.	1 Std.	35	stündl.
Veszprém	907 Ft.	1½ Std.	77	2–3 tgl.
Zalaegerszeg	1030 Ft.	1¾ Std.	85	2–3-mal tgl.

ZUG

Sárvár liegt an der Bahnstrecke, die Szombathely (363 Ft., 40 Min., 29 km, stündl.) mit Veszprém (946 Ft., 2 Std., 100 km, bis zu 6-mal tgl.), Székesfehérvár (1534 Ft., 2½ Std., 145 km, bis zu 6-mal tgl.) und Budapest (ab 2076 Ft., 3½ Std., 224 km, bis zu 6-mal tgl.) verbindet. Von Szombathely verkehren bis zu fünf Züge pro Tag via Szentgotthárd nach Graz (5500 Ft., 4 Std., 136 km).

KŐSZEG

☎ 94 / 11 500 Ew.

Die ruhige Stadt Köszeg (Güns) wird manchmal als „Schmuckkästen der Nation" bezeichnet. Wer durch das pseudo-gotische Heldentor den Jurisics tér betritt, versteht auch gleich warum: Er steht vor einem wahren Schatz an Bauwerken aus der Zeit der Gotik, Renaissance und dem Barock. Sie umrahmen einen der schönsten Plätze Ungarns. Dazu kommt das Kőszeg-Gebirge mit dem Írottkő (882 m) als höchster Erhebung Transdanubiens, und der Naturpark Írottkő, der viele Freizeitmöglichkeiten bietet.

Orientierung

Die historische Altstadt von Kőszeg wird von der Várkör begrenzt, einer Ringstraße, die sich an den alten Burgmauern entlangzieht. Der Busbahnhof der Stadt im Südosten besteht aus gerade einmal einem halben Dutzend Parkbuchten an der Liszt Ferenc utca. Der Bahnhof befindet sich in der Alsó körút, rund 1,5 km südöstlich der Altstadt.

Praktische Informationen

Hauptpost (Várkör 65) Westlich von Savaria Tourist.

Informationszentrum des Írottkő-Naturparks (☎ 563 121; www.naturpark.hu; Jurisics tér 7; ⌚ Mo–Fr 8–16 Uhr) Im gleichen Büro wie Tourinform.

Öregcsuka (☎ 561 546; Kiss János utca 18; 30 Min. 500 Ft.; ⌚ 11–24 Uhr) Das Fischlokal unweit vom Fluss Gyöngyös bietet an drei PCs Internetzugang.

OTP-Bank (Kossuth Lajos utca 8; ⌚ Mo 7.45–17, Di–Do 7.45–15, Fr 7.45–12.30 Uhr) Geldwechselautomat.

Savaria Tourist (☎ 563 048; Fax 563 049; Várkör 69; ⌚ Mo–Fr 8–16, Sa 8–12 Uhr) Gleich beim Fő tér.

Tourinform (☎ 563 120; koszeg@tourinform.hu; 1. Stock, Jurisics tér 7; ⌚ Mitte Juni–Mitte Sept. Mo–Fr 8–16, Sa & So 9–13 Uhr, Mitte Sept.-Mitte Juni, Mo–Fr 8–16 Uhr) Am Hauptplatz im gleichen Haus wie das Café Garabonciá.

Sehenswertes

Das **Heldentor** (Hősök kapuja), das auf den Jurisics tér führt, wurde 1932 gebaut und erinnert an den 400. Jahrestag des Rückzugs von Suleiman. Der Turm kann besichtigt werden; der Weg dorthin führt durch das **Generalshaus** (Tábornokház; ☎ 360 240; Jurisics tér 6; Erw./Sen./Stud. 360/180/180 Ft.; ⌚ Mitte März–Sept. Di–Fr 10–17, Sa 10–13 Uhr). Gezeigt werden Exponate zu Volkskunst, Handel und Zünften sowie zur Naturgeschichte der Region.

Fast alle Gebäude am Jurisics tér sind interessant. Das rot-gelbe **Rathaus** (Városháza; Jurisics tér 8) ist eine Stilmischung aus Gotik, Renaissance, Barock und Neoklassizismus. Die ovalen Gemälde an der Fassade zeigen weltliche und himmlische Würdenträger. Das **Renaissance-Haus** (Jurisics tér 7) von 1668 hat viel Stuck und beherbergt heute eine Kneipe. Ein paar Türen weiter wartet das **Apothekenmuseum „Zum goldenen Einhorn"** (Arany Egyszarvú Patikamúzeum; ☎ 360

WEST-TRANSDANUBIEN

337; Jurisics tér 11; Erw./Sen./Stud. 360/180/180 Ft.; ⌚ April–Nov. Di–So 10–17 Uhr). Wer noch mehr legale Drogen in Fläschchen und Döschen in Augenschein nehmen will, stattet auch noch dem zweiten **Apothekenmuseum „Zum Schwarzen Mohren"** (Fekete Szerecseny Patikamúzeum; ☎ 360 980; Rákóczi Ferenc utca 3; Erw./Sen./Stud. 360/180/180 Ft.; ⌚ März–Nov. Di–Fr 13–17 Uhr) einen Besuch ab.

In der Mitte des Juristics tér stehen die Mariensäule (1739) und der Stadtbrunnen (1766) neben zwei schönen Kirchen. Die gotische **St.-Jakobs-Kirche** (Szent Jakab-templom) weiter nördlich wurde 1407 erbaut. Zu sehen gibt es recht verblichene Fresken aus dem 15. Jh. an der Ostwand (d.h. rechts vom Hauptaltar). Dargestellt sind ein riesiger hl. Christopherus, der das Jesuskind trägt, eine Madonna, die unter ihrem Umhang Bettlern Schutz gewährt, und die hl. Drei Könige mit Gold, Weihrauch und Myrre. Die Altäre und Kirchenbänke aus Eichenholz sind Meisterwerke der barocken Schnitzkunst. Miklós Jurisics und zwei seiner Kinder liegen in der Krypta begraben. Die barocke **St.-Emmerichs-Kirche** (Szent Imre-templom) mit ihrem hoch in den Himmel ragenden Glockenturm hat zwei bedeutende Kunstschätze: Das Gemälde über dem Altar, das den Schutzpatron der Kirche zeigt, stammt von István Dorffmeister; das andere an der Nordwand (also links vom Hauptaltar) ist von Anton Maulbertsch: Es zeigt Maria beim Besuch ihrer Cousine Elisabeth.

WEM DIE STUNDE SCHLÄGT

Wenn es um die Verteidigung Ungarns geht, spielt Kőszeg seit Jahrhunderten eine zentrale Rolle. Am bekanntesten ist die Geschichte über die Stürmung der Burg durch die Truppen von Suleiman dem Herrlichen im August 1532. Sie klingt vertraut, hat aber ein überraschendes Ende. Die „Armee" von Miklós Jurisics (weniger als 50 Soldaten) hielt gemeinsam mit der Stadtmiliz 25 Tage lang die Festung gegen eine Übermacht von 100 000 Türken. Dann kam es zu einem Kuhhandel: Jurisics gestattete den Türken, über der Burg die Fahne zu hissen – eine symbolische Siegeserklärung –, allerdings nur unter der Voraussetzung, dass die Truppen anschließend auf der Stelle die Stadt verließen. Die Türken hielten Wort und verließen am 30. August um 11 Uhr die Stadt. So wurde Wien das Schicksal erspart, das Buda neun Jahre später widerfuhr. Bis zum heutigen Tag läuten die Kirchenglocken von Kőszeg deshalb eine Stunde vor Mittag, um an den Truppenabzug zu erinnern.

An der Rajnis József utca zweigt gen Nordwesten ein Weg zur **Jurisics-Burg** (☎ 360 113; Rajnis József utca 9; Erw./Kind 120/80 Ft.; ⌚ Di–Sa 10–17 Uhr) ab. Die Burg stammt ursprünglich aus der Mitte des 13. Jhs., wurde jedoch mehrmals umgebaut, zuletzt 1962. Die Festung mit den vier Türmen ist jetzt ein Mix aus Renaissancearkaden, gotischen Fenstern und barocken Räumen. Das **Burg-Museum** (Vármúzeum; ☎ 360 240; Erw./Sen./Kind/Fam. 460/230/230/900 Ft.; ⌚ Di–So 10–17 Uhr) spürt der Geschichte Kőszegs ab dem 14. Jh. nach. Das Hauptgewicht liegt auf den Ereignissen von 1532 (s. Kasten links), andere Themen sind u.a. der lokale Weinbau. Das *Szőlő jövésnek könyve* („Buch der Weinstocktriebe") ist eine Art Tagebuch mit Zeichnungen von Traubenschösslingen und Knospen; die ersten Einträge beginnen 1740 und wurden dann alljährlich am Georgstag (23. April) aktualisiert. Zwei der Türme kann man besteigen; im Mittelalter unterhielten Blechbläser von oben aus das Volk.

Spaziert man gen Süden über die schmale Chernel utca mit ihren eleganten Barockfassaden und Dächern mit Schießscharten (um den Feinde gezielter den Garaus machen zu können), stößt man auf die Reste der alten **Burgmauer** und den so genannten **Alten Turm** (Öreg Zwinger; ☎ 360 240; Chernel utca 16; Erw./Sen./Kind 200/100/100 Ft.; ⌚ Di–Fr & ungerade Sa 10–13.30 Uhr), ein Eckbollwerk aus dem 11. Jh. und damit das älteste Gebäude der Stadt.

Die neogotische **Herz-Jesu-Kirche** (Jézus Szíve-templom; Fő tér) wurde 1894 gebaut; die geometrischen Fresken sind ungewöhnlich und die „Mittagsglocken" läuten schon um 11 Uhr. Das ist aber auch alles Ungewöhnliche an der Kirche. Die runde **Synagoge** (Zsinagóga; Várkör 38) mit seltsamen neogotischen Türmen wurde 1859 gebaut und gehörte einer der ältesten jüdischen Gemeinden Ungarns. Die nicht mehr genutzte Synagoge nordöstlich des Jurisics tér verfällt nun langsam.

Aktivitäten

Ein netter Zeitvertreib ist die Wanderung zur Barockkapelle auf dem 394 m hohen **Kálvária-hegy** (Kalvarienberg) nordwestlich der Innen-

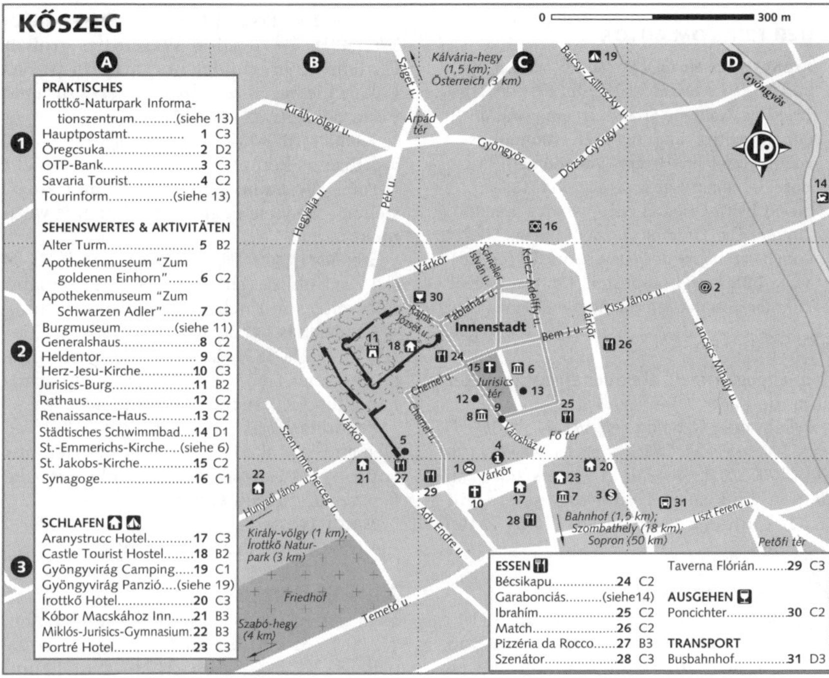

stadt oder durch die Weingärten von **Királyvölgy** (Königstal) im Westen der Jurisics-Burg. Eine andere Wanderung führt über die Temető utca Richtung Südwesten und dann südwärts auf den 458 m hohen **Szabó-hegy** (Schneiderberg). Bei Tourinform gibt es eine Broschüre mit einfachen Wanderungen – *Kőszeg-Hegyaljai Séták* (Kőszeg-Oberlandwege) heißt sie. Wer etwas anspruchsvollere Touren vor hat oder den **Írottkő-Naturpark** im Westen der Stadt besuchen will, bewaffnet sich allerdings besser mit der Landkarte *Kőszegi-hegység* (Kőszeg-Berge; Nr. 13; 1:40 000; 650 Ft.) von Cartographia.

Das **Städtische Schwimmbad** (Városi uszoda; Erw./Kind 650/400 Ft., Kiss János utca; ⌚ Mitte Juni–Aug. 10–18 Uhr) liegt östlich vom Zentrum.

Schlafen

BUDGETUNTERKÜNFTE

Savaria Tourist vermittelt Privatzimmer (2500 Ft. pro Pers.).

Gasthof Kóbor Macskához (☎/Fax 362 273; Várkör 100; DZ mit Waschbecken/Dusche 4000/5500 Ft.; P) Gleich im Westen der Altstadt bietet der nette Gasthof neun recht große Zimmer; in der Bar unten steigt der Lärmpegel oft ziemlich unangenehm an.

Gyöngyvirág Panzió (☎ 360 454; Fax 364 574; Bajcsy-Zsilinszky utca 6; EZ/DZ/3BZ/4BZ mit Waschbecken 4000/5000/6200/8200 Ft., EZ/DZ mit Dusche 5500/6500 Ft.; P) Das blitzsaubere Gästehaus neben dem einzigen Campingplatz der Stadt liegt ruhig im Grünen.

Miklós-Jurisics-Gymnasium (☎/Fax 361 404; Hunyadi János utca 10; B 1900 Ft.; P) In der riesigen Schule im Westen der Altstadt stehen im Juli und August über 100 Betten in Schlafsälen zur Verfügung.

Castle Tourist Hostel (☎ 360 113, 360 227; Rajnis József utca 9; B etwa 1500 Ft.) Das kleine Hostel in der Nähe vom Eingang der Jurisics-Burg ist billig und liegt zentral. Vieles wirkt ein biss-

ERMÄSSIGUNGEN

Der **Kőszeg-Pass** ist ein Tagesticket, mit dem alle Museen der Stadt besucht werden können. Er kostet für Erwachsene/Kinder/Familien 600/300/1200 Ft.

DER TIPP VOM AUTOR

Aranystrucc Hotel (☎ 360 323; www.aranystrucc.hu; Várkör 124; EZ 5400 Ft., DZ 8200–9200 Ft.; P) Der „Goldene Strauß" ist ein etwas angegammeltes, aber wirklich stimmungsvolles Hotel im Herzen von Kőszeg. Das Hotel in einem Gebäude aus dem 18. Jh. – gleich beim Eingang zur Altstadt – hat 15 Zimmer. Das Zimmer 7 an der Ecke mit Blick vom Balkon über den Hauptplatz (Fő tér) ist am größten und schönsten. Die teuersten Zimmer sind mit Antiquitäten möbliert.

chen angegammelt, aber der eigentliche Reiz ist ja die Lage.

Gyöngyvirág Camping (☎ 360 454; Fax 364 574; Bajcsy-Zsilinszky utca 6; Stellplätze pro Zelt/Auto/Erw./Kind 400/400/700/300 Ft.; P) Die „Lilie des Tales" am kleinen Flüsschen Gyöngyös ist ein einfacher Campingplatz, der 20 bis 25 Zelten Platz bietet.

MITTELKLASSEHOTELS

Portré Hotel (☎ 363 170; www.portre.com; Fő tér 7; DZ/3BZ 9000/11 000 Ft.; 💻) Das Hotel im Boutique-Stil liegt am Hauptplatz und hat ein halbes Dutzend hervorragend hergerichteter Zimmer. Die Zimmer im zweiten Stock haben Dachgauben!

Írottkő Hotel (☎ 360 373; www.hotelirottko.hu; Fő tér 4; EZ/DZ/3BZ 9800/13 100/15 400 Ft.; 💻) Das wichtigste Hotel von Kőszeg mit 48 Zimmern liegt zentral. Das Gebäude ist recht einfallslos gestaltet, aber die Zimmer und Aufenthaltsräume wurden in den letzten Jahren aufgepeppt.

Essen & Ausgehen

Taverna Flórián (☎ 563 072; Várkör 59; Vorspeisen 850–1890 Ft., Hauptgerichte 1490–2990 Ft.; 🕑 Mi–So 11.30–14.30, 19–22 Uhr) Wer was Leckeres essen will, bekommt hier hervorragende Mittelmeerküche in schönem Kellerambiente. Die Pastagerichte (650–1590 Ft.) sind besonders empfehlenswert.

Bécsikapu (☎ 563 122; Rajnis József utca 5; Suppen & Vorspeisen 210–1350 Ft., Hauptgerichte 990–2290 Ft.; 🕑 11–22 Uhr) Die nette *csárda* mit Garten hinter dem Haus und Blick auf die Burg liegt schräg gegenüber von der St.-Jakobs-Kirche. Mittags kommen die Touristen in Scharen hierher, besonders aus Österreich, um in einem Landgasthof zu essen.

Pizzéria da Rocco (☎ 362 379; Várkör 55; Pizza 500–1500 Ft.; 🕑 12–22 Uhr) Wegen des großen Gartens innerhalb der Burgmauern ist das Lokal eine begehrte Adresse – sei es für eine Pizza oder etwas zu trinken.

Ibrahim (☎ 360 854; Fő tér 17; Eis ab 80 Ft.; 🕑 8–22 Uhr) Eisfans kommen an diesem Café nicht vorbei. Die halbe Stadt scheint hier anzustehen – so viele Leute können sich ja wohl nicht irren!

Szenátor (☎ 360 320; Rákóczi Ferenc utca 6; 🕑 15–24 Uhr) Die fröhliche *cukrászda* (Konditorei) mit Café wird von Kuchenfans einhellig gelobt.

Garabonciás (☎ 360 050; Jurisics tér 7; Pizza 350–2290 Ft.; 🕑 Mo–Sa 12–22, So 17–22 Uhr) Ein einfaches, aber zentrales Café in einem schönen alten Gemäuer am Hauptplatz.

Poncichter (Rajnis József utca 10; 🕑 Di–So 9–21 Uhr) Der alte Weinkeller (vor allem Sorten aus Sopron) hat Gewölbedecken, hohe gotische Fenster und einen einladenden Garten.

Match (Várkör 20; 🕑 Mo–Fr 6–19, Sa 6–16 Uhr) Zentrale Filiale der Supermarktkette.

An- & Weiterreise

Es fahren häufig Busse nach Sopron (665 Ft., 1½ Std., 55 km, bis zu 6-mal tgl.), Szombathely (302 Ft., 35 Min., 21 km, stündl.) und Velem (182 Ft., 20 Min., 11 km, bis zu 6-mal tgl.), seltener nach Lenti (1570 Ft., 3 Std., 126 km, Mo–Fr 15.45 Uhr), Nagykanizsa (1570 Ft., 3 Std., 125 km, 2-mal tgl.) und Körmend (605 Ft., 70 Min., 47 km, 1-mal tgl.).

Drei Busse pro Woche verkehren ins österreichische Oberpullendorf (324 Ft., 40 Min., 18 km) und nach Wien (2139 Ft., 2½ Std., 125 km). Sie fahren mittwochs um 7.05 Uhr, freitags um 8.10 Uhr und sonntags um 4.15 Uhr in Kőszeg ab.

Kőszeg ist der letzte Ort an der 18 km langen Bahnstrecke von Szombathely (302 Ft., 35 Min., 21 km, stündl.). Der einzige Schnellzug – um 19.51 Uhr – erreicht Szombathely in 19 Minuten.

REGION ŐRSÉG

Dort, wo Ungarn, Österreich und Slowenien aufeinander treffen, fungiert die westlichste Region Ungarns seit Jahrhunderten als „Wachposten" oder *őrség* des Landes. Die Häuser und Dörfer liegen meist ungewöhnlich weit auseinander und sind über die Hügelkämme und Täler der Ausläufer der Zala-Berge verstreut. Sie markierten früher die Landesgrenze. Der König verlieh den

Bewohnern der Region für ihre Wachdienste besondere Privilegien, in deren Genuss sie bis zur Ankunft der Familie Batthyány blieben.

Ein Großteil der Region begrenzt den 440 km² großen **Őrség Nemzeti Park**, der an Österreich und Slowenien grenzt. Der Nationalpark ist ein Muss für alle ist, die gerne in unberührter Natur unterwegs sind. Durch den Park laufen viele markierte Wanderwege; sie verbinden die Dörfer von Őrség miteinander, darunter auch Őriszentpéter, Szalafő, Velemér und Pankasz. Die Landkarte *Őrség, Göcsej* (Nr. 21; 1:60 000; 900 Ft.) von Cartographia ist sehr hilfreich.

Praktische Informationen

Das **Informationszentrum des Nationalparks Őrség** (☎ 548 034; www.orseginpi.hu, in Ungarisch; Siskaszer 26/a; ⌚ ganzjährig Mo–Fr 8–16.30, Mai–Aug. Sa & So 9–17 Uhr) liegt in Őriszentpéter kurz vor der Abzweigung nach Szalafő. Ebenfalls in Őriszentpéter an der Straße nach Szalafő gibt **Őrségi Teleház** (Őrség-Servicehaus; ☎ 548 038; www.orsegitelehaz.hu; Városszer 116; ⌚ Mo–Fr 8–16.30 Uhr) allgemeine Auskünfte und hilft bei der Suche nach einer Unterkunft.

Őriszentpéter

☎ 94 / 1200 Ew.

Őriszentpéter, ein hübsches Dorf mit reetgedeckten Fachwerkhäusern und großen Gärten liegt mitten in der Region Őrség und ist von daher ein praktischer Standort für Ausflüge in der Region. Die interessanteste Sehenswürdigkeit ist eine gut erhaltene **romanische Kirche** (Templomszer 15) aus dem 13. Jh., die nordwestlich vom Dorfzentrum liegt. Ein 2 km langer netter Spaziergang führt dorthin. Der südliche Anbau hat ein herrliches Südportal, außerdem einige Freskenfragmente aus dem 15. Jh. An der Nordseite führen ein paar Holztreppen zum Chor hinauf. Im Kircheninneren stammen die auf Ungarisch an die Südwand geschriebenen Bibelverse aus dem 17. Jh. Das Altargemälde aus dem 18. Jh. ist das Werk eines Schülers von Franz Anton Maulbertsch.

Szalafő

☎ 94 / 300 Ew.

Wer überschüssige Energien hat, kann weitere 4 km auf den Templomszer laufen. Vorbei geht es an alten Bauernhäusern und verlassenen Ziehbrunnen bis nach Szalafő, der ältesten Siedlung in der Region Őrség. In Szalafő-Pityerszer, 2 km westlich vom Dorf, wartet das **Freilichtmuseum für Ethnografie** (Szabadtéri Néprajzi Múzeum; ☎ 06 30 467 7022; Erw./Sen./Stud./Fam. 400/200/200/800 Ft.; ⌚ Juni–Aug. 10–18 Uhr, Mitte März–Mai, Sept. & Okt. Di–So 10–18 Uhr). Der etwas pompöse Namen steht für ein Mini-*skanzen,* d. h. ein Museumsdorf mit drei Bauerngehöften mit zehn Häusern, Schuppen und Nebengebäuden. Sie wurden um einen zentralen Hof errichtet. Die Häuser haben breite Überkragungen, sodass die Nachbarn sich bei Regen unterstellen und plaudern konnten – ganz sinnvoll angesichts der häufigen Niederschläge. In der **Kalvinistischen Kirche** in der Mitte des Dorfes hängen Fresken aus dem 16. Jh.

Schlafen & Essen

Sowohl das Informationszentrum des Nationalparks als auch das Őrség-Servicehaus haben Unterkunftsverzeichnisse, darunter auch Zimmer in mehreren Bauernhäusern (ab 2500 Ft. pro Pers.) im Weiler Csörgöszer bei Szalafő.

Centrum (☎ 428 002; www.hotels.hu/centrumpanzio; Városszer 17; EZ/DZ/3BZ/4BZ 3500/6500/8500/10 500 Ft.; Ⓟ) Das Quartier mitten in Őriszentpéter hat acht Zimmer und noch ein beliebtes Restaurant. Die zwei Kegelbahnen locken das Jungvolk aus nah und fern an.

Domino (☎ 428 115, 06 30 463 9542; Siskaszer 5/a; Zi. pro Pers. 3000–5000 Ft.; Ⓟ) Das Domino hat fünf nette kleine Bungalows mit Küche und Bad. Da es etwas abseits vom Schuss liegt, ist ein fahrbarer Untersatz von Vorteil – trotz Fahrradverleih.

Bognár (☎ 428 027; Kovácsszer 96; Hauptgerichte 720–2200 Ft.; ⌚ 7–21 Uhr) Rund 500 m nördlich vom Busbahnhof geht es den Berg hinauf. Die Speisekarte ist in Ordnung.

An- & Weiterreise

Őriszentpéter (und manchmal Szalafő) sind mit dem Bus von Körmend (484 Ft., 70 Min., 37 km, 6-mal tgl.) und von Zalaegerszeg (485 Ft., 1½ Std., 40 km, 2-mal tgl. mit Umsteigen in Zalalövő) aus zu erreichen. Weitere Ziele sind Kőszeg (1090 Ft., 2 Std., 87 km, 1-mal tgl.), Szentgotthárd (302 km, 1 Std., 25 km, 4-mal tgl.) und Lenti (605 Ft., 1 Std., 44 km, 2-mal tgl.).

Zwischen Őriszentpéter und Szalafő verkehren die Busse (133 Ft., 6–10 Min., 7,5 km, bis zu 5-mal tgl.) nur unregelmäßig.

Die Region Plattensee

Der Plattensee (Balaton) wird gern als „Magyarisches Meer" bezeichnet, denn er ersetzt dem Binnenland Ungarn die fehlende Küste. Hierher flüchten viele Einheimische (und Deutsche), wenn es im Sommer heiß wird. Der See ist 78 km lang, maximal 11 m tief, an seiner breitesten Stelle 15 km breit und bedeckt eine Fläche von 600 km^2. Mit diesen stolzen horizontalen Maßen ist er einer der größte Süßwasserseen Europas und damit ein „Wasserspielplatz", der fast alle Urlauberwünsche erfüllt.

Der Charakter der beiden Seeufer ist ganz unterschiedlich. Das Südufer besteht aus einer endlosen Reihe von Ferienorten. Von Siófok bis Fonyód ragen Hotelhochhäuser in den Himmel, an den kleinen überfüllten Sandstränden braten die Sonnenanbeter, die Clubs locken internationale DJs und Nachtschwärmer an. Das Wasser ist hier sehr seicht und somit für Kinder sicher: Im Schnitt liegt der See bei 3 m Tiefe, und der Balaton hat von Mai bis Oktober eine Wassertemperatur von 26 °C.

Lässt sich die Südseite des Sees als volkstümlich bezeichnen, so ist das Nordufer nobel. In hübschen Städten wie Keszthely, Badacsony und Balatonfüred fühlen sich vor allem die schon etwas älteren Gäste wohl, die sich zwar nach Ruhe sehnen, aber auch ihren Spaß an der Sonne haben wollen. Die schöne Halbinsel Tihany trennt den See fast in zwei Teile, hat eine historisch bedeutende Kirche und einige der breitesten Strände des Plattensees. Der Thermalsee bei Hévíz ist der größte seiner Art in Europa. Hinter den mit Schilf bestandenen Stränden bilden die umliegenden Hügel eine schöne Kulisse – Weingärten, Wälder, Burgen und Wanderwege machen sich hier gegenseitig Konkurrenz.

HIGHLIGHTS

- Die wunderschönen Fresken in der Himmelfahrtskirche und die auf dem Berg thronende Burg von **Sümeg** (S. 218) besichtigen
- Zuschauen, wie bei Sonnenuntergang das seidige Wasser des Plattensees von Rosa über Orange zu Dunkelblau wechselt. Der **Campingplatz von Siófok** am Seeufer (S. 205) bietet sich als Standort an
- In das gesunde Nass des größten Thermalsees Europas in **Hévíz** (S. 211) eintauchen
- Den Burgberg in **Veszprém** (S. 231) bis zum „Ende der Welt" erklimmen
- Die hügelige Halbinsel Tihany mit ihrer ockerfarbenen **Abteikirche** (S. 223) erkunden

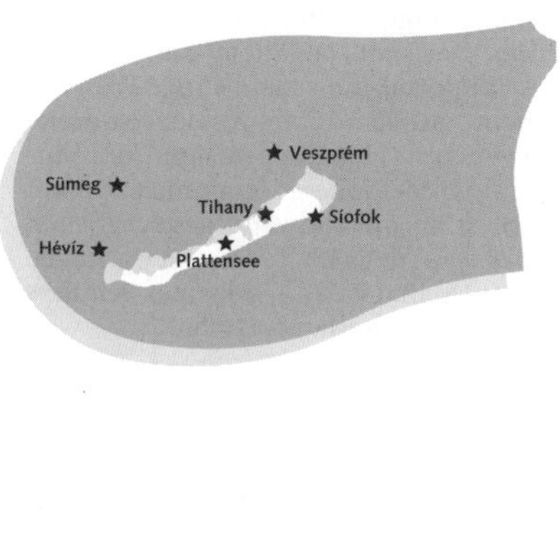

DIE REGION PLATTENSEE

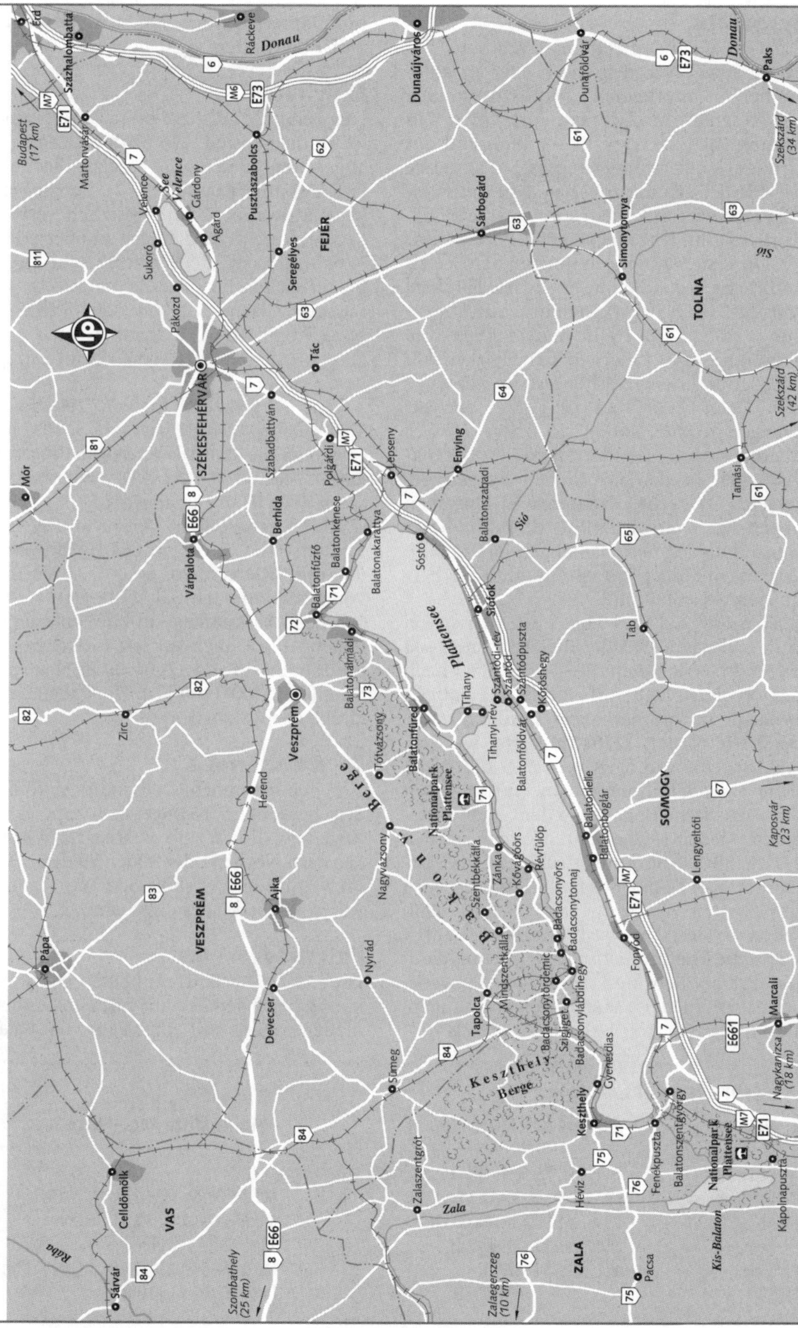

Geschichte

Das Gebiet um den Plattensee war bereits in der Eisenzeit besiedelt; die Römer errichteten bei Valcum (heute Fenékpuszta) südlich von Keszthely im 2. Jh. ein Fort. Unter den Römern hieß der See Pelso. Während der Großen Völkerwanderung (s. S. 21) stellte der Plattensee eine zuverlässige Frischwasserquelle dar, außerdem sorgte er für Fisch, Reetgras zum Dachdecken und Eis im Winter. Die ersten Magyaren nutzten den See als natürliche Verteidigungslinie; viele Kirchen, Klöster und Dörfer wurden in seiner Umgebung errichtet. Im 16. Jh. bildete der See die Trennungslinie zwischen den Türken am Südufer und den Habsburgern im Nordwesten. Doch bevor man die Türken zurückdrängen konnte, hatten sie schon den See überquert und viele der Städte und Grenzfestungen in den nördlichen Bergen geschleift. Deutsche, Kroaten und Slowaken ließen sich dann erneut im 18. Jh. in dieser Gegend nieder; dem damaligen Baumboom verdanken Sümeg, Veszprém und Keszthely ihr barockes Stadtbild.

Balatonfüred und Hévíz wurden schon früh zu Ferienorten der Reichen, doch erst im 19. Jh. errichteten die Landbesitzer nach der Reblausplage auf ihren ehemaligen Weingärten Sommerhäuser, die dann an die begüterte Mittelschicht vermietet wurden. Als 1861 die südliche und 1909 die nördliche Eisenbahnlinie gebaut wurde, nahm die touristische Bedeutung der Gegend weiter zu. Ab den 1920er-Jahren kamen jährlich bis zu 50 000 Sommerfrischler in die Urlaubsorte an beiden Seeufern. Vor Ausbruch des Zweiten Weltkriegs hatte sich die Zahl schon vervierfacht. Nach dem Krieg konfiszierte die kommunistische Regierung dann die Privatvillen und baute für Gewerkschaftsmitglieder neue Ferienwohnungen. Da viele davon mittlerweile zu Hotels umfunktioniert wurden, hat sich das Angebot an Unterkünften sogar noch erhöht.

Aktivitäten

Der Hauptgrund für Ferien am Plattensee ist für die meisten – vom **Schwimmen** einmal abgesehen natürlich – das **Bootfahren** (s. S. 53) und **Fischen** (s. S. 57). Benzinbetriebene Motorboote sind gänzlich verboten, Segeln, Rudern und Surfen ist aber erlaubt. Wer fischt, ist meist erfolgreich. Die beliebtesten Fische sind der heimische *fogas* (ausgewachsener Zander oder Schill) und seine Jungfische (*süllö*), doch auch *harcsa* (Wels) und *ponty* (Karpfen) gibt es reichlich.

Eine Angellizenz für 500/2000 Ft. pro Tag/Woche verkauft **Siotour** (s. S. 203) in Siófok oder die **Nationale Vereinigung Ungarischer Angler** (MOHOSZ; ☎ 1-248 2590; www.mohosz.hu; XII Korompai utca 17) in Budapest.

Eine der größten Veranstaltungen am Plattensee ist Ende Juli das **Wettschwimmen über den Plattensee**, und zwar der Breite nach, von Révfülöp nach Balatonboglár.

Auch **Schiffsausflüge** sind im Sommer sehr beliebt, die Dauer variiert zwischen einer Stunde (Erw./Kind 1200/600 Ft.) bis zu drei Stunden (2800/1400 Ft.). Die Tabelle nennt einige der Abfahrtsorte.

An- & Weiterreise

Von den Bahnhöfen Déli und Kelenföld und dem Busbahnhof Népliget in Budapest fahren Züge bzw. Busse zum Plattensee. Wer vom See nach Norden oder Süden zu den Städten im westlichen oder südlichen Transdanubien will, sollte lieber den Bus nehmen.

Unterwegs vor Ort

Die Eisenbahn fährt an beiden Ufern recht häufig. Wer den See aus nächster Nähe genießen will, ist mit einer Fähre der **Balatoni**

SCHIFFSFAHRPLAN

Hafenort	Abfahrt Juli–Mitte Aug.	Abfahrt Mitte Aug.–Mitte Sept.
Badacsony	Di, Mi, Fr, Sa, So 16 Uhr; Mo, Fr 20 Uhr	
Balatonfüred	Mo–Mi, Fr, So 10, 12.30, 14, 16, 18, 20 Uhr	Mo, Di, Do, Sa 11, 12.30, 14, 16 Uhr
	Do & Sa 10, 12.30, 14, 16 Uhr	Mi, Fr & So 10, 12.30, 14, 16 Uhr
Keszthely	alle 2 Std. 11–19 Uhr	alle 2 Std. 11–7 Uhr
Siófok	alle 2 Std. 11–17 Uhr	Mo & Mi–So 10.30, 14, 16.30, 18.30 Uhr; Di 10.30, 14, 18.30 Uhr

VIELE SCHNÄPPCHEN

Die Zahl der Urlauber am Plattensee ist rückläufig, denn die Ungarn nutzen die Billigflüge, um sich in sonnigere Gefilde abzusetzen – wie die Heuschrecken fallen sie in Kroatien ein. Für die Wirtschaft des Landes ist das natürlich fatal, aber ein Segen, wenn man als Backpacker nach günstigen Angeboten Ausschau hält. Im Juli und August sind die Preise zwar weiterhin hoch, doch wer Ende Mai, Anfang Juni oder im September kommt, kann sicher eine satte Ermäßigung bei der Unterkunft heraushandeln, vor allem auf den Campingplätzen.

Wem das Sparen noch nicht genug Anreiz ist, lässt sich vielleicht von der kürzlich eingeführten **Balaton-Karte** überzeugen. Die Standardkarte (1499 Ft.; eine Saison gültig) bietet in ausgewählten Hotels, Restaurants, bei Veranstaltungen und beim Verleih von Sportgeräten einen Preisnachlass von 5–25 %; in der Viertageskarte (6500 Ft.) sind u. a. Eintrittsgebühren in Museen, in einigen Städten Fahrkarten für die öffentlichen Verkehrsmittel und sogar Angelgenehmigungen enthalten. Seit März 2006 gibt es auch eine Zehntageskarte. Die Touristeninformationen am See verkaufen die Karten, die Website www.balatoncard.com gibt Auskunft über das jeweilige Leistungsangebot.

Hajózási Rt. (Plattensee-Schifffahrts AG; ☎ 84-310 050; www.balatonihajozas.hu; Krúdy sétány 2, Siófok) besser dran. Die Fähren verkehren auf der Route Siófok–Balatonfüred–Tihany–Balatonföldvár und von Fonyód nach Badacsony bis zu viermal täglich im April/Mai und September/Oktober, zwischen Juni und August sogar noch öfter. Von Ende Mai bis Anfang September fahren Schiffe von Balatonkenese nach Keszthely und von Révfülöp nach Balatonboglár. Tihanyi-rév und Szántódi-rév sind von Anfang März bis Ende November durch eine regelmäßig fahrende Autofähre verbunden. Im Winter (Nov.–März) besteht kein Passagierverkehr.

Erwachsene bezahlen 720 Ft. für Entfernungen von 1 bis 10 km, 1020 Ft. für 11 bis 20 km und 1240 Ft. für 21 bis 70 km. Kinder kosten die Hälfte und Rückfahrkarten sind etwas billiger als zwei einfache Fahrten. Ein Fahrrad kostet einfach/hin- und zurück 400/700 Ft.

Die Autofähren kosten 360/150/550/1040 Ft. pro Person/Fahrrad/Motorrad/Auto.

SIÓFOK

☎ **84 / 22 700 Ew.**

Siófok ist ein typischer Ferienort am Südufer: Hier geht im Juli und August die Post ab. Die Hauptbeschäftigungen der Urlauber sind Essen, Trinken, Sonnen, Schwimmen und Schlafen – und was man sonst noch so alles dazwischen tut. Im Hochsommer ist der größte Ferienort am See knallvoll – und zwar in einem solchen Ausmaß, dass sich Siófok offiziell schon „Sommerhauptstadt Ungarns" schimpfen darf.

Orientierung

Siófok im weiteren Sinne erstreckt sich über rund 17 km bis zum Ferienort Balatonvilágos (das früher ausschließlich den Kommunisten vorbehalten war) im Osten und bis Balatonszéplak im Westen. Trennlinie zwischen der so genannten Aranypart (Goldküste) im Osten (mit den meisten Hotels) und der weniger touristischen Ezüstpart (Silberküste) im Westen ist der Sió-Kanal, der den See entwässert und in Richtung Südosten zur Donau verläuft.

Der Szabadság tér, das Zentrum von Siófok, liegt östlich vom Kanal und rund 500 m südöstlich vom Fähranleger. Busbahnhof und Bahnhof befinden sich im Millennium-Park gleich bei der Fő utca, der Hauptstraße.

Praktische Informationen

Hauptpostamt (Fő utca 186)

OTP-Bank (Szabadság tér 10/a) Geldautomaten und Geldwechselmaschine.

Siotour (☎ 310 806; www.siotour.hu; Batthyány Lajos utca 2/b) Agentur, die alle Campingplätze am Südufer verwaltet.

Tourinform (☎ 310 117; siofok@tourinform.hu; Szabadság tér; ⌚ Mitte Juni–Mitte Aug. 8–20 Uhr; Mitte Aug.–Mitte Sept. Mo–Fr 9–18, Sa 9–12 Uhr; Mitte Sept.–Mitte Juni Mo–Fr 9–16, Sa 9–12 Uhr) Hat eine Niederlassung im alten *víztorony* (Wasserturm, 1912).

www.siofok.hu Weitere Informationen über die Stadt.

Sehenswertes

Kulturell oder historisch Wichtiges sollte man in einem Ferienort, in dem sich die niedrigen Instinkte Bahn brechen, kaum erwarten. Das Haibecken im **Korallenaqua-**

SIÓFOK

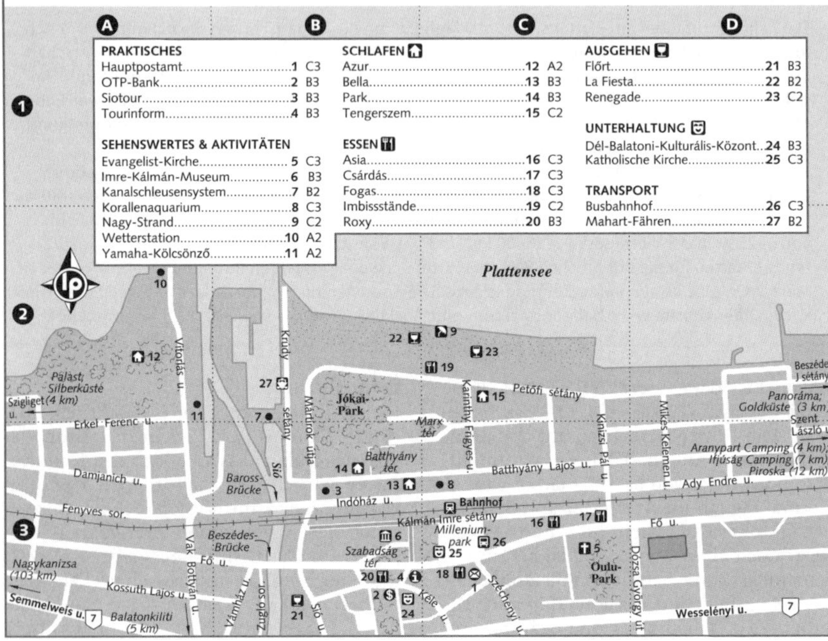

rium (☎ 311 036; Batthyány Lajos utca 22; Erw./Kind 600/400 Ft., Hai-Show extra 300 Ft.; 🕑 April–Okt. 10–18 Uhr, Nov.–März 10–16 Uhr) ist das größte seiner Art in Ungarn, wirkt am flachen Plattensee aber irgendwie deplatziert.

Das **Kanalschleusensystem** wurde zum Teil schon 292 von den Römern erbaut und im 16. und 17. Jh. dann von den Türken genutzt. Es ist gut von der Krúdy sétány, der Promenade bei der Mole, und von der Baross-Brücke im Süden zu sehen. In der Nähe befindet sich das Hauptquartier der ungarischen Marine. Der Turm ganz am westlichen Ende der Kanaleinmündung ist die **Wetterstation** des Meteorologischen Dienstes (Országos Meteorológiai Szolgálat). Es ist ja kaum zu glauben, aber am Plattensee herrscht bei entsprechendem Wind ein ziemlicher Wellengang, deshalb wurde die Installation eines Warnsystems notwendig.

Wer auf der schmalen Hock János köz gen Norden spaziert, kommt zum **Imre-Kálmán-Museum** (☎ 311 287; Kálmán Imre sétány 5; Erw./Kind 250/150 Ft.; 🕑 April–Okt. Di–So 9–17 Uhr, Nov.–März Di–So 9–16 Uhr), das dem Leben und Werk des Operettenkomponisten gewidmet ist. Imre (Emmerich) Kálmán wurde 1882 in Siófok geboren.

Östlich vom Szabadság tér steht im Oulu-Park die **Evangelisten-Kirche** (Evangélikus templom). Sie ist ein Werk des berühmten ungarischen Architekten Imre Makovecz. Die Flügel schwingende und „maskierte" Kirche erinnert stark an den indonesischen *garuda*, einen mythischen Vogel.

Aktivitäten

Nagy-Strand (Erw./Kind 700/350 Ft.), der „große Strand" von Siófok, liegt östlich der Wetterstation und ein Stück nördlich der Petőfi sétány. Hier finden an Sommerabenden oft kostenlose Konzerte statt. Es gibt noch weitere „überwachte" **Schwimmareale** an der Gold- und Silberküste; 700/350 Ft. (Erw./Kind) kostet der Tagespass, 3500/1750 Ft. sind für den Wochenpass zu zahlen.

An verschiedenen Stellen am See werden **Ruder- und Segelboote** vermietet, u. a. am Nagy-Strand. Informationen zu **Schiffsausflügen** s. Aktivitäten (S. 202). Am Westufer des Kanals verleiht **Yamaha Kölcsönző** (Vitolás utca; 🕑 Mitte Mai–Mitte Okt.) Fahrräder, die pro

Stunde/Tag 400/1600 Ft. kosten. Mopeds kosten 1000/4000 Ft.

Reiten ist in der Gegend ebenfalls angesagt; **Kersák** (☎ 322 819; TölténYi utca 2/b) in Balatonkiliti bietet Unterricht für 2500 Ft. die Stunde an, außerdem auch Zimmer.

Schlafen

Siófok ist einer der wenigen Orte am Plattensee, wo es von Ende Juli bis August schwierig werden kann, ein Dach über dem Kopf zu finden. In der Hochsaison sollte man deshalb im Voraus buchen, viele Quartiere haben auch bloß in dieser Zeit offen.

Tourinform und Siotour vermitteln Privatzimmer (10–20 €/Pers.); ein Apartment kostet etwas mehr. Einzelzimmer gibt es kaum und Gäste, die maximal zwei Nächte bleiben, sind generell ungern gesehen. Wer auf eigene Faust unterwegs ist, sollte nach Schildern mit „Zimmer frei“ Ausschau halten. Sie hängen an der Silberküste in der Erkel Ferenc utca und Damjanich utca und an der Goldküste an der Petőfi sétány und Beszédes József sétány.

BUDGETUNTERKÜNFTE

Am Südufer des Plattensees gibt es über zwei Dutzend Zeltplätze. Allein in Siófok sind es neun, die meisten haben auch Bungalows für maximal vier Personen. Geöffnet sind sie von Mai bis September, im Juli und August sind die Preise am höchsten.

Tengerszem (☎ 310 146; Petőfi sétány 24; EZ/DZ 6000/8500 Ft.; Juni–Sept.; P) Altes Haus in der Nähe vom Stadtstrand mit gemütlichen Zimmern in heimeligem Ambiente.

Aranypart Camping (☎ 353 399; aranypart@siotour.hu; Szent László utca 183–185; Stellplätze pro Zelt 1140–1660 Ft., pro Pers. 1190–1870 Ft., Bungalows 3060–23 460 Ft.; P) Der Campingplatz liegt 4 km östlich des Zentrums von Balatonszabadi und hat einen eigenen Strand, ein Restaurant und Bungalows, die eigentlich eher kleine Apartments sind.

Ifjúság Camping (☎ 352 571; ifjusag@siotour.hu; Pusztatorony tér 1; Stellplätze pro Zelt 590–920 Ft., pro Pers. 770–1080 Ft., Bungalows 11 000–18 000 Ft., Hütten 2300–3570 Ft.; P) Der Campingplatz in Sóstó liegt 7 km östlich von Siófok zwischen dem winzigen „Salzsee" und dem Plattensee. Wer gern schwimmt und angelt, ist hier genau richtig. Zur Auswahl stehen Bungalows mit Bad und Küche oder Holzhütten mit Gemeinschaftseinrichtungen.

Piroska (☎ 584 521; cpiroska@balatontourist.hu; Aligai út 15; Stellplätze pro Zelt/Erw./Kind 860–1500/795–1025/625–820 Ft., Bungalows 9570–18 950 Ft.; P) Der FKK-Campingplatz liegt rund 12 km nordöstlich von Siófok in Balatonakarattya am Nordostende des Sees. Er liegt in Fußnähe zum Bahnhof Balatonakarattya an der nördlichen Bahnlinie.

MITTELKLASSEHOTELS

Bella (☎ 510 078; www.siofokbella.hu; Batthyány Lajos utca 14/a; Zi. 6500–15 000 Ft.; P) Die neue Anlage bietet moderne, kompakte Apartments mit Küche und Balkon und liegt an einer ruhigen Straße in Laufweite zum Strand.

Park (☎ 310 539; www.hotel-net.hu/Park-Siofok; Batthyány Lajos utca 7; EZ 25–60 €, DZ 30–70 €; P) Das kleine Haus liegt nicht weit weg vom See. Die geräumigen Zimmer in Pastelltönen sind mit Naturholzmöbeln und Holzböden ausgestattet.

Panoráma (☎ 311 638; www.panoramahotel-siofok.hu; Beszédes József sétány 80; EZ 46–61 €, DZ 57–74 €; P) Das moderne Vier-Sterne-Hotel in einem Hochhaus hat große Zimmer zum See hin. Einen Privatstand gibt es nicht, dafür entschädigt aber ein Pool.

SPITZENKLASSEHOTELS

Ázur (☎ 501 413; www.hotelazur.hu; Vitorlás utca 11; EZ 64–116 €, DZ 72–135 €; P) Seit seiner Generalrenovierung ist das Ázur das beste Hotel von Siófok. Die schicken Zimmer sind gemütlich und verfügen über allen nur denkbaren Schnickschnack. Das Wellness- und Fitnesscenter ist vom Feinsten, dazu gibt es noch einen Privatstand.

Essen

Quantität, nicht Qualität lautet die Devise, wenn man in Siófok zum Essen geht. Zumindest verhungern muss also keiner ...

Fogas (☎ 311 405; Fő utca 184; Hauptgerichte 1000–2000 Ft.; März–Okt.) Das Fogas wirkt der Einrichtung nach ganz normal, die Auswahl an Fischgerichten ist in der ganzen Stadt jedoch absolute Spitze!

Asia (☎ 312 546; Fő utca 93; Hauptgerichte 1000 Ft.) Das Lokal zählt zu den wenigen, in denen asiatisches Essen auf den Tisch kommt; im hellen Wintergarten draußen schmeckt alles doppelt so gut.

Csárdás (☎ 310 642; Fő utca 105; Hauptgerichte 1000–2000 Ft.; Mitte März–Okt.) Das altmodische Lokal lockt mit seiner herzhaften ungarischen Küche und der Zigeunermusik wahre Schiffsladungen von Gästen an. Der Garten hinten ist ein guter Platz, um den regionalen Weißwein aus Balatonboglár zu probieren, er ist meist recht leicht und ohne besonderes Bouquet (obwohl: der Chardonnay ist sogar ganz gut).

Roxy (☎ 506 573; Szabadság tér; Pizza 570–1000 Ft.) Das pseudo-rustikale, gut besuchte Restaurant-Pub am lebhaften Szabadság tér hat eine gute Auswahl an Pizzen. Nach 21 Uhr ist kaum noch ein Tisch frei.

Für den schnellen Hunger gibt es viele **Imbissstände** (Petőfi sétány) am Nagy-Strand.

Ausgehen

Dél-Balatoni Kulturális Központ (☎ 311 855, www.siofok.hu/dbkk; Fő tér 2) Der wichtigste Kulturtempel von Siófok bietet Konzerte, Tanzaufführungen und Theaterstücke.

Katholische Kirche (Váradi Adolf tér) Hier finden im Sommer oft Orgelkonzerte statt.

Siófok ist das Zentrum der regionalen Clubszene. Wer sich mit viel Alk und sonstiger Dröhnung die Nacht um die Ohren schlagen will, kann eines der folgenden Lokale ausprobieren:

Flőrt (☎ 20-333 3303; www.flort.hu; Sió utca 4) Etablierter Club mit Lightshows, Mädels und Billard.

Palace (☎ 351 295; www.palace.hu; Deák Ferenc utca 2) Der beliebte Club an der Silberküste lockt mittlerweile renommierte DJs aus dem Ausland an. Von Mai bis Mitte September fährt täglich von 21 bis 5 Uhr ein kostenloser Bus vom Tourinformbüro dorthin.

La Fiesta (Petőfi sétány 3–5) Ein Schuppen mit Blick auf den Strand. Hier fließt der Alkohol in Strömen, die Nacht endet meist auf oder unter dem Tisch.

Renegade (Petőfi sétány 9) Im Pub trifft sich das Jungvolk, um in den Sommerferien auch wirklich jede Minute Spaß zu haben.

An- & Weiterreise

SCHIFF

Von Ende März bis Ende Oktober verkehren zwischen Siófok und Balatonfüred vier Mahad-Fähren pro Tag, drei davon fahren nach Tihany weiter. Im Juli und August wird die Route von neun Schiffen befahren. Einzelheiten zu den Strecken und Fahrplänen, s. auch Unterwegs vor Ort (S. 202).

BUS

Von Siófok lassen sich viele Ziele mit dem Bus erreichen; doch verglichen mit den hervorragenden Zugverbindungen fahren sie seltener. Ausnahmen sind die Busse nach Kaposvár (1030 Ft., 2 Std., 85 km, stündl.).

STRASSENPROSTITUTION

Prostituierte an den Hauptdurchgangsstraßen sind in Osteuropa – vor allem in Grenznähe – kein ungewöhnlicher Anblick, Ungarn macht da keine Ausnahme. Wer auf der Hauptstraße 7 am Südufer des Plattensees unterwegs ist, sieht mitten in der Pampa jede Menge Mädels herumstehen und kokett winken.

Prostitution ist in Ungarn legal, Zuhälterei nicht. Illegal ist es jedoch, sich im Umkreis von etwa 100 m um eine öffentliche Einrichtung (z.B. städtische Gebäude, Schulen, Kindergärten, Kirchen) sowie an wichtigen Verkehrsadern des Landes (Autobahnen und Straßen mit ein- oder zweistelliger Nummer) zu prostituieren. Die Frauen an der Uferstraße 7 handeln also gesetzeswidrig. Ob sie das tun, um Geld nebenher zu verdienen, oder dazu gezwungen werden, weiß keiner.

Es gibt keine offiziellen Statistiken in Sachen Straßenstrich und Frauenhandel, aber die Polizei geht davon aus, dass im Sommer 50 % der Sexarbeiterinnen Ausländerinnen sind. Auch in diesem Fall ist nicht klar, ob die Frauen über die Grenze geschmuggelt werden oder einfach in Ungarn Arbeit suchen. Frauenhandel mit dem Ziel der sexuellen Ausbeutung ist in Ungarn selbst schon ein Problem und macht sicher den Löwenanteil aus. Die Altersgrenze liegt legal bei 14 Jahren, aber es sind auch erheblich jüngere Mädchen in Prostitutionsringe eingebunden.

Die derzeitige Regierung setzt sich für die Legalisierung der Sexindustrie ein, was weitere organisierte Prostitution nach sich ziehen wird, z.B. Bordelle. Auf diese Weise hat die Polizei zwar mehr Kontrollmöglichkeiten, doch ob der Menschenhandel sich mit dieser Maßnahme eindämmen lässt, bleibt abzuwarten.

Weitere Informationen siehe unter **NANE** (www.nane.hu), das ist die ungarische Vereinigung für Frauenrechte.

Weitere Verbindungen bestehen nach Budapest (1330 Ft., 1½–3 Std., 108 km, 7-mal tgl.), Harkány (1930 Ft., 3¾ Std., 160 km, 1-mal tgl.), Hévíz und Keszthely (968 Ft., 1½ Std., 78 km, 3-mal tgl.), Pécs (1690 Ft., 3 Std., 134 km, 3-mal tgl.), Szekszárd (1210 Ft., 2¼ Std., 96 km, 5-mal tgl.) und Veszprém (605 Ft., 1¼ Std., 48 km, 5-mal tgl.).

ZUG

Die Hauptbahnlinie, die durch Siófok führt, verbindet den Ort mit Székesfehérvár (430 Ft., 55 Min., 48 km), den Budapester Bahnhöfen Déli und Kelenföld (1212 Ft., 2 Std., 115 km) sowie mit anderen Ferienorten am Südufer und Nagykanizsa (1212 Ft., 2 Std., 106 km). Die Züge fahren bis zu 26-mal am Tag in beide Richtungen. Nur ein Zug von Budapest nach Zagreb hält in Siófok. Regionalbahnen fahren dreimal täglich Richtung Süden nach Kaposvár (1004 Ft., 2 Std., 95 km).

Unterwegs vor Ort

Kommt man aus dem Busbahnhof heraus, fahren direkt vor dem Bahnhof die Buslinie 1 und 2 zur Silber- und Goldküste. Auch **Taxis** (☎ 317 713) können gerufen werden.

KESZTHELY

☎ 83 / 22 400 Ew.

Die Lage von Keszthely am Westende des Sees ist besonders schön, außerdem ist es die einzige Stadt, die nicht komplett vom Tourismus abhängig ist. Das Leben läuft hier noch in seinen alltäglichen Bahnen, der See und die dort zu verdienenden Forints sind nicht das Wichtigste der Welt. Die hübsche Stadt bietet beeindruckende Häuser, Bäume, Cafés und somit genug, um es sich hier eine Weile gut gehen zu lassen.

Geschichte

Die Römer bauten bei Valcum (heute Fenékpuszta) 5 km südlich der Stadt eine Festung; die römische Straße gen Norden zu den Kolonien Sopron und Szombathely zeichnet heute die Kossuth Lajos utca nach. An dem Wehrkloster und der Franziskanerkirche am Fő tér scheiterten die Türken im 16. Jh.

Mitte des 18. Jhs. kamen Keszthely und Umgebung (inklusive Hévíz) in den Besitz der Familie Festetics. Sie waren sehr fortschrittliche Leute mit viel Reformgeist und standen in der Tradition der Széchenyis. Graf György Festetics (1755–1819), der 1779 die Georgikon, die erste Landwirtschaftsschule Europas, gründete, war ein Onkel von István Széchenyi.

Orientierung

Das Stadtzentrum bildet der Fő tér, von hier verläuft die Kossuth Lajos utca mit vielen bunten alten Häusern nach Norden (Fußgängerzone) und Süden. Das Busbahnhof und der Bahnhof liegen sich am Ende der Martírok útja unweit vom See gegenüber. Wer in die Innenstadt will, geht von den Bahnhöfen die Mártírok útja bergauf und biegt dann nordwärts in die Kossuth Lajos utca ab.

Die Schiffe legen am Anleger in der Nähe des Hullám Hotel ab. Hinter dem Hotel führt ein Weg am Wasser entlang zum Pier. Die Erzsébet királyné utca am Helikon-Park führt zum Fő tér.

Praktische Informationen

Hauptpostamt (Kossuth Lajos utca 46–48)
Keszthely Tourist (☎ 314 288; Kossuth Lajos utca 25)
OTP-Bank (Kossuth Lajos utca 38)
Stone's (Kisfaludy utca 17; 1 Min. 15 Ft.; ⌚ Mo–Sa 10–24, So 17–24 Uhr) Kleine Kneipe mit Internetzugang.
Tourinform (☎ 314 144; keszthely@tourinform.hu; Kossuth Lajos utca 28; ⌚ Mitte Juni–Mitte Sept. Mo–Fr 9–20, Sa 9–18 Uhr, Mitte Sept.–Mitte Juni Mo–Fr 9–17, Sa 9–12.30 Uhr) Hat alle Infos über Keszthely und den Plattensee samt Umgebung.

Sehenswertes

SCHLOSS FESTETICS

Das **Schloss Festetics** (Festetics kastély; ☎ 312 190; Kastély utca 1; Erw./Stud. 1300/700 Ft.; ⌚ Juli–Aug. 9–18 Uhr, Sept.–Juni Di–So 9–17 Uhr) wurde 1745 erbaut und 150 Jahre später erweitert. Die zwei großzügigen Flügel haben 100 Zimmer. Der Nordflügel aus dem 19. Jh. beherbergt eine Musikschule, die Stadtbibliothek und das Konferenzzentrum. Im barocken Südflügel befinden sich das **Helikon-Schlossmuseum** (Helikon Kastélymúzeum) und der bedeutendste Schatz des Palastes, die renovierte **Helikon-Bibliothek** (Helikon Könyvtár).

Die einzelnen Museumsräume – etwa ein Dutzend mit individueller Farbgestaltung – sind voll gestopft mit Porträts, Nippes und Möbeln. Das meiste stammen von Mary Hamilton, einer englischen Herzogin, die in den 1860er-Jahren einen Festetics heiratete. An Lesestoff mangelt es ebenfalls

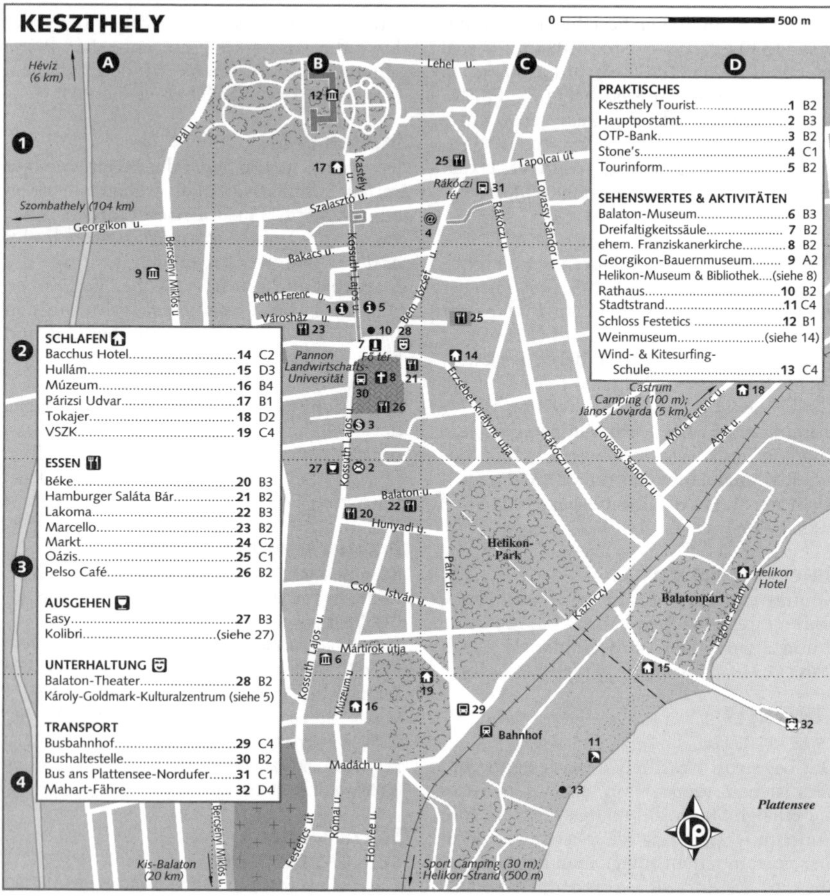

nicht: 90 000 Bände warten in vergoldeten Eichenregalen, die ebenso beeindruckend sind wie die übrigen Möbel, die der lokale Handwerkskünstler János Kerbl 1801 fertigte. Sehenswert sind auch der Louis-XIV-Salon mit Einlegearbeiten, der Kunsttischler das Musikzimmer im Rokokostil und die Privatkapelle (1804).

Wer Zeit hat, stattet dem dazu gehörigen **Kutschenmuseum** (Erw./Kind 600/400 Ft.) mit Kutschen und Schlitten der Blaublütigen einen Besuch ab. Die Besichtigung des Schlosses und des Kutschenmuseums kostet 1600/800 Ft. (Erw./Kind); für die einstündige Führung (vier Sprachen stehen zur Auswahl) sind „nur“ 6500/3500 Ft. zu bezahlen.

GEORGIKON-BAUERNMUSEUM

Das **Georgikon-Bauernmuseum** (Georgikon Majormúzeum; ☎ 311 563; Bercsényi Miklós utca 67; Erw./Kind 400/200 Ft.; 🕓 Mai–Okt. Di–Sa 10–17 Uhr) ist in mehreren Gebäuden aus dem 19. Jh. untergebracht, die alle früher zum Versuchshof des Georgikon gehörten. Zu sehen sind Exponate zur Geschichte der Schule und zur späteren Pannon- Landwirtschaftsuniversität. Sie befindet sich jetzt ein paar Blocks weiter im Südosten an der Ecke der Széchenyi utca und der Deák Ferenc utca.
Weitere interessante und gut gestaltete Themen sind der Weinbau am Plattensee und traditionelle Handwerksberufe wie Wagenbauer, oder Stellmacher, Böttcher (Faßbinder) und Hufschmied.

NOCH MEHR SEHENSWERTES

Der Fő tér ist ein farbenfroher Platz mit hübschen Gebäuden: Das spätbarocke **Rathaus** steht an der Nordseite, die **Dreifaltigkeitssäule** (1770) in der Mitte und die ehemalige **Franziskanerkirche** (Ferences templom) im Park am Südende des Platzes. Die Kirche wurde ursprünglich Ende des 14. Jhs. von den Franziskanermönchen im gotischen Stil errichtet, in den folgenden Jahrhunderten jedoch häufig verändert; so hat man u.a. 1898 den Glockenturm ergänzt. Das gotische Rosettenfenster über dem Portal blieb erhalten, ebenso einige verblichene Fresken im Altarraum und an der Südwand. Graf György und andere Mitglieder der Familie Festetics liegen in der Gruft der Krypta begraben.

Das **Balaton-Museum** (☎ 312 351; Múzeum utca 2; Erw./Kind 500/200 Ft.; ⌚ Mai–Okt. Di–Sa 10–18 Uhr, Nov.–April Di–Sa 9–17 Uhr) wurde 1928 gebaut. Es bietet viele Informationen über das römische Fort bei Valcum (Fenékpuszta) und das Leben rund um den Plattensee. Interessant sind die Exponate zur Geschichte der Plattenseeschifffahrt und die alten Fotos, die Sommerfrischler Anfang des 20. Jhs. zeigen.

Die Region **Kis-Balaton** (Kleiner Plattensee) südlich von Keszthely untersteht dem **Felvidéki Nemzeti Park** (Naturpark Plattensee-Oberland; www.bfnpi.hu). Das Naturschutzgebiet eignet sich hervorragend zum Kennenlernen der heimischen Tierwelt. Das Camp zur Vogelberingung, das der **Ungarischen Gesellschaft für Ornithologie & Naturschutz** (MME; ☎ 1-275 6247 in Budapest; www.mme.hu, auf Ungarisch; Eintritt frei) in Fenékpuszta nicht weit vom Flussdelta der Zala untersteht, hat sehr kundiges Personal. Die Mitarbeiter wissen alles über die Vögel am und auf dem See. Das Camp befindet sich eine Zughaltestelle hinter Balatonszentgyörgy. Wer mit dem Auto von Keszthely anreist, nimmt die Ausfahrt bei Km 111 der Straße 71. Am südlichen Ende des Kis-Balaton gibt es ein **Büffelreservat** (☎ 87-555 291; Erw./Kind 500/200 Ft.): Hier leben an die 200 Wasserbüffel. Am besten sind sie am Spätnachmittag zu beobachten, dann versammeln sie sich in der Nähe des Hauptgebäudes. Leider ist für den Anfahrtsweg ein eigenes Fahrzeug notwendig; der Aufwand mit öffentlichen Verkehrsmitteln ist unverhältnismäßig. Das Reservat befindet sich in der Nähe des winzigen Weilers Kápolnapuszta.

Aktivitäten

Keszthely hat zwei Strände, die sich zum **Schwimmen** oder **Sonnen** eignen: Der Stadtstrand (Városi-Strand) ist ideal für Kinder und liegt gleich bei der Anlegestelle; der Helikon-Strand befindet sich weiter im Süden. Beide bietet einen schönen Blick auf das Nord- und das Südufer des Sees. Am Stadtstrand bietet in den Sommermonaten eine Surfschule Kurse im **Windsurfen** und **Kitesurfen** an (Informationen über Schiffsausflüge s. Aktivitäten S. 202.).

Eine der vielen **Reitschulen** ist **János Lovarda** (☎ 30–401 6691) in Sömögye-dűlő nordöstlich von Keszthely.

Wer die Weine der Region testen will, geht ins **Weinmuseum** (☎ 510 450; Erzsébet királyné utca 18; Eintritt frei; ⌚ 10–23 Uhr) im Bacchus Hotel (S. 210) – es bietet Weinproben an (6/10 Sorten 1500/2400 Ft.).

Festivals & Events

Die größte Kulturveranstaltung ist jedes Jahr im Mai das **Balaton Festival** (Musik und Straßentheater) in Keszthely.

Schlafen

Keszthely Tourist vermittelt Privatzimmer (ab 2500 Ft./Pers.), während die Mitarbeiter von Tourinform nur Liste verteilen. Ansonsten muss man eben eine Runde drehen (vor allem in der Móra Ferenc utca) und nach einem Schild mit *„szoba kiad"* oder „Zimmer frei" Ausschau halten.

BUDGETUNTERKÜNFTE

Múzeum (☎ 313 182; Múzeum utca 3; EZ/DZ 3000/6000 Ft.) Beim Reinkommen riecht es muffelig und nach Hund, doch das ist nicht so schlimm, denn die Zimmer sind alle gut gelüftet und sehr sauber, und es ist überhaupt recht gemütlich hier. Zu Fuß ist es nicht weit zum Busbahnhof und zum Bahnhof.

VSZK (☎ 515 300; Mártírok útja; EZ/DZ 2500/5000 Ft.; ⌚ Juli–Aug.; P) Der große Betonbunker bietet karge Zimmer mit einem Bett und einem Waschbecken; alle öffentlichen Verkehrsmittel liegen in fußläufiger Entfernung.

Castrum Camping (☎ 312 120; Móra Ferenc utca 48; Stellplätze pro Erw./Kind/Zelt ab 3/2,40/4,20 €; ⌚ April–Okt.; P) Der Campingplatz im Norden der Bahnhöfe eignet sich eher für Wohnmobile, außerdem liegt der See auf der anderen Seite der Bahngleise. Das Areal ist aber groß und verfügt über viele Einrichtungen.

Sport Camping (☎ 313 777; Csárda utca; Stellplätze pro Zelt/Pers. 990/990 Ft., Bungalows 6000 Ft.; Ⓟ) Manchen mag dieser grüne Zeltplatz vielleicht wie ein Dschungel vorkommen, aber das viele Grün hat durchaus seinen Charme. Leider liegt der Platz recht nah an den Bahngleisen, aber bis zum See ist es bloß eine Minute.

MITTELKLASSEHOTELS

Bacchus (☎ 510 450; www.bacchushotel.hu; Erzsébet királyné utca 18; EZ 33–47 €, DZ 40–58 €; Ⓟ) Das Bacchus ist Sieger in Sachen herzliches Personal, blitzblanke Zimmer und Lage im Stadtzentrum. Im Keller befindet sich ein Weinmuseum (S. 209), auch das Restaurant ist gut.

Tokajer (☎ 319 875; www.pensiontokajer.hu; Apát utca 21; EZ 26–31 €, DZ 22–50 €; Ⓟ) Zum Hotel gehören vier Gebäude in einem ruhigen Stadtviertel. Die Zimmer sind in hervorragendem Zustand, einige haben sogar Balkon und Küche. Für die Gäste gibt es drei Pools, kostenlose Fahrräder, ein Fitnessraum und ein winziges Wellnesscenter. Die Preise hängen von Saison und Zimmerausstattung ab.

Hullám (☎ 312 644; www.hotelhullam.hu; Balatonpart 1; EZ 32–52 €, DZ 43–66 €; April–Okt.; Ⓟ) Das altmodische Hotel von 1892 hat viel Charme, selbst wenn seine besten Tage wohl gezählt sind. Die Zimmer sind groß, viele haben Seeblick. Die Gäste dürfen den Pool und das Sportzentrum im Helikon Hotel nebenan benutzen.

Párizsi Udvar (☎ 311 202; Kastély utca 5; Zi. ab 7900 Ft.; Ⓟ) Die kleine Pension neben dem Schloss Festetics ist Teil des originalen Palastkomplexes. Die Apartments sind riesig.

Essen & Ausgehen

Lakoma (☎ 313 129; Balaton utca 9; Mittagsmenü 450 Ft., Hauptgerichte ab 800 Ft.) Die Auswahl an vegetarischen Gerichten ist für ungarischen Standard gut, Gleiches gilt für die Grillspezialitäten. Der Garten hinter dem Haus verwandelt sich im Sommer in einen schattiggrünen Speisesaal. Leider sind Fische eher Mangelware auf der Speisekarte.

Oázis (☎ 311 023; Rákóczi tér 3; Hauptgerichte 800–1000 Ft.; Mo–Fr 11–16 Uhr) Das vegetarische Restaurant liegt unweit des Schlosses und serviert lauter gesunde Sachen. Wochentags geht es hier zur Mittagszeit hoch her.

Béke (☎ 318 219; Kossuth Lajos utca 50; Mittagsmenü 600–900 Ft., Hauptgerichte ab 1000 Ft.) Eine gelungene Mischung aus Bar und Restaurant, in dem immer viel los ist. Die Auswahl an Fischgerichten ist groß, und im Innenhof spielt am Wochenende sogar Livemusik.

Bacchus (☎ 510 450; Erzsébet királyné utca 18) Die phantasievolle Auswahl an ungarischen Gerichten auf der Speisekarte des Hotels werden durch Wild- und Fischgerichte ergänzt. Überflüssig zu sagen, dass auch der Wein dazu hervorragend ist.

Marcello (☎ 313 563; Városház utca 4; Pizza ab 650 Ft.) Das coole Kellerlokal bietet im Sommer eine Terrasse und eine breite Auswahl an frischen Pizzen und Salaten.

Pelso Café (☎ 315 415; Kaffee & Kuchen ab 250 Ft.; 9–21 Uhr) Das Café liegt im Park südlich der katholischen Kirche und belegt zwei Etagen eines turmartigen Gebäudes. Ein schöner Ort, um bei Kaffee und Kuchen die Welt an sich vorbeiziehen zu lassen.

Hamburger Saláta Bár (Erzsébet királyné utca; Burger ab 350 Ft.) Hier gibt es Burger und Salate für alle, die nur schnell was essen wollen oder sich mal kurz hinsetzen möchten.

Keszthely hat einen lebhaften Lebensmittel-Markt, auf dem hausgemachter Honig und Marmelade verkauft werden. Weniger attraktiv sind die T-Shirts mit Indianern auf Harleys.

Südlich vom Stadtzentrum liegen mehrere interessante Kneipen an der Kossuth Lajos utca, z. B.:

Easy (Kossuth Lajos utca 79) Jede Menge Jungvolk.

Kolibri (Kossuth Lajos utca 81) Cocktailbar für das etwas gesetztere Publikum.

Unterhaltung

Károly-Goldmark-Kulturzentrum (☎ 515 251; Kossuth Lajos utca 28) Im Sommer fliegen im Hof beim ungarischen Volkstanz die Röcke.

Balaton-Theater (☎ 515 230; Fő tér 3) Im neuen Theater am Hauptplatz werden die aktuellsten Theaterproduktionen gezeigt.

Schloss Festetics (Festetics kastély; ☎ 312 190; Kastély utca 1) Im Sommer finden im Musikzimmer Konzerte statt.

An- & Weiterreise

BUS

Mehr als zehn Busse täglich verkehren von Keszthely nach Hévíz (133 Ft., 15 Min., 8 km), Sümeg (423 Ft., 50 Min., 31 km), Tapolca (363 Ft., 35 Min., 28 km) und Veszprém (968 Ft., 1¾ Std., 77 km). Etwa sechs Busse fahren nach Nagykanizsa (725 Ft., 1½ Std., 57 km). Busse fahren außerdem nach

Badacsony (363 Ft., 35 Min., 27 km, 7-mal tgl.), Budapest (2300 Ft., 3–4 Std., 190 km, 6-mal tgl.) und Pécs (3½ Std., 152 km, 4-mal tgl.). Einige Busse halten vor der katholischen Kirche am Fö tér, darunter die Busse nach Hévíz, Nagykanizsa und Sümeg.

Wer mit dem Bus ans Nordufer (Badacsony, Nagyvázsony und Tapolca) will, nimmt den Bus in der Tapolcai út.

ZUG

Keszthely liegt an einer Nebenstrecke, die Tapolca mit Balatonszentgyörgy verbindet; von hier fahren bis zu sieben Züge täglich am Südufer entlang bis nach Székesfehérvár (1420 Ft., 2¾ Std., 125 km) und zu den Bahnhöfen Keleti und Déli in Budapest (2030 Ft., 3–4 Std., 190 km). Wer nach Szombathely (1420 Ft., 3 Std., 126 km) will, muss in Tapolca und manchmal auch in Celldömölk umsteigen; Tapolca ist auch der Umsteigebahnhof für Städte am Nordufer des Plattensees.

Von Mitte Juni bis Ende August lässt **MÁV Nostalgia** (☎ 318 162; www.mavnosztalgia.hu) ein altmodisches Dampfschiff von Keszthely nach Badacsonytomaj tuckern (1¾ Std., Di–So 10 Uhr, Rückfahrt um 14.40 Uhr). Wegen der Fahrzeiten vorher anrufen oder die Website anschauen!

Unterwegs vor Ort

Busse verkehren vom Busbahnhof und Bahnhof zur katholischen Kirche am Fő tér. Wenn nicht schon einer dasteht, kann man das Stück auch gut zu Fuß gehen. Als Alternative bietet sich ein **Taxi** (☎ 333 333) an.

HÉVÍZ

☎ 83 / 4310 Ew.

Wer seinen Spaß an Kurorten hat und sich gern im Wasser aalt, dem wird Hévíz (7 km nordwestlich von Keszthely) gut gefallen. Der Ort liegt am Gyógy-tó, Europas größtem Thermalsee. Die Stadtbevölkerung nutzt das warme mineralhaltige Wasser schon seit Jahrhunderten, im Mittelalter zunächst für eine Gerberei, später dann zu Heilzwecken. Der See wurde von Graf György Festetics von Keszthely 1795 als privates Erholungsgebiet erschlossen.

Orientierung

Das Zentrum von Hévíz bildet der Parkwald (Parkerdő) mit seinem Thermalsee. Der Busbahnhof (Deák tér) liegt ein paar Schritte vom nördlichen Seezugang entfernt. Das kleine Einkaufszentrum befindet sich im Westen des Busbahnhofs. Die Kossuth Lajos utca mit den meisten großen Hotels bildet die Westgrenze des Parkwalds.

Praktische Informationen

Caffe Machiato (Széchenyi utca 7; 1 Std. 600 Ft.; 🕑 9–13 Uhr) Internetzugang.
OTP-Bank (Erzsébet királynő utca 7) Geldautomaten und Geldwechselmaschine.
Postamt (Kossuth Lajos utca 4)
Zalatour (☎ 341 048; Rákóczi utca 8) Infos über die Stadt

Aktivitäten

Der **Thermalsee** (Gyógy-tó; Parkwald; 3 Std./4 Std./5 Std./ganzer Tag 900/1200/1400/1600 Ft., Schwimmreifenverleih 300 Ft.; 🕑 Sommer 8.30–17 Uhr, Winter 9–16.30 Uhr) ist wirklich verblüffend: Er liegt im Parkwald, ist 5 ha groß und fast das ganze Jahr über mit weißen und rosa Lotusblüten bedeckt. Die Quelle sprudelt aus einem Krater 40 m unter der Erde – die Schüttung liegt bei 80 Mio. l warmem Wasser pro Tag. Alle 48 Stunden erneuert sich das Seewasser komplett. Die Oberflächentemperatur liegt bei durchschnittlich 33 °C und fällt auch im Winter nicht unter 26 °C. Selbst wenn das Eis auf den Fichten im Parkwald glitzert, ist also ein Bad im See möglich.

Eine überdachte Brücke führt zum zentralen **Jugendstil-Pavillion**, von dem viele Stege und Molen abgehen. Das geschützte Areal eignet sich schön zum Schwimmen, doch wer will, kann sich auch bis zu den kleinen, auf Gummiringen verankerten Flößen hinauswagen. Für die Sonnenbader stehen einige Holzstege am Ufer.

Wer eine Behandlung braucht, begibt sich ins **Kurhaus** (Erw./Kind 600/300 Ft.; 🕑 7–17 Uhr), wo jede nur denkbare Thermalbehandlung angeboten wird. **Zalatour** (☎ 341 048; Rákóczi utca 8) vermietet Räder für 800 Ft. am Tag.

Schlafen

Viele Hotels bieten Sonderangebote bei einem Aufenthalt von mindestens einer Woche; die Tarife sind saisonal unterschiedlich.

Zalatour besorgt Privatzimmer (DZ 20–25 €). Im Sommer kann es allerdings eng werden. Wer dann weniger als drei Nächte bleibt, muss eventuell noch einen Aufschlag zahlen. An der Kossuth Lajos utca und an der Zrínyi utca hängt aber oft ein Schild mit „Zimmer frei“ oder „szoba kiadó“.

Kis Helikon (☎ 340 754; kishelikonhotel@axelero.hu; Kossuth Lajos utca 72; EZ 30–44 €, DZ 36–72 €; P) Das Kis Helikon ist ein kleines Privathotel mit großen modernen Zimmern (einige mit Balkon und eigenem Aufenthaltsraum), einem mittelmäßigen Lokal und einem kleinen Wellnesscenter. Die Preise richten sich nach der Saison, Frühstück ist inbegriffen.

Pannon (☎ 340 482; Széchenyi utca 23; EZ 20–22 €, DZ 34–44 €; P) Die Zimmer im ehemaligen Gewerkschaftsferienheim passen nicht zum überladenen Foyer, sind aber sonst in Ordnung. Ein Vorteil ist das zum Hotel gehörende Gesundheitszentrum.

Park (☎ 341 190; postmaster@betapark.axelero.net; Petőfi Sándor utca 26; EZ 42–62 €, DZ 58–83 €; P) Das Hotel in der eleganten Villa Kató (1927) hat schon bessere Zeiten gesehen, strahlt aber immer noch eine stolze und heitere Atmosphäre aus. Frühstück ist im Preis inbegriffen, Gleiches gilt für alle Wellnesseinrichtungen.

Thermal Hévíz (☎ 889 400; thermalheviz.reservation@danubiusgroup.com; Kossuth Lajos utca 9–11; EZ 61–94 €, DZ 86–148 €; P) Von außen macht alles einen ziemlich scheußlichen Eindruck, aber die 210 Zimmer sind in gutem Zustand. Es gibt einen Innen- und einen Außenpool, eine Sauna, ein Solarium, einen Fitnessraum und Tennisplätze.

Thermal Aqua (☎ 889 500; aqua.reservation@danubiusgroup.com; Kossuth Lajos utca 13–15; EU 51–78 €, DZ 72–116 €; P) Das Mammuthotel hat ein Fitness- und Wellnesscenter und gemütliche Zimmer. Das eigentliche Hotelgebäude – ein Kasten aus Kommunistenzeiten – lässt aber leider viel zu wünschen übrig.

Castrum Camping (☎ 343 198; camping@hevizcastrum.axelero.net; Tó-part; Stellplätze pro Zelt/Erw./Kind 730–10 400/780–1250/620–990 Ft.; Pension EZ/DZ 8200/9900 Ft.; ganzjährig; P) Großer Zeltplatz mit viel Grün, der nur ein paar Schritte vom See entfernt liegt. Die Palette an Unterkunftsmöglichkeiten ist groß, die Anlage so sicher wie Fort Knox.

Essen

Muskátli (☎ 341 475; Széchenyi utca 30; Hauptgerichte um 1000 Ft.) Am verlockendsten sind neben den herzhaften ungarischen Gerichten die

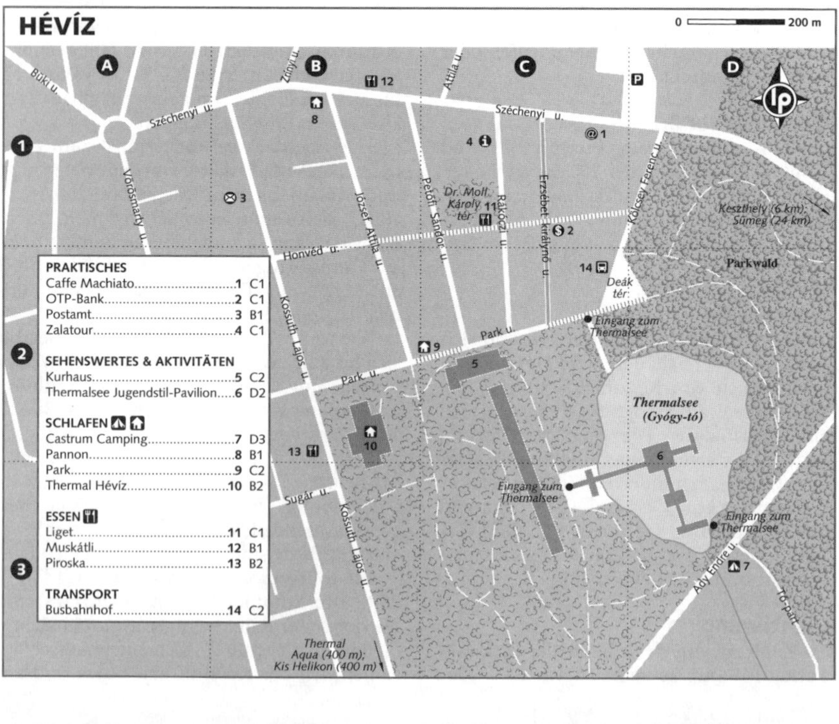

vielen Fischspezialitäten. Gleich danach kommen die hübsche Terrasse und das lockere Ambiente.

Piroska (☎ 30-687 4348; Kossuth Lajos utca 10; Hauptgerichte 1000–1500 Ft.) Wer gern bei Livemusik und Fischgerichten auf einer Terrasse im Schatten herumhängt, ist hier genau richtig.

Liget (Dr Moll Károly tér; Pizzen & Hauptgerichte 1000–1200 Ft.) An der Einrichtung hat sich seit dem guten alten Chruschtschow nichts verändert, aber das scheint die Stammgäste, die auf der Sonnenterrasse die üblichen ungarischen Gerichte futtern, nicht zu stören.

An- & Weiterreise

Hévíz liegt nicht an der Bahn, aber es fahren vom Busbahnhof (Parkbucht 3) alle 30 Min. Busse in Richtung Osten nach Keszthely (133 Ft., 15 Min., 8 km). Es gibt täglich mindestens zehn Busse nach Sümeg (302 Ft., 35 Min., 23 km) und ein paar Verbindungen weniger nach Badacsony (423 Ft., 45 Min., 35 km, 7-mal tgl.), Balatonfüred (908 Ft., 1½ Std., 75 km, 8-mal tgl.) und Veszprém (1210 Ft., 2 Std., 96 km, 8-mal tgl.). Außerdem fahren Busse nach Budapest (2540 Ft., 3¼ Std., 205 km, 5-mal tgl.), Pápa (1030 Ft., 1¾ Std., 84 km, 5-mal tgl.), und es gibt eine Verbindung nach Sopron (1570 Ft., 2½–3 Std., 129 km, 1- bis 2-mal tgl.).

BADACSONY

☎ 87 / 2300 Ew.

Die Region besteht eigentlich aus vier Städten – Badacsonylábdihegy, Badacsonyörs, Badacsonytördemic und Badacsonytomaj –, doch wenn ein Ungar Badacsony sagt, meint er im Allgemeinen den kleinen Ferienort am Bahnhof Badacsony in der Nähe der Anlegestelle, wo die Fähren abfahren (im Südwesten von Badacsonytomaj).

Badacsony ist gleich in dreierlei Hinsicht gut dran: Es hat nicht nur den See zum Schwimmen und hintendran die Berge, die sich für schöne Spaziergänge und Wanderungen anbieten, sondern auch noch gute Weinlagen. Seit dem Mittelalter wird hier schon Wein angebaut. Badacsony war einer der letzten Orte, die am Nordufer erschlossen wurden und hat deshalb ein ländlicheren Charakter als die anderen Ferienorte. Nur Tihany versucht, dem Ort in Sachen Naturschönheit den Rang streitig zu machen (beide Orte sind Landschaftsschutzgebiete). Summa summarum ist Badacsony ein schönes Plätzchen, um für ein oder zwei Tage auszuspannen.

Orientierung

Die Hauptstraße 71 verläuft am Nordufer entlang und heißt Balatoni út, wenn sie durch Badacsony führt. Hier steigt man auch aus dem Bus aus. Der Schiffsanleger befindet sich an der Ostseite der Straße, fast alles andere westlich der Hauptstraße. Oberhalb des Dorfes warten in der Római út am Fuß des Berges mehrere Pensionen und Häuser mit Privatzimmern auf Gäste. Die Római mündet bei Badacsonytomaj (ein paar Kilometer weiter im Nordosten) in die Balatoni út. Die Szegedi Róza utca zweigt gen Norden von der Római út ab und verläuft durch Weingärten bis zum Restaurant Kisfaludy-Haus (S. 216) am Fuß des Hügels.

Praktische Informationen

Balatontourist (☎ 531 021; Park utca 4) Vermittelt Privatzimmer, Angellizenzen und wechselt Geld.

Miditourist (☎ 431 028; Egry sétány 3; 🕑 Mai–Okt. Mo–Fr 8.30–17, Sa 8.30–12 Uhr); Zweigstelle (☎ 431 028; Park utca 53; 🕑 Mai–Okt. 9–19 Uhr) Die Hauptniederlassung liegt mitten im Dorf, die Zweigstelle im Nordosten.

OTP-Geldautomat (Park utca 4) Neben Balatontourist.

Postamt (Park utca 3)

Tourinform (☎ 431 046; badacsonytomaj@tourinform.hu; Park utca 6; 🕑 Mitte Juni–Mitte Sept. Mo–Fr 9–18 Uhr, Mitte Sept.–Mitte Juni Sa & So 10–14 Uhr) Das gut informierte Personal weiß viel über die Region.

Sehenswertes & Aktivitäten

Das **József-Egry-Museum** (☎ 431 044; Egry sétány 12; Erw./Kind 300/150 Ft.; 🕑 Juli–Aug. 10–20 Uhr, Mai–Juni & Sept.–Okt. Di–So 10–18 Uhr) widmet sich dem bedeutendsten Maler der Plattenseeregion, József Egry (1883–1951). Er ist Ungarns Antwort auf Kokoschka. Viele seiner Werke stellen den Alltag der Fischer und das Leben auf dem Land dar und wirken mit ihren starken, dunklen Farben sehr kraftvoll.

Die dramatischen Hänge und Weingärten oberhalb des Stadtzentrums sind mit kleinen Hütten (mit Weinpressen) und Häusern im ländlichen Barockstil gesprenkelt. Eines davon ist das **Róza-Szegedi-Haus** (☎ 430 906; Szegedi Róza utca; Erw./Kind 400/200 Ft.; 🕑 Mai–Sept. Di–So 10–18 Uhr), das der Schauspielerin und Frau des Dichters Sándor Kisfaludy aus Sümeg gehörte. Es wurde 1790 gebaut und beherbergt heute ein Literaturmuseum.

Der bewaldete, oben abgeflachte Berg mit Blick auf den See ist genau richtig, wenn man den Massen entkommen will. Wer es eilig hat, nimmt einen der Jeeps, die mit „Badacsony-hegyi járat“ (einfach/hin- und zurück 3600/5000 Ft., bis zu 6 Pers.) gekennzeichnet sind. Der Fahrer setzt alle am Restaurant Kisfaludy-Haus (S. 216) ab. Dort befindet sich am Parkplatz auch eine riesige Landkarte mit diversen Wanderwegen. Die Wanderkarte *A Balaton* (Nr. 41; 1:40 000; 800 Ft.) vom Verlag Cartographia ermöglicht eine gute Vorbereitung.

Mehrere Wege führen zu den Aussichtspunkten – mit 437 m liegt der **Kisfaludy-Aussichtspunkt** (Kisfaludy kilátó) am höchsten. Schön sind auch die umliegenden Gipfel des **Gulács-hegy** (393 m) und des **Szentgyörgy-hegy** (415 m) im Norden. Die Landschaft beeindruckt mit aufgelassenen Steinbrüchen und Basalttürmen, die an Orgelpfeifen erinnern. Am faszinierendsten wirkt das **Steintor** (Kőkapu), mehrere Pfade führen am **Rosenstein** (Rózsakő) vorbei. Eine Plakette erklärt eine ungewöhnliche Tradition: Wenn ein Junge und ein Mädchen hier mit dem Rücken zum See beieinander sitzen, sind sie innerhalb eines Jahres ein Ehepaar. Da kann man doch nur Glück wünschen (oder sein Beileid aussprechen, wenn das eher angebracht ist)!

Der briefmarkengroße **Strand** (Eintritt frei) ist mit Schilf bestanden, es empfiehlt sich deshalb, ein paar Kilometer weiter nordöstlich nach Badacsonytomaj oder Badacsonyörs zu

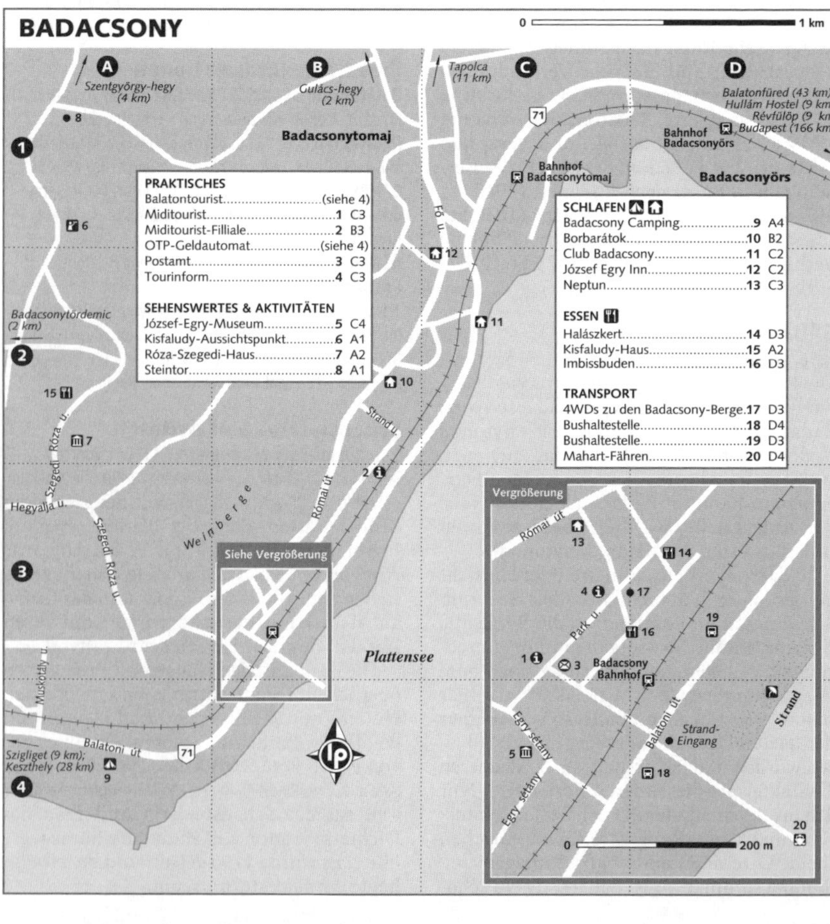

fahren, wenn man wirklich schwimmen will. Informationen über Schiffsausflüge s. Aktivitäten (S. 202).

Schlafen

Miditourist hat ein besonders gutes Verzeichnis an Privatzimmern für die gesamte Region Badacsony, Balatontourist ebenfalls. Ein Doppelzimmer kostet in der Regel 18 bis 25 €. Bei weniger als drei Nächten wird im Allgemeinen ein Aufschlag fällig. Wer selber schauen will: Viele Zimmer liegen an der Római út und Park utca.

BUDGETUNTERKÜNFTE

Neptun (☎ 431 293; Római út 156; B 2000 Ft., EZ/DZ 6000/7000 Ft.; P) Die Zwillingspension des Borbarátok liegt nicht weit vom Bahnhof entfernt und bietet recht unterschiedliche Quartiere, darunter auch ein einfaches Mehrbettzimmer.

József Egry Inn (471 057; Római út 1; 1–5 BZ. pro Pers. 1500–2500 Ft.; ⌚ Mitte April–Mitte Okt.) Der einfache Gasthof ist so ziemlich das Billigste, was sich in Badacsony auftreiben lässt und gut zu Fuß vom Bahnhof Badacsonytomaj zu erreichen. Der Preis variiert je nach Saison.

Badacsony Camping (☎ 531 041; cbadacsony@balatontourist.hu; Stellplätze pro Zelt/Erw./Kind 705–1035/705–975/565–805 Ft.; ⌚ Mai–Anf. Sept.; P) Der Zeltplatz liegt rund 1 km westlich vom Schiffsanleger, hat einen eigenen Strand und jede Menge schattenspendende Bäume. Er eignet sich deshalb gut für Familien und alle diejenigen, die ihre Ruhe haben wollen. Die Preise variieren je nach Jahreszeit, sind aber im Mittel nicht zu hoch.

MITTELKLASSEHOTELS

Club Badacsony (☎ 471 040; www.badacsonyhotel.hu; Balatoni út 14; Zi. 50–112 €; ⌚ April–Nov.; P) Der Club Badacsony mit seinen 70 Zimmern hat eine Sauna und liegt in Badacsonytomaj direkt am Wasser. Der clubeigene Strand ist nichts besonderes, da am Ufer viel Schilf wächst. Der Club ist problemlos das größte Hotel der Stadt und verströmt einen Hauch von Exklusivität.

Borbarátok (☎ 471 597; www.borbaratok.hu; Római út 78; EZ/DZ 6000/7000 Ft.; P) Die Zimmer der Pension liegen über dem Restaurant und sind eher klein, aber trotzdem recht gemütlich. Bis zum See sind es nur ein paar Schritte, auch der Weinkeller ist nicht zu verachten.

DER TIPP VOM AUTOR

Hullám Hostel (☎ 463 089; www.balatonhostel.hu; Füredi út 6; B 12 €, EZ 15–18 €, DZ 30/36 €) Etwa 9 km östlich von Badacsony in der Gemeinde Révfülöp befindet sich das Hullám, das einzige ungarische Hostel mit Flair. Hier geht es so locker wie in der Karibik zu, das junge Personal quatscht und trinkt gern mit den Gästen, und die einfachen Zimmer sind farbenfroh gestaltet. Das Hullám ist somit ideal für junge Urlauber, die ihren Spaß haben und den sonst eher ältlichen Touristen am Nordufer entkommen wollen. Auch Räder werden vermietet (1 Std. 250 Ft., ein/zwei/drei Tage 1800/3200/4500 Ft.).

Es lohnt sich, nördlich der Bahnlinie sein Glück zu versuchen, denn dort liegen in den Weingärten mehrere Pensionen.

Essen

Halászkert (☎ 431 054; Park utca 5; Hauptgerichte 1500 Ft.) Wer es nicht den Berg hinauf zum Kisfaludy-Haus schafft, sich aber eine große Auswahl an Fischgerichten wünscht, kommt hierher. Der Laden ist zwar oft voll und auch recht touristisch, aber das Essen ist super.

Borbarátok (☎ 471 597; Római út 78; Hauptgerichte 1000–2000 Ft.) Im Restaurant mit Bar ist immer viel los. Das Essen wird auf urigen Holztellern serviert. Wer will, kann dazu gleich noch ein Glas hervorragenden Weißweins aus Badascsony bestellen – entweder einen Kéknyelű (Blaustängler) oder einen Szürkebarát (Grauburgunder).

Neptun (☎ 431 293; Római út 156) Nicht zu verachten ist die Pension des Borbarátok mit einem einfachen Restaurant und einer großen Terrasse.

In der Fußgängerzone zwischen dem Bahnhof und der Park utca gibt es jede Menge Imbissbuden mit Würstchen, Fischsuppe, *lángos* und Gyros; an den dazwischen verstreut stehenden **Weinständen** (80 Ft. pro Glas, 450–600 Ft. pro l) wird günstig ausgeschenkt.

An- & Weiterreise

Drei Busse am Tag fahren nach Balatonfüred (544 Ft., 50 Min., 44 km) und Székesfehérvár; weitere Busverbindungen bestehen nach Budapest (2060 Ft., 3 Std., 170 km, 1-mal tgl.), Hévíz (423 Ft., 45 Min., 35 km, 1-mal tgl.), Keszthely (363 Ft., 35 Min.,

27 km, 1-mal tgl.), Tapolca (241 Ft., 30 Min., 16 km, 2-mal tgl.) und Veszprém (786 Ft., 1½ Std., 62 km, 1-mal tgl.).

Badacsony liegt an der Bahnlinie, die alle Orte am Nordufer des Plattensees mit den Budapester Bahnhöfen Déli und Kelenföld (1828 Ft., 3½ Std., 170 km) und Tapolca (182 Ft., 20 Min., 14 km) verbindet. Wer nach Keszthely (346 Ft., 1 Std., 39 km) will, muss in Tapolca umsteigen.

Von Ende April bis Ende Oktober verkehren zwischen Badacsony und Fonyód mindestens viermal täglich Passagierschiffe; im Juni und September fahren acht, im Juli und August sogar neun Schiffe täglich. In Fonyód gibt es mit dem Direktzug nach Kaposvár einen Anschluss ins südliche Transdanubien.

Informationen zur Nostalgie-Dampfschifffahrt von MÁV zwischen den beiden Städten, s. Keszthely (S. 211).

TAPOLCA

☎ 87 / 18 200 Ew.

Die hübsche Stadt liegt besonders schön zwischen dem Oberland des Plattensees und den südlichen Bakony-Bergen, die rund 14 km nordöstlich von Badacsony beginnen. Der Ort strahlt etwas Vornehmes aus und ist überraschend untouristisch. Wer also einmal einen Tag den Menschenmassen am Seeufer entfliehen will, sollte hier fahren.

Geschichte

Tapolca war schon immer ein wichtiger Verkehrsknotenpunkt; unter den Römern führte sowohl die Straße von Rom nach Aquincum als auch die Straße von Savaria (Szombathely) nach Arrabona (Győr) durch Tapolca. Nach den Römern kamen die Avaren und dann die Slaven, die das Gebiet Topulcha nannten, was sich vom slawischen Wort für heiße Quellen ableitet. Die eigentliche Quelle des Wohlstands war aber der Wein – ein Erbe der Römer. Auf der Landkarte tauchte der Ort allerdings erst auf, als die Bakony-Bauxit-Bergbaugesellschaft hier ihre Hauptniederlassung baute.

DER TIPP VOM AUTOR

Kisfaludy-Haus (☎ 431 016; Szegedi Róza utca 87; Hauptgerichte 1500–2500 Ft.; 🕑 April–Nov. bis 24 Uhr) Das hübsche Steincottage hoch oben auf einem Hügel mit Blick über die Weingärten und den See wurde 1798 erbaut und war einst die Weinpresse der Familie Kisfaludy. Der Blick von der Terrasse zählt zu den schönsten am See, und wer in Badacsony etwas essen oder trinken will, ist hier genau richtig. Weiter westlich wartet die hübsche Szigliget-Bucht und direkt im Süden liegen die beiden „Brüste" von Fonyód, wie die Ungarn die Berge von Sípos und Sándor so schön nennen.

Orientierung

Die Hauptverkehrsader von Tapolca ist die Deák Ferenc utca; sie verläuft westlich vom Hősök tere, wo sich auch der Busbahnhof befindet, und erstreckt sich ostwärts bis zum Fő tér, der gleich nördlich vom Mühlensee liegt. Der Bahnhof liegt an der Dózsa György út, etwa 1,2 km südwestlich vom Zentrum.

Praktische Informationen

OTP-Bank (Fő tér 2) mit einem Geldautomat und Geldwechselautomat.

Postamt (Deák Ferenc utca 19)

Tourinform (☎ 510 777; tapolca@tourinform.hu; Fő tér 17; 🕑 Mai–Aug. Mo–Fr 9–17, Sa 9–12 Uhr, Sept.–Mai Mo–Fr 9–16 Uhr) Gleich nördlich vom Mühlensee.

Sehenswertes

MÜHLENSEE

Den **Mühlensee** (Malom-tó) südlich vom Fő tér erreicht man durch das Tor von Haus Nr. 8 oder über die Arany János utca. Der See wird von einer kleinen Fußgängerbrücke durchschnitten: Im Norden liegt der **Große See** (Nagy-tó) mit der Größe eines besseren Teichs und im Süden der **Kleine See** (Kis-tó). Der See wurde im 18. Jh. angelegt, um eine Wassermühle zu betreiben, und wird, seit die Bauxit-Mine den Pegel des Karstwassers gesenkt hat, künstlich gespeist. Aber die Gegend ist und bleibt sehr malerisch: Pastellfarbene Häuser spiegeln sich im Wasser des Großen Sees, eine Kirche und ein Museum stehen unweit des Kleinen Sees. Im Zentrum drehen sich langsam die Schaufeln der Wassermühle, in der heute das Hotel Gabriella (s. S. 218) seine Räume hat.

Die **Katholische Kirche** (🕑 nur während der Messen) im Templom-domb hat einen gotischen Altarraum, die übrige Kirche ist im Barock des 18. Jhs. gestaltet. Die Ruinen der **mittelalterlichen Burg** – sie wurde während der türkischen Belagerung zerstört – sind im Süd-

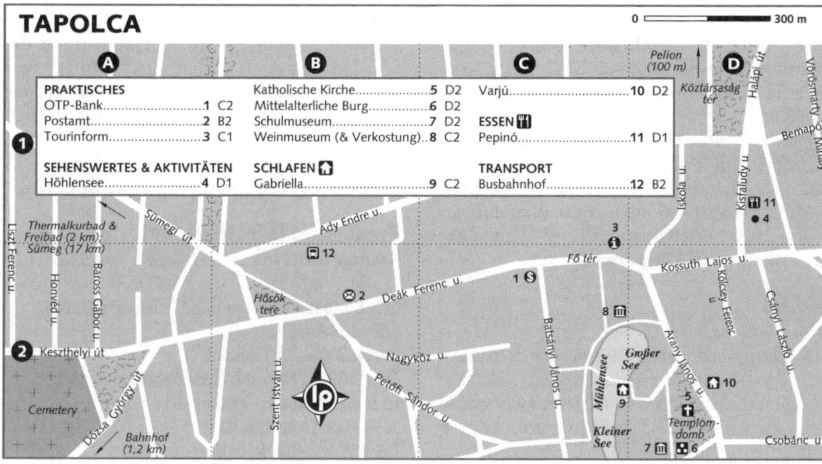

westen zu besichtigen. In der Nähe befindet sich das kleine **Schulmuseum** (Iskola Múzeum; ☎ 413 415; Templom-domb 15; Erw./Kind 200/100 Ft.; ⏰ Mitte April–Mitte Okt. Mo–Fr 9–16 Uhr), das auch gleich noch als Stadtmuseum fungiert.

HÖHLENSEE

Die zweite große Attraktion von Tapolca ist der **Höhlensee** (Tavasbarlang; ☎ 412 579; Kisfaludy utca 3; Erw./Kind 400/200 Ft.; ⏰ Juni–Aug. Di–So 10–17 Uhr, Mitte April–Mai & Sept.–Mitte Nov. Di–So 10–17 Uhr). Er liegt ein Stück weiter nordöstlich. Rund 100 m der Höhle können besichtigt werden, man kann sogar auf einem kleinen unterirdischen Teich mit einem Ruderboot (400 Ft.) herumgondeln. Der Teich kehrte nach der Einstellung des Bergbaus 1990 zurück.

Aktivitäten

Nordwestlich vom Zentrum liegen ein **Thermalbad** und ein **Freibad** (Sümegi út; Erw./Kind 600/400 Ft.; ⏰ Mai–Sept. Mo–Fr 10–20, Sa & So 9–20 Uhr). Wer sich nicht so verausgaben will, geht ins **Weinmuseum** (Bormúzeum; ☎ 414 186; Arany János utca 1; Erw./Kind 400/200 Ft.; ⏰ 9–18 Uhr), wo im langen kühlen Keller zig Sorten Bakony-Wein verkostet werden können.

Schlafen & Essen

Es gibt keinen wirklichen Grund, in Tapolca zu übernachten, da der See und die Sehenswürdigkeiten ja nah beieinander liegen. Wer trotzdem ein Dach über dem Kopf braucht, lässt sich am besten von Tourinform ein Privatzimmer vermitteln.

Pelion (☎ 513 100; reserve@hotelpelion.hunguesthotels.hu; Köztársaság tér 10; EZ/DZ ab 72/102 €; Ⓟ) Das Wellness- und Thermalhotel in einem bietet jede erdenkliche Behandlung, um die (biologische) Uhr zurückzustellen oder wenigstens anzuhalten. Sogar eine eigene feuchte Grotte steht den Gästen zur Verfügung. Die Zimmer sind modern und behaglich gestaltet.

Varjú (☎ 510 522; kalomista.imre@kaloplastik.hu; Arany János utca 14; EZ/DZ 4000/8000 Ft., Hauptgerichte 1000 Ft.; Ⓟ) Die nagelneue Pension direkt gegenüber von der katholischen Kirche hat gepflegte Zimmer und ein Restaurant mit Innenhof. Auch die Weinkarte ist gut.

Pepinó (☎ 414 133; Kisfaludy utca 9; Pizza ab 600 Ft.) Unweit des Höhlensees bietet die einfache Pizzeria mit Tischen auf dem Gehsteig riesige Portionen.

An- & Weiterreise

BUS

Tapolca ist ein wichtiger Verkehrsknotenpunkt. Es fahren fast stündlich Busse nach Keszthely (363 Ft., 35 Min., 28 km), Nagyvázsony (363 Ft., 35 Min., 28 km), Sümeg (302 Ft., 40 Min., 22 km) und Veszprém (605 Ft., 1–1½ Std., 49 km). Weitere Ziele, die sich mit dem Bus erreichen lassen, sind Balatonfüred (725 Ft., 1½ Std., 55 km, 2 Busse tgl.), Badacsonytomaj (241 Ft., 30 Min., 16 km, bis zu 6-mal tgl.), Budapest (1570 Ft., 3½ Std., 162 km, 3-mal tgl.), Pápa (846 Ft., 2 Std., 67 km, 3-mal tgl.) und Székesfehérvár (2 Std., 94 km, 4-mal tgl.).

ZUG

Tapolca ist der wichtigste Bahnhof der Bahnlinie, die die meisten Städte am Nordufer des Plattensees mit Székesfehérvár (1212 Ft., 2¾ Std., 117 km) und Budapest (2030 Ft., 3–4½ Std., 184 km) verbindet. Die Bahnlinie führt nordwestwärts nach Sümeg (182 Ft., 20 Min., 20 km) und Celldömölk (544 Ft., 1 Std., 56 km). Von dort fahren häufig Züge nach Szombathely (1212 Ft., 2¼ Std., 100 km) in Westungarn.

SÜMEG

☎ 87 / 6800 Ew.

Die Kleinstadt rund 19 km nordwestlich von Tapolca liegt zwischen den Bakony- und Keszthely-Bergen und bietet zwei große Sehenswürdigkeiten, die Burg von Sümeg und die schönsten Barockfresken des Landes. Die Burg liegt weithin sichtbar auf einem Berg und bietet einen tollen Panoramablick, die Barockfresken verstecken sich dagegen in den Gassen der Stadt.

Geschichte

Sümeg ist schon seit dem 13. Jh. auf den Landkarten verzeichnet, damals errichtete König Béla IV. hier im Nachklang zu der Mongoleninvasion eine wichtige Grenzfestung. Die Burg wurde in den nächsten drei Jahrhunderten weiter ausgebaut und wehrte erfolgreich die Türken ab. Dann aber fiel sie an die Habsburger, die sie 1713 schließlich niederbrannten.

Das goldene Zeitalter von Sümeg kam später im 18. Jh., als sich die mächtigen Bischöfe von Veszprém hier niederließen und einige der schönen Barockgebäude der Stadt in Auftrag gaben.

DER TIPP VOM AUTOR

Gabriella (☎ 511 070; www.hotelgabriella.hu; Batsányi tér 7; EZ 7400–9800 Ft., DZ 9800–14 800 Ft., Hauptgerichte 1500 Ft.; P) Das Gabriella könnte sich gar keine bessere Lage wünschen – es befindet sich in der alten Mühle der Stadt und steht stolz am Ufer gleich beider Stadtseen. Die Zimmer sind groß und modern und mit viel Naturholz ausgestattet und gehen auf einen der friedlichen Stadtbäche hinaus. Das Restaurant mit seinen Tischen auf der Fußgängerbrücke ist hervorragend. Auch die Bedienung ist ausgezeichnet.

Orientierung

Kossuth Lajos utca heißt die Hauptstraße, die von Norden nach Süden durch Sümeg verläuft. Der Busbahnhof steht am Béke tér, der Fortführung der Kossuth Lajos utca südlich vom Stadtzentrum. Den Bahnhof am Ende der Darnay Kálmán utca erreicht man zu Fuß in zehn Minuten (Richtung Nordwesten).

Praktische Informationen

Balatontourist (☎ 550 259; Kossuth Lajos utca; Mo–Fr 8-17 Uhr)

OTP-Bank (Kossuth Lajos utca 17) Geldautomat und Geldwechselautomat.

Postamt (Kossuth Lajos utca 1)

Tourinform (☎ 550 276; sumeg@tourinform.hu; Kossuth Lajos utca 15; Juni–Aug. Mo–Fr 9–17, Sa 9–13 Uhr; Aug.–Mai Mo–Fr 8–16 Uhr) Teilt sich das Gebäude mit Balatontourist.

Sehenswertes

BURG SÜMEG

Die imposante Burg (Erw./Kind 800/400 Ft.; Mai–Sept. 9–18 Uhr, Okt.–April 9–17 Uhr) thront auf einem 270 m hohen Kalksteinkegel über der Stadt – eine Rarität in einer Gegend, in der eigentlich Basalt dominiert. Über die Vak Bottyán utca geht es hinauf zur Burg – die Straße wird von hübschen barocken *kúriák* (Herrschaftshäusern) gesäumt. Über den Szent István tér führt der Weg auf die Városdal utca und an den **Burgstallungen** (Váristálló; Városdal utca 5) vorbei. In ihnen befindet sich heute eine Reitschule (s. S. 220). Die Burg ist auch vom Nordosten aus über die Straße 84 zu erreichen, außerdem kann man vom Parkplatz am Ende der Városdal utca einen Jeep (pro Pers. 350 Ft.) nehmen.

Burg Sümeg verfiel, als die Habsburger sie Anfang des 18. Jhs. aufgaben, wurde in den 1960er-Jahren jedoch restauriert. Heute ist sie die am besten erhaltene Burg in ganz Transdanubien und lohnt den Aufstieg schon allein wegen der herrlichen Aussicht auf die Bakony-Berge im Osten und die Keszthely-Hügel im Süden. Im kleinen **Burgmuseum** (Vármúzeum) werden Waffen, Rüstungen und Möbel gezeigt; es befindet sich im **Alten Turm** (Öregtorony) aus dem 13. Jh. Zum weiteren Angebot gehören Ponyreiten und Bogenschießen im Hof sowie ein Imbiss und ein Restaurant. Das ganze Jahr über finden mittelalterliche Turniere und Gelage statt. Unterhalb der Burg stehen am nördlichen Ende der Kossuth Lajos utca

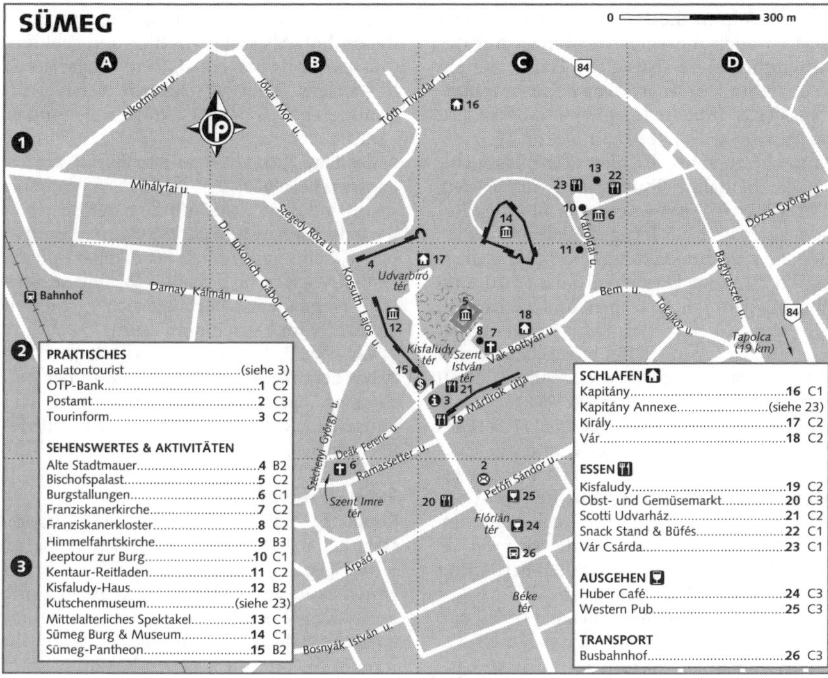

(Nr. 13–33) noch ein paar Reste der **alten Stadtmauer**. Ein Turm aus dem 16. Jh. ist jetzt das Wohnzimmer von Haus Nr. 31.

HIMMELFAHRTSKIRCHE

Auch wenn die Burg das Stadtbild beherrscht, halten viele sie nicht für die bedeutendste Sehenswürdigkeit des Ortes. An erster Stelle steht für sie die **Himmelfahrtskirche** (Kirchenbüro ☎ 352 003; Szent Imre tér; Eintritt frei; ⏲ April–Sept. Mo–Fr 9–12, 13–18 Uhr, Okt. & Nov. Mo–Fr 9–12, 13–16 Uhr, März Mo–Fr 9–12, 13–17 Uhr; Gottesdienste nur Sa & So, ganzjährig). Von außen käme man sicher nicht auf die Idee, denn architektonisch ist das Gebäude (1756) nichts Besonderes. Doch wer durch die Kirchentür getreten ist, versteht, warum sie auch die „Sixtinische Kapelle des Rokoko" genannt wird.

Vielleicht hört sich das ja nach einer argen Übertreibung an, aber die Fresken (1757–58) von Franz Anton Maulbertsch sind die schönsten aus der Zeit des Barock in ganz Ungarn und mit Abstand die beste Arbeit des produktiven Malers. Die Themen der Fresken sind dem Alten und Neuen Testament entnommen und bringen Licht und Schatten hervorragend zur Geltung. Besonders achten sollte man auf die Kreuzigungsszene in Golgatha an der Nordwand des Kirchenschiffs, die Anbetung der heiligen drei Könige mit der Karikatur eines Mohren gegenüber von Golgatha, das Tor zur Hölle auf der anderen Seite des Ganges unter der Orgelempore (an der Westseite unter dem Portal) und den Altaraufsatz, der die Himmelfahrt Christi darstellt. Maulbertsch hat sich selbst in einigen Arbeiten verewigt, am eindeutigsten bei den Schäfern des ersten Freskos an der Südwand (er hält die runden Käselaibe in der Hand). Der Auftraggeber der Fresken, Márton Padányi Bíró, Bischof von Veszprém, ist an der Westwand in der Nähe der Orgel dargestellt. Wer die Fresken in ihrer ganzen Schönheit sehen will, sollte eine Münze einwerfen, dann werden sie beleuchtet.

NOCH MEHR SEHENSWERTES

Die Himmelfahrtskirche stiehlt der **Franziskanerkirche** (Ferences templom; Szent István tér 7; Eintritt frei) aus dem 17. Jh. die Schau; zu sehen gibt es hier moderne Fresken, einen herrlich geschnitzten Barockaltar und eine Pietà, die seit 300 Jahren die Pilger anzieht. Sehenswert ist auch die verzierte Kanzel mit der unheimlichen zerstückelten Hand, die ein Kruzifix umklammert. Das barocke **Franziskanerkloster** (Ferences kolostor; Szent István tér 9; Eintritt frei; ⌚ 11.30–15 Uhr) nebenan wurde 1657 erbaut; viel zu sehen ist hier allerdings nicht.

Der ehemalige **Bischofspalast** (Püspöki palota; Szent István tér 8–10 Uhr) war eine großartige Residenz, als er 1755 fertig gestellt wurde, inzwischen ist eine Generalüberholung dringend notwendig. Die beiden Atlanten, die am Eingang den Balkon tragen, und die kupfernen Regentüllen in Form von Meeresmonstern sind trotzdem schön anzuschauen.

Im **Kisfaludy-Haus** (Kisfaludy szülőháza; ☎ 30-491 9719; Kisfaludy tér 4; Erw./Kind 400/200 Ft.; ⌚ Di–So 10–18 Uhr) kam Sándor Kisfaludy (1772–1844) zur Welt, der „Dichter der Romantik". Neben seinem Leben und Werk werden im Museum auch Exponate aus der Burg Sümeg und zur Geologie der Region gezeigt. An einer Außenwand befindet sich der **Sümeger Pantheon** mit Gedenktafeln berühmter Söhne und Töchter der Stadt.

Das kleine **Kutschenmuseum** (Városoldal utca; Eintritt frei) neben dem Anbau des Hotels Kapitány präsentiert schön restaurierte Kutschen und einige mittelalterliche Waffen und Rüstungen. Im Restaurant Vár Csárda wird der Schlüssel verwahrt.

Aktivitäten

Wer gerne **wandert**, kommt in den Bakony-Bergen östlich von Sümeg voll auf seine Kosten. Wichtig ist eine Wanderkarte, am besten die *Bakonyi-hegység – déli rész* (Bakony-Berge – Südlicher Teil) im Maßstab 1:40 000 (Nr. 3; 800 Ft.).

Wer sich auf ein Pferd schwingen will, besucht die **Stallungen der Burg** (☎ 550 087; varistallo@axelero.hu; Városoldal utca 5) oder den **Kentaur-Reitladen** (☎ 351 836; Városoldal utca 10; ⌚ 9–18 Uhr); in beiden Fällen sind rund 2500 Ft. pro Stunde zu bezahlen.

Mittelalterliche Spektakel (☎ 352 598; Eintritt 700 Ft.; ⌚ Juli & Aug. 11 Uhr) mit verwegenen Typen und wagemutigen Reitern werden im Anbau des Hotel Kapitány veranstaltet.

Schlafen

Tourinform vermittelt Privatzimmer (2500 Ft. pro Pers.).

Király (☎ 352 605; Udvarbíró tér 5; EZ/DZ 4000/6000 Ft.; Ⓟ) Die Pension mit sechs Zimmern ist ein Familienbetrieb in einem alten Bauernhof. Alles ist gemütlich und geblümt, und es gibt eine *csárda*, ein ungarisches Restaurant. Hier werden die Gäste willkommen geheißen, als gehörten sie mit zur Familie.

Kapitány (☎ 352 598; www.hotelkapitany.hu; Tóth Tivadar utca 19; Zi. ab 10 900 Ft.; Ⓟ) Das moderne, schön gestaltete Hotel nördlich der Burg bietet jede Menge Extras wie Sauna, Tennisplätze, Leihpferde, einen Weinkeller und ein erst kürzlich fertig gestelltes Wellnesscenter. Eine Dependance befindet sich nicht weit entfernt vom Kutschenmuseum.

Vár (☎ 352 352; www.hotelvar.hu, in Ungarisch; Vak Bottyán utca 2; EZ/DZ 7000/9000 Ft.) Die Zimmer sind modern, aber irgendwie steril, doch wer einfach in Ruhe schlafen will, wird zufrieden sein.

Essen & Ausgehen

Kisfaludy (☎ 352 128; Kossuth Lajos utca 13; Hauptgerichte 1000 Ft.) Das Restaurant im früheren Hotel Kisfaludy ist eines der wenigen in der Innenstadt, wo man im Sitzen essen kann, außerdem fehlt zum Glück der übliche ungarische Kitsch. Die *cukrászda* ist für ihr leckere Eis und die Kuchen bekannt.

Vár Csárda (☎ 350 924; Városoldal utca; Hauptgerichte 1500–2000 Ft.) Da es näher zur Burg liegt, kehren hier viele Besuchergruppen ein, die hier in den Genuss von Zigeunermusik und einem mittelalterlichen Bankett kommen. Eine schöne Alternative ist es, sich einfach unter die Walnussbäume ins Freie zu setzen – mit Burgblick.

Scotti Udvarház (☎ 350 997; Szent István tér 1; Pizza ab 800 Ft.) Das Scotti füllt ebenfalls Busreisende ab, aber wegen der großen Portionen und dem riesigen überdachten Garten ist es trotzdem nicht übel.

Wer nur schnell etwas im Magen braucht, geht zum **Obst- und Gemüsemarkt** (Árpád utca) in der Nähe vom Busbahnhof oder nimmt etwas von einem *büfé* (Imbissstand) an der Zufahrtsstraße zur Burg (Straße 84) mit.

Beliebte Kneipen finden sich rund um den Busbahnhof, darunter das recht gesetzte **Huber Café** (Florián tér 8) und das fetzigere **Western Pub** (Petőfi Sándor utca 1) mit urigen Holztischen und Rave aus der Musikbox.

An- & Weiterreise

Von Sümeg fahren stündlich Busse nach Hévíz (302 Ft., 35 Min., 23 km), Keszthely

(423 Ft., 50 Min., 31 km) und Tapolca (302 Ft., 40 Min., 22 km); es bestehen häufige Verbindungen nach Pápa (605 Ft., 1¼ Std., 50 km) und Veszprém (846 Ft., zwei Std., 68 km). Weitere Busse fahren nach Budapest (2300 Ft., 4 Std., 184 km, 4-mal tgl.), Győr (1210 Ft., 2¼ Std., 99 km, 4-mal tgl.) und Sopron (1330 Ft., 2½-3½ Std., 107 km, 3-mal tgl.).

Sümeg liegt an der Bahnlinie nach Tapolca (182 Ft., 25 Min., 20 km) und Celldömölk (346 Ft., 45 Min., 36 km); von dort hat man regelmäßig Anschluss nach Szombathely (890 Ft., 2 Std., 81 km). Wer nach Budapest (2200 Ft., 4–5 Std., 205 km) und andere Orten im Osten oder Westen am Nordufer des Plattensees will, muss in Tapolca umsteigen.

NAGYVÁZSONY

☎ 88 / 1810 Ew.

Wer vom Plattensee und seinem Rummel die Nase voll hat, fährt in Richtung Norden nach Nagyvázsony, einem kleinen verschlafenen Marktflecken in den südlichen Bakony-Bergen. Die Strecke von Badacsony über Tapolca oder von Tihany (15 km südöstlich) direkt nach Nagyvázsony führt durch eine der schönsten Landschaften rund um den Plattensee. Außerdem wartet die imposante Burg Vázsonykő aus dem 15. Jh.

Orientierung & Praktische Informationen

Im Stadtzentrum befinden sich die drei Bushaltestellen des Ortes sowie das **Postamt** (Kinizsi utca 59) – und das war's dann auch schon an Erwähnenswertem.

Sehenswertes

BURG VÁZSONYKŐ

Die **Burg** (☎ 264 786; Vár utca; Erw./Kind 600/400 Ft.; April–Okt. Mo–Fr 8–17, Sa & So 9–17 Uhr) liegt an einem sanft ansteigenden Hang im Norden des Städtchens. Die Familie Vezsenyi begann mit dem Bau Anfang des 15. Jhs., 1462 schenkte König Matthias die Burg dann dem General Pál Kinizsi für seinen militärischen Erfolge gegen die Türken. Während der Besatzung war die Burg als Grenzfestung wichtig, im 18. Jh. diente sie als Gefängnis.

Die Burg ist rechteckig und hat einen Wachtturm in Hufeisenform. In den 30 m hohen, sechsstöckigen Burgfried gelangt man über eine Brücke über den Burggraben. Von der Spitze des Turms verläuft ein Riss bis nach unten, aber der Bau ist wohl doch noch sicher. In den oberen Räumen befindet sich nämlich das **Kinizsi-Burgmuseum** (Kinizsi Vármúzeum), in den Zimmern unten meucheln sich gerade ein paar Figuren gegenseitig ab. Ein Teil des roten Marmorsarkophags von General Kinizsi steht in der Mitte der restaurierten Kapelle; in der Krypta sind archäologische Funde ausgestellt.

NOCH MEHR SEHENSWERTES

Das **Postmuseum** (Postmúzeum; ☎ 264 300; Temető utca 3; Erw./Kind 150/75 Ft.; März–Okt. Di–So 10–18 Uhr) befindet sich gegenüber der Burg. Nagyvázsony war im 19. Jh. eine wichtige Haltestelle auf der Poststrecke von Budapest nach Graz – hier wurden die Pferde gewechselt. Das Museum ist viel interessanter, als man meint, vor allem die Abteilung zur Geschichte des Telefons. Sie beginnt mit der ersten Telefonvermittlung in Budapest 1890. Neben dem Museum erhebt sich die **Evangelische Kirche** aus dem 18. Jh. mit einem frei stehenden Glockenturm.

Nicht weit weg wartet das kleine **Volkskundemuseum** (Szabadtéri Néprajzi Múzeum; ☎ 264 724; Bercsényi utca 21; Erw./Kind 200/100 Ft.; Mai–Okt. Di–So 10–18 Uhr) in einem Bauernhaus von 1825. Hier lebte früher ein Kesselschmied – seine Werkstatt ist noch erhalten.

General Kinizsi ließ 1481 an der Stelle, wo früher eine Kapelle stand, die Kirche **St. Stephan** (Szent István templom; Rákóczi utca) errichten. Der Innenraum einschließlich des kunstvollen Hauptaltars ist größtenteils barock gestaltet.

Schlafen & Essen

Malomkő (☎ 264 165; www.malomko.hu; Kinizsi utca 47-49; EZ/DZ 3000/6000 Ft.; P) Das Malomkő ist mit seinen geräumigen Zimmern (einige mit Küche), Naturholzmöbeln und viel Licht sicher die schickste Übernachtungsmöglichkeit in der Stadt. Unten befindet sich ein einfaches, aber anständiges Restaurant, in dem am Wochenende auch mal eine Band aufspielt.

Vázsonykő (☎ 264 344; Sörház utca 2; EZ/DZ 3500/5000 Ft.; P) Die freundliche Pension liegt nur ein paar Schritte von der Burg entfernt und bietet geräumige Zimmer und eine ruhige Umgebung. Im Restaurant oder auf der kleinen Terrasse kommt gute Hausmannskost auf den Tisch.

Vár Csárda (Temető utca 5; Hauptgerichte 1000 Ft.; ⌚ Juni–Sept. 10–18 Uhr) Der Blick vom gemütlichen Garten auf die Burg ist schön und lockt jede Menge Gäste an.

An- & Weiterreise

An die zwölf Busse verkehren täglich nach Nagyvázsony und Veszprém (302 Ft., 30 Min., 22 km), bis zu acht Busse fahren täglich nach Tapolca (363 Ft., 35 Min., 28 km) im Südwesten.

TIHANY

☎ 87 / 1450 Ew.

Tihany liegt 14 km südwestlich von Balatonfüred und ist der historisch bedeutendste Ort am Plattensee. Der Ort liegt auf der gleichnamigen Halbinsel, die 5 km in den See hineinragt und die beiden Seeufer fast verbindet. Die gesamte Halbinsel mit ihren Hügeln und sumpfigen Wiesen steht unter Naturschutz: Hier ist es noch einsam und ursprünglich wie nirgendwo sonst am See. Das Dorf auf einem Hügel im Osten der Halbinsel zählt zu den schönsten der ganzen Region.

Geschichte

In der Gegend gab es zwar bereits eine Römersiedlung, aber auf der Landkarte tauchte Tihany erstmals 1055 auf, als König Andreas I. (Regierungszeit 1046–60) hier ein Benediktinerkloster gründete. Das Dokument zur Abteigründung von Tihany – eines der ersten Zeugnisse auf Ungarisch – befindet sich in Pannonhalma (s. S. 173): Rund 50 Ortsnamen werden in dem überwiegend lateinischen Text aufgezählt. In einem Land, in dem bis zum 19. Jh. die Landessprache zu Gunsten des „kultivierteren“ Latein und Deutsch geächtet war – das galt vor allem in den Schulen –, ist der Text ein linguistisches Kleinod.

1267 wurde um die Kirche eine Festung errichtet, die dann 300 Jahre später den Vormarsch der Türken Einhalt gebot. Doch 1702 wurde die Burg von den Habsburgern zerstört – heute sind nur noch Ruinen zu sehen.

Die Halbinsel Tihany ist ein beliebtes Erholungsgebiet, am West- und Ostufer befinden sich Strände und an der Südspitze ein Hotelkomplex. Hier am so genannten Tihany-Brunnen ist das Wasser mit stellenweise bis zu 12 m am tiefsten – und auch am kältesten.

> **UNGARISCHER "FRÜHLINGSSCHNEE"**
>
> Ungarn gilt nicht gerade als Land, in dem der Schnee leise rieselt und das auch noch im Frühling, aber von Mai bis Juni ist alles ganz anders. Zu der Zeit verweht der Wind den Blütenstaub der Pappeln (*nyárfa*), was konkret bedeutet, dass er in jede Ritze dringt. Den Plattensee trifft es besonders, der weiße Flaum hängt dann in den Dachrinnen, bedeckt die Gehsteige und verfängt sich in den Höfen. Wie jeder Allergiker weiß, sind Pappelpollen ziemlich übel. Wer also Heuschnupfen hat, sollte sich jede Menge Antihistamine mitbringen oder ein paar Scheine extra dabei haben, um die entsprechenden Medikamente kaufen zu können – sonst ist es mit Triefnase und Froschaugen um die wohlverdienten Urlaubsfreuden geschehen. Weitere Informationen zum Thema Gesundheit s. Seite 417.

Orientierung

Das Dorf Tihany thront auf einem 80 m hohen Plateau am Ostufer der Halbinsel. Zwei Straßen führen dort hin, wenn man von der nördlichen Uferstraße 71 in Richtung Süden abbiegt. Der Innere Hafen (Belső kikötő) befindet sich unterhalb des Dorfes; hier legen die Fähren nach Balatonfüred und Siófok ab. Der eigentliche Hafen von Tihany (Tihanyi-rév) an der Spitze der Halbinsel im Südwesten ist zugleich das Erholungsgebiet. Von hier fahren Autofähren nach Szántódi-rév und Personenfähren nach Balatonföldvár.

Es gibt auf der Halbinsel zwei Seen, die durch Grundwasser und Regen gespeist werden. Der Innere See (Belső-tó) liegt fast in der Mitte der Halbinsel und ist vom Dorf aus zu sehen, während der Äußere See (Külső-tó) im Nordwesten fast völlig verlandet ist und bloß noch aus Pflanzen besteht. An beiden Seen leben viele Vögel.

Praktische Informationen

Postamt (Kossuth Lajos utca 37) Geldautomat und Wechselstube.

Tihany (www.tihany.hu) Viele Informationen über die Stadt und ihre Umgebung.

Tihany Tourist (☎ 448 481; www.tihanytourist.hu; Kossuth Lajos utca 11; ⌚ April–Okt. 9–17 Uhr)

Tourinform (☎ 448 804; tihany@tourinform.hu;

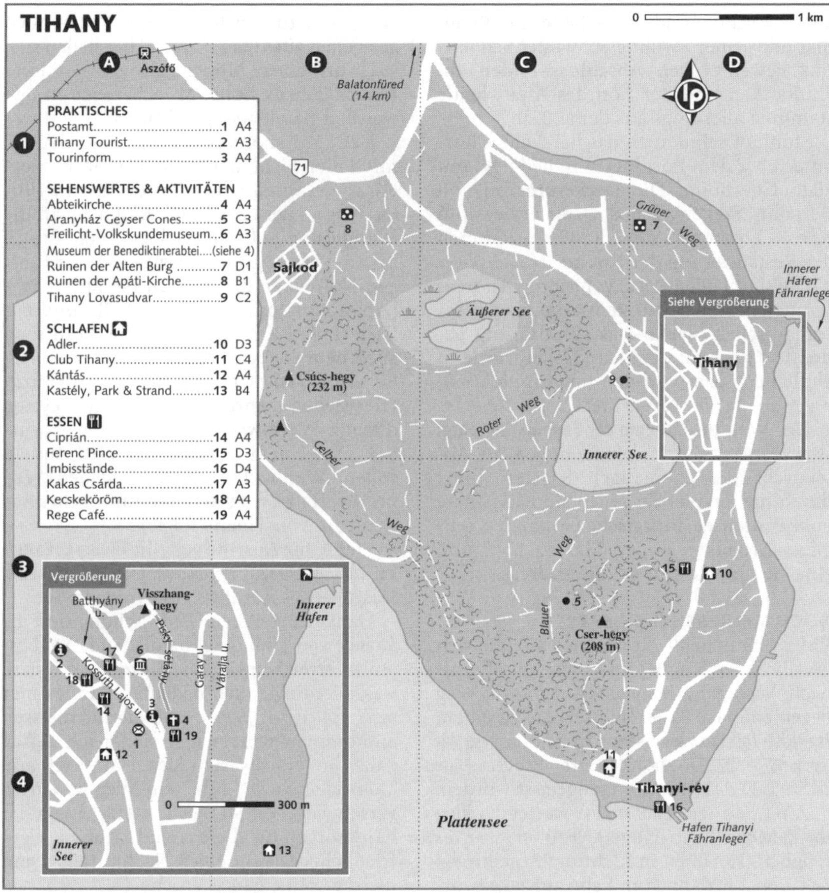

Kossuth Lajos utca 20; ⌚ Mitte Juni–Mitte Sept. Mo–Fr 9–19, Sa & So 10–18 Uhr, Mitte April–Mitte Juni & Anf. Sept. Mo–Fr 9–17, Sa 10–16 Uhr, Anf. Sept.–Mitte April Mo–Fr 10–16 Uhr)

Sehenswertes

ABTEIKIRCHE

Die ockerfarbene **Kirche** (☎ 538 200; Erw./Kind 500/250 Ft., Führungen 8000 Ft.; ⌚ Mai–Sept. 9–18 Uhr, April & Okt. 10–17 Uhr, Nov.–März 10–15 Uhr) mit ihren Zwillingstürmen wurde an der Stelle erbaut, an der vorher die Kirche von König Andreas stand. Zu sehen sind phantastische Altäre, Kanzeln und Lettner, die der österreichischer Laienbruder Sebastian Stuhlhof von 1753 bis 1779 schnitzte. Sie sind wahre Meisterwerke des Spätbarock mit enormem Symbolgehalt.

Steht man mit dem Rücken zum Hauptaltar (der Heilige mit dem zerbrochenen Kelch und der Schlange ist Benedikt, der Gründer des Benediktinerordens) und zum Thron des Abtes, sollte man einen Blick rechts auf den Seitenaltar werfen, der Maria geweiht ist. Der große kniende Engel rechts soll die Verlobte von Stuhlhof sein, eine Fischertochter, die als junges Mädchen starb. Auf dem Altar des heiligen Herzens auf der anderen Seite vom Gang füttert ein Pelikan (Christus) seine Jungen (die Gläubigen) mit seinem eigenen Blut. Die vier Figuren über der Kanzel stellen die vier katholischen Kirchenväter dar: den hl. Ambrosius, den hl. Gregor, den heiligen Hyronimus und den hl. Augustinus. Die nächsten beiden Altäre auf der rechten und linken Seite sind Benedikt und seiner Zwillingsschwester Scholastika geweiht. Den Abschluss bilden ein Taufbecken und der Lourdes-Altar, beide stammen allerdings aus dem 20. Jh.

Stuhlhof schuf auch das herrliche Chorgitter über dem Portikus und die Orgel mit allen Cherubim. Die Deckenfresken von Bertalan Székely, Lajos Deák-Ébner und Károly Lotz entstanden 1889 im Rahmen der Restaurierung der Kirche.

Die sterblichen Reste von König Andreas I. ruhen in einem Kalksteinsarkophag in der romanischen **Krypta**. Das spiralförmig gedrehte Kreuz auf dem Sargdeckel wurde in ähnlicher Form von den ungarischen Königen im 11. Jh. verwendet.

Der Weg ins **Museum der Benediktinerabtei** (Bencés Ápátsági Múzeum) neben der Abteikirche des ehemaligen Klosters führt durch die Krypta. Zu sehen sind Exponate vom Plattensee, liturgische Gewänder, religiöse Artefakte, einige Manuskripte und eine Geschichte von König Andreas.

NOCH MEHR SEHENSWERTES

Pisky sétány heißt die Promenade, die sich nördlich der Kirche auf einer Anhöhe bis nach Visszhang-hegy erstreckt. Am Weg liegen ein paar Bauernhäuser, die zu einem **Freilicht-Volkskundemuseum** (Szabadtéri Néprajzi Múzeum; ☎ 538 022; Erw./Kind 300/150 Ft.; ⌚ Ostern–Mitte Okt. Di–So 10–18 Uhr) zusammengefasst wurden.

Am Ende der Pisky sétány wartet der **Visszhang-hegy** (Echo-Hügel). Früher war es möglich, 15 Silben in Richtung Abteikirche zu rufen, die dann vom Echo zurückgeworfen wurden. Heute sind es mit etwas Glück gerade noch drei Silben, die als Echo zurückkommen. Grund sind wohl die umliegenden Gebäude. Vom Visszhang-hegy führt ein Spaziergang über die Garay utca und Váralja utca zum Inneren Hafen hinunter. Wer will, kann von dort zu einem kleinen Strand laufen oder auch auf den Wanderwegen weitermarschieren, die hier vorbei führen.

Aktivitäten

Die **Wanderwege** sind eine der Hauptattraktionen von Tihany; vor der Abteikirche befindet sich eine gute Karte, auf der alle verzeichnet sind. Wer den Grünen Weg nordöstlich der Kirche nimmt und eine Stunde läuft, kommt zum **Russischen Brunnen** (Oroszkút) und zu den Ruinen der 219 m hoch gelegenen **Alten Burg** (Óvár). Hier haben russisch-orthodoxe Mönche, die einst Andreas I. nach Tihany holte, Mönchszellen in den weichen Basaltstein geschlagen.

Der 232 m hohe **Csúcs-hegy** (Csúcs-Hügel) mit toller Sicht über den Plattensee liegt etwa zwei Stunden westlich der Kirche (Roter Weg). Hier besteht die Möglichkeit, die Wanderung auf dem Gelben Weg, der in Tihanyi-rév beginnt, fortzusetzen. Er führt gen Norden zu den Ruinen der **Apáti-Kirche** (Ápáti templom) aus dem 13. Jh. und zur Uferstraße 71. Von der Kirche kann man auch dem Gelben Weg nach Süden folgen, bis er bei **Aranyház** den Blauen Weg kreuzt. Hier stehen mehrere kegelförmige Geysire, die von Warmwasserquellen geformt wurden und einem „goldenen Pferd" ähneln sollen. Wer will, kann dem Blauen Weg nordwärts zum **Inneren See** und weiter ins Zentrum von Tihany folgen.

Pferde für Ausritte verleiht **Tihany Lovasudvar** (☎ 30–275 3293; Kiserdőtelepi utca 10; 1 Std. Ausritt 3000 Ft.) etwas nördlich vom Inneren See.

Dank der steileren Uferböschung sind die **Strände** von Tihany sehr einladend. Am besten zu erreichen sind die Strände im Osten, was allerdings auch bedeutet, dass es hier sehr voll wird. Wer den Menschenmassen entkommen will, macht sich nach **Sajkod** ganz im Nordwesten der Halbinsel auf. Vom kleinen Ort führt ein Weg zu einem verschwiegenen Strand. Die Hügel von Tihany sorgen für die passende Kulisse – ein friedlicher Ort für einen Nachmittag, wenn nicht gar eine ganze Woche.

Schlafen

Das Angebot an Quartieren ist in Tihany begrenzt, und dementsprechend teuer sind sie. Die Alternative ist ein Tagesausflug mit dem Bus von Balatonfüred. Viele der genannten Hotels sind von Mitte Oktober oder November bis März oder April geschlossen.

Privatzimmer (DZ ab 6000 Ft.) vermittelt Tihany Tourist. An vielen Gebäuden in der Kossuth Lajos utca und in den Gassen im Norden der Abteikirche hängen Schilder mit *„Zimmer frei"*.

Kastély, Park & Strand (☎ 448 611; Fürdőtelepi út 1; EZ 5100–22 000 Ft., DZ 6900–23 800 Ft.; Ⓟ) Das Hotel am Inneren Hafen bietet in der ehemaligen Habsburger Sommervilla (Kastély) angenehme Zimmer. Der hässlichere moderne Flügel (Park) hat nur altmodische Zimmer. Einfache, aber ansprechende Räume finden sich in einem einstöckigen Gebäude (Strand). Zum Hotelgelände gehören außerdem ein 5 ha großer Garten und ein Privatstrand.

Club Tihany (☎ 538 564; www.clubtihany.hu; Rév utca 3; EZ 48–93 €, DZ 80–138 €, Bungalows ab 44 €; P) Ein Stück oberhalb der Anlegestelle der Autofähren liegt der 13 ha große Ferienclub mit 160 Bungalows und einem Hotel mit 330 Zimmern. Der Club bietet alles an Sport, Essen und Trinken, was man sich nur vorstellen kann. Es gibt Bungalows für zwei Personen, einige der Zimmer im Hotelhochhaus haben auch Seeblick und Balkon.

Weiterhin empfehlenswert sind:

Kántás (☎ 448 072; www.hotels.hu/kantas; Csokonai út 49; Zi. 33–41 €) Kleine gemütliche Zimmer mit Balkon in einer ruhigen Straße.

Adler (☎ 538 000; www.adler-tihany.hu; Felsőkopaszhegyi utca 1/a; Zi. 35–43 €; P) Verschwiegenes romantisches Ambiente, Zimmer mit viel Naturholz und weiß getünchten Wänden; Jacuzzi, Sauna und Restaurant im Haus.

Essen

Wie die Hotels, so haben auch die meisten Restaurants von Mitte Oktober oder November bis März oder April geschlossen.

Rege Cafe (☎ 448 280; Kossuth Lajos utca 22; Hauptgerichte 1000–2000 Ft.) Das Rege hat so ziemlich den schönsten Seeblick am ganzen Plattensee, denn es liegt erhöht neben der Benediktinerabtei. Die Kuchen und kleineren Gerichte sind auch nicht zu verachten.

Kecskeköröm (Fossile Muschel; Kossuth Lajos utca 13; Hauptgerichte 1500 Ft.) Das Kecskeköröm bietet ein gutes Quantum an ungarischem Kitsch, aber zum Glück nicht zu übertrieben. Eigentlich passt das Ambiente sogar ganz gut zum bodenständigen ungarischen Essen.

Kakas Csárda (☎ 448 541; Batthyány utca 1; Hauptgerichte 1500 Ft.) Das gemütliche Restaurant in einem weitläufigen Basalthaus steht fast gegenüber vom Kecskeköröm. Auf den Tisch kommen ungarische Spezialitäten, umsonst gibt es den ungarischem Kitsch dazu.

Ciprián (☎ 448 515; Kossuth Lajos utca; Hauptgerichte ab 1500 Ft.) Wer den Seeblick schon leid ist, schaut zur Abwechslung mal ins Landesinnere von Tihany. Die schlichte ungarische Speisekarte des Ciprán ist auf Urlauber ausgerichtet. Zur Freude der Kids gibt es einen sprechenden Kakadu.

Billige Imbissstände warten auf der anderen Seite vom See bei Tihanyi-rév.

An- & Weiterreise

Busse fahren an die zwanzigmal am Tag die 14 km lange Strecke vom Bahnhof Balatonfüred nach Tihany und zurück (182 Ft., 30 Min.). Der Bus hält an beiden Schiffsanlegestellen, bevor er seine Routinestrecke ins Dorf Tihany hinaufkurvt.

Die Personenfähren von Siófok, Balatonfüred und anderen Orten halten von Ende April bis Ende Oktober in Tihany. Die Anlegestellen liegen unterhalb der Abtei am Pier und in Tihanyi-rév. Von März bis Mitte Oktober braucht die Fähre zehn Minuten für das kurze Stück zwischen Tihanyi-rév und Szántódi-rév. Fähren fahren alle 40 bis 60 Minuten.

BALATONFÜRED

☎ 87 / 13 000 Ew.

Balatonfüred ist der älteste und beliebteste Ferienort am Nordufer des Plattensees. Hier geht es nicht so ausgeflippt zu wie in Siófok, was z. T. an der aristokratischen Vergangenheit der Stadt liegt, zum anderen aber auch an der erheblich älteren Klientel, die die weltberühmte Herzklinik mit ihrem Thermalwasser aufsucht.

Geschichte

Das Thermalwasser hier ist reich an Kohlensäure und wird seit Jahrhunderten zur Heilung von Magenleiden verwendet, alle anderen Kureigenschaften hat man erst gegen Ende des 18. Jhs. durch wissenschaftliche Analysen entdeckt. Balatonfüred wurde auf

DER TIPP VOM AUTOR

Ferenc Pince (☎ 448 575; Cser-hegy 9; Hauptgerichte ab 1200 Ft.) Das Ferenc – ein gemütliches Haus mit Reetdach – ist ein Traum für Leute mit einem Faible für Wein und gutes Essen. Der Küchenchef zaubert nicht nur einheimische und internationale Fisch- und Fleischgerichte vom Feinsten, sondern er kredenzt auch noch einige der besten Erzeugerweine. Tagsüber fällt der Blick von der Terrasse über den See, am Abend funkeln die Lichter entlang des Südufers. Das Ferenc Pince befindet sich knapp 2 km südlich der Abteikirche.

der Stelle zum Kurort erhoben – mit einem eigenen Chefarzt, der hier auch wohnte.

Das goldene Zeitalter von Balatonfüred war vor allem die 1. Hälfte 19. Jh., als führende Persönlichkeiten aus Politik und Kultur der Reformära (etwa 1825–48) sich hier im Sommer trafen. Sogar eine Art Schriftstellerkolonie entwickelte sich hier. In Balatonfüred ließ István Széchenyi 1845 auch das erste Plattensee-Dampfschiff *Kisfaludy* vom Stapel.

Um 1900 war Balatonfüred zum Urlaubsort der immer reicher werdenden Mittelschicht avanciert, die hier der sommerlichen Hitze in Budapest entfliehen wollte. Die Gattinnen etablierten sich mit ihren Kindern den ganzen Sommer über im Ort, während die fleißigen Ehemänner nur am Wochenende in die so genannten „Stierzüge" stiegen. Eine herrliche Promenade und ein großes Bad aus Holz wurden zur Erbauung der Gäste am See errichtet.

Orientierung

Balatonfüred besteht aus zwei unterschiedlichen Bezirken, dem Urlaubsareal am See und dem Einkaufszentrum in der Altstadt rund um den Szent István tér im Nordwesten. So ziemlich alles, was es zu sehen und zu tun gibt, befindet sich aber unten am Wasser.

Der Busbahnhof und der Bahnhof liegen an der Dobó István utca, etwa 1 km nordwestlich vom Vitorlás tér mit dem Schiffsanleger. Der schnellste Weg von den beiden Bahnhöfen zum See führt über die Horváth Mihály utca (ostwärts laufen) und dann in Richtung Süden über die Jókai Mór utca.

Praktische Informationen

OTP-Bank (Petőfi Sándor utca 8) 24-Std.-Geldautomat.

Postamt (Zsigmond utca 14)

Tourinform (☎ 580 480; balatonfured@tourinform.hu; Petőfi Sándor utca 68; ⌚ Mai–Okt. Mo–Fr 9–19 Uhr, Mitte Juni–Mitte Sept. Mo–Fr 9–19, Sa 9–18, So 9–13 Uhr, Mitte Sept.–Okt. Mo–Fr 9–17, Sa 9–13, Nov.–Mitte Juni 9–16 Uhr) Liegt etwas ungünstig 1 km nordöstlich vom Zentrum.

www.balatonfured.hu Online-Informationen in vielen Sprachen.

Sehenswertes

Das **Jókai-Gedenkmuseum** (Jókai Emlékmúzeum; ☎ 343 426; Jókai Mór utca; Erw./Kind 300/150 Ft.; ⌚ Mai–Okt. Di–So 10–18 Uhr) befindet sich in der Sommervilla des produktiven Schriftstellers Mór Jókai gleich nördlich vom Vitorlás tér. In seinem Arbeitszimmer entwickelte Jókai unter dem strengen Blick seiner Frau, der Schauspielerin Róza Laborfalvi, viele seiner 200 Romane.

Auf der anderen Straßenseite steht die winzige neoklassizistische **Rundkirche** (Kerek templom; ☎ 343 029; Blaha Lujza utca 1; Eintritt frei; ⌚ nur während der Messe); sie wurde 1846 vollendet. Die *Kreuzigung* (1891) von János Vaszary über dem Altar an der Westwand ist innen das einzig Sehenswerte.

Ein Spaziergang entlang der Blaha Lujza utca führt zur Villa (Nr. 4, heute ein Hotel), in der von 1893 bis 1916 die Schauspielerin und Sängerin Lujza Blaha ihre Sommer verbrachte. Ein kleines Stück weiter folgt der Gyógy tér, das Herz des Kurortes. In der Mitte des grünen Platzes fließt aus dem **Kossuth-Brunnenhaus** (1853) etwas schwefelhaltiges, aber trinkbares Thermalwasser aus der heißen Quelle. Auch wenn Balatonfüred ein bedeutender Kurort ist, sind die Mineralbäder doch ausschließlich für die Patienten der Staatlichen Herzklinik reserviert.

Das spätbarocke **Horváth-Haus** (Gyógy tér 3) war lange Jahre ein Hotel; hier fand 1825 der erste Annenball (s. S. 227) statt; er wurde inzwischen aber ins ehemaligen **Sanatorium** (1802) verlegt.

In der Nähe steht der **Balaton-Pantheon** mit Gedenkplaketten all der Leute, die sich in der Klinik haben behandeln lassen. Zu den prominenten Kurgästen zählt u. a. der bengalische Dichter Rabindranath Tagore. Eine **Büste** des Nobelpreisträgers steht in der Tagore sétány vor einem Zitronenbaum, den er 1926 nach seiner Genesung hier pflanzte. Schräg gegenüber und näher am See fällt der Blick auf das etwas seltsame **Denkmal** einer aus dem Wasser ragenden Hand: Sie erinnert an die Leute, die im See ertranken, als 1954 das Schiff *Pajtás* unterging.

Die Ostseite des Platzes nimmt das **Staatliche Krankenhaus für Kardiologie** (Országos Szívkórház; Gyógy tér 2) ein, dem Balatonfüred seine Existenz verdankt.

Aktivitäten

Balatonfüred hat drei **öffentliche Strände** (Erw./Kind pro Tag 330/190 Ft., pro Woche 1980/1140 Ft.; ⌚ Mitte Mai–Mitte Sept. 8.30/9–18/19 Uhr), der beste ist der **Kisfaludy-Strand** an der Aranyhíd sétány, der sich bis östlich der Tagore sétány zieht (Informationen zu Schiffsausflügen, s. Aktivitäten S. 202).

Mehrere Läden verleihen für 350 Ft. die Stunde Fahrräder, z. B. **Kerékpárkölcsönzés** (Fahrradverleih; ☎ 480 671; Tagore Hotel, Zákonyi Ferenc utca; 🕑 9–19 Uhr).

Ein nettes Ziel mit dem Rad oder zu Fuß ist die **Lóczy-Höhle** (Lóczy-barlang; Öreghegyi utca; Erw./Kind 300/200 Ft.; 🕑 Mai–Sept. Di–So 10–17 Uhr) nördlich vom alten Stadtzentrum. Die Höhle ist die größte ihrer Art in der Region und vom Szent István tér aus zugänglich. Der Weg dorthin führt auf der Arácsi utca an einem hervorragenden Markt vorbei (hier gibt es von Fressalien bis zu Schuhen alles) und dann über die Öreghegyi utca in Richtung Norden. Die drei Hügel Tamás (Thomas), Sándor (Alexander) und Péter im Nordwesten sind ein gutes **Wandergebiet**.

Im Juli findet im Sanatorium nicht weit vom Gyógy tér der **Annenball** statt – der absolute Topevent in jedem ungarischen Veranstaltungskalender. Die Eintrittskarten kosten ab 25 000 Ft. Das Rahmenprogramm des Balls bilden Konzerte und Veranstaltungen, die im ganzen Juli stattfinden.

Schlafen

Die Preise differieren das Jahr über und schießen in der Regel Anfang Juli bis Ende August in die Höhe.

Wie überall am Plattensee sind Privatzimmer recht überteuert. **Sun City Tours** (☎ 481 798; Csokonai utca 1) hilft bei der Vermittlung, ebenso der **Fontaine-Zimmerservice** (☎ 343 673; Honvéd utca 11), der selbst sogar Zim-

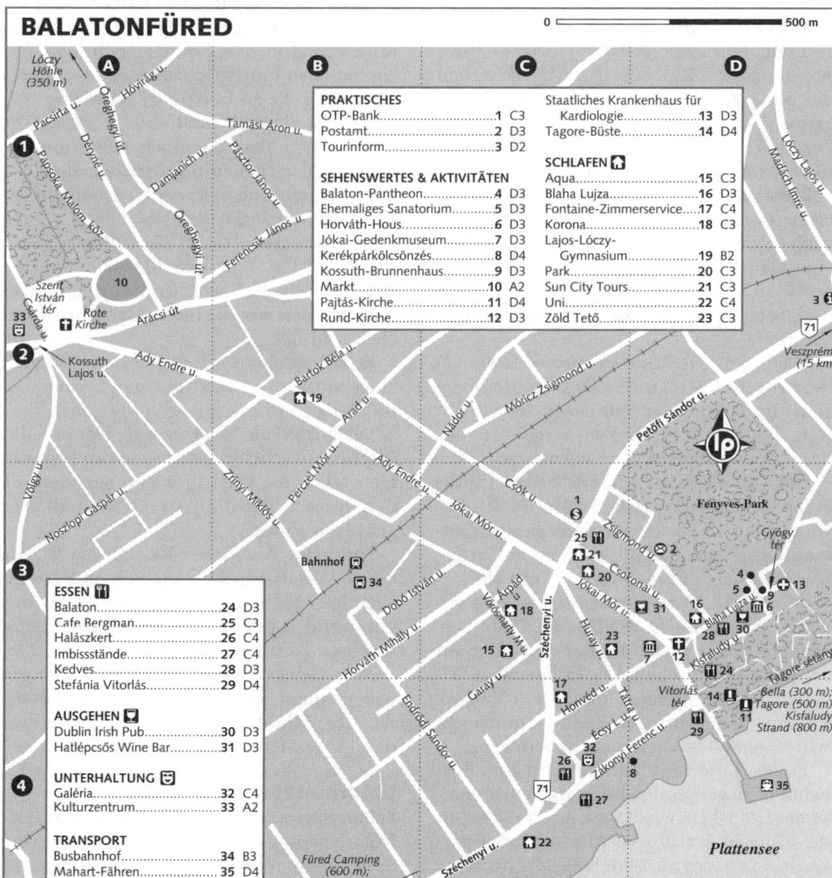

mer über dem Büro vermietet. Es gibt viele Häuser mit Privatzimmern in den Straßen nördlich vom Kisfaludy-Strand.

BUDGETUNTERKÜNFTE

Lajos Lóczy Gymnasium (☎ 343 428; Bartók Béla utca 4; B 2000 Ft.; P) Die Schule bietet im Sommer Betten in Schlafsälen an und liegt supergünstig zum Bahnhof und Busbahnhof.

Füred Camping (☎ 580 241; cfured@balatontourist.hu; Széchenyi utca 24; Stellplätze pro Zelt 18 600–5300 Ft., Erw. 650–1500 Ft., Kind 550–1100 Ft., Bungalows 6400–19 970 Ft.; Motelzi. 5460–19 970 Ft.; April–Mitte Okt.; P) Der einzige Campingplatz von Balatonfüred ist riesig und bietet locker 3500 Personen Platz. Er liegt 1,5 km südwestlich vom Bahnhof direkt am See.

MITTELKLASSEHOTELS

Zöld Tető (Grünes Dach; ☎ 341 701; zoldteto@netquick.hu; Huray utca 4; EZ/DZ 37/52 €; P) Mit Sicherheit die beste Adresse dieser Kategorie in der ganzen Stadt. Die Zimmer sind groß, das Personal ist nett, und auf der schattigen Terrasse lässt es sich gemütlich frühstücken.

Blaha Lujza (☎ 581 210; www.hotelblaha.hu; Blaha Lujza utca 4; EZ/DZ ab 32/41 €; P) Das kleine Hotel zählt zu den schönsten im Ort. Die Zimmer sind klein, aber sehr gemütlich. Von 1893 bis 1916 verbrachte die beliebte Sängerin und Schauspielerin Blaha Lujza hier den Sommer.

Tagore (☎ 342 603; www.hoteltagore.com; Deák Ferenc utca 56; Zi. 24–28 €; P) Das Tagore bietet viel fürs Geld, zum See ist es auch nicht weit. Die Zimmer sind nicht gerade modern, aber trotzdem ganz behaglich.

Park (☎ 343 203; www.parkhotel.hu; Jókai Mór utca 24; EZ 6000–12 500 Ft., DZ 12 000–15 000 Ft.; P) Das Hotel ist recht nobel und bietet riesige Zimmer (einige mit Balkon) und einen Garten. Der Preis schließt Halbpension mit eins.

Uni (☎ 581 360; www.hotels.hu/uni; Széchenyi utca 10; EZ/DZ 9700/13 000 Ft.; P) Das große unpersönliche Hotel ist ein typischer Kasten aus der kommunistischen Ära. Es hat einen Privatstrand und einige Zimmer mit Balkon. Kann ja ganz anregend sein, einmal die schlechten alten Zeiten nachzuerleben...

In der Nähe vom Bahnhof und vom Busbahnhof liegen einige hübsche Pensionen:

Korona (☎ 343 278; www.koronapanzio.hu; Vörösmarty utca 4; EU 26.50–37 €, DZ 31.50–46 €; P) Gemütliche Ausstattung mit Hang zum Kitsch; große, helle Zimmer.

Aqua (☎ 342 813; www.balaton.hu/aquahaz; Garay utca 2; Zi. 28–41 €; P) Makellose Zimmer in einer modernen, aber etwas sterilen Pension.

Essen & Ausgehen

Halászkert (☎ 343 039; Zákonyi Ferenc utca 3; Hauptgerichte 1000–1500 Ft.) Das Restaurant hat eine große schattige Terrasse. Hier wird eine der besten *korhely halászlé* (Fischsuppe) in ganz Ungarn gekocht, auf der Karte stehen aber auch jede Menge andere Fischgerichte.

Balaton (☎ 481 319; Kisfaludy utca 5; Hauptgerichte 1000–2000 Ft.) Das Balaton ist eine kühle, grüne Oase inmitten des ganzen Trubels und liegt ein Stück vom See entfernt in einem Park. Die Portionen sind gigantisch und die Auswahl an Fischgerichten ist enorm.

Bella (☎ 481 815; Tagore sétány; Pizza 800 Ft.) Die Pizza und die ungarische Gerichte sind super, und der Seeblick von der Panoramaterrasse verstärkt den Genuss noch. Es wirkt ein bisschen touristisch, aber etwas anderes in dieser Ecke zu finden, ist schwierig.

Stefánia Vitorlás (Tagore sétány 1; Hauptgerichte 1500 Ft.) Ein Lokal, das noch näher am See liegt, wird sich kaum auftreiben lassen – dementsprechend viel ist los: Also nichts für ein beschauliches Abendessen.

Cafe Bergman (☎ 341 087; Zsigmond utca 3; 10–19.30 Uhr) Wer den Menschenmassen am See entfliehen will, ist hier richtig. Das elegante Café hat die beste Auswahl an Kuchen und Eis.

Kedves (Blaha Lujza utca 7) Auch hier ist jeder gut aufgehoben, der etwas Ruhe sucht. Schon Lujza Blaha gönnte sich hier ihr Tässchen Tee.

Dublin Irish Pub (Blaha Lujza utca 9) Der pseudoirische Pub schenkt Guinness vom Fass aus. Hier fallen die Durstigen ein, nachdem sie den ganzen Tag die Attraktionen am See genossen haben.

Hatlépcsős (Sechs Stufen; Jókai Mór utca 30) Die billige Weinbar lockt Studenten und Trunksüchtige an. Die riesige Terrasse eignet sich gut, um den berühmten Riesling aus Balatonfüred zu probieren.

Wer sich billig den Bauch voll schlagen will, geht am See entlang Richtung Westen. An der Zákonyi Ferenc utca finden sich dann jede Menge Imbissstände.

Unterhaltung

Kulturzentrum (☎ 481 187; Kossuth Lajos utca 3) Die Mitarbeiter des Kulturzentrums unweit vom Szent István tér wissen genau, was derzeit in Sachen Musik und Theater angesagt ist.

Galéria (Zákonyi Ferenc utca; ⌚ Fr & Sa) Im Sommer öffnen in der ganzen Stadt Clubs, darunter auch diese Disko.

An- & Weiterreise

BUS

Den ganzen Tag über fahren Busse nach Tihany (182 Ft., 30 Min., 14 km) und Veszprém (302 Ft., 40 Min., 20 km). Außerdem verkehren Busse nach Budapest (1690 Ft., 2½ Std., 136 km, 4-mal tgl.), Győr (1210 Ft., 2½ Std., 100 km, 7-mal tgl.), Hévíz (907 Ft., 1½ Std., 75 km, 6-mal tgl.), Kecskemét (2660 Ft., 5 Std., 214 km, 1-mal tgl.), Nagykanizsa (1570 Ft., 2¾ Std., 26 km, 1-mal tgl.) und Székesfehérvár (846 Ft., 1½ Std., 69 km, 7-mal tgl.).

SCHIFF

Von Von April bis Ende Oktober fahren täglich bis zu sieben Mahart-Fähren von Balatonfüred nach Siófok und Tihany, von Ende Mai bis Mitte September sind es sogar bis zu acht.

ZUG

Es fahren häufig Express- und Lokalbahnen in Richtung Nordosten nach Székesfehérvár (658 Ft., 1½ Std., 65 km) sowie zu den Bahnhöfen Déli und Kelenföld in Budapest (1420 Ft., 2½ Std., 132 km). Außerdem fahren Züge in Richtung Südwesten nach Tapolca (544 Ft., 1¼ Std., 52 km) und zu diversen Seeorten bis Badacsony (346 Ft., 1 Std., 38 km).

Unterwegs vor Ort

Der Vitorlás tér und der See lassen sich vom Bahnhof oder Busbahnhof mit den Buslinien 1, 1/a und 2 erreichen; der Bus 1 fährt weiter zum Campingplatz Füred. Die Alternative ist ein **Taxi** (☎ 444 444).

VESZPRÉM

☎ 88 / 62 900 Ew.

Vezprém erstreckt sich über fünf Hügel zwischen den nördlichen und südlichen Bakony-Bergen und gilt als eine der am schönsten gelegenen Städte der Region. Die Burg oben auf einem Plateau ist von einer Mauer umgeben und eine Art Freilichtmuseum hinsichtlich Barockkunst und -architektur. Es macht Spaß, durch die einzige zugige Gasse am Burghügel zu bummeln und die vielen schönen Kirchen zu bewundern. Wie sagen die Leute hier so schön: „Entweder es pfeift der Wind in Vezprém oder die Glocken läuten."

Geschichte

Die Römer ließen sich nicht im heutigen Vezprém, sondern 8 km südöstlich in Balácapuszta nieder, wo bedeutende archäologische Funde aus dieser Zeit freigelegt wurden. Prinz Géza, der Vater von König Stephan, gründete in Veszprém gegen Ende des 10. Jhs. ein Bistum, die Stadt wurde ein bedeutendes Religions-, Verwaltungs- und Ausbildungszentrum. Die Gründung der Universität erfolgte schon recht früh, nämlich im 13. Jh. Vezprém entwickelte sich außerdem zu einer der Lieblingsresidenzen der ungarischen Königinnen.

1702 jagten die Habsburger die Burg von Vezprém in die Luft, die meisten mittelalterlichen Gebäude fielen wenig später dem Rákóczi-Unabhängigkeitskrieg (1703–11) zum Opfer. Er ebnete den Weg für das Goldene Zeitalter von Vezprém: Die Kirche und die Grundbesitzer bauten nach dem Krieg fast alle Gebäude, die heute zu sehen sind. Der starke Einfluss der Kirche auf die Stadt behinderte allerdings ihrer wirtschaftliche Entwicklung, sogar die im 19. Jh. gebaute Haupteisenbahnlinie führte an Veszprém vorbei.

Orientierung

Der Busbahnhof (Piac tér) liegt ein paar Fußminuten nordwestlich der Kossuth Lajos utca, der Fußgängerzone mit Geschäften und Reisebüros. Wer am Szabadság tér (am Ende der Kossuth Lajos utca) nach Norden abbiegt und die Rákóczi utca hinuntergeht, kommt zum Eingang vom Burgberg (Várhegy) am Óváros tér.

Der Bahnhof liegt 3 km vom Busbahnhof entfernt am Ende der Jutasi út.

Praktische Informationen

Kokó (Kossuth Lajos utca; 1 Std. 500 Ft.; ⌚ Mo–Do 9–22, Fr & Sa 9–24, So 14–22 Uhr) Konditorei im 1. Stock des Einkaufszentrums Cserhát mit Internetzugang.

OTP-Bank (Óváros tér 25) Geldautomat.

Postamt (Kossuth Lajos utca 19)

Tourinform (☎ 404 548; veszprem@tourinform.hu; Vár utca 4; ⌚ Juni–Aug. Mo–Fr 9–18, Sa 10–16, So 10–16 Uhr, Sept.–Mai Mo–Fr 9–17 Uhr) Viele Infos über die Stadt und die Dörfer in der Umgebung, kostenloser Internetzugang.

Veszprem (www.veszprem.hu) Wer mehr über Veszprém wissen will, loggt sich hier ein.

Sehenswertes

BURGBERG

Ein guter Startpunkt für die Besichtigung von Veszprém ist der Óváros tér, der mittelalterliche Marktplatz am Fuß des Burgbergs. Von den vielen schönen Gebäuden aus dem 18. Jh. ist das spätbarocke **Pósa-Haus** (Óváros tér 3) das interessanteste: Es wurde 1793 gebaut und ist heute eine Bank. Sehenswert sind auch das ehemalige **Zollamt** (Óváros tér 7) – heute ebenfalls eine Bank – und das **Rathaus** (Óváros tér 9).

Die Vár utca ist die einzige Gasse, die zum Burgberg hinauf führt. Gleich zu Beginn geht es durch das **Heldentor** (Hősök kapuja), das 1936 mit den Steinen einer Burg aus dem 15. Jh. errichtet wurde. Auf der linken Seite ragt der **Feuerwehrturm** (tűztorony; ☎ 425 204; Vár utca 9; Erw./Kind 300/200 Ft.; ⏲ Mai–Okt. 10–18 Uhr, Mitte März–April 10–17 Uhr) auf; er präsentiert sich wie der Turm von Sopron in einem Stilmix aus Gotik, Barock und Neoklassizismus. Oben vom Turm bietet sich eine grandiose Aussicht über den felsigen Hügel und die Bakony-Berge.

Die reiche **Piaristenkirche** (Piarista templom; ☎ 426 088; Vár utca 12; Eintritt frei; ⏲ Mai–Aug. 10–18 Uhr, Sept.–Mitte Okt. Di–So 10–17 Uhr) wurde 1836 im neoklassizistischen Stil errichtet. Der **Altarstein** (1467) aus rotem Marmor schräg gegenüber vom Gemeindeamt

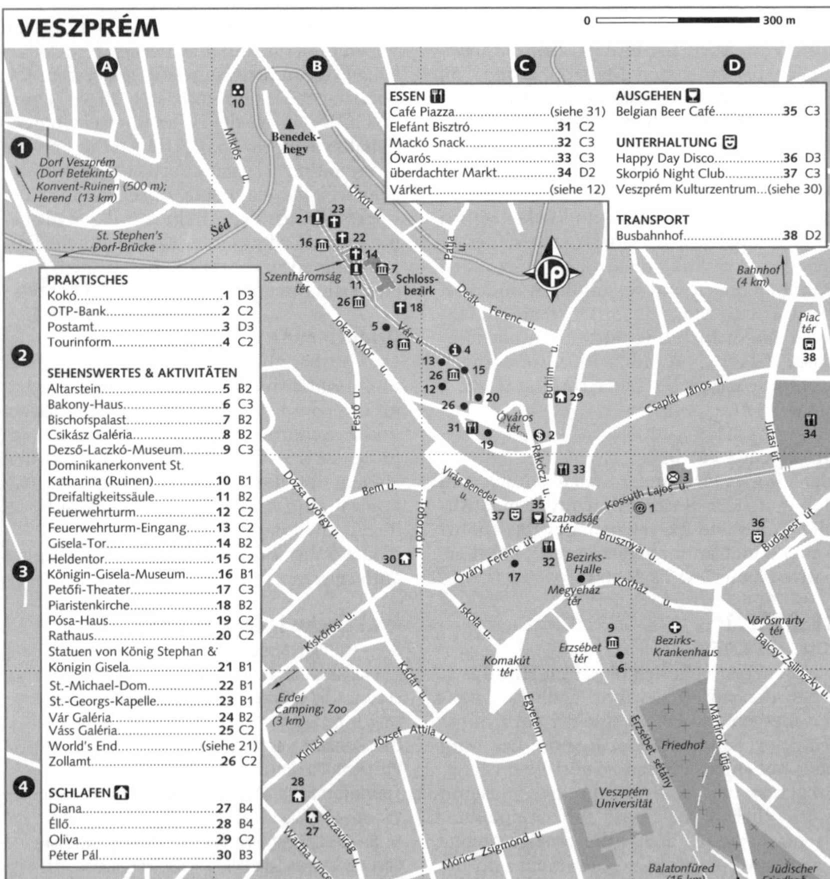

(Nr. 27) ist die älteste Steinarbeit aus der Zeit der Renaissance in Ungarn.

Der u-förmige **Bischofspalast** (Püspöki palota; ☎ 426 088; Vár utca 16; Erw./Kind 500/250 Ft.; ⌚ Mai–Aug. 10–18 Uhr, Sept.–Mitte Okt. Di–So 10–17 Uhr) wurde von Jakub Fellner aus Tata Mitte des 18. Jhs. entworfen; hier stand im Mittelalter die Residenz der Königin. Der Palast geht auf den Szentháromság tér hinaus, der seinen Namen wegen der **Dreifaltigkeitssäule** (1751) in der Mitte erhielt.

Neben dem Bischofspalast beeindruckt die frühgotische **Gisela-Kapelle** (Gizella-kápolna; ☎ 426 088; Vár utca 18; Erw./Kind 100/70 Ft.; ⌚ Mai–Aug. 10–18 Uhr, Sept.–Mitte Okt. Di–So 10–17 Uhr); sie ist nach Gisela, der Gattin von König Stephan benannt, der im frühen 11. Jh. in der Nähe gekrönt wurde. Die Kapelle wurde während der Bauarbeiten am Bischofspalast im 18. Jh. entdeckt. Innen befinden sich sehenswerte byzantinisch beeinflusste Fresken, die die Apostel darstellen. Das **Königin-Gisela-Museum** (☎ 426 088; Vár utca 35; Erw./Kind 300/150 Ft.; ⌚ Mai–Aug. 10–18 Uhr, Sept.–Mitte Okt. 10–17 Uhr) befindet sich gegenüber von der Kapelle und zeigt sakrale Kunst.

Der düstere und strenge **St.-Michael-Dom** (Székesegyház; ☎ 328 038; Vár utca 18–20; Eintritt frei; ⌚ Mai–Aug. 10–18 Uhr, Sept.–Mitte Okt. 10–17 Uhr) – er steht am Platz des ersten Bischofspalastes – datiert aus dem frühen 11. Jh., wurde jedoch seither mehrmals umgebaut. Die frühgotische Krypta ist allerdings original erhalten. Neben dem Dom befindet sich das achteckige Fundament der **St.-Georgs-Kapelle** (Szent György kápolna; ☎ 426 088; Erw./Kind 100/70 Ft.; ⌚ Mai–Aug. 10–18 Uhr, Sept.–Mitte Okt. 10–17 Uhr) aus dem 13. Jh. unter einer Glaskuppel.

Vom **Verteidigungswall** mit dem schönen Namen „Ende der Welt" am Ende der Vár utca kann man gen Norden zum zerklüfteten Benedek-hegy (Benedict-Hügel) und zum Flüsschen Séd schauen. Richtung Westen fällt der Blick auf den Betonviadukt (heute: St.-Stephans-Brücke), der sich über das Betekints-Tal spannt. Am Margit tér am Fuß der Brücke beeindrucken die Ruinen des mittelalterlichen **Dominikanerkonvents St. Katharina**. Im Westen stehen die kläglichen Überreste des **Vezprém-Talkonvents** aus dem 11. Jh. Die ehemaligen Klosterbewohner sollen 1031 Giselas scharlachrote Krönungsrobe aus Seide Stich für Stich genäht haben. Die **Statuen von König Stephan** und **Königin Gisela** am Ende des Burgplateaus wurden 1938 zum 900-jährigen Todestag von König Stephan errichtet (siehe Kasten, S. 232).

In der Vár utca haben sich mehrere **Kunstgalerien** niedergelassen, darunter die **Váss Galéria** (☎ 561 310; Vár utca 7; Erw./Kind 400/200 Ft.; ⌚ Mai–Okt. 10–18 Uhr, Nov.–April 10–17 Uhr), die **Csikász Galéria** (☎ 425 204; Vár utca 17; Erw./Kind 250/150 Ft.; ⌚ Mai–Okt. 10–18 Uhr, Nov.–April 10–17 Uhr) und die **Vár Galéria** (☎ 425 204; Vár utca 29; Erw./Kind 250/150 Ft.; ⌚ Mai–Okt. 10–18 Uhr, Nov.–April 10–17 Uhr). Zu sehen gibt es so ziemlich alles von religiösen Gemälden bis zu postmoderner Bildhauerei.

DEZSŐ-LACZKÓ-MUSEUM

Das **Dezső-Laczkó-Museum** (Bakony Museum; ☎ 564 310; Erzsébet sétány 1; Erw./Kind 300/150 Ft., inkl. Eintritt ins Bakony-Haus; ⌚ Mitte März–Mitte Okt. Di–So 10–18 Uhr, Mitte Okt.–Mitte März Di–So 12–16 Uhr) befindet sich südlich vom Megyeház tér. Präsentiert werden archäologische Funde (vor allem Exponate aus der Römersiedlung Balácapuszta), eine riesige Sammlung ungarischer, deutscher und slowakischer Trachten und exquisite Holzschnitzereien, darunter Objekte des berüchtigten Banditen, der im 18. und 19. Jh. in den Bakony-Bergen sein Unwesen trieb. Neben dem eigentlichen Museum steht noch das **Bakony-Haus** (Bakonyi ház; ☎ 564 330; Erw./Kind 200/100 Ft.; ⌚ Mai–Sept. 1–18 Uhr): Es ist die Nachbildung eines reetgedeckten Bauernhauses aus dem Dorf Öcs im Südwesten von Veszprém. Das Haus aus dem 18. Jh. hat wie alle typisch ungarischen Bauernhäuser drei Räume. Zusätzlich wurde noch eine *kamra* (Werkstatt) nachgebaut.

PETŐFI-THEATER

Das **Theater** (☎ 564 220; Óváry Ferenc utca 2; ⌚ 9–17 Uhr) ist sehenswert – auch ohne den Besuch einer Vorstellung. Das Kleinod des ungarischen Jugendstils in Pink, Grau und Burgunder wurde samt seiner Dekoration 1908 von István Medgyaszay entworfen. Auch bautechnisch ist das Theater interessant, denn es ist das erste Gebäude Ungarns aus Stahlbeton. Auch das große runde Buntglasfenster von Sándor Nagy mit dem Titel *Der Zauber der Volkskunst* ist etwas ganz Besonderes. Informationen über Vorstellungen, s. Unterhaltung.

GEFÜHRTE TOUREN

Von Juni bis August bietet **Tourinform** (☎ 404 548; Vár utca 4) kostenlose Stadtführungen an;

HÄNDCHENHALTEN

Irgendwie hört sich das alles ja schon wie ein Kapitel aus einem makabren Horrorroman an. Man schrieb das Jahr 1996. Die Elfhundertjahrfeier zum Gedenken an die Ankunft der Magyaren im Karpatischen Becken 896 stand bevor. Die Bevölkerung war in Festlaune, und auch der Erzbischof von Veszprém wollte seinen Beitrag leisten.

Er wusste, dass der zukünftige König Stephan und die bayerische Prinzessin Gisela 996 in Veszprém geheiratet hatten. Da wäre es doch nicht übel, so dachte er, wenn der Bischof von Passau – dort ruhen die sterblichen Überreste Giselas seit 900 Jahren – zustimmen würde, eine Hand von ihr nach Ungarn zu schicken. Die geheiligte Dexter, die geschätzte rechte Hand des hl. Stephan, ließe sich sicher aus der Basilika in Budapest herbeischaffen, und dann könnten sie ... Die Phantasie ging mit ihm durch.

Alle willigten ein – der Bischof von Passau schickte gar den ganzen Arm von Gisela –, und der Termin wurde festgesetzt. Auf dem Platz vor dem St.-Michael-Dom von Veszprém wurden die Hände der beiden Eheleute erneut vereint – 1000 Jahre nach dem Hochzeitstag.

Die Welt hat sich an diesem schönen Frühlingsmorgen nicht verändert, wie wir wissen – die Trambahn 2 ratterte in Budapest an der Donau entlang; Herr Kovács verkaufte an seinem Kiosk irgendwo am Plattensee dampfende *lángos,* und Schulkinder in Sárospatak sagten das ABC auf. Aber alle Magyaren waren im Grunde ihres Herzens zufrieden, dass es so passiert war.

los geht es mittwochs und donnerstags um 10 Uhr am Behelfskiosk in der Kossuth Lajos utca.

Festivals & Events

Das **Veszprém Festival** Anfang August lockt jede Menge große internationale Namen aus Jazz und Klassik an.

Schlafen

Oliva (☎ 403 875; www.oliva.hu; Buhim utca 14–16; EZ/DZ 14 100/16 000 Ft.; P 💻) Die edle kleine Pension bietet stilvolle, moderne Zimmer mit ausreichend Platz zum Wohlfühlen; zum Burgberg ist es nicht weit.

Péter Pál (☎ 567 790; info@peterpal.hu; Dózsa György utca 3; EZ/DZ 6600/8900 Ft.; P) Die einfachen, aber stilvollen Zimmer, der hübsche Garten, das überdurchschnittlich gute Restaurant und das hilfsbereite Personal sprechen für das Péter Pál. Das Zentrum ist schnell zu Fuß erreicht.

Diana (☎ 421 061; József Attila utca 22; EZ/DZ 6800/9200 Ft.; P) Wer nur ein Bett und ein Minimum an Aufwand braucht, ist in diesem ruhigen, sauberen und preiswerten Quartier genau richtig. Das Restaurant ist ebenfalls anständig.

Éllő (☎ 420 097; József Attila utca 25; EZ/DZ 10 500/12 000 Ft.; P) Das Éllő befindet sich in einem Haus, das man eigentlich eher in den österreichischen Bergen vermuten würde. Die altmodischen Zimmer sind groß und haben ein Bad.

Erdei Camping (☎ 326 751; Kittenberger utca 14; Stellplätze pro Erw./Kind/Zelt 850/425/800 Ft., Bungalows 9300 Ft.; Motel EZ/DZ 3500/6800 Ft.; 🕑 Mitte April–Mitte Okt.; P) Der kleine Campingplatz liegt ein ganzes Stück westlich der Stadt und damit ideal für alle, die Ruhe und Erholung suchen. Nachteil: Man braucht einen fahrbaren Untersatz. Rund um den Platz liegen Felder und Wälder, auch der Zoo ist nicht weit. Die Motelzimmer haben Gemeinschaftseinrichtungen.

Essen & Ausgehen

Oliva (☎ 403 875; Buhim utca 14–16; Hauptgerichte 1800–2500 Ft.) Das gehobene Speiselokal gehört zur gleichnamigen Pension und bietet ungarische Spezialitäten, eine beachtliche Auswahl an Weinen sowie eine gigantische Terrasse.

Várkert (☎ 442 992; Vár utca 17) Das kürzlich renovierte Restaurant mitten im Burgbezirk hat eine große Auswahl und eine große Terrasse.

Óváros (☎ 326 790; Szabadság tér 14; Hauptgerichte 6500–1500 Ft.) Das Barockambiente, die lange Speisekarte mit vielen Fischgerichten und die zuverlässig gute Küche locken den ganzen Tag über Gäste an.

Belgian Beer Café (☎ 444 900; Szabadság tér 5) Kein Mensch weiß, weshalb Bier aus Belgien in Ungarn der Hit ist, wenn doch das Gebräu der nördlichen Nachbarn viel besser ist ... Nichtsdestotrotz: Das Volk strömt scharenweise in die lässige Kneipe.

Der große **überdachte Markt** (Piac tér) südlich vom Busbahnhof bietet Essbares und anderes.

Mackó Snack (Szabadság tér; Burger & Pizzastücke ab 260 Ft.) Zusammen mit den Studenten und Arbeitern geht es mittags auf einen schnellen Burger oder eine Pizza in das Mackó.

Die nächsten beiden Lokale am Fuß des Burgbergs sind besonders hübsch:

Elefánt Bisztró (☎ 329 695; Óváros tér 6; Hauptgerichte ab 1000 Ft.) Hier gibt es alles vom Steak bis zum Salat und jede Menge Ungarisches – und das sogar noch an Tischen im Freien.

Café Piazza (☎ 444 445; Óváros tér 4; Pizza 800 Ft.; 8.30–22 Uhr) Einfache Pizzeria mit großen Pizzen und Tischen draußen am Platz.

Unterhaltung

Veszprém-Kulturzentrum (☎ 429 111; Dózsa György utca 2) Heimat des städtischen Symphonieorchesters.

Petőfi-Theater (☎ 564 220; Óváry Ferenc utca 2; 9–17 Uhr) Auf die Bühne kommen hervorragende Theaterstücke und Konzerte; Eintrittskarten gibt es an der Theaterkasse (geöffnet Mo–Fr 9–13, 14–17 Uhr); s. auch S. 231.

Happy Day Disco (Budapest út 7; Fr–So bis 4 Uhr) Ein beliebter Club mit absurdem Namen: Hier geht am Wochenende bis in die Puppen die Post ab.

Skorpió Night Club (Virág Benedek utca 1; Mo–Fr bis 2, Fr & Sa bis 4, So bis 1 Uhr) Wem der Sinn nach einer fetzigen, durchzechten Nacht steht, ist hier genau richtig.

An- & Weiterreise

BUS

Die Verkehrsanbindung ist bestens. Alle 30 Minuten oder stündlich fahren Busse nach Budapest (1450 Ft., 2¼ Std., 112 km), Herend (302 Ft., 20 Min., 21 km), Nagyvázsony (302 Ft., 30 Min., 22 km), Keszthely (1090 Ft., 2 Std., 88 km), Pápa (665 Ft., 1¼ Std., 52 km) und Tapolca (725 Ft., 1¼ Std., 59 km).

Weitere Zielorte ab Veszprém:

Zielorte	Preis	Fahrzeit	km	Taktfrequenz
Győr	968 Ft.	2 Std.	79	9-mal tgl.
Kecskemét	2300 Ft.	4 Std.	184	3-mal tgl.
Pécs	2300 Ft.	4 Std.	181	2-mal tgl.
Siófok	605 Ft.	1¼ Std.	48	8-mal tgl.
Sümeg	846 Ft.	2 Std.	68	5-mal tgl.

ZUG

In Veszprém laufen drei Bahnlinien zusammen. Die erste verbindet Veszprém mit den Bahnhöfen von Szombathely (1420 Ft., 2 Std., 124 km) und Budapest (1212 Ft., 2 Std., 112 km) via Székesfehérvár (bis zu 7-mal/14-mal tgl. nach Budapest/Szombathely). Auf der zweite Bahnlinie fahren sechs Züge täglich in Richtung Norden nach Pannonhalma (544 Ft., 1¾ Std., 58 km) und Győr (774 Ft., 2¼ Std., 80 km); dort kann man nach Wien umsteigen (s. S. 408). Die dritte Bahnlinie bindet Veszprém sechsmal täglich an die Zuglinien am Nord- und Südufer des Plattensees an.

Unterwegs vor Ort

Die Buslinien 1 und 2 fahren vom Bahnhof und Busbahnhof zum Szabadság tér, die Alternative ist ein **Taxi** (☎ 444 444).

RUND UM VESZPRÉM

Herend

☎ 88 / 3330 Ew.

Die Porzellanfabrik von **Herend** (www.herend.hu) liegt 13 km westlich von Veszprém und fertigt seit mehr als 150 Jahren das schönste handbemalte Porzellan von ganz Ungarn. Ansonsten gibt es in dem staubigen Dorf nicht viel zu sehen, auch die Preise im Fabrikverkauf sind kaum niedriger als sonst wo. Doch ein Abstecher lohnt sich – er führt zum **Porcelánium** (☎ 523 262; www.porcelanium.com; Kossuth Lajos utca 140; Erw./Kind Fabrik und Museum 1500/500 Ft.; April–Okt. 9–18 Uhr, Nov.–März Di–Sa 9–16.30 Uhr). Dort werden die wertvollsten Stücke der Sammlung Herend gezeigt. Eine Minifabrik verdeutlicht den Produktionsprozess und demonstriert, wie aus einem Klumpen Ton edles Porzellan wird. Alles ist viersprachig ausgeschildert, sodass sich die Entwicklung von bestimmten Mustern und Vorlieben (s. Kasten unten) gut nachvollziehen lässt. Ein Kurzfilm zeichnet außerdem die Geschichte des Herender Porzellans nach. Das Museum liegt fünf Minuten vom Bahnhof entfernt.

Zum Komplex gehört ein **Geschäft** (Mo–Fr 9.30–18, Sa 9.30–17, So 9.30–16.30 Uhr), in dem antike Stücke verkauft werden. Neues Porzellan ist in den Läden der Umgebung erhältlich.

Wenn der Magen knurrt, findet sich im Porcelánium ein gehobenes Restaurant, das **Apicius** (Menü 400 Ft.). Das **Lila Akác** (Kossuth Lajos utca 122; Hauptgerichte ab 800 Ft.) liegt westlich vom Museum auf der anderen Seite der Vasút utca und ist bodenständiger. Auf den Tisch kommen hier herzhafte ungarische Gerichte.

AN- & WEITERREISE

Von Veszprém fahren mindestens halbstündlich Busse nach Herend (302 Ft., 20 Min., 21 km); weitere Ziele sind Sümeg (665 Ft., 1½ Std., 52 km, 3-mal tgl.) und Balatonfüred (484 Ft., 1 Std., 37 km, 2-mal tgl.). Sechs Züge halten in Herend auf der Strecke nach Ajka (264 Ft., 20 Min., 22 km). Wer nach Szombathely will, steigt hier um.

PÁPA

☎ 89 / 33 500 Ew.

Die hübsche friedliche Stadt 50 km nordwestlich von Veszprém wird auch das „Athen Transdanubiens" genannt. Seinen Beinamen verdankt es vor allem der kalvinistischen Schule. Literarische Größen wie der Dichter Sándor Petőfi und der Romancier Mór Jókai drückten hier im 19. Jh. die Schulbank. Seit Jahrhunderten ist Pápa für seine religiöse Toleranz bekannt.

Geschichte

Im 16. Jh. gewann der Protestantismus in dieser Gegend rasch an Boden; so wurde hier 1577die erste Übersetzung des Heidelberger Katechismus ins Ungarische veröffentlicht. Im Mittelalter war Pápa nach Sopron und Sárvár die drittwichtigste Bastion der Protestanten in Transdanubien.

Nach der Befreiung von den Türken erlebte Pápa eine Blütezeit; unter Bischof Károly Esterházy entstanden viele der schönen Barockbauten. Von 1648 bis zum Ende des Zweiten Weltkrieg (1939–45) gehörte die Stadt praktisch seiner Familie. Sein Bruder Ferenc förderte den Handel, indem er Juden gestattete, sich in Pápa niederzulassen. Töpferei, merzerisierte Baumwollstoffe und Papierindustrie waren Industriezweige, die überwiegend in der Hand der jüdischen Bevölkerung lagen. Gegen Ende des 19. Jhs. war die Gemeinde von Pápa die größte jüdische Gemeinde in ganz Ungarn.

Orientierung

Die Hauptschlagadern der Stadt sind der Fő tér und der Fő utca, der vom Kastély-Park gen Osten zum Március 15 tér verläuft. Die Fußgängerzone Kossuth Lajos utca beginnt an der großen Gemeindekirche am Fő tér und zieht sich gen Süden. Der Busbahnhof (Szabadság utca) befindt sich ein Stück östlich von der Kirche. Der Bahnhof (Béke tér) liegt nördlich vom Zentrum am Ende der Esterházy Károly utca.

Praktische Informationen

Hauptpostamt(Kossuth Lajos utca 29)

K&H Bank (Kossuth Lajos utca 27) Geldautomat.

OTP-Bank (Fő utca 5) Geldautomat.

Tourinform (☎ 311 535; papa@tourinform.hu; Fő utca 5; 🕑 Mo–Fr 9–17 Uhr) Kleine Touristeninformation unweit vom Hauptplatz.

Sehenswertes

Das gewaltige u-förmige gelbe Gebäude am Eingang zum Kastély-Park ist das ehemalige **Schloss Esterházy** (Esterházy kastély; ☎ 313 584; Eintritt frei; 🕑 Di–So 9–17 Uhr); es wurde 1784 auf den Fundamenten einer älteren Burg errichtet. Russische Soldaten waren hier bis Ende der 1990er-Jahre stationiert. Das Schloss

PORZELLAN AUS HEREND

Eine Terracotta-Fabrik, die 1826 in Herend in Betrieb ging, begann 13 Jahre später unter Mór Farkasházi-Fischer aus Tata in West-Transdanubien mit der Porzellanherstellung.

Anfangs wurde das zerbrochene, aus Asien importierte Porzellan der Adeligen kopiert oder ersetzt. Im Museum sind recht verrückte Interpretationen japanischer Kunst und chinesischer Gesichter aus dem 19. Jh. zu bestaunen. Aber bald begann die Fabrik, ihre eigenen Muster zu kreieren. Viele, so z. B. der Rothschild-Vogel und die *petites roses,* sind von Mustern aus Meissen und Sèvres in Deutschland bzw. Frankreich inspiriert. Die Schmetterlinge und wilden Blumen aus der Region Bakony wurden für Königin Viktoria entworfen, nachdem sie 1851 in London eine Ausstellung mit Stücken aus Herend bewundert hatte.

Um nicht Pleite zu gehen, nahm die Herend-Fabrik in den 1870er-Jahren dann die Massenproduktion auf – mit kitschigen Landschafts- und Jagdszenen über Tierfiguren bis hin zu Dreiecksmustern. 1993 erwarben die Arbeiter drei Viertel der Fabrik – eine der ersten Firmen Ungarns, die mit den Angestellten als Aktionären privatisiert wurde; das letzte Viertel gehört dem Staat.

beherbergt ein kleines Regionalmuseum, eine Musikschule und eine Bibliothek. Ab und zu steht man vor verschlossenen Türen, wenn gerade mal wieder renoviert wird.

Südlich vom Schlosst ragt die **Große Kirche** (Nagytemplom; Fő tér; Eintritt frei; 9–16 Uhr) auf; sie wurde von Jakub Fellner 1786 gebaut und ist dem hl. Stephan geweiht. Zu sehen sind herrliche Fresken (1781–82) von Franz Anton Maulbertsch (von ihm sind auch die Fresken in Sümeg) und Hubert Mauer. Sie zeigen das Leben und Martyrium des Heiligen. Die kahlen grauen Wände wirken allerdings recht deprimierend.

Das **Museum der kalvinistischen Kirchengeschichte** (Református Egyháztörténeti Múzeum; 342 240; Fő utca 6; Erw./Kind 150 Ft./frei; Mai–Okt. Di–So 9–17 Uhr) klingt nicht gerade nach einem Renner, aber die Sammlung von schlichten Holzaltären ist schön. Außerdem erfährt man viel über die Rolle der **Kalvinistischen Schule** (Református Kollégium; 324 420; Március 15 tér 9; Eintritt frei; Di–Fr 8–16, Sa & So 9–17 Uhr) und den Protestantismus. Die Schule selbst befindet sich ein Stück weiter im Süden. Die **Bibliothek** mit 75 000 wertvollen Büchern lohnt einen Besuch.

Das beliebteste Museum von Pápa ist sicher das **Färberei-Museum** (Kékfestő Múzeum; 324 390; Március 15 tér 12; Erw./Kind 400/200 Ft.; April–Okt. Di–So 9–17 Uhr, Nov.–März Di–Sa 9–16 Uhr). Hier wird demonstriert, wie Baumwollstoff in dem satten Dunkelblau gefärbt wird, für das Pápa in ganz Ungarn berühmt ist. Das Museum befindet sich in einer Fabrik, die seit 1956 außer Betrieb ist. Da die Maschinen dort aber noch immer bestens funktionieren, finden manchmal Vorführungen statt. Zusätzlich sind noch interessante Farbproben und alte Fotos zu sehen.

Die Straßen, die westlich von der Kossuth Lajos utca abgehen, beeindrucken durch ihre wunderschöne Architektur. Das gilt vor allem für die Gebäude an der **Korvin utca** – wahre Juwelen der Gotik, des Barock und des Rokoko warten dort (Nr. 4, 9, 7 und 13 – heute meist Büros). Gen Süden blieb leider von der **Großen Synagoge** (Nagyzsinagóga; Petőfi Sándor utca 24-26), einem romanischen Gebäude von 1846, nicht viel erhalten. Das aus einigen 100 000 Ziegeln gebaute Haus hatte die Familie Esterházy gestiftet.

Schlafen & Essen

Tourinform vermittelt Privatzimmer in der Stadt und der Umgebung.

Arany Griff (312 000; www.hotelaranygriff.hu; Fő tér 15; EZ 5984–7480 Ft., DZ 8704–11 790 Ft.; P) Von den Privatzimmern abgesehen, ist das Arany Griff die einzige anständige Unterkunft mit behaglichen, altmodischen Zimmern und einem tollen Blick auf die Große Kirche auf der anderen Seite des Fő tér.

Kossuth (Kossuth Lajos utca 22; Hauptgerichte 600–1000 Ft.) Das Kossuth in einem ruhigen Hof im Kossuth-Udvar- Einkaufszentrum bietet alles von Pizza bis zu ungarischen Gerichten, die im Freien unter einem pagodenartigen Gebilde auf den Tisch kommen.

Lokale sind relativ dünn gesät, aber im Restaurant hinten im **Arany Griff** (Hauptgerichte 1000–2000 Ft.) samt seiner *cukrászda* und Tischen im Freien ist man auf der sicheren Seite.

An- & Weiterreise

BUS

Die Busverbindungen nach und von Pápa sind gut. Im Stundentakt verkehren Busse nach Győr (605 Ft., 1 Std., 48 km) und Veszprém (665 Ft., 1¼ Std., 50 km). Weitere Ziele sind Balatonfüred (786 Ft., 1¾ Std., 63 km, 2-mal tgl.), Budapest (2060 Ft., 4 Std., 170 km, 3-mal tgl.), Keszthely (968 Ft., 2¼ Std., 80 km, 8-mal tgl.), Sümeg (665 Ft., 1¼ Std., 51 km, 5-mal tgl.) und Tapolca (725 Ft., 1½–2 Std., 59 km, 4-mal tgl.).

Nach Wien fährt ein Bus am Montag, Donnerstag und Freitag um 6.55 Uhr.

ZUG

Pápa liegt an der Bahnlinie, die Győr (430 Ft., 1 Std., 47 km) mit Celldömölk verbindet; von dort kann man bis zu 19-mal am Tag nach Szombathely (658 Ft., 1–2 Std., 70 km) weiterfahren. Der einzige andere Ort, der sich von Pápa aus mit dem Zug erreichen lässt, ist Csorna an der Hauptbahnlinie von Győr nach Sopron.

SZÉKESFEHÉRVÁR

☎ 22 / 106 300 Ew.

Székesfehérvár sieht auf den ersten Blick nur wie eine weitere Großstadt an der M7 zwischen Budapest und dem Plattensee aus. Die Stadt hat sich jedoch eine historische Bedeutung für Ungarn, weil dort der Magyaren-Führer Árpád erstmals ein Lager aufschlug und auf diese Weise die älteste Stadt Ungarns gründete. Was allerdings nicht bedeutet, dass die Stadt deshalb ein wichtiges touristisches Ziel wäre. Ganz im Gegenteil, Székesfehérvár wird oft übergangen. Das ist schade, weil die Innenstadt wirklich schön ist und einige Sehenswürdigkeiten einen Abstecher, wenn nicht sogar eine Übernachtung, lohnen.

Geschichte

Schon im 1. Jh. existierte eine Römersiedlung in Gorsium bei Tác. Als Árpád gegen Ende des 9. Jhs. hierher kam, boten ihm das Sumpfland und der Fluss Sárvíz Schutz – aus diesem Grund errichtete knapp 100 Jahre später auch Prinz Géza hier eine Burg. Doch erst König Stephan I. hob den Status von Székesfehérvár, indem er in Alba Regia, so nannte er den Ort, eine Wehrbasilika errichtete. Die ungarischen Könige und einige der Königinnen wurden in den nächsten 500 Jahren hier gekrönt und begraben. Der Name der Stadt bedeutet „Sitz der Weißen Burg", denn sie war königliche Hauptstadt, und Weiß war die königliche Farbe.

Neben Visegrád, Esztergom und Buda diente auch Székesfehérvár jahrhundertelang als königliche Kapitale. Hier wurde 1222 König Andreas II. von seinen Söldnern gezwungen, die Goldene Bulle zu unterzeichnen, , eine frühe Niederschrift der Grundrechte. Die Türken nahmen Székesfehérvár 1543 ein und bewahrten in der Basilika ihr Schießpulver auf; sie flog während einer Belagerung 1601 in die Luft. Als die Türken 1688 abzogen, waren die Basilika und die königlichen Grabmäler ein Trümmerhaufen.

Stephan und Árpád würden das heutige Székesfehérvár kaum mehr wiedererkennen. Die Steine der Basilika wurden 1801 für den Bau des Bischofspalastes verwendet. Zig Jahrzehnte später legte man den Sumpf trocken und die Sárvíz wurde umgeleitet. Ab dem 11. Jh. wurde die Stadt auch verkehrstechnisch wichtig, als die Kreuzritter hier auf ihrem Weg zur Adria durchzogen. Mit der Eisenbahn in den 1860er-Jahren avancierte die Stadt zu einem Verkehrsknotenpunkt.

Im März 1945 begannen die Deutschen ihren letzten großen Gegenangriff in der Nähe von Székesfehérvár. Mit der Zerstörung der Vorstädte – das historische Zentrum blieb mehr oder weniger intakt – wurde der Grundstein für die industrielle Entwicklung nach dem Krieg gelegt.

Orientierung

Der Városház tér und der Koronázó tér bilden das Herz der Altstadt. Die Fö utca – bei den Römern hieß sie noch Vicus Magnus – verläuft von hier aus als Fußgängerzone nach Norden. Der Bahnhof liegt 15 Minuten zu Fuß in Richtung Südosten und lässt sich über die József Attila utca und ihre Fortführung, die Deák Ferenc utca, erreichen. Der Busbahnhof befindet sich nicht weit weg vom Markt an der westlichen Mauer der Altstadt.

Praktische Informationen

Bibliothek (Bartók Béla tér 7; 1 Std. 200 Ft.; ⌚ Mo–Fr 10–18, Sa 10–17 Uhr) Internetzugang.
Hauptpostamt (Kossuth Lajos utca 16)
Ibusz (☎ 348 316; Táncsics Mihály utca 5; ⌚ Mo–Fr 8–17 Uhr) Geldwechsel möglich.
OTP-Bank (Fő utca 6) Geldautomat.
Tourinform (☎ 537 261; tourinform@pmhiv.szekesfehervar.hu; Városház tér 1; ⌚ Mitte Mai–Mitte Sept. 9–19

Uhr, Mitte Sept.–Mitte Mai Mo–Fr 9–16 Uhr) Im Büro neben dem Rathaus gibt es auch Theaterkarten.

www.szekesfehervar.hu Bietet weitere Informationen über die Stadt.

Sehenswertes

STEPHANSDOM

Der **Stephansdom** (Szent István székesegyház; Géza nagyfejedelem tér; Eintritt frei; ⌚ nur während der Messe) bei der Arany János utca wurde 1470 gebaut und eigentlich den Heiligen Peter und Paul geweiht. Heute präsentiert sich der Dom jedoch als eine überwiegend barocke Kirche aus dem 18. Jh. Die Deckenfresken (1768) innen stammen von Johannes Cymbal. Auf den Pflastersteinen vor dem Dom findet sich der Grundriss einer früheren Kirche, vermutlich aus dem 10. Jh. Das Holzkruzifix an der Nordwand ist den Opfern des Aufstands von 1956 geweiht.

Gleich nördlich vom Dom wurde die **St.-Annen-Kapelle** (Szent Anna kápolna; Arany János utca; Eintritt frei; ⌚ nur während der Messe) etwa zur gleichen Zeit erbaut; einige Elemente wie den Turm wurden ein paar Jahrhunderte später ergänzt. Die Türken nutzten die Kapelle zum Beten. Die Relikte eines Gemäldes aus dieser Zeit sind noch zu sehen.

RUND UM DEN VÁROSHÁZ TÉR & DEN KORONÁZÓ TÉR

Die Arany János utca mündet auf den Városház tér und den Koronázó tér. Das einstöckige **Rathaus** (Városház tér) stammt von

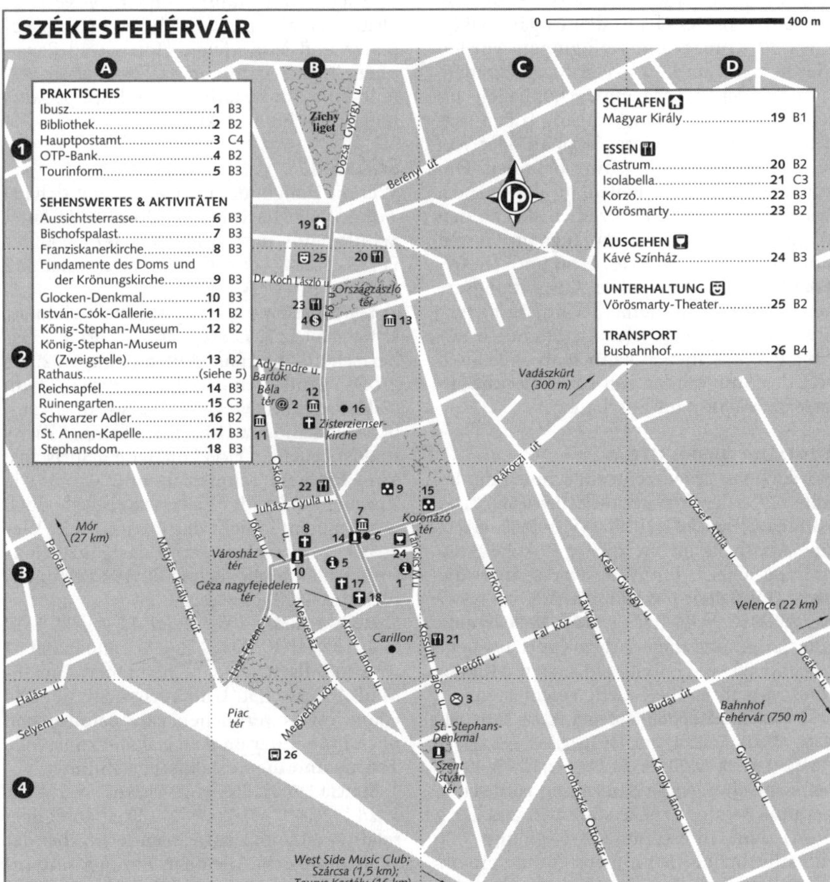

1690; der größere Nordflügel war einst der Zichy-Palast, der im 18. Jh. gebaut wurde. Gegenüber ragt die strenge **Franziskanerkirche** (Ferences templom; Eintritt frei) von 1745 auf. Die Steinkugel mit einer Krone in der Mitte des Platzes ist der **Reichsapfel** (Országalma), der König Stephan gewidmet ist. Das **Denkmal**, das an eine auf der Seite liegende kaputte Glocke (1995) erinnert, gedenkt der Opfer des Zweiten Weltkriegs.

Das beeindruckendste Gebäude am Koronázó tér ist jedoch der **Bischofspalast** (Püspöki palota). Er wurde aus den Trümmern der mittelalterlichen Basilika und der königlichen Begräbniskapellen errichtet. Die Basilika und die Kapellen standen im Osten, dem heutigen **Ruinengarten** (Romkert; ☎ 315 583; Erw./Kind 290/130 Ft.; ⏲ April–Okt. Di–So 9–17 Uhr). Der Ort ist den Ungarn heilig: Etwa 30 Könige und Königinnen wurden hier gekrönt und 15 liegen hier begraben. In den weißen Marmorsarkophagen im Raum rechts am Haupteingang sollen sich die Überreste von Géza, Stephan oder von seinem jüngeren Sohn Imre befinden. Dekorative Steinmetzarbeiten aus der Basilika und den Königsgräbern ziehen sich an den Wänden der Arkaden entlang. Im Garten sind die Fundamente des **Doms** und der **Krönungskirche** zu sehen. Die Ausgrabungsarbeiten werden in kleinem Umfang fortgeführt. Der Ruinengarten ist öffentlich zugänglich, das meiste kann man aber auch von der Straße oder von einer **Aussichtsterrasse** (Koronázó tér) aus anschauen.

RUND UM DIE FÖ UTCA

Nördlich vom Stadtzentrum schufen die Jesuiten 1758 den **Schwarzen Adler** (Fekete Sas; ☎ 315 583; Fő utca 5; Erw./Kind 290/130 Ft.; ⏲ Di–So 10–18 Uhr), eine Apotheke mit herrlicher Rokoko-Ausstattung. Gleich im Westen präsentiert die **István-Csók-Galerie** (☎ 314 106; Bartók Béla tér 1; Erw./Kind 290/130 Ft.; ⏲ Mo–Fr 10–19, Sa & So 10–18 Uhr) eine gute Sammlung ungarischer Kunst aus dem 19. und 20. Jh. Jeweils am ersten Montag eines Monats ist die Galerie geschlossen.

Das **König-Stephan-Museum** (István Király Múzeum; ☎ 315 583; Fő utca 16; Erw./Kind 290/130 Ft.; ⏲ Mai–Sept. Di–So 10–16 Uhr, Okt.–April Di–So 10–14 Uhr) zeigt eine große Sammlung römischer Keramik (einige Stücke stammen aus Gorsium), eine interessante Ausstellung mit volkstümlicher Schnitzerei und einem Überblick über die tausendjährige Stadtgeschichte von Székesfehérvár. In der **Zweigstelle** des Museums (⏲ Okt.–April Di–So 14–18, Okt.–April 14–16 Uhr) am Országzászló tér werden Wechselausstellungen gezeigt.

Aktivitäten

Im Osten der Stadt liegt der **Velence**, er ist mit 10,5 km Länge und 26 km² Fläche der drittgrößte See Ungarns. Da er im Schnitt nur 2 m tief ist, eignet er sich ideal für Familien mit kleinen Kindern. Fast ein Drittel des Sees ist von Algen überwuchert – entsprechend viele Vögel lassen sich hier beobachten. Ansonsten bietet sich der See zum Schwimmen, Bootfahren, Windsurfen, Wasserskifahren und Angeln an.

Am meisten ist in den Städten **Gárdony** und **Agárd** am Südufer und in **Velence** im Osten los; hier finden sich zehn Campingplätze und jede Menge Hotels und Pensionen. Tourinform von Székesfehérvár verteilt eine informative Broschüre zu den möglichen Freizeitaktivitäten.

Schlafen

Wer die Billigbude sucht, erkundigt sich bei Tourinform nach einem Quartier in einer Schule (Juli und August, 2000–4000 Ft./Pers.). Ibusz vermittelt Privatzimmer (ab 4500 Ft. pro Pers.).

Taurus Kastély (☎ 447 030; castlehotel@inbound.hu; Kastély utca 1; EZ/DZ 75/81 €, Suite 138 €; Ⓟ) Das herrschaftliche Haus mitten in einem 22 ha großen gepflegten Park befindet sich 22 km südöstlich von Seregélyes. Es war ursprünglich der Landsitz (1821) der Familie Zichy und ist heute ein Hotel mit einem Speisesaal samt Fresken, Tennisplatz und Sauna. Die Zimmer sind wider Erwarten einfach, doch das Ambiente, nicht der Luxus, zählt. Wer etwas Großes plant, kann das ganze Haus (mit Schlafmöglichkeiten für 104 Personen) für satte 4400 € mieten.

Magyar Király (☎ 311 262; Fő utca 10; EZ/DZ 9300/11 000 Ft.; Ⓟ) Das 150 Jahre alte Hotel ist so altmodisch, dass es nicht mal eine E-Mail-Adresse hat. Und auch wenn der alte Glanz etwas verblichen ist, beeindrucken noch immer der Bankettsaal, die kunstvolle Treppe und die nostalgischen Zimmer.

Szárcsa (☎ 325 700; www.szarcsa.com; Szárcsa utca 1; EZ/DZ 12 000/17 500 Ft.; Ⓟ) Das Hotel liegt relativ weit vom Zentrum entfernt, aber der Weg lohnt sich. Alle neun Zimmer sind individuell mit antiken Möbeln ausgestattet

– wie ein riesiges Puppenhaus. Ein gehobenes Restaurant ist angeschlossen.

Vadászkürt (☎ 507 515; www.jagerhorn.hu; Berényi út 1; EZ/DZ 5900/9000 Ft.; P 🖳) Die Pension ist auf Geschäftsleute ausgerichtet. Die Zimmer sind modern, sauber und billig, aber gesichtslos. Das Zentrum liegt nur 15 Minuten zu Fuß entfernt.

Essen & Ausgehen

Die Restaurants in Taurus Kastély, Magyar Király und Szárcsa sind alle lohnenswert. Der regionale Wein ist der Ezerjó aus Mór, das 27 km nordwestlich in den Vértes-Hügeln liegt. Das säuerliche, grünlich-weiße Getränk ist leicht und recht süffig. Tourinform hat Listen mit Weinkellern, die in Mór besucht werden können.

Korzó (☎ 312 674; Fő utca 2; Hauptgerichte 900–1500 Ft.) Wegen seiner Pole-Position mit Blick über die ganze Länge der Fő utca ist das Korzó im Herzen von Székesfehérvár die erste Adresse. Die Speisekarte bietet herzhafte ungarische Küche, und die Terrasse eignet sich perfekt, um hier einen sonnigen Tag zu verbringen.

Castrum (☎ 505 720; Várkörút 3; Mittagsmenü 700 Ft., Hauptgerichte 1300–3000 Ft.) Wer ein bisschen Ritter spielen will, geht in das mittelalterliche Kellerlokal mit überdurchschnittlich gutem ungarischen Essen. Im Sommer macht es Spaß, am Országzászló tér im Freien zu sitzen.

Vörösmarty (Fő utca 6; Eis 90 Ft.; 🕑 9–21 Uhr) Das ganze Jahr über schwelgen die Gäste in köstlichem Eis und Kuchen.

Isolabella (☎ 328 318; Kossuth Lajos utca 12; Pizzen 1000 Ft.) Wem der Sinn nach Pizza steht und wer gerne Leute beobachtet, geht ins Isolabella. Das Lokal hat viele Stammgäste und einen Innenhof, in dem sich ein paar weitere Kneipen befinden.

Kávé Színház (Kaffee-Theater; ☎ 310 923; Táncsics Mihály utca 1) Wer in aller Ruhe etwas trinken will, ist in dem kleinen Lokal genau richtig – zu jeder Uhrzeit. Die riesige Terrasse geht auf den Koronázó tér und den Ruinengarten hinaus.

Unterhaltung

Wer wissen will, was wann wo los ist, schaut im *Fehérvári Est* nach, einer kostenlosen Wochenzeitschrift.

Vörösmarty Theater (☎ 515 350; Fő utca 8) Das Theater in der Nähe vom Hotel Magyar Király wurde kürzlich komplett renoviert; die Vorstellungen finden also in illustrer Kulisse statt.

Bahnhof Fehérvár (Takarodó utca 1) Der Club östlich vom Bahnhof kommt am Wochenende auf Touren. Er ist leicht zu finden – eine Lok ist seitlich am Gebäude abgestellt.

West Side Music Club (☎ 507 633; Vörösmarty tér 1) Auch dieser Club südöstlich vom Bahnhof lockt das Volk in Strömen an. Wer keinen Bock auf Tanz und Alkohol hat, kann kegeln und Billard spielen.

An- & Weiterreise

BUS

Etwa alle 30 Minuten fahren Busse nach Budapest (846 Ft., 1¼ Std., 68 km), Veszprém (544 Ft., 50 Min., 45 km) und zu den Weingärten bei Mór (302 Ft., 35 Min., 22 km) ab; Städte am Velence-See wie Velence und Gárdony (via Agárd) sind den ganzen Tag über zu erreichen (241 Ft., etwa 30 Min., 20 km).

Weitere Zielorte ab Székesfehérvár:

Zielorte	Fahrpreis	Fahrzeit	km	Taktfrequenz
Balatonfüred	786 Ft.	1¾ Std.	61	6-mal tgl.
Keszthely	1690 Ft.	3 Std.	132	5-mal tgl.
Pápa	1210 Ft.	2¼ Std.	97	2-mal tgl.
Siófok	544 Ft.	50 Min.	44	6-mal tgl.
Sümeg	1450 Ft.	3 Std.	116	3-mal tgl.
Szekszárd	1330 Ft.	2 Std.	104	5-mal tgl.
Tapolca	1150 Ft.	2¼ Std.	94	3-mal tgl.

ZUG

Die Stadt ist ein wichtiger Umsteigebahnhof, es lassen sich also die meisten Ziele in Transdanubien von hier aus erreichen. Die Bahnlinie teilt sich in Szabadbattyán (10 km südlich) und führt zum Nordufer des Plattensees mit Ziel Tapolca beziehungsweise zum Südufer mit Ziel Nagykanizsa.

Im 30-Minuten-Takt bestehen Zugverbindungen von Székesfehérvár zu den Bahnhöfen Kelenföld und Déli in Budapest (658 Ft., 1¼ Std., 65 km); täglich fahren Züge nach Szombathely (1828 Ft., 2½–4 Std., 170 km) via Veszprém (430 Ft., 1 Std., 45 km). Ein Regionalzug fährt nach Mór (264 Ft., 35 Min., 30 km, 6-mal tgl.).

Unterwegs vor Ort

Die Buslinie 12/a fährt in die Nähe vom Szárcsa Hotel, die Alternative ist ein **Taxis** (☎ 222 222).

Die große Tiefebene

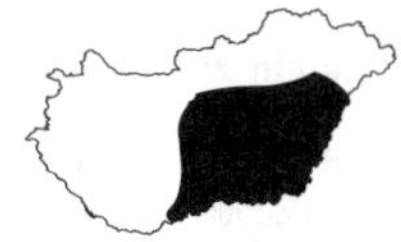

Der ungarische Nationaldichter Sándor Petőfi beschrieb das weite Tiefland als „Meine Welt und Heimat … das Alföld, das weite Meer" und fasste damit treffend die nostalgische Liebe seiner Landsleute zu ihrem „Mittleren Westen" in Worte. Wie die Australier vom legendären Outback, so haben viele Ungarn ein romantisches Bild von ihrem Alföld: Schäfer trotzen dort im Winter mit ihrer Herde und umspielt von wuscheligen Hirtenhunden den Elementen und versuchen im vor Hitze flimmerernden Sommer, sich nicht von den berüchtigten Luftspiegelungen in die Irre führen zu lassen.

Das 45 000 km^2 große Tiefland erstreckt sich östlich und südöstlich von Budapest. Es bedeckt mehr als die Hälfte der ungarischen Staatsfläche, aber nur ein Drittel der Gesamtbevölkerung lebt hier. Teils platt und monoton, an anderen Stellen abwechslungsreich und packend, fesselt die Landschaft durch ihren weiten Himmel und die endlosen Grasebenen.

Aber das Tiefland hat mehr als nur Natur zu bieten: Es gibt Städte mit sehenswerter Architektur und gutem Freizeit- und Erholungsangebot. Szeged, die inoffizielle Hauptstadt der Tiefebene, ist ein Kunstzentrum und birgt architektonische Schätze des Jugendstils, während die kleine Nachbarstadt Kecskemét mit ihrer *Fin-de-siècle*-Eleganz punktet. Den Osten bestimmt Debrecen, Ungarns zweitgrößte Stadt; sie bietet eine bunte Mischung aus Bars, Clubs und faszinierenden Museen. Die Thermalbäder im Gebiet von Hajdúság und die Badeorte am Tisza-tó (Theißsee) laden zum Erholen und Entspannen ein. Die Ungarn selbst unterteilen die Tiefebene Nagy- und Kis-Alföld, hier wird sie in einen Ost-, Zentral- und Süddteil gegliedert.

HIGHLIGHTS

- Die verblüffenden Reitkünste („Fünf-in-einer-Hand") der Czikós in der **Pferdeshow** von Bugac (S. 272) bestaunen
- Die Highlights von Szeged genießen: das **Ferenc-Móra-Museum** (S. 281), die **Jugendstilsynagoge** (S. 282) und die scharfe Fischsuppe *szegedi halászlé*
- In der Weite der **Hortobágy** (S. 263) abschalten – sie ist der Inbegriff der Puszta, das übersetzt „verlassenes" oder „unbewohntes" Land heißt
- Die traumhaften Gebäude im Jugend- und sezessionistischen Stil in der Stadt **Kecskemét** (S. 268) bestaunen
- Abtauchen in die Museen und das Nachtleben von **Debrecen** (S.258), der Hauptstadt der Östlichen Tiefebene

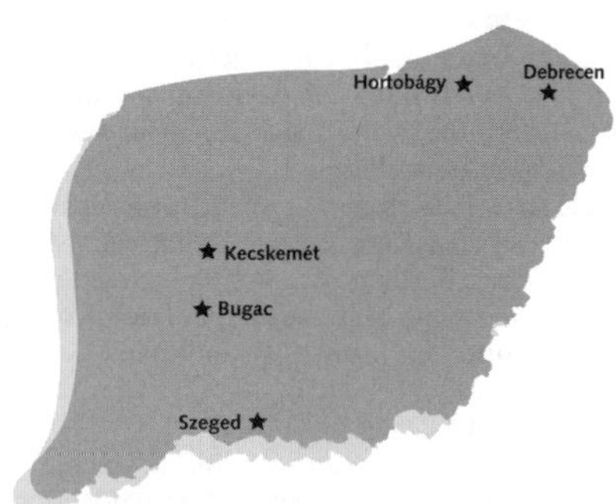

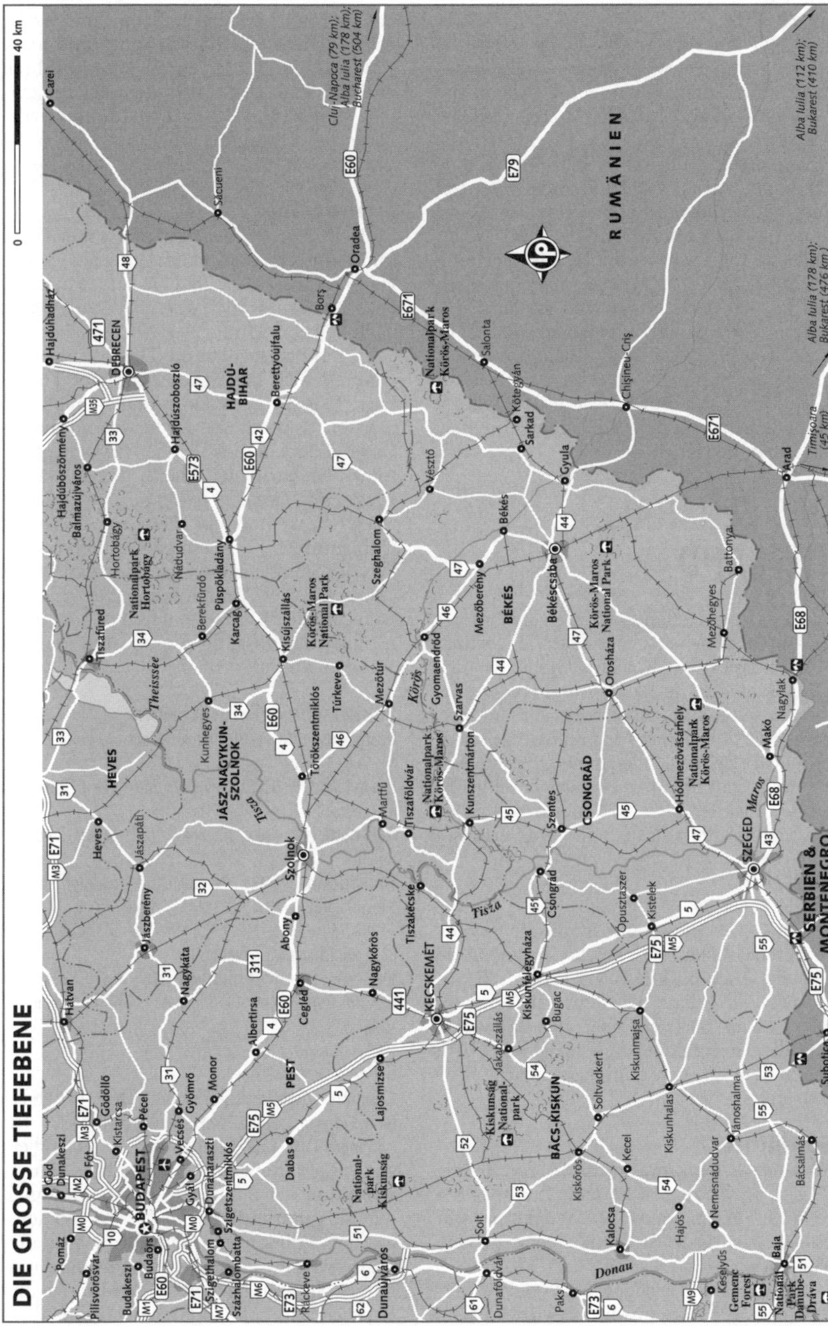
DIE GROSSE TIEFEBENE
0
40 km
BUDAPEST
DEBRECEN
KECSKEMÉT
SZEGED
Szolnok
Békéscsaba
HEVES
PEST
JÁSZ-NAGYKUN-SZOLNOK
HAJDÚ-BIHAR
BÉKÉS
CSONGRÁD
BÁCS-KISKUN
RUMÄNIEN
SERBIEN & MONTENEGRO
Nationalpark Hortobágy
Nationalpark Körös-Maros
Körös-Maros National Park
Kiskunság National-park
National-park Kiskunság
Gemenc Forest
National Park Danube-Dráva
Theisssee
Tisza
Körös
Maros
Donau
Hatvan
Gödöllő
Cegléd
Nagykőrös
Kiskunfélegyháza
Kiskunhalas
Kalocsa
Baja
Hódmezővásárhely
Makó
Szentes
Csongrád
Gyula
Oradea
Carei
Arad
Subotica
Hajdúszoboszló
Püspökladány
Karcag
Tiszafüred
Hortobágy
Jászberény
Mezőtúr
Szarvas
Orosháza
Cluj-Napoca (79 km); Alba Iulia (178 km); Bucharest (504 km)
Alba Iulia (112 km); Bukarest (410 km)
Alba Iulia (178 km); Bukarest (476 km)
Timişoara (45 km)

Geschichte
Vor 500 Jahren war die Tiefebene keine Steppe, sondern Waldgebiet – ständig bedroht von Theiß (Tisza) und Donau, die regelmäßig über ihre Ufer traten. Als die Türken große Teile des Baumbestands fällten, verlor die Erdoberfläche ihren schützenden Bewuchs, war Wind und Wetter frei ausgesetzt und erodierte. Viele Bewohner flohen Richtung Norden in die Marktweiler und *khas* (Städte unter der Rechtssprechung des Sultans). Die Tiefebene entwickelte sich zur Puszta, der Heimat von Schäfern, Fischern, entlaufenen Leibeigenen und Gaunern. Im 19. Jh. ließ die Regulierung der Flüsse die Sumpfgebiete austrocknen. Mit Hilfe künstlicher Bewässerung konnte nun, vor allem im südlichen Tiefland, intensiv Ackerbau betrieben werden.

DAS ZENTRALE TIEFLAND

Das Zentrale Tiefland, der kleinste Teil der gesamten Tiefebene, erstreckt sich östlich von Budapest bis hin zur Theiß. Es umschließt Städte wie Szolnok und Jászberény, die nur selten besucht werden. Zu Unrecht, bergen sie doch einiges an architektonischen und historischen Schätzen. Die stärkste Anziehungskraft übt aber Ungarns zweitgrößter See aus, der Tisza-tó (Theißsee) – er ist ein richtiges Paradies für alle Wasserfans.

SZOLNOK
☎ 56 / 77 600 Ew.

Szolnok ist keine schöne Stadt; die Skyline prägen hässliche Wohnblöcke, die von ihren Planern eher praktisch als ästhetisch anspruchsvoll gebaut wurden. Im Zentrum gibt es aber noch ein paar alte Bauwerke, und die Thermalquellen jenseits der Theiß geben dem Ort eine ruhige, entspannte Atmosphäre.

Geschichte
In einer Schenkungsurkunde von König Géza I. wird Szolnok (damals Zounok) bereits 1075 erstmals erwähnt. Seit damals war es die wichtigste Siedlung des Zentralen Tieflands.

Szolnok hatte einiges an Ärger zu verkraften: Mehr als zwölfmal wurde es im Lauf der Jahrhunderte in Schutt und Asche gelegt. Die letzte Katastrophe fand 1944 statt, als die Alliierten alles zerbombten und die Stadt dem Erdboden gleichmachten. Auf ihrem Rückzug sprengten die deutschen Truppen die Brücke über die Theiß.

Orientierung
Szolnok liegt am Zusammenfluss von Theiß und dem schmalen Flüsschen Zagyva. Die Hauptstraße, Kossuth Lajos út, führt ein paar Blocks nördlich der Theiß von Osten nach Westen. Hinter der 1963 wieder aufgebauten Brücke über die Theiß (Tisza híd) erstreckt sich das Erholungsgebiet Theiß-Park (Tisza-liget). Dort liegen auch die meisten Unterkünfte der Stadt und die diversen Bäder. Südöstlich des Parks liegt ein toter Seitenarm der Theiß, das Altwasser Alcsi-Holt-Tisza.

Der verkehrsreiche Bahnhof der Stadt (Jubileumi tér) liegt einige Kilometer westlich des Stadtzentrums am Ende der Baross Gábor út (der Verlängerung der Kossuth Lajos út). Der Busbahnhof (Ady Endre utca) nördlich der Kossuth Lajos út ist in wenigen Minuten zu Fuß erreichbar.

Praktische Informationen
Hauptpost (☎ 341 301; Baross Gábor út 14; Mo–Fr 7–19, Sa 8–13 Uhr)

Ibusz (☎ 423 602; Szapáry út 24; Mo–Fr 8–17 Uhr) Reisebüro.

OTP-Bank (☎ 420 033; Szapáry út 31) 24-Std.-Geldautomat.

Tourinform (☎ 424 704; szolnok-m@tourinform.hu; Ságvári körút 4; Mitte Juni–Mitte Sept. Mo–Fr 8–17, Sa 9–14 Uhr, Mitte Sept.–Mitte Juni Mo–Fr 8–16 Uhr) Kleines Büro südlich des Busbahnhofs.

Verseghy-Ferenc-Bibliothek (☎ 510 110; Kossuth tér 2; 1 Std. 100 Ft.; Di–Fr 10–18, Sa 8–13 Uhr) Internetanschluss.

Sehenswertes
Das **János-Damjanich-Museum** (☎ 421 602; Kossuth tér 4; Einzelausstellung 200 Ft., alle Ausstellungen 700 Ft., Führungen 1500 Ft., Di Eintritt frei; Di–So 9–17 Uhr) ist ein gut ausgestattetes Museum und die Hauptattraktion der Stadt. Die Ausstellung gliedert sich in drei Bereiche: Neben archäologischen Funden aus dem Bronzezeitalter und der römischen Zeit gibt es eine umfangreiche ethnografische Sammlung und Exponate zu Szolnoks Geschichte, vor allem

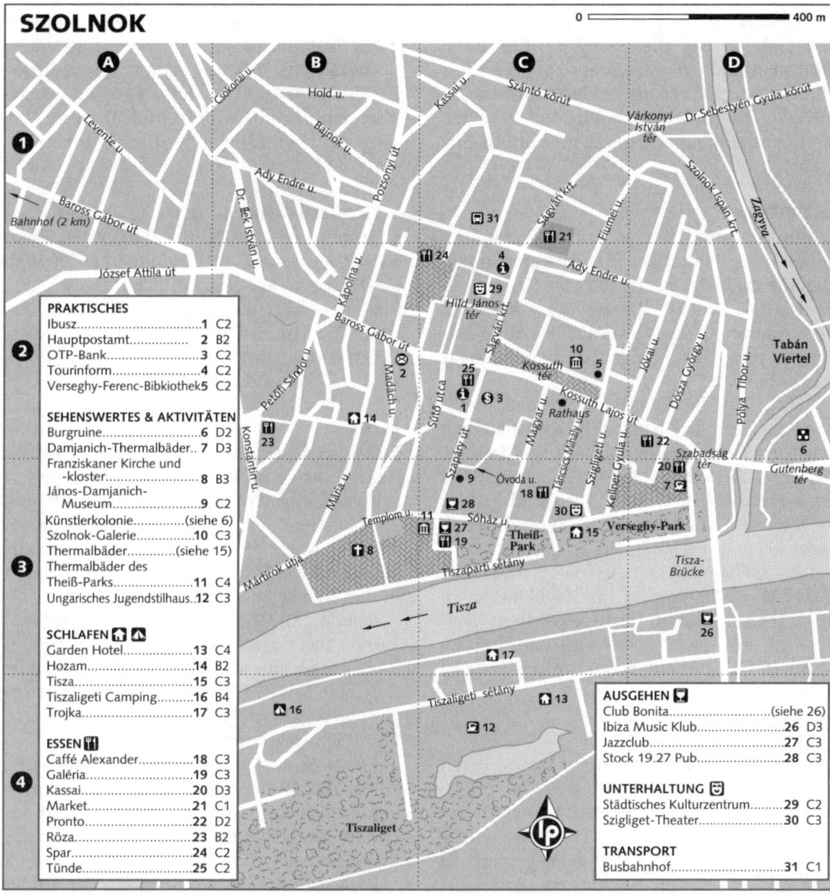

zur Künstlerkolonie der Stadt. Gezeigt werden häufig Arbeiten zeitgenössischer Künstler der Region.

Wie so viele Burgen des großen Tieflands wurde auch die Burg von Szolnok völlig von den Habsburgern zerstört (1710). Den Schutt nutzte man später zum Wiederaufbau des Stadtzentrums. Von der **Burgruine** unweit des Gutenberg tér auf der anderen Seite des Zagyva ist nicht viel mehr als ein Stück Mauer zu sehen. Am Gutenberg tér sitzt auch Ungarns berühmteste und 1902 gegründete **Künstlerkolonie** (Művésztelep; ☎ 425 549; Gutenberg tér 4), die die Maler Adolf Fényes, István Nagy und László Mednyánszky zu ihren Mitgliedern zählte. Gegenüber dem Zagyva nordöstlich des Szabadság tér liegt das **Tabán-Viertel** mit den letzten Bauernhäusern von Szolnok.

Die **Szolnok-Galerie** (☎ 378 023; Templom utca 2; Erw./Kind 100/50 Ft.; Mai–Okt. Di–So 9–17 Uhr, Nov.–April Di–So 10–16 Uhr) zeigt Arbeiten zeitgenössischer Künstler der Region. Der Besuch lohnt sich aber nicht nur wegen der Kunstwerke, sondern auch wegen des Gebäudes selbst: Die **Synagoge** im romantischen Stil wurde 1898 von Lipót Baumhorn entworfen, von dem auch die großartigen Synagogen in Szeged und Gyöngyös stammen. Westlich der Galerie stößt man auf eine **Franziskanerkirche** und ein **Franziskanerkloster** im Barockstil (Ferences templom és kolostor; Templom utca 8). Das Kloster wurde 1757 fertig gestellt; die Gebäude sind die ältesten Bauwerke der Stadt.

Architektur-Fans sollten von der Szolnok-Galerie aus die Szapáry út entlang bummeln und einen Blick auf ein besonders schönes Beispiel **ungarischen Jugendstils** (Szapáry út 19) werfen. In dem Gebäude Nr. 19 haben heute einige kleine Privatfirmen ihren Firmensitz.

Aktivitäten

Szolnok ist ein Thermalbad mit verschiedenen Möglichkeiten für Anwendungen. Die **Thermalbäder des Theiß-Parks** (Tiszaligeti sétány; Erw./Kind 750/550 Ft.; Mitte Mai–Aug. 9–20 Uhr) auf der anderen Uferseite sind der größte Bäderkomplex der Stadt und haben sogar Rutschbahnen.

Näher im Zentrum, direkt vor der Theiß-Brücke, liegt das **Damjanich-Thermalbad mit Innen- und Außenbereich** (Damjanich utca 3; Erw./Kind 550/400 Ft.; Mai–Sept. Mo–Fr 6–19, Sa & So 7–19 Uhr; Okt.–April Mo–Sa 6–18.30, So 7–13 Uhr) und großer Liegewiese. Die etwas gediegeneren **Thermalbäder** (Erw./Kind 800/500 Ft.; Mai–Sept. täglich 6.30–18 Uhr; Okt.–April Mo–Mi 7.30–16, Do 7.30–20, Fr & Sa 7.30–22, So 7.30–13 Uhr) wurden im Hotel Tisza im Stil türkischer Bäder mit einzelnen Art-deco-Details gestaltet. Es gibt kaum einen besseren Ort, um einen Nachmittag lang zu entspannen!

Schlafen

Privatunterkünfte (2500–4000 Ft. pro Pers.) vermittelt das Ibusz-Reisebüro.

Tisza (☎ 510 850; www.hoteltisza.hu; Verseghy park 2; EZ/DZ 11 300/15 700 Ft.; P) Das Tisza wurde 1928 über einer Thermalquelle gebaut. Es gibt Zimmer in den Kategorien „gehoben" und „Standard" (was vor allem heißt: Je mehr Geld man ausgibt, desto älter sind die antiken Möbel). An das Hotel angeschlossen sind ein Thermalbad, ein ordentliches Pub und ein Restaurant.

Hozam (☎ 510 530; www.hozamhotel.hu; Mária utca 25; EZ/DZ 16 000/22 000 Ft.; P) Das Hozam ist das exklusivste und eines der kleinsten Hotels von Szolnok. Es liegt zentrumsnah in einer ruhigen Wohnstraße und bietet Sauna, Jacuzzi, Whirlpool, Solarium und Fitnessstudio.

Garden Hotel (☎ 520 530; www.gardenhotel.hu, auf Ungarisch; Tiszaligeti sétány; EZ/DZ 16 500/21 500 Ft.; P) Die meisten Gäste hier sind Geschäftsleute, entsprechend ist das Hotel mit seinen modernen, funktional eingerichteten Zimmer gestaltet. Für die Gäste gibt es eine Sauna und Tennisplätze sowie ein qualitativ gutes Restaurant.

Trojka (☎ 514 600; www.trojka.hu; Tiszaligeti sétány 5; EZ/DZ 4000/8000 Ft.) Die kleine Pension gegenüber den Thermalbädern im Kurgebiet Tiszaliget hat gemütliche Zimmer mit Holzboden und (wichtig!) Fliegenschutzgittern vor den Fenstern.

Tiszaligeti Camping (☎ 424 403; Tiszaligeti sétány 34; Stellplätze pro Erw./Kind/Zelt 800/600/500 Ft., Bungalows für 2 Pers. 6700 Ft.; Motel-Bett/EZ/DZ 2100/5600/6500 Ft.; Zeltplatz Mai–Sept.; P) Der große Zeltplatz liegt in einer ruhigen Ecke des Tiszaliget. Der Motel-Komplex erinnert an Militärbaracken, aber die kleinen Bungalows sind rustikal und gemütlich.

Essen

Kassai (☎ 426 603; Damjanich utca 5; Gerichte 1000 Ft.) Kassai ist ein Restaurant ohne jeden Schnickschnack mit ausgezeichnetem Essen, ebensolchem Service und viel Atmosphäre. Auf der Karte gibt es ungarische Spezialitäten und viel Fisch – die Theiß ist ja gleich in der Nähe.

Galéria (☎ 378 358; Szapáry út 1; Gerichte 1600–2500 Ft.) Das Galéria gilt als eines der besten Restaurants von Szolnok. Die Bedienung ist flott, das Angebot international (es gibt sogar Currygerichte!). Von den Plätzen draußen blickt man auf die Synagoge.

Pronto (Kossuth Lajos út 6; Pizzen & Salate unter 600 Ft.; Mo–Sa) Das saubere und einfache Lokal produziert am laufenden Band Pizzen und Salate für hungrige Einheimische gleich zum Mitnehmen.

Róza (☎ 426 630; Konstantin utca 36; Gerichte 1000 Ft.; Mo–Sa 11–22, So 11–16 Uhr) Auf einem kurzen Spaziergang gelangt man vom Kossuth tér zum Róza – und kann sich dabei den nötigen Hunger für die leckeren ungarischen Gerichte erlaufen. Der Innenhof ist ruhig und friedlich, bis es an der nahen Tankstelle zu brummen, zu röhren und zu scheppern anfängt…

Tünde (Szapáry út 28; Eis ab 100 Ft.) Das Tünde liegt im Erdgeschoss eines schönen Jugendstilgebäudes – kein schlechter Platz für ein Eis oder ein Stück Kuchen.

Caffé Alexander (Táncsics Mihály utca 15) Das Alexander direkt gegenüber vom Szigliget-Theater ist ideal für einen Besuch vor oder nach der Aufführung!

Es gibt eine Lebensmittel-Markthalle und einen Supermarkt im Szolnok Plaza. Der große, überdachte Markt von Szolnok befindet sich direkt neben dem Busbahnhof.

Ausgehen

In der Szapáry út gibt es einige beliebte Pubs und Diskos, die man sich mal näher ansehen sollte, darunter ein Laden mit dem seltsamen Namen **Stock 19.27 Pub** (Szapáry út 7) und die dunkle Kellerbar **Jazzclub** (Ecke Szapáry út & Sóház utca).

Szolnoks große Diskotheken, der Ibiza Music Klub und der Club Bonita, liegen auf der Südseite des Flusses. Beide haben ihre Räume in der Tiszaligeti sétány 1. Sie wechseln sich mit dem Betrieb ab – Ibiza hat Freitagnacht, Bonita Samstagnacht geöffnet. Eintritt ca. 500 Ft.

Unterhaltung

Infos über aktuelle Veranstaltungen hat das *Szolnoki Est*, ein kostenloses Magazin, das alle zwei Wochen erscheint.

Städtisches Kulturzentrum (☎ 514 575; Hild János tér 1) Die Mitarbeiter des Kulturzentrums (ganz in der Nähe von Tourinform) wissen, wann Konzerte in der Franziskanerkirche stattfinden und ob Szolnoks berühmtes Symphonieorchester oder der Béla-Bartók-Kammerchor auftreten.

Szigliget-Theater (Szigligeti színház; ☎ 342 633; Tisza park 1) Gegenüber des Hotel Tisza hat eines der besten Provinztheater ganz Ungarns seinen Sitz. In den 1970er- und 1980er-Jahren hatte es eine Vorreiterfunktion für ganz Ungarn und war das erste Theater in Osteuropa, das *Dr. Schiwago* aufführte (1988) – zur damaligen Zeit ein ziemlich gewagter Stoff.

An- & Weiterreise

Busse fahren in Städte in ganz Ungarn, darunter Jászberény (725 Ft., 1¼ Std., 55 km, 8-mal tgl.), Kecskemét (846 Ft., 1¾ Std., 65 km, 7-mal tgl.), Budapest (1150 Ft., 1¾ Std., 95 km, 2-mal tgl.), Szeged (1690 Ft., 3 Std., 135 km, 7-mal tgl.) und Tiszafüred (907Ft, 2 Std., 70 km, 3-mal tgl.).

Szolnok hat ausgezeichnete Bahnverbindungen: Mit dem Zug geht es nach/von Budapest (1004 Ft., 1¾ Std., 100 km), Debrecen (1420 Ft., 1¾ Std., 120 km), Nyíregyháza (1828 Ft., 2 Std., 170 km), Békéscsaba (1004 Ft., 1½ Std., 95 km) und jeder Menge weiterer Ziele – ohne umsteigen zu müssen. Wer nach Miskolc (2030 Ft., 3¾ Std., 185 km) will, muss in Hatvan umsteigen; Cegléd ist der Umsteigebahnhof für Kecskemét (544 Ft., 1 Std., 60 km) und Szeged (1624 Ft., 2¾ Std., 145 km).

Unterwegs vor Ort

Vom Bahnhof aus fahren die Buslinien 7 und 8 zum Kossuth tér. Wer Richtung Tisza-Park möchte, nimmt Buslinie 15. Die Alternative ist ein **Taxi** (☎ 444 444).

JÁSZBERÉNY

☎ 57 / 28 200 Ew.

Heute ist Jászberény ein verschlafenes Städtchen mit baumbestandenen Straßen und ruhigen Plätzen – im frühen 13. Jh. war es das politische Verwaltungs- und Wirtschaftszentrum der Jazygen. König Béla IV. (regierte 1235–70) förderte die Ansiedlung des Volksstamms persischen Ursprungs in der Steppe, um seine eigene Position zu stärken und die Hauptstadt gegen die Mongolen zu schützen. Der größte Schatz der Stadt ist das aus Elfenbein geschnitzte Lehel-Horn, ein jahrhundertealtes magisches Machtsymbol der Jazygen.

Orientierung

Die Hauptstraße bildet ein lang gezogenes Viereck (Lehel vezér tér) und führt parallel am malerischen Seitenarm des Zagyva entlang. Der Busbahnhof (Petőfi tér) liegt zwei Blocks westlich auf der anderen Flussseite, während man den Bahnhof 1,5 km südwestlich am Ende der Rákóczi út findet.

Praktische Informationen

Ibusz (☎ 412 143; Szövetkezet utca 7/a) Südwestlich von Tourinform.

OTP-Bank (Lehel vezér tér 28) Geldautomat.

Postamt (Lehel vezér tér 8)

Tourinform (☎ 406 439; jaszbereny@tourinform.hu; Lehel vezér tér 33; Mitte Juni–Mitte Sept. Mo–Fr 8–17, Sa 9–13 Uhr; Mitte Sept.–Mitte Juni Mo–Fr 8–16.30 Uhr) Im Déryné-Kulturzentrum.

Sehenswertes & Aktivitäten

Das **Jász-Museum** (☎ 412 753; Táncsics Mihály utca 5; Erw./Kind 200/100 Ft.; April–Okt. Di–So 9–17 Uhr) liegt im ehemaligen militärischen Hauptquartier der Jazygen und präsentiert die gesamte Kulturgeschichte und Lebensweise der Jazygen – von Kleidung über Holzschnitzereien bis hin zur Sprache. Alle Flüge führen hin zum **Lehel-Horn**, einem byzantinischen Elfenbeinhorn

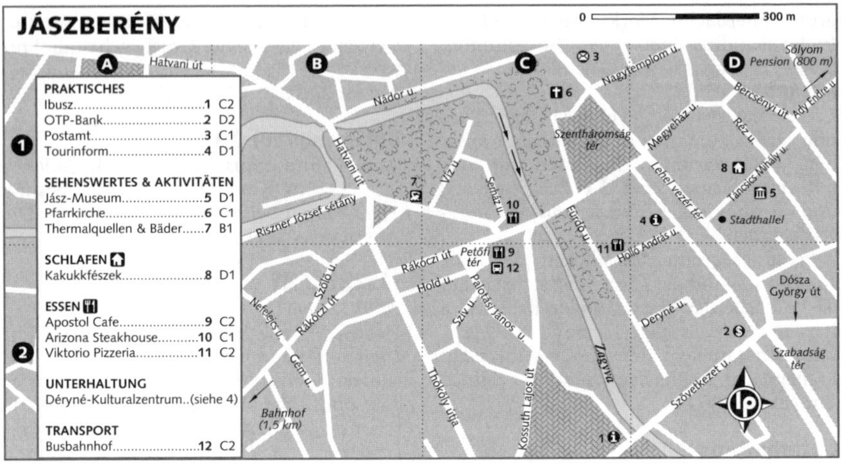

aus dem 8. Jh. Der Legende nach wurde Lehel (oder Lél), ein Führer der Magyaren, in der Schlacht auf dem Lechfeld bei Augsburg gegen die Truppen von Otto dem Großen (955 v. Chr.) gefangen genommen. Als er hingerichtet werden sollte, erschlug er den feindlichen König mit dem Elfenbeinhorn. Die angebliche Mordwaffe – reich mit geschnitzten Vögeln, Kampfszenen und Satyren verziert – scheint vom Schlag auf den königlichen Kopf indes in keinerlei Weise Schäden davongetragen zu haben …

Im Museum werden verschiedene prominente Stadtbewohner vorgestellt, darunter der Aquarellmaler András Sáros und die im 19. Jh. berühmte Schauspielerin Róza Széppataki Déryné. Dieser Dame dürfte jeder bereits einmal begegnet sein, ohne es vielleicht zu wissen: Sie wurde in einer Herend-Porzellanfigur verewigt, die man als Laute spielende Schönheit im weiten Organzarock in beinahe jedem Antiquitätengeschäft sieht.

Einen Blick lohnen auch die verblassten Deckenfresken der römisch-katholischen **Pfarrkirche** (Plébániatemplom; Szentháromság tér 4; Eintritt frei) nördlich von Tourinform; das Hauptschiff wurde 1774 von András Mayerhoffer und József Jung – zwei Meistern der Barockarchitektur – entworfen.

Die **Thermalquellen und die Bäder** (☎ 412 108; Hatvani út 5; Thermalbad Erw./Kind 500/350 Ft.; Di & Do 9–20, Mi, Fr & Sa 9–18, So 9–17 Uhr; Bäder Erw./Kind 500/350 Ft.; Mai–Aug. 9–18 Uhr) westlich des Zagyva sind ganzjährig für Wassergymnastik, zum Schwimmen geöffnet.

Schlafen & Essen

Ibusz vermittelt Privatunterkünfte (2500 Ft. pro Pers.).

Kakukkfészek (Kuckucksnest; ☎ 412 345; Táncsics Mihály utca 8; EZ/DZ 2000/4000 Ft.) Die Besitzer des Kakukkfészek mögen selbst schon übers Kuckucksnest geflogen sein, aber sie sind die Nettigkeit in Person und sorgen in ihrem Haus für eine sehr gemütliche Atmosphäre. Die Möbel passen wie die Faust aufs Auge, und es gibt kein Zimmer mit eigenem Bad.

Sólyom Pension (☎ 401 267; www.hotels.hu/solyom; Sólyom út 8; Zi. ab 6000 Ft.; Mittagstisch 600 Ft., Gerichte 1200 Ft.; P) Die Ausstattung der Pension mag moderner und praktischer sein als im Kakukkfészek, aber die oft unfreundlichen Mitarbeiter und die Lage 800 m nordöstlich des Zentrums sind weniger angenehm. Im Restaurant wird herzhafte ungarische Küche gekocht, hier treffen sich mittags die einheimischen Rentner und Junggesellen.

Arizona Steakhouse (Ecke Rákóczi út & Serház utca; Gerichte 1500–2500 Ft.) Einer der wenigen Orte in der Gegend, wo internationale Gerichte und amerikanische Steaks auf den Tisch kommen. Das Restaurant ist im Wildwest-Stil ausstaffiert und stellt bei gutem Wetter Picknicktische in die Mitte des Platzes.

Viktorio Pizzeria (☎ 411 053; Holló András utca; Pizza 400–1000 Ft., Gerichte 500–1000 Ft.) Direkt um die Ecke des Kulturzentrums präsentiert die einfache Pizzeria in einer ruhigen Seitenstraße eine unglaubliche Pizzaauswahl (40 verschiedene Sorten!).

Apostol Cafe (Hold utca 4; Eis 100 Ft.; 9–21 Uhr) Apostol ist ein Paradies für alle, die Eis lieben. Auf der großen Terrasse lässt sich das Treiben am Busbahnhof beobachten.

Unterhaltung

Déryné-Kulturzentrum (☎ 406 439; Lehel vezér tér 33) Das Kulturzentrum ist die erste Adresse für alle, die wissen wollen, was in Jászberény los ist. Ansonsten hilft ein Blick auf die mageren Einträge zu Jászberény in den entsprechenden Rubriken des kostenlosen und zweiwöchentlich erscheinenden *Szolnoki Est*.

An- & Weiterreise

Häufig starten Busse nach Budapest (1030 Ft., 1¾ Std., 80 km, 9-mal tgl.), Szolnok (725 Ft., 1¼ Std., 55 km, 6-mal tgl.) und Kecskemét (1090 Ft., 2 Std., 85 km, 7-mal tgl.). Auch nach Szeged (2540 Ft., 4¼ Std., 200 km, 3-mal tgl.) und Tiszafüred (1330 Ft., 2½ Std., 105 km, 1-mal tgl.) gibt es täglich Busverbindungen.

Jászberény liegt etwa in der Mitte der Bahnstrecke zwischen Hatvan und Szolnok, die an den beiden wichtigsten ungarischen Bahntrassen liegen: Über Hatvan oder Szolnok sind praktisch alle größeren Städte im Osten erreichbar, außerdem fahren Direktzüge nach Budapest.

Unterwegs vor Ort

Die Buslinie 4 fährt vom Bahnhof zum Busbahnhof, von dort ist es nicht mehr weit bis ins Stadtzentrum.

TISZAFÜRED

☎ 59 / 13 700 Ew.

Tiszafüred war bis in die 1980er-Jahre ein eher verschlafenes Städtchen an den Ufern der Theiß. Dann wurde der Fluss gestaut – ein 125 km² großer Stausee entstand. Von Reiseveranstaltern etwas großspurig als „Balaton des Großen Tieflands" angepriesen, bilden der Theißsee (Tisza-tó) und sein Hauptferienort Tiszafüred in jedem Fall eine gute Anlaufstelle für Badegäste und Wassersportler, bevor es auf staubigen Straßen weiter zu den Sehenswürdigkeiten im Osten des Landes geht.

Orientierung

Tiszafüred liegt am nordöstlichen Ende des Tisza-tó. Bahnhof und Busbahnhof stehen einander in der Vasút utca gegenüber. Von dort sind es 10 bis 15 Minuten Fußweg zunächst Richtung Westen, dann Südwesten zu den Stränden und den Campingplätzen am See. Die Baross Gábor utca und die Fő út Richtung Süden führen ins Stadtzentrum(etwa 1 km).

Praktische Informationen

E-Punkt (Örvényi út 5; 1 Std. 125 Ft.; Mo–Do 8–16, Fr 8–12 Uhr) Internetanschluss.

OTP-Bank (Piac út 3) Hinter der Fő út.

Postamt (Fő út 14) Auf der Hauptstraße, die durch das Zentrum führt.

Tourinform (☎ 511 123; tiszafured@tourinform.hu; Fürdő út 21; Mitte Juni–Mitte Sept. Mo–Fr 8–18, Sa & So 10–18 Uhr; Mitte Sept.–Mitte Juni Mo–Fr 8–16 Uhr) Eine hilfreiche Einrichtung zwischen dem See und dem städtischen Thermalbad.

Sehenswertes

Tiszafüred ist vor allem ein Badeort, doch gibt es auch einige interessante Sehenswürdigkeiten. Dazu zählt das **Pál-Kiss-Museum** (☎ 352 106; Tariczky sétány 6; Erw./Kind 200/100 Ft.; Di–So 9–17 Uhr), das in einem wunderschönen alten Herrenhaus (1840) südlich des Thermalbads untergebracht ist. Die Sammlung dokumentiert das Alltagsleben der Fischer auf der Theiß und zeigt Töpferarbeiten lokaler Künstler an der Drehscheibe.

Das Gebiet östlich der Szőlősi út besteht aus einem Sammelsurium alter Häuser mit Strohdächern und hübschen kleinen Blumen- und Gemüsegärten – ein netter Rückzugsplatz vom Trubel am Strand. Eines der Häuser, das **Gáspár-Nyúzó-Haus** (Nyúzó Gáspár Fazekas Tájház; Malom utca 12; Erw./Kind 150/100 Ft.; Mai–Okt. Di–So 9–12, 14–17 Uhr), ist eine ehemalige Töpferwerkstatt mit alten Töpferscheiben, Trockenregalen, Einrichtungsgegenständen und Tellern mit den typischen Sternen-, Vogel- und Blumenmustern der Region. Direkt südöstlich davon liegt die Töpferei **Imre Szűcs** (☎ 351 483; Belsőkertsor út 4/a), in der noch gearbeitet wird. Die bunte dekorative Töpferware bildet einen starken Kontrast zu den dunklen, düsteren Gefäßen aus Mohács und Nádudvar.

Aktivitäten

Am See kann man angeln, Bootfahren, schwimmen und in der Sonne brutzeln. **Fortuna Camping** (☎ 511 304; Holt-Tisza part) und **Hableány** (☎ 353 333; Hunyadi utca 2) verleihen Kanus/Paddelboote/Motorboote für 1000/1000/

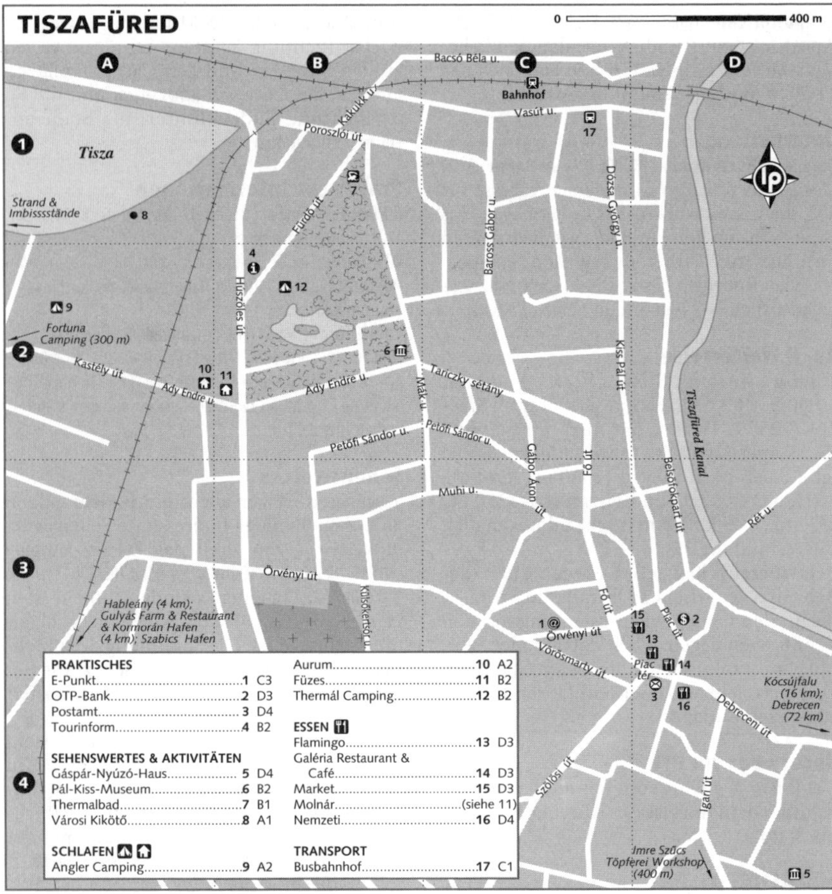

4000 Ft. pro Tag. Rund 2000 Ft. kommen bei Motorbooten für Treibstoff hinzu. Wer lieber nicht selber fahren will, findet Anbieter in den Häfen **Kormorán Kikötő** (☎ 350 350; Tiszaörvény), **Szabics Kikötő** (☎ 06 30 954 8620; Tiszaörvény) oder **Városi Kikötő** (☎ 06 20 916 2589; www.varosikikoto.hu; Gát sétány 1). Alle bieten Angel- und Besichtigungstouren im Paket ab 7500 Ft.

Wer den See zu kalt findet, kann auf Tiszafüreds **Thermalbad** (☎ 352 366; Poroszlói út; Erw./Kind 450/350 Ft.; Schwimmbad Mai–Sept. 7.30–19 Uhr; Sauna Mitte März–Mitte Nov. 8–19 Uhr) ausweichen. Es gibt vier Becken unter freiem Himmel, eine Sauna und viele medizinische Angebote.

Der Hof **Gulyás** (☎ 351 814; 1 Std. 2500–3500 Ft.) in Tiszaörvény nahe dem Hotel Hableány verleiht Pferde für Ausritte. **Angler Camping** (☎ 351 220; Holt-Tisza part), **Fortuna Camping** (☎ 511 304; Holt-Tisza part) und **Hableány** (☎ 353 333; Hunyadi utca 2) vermieten Fahrräder (1 Std./Tag 200/1000 Ft.).

Schlafen

Tourinform hat eine lange Liste mit Privatunterkünften in und rund um Tiszafüred (Zimmer ab 2500 Ft.).

Füzes (☎ 351 854; Húszöles út 31b; EZ/DZ 3500/6600 Ft.; P) Füzes ist eine freundliche Pension mit zehn funktional eingerichteten, aber dennoch gemütlichen Zimmern. Von vielen blickt man auf das Restaurant Morlnár nebenan. Obwohl an der viel be-

(Fortsetzung auf Seite 257)

DAVID GREEDY

Der Bahnhof Nyugati in Budapest (S. 133)

Obststand auf dem Budapester Nagycsarnok-Markt (S. 123)

JONATHAN SMITH

ROBERTO SONCIN GEROMETTA

Kaffeehaus nicht weit vom Oktogon, Budapest (S. 99)

Wartende an einer Bushaltestelle in der Hauptstadt

CHRISTER FREDRIKSSON

DAVID GREEDY

Die Freiheitsbrücke in Budapest verbindet die beiden Donauufer miteinander (S. 78)

Das riesige Széchenyi-Bad im Budapester Stadtpark (S. 106)

MARTIN MOOS

JONATHAN SMITH

Die Margareteninsel; im Hintergrund der Budapester Wasserturm (S. 82)

Die markanten Mauern des Parlamentsgebäudes in Budapest (S. 98)

MARTIN M

MARTIN MOOS

Im Schloss Festetics in Keszthely (S. 207) gibt es 100 Räume

Blick vom Bischofspalast in Sümeg (S. 220)

WAYNE WALTON

EMMA MILLER

Mit dem Segelboot auf dem Plattensee (S. 202)

Jugendstilfassade am Fő tér, Szombathely (S. 185)

MARTIN MOOS

MARTIN MOOS

Der 60 m hohe Feuerwehrturm von Sopron (S. 175) zieht sofort alle Blicke auf sich; viele übersehen darüber die Häuserzeile mit den barocken Fassaden

Das pseudogotische Heldentor in Kőszeg (S. 195)

WAYNE WAL

MARTIN MOOS

Der alte Weinkeller Poncichter in Kőszeg (S. 198)

MARTIN MOOS

Weinlese nahe Villány (S. 313)

Ein Genuss: Erlauer Stierblut in Eger (S. 355)

DAVID GREEDY

DAVID GREEDY

Der Skulpturenpark, Endstation für viele Größen des Sozialismus (S. 137)

MARTIN MOOS

Kunsthalle, Budapest (S. 103)

Innenhof der Ungarischen Nationalgalerie, Budapest (S. 77)

JONATHAN SMITH

Das Ferenc-Móra-Museum ist heute im Palast der Erziehung in Szeged untergebracht (S. 281)

MARTIN MC

MARTIN MOOS

Burg Jurisics in Kőszeg zeigt eine Mischung von Baustilen verschiedener Epochen (S. 196)

MARTIN MOOS

Im ländlichen Tihany wird Mohn angebaut (S. 222)

Burg Diósgyőr mit ihren vier Türmen, Miskolc (S. 364)

MARTIN MOOS

VERONICA GARBUTT

Ein Mann aus Szentendre in traditioneller Tracht (S. 143)

Glockenturm der reformierten Kirche in Nyírbátor (S. 388)

MARTIN MOOS

Frauen in Debrecen bei einem traditionellen Tanz (S. 258)

MARTIN M

(Fortsetzung von Seite 248

fahrenen Húszöles útca gelegen ist, ist es vergleichsweise ruhig.

Aurum (☎ 351 338; Ady Endre utca 29; Zi. 7600 Ft.; P) Aurum ist richtig für alle, die sich eine persönlichere Atmosphäre als im Füzes wünschen. Die Zimmerausstattung scheint noch aus Zeiten des Ungarnaufstands zu stammen, die Bäder sind aber modernisiert und die Besitzer sehr herzlich.

Thermál Camping (☎ 352 911; Húszöles út 2; Stellplätze pro Pers./Zelt 820/670 Ft., Bungalows 8900–9700 Ft.; April–Mitte Nov.; P) Von den elf Campingplätzen in Tiszafüreds unmittelbarer Nähe ist dieser am besten organisiert und ausgestattet. Im Sommer drängen sich hier die Urlauber, obwohl der Weg zu den öffentlichen Stränden am See relativ weit ist.

Angler Camping (☎ 351 220; horg.camp@dpg.hu; Holt-Tisza part; Stellplätze pro Erw./Kind/Zelt/Auto 650/400/500/250 Ft., DZ/3BZ/4BZ 4900/5900/6900 Ft., Bungalows 6000–9900 Ft.; April–Okt.; P) Der Campingplatz am See bietet einige Vorzüge, zum Beispiel Imbissstände, ein Restaurant, Freizeitangebote (darunter Tennisplätze) und Unterkünfte für zwei/drei/vier Personen mit Gemeinschaftsduschen. Die Bungalows haben teilweise eigene Bäder.

Fortuna Camping (☎ 511 304; Holt-Tisza part; Stellplätze pro Erw./Kind/Zelt 600/450/650 Ft., Bungalows ab 5200 Ft.; Mai–Sept; P) Fortuna ist von Bäumen umgeben und bildet ein in sich abgeschlossenen Ort in einer Ecke der Stadt. Es gibt Sportplätze, ein Volleyballfeld und einen Fahrradverleih. Der See ist zu Fuß gut errecihbar.

Essen

Galéria Restaurant & Café (☎ 350 512; Fő utca 15; Gerichte unter 1000 Ft.) Die Terracotta-Terrasse im 1. Stock des netten Restaurants ist mit Abstand der schönste Platz, um in Tiszafüred zu essen. Kunsthandwerk schmückt die Innenräume; auf der Karte stehen viele Fischgerichte.

Hableány (☎ 353 333; Hunyadi utca 2; Gerichte 1000–2000 Ft.) Den Einheimischen zufolge ist dies das beste Fischrestaurant in Tiszafüred und Umgebung. Allerdings liegt es im Hotel Tiszaörvény rund 4 km südwestlich der Stadt und ist nur mit eigenem Fahrzeug erreichbar.

Nemzeti (☎ 352 349; Fő útca 8; Mittagsmenü 530 Ft., Gerichte 1000 Ft.) Im Kontrast zum leuchtend gelben Äußeren des Restaurants im Zentrum sind die Innenräume sehr schlicht gestaltet. Gelegentlich spielt eine Band Zigeunermusik. Der Mittagstisch ist ein echtes Schnäppchen, abends ist eher das Galéria angesagt.

Molnár (☎ 352 705; Húszöles útca 31/b; Gerichte 1000–2000 Ft.) Auf der Karte steht eine große Auswahl an Fisch- sowie einige Wild- und vegetarische Gerichte. Die luftige Terrasse (Netze schützen vor den lästigen Stechmücken) bietet an heißen Sommertagen eine wunderbare Erholung.

Flamingo (Fő út; Eis 90 Ft.; 8–20 Uhr) Hier liegen *cukrászda* (Konditorei) und *bronzárium* (Sonnenstudio) unter einem Dach. Es gibt einige köstliche Kuchen und feine Eisspezialitäten.

Der **Marktplatz** (Piac tér) ist kaum größer als eine Briefmarke, aber es gibt frisches Obst und Gemüse. Wer schnell etwas braucht, sollte die Imbissstände am Strand und auf den Campingplätzen ansteuern. Dort gibt es Gyros, Pizza oder *lángos* (frittierte Hefeteilchen mit Belag).

An- & Weiterreise

Es bestehen tägliche Busverbindungen nach Budapest (2300 Ft., 4 Std., 185 km, 4-mal tgl.), Szolnok (907 Ft., 2 Std., 70 km, 3- bis 5-mal tgl.), Eger (725 Ft., 1¼ Std., 55 km, 10-mal tgl.), Jászberény (1330 Ft., 2½ Std., 105 km, 2-mal tgl.) und Debrecen (846 Ft., 1¼ Std., 70 km, 6-mal tgl.).

Tiszafüred liegt an der Bahnstrecke zwischen Füzesabony – von wo aus Züge nach Eger (430 Ft., 1¼ Std., 45 km) oder Miskolc (890 Ft., 2 Std., 85 km) fahren – und Debrecen (774 Ft., 1½ Std., 75 km). Die Bahnlinie führt durch die Region Hortobágy.

ÖSTLICHES TIEFLAND

Wenn Leute an die Puszta denken, haben sie das Bild vom Östlichen Tiefland (Kelet-Arlföld) im Kopf. Hier entstand der Mythos vom einsamen *pásztor* (Schäfer), von *csárdák* (Gasthäusern) am Wegrand und Geige spielenden Zigeunern – ein Mythos, der in Literatur, Malerei und in der Phantasie des ungarischen Volkes lebendig gehalten wird.

Aber die offene Landschaft unter weitem Himmel ist nicht der einzige Grund, hierher zu fahren. Debrecen, Ungarns zweitgrößte Stadt, liegt am östlichen Rand der Tiefebene und lockt mit einer attraktiven Restaurant- und Kneipenszene.

DEBRECEN

☎ 52 / 211 000 Ew.

Debrecen (Debrezin) ist eine lebendige Großstadt mit bedeutender Geschichte. Das schöne Zentrum wird von der zweitgrößten protestantischen Kirche Ungarns dominiert. Nach dem vielen Dreck rund um Bahnhof und Busbahnhof überrascht der hübsche Ortskern mit seinen vielen Bars und Restaurants. Auch nachts ist dort immer etwas los. Für die Museen der Stadt sind ein bis zwei Tage nötig. Debrecen ist außerdem ein guter Ausgangspunkt für Ausflüge in die Puszta und in den Nordosten.

Geschichte

Die Gegend rund um Debrecen wurde schon in grauer Vorzeit besiedelt. Als im späten 9. Jh. die Magyaren dort ankamen, trafen sie auf eine Gruppe von Slowaken, die das Gebiet wegen seiner guten Erde „Dobre Zliem" nannten. Debrecens Wohlstand beruhte auf der Rinderzucht und dem Handel mit Salz und Fellen. Während des Mittelalters erlebte die Stadt eine wirtschaftliche Blütezeit, eine zweite folgte unter der türkischen Besatzung. Die Stadt stellte sich mit allen Seiten gut, indem sie Abgaben sowohl an das Osmanische Reich, die Habsburger und an den Prinzen von Transsilvanien leistete.

Mitte des 16. Jhs. waren viele Einwohner zum Protestantismus übergetreten. Jede Menge Kirchen wurden gebaut, was Debrecen den Spitznamen „kalvinistisches Rom" eintrug. Debrecen spielte auch während des Unabhängigkeitskrieges 1848–49 eine Schlüsselrolle. Um die Jahrhundertwende vom 19. zum 20. Jh. erlebte die Stadt einen großen Bauboom.

Orientierung

In Debrecen fällt die Orientierung nicht schwer: Eine Ringstraße, die dem Verlauf der ehemaligen Stadtmauer folgt, umschließt Belváros, die Innenstadt. Die Piac utca, die vom Bahnhof (Petőfi tér) aus Richtung Norden zum Kálvin tér (mit der Großen Kirche und dem Stadtzentrum) verläuft, teilt die Innenstadt in zwei Hälften. Mit Ausnahme des Nagyerdei-Park, einem Freizeitpark rund 3 km nördlich der Stadt, sind Debrecens Hauptsehenswürdigkeiten vom Kálvin tér aus bequem auf einem Spaziergang erreichbar.

Der Busbahnhof (Külső-Vásártér) liegt auf dem „äußeren Marktplatz" am westlichen Ende der Széchenyi utca.

Praktische Informationen

Csokonai-Buchladen (☎ 535 786; Piac utca 45) Breites Angebot an fremdsprachigen Büchern und Karten.

Data Net Cafe (☎ 536 724; Kossuth utca 8; 1 Std. 420 Ft.; 8–24 Uhr) Günstige internationale Telefonverbindungen.

Hauptpostamt (Hatvan utca 5–9)

Ibusz (☎ 415 555; Révész tér 2) Unweit der kleinen Kirche.

Kenézy-Gyula-Krankenhaus (☎ 413 555; Bartók Béla út 2–25)

Maróthi-György-Kollegsbibliothek (☎ 502 780; Blaháné utca 15; Mo–Do 9–16, Fr 9–14 Uhr) Die erste Stunde ist kostenlos.

OTP-Bank (Piac utca 16 & 45) Beide Filialen haben 24-Std.-Geldautomaten.

Tourinform (☎ 412 250; debrecen@tourinform.hu); Büro im Rathaus (Piac utca 20; Mitte Juni–Mitte Sept. 9–20 Uhr, Mitte Sept.–Mitte Juni Mo–Fr 9–17 Uhr); Infostand im Sommer (Kossuth tér; Mitte Juni–Mitte Sept. Mo–Fr 10–18 Uhr) Die extrem hilfreichen Mitarbeiter im Rathausbüro verteilen mehr Infomaterial als man tragen kann und vermitteln auch Stadtführungen.

Tourinform Hajdú-Bihar (☎ 534 544; hajdu-m@tourinform.hu; Kálvin tér 2/a; Mo–Fr 9–18, Sa 9–13 Uhr) Informationen über die gesamte Region.

www.debrecen.hu Bietet Infos zu einigen Themen auf Ungarisch, Englisch und Deutsch.

Sehenswertes

Viele der großen Sehenswürdigkeiten von Debrecen liegen am nördlichen Ende der Piac utca, so auch die **Große Reformierte Kirche** (Nagytemplom; ☎ 412 694; Kálvin tér; Erw./Kind 200/100 Ft.; April–Okt. Mo–Fr 9–16, Sa 9–13, So 12–16 Uhr; Nov.–März Mo–Sa 10–13, So 11.30–13 Uhr). Sie wurde 1821 in neoklassizistischem Stil erbaut. Sie ist als Wahrzeichen der Stadt so berühmt, dass Wanderer im frühen 20. Jh. die Zwillingstürme als Fata Morgana im großen Tiefland gesehen haben wollen. Mit etwa 3000 Plätzen ist sie Ungarns größtes evangelisches Gotteshaus. Hier verkündete Lajos Kossuth am 14. April 1849 die Unabhängigkeit von den Habsburgern. Das Hauptschiff ist – im Gegensatz zur wunderschönen Or-

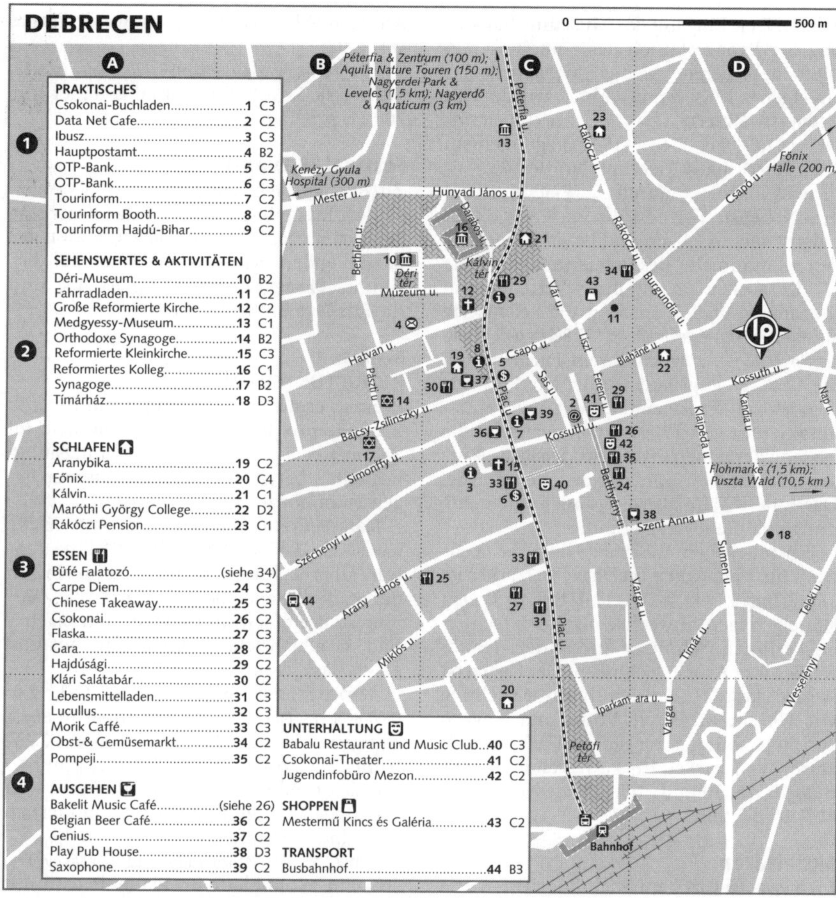

gel auf einer Empore hinter dem Altar – eher karg gehalten. 210 Stufen führen auf den westlichen Glockenturm hinauf: Der Blick über die Stadt lohnt den Aufstieg!

Nördlich der Kirche folgt das **Reformierte Kolleg** (Református Kollégium; ☎ 414 744; Kálvin tér 16; Erw./Kind 300/150 Ft., Führungen 2000 Ft.; Di–Sa 9–17, So 9–13 Uhr). Es wurde 1816 gebaut und beherbergte ab dem Mittelalter eine angesehene höhere Schule und die theologische Fakultät. Im Erdgeschoss werden heute Sakralkunst, Liturgische Gegenstände (darunter ein aus einer Kokosnussschale gefertigter Abendmahlskelch aus dem 17. Jh.) und Exponate zur Schulgeschichte gezeigt. Das Motto der Schule war: Früh ins Bett, früh aus den Federn! Im 1. Stock zeigt eine relativ langweilige Bibliothek mit 650 000 Bänden die größte kirchliche Büchersammlung Ungarns. Ebenfalls im 1. Stock liegt das helle weiße Oratorium, in dem 1849 die Nationalversammlung zusammentrat. Im gleichen Raum wurde 1944 Ungarns provisorische Nachkriegsregierung gebildet.

Von hier ist es ein kurzer Spaziergang zum **Déri-Museum** (☎ 322 207; Déri tér 1; Erw./Kind 650/325 Ft.; April–Okt. Di–So 10–18, Nov.–März Di–So 10–16 Uhr). Die Ausstellung bietet tolle Einblicke in das Leben der Puszta und informiert über das Großbürgertum von Debrecen bis zum 19. Jh. Mihály Munkácsys mythische Interpretation der Hortobágy-Puszta und die Gemälde seiner Christus-Trilogie hängen in einer separaten Kunstgalerie. Den Eingang des Museums flankieren vier Bronzestatuen des einheimischen Bildhauers Ferenc Medgyessy, dem sogar ein eigenes Museum gewidmet wurde. Das **Medgyessy-Museum** (☎ 413 572; Péterfia utca 28; Erw./Kind 200/100 Ft.; Di–So 10–16 Uhr) liegt in einem alten Bürgerhaus Richtung Nordosten.

Spaß macht es, durch die Piac utca und ihre Nebenstraßen mit den vielen neoklassizistischen, barocken und Jugendstilgebäuden zu bummeln. Besonders interessant ist die Kossuth utca mit ihrer Verlängerung Széchnenyi utca. Dort steht die **Reformierte Kleinkirche** (Kistemplom; ☎ 342 872; Révész tér 2; Eintritt frei; Mo–Fr & So 9–12 Uhr) mit ihrem Turmstumpf, die 1726 fertig gebaut wurde. Die **Synagoge** (Kápolnási utca) direkt südlich der Bajcsy-Zsilinszky utca von 1909 verfällt, während die Fassade der nahen **Orthodoxen Synagoge** (Pászti utca 6) immerhin einmal gestrichen wurde. Das Innere hätte allerdings auch noch eine dringende Renovierung nötig.

Ein Stückchen außerhalb liegt das Zentrum für Volkskunst **Tímárház** (☎ 321 260; Nagy Gál István utca 6; Di–Fr 10–17, Sa 10–14 Uhr). In Werkstätten zeigen abwechselnd Korbflechter, Stickerinnen, Schnitzer und andere Handwerker ihre Arbeitstechniken. Der **Flohmarkt** (Vágóhíd utca; tgl.) zieht eine bunte Mischung von Ukrainern, Polen, Roma und Ungarn aus Siebenbürgen an, die dort alles verhökern – von Socken bis zu Lebendvieh. Die Busse 9, 15, 30 und 30/a fahren vom Bahnhof aus dorthin.

Aktivitäten

Im **Nagyerdei-Park** kann man Bootfahren und auf schattigen Wegen spazieren gehen. Die Hauptattraktion aber ist das **Aquaticum** (☎ 514 100; www.aquaticum.hu; Erw./Kind 1799/1299 Ft.; 10–22 Uhr), ein Komplex mit verschiedensten Arten von Rutschbahnen und Wasserfällen, verteilt auf sechs Pools im Innen- und Außenbereich. Manche der Becken sind mit bräunlichem Mineralwasser befüllt, außerdem werden alle nur denkbaren Therapien angeboten.

Wer mehr von der wunderschönen Umgebung kennen lernen möchte, sollte in den **Puszta-Wald** (Erdőspuszta) fahren. Das Schutzgebiet mit seinen Pinien- und Akazienwäldern, seinen Seen und Spazierwegen liegt wenige Kilometer östlich und südöstlich von Debrecen. Bánk, das Zentrum, bietet ein großartiges **Arboretum** (Fancsika utca 93a). Auf dem Vekerisee (Vekeri-tó) werden **Boote** vermietet.

Ein **Fahrradladen** (☎ 456 220; Csapó utca 19; Mo–Fr 9–18, Sa 9–13 Uhr) verleiht Räder für 700 Ft. pro Tag.

Festivals & Events

Zu den jährlich stattfindenden nennenswerten Ereignissen gehören der **Historische Karneval** im Februar, das **Frühlingsfestival** der darstellenden Künste im März, der berühmte **Blumenkarneval** Mitte August und die **Jazz-Tage** im September.

Schlafen

BUDGETUNTERKÜNFTE

Ibusz vermittelt Privatunterkünfte (ab 2500 Ft. pro Pers.); Tourinform hält im Sommer eine Liste mit Übernachtungsmöglichkeiten bereit. Die meisten Zimmer liegen 3 km nördlich vom Zentrum.

Maróthi-György-Studentenheim (☎ 502 780; Blaháné utca 15; EZ/DZ 2200/4400 Ft.; Ⓟ) Eine zentrale Übernachtungsmöglichkeit im Herzen der Stadt, die auch Schlafsäle hat. Die Zimmer sind einfach und haben kein eigenes Bad, es gibt Küchen, einen Innenhof und einen Basketballplatz für die Gäste.

Rákóczi Pension (☎ 416 638; Rákóczi utca 39; EZ/DZ 6000/8400 Ft.; Ⓟ) Rákóczi liegt super in einer ruhigen, schattigen Straße unweit des Zentrums. Die großen, hellen Zimmer gruppieren sich rund um einen Innenhof und sind mit Bad, Kachelfußboden und modernen Möbeln ausgestattet.

Főnix (☎ 413 054; Barna utca 17; EZ/DZ 3000/4900 Ft.; Ⓟ) Ein Wohnblock im Plattenbaustil mit dunklen Fluren und einfachen Zimmern, der an der Hauptschlagader durch die Stadt gelegen ist. Auf Anfrage rückt das freundliche Personal auch ein Zimmer mit eigenem Balkon heraus!

MITTELKLASSEHOTELS

Péterfia (☎ 418 246; peterfiapanzio@axelero.hu; Péterfia utca 37/b; EZ/DZ 7000/8000 Ft.; Ⓟ) Die Pension etwas nördlich vom Zentrum hat 20 großzügig geschnittene Zimmer, die alle ein Bad haben und mit Naturholzmöbel möbliert sind. Das Personal ist nett und der Garten hinterm Haus für die Gäste reserviert.

Centrum (☎ 416 193; centrumpanzio@axelero.hu; Péterfia utca 37/a; EZ/DZ 6900/7500–8000 Ft.; Ⓟ) Erinnert an die Wohnung der eigenen Großeltern, sollten diese kitschigen Schnickschnack gesammelt haben ... Romantischer Krimskrams schmückt Rezeption und Gemeinschaftsräume. Die Zimmer sind weniger überladen, die Möbel sogar recht modern. Hinter dem Haus gibt es einen Garten für die Gäste.

Nagyerdő (☎ 410 588; reserve@hotelnagyerdo.hunguesthotels.hu; Pallagi út 5; EZ 46–55 €, DZ 62–76 €; P) Ein sehr gut geführtes Wellnesshotel, das in einem großen Block im Zentrum des Nagyerdei-Park liegt. Die Zimmer sind zweckmäßig, aber recht kühl eingerichtet. Es gibt ein Restaurant mit Grill.

Kálvin (☎ 418 522; kalvin@civishotels.hu; Kálvin tér 4; EZ 9750–12 800 Ft., DZ 10 450–14 650 Ft.; P) Ein großes Hotel oben auf dem Udvarház-Einkaufszentrum. Pseudo-Antiquitäten oder sperrigen dunklen Holzteilen „schmücken" die Zimmer. Die billigeren Zimmer gehen auf den belebten Platz Kálvin tér hinaus.

SPITZENKLASSEHOTELS

Aranybika (☎ 508 600; aranybika@civishotels.hu; Piac utca 11–15; EZ 49–79 €, DZ 60–96 €; P) Das Jugendstilhotel mit 200 ganz unterschiedlichen Zimmern ist *der* Platz, an dem man in Debrecen übernachten muss. Die Preise hängen davon ab, wo die Zimmer liegen: im alten Flügel oder im grellen neuen Anbau.

Aquaticum (☎ 514 111; www.aquaticum.hu; Nagyerdei park 1; Zi. 18 500–19 500 Ft.; P) Das Aquaticum kommt allen entgegen, die die Thermalquellen der Stadt genießen, aber nicht weit laufen wollen. Es gibt alles, was es in einem guten Vier-Sterne-Hotel geben sollte plus einer großen Wellnessabteilung.

Essen

RESTAURANTS

Csokonai (☎ 410 802; Kossuth utca 21; Gerichte 1200–1800 Ft.) Ein Kellerrestaurant, das manche als Pub bezeichnen, die meisten aber als ein gutes Restaurant schätzen. Die Einrichtung ist mittelalterlich, der Service effizient und die ungarischen Spezialitäten hervorragend zubereitet: Eine der Top-Adressen für Genießer in Debrecen.

Lucullus (☎ 418 513; Piac utca 41; Gerichte 1200–1800 Ft.) Das Lucullus mit seiner geselligen Atmosphäre und der netten, wenn auch etwas langsamen Bedienung ist bei den Einheimischen ein Favorit. Auf der Karte steht eine abwechslungsreiche Auswahl ungarischer und, was am Ort überrascht, sogar einiger vegetarischer Gerichte.

Flaska (☎ 414 582; Miklós utca 4; Gerichte 1500 Ft.) Das Flaska auf der Miklós utca ist leicht zu finden; die riesige rotbraune Flasche, die aus der Wand hervorspringt, ist nicht zu übersehen. Das Kellerrestaurant wird von Einheimischen empfohlen und kocht hervorragende ungarische Küche.

Leveles (☎ 532 982; Medgyessy sétány; Gerichte 1000–2000 Ft.) Das Lokal mit einem großen Innenhof liegt unweit der Thermalbäder in einem ruhigen Park. Die Einheimischen loben die deutsch-ungarische Küche.

Pompeji (☎ 416 988; Batthyány utca 4; Pizza 900 Ft.) Ein schrilles, sehr eigenes Restaurant mit feiner italienischer Küche. Und ein netter Ort für einen Drink an einem warmen Sommerabend.

Hajdúsági (Ecke Liszt Ferenc utca & Kossuth utca; Mittagsmenü 400 Ft.; Mo–Fr 11–15, 16–22, Sa 16–22 Uhr) Ein einfaches Restaurant, dennoch zieht die ständig wechselnde Menükarte die Hälfte aller Arbeitenden der Stadt an.

CAFÉS

Carpe Diem (☎ 319 007; Batthyány utca 8; Tee & Snacks 400 Ft.) Das kleine Teehaus mit seinen Hängesessel, dem vielen Grün und der ruhig-heiteren Atmosphäre ist eine Oase in der Fußgängerzone, die leider mit viel Beton verunstaltet ist. Es gibt Tee aus aller Welt, auch zum Mitnehmen.

Morik Caffé (☎ 413 808; Miklós utca 1; Kaffee 200 Ft.) Café im Stil des 18. Jhs.. Die Kellnerinnen tragen blaue Kleider und weiße Hauben, was man hübsch altmodisch oder einfach lächerlich finden kann ... Wie auch immer: Der Kaffee ist hervorragend.

Gara (Kálvin tér 6; Eis ab 100 Ft.; 9–18 Uhr) Einmal abgesehen von Budapest wird hier der landesweit beste Kuchen und das beste Eis (aus Bergen an frischem Obst) hergestellt. Der größte Qualitätsbeweis sind die Schlangen an Eisfans.

AUF DIE SCHNELLE

Büfé Falatozó (Csapó utca; 100 g Wurst 200 Ft.; Mo–Sa 5–15, So 5–11 Uhr) Obwohl sie auf dem Obst- und Gemüsemarkt verkauft werden, gibt es hier mehr Wurstsorten als man sich vorstellen kann. Ganz lecker sind die Leber- und Blutwürstchen.

Chinesischer Takeaway (☎ 588 479; Arany János utca 28; Gerichte 550 Ft.) Ein typischer chinesischer Takeaway, gut geeignet für ein schnelles, billiges Essen.

Klári Salátabár (☎ 412 203; Bajcsy-Zsilinszky utca 3; 100 g Salat 100–300 Ft.; Mo–Fr 9–19 Uhr) Vegetarier werden in der einfachen Salatbar ihre Freude haben. Salate werden in 100-g-Portionen abgerechnet. Ein eher ungewohnter Anblick in der ungarischen Provinz!

SELBSTVERSORGER

Es gibt einen **Lebensmittelladen** (Piac utca 75; 24 Std.) in Fußnähe vom Bahnhof; der geschäftige, überdachte **Obst- & Gemüsemarkt** (Csapó utca; Mo–Sa 5–15, So 5–11Uhr) bietet eine große Auswahl an frischen Waren.

Ausgehen

Bakelit Music Café (Kossuth utca 19; Mo–Do 9–23, Fr 9–2, Sa 18–2 Uhr) Zentral gelegenes Studentenpub, das mit seiner lauten Musik, den dunklen Ecken und orange-braunen Séparées eine wilde, aber nette Horde junger Leute anzieht. Das Bakelit ist aber sicher nicht der richtige Ort für ein ruhiges Gespräch bei einem gepflegten Glas Weißwein ...

Belgian Beer Café (☎ 536 373; Piac utca 29) Warum Einheimische belgisches Bier trinken, wo doch in den Nachbarrepubliken Slowakei und Tschechische Republik so gute Biere gebraut werden, ist unverständlich. Trotz allem ist das Café mit seiner Bierhallen-Atmosphäre sehr beliebt.

Saxophone (Piac utca 18) Schöne Leute werden vom Saxophone angezogen, und seitdem es in Ungarn schöne, schicke Leute gibt, platzt der Laden oft aus allen Nähten. Es könnte aber auch an den unwiderstehlich guten Cocktails liegen ...

Play Pub House (Batthyány utca 24–26) Liegt in einer Fußgängerzone und kommt einem englischen Pub schon ziemlich nahe. An warmen Tagen werden Tische im Freien aufgestellt.

DER TIPP VOM AUTOR

Genius (☎ 508 644; Piac utca 11–15; Mo & Do 11–19, Di & Fr 11–15, Mi 11–23, Sa 7–17 Uhr) Das Genius im Hotel Aranybika ist wahrscheinlich die beste Bar in Ungarn außerhalb der Hauptstadt. Mit ihrer dunkelroten Farbe, den Lounge-Stühlen, den heißen Klängen und den exzellenten Cocktails verströmt sie eine leicht dekadente Atmosphäre. Die Krönung sind die Livemusik-Acts, die immer mal wieder stattfinden.

Unterhaltung

Debrecen wirbt mit seinem breiten Kulturangebot, hat aber bis heute kein Kulturzentrum. Informationen gibt es bei **Tourinform** (☎ 412 250; Piac utca 20), im wunderbaren **Csokonai-Theater** (☎ 455 075; Kossuth utca 10) oder im **Jugendinfobüro Mezon** (☎ 415 498; Batthyány utca 2b; 10–18 Uhr). Letzteres ist auf Unterhaltungsmusik spezialisiert und hat Internetanschluss, wo man seine E-Mails checken kann. Hilfreich sind auch die einschlägigen Rubriken im zweiwöchig erscheinenden kostenlosen Broschüre *Debreceni Est.*

Babalu-Restaurant und Musikclub (☎ 536 414; Piac utca 26a; 12–24 Uhr) Rattanstühle und tropische Pflanzen verleihen dem Babalu ein richtiges Safari-Feeling, die Gäste sind meist etwas älter. Mit etwas Glück spielt eine gute Jazzband.

Főnix Hall (☎ 518 400; Kassai utca 28) Die „Phönix"-Halle ist Debrecens Hauptveranstaltungsort für kulturelle oder sportliche Großereignisse.

Shoppen

Wer Debrecen verlässt, sollte wenigstens einmal vorher bei einem Metzger oder Lebensmittelladen die berühmten Debreziner Würstchen gekauft oder probiert haben. Auch auf dem Markt werden sie angeboten. Auf dem Weg zum Markt liegt außerdem noch der wirlich bezaubernde Antiquitäten- und Kuriositätenladen **Mestermű Kincs és Galéria** (Csapó utca 24).

An- & Weiterreise

BUS

Von Debrecen aus fahren Busse in alle nachfolgend genannten Städte:

Zielorte	Fahrpreis	Fahrzeit	km	Frequenz
Békéscsaba	1690 Ft.	3 Std.	135	10-mal tgl.
Eger	1690 Ft.	2½ Std.	130	8-mal tgl.
Hajdúszoboszló	302 Ft.	30 Min.	20	30 Min.
Miskolc	1210 Ft.	2½ Std.	100	1 Std.
Nádudvar	544 Ft.	1 Std.	40	7-mal tgl.
Nyíregyháza	907 Ft.	1½ Std.	70	4-mal tgl.
Szarvas	1930 Ft.	3¼ Std.	155	2-mal tgl.
Szeged	2910 Ft.	5 Std.	230	3-mal tgl.
Tokaj	1030 Ft.	2 Std.	85	2-mal tgl.

Ins Ausland fahren die Busse u. a. nach Košice (Kassa) in der Slowakei (Mo–Fr 7 Uhr) und Oradea (Nagyvárad) in Rumänien

(März–Okt. Di und Do 6.30 Uhr, Sa 5 Uhr).

ZUG

In Debrecen kommen täglich rund 20 Züge vom Budapester Bahnhof Nyugati und teilweise auch vom Bahnhof Keleti (2360 Ft., 220 km) an. Sie fahren alle über Szolnok (1420 Ft., 1¾ Std., 120 km); neun der 20 Züge sind Expressverbindungen und brauchen nur 2½ Stunden. Städte im Norden und Nordwesten – Nyíregyháza (430 Ft., 45 Min., 50 km), Tokaj (890 Ft., 1½ Std., 80 km) und Miskolc (1420 Ft., 2½ Std., 135 km) – sind am besten mit dem Zug erreichbar. Nach Eger (1212 Ft., 3 Std., 120 km) muss man in Füzesabony umsteigen. Alle Orte im Süden sind am besten mit dem Bus oder einer Kombination aus Bus und Bahn erreichbar.

Nach Valea lui Mihai in Rumänien fahren täglich Züge um 7.15 und 14.40 Uhr im Debreziner Bahnhof los.

Unterwegs vor Ort

Die Straßenbahnlinie 1 – die einzige Linie in Debrecen – ist sowohl eine günstige Verbindung als auch eine Sightseeingroute. Vom Bahnhof aus fährt sie nordwärts entlang der Piac utca bis zum Platz Kálvin tér und dann weiter zum Nagyerdei-Park, wo sie dreht und den gleichen Weg Richtung Süden nimmt.

In die meisten anderen öffentlichen Verkehrsmittel steigt man am südlichen Ende des Petőfi tér ein. Die Trolleybuslinien 2 und 3 pendeln zwischen Bahnhof und Busbahnhof. Die örtlichen **Taxis** werden unter (☎ 444 444, 444 555) gerufen.

HORTOBÁGY

☎ 52 / 1770 Ew.

Das Dorf Hortobágy liegt rund 40 km westlich von Debrecen und ist das Zentrum der Region Hortobágy. Sie wurde berühmt durch ihre Pferdehirten (sikós), ihre *csárdas* (Gasthäuser) und die Zigeunermusik. Die meisten Besucher kommen aber heute, um den 810 km² großen Nationalpark Hortobágy (Hortobágy Nemzeti Park) zu besichtigen, in dem Hunderte von Vogelarten leben und Pflanzen heimisch sind, die es normalerweise nur am Meer gibt. Die Bedeutung der Kulturlandschaft wurde über Ungarns Grenzen hinweg erkannt: 1999 erklärte die Unesco den Nationalpark zum Unesco-Welterbe.

Hortobágy ist von der ungarischen Tourismusindustrie ziemlich verheizt worden, und die Bühnenshows mit Pferden, die kostümierten *csikósok* (Kunstreiter) und der geschmacklose Plunder, der überall zum Kauf angeboten wird, sind wirklich indiskutabel. Dennoch: Wenn dunkle Wolken aus dem Nichts auftauchen und die Sonne verdecken, fällt es leichter, von einem anderen Hortobágy zu träumen – dem mythischen Hortobágy, das in Gemälden, Gedichten und im Reich der Phantasie besteht.

Orientierung & Praktische Informationen

Die wenigen Busse halten an der Hauptstraße 33 nahe beim Dorfzentrum oder am Petőfi tér in der Nähe des Einkaufszentrums. Der Bahnhof liegt im Nordosten am Ende der Kossuth utca.

Nationalparkverwaltung des Nationalparks Hortobágy (☎ 529 935; Kossuth utca; www.hnp.hu; Mo–Fr 8–17 Uhr) Die Verwaltung hat ihren Sitz im neuen Besucherzentrum.

OTP-Geldautomat Im Einfkaufszentrum.

Postamt (Kossuth utca 2; Mo–Fr 8–16 Uhr)

Tourinform (☎ 589 321; hortobagy@tourinform.hu; Kossuth utca; Mo–Fr 8–17, Sa 9–16 Uhr) Im neuen Besucherzentrum.

Sehenswertes

NATIONALPARK HORTOBÁGY

Mit seinem abwechslungsreichen Gelände und seinen vielen Wasserstellen ist der Nationalpark Hortobágy (Hortobágy Nemzeti Park) eines der besten europäischen Vogelbeobachtungsstellen. In den vergangenen 20 Jahren wurden hier 344 der europaweit geschätzten 400 Arten gesichtet. Dazu gehörten Lappentaucher, Reiher, Neuntöter, Silberreiher, Löffller, Störche, Milane, Grasmücken und Adler. Die Großtrappe, mit 1 m Standhöhe und einem Gewicht von bis zu 20 kg einer der größten Vögel der Welt, lebt hier in einem eigenen Schutzgebiet, zu dem Besucher allerdings nur beschränkt Zugang haben.

Mit dem in der **Nationalparkverwaltung** (☎ 529 935; Kossuth utca; Eintritt 900 Ft.) erhältlichen Besucherpass können vier Bereiche des Parks besucht werden. Um in die interessantesten Ecken – die abgeschlossenen Gebiete nördlich der Straße 33 und das ver-

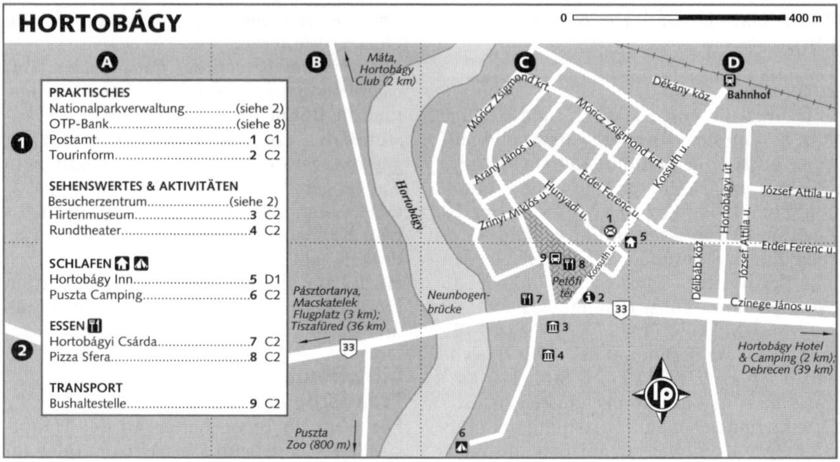

salzte Sumpfland südlich davon – zu kommen, braucht man einen Führer und Pferd, Kutsche oder Allradwagen. In der Parkzentrale werden allerdings nur vereinzelt Touren durch den Park angeboten. Das neue **Besucherzentrum** bietet über seine Computer einen interaktiven Zugang zu Flora und Fauna des Nationalparks, außerdem wird hier allerlei Kunsthandwerk aus Holz, Leder oder Ton verkauft.

Aquila Nature Tours (☎ 30-326 3426; Péterfia utca 46, Debrecen), ein Reisebüro mit Sitz in Debrecen, bietet spezielle naturkundliche Ausflüge und Vogelbeobachtungsfahrten an. Auch Führungen durch den Park lassen sich dort buchen.

NOCH MEHR SEHENSWERTES

Die **Neunbogenbrücke** (Kilenc-lyukú híd) wurde 1833 über den sumpfigen Fluss Hortobágy gebaut und ist die längste (und wohl am häufigsten gemalte und fotografierte) Steinbrücke Ungarns. Davor steht die Hortobágyi Csárda, ein uriges Wirtshaus, das seit 1699 existiert. 1781 kam ein weiteres Gebäude dazu. In der Hortobágyi Csárda kehrten Salzhändler auf ihrem Weg von der Theiß nach Debrecen ein; Geige spielende Zigeuner, die ursprünglich gar nicht aus dieser Gegend stammten, fanden hier Arbeit. Zigeunermusik und *csárdas* sind seitdem in den Köpfen untrennbar miteinander verbunden.

Den **Puszta-Zoo** (☎ 589 110; Erw./Kind 300/150 Ft., Pferdeshow 1000/500 Ft.; März–Nov. 9–18 Uhr) mit seinen ungewöhnlichen Tieren aus der Puszta werden Kinder jeden Alters lieben. Manche Arten sehen aus, als hätte Gott experimentiert: das stämmige ungarische Graurind etwa oder das Mangalica-Schwein mit seinen lockigen Borsten, der Puli, ein Hirtenhund mit einem Zottelfall wie Rastalocken, oder das Racka-Schaf (Zackelschaf), dessen gedrehte Hörner teuflisch aussehen.

Das **Hirtenmuseum** (Petőfi tér 1) in einem Kutscherhaus aus dem 18. Jh. gegenüber der *csárda* wurde kürzlich restauriert. Es zeigt nun Exponate zum Leben der Schäfer um die letzte Jahrhundertwende, Webcams mit Bildern aus der Puszta und andere Hightech-Installationen.

Wie das Hirtenmuseum (und scheinbar das ganze Dorf) wurde auch das **Körszín** überholt. Es zeigt nach seiner Wiedereröffnung Kunsthandwerk, das in den Werkstätten im nahen Besucherzentrum hergestellt wird.

Aktivitäten

In Máta, rund 2 km nördlich von Hortobágy, liegt Ungarns größte Reitschule, der **Hortobágy Club** (☎ 369 020; www.hortobagyhotel.hu). Hier werden Reitstunden für Anfänger (1 Std. 4800 Ft.) und erfahrene Reiter (1 Std. 3000 Ft.) sowie Ausritte durch die Puszta (nur für Fortgeschrittene, 1 Std. 3000 Ft.) angeboten. Zweistündige Kutschfahrten durch die Puszta kosten 2000 Ft. pro Person. Außerdem im Programm sind Ausflüge mit Vogelbeobachtung (pro Pers.

16 000 Ft.) oder zum Angeln (Ausrüstung 1 Tag 500 Ft.), Bootsausflüge (2000 Ft. pro Pers.) und Fahrten mit dem Heißluftballon (33 000 Ft. pro Pers.).

Die Nationalparkverwaltung organisiert **Flüge** (☎ 06 30 565 7959) über die Region, allerdings zu einem stolzen Preis – 1500 Ft. pro Minute für bis zu drei Personen. Start- und Landeplatz ist der Flugplatz in Macskatelek, er liegt 3 km westlich des Dorfes bei Straßenkilometer 70.

Puszta Camping (☎ 369 300; baranyais@freemail.hu) verleiht Fahrräder (1 Tag 1000 Ft.); beim Hortobágy Club kostet das Mieten eines Rads 2000 Ft. pro Tag.

Festivals & Events

Im Juli finden in Máta die **Internationalen Reittage** statt, der **Brückenmarkt** in Hortobágy am 19. und 20. August ist ein weiteres gesellschaftliches Highlight der Region. An Pfingsten findet das **Nationale Hirtentreffen** statt.

Schlafen

Auskunft über Privatunterkünfte erteilt Tourinform, wer selbst schauen will, geht am besten in die Straßen Arany János utca und Czinege János utca.

Pásztortanya (☎ 369 127; EZ/DZ 2500/5000 Ft.; P) Ein Gasthaus in einem traditionellen Bauernhaus mit vier Zimmern und Gemeinschaftsbad sowie Restaurant. Das frei stehende Haus liegt 3 km westlich der Stadt unweit des Flugplatzs Macskatelek.

Hortobágy Inn (☎ 369 137; Kossuth utca 1; EZ/DZ 3500/6000 Ft.; P) Wer nicht zelten will, übernachtet hier am zentralsten. Die Zimmer mit Bad sind einfach, aber sie haben immerhin Balkon (ideal, um die Stürme zu beobachten) und das Personal ist ausgesprochen nett.

Puszta Camping (☎ 369 300; baranyais@freemail.hu; Stellplätze pro Erw./Kind/Zelt 700/550/650 Ft., Bungalows pro Pers. 1600 Ft.; Mai–Sept; P) Liegt in einer ruhigen Ecke abseits der lauten Straße 33 und nahe am Fluss. Die sanitären Anlagen sind einfach; es gibt außerdem ein kleines Thermalwasserbecken.

Hortobágy Hotel & Camping (☎ 369 071; Stellplätze pro Pers./Zelt 500/750 Ft., EZ/DZ/3BZ 2900/5800/7800 Ft.; P) Ein weiteres einfaches Hotel; es liegt 2 km östlich des Stadtzentrums. Zimmer mit eigenem Bad und – wichtig! – Fliegengittern vor den Fenstern. Wer campen will, baut sein Zelt auf dem vorderen Rasenplatz auf und nutzt die Sanitäreinrichtungen des Hotels.

DER TIPP VOM AUTOR

Hortobágy Club (☎ 369 020; www.hortobagyhotel.hu; EZ 14 000–16 800 Ft., DZ 18 000–21 600 Ft., Suite 22 000–26 400 Ft., Haus 22 000–26 400 Ft.; P) Der Hortobágy Club vermittelt eine Ahnung von der Puszta, ohne dass die Gäste so rau wie einst die Schäfer leben müssen. Das Vier-Sterne-Hotel ist hervorragend mit Swimmingpool, Sauna, Fitnesscenter, Sportplätzen und zwei Restaurants ausgestattet. Neben den luxuriösen Zimmern und Suiten können einzelne Häuser mit einem privaten Pferdestall gemietet werden. Schön, dass der Hortobágy Club kein Hochhaus ist und die Landschaft nicht verschandelt.

Essen

Hortobágyi Csárda (☎ 589 399; Petőfi tér 2; Gerichte 1000–2000 Ft.; 8–22 Uhr) Sie ist Ungarns berühmteste Csárda und daher ziemlich touristisch und auch etwas teurer. Wer hier einkehrt, sollte ein Entengericht bestellen, bei Zigeunermusik entspannen und den Hortobágy-Kitsch, der die ganzen Wände pflastert, humorvoll betrachten.

Abgesehen von dieser Csárda gibt es ringsum nur wenig Alternativen: **Pizza Sfera** (Pizza 600–1000 Ft.; 5–22 Uhr) ist eine ziemlich dürftige Pizzeria im Einkaufszentrum. Auch das **Hortobágy Inn** (Gerichte 1000 Ft.) bietet nur eine einfache ungarische Küche. Außerhalb der Stadt bietet das Restaurant im **Pásztortanya** (Gerichte 1000 Ft.) immerhin einen tollen Ausblick von der Terrasse. Wer es etwas weniger rustikal wünscht, sollte entweder eines der Restaurants im **Hortobágy Club** (☎ 369 020) ausprobieren oder im **Magyaros** (Gerichte 1000–2000 Ft.) einkehren, wo traditionelle ungarische Speisen in Tavernen-Atmosphäre serviert werden. Der Spitzenplatz unter den Restaurants von Hortobágy gebührt dem **Hajdú** (Gerichte 1500–3000 Ft.) wegen seiner internationalen Karte und der aufmerksamen Bedienung.

An- & Weiterreise

Zwischen Debrecen (über Hajdúszoboszló; 484 Ft., 35 Min., 40 km) und Eger (1150 Ft., 2 Std., 95 km) verkehren bis zu acht Busse täglich. Sie halten alle am Petőfi tér. Hortobágy liegt an der Bahnstrecke von Debrecen (430 Ft., 50 Min., 40 km) nach Füzesabony (658 Ft., 1¼ Std., 60 km). Es gibt täglich bis zu sieben Züge; der letzte fährt gegen 20.30 Uhr in Debrecen ab. Züge nach Füzesabony (letzte Fahrmöglichkeit 20.32 Uhr) halten auch in Tiszafüred (346 Ft., 35 Min., 30 km).

HAJDÚSZOBOSZLÓ

☎ 52 / 23 400 Ew.

Hajdúszoboszló, 20 km südwestlich von Debrecen, ist Ungarns größter Kurort. In Scharen kommen Gäste, um die medizinische Wirkung der Thermalquellen zu nutzen oder um einfach im warmen Wasser zu entspannen.

Orientierung

Fast alles, was man brauchen kann, lässt sich an der großen Straße 4 finden, die die Stadt in ihrer ganzen Länge durchquert und dabei viermal den Namen wechselt: Sie heißt Debreceni útfél, Szilfákalja út, Hősök tere und Dózsa György utca. Die Thermalbäder und der Park, die zusammen ein Erholungsgebiet (Üdülőterület) bilden, nehmen den nordöstlichen Teil von Hajdúszoboszló ein. Das Stadtzentrum am Hősök tere liegt im Südwesten.

Der Busbahnhof (Fürdő utca) liegt nördlich vom Debreceni útfél, der Bahnhof (Déli sor) etwa 3 km südlich davon. Wer ins Stadtzentrum Hősök tere will, läuft nordwestwärts entlang der Rákóczi utca.

Praktische Informationen

Hauptpostamt (Kálvin tér 1)

OTP-Bank (Szilfákalja út 10) Geldautomat, unweit vom ABC-Supermarkt.

Tourinform (☎ 558 929; hajduszoboszlo@tourinform.hu; Szent István Park 1–3; Juni–Mitte Sept. Mo–Fr 8–18, Sa 8–14 Uhr, Mitte Sept.–Mai Mo–Fr 9–17, Sa 9–14 Uhr) Am Haupteingang des Thermalbads.

Sehenswertes & Aktivitäten

Der eindrucksvolle **Glockenwald-Denkmal** zur Erinnerung an die Kriegsopfer der ungarischen Geschichte steht beim Eingang zu den **Thermalbädern** (☎ 558 558; Szent István 1–3; Bäder Erw./Kind 900/800 Ft., nach 16 Uhr 700/600 Ft., Wochenkarte 5400/4800 Ft., inklusive Eintritt zum Freibad; Juli–Aug. Hallenbad 7–19 Uhr, Freibad 8–20 Uhr, Juni 8–19 Uhr, Mai & Sept. 8–18 Uhr). Zum Bäderkomplex gehören ein Dutzend Mineral- und Frischwasserbecken, ein Wellenbad, Saunas, Solarien und ein Behandlungszentrum. Ruderboote werden für 1000 Ft. pro Stunde vermietet. Hinter dem Bad liegt der **Aquapark** (Erw./Kind 2000/1000 Ft.; 10–18 Uhr) mit neun Abenteuerrutschen und jeder Menge aufgedrehten Kindern.

Unweit der 1717 erbauten **Kalvinistischen Kirche** (Kálvin tér 9; Eintritt frei) stößt man auf ein 20 m langes Mauerstück und einen kleinen Turm. Beide sind alles, was von einer **Burg** aus dem 15. Jh. übrig blieb, die die Türken 1660 zerstörten. Am Hősök tere (Heldenplatz) erhebt sich die gar nicht so stolze **István-Bocskai-Statue** – ein kleiner Prinz wird hier gezeigt, dessen Größe in keinem Verhältnis zu seinem schnaubenden Hengst und zu seinen Großtaten steht.

An der Bocskai utca steht die immer verschlossene **Katholische Kirche** (Bocskai utca 6) aus dem 18. Jh., in der Papst Johannes Paul II. als Karol Wojtyla, Bischof von Krakau, Anfang der 1970er-Jahre gebetet hat. Dann folgt das **Bocskai-Museum** (☎ 362 165; Bocskai utca 12; Erw./Kind 400/200 Ft.; Di–So 9–13, 14–16 Uhr), eine Art Tempel zur Erinnerung an István Bocskai, den Fürsten von Siebenbürgen, und seine *hajdúk* (Heiducken). Zwischen Sätteln, Pistolen und Schwertern hängt Bocskais Fahne, die ihn im Kampf mit einem Leoparden zeigt (aus dem in späteren Versionen mysteriöserweise ein Löwe wurde).

Ein altes, strohgedecktes Bauernhaus beherbergt heute das **István-Fazekas-Töpferhaus** (☎ 361 358; Ady Endre utca 2; Mo 8–16 Uhr). Dort wird die typische schwarze Töpferware verkauft, die die Familie Fazekas im benachbarten Náduvar herstellt.

Schlafen

Im Touristenstädtchen stehen viele Unterkünfte zur Wahl (Hochhaushotels finden sich massenweise auf der Mátyás király sétány) – es dürfte also für jeden etwas Passendes dabei sein. Eine Liste mit Privatzimmern hat Tourinform. Doch die Schilder *szoba kiadó* (Zimmer frei) sind eh nicht zu übersehen: Sie sprießen in der Hochsaison wie Pilze aus dem Boden.

Négy Évszak (☎ 273 140; www.hotelnegyevszak.net; Jókai sor 12; EZ/DZ 38/45 €; Ⓟ) Das kürzlich erbaute Hotel stellt die meisten anderen in Hajdúszoboszló in den Schatten. Die Zimmer sind groß und farbenfroh, modern möbliert und ausgestattet. Zu den Thermen ist es nur ein kurzer Spaziergang.

Muskátli (☎ 363 744; muskatlihajduszoboszlo@matavnet.hu; Daru zug 5a; EZ 40–42 €, DZ 55–60 €; P) Das gehobene Hotel ist nebenbei ein Wellnesscenter mit Beauty-, Spa- und Therapieangeboten aller Art. Die Zimmer sind angemessen groß, haben Fliesen- oder Holzfußboden, aber eine überraschend einfache Möblierung.

Délibáb (☎ 360 366; delibab@civishotels.hu; József Attila utca 4; EZ 28–50 €, DZ 40–63 €; P) Mit 250 Zimmern ist das Délibáb eines der großen Thermalhotels mit einem eigenen Wellnessbereich. Die Zimmer sind etwas altmodisch, aber gemütlich eingerichtet. Der Preis hängt jeweils von der Ausstattung ab.

Thermal Camping (☎ 558 552; Böszörményi út 35a; Stellplätze pro Pers./Zelt 800/800 Ft.; P) Der Campingplatz gehört zum Bäderkomplex und liegt auf einem ebenen, mit einigen Bäumen bestandenen Terrain auf der Nordseite der Anlage. Der Blick reicht über die Felder und zum Flughafen der Stadt.

Essen

Jedes Hotel und jede Pension hier hat ein angegliedertes Restaurant; der Weg zum Essen ist nie weit. Dazu kommen jede Menge Würstchen-, *lángos*- und Eisstände an der Szilfákalja út und im Park.

Arany Oroszlán (☎ 273 094; Bessenyei utca 14; Mittagsmenü 510 Ft., Gerichte 1000 Ft.) Ein ruhiges Restaurant, das im Gegensatz zu den Lokalen an der Hauptstraße eine entspannte Mahlzeit verspricht. Auf der Karte stehen solide ungarische Gerichte; Spezialität ist die gegrillte Forelle.

Kemencés (☎ 362 221; Szilfákalja út 40/a; Gerichte 1000 Ft.; 8–21 Uhr) Das Lokal ist pseudo-rustikal gestaltet und die Kellnerinnen sind traditionell gekleidet – unübersehbar reitet das Kemencés auf der Puszta-Welle. Aber es gibt gute Tagesgerichte und die Bedienung ist sehr aufmerksam.

Nelson (☎ 270 226; Ecke Hősök tere & Kossuth utca; Gerichte 1200–2000 Ft.) Ein breites Angebot, eine hochwertige Küche, eine aufmerksame Bedienung und eine günstige Lage – das Nelson ist bei Einheimischen und bei Urlaubern beliebt.

Szilfa (József Attila utca 2; Gerichte 800–1500 Ft.) Ein nettes, einfaches Gasthaus, das gut zu den Thermalbädern passt. Schön ist die

überdachte Terrasse an den meist heißen Sommertagen.

Auf dem teilweise überdachten **Markt** (Bethlen Gábor utca) gibt es viele frische Produkte, Blumen und den üblichen Ramsch.

Unterhaltung

Hajdúszoboszló ist ein familienfreundliches Städtchen; angesagte Bars und heiße Diskos sucht man hier vergeblich.

Städtisches Kulturzentrum (☎ 557 693; Szilfákalja út 2) Hier gibt es Tipps zu allem, was in der Stadt los ist, darunter auch Orgel- und Chorkonzerte in der kalvinistischen Kirche.

Al Hambra Eastern Bar (Mátyás király sétány 8) Ein brauchbarer Platz, um nach einem langen Tag in gesunder brauner Brühe den Flüssigkeitshaushalt wieder ins Lot zu bringen.

An- & Weiterreise

In Hajdúszoboszló starten fünfmal täglich Busse nach Miskolc (1450 Ft., 3 Std., 120 km); bis zu zwei Dutzend Busse fahren täglich nach Debrecen (302 Ft., 30 Min., 20 km). Zu den internationalen Busverbindungen gehören Oradea in Rumänien (Di und Do 6 Uhr) und Košice in der Slowakei (Mo–Do 6.20 Uhr).

Züge von Debrecen (182 Ft., 15 Min., 20 km) nach Szolnok (1212 Ft., 1½ Std., 100 km) und Budapest (2200 Ft., 2½ Std., 200 km) halten ein paar Mal am Tag eine Stunde lang in Hajdúszoboszló.

SÜDLICHE GROSSE TIEFEBENE

Die Südliche Große Tiefebene (Dél-Alföld) umfasst die Tiefländer von Donau und Theiß. Dort finden sich auch die meisten interessanten Städte und Dörfer der Großen Tiefebene. Kecskemét und Szeged sind Kunst- und Kulturzentren mit einer beeindruckenden Architektur, interessanten Museen und einer für die Region überdurchschnittlichen Bar- und Restaurantszene. Aber auch die Puszta ist nicht weit. Die Bugacpuszta ist nicht weit weg und Bugac einer der Orte, in denen das Leben der Tiefebene besonders gut zu studieren ist. Er ist von den westlichen Orten der Region zudem gut erreichbar.

KECSKEMÉT

☎ 76 / 103 300 Ew.

Etwa in der Mitte zwischen Donau und Theiß liegt Kecskemét im Herzen der Südlichen Großen Tiefebene. Weinberge und Obstplantagen umgeben die „Gartenstadt". Die Architektur ist farbenfroh, die Museen ausgezeichnet und der *barackpálinka* – ein Branntwein aus Aprikosen – exzellent. Und der Nationalpark Kiskunság, der die Puszta der Südlichen Tiefebene schützt, liegt gleich hinter der Stadt.

Geschichte

Kecskeméts landwirtschaftlicher Reichtum wurde von den Stadtvätern klug eingesetzt –1832 konnten sie alle Schulden der Stadt bar zurückzahlen. Heute stehen in den Straßen der Stadt einige der architektonisch interessantesten Gebäude des ganzen Landes. Eine Künstlerkolonie und das weltbekannte Institut für Musikerziehung haben zum guten Ruf Kecskeméts als kulturellem Zentrum des Landes beigetragen.

Orientierung

Der Stadtgrundriss von Kecskemét mit seinen unzähligen Plätzen, die oft aufeinander folgen oder ineinander übergehen, erscheint zunächst ziemlich verwirrend. Der zentrale Busbahnhof sowie der Bahnhof liegen einander unweit des József-Katona-Parks gegenüber. Von dort sind es zehn Minuten Richtung Südwesten entlang der Nagykőrösi utca zum ersten der vielen Plätze, dem Szabadság tér. Vom anderen Bahnhof der Stadt, Kecskemét KK (Halasi út), fahren Schmalspurzüge nach Bugac. Der Bahnhof liegt an der südlichen Verlängerung der Batthyány utca.

Praktische Informationen

Hauptpostamt (Kálvin tér 10–12) Beim Stadtzentrum.

Ibusz (☎ 486 955; Kossuth tér 3) Im Hotel Aranyhomok.

OTP-Bank(Szabadság tér 1/a) Geldwechsel und Standort von Geldautomaten.

Piramis Internet Café (Csányi utca 1–3; 1 Std. 300 Ft.; Mo–Fr 10–20, Sa–So 12–20 Uhr) In einem kleinen Einkaufszentrum.

Tourinform (☎ 481 065; kecskemet@tourinform.hu; Kossuth Lajos tér 1; Juli–Aug. Mo–Fr 8–18, Sa–So 9–13 Uhr, Juni–Sept. Mo–Fr 8–18, Sa–So 9–13 Uhr, Okt.–Mai Mo–Fr 8–17 Uhr) Hilfreiche und fast immer gut informierte Mitarbeiter.

www.kecskemet.hu Auch auf Deutsch und Englisch.

Sehenswertes

RUND UM DIE KOSSUTH TÉR

Der größte Stadtplatz wird von der katholischen **Großen Kirche** (Kossuth tér; Eintritt frei) von 1806 dominiert. Die großen Tafeln an der Außenfront erinnern – von links nach rechts – an ein berittenes Husarenregiment aus dem Ersten Weltkrieg, an Bürger der Stadt, die im Unabhängigkeitskrieg von 1848–49 ums Leben kamen, sowie an Einwohner, die im Zweiten Weltkrieg fielen oder starben. Zwischen Juni und August kann der **Turm** (Eintritt 300 Ft.; Di–So 9–12, 15–18 Uhr) bestiegen werden.

Der Ausblick über die sonnengebleichten Dächer und Plätze der Stadt ywischen den beiden Hauptströmen ist sehr schön.

An der östlichen Seite des Kossuth tér liegt die **Franziskanerkirche St. Nicholas** (Szent Miklós ferences templom; Eintritt frei), die in Teilen aus dem späten 13. Jh. stammt. Das **Zoltán-Kodály-Institut für Musikerziehung** (Kodály Zoltán Zenepedagógiai Intézet; ☎ 481 518; Kéttemplom köz 1; Erw./Kind 120/60 Ft.; 10–18 Uhr) hat seinen Sitz direkt dahinter in einem barocken Kloster (es liegt in östlicher Richtung). Es wurde nach dem großen ungarischen Musikpädagogen und Komponisten Zoltán Kodály benannt. Das sandsteinrote **Rathaus** (☎ 513 513; nach Vereinbarung), ein schönes Gebäude aus dem späten 19. Jh. von Ödön Lechner, präsentiert sich in einem ganz eigenen ungarischen Stil, einem Mix aus Jugendstil (bzw. sezessionistischen Stil) und folkloristischen Ele-

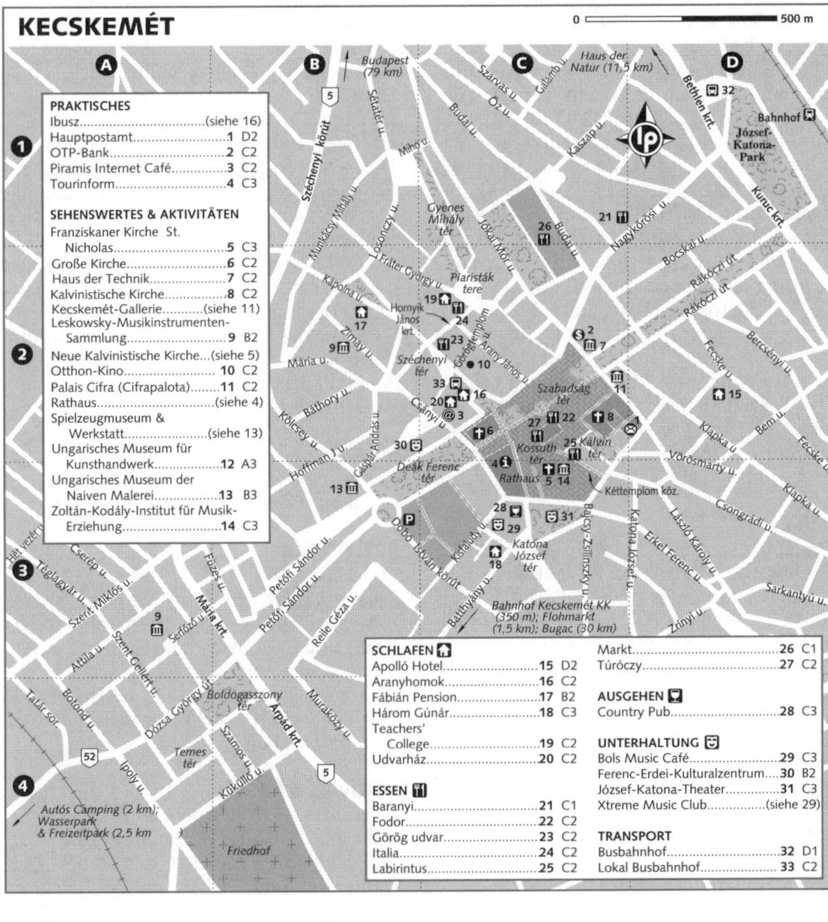

menten. Das dazu gehörige Glockenspiel spielt mehrfach am Tag Stücke der Komponisten Ferenc Erkel, Kodály, Mozart, Händel und Beethoven. Die Decken mit Blumenmuster und die Fresken mit ungarischen Helden wurden von Bertalan Székely gestaltet, der allerdings dazu neigt, die Geschichte etwas zu verklären. Ein weiteres Beispiel für diesen Stil zeigt das restaurierte **Otthon-Kino** (Széchenyi tér 4) an der Ecke der Fußgängerzone in der Görögtemplom utca.

SZABADSÁG TÉR

Nordöstlich des Szabadság tér liegen die **Kalvinistische Kirche** aus dem 17. Jh. und die **Neue Kalvinistische Hochschule** (Református újkollégium), die 1912 gebaut wurde. Sie ist eine späte Version des ungarischen romantischen Stils, erinnert aber eher an ein transsilvanisches Schloss und wird heute als Musikschule genutzt. Zwei weitere Gebäude auf dem Platz gehören zu den schönsten der Stadt. Der 1902 gebaute **Palais Cifra** (Cifrapalota) im Jugendstil ist mit vielfarbigen Majolikakacheln verziert, darin hat heute die **Kecskemét-Galerie** (Kecskeméti Képtár; ☎ 480 776; Rákóczi út 1; Erw./Kind 260/130 Ft.; Di–So 10–17 Uhr) ihre Räumlichkeiten. Innen ist weniger die ausgestellte Kunst als vielmehr die Inneneinrichtung das Interessante. Wer die Treppen hoch in die treffend bezeichnete Dekorative Halle (Díszterem) geht, kann dort vieles bestaunen: einen Pfau aus Stuck, bizarr geformte Fenster und weitere schöne Kacheln. Das **Haus der Technik** (Technika Háza; ☎ 487 611; Rákóczi út 2; Erw./Kind 100/50 Ft.; Mo–Fr 8–16 Uhr) stammt von 1871, war früher eine Synagoge und dient nun f[r Ausstellungen.

MUSEEN

Das interessanteste Museum der Stadt ist das **Ungarische Museum der Naiven Malerei** (Magyar Naiv Müvészek Múzeuma; ☎ 324 767; Gáspár András utca 11; Erw./Kind 150/50 Ft.; Mitte März–Mitte Okt. Di–So 10–17 Uhr) – eines der wenigen seiner Art in Europa. Es ist im Stork-Haus (1730) direkt bei der Petőfi Sándor utca untergebracht und wird von einer weißen Mauer eingefasst. Die Ausstellung birgt nicht viel Überraschendes, aber die Ausstrahlung der Werke von Rozália Albert Juhászné, die drogenartigen Visionen von Dezső Mokry-Mészáros und die Bilder von András Süli (Ungarns Antwort auf Henri Rousseau) sind atemberaubend.

Direkt daneben zeigt das **Spielzeugmuseum & Werkstatt** (Szórakaténusz Játékmúzeum; ☎ 481 469; Erw./Kind 300/150 Ft.; Di–So 10–17 Uhr) eine kleine Sammlung an Puppen, Holzeisenbahnen, Brettspielen und ähnlichem Spielzeug aus dem 19. und frühen 20. Jh., leider allerdings planlos in die Glasvitrinen gestellt. Viel Zeit und Geld investiert das Museum in die vor allem für Kinder gedachten Veranstaltungen (Erw./Kind 300/150 Ft.), die donnerstags und samstags von 10 bis 12 Uhr und 14.30 bis 17 Uhr und sonntags von 10 bis 12 Uhr stattfinden. Viele Ideen aus den Workshops stammen von Ernő Rubik, dem ungarischen Erfinder des Zauberwürfels, der in den 1970er-Jahren Furore machte.

Das **Ungarische Museum für Kunsthandwerk** (Magyar Népi Iparművészet Múzeuma; ☎ 327 203; Serfőző utca 19a; Erw./Kind 200/100 Ft.; Di–Sa 10–17 Uhr) ist so etwas wie der Urvater aller Museen der Stadt. Es liegt weiter südwestlich, einen Häuserblock entfernt von der Dózsa György út. Ungefähr zehn Zimmer eines alten Bauernhofes sind voll gestopft mit Stickereien, Holzschnitzereien, Möbeln, landwirtschaftlichen Geräten und Textilien, die leider alle ein bisschen unübersichtlich präsentiert werden.

Die **Leskowsky-Musikinstrumente-Sammlung** (Leskowsky Hangszergyűjtemény; ☎ 486 616; Zimay László utca 6/a; Eintritt frei; nach Vereinbarung) zeigt die Entwicklung des Musizierens über die Jahrhunderte auf und hatte eine ganz ansehnliche Auswahl an Musikinstrumenten aus fünf Kontinenten.

MARKT

Kecskeméts lebendiger **Flohmarkt** (Külső Szegedi út) findet südöstlich der Innenstadt statt.

Aktivitäten

Die Hauptattraktion im Sommer ist der **Aqua Park** (☎ 481 724; Csabay Géza körút 2; Erw./Kind 1000/800 Ft.; Mitte Mai–Aug. 9–19 Uhr), ein riesiges Spaß- und Erlebnisbad für Kinder. Zur Anlage gehören auch drei Heilbäder. Wer das nicht mag, kann auf den See des **Freizeitparks** (Szabadidőpark) direkt nördlich des Aqua Park ausweichen.

Festivals & Events

Besonders hoch her geht es in Kecskemét während des **Kultur-Frühlingsfestes** im März und des **Hirős-Wochenfestes** im späten August. Dann stehen die Vielfalt und der Reichtum der landschaftlichen Produkte der Stadt und ihrer Umgebung im Mittelpunkt – vor allem die goldfarbene Aprikose (*sárgabarack*). Im Juni findet in allen geraden Jahren das **Internationale Kinderfest** statt und in allen ungeraden Jahren das **Internationale Kodály-Musikfestival** statt.

Schlafen

BUDGETUNTERKÜNFTE

Tourinform bietet eine ausführliche Liste mit Stundentenwohnungen an, ; Ibusz vermittelt Privatunterkünfte ab 3000 Ft.

Lehrerkollegium (☎ 486 977; Piaristák tere 4; EZ/DZ 2000/4000 Ft.; Mitte Juni–Aug.; P) Das Lehrerkollegium ist die zentralste Stundentenunterkunft der Stadt. Die Zimmer sind einfach ausgestattet und bieten Einzelbetten mit Gemeinschaftsbad.

Autós Camping (☎ 329 398; Csabay Géza körút 5; Stellplätze pro Pers./Zelt 750/660 Ft., Bungalows 4500–7150 Ft.; April–Okt.; P) Autós liegt 3 km südwestlich des Zentrums unweit vom Aqua Park. Nachteil: Die Zeltplätze und die Bungalows (mit Küche und Bad, aber ohne heißes Wasser) stellen fast keinen Schatten in Aussicht.

MITTELKLASSEHOTELS

Aranyhomok (☎ 503 730; aranyhomok@axelero.hu; Kossuth tér 3; EZ/DZ 9200/13 700 Ft.; P) Von außen ist es das hässlichste Hotel der Stadt, präsentiert sich aber innen überraschend modern. Die Benutzung des hauseigenen Wellnesscenters ist im Preis inbegriffen. Viele Zimmer haben Blick auf den hübschen Hauptplatz.

Három Gúnár (☎ 483 611; Batthyány utca 1–7; EZ/DZ 9100/11 300 Ft.; P) Ein nettes kleines Hotel, das aus vier alten Häusern besteht. Es hat 46 kleine Zimmer, die besten sind die Zimmer 306, 307 und 308. Die Lage ist gut, bis zum Zentrum ist es nicht weit.

Apolló Hotel (☎ 412 620; apollo.hotel@matavnet.hu; Tatay András utca 1/b; EZ/DZ 30/42 €; P) Die Zimmer im Apolló sind groß (einige haben einen Balkon) und gemütlich, allerdings sind die Möbel schon etwas in die Jahre gekommen. Das Personal ist manchmal etwas chaotisch, aber immer freundlich.

Udvarház (☎ 413 912; Csányi utca 1–3; EZ/DZ 11 900/14 500 Ft.; P) Das Haus mit seinen 17 Zimmern liegt – ein wenig versteckt in einem Innenhof – ruhig und zentral in der Nähe der Großen Kirche.

DER TIPP VOM AUTOR

Fábián (☎ 477 677; www.hotels.hu/fabian; Kápolna utca 14; Zi 7500–9500 Ft.; P) Mit seinem netten, gut informierten Personal, den großen, makellosen und modernen Zimmern und der ruhigen Lage ist das Fábián mit Abstand das beste Hotel der Stadt. Die Zimmer gehen entweder auf den Garten oder auf die etwas betriebsamere Straße hinaus. Nur die teureren haben den Luxus einer Klimaanlage. Fahrräder werden für 1500 Ft. pro Tag vermietet.

Essen & Ausgehen

Görög Udvar (☎ 492 513; Széchenyi tér 9; Hauptgerichte 950–1500 Ft.) Wirkt von außen etwas schlampig, aber innen sieht es ganz anders aus. Das leckere griechische Essen wird auch im ruhigen Innenhof serviert.

Labirintus (Kéttemplom köz 2; Pizza ab 400 Ft.) Das Kellerrestaurant liegt unweit des Zentrums und ist wegen seiner Riesenauswahl an Pizzen und Nudelgerichten bei den Einheimischen beliebt.

Túróczy (☎ 509 175; Szabadság tér 2; Festpreismenü 2600 Ft.) Im Túróczy isst man nur vom Feinsten: Die Küche ist ein Mix aus ungarischen und internationalen Gerichten, ein weiterer Pluspunkt ist die Terrasse mit Blick über den Hauptplatz.

Fodor (Szabadság tér 2; 9–21 Uhr) Neben den edlen Kuchen und dem leckeren Eis (zum Mitnehmen) ist die zentrale Lage direkt am Hauptplatz ein Grund mehr etwas l'nger im Café zu bleiben.

Baranyi (Nagykőrösi utca 15; 9–21 Uhr) Eine weitere beliebte Eisdiele mit einer ebenfalls empfehlenswerten Kuchenauswahl.

Italia (☎ 484 627; Hornyik János körút 4; Pizzen ab 500 Ft.) Die Atmosphäre ist zwar nicht mit dem Labirintus zu vergleichen, aber die großen und günstigen Pizzen überzeugen den hungrigen Gast.

Markt (Jókai utca) Kecskeméts großer Markt mit einem überdachten und einem offenen Bereich liegt nördlich des Szabadság tér hinter der Piaristenkirche.

Wie viele ungarische Städte hat auch Kecskemét eine Schwäche für Pubs mit Themen aus dem Wilden Westen. Eines davon ist das **Country Pub** (Lestár tér 1), das westlich des József-Katona-Theaters liegt, und in dem auch die entsprechende.

Unterhaltung

Kecskemét hat den Ruf einer Musik- und Theaterstadt.

Ferenc-Erdei-Kulturzentrum (☎ 503 880; Deák Ferenc tér 1) Das Kulturzentrum unterstützt einige Veranstaltungen und ist eine gute Informationsquelle für Kulturinteressierte. Empfehlenswert ist auch das kostenlose, alle zwei Wochen erscheinende *Kecskeméti Est* mit Hinweisen auf Diskotheken, Filme, Partys und sonstige Veranstaltungen.

József-Katona-Theater (Katona József tér 5; Vorverkauf ☎ 483 283; Di–Fr 10–13, 15–18 Uhr) Das Theater aus dem 19. Jh. zeigt Dramen, Operetten und Konzerte des Kecskeméter Symphonieorchesters. Die Mitarbeiter des Kartenvorverkaufs haben nähere Informationen.

Bols Music Café (Kisfaludy utca 4; 11–23 Uhr) Ein guter Einstieg in den Abend, dann geht der Kneipenzug weiter in den **Xtreme Music Club** (22–4 Uhr) nebenan.

An- & Weiterreise

BUS

Von Kecskemét fahren Busse regelmäßige in die umliegenden Städte. Stündlich fahren Busse nach Budapest (1030 Ft., 1½ Std., 85 km), alle zwei Stunden nach Szeged (1090 Ft., 1¾ Std., 85 km) und zweimal täglich nach Pécs (2410 Ft., 4½ Std., 200 km). Andere Ziele sind z.B. Baja (2410 Ft., 2½ Std., 120 km, 4-mal tgl.), Békéscsaba (1570 Ft., 3 Std., 125 km, 5-mal tgl.), Debrecen (2910 Ft., 5½ Std., 235 km, 1-mal tgl.), Eger (1829 Ft., 4 Std., 145 km, 2-mal tgl.), Gyula (1690 Ft., 3¼ Std., 140 km, 2-mal tgl.) und Szolnok (968 Ft., 1¾ Std., 75 km, 7-mal tgl.).

ZUG

Kecskemét liegt an der Bahnlinie zwischen dem Bahnhof Nyugati in Budapest (1212 Ft., 1½ Std., 105 km) und Szeged (890 Ft., 1¼ Std., 85 km). Wer nach Debrecen (2030 Ft., 3 Std., 180 km) oder in andere Städte der Östlichen Großen Tiefebene will, muss in Cegléd umsteigen.

Eine sehr langsame Schmalspurbahn fährt oder, besser gesagt, zuckelt maximal dreimal täglich vom Bahnhof Kecskemét KK südlich des Stadtzentrums nach Kiskőrös (544 Ft., 3 Std., 55 km). Von dort aus geht es weiter nach Kalocsa (1420 Ft., 2¾ Std., 130 km). An der Bahnstation Kecskemét KK fahren auch die Züge nach Bugac ab, dem Tor zum Nationalpark Kiskunság.

Unterwegs vor Ort

Die Buslinien 1, 5 und 15 verbinden den Busbahnhof und die Bahnhöfe mit dem lokalen Busbahnhof hinter dem Hotel Aranyhomok. Die Buslinien 2 und 2/a fahren vom Bahnhof Kecskemét KK ins Zentrum und zurück. Buslinie 22 bringt Besucher zu den Schwimmbädern und zum Campingplatz, während die Linie 13 den Flohmarkt ansteuert. **Taxis** (☎ 480 762) können natürlich auch gerufen werden.

NATIONALPARK KISKUNSÁG

☎ 76

Der **Nationalpark Kiskunság** (Erw./Kind inkl. Museum & Pferdeshow 1100/550 Ft.) besteht aus einem halben Dutzend so genannter „Landinseln" und ist 760 km² groß. Viele der Salzseen, Dünen und „Graswüsten" des Nationalparks sind nicht zugänglich, doch die Bereiche, die besucht werden dürfen, geben einen guten Einblick in diese ökologisch sensible Region. Bei **Bugac**, das etwa 30 km südwestlich von Kecskemét liegt, sind auch die berühmten Pferdeherden zu sehen, die hier durch die sandige Steppe ziehen.

Die besten Informationen zum Nationalpark und seinen Angeboten hat **Bugac Tours** (☎ 372 827; bugactours.kFt.@axelero.hu; Szabadság tér 4/a, Bugac; Mo–Fr 9–12, 13–16 Uhr). Das Unternehmen unterhält ein kleines Büro am Parkeingang, das aber nur die Preise erläutert. Im **Haus der Natur** (☎ 482 611; www.knp.hu, auf Ungarisch; Liszt Ferenc utca 19, Kecskemét; Di–Fr 9–16, Sa 10–14 Uhr) befindet sich das offizielle Nationalparkbüro in Kecskemét und bietet ebenfalls eine recht gute Informationsquelle.

Am Parkeingang können Besucher eine **Pferdekutsche** (Erw./Kind inkl. Museum & Pferdeshow 2200/1100 Ft.; Mai–Sept. 12.15 Uhr, Zusatzkutsche Juni–Aug. 14.15 Uhr) besteigen oder die 1,5 km bis zum **Herder-Museum** (Mai–Okt. 10–17 Uhr) zu Fuß laufen. Die kreisrunde Architektur des Museums soll an eine der typischen, von Pferden betriebenen Trockenmühlen erinnern. Das Museum ist gefüllt mit ausgestopften Tieren und getrockneten Pflanzen der Kiskunság, außerdem werden Brandeisen, handgeschnitzte Holzpfeifen, bestickte Pelzmäntel und ein Tabakbeutel aus dem Hodensack eines Schafsbocks gezeigt.

Die **Pferdeshow** (Mai–Sept. 13.15 Uhr, Zusatzshow Juni–Aug. 15.15 Uhr) ist das Highlight des Parkbesuchs. Hier zeigen u.a. edle Nonius-Pferde Tricks, die man höchstens noch dressierten Hunden zutrauen würde. Höhepunkt der Shows sind aber die *csikósok* (Pfarrkirche), die ihre Peitschen schlagen und ohne Sattel herumpreschen und die berühmte Nummer „Fünf in einer Hand" aufführen: Dabei galoppieren fünf Pferde gleichzeitig in einem Kreis, während ein Csikós – mit den Füßen auf den Rücken der letzten beiden Pferde stehend – alle Zügel in einer Hand hält und die Tiere unterdessen dirigiert.

Ein Dach über dem Kopf und etwas zu Essen bietet die **Bugaci Karikás Csárda** (☎ 575 112; Nagybugac 135; Hauptgerichte 1500 Ft.) beim Parkeingang. Dort wird Kitsch ohne Ende angeboten, und der ausgestellte, halb zerfallene Bullenkopf ist auch nicht gerade anregend. Aber das Essen ist herzhaft und schnell wippt hier jeder zur Musik mit den Füßen im Takt. Direkt daneben unterhält **Bugac Tours** (☎ 575 122; Stellplätze pro Pers. 800 Ft., Bungalows pro Pers. 4500 Ft.; Ⓟ) einen einfachen Campingplatz mit Bungalows.

Ein Bus (423 Ft., 1 Std., 35 km) bringt Besucher bequem von Kecskemét zum Park; wer den 11-Uhr-Bus nimmt, ist zur Mittagszeit am Eingang. Zurück geht es montags bis freitags am besten um 16 Uhr bzw. samstags und sonntags um 18.25 Uhr, am Wochenende allerdings mit Umsteigen in Jakabszállás. Am Wochenende ist die Schmalspurbahn (326 Ft.) eigentlich die lustigere Alternative: Sie fährt um 17.34 Uhr an der Bahnstation Bugac-felső ab, die 15 Fußminuten vom Parkeingang liegt. Um 18.50 Uhr ist dann der Bahnhof Kecskemét KK erreicht. Der Zug von Kecskemét nach Bugac ist allerdings nur etwas für Frühaufsteher, denn er fährt schon um 7.30 Uhr ab. Manch einem dürfte der Tag im Nationalpark bis zum Beginn der Pferdeshows dann vielleicht zu lang werden.

KALOCSA

☎ 78 / 18 200 Ew.

Kalocsa ist eine typisch ungarische Kleinstadt: das heißt reich an Historischem, aber unter der Woche fast völlig ausgestorben. Natürlich hat die Geschichte ihre Spuren hinterlassen: Zusammen mit Esztergom war Kalocsa einer der beiden Bischofssitze, die von König Stephan 1009 gegründet wurden. So gibt es hier einige Sehenswürdigkeiten, die einen Besuch der Stadt durchaus lohnenswert machen.

Orientierung & Praktische Informationen

Die Straßen gehen fächerförmig vom Szentháromság tér ab. Dort stehen die Kathedrale der Stadt und der Palast des Erzbischofs. Der Busbahnhof liegt am südlichen Ende der Hauptstraße Szent István király út. Der Bahnhof (Mártírok tere) liegt im Nordosten, zu Fuß sind es vom Szentháromság tér zum Bahnhof 20 Minuten über die Kossuth Lajos utca.

Kávészü Net (Városház utca 1; 1 Std. 240 Ft.; 10–22 Uhr) Internetzugang.

Korona Tours (☎ 561 201; Szentháromság tér 4; Mo–Fr 8–17 Uhr) Das Büro im Hotel Kalocsa ist die einzige Informationsquelle vor Ort.

OTP-Bank(Szent István király út 43–45)

Postamt (Szent István király út 44) An der Hauptstraße.

Sehenswertes

KATHEDRALE

Fast alles Interessante der Stadt liegt an oder in der Nähe der Szent István király út, beginnend am Szentháromság tér, wo auch die **Dreifaltigkeitssäule** (1786) steht. Die **Kathedrale von Kalocsa** (☎ 462 641; Eintritt frei) – die vierte Kirche, die an dieser Stelle steht – wurde 1754 von András Mayerhoffer vollendet und ist ein Meisterwerk des Barocks. Ein schillerndes Kircheninneres in Pink und Gold empfängt den Besucher, die Kirche quillt über vor Stuck, Reliefs und Flechtwerk. In der Krypta soll sich die Grabstätte des ersten Erzbischofs von Kalocsa, Asztrik, befinden. Dieser brachte König Stephan ein Geschenk von Papst Silvester II.: Die Stephanskrone, mit der die christliche Vorherrschaft über die Ungarn legitimiert werden sollte. Ein Schild an der äußeren Südseite der Kathedrale erinnert an das historische Ereignis. Die beeindruckende Orgel der Kathedrale mit ihren 3560 Pfeifen weihte Franz Liszt ein.

Die alte **Schatzkammer der Kathedrale** (Főszékesegyházi kincstár; ☎ 462 641; Hunyadi János utca 2; Erw./Kind 400/200 Ft.; Mai–Okt. 9–17 Uhr) liegt gleich östlich der Kathedrale auf der anderen Seite der Kossuth Lajos utca. Sie ist eine Schatzkammer mit goldenen, mit Edelsteinen und Juwelen verzierten Sakralgegenständen und -gewändern. Die große Büste des hl. Stephan wurde aus Anlass einer Ausstellung 1896 gegossen und enthält 48 kg Silber und 2 kg Gold. Weitere interessante Stücke sind die Reliquien der hl. Anne aus dem 16. Jh.

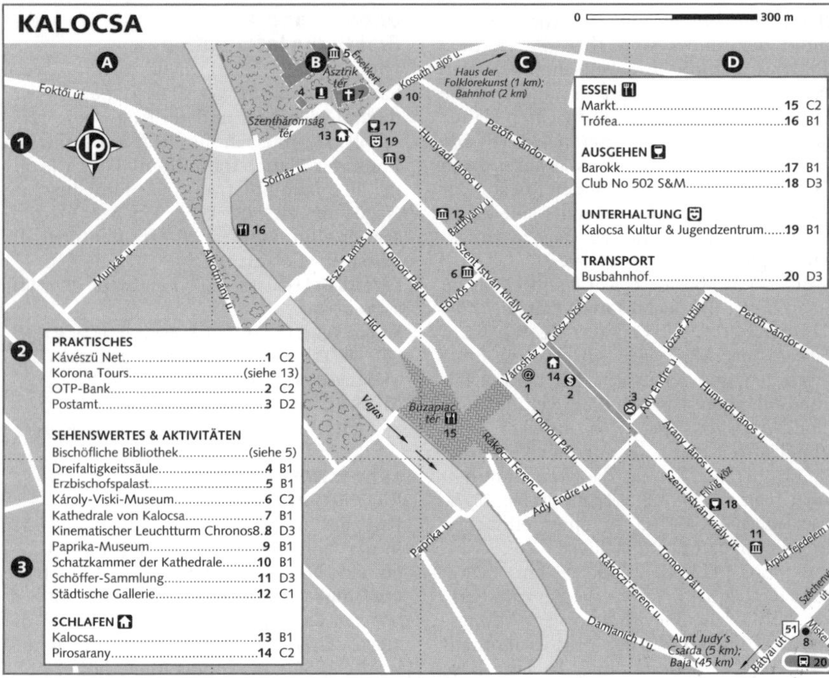

sowie eine barocke Monstranz aus Gold und Kristallen.

ERZBISCHOFSPALAST

Der **Erzbischofspalast** (Érseki palota; ☎ 462 166; Szentháromság tér 1) (1766) ist mit wunderschönen Fresken von Franz Anton Maulbertsch geschmückt, die allerdings nur im Rahmen einer Konzertvorführung im Haus zu sehen sind. Die **Bischöfliche Bibliothek** (Érseki könyvtár; Erw./Kind 500/300 Ft.; April–Okt. Di–So 9–12, 14–17 Uhr) – eine der beeindruckendsten ihrer Art in Ungarn – ist für Besucher geöffnet. Sie enthält mehr als 100 000 Bände, unter ihnen Kodizes aus dem 13. Jh., eine Bibel von Martin Luther mit persönlichen Anmerkungen, beleuchtete Manuskripte und spirituelle Verse aus Sri Lanka, die in Palmwedel geritzt wurden.

MUSEEN

Das Volkskunde- und Kunstmuseum **Károly-Viski-Museum** (☎ 462 351; Szent István király út 25; Erw./Kind 350/200 Ft.; Mitte Mai–Mitte Sept. Mi–So 9–17 Uhr, Mitte März–Mitte Mai & Mitte Sept.–Okt. 9–17 Uhr) verfolgt den Weg der schwäbischen (Sváb), slowakischen (Tót), serbischen (Rác) und ungarischen Volksgruppen der Region. Es überrascht zu sehen, wie in früheren Jahrhunderten mit steigendem Lebensstandard auch die Innenräume der Bauernhäuser immer bunter wurden. Die berühmten „malenden Frauen" von Kalocsa verzierten Wände, Türen und Möbel und vieles mehr. Zu den Schätzen des Museums gehört auch eine große Numismatische Sammlung mit Münzen ab der römischen Zeit bis heute. Die **Städtische Galerie** (Városi Képtár; Szent István király út 12–14; Eintritt frei; April–Okt. Di–So 10–17 Uhr) liegt schräg gegenüber.

Wer weitere Beispiele der typischen Wandmalereien und bunte Möbel sehen möchte, geht ins **Haus der Volkskunst** (Népmüvészeti tájház; ☎ 461 560; Tompa Mihály utca 5–7; Erw./Kind 500/300 Ft.; Mitte April–Mitte Okt. Di–So 10–17 Uhr) und in die **Juca Néni Csárdaja** (Tante Jucas Csárdá; ☎ 461 469), ein touristisches Restaurant beim Anleger der Donaufähre. Einige finden ja heutige Blumen- und Paprikamuster höchstens noch putzig, meist aber geschmacklos. Wer so denkt, sollte sich die alten Arbeiten in den Museen anschauen und vergleichen.

Eine Ausstellung der futuristischen Arbeiten des in Paris lebenden, aber aus Kalocsa stammenden Künstlers Nicholas Schöffer zeigt die **Schöffer-Sammlung** (☎ 462 253; Szent István király út 76; Erw./Kind 300/150 Ft.; Di–So 10–12, 14–17 Uhr). Die Werke wären allerdings noch beeindruckender, wenn sie öfter gesäubert würden. Aber auch beim Busbahnhof steht ein Werk von Schöffer: sein **Kinematischer Lichtturm Chronos 8** ist ein Werk aus Stahlträgern und sich drehender, reflektierender Spiegel. 1982 galt das Werk als richtungweisend für die Kunst des anbrechenden neuen Jahrtausends.

Festivals & Events

Das **Internationale Donau-Folklorefestival** wird Mitte Juli gefeiert, die **Kalocsa-Paprika-Tage** finden im September anlässlich der Ernte des „roten Goldes" statt.

Schlafen

In Kalocsa fehlen gute Übernachtungsmöglichkeiten, das spricht für einen Tagesausflug. Privatunterkünfte sind rar und noch am ehesten entlang der Kossuth Lajos utca zu finden.

Kalocsa (☎ 561 200; www.hotelkalocsa.hu; Szentháromság tér 4; EZ/DZ 40/60 €; Ⓟ) Das Hotel in einem wunderschön restaurierten Gebäude von 1780 ist das Beste der Stadt. Das Wellnesshotel wurde vor kurzem grundlegend renoviert.

Pirosarany (☎ 462 220; Szent István király út 37; Zi. ab 5400 Ft.) Das in altrosa gehaltene Haus ist eine Alternative, falls das Kalocsa ausgebucht oder zu teuer sein sollte. Die Zimmer sind spartanisch eingerichtet, aber für den Preis ganz in Ordnung.

ROTES GOLD

Zusammen mit Szeged ist Kalocsa der größte Hersteller von Paprika, dem *piros arany* („rotes Gold"), das in der ungarischen Küche so wichtig ist. Alles über seine Entwicklung (es wurde erstmals in Dokumenten aus dem 16. Jh. erwähnt), die Herstellung und seine gesunden Eigenschaften (es hat einen höheren Vitamin-C-Gehalt als Zitrusfrüchte) erfährt man im **Paprika-Museum** (☎ 461 819; Szent István király út 6; Erw./Kind 500/300 Ft.; März–Nov. 10–17 Uhr). Wer im September in Kalocsa ist, sollte sich eins der umliegenden Dörfer ansehen, wo sich die grünen Felder in rote Teppiche verwandelt haben.

Essen & Ausgehen

Trófea (☎ 467 604; Sörház utca; Hauptgerichte 1000 Ft.) Das traditionelle ungarische Restaurant am Ufer des kleinen Flüsschens Vajas überzeugt durch seine ruhige Atmosphäre und seine herzhaften Gerichte. Ohne Insektenschutz hält es allerdings im Sommer keiner lange auf der Terrasse aus.

Kalocsa (☎ 561 200; Szentháromság tér 4; Hauptgerichte 1500 Ft.) Liegt im gleichnamigen Hotel und bietet ungarische Spezialitäten von *pörkölt* bis *gulyás* sowie eine gute Auswahl an vegetarischen Gerichten.

Juca Néni Csárdája (☎ 461 469; Hauptgerichte 700–1500 Ft.) Wer die Donaufähre ins südwestlich von Kalocsa liegende Gerjen nimmt, sollte dort dem traditionellen, aber inzwischen ziemlich touristischen Haus aus dem frühen letzten Jahrhundert einen Besuch abstatten.

Kalocsas **Markt** (Búzapiac tér) hat viel mehr zu bieten als nur Getreide.

Für eine Garnisonsstadt ist die Barauswahl echt mager. **Barokk** (Kossuth Lajos utca), ein Café gegenüber der Kathedrale, ist wegen seiner zentralen Lage und der lockeren Atmosphäre bei den Einheimischen beliebt. Im **Club No 502 S&M** (Szent István király út 64) geht es schon etwas mehr zur Sache, er ist also nichts für Leute, die nur eine normale Unterhaltung suchen.

Unterhaltung

Kultur- und Jugendzentrum (☎ 462 200; Szent István király út 2–4) Das Haus liegt in einem alten barocken Gebäude aus dem 18. Jh. Die Mitarbeiter wissen über die Konzerte in der großen Halle (Nagy Terem) des Erzbischofspalastes oder in der Kathedrale Bescheid.

An- & Weiterreise

Viele Busse fahren nach Budapest (1450 Ft., 2½ Std., 120 km), Baja (544 Ft., 1 Std., 45 km), Solt (425 Ft., 45 Min., 35 km) und zurück. Solt ist ein Pferdezuchtgebiet mit vielen Möglichkeiten zum Reiten und für Kutschfahrten.

Außerdem fahren Busse nach Szeged (1450 Ft., 3 Std., 115 km, 4-mal tgl.), Kecskemét (1450 Ft., 2½ Std., 115 km, 3-mal tgl.) und Székesfehérvár (2780 Ft., 2¾ Std., 120 km, 2-mal tgl.).

DIE WEINKELLER VON HAJÓS

Das Dorf Hajós – es liegt ca. 21 km südwestlich von Kalocsa – ist ein Mekka für alle Weinliebhaber. Rund 1300 Weinkeller drängen sich hier in den verwinkelten Straßen und Gassen – das ist Europas höchste Dichte! Scheinbar endlos reihen sich die ausgeschilderten *pincék* (Weinkeller) aneinander. Vor Jahrhunderten besiedelte ein Völkchen gesunder Schwaben die Region und begann wie im Ländle, Trauben gären zu lassen und den Wein zu lagern. Die Bedingungen dafür waren anscheinend perfekt, wie heute zu sehen ist. Ein Großteil der regionalen Produktion sind vollmundige Rotweine. Die besten Angebote zum Verkosten der Weine gibt es über den Sommer, wenn auch die meisten Besucher kommen. Nach Hajós fahren täglich vier Busse von Kalocsa aus.

Kalocsa liegt am Ende der Bahnstrecke nach Kiskőrös (346 Ft., 50 Min., 30 km, 4-mal tgl.), dort gibt es Anschlüsse nach Budapest (1420 Ft., 3 Std., 140 km). Eine sehr langsame Verbindung (2¼ Stunden) bietet die Schmalspurbahn zwischen Kiskőrös und Kecskemét KK (s. S. 272).

BAJA

☎ 79 / 37 200 Ew.

Etwa 45 km südlich von Kalocsa liegt am Ufer der Donau die Stadt Baja, die vor allem als Urlaubs- und Sportzentrum bekannt ist. Hier lässt sich der heiße Sommer gut ertragen: In der Umgebung gibt es Strände und Auwald. Die Stadt hält mit ihrem Angebot zwischen Erholung und Freizeitangeboten. Berühmt ist die Fischsuppe mit Karpfen, Zander, Wels und dem unvermeidlichen Paprikagewürz.

Orientierung

Die Vörösmarty utca und die Fußgängerzone Eötvös utca verbinden die drei großen Plätze von Baja: Vörösmarty tér, Szent Imre tér und Szentháromság tér. Der letztgenannte liegt an der Kamarás-Duna (die Einheimischen nennen sie Sugovica). Der Seitenarm der Donau schneidet hier die Inseln Petőfi und Nagy Pandúr vom Festland ab, um dann flussabwärts in den Hauptstrom zurückzufließen. Der Busbahnhof (Csermák Mihály tér) liegt nordöstlich des Zentrums. Zum Bahnhof auf der anderen Seite des Vonat kert (Eisenbahngarten) sind es nur einige Fußminuten weiter in nördlicher Richtung.

Praktische Informationen

Internet Kávézó (Tóth Kálmán tér 7; 1 Std. 500 Ft.; Mo–Fr 12–13, 17–21, Sa 9–13 Uhr)

K&H-Bank (Szentháromság tér 10) Geldwechselautomat und Geldautomat.

OTP-Bank(Ecke Szentháromság tér & Deák Ferenc utca)

Postamt (Oroszlán utca 5)

Tourinform (☎ 420 792; baja@tourinform.hu; Szentháromság tér 5; Mo–Fr 9–17 Uhr) Mit Blick auf den Hauptplatz.

Sehenswertes

Der riesige **Szentháromság tér** ist ein farbenfroher Platz, der von barocken und neoklassizistischen Gebäuden eingerahmt wird. Störend sind allerdings die unzähligen parkenden Autos. Seine Ostseite dominiert das **Rathaus** mit seiner umzäunten Plattform auf dem Dach (dem so genannten „Witwenweg“), von wo aus sich herrliche Ausblicke auf die Donau eröffnen.

Südlich des Rathauses liegt das **István-Türr-Museum** (☎ 324 173; Deák Ferenc utca 1, Eingang vom Roosevelt tér; Erw./Kind 350/250 Ft.; Mitte März–Mitte Dez. Mi–Sa 10–16 Uhr), es wurde nach einem Helden der Stadt benannt, der im Unabhängigkeitskrieg 1848–49 sowie an der Seite Garibaldis in Süditalien 1860 kämpfte. Die Hauptausstellung des Museums heißt „Leben an der Donau“ und beschäftigt sich mit den an der Donau heimischen Tieren, verschiedenen Fischfangmethoden und dem Bootsbau.

Eine weitere Ausstellung widmet sich den Völkern, die in Baja und Umgebung gelebt haben, darunter die Magyaren, die Deutschen, die Südslawen (Bunyevác, Sokac) und – überraschend für Ungarn – die Roma. Sie alle haben hier in der Region über Jahrhunderte hinweg friedlich zusammen gelebt. Sehr schön sind die in Ungarn nur selten zu sehenden Holzschnitzereien der Roma. Nicht verpassen sollte man auch die exquisiten schwarzen Klöppelarbeiten der Südslawen, die Goldarbeiten, für die Baja landesweit berühmt war, und die Webarbeiten aus Nagybaracska südlich der Stadt.

Die **István-Nagy-Galerie** (☎ 325 649; Arany János utca 1; Erw./Kind 350/250 Ft.; Mitte März–Mitte Dez. Mi–Sa

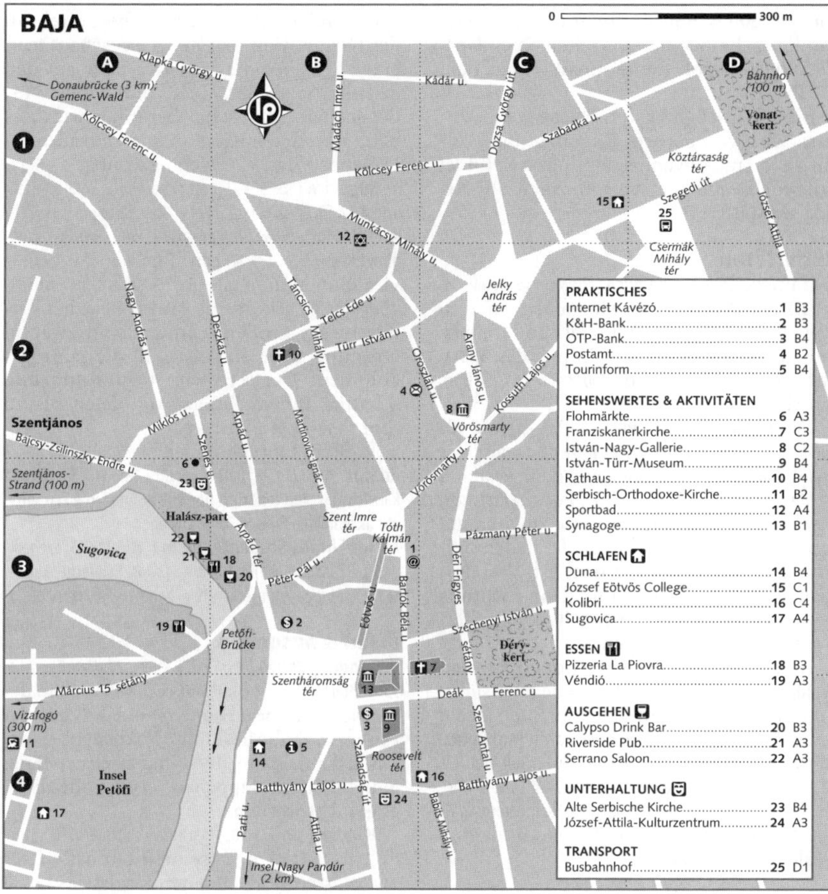

10–17 Uhr) hat ihre Räume im einstigen Herrenhaus der Familie Vojnich (gebaut 1820), das nach dem Zweiten Weltkrieg eine Künstlerkolonie war. Das Haus trägt heute den Namen eines führenden Malers der Alföld-Schule. Weitere Mitglieder waren Gyula Rudnay, aber auch „Außenseiter" wie der Kubist Béla Kádár oder der Bildhauer Ferenc Medgyessy.

Zu den architektonischen Glanzpunkten der Stadt zählen die **Franziskanerkirche** (Ferences templom; Bartók Béla utca; Eintritt frei) hinter dem Rathaus, die 1728 gebaut wurde und eine phantastische Barockorgel hat, und die spätbarocke **Serbisch-Orthodoxe Kirche** (☎ 423 199; Táncsics Mihály utca 21; Eintritt frei; Mi & Do 9–12 Uhr). Sie steht an einem ruhigen Platz und lohnt schon wegen der Ikonostase im Kircheninneren den Umweg.

Noch eindrucksvoller ist allerdings die neoklassizistische **Synagoge** (☎ 322 741; Munkácsy Mihály utca 7–9; Eintritt frei; Mo–Do 13–18, Fr 10–18, Sa 8–12 Uhr), die 1845 gebaut wurde. Nach dem Tor liegt auf der rechten Seite eine überdachte Gedenkstätte für die Opfer des Faschismus. Oberhalb der Säulen des Tympanons steht an der westlichen Fassade die hebräische Inschrift: „Dies ist Gottes Haus und das Tor zum Himmel". Der Tabernakel mit seinen korinthischen Säulen wird von zwei Löwen überragt, die eine Krone halten, während vier Tauben einen blauen und burgunderfarbenen Vorhang öffnen. Das Gebäude ist heute eine öffentliche Bibliothek mit 180 000 Bände, darunter eine erste Gesamtausgabe der französischen *Enzyclopédie*, von Diderot und d´Alembert aus dem 18. Jh.

Einer der lebendigsten **Flohmärkte** in Ungarn wird von Serben, Rumänen und Ungarn aus Transsilvanien dominiert. Er findet mittwochs und samstags nördlich des Árpád tér statt.

Aktivitäten

Das Freizeitareal **Sugovica** (☎ 321 755; Petőfi-Sziget 32) auf Petőfi bietet Möglichkeiten zum Angeln, Bootfahren, Minigolf und Tennis; außerdem gibt es für Schwimmer das **Sportbad** (☎ 326 773; Erw./Kind 450/300 Ft.; Do–Di 7–19 Uhr), ein Hallenbad.

Die **öffentlichen Stände** auf Petőfi sind allerdings überfüllt, ruhiger geht es auf der Insel Nagy Pandúr oder auf dem Festland in Szentjános, östlich von Halász-part, zu. Nach Nagy Pandúr kommt man nur auf einem längeren Spaziergang, der in den südlichen Vorort Homokváros führt. Von dort geht es über die Brücke und dann Richtung Norden zum Strand. Wer will, kann alternativ gleich rüberkraulen.

In den landschaftlich schönen **Gemenc-Wald,** der westlich der Donau beginnt, fährt eine Schmalspurbahn. Zu empfehlen ist auf jeden Fall eine kombinierte **Bahn- und Bootsfahrt** (☎ 425 356; pro Pers. 2700–3300 Ft.; Juli–Aug. Mi, Sa & So 9.45 Uhr, Mai–Juni & Sept.–Okt. nur Sa 9.45 Uhr), die über **Tourinform** (☎ 420 792; Szentháromság tér 5) gebucht werden kann. Weitere Infos zum Wald siehe S. 304.

Festivals & Events

Das größte Ereignis des Jahres ist das **Baja-Volksfest** am zweiten Samstag im Juli. Im Mittelpunkt der Festivitäten steht die berühmte paprizierte Fischsuppe des Ortes. Die 2000 Töpfe, in denen sie einmal gekocht wurde, brachten einen Eintrag im Guiness-Buch der Rekorde.

Schlafen

Vizafogó (☎ 326 585; vizafogo@citromail.hu; Petőfi-Sziget 27; EZ/DZ 5000/6000 Ft.; (P)) Vizafogó liegt in einer ruhigen Ecke der Insel Petőfi gegenüber von den Stränden auf dem Festland. Die Zimmer sind modern möbliert und haben Balkone mit Blick über die Sugovica.

Duna (☎ 323 224; www.hotelduna.hu, auf Ungarisch; Szentháromság tér 6; EZ/DZ ab 4700/5500 Ft.; (P) (Pool)) Das wunderschöne alte Haus liegt direkt an der Donau. Von den Zimmern schaut man entweder über die Sugovica oder auf den Szentháromság tér. Viele sind von der Außenansicht enttäuscht, aber innen wurde es umfangreich renoviert und hat nun auch ein Hallenbad und ein Wellnesscenter.

Sugovica (☎ 321 755; www.hotelsugovica.hu; Petőfi-Sziget 32; EZ/DZ ab 6000/7500 Ft., Stellplätze pro Pers./Zelt/Auto ab 440/590/300 Ft., Bungalows 3900–16 500 Ft.; geöffnet Mai–Aug.; (P) (Pool)) Früher war das Sugovica einmal die erste Adresse in der Stadt, aber das ist schon eine ganze Weile her. Die durchwegs großen Zimmer sind zwar in Ordnung, aber ein wenig in die Jahre gekommen. Der Zeltplatz liegt ruhig und schattig. Einige Bungalows bieten bis zu fünf Personen Platz.

Weitere Empfehlungen:

Kolibri (☎ 321 628; Batthyány utca 18; (P)) Sie wurde kürzlich komplett renoviert und will als moderne Pension mit akzeptablen Preisen Gäste anziehen.

József-Eötvös-Studentenheim (☎ 321 655; Szegedi út; EZ/DZ 2000/4000 Ft.; Juli & Aug.; (P)) Einfache, aber saubere Studentenunterkünfte neben dem Busbahnhof.

Essen & Ausgehen

Vizafogó (☎ 326 585; Petőfi-Sziget 27; Hauptgerichte 750–1400 Ft.) Das Lokal hat seine Räume in der Pension gleichen Namens und serviert natürlich auch die berühmte Fischsuppe. Beim Essen kann dann der Fluss nach weiteren appetitlichen Häppchen, etwa Badenixen, abgesucht werden.

Véndió (☎ 326 585; Martinovics utca 8/b; Hauptgerichte ab 800 Ft.) Durch seine traumhafte Lage am Wasser und den guten Ruf ist das Lokal immer gut besucht. Einziger Hacken: Der Ober bewegt sich, wenn überhaupt, nur im Schneckentempo.

Pizzeria La Piovra (Halász-part; Pizza ab 800 Ft.) Die einfache Pizzeria mit dem üblichen Angebot liegt eingezwängt zwischen mehreren Bars. Der Blick entschädigt für die manchmal fehlende Qualität der Pizzen.

Es gibt eine Reihe von gut besuchten, aber irgendwie stimmungslosen Pubs und Bars am Wasser bei Halász-part, z. B. die Calypso Drink Bar, das Riverside Pub und den Serrano Saloon.

Unterhaltung

József-Attila-Kulturzentrum (☎ 326 633; Árpád tér 1) Die beste Quelle für Infos über das Kulturprogramm der Stadt, z. B. die Aufführungen in der alten Serbischen Kirche auf der Batthyány utca. Sie dient heute als Musikschule und Konzerthalle.

An- & Weiterreise

BUS

Busse nach Kalocsa (544 Ft., 1 Std., 45 km) und Szeged (1330 Ft., 2½ Std., 105 km) fahren mindestens einmal pro Stunde; fünf- bis zehnmal täglich starten Busse nach Mohács (605 Ft., 1¼ Std., 50 km), Szekszárd (544 Ft., 1 Std., 40 km), Kecskemét (1330 Ft., 2½ Std., 110 km) und Budapest (2060 Ft., 3¾ Std., 160 km).

ZUG

Baja liegt auf der Zugstrecke von Bátaszék nach Kiskunhalas; wer nach Budapest (2030 Ft., 4 Std., 190 km), Szekszárd (346 Ft., 1 Std., 40 km), Pécs (1624 Ft., 2¾ Std., 150 km) und in andere Ecken Süd-Transdanubiens will, muss in Bátaszék umsteigen. Von Kiskunhalas führt kein Zug direkt in einen interessanten Ort, man muss immer mindestens einmal umsteigen. Einzige Ausnahme ist der Schnellzug nach Budapest.

SZEGED

☎ 62 / 156 400 Ew.

Szeged – der Name kommt vom ungarischen Wort *sziget* für Insel – ist die größte und wichtigste Stadt in der Südlichen Großen Tiefebene. Obwohl sie viel zu bieten hat, wird sie von Reisenden oft unterschätzt: Theater, Oper, alle Arten von Musikaufführungen und darüber hinaus eine architektonisch schöne Innenstadt sind nur einige der Gründe für den Besuch von Szeged. Wem das noch nicht reicht: Spezialitäten der Stadt sind Szeged-Paprika, die sich hervorragend mit Theiß-Fischen in der scharfen Fischsuppe *szegedi halászlé* kombinieren lässt, und Pick, Ungarns feinste Salami.

Geschichte

Funde der Körös-Kultur weisen darauf hin, dass das Volk hier in der Region vor 4000 bis 5000 Jahren lebte und eine weibliche Gottheit verehrt hat. Die Magyaren gründeten eine ihrer ersten Niederlassungen in Ungarn bei Ópusztaszer nördlich der Stadt. Bis ins 13. Jh. war die Stadt ein wichtiges Handelszentrum, auch durch das königliche Monopol auf Salz, das über den Fluss Maros aus Transsilvanien hierher transportiert wurde. Unter den Türken genoss Szeged einen gewissen Schutz seitens des Sultans, der in der Gegend Ländereien besaß. Im 18. und 19. Jh. erlebte es eine Blütezeit dank seines Status als freie Stadt.

1879 tilgten allerdings die Fluten der Theiß die Stadt beinahe vollständig von der Landkarte (s. Kasten S. 282). Mit großen Anstrengungen und einem Blick für einheitliche Architektur kam die Stadt nach der Katastrophe wieder auf die Beine. Seit dem Zweiten Weltkrieg ist Szeged ein Kulturzentrum und eine bedeutende Universitätsstadt. Früher schon als ihre Kommilitonen in Budapest protestierten hier 1956 die Studenten (siehe S. 33).

Orientierung

Die Theiß und der Fluss Maros fließen eigentlich nach Westen, ändern aber im Stadtzentrum abrupt ihre Laufrichtung und fließen südwärts durch das Zentrum. So wie Budapest von der Donau wird auch Szeged sauber in zwei Hälften geteilt. Damit enden aber bereits die Gemeinsamkeiten. Die Theiß erinnert hier mehr an einen verschlammten Kanal und die andere Seite von Szeged ist nicht – wie Pest in Budapest – das Handelszentrum der Stadt, sondern ein großer Freizeitpark, in dem sich Sonnenanbeter, Schwimmer und andere Hedonisten tummeln.

Auf manch einen wirkt Szeged mit seinen vielen Plätzen und den äußeren und inneren Ringstraßen zunächst verwirrend. Doch die Stadtväter haben alles umfassend und mehrsprachig ausgeschildert. Der wichtigste Bahnhof (Indóház tér) liegt südlich des Stadtzentrums. Die Straßenbahnlinie 1 verbindet ihn mit der Innenstadt. Der Busbahnhof (Mars tér) westlich des Stadtzentrums ist gut über die Fußgängerzone Mikszáth Kálmán utca erreichbar.

Praktische Informationen

Cyber Arena (Deák Ferenc 26; 1 Std. 360 Ft.; 24 Std.) Hat günstige Internettarife.

Hauptkrankenhaus (☎ 484 184; Kossuth Lajos Sugárút 42)

Hauptpostamt (Széchenyi tér 1)

Kartengeschäft (☎ 424 667; Attila utca 9) Eine super Auswahl an Landkarten, die nicht nur Ungarn, sondern die ganze Welt abdecken.

Libri (☎ 541 126; Jókai utca; Mo–Fr 9–19, Sa 9–14 Uhr)

Kleine fremdsprachliche Ecke mit ungarischen Schriftstellern, Historikern und Berühmtheiten.

Tourinform (☎ 488 699; szeged@tourinform.hu; Dugonics tér 2; Mo–Fr 9–17, Sa 9–13 Uhr) Liegt versteckt in einem ruhigen Innenhof.

Tourinform-Stand (Széchenyi tér; Mai–Sept. 9–21 Uhr) In einem separaten Gebäude.

www.szegedportal.hu Zwar nicht die offizielle Internetseite der Stadt, aber voller nützlicher Infos, auch in Englisch.

Sehenswertes

STADTZENTRUM

Ein einfacher Stadtrundgang beginnt am besten auf dem riesigen Széchenyi tér. Das neobarocke **Rathaus** mit seinem eleganten

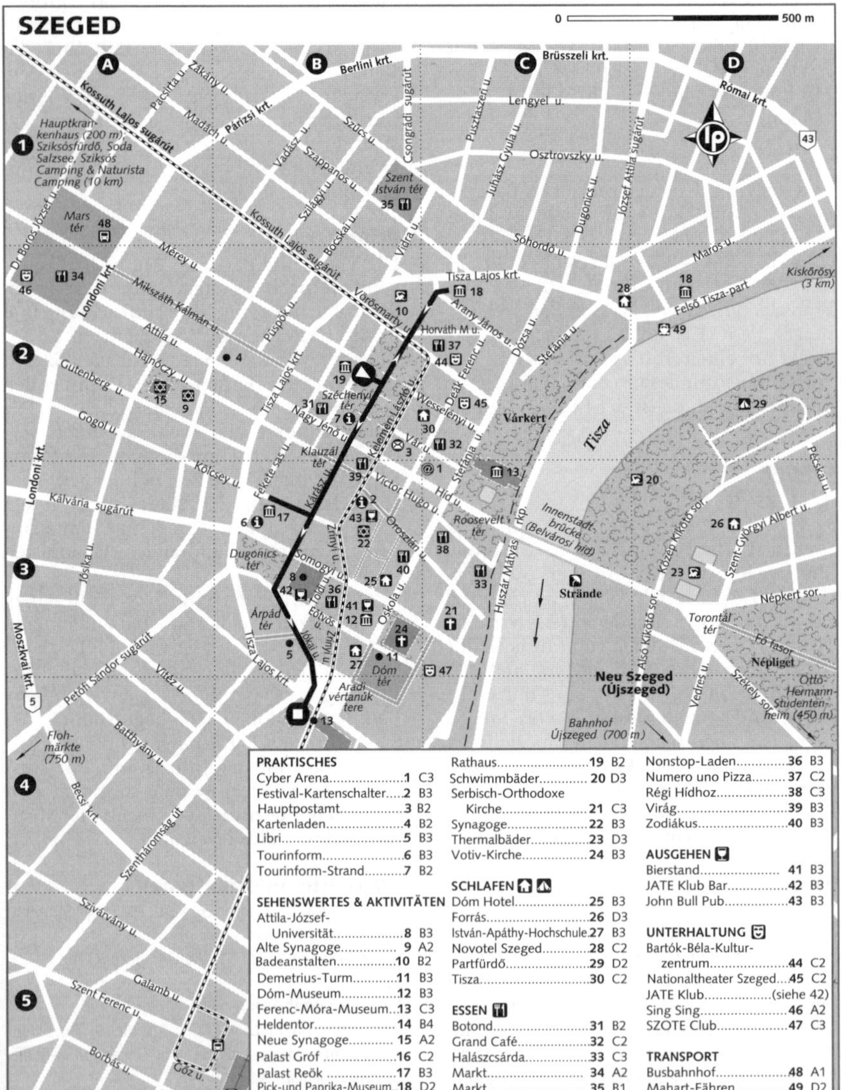

PRAKTISCHES
- Cyber Arena 1 C3
- Festival-Kartenschalter 2 B3
- Hauptpostamt 3 B2
- Kartenladen 4 B2
- Libri 5 B3
- Tourinform 6 B3
- Tourinform-Strand 7 B2

SEHENSWERTES & AKTIVITÄTEN
- Attila-József-Universität 8 B3
- Alte Synagoge 9 A2
- Badeanstalten 10 B2
- Demetrius-Turm 11 B3
- Dóm-Museum 12 B3
- Ferenc-Móra-Museum 13 C3
- Heldentor 14 B4
- Neue Synagoge 15 A2
- Palast Gróf 16 C2
- Palast Reök 17 B3
- Pick-und Paprika-Museum 18 D2
- Rathaus 19 B2
- Schwimmbäder 20 D3
- Serbisch-Orthodoxe Kirche 21 C3
- Synagoge 22 B3
- Thermalbäder 23 D3
- Votiv-Kirche 24 B3

SCHLAFEN
- Dóm Hotel 25 B3
- Forrás 26 D3
- István-Apáthy-Hochschule 27 B3
- Novotel Szeged 28 C2
- Partfürdő 29 D2
- Tisza 30 C2

ESSEN
- Botond 31 B2
- Grand Café 32 C2
- Halászcsárda 33 C3
- Markt 34 A2
- Markt 35 B1
- Nonstop-Laden 36 B3
- Numero uno Pizza 37 C2
- Régi Hídhoz 38 C3
- Virág 39 B3
- Zodiákus 40 B3

AUSGEHEN
- Bierstand 41 B3
- JATE Klub Bar 42 B3
- John Bull Pub 43 B3

UNTERHALTUNG
- Bartók-Béla-Kulturzentrum 44 C2
- Nationaltheater Szeged 45 C2
- JATE Klub (siehe 42)
- Sing Sing 46 A2
- SZOTE Club 47 C3

TRANSPORT
- Busbahnhof 48 A1
- Mahart-Fähren 49 D2

Turm und dem bunt gedeckten Dach dominiert den Platz, während einige Statuen von Lajos Tisza, István Széchenyi und den *kubikosok* (Hilfsarbeitern, die bei der Flussbegradigung mitarbeiteten) seitlich unter Bäumen Platz gefunden haben. Einen Umweg wert ist der nördlich gelegene **Palast Gróf** (Arany Jáns utca), ein phantastisches Bürogebäude von 1913 in sezessionistischem Stil.

Die Fußgängerzone Kárász utca führt südlich über den Klauzál tér. Wer sich dann westlich hält (Kölcsey utca), erreicht nach 100 m den **Palast Reök** (Reök-palota; Tisza Lajos körút), ein überwältigendes, in grün und lila gehaltenes Jugendstil-Gebäude von 1907. Manch einer fühlt sich dabei an Aquariumsdekoration erinnert. Leider ist der Palast durch die Unbill der Witterung ziemlich heruntergekommen.

Weiter südlich führt die Kárász utca auf den Dugonics tér, wo die **Attila-József-Universität** (JATE) steht. Sie wurde nach ihrem berühmtesten Absolventen benannt. József (1905–37), ein in Ungarn sehr verehrter Dichter, wurde allerdings 1924 von der Uni verwiesen, weil er die Verse „Ich habe keinen Vater und ich habe keine Mutter/Ich habe keinen Gott und ich habe keine Heimat“ während der Herrschaft des extrem konservativen Admirals Miklós Horthy geschrieben hatte. Eine **Musikfontäne** auf dem Platz spielt in unregelmäßigen Abständen tagsüber über Melodien.

Vom südöstlichen Ende des Dugonics tér aus geht es weiter entlang der Jókai utca auf den Aradi vértanúk tere. Das dortige **Heldentor** (Hősök kapuja) wurde 1936 zu Ehren von Horthys Garde erstellt, die für die „Reinigung“ der Republik von den „Roten“ nach der gestürzten Räteregierung 1919 verantwortlich war. Die faschistischen Wandbilder wurden zwar durch einige neue, unverfängliche, aber amateurhafte Werke ersetzt, doch sind die brutalen Skulpturen immer noch zu erkennen.

DÓM TÉR

Am Dóm tér einige Schritte nordöstlich des Heldentors stehen Szegeds wichtigste Denkmäler. Er ist auch der zentrale Veranstaltungsort des jährlichen Sommerfestes. Das **Nationale Pantheon** ist ein über drei Seiten des Platzes verlaufender Säulengang mit Statuen und Reliefs von 80 Prominenten. Er ist so etwas wie ein Crashkurs in ungarischer Kunst, Literatur, Kultur und Geschichte. Sogar der Schotte Adam Clark, der für den Bau der Budapester Kettenbrücke verantwortlich war, ist hier verewigt – nach einer Frau sucht man allerdings vergeblich.

Der romanische **Demetrius-Turm** (Dömötörtorony; 600 Ft.; Mo–Mi & Fr 9–17, Di 12–17, Sa 9–17, So 13–17 Uhr), das älteste Bauwerk der Stadt, ist alles, was von einer Kirche aus dem 12. Jh. übrig blieb. Heute erhebt sich hier die **Votiv-Kirche** (Fogadalmi templom; ☎ 429 379; 400 Ft., So Eintritt frei, Krypta 150 Ft.; Mo–Mi Fr 9–17, Do 12–17, Sa 9–17, So 13–17 Uhr) mit ihren zwei Türmen: Sie ist ein monströser brauner Backsteinbau, der nach der Überflutung neu errichtet, aber erst 1930 fertig gebaut wurde. Das riesige Mittelschiff und die gigantische Orgel mit 11 500 Pfeifen bestimmen den Innenraum, der sehr beeindruckend ist, aber gleichzeitig fast ans Geschmacklose grenzt. Die nahe gelegene **Serbisch-Orthodoxe Kirche** (☎ 325 278; Erw./Kind 150/100 Ft.) von 1778 lohnt da viel eher einen Besuch, vor allem wegen der phantastischen Ikonostase! Zu sehen ist ein zentraler goldener „Baum“ mit 60 an den „Ästen“ hängenden Ikonen. Den Schlüssel gibt es in der Somogyi utca 3 (Wohnung I/5). Zurück auf dem Dóm tér, bietet das **Dóm-Museum** (Dóm tér 5; Erw./Kind 60/30 Ft.; Di–So 10–18 Uhr) für alle Interessierten eine kleine Sammlung an Monstranzen, Kreuzen und Kelchen, die alle aus der Tiefebene stammen.

FERENC-MÓRA-MUSEUM

Die Oskola utca, eine der ältesten Straßen der Stadt, führt vom Dóm tér zum Roosevelt tér und dem Palast der Erziehung (1896; Nr. 1–3). Hier ist das **Ferenc-Móra-Museum** (☎ 549 040; Várkert; Erw./Kind 400/250 Ft.; Di–So 10–17 Uhr) untergebracht. Besonders schön ist die farbenfrohe Sammlung an Volkskunst aus dem Bezirk Csongrád, sehr hilfreich sind die mehrsprachigen Erklärungen. Die einzigartigen und sehr kunstvollen Fundstücke der Avaren aus dem 7. Jh. verdeutlichen die Kultiviertheit und das Kunstverständnis des sonst oft vergessenen Volkes. Ein anderer Raum befasst sich mit einem noch unbekannteren Volk, den Sarmaten. Ursprünglich im heutigen Iran beheimatet, kam dieser Volksstamm als Verbündeter der Römer in die Tiefebene. Arbeiten zum Bau der neuen Schnellstraße M5 legten Funde einer Sarmaten-Siedlung aus dem 1. Jh. mit Tonwaren, Schmuck und Gräbern offen.

SYNAGOGEN

Für viele ist Szegeds wichtigste Sehenswürdigkeit die ungarische **Neue Synagoge** (Új zsinagóga; ☎ 423 849; Gutenberg utca 13; Erw./Kind 250/100 Ft.; April–Sept. So–Fr 10–12, 13–17 Uhr, Okt.–März So–Fr 10–14 Uhr). Lipót Baumhorn baute sie 1903 im Jugendstil. Sie ist zweifellos das schönste jüdische Gotteshaus in Ungarn und wird immer noch genutzt. Wen die enormen Ausmaße und das trotzdem elegante Äußere nicht vom Sockel reißen, der wird spätestens beim in Blau und Gold gehaltenen Innenraum begeistert sein. Die Kuppel ist mit Sternen und Blumen (als Zeichen für Unendlichkeit und Glaube) verziert und sieht aus, als schwebe sie himmelwärts. Der Tabernakel aus geschnitztem Akazienholz mit Metallbeschlägen ist schlicht ein Meisterwerk. Im früheren jüdischen Viertel gibt es noch weitere interessante Gebäude, z. B. die neoklassizistische **Alte Synagoge** (Ózsinagóga; Hajnóczy utca 12) von 1843 und – gleich südlich vom Széchenyi tér – die Reste einer weiteren alten **Synagoge** (Nádor utca 3), die nun ein Privathaus ist.

NOCH MEHR SEHENSWERTES

Wer mehr über die Herstellung der berühmten Salami aus Szeged – vom Tier bis zur Verpackung – wissen will, besucht das **Pick-und-Paprika-Museum** (☎ 20-980 8000; Felső Tisza-part 10; Erw./Kind 320/240 Ft.; Di–Sa 15–18 Uhr). Falls die Geschmacksnerven nicht mitspielen: Es gibt genug Paprika, um sie zu betäuben. Pick-Salami wird natürlich im Pick-Shop direkt beim Museum verkauft.

Szegeds maroder **Flohmarkt** befindet sich unweit vom Vám tér am Beginn der Szabadkai út südwestlich des Zentrums.

Aktivitäten

Gleich nördlich des Széchenyi tér stehen die neu renovierten **Badeanstalten** (☎ 487 711; Tisza Lajos körút 24; Erw./Kind 600/450 Ft.; Mo–Fr 6–20, Sa & So 8–20 Uhr), zu denen auch ein Wellnesscenter gehört. Auf der anderen Seite der Theiß bietet Neu-Szeged (Újszeged) **Schwimmbäder** und **Strände** entlang des Flusses, viele müssen aber erst wegen Flutschäden renoviert werden. Nur das **Thermalbad** (☎ 431 133; Fürdő utca 1; Erw./Kind 700/550 Ft.; 6–20 Uhr) ist in Betrieb. Etwa 10 km westlich der Stadt liegt im Vorort Sziksósfürdő das ein **Soda-Salz-Thermalbad** (Erw./Kind 600/300 Ft.; Mai–Sept. Mo–Fr 10–18, Sa & So 8–18 Uhr). Neben einem normalen Strand, einem Schwimmbecken und Leih-Ruderbooten gehören ein FKK-Bereich und ein Zeltplatz zur Anlage.

Tourinform (☎ 488 699; Dugonics tér 2) verleiht Fahrräder für 900/2500/7000 Ft. pro Stunde/Tag/Woche.

Festivals & Events

Das **Szeged Open-Air-Festival** findet von Mitte Juli bis Ende August auf dem Dóm tér vor der Kulisse der zwei Türme der Votiv-Kir-

ÜBERSCHWEMMUNGEN DER THEISS

Rund 800 km schlängelt sich die Theiß durch die Große Tiefebene und ist damit Ungarns zweitlängster Fluss. Daniel Defoe beschrieb sie einmal als aus „drei Teilen Wasser und zwei Teilen Fisch" bestehend. Eine wertvolle natürliche Ressource, die aber trotz aller Regulierungsmaßnahmen seitens der Regierung in schöner Regelmäßigkeit über ihre Ufer tritt.

Die erste größere Flut ergoss sich im Frühjahr 1838 über Szeged und zerstörte Tausende von Häusern. Noch schlimmer kam es im März 1879: Damals trat die Theiß erneut über die Ufer und ließ nur 300 von geschätzten 6300 Häusern stehen. Rasch baute man Schutzwälle, und fast hundert Jahre lang schienen die Verantwortlichen das Gewässer im Griff zu haben – von kleineren Flutschäden einmal abgesehen. Im Mai 1970 aber erreichte die Theiß ihre Rekordmarke und stürzte Szeged in ein ungewolltes Bad. Eine Reihe von Fluten suchte die Stadt um die Jahrtausendwende heim: im März 1999, im April 2000 und März 2001 – und nochmals 2005: Restaurants, Campingplätze und Schwimmbäder in unmittelbarer Flussnähe mussten anschließend wegen Flutschäden schließen.

Viele Projekte zum Wiederaufbau und Schutz wurden in den letzten Jahrzehnten beschlossen – etwa 60 % davon sind inzwischen umgesetzt. Trotz aller Bemühungen werden die Anlieger die Theiß vermutlich nie ganz daran hindern können, über die Ufer zu treten, doch hofft man, durch die jüngsten Maßnahmen zumindest die Gefahren zu minimieren. Die beste Lösung wäre sicher, in höheres Gelände umzuziehen, aber die Möglichkeiten dafür sind in der großen Tiefebene natürlich begrenzt …

che statt. Das Open-Air-Theater bietet dann 6000 Besuchern Platz. Das Hauptprogramm umfasst eine Oper, eine Operette, ein Theaterstück, Volkstänze, klassische Musikaufführungen, ein Ballett und eine Rockoper. Karten und Infos hat der **Festival-Kartenschalter** (☎ 554 713; ticket@szinhaz.szeged.hu; Kelemen utca 7; Mo 13–17, Di–Fr 10–17, Sa 10–12 Uhr). Liebhaber anderer Genüsse schätzen das jährliche **Bierfest** Anfang Juni oder das einwöchige **Weinfest** Ende Mai.

Schlafen

BUDGETUNTERKÜNFTE

Szegeds Angebot an guten und dennoch preiswerten Unterkünften ist überraschenderweise klein. Zwar gibt es viele Häuser, aber keine ragen markant heraus. Die meisten liegen entweder nordwestlich des Zentrums rund um den Busbahnhof oder westlich im Bereich des Bahnhofs. Tourinform hat weitere Infos oder organisiert private Unterkünfte (3000 Ft.).

István-Apáthy-Studentenheim (☎ 545 896; Eötvös utca 4; Zi. 5000 Ft.) Viele Studentenunterkünfte in Szeged stehen im Juli und August für Traveller offen. Das István-Apáthy-Studentenheim ist zwar heruntergekommen, liegt aber sehr zentral.

Ottó-Hermann-Studentenheim (☎ 544 309; Temesvári körút 52; EZ/DZ 2500/5000 Ft.; P) Das Studentenheim in einer ruhigen Wohngegend ist das Beste unter den vielen in Neu-Szeged.

Partfürdő (☎ 430 843, Fax 425 559; Közép-kikötő sor; Stellplätze pro Erw./Kind/Zelt 600/430/600 Ft., Bungalows ab 6000 Ft.) Der in Neu-Szeged gelegene Campingplatz wurde ebenfalls schwer durch die Flut beschädigt. Zum Glück blieben die Bungalows weitgehend heil.

Sziksós Camping (☎ 463 029; Sziksósi út; Stellplätze pro Pers./Zelt 1200/200 Ft., Bungalows ab 3800 Ft.; P) Der schöne Zeltplatz mit Bungalows und viel Schatten liegt weiter draußen im Vorort Sziksósfürdő.

Naturista Camping (☎ 463 988; Vereshomok dűlő 1; Stellplätze pro Pers./Zelt/Auto ab 300/780/400 Ft., Bungalows ab 4500 Ft.; P) Eine FKK-Anlage mit einfachen Bungalows und einem kleinen See zum Planschen.

MITTELKLASSEHOTELS

Tisza (☎ 478 278; www.tiszahotel.hu; Wesselényi utca 1; EZ/DZ ab 8900/12 900 Ft.; P) Das Tisza stammt von 1885 und ist ein Hotel im alten Stil mit Kronleuchtern, schmiedeeisernen Geländern und einem Hauch von Eleganz. Dummerweise passen die Zimmer nicht mehr ganz zur Extravaganz der restlichen Hotelräumlichkeiten, sind sie aber wenigstens hell und gemütlich.

Forrás (☎ 430 130; www.hotelforras.szeged.hu; Szent-Györgyi Albert utca 16–24; EZ/DZ ab 36/49 €; P) Das Hotel in Neu-Szeged sieht von außen eher hässlich aus, aber die Angebote (Heilbäder, Anwendungen und Massagen) sind in Ordnung, die großen Zimmer sind in einem guten Zustand und das Personal hilfsbereit. Leihräder kosten 200 Ft. pro Stunde.

SPITZENKLASSEHOTELS

Dóm Hotel (☎ 423 750; www.domhotel.hu; Bajza utca 6; EZ/DZ 12 600/15 200 Ft.; P) Das kleine und moderne Haus liegt direkt im Stadtzentrum. Die großen Zimmer sind in modernem Stil eingerichtet und in Pastelltönen gestrichen. Für die Gäste steht eine Sauna (800 Ft.) zur Verfügung.

Novotel Szeged (☎ 562 200; h2996@accor.com; Maros utca 1; EZ/DZ 80/90 €; P) Ein modernes Hotel mit 136 Zimmern unweit einer lauten Straße, aber mit schönem Blick über den Fluss und Zimmern mit allen Schikanen.

Essen

RESTAURANTS

Halászcsárda (☎ 555 980; Roosevelt tér 14; Hauptgerichte 1500–2000 Ft.) Das Halászcsárda ist eine Szegediner Institution und bietet den besten Fisch in der Stadt (und natürlich auch *szegedi halászlé*). An heißen Sommertagen lockt die große, schattige Terrasse an der Theiß.

Régi Hídhoz (☎ 420 910; Oskola utca 4; Hauptgerichte 1000 Ft.) Einige vergleichen die Qualität der Fischgerichte bereits mit denen im Halászcsárda, was schon was heißen will. Allerdings ist die Atmosphäre hier lockerer und stärker auf Familien ausgerichtet.

Kiskőrösy (☎ 495 698; Felső Tisza-part 336; Hauptgerichte 1000–2000 Ft.) Das exzellente Fischrestaurant in einem alten Fischerhaus am Ufer der Theiß liegt einige Kilometer östlich des Zentrums. Es ist ein nettes Plätzchen für ein Abendessen. Leider wurde es durch die letzte Überschwemmung in Mitleidenschaft gezogen, ein Anruf bei der Tourinform wegen neuer Öffnungszeiten ist daher ganz sinnvoll.

Zodiákus (☎ 420 914; Oskola utca 13; Hauptgerichte 1000–2000 Ft.) Das Zodiákus überzeugt seine Gäste mit einer internationalen Speisekarte und seinem ungewöhnlichen Schwerpunkt auf astrologischen Themen.

Numero Uno Pizza (☎ 424 745; Széchenyi tér 5; Pizzen ab 390 Ft.) Keine Garantie dafür, dass es hier die leckerste Pizza der Stadt gibt, aber das Haus gehört sicher zu den besten seiner Art in Szeged. Im Innenhof mit Garten lässt sich auch in Ruhe ein Drink genießen.

Botond (☎ 420 435; Széchenyi tér 13; Hauptgerichte 1000–2000 Ft.) Das Botond kocht überdurchschnittlich gute ungarische Küche. Nett ist auch der Außenbereich mit Blick über den Széchenyi tér.

CAFÉS

Grand Café (☎ 420 578; Deák Ferenc utca 18; Mo–Fr 15–24, Sa & So 17–24 Uhr) Kaffee und Kuchen sowie ein wenig Ruhe (außer bei Filmvorführungen) bietet das Café im 2. Stock eines Bürogebäudes.

Virág (☎ 541 360; Klauzál tér 1; 8–22 Uhr) Das Virág, das schon seit 1922 ein Café ist, verkauft das wahrscheinlich beste Eis der Stadt, und der Kuchen ist auch nicht von schlechten Eltern. Die Tische stehen in den traditionellen Separées draußen auf dem großen Klauzál tér oder genau gegenüber in der modernen Dependance Kis Virág..

SELBSTVERSORGER

Szeged hat zwei große **Obst- und Gemüsemärkte**. Einer davon wird auf dem Mars tér abgehalten – dort, wo Anfang der 1950er-Jahre das berüchtigte Sternengefängnis für politische Häftlinge stand. Der andere liegt nordwestlich des Széchenyi tér auf dem Szent István tér. Es gibt natürlich auch einen **Nonstop-Laden** (Zrínyi utca 1).

Ausgehen

Die Auswahl an Bars, Clubs etc. ist in einer Studentenstadt wie Szeged groß, die Mehrzahl der Angebote liegen zwischen dem Dugonics tér und dem Dom tér.

JATE Klub bar (Toldy utca 2; 12–24 Uhr) Die Bar ist mit ihren günstigen Getränken und der Außenterrasse ein beliebter Treffpunkt der Studenten.

Bierstand (Somogyi utca; Mai–Sept.) Der beliebet Ort liegt etwas weiter östlich und wird vor allem von Leuten, die tagsüber in der Stadt arbeiten, besucht.

John Bull Pub (☎ 484 217; Oroszlán utca 6) Gute Imitation eines englischen Pubs, komplett mit Teppichen, echten Pints und passenden Barhockern. Der zugehörige Garten bietet Erholung vom Innenstadtleben.

Sowohl **Numero Uno** (☎ 424 745; Széchenyi tér 5) als auch das **Grand Café** (☎ 420 578; Deák Ferenc utca 18) sind einen Besuch wert, und sei es nur für einen Drink.

Unterhaltung

Die besten Infos hat Tourinform, das **Bartók-Béla-Kulturzentrum** (☎ 479 566; Vörösmarty utca 3) oder das alle zwei Wochen erscheinende kostenlose Blättchen *Szegedi Est*.

Nationaltheater Szeged (Szegedi Nemzeti Színház; ☎ 479 279; Deák Ferenc utca 12–14) Das Nationaltheater war seit seiner Eröffnung 1886 das Zentrum des kulturellen Lebens der Stadt. Hier werden Opern- und Ballettaufführungen gezeigt.

Neue Synagoge (Új zsinagóga; ☎ 423 849; Gutenberg utca 13) Zwischen Ende März und Mitte September finden hier kostenlose Orgelkonzerte statt. So lässt sich die Schönheit des Gebäudes genießen, ohne etwas dafür zu zahlen.

Sing Sing (☎ 420 314; Mars tér C pavilon; Mi & Sa 10–5 Uhr) Im Sing Sing, das in einem großen Gebäude unweit des Busbahnhofs seine Räume hat, finden zweimal pro Woche heiße Rave-Partys statt.

JATE Klub (☎ 420 445; Toldy utca 1; Mo–Fr 9.30–16, Sa 10–17 Uhr) und **SZOTE Club** (Dom tér 13; Mi, Fr & Sa 10–5 Uhr) sind zwei Lieblingsplätze der Stundenten Beide wirken etwas schäbig, bieten einen Mix aus DJ-Musik und Live-Acts und sind immer gestopft voll.

An- & Weiterreise

BUS

Die Busverbindungen ab Szeged sind gut, es gibt regelmäßige Verbindungen nach Kecskemét (1090 Ft., 1¾ Std., 85 km), Békéscsaba (1150 Ft., 2 Std., 95 km), Gyula (1820 Ft., 3½ Std., 145 km), Csongrád (725 Ft., 1½ Std., 60 km), Ópusz-taszer (363 Ft., 45 Min., 30 km) und Hódmezővásárhely (363 Ft., 35 Min., 30 km).

Weitere Zielorte sind:

Zielorte	Fahrpreis	Fahrzeit	km	Frequenz
Bahnhof Népliget	2170 Ft.	3 Std.	175	8-mal tgl.
Debrecen	2910 Ft.	5 Std.	230	2-mal tgl.
Mohács	1450 Ft.	3¼ Std.	155	6-mal tgl.
Pécs	2410 Ft.	4¼ Std.	195	7-mal tgl.
Tiszafüred	2660 Ft.	5 Std.	220	2-mal tgl.
Veszprém	2910 Ft.	5 Std.	235	3-mal tgl.

Von Szeged fahren Busse nach Arad in Rumänien, sie verlassen die Stadt montags bis samstags um 6.30 Uhr. Täglich macht sich auch ein Bus um 16.00 Uhr auf den Weg ins serbische Novi Sad und nach Montenegro, bis zu viermal täglich fahren Busse nach Subotica. Freitags um 9.30 Uhr fahren Busse nach Wien.

ZUG

Szeged liegt auf der Hauptlinie zum Budapester Bahnhof Nyugati (2030 Ft., 2¾ Std., 190 km). Eine weitere Bahnverbindung führt nach Hódmezővásárhely (346 Ft., 35 Min., 30 km) und Békéscsaba (1004 Ft., 2 Std., 95 km), dort besteht die Möglichkeit, nach Gyula (1212 Ft., 3 Std., 115 km) oder Rumänien umzusteigen. Zweimal täglich (6.20 16.25 Uhr) fahren Züge ins serbische Subotica und nach Montenegro.

Unterwegs vor Ort

Die Straßenbahnlinie 1 fährt vom Bahnhof aus Richtung Norden zum Széchenyi tér. Sie biegt auf der Kossuth Lajos sugárút Richtung Westen ab und fährt bis zur Izabella-Brücke, wo sie wendet. Um nach Szentmihály und zum Flohmarkt zu kommen, nimmt man die Buslinie 76 oder die Straßenbahnlinie 4. Vom Busbahnhof aus geht es mit Bus 7/f nach Sziksósfürdő und mit Buslinie 2 zu den Studentenwohnheimen in Neu-Szeged.

Eine Alternative sind natürlich immer die städtischen **Taxis** (☎ 444 444, 555 555).

ÓPUSZTASZER

☎ 62 / 2300 Ew.

Ungefähr 28 km nördlich von Szeged erinnert der **Nationale Historische Gedenkpark Ópusztaszer** (Ópusztaszeri Nemzeti Történeti Emlékpark; ☎ 275 133; www.opusztaszer.hu; Eintritt nur Park 800 Ft., Park & Panoramagemälde Erw./Stud./Kind 1800/1200/1200 Ft.; April–Okt. 9–18 Uhr, Nov.–März 9–16 Uhr) an das wichtigste Einzelereignis in der ungarischen Geschichte: die *honfoglalás* oder „Eroberung" des Karpatischen Beckens, des heutigen ungarischen Tieflandes durch die Magyaren im Jahr 896 (s. auch S. 22).

Im Gegensatz zur landläufigen, auch in Ungarn verbreiteten Meinung markiert der Park nicht den Punkt, an dem Árpád auf seinem weißen Schlachtross zum ersten Mal „Ungarn" betrat. Das geschah im Munkács-Tal, das Ungarn nach dem Ersten Weltkrieg an die Ukraine verlor. Doch glaubt man der Chronik aus dem 12. Jh., so war es dieser Platz hier – Szer genannt –, an dem Árpád und die sechs Clanführer, die ihm einen Treueschwur geleistet hatten, ihre erste Versammlung abhielten. So entschied man, hier 1896 ein **Denkmal** zum 1000. Jahrestag dieses Ereignisses zu errichten. Zwar geht man davon aus, dass die Eroberung zwischen 893 und 895 stattfand; aber irgendwie schaffte es die Regierung nicht vor 1896, das Jubiläum angemessen zu begehen.

Der Park liegt auf einer kleinen Anhöhe über der Tiefebene, etwa 1 km von der Straße nach Szeged entfernt. Der Ort ist interessant, aber auch etwas düster. Neben dem neoklassizistischen Árpád-Denkmal können die Ruinen einer **Romanischen Kirche** und eines **Klosters** aus dem 11. Jh. (das derzeit noch freigelegt wird) besichtigt werden. Interessant ist auch das hervorragende **Freilichtmuseum** (Skanzen; April–Okt.): Ein Bauernhaus, Windmühlen, ein historisches Postamt, eine Schule und Hütten wurden aus südostungarischen Dörfern hierher transferiert und wieder aufgebaut.

In einem der Häuser, das einem wohlhabenden und selbstzufriedenen Zwiebelfarmer aus Makó gehörte, warnt eine Inschrift die Vorüber gehenden ungefähr so vor übler Nachrede und Tratsch: „Nachbarin gehst du aus dem Haus, bist du auf Klatschgeschichten aus."

Im Westen des Parks neben dem kleinen See steht in einem Museum ein riesiges **Panoramagemälde** mit dem Titel *Die Ankunft der Ungarn*. Das Werk wurde von Árpád Feszty für die Jubiläumsausstellung in Budapest 1896 gestaltet und misst 15 x 120 m. Während des Zweiten Weltkrieges wurde es stark beschädigt und deshalb aus Anlass des 1100. Jahrestages 1996 von einer Gruppe polnischer Künstler wieder restauriert. Zwei angeschlossene **Galerien** (1 Galerie Erw./Kind 500/300 Ft., 2 Galerien Erw./Kind 700/600 Ft.) beschäftigen sich mit Kunst und Geschichte der Region. Besonders nett sind die Fotografien von raubeinigen Magyaren in ihren traditionellen Trachten des 19. Jhs.

Die **Pferdeshows** (Erw./Kind 500/400 Ft.; April–Okt. 11.30–14.30 Uhr) sollen den Besuchern das Leben der umherziehenden Magyaren verdeutlichen; wer selbst einmal reiten (300 Ft.) oder Bogenschießen (150 Ft.) möchte, hat hier die Gelegenheit.

Ópusztaszer sollte als Tagesausflug besucht werden, da es in unmittelbarer Nähe keine Übernachtungsmöglichkeiten gibt und auch Mahlzeiten nur innerhalb des Parks angeboten werden. Bis zu zwölf Busse täglich pendeln zwischen Szeged (363 Ft., 45 Min., 30 km) und Ópusztaszer. Der letzte Bus nach Szeged fährt um 20.30 Uhr.

HÓDMEZŐVÁSÁRHELY

☎ 62 / 47 900 Ew.

Volkskunst, besonders das Töpfern, hat eine große Tradition in Hódmezővásárhely (wörtlich: Biberwiesen-Marktplatz). Etwa 400 unabhängige Künstler lebten hier Mitte des 19. Jhs. und machten die Gegend zum größten Töpferzentrum Ungarns. Heute werden außerhalb der Museen nicht mehr Tonwaren als an anderen Orten angeboten, aber der Einfluss dieser dynamischen Künstlerkolonie ist weit über die Kohán György utca hinaus zu spüren: Galerien, das große Kunstfest, die **Herbstwochen** im Oktober und die von Künstlern geschaffenen Straßenschilder in Keramik und Bronze zeugen davon.

Orientierung

Der Busbahnhof (Bocskai utca) liegt direkt an der Andrássy utca, ungefähr zehn Minuten zu Fuß östlich vom Kossuth tér, dem Mittelpunkt der Stadt. Insgesamt gibt es zwei Bahnhöfe, den Hauptbahnhof und den Bahnhof Hódmezővásárhelyi-Népkert. Der Hauptbahnhof liegt östlich des Stadtzentrums am Ende der Mérleg utca, der andere im Südwesten befindet sich am Ende der Ady Endre utca.

Praktische Informationen

Hauptpostamt (Kossuth tér 8) An der südlichen Seite des Kossuth tér.

OTP-Bank(Andrássy utca 1) Die Bank mit Geldautomat liegt auf der Ostseite des Kossuth tér.

Petőfi-Kulturzentrum (☎ 241 710; Szántó Kovács János utca 7; 1 Std. 50 Ft.; Mo–Fr 9–20 Uhr)

Tourinform (☎ 249 350; hodmezovasarhely@tourinform.hu; Szőnyi utca 1; Mo–Fr 7.30–16 Uhr) Gleich südöstlich des Hauptplatzes.

Sehenswertes

Das **János-Tornyai-Museum** (☎ 344 424; Szántó Kovács János utca 16–18; Erw./Kind 200/100 Ft.; Di–Mi 10–16, Do–So 10–17 Uhr) wurde nach einem führenden Mitglied der Alföld-Schule benannt und zeigt einige frühe archäologische Funde. Viel wichtiger ist jedoch die Darstellung der Volkskunst von Hódmezővásárhely – die bemalten Möbel, die Haar-Stickereien und die einzigartigen Töpferwaren. Am schönsten ist die Sammlung von Kannen, Krügen und Tellern, die zumeist als Hochzeitsgeschenke dienten und am besten die Vielfalt der damals hergestellten Stücke verdeutlichen. Die unterschiedlichen Typen wurden nach Stadtvierteln benannt, z. B. Csúcs (weiß und blau), Tabán (braun) und Újváros (gelb und grün).

Weitere Beispiele zeigen das **Csúcs-Töpferhaus** (Csúcsi Fazekasház; ☎ 242 224; Rákóczi utca 101; Eintritt frei; Di–So 13–17 Uhr), in dem früher der Meistertöpfer Sándor Vékony lebte, und das **Haus der Volkskunst** (Népművészeti tájház; ☎ 20-444 0560; Árpád utca 21, Zugang von der Kaszap utca aus; Eintritt frei; Di–So 10–16 Uhr), zwei alte mit Stroh gedeckte Bauernhäuser, die zwischen einer Reihe moderner Häuser stehen.

Fremden ist der Zugang zur **Künstlerkolonie** (Művésztelep; Kohán György utca 2), die zu Beginn des letzten Jahrhunderts gegründet wurde, verwehrt. Allerdings können ausgewählte Arbeiten von Mitgliedern in der **Alföld-Galerie** (☎ 242 247; Kossuth tér 8, Zugang über die Szönyi utca; Erw./Kind 200/100 Ft.; Di & Mi 10–16, Do–So 10–17 Uhr) besichtigt werden. Sie ist in einer neoklassizistischen früheren Kalvinistenschule untergebracht. Natürlich dominieren hier Arbeiten von Mitgliedern der Alföld-Schule. Uns reicht es auch mit all den Pferden, *gémeskút* (Ziehbrunnen) und Csikós in der Tiefebene – dargestellt zu allen Jahreszeiten von Künstlern wie Tornyai, István Nagy und József Koszta. Sehenswert sind aber die Arbeiten von Menyhért Tóth und des Impressionisten János Vaszary.

Aktivitäten

Das **Thermalbad** (☎ 244 238; Ady Endre utca 1; Erw./Kind 650/480 Ft.; 8–20 Uhr) in der Népkert südlich des Kossuth tér hat acht heiße und kalte Becken, in die man eintauchen kann. Das eigentliche Freizeitzentrum liegt ungefähr 10 km nordwestlich an einem Altarm der Theiß. Mártély bietet Möglichkeiten zum **Bootfahren**, **Angeln** und **Schwimmen**.

Der **Aranyági-Bauernhof** (☎ 30-218 3354; Serháztér út 2) liegt 4 km nordöstlich des Zentrums. Dort werden auf Anfrage Pferdeshows, Reitstunden und geleitete Ausritte angeboten.

Schlafen

Fáma (☎ 222 231; faama@vnet.hu; Szeremlei utca 7; EZ/DZ ab 6490/7520 Ft.; Ⓟ) Das ruhige Hotel strahlt mit seiner Lage direkt hinter der Synagoge der Stadt einen Hauch von Gelassenheit aus. Die Zimmer sind groß, aber einfach möbliert (nur die Zimmer im 1. Stock haben eine Klimaanlage). Für die Gäste gibt es ein Restaurant und einen begrünten Hof.

Kenguru (☎ 534 841; kenguru@vasarhely.hu; Szánto Kovás János utca 78; Zi. ab 7250 Ft.; Ⓟ) Obwohl nicht gerade zentral gelegen, ist das Kenguru trotzdem eine gute Wahl. Große, helle Zimmer mit Möbeln und Böden aus Naturholz sind rund um einen Innenhof angeordnet, in dem man auch parken kann. Außerdem hat das Haus einen Pool, eine Sauna und ein Solarium.

Vándorsólyom (☎ 535 150; Kutasi út; EZ/DZ 6250/7000 Ft.; Ⓟ) Das kleine Haus mit seinen neun Zimmern liegt in einer ruhigen, ländlichen Umgebung etwa 4 km östlich der Stadt. Zwar könnte das ganze Haus mal gründlich renoviert werden, aber es ist auch so ein perfekter Ort für alle Reitfans: Die Pferdeställe liegen gleich nebenan.

Weiterhin zu empfehlen sind:

Tisza-part Camping (☎ 228 057; martelycamping@freemail.hu; Stellplätze pro Erw./Kind/Zelt 650/400/650 Ft., Bungalows pro Pers. 1350 Ft.; Mai–Sept.; Ⓟ) Zeltplatz in Mártély mit vielen Freizeitmöglichkeiten in der Nähe.

Thermál Camping (☎ 245 033; Ady Endre utca 1; Stellplätze pro Erw./Kind/Zelt 720/360/850 Ft., Bungalows 6050–6600 Ft.; Ⓟ) Kleine Anlage, liegt günstig zum Thermalbad.

Essen & Ausgehen

Bandula (☎ 244 234; Pálffy utca 2; Hauptgerichte 1000–2000 Ft.) Das Bandula mit seiner internationalen Speisekarte, seiner schnellen Bedienung und der netten Umgebung ist beim Essengehen die erste Wahl.

Fekete Sas (☎ 249 326; Kossuth tér 5; Getränke 300 Ft.) Die Bar liegt im Erdgeschoss des gleichnamigen Hotels, hat ein durchdachtes Konzept und eine farbenfrohe Einrichtung. Das zeigt sich auch an den cocktailbunt entspannten Gästen.

Sarokház (Kossuth tér 7; Kaffee 100 Ft.; So–Do 9–21, Fr & Sa 9–22 Uhr) Das „Eckhaus" besuchen Ein-

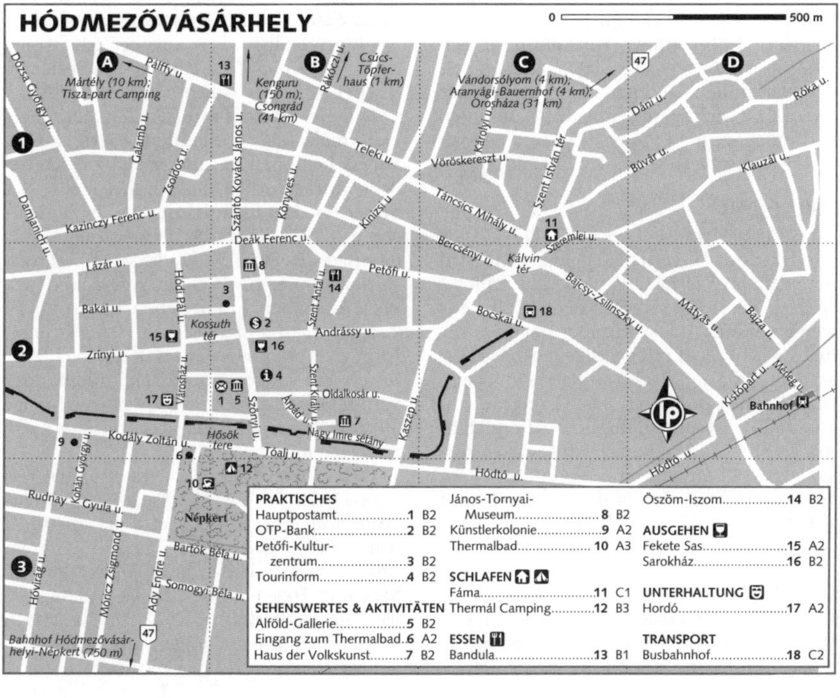

heimische, die hier ein bisschen ratschen oder sich beim Leute beobachten oder Lesen die Zeit vertreiben wollen.

Öszöm-Iszom (☎ 239 341; Szent Antal utca 8; Hauptgerichte 600–1200 Ft.; So–Do 9–24, Fr 9–2, Sa 9–3 Uhr) Der Name bedeutet im Szegediner Dialekt „Ich esse – ich trinke". Der Laden ist soweit ganz in Ordnung für eine schnelle Mahlzeit und ein Glas.

Unterhaltung

Petőfi (☎ 241 710; Szántó Kovács János utca 7) Eine gute Quelle, um zu erfahren, was in der Stadt los ist.

Hordó (☎ 20-924 7381; Városház utca; Fr & Sa 17–4 Uhr) In der Kellerbar treffen sich freitags und samstags alle, die einen trinken und dann mal richtig aufdrehen wollen.

An- & Weiterreise

Nach Szeged (363 Ft., 35 Min., 30 km), Békéscsaba (846 Ft., 1½ Std., 70 km), Csongrád (544 Ft., 1 Std., 40 km) und dem Erholungsgebiet von Mártély (182 Ft., 20 Min., 12 km) fahren regelmäßig Busse; mindestens drei starten täglich nach Kecskemét (1210 Ft., 2 Std., 95 km) und Budapest (2300 Ft., 3½ Std., 185 km).

Zwei Bahnlinien verlaufen durch Hódmezővásárhely, alle Züge halten an beiden Bahnhöfen, die nur 2 km auseinander liegen. Die wichtigere der beiden Bahnlinien verbindet Szeged (346 Ft., 35 Min., 30 km) mit Békéscsaba (658 Ft., 1¼ Std., 65 km).

CSONGRÁD

☎ 63 / 18 500 Ew.

Csongráds etwas verschlafener Charme wird vor allem im Viertel Öregvár (Altes Schloss) spürbar. Dort hat sich seit dem 17. Jh. nur wenig verändert: Es ist immer noch ein ruhiges Fischerdorf mit schilfgedeckten Häusern und Pflasterstraßen am Ufer der Theiß. Im 13. Jh. allerdings war Csongrád ein wichtiger Ort und königliche Hauptstadt des Komitats Csongrád. Damit war es vorbei, als die Mongolen einfielen und die Stadt völlig zerstörten. Erst in den 1920er-Jahren wurde Csongrád offiziell wieder als Stadt wahrgenommen.

Orientierung

Csongrád liegt etwa 58 km nördlich von Szeged am rechten Ufer der Theiß unweit der Einmündung des Körös in die Theiß. Ein Altarm der Theiß (Holt-Tisza) südlich der Stadt ist das städtische Erholungsgebiet. Der Busbahnhof (Hunyadi tér) liegt fünf Minuten von der Hauptstraße Fő utca entfernt, der Bahnhof Richtung Südwesten am Ende der Vasút utca.

Praktische Informationen

Hauptpostamt (Dózsa György tér 1) Nördlich des Busbahnhofs.

OTP-Bankfiliale (Szentháromság tér 8) Geldautomat.

Tourinform (☎ 570 325; csongrad@tourinform.hu; Szentháromság tér 8; Mitte Juni–Mitte Sept. 9–17 Uhr, Mitte Sept.–Mitte Jun. Mo–Fr 8–16 Uhr) Im Kulturzentrum untergebracht.

Sehenswertes & Aktivitäten

Das große Museum der Stadt, das **László-Tari-Museum** (☎ 481 103; Iskola utca 2; Erw./Kind 200/100 Ft.; Di–Fr 13–17, Sa 8–12, So 8–12, 13–17 Uhr), erläutert die Geschichte von Csongrád und führt zurück bis zu den ersten Stämmen, die sich hier im Bronzezeitalter niederließen.

Vom Museum Richtung Osten geht es zum Viertel Öregvár. Auf dem Weg liegt die barocke **Liebfrauenkirche** (Nagyboldogasszony temploma), sie wurde 1769 gebaut. Das schöne **János-Batsányi-Gymnasium** (Kossuth tér) ist ein Jugendstilbau. Etwas weiter erhebt sich die 1722 an der Stelle einer ehemaligen türkischen Moschee gebaute **St.-Rókus-Kirche**.

Die Kopfsteinpflasterstraßen des unter Denkmalschutz stehenden Viertels **Altes Schloss** beginnen an einem kleinen Kreisel drei Blocks östlich der Kirche. Heute beherrschen dort Privathäuser und Ferienhäuser das Bild, aber das **Dorfmuseum** (Tájház; Gyökér utca 1; Eintritt frei; Mai–Okt. Di–Sa 13–17 Uhr) vermittelt immer noch einen guten Eindruck vom einfachen Fischerleben in Csongrád vor gar nicht so langer Zeit. Das Museum ist in zwei alten Häusern untergebracht, die durch ein langes Schilfdach miteinander verbunden sind. Gezeigt werden jede Menge alter Möbel, Haushaltsgeräte, Fischernetze und Fallen.

Das **Thermalbad** (Dob utca 3–5; Erw./Kind 550/430 Ft.; Mo–Do 7–20, Fr 7–22, Sa 8–22, So 8–20 Uhr) wird von einer Quelle mit bis zu 46 °C warmem Wasser gespeist. Es liegt in einem großen Park und bietet auch einige **Schwimmbecken im Freien** sowie eine **Liegewiese** (7–20 Uhr). Die **Tourinform** (☎ 570 325; Szentháromság tér 8) hat Tipps für diejenigen, die in der Gegend reiten oder fischen möchten.

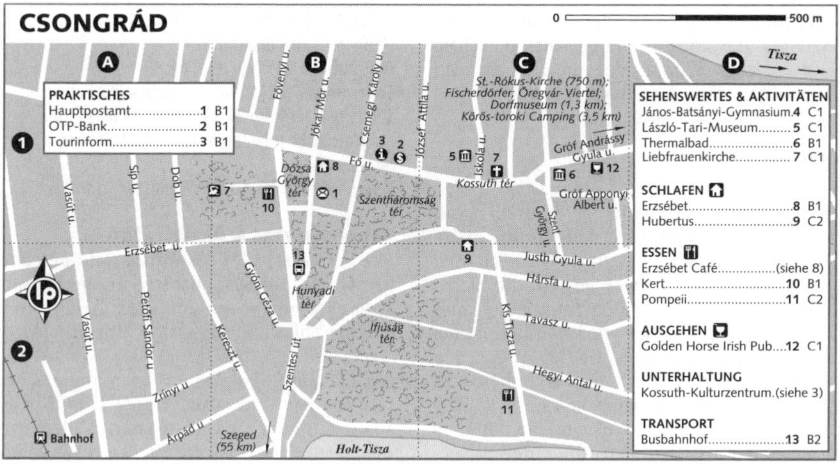

Schlafen

Fischerhäuser (☎ 483 631; idegenforgalom@csongrad.hu; Information Fő utca 3; Häuser 5000–16 000 Ft.; P) Die schönste Atmosphäre verströmen die Häuser im Viertel Altes Schloss. Die kleinen, 200 Jahre alten Unterkünfte haben dicke weiß getünchte Wände, Lehmöfen, Holzböden und viel Charme. Es gibt in jedem Haus eine komplett ausgestattete Küche und oft auch zwei Schlafzimmer.

Hubertus (☎ 484 997; vi-ma@csongrad.hu; Justh Gyula utca 5; Zi. 7200 Ft.; P) Die neueste Pension in Csongrád: ein helles, gelbes Gebäude mit tadellosen Zimmern mit Bad und einem eigenen Hof zum Parken und Entspannen.

Erzsébet (☎ 483 960; Fő utca 3; EZ/DZ 5500/7500 Ft.) Das alte Hotel liegt nur wenige Minuten vom Busbahnhof entfernt. Die großen Zimmer sind mit Holzmöbeln eingerichtet. Der Preis für die Übernachtung schließt den Eintritt ins Thermalbad ein.

Körös-toroki Camping (☎ 481 185; Stellplätze für 3 Pers. 3000 Ft., Bungalows 6000–8000 Ft.; Mitte Mai–Mitte Sept.; P) Der Platz liegt an der Mündung von Theiß und Körös und hat einen direkten Zugang zum Strand. Die Bungalows stehen auf Stelzen – bei starkem Regen wird die Gegend regelmäßig überflutet. Nachteil: Die unerträglichen Steckmücken.

Essen & Ausgehen

Kert (☎ 483 199; Dózsa György tér 6; Hauptgerichte 1000–2000 Ft.) Gartenlokal in einem kleinen Park mit guter Auswahl an typisch ungarischen Gerichten.

Erzsébet Café (☎ 483 106; Fő utca 3; Kaffee 200 Ft.) Kürzlich komplett überholt und nun das schickste Café der Stadt: Hier werden guter Kaffee und leckerer Kuchen in einem schönen Ambiente serviert.

Pompeii (☎ 470 160; Kis Tisza utca 6; Hauptgerichte 1000 Ft.) Das alte, renovierte Haus liegt hinter tief hängenden Weiden versteckt. Auf der Karte finden sich Pizzen und slawische Spezialitäten.

Golden Horse Irish Pub (Gróf Andrássy Gyula utca 17/a) Östlich vom Zentrum auf dem Weg zum Öregvár gelegenes Pub und so ziemlich der einzige Ort in der Stadt für einen vernünftigen Drink.

Unterhaltung

Kossuth-Kulturzentrum (☎ 483 414; Szentháromság tér 8; Mo–Fr 12–20 Uhr) Das Zentrum gibt Informationen über die kulturellen Ereignisse in Csongrád und hat öffentlichen einen Internetzugang (1 Std. 100 Ft.).

An- & Weiterreise

Von Csongrád starten Busse nach Békéscsaba (1090 Ft., 2 Std., 90 km, 3-mal tgl.), Budapest (1690 Ft., 2½ Std., 140 km, 8-mal tgl.), Hódmezővásárhely (544 Ft., 1 Std., 40 km, 9-mal tgl.) und Kecskemét (665 Ft., 1 Std., 55 km, 13-mal tgl.). 15 Busse fahren täglich über Ópusztaszer nach Szeged (725 Ft., 1½ Std., 60 km).

Csongrád liegt an der 40 km langen Bahnlinie, die Szentes (182 Ft., 15 Min., 15 km) im Osten mit Kiskunfélegyháza (264 Ft.,

35 Min., 25 km) im Westen verbindet. Von Szentes aus kommt man nicht so richtig weiter, aber Kiskunfélegyháza wird vom Schnellzug zwischen Budapest und Szeged als regulärer Halt angefahren.

BÉKÉSCSABA

☎ 66 / 66 500 Ew.

Békéscsaba ist ein lebhaftes Städtchen mit schattigen Alleen und vielen Kirchtürmen. Die meisten Ungarn denken beim Namen das Ortes sofort an zwei Sachen, die nichts miteinander zu tun haben: fette Wurst und blutige Krawalle. Hier wird nämlich *csabai* hergestellt, eine Wurst, die der spanischen *chorizo* ähnelt. Außerdem war Békéscsaba das Zentrum der „stürmischen Ecke" (Vihar Sarok) in der Großen Tiefebene, in der 1890 blutige Ausschreitungen unter den ausgebeuteten Tagelöhnern und Erntehelfern ausbrachen.

Geschichte

Békéscsaba war bereits im 14. Jh. eine wichtige befestigte Siedlung, doch wurde sie während der Türkenherrschaft zerstört und praktisch völlig entvölkert. Im frühen 18. Jh. ermunterte der habsburgische Abgesandte János György Harruckern sowohl Rheinländer als auch Slowaken, das Gebiet erneut zu besiedeln. Rasch entwickelte es sich zu einer protestantischen Hochburg. Mit dem Anschluss an die Bahnlinie (1858) begann sich Békéscsaba im 19. Jh. rasch zu entwickeln. 1950 hatte es das in der Nähe liegende Gyula an Bedeutung überholt und wurde zur Hauptstadt des Komitats – was Gyula der Schwesterstadt bis heute nicht verziehen hat.

Orientierung

Bahnhof und Busbahnhof liegen in Békéscsaba direkt nebeneinander am südwestlichen Ende der großen Verkehrsader Andrássy út. Ein weiter Teil dieser Straße wurde von der Petőfi utca und der Jókai utca bis zum Szent István tér zur Fußgängerzone erklärt.

Direkt dahinter erstreckt sich der Élővízcsatorna, der „lebende Wasserkanal", der Békéscsaba mit Békes im Norden, Gyula im Osten und dem Fluss Körös verbindet. Östlich des Kanals liegt Parkerdő, das schattige Wiesen- und Freizeitgelände der Stadt mit Resten von Auwald.

Praktische Informationen

Hauptpostamt (Irány utca)

OTP-Bank(Szent István tér 3; Andrássy út 4)

Tourinform (☎ 441 261; bekescsaba@tourinform.hu; Szent István tér 9; Mo–Fr 9–17, Sa 9–14 Uhr) Versorgt einen gerne mit jeder Menge Infos über Stadt und Umgebung.

www.bekescsaba.hu Die Website der Stadt.

Sehenswertes & Aktivitäten

Die Fassade (1873) des wunderschönen **Rathauses** (Városháza; Szent István tér 7) an der Hauptstraße stammt vom Budapester Architekten Miklós Ybl. Richtung Osten führt die József Attila utca an den Kanal und zum Árpád sor. Die Straße wird von Büsten ungarischer Größen aus Literatur, Kunst und Musik sowie einigen phantastischen Villen aus dem späten 19. Jh. gesäumt. Die **István-Fabrik** (István Malom; Gőzmalom tér), ein grauer Backsteinklotz aus dem frühen 20. Jh., musste 2005 schließen, was die Stadt Hunderte von Arbeitsplätzen kostete.

Gegenüber der Fabrik am anderen Ufer des Kanals liegt das **Mihály-Munkácsy-Museum** (☎ 323 377; Széchenyi utca 9; Erw./Kind 300/150 Ft.; April–Sept. Di–So 10–18, Okt.–März Di–So 10–16 Uhr). Es informiert über Natur und Ökosystem der großen Tiefebene ebenso wie über die Volkskultur der Region. Vor allem aber feiert es den Maler Munkácsy (1844–1900). Manche finden seine Darstellungen der Tiefebene und ihrer Bewohner arg kitschig, aber ob realistisch oder fiktiv: Als Chronist dieser Gegend ist er in der ungarischen Kunstszene unübertroffen. Weitere Exponate zeichnen die Geschichte der rumänischen, slowakischen, deutschen und ungarischen Gruppen der Region nach.

Der Bau der protestantischen **Großkirche** (Nagytemplom; Kossuth tér; Eintritt frei) war 1824 abgeschlossen, ihr gegenüber steht am Kossuth tér die **Kleine Kirche** (Kistemplom; Kossuth tér; Eintritt frei) aus dem 18. Jh. Beide zeugen vom tief verwurzelten Protestantismus der Stadt. Die barock gestaltete **Griechisch-orthodoxe Kirche** (Bartók Béla utca 51–53; Eintritt frei) wurde 1838 gebaut und könnte von außen leicht für eine weitere protestantische Kirche gehalten werden.

Landwirte und solche, die es werden wollen, sind sicherlich vom **Kornmuseum** (Gabonamúzeum; ☎ 441 026; Gyulai út 65; Erw./Kind 150/80 Ft.; 1. Mai–Sept. Di–So 10–17 Uhr) begeistert. Es verteilt sich auf mehrere alte Scheunen, die mit tra-

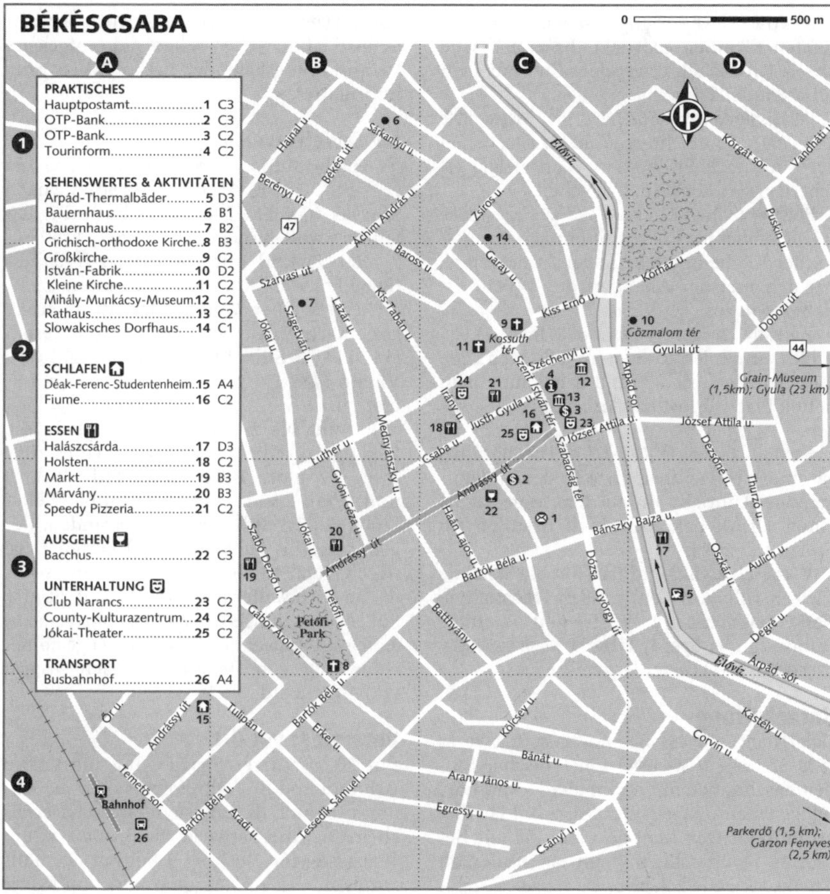

ditionellen Werkzeugen und Arbeitsgeräten voll gestopft sind. In der Nähe steht eine gut erhaltene, allerdings flügellose Windmühle aus dem 19. Jh.

Das **Slowakische Dorfhaus** (Szlovák tájház; ☎ 327 038; Garay utca 21; Erw./Kind 100/50 Ft.; April–Sept. Di–So 10–12, 14–18, Okt.–März Di–So 10–12, 14–16 Uhr), ein wunderschönes slowakisches Bauernhaus von 1865, steckt voller alter Möbel und Dekorationsgegenstände. In der Nähe finden sich viele weitere Bauernhäuser, vor allem an den Straßenyüge Szigetvári utca und Sarkantyú utca.

Die **Árpád-Thermalbäder** (☎ 549 800; Árpád sor 2; Erw./Kind 900/600 Ft.; Nov.–Sept. 6–20 Uhr) haben drinnen und draußen Schwimmbecken, aber keine Wasserrutschen für Kinder.

Schlafen

Garzon Fenyves (☎ 457 377; www.fenyveshotel.hu; EZ/DZ 8300/10,300 Ft.; P) Das abgeschiedene Hotel liegt in einer kühlen, schattigen Oase im Ifjusági-tábor und hat riesige, moderne Zimmer und nettes Personal.

Déak-Ferenc-Studentenheim (☎ 325 620; e-deak@freeweb.hu; Andrássy út 56; B 1100 Ft., EZ/DZ 1200/2400 Ft.; Juli–Aug.; P) Die Studentenunterkunft liegt praktischerweise unweit von Busbahnhof und Bahnhof. Die Zimmer sind einfach, aber gemütlich, und haben Gemeinschaftsbäder.

Essen & Ausgehen

Fiume (Hauptgerichte um 1200 Ft.) Feines Restaurant im gleichnamigen Hotel. Die Karte wird von schweren ungarischen Fleischgerichten förmlich erdrückt. Es gibt Tische unter Kronleuchtern oder alternativ im Schatten der Bäume.

Halászcsárda (☎ 446 625; Árpád sor 1; Hauptgerichte 1500–2000 Ft.) Die richtige Wahl für alle, denen der Sinn nach Fisch steht. Von vielen Tischen aus ist der Kanal zu sehen.

Holsten (☎ 441 827; Irányi utca 12; Hauptgerichte 850 Ft.) Schlichtes Lokal mit einfacher ungarischer Küche und lebendiger Atmosphäre. An den meisten Abenden der Woche ist richtig was los.

Márvány (Andrássy út 21; Eis ab 60 Ft.; bis 21 Uhr) Schleckermäuler können im beliebten Café ihre Gelüste ausleben und dabei auf einem netten Platz südöstlich der Hauptstraße sitzen.

Bacchus (Andrássy út 10; 7–22 Uhr) Das Bacchus ist einer der wenigen Orte in der Fußgängerzone Andrássy út, an dem man nachts einen Drink bekommt *und* draußen im Freien sitzen kann.

Wer sich zwischendurch auf die Schnelle stärken will: Auf dem großen **Lebensmittel-Markt** (Szabó Dezső utca; Mi & Sa) gibt es einige Imbissstände; **Speedy Pizzeria** (Justh Gyula utca; Pizza 400–1000 Ft.) bietet leckere Snacks.

Unterhaltung

Club Narancs (☎ 453 032; Szent István tér 3; Mo–Mi 16.30–22, Do–Sa 16.30–4 Uhr) Ein typischer Studentenschuppen mit minimaler Dekoration, billigen Getränken, lauter Musik und heißer Stimmung: Der richtige Platz für ein Besäufnis. Donnerstag bis Samstag werden oft Themenabende zelebriert.

Das **Jókai-Theater** (☎ 441 527; Andrássy út 1), die Großkirche und das Bürgerhaus sind die zentralen kulturellen Veranstaltungsorte von Békéscsaba; Termine und Uhrzeiten kennt Tourinform oder das **Landes-Kulturzentrum** (☎ 527 660; Luther utca 6). Auch der kostenlose, alle zwei Wochen neu aufgelegte Veranstaltungskalender *Békési Est* ist ganz informativ.

An- & Weiterreise

Jede halbe Stunde starten Busse nach Gyula (241 Ft., 30 Min., 15 km), jede Stunde nach Szarvas (605 Ft., 1 Std., 45 km). Täglich fahren zwölf Busse nach Szeged (1150 Ft., 2 Std., 95 km) und zwei nach Budapest (2660 Ft., vier Std., 210 km). Andere Ziele, die direkt über Gyula oder Mezőberény angefahren werden, sind Kecskemét (1820 Ft., 3 Std., 145 km, 5-mal tgl.) und Vésztő (484 Ft., 1¼ Std., 35 km, 5- bis 9-mal tgl.).

Es gibt bis zu zehn Züge täglich, die Békéscsaba – die meisten sind Expresszüge – mit Szolnok (1004 Ft., 1½ Std., 95 km) und dem Budapester Bahnhof Keleti (2000 Ft., 2½ Std., 195 km) verbinden. Regelmäßig (bis zu 17-mal tgl.) fahren Züge nach Gyula (182 Ft., 15 Min., 15 km); sechs davon auch weiter nach Vésztő (658 Ft., 1½ Std., 65 km, teilweise wird ein Umsteigen in Kötegyán notwendig). Bis zu elf Züge fahren jeden Tag von Békéscsaba nach Szeged (1004 Ft., 2 Std., 95 km).

Unterwegs vor Ort

Ein 20-minütiger Spaziergang führt vom Bahnhof und Busbahnhof aus über die Andrássy út zu Fuß zum Szent István tér erreichen. Die Alternative ist die Buslinie 5 zum Szabadság tér. Buslinie 9 kommt ebenfalls auf dem Weg zum Stadion und zum Kornmuseum am Platz vorbei. Zum Studentenwohnheim, Hotel Fényves und Parkerdő fährt Buslinie 7. **Taxis** werden unter (☎ 444 444) gerufen.

DER TIPP VOM AUTOR

Fiume (☎ 443 243; Szent István tér 2; EZ/DZ 8750/11 750 Ft.; P) Fiume ist der alte Name des kroatischen Adriahafens Rijeka. Das Hotel ist das erste Haus in Békéscsaba und sicher eines der nettesten in ganz Ungarn. Die kleineren bis großen Zimmer sind mit antiken Möbeln ausgestattet. Die Flure scheinen endlos lang zu sein, aber das sollte einen nicht abschrecken.

VÉSZTŐ

☎ 66 / 7900 Ew.

Die **Historische Gedenkstätte Vésztő-Mágor** (☎ 477 148; Erw./Kind 300/100 Ft.; Mai–Sept. 9–18, April & Okt. 10–16 Uhr) 4 km nordwestlich von Vésztő besteht aus zwei Grabhügeln, wie man sie in ganz Ungarn (s. z.B. S. 138) und sogar bis Korea findet. Auch wenn solche Hügel in der Großen Tiefebene öfter vorkommen, sind die Grabhügel von Vésztő-Mágor doch besonders reich an archäologischen Fundstücken. Vor allem im ersten Hügel entdeckten die Wissenschaftler Kult- und Alltagsgegenstände, Schreine und Gravierungen ab dem 4. Jh. v. Chr., die wie in einem Schichtkuchen übereinander liegend gefunden wurden. Auf dem zweiten Hügel sind die Reste des **Klosters Csolt** aus dem 10. Jh. mit einer teilweise restaurierten Kirche zu sehen. Ohne einige Phantasie lassen sich die Einzelstücke allerdings nur schwer zu einem Ganzen zusammenzusetzen. Die Gedenkstätte liegt im Zentrum des 520 km² großen **Nationalparks Körös-Maros**, der eine reiche Tier- und (Wasser-)Pflanzenwelt hat. Informationen erteilt das **Besucherzentrum** (☎ 313 855; Anna-liget 1, Szarvas; Erw./Kind 300/200 Ft.; April–Okt. Di–So 9–17 Uhr).

Die historische Gedenkstätte liegt 4 km von Vésztő entfernt und wird Montag bis Freitag von vier Bussen täglich angefahren; der letzte startet um 19.39 Uhr. Mindestens fünf Busse fahren täglich von Vésztő nach Gyula (484 Ft., 1¼ Std., 35 km) und Békéscsaba (484 Ft., 1¼ Std., 35 km). Bis zu sechs Züge verlassen täglich Békéscsaba und fahren über Gyula (430 Ft., 1¼ Std., 50 km) nach Vésztő (658 Ft., 1½ Std., 65 km; evt. mit Umsteigen in Kötegyán).

SZARVAS

☎ 66 / 18 000 Ew.

Szarvas ist ein nettes, grünes Städtchen, das 45 km nordwestlich von Békéscsaba am Todarm des Körös (Holt-Körös) liegt. Seine Hauptattraktion ist das Arboretum, das wahrscheinlich beste in ganz Ungarn. Das Beste, was Szarvas passieren konnte, war aber der Entschluss von Sámuel Tessedik – Minister und Wissenschaftler –, in der Stadt 1770 eines der ersten europäischen Agrarinstitute zu gründen.

Orientierung

Die Hauptstraße Szabadság út teilt die Stadt und führt Richtung Westen zum Holt-Körös und zum Arboretum. Auf beiden Seiten der Straße liegen Dutzende kleiner Parks mit Blumen und kleinen Obstbäumen, die Tessedik im Schachbrettmuster anlegen ließ.

Den Bahnhof liegt im Ostteil der Stadt am Ende der Vasút utca, der Busbahnhof (Szabadság út) im Zentrum an der Ecke Bocskai István utca.

Praktische Informationen

Hauptpostamt (Szabadság út 9)
K&H-Bank (Szabadság út)
Panorama (☎ 312 760; Kossuth tér 3/2; 1 Std. 180 Ft.) In der Pizzeria, mit Internetzugang.
Tourinform (☎ 311 140; szarvas@tourinform.hu; Kossuth tér 3; Mitte Juni–Mitte Aug. Mo–Fr 9–18, Sa 9–13 Uhr, Mai–Mitte Juni Mo–Fr 9–17 Uhr, Sept.–April Mo–Fr 9–16 Uhr). Im Kulturzentrum.

Sehenswertes & Aktivitäten

Im 82 ha großen **Arboretum** (☎ 312 344; Erw./Kind 500/300 Ft.; Mitte März–Mitte Nov. 9–18, Mitte Nov.–Mitte März 8–15 Uhr) wachsen rund 30 000 Pflanzen, die ursprünglich nicht in der Großen Tiefebene heimisch sind, darunter rund 1600 Arten seltener Bäume, Sträu-

cher und Gräser. Mammutkiefern, Ginkgos, Sumpfzedern, spanische Pinien und Pampasgras begeistern die Besucher. Das Arboretum liegt etwa 2 km nordwestlich vom Zentrum gegenüber vom Holt-Körös.

Das **Sámuel-Tessedik-Museum** (☎ 216 608; Vajda Péter utca 1; Erw./Kind 200/100 Ft.; April–Okt. Di–So 10–18, Nov.–März Di–So 10–16 Uhr) zeigt einige interessante neolithische Funde aus der Körös-Kultur, in der eine Göttin verehrt wurde. Die Exponate stammen alle aus Grabhügeln aus der Großen Tiefebene. Die Ausstellung über Tessedik ist spannend, aber leider nur für alle, die Ungarisch können. Der **Geburtsort von Endre Bajcsy-Zsilinszky** (Vajda Péter utca) befindet sich in der gleichen Straße vier Blocks weiter nördlich.

Der Anführer des ungarischen Widerstands wurde 1944 von den Faschisten umgebracht.

Die neoklassizistische **Villa Bolza** (Bolza-kastély; Szabadság út 2) am Holt-Körös wurde 1819 gebaut und gehörte der Familie Bolza, die über viel Landbesitz verfügte. Sie gründete übrigens auch das Arboretum. Heute ist die Villa Teil der Tessedik-Landwirtschaftsschule, das Anwesen kann aber trotzdem besichtigt werden. Vor der Villa erhebt sich im Holt-Körös ein **Milleniums-Denkmal**, das zur Tausendjahrfeier der Staatsgründung errichtet wurde. Es zeigt die Stephanskrone und je einen Engel an der Seite.

Direkt nördlich hinter Tourinform stößt man in den staubigen Gassen der Stadt auf Ungarns am besten erhaltene **Trockenmühle** (Szárazmalom; ☎ 216 609; Ady Endre utca 1; Erw./Kind 300/150 Ft.; April–Okt. Di–So 13–17 Uhr). Die von Pferden betriebene Mühle stammt aus dem frühen 19. Jh. Ein **slowakisches Dorfhaus** (Szlovák tájház; ☎ 312 492; Hoffmann utca 1; Erw./Kind 200/100 Ft.; April–Okt. Di–So 13–17 Uhr) stellt handgewebte Stoffe und Alltagsgegenstände aus.

Schlafen

Lux (☎ 313 417; lux@szarvas.hu; Szabadság út 35; Zi ab 8500 Ft.; P ✕) Liegt nur einen Steinwurf vom Busbahnhof entfernt und bietet große Zimmer mit altmodischen Möbeln, ein Restaurant, einen Fitnessraum, eine Sauna und ein Solarium.

Halászcsárda (☎ 311 164; I ker 6; Zi. 8500 Ft.; P ✕) Die etwas rustikalere Variante: ein abgeschiedenes Haus an der Ecke des Elizabeth-Parks mit kleinen Dachzimmern.

Liget (☎ 311 954; www.ligetpanzio.hu; Stellplätze pro Erw./Kind/Zelt 800/600/650 Ft., 4-Pers.-Bungalows 10 500, Zi. ab 9900 Ft.; P) Familienfreundlicher Campingplatz mit verschiedenen Unterkünften, Wellnesscenter, Pool und Badesee. Die Gäste haben die Wahl zwischen Zeltplatz, Bungalows und modernen Zimmern mit Bad.

Essen & Ausgehen

Halászcsárda (Hauptgerichte 1000–2000 Ft.) Restaurant in der gleichnamigen Pension mit lockerer Atmosphäre. Die Tische auf der Terrasse bieten einen schönen Blick auf den Fluss. Der Name des Restaurants bedeutet „Fischsuppenhaus".

Kiszely (Ecke Szabadság út & Béke utca; Eis ab 80 Ft.; 9–21 Uhr) Das Kiszely ist eine nette *cukrászda*: die Räume klein, die Auswahl an Eissorten und Kuchen aber riesig.

Green House Irish Pub (Kossuth Lajos utca 25) Nahe beim Belváros steht dieses große, eher grüne als irische Pub. An Wochenenden geht es manchmal etwas rüder zu.

Eine schnelle, billige Pizza backt das **Panoráma** (☎ 312 760; Kossuth tér 3/2; Pizza ab 500 Ft.) nahe von Tourinform. Die Pizzaria hat auch einige Tische draußen stehen. Eine gute Wahl ist auch das **Belváros** (☎ 312 525; Kossuth Lajos utca 23; Pizza 500–1000 Ft.) in einer kleinen Seitenstraße.

Unterhaltung

Péter-Vajda-Kulturzentrum (☎ 311 181, Kossuth tér 3) Hat in der Regel die aktuellen Infos hinsichtlich Unterhaltung.

Granárium Zebra Club (☎ 311 946; Kossuth Lajos utca 2) Hier finden die lauten Live–Auftritte der Bands aus Stadt und Land statt. Weitere Infos finden sich im zweiwöchig erscheinenden *Békési Est*.

An- & Weiterreise

Szarvas ist mit dem Bus von Békéscsaba (605 Ft., 1 Std., 45 km, mind. stündl.), Debrecen (1930 Ft., 3–4 Std., 155 km, 2-mal tgl.), Gyula (786 Ft., 1¾ Std., 65 km, 1-mal tgl.), Kecskemét (968 Ft., 1¾ Std., 80 km, 6-mal tgl.) und Szeged (907 Ft., 2 Std., 75 km, 6-mal tgl.) aus zu erreichen.

Szarvas liegt an der Bahnstrecke, die Mezőhegyes und Orosháza mit Mezőtúr verbindet. Es gibt täglich sechs Verbindungen. Von Békéscsaba (774 Ft., 1½–2 Std., 75 km) ist der Schnellzug nach Mezőtúr (dort umsteigen) schnellste Verbindung nach Szarvas.

GYULA

☎ 66 / 32 000 Ew.

Gyula ist eine Bäderstadt, in der die letzte mittelalterliche, aus Ziegelsteinen gebaute Burg der Großen Tiefebene steht. Die Stadt ist der ideale Ort, um sich vor einer möglichen Weiterreise nach Rumänien zu erholen. Die Grenze liegt nur 4 km weiter östlich. Die Stadt hat auch einige interessante Museen, die einen Besuch nach dem Baden und Kuren lohnen.

Geschichte

1858 weigerte sich Gyula, die nach Arad führend Eisenbahnlinie durch die Stadt laufen zu lassen – was letztlich Békéscsaba, das 20 km weiter westlich liegt, zugute kam. Gyula schickte sich damit selbst aufs Abstellgleis und entwickelte sich danach in einem sehr viel langsameren Tempo als die Nachbarstadt. 1950 wurde der Komitatsitz (nach 500 Jahren, wie die Einwohner gerne unterstreichen) von Gyula in die Nachbarstadt Békéscsaba verlegt. Kein Wunder, dass die Rivalität zwischen beiden Städten bis heute ungebrochen anhält: Sie reicht von der Frage, wem vom Komitat mehr Landesgelder zugeteilt werden sollen bis zu so wichtigen Fragen wie: Wessen Fußballmannschaft, welche Wurst ist besser?

Orientierung

Gyula besteht im Grunde aus zwei Teilen: dem Wirtschaftszentrum an der Városház utca im Westen und dem Várfürdő (Burgbad) gegenüber der Burg in einem großen Park im Osten. Beide Stadtteile liegen in fußläufiger Entfernung zueinander. Der Élővíz-Kanal fließt von Osten nach Westen durch das Stadtzentrum, er beginnt an einem Seitenarm des Körös, fließt dann nach Békéscsaba und darüber hinaus.

Gyulas Busbahnhof (Vásárhelyi Pál utca) liegt südlich des Kossuth Lajos tér. Der Weg ins Stadtzentrum führt durch den Park zum Platz und weiter über die Kanalbrücke. Der

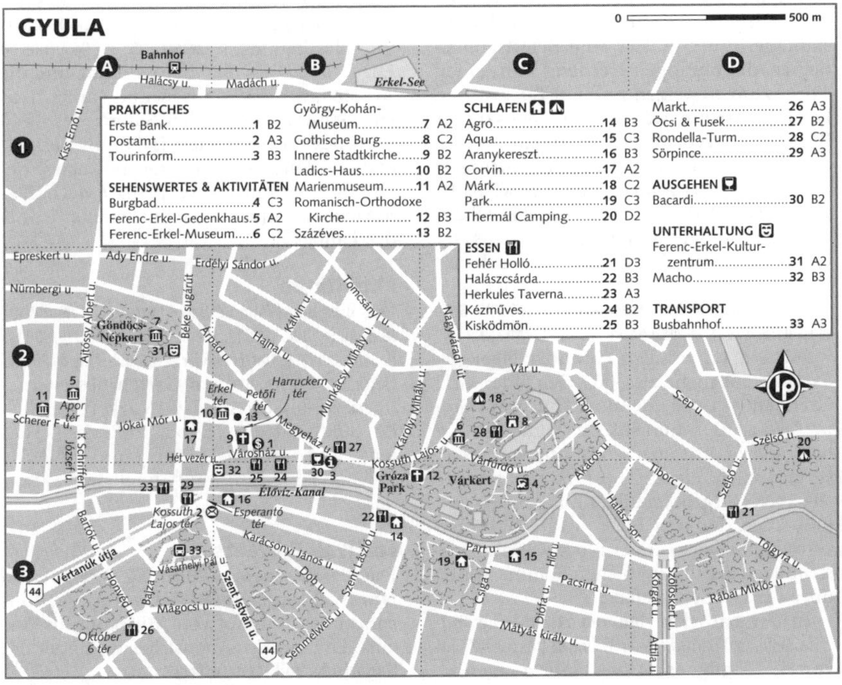

Bahnhof liegt am Nordende der Béke sugárút.

Praktische Informationen

Erste Bank (Városház utca) Geldautomat.
Postamt (Eszperantó tér) Südlich des Kanals.
Tourinform (☎ 561 681; bekes-m@tourinform.hu; Kossuth Lajos utca 7; Mitte Juni–Mitte Sept. 9–19 Uhr, Mitte Sept.–Mitte Juni Mo–Fr 9–17 Uhr) Hat sein Büro in einer Galerie, sehr hilfreiche Mitarbeiter.
www.gyula.hu Website der Stadt, auf Ungarisch und Deutsch.

Sehenswertes

Von der gotischen **Burg** (☎ 464 117; Várfürdő utca 1; Erw./Kind 800/400 Ft.; Mitte Juni–Aug. 9–19, Sept.–Mitte Juni Di–So 9–17 Uhr) bietet sich ein malerischer Blick auf den Wassergraben unweit des Várfürdő. Die Burg selbst stammt aus dem 15. Jh., wurde aber im Lauf der Jahrhunderte mehrfach umgebaut und erweitert – zuletzt 2004. In den 24 Zimmern sind jetzt Exponate zur Burggeschichte und Waffen zu sehen. Das Hauptthema ist die türkische Belagerung im Mittelalter, als die Stadtbewohner die Türken dank ihrer hier ausgestellten Waffen zurückdrängen konnten. Wie bei jeder anständigen Burg gibt es eine Befestigungsmauer, die begangen werden kann, einen Turm zum Besteigen und ein Burgverlies. Letzteres ist nur während der Pausen der Burg-Theatervorführungen zugänglich. In der Nähe liegt das **Ferenc-Erkel-Museum** (☎ 361 236; Kossuth Lajos utca 17; Erw./Kind 400/200 Ft.; Di 13–17, Mi–Sa 9–17, So 9–13 Uhr), ein **Dürer-Raum** zeigt archäologische Fundstücken aus der Region, darunter Tongefäße, Schmuck und Waffen.

Das **György-Kohán-Museum** (☎ 361 795; Béke sugárút 35; Erw./Kind 400/200 Ft.; Di 13–17, Mi–Sa 9–17, So 9–13 Uhr) im ruhigen Göndöcs-Népkert-Park ist mit mehr als 3000 Gemälden und Grafiken das bedeutendste Kunstmuseum in Gyula. Der kubistische Maler Kohán hatte der Stadt seine Sammlung vermacht, sie ging nach seinem Tod 1966 in ihren Besitz über. Die großen Bilder mit Pferden und Frauen in dunklen Blau- und Grüntönen verdienen ebenso einen Blick wie die Darstellungen der unerbittlichen Sommersonne über der Großen Tiefebene.

In der barocken **Inneren Stadtkirche** (Belvárosi templom; Harruckern tér 1; Eintritt frei; 10–18 Uhr) von 1777 gibt es interessante zeitgenössische Deckenfresken. Sie beleuchten Ereignisse der ungarischen und der Weltgeschichte und zeigen sogar einen Astronauten im Weltall! Die 1812 im Zopfstil gebaute **Romanisch-Orthodoxe Kirche** (Gróza Park; Eintritt frei) hat eine sehr schöne Ikonostase (im Haus südlich neben dem Kircheneingang nach dem Schlüssel fragen). Unschlagbar kitschig sind die Ikonen im **Marien-Museum** (Apor tér 11; Erw./Kind 400/200 Ft.; März–Nov. Di–Sa 9–12, 12.30–15 Uhr, So 9–12, Dez.–Feb. Di–So 9–12 Uhr). Selten wurde die Jungfrau in so vielen Gestalten gezeigt! Auf dem gleichen Platz steht das **Ferenc-Erkel-Gedenkhaus** (☎ 463 552; Apor tér 7; Erw./Kind 400/200 Ft.; Di 13–17, Mi–Sa 9–17, So 9–13 Uhr). Erkel, der hier geboren wurde, hat Opern und die Melodie der ungarischen Nationalhymne komponiert. Zu sehen sind viele Erinnerungsstücke, z. B. handgeschriebene Noten und Familienfotos des Tondichters.

Interessant – und für Ungarn eher unüblich – ist das **Ladics-Haus** (☎ 463 940; Jókai Mór utca 4; Erw./Kind 400/200 Ft.; Di 13–17, Mi–Sa 9–17, So 9–13 Uhr). Es ist das perfekt erhaltene und wunderbar möblierte Wohnhaus einer reichen Bürgerfamilie aus der Mitte des 19. Jhs. Nebenan liegt die zweitälteste Konditorei des Landes: **Százéves** (☎ 362 045; Erkel tér 1; 10–20 Uhr). Die süßen Spezialitäten und die Ausstellung sind optisch und kulinarisch ein Genuss! Die beiden Salons des 1840 gegründeten Geschäftes sind im Biedermeierstil möbliert (sicher kaufte auch Frau Ladics hier einst ihre *petits-fours*). Das Százéves ist eine der schönsten *cukrászdák* des Landes.

Aktivitäten

Das **Burgbad** (Várfürdő; Várkert utca 2; Erw./Kind Mitte Juni–Aug. 1300/1050 Ft., Sept.–Mitte Juni 950/800 Ft.; Hallenbäder 8–18 Uhr, Freibäder Mitte Juni–Aug. 8–20 Uhr) liegt im 30 ha großen Garten des ehemaligen Schlosses Almásy (Várkert) östlich des Stadtzentrums. Es hat 19 Becken (Hallen- und Freibad) und eine moderne Wellnessabteilung auf höchstem Standard.

Festivals & Events

Das herausragende kulturelle Ereignis im Jahr ist das **Gyula-Theaterfestival** mit Aufführungen im Burghof von Mitte Juli bis August. Um den 20. August herum findet das **Ungarische Volkstanzfestival** statt.

Schlafen

BUDGETUNTERKÜNFTE

Es gibt Unmengen an Privatzimmern (ab 2500 Ft.) und Pensionen südlich der Part utca. Tourinform hat entsprechende Listen, auch von Unterkünften in Stundentenwohnheimen während der Sommermonate. Auf der Website der Stadt sind alle aufgelistet.

Márk (☎ 463 380; Vár utca 5; Stellplätze für 2 Pers. 2600 Ft.; ganzjährig) Der freundlichste unter Gyulas Campingplätzen liegt zentral und echt nett. Allerdings ist er recht klein und nur für Wohnwagen und Zelte geöffnet.

Thermál Camping (☎ 463 704; www.gyulacamping.hu; Szélső utca 16; Stellplätze pro Erw./Kind/Zelt ab 3/2/2,50 €, EZ/DZ 17/24 €; P) Liegt ein bisschen abseits, bietet aber gute Campingbedingungen mit Restaurant, Café und Küchen.

MITTELKLASSEHOTELS

Rund um das Várfürdő liegen unzählige Hotels. Die meisten sind lang gestreckte, moderne Gebäude mit allem, was man so unterwegs brauchen könnte. Die Zimmerpreise schwanken je nach Saison stark; am teuersten ist es in der Regel von Juni bis September und über Weihnachten und Neujahr.

Aranykereszt (☎ 463 194; www.hotels.hu/aranykereszt; Eszperantó tér 2; EZ/DZ ab 5000/7000 Ft.; P) Das charmante Hotel liegt nicht direkt am Burgbad, aber am Kanal. Die Zimmer, teilweise mit Blick auf den Kanal, sind einfach und altmodisch eingerichtet. Fazit: ein rustikales Ambiente in abgeschiedener Lage.

Aqua (☎ 463 146; aqua-hotel@axelero.hu; Part utca 7/c; EZ/DZ ab 24/36 €; P) Die modernen, großen Zimmer wurden kürzlich renoviert, das Personal ist sehr freundlich. Das Hotel vermietet Räder und holt seine Gäste vom Bahnhof und Busbahnhof ab.

Corvin (☎ 362 044; www.corvin-hotel.hu; Jókai utca 9–11; EZ/DZ ab 42/51 €; P) Das Corvin liegt im Stadtzentrum, weit weg vom Wasser, und ist das ungewöhnlichste Hotel in Gyula. Die Zimmer sind recht vornehm und in Pastelltönen abgestuft; sie haben ungewöhnlich gestaltete Fenster und massive Holzfußböden aus Dielen.

Ebenfalls zu empfehlen:

Park (☎ 463 711; parkgyula@civishotels.hu; Part utca 15; EZ/DZ ab 6000/9500 Ft.; P) Hotel im alpinen Stil beim Burgbad.

Agro (☎ 463 522; www.hotels.hu/agrogyula; Part utca 5; EZ/DZ ab 31/44 €; P) Anständige Zimmer und einige Wellnessangebote.

Essen & Ausgehen

Kisködmön (☎ 463 934; Városház utca 15; Hauptgerichte 1200–2000 Ft.) Ein schönes Restaurant, das versteckt am Ende einer wenig einladenden Straße liegt. Die Einrichtung sieht aus, als stamme sie aus dem frühen 18. Jh. Traditionelle Küche mit größtmöglichem Anteil an Bioprodukten.

Herkules Taverna (☎ 30-430 7730; Bodoky utca; Hauptgerichte 1000–1200 Ft.) Typisch griechisches Restaurant in blau und weiß, in einer etwas abgelegenen Lage. Von den Tischen fällt der Blick auf den Kanal.

Halászcsárda (☎ 466 303; Part utca 3; Hauptgerichte 900–1500 Ft.) Liegt am Kanal und ist mit einem kurzen Spaziergang von den meisten Hotels und vom Zentrum aus gut zu erreichen. Hier werden in netter Umgebung die üblichen Fischgerichte serviert.

Sörpince (☎ 362 382; Kossuth tér 2; Hauptgerichte 1000 Ft.) Das Sörpince ist ein dunkler Trinker-Schuppen mit überraschend gutem Angebot an ungarischen Gerichten (darunter auch ein paar vegetarischen Angeboten). Es ist bei den Einheimischen beliebt.

Öcsi & Fusek (☎ 468 495; Kossuth Lajos utca 6; Hauptgerichte 800–1600 Ft.) Das Restaurant ist nicht nur für seinen großen Garten, sondern auch für das herzhafte Mittagsmenü (600 Ft.) berühmt. Viele Arbeitende kehren hier nach der Arbeit für einen Drink ein.

Fehér Holló (☎ 457 835; Tiborc utca 49; Hauptgerichte 800–1500 Ft.) Ein nettes, ruhiges Plätzchen am Kanal, das gute ungarische Küche im *csárda*-Stil bietet. Liegt günstig für alle, die auf dem Thermál-Campingplatz wohnen.

Bacardi (Kossuth Lajos utca 3; So–Do 10–24, Fr 10–3, Sa 10–4 Uhr) Zieht die 20- bis 30-Jährigen magisch an, die den Großteil der Nacht in der Stadt verbringen und richtig einen draufmachen wollen.

Gyula ist stolz auf sein Angebot an Kaffee und Kuchen. Der schönste Ort für ein gutes Stück Kuchen ist der Rondella-Turm aus dem 16. Jh. Er öffnet im Sommer eine hübsche Terrasse an der Burg. Eine gute Wahl sind auch das Caféhaus **Százéves** (☎ 362 045; Erkel tér 1) oder das **Kézműves** (Városház utca 21; Eis ab 85 Ft.; Mo–Fr 7–22, Sa & So 10–22 Uhr), ein modernes Café, in das die Einheimische strömen, wenn ihnen nach Eis ist.

Gyulas **Markt** (Október 6 tér) für Obst, Gemüse und andere Dinge findet südwestlich des Busbahnhofs statt.

Unterhaltung

Ferenc-Erkel-Kulturzentrum (☎ 463 806; Béke sugárút 35) Die Angestellten des Zentrums im Göndöcs-Népkert-Park kennen das aktuelle Kulturprogramm von Gyula. Vor allem in der Weihnachtszeit werden häufig Orgelkonzerte in der Inneren Stadtkircheyu Gehör gebracht.

Macho (Városház utca 1; So–Do bis 4, Fr & Sa bis 6 Uhr) Sie ist die beliebteste Disko der Stadt – trotz ihres blöden Namens. Im alle zwei Wochen kostenlos verteilten *Békési Est* stehen weitere Informationen über Bars in Gyula.

An- & Weiterreise

Da Gyula an einer absoluten Nebenstrecke der Bahn liegt, sind Busse hier das bessere Transportmittel. Dutzende starten täglich nach Békéscsaba (241 Ft., 30 Min., 15 km), drei fahren nach Debrecen (1690 Ft., 3 Std., 130 km). Außerdem werden Budapest (2780 Ft., 4–6 Std., 230 km, 2-mal tgl.), Kecskemét (1820 Ft., 3¼ Std., 145 km, 2-mal tgl.), Szeged (1820 Ft., 3½ Std., 145 km, 7-mal tgl.) und Vésztő (484 Ft., 1¼ Std., 35 km, 3-mal tgl.) angefahren.

Rund 17 Züge fahren täglich Richtung Westen auf der Strecke 128, Gyulas Verbindung zur Békéscsaba–Szolnok–Budapest-Bahnlinie. Richtung Norden führt diese lahme Verbindung nach Vésztő (430Ft., 1¼ Std., 50 km), Szeghalom und eventuell sogar nach Püspökladány. Dort besteht eine Umsteigemöglichkeit nach Debrecen (1624 Ft., 3½ Std., 150 km).

Süd-Transdanubien

Mit seinem milden Klima, den sanft geschwungenen Hügeln, der wenigen Industrie und dem ländlichem Charme ist Süd-Transdanubien eine Oase der Ruhe – ein Ort, um das Leben auf entspannte, ja mediterrane Art zu genießen. Von ein paar wenigen Zentren abgesehen, hält sich der Tourismus hier sehr in Grenzen. Ein Traum für alle, die es wegzieht von den ausgetretenen Pfaden eines Landes, das seit Menschengedenken von Reisenden durchkreuzt wird.

Kleine Ortschaften prägen die Region, die meisten Menschen leben hier immer noch von der Landwirtschaft: Im Norden setzen Obstplantagen farbige Akzente, um Pécs im Herzen Süd-Transdanubiens wachsen Mandelbäume. Kilometerweit ziehen sich Weinberge um Szekszárd und Villány-Siklós im Osten. Im Spätsommer und Frühherbst ist es hier zur Zeit der Weinlese besonders schön.

Das Juwel der Region – wenn nicht sogar der ganzen ungarischen Provinz – ist Pécs, die wichtigste Stadt Süd-Transdanubiens. Kunstmuseen und Theater gibt es hier ohne Ende; und die Vergangenheit lebt in seinen Mauern fort. Sowohl Römer als auch Türken fühlten sich hier wohl und sicher und hinterließen der staunenden Nachwelt zahlreiche Zeugnisse. Neben (bzw. unter) der Basilika der Stadt wurden mehr Römergräber entdeckt, als sich die Archäologen erträumt hätten. Immerhin eine Hand voll türkischer Monumente hat hier die Zeit überdauert, während sie im Rest des Landes in Schutt und Asche gelegt wurden.

Pécs ist der Star der Region, aber es gibt auch noch ein paar andere Städte, die einen Besuch wert sind. Eindrucksvolle Burgen erheben sich über Siklós und Szigetvár, und in Harkány warten heilkräftige Thermalquellen. Und jeder Ausflug in den Süden wäre unvollkommen, würde man nicht die landesbesten Weine aus Szekszárd und Villány probieren.

HIGHLIGHTS

- Von einer Sehenswürdigkeit zur nächsten durch die malerischen Straßen von **Pécs** (S. 315) spazieren
- Die großen Rotweine in **Villány** (S. 313) und **Szekszárd** (S. 300) probieren und – natürlich – kaufen
- In die ländliche **Region Ormánság** (S. 314), den „stille Winkel" Süd-Transdanubiens, reisen
- Mit der **Schmalspurbahn** (S. 304) durch den Gemencer Wald in der Region Sárköz tuckern
- Ins warme, heilkräftige **Thermalbad** (S. 311) in Harkány eintauchen – vor allem im Winter

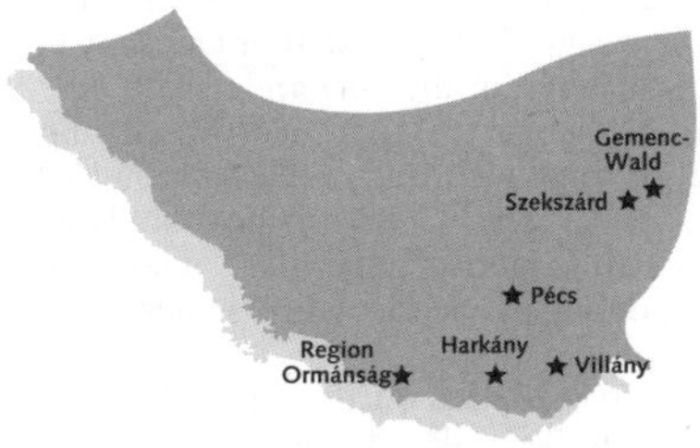

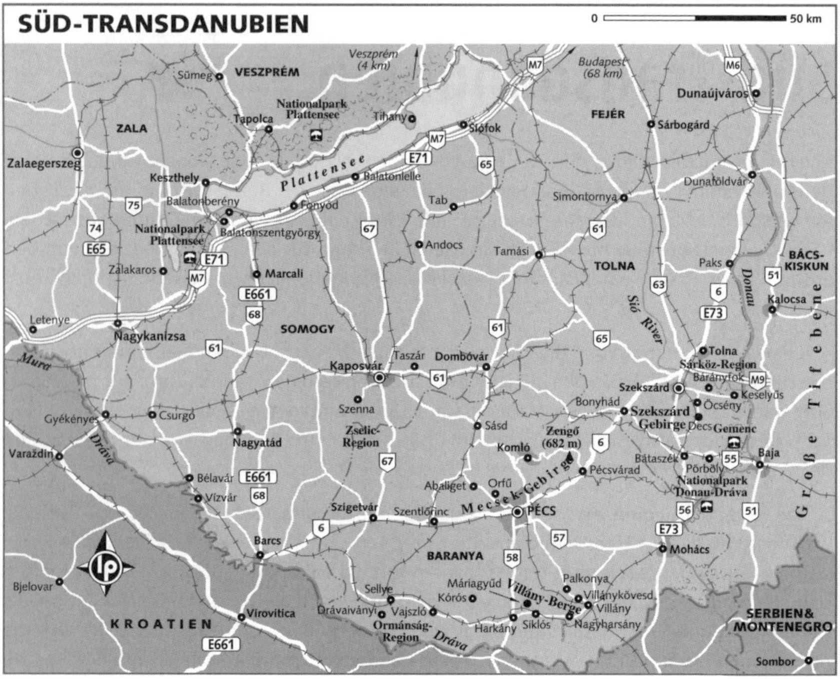

Geschichte

Süd-Transdanubien wurde von den Kelten und später von den Römern besiedelt, die mit Alisca (Szekszárd) und Sophianae (Pécs) zwei bedeutende Städte gründeten. Auch der Weinbau geht auf die Römer zurück, die ihn hier einführten. Die nordsüdliche Handelsroute durchquerte die Gegend; im Mittelalter erlebten viele der Siedlungen eine Zeit der wirtschaftlichen Blüte.

Als Brennpunkt der türkischen Besatzung erwischte es Süd-Transdanubien schwer. Die Schlacht, auf die eine anderthalb Jahrhunderte lange türkische Herrschaft über Ungarn folgte, wurde am 29. August 1526 bei Mohács geschlagen. Im beschaulichen Städtchen Szigetvár boten die Ungarn den Eindringlingen vierzig Jahre später erbitterten Widerstand.

Ende des 17. Jhs. wurden die verlassenen Städte Süd-Transdanubiens von deutschen und südslawischen Einwanderern wieder zum Leben erweckt. Ende des Zweiten Weltkriegs kamen Ungarnstämmige aus der Slowakei und der rumänischen Bukovina hierher, außerdem abermals Deutsche, diesmal aus Sachsen.

SZEKSZÁRD

☎ 74 / 36 200 Ew.

Die ausgesprochen hübsche Stadt Szekszárd (Sechshard) liegt südlich des Sió zwischen sieben Gipfeln der Szekszárd-Berge. Der Fluss Sió verbindet den Plattensee mit der Donau. Szekszárd ist die Hauptstadt des Komitats Tolna und das Zentrum der Region Sárköz, der Heimat der ungarischen Volkskunst. Vor allem aber ist die Stadt das Einfallstor nach Süd-Transdanubien. Streng genommen beginnt die Region Sárköz auf dem Hauptplatz der Stadt (Garay tér), denn hier steigt die Puszta allmählich zu den Szekszárd-Bergen an.

Geschichte

Szekszárd war eine keltische und später eine römische Siedlung, die den Namen Alisca trug. Der sechste ungarische König, Béla I., machte den Ort zur Königlich Freien Stadt und gründete 1061 ein weithin bedeutendes Benediktinerkloster.

Unter türkischer Besatzung verkümmerte Szekszárd; erst Ende des 17. Jhs. wurde die Gegend mit deutschen Einwanderern neu besiedelt. Der Anbau von Wein und Weizen im 18. Jh. verhalf der Wirtschaft zu neuem Aufschwung.

Orientierung

Busbahnhof und Bahnhof liegen einander in der Pollack Mihály utca gegenüber. Von hier aus geht es durch die Fußgängerzone Bajcsy-Zsilinszky utca und den Park ins westlich gelegene Stadtzentrum. Der Garay tér steigt zum alten Burgviertel, dem heutigen Béla tér, an. Vom Béla tér führt die Munkácsy Mihály utca Richtung Südwesten, von ihr biegt die Kálvária utca zum Kalvarienberg ab.

Praktische Informationen

Hauptpostamt (Széchenyi utca 11–13)
OTP-Bank (Szent István tér 5–7) Geldautomat.
Tourinform (☎ 511 263; szekszard@tourinform.hu; Garay tér 18; ⌚ Juni–Aug. Mo–Fr 9–17, Sa & So 9–17 Uhr; Sept.–Mai Mo–Fr 9–17 Uhr) Die Leute blicken zwar streng drein, sind aber sehr hilfsbereit und haben jede Menge Infos über Stadt und das Komitat Tolna.

Sehenswertes

Alle Museen und Ausstellungen kosten pro Erw./Kind 200/100 Ft., samstags ist der Eintritt frei.

Einen schönen Eindruck von Szekszárd bietet der Spaziergang von der katholischen Kirche zum **Kálvária-hegy** (Kalvarienberg; 205 m). Die Kálvária utca führt Richtung Süden, über grasbewachsene Stufen geht es auf den Kalvarienberg. Die Kapelle auf dem Hügel stammt aus dem 18. Jh. und wurde von trauernden Eltern errichtet, die ihr Kind verloren hatten. Daran erinnert auch ein berühmtes Gedicht von Mihály Babits, einem Sohn der Stadt. Donau und Puszta liegen im Osten, die Region Sárköz hinter den Hügeln im Süden und die Szekszárd-Berge im Westen. An einem klaren Tag ist sogar das einzige ungarische Atomkraftwerk zu sehen, das 30 km entfernt in Paks (nördlich von Szekszárd) steht.

Das kleine Dorf – die so genannte Oberstadt (Felsőváros) – im Tal auf der nordwestlichen Seite wird von Weingärten und privaten Weinkellern geprägt. Schön ist ein Rundgang über die Bartina utca (die in die Remete utca übergeht) zur **Remete-Kapelle** (Remete kápolna; 1778). Sie ist eine bedeutende Pilgerstätte. Der Rückweg führt über die Bocskai utca zur Nordseite des Szekszárd-Baches.

SEHENSWERTE GEBÄUDE

Das neoklassizistische **Komitatshaus** (Vármegyeháza; ☎ 419 667; Béla tér 1; ⌚ April–Sept. Di–So 9–17, Okt.–März Di–So 9–15 Uhr) wurde 1828 von Mihály Pollack entworfen. Es steht an der Stelle des von König Béla gegründeten Klosters und einer früheren christlichen Kapelle – das freigelegte Fundament ist noch im zentralen Hof zu sehen. Im oberen Stockwerk des Gebäudes wird die **Franz-Liszt-Ausstellung** gezeigt, auf der anderen Seite des Komitatshauses steht die **Galerie Eszter Mattioni**. Eindrucksvolle Mosaiken aus Marmor, Glas und Perlmutt zeigen ländliche Motive. Die gelb gestrichene barocke **Katholische Stadtkirche** (Belvárosi templom; 1805) ist die größte einschiffige Kirche Ungarns. Franz Liszt spielte mehrmals in dem rosafarbenen, im neogotischen Stil errichteten **Augusz-Haus** (Széchenyi utca 36–40), in dem heute eine Musikschule ihre Räume hat.

MUSEEN

Aus Szekszárd stammen zwei der berühmtesten ungarischen Dichter: Mihály Babits (1883–1941) und der weniger bekannte János Garay (1812–53). Das **Geburtshaus von Mihály Babits** (Szülőháza; ☎ 312 154; Babits Mihály utca 13; ⌚ April–Sept. Di–So 9–17, Okt.–März Di–Sa 9–15 Uhr) wurde zu einem Museum umgebaut. Den wenigsten Besuchern werden sich wohl die avantgardistischen, zutiefst philosophischen Verse des Dichters erschließen. Aber der Besuch des Geburtshauses lohnt sich dennoch: Er vermittelt einen guten Eindruck vom Alltag einer Mittelschichtsfamilie im ländlichen Ungarn des 19. Jhs.

Das **Mór-Wosinszky-Museum** (☎ 316 222; Szent István tér 26; ⌚ April–Sept. Di–So 10–18, Okt.–März Di–Sa 10–16 Uhr) wurde bereits 1895 als Museum errichtet. Heute heißt es nach einem einheimischen Priester und Archäologen, der im nordwestlich gelegenen Lengyel Reste einer neolithischen Kultur entdeckt hat: Die Artefakte stammen von verschiedenen Völker, die noch vor den Magyaren durch das Donaubecken gezogen waren. Die Funde zählen zu den großartigsten weit und breit, besonders schön ist der Schmuck der Kelten und Awaren. Interessant ist auch die

große Sammlung von Volkskunst der Serben, Deutschen („Schwaben") und Bewohnern der Region Sárköz. Drei Themenräume – ein Raum gehörte einer wohlhabenden Bauernfamilie aus Sárköz, ein Raum stammt aus dem Anwesen der Adelsfamilie Apponyi aus Lengyel und eine Hütte gehörte einem einfachen Ziegenhirten – illustrieren anschaulich, wie groß das Wohlstandsgefälle vor 100 Jahren in der Region war und dass ganz unterschiedliche Gesellschaftsschichten nebeneinander lebten.

Die orientalischen Ornamente am **Haus der Künste** (Művészetek Háza; ☎ 511 247; Szent István tér 28; ⌚ Di–Fr 10–18 Uhr) hinter dem Museum verraten seinen ursprünglichen Zweck als Synagoge. Heute wird das Gebäude als Galerie und Konzerthalle genutzt. Vier der originalen Eisenpfeiler wurden draußen in einen freistehenden Torbogen integriert, der an die Tafeln mit den Zehn Geboten erinnern soll. Unweit vom Museum Richtung Süden steht ein imposantes Denkmal: ein „Lebensbaum" für „Szekszárds Helden und die Opfer des Zweiten Weltkrieges".

Aktivitäten

Einen Besuch lohnen das **Hallenthermalbad** und das dazugehörige **Freibad** (☎ 412 035; Toldi utca 6; Erw./Kind 500/250 Ft.; ⌚ Thermalbad ganzjährig Mo 14–20, Di–So 6–20 Uhr, Freibad Mitte Mai–Aug. 9–18 Uhr), die in der Nähe des Bahnhofs und des Busbahnhofs liegen.

An einigen Orten rings um Szekszárd und Umgebung können die regionalen Weine verkostet werden. Eine der besten Adressen ist **Garay Pince** (☎ 412 828; Garay tér 19; ⌚ Mo–Do 10–17, Fr & Sa 9–18, So 10–14 Uhr), wo einige der besten Weine der Gegend probiert und gekauft werden können. Tourinform hat eine vollständige Liste der Weinkeller rund um Szekszárd vorliegen, außerdem erhält man auch eine Weinstraßenkarte der Umgebung.

Festivals & Events

Zu den größten Ereignissen in Szekszárd gehören das jährliche **Wein- und Eintopffest** Ende Juni, das **Internationale Donau-Folklorefestival** Mitte Juli, das gemeinsam mit Kalocsa und Baja veranstaltet wird, und die **Szekszárder Weintage** Ende September.

Schlafen

Für eine Stadt mit so netter Atmosphäre hat Szekszárd erstaunlich wenig Unterkünfte. Tourinform vermittelt ein paar Privatzimmer (ab 3000 Ft. pro Pers.), die aber fast alle in den Hochhäusern in der Nähe des Kulturzentrums liegen.

Zodiaco (☎ 511 150; www.hotelzodiaco.hu; Szent László utca 19; EZ/DZ 9700/13 100 Ft.) Das Zodiaco ist mit Abstand die beste Adresse der Stadt: Die großen, modernen Zimmer im 1. Stock gruppieren sich um einen Innenhof. Die Begeisterung der Besitzer für Sternzeichen und astrologische Themen ist nicht zu übersehen.

Gemenc (☎ 311 722; Mészáros Lázár utca 1; EZ 5550–7700 Ft., DZ 7500–10 700 Ft.; P) Das Haus mag hässlich sein, aber es liegt zentral und bietet die üblichen Einrichtungen – Restaurant, Cafeteria, Nachtclub etc. Die meisten der teureren Zimmer haben eine Minibar.

Essen

Arany Kulacs (☎ 413 369; Nefelejcs köz 7; Hauptgerichte 1500 Ft.) In der „Goldenen Flasche" lässt es sich vornehm zu edlen Weinen dinieren – entweder auf der eher nüchternen Terrasse an Picknicktischen (teilweise mit Blick auf die Stadt) oder im kellerartigen Innern.

Tiffany (☎ 311 079; Nefelejcs köz 3–5; Hauptgerichte 1000–1500 Ft.) Das kleine Restaurant mit einer noch kleineren Terrasse liegt gleich neben dem Arany Kulacs. Seine einfache ungarische Küche und der großzügige Umgang mit Paprika zieht verschiedener Sorten ein ganz gemischtes Publikum an.

Főispán (☎ 312 139; Béla tér 1; Hauptgerichte 1200 Ft.) Der neu hergerichtete Weinkeller ist eine gute Alternative im Stadtzentrum. Eine kleine, aber interessante Sammlung an Geräten aus der Weinherstellung haben die Besitzer etwas hochtrabend „Weinmuseum" getauft.

Bella Napoli (Szent László utca; Hauptgerichte ab 700 Ft.; 🕒 Mo–Sa) Im Hof des Hotels Zodiaco serviert die kleine Pizzeria riesige Pizzen. Dic Bedienung ist sehr schnell.

Amaretto (Garay tér 6; Eis ab 90 Ft.; 🕒 9–18 Uhr) Es ist ziemlich klein, aber hinsichtlich der Qualität von Eis und Kuchen ganz groß. Auf der Terrasse lässt sich beides in schönem Ambiente genießen.

Auf dem großen Markt auf dem Piac tér in der Vár köz werden Lebensmittel verkauft, er liegt direkt unterhalb der Treppen zum Béla tér.

Ausgehen

Szász (Garay tér 20) In der zentral gelegenen „Sachsen"-Kneipe trifft sich Jung und Alt auf ein Glas.

Piccolo Drink Bar (Fürdőház utca 3) Mit jüngerem Publikum, deshalb etwas wilder und lauter als das Szász.

Incognito (Garay tér; 🕒 Do–Sa 20–4 Uhr) Zentralste Adresse für eine Diskonacht.

Mihály-Babits-Kulturzentrum (☎ 529 610; Szent István tér 10) Moderner Veranstaltungsort; außerdem Anlaufstelle für Informationen über Konzerte und Kulturevents, die im Hof des Komitatshauses, in der neuen Stadtkirche (Újváros templom) auf dem Pázmány tér und im Haus der Künste stattfinden.

Deutsche Bühne (Német Színház; ☎ 316 533; Garay tér 4) Das Deutsche Theater wurde Anfang des 20. Jhs. im Stil der Romantik gebaut und wird noch heute bespielt.

Jugendbüro „Szexard" Polip (☎ 411 475; 🕒 Mo–Sa 13–18 Uhr) Das Büro liegt hinter dem Kulturzentrum und ist die Adresse der alternativen Kulturszene. Das vierzehntägig erscheinende kostenlose Magazin *Szekszárdi Est* hat weitere Infos zum Kulturprogramm der Stadt.

An- & Weiterreise

BUS

Pro Tag fahren zwischen neun und 14 Busse nach Budapest (1820 Ft., 3 Std., 150 km) und Pécs (786 Ft., 1½ Std., 62 km) sowie mindestens fünf weitere nach Baja (484 Ft., 1 Std., 40 km) und Mohács (605 Ft., 1 Std., 49 km). Von Szekszárd sind außerdem Harkány (via Pécs; 968 Ft., 2¼ Std., 80 km, 3-mal tgl.), Balatonfüred (1820 Ft., 3 Std., 150 km, 1-mal tgl.), Kaposvár (1210 Ft., 2¼ Std., 99 km, 2-mal tgl.), Szeged (1820 Ft., 3½ Std., 146 km, 3-mal tgl.) und Veszprém (2060 Ft., 3½ Std., 163 km, 1-mal tgl.) erreichbar. Einige dieser Linien nehmen die Fahrgästen am Szent István tér südlich des Kulturzentrums auf.

Die Busse nach Keselyűs (2- bis 5-mal tgl.) halten nahe dem Gemencer Ausflugszentrum in Bárányfok.

ZUG

Vom Budapester Bahnhof Déli fahren täglich nur zwei Direktzüge nach Szekszárd (1624 Ft., 2¾ Std., 149 km). Die Alternative sind Züge, die vom Déli Richtung Pécs, Kelenföldi oder Keleti fahren, in Sárbogárd muss man dann umsteigen. Wer nach Baja (im Osten), Kaposvár (im Westen) oder Pécs (im Süden) reisen will, steigt 20 km weiter südlich in Bátaszék um. Öcsény (100 Ft., 7 Min., 4 km) und Decs (100 Ft., 15 Min., 8 km) liegen an der Bahnstrecke nach Bátaszék.

Unterwegs vor Ort

Die Buslinie 1 fährt vom Bahnhof durch das Stadtzentrum zum Béla tér und von dort weiter in die Oberstadt bis zur Remete-Kapelle. Örtliche Taxis können unter ☎ 555 555 gerufen werden.

RUND UM SZEKSZÁRD

Gemencer Wald

Der Gemencer Wald ist ein 180 km² großer Auwald mit Pappeln, Altwasserarmen und Deichen. Er liegt 12 km südöstlich von Szekszárd und gehört zum Nationalpark Donau-Dráva (Duna-Dráva Nemzeti Park).

LEBENDIGE VERGANGENHEIT

Gegenden wie die Regionen Sárköz und Ormánság südlich von Szigetvár waren nach Meinung der Ungarn von jeher „irgendwo hinter Gottes Rücken gelegen". Dank dieser isolierten Lage haben sich hier Gebräuche und Handwerkskünste erhalten, die es sonst nirgendwo mehr in Ungarn gibt.

Typisch für die Region Sárköz sind die einheimischen Keramikarbeiten mit den Vogelmotiven, die charakteristischen und weit verbreiteten schwarz-rot gestreiften Stoffe (die früher sogar als Mückennetz in dieser geplagten Gegend benutzt wurden) und die einzigartigen *írókázás fazékok* (Gefäße mit Schriftzug), die meist als Hochzeitsgeschenk hergestellt wurden.

Die Region Ormánság ist berühmt für ihre Schäfer, die meisterhaft Alltagsgegenstände aus Holz oder Horn schnitzten, etwa Hirtenstäbe, Rahmen für Taschenspiegel und Rasierzeug. In den mit geometrischen Formen verzierten Aussteuertruhen aus Eichenholz wurden der Ormánság-typische Brokatrock und der Schmetterlingskopfputz der Braut aufbewahrt. Sie sind einzigartig und wertvoller als die einfachen *tulipán ládák* (Tulpentruhen), die überall in Ungarn in den Häusern wohlhabender Bauern zu finden sind.

Mitte des 19. Jhs. wurde die Donau um 60 Biegungen begradigt. Bis dahin war der Gemenc bei jedem Hochwasser so stark überflutet, dass die Frauen der Region Sárköz mit dem Boot zum Markt in Szekszárd fahren mussten. Zu Zeiten des alten Regimes frönten hier die kommunistischen Führer ihrer Jagdleidenschaft und jagten das berühmte Rotwild.

Heute sind die Altwasserarme, Seen und Teiche hinter den Deichen (die wohlhabende Grundbesitzer zum Schutz ihrer Höfe anlegen ließen) ein Refugium für Rotwild, Wildschweine, Schwarzstörche, Reiher und Spechte. Jagen ist nur noch in bestimmten Bereichen erlaubt. Der Wald ist das ganze Jahr über zugänglich. Informationen zur Jagd erteilt der **Ungarischen Landesjagdverband** (OMVV; ☎ 1-355 6180; www.vadaszativedegylet.hu; II Medve utca 34–40) in Budapest.

Sehenswertes & Aktivitäten

Der Haupteingang liegt beim **Gemencer Ausflugszentrum** (☎ 74-312 552; ganzjährig 9.30–17 Uhr) in Bárányfok an der Keselyűsi út, etwa auf halber Strecke zwischen Szekszárd und dem Wald. Angeboten werden u. a. Kutschfahrten (1300 Ft.). Ganz nützlich sind die Karten mit den Wander- und Radfahrwegen im Forst. Die Keselyűsi út war übrigens die längste planierte Straße in Österreich-Ungarn; sie entstand, als Ende des 19. Jhs. entlang der Straße Maulbeerbäume als Futter für die Seidenraupen der Seidenfabrik in Szekszárd gepflanzt wurden.

In der Nähe des Zentrums steht ein Holzhaus, das ursprünglich ohne einen einzigen Nagel für die Jagdtrophäen von Erzherzog Franz Ferdinand gebaut worden ist. Heute beherbergt es das **Waldmuseum** (Erw./Kind 600/300 Ft.; Mitte März–Okt. Di–So 10–18 Uhr). Das Gebäude wurde 1896 anlässlich der großen Landesausstellung nach Budapest verfrachtet. Inzwischen ist es viermal umgezogen, zuletzt vom Szent István tér in Szekszárd hierher. Neu zusammengesetzt wurde es von polnischen Arbeitern, die dazu – kein Witz – ganz profan Hammer und Nagel benutzten.

SCHMALSPURBAHN

Die **Schmalspurbahn**, die einst Holz aus dem Gemencer Wald beförderte, ist heute ein unterhaltsames, wenn auch umständliches Transportmittel. Die Strecke führt von

Bárányfok nach Pörböly (einfach/hin und zurück Erw. 650/950 Ft., Kind 450/700 Ft., 2 Std.), also etwa 30 km nach Süden. Gefahren wird von Mai bis Oktober täglich um 15.35 Uhr. Zwei weitere Züge – um 10.40 und 13.35 Uhr – fahren nur bis Gemenc-Dunapart (Erw./Kind 750/550 Ft., 11km), dort müssen die Fahrgäste in Richtung Pörböly umsteigen.

Von Pörböly aus fährt morgens um 8.30 Uhr ein Zug nach Bárányfok (einfach/hin und zurück Erw. 650/950 Ft., Kind 450/700 Ft., 2 Std.). Zwei weitere Züge fahren um 10 und 13.15 Uhr, allerdings nur bis zum Gemenc Delta (einfach/hin und zurück Erw. 450/750 Ft., Kind 550/350 Ft., 1¼ Std., 19 km).

Die kurze Fahrt an den Windungen und Schleifen der Altwasserarme der Donau lohnt sich unbedingt. Die Abfahrtszeiten sollten vor dem Start noch einmal bei Tourinform in Szekszárd oder am Bahnhof in **Pörböly** (☎ 74-491 483; www.gemencrt.hu; Bajai út 100) überprüft werden. Denn wer sitzt schon gerne im Wald mit lauter wild gewordenen Jägern fest?

Schlafen & Essen

Beim Ausflugszentrum gibt es **Holzbungalows** (☎ 74-410 151; 2/3 Pers. 8000/9000 Ft.), die wie Hotelzimmer ausgestattet sind. **Trófea** (☎ 74-712 552; Hauptgerichte ab 1000 Ft.; 🕒 tgl. bis 22 Uhr) ist eine *csárda* in der Nähe des Eingangs zum Zentrum. Für Infos über die Busse von Szekszárd zum Zentrum, s. S. 303.

Region Sárköz

Sárköz ist Ungarns Zentrum der Folklorekunst. Die Region Sárköz besteht aus fünf Ortschaften, die südöstlich von Szekszárd zwischen der Landstraße 56 und der Donau liegen. **Öcsény** ist der größte Ort, für Besucher interessanter aber ist **Decs** mit seinen charakteristischen Häuschen, den spätgotischen kalvinistischen Kirchen und traditionellen Häusern.

Sárköz wurde reich, als die Verantwortlichen um die Mitte des 19. Jhs. endlich die Überschwemmungen in den Griff bekamen. Damals hatten die meisten Familien nur ein Kind, nur so konnten Vermögen und Land bewahrt werden. Nach einem Besuch des **Regionalmuseums** (Tájház; Kossuth utca 34–36; Erw./Kind 150/75 Ft.; 🕒 Di–So 9–13 Uhr) in einem alten Bauernhaus in Decs hat man den Eindruck, dass sie ihr Geld mit Vorliebe in prächtige Innenausstattung und Kleidung investierten. Sie gehören zu den am aufwändigsten bestickten Volkstrachten des Landes. Manche ähneln Trachten aus den Balkanländern. Das Bauernhaus mit dem Museum wurde 1836 aus Lehm und Zweigengeflecht errichtet – wenn die Flut kam, musste anschließend nur der Lehm ersetzt werden. Sehenswert ist der raffinierte Porzellanherd mit „Augen“: Die Hohlringe strahlen mehr Hitze ab.

MOHÁCS

☎ 69 / 19 200 Ew.

Mohács (Moosach) ist ein verschlafener kleiner Hafenort an der Donau, der einmal im Jahr zum Leben erwacht, wenn im Februar oder März das **Busójárás-Festival** stattfindet. Vor der Fastenzeit kommen noch einmal die „Teufel“ zum Spielen heraus – dann geht es hoch her. Das Städtchen auf dem Weg nach Kroatien und zu den Adriastränden liegt 12 km nördlich des Grenzübergangs bei Udvar.

Die Niederlage der ungarischen Armee gegen die Türken am 29. August 1526 bedeutete eine Zäsur in der Geschichte des Landes. Fast fünf Jahrhunderte war Ungarn daraufhin geteilt und stand unter Fremdherrschaft. Es ist keine Übertreibung zu sagen, dass die Auswirkungen der Schlacht bei Mohács irgendwie noch heute in Ungarn zu spüren sind.

Orientierung

Das Zentrum von Mohács liegt am Westufer der Donau; das Wohnviertel Neu-Mohács (Újmohács) liegt auf der anderen Seite. Die Szabadság utca, die Hauptstraße, verläuft vom Fluss aus nach Westen. Sie beginnt und endet mit großen Kriegsdenkmälern, die immer mehr verfallen.

Der Busbahnhof an der Rákóczi utca liegt nur ein paar Fußminuten südlich des üppig begrünten Deák tér. Den Bahnhof am Hafen findet man etwa 1,5 km nördlich vom Ortszentrum – unweit vom Strandfürdő (Strandbad) am Ende der Bajcsy-Zsilinszky utca.

Praktische Informationen

K&H Bank (Szabadság utca 23) Geldautomat.
OTP-Bank (Jókai Mór utca 1) Geldautomat.
Postamt (Széchenyi tér 2) Im Südflügel des Rathauses.
Tourinform (☎ 505 515; mohacs@tourinform.hu;

Széchenyi tér 1; Mitte Juni–Mitte Sept. Mo–Fr 7.30–16, Sa 9–12 Uhr, Mitte Sept.–Mitte Juni Mo–Do 7.30–16, Fr 7.30–13 Uhr) Im maurischen Rathaus.

www.mohacs.hu In Ungarisch; mit ein paar wenigen Sätzen in Englisch.

Sehenswertes

HISTORISCHE GEDENKSTÄTTE MOHÁCS

Die **Historische Gedenkstätte** (Mohácsi Történelmi Emlékhely; ☎ 382 130; Erw./Kind 550/350 Ft.; Mai–Sept. Di–So 9–18 Uhr, April & Okt. 10–16 Uhr) liegt westlich der Straße 56 bei Sátorhely (wörtlich „Lager") und rund 6 km südwestlich von Mohács. Eröffnet wurde sie 1976 zum 450. Jahrestag der Schlacht. Es ist ein angemessenes Mahnmal für die Toten: Über hundert aus Holz geschnitzte Pfeile, Bogen, Lanzen und Köpfe liegen verstreut auf einem Massengrab, das erst Anfang der 1970er-Jahre entdeckt wurde. Über dem Eingang prangt der in ein Schild geschnitzte dramatische Satz: „Hier begann die Zerstörung eines starken Ungarns." Die Erläuterungen zur Schlacht sind alle auf Ungarisch gehalten, es können aber kostenlose Audio-Führer in Deutsch und Englisch ausgeliehen werden.

DOROTTYA-KANIZSAI-MUSEUM

Das **Museum** (☎ 311 536; Városház utca 1; Erw./Kind 250/120 Ft.; April–Okt. Di–Sa 10–16 Uhr) wurde nach der tapferen Adligen aus Siklós benannt, die nach der Schlacht bei Mohács dafür sorgte, dass die Toten begraben wurden. Das Museum ist in zwei Gebäuden untergebracht, die aber die gleichen Öffnungszeiten haben.

Der kleinere Trakt in der Szerb utca 2 (den Schlüssel befindet sich im anderen Teil des Museums) unweit der Serbisch-Orthodoxen Kirche zeigt eine erstaunlich ausgewogene und objektive Ausstellung über die Schlacht von 1526. So werden die Ereignisse aus der Sicht beider Beteiligten – den Ungarn wie den Türken – geschildert. Der Hauptteil des Museums unweit vom Rathaus zeigt eine große Sammlung an Trachten der Sokács, Slowenen, Serben, Kroaten, Bosnier und Deutschen, die sich alle im 17. Jh. in der verlassenen Gegend ansiedelten. Weitere Ausstellungsstücke sind die charakteristischen (und für manche Augen hässlichen) grau-schwarzen Töpferwaren aus Mohács und die verschiedenen Teufels- und

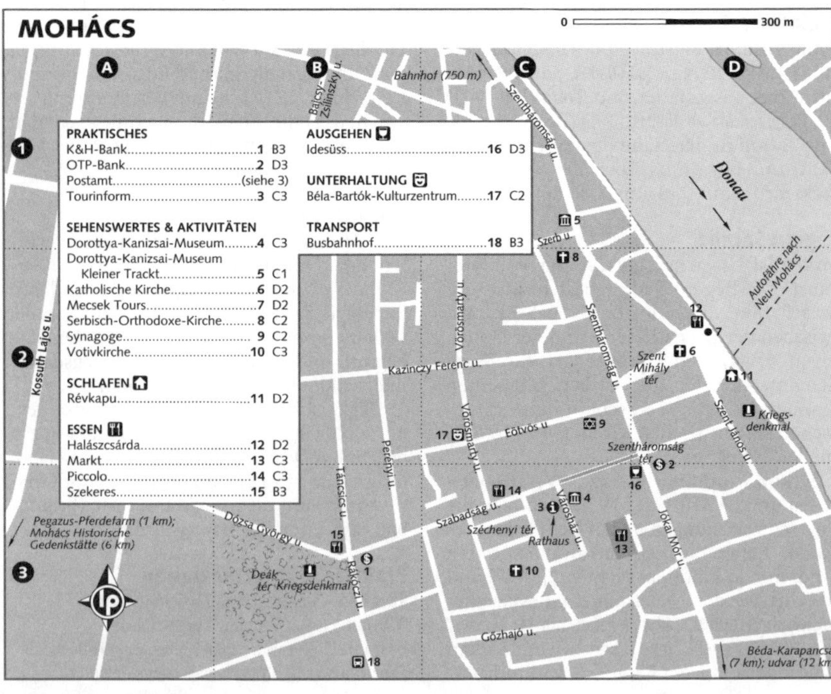

Widdermasken, die beim Busójárás-Festival getragen werden.

NOCH MEHR SEHENSWERTES

Zu den wichtigen Sakralbauten der Stadt gehört die **Votivkirche** (Fogadalmi templom; Széchenyi tér) im byzantinischen Stil. Sie wurde 1926 zum 400. Jahrestag der Schlacht errichtet und ähnelt einer Moschee. Einige moderne Fresken mit Schlachtmotiven und moderne Buntglasfenster in der großen Kuppel schmücken das Kircheninnere.

Sehenswert ist auch die Kanzel der barocken **Katholischen Stadtkirche** (1776) auf dem Szent Mihály tér beim Hotel Csele. Von hier aus ist es nicht mehr weit zur **Serbisch-Orthodoxen Kirche** (Szentháromság utca 33), die 1732 entstand und bis zum Ersten Weltkrieg einer großen serbischen Gemeinde als Gotteshaus diente. Die Bildnisse und Deckenfresken stammen aus dem 18. Jh.

Im Hof der alten **Synagoge** (Eötvös utca 1) steht zu Ehren der jüdischen Opfer des Faschismus ein großes Denkmal mit Davidsternen, Menorahs, Tafeln und Inschriften in ungarischer und hebräischer Sprache.

Aktivitäten

Im **Béda-Karapancsa**, einem 100 km² großen Waldgebiet 7 km südöstlich von Mohács, gehen die Einheimischen fischen, wandern und Radfahren. Wie der Gemencer Wald gehört auch dieser Wald zum Nationalpark Donau-Dráva. Tourinform verkauft eine gute Karte: *Béda-Karapancsai tájegység* (Region Béda-Karapancsa; 800 Ft.). Leider werden keine Räder im Ort verliehen.

Die **Pegazus-Pferdefarm** (☎ 301 244; Északi út 2) südlich des Ortszentrums an der Straße zur Historischen Gedenkstätte vermietet Pferde. Wer sich für **Wein** interessiert und ihn probieren will, sollte sich bei Tourinform die Broschüre über die Mohács-Bóly-Weißweinroute besorgen. Darin werden etwa ein Dutzend Weindörfer der Gegend genannt.

Schlafen

Unterkünfte gibt es fast keine in Mohács, eine Ausnahme ist **Révkapu** (☎ 311 129; mvgv@dravanet.hu; Szent János utca 1; EZ/DZ 5000/6000 Ft.; Ⓟ) beim Fährhafen. Es hat saubere, geräumige und moderne Zimmer. Das Restaurant (Hauptgerichte 1000 Ft.) ist einfach; von der Terrasse aus lassen sich herrlich die an- und ablegenden Fähren beobachten.

Essen

Halászcsárda (☎ 322 542; Szent Mihály tér 5; Hauptgerichte 1500 Ft.) Eindeutig das beste Lokal der Stadt. Von der schönen Terrasse fällt der Blick auf die Donau, auf der Karte stehen ein Dutzend Fischgerichte. Einziger Wermutstropfen ist die Band, die ohne Erbarmen schmalzige Volksmusik spielt.

Piccolo (☎ 322 097; Szabadság utca 24; Pizza unter 800 Ft.) Fröhliche, freundliche und beliebte Pizzeria in einem kleinen Hof.

Szekeres (Dózsa György utca 2; Eis 100 Ft.; 🕒 9–18 Uhr) Keine ungarische Stadt, die etwas auf sich hält, kommt ohne gute Eisdiele und Konditorei aus – da macht Mohács keine Ausnahme. Szekeres erfüllt die Erwartungen mit köstlichem Kuchen und leckerem Eis.

Frische Lebensmittel, einen Imbiss und kitschigen Schnickschnack verkaufen die Marktleute auf dem Markt der Stadt, er liegt westlich der Jókai Mór utca.

Ausgehen & Unterhaltung

Idesüss (Jókai Mór utca 2) Der provisorische Pavillon ist ein wunderbarer Ort für ein oder zwei *korsó* (Bier) zwischendurch oder am Abend.

Das **Béla-Bartók-Kulturzentrum** (☎ 510 357; Vörösmarty utca 3) nördlich des Széchenyi tér gibt Auskunft über die kulturellen Ereignisse in Mohács.

An- & Weiterreise

BUS

Die Busanbindung von Mohács fahren nicht gut wie die anderer Städte. Immerhin fahren (ungefähr) stündlich Busse nach Pécs (544 Ft., 1¼ Std., 44 km) und Baja (605 Ft., 1 Std., 47 km). Weitere Ziele sind Budapest (2410 Ft., 4 Std., 200 km, 6-mal tgl.), Villány (423 Ft., 1 Std., 30 km, 3-mal tgl.), Siklós (544 Ft.; 1½ Std., 44 km, 3-mal tgl.), Harkány (846 Ft., 1½ Std., 66 km, 5-mal tgl.), Kalocsa (544 Ft., 1 Std., 43 km, Mo–Fr 1-mal tgl.), Szeged (1930 Ft., 3¼ Std., 152 km, 7-mal tgl.) und Szekszárd (605 Ft., 1 Std., 49 km, 5-mal tgl.).

ZUG

Mohács ist über das Schienennetz mit Villány (264 Ft., 25 Min., 24 km) und Pécs (544 Ft., 1¼ Std., 60 km) verbunden. Täglich fahren bis zu sieben Züge auf diesen Strecken. Um andere Ziele zu erreichen, ist der Bus die beste – und oft einzige – Option zur Weiterfahrt.

Unterwegs vor Ort

Buslinien mit folgenden Zielorten halten an der Historischen Gedenkstätte Mohács: Nagynyárád, Majs, Lippó, Bezedek und Magyarbóly (133 Ft.). Eine Autofähre (130/660 Ft. pro Pers./PKW) verbindet ganzjährig den Szent Mihály tér mit dem Wohnviertel Neu-Mohács. Dort beginnt jenseits der Donau die Puszta.

SIKLÓS

☎ 72 / 10 300 Ew.

Im Norden, Osten und Westen durch die Villány-Berge geschützt, produziert Ungarns südlichste Stadt seit der Antike Wein (zumeist Weißwein). Die Römer, die sich hier in der Siedlung Seres niederließen, brauchten die Reben mit. Heute ist die Burg die größte (und fast einzige) Attraktion des Ortes. Dennoch lohnt Siklós einen Zwischenstopp auf der Fahrt vom Thermalbad in Harkány zu den Weinkellern von Villány.

Orientierung

Das Stadtzentrum von Siklós zieht sich vom Busbahnhof (Szent István tér) über die Felszabadulás utca bis zum Kossuth tér. Die Burg Siklós wacht auf dem Hügel im Westen über die Stadt. Der Hauptbahnhof liegt nordöstlich vom Kossuth tér am Ende der Táncsics Mihály utca, ein zweiter Bahnhof (Siklósiszőlők) nordwestlich des Zentrums an der Straße nach Máriagyűd und damit günstiger zum Busbahnhof.

Praktische Informationen

OTP-Bank (Felszabadulás utca 60–62)
Postamt (Flórián tér 1)
Tett-Hely (Kossuth tér 3; 1 Std. 100 Ft.; 🕑 Mo–Fr 14–17 Uhr) Internetzugang.
Tourinform (☎ 579 090; siklos@tourinform.hu; Felszabadulás utca 3; 🕑 Mo–Fr 8–16 Uhr) Bietet Infos über die Winzer der Gegend; Weinverkostungs-Touren sind in Planung.

Sehenswertes

BURG SIKLÓS

Die Originalfundamente der **Burg Siklós** (Vár körút; Erw./Kind 660/330 Ft.; 🕑 April–Okt. Di–So 9–18 Uhr, Nov.–März Di–So 9–16 Uhr) stammen aus der Mitte des 13. Jhs. Der heutige Anblick von der Stadt zeigt aber einen barocken Palast aus dem 18. Jh., der von den Mauern und Befestigungen des 15. Jhs. umgeben wird. Die Burg hat häufig den Besitzer gewechselt, seit sie von der Familie Siklósi errichtet wurde. Bis vor kurzem galt sie als die am längsten ununterbrochen bewohnte Burg des Landes. Berühmtester Bewohner war der progressive Graf Kázmér Batthyány (1807–54), einer der ersten Adligen, der seine Leibeigenen in die Freiheit entließ. Er schloss sich 1848 dem Befreiungskampf an und wurde Premierminister der neuen parlamentarischen Regierung Ungarns.

Der Weg zur Burg beginnt entweder am Kossuth tér und führt über die Batthyány Kázmér utca oder beginnt am Szent István tér (nahe am Busbahnhof) und verläuft über die Váralja utca. Die Zugbrücke weist den Weg zum Eingang an der **Barbakane**, die mit Schießscharten und einem runden Ausguck gekrönt ist. Ein Weg verbindet vier ziemlich verfallene Türme miteinander, unterwegs bieten sich schöne Panoramablicke auf die Villány-Berge.

Hauptattraktion der Burg ist das **Burgmuseum** (Vármúzeum) im Südflügel. Hinter dem Eingang rechter Hand befindet sich eine ungewöhnliche Ausstellung: Sie beschreibt die Herstellung und den sich ändernden Stil modischer Accessoires wie Handschuhe, Fächer und Schirme seit dem Mittelalter. Der Schwerpunkt liegt auf den Produkten der Firma Hamerli & Hunor in Pécs. Dort wurden im 19. Jh. die feinsten Ziegenlederhandschuhe Europas produziert. Im **Keller** sind kaum wieder erkennbare Steinfragmente aus römischer Zeit, der Gotik und Renaissance zu besichtigen. Den 1. Stock belegt eine Galerie für moderne Kunst. Nicht verpassen: die wunderbare **Sigismundhalle** (Zsigmond-terem) mit ihrem Renaissancekamin und dem geschlossenen Balkon mit Sternengewölbe.

Rechts vom Eingang zum Museum führen zwei Türen in die düsteren **Verliese**, die genau so aussieht, wie man sich Verliese vorstellt. Die Mauern sind mehrere Meter dick, bis zu fünf Gitter hintereinander in den schmalen Fensteröffnungen sollten jegliche Hoffnung auf Entkommen im Keim ersticken. Holzschnitte an den Wänden des oberen Kerkers illustrieren die damals gängigen Foltermethoden. Wer das gesehen hat, wähnt sich in der gotischen **Kapelle** (☎ 579

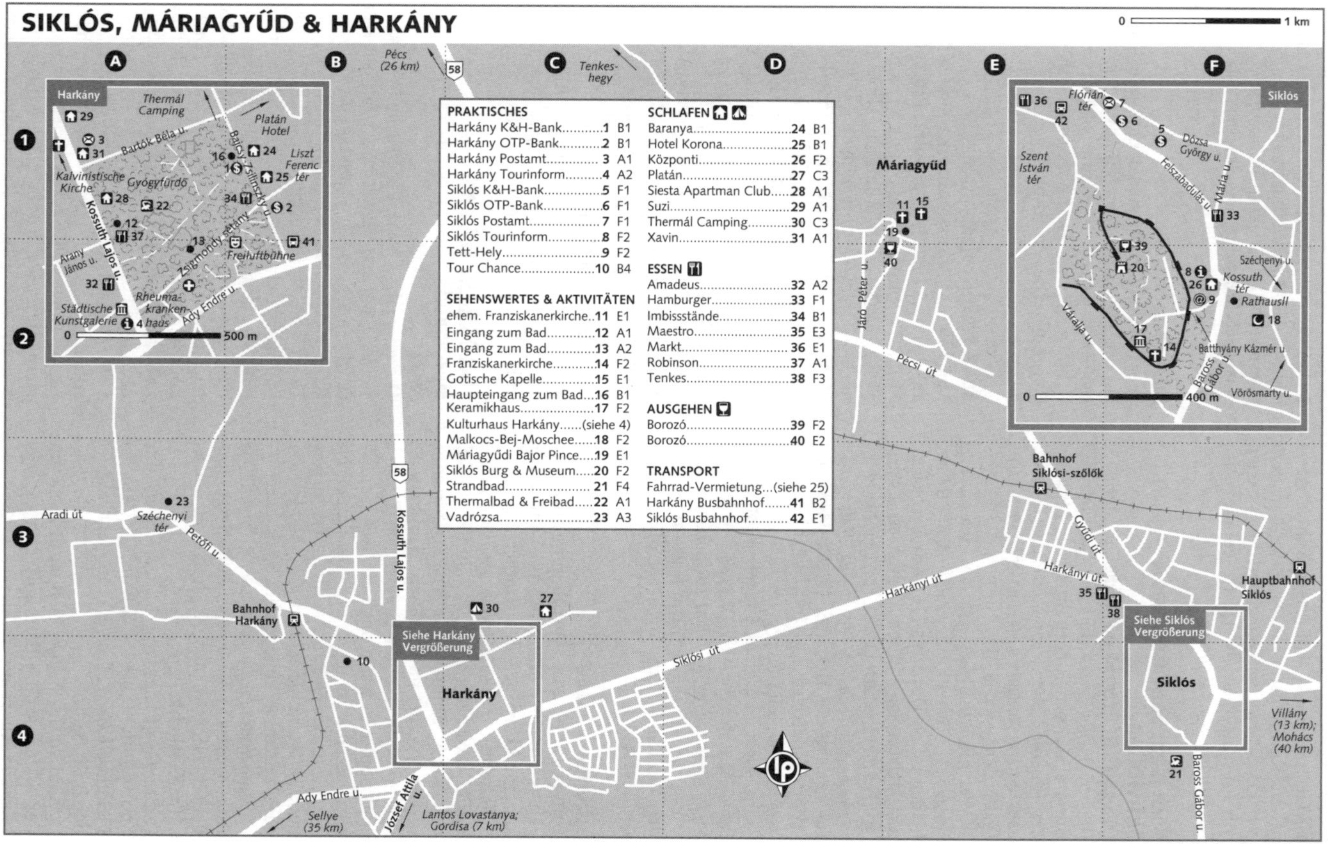
SIKLÓS, MÁRIAGYŰD & HARKÁNY
PRAKTISCHES
Harkány K&H-Bank 1 B1
Harkány OTP-Bank 2 B1
Harkány Postamt 3 A1
Harkány Tourinform 4 A2
Siklós K&H-Bank 5 F1
Siklós OTP-Bank 6 F1
Siklós Postamt 7 F1
Siklós Tourinform 8 F2
Tett-Hely 9 F2
Tour Chance 10 B4
SEHENSWERTES & AKTIVITÄTEN
ehem. Franziskanerkirche 11 E1
Eingang zum Bad 12 A1
Eingang zum Bad 13 A2
Franziskanerkirche 14 F2
Gotische Kapelle 15 E1
Haupteingang zum Bad 16 B1
Keramikhaus 17 F2
Kulturhaus Harkány (siehe 4)
Malkocs-Bej-Moschee 18 F2
Máriagyűdi Bajor Pince 19 E1
Siklós Burg & Museum 20 F2
Strandbad 21 F4
Thermalbad & Freibad 22 A1
Vadrózsa 23 A3
SCHLAFEN
Baranya 24 B1
Hotel Korona 25 B1
Központi 26 F2
Platán 27 C3
Siesta Apartman Club 28 A1
Suzi 29 A1
Thermál Camping 30 C3
Xavin 31 A1
ESSEN
Amadeus 32 A2
Hamburger 33 F1
Imbissstände 34 B1
Maestro 35 E3
Markt 36 E1
Robinson 37 A1
Tenkes 38 F3
AUSGEHEN
Borozó 39 F2
Borozó 40 E2
TRANSPORT
Fahrrad-Vermietung (siehe 25)
Harkány Busbahnhof 41 B2
Siklós Busbahnhof 42 E1
Harkány
Siklós
Máriagyűd
Pécs (26 km)
Tenkes-hegy
Villány (13 km); Mohács (40 km)
Sellye (35 km)
Lantos Lovastanya; Gordisa (7 km)
Bahnhof Harkány
Bahnhof Siklósi-szőlők
Hauptbahnhof Siklós
Siehe Harkány Vergrößerung
Siehe Siklós Vergrößerung
Kossuth Lajos u.
Siklósi út
Harkányi út
Pécsi út
Gyűdi út
Aradi út
Petőfi u.
Széchenyi tér
Ady Endre u.
József Attila u.
Járó Péter u.
Baross Gábor u.
Thermál Camping
Platán Hotel
Bartók Béla u.
Bajcsy-Zsilinszky u.
Liszt Ferenc tér
Kalvinistische Kirche
Gyógyfürdő
Zsigmondy sétány
Freiluftbühne
Arany János u.
Rheumakrankenhaus
Städtische Kunstgalerie
Flórián tér
Szent István tér
Dózsa György u.
Felszabadulás u.
Mária u.
Széchenyi u.
Kossuth tér
Rathaus
Váralja u.
Batthyány Kázmér u.
Vörösmarty u.
0 500 m
0 400 m
0 1 km

353; Eintritt frei; nur nach Anmeldung) mit ihren herrlichen Bogenfenster hinter dem Altar, dem Netzgewölbe an der Decke und den Nischen mit Fresken aus dem 15. Jh. geradezu im Himmel.

Noch mehr Sehenswertes & Aktivitäten

Die gotische **Franziskanerkirche** aus dem 15. Jh. am Vajda János tér liegt südlich der Burg, aber noch innerhalb seiner Mauern; das Kloster beherbergt heute das **Keramikhaus** (Kerámia Alkotóház; Vajda János tér 4; Eintritt 100 Ft.; ⌚ Mitte April–Sept. 10–17 Uhr).

Wer die Batthyány Kázmér utca entlang spaziert – vorbei an der kleinen Statue der heldenhaften Dorottya Kanizsai – stößt auf die **Malkocs-Bej-Moschee** (Malkocs bej dzsámija; ☎ 579 279; Vörösmarty utca 14; Erw./Kind 200/100 Ft.; ⌚ April–Sept. Di–So 9–17 Uhr; ⌚ Okt.–März nur nach Voranmeldung) aus dem 16. Jh. Das wunderschön restaurierte Gebäude wird heute für Wechselausstellungen genutzt.

Im Sommer ist das **Strandbad** (☎ 579 840; Baross Gábor utca; Erw./Kind 500/350 Ft.; ⌚ Juni–Aug. So–Do 10–19, Fr & Sa 10–20 Uhr) südlich des Zentrums der ideale Ort, um zusammen mit den Einheimischen vor der größten Hitze zu fliehen.

Schlafen & Essen

Unterkünfte und Verpflegungsmöglichkeiten sind hier Mangelware; Tourinform hat eine Liste mit Privatzimmern.

Központi (☎ 352 513; www.kozponti.hu; Kossuth tér 5; EZ/DZ ab 6800/8800 Ft., Ⓟ ❄) Endlich! Nach jahrelanger Renovierung hat das Központi wieder geöffnet und Siklós ist damit wieder stolzer Besitzer eines Hotels. Die Zimmer sind tipptopp, wenn auch ein wenig nüchtern. Es gibt für die Gäste eine Sauna, ein Jacuzzi und einen Fitnessraum sowie ein Restaurant (Hauptgerichte 1000–1500 Ft.) mit ausgezeichneter ungarischer Speisekarte.

Hamburger (Felszabadulás utca 22; ⌚ 9–18 Uhr) Auch wenn der Name eher auf Salziges hindeutet: Hier werden Kuchen und andere süße Köstlichkeiten verkauft.

Der **Markt**, der von billigen Jeans und Sportschuhen bis zu *čevapčiči* (würzige Fleischbällchen) alles verkauft, liegt westlich des Busbahnhofs.

Ganz in der Nähe des Busbahnhofs und des Siklósi-szőlők-Bahnhofs gibt es noch folgende Alternativen:

Tenkes (☎ 352 900; Felszabadulás utca 65/a; Hauptgerichte 900–1500 Ft.) Nettes Fischrestaurant.

Maestro (☎ 579 206; Felszabadulás utca 69; Pizza & Pasta ab 500 Ft.) Bodenständiges Lokal, kocht einfache italienische Gerichte.

Ausgehen

Wer an eine Weinproben denkt, sollte lieber auf die Weinkeller von Villány oder Villánykövesd warten. Für ein Probeglas empfiehlt sich der kleine *borozó* auf dem Burghof. Die Weinbar verkauft auch Snacks.

An- & Weiterreise

Mehr als 30 Minuten muss man meist nicht auf den nächsten Bus nach Pécs (363 Ft., 45 Min., 29 km) oder Harkány (133 Ft., 10 Min., 8 km) warten; stündlich fahren Busse nach Máriagyűd und Villány (182 Ft., 20 Min., 14 km). Nach Mohács (544 Ft., 1½ Std., 44 km) verlassen täglich zwischen fünf und zehn Busse die Stadt. Weitere Ziele sind Szigetvár (907 Ft., 2¼ Std., 71 km, 1- bis 3-mal tgl.) und Sellye (544 Ft., 1¼ Std., 40 km, Mo–Fr 3-mal tgl., Sa–So 2-mal tgl.).

Bis zu sieben Züge am Tag verbinden Siklós mit Villány (182 Ft., 21 Min., 19 km; hier Umsteigemöglichkeit nach Mohács oder Pécs), Máriagyűd (100 Ft., 4 Min., 2 km), Harkány (100 Ft., 10 Min., 7 km) und Sellye (346 Ft., 1¼ Std., 39 km). Alle Züge, die in west-östlicher Richtung fahren, halten in beiden Bahnhöfen von Siklós.

SIKLÓS & UMGEBUNG

Máriagyűd

☎ 72

Die ehemalige **Franziskanerkirche** (☎ 579 000; Vujicsics Tihamér utca 66; Eintritt frei; ⌚ Mitte April–Mitte Okt. Mo–Sa 8–19, So 7.30–19 Uhr, Mitte Okt.–Mitte April Mo–Sa 9–17, So 7–15 Uhr) am Ende des kleines Dorfes im Nordwesten von Siklós ist seit 800 Jahren ein Pilgerziel. Von Siklós führt eine Wanderung dorthin: Nach 3 km auf dem Gyűdi út und Pécs út biegt der Weg nach Norden in die Járó Péter utca ab. Dann kommen schon die zwei Türme der Kirche in Sicht. Alternativ fahren Busse Richtung Máriagyűd oder Harkány.

Máriagyűd liegt an der alten Handelsroute zwischen Pécs und Eszék, dem heutigen Osijek in Kroatien. Seit dem 12. Jh. steht hier eine Kirche. Der heutige Bau stammt aus dem 18. Jh. und hat moderne

Deckenfresken, barock bemalte Altäre und einige wunderschöne geschnitzte Kirchenbänke. Am meisten verehrt wird die in Gold und Silber gefasste Jungfrau mit ihrem Kind über dem Hauptaltar. Beste Zeit für einen Besuch ist der Sonntag oder eines der *búcsú* (Heiligenfest – Ungarn hat viele Marienfesttage). Dann werden neben der Kirche auch Stände aufgebaut (s. Kasten unten).

In der Kalvarienkapelle werden Gottesdienste auf Ungarisch gehalten. Am Außenaltar auf dem Hügel darüber treffen sich fast genau so viele Gläubige zu deutschsprachigen Messen, die oft von Blaskapellen begleitet werden.

Máriagyűdi Bajor Pince (☎ 351 143; Tenkes utca 14; ⌚ 12–15.30 Uhr) ist ein alter Weinkeller am Platz gleich unterhalb der Kirche und ein guter Ort, um die Weißweine von Siklós zu probieren. Wenn hier geschlossen ist und der Durst trotzdem übermächtig wird, tut's auch die einfache *borozó* südlich davon. Hier beginnt für Wanderer der 6 km lange Aufstieg zum 408 m hohen Tenkes-hegy (Tenkesberg).

Harkány

☎ 72 / 3300 Ew.

Dass Harkány ein Thermalbad ist, lässt sich nicht verhehlen; es gibt praktisch kaum etwas, das nichts mit der 62 °C heißen Quelle zu tun hat. Die Quelle weist den höchsten Schwefelgehalt aller ungarischen Thermalquellen auf und riecht deshalb ziemlich streng nach faulen Eiern. Natürlich bedeutet das Menschenmassen (weit über 100 000 Ungarn, Deutsche, Kroaten und Serben verbringen in der Hochsaison von Juni bis September hier ihre Ferien) und ohne Ende Imbissbuden, die *lángos* und Gyros verkaufen. Wer nach Harkány reist, will unter Leute kommen und akzeptiert auch den Trubel. Der Ort liegt am westlichen Rand der Region Villány-Siklós mit ihren vielen Weingärten.

Fragt sich nur, warum hier noch keine Statue zu Ehren von János Pogány steht. Der arme Bauer aus Máriagyűd heilte einst seine geschwollenen Gelenke in der von ihm entdeckten heißen Quelle. Die Familie Batthyány erkannte sofort das Potenzial dieser Entdeckung und errichtete 1824 erste Badehütten um die Quelle – das war der Anfang einer großen Erfolgsstory.

ORIENTIERUNG

Harkány ist praktisch gleichbedeutend mit Gyógyfürdő, einer 12 ha großen Grünfläche, die mit Wasserbecken, Springbrunnen und Thermalbad-Spazierwegen überzogen

NEHMT ABSCHIED, BRÜDER

Das Wort *búcsú* (Kirchtag) kommt von dem alten türkischen Wort für „Absolution" oder „Sündenvergebung". Seit dem Mittelalter hat es im Ungarischen außerdem die Bedeutung „Pilgerreise".

Búcsúk führen im Allgemeinen zu einem Bildnis oder einer Statue in einer bestimmten Kirche: Da gibt es etwa die Schwarzen Madonnen in Andocs (nördlich von Kaposvár) und Máriapócs (S. 389), unweit von Nyírbátor im Nordosten. Sie werden aber auch zu Ehren des Schutzpatrons einer Kirche veranstaltet. Die Pilger wandern oft tagelang singend und Banner tragend zu dem heiligen Ort. Die Einheimischen bieten unterwegs gegen ein geringes Entgelt oder umsonst Kost und Logis. Häufig übernachten die Gläubigen sogar in der Kirche. Den Seinen gibt's der Herr im Schlaf, heißt es; also vielleicht auch die Absolution – oder die Heilung.

Im Laufe der Jahrhunderte nahmen die *búcsúk* profanere Züge an. Händler bauten Stände um die Kirche auf und verkauften nicht nur Reliquien und religiöse Artikel, sondern auch Kleidung, Essen und Getränke. Schausteller und Musikanten unterhielten die Besucher. An manchen Orten wurde sogar ein „Brautmarkt" abgehalten, bei dem sich junge Frauen mitsamt ihrer ganzen Aussteuer präsentierten. Die Alten und Gebrechlichen versammelten sich in der Kirche, um das heilige Bildnis oder die Statue zu berühren und Weihegaben zu verehren; die Jungen blieben draußen und amüsierten sich.

Zufällig hat *búcsú* im Ungarischen noch eine weitere Bedeutung: „Abschied". Budapesti Búcsú (Budapest Lebewohl), das Fest, das jedes Jahr im Juni den Abzug der letzten sowjetischen Soldaten aus Ungarn 1991 feiert, hat also zwei Bedeutungen: Zum einen ist es ein wildes Fest, bei dem geprasst und gezecht wird, zum anderen der endgültige Abschied der verhassten Besatzer aus dem ehemaligen Bruderland.

und von Hotels und Ferienwohnungen aller Art gesäumt ist. Vier Straßen begrenzen die Thermalanlage: die Bartók Béla utca im Norden, die Ady Endre utca im Süden, die Bajcsy-Zsilinszky utca (mit den meisten Hotels) im Osten und die Kossuth Lajos utca mit einigen Restaurants im Westen.

Der Busbahnhof (Bajcsy-Zsilinszky utca) liegt an der südöstlichen Ecke des Parks, der Bahnhof im Nordwesten in der Petőfi utca, die von der Kossuth Lajos utca abzweigt.

PRAKTISCHE INFORMATIONEN

K&H Bank (Bajcsy-Zsilinszky utca) Wechselstube am Haupteingang des Thermalbads.

Kulturhaus Harkány (Harkányi Művelődési Ház; ☎ 480 459; Kossuth Lajos utca 2/a; 🕓 Mo–Do 9.45–17.45, Fr 10–14 Uhr; Internetzugang 1 Std. 200 Ft.)

OTP-Bank (Bajcsy-Zsilinszky utca)

Postamt (Kossuth Lajos utca 57)

Tourinform (☎ 479 624; harkany@tourinform.hu; Kossuth Lajos utca 2/a; 🕓 Mitte Juni–Mitte Sept. Mo–Fr 9–18, Sa 10–13 Uhr, Mitte Sept.–Mitte Juni Mo–Fr 9–16 Uhr) Hat ein Büro im Kulturhaus.

www.harkany.hu Auskünfte über das Thermalbad auf Ungarisch und Deutsch.

AKTIVITÄTEN

Thermalbad

Der Haupteingang zu Harkánys **Thermalbad** (Gyógyfürdő; ☎ 480 251; Tageskarte Erw./Kind ab 1790/1090 Ft., Wochenkarte 10 740/6540 Ft.; 🕓 ganzjährig 9–18 Uhr) und **Freibad** (Erw./Kind 550/400 Ft.; 🕓 Mitte Juni–Aug. 9–22 Uhr, Sept.–Mitte Juni So–Do 9–18, Fr & Sa 9–20 Uhr) liegt in der Bajcsy-Zsilinszky utca. Angeblich wird man hier jedes erdenkliche Zipperlein los! Die Palette reicht von Trinkkuren und Schlammmassagen bis hin zu einem verlockenden „Weinschaumbad". Aber es macht genau so viel Spaß, einfach im 38 °C warmen Außenbecken zu dümpeln – vor allem bei kaltem Wetter.

Noch mehr Aktivitäten

Pferde (1 Std. 3500 Ft.) oder Kutschen (1 Std. 6000 Ft.) vermieten **Vadrózsa** (☎ 479 141; Széchenyi tér 30/c), abseits der Petőfi utca im Nordwesten des Zentrums, und **Lantos Lovastanya** (☎ 480 077) bei der Ortschaft Gordisa. Sie liegt 7 km südlich von Harkány. Das Hotel Korona vermietet über die Sommermonate **Fahrräder** (Std./Tag 400/1600 Ft.). **Schiffsfahrten** (Erw./Kind 1200/900 Ft.) auf der Dráva bis zur kroatischen Grenze organisieren Tourinform und **Tour Chance** (☎ 480 272; www.tourchance.hu; Táncsics Mihály utca 54/a).

SCHLAFEN

Auch wenn Harkány über eine unglaubliche Auswahl an Hotels und Pensionen in allen Preisklassen verfügt, lohnt es sich, rechtzeitig zu buchen. Gerade in den Ferienzeiten ist oft kein Bett mehr frei.

Budgetunterkünfte

Tourinform bietet eine umfassende Liste der Privatzimmer und Apartments ab 3000 Ft. und übernimmt auch die Buchung für die Gäste.

Thermál Camping (☎ 480 117; Bajcsy-Zsilinszky utca 6; Stellplätze pro Pers./Zelt 700/700 Ft., Bungalows für max. 4 Pers. 8000 Ft., Pension DZ 3500 Ft., Hotel DZ 5000 Ft.; 🕓 Mitte März–Mitte Okt.) Der üppig grüne Campingplatz liegt nur einen Katzensprung vom Thermalbad entfernt und bietet ein großes Spektrum an Unterkünften: feste Zelte, Bungalows, Pensionszimmer mit Küche und normale Hotelzimmer.

Mittelklassehotels

Suzi (☎ 70-205 53 56; www.harkanyapartman.hu; Kossuth Lajos utca 55/20; DZ 25–27 €, 3BZ 32–35 €; Ⓟ) Der neu gebaute Apartmentkomplex bietet makellose, stilvoll in warmen, hellen Farben ausgestattete Zimmer mit Holzböden. Alle Apartments haben eine voll ausgestattete Küche.

Xavin (☎ 479 399; www.xavin.hu; Kossuth Lajos utca 43; EZ/DZ 8200/12 200 Ft.; Ⓟ 🏊) Das 3-Sterne-Hotel mit gemütlichen Zimmern und einem eigenen Indoor-Swimmingpool samt entspannender Sauna liegt zum Glück abseits vom Trubel.

Hotel Korona (☎ 580 830; www.hotels.hu/korona; Bajcsy-Zsilinszky utca 3; Zi. 10 000–14 000 Ft.; Ⓟ) Namensänderung hin oder her – das Jugendstil-Sanatorium, in dem sich einst die kommunistischen Parteibonzen verwöhnen ließen, ist immer noch eine der besten Adressen der Stadt. Herrlich gelegen, hat es sich einen gewissen Charme bewahrt; allerdings ist das Publikum nicht das jüngste.

Baranya (☎ 480 160; www.hotelbaranya.hu; Bajcsy-Zsilinszky utca 5; EZ/DZ 5300/8100 Ft.; Ⓟ) Jedes der drei Gebäude des Baranya hat einen eigenen Stil. Die Zimmer sind einfach und liegen direkt gegenüber vom Haupteingang des Thermalbads.

Siesta Apartman Club (☎ 480 611; siesta.chotel@hsch-szallodalanc.hu; Kossuth Lajos utca 17; EZ 5000–6800 Ft., DZ 6700–8900 Ft.; Ⓟ) Der Siesta Club liegt sehr günstig zum Kossuth-Lajos-Eingang des Thermalbades. Der Laden hat zwar schon bessere Zeiten gesehen, aber die Zimmer sind super sauber und immer noch in gutem Zustand.

Platán (☎ 480 507; www.hotelplatan.hu; Bartók Béla utca 15; EZ/DZ ab 20/29 €; Ⓟ) Ruhiges Hotel mit 60 Zimmern in zwei ehemaligen Gewerkschaftsferienhäusern im Osten der Stadt. Die Tarife sind je nach Saison und Haus unterschiedlich, es gibt Zimmer mit und ohne Balkon.

ESSEN

Die meisten Besucher essen im Restaurant ihres Hotels oder ihrer Pension. Leider ist die Qualität nicht immer berauschend. Sicher wird aber niemand verhungern!

Xavin (☎ 479 399; Kossuth Lajos utca 43; Hauptgerichte 1200–2000 Ft.) Das alteingesessene Restaurant des Hotels Xavin bietet französischen Service und eine üppige Weinkarte.

Robinson (☎ 580 090; Kossuth Lajos utca 7; Hauptgerichte 1000–1500 Ft.) Das Restaurant ist genau richtig für ein gediegenes Essen: Auf der Speisekarte stehen ungarische und italienische Hauptgerichte, die Dekoration soll eine karibische Atmosphäre schaffen.

Amadeus (Kossuth Lajos utca 12; Eis ab 90 Ft.; 🕑 9–19 Uhr) Das Beste, um sich heiße Tage zu versüßen: der Eis- und Kuchenladen unweit von Tourinform.

AN- & WEITERREISE

Bus

Nach Siklós (133 Ft., 10 Min., 8 km) und Pécs (484 Ft., 1 Std., 37 km) fährt ein- bis zweimal stündlich ein Bus; andere Ziele sind weniger gut angebunden. Gerade mal ein Bus täglich fährt nach Baja (1450 Ft., 2¾ Std., 116 km), Sellye (423 Ft., 1 Std., 34 km, Mo–Fr), Szekszárd (1150 Ft., 2¼ Std., 95 km) und Mohács (846 Ft., 1½ Std., 69 km).

Im Sommer gibt es Busverbindungen nach Stuttgart über München; Abfahrt ist jeweils Donnerstag 13.30 Uhr und Sonntag 14.30 Uhr. Ankunft in Deutschland ist entsprechend am Freitagmorgen 6.30 Uhr bzw. Montagmorgen um 7.30 Uhr. Auch Frankfurt (über Pécs) und Nürnberg sind mit dem Bus erreichbar: Die Busse fahren Sonntag um 13.30 Uhr los, die Ankunft ist Montag um 8 Uhr.

Zug

Von Harkány fahren Züge Richtung Westen nach Sellye (346 Ft., 1¼ Std., 32 km, bis zu 4-mal tgl.) und bis zu sechs Züge täglich nach Siklós (100 Ft., 10 Min., 7 km) und Villány (264 Ft., 32 Min., 26 km) im Osten. In Villány besteht die Möglichkeit, nach Mohács und Pécs umzusteigen.

VILLÁNY

☎ 72 / 2750 Ew.

Rund 13 km nordöstlich von Siklós liegt inmitten von Weinbergen das Dorf Villány (Wieland) – es ist eines der bedeutendsten Weinorte Ungarns. Das Dorf wird im Westen vom Szársomlyó-hegy (422 m) überragt. Und wenn man sich so die Häuser im Ortszentrum anschaut, kann man davon ausgehen, dass der Wein den Einwohnern nicht nur das Überleben sichert …

Auch Villány hat einen Platz in den Annalen der ungarischen Geschichte: 1687 fand hier die so genannte „zweite Schlacht bei Mohács" statt. Bei dem heftigen Gemetzel konnten die Ungarn die Türken Richtung Süden treiben und in den Drávasümpfen vernichten.

Nach dem Ende der türkischen Besatzung siedelten sich Deutsche und Serben an, rekultivierten das Land und begannen wieder mit dem Weinbau.

Orientierung

Villány ist kaum mehr als ein Straßendorf entlang der Baross Gábor utca. Der Bus hält in der Ortsmitte beim ABC-Supermarkt und dem Rathaus. Der Bahnhof liegt rund 1200 m weiter nördlich in der Ady Endre fasor, an der Straße, die nach Villánykövesd führt.

Praktische Informationen

OTP-Bank (Baross Gábor utca 27) Geldautomat.

Postamt (Vörösmarty utca 2) Neben dem Restaurant Oportó im Zentrum.

Villány-Siklóser Weinstraßenverein (☎ 492 181; www.borut.hu; Deák Ferenc utca 22; 🕑 Mo–Fr 8–16 Uhr) Nördlich des Busbahnhofs. Der Verein gibt eine praktische Broschüre heraus:

Die *Weinstraße Villány-Siklós* verrät, wo die einheimischen Tropfen probiert und gekauft werden können. Außerdem werden Weintouren zu den Winzern organisiert.

Sehenswertes & Aktivitäten

Das **Weinmuseum** (Bormúzeum; ☎ 492 130; Bem József utca 8; Eintritt frei, Weinproben nur für Gruppen; ⌚ Di–So 9–17 Uhr) ist in einem 200 Jahre alten Zehntkeller untergebracht. Zu besichtigen sind Winzergerätschaften wie Fässer und handbetriebene Verkorkmaschinen aus dem 19. Jh. In den Kellergewölben reifen in riesigen Fässern Villánys berühmte Rebensäfte, Flaschen der Jahrgänge 1895 bis 1971 lagern dagegen in Tresoren. In einem kleinen Laden am Eingang werden Weine aus Villány und Siklós verkauft, darunter einige der besten Jahrgänge und Tropfen, die man in Ungarn überhaupt bekommt.

Zahlreiche private **Weinkeller** in der Baross Gábor utca, darunter die Keller der Familien Pólya (Haus-Nr. 58), Szende (Nr. 87) und Fritsch (Nr. 97), bieten Weinproben an. Geöffnet ist hier üblicherweise täglich von 9 bis 18 Uhr; eine Probe von vier/acht Weinen kostet etwa 1100/2200 Ft. Die beste Zeit für einen Besuch ist die Zeit der Weinlese im September: Über Menschenketten werden dann eimerweise Trauben von Lastern zu großen Maschinen befördert; dort werden die Früchte zum Grundprodukt Maische gepresst. Anschließend wird der Most, der unfermentierte Traubensaft, in riesige Fässer gepumpt.

Schlafen & Essen

In Villány weisen zahlreiche Schilder auf Privatzimmer hin.

Gere (☎ 492 195; www.gere.hu; Diófás tér 4; EZ/DZ 8000/10 600 Ft.; Ⓟ) Auf eine Übernachtung in der 8-Zimmer-*Pension* nahe der Hauptstraße sollte keiner verzichten: Die Zimmer sind groß und gemütlich und der beschauliche Garten lädt zum Entspannen ein. Im angeschlossenen Restaurant kommen einige der besten Weine der Region auf den Tisch.

Kővári (☎ 492 117; Rákóczi utca 25; EZ/DZ 3000/6000 Ft.; Ⓟ) Die kleine Pension erinnert an Großmutters großes, verwinkeltes Haus auf dem Land und empfängt alle herzlich. Hier gibt es noch Ölöfchen und alte, zusammengewürfelte Möbel. Die Zimmer sind tadellos sauber, hinterm Haus wartet außerdem ein großer Garten auf die Gäste.

Cabernet (☎ 493 200; www.hotelcabernet.hu; Petőfi utca 29; EZ/DZ ab 9000/11 000 Ft.; Ⓟ) Das Cabernet in Villánykövesd ist genau die richtige Adresse für alle, die wirklich mitten im Weingebiet wohnen wollen. Es hat 25 Zimmer, ein Restaurant und veranstaltet Weinproben.

Oportó (Baross Gábor utca 33; Hauptgerichte 1500 Ft.) Großes, zentral gelegenes Restaurant mit einer vom Wein überwucherten Terrasse. Die Weinauswahl ist groß, auf der Karte finden sich einige ausgewählte ungarische Gerichte.

Fülemüle Csárda (☎ 492 939; Ady Endre fasor; Hauptgerichte 1200–2000 Ft.) Reizendes altes Bauernhaus, nur wenige hundert Meter hinter dem Bahnhof gelegen: Ein guter Zwischenstopp auf dem Weg nach oder von Villánykövesd.

Júlia (☎ 702 610; Baross Gábor utca 73b; Hauptgerichte 1000–2000 Ft.) Intimes, kleines Restaurant, in dem ein ausgezeichneter Kalbseintopf (*pörkölt*) gekocht wird. Auch Weinproben sind möglich. Im oberen Stock sollen Fremdenzimmer eingerichtet werden.

An- & Weiterreise

Nach Pécs fahren zwei Busse pro Tag, nach Siklós, Harkány und in die Orte dazwischen sind es sieben. Villánykövesd ist wochentags fünfmal täglich zu erreichen, am Samstag nur zweimal. Zugverbindungen gibt es Richtung Osten nach Mohács (264 Ft., 25 Min., 24 km), Richtung Westen nach Siklós (182 Ft., 21 Min., 19 km) und Harkány (264 Ft., 32 Min., 26 km), Richtung Norden nach Pécs (346 Ft., 45 Min., 36 km) und Richtung Süden nach Sarajevo.

REGION ORMÁNSÁG

Die Ebene rund 30 km westlich von Harkány wird seit Jahrhunderten immer wieder von der Dráva überflutet. Das und die isolierte Lage der Gegend spiegeln sich in der Architektur, der Lebensweise und dem Dialekt der Bewohner. Das Eigentumsrecht untersagte den Bauern, ihren Besitz zu erweitern; das führte dazu, dass die meisten Familien nur noch ein Kind hatten. Aber das ist nicht der einzige Grund, warum die *talpás házak* so klein sind: Die „Häuser auf Füßen" hatten Rollen, damit sie vor einer drohenden Überflutung in Sicherheit gebracht werden konnten.

Sellye

☎ 73 / 3200 Ew.

In Sellye, der „Hauptstadt" der Region Ormánság, steht hinter dem **Géza-Kiss-Ormánság-**

Museum (☎ 480 201; Köztársaság tér 6; Eintritt 150 Ft.; ⌚ April–Okt. Di–So 10–16 Uhr, Nov.–März 10–14 Uhr) ein „Haus auf Füßen", das aus Mörtel, Kalk und einem Holzrahmen gebaut wurde. Das Haus hat die üblichen drei Zimmer, unterscheidet sich aber dennoch grundlegend von anderen traditionellen Behausungen: Im Wohnzimmer wurde tatsächlich gewohnt; das vordere Zimmer diente als „Räucherkammer" (ohne Schornstein). Zum Schutz gegen Mücken waren die wenigen Fenster außerdem sehr klein gebaut. Zu den zahlreichen Exponaten des Museums gehören Trachten und verschiedene Gegendstände aus der Region.

Rund um das Anwesen der Familie Draskovich (heute eine Schule) hinter dem Museum zieht sich ein **Arboretum** mit seltenen Bäumen und Pflanzen.

Die Hauptdurchfahrtsstraße Mátyás király utca verläuft südwestlich des Busbahnhofs. Der Bahnhof liegt im Südosten in der Vasút utca.

Weiter Dörfer in der Region Ormánság

Die **Kalvinistenkirche** (Dózsa utca 1/b; Eintritt frei) in **Drávaiványi** mit ihrer farbenfroh getäfelten Decke und der Chorempore stammt aus dem späten 18. Jh. Sie liegt 5 km südwestlich von Sellye und ist mit dem Bus erreichbar. Den Schlüssel haben die Bewohner in der Kossuth Lajos 4. In **Vajszló**, einem weiteren Dorf 11 km südöstlich von Sellye, stehen noch mehrere „Häuser auf Füßen". Vajszló liegt an der gleichen Zugstrecke wie Sellye. Busse fahren Richtung Osten von Vajszló nach **Kórós**. Die folkloristische **Kalvinistenkirche** (Kossuth Lajos utca 40; Eintritt 60 Ft.) des Dorfes gehört zu den schönsten der Gegend. Der Schlüssel liegt im Haus des Mesners Kossuth Lajos 31.

An- & Weiterreise

Harkány ist der bequemste Ausgangspunkt für Ausflüge in die Region Ormánság (423 Ft., 1 Std., 34 km, Mo–Fr 1-mal tgl. nach Sellye). Die Gegend ist aber auch von Szigetvár mit öffentlichen Verkehrsmitteln zu erreichen (423 Ft., 50 Min., 31 km, 1-mal tgl.). Wer mit dem Zug fährt, muss in Szentlőrinc umsteigen. Der Zug von Harkány nach Vajszló und Sellye (346 Ft., 1¼ Std., 32 km, bis zu 4-mal tgl.) ist eine Direktverbindung. Weitere Infos s. Abschnitt Harkány.

WEIN, WEIN, WEIN

Villány gewinnt vielleicht den Preis für die Stadt mit den meisten Weinkellern pro Quadratmeter – das macht den Ort aber noch lange nicht zu etwas Besonderem in der Gegend. Harkány und Siklós folgen dicht dahinter, haben allerdings längst nicht die gleiche Atmosphäre. Wer aber in den jeweiligen Orten etwas weiter östlich fährt, wird dort ein paar lohnende Weinkeller finden, u.a. in **Nagytótfalu**, **Kisharsány** oder **Nagyharsány**, rund 7 km östlich von Siklós.

Unbestritten der beste Ort für Weinproben sind die in den Lössboden gehauenen Keller in **Villánykövesd**, rund 3,5 km nordwestlich von Villány an der Straße nach Pécs. Weinkeller säumen die Hauptstraße (Petőfi út) und die schmale, oberhalb liegende Gasse (Pincesor). In der Petőfi út zu empfehlen ist der Polgár-Keller im Haus Nr. 51 oder Baschta im Haus Nr. 63. In der Pincesor im Haus Nr. 14–15 liegt der Keller des Meisterwinzers Imre Tiffán, Schwarzwalter findet man im Haus Nr. 16 und Blum unter der Nr. 24. Die Weinkeller haben unregelmäßige Öffnungszeiten, es ist gut möglich, dass die Türen verschlossen sind.

5 km von Villánykövesd entfernt liegt das Dörfchen **Palkonya** mit zwei Weinkellern und ländlichem Charme.

PÉCS

☎ 72 / 162 500 Ew.

Es hat ein mildes Klima, eine ruhmreichen Vergangenheit und zahlreiche sehenswerte Museen und Denkmäler: Pécs (Fünfkirchen) ist die schönste Stadt Süd-Transdanubiens, wenn nicht sogar des gesamten ländlichen Ungarns. Nicht zuletzt aus diesem Grund ist die Stadt für viele Besucher die zweite ungarische Top-Destination nach Budapest.

Gleich weit von Donau und Dráva entfernt, liegt die Stadt in einer Ebene, die durch die Mecsek-Berge vor dem Nordwind geschützt wird. Dank der günstigen Lage dauert in Pécs der Sommer besonders lang, sodass hier ideale Bedingungen für den Anbau von Wein, Obst und Nüssen, vor allem Mandeln, herrschen. Für Besucher ist die Hauptstadt des Komitats Baranya mehr als alles andere eine „Stadt der Kunst", die Szentendre am Donauknie um Längen schlägt.

PÉCS

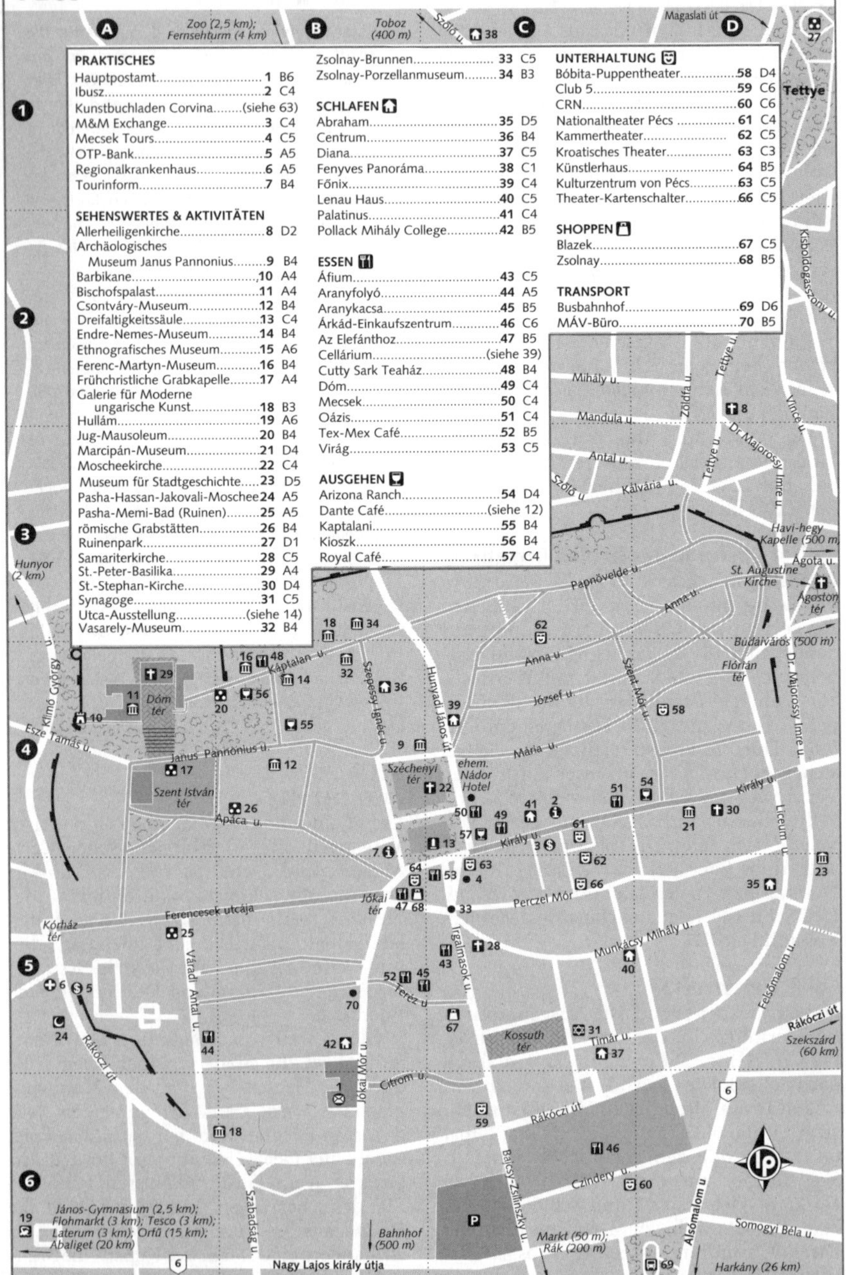

PRAKTISCHES
- Hauptpostamt 1 B6
- Ibusz 2 C4
- Kunstbuchladen Corvina (siehe 63)
- M&M Exchange 3 C4
- Mecsek Tours 4 C5
- OTP-Bank 5 A5
- Regionalkrankenhaus 6 A5
- Tourinform 7 B4

SEHENSWERTES & AKTIVITÄTEN
- Allerheiligenkirche 8 D2
- Archäologisches Museum Janus Pannonius 9 B4
- Barbikane 10 A4
- Bischofspalast 11 A4
- Csontváry-Museum 12 B4
- Dreifaltigkeitssäule 13 C4
- Endre-Nemes-Museum 14 B4
- Ethnografisches Museum 15 A6
- Ferenc-Martyn-Museum 16 B4
- Frühchristliche Grabkapelle 17 A4
- Galerie für Moderne ungarische Kunst 18 B3
- Hullám 19 A6
- Jug-Mausoleum 20 B4
- Marcipán-Museum 21 D4
- Moscheekirche 22 C4
- Museum für Stadtgeschichte 23 D5
- Pasha-Hassan-Jakovali-Moschee 24 A5
- Pasha-Memi-Bad (Ruinen) 25 A5
- römische Grabstätten 26 B4
- Ruinenpark 27 D1
- Samariterkirche 28 C5
- St.-Peter-Basilika 29 A4
- St.-Stephan-Kirche 30 D4
- Synagoge 31 C5
- Utca-Ausstellung (siehe 14)
- Vasarely-Museum 32 B4
- Zsolnay-Brunnen 33 C5
- Zsolnay-Porzellanmuseum 34 B3

SCHLAFEN
- Abraham 35 D5
- Centrum 36 B4
- Diana 37 C5
- Fenyves Panoráma 38 C1
- Főnix 39 C4
- Lenau Haus 40 C5
- Palatinus 41 C4
- Pollack Mihály College 42 B5

ESSEN
- Áfium 43 C5
- Aranyfolyó 44 A5
- Aranykacsa 45 B5
- Árkád-Einkaufszentrum 46 C6
- Az Elefánthoz 47 B5
- Cellárium (siehe 39)
- Cutty Sark Teaház 48 B4
- Dóm 49 C4
- Mecsek 50 C4
- Oázis 51 C4
- Tex-Mex Café 52 B5
- Virág 53 C5

AUSGEHEN
- Arizona Ranch 54 D4
- Dante Café (siehe 12)
- Kaptalani 55 B4
- Kioszk 56 B4
- Royal Café 57 C4

UNTERHALTUNG
- Bóbita-Puppentheater 58 D4
- Club 5 59 C6
- CRN 60 C6
- Nationaltheater Pécs 61 C4
- Kammertheater 62 C5
- Kroatisches Theater 63 C3
- Künstlerhaus 64 B5
- Kulturzentrum von Pécs 63 C5
- Theater-Kartenschalter 66 C5

SHOPPEN
- Blazek 67 C5
- Zsolnay 68 B5

TRANSPORT
- Busbahnhof 69 D6
- MÁV-Büro 70 B5

Geschichte

Wetter, fruchtbarer Boden und ausreichend Wasser mögen für die Römer sicherlich auch Gründe gewesen sein, sich hier niederzulassen. Vor allem aber dürfte es der Schutz der Mecsek-Berge gewesen sein, der sie überzeugt hat. Das römische Sophianae stiegt schon bald zum Handels- und Verwaltungszentrum Unterpannoniens (siehe S. 21) auf. Die Römer brachten auch das Christentum in die Region – davon zeugen die frühen Kapellen mit dem Kleeblattgrundriss, die hier frei gelegt wurden.

Im Mittelalter gewann Pécs weiter an Bedeutung. Damals nannte man es wegen seiner fünf Kirchen auch Quinque Ecclesiae (Fünfkirchen). König Stephan gründete hier 1009 ein Bistum und die Stadt war eine wichtige Etappe auf der Handelsroute nach Byzanz. Zum geistigen und humanistischen Zentrum entwickelte sich Pécs ab 1367 durch die Gründung einer Universität – der ersten in Ungarn. Janus Pannonius, Bischof im 15. Jh., lebt in Pécs. Aus seiner Feder stammen einige der berühmtesten lateinischen Renaissancegedichte.

Nach der Invasion der Mongolen im frühen 13. Jh. wurde Pécs befestigt. Die Mauern waren aber in so schlechtem Zustand, dass die Türken drei Jahrhunderte später (1543) die Stadt ohne nennenswerten Widerstand einnehmen konnten. Sie setzten die Stadtbewohner buchstäblich vor die Tür (die Stadtmauern) und verwandelten Pécs in ihr eigenes administratives und kulturelles Zentrum. Als sie selbst 150 Jahre später vertrieben wurden, war die Stadt praktisch menschenleer. Zurück blieben aber die monumentalen Gebäude der Osmanen: Sie gelten heute als die landesweit bedeutendsten Baudenkmäler der türkischen Besatzungszeit.

Die Wiederbelebung des Weinanbaus durch Deutsche und Böhmen und die Entdeckung von Kohle im 18. Jh. beschleunigte die Entwicklung von Pécs. Später trugen die Herstellung von Luxusgütern (Handschuhe, Zsolnay-Porzellan, Pannonvin-Sekt, Angster-Orgeln) und der Abbau von Uran in den nahe gelegenen Minen zur wirtschaftlichen Blüte bei.

Orientierung

Der oval geformte Innenstadtbereich ist inzwischen fast vollständig zur Fußgängerzone erklärt worden. Das Zentrum bildet der Széchenyi tér, an dem ein Dutzend Straßen zusammenlaufen. Eine davon ist die Király utca – sie führt Richtung Osten –, in der sich restaurierte Läden, Kneipen und Restaurants aneinander reihen. Im Nordwesten liegt der zweite bedeutende Platz der Stadt, der Dóm tér.

Hier stehen die St.-Peter-Basilika, der Dom, und ein paar frühe christliche Kapellen; außerdem beginnt hier die Káptalan utca, die „Straße der Museen".

Der Bahnhof der Stadt liegt südlich der Innenstadt am Indóház tér, dorthin führt die Jókai Mór utca. Der Busbahnhof wurde unweit des großen Markts in der Zólyom utca gebaut. Vom Busbahnhof aus geht es zu Fuß Richtung Norden über die Bajcsy-Zsilinszky utca und Irgalmasok utcája ins Zentrum.

Praktische Informationen

BUCHLÄDEN

Kunstbuchladen Corvina (☎ 310 427; Széchenyi tér 7–8) Im Haus der Künstler (Művészetek Háza): Hervorragende Auswahl an englischsprachigen Büchern.

GELD

M&M Exchange (Király utca 16; 🕑 Mo–Fr 8.30–17, Sa 8.30–13 Uhr) Bietet anständige Wechselkurse.

OTP-Bank (Rákóczi út) Geldautomat, einer von vielen im Zentrum.

GEPÄCKAUFBEWAHRUNG

Busbahnhof & Bahnhof (🕑 1 Std. 150 Ft. ; 8–18 Uhr)

Tourinform (☎ 511 232; Széchenyi tér 9; 🕑 Juni–Sept. Mo–Fr 8–17.30, Sa & So 9–14 Uhr, Mai & Okt. Mo–Fr 8–17.30, Sa 9–14 Uhr, Nov.–April Mo–Fr 8–16 Uhr; 1 Std. 100 Ft.)

INTERNETZUGANG & INFOS IM INTERNET

Tourinform (☎ 511 232; Széchenyi tér 9; 🕑 Juni–Sept. Mo–Fr 8–17.30, Sa & So 9–14 Uhr, Mai & Okt. Mo–Fr 8–17.30, Sa 9–14 Uhr, Nov.–April Mo–Fr 8–16 Uhr) Kostenloser Internetzugang.

www.pecs.hu/ Infos in Deutsch und Englisch.

MEDIZINISCHE VERSORGUNG

Regionalkrankenhaus (☎ 533 133; Rákóczi út 2)

POST

Hauptpost (Jókai Mór utca 10) Südlich vom Széchenyi tér liegt das wunderschöne Jugendstilgebäude von 1904. Sehenswert sind die Reliefs mit den Engeln, die Briefe schreiben, einwerfen und befördern.

REISEBÜROS

Ibusz (☎ 211 011; Király utca 11)
Mecsek Tours (☎ 513 370; Széchenyi tér 1)

TOURISTENINFORMATION

Tourinform (☎ 511 232; baranya-m@tourinform.hu; Széchenyi tér 9; ⌚ Juni–Sept. Mo–Fr 8–17.30, Sa & So 9–14 Uhr, Mai & Okt. Mo–Fr 8–17.30, Sa 9–14 Uhr, Nov.–April Mo–Fr 8–16 Uhr) Kompetente Mitarbeiter und Unmengen an Infos über Pécs und das Komitat Baranya.

Sehenswertes

SZÉCHENYI TÉR

Der vor der Kulisse der Mecsek-Berge stehende Platz wird von überwiegend barocken Fassaden umrahmt. Hier sollte jeder Rundgang durch Pécs beginnen. Den Platz beherrscht die ehemalige Pasha-Gazi-Kassim-Moschee, das Wahrzeichen der Stadt und gleichzeitig die heutige Pfarrkirche der Innenstadt (Belvárosi plébánia templom. Sie ist besser bekannt als **Moscheekirche** (☎ 321 976; Eintritt frei; ⌚ Mitte April–Mitte Okt. Mo–Sa 10–16, So 11.30–16 Uhr, Mitte Okt.–Mitte April Mo–Sa 10–12, So 11.30–14 Uhr) und ist das größte noch existierende Gebäude Ungarns aus der Zeit der türkischen Besatzung.

Die quadratisch geschnittene Moschee mit ihrer grünen Kupferkuppel wurde Mitte des 16. Jhs. aus den Steinen der zerfallenen mittelalterlichen St.-Bertalan-Kirche errichtet. Nach der Vertreibung der Türken nahm die katholische Kirche sie wieder in Besitz. Der halbkreisförmige Anbau wurde im 20. Jh. angefügt. Die islamischen Elemente an der Südseite sind nicht zu übersehen: Fenster mit charakteristischen osmanischen Eselsrücken, die Gebetsnische (Mihrab) in der südöstlichen Innenwand, verblichene Koranverse im Südwesten, herrliche geometrische Fresken in den Ecken. Das Minarett der Moschee wurde 1753 niedergerissen und durch einen Turm ersetzt.

Hinter der Moscheekirche liegt das **Archäologische Museum Janus Pannonius** (Janus Pannonius Régészeti Múzeum; ☎ 312 719; Széchenyi tér 12; Erw./Kind 200/100 Ft.; ⌚ April–Okt. Di–So 10–16 Uhr, Nov.–März Di–Sa 10–14 Uhr). Im 17. Jh. war es das Wohnhaus eines Janitscharenhauptmanns. Heute zeichnet es die Geschichte des Komitats Baranya bis in die Zeiten der Árpáden-Dynastie nach. Außerdem werden zahlreiche Exemplare römischer Steinmetzkunst aus Pannonien sowie ein Modell der St.-Bertalan-Kirche und mittelalterliches Porzellan gezeigt.

Die **Dreifaltigkeitssäule** auf dem unteren Széchenyi tér ist bereits die dritte an dieser Stelle und wurde 1908 errichtet. Der **Zsolnay-Brunnen** aus edel schimmerndem Porzellan mit heidnischem Stierkopf steht südöstlich vor der eher düsteren **Samariterkirche**. Er wurde der Stadt 1892 von der Zsolnay-Fabrik gestiftet.

KOSSUTH TÉR

Zwei bedeutende Gebäude zieren den Platz südöstlich vom Széchenyi tér: das prächtige **Rathaus** (1891) an der Nordseite und die **Synagoge** (Erw./Kind 300/200 Ft.; ⌚ Mai–Okt. So–Do 10–17 Uhr) an der Ostseite. Die Synagoge wurde 1869 im romantisch-maurischen Stil erbaut. Eine Hinweistafel erläutert in elf Sprachen die Geschichte des Gebäudes und der jüdischen Stadtbevölkerung. Kurz nachdem das faschistische Regime im Mai 1944 in Pécs ein Ghetto eingerichtet hatte, wurden die meisten der 3000 Juden der Stadt in Konzentrationslager deportiert. Heute leben rund 150 Juden in der Stadt.

RUND UM DEN DÓM TÉR

Die viertürmige **St.-Peter-Basilika** (☎ 513 030; Dóm tér; Erw./Kind 1000/500 Ft., Eintritt zum Krug-Mausoleum inkl., nur Kathedrale 700/350 Ft.; ⌚ April–Okt. Mo–Sa 9–17, So 13–17 Uhr, Nov.–März Mo–Sa 10–16, So 13–16 Uhr) wird oft auch schlicht *székesegyház* (Kathedrale) genannt. Ihr Fundament stammt aus dem 11. Jh., die Seitenkapellen aus dem 14. Jh. Der romanische Bau, so wie er sich heute präsentiert, ist zum Großteil das Ergebnis der Renovierungsarbeiten von 1881. Eine Führung auf Ungarisch oder Deutsch kostet 2000 Ft.

Das Innere der Basilika ist reich verziert; der erhöhte Mittelaltar ist die Kopie eines mittelalterlichen Altars. Die interessantesten Teile der Kirche sind die vier Kapellen unter den Türmen und die Krypta, der älteste Teil

ERMÄSSIGUNGEN

Wer vorhat, möglichst viele Sehenswürdigkeiten anzuschauen, sollte sich das **Pécs-Ticket** (Erw./Kind 1700/850 Ft.) kaufen. Es bietet kostenlosen Eintritt zu allen Sehenswürdigkeiten, außer (eine Ausnahme gibt's immer) den frühchristlichen und römischen Gräbern. Die Tickets werden an den jeweiligen Sehenswürdigkeiten verkauft.

des Gotteshauses. Die **Marien-Kapelle** auf der nordwestlichen Seite und die **Herz-Jesu-Kapelle** im Nordosten enthalten Werke der Maler Bertalan Székely und Károly Lotz aus dem 19. Jh. Die **Mór-Kapelle** auf der südöstlichen Seite birgt Arbeiten von Székely sowie kunstvoll gestaltete Kirchenbänke. In der **Corpus-Christi-Kapelle** auf der südwestlichen Seite prangt ein Tabernakel aus rotem Marmor (16. Jh.), es gehört zu den schönsten Beispielen der ungarischen Steinmetzkunst aus der Renaissance-Epoche.

Der **Bischofspalast** (Püspöki palota; 1770) im Südwesten ist nur für Gruppen zugänglich (und auch das eher selten). Ganz witzig ist die **Franz-Liszt-Statue** (Imre Varga; 1983), die von einem Balkon aus über die Brüstung blickt. Auf der Südseite des barocken **Kirchenarchivs** (Egyházi levéltár) liegt der Eingang zum **Krug-Mausoleum** (Korsós sírkamra; Erw./Kind 300/150 Ft.; ⌚ Di–So 10–18 Uhr), einem römischen Grab aus dem 4. Jh. Der Name leitet sich vom Bild eines großen Trinkgefäßes mit Weinranken ab, das hier gefunden wurde. Die **frühchristliche Grabkapelle** (Ókeresztény sírkápolna; ☎ 312 719; Szent István tér 12; Erw./Kind 350/200 Ft.; ⌚ April–Okt. Di–So 10–18 Uhr, Nov.–März Di–So 10–16 Uhr) gegenüber in der Janus Pannonius utca wurde um 350 n. Chr. errichtet. Beachtenswert sind die Fresken Adam und Eva und Daniel in der Löwengrube. Zwei **römische Grabstätten** (Apáca utca 8 & 14; Erw./Kind 350/200 Ft.; ⌚ April–Okt. Di–So 10–18 Uhr) liegen etwas weiter südlich und enthalten als ewige Bleibe 110 Gräber.

Der ganze Bereich mit 16 Grabkammern und mehreren hundert Gräbern soll bei der nächsten Sitzung des Komitees auf Vorschlag in die Liste des Unesco-Welterbes aufgenommen werden.

Das **Csontváry-Museum** (☎ 310 544; Janus Pannonius utca 11; Erw./Kind 600/300 Ft.; ⌚ April–Okt. Di–So 10–18 Uhr, Nov.–März Di–So 10–16 Uhr) zeigt die wichtigsten Arbeiten von Tivadar Kosztka Csontváry (1853–1919). Das tragische Leben des einzigartigen Symbolisten wird manchmal mit dem von Vincent van Gogh verglichen, der im gleichen Jahr geboren wurde. Viele der riesigen Gemälde von Csontváry sind wahre Meisterwerke, insbesondere *Sturm in der Großen Hortobágy* (1903), *Einsame Zeder* (1907) und *Baalbeck* (1906) – eine künstlerische Suche nach einer übergeordneten Identität über religiöse und historische Themen.

Im Westen und Norden des Dóm tér erstreckt sich ein langer Abschnitt der **alten Stadtmauer.** Das Gebiet, das sie einst einfasste, war viel zu groß, um auf diese Weise geschützt werden zu können. Die runde **Barbikane** (Esze Tamás utca 2), die einzige erhaltene Steinfestung in Pécs, stammt aus dem späten 15. Jh. und wurde in den 1970er-Jahren restauriert.

KÁPTALAN UTCA

Die Káptalan utca, die vom Dóm tér aus nach Osten zur Hunyadi János út verläuft, wird von zahlreichen denkmalgeschützten Gebäuden gesäumt, die eine Reihe von Museen beherbergen.

Das **Ferenc-Martyn-Museum** (☎ 324 822; Káptalan utca 6; Erw./Kind 400/200 Ft.; ⌚ April–Okt. Di–So 10–14 Uhr) zeigt Werke des in Pécs geborenen Malers und Bildhauers (1899–1986) und unterstützt besondere Ausstellungen mit lokalen Schwerpunkten.

Im Eintrittspreis inbegriffen ist der Besuch des **Endre-Nemes-Museums** (☎ 310 172; Káptalan utca 5; ⌚ April–Okt. Di–So 10–14 Uhr), das den Werken des Surrealisten Endre Nemes (1908–85) gewidmet ist. In einem separaten Pavillon dahinter liegt Erzsébet Schaárs Kunstwerk *Utca* (Eintritt ebenfalls inklusive), ein Raum, in dem die Bildhauerin ihr Leben in Stein gemeißelt hat.

Die **Galerie für Moderne Ungarische Kunst** (Modern Magyar Képtár; ☎ 324 822; Káptalan utca 4; Erw./Kind 400/200 Ft.; ⌚ April–Okt. Di–So 10–18 Uhr, Nov.–März Di–So 10–16 Uhr) vermittelt einen guten Überblick über die Kunst in Ungarn von 1850 bis heute. In der Abteilung bis 1950 sind die Werke von Simon Hollósy, József Rippl-Rónai und Ödön Márffy besonders sehenswert. Künstler aus dem Bereich abstrakte und konstruktionistische Kunst sind András Mengyár, Tamás Hencze, Béla Uitz und Gábor Dienes. Die **Péter-Székely-Galerie** hinter dem Museum zeigt große Skulpturen aus Stein und Holz.

Die zwei spannendsten Museen liegen am östlichen Ende der Straße: das **Vasarely-Museum** (☎ 324 822; Erw./Kind 600/300 Ft.; ⌚ April–Okt. Di–So 10–18 Uhr, Nov.–März Di–So 10–16 Uhr) im Haus Nr. 3 und das **Zsolnay-Porzellanmuseum** (☎ 507 604; Erw./Kind 700/350 Ft.; ⌚ April–Okt. Di–So 10–18 Uhr, Nov.–März Di–So 10–16 Uhr) im Haus Nr. 2. Victor Vasarely war der Schöpfer der Op Art, nur wenige der ausgestellten Werke von ihm und seinen Schülern wirken überholt. Die meisten sind unvermindert bewegend und buchstäblich begreifbar – kurz, sie machen einfach riesig Spaß. Die Zsolnay-Porzellanfabrik, die 1853 in Pécs gegründet wurde, war mehr als ein halbes Jahrhundert lang in Europa führend in Sachen Kunst und Design. Die dekorativen Majolikafliesen wurden überall im Land eingesetzt, sodass ein ganz neuer Architekturstil entstand. Dunkle Zeiten brachen für Zsolnay an, als die Kommunisten verfügten, dass im Werk zukünftig keramische Elektro-Isolatoren hergestellt werden sollten. Heute wird wieder künstlerisch gearbeitet, wenn auch in sehr geringem Umfang. Dem Porzellan des späten 19. Jhs. oder den späteren Jugendstil- und Art-déco-Designs mit dem edlen roten Eosinschimmer können die heutigen Produkte von Zsolnay jedoch längst nicht mehr das Wasser reichen. Das Museum ist in einem mittelalterlichen Wohnhaus untergebracht, in der die Familie Zsolnay lebte. Heute werden hier ihre Möbel und zahlreiche persönliche Gegenstände gezeigt, außerdem präsentiert eine Ausstellung Skulpturen von Amerigo Tot (1909–84).

NOCH MEHR SEHENSWERTES

Südwestlich der Innenstadt, gegenüber vom Hotel Pátria, steht die **Pasha-Hassan-Jakovali-Moschee** (Jakováli Hasszán Pasa dzsámija; ☎ 313 853; Rákóczi út 2; Erw./Kind 240/100 Ft.; ⌚ April–Sept. Do–Di 10–13 & 14–18 Uhr). Sie liegt etwas eingekeilt zwischen einer Handelsschule und einem Krankenhaus. Die Moschee aus dem 16. Jh. samt Minarett ist das am besten erhaltene Bauwerk aus der Zeit der türkischen Besatzung. Ein kleines Museum zeigt Werke osmanischer Kunst. Das **Ethnografische Museum** (Néprajzi Múzeum; ☎ 315 629; Rákóczi út 15; Erw./Kind 300/150 Ft.; ⌚ April–Okt. Di–So 10–18, Nov.–März Di–So 10–16 Uhr) im Südosten zeigt Beispiele der Volkskunst der Magyaren, Deutschen und Südslawen, die hier gelebt haben.

Die Ferencesek utcája ist eine der schönsten Fußgängerzonen von Pécs und zieht sich von der Rákóczi út aus östlich bis zum Széchenyi tér, wo auch die Király zum Fußgängerbereich wird. Der Bummel führt an den Ruinen des **Pasha-Memi-Bads** (Memi pasa fürdője; Ferencesek utcája 35) aus dem 16. Jh., an drei wunderschönen alten Kirchen und – in der Király utca – am **Nationaltheater Pécs** vorbei. Es wurde im Stil des Neorokoko gebaut. Gleich hinter dem Theater liegt das **Marcipán-Museum** (☎ 225 453; Király utca 36; Erw./Kind 300/200 Ft.; ⌚ 11–20 Uhr): Besucher können hier ihre eigenen Köstlichkeiten herstellen oder sie vorgefertigt im Museumsladen kaufen. Hinter der **St.-Stephan-Kirche** (Szent Istvántemplom; Király utca 44/a) biegt man rechts (Richtung Süden) zum hervorragenden **Museum für Stadtgeschichte** (Várostörténeti Múzeum; ☎ 310 165; Felsőmalom utca 9; Erw./Kind 300/150 Ft.; ⌚ Mai–Okt. Di–Sa 10–16 Uhr, Nov.–April Di–Sa 10–14 Uhr) ab.

Im heutigen Vorort Budaiváros nordöstlich vom Stadtzentrum hatten sich viele Ungarn niedergelassen, als sie von den Türken hinter die Stadtmauern verbannt wurden. Zentrum dieser Gemeinde war die **Allerheiligenkirche** (Mindenszentek temploma; ☎ 324 937; Tettye utca 14; Eintritt frei). Ursprünglich im 12. Jh. errichtet, wurde sie 200 Jahre später im gotischen Stil neu gebaut. Allerheiligen war das einzige christliche Gotteshaus während der türkischen Besatzungszeit, das genutzt werden durfte. Drei Glaubensgemeinschaften teilten sich die Kirche und kämpften erbittert um jeden Quadratzentimeter. Angeblich mussten die muslimischen Türken sogar als Schlichter unter den Christen fungieren.

Im Nordosten thront auf einer Anhöhe die **Havi-hegy-Kapelle** (☎ 314 715; Havihegyi utca 7; Eintritt frei). Sie wurde 1691 von Gläubigen errichtet, nachdem die Stadt von der Pest verschont geblieben war. Die Kirche ist nicht nur selbst ein Blickfang, sondern bietet auch herrliche Blicke auf die Innenstadt und die engen Sträßchen und alten Häuser des Tettye-Tals.

Einen Vorgeschmack auf die Mecsek-Berge bietet eine Spaziergang Richtung Nordosten aus dem Zentrum heraus nach Tettye und zum **Ruinenpark** (Romkert). Die frühere bischöfliche Sommerresidenz entstand Anfang des 16. Jhs. und wurde später von türkischen Derwischen als Kloster benutzt. Richtung Nordwesten führt eine kurvige Straße über die Fenyves sor und am **Zoo** (Állatkert; ☎ 312 788; Erw./Kind/Student 600/450/500 Ft.; ⌚ April–Okt. 9–18 Uhr) vorbei zum **Misina-Gipfel** (535 m). Ein eindrucksvoller 194 m hoher **Fernsehturm** (☎ 336 900; Erw./Stud./Kind 450/350/300 Ft.; ⌚ Juni–Aug. So–Do 9–21, Fr & Sa 9–23 Uhr, Sept.–Mai tgl. 9–18 Uhr) mit Aussichtsplattform und Cafébar beherrscht den Gipfel. Dabei ist er nur ein Ausläufer der Mecsek-Berge: Von hier aus führen Wege zu den malerischen Städtchen **Orfű** und **Abaliget**, die auf einem Bergplateau 15 km bzw. 20 km nordwestlich liegen, und auf den höchsten Gipfel von Süd-Transdanubien, den 682 m hohen **Zengő-hegy**.

Der sonntägliche Flohmarkt (Vásár tér) findet 3 km südwestlich der Innenstadt in der Megyeri út statt. Hierher kommen vor allem Leute vom Land.

Aktivitäten

Das nächstgelegene Schwimmbad ist **Hullám** (☎ 512 935; Szendrey Júlia utca 7; Erw./Kind 700/350 Ft.; ⏲ Hallenbad 6–22 Uhr, Außenbecken 9–19 Uhr in den Sommermonaten).

Festivals & Events

Zu den größten Ereignissen in dieser feierwütigen Stadt gehören die **Internationale Woche der Kultur** (www.icwip.hu) Ende Juli mit Schwerpunkt Theater; die **Pécs-Tage** Ende September und ein Tanz- und Musikfestival, bei dem auch der Alkohol eine Rolle spielt. Das **Europäische Weinlied-Festival** (www.Winesong festival.hu) findet ebenfalls Ende September statt – es ist Europas einziges Gesangsfest ausschließlich für männliche Sänger.

Schlafen

BUDGETUNTERKÜNFTE

Mecsek Tours und Ibusz buchen Privatzimmer (ab 2500 Ft. pro Pers.). Tourinform hat zwar eine Liste entsprechender Adressen, bucht aber nur Hotelzimmer. Viele der Pensionen *von* Pécs liegen verstreut in den umgebenden Hügeln und sind ohne eigenes Fahrzeug nur schwer zu erreichen.

Centrum (☎ 311 707; www.hotels.hu/centrum_kis hotel; Szepessy Ignác utca 4; EZ/DZ 4500/5600 Ft.) Im Centrum wird noch ganz klassische, altmodische Gastfreundschaft gepflegt: Das schlichte, aber einladende Haus hat Zimmer, die allerdings alles andere als stilecht eingerichtet sind. Geschmacksverirrung macht angesichts der unschlagbar zentralen Lage aber nicht viel aus.

Laterum (☎ 252 113; www.laterum.hu; Hajnóczy utca 37-39; EZ/DZ 5200/8400 Ft.; Ⓟ) Der anstaltsartige Charakter des großen Hotels, das 3 km westlich der Stadt liegt, wird durch die außergewöhnlich großen und sauberen Zimmer, die vernünftigen Preise, die bestückte Bar und das hoteleigene Restaurant mehr als wettgemacht.

Főnix (☎ 311 682; www.fonixhotel.hu; Hunyadi János út 2; EZ/DZ 5990/9990 Ft.; Ⓟ) Beim Főnix wurde buchstäblich jeder Quadratzentimeter Land verbaut, sodass für Freiflächen nichts mehr übrig blieb. Manche Zimmer sind so klein, dass schon das Umdrehen schwer fällt, andere haben immerhin einen Balkon. Dafür liegt es nur einen Steinwurf von der Moscheekirche entfernt.

Im Juli und August vermieten viele Hochschulen ihre Zimmer an Reisende (1600–2000 Ft. pro Pers.), darunter die zentral gelegene **Technische Hochschule Pollack Mihály** (☎ 315 846; Jókai utca 8) und die **Pädagogische Hochschule János** (☎ 251 234; Szánto Kovács János utca 1/c) weiter westlich. Beide haben Schlafsäle mit zwei bis fünf Betten. Tourinform nennt auf Anfrage weitere Adressen.

MITTELKLASSEHOTELS

Lenau-Haus (☎ 332 515; lenauhaus@mail.datanet.hu; Munkácsy Mihály utca 8; EZ/DZ 6800/8800 Ft.; Ⓟ) Im obersten Stock des Hauses wohnte früher der Komponist Nikolaus Lenau; die Zimmer dort gehören zu den besten der Stadt: Sie sind groß und haben sehr saubere Bäder.

Diana (☎ 328 594; www.hoteldiana.hu; Tímár 4/a; EZ/DZ 7000/10 000 Ft.; Ⓟ) Eine Super Gelegenheit südlich der Synagoge: Die Pension hat wunderbare Zimmer mit Bad und dazu eine herzliche Atmosphäre.

Abraham (☎ 510 422; Munkácsy Mihály utca 8; EZ/DZ 7500/10 500 Ft.; Ⓟ) Tolle kleine Pension mit blitzsauberen blauen Zimmern, einem gepflegten, beschaulichen Garten und einladender Atmosphäre. Das Haus verströmt fast schon ein mediterranes Flair. Da dies ein sehr religiöses Haus ist, sollte man sich entsprechend verhalten.

Toboz (☎ 510 555; www.tobozpanzio.hu; Fenyves sor 5; EZ/DZ 8600/11 600 Ft.; Ⓟ) Das Toboz liegt südlich vom Zoo in einer von Bäumen gesäumten Straße hoch über der Stadt. Die Gegend ist ruhig, leider lässt die Labsal der Behaglichkeit in den unrenovierten Zimmern etwas zu wünschen übrig.

Palatinus (☎ 889 400; palatinus.reservation@danu biusgroup.hu; Király utca 5; EZ 58–86 €, DZ 66–94 €; Ⓟ) Das Palatinus ist in Pécs der Klassiker unter den Hotels. Die Rezeption ist ziemlich außergewöhnlich – sie ist mit Marmor und maurischen Ornamenten gestaltet. Die Qualität in den Zimmern hält den Erwartungen nicht stand. Doch alles in allem gesehen ist das Palatinus eine große alte Dame.

Hunyor (☎ 512 640; postmaster@ptehunyor.axelero.net; Jurisics Miklós utca 16; EZ/DZ 9200/12 400 Ft.; Ⓟ)

Hunyor liegt am Fuße des Mecsek-Gebirges und damit etwas im Abseits. Dafür bietet es phantastische Blicke über die Stadt und eine entspannte Atmosphäre. Ein nettes Restaurant gehört auch dazu, das Problem der Restaurantsuche stellt sich bei häuslicher Stimmung also schon mal nicht.

Fenyves Panoráma (☎ 315 996; www.hotelfenyves.hu; Szőlő utca 64; EZ/DZ 8900/11 100 Ft.; Ⓟ) Auch das Fenyves liegt im Norden am Fuß der Berge, ein Balkon bietet einen Panoramablick auf die Stadt. Die Zimmer sind groß, aber farblos und unscheinbar.

Essen

RESTAURANTS

Tex-Mex Café (☎ 215 427; Teréz utca 10; Hauptgerichte 1000–1500 Ft.) Wer mal keine Lust auf ungarische Musik und Küche hat, dem sei dieses farbenfrohe Kellerlokal empfohlen. Hier gibt es Tacos, Enchiladas und Tequila zum Hinunterspülen.

Aranykacsa (☎ 518 860; Teréz utca 4; Hauptgerichte 2000 Ft.) Nicht mehr ganz so edel wie vielleicht früher einmal, aber immer noch mit französischem Service und Hauptgerichten wie Entenleber und Kaviar oder Fasanbraten an grünem Salat.

Dóm (☎ 210 088; Király utca 3; Hauptgerichte 1000–1500 Ft., Steaks 3000 Ft.) Schönes Restaurant mit herrlichen Gemälden der Jahrhundertwende und Buntglasfenstern, ganz zu schweigen von den wunderbaren Steaks.

Az Elefánthoz (☎ 216 055; Jókai tér 6; Hauptgerichte 1500 Ft.) Mit Riesenterrasse und qualitativ sehr guter italienischer Küche: Die beste Wahl in der Innenstadt für ein wirklich erstklassiges Essen.

Aranyfolyó (☎ 212 269; Váradi Antal utca 9; Hauptgerichte 1000 Ft.) Die zwei chinesischen Drachen vor der Tür sagen alles: Hier wird chinesische Küche gekocht.

Cellárium (☎ 314 453; Hunyadi János út 2; Hauptgerichte 1000–1500 Ft.) Wer etwas Zentrales sucht: Gleich unterhalb vom Hotel Főnix liegt das Restaurant, das Essen ist empfehlenswert.

CAFÉS

Die „Experten" in Pécs streiten, welche *cukrászda* (Konditorei) die besseren Kuchen und Eissorten hat: **Mecsek** (☎ 315 444; Széchenyi tér 16), unweit vom alten Hotel Nádor, oder **Virág** (☎ 313 793; Irgalmasok utcája). Am besten einfach beide ausprobieren und dann selbst entscheiden.

Cutty Sark Teaház (☎ 513 082; Káptalan utca 6; Tee ab 100 Ft.; 🕑 10–22 Uhr) Ein köstliches Tässchen Tee und ein Sandwich (am besten mit Gurken) wird in diesem „Scheibchen England" serviert. Das Cutty liegt versteckt zwischen den Museen der Káptalan utca.

AUF DIE SCHNELLE

Oázis (Király utca 17; Kebab & Tellergerichte 500–800 Ft.) Billiges, kleines Kebabhaus mit einer Mischung aus türkischen und orientalischen Hauptgerichten. Gute Adresse für eine kleine Mahlzeit zwischendurch.

Árkád-Einkaufszentrum (Bajcsy-Zsilinszky utca 11/1; 🕑 Mo–Sa 9–20, So 10–18 Uhr) Das große, protzige neue Einkaufszentrum hat auch einen „Fressgasse" mit Imbissständen.

SELBSTVERSORGER

Der Obst- und Gemüsemarkt von Pécs findet unweit des Busbahnhofes in der Zólyom utca statt, westlich davon gibt es einen **Tesco** (Makay István út), der für Autarkisten rund um die Uhr geöffnet hat.

Ausgehen

Dante Café (☎ 210 361; Janus Pannonius 11) Das Dante im Erdgeschoss des Csontváry-Museums ist vor allem bei den einheimischen Studenten beliebt. Es hat einen riesigen Garten, hin und wieder wird auch Livemusik gespielt.

Kaptalani (Janus Pannonius utca) Nettes kleines *borozó* unweit des Doms mit der Möglichkeit zum Draußensitzen. Ein schöner Ort, um den regionalen Wein zu probieren: Der weiße Cirfandli ist eine Spezialität aus den Mecsek-Bergen.

Bei einer Besichtigungstour durch den Dom oder die Museen in der Káptalan utca

DER TIPP VOM AUTOR

Áfium (☎ 511 434; Irgalmasok utca 2; Hauptgerichte 1000–1500 Ft.) Kroatien und Serbien liegen um die Ecke, da ist es schon verwunderlich, dass nicht mehr Restaurants die Küche der Nachbarländer anbieten – so wie das Áfium. Die Qualität des Essens ist überdurchschnittlich und die Atmosphäre gemütlich. Die Ausstattung allerdings ist ein ziemliches Durcheinander. Wer schon anderswo gegessen hat, kann hier noch in aller Ruhe etwas trinken.

lädt der **Kioszk** in dem kleinen Park zwischen Káptalan utca und Janus Pannonius utca zu einer Erfrischung ein. Wahrscheinlich die einmalige Gelegenheit, in einer ehemaligen Taufkirche Kaffee zu schlürfen.

Kneipen und Bars säumen die Király utca, es dürfte also nicht schwer sein, die passende Lokalität zu finden. Zu empfehlen sind u. a. das **Royal Café** (Nr. 1) und die **Arizona Ranch** (Nr. 29).

Unterhaltung

MUSIK & THEATER

Pécs ist eine Kulturstadt. Die Liste der Theater und Konzerthallen ist erstaunlich lang für einen Ort dieser Größe. Fast das ganze Jahr über ist hier was los. Tickets und Infos haben die Mitarbeiter des **Kulturzentrums von Pécs** (☎ 336 622; Széchenyi tér 1). Ansonsten hilft das vierzehntägig erscheinende kostenlose Magazin *Pécsi Est* weiter.

Künstlerhaus (☎ 522 834; Széchenyi tér 7–8; 🕑 Mo–Fr 12–17 Uhr) Das umfangreiche Kulturprogramm (u. a. klassische Konzerte) ist draußen angeschlagen.

Lenau-Haus (☎ 332 515; Munkácsy Mihály utca 8; EZ/DZ 6800/8800 Ft.; 🅿) Im ehemaligen Haus des Komponisten Nikolaus Lenau finden ganzjährig klassische Konzerte statt.

Nationaltheater Pécs (www.pnsz.hu/; ☎ 512 660; Király utca) Die Stadt ist berühmt für ihr Opernensemble und das Sophianae-Ballett. Wer keine Karten mehr bekommen hat, sollte eine Stunde vor Vorstellungsbeginn am Schalter nach zurückgegebenen Tickets fragen. Der Vorverkauf findet im Theaterbüro statt (☎ 512 675; Perczel Mór 17; 🕑 Di–Fr 10–19 Uhr, Sa & So 1 Std. vor Vorstellungsbeginn).

Weitere Veranstaltungsorte:

Kammertheater Neben dem Nationaltheater.

Kroatisches Theater (☎ 210 197; Anna utca 17)

Bóbita-Puppentheater (☎ 210 301; Mária utca 18) John Malkovich wäre stolz, hier aufzutreten.

CLUBS & DISKOS

Pécs ist eine große Unistadt und hat ein entsprechendes Nachtleben. Hier einige der beliebtesten Diskotheken und Musikclubs der Stadt:

Club 5 (☎ 212 621; Irgalmasok utca 24) Am Wochenende verwandelt sich die Kellerbar in einen kleinen Club und lockt mit funkigen Sounds und heißen Cocktails.

CRN (☎ 30-650 7021; Czindery utca 6) Großer Club, angesagt bei allen, die „in" sind.

Rák (☎ 502 557; Ipar utca 7) Hinter dem Obst- und Gemüsemarkt; der Laden für Rock und Heavy.

Shoppen

Seit türkischer Zeit ist Pécs berühmt für seine Lederwaren. Schnäppchen versprechen zahlreiche Läden in der Stadt, empfehlenswert ist z. B. **Blázek** (Teréz utca 1), wo hauptsächlich Handtaschen und Brieftaschen verkauft werden. Porzellan von **Zsolnay** (☎ 507 609; Jókai tér 2) gibt es in einem Geschäft weiter nördlich.

An- & Weiterreise

BUS

Häufig (1-mal pro Std.) fahren Busse nach Siklós (363 Ft., 45 Min., 29 km), Mohács (544 Ft., 1¼ Std., 44 km), Harkány (484 Ft., 1 Std., 37 km), Kaposvár (786 Ft., 1½ Std., 65 km), Szigetvár (423 Ft., 50 Min., 35 km) und Szekszárd (786 Ft., 1½ Std., 62 km). Das ganze Jahr über fahren vier Busse pro Tag nach Abaliget (241 Ft., 1 Std., 20 km) und drei nach Orfű (302 Ft., 40 Min., 22 km) in den Mecsek-Bergen, im Sommer sind es mehr.

Mit dem Bus sind außerdem erreichbar:

Zielorte	Fahrpreis	Fahrzeit	km	Frequenz
Budapest	2540 Ft.	4½ Std.	208	5-mal tgl.
Győr	2660 Ft.	4½ Std.	217	2-mal tgl.
Kecskemét	2780 Ft.	4¼ Std.	226	2-mal tgl.
Sellye	725 Ft.	1½ Std.	57	2-mal tgl.
Siófok	1690 Ft.	3 Std.	133	3-mal tgl.
Szeged	2410 Ft.	4¼ Std.	196	8-mal tgl.
Székesfehérvár	1930 Ft.	3 Std.	157	3-mal tgl.
Veszprém	2300 Ft.	4¼ Std.	181	2-mal tgl.
Villány	423 Ft.	1¼ Std.	34	1-2-mal tgl.

ZUG

Bis zu neun Züge täglich verbinden Pécs mit Budapest (2360 Ft., 2½–4 Std., 228 km). Nagykanizsa (1624 Ft., 3 Std.) und andere Ziele im Nordwesten sind über eine kurvige, aber landschaftlich schöne 148 km lange Strecke an der Dráva entlang zu erreichen. Von Nagykanizsa aus fahren bis zu acht Züge täglich weiter bis Szombathely (2510 Ft., 4–5½ Std., 250 km), ein Morgenzug (5.21 Uhr) fährt die gesamte Strecke von Pécs nach Szombathely. Drei Züge täglich fahren von Pécs (4.58, 14.45, 20.42 Uhr) nach Osijek (Ungarisch: Eszék), der letzte am Abend fährt weiter nach Sarajevo.

Das **MÁV-Büro** (Jókai Mór utca 4; Mo & Fr 9–15.30, Di–Do 9–16.30 Uhr) gibt weitere Auskünfte über Ankunfts- und Abfahrtszeiten.

Unterwegs vor Ort

Zum Hotel Hunyor fährt die Buslinie 32, Abfahrt ist am Bahnhof oder an der Haltestelle gegenüber der Moscheekirche. Die Linien 34 und 35 fahren die Hotels am Fenyves sor vom Bahnhof aus an, die Linie 35 fährt weiter bis zum Fernsehturm. Um zum Hotel Laterum zu kommen, steigt man am Bahnhof oder am Markt (beim Busbahnhof) in die Linie 4 und fährt bis zur Endstation in Uránváros. Mit den Buslinien 3 und 50 ab Bahnhof geht es zum Flohmarkt auf dem Vásár tér.

Taxiruf ☎ 333 333.

MECSEK-BERGE

Die Mecsek-Berge, eine Kette von Gipfeln und Tälern, Dörfchen und vereinzelten Seen liegt nördlich von Pécs und ist das Naherholungsgebiet der Pécser Bevölkerung. Die Berge eignen sich gut zum Fahrradfahren; aber vor größeren Touren sollte jeder einen Blick in eine Karte werfen, am besten in die Karte *A Mecsek* von Cartographia (1:40 000; Nr. 15; 800 Ft.).

Infos zu Beförderungsmitteln s. Pécs, Kapitel An- & Weiterreise.

Orfű

☎ 72 / 700 Ew.

Von allen Ferienorten in den Mecsek-Bergen ist Orfű am besten zu erreichen und hat auch das größte Freizeitangebot Orfű. An vier künstlichen Seen liegt eine ganze Reihe von Anlagen, die zum Schwimmen, Rudern, Kanufahren und Angeln einladen. Im Nordwesten gibt es in Tekeres eine Reitschule: **Tekeresi Lovaspanzió** (Pferdepension Tekeres; ☎ 06 30 227 1401; Petőfi utca 3). Vom Széchenyi tér aus führt ein Weg südwärts am kleinen Orfűsee entlang zum **Mühlenmuseum** (Malommúzeum; ☎ 498 440; Erw./Kind 300/200 Ft.; Mai–Sept. 10–17 Uhr) mit einer Reihe alter Pumpenhäuser.

SCHLAFEN & ESSEN

Tekeresi Lovaspanzió (☎ 06 30 227 1401; fleischmane@freemail.hi; Petőfi utca 3; Zi. 600 Ft., Apt. 11 000 Ft.; P) Nette und kinderfreundliche Unterkunft beim gleichnamigen Reitzentrum. Eine Nase für Stallgeruch allerdings sollten Besucher schon mitbringen. In den gepflegten Zimmern und Apartments fühlt sich jeder schnell heimisch.

Panoráma Camping (☎ 378 501; www.panoramacamping.hu; Dollár utca 1; Stellplätze pro Erw./Kind/Zelt 2,50–3/1,50–1,70/2,50–5,50 €, Bungalows 21,50–28 €; Mai–Mitte Sept.; P) Oberhalb vom großen öffentlichen Strand in der südwestlichen Ecke des Sees liegt der Campingplatz, der auch Dinghis, Segelboote und Fahrräder vermietet. Der Platz ist grün und abgelegen, die Mitarbeiter ausgesucht freundlich.

Ebenfalls zu empfehlen:

Atrium (☎ 498 288; www.hotels.hu/atriumpanzio; Széchenyi tér 17; Zi. ab 10 200 Ft.; P) Mit Kinderspielplatz und Vorgarten. Gutes Restaurant und tadellose Zimmer.

Molnár Pension (☎ 378 563; Széchenyi tér 18/a; EZ/DZ ab 4500/9000 Ft.; P) Kleine *Pension*, nur fünf Minuten zu Fuß vom See entfernt; gemütliche Zimmer.

Muskátli (Széchenyi tér; Hauptgerichte 1000 Ft.) Nettes kleines Restaurant bei der Molnár Pension.

Abaliget

☎ 72 / 660 Ew.

Abaliget (Abaling) liegt rund 3 km nördlich von Orfű und ist nur per Bus oder zu Fuß über einen Bergpfad zu erreichen. Er beginnt hinter dem Panoráma Camping. Der Ort ist ruhig, aber nicht attraktiv. Hauptsehenswürdigkeit ist die **Abaliget-Höhle** (☎ 498 766; Erw./Kind 750/550 Ft.; April–Sept. 9–18 Uhr, Okt.–März 10–15 Uhr) – mit 1,3 km Länge die längste öffentlich zugängliche Höhle Süd-Transdanubiens. Wirklich begehbar sind aber nur 450 m.

In der Kossuth Lajos utca, der Hauptstraße, gibt es ein paar Privatzimmer und Pensionen. Eine Alternative ist **Barlang Camping** (☎ 515 700; Stellplätze pro Erw./Kind/Zelt 800/400/1000 Ft., Pension Zi. 5400 Ft., Bungalows 6600 Ft.; P) am winzigen Dorfsee. Der Campingplatz ist okay, aber die Pension ist nur etwas für Leute, die keine Alternative haben.

Der letzte Bus nach Pécs fährt täglich um 20.18 Uhr vor der Höhle ab.

KAPOSVÁR

☎ 82 / 68 700 Ew.

Nach den hässlichen Vorstädten von Kaposvár (Kopisch) ist die Überraschung in der Innenstadt umso größer: Die charmante Hauptstraße wird von pastellfarbenen zweigeschossigen Häusern und unzähligen Zeugen der Geschichte gesäumt. Gleich drei berühmte ungarische Maler kommen aus dem Ort: die Postimpressionisten József Rippl-Rónai und János Vaszary und Aurél Bernáth.

Das Gergely-Csiky-Theater gehört zu den besten Bühnen außerhalb von Budapest. Kaposvár ist die Hauptstadt des Komitats Somogy, das immer mit dem Plattensee in Verbindung gebracht wird, und das zu Recht: Das gesamte touristisch erschlossene Südufer des Sees – von Siófok bis Balatonberény rund 55 km weiter nördlich – gehört zum Komitat.

Orientierung

Busbahnhof und Bahnhof liegen nur eine Querstraße voneinander entfernt in der Budai Nagy Antal utca südlich des Stadtzentrums. Von hier aus führt die Teleki utca zum Kossuth tér und weiter in die Fő utca, eine malerische Fußgängerzone, in der immer etwas los ist.

Praktische Informationen

Hauptpost (Bajcsy-Zsilinszky utca 15) Westlich vom Széchenyi tér.

OTP-Bank (Széchenyi tér 2) Mehrere Geldautomaten.

Tourinform (☎ 512 921; kaposvar@tourinform.hu; Fő utca 8; 🕒 Mitte Juni–Mitte Sept. Mo–Fr 9–18, Sa 9–17, So 9–14 Uhr, Mitte Sept.–Mitte Juni Mo–Fr 9–17, Sa 9–14 Uhr) Kostenloser Internetzugang.

www.kaposvar.hu Gut für Informationen über die Stadt.

Sehenswertes

Mitten zwischen den hübschen, pastellfarbenen Gebäuden in der Fő utca steht das alte Rathaus (1820; Nr. 10). Heute beherbergt es zwei Museen: das **Komitat-Somogy-Museum und das Rippl-Rónai-Museum** (☎ 314 114; Erw./Kind 600/300 Ft.; 🕒 April–Okt. Di–So 10–16 Uhr, Nov.–März Di–So 10–15 Uhr).

Das Komitat-Somogy-Museum zeigt eine große ethnografische Sammlung und eine Galerie für moderne Kunst im Erdgeschoss. Im 1. Stock hängt eine große Gemäldesammlung, darunter Werke von Vaszary, Bernáth und Béla Kádár.

Zu den besonders schönen Exponaten der Volkskundesammlung gehören die Holz- und Knochenschnitzereien (in denen die Schweinehirten des Komitats Meister waren) und Beispiele der berühmten, mit

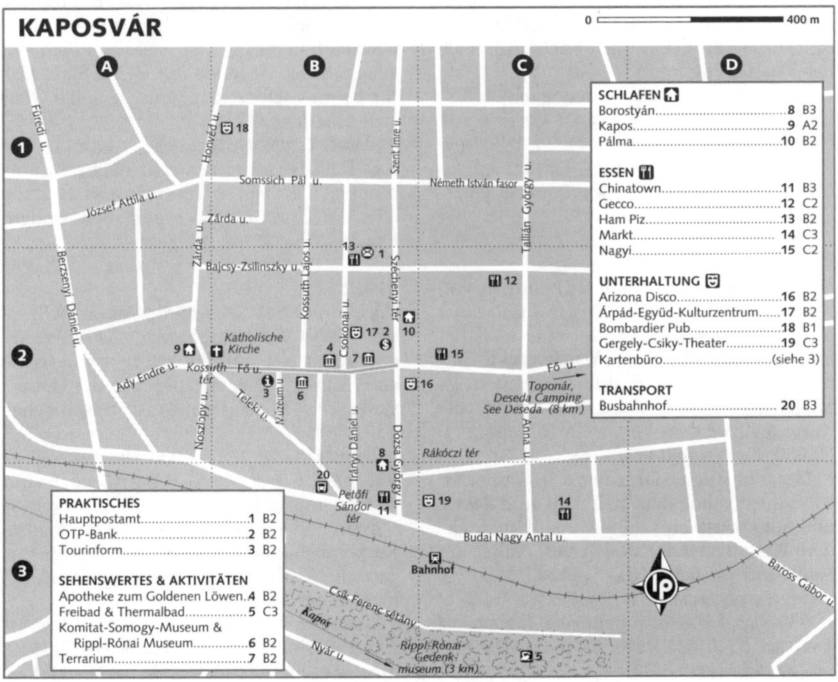

Indigo gefärbten Baumwollstoffe (*kékfestő*). Sehenswert ist die Ausstellung über die berüchtigten Outlaws des Komitats (darunter der heißblütige „Hufeisen-Stephan") sowie die Trachten der kroatischen Minderheit, die wie die Chinesen in Trauerzeiten ihre Häuser in Weiß schmückten. Das oberste Stockwerk zeigt Gemälde von Ödön Rippl-Rónai. Er war der Bruder des berühmtesten Malers aus Kaposvár, József Rippl-Rónai (1861–1927), dem wahrscheinlich besten Maler Ungarns.

József Rippl-Rónai wurde in der Fő Nr. 19 geboren, über der historisch eingerichteten **Apotheke zum Goldenen Löwen** (Aranyoroszlán Patika; Eintritt frei; Mo–Fr 7.30–18 Uhr). Das Haus wurde 1774 gebaut und enthält heute ein Museum. Die meisten Werke des Malers hängen im **Rippl-Rónai-Gedächtnismuseum** (Rippl-Rónai Emlékmúzeum; ☎ 422 144; Róma-hegy 88; Erw./Kind 400/200 Ft.; April–Okt. Di–So 10–18 Uhr, Nov.–März 10–16 Uhr). Die schöne Villa rund 3 km südöstlich des Stadtzentrums stammt aus dem 19. Jh.

Das 1911 gebaute creme- und zitronenfarbene sezessionistische **Gergely-Csiky-Theater** (Rákóczi tér 2) hat Hunderte von Bogenfenstern und ist architektonisch so interessant, dass sich der Besuch auch außerhalb der Vorstellung lohnt.

Wer sich traut, sollte in den feuchten Keller mit dem **Terrarium** (☎ 424 460; Fő utca 31; Erw./Kind 600/400 Ft.; Mo–Fr 9–17, Sa 9–12, So 14–17 Uhr) hinuntersteigen: Kobras, Kaimane, Boas und eine Python so dick wie Popeyes Oberarme erwarten die Besucher.

Aktivitäten

Die Region Zselic (Zselicség) südlich von Kaposvár ist rund 9000 ha groß und steht unter Naturschutz. Wanderwege erschließen das Gebiet, bequeme **Wanderungen** führen durch Dörfer, Wälder und niedrige Hügellandschaften. Ganz hilfreich ist die Karte *A Zselic* vom Verlag Cartographia (1: 60 000; Nr. 17; 800 Ft.).

Der künstliche Desedasee in Toponár, 8 km nordöstlich der Stadt, lädt zum **Radeln** und **Schwimmen** ein; möglich sind auch andere **Wassersportarten** und **Tennis**. Näher am Stadtzentrum liegen das **Freibad** (☎ 321 044; Csík Ferenc sétány; Eintritt 220 Ft.; Mitte Mai–Aug. Di–So 9–19 Uhr) und das dazugehörige **Thermalbad** (Erw./Kind Mo–Fr 300/170 Ft., Sa & So 490/220 Ft.; ganzjährig Di–So 9–19 Uhr).

Festivals & Events

Kaposvárs größtes Ereignis ist das **Stadt-der-Maler-Festival** Ende Mai. Es bietet eine Fülle künstlerischer Darbietungen aus den Bereichen Musik und Tanz.

Schlafen

Tourinform hat Infos über Privatzimmer (ab 3000 Ft.), übernimmt aber leider *nicht* die Buchung.

Borostyán (☎ 512 475; Rákóczi tér 3; EZ/DZ ab 7900/8900 Ft.; P) Exklusives Jugendstilhaus mit sechs Zimmern, es ist sicherlich die interessanteste Karawanserei außerhalb der Hauptstadt. Die Zimmer sind mehr als geräumig, geschmackvoll eingerichtet und haben Bäder mit Wannen.

Pálma (☎ 420 227; Széchenyi tér 6; Zi. 6800 Ft.; P) In Anbetracht der Lage unweit des Zentrums ist die Pension erstaunlich ruhig und beschaulich. Die Zimmer sind groß und mit bequemen, wenn auch nicht ganz stilechten Möbeln ausgestattet. Das Frühstück wird auf der überdachten rückwärtig liegenden Terrasse serviert.

Kapos (☎ 316 022; www.kaposhotel.hu; Kossuth tér; EZ/DZ ab 5900/8000 Ft.; P) Das Kapos war wahrscheinlich mal das luxuriöseste Haus der Stadt; heute aber ist es ein ziemlich unansehnliches Gebäude mit wenig Flair. Dafür liegt es sehr zentral, das Personal freut sich über jeden Gast.

Deseda Camping (☎ 312 020; Mitte Juni–Ende Aug.) Deseda ist der zentrumsnächste Campingplatz. Er liegt in Toponár und ideal für alle, die den Desedasee genießen wollen. Der Platz hat keine Bungalows.

Essen

Chinatown (☎ 424 828; Budai Nagy Antal utca 9; Hauptgerichte 700–1200 Ft., Mittagskarte 500–700 Ft.) Wahrscheinlich die authentischste chinesisch-amerikanische Küche außerhalb der Hauptstadt; das Mittagsmenü ist unschlagbar günstig.

Borostyán (☎ 512 475; Rákóczi tér 3; Hauptgerichte 1000–1800 Ft.; Mo–Sa bis 23 Uhr) Gehört zum gleichnamigen Hotel. Das farbenfrohe Restaurant und Café hat die Wände mit Kunstwerken behängt und kocht erstklassige ungarische Küche. Dazu kommt noch ein ruhiger Innenhof.

Gecco (☎ 312 993; Bajcsy-Zsilinszky utca 54; Hauptgerichte 1500–200 Ft.) Ein mexikanisches Restaurant mitten in Ungarn! Wunder gibt es immer wieder. Wer es richtig scharf mag, kommt hier allerdings nicht ganz auf seine Kosten.

Nagyi (☎ 315 433; Fő utca 35; Mittagsgericht 500 Ft.; ⌚ Mo–Fr 7–20, Sa 10–16 Uhr) Das Nagyi ist so eine Art „schwarzes Loch" für Leute, die im Zentrum arbeiten. Die meisten kommen einfach nicht vorbei, ohne unweigerlich hineingesogen zu werden – angezogen von den günstigen, schnellen und guten Mittagsgerichten. Wer immer sich in die Nähe wagt, den wird vermutlich das gleiche Schicksal ereilen.

Ham Piz (Bajcsy-Zsilinszky utca 13; Burger & Pizza ab 350 Ft.) Nahe der Hauptpost gelegen, zieht das Lokal Grüppchen von quasselnden Studenten an, aber auch andere, die günstig essen wollen. Die Bedienung ist schnell, das Fastfoodessen sättigend.

Der Obst- und Gemüse-**Markt** findet östlich vom Rákóczi tér statt.

Unterhaltung

Im **Árpád-Együd-Kulturzentrum** (☎ 512 228; Csokonai utca 1) gibt es Infos über die Kulturevents in Kaposvár, Gleiches gilt für das kostenlose, vierzehntägig erscheinende Magazin *Kapo Est*.

Gergely-Csiky-Theater (☎ 528 458; Rákóczi tér 2) Das Theater war in den 1970er-Jahren die Speerspitze der künstlerischen Erneuerung Ungarns. Es ist ein Meisterwerk des Jugendstils (oder des Sezessionismus), hätte allerdings dringend eine Renovierung nötig. Die Produktionen des Hauses genießen landesweit einen hervorragenden Ruf. Das **Kartenbüro** (☎ 511 208; Fő utca 8; ⌚ Mo–Fr 8.30–12.30 & 13–17, Sa 8.30–12 Uhr) ist in den Räumen von Tourinform untergebracht.

Kaposvár ist berühmt für seine Chöre; überall in der Stadt finden Konzerte statt, u. a. in der katholischen Kirche auf dem Kossuth tér.

Kaposvár hat zwei Clubs, die sich um die Kundschaft streiten: Im Moment hat die **Arizona Disco** (☎ 411 443; Fő utca 14) im Zentrum die Nase vorn, gefolgt vom **Bombardier Pub** (☎ 423 721; Honvéd utca 8).

An- & Weiterreise

BUS

Zwölf Busse fahren täglich nach Pécs (786 Ft., 1½ Std., 65 km). Weitere Fahrtziele sind Hévíz (1150 Ft., 2¼ Std., 95 km, 2-mal tgl.), Nagykanizsa (968 Ft., 1¾ Std., 77 km, 2-mal tgl.), Szekszárd (1210 Ft., 2½ Std., 99 km, 1-mal tgl.), Szigetvár (544 Ft., 1¼ Std., 40 km, 2-mal tgl.), Szombathely (2300 Ft., 3½ Std., 188 km, 3-mal tgl.) und Zalaegerszeg (1570 Ft., 2½ Std., 128 km, 4-mal tgl.).

ZUG

Mit dem Zug ist Kaposvár über Siófok am Ost- und Fonyód am Westende des Südufers des Plattensees erreichbar. Eine weitere Strecke verbindet Kaposvár bis zu zweimal täglich mit Budapest (2030 Ft., 3½ Std., 195 km; via Dombóvár) im Nordosten. Richtung Westen fährt ein Zug nach Gyékényes (658 Ft., 1½ Std., 70 km, 2-mal tgl.).

Unterwegs vor Ort

Die Buslinien 8 und 18 fahren bis zum See und dem Campingplatz in Toponár. Zum Rippl-Rónai-Gedächtnismuseum in Rómahegy fährt die Buslinie 15. Die lokalen Taxis werden unter ☎ 555 555 gerufen.

SZIGETVÁR

☎ 73 / 11 350 Ew.

Szigetvár (Gränz) ist ein beschauliches Städtchen 33 km westlich von Pécs und 40 km südlich von Kaposvár. Hier gibt es eine der berühmtesten Burgen Ungarns und eine Hand voll Gebäude aus der türkischen Besatzungszeit. Ganz in der Nähe liegt der Park der türkisch-ungarischen Freundschaft – ein Zeichen der Versöhnung zwischen den historischen Feinden.

Den Ort gab es schon zu keltischer Zeit, lange bevor die Römer kamen und ihn in Limosa umtauften. Die einfallenden Magyaren erkannten seine strategische Bedeutung und errichteten 1420 eine Festung auf einer kleinen Insel im Sumpfgebiet von Almás. Szigetvár bedeutet nichts anderes als „Inselburg". Gleichwohl würde sich Szigetvár von anderen Städten in Süd-Transdanubien nicht abheben, wenn sich hier nicht die Ereignisse im September 1566 abgespielt hätten (s. Kasten S. 329).

Orientierung

Bus- und Eisenbahnhof liegen nahe beieinander am Ende der Rákóczi utca südlich der Stadtmitte. Die Rákóczi führt Richtung Norden zum reizvollen Zrínyi tér im Zentrum. Von der Nordseite des Platzes geht es über die Vár utca zur Burg.

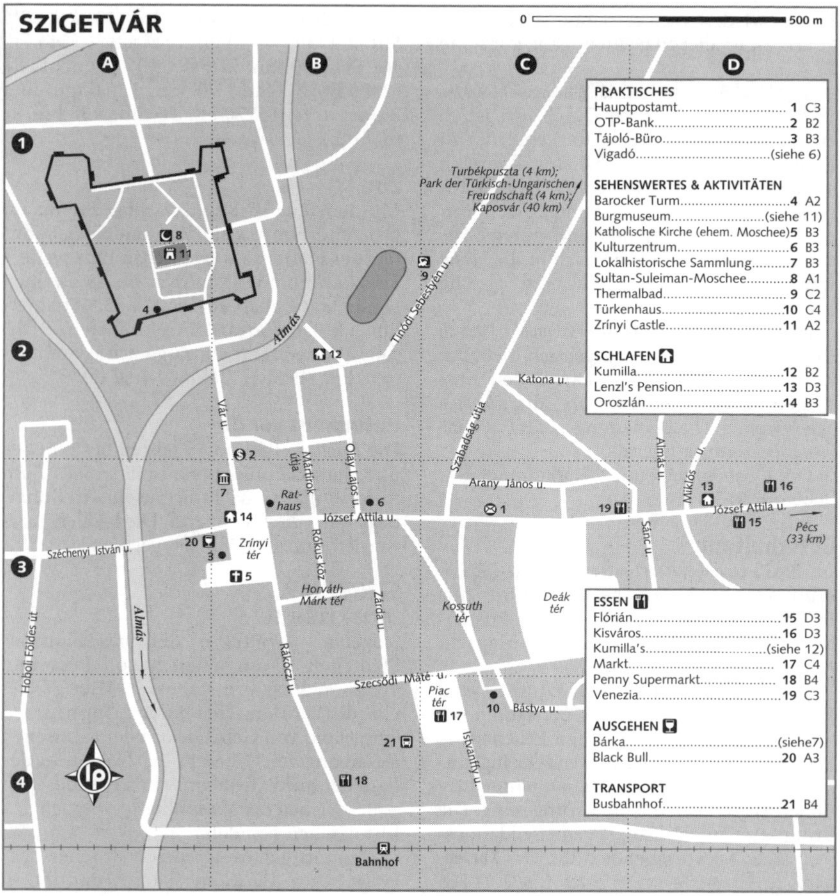

Praktische Informationen

Hauptpost (József Attila utca 27–31)

OTP-Bank (Vár utca 4) Auf dem Weg zur Burg, mit Geldautomat.

Tájoló-Büro (☎ 312 654; Zrínyi tér 3; ⌚ Mo–Do 9–16, Fr 9–15 Uhr) Bietet grundsätzliche Informationen über die Stadt.

Vigadó (József Attila utca; 1 Std. 200 Ft.; ⌚ Mo, Di & Fr 9–17, Mi & Do 9–15 Uhr) Mit Internetzugang.

Burg Zrínyi

Miklós Zrínyi würde die viereckige **Burg** (Vár utca; Erw./Kind 400/250 Ft.; ⌚ Mai–Sept. Di–So 9–17 Uhr, April & Okt. Di–So 9–15 Uhr) vermutlich nicht wieder erkennen, die er vor über 400 Jahren so tapfer verteidigte. Die Türken verstärkten die Bollwerke und fügten Anbauten an; im 18. Jh. errichteten die Ungarn die Anlage zum großen Teil neu. Heute sind nur noch ein paar wenige Elemente von historischem Interesse: die 3 bis 6 m dicken Mauern, die durch vier Bollwerke verbunden sind, der **barocke Turm**, der die Südmauer krönt, und die Moschee. Die **Sultan-Suleiman-Moschee** (Szulejmán pasa dzsámija) stammt aus dem 16. Jh. und hat ein gestutztes Minarett. Die einstige Sommerresidenz von Graf Andrássy (1930) beherbergt heute das **Burgmuseum**.

Natürlich konzentrieren sich die Exponate des Burgmuseums auf die Belagerung und ihre Schlüsselfiguren: Zrínyi ist unbestritten *der* Superheld. Es wird detailliert berichtet, wie Suleiman binnen 16 Tagen eine Brücke über die Dráva baute, um in

Szigetvár einzufallen. Die Miniaturen von ungarischen Soldaten, die gefangen genommen, abgeschlachtet und dann verbrannt werden, sind immer noch ein ziemlich grausamer Anblick. Auch an den Minnesänger und Dichter des 16. Jhs., Sebestyén Tinódi, wird ausführlich erinnert: Er kam in Szigetvár zur Welt. Die Moschee nebenan war im Jahr der Belagerung gerade fertig geworden; ihre Bögen, Gebetsnischen (Mihrab) und arabischen Inschriften an den Wänden sind schön gearbeitet.

Heute hat in der Stätte eine Kunstgalerie ihre Räume. Im Norden der Moschee gibt es ein kleines *büfé* (Snackbar).

NOCH MEHR SEHENSWERTES

Die kleine **lokalhistorische Sammlung** (Helytörténeti Gyűjtemény; Vár utca 1; Erw./Kind 200/100 Ft.; ⌚ Di–Sa 9–16 Uhr) ist ein Sammelsurium aus Folkloreschnitzereien, Stickarbeiten und Preziosen aus umliegenden Kirchen. Darüber hinaus enthält sie eine großartige Sammlung an Ladenschildern aus dem 18. und 19. Jh. sowie Schlösser und Schlüssel der Burg.

Dass die barocke **katholische Kirche** (Zrínyi tér 9; Eintritt frei) einst die Pasha-Ali-Moschee (1589) war, ist nur noch an den Eselsrückenfenstern und dem fünfeckigen Dach zu erkennen. Das Altarbild mit der Kreuzigungsszene und die Deckenfresken, die den Tod des Soldaten Zrínyi und seines Widersachers Suleiman zeigen, wurden 789 von István Dorffmeister geschaffen.

Unweit des Busbahnhofs befindet sich das **Türkenhaus** (Török-ház; Bástya utca 3; Erw./Kind 200/100 Ft.; ⌚ Juni–Sept. Di–So 10–12, 13–15 Uhr) aus dem 16. Jh. Während der Besatzungszeit war es eine Karawanserei, heute sind darin türkische Miniaturen ausgestellt.

Die katholische Kirche in Turbékpuszta, rund 4 km nordöstlich von Szigetvár, war ursprünglich als **Grab für Suleiman** gebaut worden. Gemäß der Tradition liegt hier aber nur das Herz des Sultans. Sein Sohn und Nachfolger, Selim II., hatte den Leichnam wieder ausgraben und in die Türkei überführen lassen.

Etwa 4 km nördlich von Szigetvár liegt an der Straße 67 nach Kaposvár ein Schlachtfeld aus der Türkenzeit. Hier wurde der **Park der türkisch-ungarischen Freundschaft** (Török-Magyar barátság parkja; ⌚ Sonnenaufgang–Sonnenuntergang) mit interessanten Gedenksteinen in Form von Kuppeln oder Turbanen angelegt, außerdem stehen hier Statuen zu Ehren von Suleiman und Zrínyi.

Nicht zu verfehlen ist das auffällige **Kulturzentrum** (Városi Művelődési Ház; József Attila utca), das – wie könnte es anders ein – aus der kreativen Feder des extravaganten Architekten Imre Makovecz stammt. Ein weiteres Beispiel seines „organischen" Stils.

Aktivitäten

Szigetvárs **Thermalbad** (☎ 312 840; Tinódi Sebestyén utca 23) wurde kürzlich renoviert und soll nach seiner Wiedereröffnung täglich von 9 bis 17 bzw. 19 Uhr geöffnet sein.

DER AUSFALL VON SZIGETVÁR

Ende 1566 trotzten in Szigetvár über einen Monat lang Hauptmann Miklós Zrínyi und seine 2500 ungarischen und kroatischen Soldaten 80 000 feindlichen Türken. Der türkische Führer Sultan Suleiman I. versuchte schon zum siebten Mal, nach Wien vorzustoßen. Er war fest entschlossen, diesen „Maulwurfshügel", wie er verächtlich sagte, einzunehmen. Als den Verteidigern Wasser und Vorräte ausgingen – der Habsburger Kaiser Maximilian II. hatte Verstärkung aus Győr verweigert –, blieb Zrínyi nur noch der selbstmörderische Ausfall. Als die Wasserburg in Flammen aufging, kämpften die Feinde Mann gegen Mann. Praktisch alle Soldaten der ungarischen Seite, darunter Zrínyi selbst, wurden getötet. Etwa ein Viertel der türkischen Truppen kam bei der Belagerung um. Als Suleiman im Kampf an einem Herzinfarkt starb, wurde seine Leiche auf einen Stuhl gebunden: Seine Männer sollten nicht den Mut verlieren, außerdem sollte verhindert werden, dass ein Machtkampf ausbrach, ehe sein Sohn das Kommando übernehmen konnte.

Mehr als alle anderen Helden der ungarischen Geschichte werden Zrínyi und seine Mannen für ihre Aufopferung zum Wohle der Nation und zur Bewahrung Wiens – und damit ganz Europas – vor der türkischen Eroberung verehrt. Der Urenkel und Namensvetter des tapferen Kommandeurs, Dichter Miklós Zrínyi (1620–64), machte die Episode mit dem Epos *Der Fall von Sziget* unsterblich. Noch heute ist das Gedicht in Ungarn bekannt und wird gern gelesen.

Schlafen

Das Tájoló-Reisebüro hilft bei der Suche nach einem Privatzimmer.

Kumilla (☎ 514 015; szik.kft@axelero.hu; Olay Lajos utca 6; EZ/DZ ab 5200/7000 Ft.; Ⓟ) Das Kumilla sieht allmählich ein wenig heruntergekommen aus. Dennoch ist es mit seiner ruhigen Lage an einem kleinen Fluss, dem Blick auf die Burg, dem freundlichen Personal und den gemütlichen Zimmern immer noch die erste Wahl in Szigetvár.

Lenzl's Pension (☎ 413 045; lenzls@dravanet.hu; József Attila utca 63; EZ/DZ ab 4000/4500 Ft.; Ⓟ) Die freundliche Pension bietet kleine, aber schöne Zimmer (manche davon mit Balkon), kostenlose Parkplätze und ein Restaurant im Erdgeschoss.

Oroszlán (☎ 310 116; mexbor@axelero.hu; Zrínyi tér 2; EZ/DZ 7300/9600 Ft.; Ⓟ) Mit seinen allzu funktionellen Zimmern und der langweiligen Ausstattung ist das Oroszlán nur dann eine Wahl, wenn alle anderen Unterkünfte ausgebucht sind.

Essen & Ausgehen

Flórián (☎ 311 939; József Attila utca 58; Hauptgerichte 1000 Ft.) Das einfache Restaurant hat einen netten Garten hinterm Haus und abseits der verkehrsreichen Hauptstraße. Die fleischlastige Speisekarte wurde durch ein paar vegetarische Hauptgerichte ergänzt.

Kumilla's (☎ 514 015; Olay Lajos utca 6; Hauptgerichte 800–1500 Ft.) Gehört zum gleichnamigen Hotel. Nettes, ruhiges Restaurant mit großer Terrasse und solider ungarischer Küche.

Venezia (József Attila utca 41; Pizza ab 500 Ft.) Das Venezia ist die beste Adresse der Stadt für Freunde der Pizza. Leider stehen die Tische draußen direkt an der lauten József Attila utca.

Kisváros (☎ 312 514; József Attila utca 81; Hauptgerichte 800 Ft.) Das einfache ungarische Restaurant liegt gleich gegenüber dem Flórián. Innen ist es ziemlich schmuddelig, aber draußen – hinter dem Haus – kann man schön sitzen.

Der Markt von Szigetvár unweit von Busbahnhof und Bahnhof bietet den üblichen Mix aus Imbissbuden, Obst- und Gemüseständen und Ständen mit Billigkram.

Szigetvár ist nicht gerade berühmt für sein Nachtleben. Es gibt aber ein paar Möglichkeiten, abends in aller Ruhe etwas trinken zu gehen. Das **Black Bull** (Széchenyi utca 2) serviert zwar nur mittelmäßige Pizza, aber die Leute treffen sich dort gern auf ein Bier. Das **Bárka** (Vár utca 1), eine kleine Cafébar in der lokalhistorischen Sammlung, ist etwas für alle, die einen ruhigen Abend verbringen wollen.

An- & Weiterreise

BUS

Neun Busse fahren täglich nach Pécs (423 Ft., 50 Min., 35 km), zwei nach Kaposvár (544 Ft., 1¼ Std., 40 km). Außerdem gibt es Busverbindungen nach Hévíz (1930 Ft., 3½ Std., 154 km, 1-mal tgl.), Nagykanizsa (1330 Ft., 2½ Std., 107 km, 4-mal tgl.), Sellye (423 Ft., 50 Min., 31 km, 1-mal tgl.) und Siklós (907 Ft., 2 Std., 72 km, 3-mal tgl.).

ZUG

Szigetvár liegt auf der Strecke, die Pécs (346 Ft., 45 Min., 34 km) und Nagykanizsa (1212 Ft., 2 Std., 114 km) verbindet. Der 84 km lange Streckenabschnitt von Barcs nach Nagykanizsa folgt dem Lauf der Dráva und ist landschaftlich sehr reizvoll, besonders rund um Vízvár und Bélavár. Wer Ungarn auf diesem Weg verlassen möchte, muss in Murakeresztúr (zwei Stationen vor Nagykanizsa) umsteigen, wo die Züge Richtung Zagreb oder Ljubljana durchfahren.

NAGYKANIZSA

☎ 93 / 52 100 Ew.

Nagykanizsa hat keine besonderen Sehenswürdigkeiten. Alles dreht sich hier um Öl, die Herstellung von Glühbirnen und Möbeln und das Bierbrauen. Dafür liegt der Ort ziemlich zentral: Von Nagykanizsa ist es nicht weit nach West-Transdanubien, zu beiden Ufern des Plattensees, nach Italien, Slowenien, Kroatien und an die Strände der dalmatinischen Adria.

Orientierung

Der Bahnhof liegt südlich vom Stadtzentrum in der Ady Endre utca. Die Straße erreicht nach 1,2 km die Fő út, die Hauptstraße im Zentrum. Der Busbahnhof liegt westlich vom Erzsébet tér im Zentrum.

Praktische Informationen

Hauptpost (Ady Endre utca 10)
OTP-Bank (15 Deák Ferenc tér)
OTP-Bank (6 Ady Endre utca)
Tourinform (☎ 313 285; nagykanizsa@tourinform.hu;

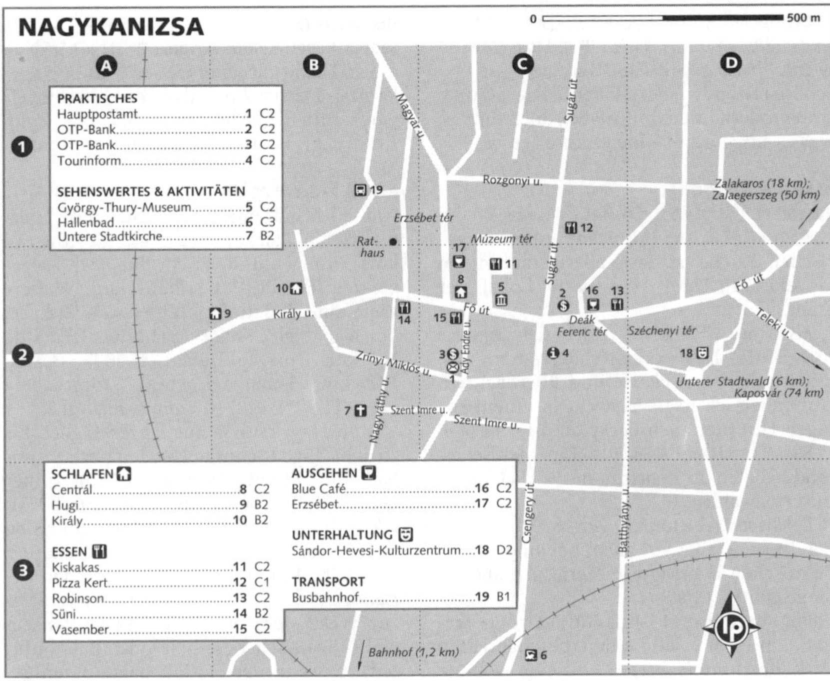

Csengery út 1–3; Mo–Fr 9–17, Sa 9–13 Uhr) Hilfsbereite, gut informierte Mitarbeiter. Kostenloser Internetzugang.

Sehenswertes

Das **György-Thury-Museum** (☎ 317 233; Fő út 5) wurde kürzlich renoviert. Die Ausstellungsinhalte werden sich nicht ändern, zu sehen gibt es also Volkskunst aus der Gegend und bäuerliche Alltagsgegenstände aus der ersten Hälfte des 20. Jhs. Die Tourinform kann sagen, ob das Museum wieder geöffnet hat und wie die neuen Preise und Öffnungszeiten sind.

Der Bau der franziskanischen **Unteren Stadtkirche** (Alsóvárosi templom; Ecke Szent Imre utca & Nagyváthy utca; Eintritt frei) begann 1702, wurde aber erst 100 Jahre später vollendet. Besonders schön sind das kunstvolle Stuckwerk und die Rokokokanzel. Das Weihwasserbecken wurde aus dem Grabstein des türkischen Generals Pasha Mustafa gefertigt.

Aktivitäten

Mitten im so genannten Unteren Stadtwald (Alsóvárosi erdő) 6 km östlich vom Zentrum liegt ein See, auf dem man im Sommer **Boot fahren** kann.

In der Csengery út 49 gibt es ein **Freibad** (Erw./Kind 340/170 Ft.; Mitte Juni–Anf. Sept. 9.30–18.30 Uhr) und ein **Hallenbad** (Erw./Kind 340/170 Ft.; ganzjährig Mo 11–19, Di–Do 6–20, Fr 6–19, Sa & So 9–18 Uhr). Für Freunde von Thermalbädern gibt es ein Bad in **Zalakaros**. Der Ort liegt 18 km weiter nordöstlich in der Nähe des Kleinen Plattensees (Kis-Balaton). Die Zalakarosquelle, die mit unglaublichen 92 °C aus der Erde schießt, wurde Anfang der 1960er-Jahre zufällig bei Erdölbohrungen entdeckt.

Schlafen

Hugi (☎ 336 100; Király utca 7; EZ/DZ 5000/7500 Ft.; P) Die bodenständige Pension ist vom Zentrum aus gut zu Fuß erreichbar. Sie bietet große Zimmer und einen sicheren Parkplatz. In Anbetracht der Lage ist es hier außerdem überraschend ruhig.

Király (☎ 325 480; Király utca 29; EZ/DZ 5400/8200 Ft.) Nette Pension im 1. Stock eines kleinen Einkaufs- und Bürogebäudes mit neun großen, hellen Zimmern.

Centrál (☎ 314 000; hotelcentral@chello.hu; Erzsébet tér 23; EZ/DZ 11 000/13 000 Ft.; P) Das Central wurde 1912 gebaut und hat sich auf Geschäftsreisende spezialisiert. Die Räume sind modern und komfortabel, doch für das, was es insgesamt so bietet, ist es zu teuer.

Essen & Ausgehen

Vasember (☎ 314 555; Erzsébet tér 1; Hauptgerichte 1000 Ft.) Mit seiner konstant guten ungarischen Küche ist das Kellerrestaurant im „Eisenmann-Haus" das beste Lokal der Stadt.

Kiskakas (☎ 321 600; Múzeum tér 6; Hauptgerichte 1000–2000 Ft.) Das exklusive Restaurant mit ungarischer Speisekarte und überdachtem Außenbereich liegt versteckt in einem ruhigen Hof (der auch Parkplatz ist).

Süni (Erzsébet tér 2; Eis ab 90 Ft.) Eine der besseren Eisdielen im Zentrum mit wirlich enormer Auswahl.

Robinson (Deák Ferenc tér 9; Pizza ab 800 Ft.) Ziemlich finstere, aber vor allem bei jungen Einheimischen angesagte Pizzeria, die abends lange geöffnet hat.

Pizza Kert (Sugár út 5; Pizza 800 Ft.) Große Terrasse mit Blick auf einen beschaulichen Park, dazu große Pizzen und eine wohltuend entspannte Atmosphäre.

Anfang Oktober fließt bei den Kanizsai-Tagen das einheimische Kanizsai-Bier in Strömen. Es gibt ein paar nette Kneipen und Bars, darunter das **Blue Café** (Deák Ferenc tér 13; ⏲ So–Do 11–22, Fr & Sa 11–2 Uhr) im Retrostil – mit Bar aus Glasbausteinen und Neonlicht – und das **Erzsébet** (Erzsébet tér 21; ⏲ Mo–So 9–24 Uhr), eine kultivierte Cafébar mit Tischen an der Straße für den Kaffee untertags und sonstige Drinks am Abend.

Ausgehen

Sándor-Hevesi-Kulturzentrum (☎ 311 468; Széchenyi tér 5–9) Die Mitarbeiter wissen, was in Nagykanizsa los ist. Auch das kostenlose zweiwöchentlich erscheinende Magazin *Zalai Est* druckt das aktuelle Kulturprogramm.

An- & Weiterreise

Alle 30 Minuten fährt ein Bus zum Thermalbad in Zalakaros (241 Ft., 25 Min., 18 km), einmal stündlich ein Bus nach Zalaegerszeg (665 Ft., 1¼ Std., 51 km). Weitere Ziele sind Keszthely (725 Ft., 1½ Std., 59 km, 6-mal tgl.), Kaposvár (1330 Ft., 2½ Std., 107 km, 4-mal tgl.), Pécs (1820 Ft., 3 Std., 142 km, 5-mal tgl.) und Szombathely (1330 Ft., 2½ Std., 107 km, 6-mal tgl.).

Von Nagykanizsa aus fahren täglich bis zu acht Züge Richtung Norden nach Szombathely (1212 Ft., 2¼ Std., 102 km), einer täglich Richtung Süden nach Zagreb. Direktverbindungen gibt es zu den Bahnhöfen Déli, Kelenföld und Keleti in Budapest (2360 Ft., 4 Std., 221 Ft.) sowie zu den Ferienorten am Südufer des Plattensees. Wer zur West- oder Nordseite des Plattensees will (etwa nach Keszthely oder Balatonfüred), muss in der Station Balatonszentgyörgy noch mal umsteigen.

Unterwegs vor Ort

Eigentlich lässt sich in Nagykanizsa alles gut zu Fuß erlaufen. Vom Bahnhof aus fährt die Buslinie 18 zum Busbahnhof und ins Stadtzentrum. Die Buslinie 17/b hat ihre Endhaltestelle beim Rudersee im Unteren Stadtwald. Der Zug nach Budapest hält ebenfalls am See, dafür an der ersten Haltestelle (Nagyrécse) aussteigen.

Nördliches Mittelgebirge

Bei den Höhenzügen des Nördlichen Mittelgebirges (Északi Középhegység), das auch Nördliches Hochland (Északi Felföld) genannt wird, darf keiner hohe, schneebedeckte Gipfel und anspruchsvolle Klettertouren durch eine unberührte Wildnis erwarten. Der höchste Berg im Mátra-Gebirge, der Kékes, erreicht gerade einmal 1014 m. Doch in einem Land, das zum größten Teil platt wie ein Brett ist, stehen die Ausläufer der Karpaten nicht nur landschaftlich hoch über den ungarischen Weiten, sondern sind auch in puncto Natur und Freizeitmöglichkeiten ein Highlight des Landes.

Dicht bewaldete, teilweise dünn besiedelte Hügellandschaften (in denen es dennoch genügend Unterkünfte gibt) bieten eine Fülle von Wandermöglichkeiten. Weinberge überziehen die tiefer gelegenen Hänge und liefern – vor allem in der Gegend von Tokaj – einige der besten ungarischen Weine. Ganz im Norden in der Karstregion Aggtelek liegt mit der Baradla-Höhle Europas größtes Tropfsteinhöhlensystem. Es ist 25 km lang.

Nicht nur die Natur setzt Glanzlichter im Norden Ungarns. Zeugnisse der Vergangenheit – alte Burgen und Ruinen – reihen sich hier aneinander wie Perlen auf einer Schnur und erinnern an die unzähligen gewonnenen und verlorenen Schlachten der Ungarn. Eger, das seit Jahr und Tag mit Pécs im Wettstreit um den Spitzenplatz als Provinzmetropole liegt, zieht mit seinem weltberühmten Rotwein, dem „Erlauer Stierblut", seinen Barockbauten und seiner charmant-provinziellen Atmosphäre selbst die anspruchsvollsten Reisenden in seinen Bann. Im Nördlichen Mittelgebirge leben noch ursprüngliche Volksgruppen wie die Palozen im Cserhát-Gebirge und die Matyós in Mezőkövesd.

HIGHLIGHTS

- Besuch von Burgen, Burgen und nochmal Burgen – sei es die einsame Rebellenfestung **Burg Füzér** (S. 380) oder Boldogkőváraljas Bollwerk **Burg Boldogkő** (S. 371)
- Streifzüge durch **Eger** (S. 352) mit seinen berühmten Weinen, der sehenswerten Barockarchitektur und der beschwingten Lebensart
- Wanderungen durch die sattgrünen Wälder des **Zemplén-Gebirges** (S. 371), des **Mátra-Gebirges** (S. 345) und des **Bükk-Gebirges** (S. 351)
- Ein Streifzug durch das Dorf **Hollókő** (S. 339), wo Volkskunst und volkstümliche Traditionen noch heute gepflegt werden
- Höhlenexpeditionen im **Nationalpark Aggtelek** (S. 368), wo die größte Tropfsteinhöhle Europas besucht werden kann

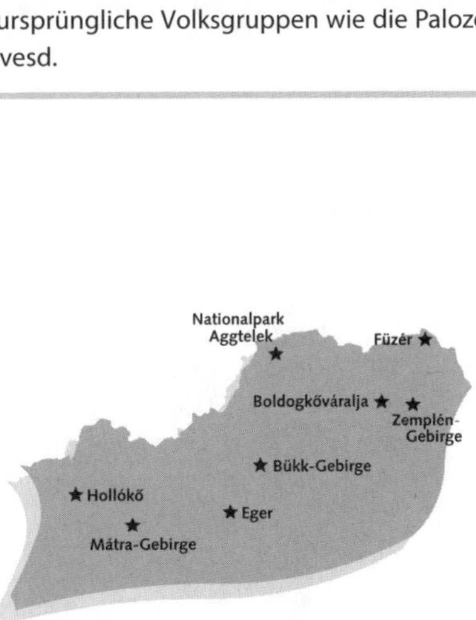

NÖRDLICHES MITTELGEBIRGE

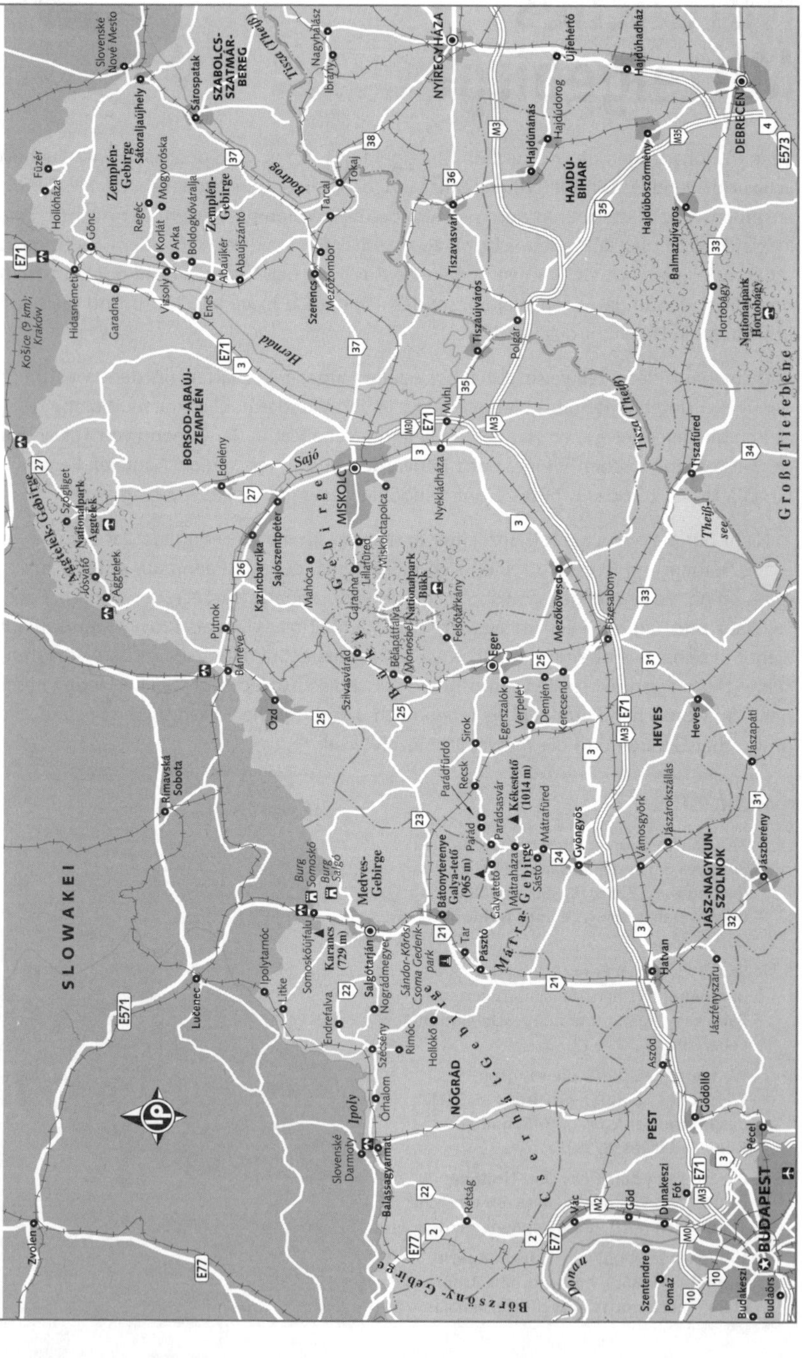

CSERHÁT-GEBIRGE

Das Cserhát-Gebirge ist ein eher unspektakulärer Zugang zum Nördlichen Mittelgebirge: Keiner der Berge ist höher als 650 m, die meisten Flächen sind kultiviert und nur locker bewaldet, außerdem ist die Gegend dicht besiedelt. Die spannenderen Wandermöglichkeiten liegen weiter östlich. Statt steiler Berge und dichter Wälder begeistert die reiche Volkskultur der Palozen. Das in einem abgelegenen Tal liegende kleine Palozendorf Hollókő wirkt mit seinem Touristenrummel wie ein Disneyland des ungarischen Volkstums, was aber der Schönheit der malerischen Häuser und alten Gassen keinen Abbruch tut. Nordwestlich von Hollókő liegt die Kleinstadt Balassagyarmat mit dem besten Palozen-Museum des Landes.

BALASSAGYARMAT

☎ 35 / 18 500 Ew.

Die Stadt ist das Zentrum der Cserhát-Region und bezeichnet sich selbst als „Hauptstadt der Palozen". Andere Orte sehen zwar volkstümlicher aus, aber die Kleinstadt nimmt durch ihr hervorragendes Palozen-Museum eine besondere Position ein. Das Städtchen liegt am Südufer des Flusses Ipoly an der slowakischen Grenze. Mehr als andere Orte der Region hat es unter der türkischen Besetzung gelitten. Seine Festung wurde zerstört und die Häuser standen über Jahrzehnte leer. Im späten 18. Jh. erholte sich die Stadt und wurde Verwaltungssitz des Komitats Nógrád. Doch nach dem Zweiten Weltkrieg verlor sie diesen Rang an die weiter östlich gelegene „neue" Stadt Salgótarján. Heute beruht Balassagyarmats Anziehungskraft und Bekanntheit nicht auf den wenigen barocken und neoklassizistischen Gebäuden, sondern auf seiner engen Verbindung zur Volkskultur der Palozen.

Orientierung

Der Bahnhof liegt etwa 600 m südlich des Stadtzentrums am Ende der Bajcsy-Zsilinszky utca. Der Busbahnhof liegt hinter der Stadthalle am Köztársaság tér, der die Hauptstraße Rákóczi fejedelem útja teilt.

Praktische Informationen

Bibliothek (☎ 300 622; Rákóczi fejedelem útja 50 ⏲ Mo–Fr 7.30–19, Sa 13–17 Uhr); Internetzugang 1 Std. 100 Ft.

OTP-Bank (Rákóczi fejedelem útja 44) 24-Std.-Geldautomat.

Postamt (Rákóczi fejedelem útja 24) Auf der Hauptstraße unweit der römisch-katholischen Kirche.

Tourinform (☎ 500 640; balassagyarmat@tourinform.hu; Köztársaság tér 6; ⏲ Mitte Juni– Mitte Sept. Mo –Fr 9–17, Sa 9–12 Uhr, Mitte Sept.–Mitte Juni Mo–Fr 9–16.30 Uhr) Im ehemaligen Komitatsrathaus.

Sehenswertes

Das **Palóc-Museum** (☎ 300 168; Palóc liget 1; Erw./Kind 500/250 Ft.; ⏲ Mai–Sept. Di–So 10–16 Uhr, Okt.–April Di–Sa 10–16 Uhr) liegt im Palóc-Park, einer schönen grünen Oase mit alten Bäumen und Wiesen und Picknickplätzen. Das Museum wurde 1914 speziell für Ungarns größte Sammlung palozischer Volkskunst gebaut und ist für jeden, der sich für die traditionellen Dörfer des Cserhát-Gebirges interessiert, ein Muss.

Die Dauerausstellung „Von der Wiege bis zur Bahre" im 1. Stock führt durch alle wichtigen Lebensabschnitte der Palozen. Zu sehen gibt es Töpferwaren, herausragende Holzschnitzereien, ein originalgetreues Klas-

PALOZEN – WÄCHTER DER TRADITION

Über die Herkunft der Palozen, die in der Hügellandschaft des Cserhát-Gebirges (Cserhátalja) leben, sind sich die Ethnologen nicht einig. Handelt es um eine ethnisch eigenständige Volksgruppe, die sich später mit den Magyaren gemischt hat? Oder ist es eine ungarische Volksgruppe, die durch Isolation und slowakische Einflüsse einen eigenen Weg beschritten hat? Spannende Fragen – ohne schlüssige Antworten. Sicher ist nur: Die Palozen sprechen bis heute einen individuellen ungarischen Dialekt (ungewöhnlich für eine Sprache, in der Mundarten auffallend schwach ausgeprägt sind) und trugen bis vor kurzem noch täglich ihre Volkstracht, vor allem in Dörfern wie Hollókő, Bugac, Rimóc und Őrhalom. Zusammen mit den Matyós von Mezőkövesd sind die Palozen heute die eigentlichen Wächter und Bewahrer der volkstümlichen Traditionen Ungarns.

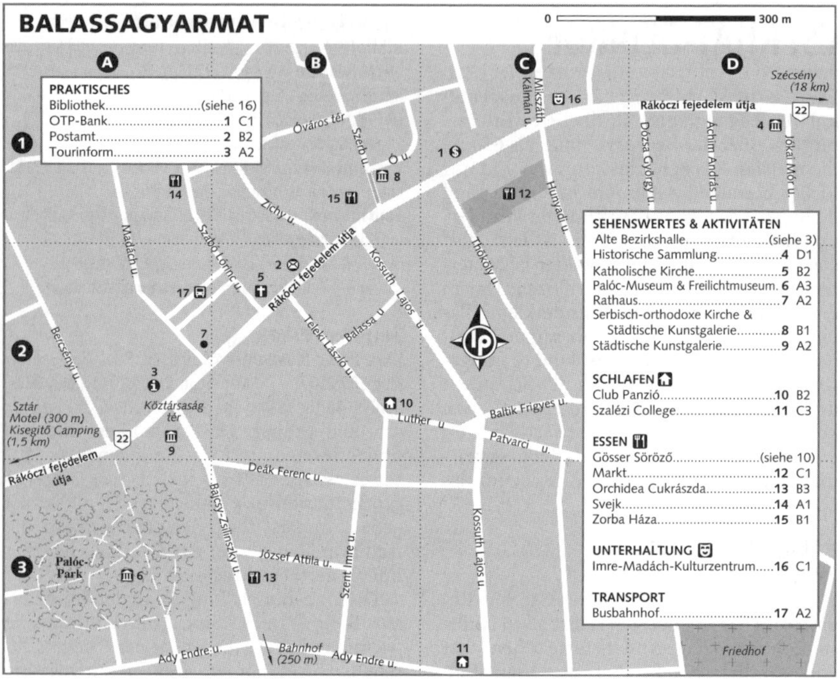

senzimmer sowie in Originalgröße nachgestellte Szenen zu den Themen Hochzeit und Geburt. Gezeigt werden auch Votivgegenstände, die bei der überall aufwändig gefeierten Kirchweih (*búcsúk*) eine bedeutende Rolle spielen (s. Kasten S. 311). Die Handarbeiten der Palozenfrauen – angefangen von den floralen Stickereien in Blau und Rot bis hin zu der mikroskopisch feinen Weißstickerei – stellen jedoch alles andere in den Schatten.

Im Garten hinter dem Hauptmuseum liegt ein **Freilichtmuseum** (Erw./Kind 300/150 Ft.; Mai–Sept. Di–So 10–16 Uhr) mit einigen Häusern der Palozen (darunter eines aus dem 18. Jh.), Stallungen und einer Kirche.

NOCH MEHR SEHENSWERTES

Die **Städtische Kunstgalerie** (Városi Képtár; ☎ 300 186; Köztársaság tér 5; Erw./Kind 150/100 Ft.; Di–So 10–12, 12.30–17 Uhr) ist in einem ziemlich heruntergekommenen Gebäude gegenüber vom ehemaligen Komitatsrathaus untergebracht. Ein Rundgang durch die Galerie ist lohnenswert, gezeigt werden Arbeiten von zeitgenössischen Malern, Zeichnern und Bildhauern des Komitats Nógrád ab den 1960er-Jahren.

Die **Historische Sammlung** (Helytörténeti Gyűjtemény; ☎ 300 663; Rákóczi fejedelem útja 107; Eintritt frei; 8–16.30 Uhr) residiert im Csillagház (Sternenhaus), einer Nobelvilla aus dem 18. Jh. Hier sind weitere Werke regionaler Künstler zu sehen, darunter die von Endre Horváth, der in Balassagyarmat lebt und einige der aktuellen Darstellungen auf den Forintnoten entworfen hat.

Wechselausstellungen mit Arbeiten regionaler Künstler werden in der hübschen, erstaunlich kleinen **Serbisch-orthodoxen Kirche** (Szerb templom; ☎ 300 622; Szerb utca 5; Eintritt frei; Di–So 14–18 Uhr) gezeigt. Der Eingang liegt etwas verstreckt an der Hauptstraße (durch den Torbogen der Rákóczi fejedelem útja 30 gehen).

Schlafen

Club Panzió (☎ 301 824; nyirjes@axelero.hu; Teleki László utca 14; Zi. 10 000 Ft., Apt. für 4 Pers. mit Küche 20 000 Ft.; P) Von Balassagyarmats spärlichen Übernachtungsmöglichkeiten ist der Club die beste und die am zentralsten gelegene.

Die Zimmer sind ganz okay, auch wenn eine Generalüberholung dem Inventar mal ganz gut täte.

Sztár Motel (☎ 301 152; Kővári út 12; Zi. 5500 Ft.; Ⓟ) Pluspunkt dieser mittelmäßigen Unterkunft am westlichen Stadtrand ist das dazugehörige Restaurant.

Studentenwohnheim Szalézi (☎ 301 765; szalezikollegium@freemail.hu; Ady Endre utca 1; DZ 2000 Ft.; Ⓟ) Während der Semesterferien (Mitte Juni–Aug.) ist in einem der 50 Zimmer des einfachen Studentenwohnheimes garantiert ein Bett frei.

Kisegítő Camping (☎ 300 404; Kővári út 13; Stellplätze pro Erw./Kind/Zelt 700/350/700 Ft., Hütte 3000 Ft.; ⌚ Mitte Juni–Aug.; Ⓟ) Der kleine schlichte Campingplatz mit Zeltplätzen und drei kleinen Hütten liegt an der westlichen Hauptausfallstraße.

Essen

Svejk (☎ 300 999; Szabó Lőrinc utca 16; Hauptgerichte um 1000 Ft.) Erstaunlich, dass es so nahe an der slowakischen Grenze so wenig Restaurants mit tschechischen und slowakischen Gerichten wie das Svejk gibt. Der große überdachte Innenhof ist maßgeschneidert, um genüsslich ein Budvar (Budweiser) oder Staro Pramen (Pilsner Urquell) zu trinken.

Zorba Háza (☎ 315 976; Rákóczi fejedelem útja 28; Hauptgerichte 600–1000 Ft.; ⌚ Mo–Sa 10–24, So 14–23 Uhr) Das Zorba liegt abseits der lauten Rákóczi fejedelem útja in einem kleinen Einkaufscenter. In einem blau-weißen Ambiente wird ein Mix aus griechischen und italienischen Gerichten serviert.

Orchidea Cukrászda (☎ 311 450; Bajcsy-Zsilinszky utca 12; Eis 90 Ft.; ⌚ Mo–Fr 9–19, Sa & So 8–19 Uhr) Das Café liegt gegenüber vom Palóc-Park – hierher pilgern die Einheimischen quer durch die ganze Stadt, weil sowohl Eis als auch Kuchen unübertroffen gut sind.

Gösser Söröző (Mittagsgericht 500 Ft., Hauptgerichte 1000 Ft.) Das Lokal im Club Panzió ist nicht sonderlich einladend, bietet aber gute ungarische Hausmannskost.

Markt (Thököly utca) Auf dem großen Markt der Stadt gibt es jede Menge Marktbuden und Imbissstände.

Unterhaltung

Imre-Madách-Kulturzentrum (☎ 300 622; Rákóczi fejedelem útja 50; ⌚ Mo–Fr 8–20, Sa & So 13–20 Uhr) Die beste Adresse, um zu erfahren, was in der Stadt gerade los ist.

Das kostenlose Magazin *Nógrádi Est*, das alle 14 Tage mit dem Veranstaltungsprogramm von Balassagyarmat erscheint, ist ebenfalls eine gute Quelle.

An- & Weiterreise

Von Budapest fahren jeden Tag etwa zwölf Busse via Vác nach Balassagyarmat (968 Ft., 1¾ Std., 76 km). Von Balassagyarmat startet täglich nur ein Bus nach Gyöngyös (907 Ft., 2¼ Std., 72 km), aber ein ganze Reihe Busse fahren nach Salgótarján – entweder über Litke oder Endrefalva (665 Ft., 1¼ Std., 52 km). Nach Szécsény fahren Montag bis Freitag täglich neun Busse, am Wochenende nur drei oder vier (241 Ft., 25 Min., 18 km); Wer nach Hollókő will, muss in Szécsény umsteigen. Nach Hont (363 Ft., 50 Min., 28 km) an der slowakischen Grenze fahren montags bis samstags täglich Busse, und zwar um 6 Uhr, 11.50 Uhr und 16.50 Uhr.

Zwischen Vác und Balassagyarmat verkehrt ein Bummelzug (658 Ft.), im Gegensatz zum Bus (1 Std.) dauert die Fahrt mehr als zwei Stunden. Wer mit dem Zug von Budapest (1212 Ft., 2½ Std., 110 km) oder vom Osten her anreist, muss zuvor in Aszód umsteigen.

SZÉCSÉNY

☎ 32 / 6600 Ew.

Szécsény liegt 18 km östlich von Balassagyarmat im malerischen Flusstal des Ipoly (Eipel). Im Gegensatz zu dem wesentlich bekannteren Hollókő im Südosten bleibt das total verschlafene Städtchen meist unbesucht. Doch während Hollókő mit seiner Folklore besticht, bietet Szécsény spannende Geschichte und sehenswerte historische Zeitzeugnisse. In einem Lager hinter der Burg, an deren Stelle heute Schloss Forgách steht, berief der antihabsburgische Ferenc II. Rákóczi, Fürst von Siebenbürgen, den ungarischen Reichstag ein. Während dieser Zusammenkunft wurde Rákóczi zum regierenden Fürsten und Anführer der *kuruc* (Kuruzen) ernannt. Ziel der Aufständischen war die Befreiung Ungarns vom Joch der Habsburger Monarchie.

Orientierung

Der Bahnhof liegt etwa 1,5 km nördlich vom Stadtzentrum an der Rákóczi út, die Richtung Litke führt. Der Busbahnhof liegt

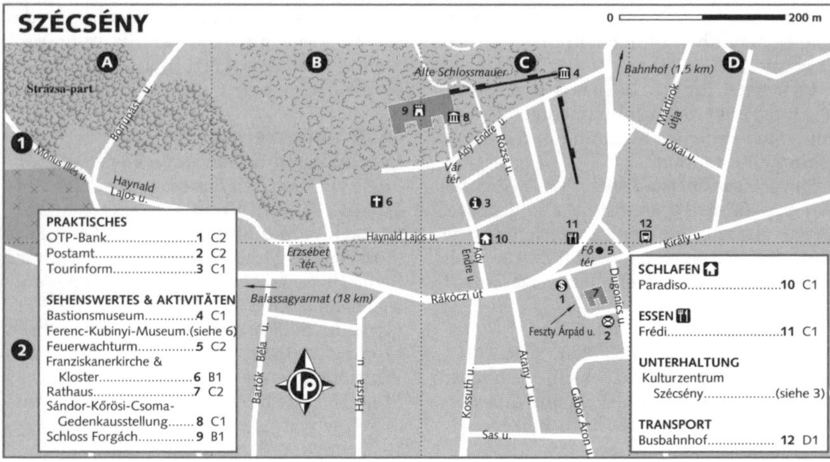

an der Király utca, östlich vom Feuerwachturm auf dem Fő tér.

Praktische Informationen

Tourinform (☎ 370 777; szecseny@tourinform.hu; Ady Endre utca 12; ⌚ Juni–Sept. Mo–Fr 8–18 Uhr, Okt.–Mai Mo–Fr 8–16 Uhr) hat sein Büro im selben Gebäude wie das Kulturzentrum. Die **OTP-Bank** (Rákóczi út 86) liegt nordwestlich vom Rathaus und das **Postamt** (Dugonics utca 1) südlich der Bank.

Sehenswertes

SCHLOSS FORGÁCH & MUSEEN

Schloss Forgách (Ady Endre utca 7) wurde um 1760 auf den Überresten einer mittelalterlichen Grenzfestung gebaut, Mitte des 19. Jhs. ging es in den Besitz der Adelsfamilie Forgách über, die es weiter ausbaute. Heute können eine bunte Mischung an Ausstellungsräumen, darunter das **Ferenc-Kubinyi-Museum** (☎ 370 143; Erw./Kind 300/150 Ft.; ⌚ Di–So 10–16 Uhr), besichtigt werden.

Neben der pharmazeutischen Ausstellung im Erdgeschoss liegen einige Räume, die so eingerichtet wurden, wie sie zur Zeit der Familie Forgách ausgesehen haben könnten. Im 1. Stock faszinieren Knochenfunde aus der Steinzeit, eine rekonstruierte jungsteinzeitliche Behausung und Schmuck aus der Bronzezeit. Makaber ist die Jagdausstellung mit den vielen Gebrauchsgegenständen (Serviettenringe. Schalen, Pistolen- und Regenschirmgriffe), die aus den Knochen oder dem Fell unserer behaarten und gefiederten Freunde hergestellt wurden.

Nicht weniger Furcht erregend ist das **Bastionsmuseum** (Bástya Múzeum) nördlich des Turms, von dem aus Teile der alten West- und Südmauern der Festung aus dem 16. Jh. zu sehen sind. Das Museum bietet wirklich alles, was zu einer Folterkammer gehört, seien es Folter- und Streckbänke, Daumenschrauben oder Schlagstöcke.

Empfindsame Gemüter können sich in der **Sándor-Kőrösi-Csoma-Gedenkausstellung** (Kőrösi Csoma Sándor Emlékkiállítás) im Pförtnerhaus des Schlosses erholen. Kőrösi Csoma (1784–1842) war ein ungarischer Franziskanermönch, der Tibet bereiste und das erste tibetisch-englische Wörterbuch verfasste.

FRANZISKANERKIRCHE & FRANZISKANERKLOSTER

Teile der ehemals im gotischen Stil erbauten **Franziskanerkirche** sowie des dazugehörigen **Franziskanerklosters** (Ferences templom és kolostor; ☎ 370 076; Haynald Lajos utca 7–9; Erw./Kind 300/150 Ft.) stammen noch aus dem 14. Jh. Das Kloster wurde nach Jahren der Vernachlässigung inzwischen vorbildlich restauriert. Im Altarraum der Kirche (dem ältesten Bereich) schmücken 500 Jahre alte Holzschnitzereien die gewölbte Decke. Heilige, Blumen und Früchte sind die Hauptmotive. (Die Türken zerstörten die Schnitzereien an den Säulen, als sie Szécsény eroberten.) Zu erkennen ist auch noch, wo die Muslime eine kunstvoll geschnitzte Gebetsnische (Mihrab) an der Ostwand angelegt hatten.

Das barocke Kloster wurde im 17. Jh. unter Einbeziehung von Teilen der gotischen Kirche errichtet. Zu besichtigen sind die Zellen der Mönche und – abhängig davon, was gerade geöffnet ist – die Bibliothek, das Refektorium, das gotische Oratorium (der Andachtsraum, von dem man in die Kirche schauen konnte) und der Rákóczi-Raum. Hier traf sich 1705 der frisch gewählte regierende Fürst und Rebellenanführer mit seinem Kriegskabinett. Führungen durch die Kirche und das Kloster finden von Dienstag bis Samstag jeweils stündlich statt (erste Führung um 10 Uhr, letzte um 16 Uhr, Mittagspause 12–13 Uhr).

FEUERWACHTURM

Nein, es ist keine optische Täuschung, der **Feuerwachturm** (Tűztorony; Rákóczi út 86; Erw./Kind 200/100 Ft.; Mai–Sept. Di–So 10–16 Uhr, Okt.–April Mo–Fr 10–16 Uhr) aus dem 19 Jh. auf dem Fő tér im Zentrum der Stadt steht tatsächlich schief (aber nur um drei Grad). Ursachen der Schräglage sind die Bombardements von 1944 und eine Absenkung des lehmigen Erdreichs. Von der Turmspitze aus reicht der Blick weit über die Stadt.

Schlafen & Essen

Paradiso (☎ 372 427; Ady Endre utca 14; EZ/DZ 5500/8300 Ft.; Hauptgerichte 900–1800 Ft.; Restaurant Mo–Sa; P) Das Paradiso ist das beste Haus am Platz: Das Personal ist freundlich, die Zimmer komfortabel und geräumig, wenn auch unspektakulär. In dem recht guten hoteleigenen Restaurant kommen regionale Spezialitäten auf den Tisch. Bei gutem Wetter wird im hübschen Innenhof mit Springbrunnen gedeckt. Der heutige Hotelkomplex wurde früher vom Gesinde von Schloss Forgách bewohnt.

Frédi (☎ 370 372; Rákóczi út 85; Pizza & Hauptgerichte 500–1100 Ft.) Zum netten Restaurant gehört eine *cukrászda* (Konditorei) und ein hübscher Garten mit Blick auf den Fő tér. Die Spezialitäten auf der Speisekarte sind alles Fleischgerichte.

Unterhaltung

Das freundliche Personal im **Kulturzentrum Szécsény** (Szécsényi Művelődési Központ; ☎ 370 494; Ady Endre utca 12) weiß, was in Szécsény so los ist, die Alternative ist der Blick in das zweiwöchentlich erscheinende kostenlose *Nógrádi Est* mit einer Rubrik Szécsény.

An- & Weiterreise

Von Montag bis Freitag starten täglich sieben Busse nach Hollókő (241 Ft., 30 Min., 17 km), am Samstag sind es bis zu neu und sonntags fünf. Nicht länger als eine halbe Stunde muss man auf den Bus nach Balassagyarmat (241 Ft., 25 Min., 18 km) warten. Ähnlich häufig verkehren die Busse nach Salgótarján (mit evt. Umsteigen in Litke, Endrefalva oder Nógrádmegyer; 423 Ft., 1 Std., 34 km). Nach Budapest (1150 Ft., 2 Std., 94 km) fahren sieben Busse am Tag.

Eine Regionalbahn verbindet Szécsény mit dem westlich gelegenen Balassagyarmat (182 Ft., 30 Min., 19 km), mit Aszód im Süden und Ipolytarnóc an der slowakischen Grenze im Norden. Dort fahren auch die Züge nach Lučenec ab. Auf der Fahrt von Szécsény nach Vác (890 Ft., 3–4 Std., 89 km) muss man in Balassagyarmat umsteigen.

HOLLÓKŐ

☎ 32 / 375 Ew.

Manche sind von Hollókő (Rabenstein) begeistert, andere finden es scheußlich. Für einige ist das 16 km südöstlich von Szécsény in einem Tal liegende Zwei-Straßendorf der schönste Ort Ungarns. Die Lobhymne verdankt das Dorf seiner traditionellen Architektur und den Menschen, die hier noch die alten palozischen Sitten und Gebräuche pflegen. Andere sehen in ihm nur eine von Budapester Reiseunternehmen veranstaltete Touristenabzocke mit bezahlten „Darstellern". Die Unesco schloss sich der „Lobhymne" an, als sie 1987 Hollókő zum Weltkulturerbe erklärte – es war weltweit das erste Dorf, dem solch eine hohe Ehre zuteil wurde. Das Herausragende an Hollókő sind seine restaurierte Burg aus dem 13. Jh. und die rund 60 Wohnhäuser und Nebengebäude des Ófalu (Altdorfes), die alle unter strengem Denkmalschutz stehen.

Seit dem 13. Jh. brannte das Dorf mehrmals bis auf die Grundmauern nieder (zuletzt 1909), doch die Dorfbewohner errichteten ihre Häuser immer wieder exakt in der überlieferten Bauweise aus Flechtwerk und feuchtem Lehm. Dafür webten sie Zweige ineinander und verklebten sie mit einer Mischung aus Lehm und Wasser.

Heutzutage tragen nur noch wenige Frauen im Alltag die traditionelle Palozentracht, zu der ein weiter plissierter rotgrundiger Rock mit blauen Mustern und Stickereien sowie ein reich verzierter Kopfschmuck gehören. Nur noch sonntagmorgens, an hohen Feiertagen wie Ostern und Mariä Himmelfahrt (15. Aug.) oder bei einer Hochzeit lässt sich die ganze Palette der zauberhaften Volkstracht bewundern.

Orientierung

Der Bus hält an der Dózsa György utca am Ende der Kossuth Lajos utca; von hier aus geht es zu Fuß ins Ófalu (Altdorf).

Praktische Informationen

Im **Postamt** (Kossuth Lajos utca 72; ⌚ Mo–Fr 8–16 Uhr) kann mit der Kreditkarte abgehoben werden. **Tourinform** (☎ 579 011; holloko@tourinform.hu; Kossuth Lajos utca 68; ⌚ Mai–Sept. Mo –Fr 8–20, Sa & So 10–16 Uhr, Sept.–Mai Mo–Fr 8–18, Sa & So 8–16 Uhr) bietet alle wichtigen Informationen über Hollókő. Ausführlichere Infos in (schlecht übersetztem) Deutsch stehen auf der Website www.holloko.hu.

Sehenswertes

Die Hauptattraktion ist das Ófalu (Altdorf) mit seiner **traditionellen Architektur**. Die zwei mit Kopfstein gepflasterten Straßen werden von weiß getünchten Häusern mit geschnitzten Holzbalkonen, charakteristischen Dachvorsprüngen und rötlichen Ziegeldächern gesäumt. Der Wein lagert in kleinen Kellern, die sich zur Straße hin öffnen.

DORFKIRCHE

Die kleine, aus Holz gebaute **Dorfkirche** (Kossuth Lajos utca) bildet den Mittelpunkt des religiösen und sozialen Lebens der Dorfbewohner. Sie liegt an der Hauptstraße des Ófalu, der Kossuth Lajos utca – genau an der Ecke, an der die zweite Dorfstraße, die Petőfi utca, abzweigt. Errichtet wurde das Gebäude im 16. Jh. als Kornspeicher, den die Dorfbewohner dann 1889 zur Kirche umbauten. Innen wie außen ist die Kirche recht schmucklos. Wie in vielen Kirchen des Landes versperrt ein Gitter den Zugang zum Hauptschiff.

MUSEEN

Fünf kleine Museen in traditionellen Gebäuden säumen die Kossuth Lajos utca. Das **Postmuseum** (Postamúzeum; ☎ 379 288; Kossuth Lajos utca 80; Erw./Kind 200/100 Ft.; ⌚ April–Okt. 10–18 Uhr) ist ein Ableger des Budapester Postmuseums. Das nebenan liegende **Dorfmuseum** (Falumúzeum; ☎ 379 258; Kossuth Lajos utca 82; Erw./Kind 150/100 Ft.; ⌚ April–Okt. 10–16 Uhr) ist ein gewöhnliches traditionelles ungarisches Wohnhaus mit drei Räumen, die mit volkstümlichen Töpferwaren, bemalten Möbeln und gestickten Kissen gefüllt sind. Im Hinterhof steht eine interessante Weinpresse von 1872. Eine naturkundliche Ausstellung im **Landhaus** (Tájház; ☎ 06 30 529 6439; Kossuth Lajos utca 99–100; Erw./Kind 250/150 Ft.; ⌚ 10–16 Uhr) befasst sich mit der Flora und Fauna sowie den Menschen im östlichen Cserhát-Naturschutzgebiet, das rund um das Dorf liegt.

DIE VERSTEINERTEN ZEITZEUGEN VON IPOLYTARNÓC

Eingeklemmt zwischen dem Fluss Ipoly und der slowakischen Grenze liegt etwa 25 km nordöstlich von Salgótarján die Ortschaft Ipolytarnóc mit ihrem außergewöhnlichen **Naturschutzgebiet** (☎ 32-454 113; Erw./Kind 500/350 Ft.; ⌚ April–Okt. 9–16 Uhr, Nov.–März 9–15 Uhr). Seinen Spitznamen „Pompeji der grauen Vorzeit" verdankt es den frühgeschichtlichen Funden, die auf mehr als 20 Mio. Jahre datiert werden. Ihre Existenz führen Paläontologen auf einen Vulkanausbruch zurück, bei dem die Lava die Fußspuren von Tieren, Blättern und Ästen subtropischer Bäume und sogar Haifischzähne für alle Zeiten konservierte. Derartige Vorkommnisse und Funde gibt es auf dem ganzen Kontinent, doch Ipolytarnóc nimmt durch seine Vielfalt an versteinerten Arten aus der Tier- und Pflanzenwelt eine Sonderstellung ein. Es sind beeindruckende 5000 Abdrücke von Blättern und 2000 Tier-Fußspuren (darunter die Spur einer vorgeschichtlichen Rhinozerosart). Man nimmt an, dass das Gebiet einst an einem Fluss lag, der in ein tropisches Meer mündete. Führungen durch das Naturschutzgebiet beginnen zu jeder halben und vollen Stunde.

Ipolytarnóc ist am besten zu erreichen von Balassagyarmat (430 Ft., 1¼ Std., 41 km) oder Szécsény (264 Ft., 39 Min., 22 km, bis zu 10-mal tgl.).

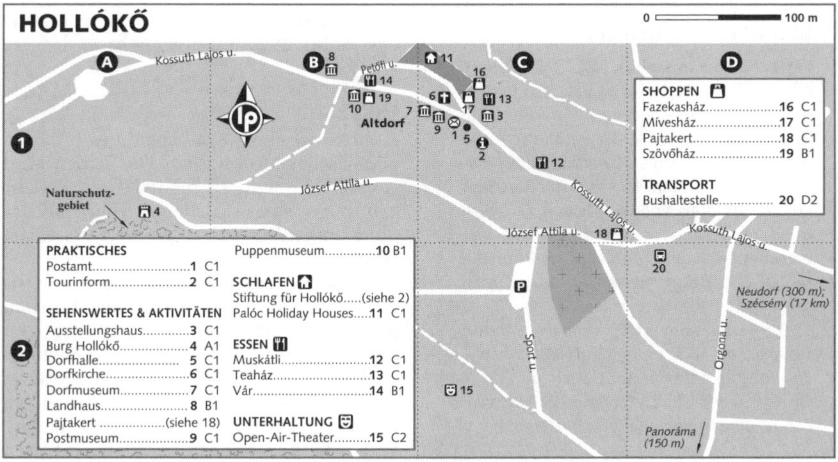

Das **Ausstellungshaus** (Kiállítóhely; ☎ 370 547; Kossuth Lajos utca 79; Erw./Kind 200/100 Ft.; ⏲ April–Okt. 10–17 Uhr) vermittelt einen Eindruck von den Arbeiten eines ansässigen Holzschnitzers und eines Fotografen. Das **Puppenmuseum** (Babamúzeum; ☎ 379 088; Kossuth Lajos utca 96; Erw./Kind 150/100 Ft.; ⏲ April–Okt. 10–17 Uhr) zeigt etwa 200 Trachtenpuppen aus Porzellan.

BURG HOLLÓKŐ

Der Pfad zur **Burg Hollókő** (Hollókői Vár; ☎ 06 30 968 1739; Erw./Kind 400/200 Ft.; ⏲ April–Okt. 10–17.30 Uhr) auf dem Szár-hegy (Stängelberg) beginnt gegenüber vom Landhaus. Von der Bushaltstelle aus führt ein anderer Weg zunächst die József Attila utca hinunter zum Parkplatz, dort nimmt man dann den nach Westen verlaufenden Weg zur Burg. Die Aussicht von der 365 m hohen Burg auf den Ort und die umliegende Berglandschaft ist imposant.

Die Burg wurde Ende des 13. Jhs. gebaut und 200 Jahre später zur Festungsanlage erweitert. Die Türken eroberten sie und hielten sie besetzt, bis der polnischer König Jan Sobieski (Regierungszeit 1674–96) die Festung befreitet. Nach dem Freiheitskampf im frühen 18. Jh. wurde sie teilweise zerstört. Dennoch ist sie eine der am besten erhaltenen Festungsanlagen in Nordungarn. Der Blick vom fünfeckigen Burgfried über die Wiesen, Felder und bewaldeten Hügel, teils auch in eine von Menschenhand weitgehend unberührte Natur beeindruckt jeden.

Aktivitäten

Pajtakert (☎ 379 273; www.hollokotourism.hu; Kossuth Lajos utca 46; ⏲ April–Sept. Mo–So 9–16 Uhr, Okt.–März Mo–Fr 9–16 Uhr) ist Veranstaltungsbüro, Laden und Galerie zugleich und organisiert **Volkskunstkurse**. Die gruppenweise stattfindenden Kurse führen in die traditionelle Kunst des Webens, Töpferns, Holzschnitzens und Eierbemalens ein. Mit etwas Glück bekommt man die Einführung auch mal als einziger Kursteilnehmer. Leichte **Wanderwege** durchziehen die Hügel und die Täler des 140 ha großen Naturschutzgebietes, das sich südlich und westlich der Burg erstreckt. Die *Cserhát-térkép* (Nr. 8; 800 Ft.) im Maßstab 1:60 000 vom Verlag Cartographia ist bei der Planung und Orientierung für die Touren ins Grüne ganz hilfreich.

Festivals & Events

Die größten Feste des Ortes sind das Osterfestival Ende März oder April sowie das **Nógrád-Folklorefestival** und das **Palóc-Handwerksfestival** im Juli. Dann stehen das Spinnen und das Weben im Mittelpunkt. Beide Festivals finden im Freilichttheater statt. Ein Touristenmagnet sind die mittelalterlichen Ritterspiele, die während der **Burgfestspiele** Ende Juni sowie im August und September auf Burg Hollókő veranstaltet werden.

Schlafen

Hollókő ist ein typisches Ziel für Tagestouristen. Sobald die Rücklichter des letzten Reisebusses verschwunden sind, stehen die

DER TIPP VOM AUTOR

Ferienhäuser in Hollók (☎ 579 010; holokozal@mail.datanet.hu; Häuser 8000 Ft.; P) In dem Palozendorf stehen etwa 17 traditionelle Häuser (die meisten in der Petőfi utca), die rund ums Jahr vermietet werden. Jedes dieser weiß getünchten Häuschen mit Gärtchen könnte auch als volkskundliches Museum geöffnet werden. In den mit Holzdecken versehenen Räumen stehen traditionelle Möbel und riesige Betten, in denen man seinen Partner suchen muss.

Die Vermietung erfolgt über die Stiftung Hollókő, die sich im selben Gebäude wie Tourinform befindet und auch dieselben Öffnungszeiten hat. Während der Hochsaison ist eine Vorausbuchung notwendig.

Zurückgebliebenen mutterseelenallein da. Das hat sein Vor- und Nachteile: Garantiert ist die Nacht ruhig und erholsam, doch niemand soll damit rechnen, nach 20 Uhr noch irgendetwas Essbares zu ergattern.

Auch mit der Unterkunft sieht es nicht gerade rosig aus. Tourinform vermittelt zwar Privatzimmer (ab 3000 Ft. pro Pers.), aber nur aus Gefälligkeit.

Panoráma (☎ 378 077; Orgona utca 31; Stellplätze pro Pers./Zelt/Auto 500/450/200 Ft., Zi. 5000 Ft., Bungalow 6000 Ft.; P) In dem bescheidenen Resort auf der Anhöhe der Sport utca südlich des Dorfes gibt es eine kleine Pension, Vierbett-Bungalows und einen Campingplatz. Dazu kommen noch ein Grillplatz und eine wunderschöne Aussicht auf das Dorf.

Essen

Vár (☎ 379 029; Kossuth Lajos utca 93–95; Hauptgerichte 1500–2000 Ft.; 🕑 11–20 Uhr) Das Var mit seinem hübschen schattigen Innenhof gehört zu den rar gesäten Restaurants in Hollókő, schließt aber genauso früh wie alle anderen Lokale. Während der Jagdsaison stehen Wildspezialitäten von Schwein bis Hirsch auf der Speisekarte.

Muskátli (☎ 379 262; Kossuth Lajos utca 61; Hauptgerichte 1000–2000 Ft.; 🕑 Mi–Fr & So 11–17, Sa 11–18 Uhr) Das in einem der traditionellen Häuser gelegene Muskatli ist eher ein Café, in dem es auch etwas zu essen gibt. Meistens fallen hier die Reisegruppen ein.

Teaház (Teehaus; ☎ 380 016; Petőfi utca 4; Gebäck 400 Ft.) Das kleine Lokal mit einer kleinen Weinbar im Keller liegt etwas versteckt nahe der Petőfi utca. Tagsüber gibt es leckere Snacks.

Shoppen

Hollókő ist ein Einkaufsparadies für Fans ungarischer Volkskunst. Die Läden sind generell nur von 10 bis maximal 17 Uhr geöffnet – sofern nicht noch eine Busladung einkaufsfreudiger Touristen erwartet wird.

Szövőház (Webhaus; ☎ 379 273; Kossuth Lajos utca 94) Angesichts der reichhaltigen Auswahl droht Liebhabern der wunderschönen handgewebten und handgestickten Textilien ein Kaufrausch. Es ist aber auch interessant, einfach nur den Frauen beim Weben an ihren großen Webstühlen zuzuschauen. Wer will, kann es auch selbst ausprobieren (Erw./Kind 150/100 Ft.).

Míveshaz (Haus des Kunstgewerbes; ☎ 380 016; Petőfi utca 4) Palozische Volkstrachten können hier angeschaut und gekauft werden.

Fazekasház (Töpferhaus; ☎ 379 252; Petőfi utca 6) Regale voller traditioneller farbenfroher Töpferwaren und bunt bemalte ungewöhnliche Liebhaberstücke verlocken zum Kauf, darunter finden sich handgetöpferte Vasen, Krüge und Kerzenhalter sowie andere dekorative Gegenstände.

Pajtakert (☎ 379 273; www.hollokotourism.hu; Kossuth Lajos utca 46; 🕑 April–Sept. Mo–So 9–16 Uhr, Okt.–März Mo–Fr 9–16) Die hübsch garnierten *mézeskalács* (Honigkuchen) sind ein ideales Mitbringsel.

An- & Weiterreise

Szécsény ist gewissermaßen das Tor nach Hollókő: Montag bis Freitag fahren hier täglich alle 30 Minuten bis zu 20 Busse ab, samstags sind es 17, sonntags neun (241 Ft., 30 Min., 17 km). Sechs Busse fahren unter der Woche (Sa 5-mal tgl., So 4-mal tgl.) über Pásztó (605 Ft., 1½ Std., 50 km) nach Salgótarján.

SALGÓTARJÁN

☎ 32 / 45 000 Ew.

Nach einem Tag im idyllischen Hollókő oder einem anderen der urwüchsig-romantischen Dörfer des Cserhát-Gebirges wirkt die moderne Stadt Salgótarján wie ein Sprung unter eine eiskalte Dusche. Der 25 km östlich von Szécsény liegende Verwaltungssitz des Komitats Nógrád ist ein

Musterbeispiel für die Architektur der kommunistischen Ära. Deren Stilelemente – strenge gerade Linien und klotzige Rechtecke – lassen sich hier in Reinkultur „bewundern". Da 1821 eine Feuersbrunst und 70 Jahre später eine „Jahrhundertflut" die Stadt völlig zerstörten, gibt es in Salgótarján kaum noch ein Gebäude, das nicht aus dem 20. Jh. stammt.

Seit dem 19. Jh. wird im nahe gelegenen Medves-Gebirge Kohle gefördert – die Basis des städtischen Wohlstands und des wirtschaftlichen Erfolges. Wie in Miskolc fanden die Kommunisten unter den Berg- und Stahlarbeitern zahlreiche Anhänger und viel Unterstützung während der Räterepublik sowie nach dem Zweiten Weltkrieg in der Ära der Sozialistischen Volksrepublik. Das hinderte den ÁVH, den ungarischen Staatssicherheitsdienst, aber nicht daran, während des Ungarnaufstandes 1956 über 100 Bewohner der Stadt zu erschießen. Als Dank für die tatkräftige Unterstützung wurde Salgótarján 1950 zum Komitatssitz erhoben und in den 1960er-Jahren im großen Stil wiederaufgebaut.

Orientierung

Weil sie sogar das 10 km nördlich liegende Dorf Somoskőújfalu „geschluckt" hat, empfindet sich Salgótarján heute als Großstadt, hat aber viele Felder zwischen den halbwegs urbanen Gebieten. Bahnhof und Busbahnhof liegen nahe beieinander im Südwesten des Stadtzentrums.

Praktische Informationen

Ibusz (☎ 421 200; Fő tér 6)

OTP-Bank (Rákóczi út 12) Unterhalb der katholischen Kirche; eine weitere Filiale ist in der Rákóczi út 22.

Postamt (Fő tér 1) Liegt näher zum Klapka György tér; die offizielle Adresse ist etwas irreführend.

Tourinform (☎ 512 315; salgotarjan@tourinform.hu; Fő tér 5; Mitte Juni–Sept. Mo–So 9–18 Uhr, Okt.–Mitte Juni Mo–Fr 9–17, Sa & So 10–13 Uhr) Hat sein Büro im selben Gebäude wie das Attila-József-Kulturzentrum; das Personal ist freundlich und hilfsbereit und hat Informationen über die Umgebung der Stadt.

Sehenswertes

Das **Bergbaumuseum** (Bányászati Múzeum; ☎ 420 258; Zemlinszky Rezső utca 1; Erw./Kind 400/200 Ft.; April–Sept. Di–So 9–15 Uhr, Okt.–März Di–So 9–14 Uhr) – die einzige Sehenswürdigkeit der Stadt – liegt ein paar Schritte südwestlich des Bahnhofs. Das ziemlich altmodische, nicht gerade umwerfend spannende Museum ist mit alten geologischen Karten, geologischen Sammlungen und alten Uniformen gefüllt. Eine Statue der heiligen Barbara (der Schutzheiligen der Bergarbeiter) und kommunistische Banner, deren Aufschriften zur Verstaatlichung der Minen aufrufen, stehen einträchtig nebeneinander. Auf der gegenüberliegenden Straßenseite kann eine **Schaumine** besichtigt werden. Hier „arbeiten" noch – ziemlich unrealistisch – ein paar angebliche Bergleute in einem 280 m langen Schacht – in blitzsauberer Bergmannskluft.

In gewisser Weise doch sehenswert sind die Zeugnisse der kommunistischen Archi-

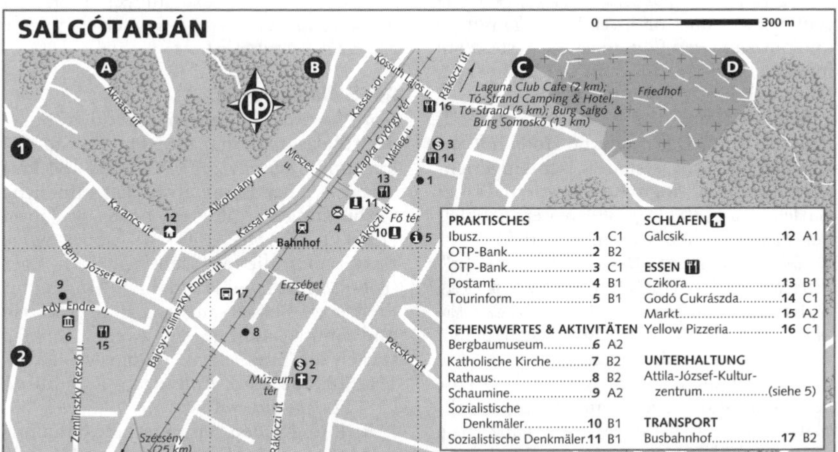

tektur, die das Museum umgeben. Ein Musterbeispiel ist das **Rathaus**, das an eine Dose Frühstücksfleisch erinnert: ein rechteckiger Klotz mit runden Ecken. Salgótarján gehört zu den wenigen Städten Ungarns, die ihre **sozialistischen Denkmäler** noch an den ursprünglichen zentralen Stellen der Stadt zeigen, z. B. auf dem Fő tér. Budapest dagegen hat solche Monumente schon lange in den Skulpturenpark (Seite 137) verbannt. Das Denkmal auf der Westseite des Fő tér zeigt einen Anhänger von Béla Kuns Räterepublik (1919) mit einem Gewehr in der Hand, während auf der Ostseite des Platzes vor dem Kulturzentrum ein Gruppe junger Sozialisten gezeigt wird, die allerdings so schuldvoll dreinblicken, als ob sie gerade beim Äpfelklauen in Nachbars Garten erwischt worden wären.

Festivals & Events

Während des **Internationalen Dixieland-Festivals** im Mai lässt dröhnender Dixie-Sound die kommunistischen Fassaden vibrieren.

Schlafen

Es gibt keinen Grund, in der Stadt zu übernachten, es sei denn, es bleibt einem nichts anders übrig. Neben den nachfolgend genannten Hotels gibt es bei Tourinform eine Liste ländlicher und reizvollerer Unterkünfte. Ibuszu vermittelt Privatunterkünfte (pro Zimmer ab 5000 Ft.) in einem der vielen Hochhäuser der Stadt.

Galcsik (☎ 422 660; www.galcsikhotel.hu; Alkotmány út 2; EZ 3380–7900 Ft., DZ 5280–10 900 Ft.; P) Die gepflegte Pension mit ihren hellen Zimmern und blitzsauberen Bädern ist die beste Wahl im Stadtzentrum. Liegt in der Nähe vom Busbahnhof.

Hotel Tó-Strand (☎ 432 400; tó-strand; EZ/DZ 5480/7990 Ft.; P) Das moderne Hotel mit ansprechenden, etwas spartanisch eingerichteten Zimmern, einem Restaurant und einer Gästesauna (1300 Ft.) liegt bei einem kleinen Fischteich im Norden der Stadt.

Tó-Strand Camping (☎ 430 168; Kemping út; Stellplätze pro Pers./Zelt 600/750 Ft., Bungalows pro Pers. 1200 Ft., beheiztes Motelzimmer 4300 Ft., unbeheiztes Motelzimmer 3200 Ft.; P) Die grüne Oase in einem ansonsten öden Häusermeer liegt etwa 5 km nordöstlich des Stadtzentrums an der Straße nach Somoskő. Neben dem schattigen Zeltplatz stehen zwei Motels, die ganzjährig geöffnet haben, und einige Bungalows (April–Sept.). Schwimmbad, Tennisplätze und ein See mit Bootsvermietung liegen ganz in der Nähe. Von der Rákóczi út fahren die Buslinien 46 und 63 zum Campingplatz Tó-Strand Camping.

Essen

Galcsik (☎ 422 660; Alkotmány út 2; Hauptgerichte um 1000 Ft.; ⏲ Mo–Sa 7–21, So 7–20 Uhr) Das kleine Restaurant in der gleichnamigen Pension kocht solide ungarische Hausmannskost. Im Sommer werden auch auf der Terrasse Tische gedeckt.

Czikora (CZZ; ☎ 311 384; Fő tér 1; Hauptgerichte 690–980 Ft.; ⏲ Mo–Sa 7.30–21 Uhr) Das einfache Lokal mit schattigen Sitzplätzen im Freien liegt fast gegenüber vom Kulturzentrum.

Godó Cukrászda (☎ 416 068; Rákóczi út 12; ⏲ Mo–Sa 10–21, So 9–21 Uhr) Für die leckeren Kuchen und Eiskugeln lohnt es sich, erst geduldig Schlange zu stehen, um die Hochgenüsse dann auf der Terrasse zu genießen.

Yellow (☎ 310 480; Rákóczi út 11; Pizza 380–700 Ft.; ⏲ Mo–Fr 8.30–24, Sa 9.30–24 Uhr) Wer nicht auf ungarische Kost steht, kommt an dieser unscheinbaren Pizzeria in einem hässlichen Betonklotz nicht vorbei.

Unterhaltung

Attila-József-Kulturzentrum (☎ 310 503; Fő tér 5; ⏲ Mo–Fr 8–19.45, Sa & So 10–18 Uhr) Salgótarjáns wichtigster Veranstaltungsort.

Laguna Club Café (☎ 06 20 936 7072; Füleki út 56; ⏲ Mi–Sa 9–5 Uhr) Ein beliebter Club im Norden der Stadt.

Über aktuelle Veranstaltungen informiert das kostenlose, vierzehntägig erscheinende Magazin *Nógrádi Est*.

An- & Weiterreise

Von Salgótarján fahren stündlich Busse nach Balassagyarmat (665 Ft., 1¼ Std., 52 km) und Szécsény (423 Ft., 1 Std., 34 km) – jeweils über Endrefalva. Halbstündliche Verbindungen gibt es nach Budapest (1330 Ft., 1¾ Std., 109 km), wobei einige Busse über die M3 fahren. Nach Eger (846 Ft., 2 Std., 66 km) fahren Montag bis Freitag elf Busse, samstags sind es sieben und sonntags fünf. Jeweils zweimal am Tag starten die Busse nach Gyöngyös (786 Ft., 1¾ Std., 62 km) und nach Parádfürdő (544 Ft., 1¼ Std., 44 km).

Richtung Süden verbindet eine Bahnlinie Salgótarján mit Hatvan (544 Ft., 1½ Std.,

59 km) und der Hauptstrecke Budapest-Miskolc. Richtung Norden fahren Züge nach Somoskőújfalu (100 Ft., 10 Min., 6 km) und dann weiter nach Lučenec in der Slowakei.

RUND UM SALGÓTARJÁN

Burg Salgó & Burg Somoskő

Etwa 8 km nördlich vom Stadtzentrum thront auf einem 623 m hohen Basaltfelsen des Medves-Gebirges die Ruine von **Burg Salgó** (Eintritt frei; Sonnenaufgang–Sonnenuntergang). Nachdem die Türken 1541 die Burg Buda eingenommen hatten, wurde die im 13. Jh. erbaute Burg eine wichtige Grenzfestung, die aber 23 Jahre später doch noch erobert wurde. Nach dem Abzug der Türken im späten 16. Jh. zerfiel sie zur Ruine. Der Dichter Sándor Petőfi besuchte 1845 die Burg und ließ sich von ihr zu einem seiner schönsten Liebesgedichte, *Salgó*, inspirieren. Heute stehen nur noch der Innenhof, der Burgfried und einige Festungsmauern. Doch der zauberhafte Blick von diesem friedlichen Fleckchen Erde auf Somoskő und hinüber bis in die Slowakei lohnt den Besuch allemal.

Wer die in der Slowakei liegende **Burg Somoskő** (Eintritt 160 Ft.; April–Okt. 8–20 Uhr, Nov.–März 8–16 Uhr) besuchen möchte, muss in Somoskőújfalu die Grenze überqueren (Pass nicht vergessen!). Hinter der Grenze beginnt ein etwa 3 km langer Wanderweg zur Burg. Die im 14. Jh. aus Basaltblöcken errichtete Festung widerstand den Angriffen der Türken länger als Burg Salgó – sie fiel erst 1576 in die Hände der Gegner. Ferenc Rákóczi nutzte im Freiheitskrieg 1706 Burg Somoskő als Bastion gegen die Österreicher, die sie daraufhin teilweise zerstörten. Mit ihren relativ gut erhaltenen Wällen und Türmen wirkt die Burg nicht ganz so ruinenhaft wie Burg Salgó.

Wer Lust und Zeit für einen zusätzlichen Ausflug hat, wandert auf dem markierten Weg von Somoskőújfalu aus westwärts etwa 4 km entlang der slowakischen Grenze hinauf auf den **Karancs** (729 m), den die Einheimischen auch den Palozen-Olymp nennen. Vom Aussichtsturm auf dem Gipfel schaut man bis zur Hohen Tátra.

Die Karte von Cartographia – *A Karancs, a Medves és a Heves-Borsodi-dombság* (Nr. 11; 1:60 000, 800 Ft.) – deckt diese Gebirgsregion zufriedenstellend ab.

Um zur Burg Salgó zu gelangen, nimmt man am besten die Buslinie 11/b; sie fährt etwa zwölfmal täglich von mehreren Haltestellen auf der Rákóczi út in Salgótarján zum Freizeitzentrum Eresztvény. Die Burg liegt dann auf dem Hügel im Südwesten. Wer den bequemeren Weg bevorzugt, bleibt bis zur Endstation Salgóbánya (dem alten Minendistrikt der Stadt) im Bus sitzen und spaziert auf dem Pfad, der oberhalb dem Vár út nach Westen verläuft, zur Burg hinauf. Die Buslinie 11/a fährt ebenfalls (etwa 3-mal tgl.) nach Eresztvény und dann weiter nach Somoskő.

Buddhistische Stupa

Wer die Straße 21 etwa 22 km südwärts Richtung Pásztó fährt, muss denken, er ist irgendwo durch ein schwarzes Loch gefahren und urplötzlich in Asien gelandet. Auf einem Hügel nördlich des Dörfchens Tar erhebt sich ein Stupa in voller Pracht – er ist der größte in Europa. Leise klingeln seine Glöckchen, bunte Bänder flattern im Wind. Das Denkmal und Symbol des buddhistischen Glaubens gehört zum **Sándor-Kőrösi-Csoma-Gedächtnis-Park**. 1992 weihte der Dalai Lama das Bauwerk im Gedenken an den ungarischen Franziskanermönch aus dem 19. Jh. ein, der zum ungarischen Bodhisattva, einem buddhistischer Heiligen, erhoben wurde. Der Stupa mit einer Gebetsmühle hat sich zu einer richtigen lokalen Touristenattraktion entwickelt. Ein Souvenirladen verkauft indisches Kunsthandwerk, auch eine **Snackbar** (April–Sept. Di–So 9–19 Uhr, Okt.–März Di–So 10–16 Uhr) für die Hungrigen ist vorhanden. Die Busse nach Tar (ein paar Kilometer südlich) und Pásztó halten an der Straße direkt unterhalb des Stupa.

MÁTRA-GEBIRGE

Im Mátra-Gebirge liegen die höchsten Gipfel Ungarns, das Gebirge ist die am besten erschlossene Ferienregion Nordungarns und auch noch leicht zu erreichen. Die Palette an Freizeitaktivitäten ist riesig und reicht vom Wandern im Sommer über das Pilzsammeln und Jagen im Herbst bis hin zum Skifahren im Winter.

Das Mátra-Gebirge ist zwar auch von Eger aus leicht zu erreichen, doch das eigentliche „Sprungbrett" ist Gyöngyös. Die

Stadt liegt im Zentrum der Weinbauregion Mátraalja. Berühmtester Wein ist der Hárslevelű (Lindenblatt), ein grün schimmernder, würziger und zugleich leicht süßlicher Weißwein. Weitere Informationen in deutscher Sprache finden sich auf der Website http://matrahegy.hu/deutsch/.

GYÖNGYÖS

☎ 37 / 33 500 Ew.

Die lebendige kleine Stadt am Fuß des Mátra-Gebirges macht ihrem Namen alle Ehren, denn er bedeutet „Perle". Die Stadt ist das Tor zu den Bergen Doch angesichts des Mátra-Museums, der vielen Kirchen (Ungarns größte gotische Kirche steht hier) und der wertvollen mittelalterlichen Bibliothek fällt es nicht schwer, den Ausflug in die Berge etwas zu verschieben. Viel reizvoller ist es, zunächst einmal die Ecken und stillen Winkel des Städtchens auszukundschaften oder auf dem schattigen Hauptplatz bei einem Glas Weine ein bisschen die Seele baumeln zu lassen.

Orientierung

Der Busbahnhof liegt an der Koháry út, von dort sind es zehn Minuten zu Fuß zum Hauptplatz Fő tér weiter nordwestlich. Der Hauptbahnhof liegt an der Vasút utca, beim östlichen Ende der Kossuth Lajos utca. Den Schmalspurbahnhof Előre (S. 347) findet man in der Nähe des Mátra-Museums am Anfang der Dobó István utca.

Praktische Informationen

Ibusz (☎ 311 861; Kossuth Lajos utca 6) Bestes Reisebüro der Stadt.

OTP-Bank (Fő tér 1)

Postamt(Páter Kiss Szaléz utca 9–11) Der Eingang liegt in der Mátyás király utca.

Tourinform (☎ 311 155; gyongyos@tourinform.hu; Fő tér 10; ⌚ Mo–Do 7.30–16, Fr 7.30–13 Uhr) Gegenüber vom Rathaus.

Vachott-Sándor-Bibliothek(☎ 311 883; Fő tér 10; Internet 1 Std. 100 Ft.; ⌚ Mo–Mi & Fr 9–18, Sa 9–13 Uhr) Internetzugang.

www.gyongyos.hu Website in Ungarisch, die deutsche Seite ist geplant (ausprobieren, ob sie schon freigeschaltet wurde).

Sehenswertes

Das **Mátra-Museum** (☎ 311 447; Kossuth Lajos utca 40) im ehemaligen Schloss Orczy ist wegen Renovierungsarbeiten bis Mai 2007 für Besucher geschlossen (ausführliche Informationen in Ungarisch und Englisch stehen auf der Website des Museums: http://www.matramuzeum.hu). Das Museum enthält zahlreiche Exponate zur Stadtgeschichte von Gyöngyös und über die Burg Benevár aus dem 14. Jh. Die Burgruine steht nordöstlich von Mátrafüred. Recht umfangreich ist auch die naturhistorische Sammlung über die Mátra-Region, zu der das Skelett eines Mammut-Jungtieres gehört. Die Stadtchronik erzählt, dass der schmiedeeiserne Zaun des Schlossparks aus den Läufen der Gewehre des Kuruzenaufstandes geschmiedet wurde. Vor der Renovierung konnte im Erdgeschoss das **Mikroárium** besichtigt werden, in dem in Aquarien und Terrarien Schlangen, Echsen und tropische Fischen lebten.

Die **St.-Bartholomäus-Kirche** (Szent Bertalan templom; Szent Bertalan út 1; Eintritt frei; ⌚ nur zum Gottesdienst geöffnet) an der Ostseite vom Hanisz Imre tér wurde im 14. Jh. gebaut. Schwer zu glauben, dass sie Ungarns größte gotische Kirche ist, denn die 400 Jahre später erfolgte Restaurierung im barocken Stil (und der Einbau einer ungewöhnlichen Galerie) hat die gotischen Elemente stark verdrängt. Südöstlich der Kirche steht das so genannte **Haus der heiligen Krone** (Szent Korona-ház), wo die Ungarn zwischen 1806 und 1809 während der Napoleonischen Kriege dreimal ihre hochverehrte Stephanskrone versteckten. Das Haus ist heute die **Kirchliche Schatzkammer** (Egyházi Kincstár; ☎ 311 143; Erw./Kind 300/150 Ft.; ⌚ Di–So 10–12, 14–17 Uhr) und zeigt eine wertvolle Sammlung liturgischer Geräte und anderer kirchlicher Gegenstände.

Die **Franziskanerkirche** (Ferences templom; Barátok tere 1; Eintritt frei; ⌚ nur zum Gottesdienst geöffnet) entstand ungefähr zur selben Zeit wie die St.-Bartholomäus-Kirche, wurde aber durch mehrfache Um- und Ausbauten noch gravierender verändert. Die hellen Fresken und der barocke Turm kamen im 18. Jh. hinzu. In der Kirche ruht der hoch verehrte János Vak Bottyán (*vak* bedeutet „blind" und weist auf den Verlust des einen Auges hin). Der heldenhafte, aber die Seiten wechselnde General diente im Freiheitskrieg unter Ferenc Rákóczi II. Das ehemalige **Franziskanerkloster** (1730 erbaut), das sich an die Kirche anschließt, beherbergt die **Ungarische Franziskaner-Gedächtnis-Bibliothek** (Magyar Ference-

sek Műemlék Könyvtára; ☎ 311 361; Barátok tere 2; Eintritt frei; ⌚ Di–Fr 14–18, Sa 10–13, 15–18, So 9–12, 15–18 Uhr). Es ist das einzige historische Archiv, das in Ungarn die türkische Besatzungszeit unbeschadet überstanden hat. Unter den 14 000 hier lagernden Bänden sind einige seltene Bücher in ungarischer Sprache.

Vom 15. Jh. bis zum Zweiten Weltkrieg gab es in Gyöngyös eine relativ große jüdische Gemeinde, an die zwei Synagogen erinnern. Die ältere der beiden, die 1820 erbaute neoklassische **Gedächtnis-Synagoge** (Műemlék zsinagóga; Vármegye utca), liegt am Fluss Gyöngyös. Heute sind darin die Studios des Stadtfernsehens untergebracht. Die sezessionistische **Neue Synagoge** (Új zsinagóga; Kőrösi Csoma Sándor utca/Ecke Gárdoyi Géza utca) entwarf Lipót Baumhorn 1930 – zwei Jahrzehnte nach der Fertigstellung seines Meisterwerkes in Szeged. Leider ist sie heute ein Kaufhaus, das dringend renoviert werden müsste.

Aktivitäten

Das **Haus der Mátra-Weine** (Mátrai Borok Háza; ☎ 302 226; Fő tér 10; ⌚ Di–Fr 9–17, Sa 9–13 Uhr) liegt in einem Innenhof von Tourinform und bietet regionale Weine zur Verkostung an. Wer sich für Weine wie Riesling, Leányka (Lindenblatt) und Hárslevelű (Mädchentraube) interessiert, kann sich bei Tourinform die Karte *Mátraaljai Borút* (Weinstraße der Mátra-Region) sowie eine Liste von Weinkellern, die Verkostungen anbieten, besorgen.

Zwei Linien der **Schmalspurbahn** (☎ 302 025) fahren im Bahnhof Előre ab, der neben dem Mátra-Museum liegt. Eine Bahn zuckelt von Gyöngyös in nordöstlicher Richtung nach Mátrafüred (7 km), die andere schnauft Richtung Norden nach Lajosháza (11 km) hinauf. Es macht Spaß, mit der Bummelbahn das Mátra-Gebirge zu „erobern“, zumal die Berge während der langsamen Fahrt verraten, was sie alles zu bieten haben. Lajosháza ist nicht viel mehr als eine Bahnstation und ein Ausgangspunkt für Wanderungen. Eine malerische Wanderroute führt beispielsweise östlich durch das Nagy-völgy (Tal des Baches), vorbei an einigen Wasserstellen. Und Richtung Norden beginnt der Aufstieg zum Galyatető: Er ist mit seinen 965 m der zweithöchste Berg

Ungarns. Wer auf der Rückfahrt die Bahn ab Mátrafüred nimmt, sollte an der Station Farkasmály–Borpincék aussteigen – dort gibt es jede Menge Weinkeller. Für die Rückfahrt nach Gyöngyös kann man wieder die Bahn nehmen (Abfahrt Mai–Sept. 18.37 Uhr, Okt.–April 14.23 Uhr) oder den Bus, der die Straße 24 herunterfährt. Die Alternative ist ein Fußmarsch – bis Gyöngyös sind es nur knapp 4 leicht zu bewältigende Kilometer.

Die Bahn nach Lajosháza (Erw./Kind einfache Fahrt 260/130 Ft., hin- und zurück 500/250 Ft.) fährt von Mai bis September nur an Wochenenden und Feiertagen – pro Tag maximal vier Züge in beide Richtungen, zwischen Juni und August meistens fünf. Nach Mátrafüred „düsen" von April bis Oktober täglich bis zu zehn Züge (Erw./Kind einfach 260/130 Ft., hin- und zurück 500/250 Ft.). Während des restlichen Jahres fahren Montag bis Freitag täglich fünf und am Wochenende sieben Züge.

Schlafen

Für ein so schönes Städtchen gibt es überraschend wenige Unterkünfte im Stadtzentrum. Tourinform und Ibusz vermitteln Privatzimmer (ab 2500 Ft. pro Pers.) in Gyöngyös oder im Mátra-Gebirge.

Vincellér (☎ 311 691; Erzsébet királyné út 22; EZ/DZ 6800/7600 Ft., Apt. 11 000–13 000 Ft.; P) Die ruhige Pension abseits vom Stadtzentrum an der Straße nach Mátrafüred hat ein Restaurant im Innenhof, große Zimmer und sehr freundliches Personal.

Opál (☎ 505 400; www.hotelopal.hu; Könyves Kálmán tér 12; EZ/DZ 8000/11 000Ft.; P) Das kleine Hotel residiert in den Räumen einer ehemaligen Schule, deren „Mief" immer noch ein bisschen in der Luft hängt. Doch die Mitarbeiter sind ausgesprochen freundlich und sehr hilfsbereit, an den sauberen Zimmern gibt es ebenfalls nichts auszusetzen. Fitnessraum, Sauna und die Bar werten das Opál zusätzlich auf.

Királyvölgy Kemping (☎ 364 185; www.kiralyvolgykemping.hu; Táncsics Mihály út 40; Stellplätze pro Erw./Kind/Zelt 2,50/1,50/3,50 €; Mai–Sept.) Der stadtnächste Campingplatz liegt in Sástó (S. 349), dieser hier liegt 11 km nordwestlich in Gyöngyöspata. Der kleine Platz hat zwei Dutzend Zeltplätze am Südrand der Berge – und als besondere Attraktion einen eigenen plätschernden Bach.

Essen & Ausgehen

Kékes (☎ 311 915; Fő tér 7; Hauptgerichte 1000–2000 Ft.) Bei der großen Auswahl an Suppen, Wild, Fisch und regionalen Spezialitäten findet im Kékes, jeder das Passende. Von der hübschen Terrasse des Toprestaurants der Stadt schauen die Gäste über den Hauptplatz.

Giardinetto d'Italia (☎ 300 709; Rózsa utca 8; Pasta & Pizza 1000 Ft.) Die Terrasse des italienischen Restaurants wird vom Grün des kleinen Parks südlich vom Fő tér eingefasst; Standbilder der Blues Brothers bewachen den Eingang des Lokals. Ein netter Platz – egal ob man essen geht oder nur auf einen Drink vorbeischaut.

Il Camineto (☎ 312 652; Kossuth Lajos utca 19; Pizza ab 300 Ft.) Die kleine, in einer ruhigen Ecke gelegene Pizzeria (auch Pizzen zum Mitnehmen) bietet auch Take-away an. Die im Lehmofen gebackene Pizza wird auf einer schattigen Terrasse serviert.

Die namenlose *cukrászda* (Konditorei) und **Eisdiele** (Mátrai út; Eis 100 Ft.; Mo, Mi & Do 10–19, Fr–So 9–19 Uhr) liegt im Orczy-Park nördlich vom Mátra-Museum. Bestes Zeichen für ihre Qualität: Im Sommer wird die Terrasse von der Flut der Einheimischen überschwemmt.

Ebenfalls empfehlenswert:

Café Liezter (☎ 304 591; Móricz Zsigmond utca 5; Hauptgerichte um 800 Ft.) Bietet die Klassiker wie Pizzen und Hamburger an. In der Woche geht es genauso hoch her wie am Wochenende, wenn das Café den Einheimischen als Bar dient.

Sissi Kávézó (Móricz Zsigmond utca 7; So–Do 7.30–22, Fr & Sa 7.30–1 Uhr) Entspannte Atmosphäre und viel Bier: Das Terrassen-Café hält die Erinnerung an die legendäre Kaiserin Sissi wach.

Unterhaltung

Mátra-Kulturzentrum (Mátra Művelődési Központ; ☎ 312 281; Barátok tere 3; Mo–Sa 8–21 Uhr) Das als „Bauwerk im finnischen Funktionalstil" beschriebene Gebäude ist das örtliche Unterhaltungszentrum. Auffallend sind die riesigen Buntglasfenster.

Über das aktuelle Veranstaltungsprogramm informiert das kostenlose, alle 14 Tage erscheinende Magazin *Gyöngyösi Est*.

An- & Weiterreise

BUS

Auf einen Bus nach Budapest warte keiner länger als 20 Minuten (968 Ft., 1½ Std., 79 km); Ähnliches gilt für die Busse nach Eger

(665 Ft., 1 Std., 52 km; 3-mal tgl. via Parádfürdő), nach Mátrafüred (133 Ft., 10 Min, 6 km) und Mátraháza (182 Ft., 15 Min., 15 km).

Weitere Reiseziele ab Gyöngyös:

Zielorte	Fahrpreis	Fahrzeit	km	Frequenz
Parád & Parádfürdő	363 Ft.	1¼ Std.	30	9-mal tgl.
Recsk	423 Ft.	1½ Std.	34	8-mal tgl.
Sirok	544 Ft.	1¾ Std.	42	5-mal tgl.
Szolnok	1210 Ft.	2 Std.	98	5-mal tgl.
Salgótarján	786 Ft.	1¾ Std.	62	3-mal tgl.
Tiszafüred	1330 Ft.	2½ Std.	106	2-mal tgl.

TAXI

Die Telefonnummer für den Taxiruf ist die ☎ 312 222.

ZUG

Gyöngyös ist ein Sackbahnhof. Täglich befördern neun Züge die Reisenden nach Vámosgyörk, (182 Ft., 14 Min., 13 km), wo die Züge der Hauptstrecke Budapest–Miskolc halten; sechs der Züge fahren direkt weiter zum Bahnhof Keli in Budapest (1004 Ft., 1½–2 Std., 100 km).

VON GYÖNGYÖS NACH EGER

Die Straße 24 – eine der schönsten des Landes – windet sich nördlich von Gyöngyös durch das Mátra-Gebirge bis nach Parádsasvár. Dort macht sie einen Schwenk ostwärts und läuft weiter bis Eger (60 km). Vor allem am Wochenende müssen sich die Autofahrer die Straße mit Bikern teilen, die den Abschnitt zwischen Gyöngyös und Mátraháza wegen seiner herausfordernden halsbrecherischen Haarnadelnkurven ganz besonders lieben. Mag ja ganz schön sein, wenn man selber auf dem Motorrad sitzt – für Autofahrer ist es nur nervig und laut.

Busse fahren regelmäßig nach Mátrafüred, Mátraháza, Parád und Parádfürdő. Am schönsten ist es jedoch, erst einmal mit der Schmalspurbahn nach Mátrafüred zu tuckern.

Mátrafüred

☎ 37

Mátrafüred ist ein zauberhafter kleiner Urlaubsort auf 340 m Höhe. Spaß macht der Rundgang durch die kleine **Privatsammlung „Volkskunst der Palozen“** (Palóc néprajzi magángyűjtemény; ☎ 320 137; Pálosvörösmarti út 2; Erw./Kind 200/100 Ft.; 🕑 Mai–Sept. 9–17 Uhr, Okt.–April 9–16 Uhr). Sie liegt ein paar Schritte südlich der Schmalspurbahnstation und zeigt Trachtenpuppen, Textilien und Schnitzereien. Doch die Hauptattraktion von Mátrafüred sind seine vielen (leichten) **Wanderrouten**, die im Ort beginnen. Eine gute Hilfe ist die Karte *A Mátra* (Nr. 14; 1:40 000; 800 Ft.) vom Verlag Cartographia.

Geld kann im **Postamt** (Béke utca 5; 🕑 Mo–Fr 8–12, 12.30–15.30 Uhr) gewechselt werden, auch ein Geldautomat steht ganz in der Nähe in der gleichen Straße. Die Website www.matrainfo.hu ist nur etwas für Leute, die Ungarisch können.

SCHLAFEN & ESSEN

In Mátrafüred hängen an vielen Häusern Schilder mit Hinweisen auf Privatzimmer (pro Pers. ab 2000 Ft.), die meisten Privatunterkünfte liegen in der Béke utca.

Gyöngyvirág (☎ 520 001; zsapek@axelero.hu; Béke utca 8; EZ/DZ 6500/8500 Ft., Apt. 12 000 Ft.; P ♿) Das Gyöngyvirág ist das erste Haus am Platz und auch für Rollstuhlfahrer geeignet. Seine modernen, geschmackvoll eingerichteten Zimmer bieten viel Komfort, dazu kommen so angenehme Freizeiteinrichtungen wie ein beheizter Swimmingpool, eine Mini-Golf-Anlage, ein Kinderspielplatz und ein Grillplatz.

Diana (☎ 06 30 565 8320; Turista utca 1; EZ/DZ/3BZ 6000/9000/10 000 Ft., Apt. 15 000 Ft.; P) Das einfache, aber dennoch komfortable kleine Hotel mit zwölf Zimmern liegt in einer ruhigen Straße gleich oberhalb der Béke utca. Die Apartments sind mit einer Kochgelegenheit ausgestattet.

In der Parádi utca gegenüber der Bahnstation reiht sich eine Imbissbude an die andere. Wer ordentlich essen will, geht ins Restaurant des Hotels Gyöngyvirág oder ins **Fekete Rigó** (Amsel; ☎ 320 052; Avar utca 2; Hauptgerichte 800–1200 Ft., Apt. pro 1/2/3/4 Pers. 2500/3600/4800 /5400 Ft.). Es hat einen idyllischen Biergarten unter Bäumen. Die Apartments im Obergeschoss sind für Gruppen (bis zu 8 Pers.; Selbstversorger) ein wahres Schnäppchen.

Sástó

☎ 37

Sástó Camping (☎ 374 025; www.sasto.elpak.hu; Stellplätze pro Erw./Kind/Zelt 1300/700/1000 Ft., Zi. ab 4500 Ft., komfortables/einfaches Häuschen ab 8200/3450 Ft., Bungalows ab 5200 Ft.; ⏲ Mitte April–Mitte Okt.) Sástó Camping liegt 3 km nördlich von Mátrafüred und ist Ungarns höchstgelegener Zeltplatz (520 m). Die Anlage erstreckt sich rund um einen 54 m hohen Aussichtsturm und einen kleinen See mit Ruderbooten und Möglichkeiten zum Angeln. Für Nichtcamper gibt es unterschiedliche Unterkünfte. In den Motelzimmern können jeweils zwei, in den Bungalows bis zu vier Personen übernachten. Die „komfortablen" Häuschen haben Badezimmer, die einfachen Häuschen Gemeinschaftsbäder, beide bieten jeweils drei Personen Platz. Die Anlage wäre eine optimale Idylle, wären da nicht die schmierigen Imbissbuden und Snackbars am Seeufer ... Das **Sásto Vendéglő** (☎ 374 061; Hauptgerichte 1000 Ft.) ist ein ganz gutes Restaurant auf dem Campinggelände; für alle Selbstversorger gibt es einen kleinen Lebensmittelladen.

Mátraháza

☎ 37

Etwa 5 km nördlich von Sástó liegt Mátraháza (715 m) an einem sanft abfallenden Hang. Das in eine wunderschöne Berglandschaft eingebettete Dorf ist das ideale „Basislager" für kurze Wanderungen, aber auch ausgedehnte Bergtouren. Das **Postamt** (⏲ Mo–Fr 8–15.30 Uhr) liegt am Anfang der Straße zum Wintersportgebiet Kékestető, der höchsten Erhebung Ungarns. Neben der Busstation an der Hauptstraße von Mátraháza (sie führt durch das ganze Dorf) steht ein Geldautomat der OTP-Bank.

SCHLAFEN & ESSEN

Pagoda Pihenő Panzió (☎ 374 023; www.hotels.hu/pagoda; EZ/DZ 5700/9200Ft; Ⓟ) Das zwischen Kiefern stehende Pagoda ist ein altes Hotel mit pagodenartigem Dach, Zimmern mit Balkon und einem alpinem Ambiente. Es liegt im Zentrum von Mátraháza.

Bérc (☎ 374 102; berchotel@axelero.hu; EZ/DZ ab 7000/10 000 Ft.; Ⓟ ♿) Das Hotel auf halbem Weg zwischen Sástó und Mátraháza ist ein imposantes, aber potthässliches Gebäude – ein Schandfleck aus kommunistischer Zeit. Zu seinen Vorzügen gehören die vielen Sporteinrichtungen und die pragmatisch einfachen Zimmer mit atemberaubender Aussicht auf den Kékes. Die Zimmer mit Balkon im oberen Stockwerk sind natürlich die besten.

Borostyán (☎ 374 090; Hauptgerichte 1200 Ft.; ⏲ Sommer 9–22 Uhr, Winter Di–So 9–22 Uhr) Das Lokal gegenüber vom Parkplatz liegt gar nicht weit weg vom Beginn des Wanderweges auf den Kékestető. Das Essen ist ausgezeichnet und die Bedienung hervorragend. Von einem hübschen Pavillon aus lassen sich im Sommer ganz entspannt all die vorbei zischenden Motorradfahrer beobachten.

Kékestető

☎ 37

In der Nähe vom Pagoda Pihenő Panzio in Mátraháza endet eine Skiabfahrt, die vom Resort Kékestető und dem Gipfel des Kékes herunterführt. In Ermanglung eines Skiliftes nehmen die Skifahrer für den Aufstieg den Bus, der regelmäßig die 4 km lange Straße zum Gipfel hinauffährt. Der moderne neunstöckige **Fernsehturm** (☎ 367 086; Erw./Kind 400/200 Ft.; ⏲ Mai–Sept. 9–18 Uhr, Okt.–April 9–17 Uhr) auf dem Gipfel bietet einen 360°-Panoramablick. Der alte Turm davor wurde zum Hotel **Hegycsúcs** (☎ 567 004; www.hotels.hu/hegycsucs; Zi. ab 6000 Ft.; Ⓟ) mit Sauna und Fitnessraum umgebaut. Wer mal an der höchsten Stelle von ganz Ungarn schlafen will, sollte in einem der beiden Zimmer im siebten Stock übernachten (Nr. 13 hat zwei einzeln stehende Betten, Nr. 14 besitzt ein Doppelbett).

Das **Kékes Fogadó** (☎ 0670 217 9954; EZ/DZ mit Gemeinschaftsbad 2500/5000 Ft., Apt. 10 000 Ft.; Ⓟ) liegt nicht direkt auf dem „Dach der ungarischen Welt", aber immer noch sehr hoch. Allerdings ist der schlechte Zustand des Hotels nicht wirklich einladend.

Parádsasvár

☎ 36 / 586 Ew.

In Parádsasvár wird *gyógyvíz*, Ungarns wirksamstes – aber leider entsetzlich stinkendes – Heilwasser in Flaschen abgefüllt. Wer den Schwefelgeruch aushält, macht hier einen Halt und genehmigt sich ein Gläschen. Auf jeden Fall lohnt sich der Besuch der **Parád-Glasfabrik** (Parád Kristály Manufaktura; ☎ 06 30 290 9584; Rákóczi utca 46–48; Führung inkl. Galerie Erw./Kind 500/300 Ft.), die hochwertige Kristall- und Glaswaren produziert (und zwar möglichst bald, bevor die Fabrik geschlossen oder verkauft wird). Einige der kunstvollen Kreationen sind in der **Sasvár-**

Galerie (Sasvár Galéria; ⌚ Mo–Fr 9.45–12.30, 13.30–14.30 Uhr) ausgestellt, während die Massenware im **Fabrikladen** (☎ 20-358 7991; ⌚ Mo–Fr 9–17, Sa & So 9–15 Uhr) verkauft wird.

Das **Sasvár Kastélyszálloda** (Schlosshotel Sasvár; ☎ 444 444; www.sasvar.hu; Kossuth Lajos utca 1; Zi. 56, 200–216, 200 Ft.; P) hat seine Räume in einem ehemaligen Jagdschloss. Es wurde 1882 im Neorenaissancestil gebaut und ist von einem 2,5 ha großen Park umgeben. Der Architekt ist kein geringerer als Miklós Ybl, der auch die Ungarische Staatsoper in Budapest plante. Das Hotel mit seinen 58 Zimmern bietet jeden nur vorstellbaren modernen Komfort und alle Einrichtung, die man sich so gemeinhin wünscht (einschließlich eines Sicherheitsdienstes).

Dem Nobelhotel gegenüber liegt die kleine Pension **St. Hubertus** (☎ 544 060; Rákóczi út 2; EZ/DZ 7100/9700 Ft.; P) mit Zimmern unter dem Dach, in denen Naturholz für Stimmung sorgt. Das Restaurant im Erdgeschoss bietet typisch ungarische Kost und wird gern von Reisegruppen besucht.

Parád & Parádfürdő

☎ 36 / 2200 Ew.

Parád and Parádfürdő gehen ineinander über und bilden so ein lang gezogenes großes Dorf. Ein Muss ist hier das **Kutschenmuseum** (Kocsimúzeum; ☎ 364 387; Kossuth Lajos utca 217; Erw./Kind 380/250 Ft.; ⌚ April–Okt. Di–So 9–17 Uhr, Nov.–Mai Di–So 10–16 Uhr), das seine Schätze im Cifra Istálló (Prunkstall) des Grafen Karólyi zeigt, der mit rotem Marmor gebaut wurde. Es ist eines der spannendsten kleinen Museen des Landes. (Der Name Kutsche leitet sich übrigens von Kocs ab, einem Dörfchen in Transdanubien. Dort wurde die leichtere Kutsche entwickelt, die schnell die schwerfälligen Pferdekarren ersetzte.) Beeindruckend sind die mit Seidenbrokat ausgeschlagenen Staatskarossen, vor allem die geschlossene Kutsche, in der die Reichen des 19. Jhs. reisten. Ein Unikat ist auch das Zaumzeug, für dessen Verzierung mehr als 5 kg Silber verarbeitet wurden. Auf dem Gelände können Pferde stundenweise für **Ausritte** gemietet werden.

Das hübsche **Parkhotel Erzsébet Királyné** (Parkotel König Elisabeth; ☎ 444 044; www.erzsebetpark-hotel.hu; Kossuth Lajos utca 372; EZ/DZ ab 15 000/17 800 Ft.; P) am östlichen Ende von Parádfürdő hat Miklós Ybl 1893 entworfen. Trotz des immer noch majestätischen Flairs sind die Zimmer erstaunlich modern und geschmackvoll eingerichtet; die besten liegen auf der dem Wald zugewandten Seite des Hauses.

Recsk

☎ 36 / 3000 Ew.

Von Parádfürdő führt die Straße in das 2 km entfernte Dorf Recsk. Sein Name ist unweigerlich mit dem brutalsten Straf- und Zwangarbeitslager des Landes verbunden. Das Lager wurde 1950 von Mátyás Rákosi eröffnet und 1953 vom Reformpolitiker Imre Nagy wieder geschlossen. Zum Gedenken an die Gefangenen, von denen viele den Tod fanden, hat man einen Teil des **Zwangsarbeitslagers Recsk** (Recski Kényszermunka Haláltábor; ☎ in Budapest 1-312 6105; Eintritt 200 Ft.; ⌚ Mai–Sept. 9–17 Uhr, Okt.–April Sa & So 9–15 Uhr) rekonstruiert. Die 5 km südlich des Dorfes liegende Gedenkstätte wirkt heute ruhig und friedlich, was die Grausamkeiten der Vergangenheit noch schmerzhafter macht.

Sirok

☎ 36 / 2070 Ew.

Sirok liegt 8 km östlich von Recsk und ist der letzte im Mátra-Gebirge liegende Ort. Auf einem Berggipfel nördlich des Dorfes thronen die Ruinen einer **Burg** (Eintritt frei; ⌚ Sonnenaufgang–Sonnenuntergang) aus dem 14. Jh. Der Aussichtspunkt bietet nicht nur einen atemberaubenden Blick auf das Mátra- und das Bükk-Gebirge, sondern er reicht bis zu den slowakischen Bergen. **Vár Camping** (☎ 361 558; Dobó István utca 30; Stellplätze pro Pers./Zelt/Auto 650/600/350 Ft.; ⌚ Mitte Mai–Sept.; P) ist ein abgelegener, ruhiger, einfacher Campingplatz am Fuß der Burgruine.

BÜKK-GEBIRGE

Das Bükk-Gebirge (Buchen-Gebirge) verdankt seinen Namen den vielen Buchen, die hier wachsen. Die Berge sind die grüne Lunge der Barockstadt Eger und der Industriestadt Miskolc. In einem Großteil des Bükk-Gebirges wurde Erz für die Eisenindustrie von Miskolc und anderer Städte östlich des narbenbedeckten Sajó-Tals geschürft. Doch mehr als 430 km² wurden zum Nationalpark erklärt, der traumhafte Möglichkeiten zum Wandern und Radfahren bietet und eine reiche Fauna hat. Nützlich sind drei Karten aus dem Verlag Cartographia (jeweils 1:40 000; 800 Ft.): *A Bükk-fennsík* (Bükk-Hochebene; Nr. 33), *A Bükk – északi rész* (Bükk – Nördliche Region; Nr. 29) und *A Bükk – déli rész* (Bükk – Südliche Region; Nr. 30). Weitere Informationen hat die **Nationalparkverwaltung** (Bükki Nemzeti Park Igazgatósága; ☎ 36–411 581; Sánc utca 6) in Eger.

EGER

☎ 36 / 58 300 Ew.

Jeder liebt Eger (Erlau), strahlt es doch mit seiner liebevoll erhaltenen barocken Architektur doch fast schon mediterranes Flair aus. Aus Eger stammt der weltweit berühmte, hoch gelobte Egri Bikavér (Erlauer Stierblut). Außerdem wird die Stadt von zwei der reizvollsten Gebirgslandschaften Ungarns flankiert. Doch die Ungarn verbinden mit Eger nicht nur landschaftliche Schönheit, sondern auch ein Stück glorreicher Vergangenheit, denn hier hielten ihre Vorfahren 1552 einer Übermacht der Türken stand – zum ersten Mal während der insgesamt über 170 Jahre dauernden Türkenherrschaft (s. Kasten S. 355).

Geschichte

Nach dem abgewehrten Angriff 1552 kehrten die Türken 1596 nach Eger zurück und eroberten dieses Mal die Stadt. Die Besatzer ernannten Eger zur Provinzhauptstadt und errichteten einige Moscheen und andere Gebäude, bis sie schließlich Ende des 17. Jh. abzogen. Von den muslimischen Bauwerken blieb nur ein kleines Minarett übrig, das wie ein einsamer langer Finger in den Himmel ragt.

Eger spielte eine große Rolle beim Versuch von Ferenc II. Rákóczi, die Herrschaft der Habsburger Anfang des 18. Jhs. abzuschütteln. Als Rache zerstörten die Habsburger einen Großteil der Festung auf dem Burghügel. Die Stadt, die König Stephan im 11. Jh. zum Bischofssitz erhoben hatte, erlebte eine Blütezeit im 18. Jh. und 19. Jh., in dieser Zeit entstanden die wunderschönen Barockgebäude, für die die Stadt heute so berühmt ist.

Orientierung

Der Dobó István tér im Zentrum von Eger liegt nur ein paar Gehminuten östlich des renovierten Busbahnhofs am Pyrker János tér. Wer vom Hauptbahnhof ins Stadtzentrum will, marschiert in nördlicher Richtung bis ans Ende der Deák Ferenc utca und läuft dann auf der Széchenyi István utca weiter. Sie ist Egers Fußgängerzone und Hauptstraße. Der Bahnhof Egervár, der die Stadt mit Szilvásvárad und anderen nördlich liegenden Orten verbindet, steht an der Vécseyvölgy utca – von dort aus sind es fünf Minuten zu Fuß bis zur Festung Eger.

Praktische Informationen

BUCHLÄDEN

Magvető Könyvesbolt (☎ 517 757; Bajcsy-Zsilinszky utca 4; 🕒 Mo–Fr 9–17, Sa 9–13 Uhr) Führt ein Mini-Sortiment an deutsch- und englischsprachigen Büchern und Landkarten.

GELD

OTP-Bank (Széchenyi István utca 2)

INFOS IM INTERNET

Allgemeine Information über Eger gibt es unter den Adressen www.eger.hu (in Ungarisch) oder www.egercity.hu (in English und Ungarisch).

INTERNETZUGANG

Tourinform bietet Zugang zum Internet (1 Std. 400 Ft.).

Egri Est Café (☎ 411 105; Széchenyi utca 16; 1 Std. 300 Ft.; 🕒 So–Do 11–24, Fr & Sa 11–4 Uhr) Café-Bar mit Internetzugang.

MEDIZINISCHE VERSORGUNG

Markhot Ferenc Megyei Kórház (☎ 411 444; Markhót Ferenc utca 1/3; 🕒 24 Std.)

POST

Postamt (Széchenyi István utca 20–22; 🕒 Mo–Fr 8–20, Sa 8–13 Uhr)

REISEBÜROS

Egertourist (☎ 510 270; Bajcsy-Zsilinszky utca 9; 🕒 Mo–Fr 9–17 Uhr)

Ibusz (☎ 311 451; Széchenyi István utca 9)

TOURISTENINFORMATION

Tourinform (☎ 517 715; eger@tourinform.hu; Bajcsy-Zsilinszky utca 9; 🕒 Mitte Juni–Mitte Sept. Mo–Fr 9–17, Sa & So 9–13 Uhr, Mitte Sept.–Mitte Juni Mo–Fr 9–17, Sa 9–13 Uhr) Hier gibt es jede Menge Information über Eger und seine Umgebung, inklusive einer handlichen Broschüre in mehreren Sprachen.

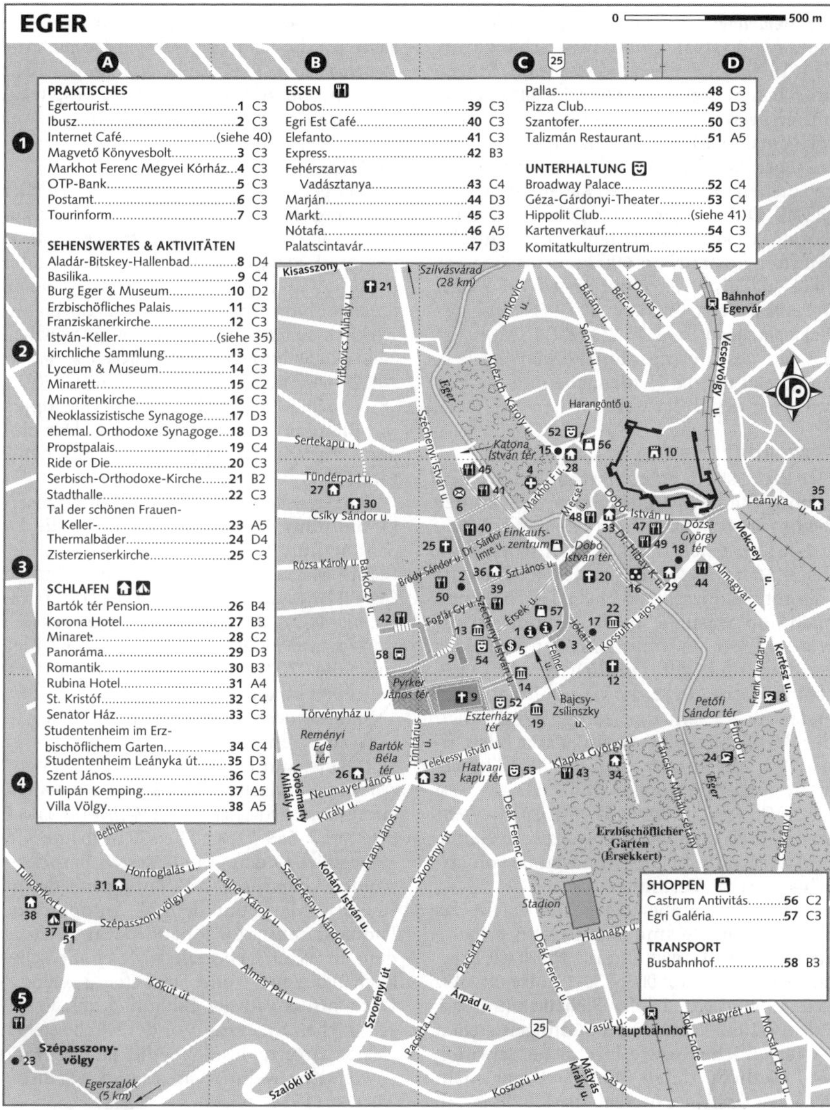

Sehenswertes

BURG EGER

Eine Kopfsteinpflastergasse führt vom Dózsa György tér zur **Burg Eger** (Egri Vár; ☎ 312 744; Vár 1; Erw./Kind Kombi-Ticket 900/450 Ft., einfaches Ticket 400/200 Ft.; ⌚ April–Aug. 8–20 Uhr, Sept. 8–19 Uhr, Okt.–März 8–17 Uhr), die den besten Blick über die Stadt bietet. Die Festung auf dem Burghügel entstand nach dem Mongolensturm im 13. Jh.; der größte Teil stammt aus jüngerer Zeit. Aus dem 12. Jh. sind noch einige Grundmauern der **St.-Johannes-Kathedrale** zu erkennen. Das **István-Dobó-Museum** (⌚ April–Okt. Di–So 9–17 Uhr, Nov.–März Di–So 9–15 Uhr) im ehemaligen Bischofspalais (1470) zeigt, wie es auf der Burg früher ausgesehen hat. In der **Heldenhalle** im Erdgeschoss steht eine Statue von István Dobó. Das Gebäude aus dem 19. Jh. an der Nordwestseite des Innenhofs beherbergt die **Städtische Kunstgalerie** mit mehreren Werken das Genre- und Historienmalers Mihály Munkácsy.

Neben der Burg liegen die in den Felsen gehauenen unterirdischen **Kasematten** (🕒 9–17 Uhr). Die (ungarische) Führung ist im Kombi-Ticket inbegriffen, eine deutsche Führung kostet rund 600 Ft. extra. Separat zu bezahlen sind auch der Besuch des **Wachsfigurenkabinetts** (Erw./Kind 350/250 Ft.) und der **Münzsammlung** (Erw./Kind 240/120 Ft.). Montags hat alles geschlossen, dann können das Festungsgelände, die Heldenhalle und die Kasematten besichtigt werden.

ESZTERHÁZY TÉR

Der Platz ist ein guter Startpunkt für einen kleinen Stadtrundgang. Er beginnt an der **Basilika** (Bazilika; Pyrker János tér 1; Eintritt frei; 🕒 Mo–Fr 9–16 Uhr), einem neoklassizistischen Bau, der 1836 fertig gestellt wurde. Der Entwurf stammt von József Hild, nach dessen Plänen auch die Basilika in Esztergom erbaut wurde. Trotz der imposanten Ausmaße der Basilika und der stattlichen, reich geschmückten Altäre wirkt der Innenraum erstaunlich leicht und luftig. Nordöstlich der Basilika liegt das **Erzbischöfliche Palais** (Érseki Palota; Széchenyi István utca 5) mit dem **Kirchenarchiv** (Egyházi Gyűjtemény; ☎ 421 332; Erw./Kind 300/200 Ft.; 🕒 April–Okt. Di–Sa 9–17 Uhr, Nov.–März Mo–Fr 8–16 Uhr), das Ornate, liturgische Geräte und andere kirchliche Gegenstände von unschätzbarem Wert hütet.

Frontal gegenüber der Basilika steht das 1765 vollendete und im Zopfstil erbaute **Erzbischöfliche Lyzeum** (Líceum; ☎ 520 400; Eszterházy tér 1; 🕒 April–Sept. Di–So 9.30–15.30 Uhr, Okt.–März Sa & So 9.30–13 Uhr). In der **Bibliothek** (Erw./Stud. 500/350 Ft.) im 1. Stock des Südflügels stehen 20 000 Bücher sowie kirchliche Schriften und Codices, deren Wert sich gar nicht schätzen lässt. Das **Deckenfresko** (1778) ist ein Meisterwerk der Trompe-d'œuil-Malerei, und zeigt das Konzil von Trient (1545–63), das während der Gegenreformation stattfand. Blitze lassen die häretische Schriften in Flammen aufgehen.

Das **Astronomiemuseum** (Erw./Stud. 500/350 Ft.) im 6. Stock des Ostflügels zeigt eine Sammlung astronomischer Geräte aus dem 18. Jh. Noch drei Stockwerke höher bietet die Plattform der **Sternwarte** eine traumhafte Aussicht auf die Stadt. Interessant ist auch die **Camera obscura**: Das „Auge von Eger" wurde 1776 installiert, um die Stadt zu bespitzeln und ihre Bewohner zu belustigen.

NOCH MEHR SEHENSWERTES

Weiter geht es dann ein Stück in nördlicher Richtung die Széchenyi utca hinunter zur 1743 vollendeten **Zisterzienserkirche** (Ciszterek temploma; Széchenyi István utca 15). Ihr imposanter Barockaltar, u. a. mit einer weiß-goldenen Stuckskulptur des hl. Franz von Borgia, ist wirklich sehenswert. Noch weiter nördlich steht die **Serbisch-Orthodoxe Kirche** (Ráctemplom; ☎ 320 129; Vitkovics Mihály utca 30; Eintritt 300 Ft.; 🕒 Di–So 10–16 Uhr). Sie hat eine riesige, üppig mit Blattgold verzierte Ikonostase. Der Eingang zur Kirche liegt an der Széchenyi utca 59.

Schräg gegenüber von der Zisterzienserkirche führt in östlicher Richtung die Dr Sándor Imre utca und die daran anschließende Markhót Ferenc utca zum **Minarett** (☎ 410 233; Knézich Károly utca; Eintritt 200 Ft.; 🕒 April–Okt. 9.30–18 Uhr), das mit einem Kreuz gekrönt ist. Nur wer nicht an Klaustrophobie leidet, sollte die 97 Stufen der extrem engen Wendeltreppe hinaufsteigen.

Südlich des Minaretts führt die Mecset utca zum zentralen Dobó István tér – im Mittelalter war er der Marktplatz der Stadt. An seiner Südseite erhebt sich die **Minoritenkirche** (Minorita templom; ☎ 312 744; Dobó István tér 6; Eintritt frei; Di–So 9–17 Uhr). Die 1771 erbaute Kirche gehört zu den grandiosesten Barockgebäuden Ungarns. Das Altarbild mit der hl. Jungfrau Maria und dem hl. Antonius von Padua stammt von Johann Lucas Kracker, dem in Wien geborenen Maler. Er schuf auch das Feuer- und Schwefel „speiende" Deckenfresko in der Bibliothek des Erzbischöflichen Lyzeums. Vor der Kirche stehen riesige Bronzeplastiken, die István Dobó sowie seine Männer im Kampf gegen die Türken (1552) zeigen.

Vom Dobó István tér geht es über das Flüsschen Eger bis zum Dózsa György tér. Richtung Südwesten verläuft die Kossuth Lajos utca, eine elegante, von Bäumen gesäumte Straße mit Dutzenden von architektonischen Kostbarkeiten. Eine davon steht gleich am Anfang der Straße: die ehemalige **Orthodoxe Synagoge** (Ortodox zsinagóga; Kossuth Lajos utca 17): Sie wurde 1893 erbaut und ist heute

DIE HELDEN VON EGER

Die Belagerung der Burg Eger durch die Türken ist der Stoff, aus dem Legenden sind. Unter dem Kommando von István Dobó hielt eine zusammen gewürfelte Schar von 2000 Soldaten 1552 einen Monat lang dem Ansturm von 100 000 Türken stand. Jedes Kind in Ungarn kennt diese Heldengeschichte und weiß, welche bedeutende Rolle die Frauen von Eger dabei gespielt haben. Unermüdlich gossen sie kochend heißes Öl und Pech von den Zinnen der Burgmauern auf die Angreifer. Ein Gemälde von Bertalan Székely – *Die Frauen von Eger* – hängt in der Gemäldegalerie der Burg und erweist den tapferen Frauen die verdiente Ehre.

Doch auch der Wein von Eger hat zum Sieg verholfen: Die Legende erzählt, Dobó habe seine Soldaten mit Egers rubinrotem Wein angefeuert. Als seine tapferen Mannen mit verstärkter Kraft – und rot befleckten Bärten – kämpften, kam im Lager der Türken das Gerücht auf, die Verteidiger der Burg hätten Stierblut getrunken, um Bullenstärke zu erlangen. Der Weinname Bikavér – Stierblut – war geboren.

Der Schriftsteller Géza Gárdonyi (1863–1922) setzte mit seinem 1901 erschienenen historischen Roman *Die Sterne von Eger* dem heldenhaften Kampf der ungarischen Verteidiger ein Denkmal. Das Buch fehlt in keiner ungarischen Buchhandlung, in Deutsch ist es im Verlag Lübbe erschienen.

ein Möbelladen und Teil einer Shopping Mall. (Eine **neoklassizistische Synagoge** (Dr. Hibay Károly utca 7) von 1845 steht in der nächsten Querstraße; sie wurde teilweise restauriert.) Wer die Kossuth Lajos utca weiter entlangläuft, kommt an zahlreichen ungewöhnlich prachtvollen weltlichen und kirchlichen Barockbauten vorbei. So auch am **Komitatsrathaus** (Megyeháza; 9 Kossuth Lajos utca) mit seinem schmiedeeisernen Gitter über dem Haupttor, das Sinnbilder von Glaube, Hoffnung und Barmherzigkeit zeigt. Geschaffen wurde es vom Würzburger Kunstschmied Henrik Fazola, der Mitte des 18. Jhs. nach Eger gekommen war. Zwei weitere seiner großartigen Schmiedekunstwerke stehen ein Stück hinter dem Durchgang: Das schmiedeeiserne Tor auf der rechten Seite zeigt das Siegel des Komitats Heves und einen Komödianten. Anmutiger wirkt das linke Tor mit den Weintrauben. Die **Franziskanerkirche** (Ferences templom; 14 Kossuth Lajos utca) wurde 1755 errichtet – zuvor stand hier eine Moschee. Die schmiedeeisernen Balkon- und Fenstergitter des im Rokokostil erbauten **Propstpalais** (Kispréposti palota; 4 Kossuth Lajos utca) stammen ebenfalls von Fazola.

Aktivitäten

WEINPROBEN

Kostproben von Egers berühmten Weinen sind an allen Ecken und Enden der Stadt möglich, vor allem am Fuß der Burg und im **István-Keller** (☎ 313 670; Tündérpart 5; ⏰ April–Okt. Di–So., 13–22 Uhr, Okt.–März Di–So 14–21 Uhr) unter dem Hotel Korona. Tourinform hat eine ausführliche Liste alle Lokalitäten.

Das Weinvergnügen in der Stadt lässt sich vor seinen Toren toppen, und zwar in den Weinkellern des idyllischen **Tals der schönen Frauen** (Szépasszony-völgy). Die beste Zeit für einen Abstecher ins Tal ist ein warmer Spätnachmittag.

Wer von der Innenstadt zu Fuß dorthin marschieren will, läuft vom der Westseite der Basilika Richtung Süden über die Trinitárius utca bis zum Bartók Béla tér und dann weiter Richtung Westen auf der Király utca zur Szépasszonyvölgy utca. Die Straße führt bergab und am Restaurant Talizmán vorbei, dort scharf links ins Tal abbiegen. Dort liegen Dutzende von Weinkeller. Die bequeme Alternative ist eine kleine Shuttlebahn, die vom Dobó tér zum Eingang des Tals fährt (einfach 450 Ft.; April–Okt. 10–18 Uhr).

Neben dem „Erlauer Stierblut" – einer der wenigen Rotweine aus Eger – werden Weißweine wie der Leányka, Olaszrizling und Hárslevelű aus dem nahe gelegenen Debrő ausgeschenkt. Die Entscheidung für einen der vielen Keller kann nervig sein: Atmosphäre und Angebot sind sehr unterschiedlich, sodass – je nach persönlichem Geschmack – eine kleine „Kellerwanderung" angesagt ist. Allgemein beliebt sind die Keller Nr. 16, 17, 29 und 48. Wer schmalzige Gypsy-Musik mag, geht in Nr. 32 oder 42. Liebhaber edler Weine kommen in den Kellern Nr. 5, 18 and 31 auf ihre Kosten. Vorsicht beim Verkosten: Der Wein (pro Gläschen 50–80 Ft.) geht schnell ins Blut! Die Öffnungszeiten sind chaotisch, aber einige Keller haben garantiert bis in den frühen Abend offen. Das Taxi zurück in die Stadt kostet um die 1000 Ft.

NOCH MEHR AKTIVITÄTEN

Erfrischung nach dem Sightseeing bringen die **Thermalbäder** (☎ 413 356; Fürdő utca 1–3; Erw./Kind 900/650 Ft.; ⌚ Frauen Mi & Fr 12–18 Uhr, Männer Di & Do 12–18, Sa 10–14 Uhr), die noch aus der türkischen Epoche stammen. Sie liegen im **Erzbischöflichen Garten** (Érsek-kert; Eingang am Petőfi Sándor tér 2), wo einst die Kirchenfürsten lustwandelten.

Nicht weit davon lockt das phantastische **Aladár-Bitskey-Hallenbad** (☎ 511 810; Frank Tivadar utca; Erw./Sen./Stud. 700/400/400 Ft.; ⌚ Mo, Mi & Fr 6–21, Di & Do 6–22, Sa 8–20, So 8–18 Uhr), das der ungarische Architekt Imre Makovecz entworfen hat. Fahrräder verleiht **Ride or Die** (☎ 413 903; Jókai utca 6; 1 Std./Tag 300/3000 Ft.; ⌚ Mo–Fr 10–18, Sa 9–13), verlangt aber 25 000 Ft. Kaution.

Geführte Touren

Tourinform bietet deutsch- und englischsprachige Führungen durch die Stadt an (Erw./Kind 700/350 Ft.).

Festivals & Events

Zu den regelmäßigen jährlichen Veranstaltungen zählen das **Frühlingsfest** Ende Mai/Anfang April, das **Historische Festival** mit den **Burgfestspielen** Ende Juli, die **Barockfesttage** Ende Juli/Anfang August, das **Agria Internationale Volkstanztreffen** im August und das **Bacchusfest** (Weinlesefest von Eger) Mitte September.

DER TIPP VOM AUTOR

Senator-Ház (Senatorhaus; ☎ 320 466; www.senatorhaz.hu; Dobó István tér 11; EZ/DZ Hauptsaison 52/76 €; Ⓟ ⌘) András Cseh, Besitzer und Manager des Senator Ház, hat eines der besten kleinen Hotels der ungarischen Provinz geschaffen. Die heimeligen, gemütlichen Zimmer füllen die oberen Stockwerke des herrlichen Hauses aus dem 18. Jh., das den Hauptplatz von Eger flankiert. Im Erdgeschoss befinden sich ein sehr gutes Restaurant und die Rezeption. Sie wirkt wie ein skurriles historisches Museum, denn Cseh hat in den vergangenen 15 Jahren allen möglichen Nippes gesammelt und ihn in der Eingangshalle deponiert. Da das Hotel nur elf Zimmer hat, ist eine Reservierung notwendig.

Schlafen

Bei Tourinform gibt es ein Verzeichnis mit Unterkünften in der Stadt und ihrer näheren Umgebung.

BUDGETUNTERKÜNFTE

Egertourist und Ibusz vermittelt alle offiziell angemeldeten Privatunterkünfte (2500–4000 Ft. pro Nacht/Pers.). Schilder mit Hinweisen auf Privatzimmer hängen aber auch direkt an den Häusern der Almagyar utca oder – noch konzentrierter – in der Mekcsey István utca (Nr. 10/a, 13, 14, 14/a und 14/b). Weitere Schilder mit *„szoba kiadó"* (Zimmer zu vermieten) finden sich nördlich der Burg in der Vécseyvölgy utca.

Tulipán Kemping (☎ 410 580; Szépasszonyvölgy utca 71; Stellplätze pro Pers./Zelt/Auto 600/500/300 Ft., 4-/5-B-Bungalows 6000/10 000 Ft.; ⌚ ganzjährig; Ⓟ) Das hintere Ende des Campingplatzes grenzt an die Weinberge des Szépasszony-völgy (Tal der schönen Frauen). Die Zeltplätze haben wenig Schatten, aber die Fünfbett-Bungalows bieten viel Komfort.

Während der Semesterferien Mitte Juni/Anfang Juli bis August vermieten die Studentenwohnheime Zimmer (2500 Ft. pro Pers.). Empfehlenswert sind:

Studentenheim Leányka út (Leányka úti Kollégium; ☎ 520 430; Leányka utca 2; Ⓟ) Östlich der Burg, 300 Betten.

Studentenheim im Erzbischöflichen Garten (Érsekkerti Kollégium; ☎ 520 432; Klapka György utca 12) Zentral gelegenes Wohnheim mit tollem Ambiente, 132 Betten.

MITTELKLASSEHOTELS

Villa Völgy (☎ 321 664; www.hotels.hu/villavolgy; Tulipánkert utca 5; EZ/DZ 8200/13 600 Ft.; Ⓟ 🏊) Das Hotel in der modernen Villa ist piccobello sauber; Holz dominiert bei der geschmackvollen Einrichtung der hellen Zimmer. Sauna, Solarium, Fitnessraum und Restaurant sorgen dafür, dass sich alle wohlfühlen. Bis zum Tal der schönen Frauen ist es nur ein Katzensprung.

Bartók tér Pension (☎ 515 556; ca7566@axelero.hu; Bartók Béla tér; EZ/DZ 7000/9000 Ft.; Ⓟ) Die farbenfrohe Pension zwischen dem Tal der schönen Frauen und dem Stadtzentrum hat große Zimmer, liegt in einer ruhigen Gegend und nimmt ihre Gäste sehr herzlich auf.

St Kristóf (Arany János utca 1; EZ/DZ 7000/9000 Ft.) Der Ableger der Bartók tér Pension bietet den gleichen guten Standard.

Hotel Rubina (☎ 410 580; Honfoglalás utca 31/a; EZ/DZ 25/40 €; P) Das Rubina liegt an einem ruhigen Ort hoch über dem Weintal Szépasszony-völgy. Für die Gäste gibt es einige Wellness-Angebote, z. B. eine Sauna und ein Dampfbad.

Minaret (☎ 410 233; Knézich Károly utca 4; EZ/DZ 35/45 €; P) Das im Schatten des Minaretts zentral gelegene Hotel ist ein Familienbetrieb mit schön geschnittenen Zimmern und einem guten Restaurant.

SPITZENKLASSEHOTELS

Romantik (☎ 310 456; www.romantikhotel.hu; Csíky Sándor utca 26; EZ/DZ 12 000/15 500 Ft.; P) Das ausgesprochen freundliche, urgemütliche Hotel mit 16 Zimmern hat an der Rückseite einen hübschen Garten anzubieten. Obwohl es bis zum Stadtzentrum nur ein paar Gehminuten sind, liegt das Hotel weit genug weg, um dem sommerlichen Trubel und Lärm zu entgehen.

Hotel Korona (☎ 313 670; www.koronahotel.hu; Tündérpart utca 5; EZ/DZ ab 60/75 €; P) Das Hotel liegt in einer ruhigen Seitenstraße der Csíky Sándor utca. Verlockend ist nicht nur das Wellnesscenter, sondern auch der 200 Jahre alte István-Keller (S. 355). Er ist „Weinmuseum" und Weinkeller in einem; die Weine stammen aus allen Weinregionen des Landes.

Panoráma (☎ 412 886; panhotel@lelender.hu; Dr Hibay Károly utca 2; EZ/DZ ab 15 000/17 500 Ft.; P) Mit Konferenzräumen, Fitnessbereich, Bar und Restaurant wendet sich das Panoráma vor allem an Geschäftsleute.

Szent János (☎ 510 350; www.hotelszentjanos.hu; Szent János utca 3; EZ/DZ 12 000/15 300 Ft.; P) Das elegante Hotel residiert in einem barocken Stadthaus und bietet allen Komfort der Luxusklasse – nur an einer herzlichen Atmosphäre mangelt es etwas.

Essen & Ausgehen

RESTAURANTS

Szántófer (☎ 517 298; Bródy utca 3; Hauptgerichte 1000 Ft.; 8–22 Uhr) Die landwirtschaftlichen Geräte und Kochutensilien, die wie Trophäen die Wände schmücken, tragen zum rustikalen Charme des Lokals bei. Die Speisekarte bietet bäuerliche Hausmannskost. Der überdachte Innenhof ist ein idealer Ort, um der Sommerhitze zu entfliehen.

DER TIPP VOM AUTOR

Palatscintavár (☎ 413 986; Dobó István utca 9; Hauptgerichte 1200 Ft.) Das Palatscintavár ist eines der wenigen Restaurants in Ungarns Provinz, das aus dem üblichen konventionellen Rahmen fällt. Pop-Art und Postkarten schmücken die Wände, Glasvitrinen mit Zigarettenpackungen längst vergessener Hersteller stechen ins Auge, und eine irre Musik dröhnt durchs Restaurant. Von schwerer Hausmannskost keine Spur: Berge an frischem Gemüse begleiten die feinen Pfannkuchen, deren Geschmacksrichtungen die Länderküchen von Asien bis Italien, ja, rund um den Globus, abdecken.

Elefanto (☎ 411 031; Katona István tér 2; Hauptgerichte 1000–2000 Ft.) Das oberhalb der Markthalle gelegene Lokal hat eine Nichtraucherzone und einem überdachten Balkon für ein „Freiluft-Mittagessen".

Senator Ház (☎ 320 466; www.senatorhaz.hu; Dobó István tér 11; Vorspeisen 350–500 Ft., Hauptgerichte 1000–2000 Ft.) Das Café-Restaurant im Senator serviert ganze Mahlzeiten, aber auch Kleinigkeiten wie einen *palacsinta* (Palatschinken oder dünner Pfannkuchen).

Fehérszarvas Vadásztanya (☎ 411 129; Klapka György utca 8; Hauptgerichte 1500–3000 Ft.) Der „Gutshof der Jäger des weißen Hirschen" (so die wörtliche Übersetzung) oder kurz und bündig „Zum weißen Hirsch" ist das Nobelrestaurant der Stadt. Nicht ganz billig, aber eine gute Adresse, um im Herbst und Winter in seinen Kellergewölben edle Wildspezialitäten zu genießen.

Wer nach einem vollen Tag noch eins obendrauf setzen will, geht in eine der *csárdák* – eine der typischen ungarischen Kneipen im Tal der schönen Frauen. Mit einiger Sicherheit untermalt Imre die Mahlzeit – er ist ein alter, kugelrunder Kerl, der Gypsy-Balladen am laufenden Meter auf seiner winselnden Geige produziert. Zu empfehlen ist das **Nótafa** (☎ 313 484; Szépasszony-völgy; Hauptgerichte 1000–2000 Ft.): Hier hängt Imre in sicherer Entfernung gerahmt auf einem Ehrenplatz im Speiseraum.

CAFÉS

Café Mirador (☎ 333 301; Frank Tivadar utca 5) Mehr Cocktailbar als Café ist das Mirador ein wunderbarer Rückzugsort, um nach einem harten Sightseeing-Tag bei Bier und Schmusemusik abzuhängen.

Egri Est Café (☎ 411 105; Széchenyi István utca 16; So–Do 11–24, Fr & Sa 11–4 Uhr) In der soliden Café-Bar geht es lebhaft und bunt zu; am Wochenende steigen hier die Partys.

Marján (☎ 312 784; Kossuth Lajos utca 28; Mai–Sept. 9–22 Uhr, Okt.–April 9–20 Uhr) Auf der großen Terrasse der Konditorei südlich vom Dózsa György tér schmecken die süßen Kalorienbomben besonders gut.

Weitere Alternativen:

Pallas (☎ 318 614; Dobó István utca 20; 9.30–21 Uhr) Kaffeehaus in einem kleinen Innenhof.

Dobos (☎ 413 335; Széchenyi István utca 6; 9.30–19 Uhr) Nettes Café in Egers Fußgängerzone.

AUF DIE SCHNELLE

Express (☎ 517 920; Barkóczy utca 4; Gerichte unter 800 Ft.; Mo–Sa 7–22, So 7–15 Uhr) Das große Selbstbedienungsrestaurant nordöstlich des Busbahnhofs bietet schnelles und preiswertes Essen.

Pizza Club (☎ 322 914; Dr Hibay Károly utca 8; Pizza 560–1000 Ft.) Die kleine Pizzeria östlich vom Dobó István tér ist ebenfalls gut und günstig im Preis.

SELBSTVERSORGER

Markt (Katona István tér; Mo–Fr 6–18, Sa 6–13, So 6–10 Uhr) Egers große Markthalle bietet mehr Obst und Gemüse, als irgendjemand davon tragen kann.

Unterhaltung

Tourinform, das **Komitat-Kulturzentrum** (☎ 510 020; Knézich Károly utca 8) gegenüber vom Minarett und der städtische **Kartenverkauf** (☎ 518 347; Széchenyi István utca 5; Mo–Fr 10–13, 14–18 Uhr) informieren über das aktuelle Kulturprogramm. Kulturelle Veranstaltungsorte sind das **Géza-Gárdonyi-Theater** (☎ 310 026; Hatvani kapu tér 4; Theaterkasse Mo–Fr 14–17 Uhr), das Lyzeum und die Basilika. Von Mitte Mai bis Mitte Oktober finden hier täglich halbstündige Orgelkonzerte statt (Mo–Sa 11.30 Uhr, So 12.45 Uhr).

Broadway Palace (Pyrker János tér 3; Mi, Fr & Sa 22–6 Uhr) Im bizarren, höhlenartigen Club neben den Stufen der Basilika tanzt am Wochenende der Bär bis in den frühen Morgen.

Hippolit Club (☎ 411 031; Katona István tér 2; Fr & Sa 22–5 Uhr) In Egers klassischem Club – unten im Restaurant Elefanto –, bebt die Tanzfläche, bis der Morgen graut.

Über Veranstaltungen in Eger informiert auch das 14-tägig erscheinende kostenlose Magazin *Egri Est*.

Shoppen

Egri Galéria (☎ 517 518; Érsek utca 8; Mo–Fr 10–13, 14–18, Sa 10–14 Uhr) Eine kleine Fundgrube für hübschen Schmuck, Kunst und allerlei Kunstgewerbliches, Keramik und andere Sammlerstücke.

Castrum Antikvitás (☎ 311 613; Harangöntő utca 2; Mo–Fr 9–17 Uhr) Kleiner Laden für Antiquitätenliebhaber.

An- & Weiterreise

Eger hat gute Busverbindungen. Täglich fahren alle 30 bis 40 Minuten Busse nach Gyöngyös (in der Regel via Kerecsend; 665 Ft., 1 Std., 52 km), Mezőkövesd, Szilvásvárad und Bélapátfalva. Andere Destinationen sind Aggtelek (1210 Ft., 2½ Std., 100 km, 1-mal tgl.), Budapest (1570 Ft., 2¼ Std., 130 km, stündl., über die M3), Kecskemét (2060 Ft., 4½ Std., 166 km, 3-mal tgl.), Debrecen (1690 Ft., 2½ Std., 131 km, 7-mal tgl.), Miskolc (846 Ft., 1½ Std., 68 km, 8-mal tägl.) und Szeged (2910 Ft., 5¾ Std., 237 km, 2-mal tgl.) via Csongrád. Die Strecke durch das Bükk-Gebirge via Felsőtárkány nach Miskolc befährt der Bus nur von Mitte April bis Mitte Oktober (So 8.30 und 13.15 Uhr).

Eger liegt an der Nebenstrecke Putnok–Füzesabony. Füzesabony ist der Umsteigebahnhof für Reisende nach Budapest (1624 Ft., 2 Std., 142 km), Miskolc (774 Ft., 1½ Std., 74 km) oder Debrecen (1212 Ft., 2 Std., 120 km). Zwischen Eger und dem Budapester Bahnhof Keleti (2½ Std.) fahren aber auch bis zu sieben Direktzüge in beide Richtungen.

Unterwegs vor Ort

Vom Hauptbahnhof starten die Buslinien 11, 12 oder 14 zum Busbahnhof oder ins Stadtzentrum.

Taxis werden unter den Telefonnummern ☎ 411 222 oder 555 555 gerufen.

RUND UM EGER

Egerszalók

☎ 36 / 1975 Ew.

Der ländliche ruhige Kurort liegt 8 km südwestlich von Eger und hat eine bekannte **Heiße Quelle** (Hőforrás; ☎ 515 300; 15 Min. 100 Ft.; 7–18 Uhr Erw./Kind 550/400 Ft., 18–1 Uhr Erw./Kind 700/700 Ft.). Derzeit entsteht hier Ungarns größtes Thermalbadhotel (Stand 2006). Die in den Bergen gelegene mehrstöckige Hotelanlage wird zukünftig ein kleines Tal dominieren, das komplett in eine Parklandschaft mit Thermalpools in allen Formen und Größen umgebaut wird. Unberührt bleiben zum Glück die extrem heißen Thermalquellen, die in Kaskaden über Salz- und Mineralablagerungen rinnen, die an dampfende Eisberge erinnern. Wie sich das ehrgeizige Bauprojekt später ästhetisch in die Landschaft einfügen wird, muss sich noch weisen.

In dem kleinen Gästehaus **Kelemen Vendégház** (☎ 474 559; webgast@freemail.hu; Sarló út 24; pro Pers. 2500–4000 Ft.; P) unweit des Zentrums von Egerszalók empfangen Judit and András ihre Gäste mit offenen Armen und verwöhnen sie mit herzhafter Kost. Die preiswerte Unterkunft eignet sich für Gruppen bis zu zehn Personen und ist eine gute Basis für Ausflüge in die nähere Umgebung.

250 m nördlich des Eingangs fährt der Bus nach Kerecsend (via Demjén) ab.

Mezőkövesd

☎ 49 / 17 800 Ew.

Das etwa 18 km südöstlich von Eger liegende Landstädtchen Mezőkövesd (www.mezokovesd.hu) ist das Zentrum der hier lebenden Matyós. Die Volksgruppe ist berühmt für ihre Volkskunst, vor allem die feinen Stickereien.

Wer in Mezőkövesd vom Busbahnhof auf der Rákóczi utca 50 m Richtung Süden geht, dann 600 m weit Richtung Osten auf der Mátyás király út läuft, stößt auf den Szent László tér und die **Tourinform** (☎ 500 285; mezokovesd@tourinform.hu; Szent László tér 23; Mitte Juni–Aug. Mo–Fr 9–17, Sa 10–14 Uhr, Sept.–Mitte Juni Mo–Fr 10–16 Uhr). Das **Postamt** liegt hinter der Tourinform (Alkomány utca 1), die **OTP-Bank** (Mátyás király út 149) beim Busbahnhof in der Mátyás Király.

SEHENSWERTES

Gegenüber von Tourinform liegt das **Matyó-Museum** (☎ 311 824; Szent László tér 8; Erw./Kind 400/200 Ft.; April–Sept. Di–So 9–17 Uhr, Okt.–März Di–Sa 9–15 Uhr), das die historische Entwicklung und die regionalen Differenzen in der Stickkunst der Matyós aufzeigen. Die Arbeiten reichen von Weißstickereien über Arbeiten mit blau-roten Rosenmustern bis hin zu den Kunstwerken aus Gold- und Silberfäden. Die Verarbeitung von Metallfäden wurde allerdings in den frühen 1920er-Jahren verboten, weil die hohen Materialkosten einige Familien ruinierten.

Am Hősök tere, ein paar Schritte südwestlich vom Szent László tér, beginnt der Stadtteil **Hadas**. In seinen engen Gassen mit ihren weiß getünchten und reetgedeckten Häusern öffnet sich eine vollkommen andere Welt. Sehr schön sind die folgenden Gassen: Patkó köz, Kökény köz und Mogyoró köz. Am meisten los ist in der Kis Jankó Bori utca, die nach der „Mutter der Hundert-Rosen-Muster" benannt ist. Sie lebte und stickte hier fast 80 Jahre. Ihr Wohnhaus ist heute das **Bori-Kis-Jankó-Gedenkhaus** (Kis Jankó Bori Emlékház; ☎ 411 873; Kis Jankó Bori utca 22; Erw./Kind 200/100 Ft.; Juli–Mitte Aug. 9–19 Uhr, Mitte März–Juni & Mitte Aug.–Okt. 9–16 Uhr). Das inzwischen 200 Jahre alte Gebäude ist gefüllt mit Handarbeiten und leuchtend bunt bemalten Möbeln. Sehenswert ist auch das **Haus der Volkskünste** (☎ 411 686; Kis Jankó Bori utca 5): Im Haus der Matyó-Genossenschaft führen Matyó-Frauen ihre Stickkünste vor. Zum Haus gehört eine **Tanzscheune** (Táncpajta; Kis Jankó Bori utca 7). Weitere hübsche Häuser in der Kis Jankó Bori utca sind die Häuser mit den Hausnummern 9 und 38; außerdem die Häuser Nr. 1, 4, 6 und 12 in der Mogyoró köz. Die Stickerinnen verkaufen ihre Arbeiten häufig direkt an die Besucher; eine große Auswahl gibt es auch im Laden des Matyó-Museums.

SCHLAFEN & ESSEN

Durch die Nähe zu Eger muss eigentlich kein Besucher in Mezőkövesd übernachten. Doch wer den letzten Bus verpasst hat oder am Morgen den Frühbus nach Miskolc nehmen will, kann bei **Borsod Tourist** (☎ 412 614; Mátyás király út 153; Mo–Do 9–16.30 Fr 9–14 Uhr) oder Tourinform nach Privatunterkünften fragen (um 2500 Ft. pro Pers.). Tourinform verteilt auch eine Liste. Eine weitere Übernachtungsmöglichkeit:

Gästehaus Tulipános (☎ 06 30 228 7119; Mogyoró köz 1; DZ 4000 Ft.; P) Das im Herzen des Hadas-

NÖRDLICHES MITTELGEBIRGE

DIE GRANDIOSEN WEISSEN HENGSTE

Die Lipizzaner sind jene einzigartigen weißen Pferde, die unter den Habsburgern ausschließlich für die Spanische Hofreitschule gezüchtet wurden. Es sind intelligente, umgängliche und robuste Tiere, die Würde und Grazie ausstrahlen. Sie gelten als die edelsten Pferde der Welt und als die einzigen, die die Hohe Schule – die Reitkunst in höchster Vollendung – beherrschen. Bei all der Riesenmühe, die in Zucht und Training gesteckt werden, ist das vielleicht auch kein Wunder.

Die Lipizzaner der Spanischen Hofreitschule kommen heute ausschließlich vom Bundesgestüt Piber in der Steiermark, ihre Heimat ist das ehemals kaiserliche und heute noch existierende Gestüt Lipica im heutigen Slowenien. Nachfahren der ursprünglichen „Lipica-Pferde" werden auch im US-Staat Illinois gezüchtet. Die Lipizzaner vom Gestüt Szilvásvárad gehören zum so genannten Fahrpferdetyp der Rasse und sind daher etwas größer und kräftiger.

Die Zucht der Lipizzaner ist wirklich eine Kunst für sich: Sechs Hengstlinien, unter deren Vorfahren Pferde aus spanischen, arabischen und Berber-Zuchten sind, lassen sich bis ins frühe 18. Jh. genau zurückverfolgen. Ihre Stammbäume sind so verwirrend wie die uralter Herrscherhäuser. In den Stallungen des Gestüts Szilvásvárad oder im Pferdemuseum hängen Tafeln mit komplizierten Daten und Namen wie Maestoso, Neapolitano und Pluto, die Aussagen über die Zuchtlinie geben.

Ein erwachsener Lipizzaner hat eine Widerristhöhe von 152 cm und wiegt zwischen 500 kg und 600 kg. Die Tiere haben einen langen Rücken, einen kurzen, kräftigen Hals und ausdrucksvolle Augen. Ihre Lebenserwartung beträgt 25 bis 30 Jahre und sie sind wenig anfällig für Krankheiten.

Lipizzaner erblicken nicht schneeweiß das Licht der Welt, sondern grau, graubraun oder rötlich braun. Ihre berühmtes „königliches Weiß" bekommen sie erst im Alter zwischen fünf und zehn Jahren, wenn ihre Haare die Pigmente verlieren (wie Menschen beim Älterwerden). Ihre Haut bleibt jedoch grau, sodass sie, wenn sie nach einem harten Ritt schweißgebadet sind, grau gesprenkelt und gar nicht mehr so blütenweiß aussehen.

Viertel liegende Ferienhaus mit Küche und Garten bietet Platz für insgesamt acht Personen.

Gutes Essen stellen folgende Restaurants in Aussicht:

Hungária (☎ 416 800; Alkotmány út 2; Hauptgerichte 700–1000 Ft.) Das Restaurant liegt in der Nähe von Tourinform. Die Speisekarte bietet internationale Gerichte und herzhafte Mittagsmenüs (um 550 Ft.) und zieht die Einheimischen wie Honig die Bienen an.

Pizza Néró (☎ 415 676; Eötvös utca 9; Pizza 600–1000 Ft.; 🕓 So–Do 10–23, Fr & Sa 10–2 Uhr) Die südlich vom Hősök tere gelegene Pizzeria ist einfach, aber okay.

AN- & WEITERREISE

Etwa halbstündlich fahren Busse von und nach Eger (241 Ft., 30 Min., 20 km) und nach Miskolc (605 Ft., 1 Std., 48 km).

SZILVÁSVÁRAD

☎ 36 / 1900 Ew.

Das friedliche Städtchen liegt etwa 28 km nördlich von Eger und ist das Sprungbrett für Ausflüge in die westliche Bükk-Region, vor allem für Wanderungen durch das Szalajka-Tal. Der Ort ist ein Zentrum der Lipizzaner-Zucht (s. Kasten oben) und Startpunkt einer der schönsten Schmalspurbahnstrecken Ungarns.

Orientierung

Der Ort hat zwei Bahnstationen. Der Hauptbahnhof liegt 3 km nördlich des Stadtzentrums. Am besten steigt man aber am Bahnhof Szilvásvárad-Szalajkavölgy aus und läuft etwa zehn Minuten auf der Egri út Richtung Nordosten ins Stadtzentrum.

Praktische Informationen

Geld wechseln lässt sich in der **OTP-Bank** (Egri út 30/a; 🕓 Mo–Fr 8–16 Uhr) oder im **Postamt** (Egri út 12; 🕓 Mo–Fr 8–16 Uhr). Ein OTP-Geldautomat steht beim Supermarkt.

Sehenswertes & Aktivitäten

Die **Schmalspurbahn** (☎ 564 004; Szalajka-völgy 6; Erw./Kind einfach 300/150 Ft.) tuckert mit ihren offenen Waggons ins 5 km entfernte Szalajka-Tal und wieder zurück. Sie fährt von Mai bis September siebenmal am Tag (an Wochenenden zehnmal), im April und Oktober startet sie nur, wenn genügend Fahrgäste zusammen kommen.

Die kleine Bahn hält an der Station **Szalajka-Fátyolvízesés**. Von dort sind es nur 15 Minuten zu Fuß zur **Istállóskő-Höhle**, in der 1912 steinzeitliche Töpferwaren gefunden wurden. Spaß macht es auch, den 958 m hohen **Istállóskő** zu besteigen – er ist der höchste Berg des Bükk-Gebirges. Wer einigermaßen gut zu Fuß ist, wartet für die Rückkehr nach Szilvásvárad nicht auf die nächste Bahn, sondern genießt die 1½-stündige Wanderung, die auf schattigen Wegen an Forellenbächen vorbeiführt. Dabei lohnt sich auch eine kleine Unterbrechung für einen Gang durchs **Forstwirtschaftliche Museum** (Erdészeti Múzeum; ☎ 355 112; Erw./Kind 210/120 Ft.; ⌚ Mitte April–Sept. Di–So 8.30–16.30 Uhr, Okt. 8.30–15 Uhr, Nov.–Mitte April Di–So 8.30–14 Uhr). Es zeigt, was im Wald wächst, kreucht oder fleucht.

Im Sommer finden an Wochenende in Szilvásvárad in der **Reithalle** bzw. auf der **Rennbahn** (Erw./Kind 300/150 Ft.) Lipizzaner-Paraden und Kutschenrennen statt. Es gibt jedoch keine festen Veranstaltungstermine. Wer sich intensiver mit den intelligenten Lippizanern beschäftigen will, besucht das etwas müffelnde **Pferdemuseum** (Lovas Múzeum; ☎ 355 135; Park utca 8; Erw./Kind 350/250 Ft.; ⌚ So–Mi 9–12, 13–16 Uhr), das in Stallungen aus dem 18. Jh. untergebracht ist. Das **Lipizzanergestüt** (Lipicai Állami Ménesgazdaság; ☎ 564 400; Fenyves utca; Erw./Kind 300/200 Ft.; ⌚ Do–So 10–12, 14–16 Uhr) kann ebenfalls besichtigt werden. Die angeschlossene Reitschule vermietet Reitpferde (Koppel/Ausritt 1 Std. 1800/2500 Ft.). Zwei-/Vierspänner mit Plätzen für drei Fahrgäste kosten ab 4300/7400 Ft. Fahrunterricht für Zwei-/Vierspänner kostet 5100/9000 Ft. pro Stunde.

Die protestantische **Rundkirche** (Kerektemplom; Aradi vértanúk útja 33; Eintritt frei; ⌚ Mo–Sa 9–11, 14–17 Uhr) mit ihren dorischen Säulen und ihrer imposanten Kuppel (1841) wirkt wie ein

SZILVÁSVÁRAD

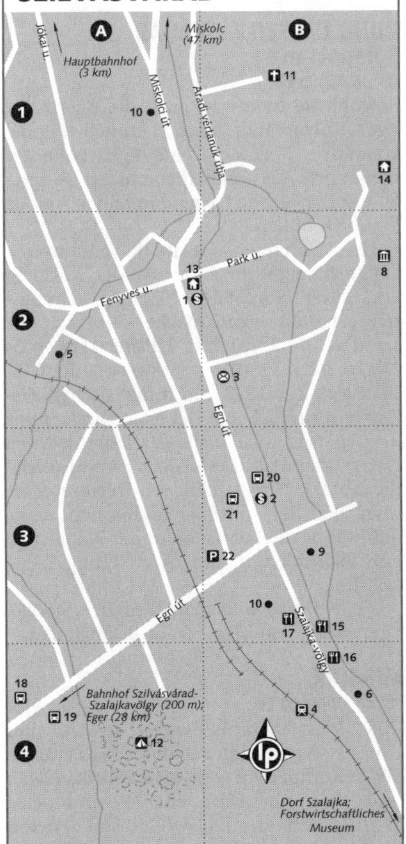

PRAKTISCHES
Geldautomat 1 A2
OTP-Bank 2 B3
Postamt 3 B2

SEHENSWERTES & AKTIVITÄTEN
Bahnhof Narrow-Gauge 4 B4
Lipizzanergestüt 5 A2
Mountain Bike Rentals 6 B4
Orbán-Haus 7 A1
Pferdemuseum 8 B2
Reithalle 9 B3
Rennbahn 10 B3
Rundkirche 11 B1

SCHLAFEN
Hegyi Camping 12 A4
Szalajka Fogadó 13 A2
Szilvás 14 B1

ESSEN
Fenyő 15 B3
Imbissbuden 16 B4
Lovas 17 B3

TRANSPORT
Bushaltestelle 18 A4
Bushaltestelle 19 A4
Bushaltestelle 20 B3
Bushaltestelle 21 B3
Parkplatz 22 B3

Provinzausgabe der Basilika in Eger. Eine Ausstellung in einem Bauernhaus aus dem 17. Jh., dem so genannten **Orbán-Haus** (☎ 355 133; Miskolci utca 58–60; Erw./Kind 200/150 Ft.; 🕑 Mitte April–Okt. Di–So 9–17 Uhr), zeigt Exponate zu den Themen Geologie und Flora und Fauna des Nationalparks Bükk.

Mountain Bike Rentals (☎ 06 30 335 2695; Szalajka-völgy; 🕑 Sa–Mi 9–18, Do & Fr 9–13 Uhr) verleiht an einem Stand gegenüber der Schmalspurbahnstation Szalajka-völgy Mountainbikes (1 Std. 800 Ft., jede weitere Std. 200 Ft.; Tag 2000 Ft.).

Schlafen & Essen

Szalajka Fogadó (☎ 564 020; szalajka.fogado@axelero.hu; Egri út 2; EZ/DZ 9000/12 500 Ft.; Ⓟ) Die ausgesprochen nette Pension in einem restaurierten Landhaus liegt hinter dichten Bäumen versteckt nahe der Hauptstraße. Die Zimmer sind mit Naturholzmöbeln eingerichtet und haben ein weißschimmerndes Bad und einen sonnigen Balkon.

Szilvás (☎ 564 065; reserve@hotelszilvas.hunguesthotels.hu; Park utca 6; EZ/DZ ab 25/35 €; Ⓟ) Das alte Landhaus am Waldrand ist die Unterkunft in Szilvásvárad mit der meisten Atmosphäre. Die Preise ändern sich je Saison und hängen davon ab, ob das Zimmer eine Dusche oder ein Bad hat. Je länger der Aufenthalt, umso günstiger wird es. Die Mindestzahl an Übernachtungen liegt bei zwei Nächten.

Hegyi Camping (☎ 355 207; www.hegyicamping.com; Egri út 36/a; Stellplätze pro Zelt & 2 Pers. 1800 Ft., 2-/3-/4-B-Hütten 4400/5400/6200 Ft.; 🕑 Mitte April–Mitte Okt.; Ⓟ) Der kleine ruhige Campingplatz bietet unterschiedliche Unterkünfte, einfache Rasenflächen, um die Heringe reinzuklopfen oder datschenänliche Holzbuden.

Eine Kette an Imbissbuden und Restaurants durchzieht das Szalajka-völgy. Viele servieren Forellen (40–60 Ft. pro kg) – die regionale Spezialität – und veranstalten Weinproben. Eine gute Wahl sind folgende Restaurants:

Lovas (☎ 355 555; Hauptgerichte 900–2500 Ft.; 🕑 10–20 Uhr) Mit überdachter Terrasse und Blick auf die Rennbahn.

Fenyő (☎ 564 015; Hauptgerichte 800–1500 Ft.; 🕑 8–22 Uhr) Einfacher. Auf der Rückseite liegen der Parkplatz und der Wald.

Wer höhere Ansprüche ans Essen hat, geht am besten ins Restaurant der Pension Szalajaka Fogadó.

An- & Weiterreise

Die Busse von und nach Eger (363 Ft., 45 Min., 30 km) fahren sehr häufig und sind schneller als der Zug, obwohl sie in Bélapátfalva (133 Ft., 10 Min., 7 km) und manchmal auch noch in Mónosbél halten. In Szilvásvárad starten auch Busse nach Budapest (1930 Ft., 3 Std., 152 km, 3- bis 4-mal tgl.) und nach Miskolc (665 Ft., 1½ Std., 55 km, 1-mal tgl.).

Bis zu sechs Züge fahren täglich zwischen Eger (346 Ft., 1 Std., 34 km) und Szilvásvárad. Wer vom Stadtzentrum in Eger nach Szilvásvárad reisen will, steigt am besten am Bahnhof Egervár ein. Drei dieser aus Eger kommenden Züge fahren weiter bis Putnok mit Anschlussverbindungen in die Slowakei (via Bánréve) oder in das südöstlich liegende Miskolc.

RUND UM SZILVÁSVÁRAD

Bélapátfalva

☎ 36 / 3500 Ew.

Sowohl die Bahn- als auch die Busstrecke Eger–Szilvásvárad haben Haltestellen in Bélapátfalva. Dort steht eine gigantische Zementfabrik, die anscheinend nichts Besseres zu tun hat, als die Gegend in feinen weißen Staub zu hüllen.

Ein Ausflug nach Bélapátfalva lohnt sich aber trotzdem, denn nur wenige Minuten von dieser „Staubfabrik" steht das am besten erhaltene romanische Gebäude des Landes, die **Abteikirche Bélháromkút** (☎ 354 784; Erw./Kind 150/100 Ft.; 🕑 Mitte März–Okt. Di–So 10–16 Uhr). Zur 1232 von französischen Zisterziensermönchen errichteten Kirche führt die Apátság utca (ostwärts laufen). Vom Ortszentrum sind es etwa 1,5 km dorthin, die Abtei ist ausgeschildert. Der kreuzförmige Bau liegt in einer idyllischen Senke am Fuß des Bélkő. Ganz in der Nähe steht ein **Bildstock** mit der Kreuzigungsszene (19. Jh.).

Viele Busse und Züge auf der Strecke Eger–Szilvásvárad halten in Bélapátfalva.

MISKOLC

☎ 46 / 184 100 Ew.

Miskolc ist Ungarns drittgrößte Stadt und Komitatshauptstadt. Rund um das Zentrum liegen Raffinerien, verlassene Fabrikanlagen und kartenhausähnliche Wohnblocks. Warum um Himmelswillen soll jemand diesen „Hauptstadt des Schrottrings" besu-

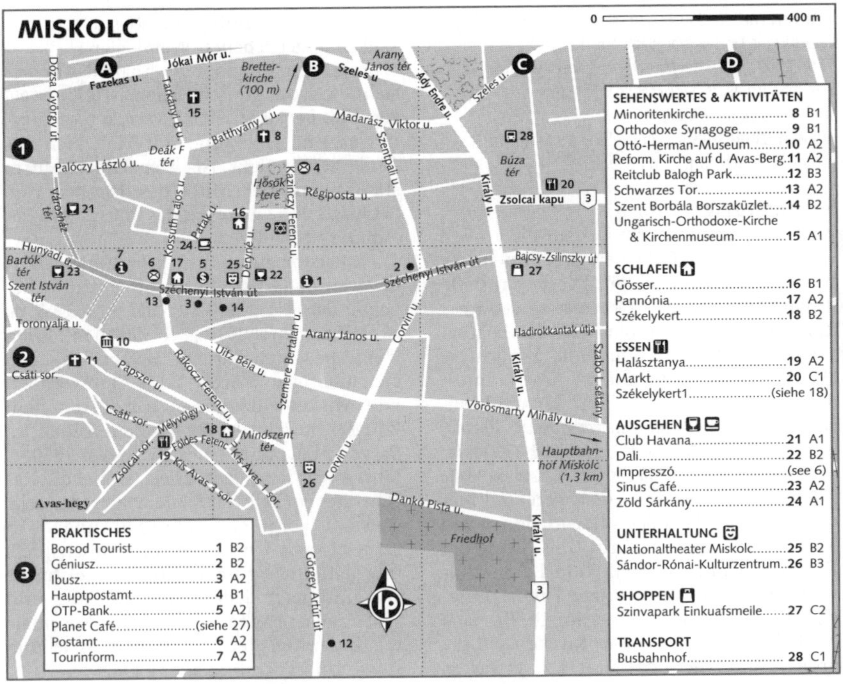

chen? Dafür gibt's einige gute Gründe: Erstens liegt die Stadt am Fuß des Bükk-Gebirges und ist somit ein idealer Ausgangsort für Touren durch den wunderschönen Nationalpark Bükk. Zweitens sind die Thermalquellen von Miskolctapolca, deren Thermalwasser zu den wirksamsten von Ungarn zählt, auch nicht weit. Und drittens hat Diósgyőr, ein Vorort am westlichen Stadtrand, eine gut erhaltene Burg.

Unter dem sozialistischen Regime war Miskolc ein wichtiger Standort der Eisen- und Stahlindustrie – härter als manche andere Stadt litt Miskolc deshalb unter dem Zusammenbruch der Schwerindustrie in den 1990er-Jahren.

Orientierung

Miskolc ist eine lange, schmale Stadt, die vom reizlosen Sajó-Tal im Osten bis zu den Ausläufern des Bükk-Gebirges im Westen reicht. Die von Ost nach West verlaufende Hauptstraße, die Széchenyi István út, säumen einige überraschend interessante alte Gebäude. Besonders schön sind die Häuser rund um das so genannte Finstere Tor (Sötétkapu), eine mit Schwibbögen überwölbte Passage aus dem 18. Jh.

Miskolcs Hauptbahnhof, der Tiszai pályaudvar, liegt südöstlich vom Kandó Kálmán tér. Bis zum Stadtzentrum sind es 15 Minuten mit der Straßenbahn. Nicht weit nordöstlich von der Széchenyi út liegt der große Busbahnhof am Búza tér.

Praktische Informationen

Borsod Tourist (☎ 312 542; Széchenyi István út 35; ⌚ Mo–Fr 9–17 Uhr)

Géniusz (☎ 412 932; Széchenyi István út 107) Hier gibt es englischsprachige Romane und Reiseführer über Ungarn.

Hauptpostamt (Kazinczy Ferenc út 16) An der Ostseite vom Hősök tere.

Ibusz (☎ 324 411; Széchenyi István út 14)

OTP-Bank (Széchenyi István út 15) Gegenüber vom Finsteren Tor.

Planet Café (Bajcsy-Zsilinsky utca; 1 Std. 360 Ft.; ⌚ 10–22.30 Uhr) Internet-Café in der Einkaufsmeile Szinvapark.

Postamt (Széchenyi István út 3–9; ⌚ Mo–Fr 8–19 Uhr) Die Zweigstelle liegt günstig im 1. Stock eines Einkaufszentrums.

Tourinform (☎ 350 425; miskolc@tourinform.hu; Városház tér 13; ⏲ Juni–Sept. Mo–Sa 9–18, So 9–13 Uhr, Okt.–Mai Mo–Fr 9–17, Sa 9–13 Uhr) Sehr hilfreich, bietet jede Menge Informationen über die Stadt und ihre Umgebung.

www.miskolc.hu Offizielle Website der Stadt, in mehreren Sprachen, auch in Deutsch.

Sehenswertes

Zwei Gotteshäuser erinnern an die großen Gemeinden der Griechen und Juden, die früher in Miskolc lebten. Die **Ungarisch-Orthodoxe Kirche** (Magyar ortodox templom; Deák Ferenc tér 7) – ein herrliches Bauwerk des Spätbarocks –, hat eine 16 m hohe Ikonostase (1793) mit 88 Einzelbildern. Am Haupttor der Kirche steht ein Führer, der die Besucher zum **Orthodoxen Kirchenmuseum** (Ortodox Egyházi Múzeum; ☎ 415 441; Erw./Kind 150/100 Ft.; ⏲ April–Sept. Di–So 10–18 Uhr, Okt.–März Di–Sa 10–16 Uhr) bringt. Besonders sehenswert sind hier das Gnadenbild der Schwarze Madonna von Kasan, das Zarin Katharina die Große der Kirche schenkte, und ein vom Berg Athos stammende juwelenbesetzte Kreuz. Griechische Siedler brachten es im 18. Jh. nach Miskolc. Südöstlich dieser Kirche steht die große – und wie nicht anders zu erwarten – zerfallende **Synagoge** (Zsinagóga; Kazinczy Ferenc utca 7). Entworfen hat sie 1861 Ludwig Förster, der Architekt der Großen Synagoge in Budapest.

Die kalvinistische **Bretterkirche** (Deszkatemplom; Petőfi tér) ist eine 1938 errichtete Kopie einer Holzkirche im Siebenbürger Stil aus dem 17. Jh. Die Misklocer Kirche brannte 1997 nieder, wurde aber wieder nach den alten Plänen aufgebaut bzw. in Teilbereichen renoviert.

Das **Ottó-Herman-Museum** (☎ 346 875; Papszer utca 1; Erw./Kind 400/200 Ft.; ⏲ Di–So 10–16 Uhr) liegt südlich vom Stadtzentrum und birgt eine der landesweit größten Sammlungen an jungsteinzeitlichen Funden. Viele davon stammen aus der Bükk-Region. Spannend sind auch die ethnografischen und mineralogischen Sammlungen sowie die (wechselnden) Kunstausstellungen. Von hier kann man gut zum grünen Gipfel des **Avashegy** laufen: Zunächst geht es die Papszer utca entlang (die weiter zum Mindszent tér führt), dann biegt man in die Mélyvölgy utca ein. Vom Mindszent tér führt die Földes Ferenc utca zum Avas-hegy. Auf der rechten Seite des schmalen Wegs hoch zur Anhöhe liegen einige der über 800 in den Kalkstein getriebenen Weinkeller.

Auf einem Friedhof unterhalb des Berges steht die große gotische **Reformierte Kirche auf dem Avas-Berg** (Avasi református templom; Avas-hegy), in der eine Holzwand mit Malereien aus 1410 geschmückt ist. Der Glockenturm stammt aus der Mitte des 16. Jhs. Den Schlüssel zur Kirche hat das Pfarramt in der Papszer utca 14.

Fast schon zum Pflichtprogramm gehört die weit außerhalb des Stadtzentrums liegende **Burg Diósgyőr** (Karte S. 367; ☎ 533 355; Vár utca 24; Erw./Kind 600/300 Ft.; ⏲ 9–18 Uhr) mit ihren vier imposanten Türmen. Sie übberragt den gleichnamigen Vorort, etwa 7 km westlich von Miskolc. Begonnen wurde mit dem Bau der Burg im 13. Jh., bis zum frühen 18. Jh. verfiel die Burg langsam. In den 1950er-Jahren wurde sie restauriert, wobei die Restauratoren teilweise nicht gerade sehr sensibel vorgingen. Die Führungen in Deutsch und Ungarisch (im Eintrittspreis inbegriffen) beginnen eine Viertelstunde vor und nach jeder vollen Stunde und schließen den Weg vorbei an den Kasematten, die mittelalterliche Waffenausstellung sowie eine Turmbesteigung ein.

Aktivitäten

Der **Reitclub Balogh Park** (☎ 712 899; Görgey Artúr utca 12) vermietet Reitpferde und betreibt eine Reitschule südlich des Mindszent tér. Noch ein Stück weiter südlich gibt es an der Straße 3 (Pesti út) in **Kováts** (Karte S. 367; ☎ 341 656) eine weitere Reitschule, ein Reithotel in Görömböly. Die genannten Orte werden von den Bussen der Linie 4, Abfahrt am Busbahnhof, angefahren.

In einem Innenhof oberhalb der Hauptstraße können im Umland erzeugte Weine im **Szent Borbála Borszaküzlet** (☎ 411 188; Széchenyi István út 14; ⏲ Mo–Fr 9–17, Sa 9–13 Uhr) probiert werden.

Eine der schönsten „Waldbahnen“ führt durch eine wildromantische Waldlandschaft von Miskolc zum Kurort Lillafüred (S. 367). Die kleine **Schmalspurbahn** (Karte S. 367; ☎ 530 593) fährt von der Bahnstation Kilián-Észak ab, sie liegt westlich von Miskolc ganz und schon fast in Diósgyőr nördlich der Kiss tábornok út. Die Bahn fährt das ganze Jahr über einmal am Tag (einfach Erw./Kind 340/220 Ft.). Von Mitte März bis Oktober startet sie um 9.15 Uhr, während des restlichen Jahres um 9 Uhr (Änderungen sind möglich, daher bei Tourinform nach dem aktuellen Fahrplan fragen oder in der Bahnstation anrufen). Von Lillafüred fährt der Zug noch weitere 6 km nach Garadna.

Eine andere Schmalspurbahnlinie zweigt an der Papírgyár ab – der Papierfabrik, die den Fluss Szinva verschmutzt hat. Sie fährt 20 km zwischen der Bahnstation Kilián-Észak und Mahóca – allerdings nur im Juni und August (Sa 9.30 Uhr).

Festivals & Events

Auf Burg Diósgyőr finden verschiedene Events und Festivals statt, darunter die **Burgfestspiele** im Mai (mit Ritterturnieren), das **Internationale Folklorefestival Kaláka** Mitte Juli und die **Mittelalterlichen Burgtage** Mitte August.

Schlafen

Miskolc hat weit und breit keine wirklich gute Unterkunft, daher ist es besser, sich in Miskolctapolca (S. 366) oder Lillafüred (S. 367) ein Quartier zu suchen. Tourinform hat eine Liste mit Privatunterkünften (etwa 2500 Ft. pro Pers.); Ibusz oder Borsod Tourist vermitteln eventuell Zimmer in den Betonburgen rund um die Innenstadt.

Székelykert (☎ 411 222; Földes Ferenc utca 4; Zi. 8000 Ft.) Die Atmosphäre in der beliebten Pension an der Kreuzung Földes Ferenc utca und Kis Avas 1 sor ist sehr angenehm. Der Besitzer schwärmt für Eishockey, das Restaurant ist ungewöhnlich und der Weg zum Avas leicht zu finden.

Gösser (☎ 505 045; gosser.panzio@axelero.hu; Déryné utca 7; EZ/DZ 8000/9500 Ft.) Die zentrale Lage ist das Beste an dieser Pension; die Zimmer sind recht bescheiden, doch das Personal ist freundlich und zuvorkommend.

Pannónia (☎ 504 980; www.hotelpannonia-miskolc.hu; Kossuth Lajos utca 2; EZ/DZ 16 100/18 000 Ft.; Ⓟ) Zentraler geht's nicht: Das Hotel liegt im Zentrum, hat Konferenzräume und wenig elegante Zimmer. Das Pannónia bezeichnet sich selbst als Business-Hotel

Essen & Ausgehen

Székelykert (☎ 411 222; Földes Ferenc utca 4; Hauptgerichte 1000–2000 Ft.) Das Restaurant in einem idyllischen Innenhof serviert Siebenbürger Spezialitäten der Volksgruppe der Székler – Gerichte, die auf ungarischen Speisekarten eher selten zu finden sind. Das Restaurant gehört zur gleichnamigen Pension.

Halásztanya (☎ 411 203; Mélyvölgy út 15; Hauptgerichte 1000–2000 Ft.; 🕑 Mo–Sa 11–23 Uhr) Das am Fuß des Avas-hegy gelegene Restaurant hat sich auf Fischgerichte spezialisiert. Die Atmosphäre ist entspannt und die Terrasse ungewöhnlich groß.

Restaurant Talizmán (Karte S. 367; ☎ 378 627; Vár utca 14; Hauptgerichte um 1200 Ft.) Hier macht das Essen Spaß: Das Lokal mit seiner guten Karte liegt im Schatten der Burg Diósgyőr in einer Fußgängerzone mit vielen schönen Kastanien.

Markt (Zsolcai kapu) Miskolcs großer Markt liegt östlich vom Búza tér.

Obwohl das Stadtzentrum überraschend wenig Restaurants hat, gibt es dort umso mehr Cafés und Bars. Bei Folgenden lohnt es sich, reinzuschauen:

Zöld Sárkány (☎ 428 134; Széchenyi István út 19; 🕑 Mo–Fr 10–20.45, Sa 12–22 Uhr) Teestube und Café in einem tollen Innenhof.

Dali (Déryné utca 10) Lümmelsofas, ein ausgefallenes Dekor und Ruhezonen – perfekt zum Abhängen mit einem Kaffee oder einem süffigen Cocktail.

Impresszó (Kossuth Lajos utca; 🕑 Di–Do 9–24, Fr & Sa 9–open end) Allgemein beliebt wegen der vielen guten Kaffeesorten, den tollen Cocktails mit und ohne Alkohol und der schattigen Terrasse.

Sinus Café (Hunyadi utca 3) Mehr Cocktailbar als Café, im Sommer mit Tischen auf der Terrasse.

Club Havana (Városház tér 3; 🕑 8–2 Uhr) Nettes Terrassencafé mit Latinomusik aus der Stereoanlage.

Unterhaltung

Nationaltheater (Miskolci Nemzeti Színház; ☎ 516 735; Széchenyi István út 23; 🕑 Theaterkasse Mo–Fr 10–19, Sa & So 15–19 Uhr) Im neuen, zweckmäßig gebauten Theater finden Aufführungen aller Art statt. Es liegt hinter dem noch original erhaltenen Theater (1857), in dem auch Róza Széppataki Déryné, die beliebte ungarische Diva des 19. Jhs., auftrat.

Unterschiedlichste Aufführungen und Veranstaltungen bietet das **Sándor-Rónai-Kulturzentrum** (Rónai Sándor Művelődési Központ; ☎ 342 408; Mindszent tér 3). In der Ungarisch-Orthodoxen Kirche und in der Synagoge finden manchmal Opernaufführungen und Konzerte statt.

Das aktuelle Veranstaltungsprogramm von Miskolc steht in dem zweiwöchentlich erscheinenden, kostenlos erhältlichen Magazin *Miskolci Est*.

An- & Weiterreise

Halbstündig fahren Busse nach Debrecen (1210 Ft., 2¼ Std., 100 km). Neun Busse täglich starten nach Eger (846 Ft., 1½ Std., 68 km). Für die Reise in den Süden Ungarns ist der Bus zwar eigentlich die beste Option, allerdings gibt es relativ wenige Verbindungen.

Alle Stunde fahren Züge von Miskolc zum Bahnhof Keleti in Budapest (2030 Ft., 2½ Std., 182 km).

Etwa zwölf Züge fahren täglich nach Nyíregyháza (890 Ft., 1½–2 Std., 88 km) und halten unterwegs in Tokaj (544 Ft., 1 Std., 56 km). Zwei fahren weiter nach Debrecen (1420 Ft., 2¼–3 Std., 137 km) – in der Regel muss man allerdings immer in Nyíregyháza umsteigen. Etwa zwölf Züge pro Tag fahren nach Sárospatak (774 Ft., 1½ Std., 74 km) bzw. Sátoraljaújhely (890 Ft., 1¼ Std., 84 km).

Internationale Zugverbindungen bestehen zwischen Miskolc und Košice in der Slowakei (5-mal tgl.) und Kraków (Krakau, 1-mal tgl.).

Unterwegs vor Ort

Die Straßenbahnlinie 1 fährt vom Bahnhof quer durch die Stadt bis nach Diósgyőr; Die Straßenbahnlinie 2 startet ebenfalls am Bahnhof und zuckelt durch die Stadt, Endstation ist das Industrieviertel Diósgyőr-Kóház.

Der Taxiruf ist ☎ 333 333.

RUND UM MISKOLC

Miskolctapolca

☎ 46

Seit dem Mittelalter planschen Jung und Alt in den Heilwassern der Thermen von Miskolctapolca. Der Badeort – 7 km südwestlich von Miskolcs Stadtzentrum – ist ein magischer Anziehungspunkt für Wasserratten. Das ausgefallene **Höhlenbad** (Barlangfürdő; ☎ 561 361; Pazár István sétány 1; Erw./Kind/Stud. 1600/900/1100 Ft.; Mitte Juli–Aug. 9–17 Uhr, Sept.–Mitte Juli 9–19 Uhr) mit seinen Erdwällen, dem schwach radioaktiven Heilwasser und den „Naturduschen" (Quellwasser, das wie ein Wasserfall aus dem Felsen sprudelt) besteht erst seit 1959. Beliebt ist auch das hübsche **Strandbad** (Strandfürdő; ☎ 368 127; Miskolctapolcai út 1) mit **Außenbecken** (Erw./Kind 700/550 Ft.; Mai–Sept. 9–18 Uhr), es liegt mitten im großen Park des Ortes.

SCHLAFEN & ESSEN

Wer nicht gerade an einem Wochenende in der Hochsaison anreist, findet in Miskolctapolca problemlos eine Unterkunft. Neben Hotels gibt es praktisch überall Privatunterkünfte, vor allem aber westlich vom Höhlenbad. Beim Suchen und Buchen eines Zimmers hilft der **Tourist Service** (☎ 363 970; Csabai utca 14; 9–19.30 Uhr).

Zenit (☎ 561 560; zenitpanzio@axelero.hu; Egyetem út; Zi. 9800 Ft.; P) Die Pension unweit der Bäder bietet nette Zimmer mit gemütlicher Atmosphäre (einige haben auch Balkone) und hat freundliches Personal. Sie stellt außerdem Mietautos.

Anna (☎ 422 212; annahotel2@chello.hu; Miskolctapolcai út 7; Zi. 10 000 Ft.; P) Das moderne Hotel beim Eingang zum Schwimmbad hat ein zuvorkommendes Personal und große, allerdings etwas spartanisch wirkende Zimmer. Eine Reservierung ist notwendig, es ist oft voll.

Tapolca Fogadó (☎ 562 215; www.tapolcafogado.hu; Csabai utca 36; DZ/3BZ 8000/10 000 Ft.; P) Naturholz ist das Material, aus dem fast alles in der Pension mit Turm und Gauben gebaut wurde. Die Zimmer sind einfach, aber dennoch ausgesprochen komfortabel.

Park (☎ 422 605; parkhotel@axelero.hu; Csabai utca 35; Zi. 8800 Ft.; P) Von außen macht das Hotel nicht viel her, aber die Zimmer sind hell und freundlich eingerichtet, einige haben sogar einen Balkon. Für Gäste gibt es außerdem eine Sauna.

Hungária Club (☎ 432 884; Csabai utca; Hauptgerichte 800–1500 Ft.) Auf der Speisekarte des Restaurants etwas abseits der Csabai utca dominieren ungarische Spezialitäten. Auf der Rückseite des Hauses erstreckt sich eine Terrasse.

Auf der Aradi sétány gibt es jede Menge Imbissbuden und Snackbars. Das Hotel Anna und die Pension Tapolca Fogadó haben eigene Restaurants.

AN- & WEITERREISE

Vom Búza tér in Miskolc fährt die Buslinie 2 nach Miskolctapolca und hält auch am Höhlenbad.

Lillafüred

☎ 46

Die alpine Umgebung von Lillafüred steht in krassem Kontrast zum grauen Häusermeer von Miskolc. Der kleine Urlaubsort

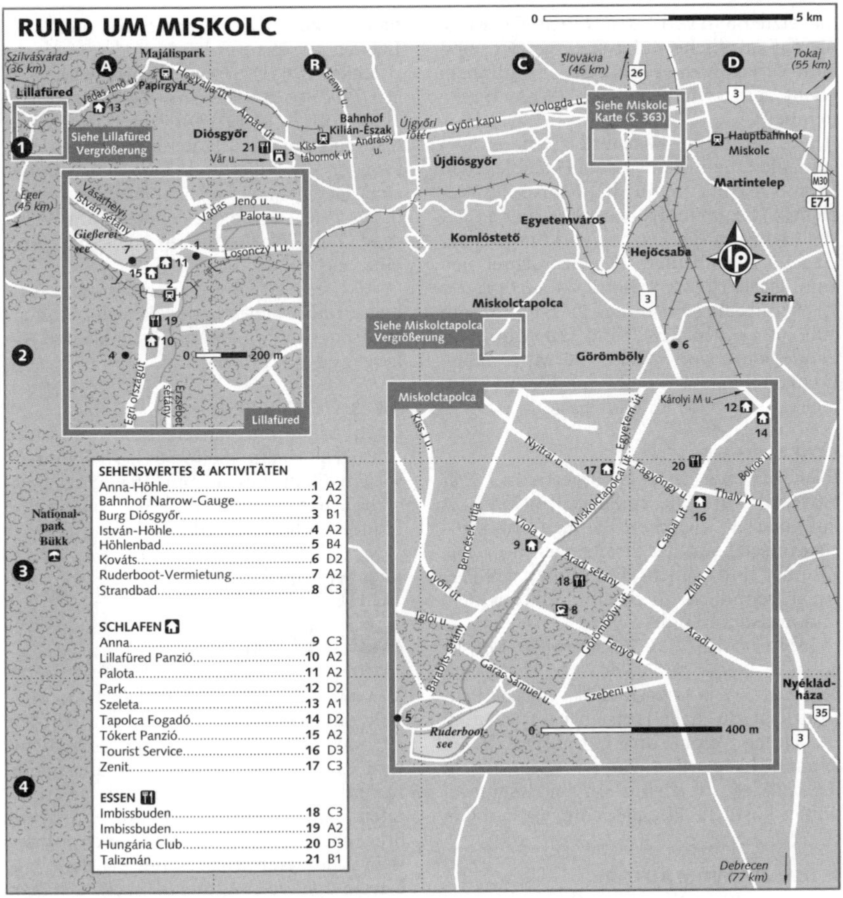

am Kreuzungspunkt zweier Flusstäler, die von den Flüsschen Garadna und Szinva gebildet werden, liegt nur 12 km östlich der Stadt. Es gibt nichts Außergewöhnliches zu sehen, aber es ist ein schöner Ort mit guter Luft und vielen Möglichkeiten, ins östliche Bükk-Gebirge zu wandern.

AKTIVITÄTEN

Die **Anna-Höhle** (☎ 334 130; Erw./Kind 650/450 Ft., mind. 10 Pers. pro Führung), die auch Petőfi-Sándor-Höhle heißt, liegt unterhalb des Hotels Palota neben einem kühlenden Wasserfall. Während der 25-minütigen Führung durch das Höhlenlabyrinth werden versteinerte Blätter, Äste und sogar ganze Bäume gezeigt. Führungen finden von Mitte April bis Mitte Oktober jeweils zur vollen Stunde zwischen 10 und 15 Uhr statt.

Die **István-Höhle** (☎ 334 130; Erw./Kind 650/450 Ft., mind. 10 Pers. pro Führung; 🕒 Mitte April–Mitte Okt. 9–17 Uhr, Mitte Okt.–Mitte April 9–16 Uhr) liegt etwa 500 m oberhalb der Bergstraße nach Eger. Die beeindruckende Tropfsteinhöhle hat Stalagmiten, Stalaktiten, Schlundlöcher und große Felskammern. Die Führung dauert eine Stunde (Beginn zu jeder vollen Stunde).

Die Endstationen der beiden Linien der Schmalspurbahn in **Garadna** und **Taksalápa** sind ideale Ausgangspunkte für schöne **Wanderungen**. Allerdings gibt es kaum Unterkünfte, sodass Wanderer besser eine Campingausrüstung mitnehmen, falls sie die letzte Bahn verpassen sollten. Die Karte für das nördliche Bükk-Gebirge (Nr. 299) vom Verlag Cartographia ist sehr hilfreich. Nicht vergessen: Genügend Wasser mitnehmen!.

Der jadegrüne **Hámori-tó** (Gießerei-See) verdankt seinen Namen dem Hochofen, den Frigyes Fazola (Sohn des Kunstschmieds Henrik Fazola) im frühen 19 Jh. hier aufgestellt hat, um die Eisenerzvorkommen der Gegend auszubeuten. Der See eignet sich zum **Angeln** (☎ Infos in Miskolc 324 702; Corvin utca 15). **Ruderboote** (🕑 Mai–Sept. 10–18 Uhr) kosten 400/200 Ft. pro Erw./Kind (30 Min.), für Paddelboote sind 600 Ft. (30 Min.) fällig. Das Hotel Palota verleiht Fahrräder (1 Std. 500 Ft.), aber nur an Hotelgäste.

SCHLAFEN & ESSEN

Lillafüred Panzió (☎ 379 299; Erzsébet sétány 7; EZ/DZ 4300/6600 Ft.; Ⓟ) Die einfache Pension liegt gut versteckt zwischen Bäumen etwas zurückversetzt von der Straße nach Eger. Die Zimmer sind schlicht und sauber, das Personal freundlich. Auch ein einfaches Restaurant ist vorhanden.

Tókert Panzió (☎ 533 560; tokert@tokert.hu; Erzsébet sétány 3; EZ/DZ ab 8700/10 500 Ft., Hauptgerichte 800–1200 Ft.; 🕑 Restaurant 7–23 Uhr; Ⓟ) Die Pension liegt (in jeder Hinsicht) im Schatten des Hotels Palota. Ihre gut ausgestatteten Zimmer haben eine wundervolle Aussicht auf den See. Im dazugehörigen Restaurant gibt es köstliche Fischgerichte, die den Gebäuden auf einer Terrasse auf mehreren Ebenen serviert werden.

Szeleta (☎ 530 130; www.hamorholiday.hu; Szeleta utca 12–14; Stellplätze pro Pers./Zelt 800/1500 Ft., EZ/DZ ab 11 500/15 000 Ft.; Ⓟ) Die Kombination aus Campingplatz und Hotel liegt ein paar Kilometer vor Lillafüred. Die Hotelzimmer sind nagelneu, wirken aber etwas seelenlos. Schön gelegen sind die Zeltplätze am Waldrand. Zur Anlage gehören eine Sauna und eine „eigene" Höhle.

Als Alternative zum Restaurantbesuch bieten Imbissbuden in der Nähe der Schmalspur-Bahnstation kleine Köstlichkeiten wie *lángos* oder Würstchen an.

DER TIPP VOM AUTOR

Palota (☎ 331 411; reserve@hotelpalota.hunguesthotels.hu; Erzsébet sétány 1; EZ/DZ ab 77/93 €, Suite ab 119 €; Ⓟ) Das im pseudogotischen Stil erbaute Schlosshotel beherrscht das Ortsbild von Lillafüred. Nachdem es 40 Jahre lang als Gewerkschaftserholungsheim diente, ist es heute wieder ein Hotel. Mit seinem majestätischen Flair, der prunkvollen Lounge und Bar sowie den von Grund auf renovierten Zimmer mit Blick auf den See oder Wald spiegelt es den fürstlichen Luxus vergangener Zeiten wider. Eines der beiden Restaurants, das piekfeine Mátyás, hat Buntglasfenster, einen riesigen Kamin und Kellner, die so feierlich daherkommen, als ob sie gleich die Messe lesen würden. Absolute Spitzenklasse!

AN- & WEITERREISE

Nach Lillafüred fahren Busse und die Schmalspurbahn (Seite 364). In Diósgyőr starten die Buslinien 5 und 15 von der Endstation der Straßenbahnlinie 1 alle halbe Stunde nach Lillafüred.

KARSTREGION AGGTELEK

Das reine Vergnügen ist die Fahrt von Miskolc auf der Straße 26 Richtung Norden zur slowakischen Grenze wirklich nicht: Eine Chemiefabrik reiht sich an die andere, nur mit Mühe ist zwischen all dem verrosteten Stahl und den Rohrleitungen mal ein Stückchen Grün erkennbar. Doch mit jedem Kilometer wird es besser, denn die Karstberge von Aggtelek rücken näher. Zwischen bewaldeten Hügeln und Weiden liegen urwüchsige Dörfer, in denen die Bewohner noch im Rhythmus der Jahreszeiten leben.

Hier liegt auch der **Nationalpark Aggtelek**, der rund 200 km² einer hügeligen Karstlandschaft und Europas größte Tropfsteinhöhle schützt.

AGGTELEK

☎ 48 / 647 Ew.

Beim Dörfchen Aggtelek liegt der Hauptzugang zur Baradla-Höhle oder besser gesagt zum Höhlensystem, das sich als kompliziertes Netzwerk von Höhlen und Gängen über 25 km Länge erstreckt. Sechs der Höhlen liegen jenseits der Grenze in der Slowakei (wo der Name Domica-Höhle ge-

TOP FIVE: NORDUNGARNS BURGEN

- Hollókő (S. 339) – gut erhaltene Festung mit tollem Panoramablick
- Eger (S. 353) – Touristenattraktion mit monumentaler Geschichte
- Füzér (S. 380) – thront einsam über Dörfern und Weiden
- Boldogkő (S. 371) – trutzige Ritterburg-Ruine auf einem Felsen
- Sárospatak (S. 375) – romantische Festung in bestem Zustand

bräuchlich ist). Das System mit seinen roten und schwarzen Stalaktiten, den pyramidenförmigen Stalagmiten und den riesigen Höhlenhallen ist für viele das Highlight einer Ungarnreise. Seit 1995 steht der Zwei-Länder-Nationalpark auf der Unesco-Liste des Weltnaturerbes.

Orientierung

Es gibt drei Eingänge in die Baradla-Höhle: im Dorf Aggtelek, in Jósvafő (6 km weiter östlich) sowie am Vörös-tó. Der Rote See oder Rote Teich liegt kurz vor Jósvafő. An allen drei Eingängen beginnen Führungen; die beliebtesten kurzen und langen Touren starten am Eingang in Aggtelek.

Praktische Informationen

Tourinform (☎ 503 000; aggtelek@tourinform.hu; Baradla oldal 3; ⏰ April–Sept. 8–18 Uhr, Okt.– März 8–16 Uhr) versorgt jeden mit Informationen und verkauft Cartographias ausgezeichnete Wanderkarte *Aggteleki-karszt és környéke* (Aggtelek-Karst und Umgebung; Nr. 1; 1:40 000; 720 Ft.). Für detaillierte Informationen ist die **Aggtelek-Nationalparkverwaltung** (Aggteleki Nemzeti Park Igazgatósága; ☎ 506 000; www.anp.hu; Tengerszem oldal 1) in Jósvafő ein guter Anlaufpunkt.

Im **Postamt** (☎ 343 156; Kossuth utca 37; ⏰ Mo–Fr 8.30–12, 13–16 Uhr) in Aggtelek steht ein Geldautomat. Geld kann auch im Hotel Cseppkő gewechselt werden.

Aktivitäten

HÖHLENBESUCH

In der **Baradla-Höhle** (Baradla-barlang; ⏰ April–Sept. 8–18 Uhr, Okt.–März 8–16 Uhr) finden ganzjährig Führungen statt. In der Höhle herrscht eine konstante Temperatur um die 10 °C bei einer Luftfeuchtigkeit von 95 %: Warme Kleidung in der Höhle ist daher empfehlenswert. Zu einer Führung gehören in der Regel ein kleines Orgel- oder sonstiges Konzert in der Konzerthalle (Riesenhalle) und – falls das Wasser hoch genug steht –eine Bootsfahrt auf dem unterirdischen Fluss Styx, dessen Name der Sage entnommen ist.

Die kurzen Führungen dauern etwa eine Stunde (Erw./Kind April–Sept. 1900/1100 Ft., Okt.–März 1700/1000 Ft.; 1 km); sie starten am Eingang in Aggtelek um 10, 13 und 15 Uhr, von April bis September zusätzlich um 12 und 17 Uhr. Am Eingang in Jósvafő (in der Nähe vom Hotel Tengerszem) beginnt ebenfalls eine einstündige Führung, die aber einen anderen Bereich der Höhle besichtigt (April–Sept. 1900/1100 Ft., Okt.–März 1700/1000 Ft.; 1 km). Sie beginnt um 9 und 16 Uhr (April–Sept.) und während des restlichen Jahres um 11.30 Uhr.

Die „mittleren" (zweistündigen) Führungen starten am Eingang Vörös-tó, führen durch den so genannten Jósvafő-Teil und enden am Eingang in Jósvafő (April–Sept. 2500/1500 Ft., Okt.–März 2300/1400 Ft.; 2,3 km). Sie beginnen zwischen April und September um 9, 11, 12, 13.30, 15 und 16.30 Uhr, sonst um 10, 12 und 14 Uhr. Das preislich günstige Kombi-Ticket umfasst die kurze Aggtelek-Tour und die mittlere Jósvafő-Tour (April–Sept. 3600/2200 Ft., Okt.–März 3400/2100 Ft.; 2,5 km) und ist an zwei aufeinander folgenden Tagen gültig.

Aber auch leidenschaftliche Höhlengänger kommen nicht zu kurz: Die Keresztély-Raisz-Tour dauert drei Stunden (5000/2400 Ft.; 3,6 km), dabei werden auch unbefestigte und unbeleuchtete Strecken begangen, dafür bekommt jeder Teilnehmer eine Taschenlampe. Bei der „langen" Höhlenwanderung (6000/3600 Ft.; 7 km) ist man fünf Stunden unterwegs – sie ist eine Kombination aus der Aggtelek-, der „mittleren" und der Keresztély-Raisz-Tour. Getoppt wird sie noch von der „Spezial-Tour" (7000/4200 Ft.; 8,3 km): Zur „langen" Höhlenwanderung kommt noch der Besuch der „Halle der Wunder" dazu. Die Keresztély-Raisz-Tour und die „lange" Höhlenwanderung finden nur samstags statt und zwar von April bis September jeweils um 9.30

Uhr, ebenfalls samstags startet im gleichen Zeitraum die „Spezial-Tour" (8.30 Uhr). Auch zwischen Oktober und März können die drei langen Führungen gebucht werden, die Mindestteilnehmerzahl liegt bei zehn Personen.

WEITERE AKTIVITÄTEN

Einige tolle **Wanderwege** mit atemberaubenden Panoramablicken über Hügel und Täler beginnen oberhalb des Tourinformbüros in Aggtelek. Eine relativ leichte, dreistündige Wanderung (7 km) führt über den **Baradla-Pfad** (gelb markiert) von Aggtelek nach Jósvafő. Fünf bis sechs Stunden dauern einige andere Wandertouren, die sich auch für **Radtouren** und **Ausritte** eignen. Eine schöne **Radtour** (20 km) führt von Aggtelek in nordöstlicher Richtung nach Szögliget. Der Wermutstropfen: Ohne eigenes Fahrrad geht hier gar nichts. Das **Gestüt Hucul** in Jósvafő vermietet Reitpferde (1 Std. 1200 Ft.) und veranstaltet im Sommer lange Kutschenfahrten, im Winter auch Schlittenfahrten (2000 Ft.).

Die Nationalparkverwaltung organisiert eine Reihe von Veranstaltungen, darunter dreistündige **geführte Wanderungen** in Aggtelek und Jósvafő (Erw./Kinder 1000/600 Ft.) oder drei- bis sechsstündige **Thematische Führungen** durch den Nationalpark – das Themenspektrum reicht von Ökologie (600–1500 Ft.) bis zu Zoologie und Botanik (1000–3000 Ft.). Manche dieser Wanderungen schließen eine Höhlenbesichtigung mit ein.

Festivals & Events

Die wichtigsten Ereignisse des Jahres in Aggtelek und Umgebung sind das **Internationale Opernfestival** in der Baradla-Höhle im Juni, das **Gömör-Torna-Folklorefestival** im Juli sowie der **Bergsteigertag**, der Kletterer aus ganz Ungarn anlockt.

Schlafen & Essen

Baradla Hostel (Baradla oldal 2; B Erw./Stud. Mitte April–Mitte Okt. 1800/1500 Ft., Mitte Okt.–Mitte April 1500/1200 Ft.) Das Hostel hat Schlafräume mit zwei, drei und sechs Betten.

Cseppkő (☎ 343 075; Gyömrői út 2; EZ/DZ 5500/9000 Ft.; Ⓟ) Das einzige Hotel von Aggtelek liegt auf einem malerischen Hügel oberhalb des Höhleneingangs. Es hat eine Terrasse mit traumhafter Aussicht, ein Restaurant, eine Bar, eine Bowlingbahn, einen Tennisplatz und eine Sauna mit Solarium.

Tengerszem (☎ 506 005; tengerszem_szallo@t-online.hu; Tengerszem oldal 2; DZ/3BZ/4BZ Mitte April–Mitte Okt. 13 000/15 000/17 000 Ft., Mitte Okt.–Mitte April 11 000/12 900/15 000 Ft.) Das nahe dem Jósvafő-Eingang liegende renovierte Hotel ist besonders ideal für Höhlenfans, die von hier aus an den Höhlenführungen in Aggtelek oder Jósvafő teilnehmen wollen.

Baradla Camping (☎ 503 005; hcseppko@axelero.hu; Baradla oldal 2; Stellplätze pro Pers./Zelt/Caravan 1000/1000/1400 Ft., 4-/6-Pers.-Bungalows 5300/15 000 Ft.; Ⓛ Mitte April–Mitte Okt.; Ⓟ) Der friedliche Campingplatz liegt in der Nähe des Höhleneingangs in Aggtelek und hat auch hübsche zeltartige Bungalows.

Alle genannten Unterkünfte haben Restaurants, außerdem sorgen Imbissbuden am Parkplatz des Aggtelek-Höhleneingangs dafür, dass niemand verhungert.

An- & Weiterreise

Direkte Buslinien verbinden Aggtelek mit Budapest (2410 Ft., 4–5 Std., 195 km) und Miskolc (665 Ft., 1½ Std., 52 km). Nach Budapest starten die Busse in Jósvafő (mit Halt Aggtelek 10 Min. später) täglich um 5.30 und 14.45 Uhr; von Freitag bis Sonntag fährt ein zusätzlicher Bus um 16.10 Uhr. Die Busse nach Miskolc starten Montag bis Freitag um 4.30 und 11.30 Uhr, samstags um 5.45 Uhr und sonntags um 11.30 Uhr.

Der Zug von Miskolc Richtung Tornanádaska hält am Bahnhof Jósvafő-Aggtelek (430 Ft., 1¼ Std., 49 km, 5-mal tgl.). Er liegt etwa 14 km östlich von Jósvafő und 20 km vom Dorf Aggtelek entfernt. Ein Regionalbus steht bei der Ankunft der Züge bereit und fährt die Fahrgäste in die jeweiligen Orte.

Unterwegs vor Ort

Fünf Busse fahren täglich zwischen Aggtelek (Haltestelle vor dem Hotel Cseppkő) und Jósvafő (Haltestelle am Höhleneingang), eine Haltestelle unterwegs ist der Eingang Vörös-tó.

ZEMPLÉN-GEBIRGE

Wein, Burgen, Wandern – das sind die drei Hauptattraktionen des Zemplén-Gebirges. An seinen östlichen und südlichen Hängen schmiegen sich Marktstädte wie Tokaj und die Weinberge der Tokaj-Hegyalja-Region. Hier wächst der weltberühmte Tokajer, der Weinhändler aus Griechenland, Serbien, der Slowakei, Deutschland und Russland anlockt. Im Norden des Gebirges an der slowakischen Grenze liegt die „wildeste" Gegend des Landes – gespickt mit romantischen Burgen und vielen Möglichkeiten zum Wandern.

BOLDOGKŐVÁRALJA

☎ **46 / 1185 Ew.**

Weinorte liegen verstreut über das malerische Hernád-Tal, das sich von Szerencs bis Hidasnémeti nahe der slowakischen Grenze erstreckt. Sie sind perfekte Zwischenstopps, um die besten Jahrgänge der Region zu verkosten. Eine Ausnahme bildet Boldogkőváralja, das nicht nur Wein, sondern auch noch eine eindrucksvolle Burg bietet: Sie liegt auf einem Bergkamm und scheint nahtlos mit dem Felsen verwachsen zu sein.

Orientierung

Wer von Szerencs mit dem Zug anreist, sollte sich um einen Platz auf der rechten Seite bemühen: So verpasst man nicht den spektakulären Anblick der märchenhaften Burg von Boldogkőváralja. Der Zug hält auf der anderen Seite der Straße etwa 2,5 km westlich der Burg.

Sehenswertes & Aktivitäten

Besser hätte der Name der **Burg Boldogkő** (Erw./Kind 500/300 Ft.; Mitte April–Mitte Okt. 9–18 Uhr) gar nicht gewählt werden können: *boldgog* heißt glücklich, *kő* bedeutet Stein. Wie eine Ritterburg aus dem Märchenbuch steht sie auf einem Basaltfelsen. Fehlt nur noch der Märchenkönig, der von den Zinnen der hohen Mauern und den Türmen den 360°-Blick auf das südliche Zemplén-Gebirge, das Hernád-Tal und die umliegenden Weinberge genießt. Errichtet wurde die Burg im 13. Jh. und 200 Jahre später vergrößert. Nach dem Kuruzenaufstand im späten 17. Jh. zerfiel sie.

Das kleine **Burgmuseum** bietet Infos über die ehemaligen Bewohner und eine Sammlung alter Waffen. Spannender ist es jedoch, den holprigen Innenhof zu durchqueren, um von den Schutzwällen in aller Ruhe den sagenhaften Rundumblick zu genießen. Vor allem im weichen Licht des Spätnachmittags lässt sich gut nachvollziehen, warum der „Mantel-und-Degen-Dichter" Bálint Balassi, der von 1554 bis 1594 lebte, an diesem Ort einige seiner schönsten lyrischen Gedichte verfasste.

REGIONALHISTORISCHE AUSSTELLUNG

Die kleine **Regionalhistorische Ausstellung** (Tajtör-téneti kiállítás; ☎ 06 30 579 0290; Kossuth Lajos utca 32; Erw./Kind 300/200 Ft.; Mai–Sept. Fr, Sa & So 10–16 Uhr) widmet sich mit einigen interessanten Ausstellungsstücken dem Dichter Balassi sowie den Auswanderern der Region, die in Übersee ihr Glück suchten (einer von ihnen gründete in den USA die erste ungarische Zeitung). Gezeigt werden außerdem Volkstrachten, eine voll eingerichtete Schmiede und Exponate zur Flora und Fauna des Zemplén-Gebirges.

WANDERN

Markierte Wanderwege führen von der Nordseite der Burg Richtung Nordosten über Arka und Mogyoróska nach **Regéc**. Auf dieser etwa 15 km langen Strecke begeistern die Berglandschaft und die Burgruinen aus dem 14. Jh.

Wer nicht zu Fuß nach Boldogkőváralja zurückkehren will, marschiert 10 km auf der Straße Richtung Westen bis zur Bahnstation von Fony, wo täglich um die sechs Züge sowohl nach Boldogkőváralja als auch in die entgegengesetzte Richtung ihr Fahrtziel nehmen.

Gut Trainierte wandern noch 8 km weiter in nördlicher Richtung bis nach **Gönc**. In der hübschen Stadt werden seit Jahrhunderten die Holzfässer hergestellt, in denen der Tokajerwein traditionellerweise reift. Gönc liegt an der Bahnstrecke, die direkt nach Szerencs führt.

Unentbehrlich für das Wandern sind Wanderkarten: Die Nr. 22 (Nördliches Zemplén-Gebirge) und Nr. 23 (Südliches Zemplén-Gebirge) aus der Kartenserie *Zempléni-hegység* (Zemplén-Gebirge) vom Verlag Carthographia (alle 1:40 000; 800 Ft. pro Karte) sind da ganz hilfreich.

Schlafen & Essen

Boldogkőváralja verführt nicht gerade zum Übernachten, aber ganz nett ist die Pension **Bodóvár** (☎ 306 065; www.castles.hu/bodovar; Kossuth Lajos utca 61; EZ/DZ 6500/8500 Ft., Hauptgerichte 1200 Ft.; Ⓟ). Die kleine Pension liegt am Ende der Straße, die zur Burg führt, bietet einfache, saubere Zimmer, Aussicht auf die Burg und ein Restaurant mit solider ungarischer Hausmannskost.

An- & Weiterreise

Boldogkőváralja liegt an der Bahnstrecke, die Szerencs (264 Ft., 2 Std., 28 km) mit Hidasnémeti (264 Ft., 38 Min., 23 km) verbindet. Täglich verkehren etwa sechs Züge in beide Richtungen, man muss jedoch – mit einer Ausnahme – immer in Abaújszántó umsteigen (keine Wartezeit).

TOKAJ

☎ 47 / 5000 Ew.

Seine seit Jahrhunderten gefeierten Weine hat Tokaj so berühmt gemacht, dass es sogar in der Nationalhymne besungen wird. Das kleine, malerisch von Weinbergen und Storchennestern umgebene Weinstädtchen ist nur eine von 28 Städten bzw. Dörfern der Region Tokaj-Hegyalja. Das 66 km^2 große Weinbaugebiet mit seinen Weinlagen an den südlichen und östlichen Hängen des Zemplén-Gebirges wurde 2002 zum Weltkulturerbe erhoben.

Orientierung

Tokajs Innenstadt liegt westlich der Einmündung des Bodrog in die Tisza (Theiß). Der Bahnhof liegt 1,2 km südlich des Stadtzentrums – der 15-minütige Fußweg ins Zentrum führt in nördlicher Richtung über die Baross Gábor utca und Bajcsy-Zsilinszky utca zur Hauptdurchgangsstraße Rákóczi Ferenc út. Die Bushaltestelle (Ankunft und Abfahrt) befindet sich in der Serház utca östlich vom Kossuth tér.

Praktische Informationen

OTP-Bank (Rákóczi Ferenc út 35; 🕑 Mo–Fr 8–16 Uhr)
Postamt (Rákóczi Ferenc út 24) Im Stadtzentrum.
Tourinform (☎ 552 070; tokaj@tourinform.hu; Serház utca 1; 🕑 Mitte April–Mitte Okt. Mo 10.30–18, Di–Sa 9–19, So 10.30–15.30 Uhr, Mitte Okt.–Mitte April Mo–Fr 9–16 Uhr) Oberhalb der Rákóczi Ferenc út.
www.tokaj.hu Informative Website der Stadt in Ungarisch und Englisch.

Sehenswertes

Das **Tokaj-Museum** (☎ 352 636; Bethlen Gábor utca 13; Erw./Kind 400/200 Ft.; 🕑 Mai–Nov. Di–So 10–16 Uhr) in einer Kaufmannsvilla aus dem 18. Jh. informiert über die Stadtgeschichte, die Tokaj-Hegyalja-Region und den Weinbau. Ausgezeichnet ist auch die Sammlung an religiösen Kultgegenständen, darunter Ikonen, mittelalterliche Kruzifixe und Triptychen sowie Judaica (aus der nahe gelegenen Großen Synagoge). Auch Wechselausstellungen mit Werken ortsansässiger Künstler veranstaltet das Museum.

Östlich des Museums liegt die im 19. Jh. gebaute **Große Synagoge** (Nagy zsinagóga; Serház utca 55), die während des Zweiten Weltkriegs von den Deutschen als Kaserne zweckentfremdet wurde. Sie wurde danach zwar renoviert, verfällt aber zusehends. Ein großer **Jüdisch-orthodoxer Friedhof** liegt in Bodrogkeresztúr, 6 km nordwestlich von Tokaj.

Aktivitäten

WEINPROBEN

Wer bei der Weinverkostung mit 100-ml-Gläschen beginnt, kann Wein in ungeahnter Menge probieren. Die „korrekte" Reihenfolge beim Verkosten eines halben Dutzends Tokajerweine beginnt mit einem Furmint, auf den ein trockener Szamorodni und ein süßer Szamorodni folgen. Anschließend kommen die Aszú-Weine an die Reihe – entweder mit drei bis fünf oder vier bis sechs *puttony* (die Butten sind ein Maß für die Maische gesondert ausgelesener süß-würziger Trockenbeeren, die dem Basiswein hinzugefügt werden. Weitere Information s. S. 60). Private Weinkeller, die Weinverkostungen anbieten (in der Regel von 16–19 Uhr) liegen über die ganze Stadt verstreut, u. a. in der Rákóczi Ferenc út 2, Óvári utca 3, 6 und 8 sowie in der Bem József utca 2 und 16.

Den ultimativen Weinproben-Kick bietet der 600 Jahre alte **Rákóczi-Keller** (Rákóczi Pince; ☎ 352 408; Kossuth tér 15; 🕑 Mitte März–Okt. 10–19 Uhr, Laden ganzjährig). Hier lagern die Weinflaschen in langen Gängen (einer ist 28 x 10 m lang). Der Preis für die Verkostung von sechs Tokajerweinen liegt bei rund 2100 Ft.; einzelne Weine werden für je 230 Ft. (plus 500 Ft. für die Bedienung) ausgeschenkt. Der **Hímesudvar** (Dekorativer Hof; ☎ 352 416; www.himesudvar.hu; Bem utca 2; 🕑 Mai–Sept. 9–21 Uhr, Okt.–April 9–19 Uhr) ist ein Weinkeller aus dem

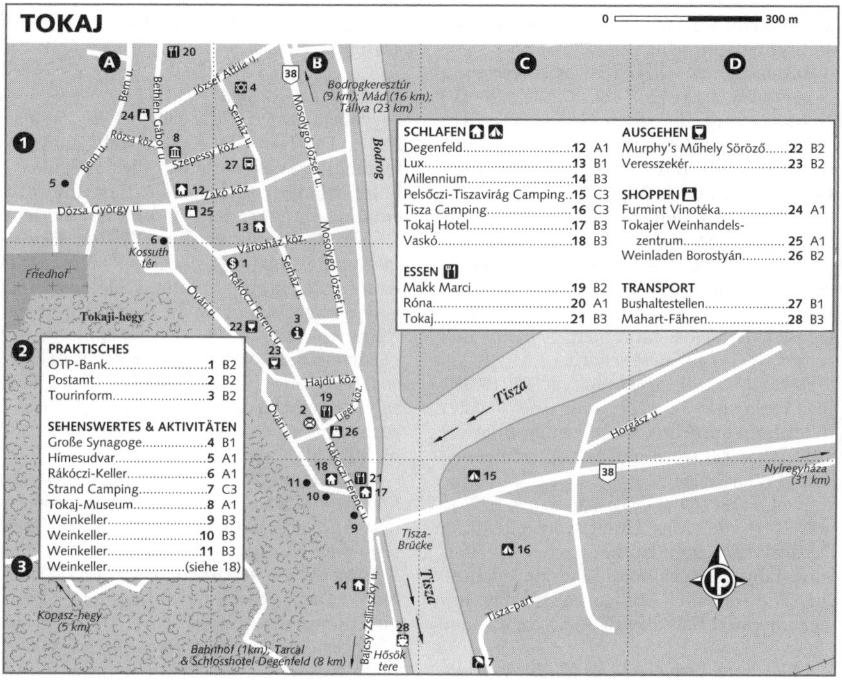

16. Jh. mit angeschlossenem Laden; er liegt nordwestlich vom Stadtzentrum; hier kostet die Weinprobe mit sechs Weinen 2000 Ft.

Tokaj ist nicht der einzige Ort der Region mit Weinkellern. Das nahe gelegenen Tarcal hat fast genauso viele, und auch in Mád, Tállya sowie Bodrogkeresztúr findet sich jeweils eine gute Hand voll. Tourinform hat eine Karte, auf der weitere Weinkeller verzeichnet sind.

NOCH MEHR AKTIVITÄTEN

Ein schönes Sommervergnügen sind **Schiffsfahrten** auf den Flüssen Bodrog und Tisza. Sie starten an der Anlegestelle der **Mahart-Fähren** (☎ 352 937; mind. 15 Pers.) oberhalb vom Hősök tere. **Unió Alapítvany** (☎ 352 927; Bodrogkeresztúri út 5) oder Tisza Camping vermieten **Kanus** und **Kajaks** (1 Std. 250 Ft.). **Schwimmen** kann man im **Strand Camping** (☎ 06 30 239 6300; Eintritt 250 Ft.; 🕑 Juni–Aug. 9–18 Uhr) am grasbewachsenen Ostufer der Tisza südlich der Tisza-Brücke (wer von der Innenstadt kommt, muss auf dem Weg dorthin die Brücke überqueren).

Der **Kopasz-hegy**, der kahle Berg, liegt mit seinem Fernsehturm westlich des Stadtzentrums und bietet einen tollen Panoramablick über Tokaj und das Mosaik der umliegenden Weinberge.

Festivals & Events

Das **Tokajer Weinfestival** im Mai zieht Weinfreunde von nah und fern an, genauso wie die **Weinlesetage** am ersten Wochenende im Oktober.

Schlafen

Tourinform hat eine Liste mit Privatunterkünften (DZ 2800–5000 Ft.). Wer selber suchen will, sollte sich in folgenden Straßen umsehen: Óvári utca, Bethlen Gábor utca, Serház utca oder Bem József utca. Privatzimmer finden sich auch in der Hegyalja utca – sie liegt günstig zum Bahnhof – und zwischen den Weinbergen.

Degenfeld (Degenfeld Palota; ☎ 552 173; www.degenfeldpalota.hu; Kossuth tér 1; EZ/DZ 7300/9000 Ft.; P) Das sehr zentral gelegene kleine Palais Degenfeld hat helle, geschmackvolle Zimmer (mit Kochnische und Parkett) und ein ausgezeichnetes Restaurant. Die vier Zimmer sind schnell ausgebucht.

Millennium (☎ 352 247; www.tokajmillennium.hu; Bajcsy-Zsilinszky utca 34; EZ/DZ 8800/10 200 Ft.; P 💻) Es ist eines der besseren Hotels und liegt nicht weit vom Zentrum entfernt. Die Zimmer sind groß und recht gut eingerichtet; im Turm befindet sich das Hotelrestaurant. Nachteil: Das Millennium liegt an einer verkehrsreichen Straße.

Lux (☎ 352 145; Serház utca 14; EZ/DZ 2700/5400 Ft.; 🕒 Mitte April–Dez.) Die freundliche Pension mit sechs Zimmern hat einen Weinkeller, sodass jeder selbst mit einem Schwips den kurzen Weg zum Bett schafft.

Vaskó (☎ 352 107, 352 689; Rákóczi út 12; DZ 6000 Ft.) Das Vaskó hat acht Zimmer und Fenster voller farbenprächtig wuchernden Blumen. Es liegt im Zentrum und hat einen eigenen *pince* (Weinkeller).

Hotel Tokaj (☎ 352 344; Rákóczi út 5; EZ/DZ ab 4600/5000 Ft.; P) Das Hotel wäre ein guter Drehort für einen authentischen 1950er-Jahre-Film. Leider sind die Zimmer nicht so gut „wie im Film“, einige haben aber immerhin einen Balkon mit Aussicht auf den Fluss.

Schlosshotel Degenfeld (☎ 580 400; www.hotelgrofdegenfeld.hu; Terézia kert 9; Standard EZ/DZ ab 23 400/25 800 Ft., Superior ab 25 800/28 200 Ft., Suite EZ/DZ ab 31 200/33 600 Ft.; P 🏊 ✖ 💻) Das Hotel mit Weinbergen und Parklandschaft im Rücken liegt in der nahe gelegenen Gemeinde Tarcal in einem zauberhaft restaurierten Herrenhaus. Die Zimmer sind geschmackvoll mit Stilmöbeln und einigen Antiquitäten eingerichtet. Doch auch der in einer solchen Nobelherberge erwartete moderne Komfort fehlt nicht. Der Besitzer gehört zu den Top-Winzern der Region, sodass nur die edelsten Tröpfchen kredenzt werden.

Pelsőczi-Tiszavirág Camping (☎ 352 626; Horgász út 11; Stellplätze pro Erw./Kind/Zelt 450/300/450 Ft., Bungalows ab 4500 Ft.; 🕒 April–Okt.; P) Der beim Zusammenfluss von Bodrog und Tisza gelegene, schöne und ruhige Campingplatz hat – genau wie Tisza Camping – einen Nachteil: viele Moskitos.

Tisza Camping (☎ 352 012; rakamaz2@enternet.hu; Tisza-part; Stellplätze 800 Ft., Bungalows pro Pers. 1500 Ft.; 🕒 April–Okt.; P) Östlich des Flusses und südlich der Brücke liegend, bietet der Campingplatz schattige Zeltplätze, einfache Bungalows, ein eigenes Restaurant, eine Bootsvermietung und einen Strand am Fluss.

Essen & Ausgehen

Degenfeld (☎ 553 050; Kossuth tér 1; Hauptgerichte 2000 Ft.) Der Name Degenfeld steht für Top-Qualität: Das gilt nicht nur für das Schlosshotel, sondern auch für das Restaurant in einem bezaubernden Stadthaus aus dem 19. Jh. Es ist eines der edelsten Gourmettempel der ungarischen Provinz und wunderschön eingerichtet. Zur leichteren neuen ungarischen Küche werden Spitzenweine serviert.

Róna (☎ 352 116; Bethlen Gábor utca 19; Hauptgerichte 800–1500 Ft.; 🕒 11–21 Uhr) Das Róna bietet so viele verschiedene (und günstige) Fischgerichte an, dass es selbst Poseidon an nichts fehlen würde.

Makk Marci (☎ 352 336; Liget köz 1; Pizza 500–1000 Ft.; 🕒 8–20 Uhr) Die Pizzeria ist preiswert, nett und genau der richtige Ort für den schnellen Hunger.

Tokaj (☎ 352 344; Rákóczi út 3; Hauptgerichte 1000–2000 Ft.) Das einfache Lokal liegt neben dem gleichnamigen Hotel. Die Auswahl an Fischgerichten ist gut, wer will, kann den Fisch auf der Terrasse genießen. Das Tokaj ist vermutlich das einzige Lokal im ganzen Städtchen, dass noch nach 21 Uhr ein opulentes Abendessen serviert.

Eine lange Reihe Pubs bringen weinmüde Köpfe wieder in Schwung, z. B.:

Veresszekér (Red Cart; Rákóczi út 30–32; 🕒 14–4 Uhr) Ein sehr sympathisches Pub in einem kleinen Innenhof.

Murphy's Műhely Söröző (☎ 06 20 945 8562; Rákóczi út 42; 🕒 14–22 Uhr) Das erste und vermutlich einzige irische „Workshop-Pub“ in Zemplén-Region.

Shoppen

Wein, Wein und nochmals Wein – verkauft wird alles vom 10-l-Plastikkanister über den neuen Furmint bis zu einer Flasche 6-buttigem Aszú. Wer gerne gute Weine oder Tropfen von bestimmten Winzern kaufen möchte, wird im Laden des Rákóczi-Keller gut bedient.

Weitere Adressen sind: **Weinladen Borostyán** (☎ 352 313; Rákóczi út 11; 🕒 Mo–Fr 10–21, Sa & So 10–10 Uhr), **Furmint Vinotéka** (☎ 353 340; Bethlen Gábor utca 14; 🕒 8.30–18.3 Uhr), die neben sehr guten Weinen auch Volkskunst verkauft, und das **Tokajer Weinhandelszentrum** (☎ 552 173; Kossuth tér 1; 🕒 10–20 Uhr) neben dem Restaurant Degenfeld.

An- & Weiterreise

Von Tokaj fahren täglich fünf Busse nach Szerencs (484 Ft., 1 Std., 36 km), die ungarische Zucker-Metropole, einfacher ist aber die Anreise mit dem Zug. Zwei Busse starten täglich nach Nyíregyháza (423 Ft., 45 Min., 31 km) und nach Debrecen (1030 Ft., 2 Std., 85 km).

Mehr als 16 Züge täglich verbinden Tokaj mit Nyíregyháza (346 Ft., 30 Min., 32 km), wer weiter nach Debrecen (890 Ft., 2 Std., 81 km) will, steigt dort in den entsprechenden Zug. Ungefähr 16 Züge fahren auch nach Miskolc (544 Ft., 1 Std., 56 km); Wer in den Norden nach Sárospatak (430 Ft., 1–2 Std., 44 km) und Sátoraljaújhely (544 Ft., 2 Std., 54 km) will, nimmt den Zug Richtung Miskolc und steigt an der Station Mezőzombor in die Nordlinie um.

SÁROSPATAK

☎ 47 / 14 700 Ew.

Die Kleinstadt Sárospatak (Schlammiger Strom) ist über die Landesgrenzen hinaus bekannt durch die Reformierte Hochschule (Comenius-Kolleg) und die Burg Rákóczi. Sie ist eines der schönsten Beispiele für die ungarischen Festungsbauten der Renaissance. Für alle auf dem Weg nach oder von der Slowakischen Republik ist die Stadt ein guter Zwischenstopp.

Geschichte

Die wohlhabende (und freie) Markt- und Weinstadt entwickelte sich im frühen 15. Jh. zu einem bedeutenden Zentrum des Kalvinismus. Zwei Jahrhunderte später war sie ein Brennpunkt des ungarischen Widerstands gegen die Habsburger. Die Absolventenliste der ehrwürdigen Reformierten Hochschule, der Sárospatak den Spitznamen „Athen am Bodrog" verdankt, liest sich wie das *Who's Who* der ungarischen Literatur- und Zeitgeschichte, unter den Koryphäen sind der Patriot Lajos Kossuth, der Dichter Mihály Csokonai Vitéz und der Romancier Géza Gárdonyi.

Orientierung

Durch das kompakt angelegte Sárospatak schlängelt sich der Bodrog mit seinen landschaftlich schönen Altwasserarmen. Bahnhof und Busbahnhof liegen auf Tuchfühlung am Ende der Táncsics Mihály utca, nordwestlich des Stadtzentrums. Der kürzeste Weg zur Rákóczi út, der Hauptstraße, führt durch den schattigen Waldgarten des Iskola-kert.

Praktische Informationen

Hauptpostamt (Rákóczi út 45) Gegenüber vom Kaufhaus Bodrog.

OTP-Bank (Eötvös utca 3) In der Nähe vom Sárospatak-Kulturzentrum.

Tourinform (☎ 315 316; sarospatak@tourinform.hu; Eötvös utca 6; ⏲ Mitte Juni–Mitte Sept. Mo–Fr 9–18, Sa 9–17 Uhr, Mitte Sept.–Mitte Juni Mo– Fr. 9–17 Uhr) Im Westflügel des Sárospatak-Kulturzentrums.

www.sarospatak.hu Allgemeine Informationen über die Stadt in Ungarisch.

Sehenswertes

Ein Muss ist die **Burg Rákóczi** (☎ 311 083; Szent Erzsébet utca 19–21; ⏲ März–Okt. Di–So 10–18 Uhr, Nov.–Feb. Di–So 10–17 Uhr). Ihr ältester Teil, der restaurierte vierstöckige **Rote Turm** (Vöröstorony), stammt aus dem späten 15. Jh. Manche seiner Räume wirken so authentisch, als seien sie seit jener Zeit nich mehr verändert worden. Die Burg kann nur im Rahmen einer Führung (1000 Ft.) besichtigt werden.

Die **Lorántffy-Loggia** (17. Jh.) verbindet den Roten Turm mit dem **Renaissance-Palastflügel** (Palotaszárny) aus dem 16. Jh. Die berühmtesten Besitzer der Burg – die Familie Rákóczi aus Transsilvanien – hat diesen Flügel später vergrößert. Weitere An- und Umbauten erfolgten im 19. Jh. Heute beherbergt der Palotaszárny das **Rákóczi-Museum**. Es informiert über die Familie Fákószi, aber auch über die anderen ehemaligen Burgbesitzer. Die voll eingerichteten Schlaf- und Esszimmer sind ausgestattet mit Stilmöbel, Tapisserien, Porzellan und Gläsern. Im 1. Stock liegt beim **Rittersaal** ein kleines Erkerzimmer (mit fünf Fenstern) mit einer Stuckrose an der gewölbten Decke. Unter dieser Rose (*sub rosa*) bekannten sich die rebellischen Edelleute 1670 zum Aufstand gegen die Habsburger – ein Ereignis, das auch als die Sub-rosa-Verschwörung in die Annalen einging. Jeder kann das Museum in seinem Tempo durchwandern, muss aber am Eingang ein (kostenloses) Ticket mitnehmen.

Eine Ausstellung im Keller des Ostflügels beschäftigt sich mit der **Geschichte des Wein und des Weinanbaus** in der Tokaj-Hegyalja-

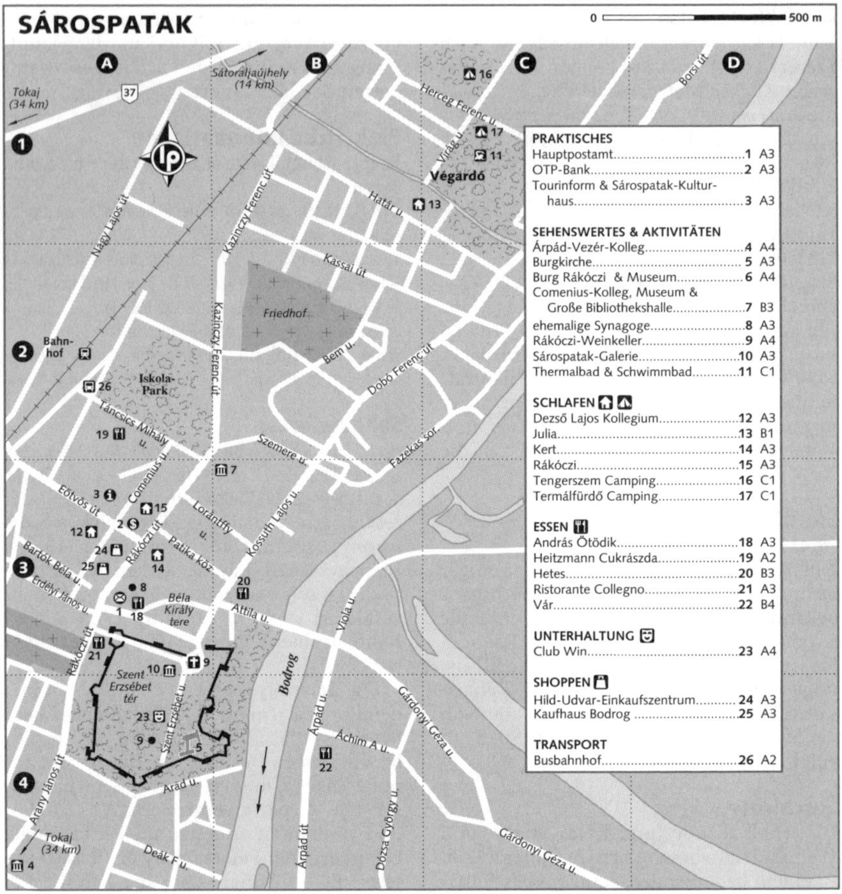

Region. Dort ist auch der Nachbau einer Renaissanceküche zu besichtigen.

Die **Burgkirche** (Vártemplom; ☎ 311 183; Szent Erzsébet utca 7; Erw./Kind 200/100 Ft.; Mai–Okt. Di–Sa 9–16, So 11.30–16 Uhr) nördlich der Burg gehört zu Ungarns größten gotischen Hallenkirchen (innerhalb von Festungswällen). Seit dem 14. Jh. wechselten sich die „Besitzer", sprich Katholiken und Protestanten, mehrmals ab. Der riesige Barockaltar stand früher in der Karmeliterkirche der Burg Buda; er wurde im späten 18. Jh. in die Burgkirche geschafft. Die 200 Jahre alte Orgel, die aus Kassa (Kaschau, jetzt Košice in der Slowakei) stammt, wird noch heute ganzjährig für Konzerte genutzt. Vor der Burgkirche steht die von Imre Varga geschaffene Statue der heiligen Elisabeth. Die in Sárospatak geborene Königstochter war die Ehefrau von Landgraf Ludwig IV. Das Standbild zeigt Elisabeth im Damensattel und den Gatten zu Fuß.

Die im Südwesten der Kirche liegende **Sárospatak-Galerie** (☎ 511 012; Szent Erzsébet utca 4; Erw./Kind 400/200 Ft.; Di–So 10–16 Uhr) zeigt Werke des Bildhauers János Kurta Andrássy sowie Wechselausstellungen.

Die Geschichte des gefeierten **Comenius-Kollegs** (Református Kollégium; ☎ 311 057; Rákóczi út 1; Erw./Kind 400/200 Ft.; Mo–Sa 9–17, So 9–13 Uhr) erzählt das **Comenius-Gedächtnis-Museum** in Dokumenten und Bildern. Das Museum ist in dem letzten noch original erhaltenen Teil des Kollegs untergebracht: in einem Physiksaal aus dem 18. Jh. Der in Ostmähren geborene Johann Amos Comenius war Philosoph, Theologe und Pädagoge und reformierte im späten 17. Jh. das Erziehungssystem des Kollegs; er schrieb (1658) auch das erste bebilderte Lesebuch für Kinder: *Orbis Pictus* (Gemalte Welt).

Der Hauptgrund für den Besuch der Reformierten Hochschule ist die **Große Bibliothekshalle** (Nagy Könyvtárterem) im Hauptgebäude, in der 75 000 Bücher lagern. Der lange, ovale Raum hat eine Galerie und Trompe-L'œuil-Malereien, die den Anschein einer Kuppel erwecken. Geführte Touren beginnen Montag bis Samstag zwischen 9 und 16 Uhr jeweils zur vollen Stunde, sonntags finden sie nur von 9 bis 12 Uhr statt.

In Sárospatak stehen eine ganze Reihe Bauwerke des Architekten Imre Makovecz, eines Anhängers der organischen Architektur: das anthropomorphische **Kulturhaus** in der Eötvös utca, das **Hild-Udvar-Einkaufszentrum** am Béla Király tere und das kathedralenähnliche **Árpád-Vezér-Kolleg** (Arany János utca 3–7).

Die ehemalige **Synagoge** (Rákóczi út 43) in der Nähe des Postamts ist heute ein Elektronikladen.

Aktivitäten

Im **Rákóczi-Weinkeller** (Rákóczi Pince; ☎ 312 310, 311 902; Szent Erzsébet utca 26; ⌚ Mai–Sept. Mo–Fr 10–17, Sa & So 10–18 Uhr, Okt.–April Mo–Fr 10–17 Uhr), südlich der Sárospatak-Galerie, beginnen stündlich Weinproben (1/3/4/5/6/8 Weine 550/700/900/1200/1400/2000 Ft.).

Das beliebte **Thermal- und Schwimmbad** (☎ 311 639; Erw./Sen./Kind. 650/400/400 Ft., nach 14 Uhr 450 Ft./frei; ⌚ Feb.–Dez. 8–18 Uhr) liegt im Végardó-Resort – etwa 2 km nordöstlich des Stadtzentrums.

Festivals & Events

An einem Wochenende Anfang Juni finden die **Sankt-Elisabeth-Tage** im Burgviertel statt. Mitte August beteiligt sich Sárospatak zusammen mit anderen Städten (z. B. Sátoraljaújhely und Füzér) an den Veranstaltungen der **Zemplén-Kunsttage**.

Schlafen

Kert (☎ 311 559; Rákóczi utca 31; EZ/DZ 4000/5000 Ft.; Ⓟ) Die kleine Pension ist ein Familienbetrieb mit gemütlicher Atmosphäre, schönen Zimmern und einem hübschen kleinen Garten am Haus.

Rákóczi (☎ 511 423; www.hotels.hu/rakoczipanzio; Rákóczi utca 30; EZ/DZ 4500/7500 Ft.; Ⓟ) Die Nobelherberge der Stadt bietet moderne, geräumige Zimmer, die zum ruhigen Innenhof hinausgehen, außerdem eine Sauna, ein Solarium, einen Fitnessraum und nicht zuletzt ein Restaurant.

Júlia (☎ 312 871; enaomi@freemail.hu; Határ utca 6; EZ/DZ ab 2500/5000 Ft., Apt. ab 6000 Ft.; Ⓟ) Das ausgesprochen freundliche Gästehaus mit sehr guten Zimmern liegt zwar nahe am Thermalbad, aber damit auch ein bisschen ab vom Schuss.

Dezső Lajos Kollégium (☎ 312 211; Eötvös utca 7; EZ/DZ 3000/5000 Ft.; Ⓟ) Das königliche Kolleg verströmt auch heute noch viel Charakter und Charme. Die 337 Betten des Studentenwohnheims stehen allerdings in ziemlich schlichten Zimmern.

Termálfürdő Camping (☎ 311 510; Határ utca 2; Stellplätze pro Erw./Kind/Zelt/Auto 750/400/900/200 Ft., Bungalows 5500–7000 Ft.; ⌚ Juni–Aug.; Ⓟ) Der ebene und offene Campingplatz in der Nähe des Thermalbads in Végardó hat Zeltplätze und Bungalows mit Gemeinschaftsbädern und ist insgesamt eher ein bißchen zu einfach ausgestattet.

Tengerszem Camping (☎ 312 744; Herceg Ferenc utca 2; Stellplätze pro Pers./Zelt/Auto 850/750/150 Ft., Bungalows 5200–8900 Ft.; ⌚ April–Okt.; Ⓟ) Der Campingplatz bietet etwas mehr Komfort als der Termálfürdő Camping. Die 45 Bungalows erinnern an altmodische Schrebergartenhäuschen.

Essen

Vár (☎ 311 370; Árpád utca 35; Hauptgerichte 750–2000 Ft.) Das beste Restaurant der Stadt liegt von der Burg aus gesehen auf der anderen Flussseite. Zu den Spezialitäten zählen *harcsapaprikás* (Wels oder Waller gekocht mit Sauerrahm und Paprika), zu dem Nudeln und ein regionaler Wein serviert werden.

Heitzmann Cukrászda (☎ 311 567; Táncsis Mihály utca; Eis 100 Ft.; ⌚ Mo–Do 10–19, Fr–So 10–20 Uhr) Das Heitzmann ist nie leer: Hier gibt es das beste Eis und den leckersten Kuchen der Stadt, dazu eine farbenfrohe Umgebung und eine große Terrasse.

Hetes (☎ 311 228; Kossuth Lajos utca 57; Hauptgerichte 400–600 Ft.; ⌚ Mo–Fr 10–15 Uhr) Das preiswerte Selbstbedienungsrestaurant stellt

Riesenportionen auf den Tisch, auch die Bedienung ist sehr freundlich.

András Ötödik (Andreas V.; ☎ 312 415; Béla Király tere 3; Hauptgerichte um 1000 Ft.) Besucher wie Einheimische lieben das Restaurant mit seinem ruhigen Innenhof, der fixen Bedienung und der großen Auswahl an sättigenden ungarischen Gerichten.

Ristorante Collegno (☎ 314 494; Szent Erzsébet utca 10; Pizza 600–1600 Ft.) Die nach der italienischen Partnerstadt Collegno bei Turin benannte Pizzeria hat ihre Räume im Keller und stellt im Sommer Tische im hinteren Hof auf.

Unterhaltung

Die Mitarbeiter des **Sárospatak-Kulturhauses** (Sárospataki Művelődés Háza; ☎ 311 811; Eötvös utca 6; Mo–Fr 8–20, Sa 9–19, So 9–13 Uhr) wissen, was in der Stadt los ist. Ein Highlight sind die Orgelkonzerte in der Burgkirche. Sárospataks Veranstaltungsprogramm steht auch im zweiwöchig erscheinenden kostenlosen Magazin *Miskolci Est*.

Club Win (Szent Erzsébet utca 22; 11–24 Uhr) In der „Räuberhöhle“ regieren nach Einbruch der Dunkelheit die Studenten.

An- & Weiterreise

BUS

Der größte Teil der südlichen Zemplén-Region lässt sich von Sárospatak aus nur schwierig mit dem Bus erreichen. Es fahren aber Busse nach Debrecen (1450 Ft., 2¾ Std., 119 km, 2-mal tgl.), Miskolc (1210 Ft., 2¼ Std., 100 km, 1-mal tgl.), Nyíregyháza (786 Ft., 1½ Std., 65 km, 2-mal tgl.), Sátoraljaújhely (182 Ft., 25 Min., 15 km, etwa stündl.) und Tokaj (423 Ft., 1 Std., 34 km, 2-mal tgl.). Die Haltestelle der Busse nach Debrecen, Nyíregyháza und Miskolc steht vor dem Kaufhaus Bodrog in der Rákóczi út; der Bus nach Sátoraljaújhely fährt auf der anderen Straße vor dem Haus Rákóczi út 40 ab.

ZUG

Für die Reise in den Süden der Zemplén-Region eignen sich die Züge, die ab Szerencs das Hernád-Tal hinauffahren (6-mal tgl.). Ein guter Ausgangspunkt ist dann einer der an der Strecke liegenden Orte wie Abaújkér, Boldogkőváralja oder Korlát-Vizsoly. Das nördliche Zemplén-Gebirge lässt sich ab Sátoraljaújhely verhältnismäßig gut sowohl mit dem Bus als auch mit der Eisenbahn erreichen.

Bis zu zwölfmal täglich fahren die Züge von Sárospatak nach Sátoraljaújhely (100 Ft., 9 Min., 10 km) und nach Miskolc (774 Ft., 1¼–2 Std., 74 km). Einer der Züge (10.03 Uhr) fährt weiter bis Slovenské Nové Mesto in der Slowakei.

Dort besteht die Möglichkeit, in einen Zug nach Košice (Kaschau mit seinem gotischen Dom) umzusteigen. Wer von Debrecen, Nyíregyháza oder Tokaj kommt, steigt in Mezőzombor um.

Unterwegs vor Ort

Stündlich fahren Busse ab dem Busbahnhof (bzw. Bahnhof) und vom Kaufhaus Bodrog (Rákóczi út) zum Végardó-Resort im Norden der Stadt.

SÁTORALJAÚJHELY

☎ 47 / 18 300 Ew.

Sátoraljaújhely (Neustadt am Zeltberg) ist eine verschlafene Grenzstadt zwischen Wäldern und Weinbergen. Der 514 m hohe **Magas-hegy** (Großer Berg) beherrscht das Stadtbild. Die Stadt pflegt ihr reiches historisches Erbe nicht sonderlich gut und ist eher unattraktiv. Doch sie ist ein guter Ausgangspunkt für Touren ins nördliche Zemplén-Gebirge und für alle, die in die Slowakei weiterreisen wollen.

Im 17. Jh. fiel die Stadt in die Hände der Familie Rákóczi und spielte – wie Sárospatak, der Stammsitz – eine wichtige Rolle im Freiheitskampf gegen die Habsburger. Auch in späterer Zeit war die Stadt und ihre Umgebung Schauplatz dramatischer Kämpfe. 1919 bekriegten sich in den nahe gelegenen Bergen erbittert kommunistische Partisanen und Slowaken. In den letzten Tagen des Zweiten Weltkriegs flammten die Widerstandskämpfe erneut auf.

Orientierung

Bahnhof und Busbahnhof liegen nebeneinander etwa 1 km südlich des Stadtzentrums. Von dort führt der Weg in die nördlich gelegene Innenstadt über die Fasor utca, vorbei am Alten jüdischen Friedhof zur Kossuth Lajos utca.

Diese trifft auf den Hősök tere und dann auf den Széchenyi tér. Zwei weitere Plätze folgen: der Kossuth tér und ein Stück weiter der Táncsics Mihály tér, wo die Durchgangsstraße schon Kazinczy Ferenc utca heißt. Wer dann noch weiter läuft, kommt nach 5 km zur slowakischen Grenze.

Praktische Informationen

Hauptpostamt (Kazinczy Ferenc utca 10) Nördlich von Tourinform.

OTP-Bank (Széchenyi tér 13) Fast gegenüber der katholischen Kirche.

Tourinform (☎ 321 458; Saoraljaujhely@tourinform.hu; Kossuth tér 5; Mitte Juni–Mitte Sept. Mo–Fr 9–17, Sa 9–13 Uhr, Mitte Sept.–Mitte Juni Mo–Do 7.30–16, Fr 7.30–13.30 Uhr) Im Rathaus.

Zemplén Computer (Dózsa György utca 2; 1 Std. 300 Ft.; Mo–Fr 8.30–12.30, 13.30–17 Uhr) Internetzugang für jedermann.

Sehenswertes & Aktivitäten

Bei der Ankunft mit Bahn oder Bus grüßt die baufällige, neogotische **Weinkirche** (*bortemplom*). Sie wurde 1911 gebaut und mit Siegeln der Tokaj-Hegyalja-Städte geschmückt, die aus Zsolnay-Porzellan hergestellt wurden. Ihre Kellergewölbe dienen als Weinlager, während der restliche Bau verfällt.

Mit seinen vielen zerbrochenen Fensterscheiben erinnert die Kirche an Frankensteins Schloss. Weiter nördlich, nahe der Kreuzung Fasor utca/Kazinczy Ferenc utca, liegt der **Alte jüdische Friedhof**, wo der *zaddik* (Wunderrabbi) Moses Teitelbaum (1759–1841) begraben liegt. Pilger aus aller Welt besuchen jedes Jahr am 16. Juli – seinem Todestag – die Grabstätte.

Die zentral gelegene **Katholische Kirche** (Széchenyi tér 10; Eintritt frei; nur während des Gottesdienstes) wurde 1792 im Stil des Spätbarocks wieder aufgebaut. Weder innen noch außen ist sie besonders sehenswert. Historische Bedeutung hat sie dennoch: Hier wurden Martin Luthers Lehren zum ersten Mal in Ungarn öffentlich verkündet.

Auch das **Rathaus** (Kossuth tér 5) steht für einen historischen Augenblick: Von seinem Balkon aus hielt der Revolutionär und Freiheitskämpfer Lajos Kossuth 1830 seine erste Rede.

Das **Ferenc-Kazinczy-Museum** (☎ 322 351; Dózsa György utca 11; Erw./Kind 400/200 Ft.; Mo–Sa 8–16 Uhr) deckt die Stadtgeschichte vom 13. bis zum 19. Jh. ab. Ein besondere Schwerpunkt ist die illustre Familie Rákóczi, ein anderer die Darstellung der Naturgeschichte der Zemplén-Region.

Benannt ist das Museum nach dem patriotischen Reformer der ungarischen Sprache, der von 1815 bis 1831 im Zemplén-Archiv (heute das Rathaus) forschte.

Der **Sessellift** (Libegő; ☎ 322 346; Torzás utca; Sommer Mo–Do 10–17, Fr 10–18, Sa & So 10–19 Uhr, Winter Di, Mi & Fr 13.30–15.30, Sa & So 8.30–15.30 Uhr) auf den Gipfel des Magas-hegy (hin- und zurück Erw./Sen./Kind 900/600/600 Ft.) ist Ungarns längste Seilbahn.

Schlafen & Essen

Tourinform hat eine Liste mit privaten Unterkünften (2000 Ft. pro Pers.).

Hunor (☎ 521 521; www.hotelhunor.hu; Torzsás utca 1; EZ/DZ 9800/13 500 Ft., Hauptgerichte 1500 Ft.; P) Das aus Stein und Holz gebaute Hunor liegt in der Nähe des Sessellifts. Die Luxusunterkunft der Stadt hat moderne Zimmer. Zur hervorragenden Küche des Hotelrestaurants wird als Draufgabe ein exzellenter Tokajer kredenzt.

Henriette (☎ 323 118; ignacz@enternet.hu; Vasvári Pál utca 16; Zi. 7000 Ft.; P) Von außen schäbig, aber mit Zimmern, die ganz okay sind. Zum Stadtzentrum ist es nicht weit.

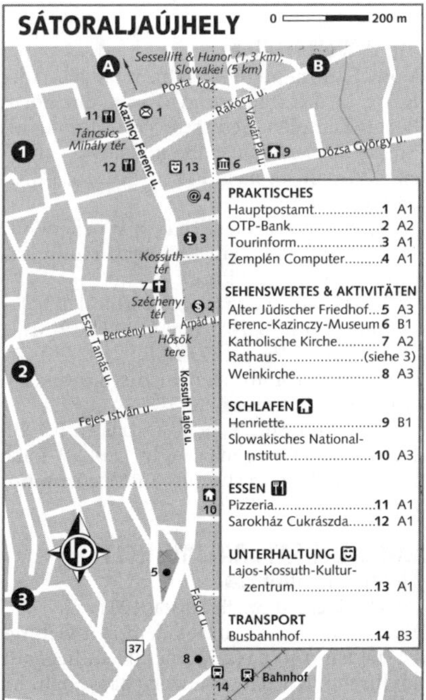

Slowakisches Nationalinstitut (☎ 322 568; Kossuth Lajos utca 31; B 1500 Ft.; Ⓟ) Das Studentenwohnheim vermietet im Sommer und ganzjährig über die Wochenenden. Vom Bahnhof bzw. vom Busbahnhof ist es nur ein kurzer Fußmarsch dorthin.

Mit Speiselokalen sieht es im Stadtzentrum mager aus, sodass man besser auf die Hotelrestaurants zurückgreift.

Pizzeria (Táncsics Mihály tér 4; Pizza ab 500 Ft.; 9.30–21 Uhr) Die Hans-in-allen-Gassen-Pizzeria bietet eine große Auswahl an Pizzen und Eiskreationen.

Sarokház Cukrászda (☎ 322 742; Táncsics Mihály tér 2; Kuchen 100–200 Ft.; Mo–Fr 7.30–18, Sa & So 7.30–16 Uhr) Der richtige Ort für Süßes.

Unterhaltung

Die Mitarbeiter des **Lajos-Kossuth-Kulturzentrums** (Kossuth Lajos Művelődési Központ; ☎ 321 727; Táncsics Mihály tér 3) wissen, was los ist. Ein Blick auf die Aushänge am Gebäude lohnt sich außerdem.

Ausführliche Informationen über Veranstaltungen bietet das zweiwöchentlich erscheinende kostenlose Magazin *Miskolci Est*.

An- & Weiterreise

Von Sátoraljaújhely fahren regelmäßig Busse in die Städte und Dörfer des nördlichen Zemplén-Gebirges. Von Montag bis Freitag starten täglich drei und am Wochenende vier Busse nach Füzér (302 Ft., 1 Std., 25 km).

Bis zu neunmal täglich (am Wochenende 10-mal tgl.) fährt ein Bus nach Hollóháza (363 Ft., 1 Std., 29 km).

Bis zu zwölf Züge täglich verbinden Sátoraljaújhely mit Sárospatak (100 Ft., 9 Min., 10 km) und Miskolc (774 Ft., 1¼–2 Std., 74 km). Zugverbindungen in die Slowakei s. An- und Weiterreise (S. 378).

Wer vom Süden oder Osten (z. B. von Debrecen, Nyíregyháza oder Tokaj) nach Sátoraljaújhely reist, muss in Mezőzombor umsteigen.

RUND UM SÁTORALJAÚJHELY

Füzér & Hollóháza

☎ 47 / Füzér 580 Ew., Hollóháza 1020 Ew.

Eine leichte Tagestour ins Zemplén-Gebirge ist die Fahrt in das 25 km entfernt liegende idyllische Dörfchen Füzér, das noch im Rhythmus der Jahreszeiten lebt. Neben echtem ungarischem Landleben ist die aus dem 13. Jh. stammende **Burg Füzér** (Eintritt Erw./Kind 100/50 Ft.; 9–18 Uhr) die größte Attraktion. Von der Dorfbushaltestelle führt ein steiler markierter Weg zur Burg, die so spektakulär liegt wie keine andere Festung in Ungarn.

Hoch über dem Dorf thronen die Ruinen der Rebellenfestung stolz und mahnend zugleich auf einem 370 m hohen, schroffen Felsen inmitten einer üppig-grünen Weidelandschaft.

Eine hohe Ehre erfuhr die Trutzburg, als Péter Perényi nach der Niederlage in der Schlacht bei Mohács 1526 den ungarischen Kronschatz von Visegrád (Plintenburg) dorthin schaffte, wo er über ein Jahr sicher verwahrt blieb.

Nach dem erfolglosen Kuruzenaufstand im späten 17. Jh. schleiften die Österreicher die Burg Füzér – wie so viele andere in der Region. Relativ gut erhalten blieben jedoch die Burgkapelle, der Torturm und einige Ringmauern.

Im Dorfzentrum steht die **Kalvinistenkirche** (Eintritt frei; nur während der Gottesdienste). Den Innenraum des mittelalterlichen Gebäudes schmückt eine gemalte Decke aus dem 19. Jh., wie sie in den Regionen Tiszahát und Erdőhát im Nordosten Ungarns häufig zu finden ist. Die geometrischen und Blumenmuster der 50 Paneele schuf ein regionaler Künstler 1832.

Das **Koronaőr** (Kronwächter; ☎ 340 020; www.koronaor.hu; Dózsa György utca 2/a; EZ/DZ 2300/4600 Ft.; Ⓟ) ist ein schönes altes Bauernhaus mit drei Zimmern und einem kleinen Restaurant, das leckere ungarische Hausmannskost serviert.

Statt von Füzér gleich nach Sátoraljaújhely zurückzukehren, lohnt sich ein 9 km langer Abstecher mit dem Bus (mehrmals tgl.) ins verschlafene Hollóháza. Ungarns nördlichster Ort verdankt seinen Ruhm der Porzellanherstellung. Nach Herend und Zsolnay ist er der dritte wichtige Produktionsstandort von ungarischem Porzellan.

Das **Porzellanmuseum** (Porcelánmúzeum; ☎ 505 400; Károlyi út 11; Erw./Kind 600/300 Ft.; April–Nov. 9–16.30 Uhr) erzählt die ganze „Porzellangeschichte" der Stadt. Als Unterkunft bietet sich die unter Bäumen liegende Pension **Éva** (☎ 305 038; Szent László utca 4; Zi. 7000 Ft.; Ⓟ) an, sie hat drei kleine Zimmer und liegt in der Nähe des Zentrums der Stadt.

Füzér und Hollóháza sind ausgezeichnete Startpunkte für Wanderungen ins Zemplén-Gebirge. Hier beginnen zahlreiche markierte und lohnenswerte Wanderrouten, darunter befindet sich eine Strecke zum 893 m hohen **Nagy Milic**, der an der slowakischen Grenze liegt. Nicht vergessen: ausreichend Trinkwasser mitnehmen – und die Karte *A Zempléni-hegység – északi rész,* (Zemplén – Nördliche Region) von Cartographia (Nr. 22; 1:40 000; 800 Ft.).

Weitere Details zu den Verkehrsmitteln finden sich im Abschnitt An- & Weiterreise (S. 378).

Der Nordosten

Manche Leute halten den Nordosten für kulturelles Ödland: der letzte Winkel von Ungarn, bevölkert von Hinterwäldlern, die eher ein Pferd beschlagen als einen Reifen wechseln können. Avantgardistische Filme und moderne Theaterinszenierungen haben hier vielleicht wirklich einen schweren Stand, und Pferdewagen sind ein häufiger Anblick – trotzdem ist die Region kein bisschen langweilig. Hier blüht nämlich die echte Volkskunst: Die Frauen tragen durch Stickarbeiten zum Lebensunterhalt bei, während die Männer auf dem Feld arbeiten und den Tag mit einem gemeinsamen Glas beschließen. Wer echtes ungarisches Dorfleben kennen lernen will, der sollte den Nordosten auf keinen Fall auslassen.

Klassische Beispiele für die volkstümliche Kultur des Nordens sind die Dorfkirchen. Die kleinen Bauten mit ihren Holzschnitzereien und den typischen Fresken sind wunderbar erhalten; herausragende Beispiele stehen in Tákos und Csaroda. Beeindruckend ist auch der Friedhof in Szatmárcseke, eine „Werft" aus Grabsteinen in Form von umgekehrten Schiffsrümpfen.

Natürlich gehört nicht alles in dieser Region der sanften Hügel und grünen Weiden zur Volkskunst. Die Hauptstadt, Nyíregyháza, scheint auf den ersten Blick der typische kommunistische Architekturverhau, doch bei einem Spaziergang durch die Innenstadt sieht man auch Schmuckstücke des Barocks und des Jugendstils. Nyírbátor ist heute nur ein Punkt auf der Landkarte, aber in seiner Architektur spiegelt sich eine reiche Vergangenheit: Gleich zwei großartige Kathedralen schmücken das Stadtzentrum, und in Máriapócs, nahe Nyírbátor, steht sogar eine prächtige griechisch-katholische Kathedrale.

HIGHLIGHTS

- Die reich bemalte Holzdecke in der **reformierten Kirche** von Tákos (S. 390) bestaunen
- Gleich zwei der schönen Gotteshäuser in Nyírbátor besichtigen: die **gotische reformierte Kirche mit freistehendem Glockenturm** (S. 388) und die **Minoritenkirche** (S. 388)
- Zwischen den eigenartigen schiffsförmigen Stelen auf dem **Friedhof** (S. 391) von Szatmárcseke spazieren gehen
- Die grandiose Ikonostase in der **griechisch-katholischen Wallfahrtskirche** (S. 389) in Máriapócs bewundern
- Die unbekanntesten und oft halb vergessenen Winkel Ungarns wie **Túristvándi** (S. 392) und **Csaroda** (S. 390) erleben

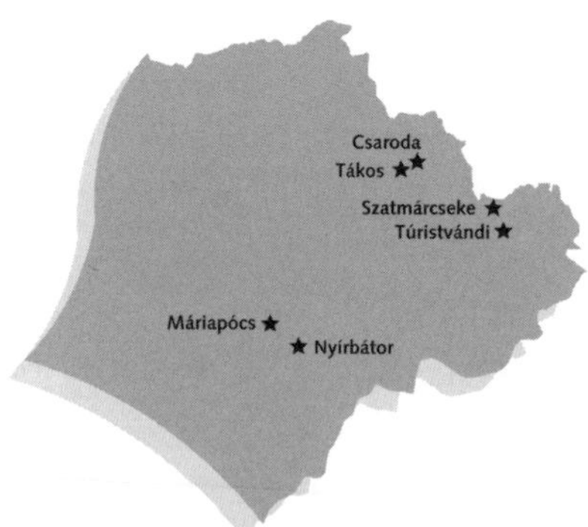

DER NORDOSTEN

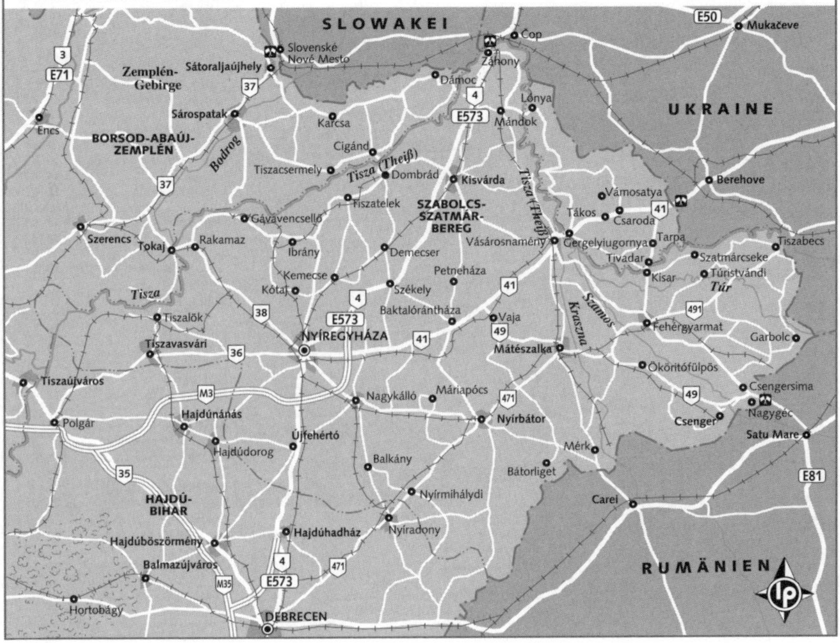

An- & Weiterreise

Zwischen den wichtigsten Städten des Nordostens und Debrecen bestehen regelmäßige Zugverbindungen, auch nach Budapest fahren – etwas weniger – Züge. Nur Busse fahren auch die kleineren Orte an, allerdings nur unregelmäßig. Am besten eignen sich Auto, Motorrad oder Fahrrad für die Erkundung der Gegend.

REGION NYÍRSÉG

In Nyírség („Birkenregion") liegen die meisten Großstädte des Nordostens und somit auch die meisten Museen und städtischen Sehenswürdigkeiten. Nyírség ist die größte unter den drei nordöstlichen Regionen. Grasland und Hügel erstrecken sich von Nyíregyháza, der regionalen Hauptstadt, bis zum geschichtsträchtigen Nyírbátor.

NYÍREGYHÁZA

☎ 42 / 118 800 Ew.

Auf den ersten Blick wirkt Nyíregyháza (etwa „Birkenkirche"), das Wirtschafts- und Verwaltungszentrum von Nyírség, wie ein Fleck in der Landschaft – mit hässlichen Hochhäusern und schmucklosen Einkaufszentren. Doch ein zweiter, etwas genauerer Blick zeigt das Zentrum als eine Art Schachbrett aus gepflegten Plätzen und Gärten mit einer Hand voll ausgezeichnet restaurierter Gebäude. Nyíregyháza eignet sich hervorragend als Ausgangspunkt für Fahrten in die anderen Städte des Nordostens, ins nördliche Rumänien und in die Ukraine.

Geschichte

Jahrhundertelang war Nyíregyháza Privatbesitz der transsilvanischen Grafen. Unter kommunistischer Herrschaft blühte die Stadt dank ihrer Nahrungsmittelindustrie, in den letzten Jahren durchlebte Nyíregyháza allerdings schwierige Zeiten.

Orientierung

Der Stadtkern von Nyíregyháza besteht aus mehreren miteinander verbundenen Plätzen, darunter der Országzászló tér, Kálvin tér, Kossuth tér und Hősök tere; darum

herum laufen eine innere und eine äußere Ringstraße. Straßen in Richtung Norden führen nach Sóstófürdő, ins 660 ha große Erholungsgebiet der Stadt mit Wäldern, Parks, einem kleinen Salzsee (Sóstó) und einem großen Thermalbereich.

Der Hauptbahnhof am Állomás tér liegt etwa 1,5 km südwestlich vom Zentrum am Ende der Arany János utca. Der Busbahnhof ist am Petőfi tér, genau nördlich vom Bahnhof, am Westende der Széchenyi utca.

Praktische Informationen

Hauptpost (Bethlen Gábor utca 4) Südlich des Rathauses.

Ibusz (☎ 311 817; Ország-zászló tér 4) Direkt neben der Touristeninformation.

ILS (☎ 310 143; Ország-zászló tér 6) Sprachenschule mit Buchhandlung, die auch fremdsprachige Bücher führt.

Krankenhaus (☎ 465 666; Szent Istvan út 68) Das wichtigste Krankenhaus der Stadt.

OTP-Bank (Dózsa György utca 2) Geldautomat.

Tourinform Wasserturm (Víztorony; ☎ 411 193; sostofurdo@tourinform.hu; Sóstófürdő; Mitte Juni–Mitte Aug. 8.30–16.30 Uhr) Filiale von Tourinform, nur in der Saison geöffnet; 5 km nördlich des Zentrums in Sóstófürdő.

Tourinform-Zentrale (☎ 504 647; szabolcs-m@tourinform.hu; Országzászló tér 6; Juni–Mitte Aug. Mo–Fr 9–17, Sa 9–13 Uhr, Okt.–Mai Mo–Fr 9–17 Uhr) Freundliches, hilfsbereites Personal, zahlreiche Broschüren zur Stadt und zum Nordosten.

Városi Internet Klub (☎ 507 281; Országzászló tér 8; Mo–Fr 8–19 Uhr) Internet-Zugang 1 Std. 300 Ft.

Sehenswertes

In der Altstadt gibt es viele Kirchen, darunter die spätbarocke (1786) **evangelische Kirche** (☎ 508 770; Luther tér 14; Eintritt frei; Mo–Fr 9–17 Uhr) und am Kossuth tér den neoromanischen **katholischen Dom** (☎ 409 691; Kossuth tér 4; Eintritt frei; Mo–Fr 6.30–18, So 6.30–10.30 Uhr) von 1904, der innen mit pastellfarbenen Kacheln geschmückt ist. Die **griechisch-katholische Kirche** (☎ 415 901; Bethlen Gábor utca 5; Eintritt frei; Mo–Fr 8–16 Uhr), 1895 erbaut, birgt eine reiche Sammlung **liturgischer Gewänder und Gefäße**. Die **Synagoge** (☎ 417 939; Mártírok tere 6; Eintritt frei; Mo–Do 8–14 Uhr) dient noch ihrem kultischen Zweck und besitzt eine kleine Sammlung jüdischer Kunstwerke.

Das Stadtzentrum liefert einen Schnellkurs in Sachen Architektur. Einen Blick wert: das eklektische (1892) **Rathauses** am Hősök tere mit dem großartigen Festsaal (Nagy Terem), ebenso das blau-weiße Jugendstilgebäude am Országzászló tér, in dem eine Bank und Büros untergebracht sind, oder das restaurierte **Hotel Korona**.

Der **Benczúr Gyula tér** bietet viele Schätze der Jugendstilarchitektur. Ein Muss ist das eigenartige **Mihály-Váci-Kulturzentrum**; es entstand 1981 und ist angeblich von japanischen Vorstellungen inspiriert.

Das riesige **András-Jósa-Museum** (☎ 315 722; Benczúr Gyula tér 21; Erw./Kind 200/100 Ft.; ⌚ Di–Sa 9–16, So 9–14 Uhr) am Südrand der Innenstadt zeigt Exponate zur Regionalgeschichte.

Die interessanteste Sehenswürdigkeit Nyíregyházas ist das Museumsdorf **Sóstó** (Sóstói Múzeumfalu; ☎ 500 552; Tölgyes utca 1; Erw./Kind 200/100 Ft.; ⌚ Mitte Juni–Aug. Di–Sa 9–18 Uhr, April–Mitte Juni & Sept.–Okt. Di–So 9–17 Uhr) in Sóstófürdő, 5 km nördlich vom Stadtzentrum. Die rekonstruierten Häuschen mit drei Zimmern, die Schule, die Brunnen, das Spritzenhaus und der Kolonialwarenladen sind typisch für die traditionelle Architektur und das Alltagsleben im Nordosten. Alle Nationalitäten dieser „Vielvölkerregion" sind vertreten, darunter auch Slowaken, die isoliert auf kleinen Bauernhöfen, den *bokor tanyák*, lebten.

Der große überdachte **Obst- und Gemüsemarkt** (Búza tér) gehört zu den malerischsten in der ungarischen Provinz; noch lebendiger ist der **Nagybani-Flohmarkt** in der Tokaji út, der nordwestlichen Verlängerung der Rákóczi út. Ungarn, Rumänen, Polen, Ukrainer und Roma verkaufen hier alles, von Schmuck und Schmock bis hin zum Schrott; interessant ist es vor allem am Wochenende und nachmittags.

TOR DER LIEBENDEN

Seit 2004 steht am Hősök tere ein ungewöhnliches Denkmal, das so genannte „Tor der Liebenden". Dieser Schrein der Liebe besteht aus zwei Parkbänken, eingerahmt von Gittern – und vielen Vorhängeschlössern. Die Partner sollen einander ihre Liebe erklären, indem sie ihre Namen in ein Vorhängeschloss einritzen und es dann am Gitter befestigen. Beide Partner behalten allerdings einen Schlüssel, für alle Fälle ...

Aktivitäten

Das **Schwimmbad** (Parkfürdő; ☎ 475 736; Erw./Kind 600/300 Ft.; ⌚ Mitte Mai–Mitte Sept. 9–20 Uhr) in Sóstófürdő eignet sich perfekt für einen heißen Sommernachmittag; es gibt dort ein halbes Dutzend große Schwimmbecken mit kaltem und beheiztem Wasser, eine Sauna und ein Solarium. Das **Strandbad** (Tófürdő; ☎ 479 701; Erw./Kind 600/300 Ft.) öffnet zu denselben Zeiten wie die Schwimmbäder, es hat Seeblick und direkten Zugang zum Wasser. Zentraler gelegen und weniger überfüllt ist das **Julia-Bad** (Julia Fürdő; ☎ 315 800; Malom utca 19; Erw./Kind 700/550 Ft.; ⌚ Mo–Fr 10–20, Sa & So 9–20 Uhr), ein Hallenthermalbad mit immerhin drei Becken.

Der **Sóstó-Reitclub** (☎ 475 202; Állomás utca 2; 1 Std. 2500 Ft.) beim Museumsdorf Sóstó vermietet Pferde, ebenso der ausgezeichnete **Nyíregyháza-Reitstall** (☎ 728 826; lovi.szabolcs.net; Bem József utca 22–24; 1 Std. 2500 Ft.) südwestlich vom Zentrum.

Schlafen

Ibusz vermittelt Privatzimmer (3000–4000 Ft. pro Pers.), Tourinform bietet in den Sommermonaten Unterkünfte in Studentenheimen an. Besonders zentrumsnah liegt das **Ilona-Zrínyi-Studentenheim** (☎ 318 091; Széchenyi utca 35–39; EZ/DZ 3000/6000 Ft.; Ⓟ), ein großer Block, der in der Nähe des Busbahnhofs liegt.

Korona (☎ 409 300; www.korona.cs.hu; Dózsa György utca 1–3; EZ/DZ 10 800/11 900 Ft.; Ⓟ ❄ 💻) Das 1895 eröffnete Korona hat sehr ordentliche Zimmer – ideal für alle, die sich mal richtig etwas gönnen wollen. Die 35 Zimmer, alle an endlosen Korridoren, besitzen alle modernen Annehmlichkeiten.

Ózon (☎ 402 001; www.ozonpanzio.hu; Csaló köz 2; Zi. 9200 Ft.; Ⓟ ❄) Das ehemalige kommunistische Ferienheim bei Sóstófürdő liegt mitten im Wald – klar, es ist die idyllischste Unterkunft in Nyíregyháza. Einige Zimmer haben Balkon.

Európa (☎ 508 670; www.europahotel.hu; Hunyadi utca 2; EZ/DZ 6000/7500 Ft.; Ⓟ ❄ 💻) Das unscheinbare Hotel liegt an der viel befahrenen äußeren Ringstraße und sehr praktisch in Zentrumsnähe. Es gibt auch ein Restaurant; bewachtes Parken kostet 800 Ft. extra.

Sóstó (☎ 500 692; hotelsosto@axeleor.hu; Sóstói út 76; Platz pro Pers./Zelt 700/600 Ft., B 1300 Ft., EZ/DZ 7000/8900 Ft.; Ⓟ) Sóstó ist ideal für Familien – die Kinder können in einem der hostelähnlichen Bungalows übernachten, und die Eltern haben eine Nacht für sich im Hotel nebenan. Auf dem Gelände gibt es auch ein Restaurant und sehr viele Grünflächen.

Igrice (☎ 06 30 953 6721; Blaha Lujza sétány 8; Platz pro Pers./Auto/Zelt 600/200/600 Ft., Bungalow für bis zu 4 Pers. 7900 Ft., Zi. 2800Ft.; P) Igrice ist ein großer Campingplatz am Ufer des Sees (mit dichtem Schilf). Die Bungalows haben Gemeinschaftsbäder, die Motelzimmer sind eher schlicht.

Essen & Ausgehen

Krúdy (☎ 596 187; Sóstói út 75; Hauptgerichte 1500 Ft.) Das Krúdy in einer alten Villa liegt nur einen Steinwurf vom See und serviert leckere ungarische Küche auf der Terrasse.

Mozzarella Pizzéria (☎ 424 008; Kiss Ernő utca 10; Pizza ab 310 Ft.; Mo–Sa 11–21, So 16–21 Uhr) Wer eine einfache, schnelle, herzhafte Pizza möchte, liegt hier genau richtig. Allerdings befindet sich das Lokal etwas außerhalb des Zentrums.

Tölgyes (☎ 410 590; Sóstói út 40; Hauptgerichte 800–1500 Ft.) Das beliebte Restaurant mit ungarischer Küche liegt zwischen Stadtzentrum und Sóstófürdő; die Düfte, die vom offenen Grill zur Terrasse ziehen, lassen das Wasser im Mund zusammenlaufen.

424 Irish Pub (☎ 726 222; Blaha Lujza utca 1; Hauptgerichte 1000 Ft.) Irisch ist hier eigentlich nur das Guinness-Schild, trotzdem ist es ein ganz netter Restaurant-Pavillon mit Blick auf den See.

Colorado Western Pub (Búza tér 15; Mo–Do 11–14, Fr & Sa 11–16 Uhr) In den meisten europäischen Städten gibt es irische Pubs, in Ungarn haben Wildwest-Lokale Hochkonjunktur. Im Colorado geht es feucht-fröhlich zu, im Sommer auch auf der Terrasse.

John Bull (Dózsa György utca 1–3; So–Do 11–24, Sa & So 11–2 Uhr) Das Pub-Restaurant im Hotel Korona ist ein kleines Stück England im Nordosten Ungarns; an den meisten Wochenenden Livemusik.

Unterhaltung

Das Personal des **Zsigmond-Móricz-Theaters** (☎ 400 375; www.moriczszinhaz.hu; Bessenyei tér 13) oder des **Mihály-Váci-Kulturzentrums** (☎ 411 822; Szabadság tér 9) gibt Auskunft über laufende Programme. Falls in der evangelischen Kirche am Luther tér ein Konzert stattfindet, lohnt sich der Besuch auf alle Fälle. Die **Verkaufsstelle für Theaterkarten** (☎ 507 007; Országzászló tér 6; Mo–Fr 9–17 Uhr) befindet sich in der Zentrale von Tourinform.

Folgende Clubs sind einen Versuch wert:

Club Kom Ombo (Rákóczi utca 8; So–Do 16–2, Fr & Sa 16–4 Uhr) Ein angesagter Club in einem Einkaufscenter, mit DJs und Livebands.

Golden Age (Bethlen Gábor utca 24; So–Di 13–2, Fr & Sa 13–4 Uhr) Ein großer Club mit Billardtischen.

DER NORDOSTEN

DIE ROMA

Der Ursprung der Roma (Ungarisch: *cigány*), die Romani sprechen, eine Sprache, die mit einigen Sprachen des nördlichen Indien verwandt ist, bleibt ein Geheimnis. Man nimmt jedoch allgemein an, dass sie irgendwann im 10. Jh. von Indien nach Persien zogen und den Balkan im 14. Jh. erreichten. In Ungarn leben sie seit mindestens 500 Jahren. Offizielle Zählungen besagen, dass es 190 000 Roma im Land gibt, doch es könnten leicht mehr sein.

Die Roma sind ursprünglich ein nichtsesshaftes Volk, doch mittlerweile haben die meisten von ihnen einen festen Wohnsitz angenommen. Zu ihren traditionellen Berufen gehören: Schmied, Kesselflicker, Viehhändler und Musiker (s. S. 45). Allerdings gibt es gerade unter ihnen viele Arbeitslose, denn die wirtschaftlichen Probleme der letzten Jahre haben sie am schwersten getroffen (statistisch sind Roma-Familien doppelt so groß wie andere Familien, was die Probleme noch verstärkt).

Die sesshaften Bürger haben „fahrendes Volk" schon immer auf die eine oder andere Weise verfolgt, und auch die Roma hatten und haben darunter zu leiden. Überall stoßen sie auf Verachtung, und oft genug macht man sie für Probleme wie den Anstieg von Kleinkriminalität und Prostitution oder den Verlust von Arbeitsplätzen verantwortlich. Die Verfassung von 1989 garantiert ihnen und anderen Minderheiten ihre Rechte, aber ihre Wohnungen gehören zu den schlechtesten im Land, die Polizei, so heißt es, geht oft unnötig hart gegen sie vor, und mehr als jede andere Gruppe fürchten die Roma ein Erstarken des Nationalismus. Vorurteile gegenüber den Roma sind überall in Ungarn sehr weit verbreitet.

An- & Weiterreise

BUS

Die meisten Städte in der Nähe von Nyíregyháza sind mit dem Bus zu erreichen, vor allem die Städte ohne Zugverbindung. Bis zu viermal pro Stunde fährt ein Bus nach Nagykálló (241 Ft., 30 Min., 16 km), häufige Verbindungen bestehen nach Máriapócs (363 Ft., 45 Min., 30 km), Mátészalka (725 Ft., 1½ Std., 60 km) und Nyírbátor (484 Ft., 1 Std., 40 km). Zu den weiter entfernten Zielen zählen: Debrecen (907 Ft., 2 Std., 72 km, 4-mal tgl.), Eger (1690 Ft., 2½ Std., 132 km, 2-mal tgl.), Kisvárda (605 Ft., 1½ Std., 50 km, Mo–Sa 4-mal tgl., So 1-mal) und Vásárosnamény (725 Ft., 1¼ Std., 58 km, 7-mal tgl.).

ZUG

Bis zu 15 Verbindung täglich gibt es zwischen Nyíregyháza und Debrecen (560 Ft., 30 Min., 49 km) und den Budapester Bahnhöfen Nyugati oder Keleti (2670 Ft., 3–4 Std., 270 km). Wenigstens ein *személyvonat* (Personenzug) pro Stunde fährt nach Debrecen (430 Ft., 45 Min., 49 km) uns bis zu 15 pro Tag nach Miskolc (890 Ft., 1½ Std., 88 km). Bis zu neun Züge täglich starten von Nyíregyháza nach Vásárosnamény (544 Ft., 2 Std., 59 km) und acht nach Mátészalka (544 Ft., 2¼ Std., 58 km); sie halten unterwegs in Nagykálló (182 Ft., 27 Min., 14 km), Máriapócs (264 Ft., 1¼ Std., 30 km) und Nyírbátor (346 Ft., 1¾ Std., 38 km) (in Nyírbátor Umsteigemöglichkeiten). Der Tisza-Expresszug nach Lviv, Kiew und Moskau fährt hier jeden Tag um 21.50 Uhr ein; der Latorca, der über die Grenze nach Csop in der Ukraine fährt, startet um 18.20 Uhr.

Unterwegs vor Ort

In der Stadt ist fast alles – außer Sóstófürdő – leicht zu Fuß erreichbar. Die Busse 7 und 8 verbinden den Bahnhof und den Busbahnhof mit dem Zentrum; Bus 8 fährt weiter nach Sóstófürdő. Am Nagybani-Flohmarkt hält der Bus 1/a. Taxiruf unter ☎ 555 555.

RUND UM NYÍREGYHÁZA

Nagykálló

☎ 42 / 10 600 Ew.

Nagykálló liegt 14 km südöstlich von Nyíregyháza und besitzt einige hübsche Gebäude am Hauptplatz (Szabadság tér): Die **reformierte Kirche** (☎ 263 171; Eintritt frei; ⏲ nur mit Anmeldung) mit dem freistehenden gotischen Glockenturm auf der Südseite entstand ursprünglich im 15. Jh. und wurde später barockisiert; das großartige **Rathaus** (☎ 263 128; Szabadság tér 13; ⏲ nur mit Anmeldung) im Nordosten mit der Hausnummer 13 wurde 1749 im bürgerlichen Zopfstil errichtet – später diente es als Irrenhaus.

Die häufigsten Besucher in Nagykálló sind orthodoxe Juden, die zum **Grab von Isaak Taub** (☎ 06 30 248 6379; Nagybalkányi út; ⏲ nur mit Anmeldung) pilgern, vor allem an seinem Todestag (Feb./März). Isaak Taub, bekannt als „Wunderrebbe von Kallo“, lebte im 18. Jh. und setzte sich für eine humanistischere Sichtweise ein. Das kleine Grab liegt auf dem alten jüdischen Friedhof, knapp 1 km südlich vom Szabadság tér. Wer keinen Termin für den Besuch des Grabes als Angehöriger ausgemacht hat, steht vor verschlossenen Friedhofsportalen.

Das **Restaurant Óbester** (Kossuth Lajos utca; Hauptgerichte 800–1500 Ft.) im Zentrum von Nagykálló bietet das beste Preis-Leistungs-Verhältnis; im Sommer sind die Tische im Freien auf dem Platz immer gut gefüllt. Wenn im Óbester alle Plätze besetzt sind, ist auch das **Belvárosi Eszpresszó** (Kossuth Lajos utca; Imbisse 400 Ft.; ⏲ 9–19 Uhr) an der Nordostseite des Platzes gut, um den Hunger zu stillen.

Ende Juli findet in Nagykálló das beliebte **Téka Tábor** statt, ein einwöchiges Folk-Festival. Ort ist ein etwas bizarres, von Imre Makovecz entworfenes Gebäude in Harangodi-tó, etwa 2 km nördlich der Stadt. Weitere Infos beim **Rákóczi-Kulturzentrum** (☎ 263 141; Báthory utca 1).

Bis zu acht Züge täglich verbinden Nyíregyháza (182 Ft., 27 Min., 14 km) und die Haltestelle Mátészalka in Nagykálló. Kurz nach Ankunft der Züge geht ein Bus zum Szabadság tér ab. Busse fahren den ganzen Tag von Nyíregyháza nach Nagykálló (241 Ft., 30 Min., 16 km), viele fahren an Werktagen auch nach Máriapócs and Nyírbátor weiter. Am Wochenende sind es nur vier pro Tag.

NYÍRBÁTOR

☎ 42 / 13 400 Ew.

Nyírbátor ist ein ziemlich verschlafenes Nest, aber wer gotische Kirchen mag, sollte es nicht links liegen lassen. Die beiden gotischen Kirchen der Stadt, die Prinz István

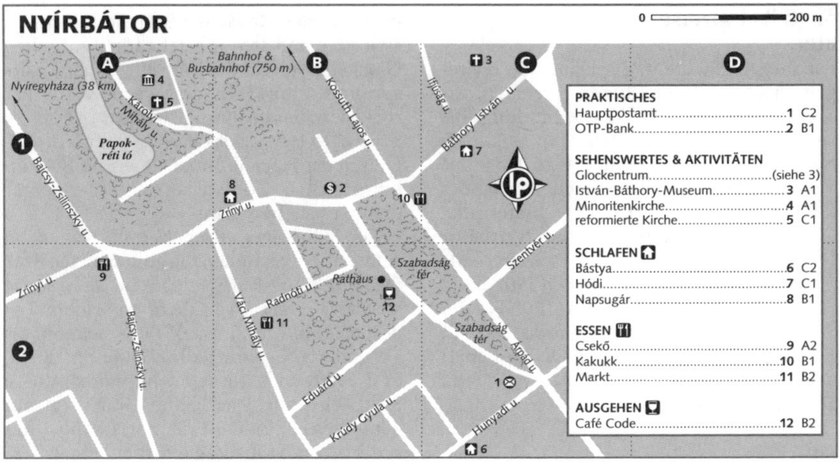

Báthory im 15. Jh. errichten ließ, gehören zu den besterhaltenen des Landes.

Orientierung

Alles in Nyírbátor liegt dicht beisammen und ist zu Fuß zu erreichen. Bahnhof und Bushaltestelle liegen an der Ady Endre utca im nördlichen Teil der Stadt, etwa 1 km vom Zentrum (Szabadság tér) über die Kossuth Lajos utca.

Praktische Informationen

Hauptpostamt (Szabadság tér) An der Südseite des Platzes.

OTP-Bank (Zrínyi utca 1) Vom Szabadság tér gerade über die Straße, dort gibt es einen Geldautomaten.

Sehenswertes

Es ist eine Wohltat, die **reformierte Kirche** (☎ 281 749; Erw./Kind 60/30 Ft.; 🕑 Mo–Sa 9–17, So 8–10 & 13–17 Uhr) zu betreten, die auf einem kleinen Hügel bei der Báthory István utca liegt. Das schlichte Innere und die hohen Spitzbogenfenster, die das Schiff in helles Licht tauchen, lenken die ganze Aufmerksamkeit auf das Meisterwerk: das Netzrippengewölbe.

Sehenswert ist auch das marmorne Grabmal István Báthorys, geschmückt mit dem Wappen der Familie mit geflügelten Drachen. Der **Glockenturm** aus dem 17. Jh. steht abseits der Kirche (wie es in dem überwiegend katholischen Land den Calvinisten vorgeschrieben war) und trägt ein gotisches Dach mit vier Ecktürmchen. Der Aufstieg auf den 20 m hohen Turm ist wegen der windschiefen Treppe ein bisschen abenteuerlich, aber der Blick lohnt die Mühe.

Die **Minoritenkirche** (☎ 281 770; Károlyi Mihály utca 19; Eintritt frei; 🕑 Mai–Okt. Mo–Sa 9–18, So 8–18 Uhr, Nov.–April Mo–Sa 9–11, 16–17, So 8–11 Uhr) war ursprünglich spätgotisch, doch wie so viele ungarische Kirchen wurde sie von den Türken 1587 verwüstet und 130 Jahre später barock wieder aufgebaut. Fünf ausgezeichnete Schnitzaltäre aus Presov (heute in der Ostslowakei) aus der Mitte des 19. Jhs. zieren Kirchenschiff und Altarraum. Am interessantesten ist der erste links, der **Krucsay-Passionsaltar** (1737) mit Darstellungen von Furcht, Sehnsucht, Hingabe und Glaube.

Das **István-Báthory-Museum** (☎ 510 218; Károlyi Mihály utca 21; Erw./Kind 200/100 Ft.; 🕑 April–Sept. Di–So 9–17, Okt.–März Mo–Sa 9–11 Uhr) in den Klostergebäuden (18. Jh.) neben der Kirche präsentiert die Stadtgeschichte. Es besitzt eine sehr gute volkskundliche Sammlung und einige mittelalterliche Stücke aus dem Umfeld der Familie Báthory.

Anfang Juli erwachen die Straßen von Nyírbátor während des **Internationalen Straßentheaterfestivals „Woche des geflügelten Drachens"** zum Leben; Schauspieler, Puppenspieler und Musiker versammeln ihr Publikum um sich.

Schlafen

Bástya (☎ 281 657; www.hotels.hu/bastya_nyirbator; Hunyadi utca 10; EZ/DZ 5520/7820 Ft.; (P) (✕)) Die Be-

DER TIPP VOM AUTOR

Hódi (☎ 283 556; evahodi@hotmail.com; Báthory István utca 11; EZ/DZ 11 700/12 700Ft.; P) Von außen macht das Hódi in Nyírbátor nicht viel her, doch innen ist es eine Oase des Luxus in einer Region, in der 5-Sterne-Hotels rar sind. Das Hotel liegt in einem kleinen Hof östlich des Szabadság tér. Seine Zimmer versetzen den Gast mit ihren hohen Decken und den Stilmöbeln in ein vergangenes Jahrhundert. Völlige Ruhe und Zurückgezogenheit bieten das beheizte Schwimmbecken und die Sauna (1000 Ft.).

sitzer dieses kleinen Hotels haben wohl eine Vorliebe für schrille Möbel und knallbunte Farben, aber die Zimmer sind sauber und gemütlich, und das Personal ist hilfsbereit.

Napsugár (☎ 283 878; Zrínyi utca 15; EZ/DZ 6000/8000 Ft.; P) Die Pension besitzt acht recht moderne Zimmer, ein kleines Fitnesscenter und vorne eine Bar. Das Frühstück kostet 800 Ft. extra.

Essen & Ausgehen

Csekő (☎ 381 289; Bajcsy-Zsilinszky utca 62; Pizzen 400–900 Ft.; 11.30–21.30 Uhr) Eine Konditorei, die so beliebt war, dass sie auch noch die Pizzeria nebenan übernommen hat. Glücklicherweise blieben Pizzas und eine ganze Reihe Salate auf der Speisekarte. Die Kuchen sind so himmlisch wie vorher.

Kakukk (☎ 281 050; Szabadság tér 21; Hauptgerichte 800–1500 Ft.) Kakukk ist das einzige wirkliche Restaurant im Stadtkern. Mittags kommt ein ungarisches Tagesgericht (etwa 550 Ft.) auf den Tisch.

Café Code (Szabadság tér 7; Mo–Fr 16–24, Sa & So 16 Uhr–open end) Ein kleines, dunkles, aber gemütliches Lokal im Zentrum – die einzige Bar, die lange geöffnet hat.

Der Markt in Nyírbátor findet an der Kreuzung von Váci Mihály utca und Radnóti utca statt.

Unterhaltung

Orgel- und andere Konzerte gibt es rund ums Jahr in der **reformierten Kirche**. Ansonsten ist nicht viel los in Nyírbátor.

An- & Weiterreise

Sieben Busse täglich verbinden Nyíregyháza mit Nagykálló (484 Ft., 1 Std., 40 km), und bis zu sechs Busse täglich fahren nach Máriapócs (182 Ft., 15 Min., 10 km).

Es gibt bis zu acht Züge am Tag (346 Ft., 1¾ Std., 38 km), die auf dem Weg von Nyíregyháza nach Mátészalka in Nyírbátor halten; 13 Züge von Mátészalka (182 Ft., 30 Min., 20 km) nach Debrecen (544 Ft., 1¾ Std., 58 km) halten ebenfalls hier. In Mátészalka gibt es sechs Züge pro Tag, die nach Záhony im Norden an der Grenze zur Ukraine, und drei, die nach Süden nach Carei in Rumänien fahren.

RUND UM NYÍRBÁTOR

Máriapócs

☎ 42 / 2200 Ew.

Wie Nyírbátor besitzt auch Máriapócs eine wirklich wunderschöne Kirche: Die **griechisch-katholische Kirche** (☎ 385 142; Kossuth tér 25; Eintritt frei; Mai–Sept. 8–17 Uhr, Okt.–April 8–18 Uhr) liegt mitten in der Stadt. Die Kathedrale ist seit 1696 ein wichtiger Wallfahrtsort; damals vergoss die Statue der **Schwarzen Madonna**, die jetzt den Altar an der Nordseite des Gebäudes ziert, zum ersten Mal Tränen (sie weinte auch 1715 und 1905 wieder). Leider handelt es sich um eine Kopie aus dem 19. Jh.; das Original befindet sich im Stephansdom in Wien. Die Madonna ist nicht das einzige Highlight – die reich mit Gold verzierte Ikonostase, also die Trennwand zum Chorraum, ist beeindruckende 15 m hoch. Die Wallfahrtskirche, die an der Stelle einer kleinen Holzkirche erbaut wurde, stammt aus der Mitte des 18. Jhs.

Zum Übernachten bietet sich das relativ nichts sagende **Fekete Bárány** (Schwarzes Schaf; ☎ 385 722; Állomás tér; EZ/DZ 3000/6000 Ft.; P) an, ein Gasthaus gegenüber dem Bahnhof an der Straße, die von Nyírbátor bis nach Nagykálló führt.

Zwischen zwei und acht Busse täglich verkehren zwischen Nagykálló (133 Ft., 20 Min., 8 km), Nyírbátor (182 Ft., 15 Min., 10 km) und Nyíregyháza (363 Ft., 45 Min., 30 km); aussteigen kann man an der Kirche. Die Züge von Nyírbátor nach Nyíregyháza halten am Bahnhof von Máriapócs, 4 km südlich der Ortsmitte. Busse pendeln zwar zwischen Ortsmitte und Bahnhof, sie sind aber nicht sehr zuverlässig.

REGIONEN TISZAHÁT & ERDŐHÁT

Wer Ungarns entlegenste Regionen – geografisch und kulturell gesehen – sucht, kommt unweigerlich hierher. Tiszahát, übersetzt „Hinter der Tisza“ (Theiß), und Erdőhát, wörtlich „Hinter den Wäldern“ (von Transsilvanien), waren jahrhundertelang isolierte Vorposten, die durch die Hochwasser von Theiß und Szamos regelmäßig vom restlichen Ungarn abgeschnitten wurden. Dank der Abgeschiedenheit hat sich hier noch altes Brauchtum erhalten. Deshalb findet man gerade hier einige der schönsten Beispiele von volkstümlichen Bauten und Wandmalereien in Kirchen. Außerdem liegt hier der ungewöhnlichste Friedhof Ungarns.

VÁSÁROSNAMÉNY

☎ 45 / 9075 Ew.

Vásárosnamény ist heute ein verschlafenes Nest, doch es war früher einmal ein wichtiger Handelsplatz an der Salzstraße, die aus den Wäldern Transsilvaniens über die Theiß und dann durchs Tiefland nach Debrecen führte. Mit günstiger Verkehrsanbindung und nützlichen Einrichtungen wie der **OTP-Bank** (Szabadság tér 28–31; ⏲ Mo 7.45–12.30, 13–17, Di–Do 7.45–12.30, 13–15, Fr 7.45–12.30 Uhr) mit Geldautomat und einem **Tourinform** (☎ 570 206; vasarosnameny@tourinform.hu; Szabadság tér 33; ⏲ Mo–Fr 8–16, Sa 9–13 Uhr) ist Vásárosnamény ein idealer Standort für die Erkundung der verstreuten Dörfer in der Region.

Das **Bereg-Museum** (☎ 470 638; Rákóczi utca 13; Erw./Kind 200/100 Ft.; ⏲ Mitte März–Okt. Di–So 10–18 Uhr, Nov.–Mitte März Mo–Fr 8.30–16.30 Uhr) besitzt eine kleine, aber interessante Sammlung mit Stickereien, Webarbeiten, Töpferarbeiten, eisernen Öfen und bemalten Ostereiern aus der Region. Berühmt sind die Beispiele für den typischen Kreuzstich, eine Mischung aus verschiedenen Stilen.

Schlafen & Essen

Winkler (☎ 470 945; winklerh@hu.inter.net; Rákóczi utca 5; EZ/DZ 6000/8000 Ft.; Ⓟ ⛶) Die beim Museum gelegene Pension lockt mit geräumigen Zimmern und farbenprächtigen Stickarbeiten aus der Region. Außerdem gibt es ein Restaurant (Hauptgerichte 1000 Ft., Tagesmenü 550 Ft.), das regionale Spezialitäten serviert, ferner einen üppig begrünten Innenhof und eine Sauna.

Hotel Fehér (☎ 470 854; www.hotels.hu/feherhotel; Bereg-köz 1; Zi. 40 €; Ⓟ ⛶) Das Fehér besitzt weniger Charakter als das Winkler; es hat weiß getünchte Wände, und die Einrichtung stammt aus den 1970ern, aber immerhin ist es eine gute Wahl, wenn das Winkler voll ist. Auf der anderen Seite der Straße liegt das zugehörige Restaurant (Pizza ab 550 Ft., Tagesmenü 500 Ft.).

Diófa Camping (☎ 712 298; Gulácsi út 71; Stellplätze pro Pers./Zelt 800/700 Ft., Bungalows 8000 Ft.; Ⓟ) Der kleine Campingplatz liegt auf der anderen Seite der Theiß in Gergelyiugornya. Die Bungalows sind für bis zu vier Personen; das städtische Schwimmbad ist in unmittelbarer Nähe.

TÁKOS

☎ 45 / 445 Ew.

Wer sich für Volkskunst interessiert, darf die **reformierte Kirche** (☎ 701 718; Bajcsy-Zsilinszky utca 25; Eintritt 120 Ft.; ⏲ 7–19 Uhr) in Tákos, 8 km nordöstlich von Vásárosnamény an der Landstraße 41, keinesfalls versäumen. Sie stammt aus dem 18. Jh. und besitzt eine Kassettendecke, die mit blauen und roten Blüten bemalt ist, und eine reich geschnitzte Kanzel in einem volkstümlichen Barockstil, die auf einem großen Mühlstein ruht. Neben der Kirche, von den Einheimischen „Barfüßige Notre-Dame von Ungarn“ genannt, erhebt sich der gut erhaltene Glockenturm (1767). Die Schlüssel werden nördlich der Kirche in der Bajcsy-Zsilinszky utca 29 aufbewahrt.

Im **Gemeindehaus** (tájház; Bajcsy-Zsilinszky utca 53; Eintritt frei; ⏲ 7–22 Uhr), gegenüber der Kirche, werden die farbenfrohen Stick- und Webarbeiten der örtlichen Kunsthandwerker verkauft. Es gibt auch Snacks.

CSARODA

☎ 45 / 655 Ew.

Eine hübsche **romanische Kirche** (☎ 484 905; Kossuth utca 2; Eintritt 100 Ft.; ⏲ März–Okt. Mo–Fr 10–18 Uhr) aus dem 13. Jh. ist die Hauptattraktion dieses Dorfes 3 km östlich von Tákos. Es heißt, dass die Kirche von König Stephan gegründet wurde, der sich in seinem Herrschaftsgebiet für jeweils zehn Dörfer wenigstens eine Kirche wünschte. Die Mischung aus Fresken im westlichen und östlichen Stil (einige aus dem 14. Jh.) beeindruckt durchaus, ebenso einige volkstümliche Wandmalereien mit dem Datum 9. Juli 1647. Der Weg vom Parkplatz oder der Bushaltestelle führt an zwei hölzernen **Glockentürmen** vorbei, die wesentlich jünger und noch in Gebrauch sind.

Csaroda ist ein dörfliches Idyll. Unterkunft gibt es nur im **Székely** (☎ 484 830; www.julusi.hu/szekely; József Attila utca 54; EZ/DZ 2300/4600 Ft.; Ⓟ), einem traditionellen Bauernhaus mit weiß getünchten Wänden. Nach 20 Uhr ist es schwierig, noch etwas zu essen zu bekommen, eventuell springen die Hausbesitzer mit etwas Schnellem ein.

TARPA

☎ 45 / 2400 Ew.

Etwa 6 km auf der Landstraße 41 nach Osten zweigt die Straße nach Fehérgyarmat ab. 10 km südlich dieser Abzweigung liegt Tarpa, ein Ort, der stolz ist auf eine der letzten von Pferden angetriebenen **Mühlen** (Szárazmalom; ☎ 488 331; Árpád utca 36; Eintritt 30 Ft.; ⌚ nur mit Anmeldung) in Ungarn. Die Mühle, die sich in gutem Zustand befindet, hat ein wechselvolles „Leben“ hinter sich – als Bar, Kino und Tanzcafé –, bevor sie Ende der 1970er-/Anfang der 1980er-Jahre renoviert wurde. In der Nähe liegt die **reformierte Kirche** (Kossuth utca 13; Eintritt frei; ⌚ Mo–Fr 8–12 Uhr).

Das **Kuruc** (☎ 488 121; tarpakurucpanzio@freemail.hu; Kossuth út 25; EZ/DZ 3500/6000 Ft.; Ⓟ) nimmt ein dunkelrosafarbenes Gebäude im Herzen von Tarpa ein und bietet große Zimmer. Es gibt eine Terrasse, eine Sauna für die Gäste und ein gutes, wenn auch lautes Restaurant (Hauptgerichte 1000 Ft.) im Erdgeschoss.

Tivadar, 5 km südlich von Tarpa, liegt an einer Schleife der Theiß. Für einen Aufenthalt ist es mit ein oder zwei Restaurants und einem beliebten Strandbad eine echte Alternative. Der winzige **Katica-Campingplatz** (☎ 06 20 926 5803; Petőfi út 11; Stellplätze pro Pers./Auto/Zelt 550/300/300 Ft.; ⌚ Mitte Juni–Aug.; Ⓟ) liegt am Fluss; er bietet nur ein Minimum an sanitären Einrichtungen und ein bisschen Schatten. Direkt gegenüber liegt das **Kunyhó Vendéglő** (Petőfi út 16; Hauptgerichte unter 1000 Ft.; ⌚ 11–20 Uhr), ein pseudo-rustikales Lokal mit einer großen Auswahl an Fisch auf der Speisekarte und viel zu vielen ausgestopften Tieren an den Wänden.

SZATMÁRCSEKE

☎ 44 / 1500 Ew.

Das kleine Dorf lockt seine Besucher ausgerechnet mit einem Friedhof – mit ganz erstaunlichen bootsförmigen **Stelen** (Kopjafák; Táncsics utca; Eintritt frei); vorher muss man allerdings in Tivadar den Fluss zu überqueren und dann 7 km in Richtung Nordosten fahren. Die 600 hölzernen Stelen auf dem Friedhof sind in ganz Ungarn einmalig, und die hineingeschnitzten Kerben und Riefen bilden eine ganz eigene komplizierte „Sprache“: Sie geben Auskunft über Ehestand, soziale Stellung und andere Dinge. Einer der wenigen steinernen Grabsteine auf dem Friedhof gehört dem hier geborenen Ferenc

DAS VERGESSENE DORF

Nagygéc, ein kleines Dorf am Rand der Region Erdőhát, ist ein klassisches Beispiel dafür, wie wenig Rücksicht die kommunistischen Herrscher auf den ungarischen Lebensstil nahmen. Am 13. Mai 1970 kam es in dem Dorf zu einer schweren Überschwemmung, und die Bewohner wurden evakuiert. Als der Pegel gesunken war, beschloss die kommunistische Regierung, dass die Gefahr einer neuerlichen Überflutung zu groß sei und dass die Menschen ihre Häuser nicht wieder reparieren dürften – obwohl das Dorf schon seit dem Mittelalter Erfahrungen im Umgang mit dem Wasser hatte. (Die erste Erwähnung von Nagygéc findet sich in einer Urkunde von 1280.) Stattdessen wurden die Dorfbewohner auseinander gerissen und übers Land verteilt, Nagygéc überließ man einfach der Natur.

Heute ist nicht mehr viel übrig, die verstreuten Häuser sind mit Brettern vernagelt, und außer Vogelschwärmen sieht man höchstens ab und zu einen Bauern, der hier vorbeikommt. Der frühere Mittelpunkt, eine protestantische Kirche mit romanischen Elementen aus dem 13. und gotischen aus dem 15. Jh., ist nur noch eine Ruine und droht jeden Augenblick ganz einzustürzen. Am Eingang hängt eine Tafel: „Nationale Gedenkstätte. Ein Denkmal zur Erinnerung an die mutwillige Zerstörung von Dörfen und ein Symbol für den Willen, zu erhalten und zu restaurieren.“ Nagygéc liegt an einer unbeschilderten Straße nur wenige Kilometer vom Grenzübergang Satu Mare nach Rumänien.

Kölcsey (1790–1838), der den Text von *Himnusz*, der ungarischen Nationalhymne, schrieb. In der Nähe liegt ein kleines **Museum** (☎ 712 095; Kölcsey utca 44; Eintritt 100 Ft.; 🕑 10–17 Uhr), das Kölcsey gewidmet ist.

TÚRISTVÁNDI

☎ 44 / 772 Ew.

Etwa 4 km südlich von Szatmárcseke liegt das Dorf Túristvándi; sein ganzer Stolz ist eine herrlich restaurierte **Wassermühle** (Vízimalom; ☎ 434 110; Zrínyi út 4; Erw./Kind 100/70 Ft.; 🕑 April–Sept. 8–18 Uhr, Okt.–März 8–16 Uhr) aus dem 18. Jh. Nach der Besichtigung des Mühlen-Mechanismus bietet **Vízimalon** (☎ 721 082; www.turvizimaln.hu; Malom utca 3; Stellplätze pro Pers./Zelt 1000/1000 Ft., EZ/DZ 4000/8000 Ft.; Campingplatz 🕑 März–Okt.; Ⓟ) direkt daneben Essen und Unterkunft. Es gibt auch einen Badeteich, einen Kinderspielplatz und die Möglichkeit, für 1000 Ft. pro Stunde ein Kanu zu mieten.

AN- & WEITERREISE

Ideal für Reisen in diesem Teil Ungarns sind Auto oder Fahrrad, aber leihen kann man diese Fahrzeuge dort kaum. Doch die meisten Orte sind auch mit Bussen ab Vásárosnamény, Mátészalka oder Fehérgyarmat zu erreichen. Die Busse fahren allerdings nur selten, im Schnitt zwei- bis dreimal täglich. Wichtig ist es, sich vor der Abfahrt bereits um die Rückfahrt zu kümmern. Infos zu Zügen s. Nyíregyháza (S. 387).

UNTERWEGS VOR ORT

Wer kein eigenes Auto hat, nimmt am besten den Zug oder den Bus von Nyíregyháza oder Nyírbátor nach Vásárosnamény und nutzt den Ort als Ausgangspunkt.

REGION RÉTKÖZ

Die Region Rétköz liegt eingezwängt zwischen der Slowakei, der Ukraine und der Region Tiszahát; die meisten Reisenden durchqueren sie nur rasch auf dem Weg von oder in die Ukraine. Es lohnt sich aber, einen Tag in diesem abgelegenen Grenzgebiet zu verbringen, einer Gegend, die reich ist an Märchen und Mythen. Retköz liegt etwas tiefer als der restliche Nordosten Ungarns; es wurde daher immer wieder überflutet, und Ackerbau war nur auf den größeren Inseln im mückenverseuchten Sumpfgebiet möglich. Die Abgelegenheit förderte die Bildung von starken Familienbindungen und die Entstehung eines reichen Brauchtums, doch außer dem einst berühmten selbst gewebten Stoff der Region ist davon heute für den Außenstehenden nicht mehr viel zu entdecken.

KISVÁRDA

☎ 45 / 17 900 Ew.

Kisvárda, der 45 km nordöstlich von Nyíregyháza gelegene Mittelpunkt der Region, ist ein guter Ausgangspunkt für Ausflüge in die Umgebung und bietet bessere Übernachtungsmöglichkeiten als Záhony (falls man in die Ukraine weiterreist).

Orientierung

Bushaltestelle und Bahnhof liegen etwa 2 km südwestlich des Flórián tér, des Ortszentrums. Stadtbusse erwarten die Bahnreisenden, aber eigentlich erreicht man das Zentrum ganz gut zu Fuß – nach Norden über die Bocskai utca, die Rákóczi Ferenc utca und die Szent László utca. Manche Busse fahren auch bis zum Flórián tér.

Praktische Informationen

Hauptpostamt (Somogyi Rezső utca 4)

Kulturzentrum (☎ 500 451; Flórián tér 20; 🕑 Mo–Fr 13–19 Uhr) Internetzugang 1 Std. 100 Ft.

OTP-Bank (Ecke Mártírok útja & Szent László utca) Geldautomat.

Sehenswertes & Aktivitäten

Am Flórián tér stehen die leuchtend gelbe **katholische Kirche** in einem gotisch-barocken Stilmix und die rötliche **reformierte Kirche** aus dem späten 19. Jh. erstaunlich dicht beieinander. Leider sind beide Kirchen nur während des Gottesdienstes geöffnet. Wesentlich interessanter ist die im Zopfstil gehaltene **Stadtbücherei** (🕑 Mo–Fr 9.30–12.30, 13–18, Sa 8–12 Uhr), der Blickfang des Platzes.

Ein Stückchen östlich des Platzes liegt das **Rétköz-Museum** (☎ 405 154; Csillag utca 5; Erw./Kind 100/50 Ft.; 🕑 April–Okt. Di–So 10–12, 13–18 Uhr), die einzige echte Sehenswürdigkeit der Stadt. Es wurde in einer ehemaligen Synagoge (um 1900) eingerichtet, deren Gebäude so interessant ist wie die darin ausgestellten Exponate. Die Decke schmückt ein geometrisches Muster aus blauem und gelbem Glas, die Tore sind Schmiedeeisen in Form einer Menora. Im Erdgeschoss präsentiert das Museum eine Reihe typischer Stuben und Werkstätten (Schmiede, Webstuhl usw.) aus Rétköz, der 1. Stock enthält einige interessante Kunstwerke. Am Westeingang befindet sich eine Gedenktafel mit den Namen von mehr als 1000 Juden aus Kisvárda, die in Auschwitz ermordet wurden.

Die Ruinen der **Burg Kisvárda** (☎ 405 239; Várkert; Eintritt frei; ⌚ nur mit Anmeldung) erheben sich etwa zehn Minuten entfernt am Ende der Straße, die vom Flórián tér nach Nordwesten abzweigt. Ein Teil der Mauern stammt zwar aus dem 15. Jh., doch das meiste wurde im Lauf der Jahrhunderte stark umgebaut.

Der **Várfürdő** (Városmajor utca; Erw./Kind 800/500 Ft.; ⌚ Mai–Sept. Mo–So 9–19 Uhr) neben der Burgruine besitzt mehrere Schwimmbecken (auch Thermalbecken), Sauna und Liegewiesen.

Schlafen & Essen

Bástya (☎ 421 100; Krucsay Márton utca 2; DZ mit/ohne Dusche 4500/4000 Ft.) Die Zimmer im Bástya sind winzig und karg möbliert, doch das Beste, was die Stadt zu bieten hat. Die Pension liegt im 1. Stock eines Einkaufszentrums am Hauptplatz.

Amadeus (Szent László utca 27; Hauptgerichte 1100 Ft.) In diesem Kellerlokal bedient ausgesprochen freundliches Personal; die Speisekarte bietet eine ausgesprochene Fülle an ungarischen Spezialitäten.

Poncsák (Mártírok útja 2; Eis 100 Ft.; ⌚ 8–20 Uhr) Die traditionelle *cukrászda* (Konditorei) macht den besten Kuchen und das beste Eis der Stadt.

Unterhaltung

Im Sommer finden auf der **Burgbühne** (Várszínpad) in der Burg von Kisvárda manchmal Theateraufführungen statt; Auskunft beim Personal im modernen **Kulturzentrum** (☎ 500 451; Flórián tér 20; ⌚ Mo–Fr 13–19 Uhr).

In Ruhe bei einem Getränk erfrischen kann man sich im **Belvárosi Kávézó** (Szent László utca 22; ⌚ 10–23 Uhr), eher ein Pub als ein Café. Auch Tische im Freien.

An- & Weiterreise

Mit dem Bus gibt es von Kisvárda aus kaum Direktverbindungen; man kommt allerdings nach Nyíregyháza (605 Ft., 1½ Std., 50 km, 3-mal tgl.) und Vásárosnamény (363 Ft., 1 Std., 29 km, 7-mal an Werktagen, 1-mal am Wochenende).

Die Stadt liegt an der Bahnlinie von Nyíregyháza (430 Ft., 43 Min., 43 km) nach Záhony, und hier halten bis zu 18 Zügen täglich, elf davon aus Budapest.

Allgemeine Informationen

INHALT

AKTIVITÄTEN

Ungarn bietet ein breites Spektrum an Aktivitäten –vom Rad- und Kanufahren bis zu Vogelbeobachtung und „Wasserkuren" in den vielen, meist hervorragenden, Thermalbädern. Genaueres, s. S. 52.

BOTSCHAFTEN & KONSULATE

Ungarische Botschaften

(**Deutschland** Berlin (☎ 030-203 100; info@ungarische-botschaft.de; Unter den Linden 76, 10117 Berlin
Österreich (☎ 01-537 80 300; kom@huembvie.at; 1 Bankgasse 4–6, 1010 Wien)
Schweiz (☎ 031-352 85 72; huembbrn@bluemail.ch; Muristr. 31, 3006 Bern)

Botschaften in Ungarn

Die Vorwahl für Budapest ist die ☎ 1. Die Öffnungszeiten gelten für den regulären Parteiverkehr; in Notfällen steht das Botschaftspersonal auch zu anderen Zeiten zur Verfügung. Die römische Ziffer steht für den Budapester Bezirk (*kerület*), in dem die Botschaft liegt.

Deutschland (☎ 488 3500; I., Úri utca 64–66, 1014 Budapest; ⌚ Mo–Fr 9–12 Uhr)
Österreich (☎ 413 0240; VI., Benczúr utca 16, 1068 Budapest; ⌚ Mo–Fr 8–10 Uhr)
Schweiz (☎ 460 70 40; Stéfania út 107, 1143 Budapest; ⌚ Mo–Fr 10–12 Uhr)

ERMÄSSIGUNGEN

Hungary Card

Wer sehr viel im Land reisen will, sollte sich überlegen, die **Hungary Card** (☎ 1-266 3741, 267-0896; www.hungarycard.hu, in Deutsch und Englisch) zu kaufen. Sie bietet landesweit freien Eintritt in viele Museen und 50 % Ermäßigung für sechs Rückfahrkarten der Bahn, für einige Bus- und Schiffsfahrten und weitere Ausstellungen und Sehenswürdigkeiten. Viele Unterkünfte geben 20 % Ermäßigung. Auch die Budapest Card (S. 73) kostet mit der Hungary Card nur noch den halben Preis. Die Büros von Tourinform verkaufen die Karte landesweit, sie kostet 8395 Ft. und gilt 13 Monate.

Studenten-, Jugend- & Lehrerausweise

Der **Internationale Studentenausweis** (ISIC; www.isic.org), eine Plastikkarte mit Foto, bietet Studenten Ermäßigungen in vielen Verkehrsmitteln, Museen und anderen Sehenswürdigkeiten. Alle Nicht-Studenten unter 26 Jahre können bei ISIC die International Youth Travel Card (IYTC; 1300 Ft.) oder die Euro<26 Card (1600 Ft. nur im Sommer gültig, 2200 Ft. für das ganze Jahr) beantragen, die von der European Youth Card Association (EYCA) ausgegeben wird. Beide berechtigen zu den gleichen Ermäßigungen wie der Studentenausweis. Lehrer können sich die International Teacher Identity Card (ITIC; 1300 Ft.) ausstellen lassen.

ESSEN

Ungarn hat eine vielseitige Küche mit Weltruf und eine Weinbautradition, die auf die Römer zurückgeht. Details s. S. 50.

FEIERTAGE

Feiertage

Ungarn feiert jährlich zehn offizielle Feiertage (*ünnep*):

Neujahr 1. Januar
Nationalfeiertag
(Gedenken an die Revolution 1848) 15. März
Ostermontag März/April
Tag der Arbeit 1. Mai
Pfingstmontag Mai/Juni
Sankt-Stephanstag 20. August
Tag der Republik
(Gedenken an den Aufstand von 1956) 23. Oktober
Allerheiligen 1. November
Weihnachtsfeiertage 25./26. Dezember

Schulferien

Die ungarischen Schulkinder haben Ferien im Herbst (erste Novemberwoche), über Weihnachten und Neujahr (12 Tage, ca. 22. Dez.–2. Jan.), über Ostern (eine Woche im März/April) und natürlich im Sommer (11 Wochen; 15. Juni–31. Aug.).

FESTIVALS & EVENTS

Der jährliche *Events Calendar* des HNTO listet detailliert die Festivals und Events auf, die Liste haben auch alle Büros von Tourinform.

Zu den herausragenden jährlichen Events in Ungarn zählen die Folgenden:

FEBRUAR/MÄRZ

Busójárás (www.mohacs.hu) Am Wochenende vor Aschermittwoch findet in Mohács ein Karnevalsumzug mit grimmig dreinblickenden Masken statt.

MÄRZ

Budapester Frühlingsfestival (www.festivalcity.hu) Das größte Kulturereignis mit rund 200 Veranstaltungen an 60 Veranstaltungsorten in der Hauptstadt.

MÄRZ/APRIL

Osterfest in Hollókő (www.holloko.hu) Mit traditionellen Trachten und altem Brauchtum wird der Frühling begrüßt. Der kleine Ort ist eine Unesco-Weltkulturerbestätte.

MAI

Balaton-Festival (info@goldmarkmk.hu) Pop- und klassische Musik sowie Straßentheater beleben die Sommersaison in Keszthely.

> **VOLLJÄHRIGKEIT**
>
> Ab 18 Jahren dürfen Ungarn zur Wahl gehen, Auto fahren und Alkohol trinken. 2004 wurde das Alter für einvernehmlichen Geschlechtsverkehr von Schwulen und Lesben auf 14 Jahre herabgesetzt, entsprechend dem für heterosexuelle Paare.

JUNI

Ungarisches Tanzfestival (www.nemzetitancszinhaz.hu/english/festivals.php) Das bekannteste Ballettfestival des Landes findet alle zwei Jahre in Győr statt.

Soproner Festwochen (www.prokultura.hu, in Deutsch) Theater, Musik, Volkstanz und eine Kunsthandwerksmesse.

JULI

Internationales Folklore-Festival (dunafest@freemail.hu) Authentische Volksmusik und Volkstanz in Kalocsa, Baja and Szekszárd. Die Mitwirkenden kommen aus Ungarn und ganz Europa.

Martonvásárer Musiktage (www.filharmonikusok.hu) Die Ungarische Nationalphilharmonie spielt auf Schloss Brunszvik Beethoven. Der Komponist hatte hier seine „unsterbliche Geliebte" kennen gelernt.

Szegediner Freilichtspiele (www.szeged.hu) Die bekanntesten Open-air-Aufführungen mit Oper, Ballett, klassischer Musik und Volkstanz finden in Szeged statt.

Internationales Straßentheaterfestival „Woche des geflügelten Drachen" (www.szarnyas-sarkany.hu) Etwa 50 Aufführungen von Puppenspielern und Musikern in und vor den historischen Bauten in Nyírbátor im Nordosten des Landes.

AUGUST

Debrecener Blumenkarneval (www.debrecen.hu) Höhepunkt des einwöchigen Spektakels in Debrecen ist der Blumenkorso am Stephanstag (20. August).

Formel 1 Großer Preis von Ungarn (www.hungaroring.hu) Das größte Sportereignis Ungarns findet in Magyoród, 24 km nordöstlich von Budapest, statt.

Haydn-Festival (www.artsfestivals.hu) Eine Woche klassische Musik auf Schloss Esterháza in Fertőd.

Brückenmarkt in Hortobágy (phhort@externet.hu) Der seit 100 Jahren abgehaltene Markt in Hortobágy bietet Tanz, Straßentheater, Folkloredarbietungen und gelegentlich Pferde- und Ponyschauen.

Jászberény-Sommerfestival (www.jaszbereny.hu) Rund zehn Tage lang gibt es Volksmusik und -tanz, einschließlich dem berühmten Csángo-Festival in Jászberény.

Sziget-Musikfestival (www.sziget.hu) Das Festival auf der Obúda-Insel in Budapest ist eines der größten und beliebtesten Musikfestivals in Europa.

Zemplén-Kunsttage Festival klassischer Musik, das vom Franz-Liszt-Kammerorchester an verschiedenen Orten der Region, vor allem in Sárospatak, veranstaltet wird.

SEPTEMBER

Jazz-Tage in Debrecen (titkarsag@fonixcsarnok.hu) Das älteste Jazzfestival des Landes lockt Musiker aus aller Welt an.

Weinfeste Die feuchtfröhlichen Feste finden in allen Weinbaugebieten Ungarns statt. Das **Weinfest in Sopron** (www.prokultura.hu) ist nur ein bekanntes Beispiel.

NOVEMBER

Miskolcer Herbst-Kulturtage (www.miskolc.hu) Einwöchige Veranstaltung mit Jazz, Pop- und Rockmusik, Lesungen und Theateraufführungen sowie Ausstellungen mit Fotografien und Industriekunst in Miskolc.

FRAUEN UNTERWEGS

Frauen sollten bei Reisen in Ungarn eigentlich keine Probleme bekommen. Wer dennoch Hilfe und/oder Informationen braucht, ruft bei **Women's Line** (Nővonal; ☎ 06 80 505 101; 🕑 Do–Di 18–22 Uhr) oder **Women's Rights Association** (NANE; ☎ 1-267 4900; info@nane.hu) an.

GELD

Die Ungarische Währung ist der Forint (Ft.). Es gibt Münzen zu 1 Ft., 2 Ft., 5 Ft., 10 Ft., 20 Ft., 50 Ft. und 100 Ft., Scheine zu 200 Ft., 500 Ft., 1000 Ft., 2000 Ft., 5000 Ft., 10 000 Ft. and 20 000 Ft..

Auf der grünen 200-Forint-Note ist König Karl Robert (14. Jh.) mit seiner Burg in Diósgyőr bei Miskolc zu sehen. Den Held der Kämpfe um die Unabhängigkeit, Ferenc II. Rákóczi, und die Burg Sárospatak zeigt die burgunderrote 500-Forint-Note.

Die 1000-Forint-Note ist blau und trägt das Porträt von König Matthias Corvinus und auf der Rückseite den Herkulesbrunnen am Königspalast von Visegrád. Gábor Bethlen, im 17. Jh. Fürst von Transsilvanien, ziert die eine Seite des 2000-Forint-Scheins, seine Ratgeber die andere.

Den „größten Ungarn", Graf István Széchenyi, und sein Stammschloss in Nagycenk zeigt die lilarote 5000-Forint-Note. Auf der 10 000-Forint-Note ist König Stephan, auf der Rückseite eine Szene in Esztergom zu sehen. Die 20 000-Forint-Note, gegenwärtig die höchste Banknote, präsentiert auf der Vorderseite Ferenc Deák, der 1867 den Kompromiss mit Österreich aushandelte, und auf der Rückseite zeigt sie das erste Parlament in Pest (heute das italienische Kulturinstitut in der VIII., Bródy Sándor utca in Budapest).

Bargeld

Bargeld ist zwar das praktischste, aber immer auch das riskanteste Geldmittel. Die Erfahrung zeigt, das etwas ausländisches Bargeld, am besten Euros, ganz hilfreich sind, falls man weder einen Geldautomaten, noch eine Bank noch ein Reisebüro mit Wechselstube findet. Im Hotel werden Euros oder Dollar (fast) immer anstandslos umgetauscht.

Geldautomaten

Geldautomaten, die in der Regel die gängigen Bank- und Kreditkarten akzeptieren, gibt es überall in Ungarn. Selbst kleine Orte und alle Banken, die in den Informationsteilen dieses Buches aufgeführt sind, haben Automaten. Am günstigsten sind die Geldautomaten von Euronet, da sie das Geld in 5000-Ft.-Scheinen ausgeben. Die meisten Geldautomaten an den Filialen der Országos Takarékpenztár (OTP), der nationalen Sparkasse, geben 20 000-Ft.-Scheine aus, die nicht immer so leicht zu wechseln sind.

Geldwechsel

Geldwechsel ist an Banken, Postämtern, in Touristeninformationen und Reisebüros sowie in privaten Wechselstuben möglich. Das Auswärtige Amt in Berlin rät vom Geldumtausch außerhalb von Hotels, Wechselstuben und Banken generell ab. Wer nach den Worten *valuta* und *váltó* (Wechsel) Ausschau hält, findet den richtigen Ort bzw. Schalter. Auf der sicherste Seite ist man beim Umtausch in Banken.

Wichtig ist auch der Vergleich der Wechselkurse, die sehr unterschiedlich sein können. Es ist besser, nicht zu viele Forint einzutauschen, weil der Rücktausch zu Hause immer lästig ist.

Internationale Überweisungen

Wer Geld telegrafisch überweisen will, sollte sich vorab bei seinem Geldinstitut über die Modalitäten informieren und sich eine Kontaktadresse in Ungarn geben lassen. Die Banken können auch Auskunft über anfallende Gebühren geben.

Kreditkarten

Kreditkarten, vor allem Visa, MasterCard und American Express, werden in Ungarn weitgehend akzeptiert,. Sie können in vielen Restaurants, Läden, Hotels, Mietwagenfirmen, Reisebüros und Tankstellen eingesetzt werden.

In Museen, Supermärkten, an Bahnhöfen und Bushaltestellen ist es meist nicht möglich, damit zu bezahlen.

Viele Banken, darunter K&H und PostaBank (landesweit in den Postämtern vertreten), zahlen auf Kreditkarte auch Bargeld aus. Auch in Ungarn werden viele Kreditkarten gefälscht – immer darauf achten, dass man sie nicht aus der Hand gibt.

Reiseschecks

Reiseschecks – American Express, Visa, MasterCard oder Thomas Cook sind die bekanntesten – werden in den meisten Banken und Postämtern eingetauscht. Banken verlangen meist keine Gebühr, wohingegen Wechselstuben oft ziemlich teuer sind. OTP hat überall Filialen und bietet einige der besten Kurse; auch Ibusz ist eine gute Möglichkeit. Reisebüros nehmen meist eine Gebühr von 1 % bis 2 %. Läden in Ungarn akzeptieren keine Reiseschecks als Zahlungsmittel.

Steuern & Erstattungen

Die Mehrwertsteuer ÁFA variiert zwischen 5 % und 25 % und wird auf alle Waren in Ungarn erhoben. Meist ist sie im Preis enthalten, doch nicht immer – es heißt also aufpassen.

Nicht-EU-Bürger können sich die Mehrwertsteuer nach Verlassen des Landes erstatten lassen, wenn die Kaufsumme den Wert von 50 000 Ft. übersteigt und sie die Ware aus der EU ausführen. Die ÁFA-Belege (ausgestellt vom Verkäufer) müssen vom Zoll abgestempelt und spätestens 183 Tage nach der Ausfuhr der Waren eingereicht werden. Am **Global-Refund-Schalter** (www.globalrefund.com) in den Abflughallen von Terminal 2A und 2B am Flughafen Ferihegy in Budapest oder bei Büros der Ibusz-Kette an 16 Grenzposten wird die Mehrwertsteuer gegen Gebühr sofort ausbezahlt. Eine Erstattung ist auch per Scheck oder per Überweisung auf ein Kreditkartenkonto möglich.

BUNTE MISCHUNG

Obwohl Ungarn bereits zur EU gehört, behält es seine eigene Währung mindestens bis 2010. Die Preise in Läden und Restaurants sind einheitlich in Forint angegeben, doch viele Hotels und Pensionen, sogar die MÁV, die nationale Eisenbahngesellschaft, geben ihre Tarife in Euro an. In solchen Fällen wird auch im Buch der Preis in Euro genannt – eine Zahlung in Forint ist aber trotzdem möglich.

Trinkgeld

Ungarn geben häufig Trinkgeld – praktisch jeder zahlt regelmäßig Trinkgelder an Kellner, Friseure und Taxifahrer. Auch Ärzte und Zahnärzte nehmen einen „kleinen Dank" an. Das Personal an einer Tankstelle erwartet ebenso ein Trinkgeld wie die Angestellten im Thermalbad, die die Badenden zu den Umkleidekabinen bringen. Wer unzufrieden war – sei es von der Bedienung im Restaurant, dem Taxifahrer oder dem Friseur, gibt nichts oder nur sehr wenig. Der Betroffene wird verstehen, was damit gemeint ist.

In Ungarn wird das Trinkgeld nicht, wie in vielen anderen Ländern üblich, einfach auf dem Tisch gelegt. Das gilt als unhöflich und dumm. Stattdessen wird dem Kellner die Summe genannt, auf die er aufrunden soll. Einige Restaurants in Budapest und in größeren Städten rechnen das Trinkgeld schon auf die Rechnung auf, in solchen Fällen ist ein zusätzliches Trinkgeld, wenn man es weiß, überflüssig.

INTERNETZUGANG

Das Internet ist inzwischen weit in Ungarn verbreitet. An allen Ecken weisen Hinweise *„eMagyarország Pont"* darauf hin, dass man sich irgendwo in der Nähe einloggen kann – sei es über einen kostenlosen Zugang, in einem Internetcafé oder an einem Wifi Hotspot. Viele Bibliotheken in Ungarn bieten freien Zugang, während Hotels meist eine Gebühr dafür verlangen. In den Hostels gibt es meistens einen Terminal, an dem Gäste einen freien oder preiswerten Zugang haben. Internetcafés, die zwischen 200 und 700 Ft. pro Stunde berechnen, schießen in Budapest wie Pilze aus dem Boden. Im restlichen Ungarn sind sie seltener, doch meist befindet sich eines in erreichbarer Entfernung. Die Adressen sind unter Praktische Informationen bei den jeweiligen Orten genannt.

Eine Liste der interessantesten Websites zu Ungarn steht auf S. 15.

KARTEN

Ungarns größter kartografischer Verlag, **Cartographia** (www.cartographia.hu), gibt eine nützliche Karte des ganzen Landes im Maßstab 1:450 000 heraus (570 Ft.). Wer viel im Auto unterwegs ist, sollte sich den *Magyarország autó-atlasza* (Straßenatlas von Ungarn) des gleichen Verlages kaufen. Es gibt ihn in zwei Größen und Maßstäben – 1:360 000 (2100 Ft.) und 1:250 000 (2600 Ft.). Der günstigere hat einen winzigen Stadtplan von nahezu jeder Stadt (auch Kleinstadt), der etwas teurere bietet 23 Stadtpläne. Buchhandlungen in Ungarn sind meist gut mit Straßenkarten bestückt.

In Budapest hat der Verlag **Cartographia** (☎ 312 6001; www.cartographia.hu; VI Bajcsy-Zsilinszky út 37; Mo–Fr 10–18 Uhr; M M3 Arany János utca) eine eigene Verkaufsstelle.

Cartographia veröffentlicht auch Regional- und Wanderkarten (Maßstab meist 1:40 000 oder 1:60 000), außerdem Stadtpläne (1:10 000 oder 1:20 000; etwa 590 Ft. pro Plan). Auch kleinere Verlage wie Topográf, Magyar Térképház und Nyír-Karta geben ausgezeichnete Stadtpläne und Spezialkarten heraus.

Seit 1989 haben sich die Namen vieler Straßen, Parks und Plätze geändert. Mehr Informationen dazu im Kasten S. 71.

KINDER

Erfolgreiches Reisen mit kleinen Kindern erfordert Planung und einen gewissen Mehraufwand. Wichtig ist es, sich nicht zu viel vorzunehmen, denn selbst Erwachsene bekommen Probleme, wenn der Urlaubstag zu sehr mit Sehenswürdigkeiten gefüllt ist. Für die Kinder sollte immer ein Ausgleich geschaffen werden: Auf den Vormittag im Kunstmuseum in Budapest folgt ein Nachmittag im nahen Großstädtischen Zirkus, im Staatlichen Puppentheater oder vielleicht sogar ein Bummel durch ein Einkaufszentrum (West End City Center), das Kindern viel Abwechslung bietet. Kinder sollten an der Reiseplanung beteiligt sein: Wenn sie mit ausgesucht haben, wohin es geht, finden sie es dort auch wesentlich interessanter. *Travel with Children* von Lonely Planet bietet viele Informationen zu diesem Thema.

Alle Autovermietungen in Ungarn vermieten für rund 20 € Kindersitze (für die gesamte Mietdauer); eine Vorausbuchung ist nötig. Das Gleiche gilt für Kinderstühlchen und Kinderbetten.

KLIMATABELLEN

Im Allgemeinen sind die Winter in Ungarn kalt, grau und feucht oder windig, die Sommer warm oder sogar sehr heiß (weitere Information in Bevor es losgeht, S. 12). Juli und August sind die heißesten Monate (Durchschnittstemperatur 26 °C) und Januar der kälteste Monat (-4 °C). Die Zahl der Sonnenstunden pro Jahr schwankt zwischen 1900 und 2500 – das Land gehört damit zu den sonnigsten in ganz Europa. Der durchschnittliche jährliche Niederschlag beträgt 650 mm.

Die Klimatabellen in diesem Kapitel zeigen, was den Reisenden in den verschiedenen Landesteilen erwartet. Genauere Informationen zur aktuellen Wettersituation im ganzen Land bietet der **Nationale Wetterdienst** (☎ 1-346 4600, 06 90 504 001; www.met.hu, auf Ungarisch und Englisch).

KURSE

Sprache

Die Mutter aller ungarischen Sprachschulen ist die **Sommeruniversität Debrecen** (Debreceni Nyári Egyetem; ☎ 52-532 594; www.nyariegyetem.hu; Egyetem tér 1) in Debrecen. Sie organisiert im Juli und August zwei- und vierwöchige Intensivkurse, im Januar zweiwöchige Intensivkurse mit 80 Stunden und im Mai/Juni zweiwöchige Superintensivkurse. Die zwei-/vierwöchigen Kurse (60/120 Std.) im Sommer kosten 390/760 €; der Preis für Verpflegung und Unterkunft in einem Dreizimmerbett liegt bei 90/180 € (EZ/DZ gegen Aufpreis). Die Universität hat inzwischen auch einen Ableger in Budapest (S. 109).

Genaue Informationen zu zuverlässigen Sprachenschulen in Budapest, die Ungarisch für Ausländer unterrichten, s. S. 109.

ÖFFNUNGSZEITEN

Mit wenigen Ausnahmen sind die wichtigsten Öffnungszeiten – *nyitvatartás* – am Eingang angegeben. *Nyitva* heißt „offen" und *zárva* „geschlossen".

Lebensmittelläden und Supermärkte haben montags bis freitags von 7 bis 18 oder 19 Uhr geöffnet, Kaufhäuser meistens von 10 bis 18 Uhr. Am Donnerstag bleiben die meisten Läden bis 20 Uhr offen, schließen aber samstags normalerweise bereits um 13 Uhr. Doch das ändert sich und einige Lebensmittelläden öffnen mittlerweile auch am Sonntag für einige Stunden. Viele kleinere Läden schließen am Freitag am frühen Nachmittag und im bleiben ganzen August geschlossen.

Die Öffnungszeiten der Restaurants unterscheiden sich stark, doch die meisten sind täglich von 10 oder 11 bis 23 oder 24 Uhr geöffnet. Auch bei den Bars variieren die Öffnungszeiten: meist sonntags bis donnerstags von 11 bis 24 und freitags und samstags bis 1 oder 2 Uhr. Nachtclubs sind in der Regel sonntags bis donnerstags von 16 bis 2 und freitags und samstags bis 4 Uhr geöffnet.

Bei den Banken unterscheiden sich die Öffnungszeiten je nach Institut und Ort, doch die meisten sind montags von 7.45 bis 17 oder 18 Uhr, dienstags bis donnerstags von 7.45 bis 16 oder 17 Uhr und freitags von 7.45 bis 16 Uhr geöffnet. Die Hauptpostämter in den Städten öffnen montags bis freitags von 8 bis 18 und samstags bis 12 Uhr. Kleinere Postämter schließen wesentlich früher – meist um 16 Uhr – und haben am Wochenende ganz geschlossen.

In fast allen Städten gibt es wenigstens einen Laden, der durchgehend geöffnet hat (rund um die Uhr oder zumindest sehr lange) und Lebensmittel und Tabakwaren verkauft. Die meisten der riesigen Supermärkte außerhalb der Großstädte (z. B. Tesco) öffnen auch am Sonntag.

POST

Die **Ungarische Post** (Magyar Posta; www.posta.hu), deren Logo eine stilisierte Version der Stephanskrone ist, ist in den vergangenen Jahren wesentlich effektiver geworden, doch die Postämter sind immer noch ziemlich voll und es kann sehr langsam vorangehen. *Bélyeg* (Briefmarken) werden auch an Kiosken sowie in Zeitungs- und Papierwarenläden verkauft.

Postgebühren

Ein Brief bis zu 30 g kostet innerhalb Ungarns 52 Ft. (90 Ft. für Expressbriefe), ins restliche Europa 170 Ft. *Légiposta* (Luftpostbriefe) bis zu 20/50 g kosten 185/270 Ft. innerhalb Europas und 210/350 Ft. in den Rest der Welt. Für Postkarten bezahlt man innerhalb Ungarns 52 Ft., innerhalb Europas 110 Ft. und in die restliche Welt 140 Ft.

Der Paketschalter trägt das Zeichen „*Csomagfeladás*" oder „*Csomagfelvétel*". Pakete bis zu 5 kg kosten innerhalb Ungarns im Allgemeinen 690 Ft. Pakete ins

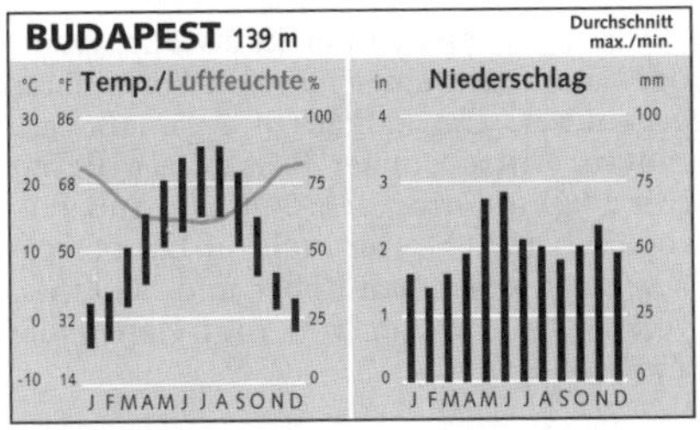

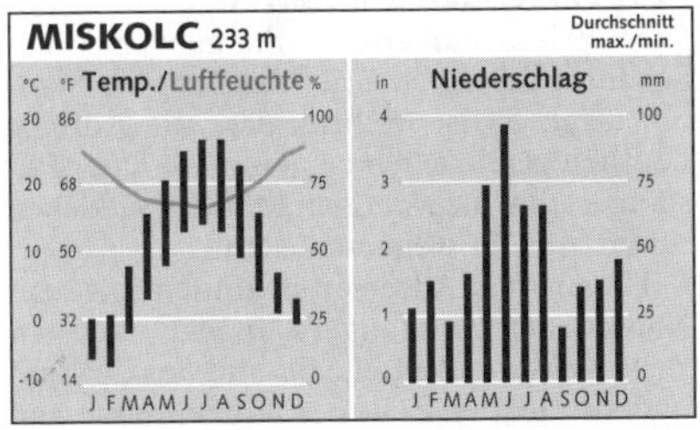

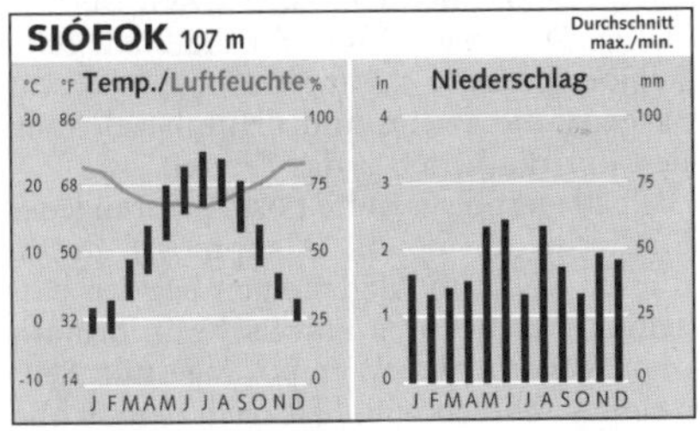

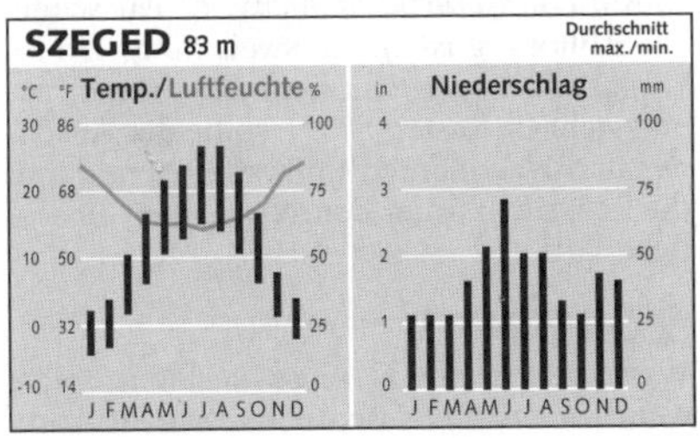

Ausland dürfen nicht mehr als 2 kg wiegen oder man steht einer Flut von Formularen gegenüber, die kafkaeske Ausmaße annimmt. Mit normaler Post kosten Pakete (bis 2 kg) in Europa 3470 Ft. und außereuropäisch 4390 Ft. Der Preis für Luftpostpakete liegt wesentlich höher und hängt davon ab, in welcher von fünf Zonen der Zielort liegt.

Post versenden & erhalten

Wer Briefe aufgeben will, geht zu dem Schalter, der einen Briefumschlag als Symbol trägt. Es ist wichtig, dass die Adresse deutlich geschrieben ist, dann kann der Postangestellte die richtigen Marken aufkleben und den Brief weiterschicken.

Ungarische Adressen beginnen mit dem Namen des Empfängers, in der nächsten Zeile steht die Postleitzahl und der Ort und in der untersten Zeile der Straßenname und die Hausnummer. Die Postleitzahl ist vierstellig. Die erste Ziffer gibt die Stadt oder Region an (z. B. „1" für Budapest, „6" für Szeged), die zweite und dritte bezeichnen den Bezirk, die letzte das Viertel.

Postlagernd gesandte Post landet in jeder Stadt bei der *főposta* (Hauptpost), die in diesem Buch im Allgemeinen bei den einzelnen Orten unter Praktische Informationen genannt ist. Wer postlagernde Sendungen abholen will, hält nach dem Schild *„postán maradó küldemények"* Ausschau; zur Abholung ist ein Ausweis nötig. Da im Ungarischen der Familienname immer zuerst steht (s. Kasten S. 37), sollte der Absender den Nachnamen unterstreichen, damit die Post nicht unter dem Vornamen einsortiert wird.

RECHTSFRAGEN

Wer ungarische Gesetze verletzt, selbst wenn es aus Unwissenheit geschieht, kann ausgewiesen, festgenommen und inhaftiert werden.

Die Strafen für den Besitz, den Gebrauch oder das Handeln mit illegalen Drogen sind streng: Es drohen langjährige Haft- und hohe Geldstrafen.

Ein weiteres Gesetz, dessen Einhaltung strikt kontrolliert wird, ist das absolute Alkoholverbot für Autofahrer. Wer meint, mit dem einen oder anderen Glas Wein zum Essen schon noch fahren zu dürfen, liegt falsch: In Ungarn gilt die Null-Promille-Regelung. Die Polizei führt regelmäßig Alkoholkontrollen durch : Schon ab der geringsten Menge Blutalkohol wird auf der Stelle ein Bußgeld von bis zu 30 000 Ft. fällig. Liegt der Blutalkoholgehalt höher, folgt die Festnahme und der Führerschein wird (höchstwahrscheinlich) eingezogen. Im Fall eines Unfalls gilt der alkoholisierte Beteiligte automatisch als schuldig.

REISEN MIT BEHINDERUNG

In Ungarn wurden in den letzten Jahren große Anstrengungen unternommen, um öffentliche Bereiche und Gebäude für Behinderte leichter zugänglich zu machen. Es gibt Rollstuhlrampen, Behindertentoiletten und Türen, die sich nach innen öffnen (wenn auch nicht so häufig wie im westlichen Europa). Tonsignale für Blinde und Sehbehinderte an Ampeln sind inzwischen in den Städten die Regel.

Ausführliche Informationen bietet die **Hungarian Federation of Disabled Persons' Associations** (MEOSZ; Karte S. 84–85; ☎ 1-250 9013, 388 2387; www.meoszinfo.hu, in Englisch; III., San Marco utca 76) in Budapest.
Ein guter Ansprechpartner in Deutschland ist der **Bundesverband Selbsthilfe Körperbehinderter e.V. (Reiseservice)** (☎ 06294 42 81 50; www.bsk-ev.de; Reiseservice@bsk-ev.de; Altkrautheimer Straße 20 oder Postfach 20, 74236 Krautheim/Jagst).

SCHWULE & LESBEN

Es gibt keine ausgesprochene Schwulenszene außerhalb Budapests (S. 127), doch die Budapester kostenlose Broschüre **Na Végre!** (Schwerpunkt Budapest) führt unter der Überschrift **At Last!** eine Reihe von Lokalen in der *vidék* (Provinz) auf (navegre@hotmail.com).

Die Broschüre gibt es in den Szenekneipen in Budapest oder direkt beim Verlag. Weitere nützliche Websites, die sich allerdings weitgehend auf Budapest konzentrieren, sind www.budapestgayvisitor.hu und http://budapest.gayguide.net.

Die **Háttér Gay & Lesbian Association** (☎ 1-329 3380, 06 40 200 358; www.hatter.hu; 🕒 18–23 Uhr) bietet täglich telefonisch Rat und Hilfe. **Budapestgayguide.net** (☎ 06 30 932 3334; budapestgay guide.net; 🕒 April–Okt. Mo–Fr 16–20 Uhr) liefert Rat und Information über E-Mail oder, während der Saison, per Telefon. Es gibt auch eine (ausschließlich ungarische) Lesben-Website unter www.labrisz.hu.

SHOPPEN

Ungarische Läden haben generell ein gutes Angebot an hochqualitativen Waren. Bücher, Musikkassetten und CDs mit Volksmusik sind erschwinglich, außerdem gibt es eine ausgezeichnete Auswahl der in Ungarn sehr beliebten klassischen Musik. Zu den traditionellen Erzeugnissen des Landes gehören Stickereien und Keramik, bemaltes Holzspielzeug und Dosen, Puppen, Korbwaren und Porzellan (vor allem aus Herend und Zsolnay). Daunenbetten und -kissen sind von außergewöhnlich hoher Qualität und können günstig gekauft werden.

Einige der edlen neuen Weine Ungarns (S. 60) sind schöne, relativ preiswerte Geschenke – eine Flasche Tokajer kommt immer an. *Pálinka* (Fruchtbranntweine) sind die stärkere Variante.

Auch Lebensmittel, die anderswo teuer oder schwer erhältlich sind – Gänseleber, Safran, getrocknete Pilze, Marmelade (vor allem Aprikosenmarmelade), Fleischwaren wie Salami, viele Sorten Paprika –, eignen sich wunderbar als Geschenk (wenn sie eingeführt werden dürfen). Frische Ware wird in Supermärkten oder auf Märkten nach Gewicht oder nach *darab* (Stück) verkauft: Ansonsten gilt die Gewichtsangabe Kilo oder *deka* (Deka – 1 Deka gleich 10 g).

SICHERHEIT & ÄRGERNISSE

Reisende sind beliebte Opfer von Taschendieben, unehrlichen Kellnern oder Autodieben. Dazu kommen die Betrügereien der so genannten *konzumlányok* in der Hauptstadt: Das sind attraktive Animiermädchen, die mit entsprechenden Bars und Clubs zusammenarbeiten und den (männlichen) Reisenden um beträchtliche Summen erleichtern (S. 75).

Taschendiebstähle häufen sich bei den beliebten Touristenattraktionen, in der Nähe großer Hotels, auf Flohmärkten und in öffentlichen Verkehrsmitteln in Budapest (S. 75). Meist wird der ahnungslose Reisende angerempelt, darauf folgt eine langatmige Entschuldigung – die Ablenkung ist perfekt und ein Komplize verschwindet mit der Beute.

Bei Kellnern ist es nicht ungewöhnlich, dass sie versuchen, Ausländer abzuzocken. Eine Masche ist das Servieren eines nicht bestellten Gerichtes oder das „Verrechnen" bei der Rechnung. Wer glaubt, dass die Summe nicht stimmt, sollte sich die Speisekarte geben lassen und die Summe nachrechnen. Wenn die Differenz über 15 % oder sogar 20 % liegt, sollte der Geschäftsführer gerufen werden. Ansonsten ist es am besten, kein Trinkgeld zu geben (S. 397).

Die meisten ungarischen Autodiebe sind nicht auf westliche Luxuskarossen scharf, weil diese zu schwer abzusetzen sind. Doch Volkswagen, Audi und ähnliche Marken sind sehr beliebt, weil sie leicht zerlegbar und ins Ausland zu schaffen sind. Generell gilt: Keine Wertsachen und auch kein Gepäck im Auto lassen.

Wichtige Telefonnummern für den Notfall, s. Kasten oben.

NOTRUFNUMMERN

- Krankenwagen ☎ 104
- Allgemeine Notfallnummer (auch Englisch) ☎ 112
- Hotline für Verbrechensopfer (in Englisch) ☎ 1-438 8080 (8–20 Uhr), 06 80 660 044 (20–8 Uhr)
- Feuerwehr ☎ 105
- Polizei ☎ 107
- 24-Std.-Pannenservice ☎ 188

TELEFON

Öffentliche Fernsprecher sind fast immer für Orts- und Ferngespräche eingerichtet, meist funktionieren sie sehr gut – entweder mit Münzen oder mit Telefonkarten. Kartentelefone lösen zunehmend die Münztelefone ab. Telefonzellen mit einem schwarzweißen Pfeil und einer roten Zielscheibe sowie dem Wort „*Visszahívható*" geben eine Telefonnummer für Rückrufe an.

Handys

Die meisten modernen Handys werden auch im ungarischen Netz funktionieren. Die Einwahlnummer in ein ungarisches Mobilfunknetz ist generell die ☎ 06; die einzelnen Netze haben je nach Provider verschiedene Vorwahlen: **Pannon GSM** (☎ 06 20; www.pgsm.hu), **T-Mobile** (☎ 06 30; www.t-mobile.hu) und **Vodafone** (☎ 06 70; www.vodafone.hu).

Der eigene Handy-Provider kann sagen, ob das Handy in Ungarn funktioniert. Inlandsgespräche, die über das Ausland gelei-

PRAKTISCH & KONKRET

- In Budapest gibt es zwei Wochenzeitungen in deutscher Sprache: *Pester Lloyd* (www.pesterlloyd.net) und *Budapester Zeitung* (www.budapester.hu). Dazu kommen drei Zeitungen in englischer Sprache (*Budapest Sun, Budapest Business Journal* und *Budapest Times)* .
- Verschiedene Rundfunksender bringen Sendungen, vor allem auch Nachrichten, in deutscher und in englischer Sprache. In den meisten Hotels können deutsche Fernsehsender empfangen werden.

tet werden, werden sehr teuer. Wer mehr als ein paar Tage im Land verbringt und viel telefoniert, sollte sich einen nachladbaren SIM-Chip kaufen, der die Kosten für Ortsgespräche auf einen Bruchteil (19–27 Ft. pro Min.) dessen reduziert, was der eigene Provider verlangt. Vodafone mit Filialen im ganzen Land (einschließlich Budapest; S. 74), bietet Prepaid-Vouchers für 1000/2500 Ft. mit Telefoneinheiten für 500/1500 Ft. an. Karten zum Nachladen, die drei/sechs/zwölf Monate gelten, kosten 3000/7000/12 000 Ft.

Orts- & Ferngespräche

Alle Orte in Ungarn haben eine zweistellige Kennzahl für das Ortsnetz, ausgenommen Budapest, das nur die „1" hat. Die Ortsvorwahl steht im Buch immer unter dem Namen der Stadt.

Für ein Ortsgespräch hebt der Anrufer den Hörer ab, bekommt das Freizeichen und wählt die Telefonnummer (siebenstellig in Budapest, sechsstellig im restlichen Land). Für ein Ferngespräch innerhalb Ungarns oder für ein Gespräch ins Mobilnetz wählt man zuerst ☎ 06 und wartet dann auf das zweite melodiöse Wählzeichen. Anschließend tippt man Ortsvorwahl und die Rufnummer ein. Billigere oder kostenlose Nummern beginnen mit ☎ 06 40 bzw. 06 80.

Bei einem Auslandsgespräch gilt das Gleiche wie beim Ferngespräch, nur dass man die ☎ 00 wählt, dann das zweite Wählzeichen abwartet und anschließend Länder- plus Ortsvorwahl plus Telefonnummer eingibt. Die Ländervorwahl von Ungarn ist ☎ 36.

Telefonkarten

Telefonkarten verkaufen Postämter, Zeitungsläden, Hotels und Tankstellen, sie sind aber häufig sehr teuer. Es gibt viele verschiedene Anbieter mit günstigeren Angeboten: T-Coms **Barangoló** (☎ 06 80 501 255; www.t-com.hu) bietet Karten zu 400 Ft., 1000 Ft., 2000 Ft. und 5000 Ft., **NeoPhone** (☎ 06 80 188 202; www.neophone.hu) zu 300 Ft., 1000 Ft., 2000 Ft. und 5000 F. Mit diesen Karten kosten Gespräche in die meisten europäischen Länder etwa 25 Ft. pro Minute.

TOURISTENINFORMATION

Das **Ungarische Tourismusamt** (HNTO; www.hungarytourism.hu oder www.hungary.com) besitzt im ganzen Land verteilt eine Kette von knapp 140 Touristeninformationen namens **Tourinform** (☎ innerhalb Ungarns 06 80 630 800, aus dem Ausland +36 30 30 30 600; www.tourinform.hu). Die Mitarbeiter sind gut informiert und haben interessante Broschüren – und können oftmals auch sonst weiterhelfen. Die Zentrale von **Tourinform** (Karte S. 92; ☎ 1-438 8080; hungary@tourinform.hu; V., Sütő utca 2; 🕑 8–20 Uhr) sitzt in Budapest.

Bei Problemen mit privater Unterkunft, Flügen und internationalen Zugverbindungen oder beim Geldwechseln sind die Reisebüros die richtige Anlaufstelle, etwa Ibusz (die wahrscheinlich beste Privatzimmervermittlung) oder Express. Express stellt Studenten-, Jugend- und Lehrerausweise aus und verkauft ermäßigte Billet International de Jeunesse (BIJ) für Züge sowie günstige Flugtickets. Die Adressen stehen unter Praktische Informationen bei den jeweiligen Orten.

HNTO hat Vertretungen in den deutschsprachigen Ländern:

Deutschland (☎ 030-24 31 46 13; www.ungarn-tourismus.de; Wilhelmstr. 61, 10117 Berlin)
Österreich (☎ 01-585 20 1221; www.ungarn-tourismus.at; Opernring 5, 2. Stock, 1010 Wien)
Schweiz (www.ungarn-tourismus.ch; Hegibachplatz/Minervastr. 149, 8032 Zürich)

UNTERKUNFT

Mit Ausnahme der Hochsaison (Juli und der größte Teil des August) in Budapest, am Plattensee, am Donauknie und im Mátra-Gebirge sollte es kein Problem sein, eine passende Unterkunft zu finden: Es gibt unzählige Campingplätze, Studentenheime vermieten über den Sommer und während der übrigen Ferienzeiten ihre Schlafsäle oder Zimmer, ehemalige Gewerkschaftsferienheime wurden in Hostels und billige Hotels umgewandelt und Familienpensionen (*pensions*) sind wie Pilze aus dem Boden geschossen. Die Zimmervermittlungen helfen auch weiter (S. 404).

In die Kategorie Budgetunterkünfte fallen alle Campingplätze, Hostels, Pensionen und preiswerte Hotels, die unter 7500 Ft. (30 €) pro Nacht in der Provinz und unter 12 000 Ft. (49 €) in Budapest verlangen. In die Kategorie Mittelklassehotels wurden Pensionen und Hotels aufgenommen, die zwischen 7500 und 15 500 Ft. (31 und 63 €) außerhalb von Budapest und 12 000 bis 25 000 Ft. (50–102 €) in der Hauptstadt verlangen. In der Kategorie Spitzenklassehotels nehmen die Hotels über 15 500 Ft. (64 €) außerhalb von Budapest und mehr als 25 000 Ft. (104 €) in der Hauptstadt.

Die genannten Preise sollten eigentlich Endpreise sein, doch leider ist das nicht immer der Fall. Touristeninformationen und Reisebüros verlangen meist eine kleine Buchungsgebühr. Wer kürzer als drei Nächte bleibt, muss ebenfalls einen Aufpreis zahlen. Viele Städte verlangen inzwischen eine Art „Kurtaxe" in Höhe von 160 bis 300 Ft. pro Person und Nacht (Budapest: 3 % von allen Gästen zwischen 18 und 70 Jahren), doch manchmal erst ab der zweiten oder dritten Nacht. Unter 18- und über 70-Jährige sind davon meistens ausgenommen. Manche der Spitzenklassehotels geben beim Preis die 15 % Mehrwertsteuer nicht an – eine Nachfrage nach dem Endpreis ist ganz wichtig. Früher war in allen Hotels und Pensionen das Frühstück im Preis eingeschlossen, auch das gilt nicht mehr generell.

Die Inflationsrate liegt bei etwa 7 %, sodass Preisangaben in Forint höher ausfallen können als im Buch angegeben, wer in Euro umrechnet, wird keinen Unterschied feststellen. Das Preisverhältnis zwischen den einzelnen Unterkünften wird sich wohl ebenfalls nicht ändern. Zimmerpreise steigen in der Regel ab April für die Zeit der Sommersaison – manchmal um bis zu 30 %. Die im Buch genannten Preise sind Hochsaisonpreise.

Bauernhöfe

„Ferien auf dem Bauernhof" können noch preiswerter sein als ein Privatzimmer in einer Stadt, doch die meisten Bauernhöfe liegen sehr abgelegen und sind nur mit einem eigenen Transportmittel erreichbar. Informationen bieten Tourinform, der **Nationale Verband der Dorf- & Agrartouristik** (FATOSZ; Karte S. x84; ☎ /Fax 1-352 9804; www.fatosz.hu, in Deutsch und Englisch; VII., Király utca 93) oder das **Zentrum für Dorftourismus** (Karte S. x80–81; ☎ 1-321 2426; www.falutur.hu, in Deutsch und Englisch; VII., Dohány utca 86) in Budapest.

Camping

Die praktische *Hungary Camping Map*, die das HNTO (S. 402) herausgibt, listet rund 420 unterschiedlich große Campingplätze im ganzen Land auf. Sie bieten die preiswertesten Übernachtungsmöglichkeiten. Kleine private Campingplätze (mit maximal 12 Plätzen) sind meist angenehmer als die sehr großen, lauten „offiziellen" Plätze. Die Preise für zwei Erwachsene mit Zelt variieren zwischen 1800 Ft. in abgelegenen Orten in West-Transdanubien bis zum Fünffachen am Plattensee im Hochsommer.

Viele Campingplätze öffnen von April/Mai bis September/Oktober und vermieten auch *üdölőházak* oder *faházak* (kleine Bungalows) ab 1000/2000 Ft. pro Person ohne/mit Dusche. Im Hochsommer sind sie schnell ausgebucht; es lohnt sich also, sich vor der Reise bei Tourinform darum zu kümmern. Mit einer Camping Card International gibt es mitunter Preisnachlässe von bis zu 10 %. Wildes Campen ist in Ungarn verboten.

Weitere Informationen bietet der **Ungarische Camping und Caravan Club** (MCCC; Karte S. 90; ☎ 1-267 5255; www.mccc.hu; mccc@mccc.hu, in Ungarisch; VIII., Mária utca 34, 2. Stock) in Budapest. Eine nützliche Website findet sich unter www.camping.hu.

Hostels

Im Handbuch des in Budapest ansässigen **Verbands ungarischer Jugendherbergen** (MISZSZ; Karte S. xxx; ☎ 1-411 2392; www.youthhostels.hu, in Englisch; V., Molnár utca 3) sind zwar viele Hostels

ONLINE-BUCHUNG VON UNTERKÜNFTEN

Weitere Empfehlungen und Bewertungen von Unterkünften durch Lonely Planet Autoren stehen im Online-Buchungsservice (www.lonelyplanet.com). Hier gibt es echte Insider-Informationen zu den besten Übernachtungsmöglichkeiten; die Kommentare sind alle genau und unabhängig. Und das Allerbeste: Es ist möglich, gleich online zu buchen.

aufgelistet, doch der Internationale Jugendherbergsausweis nützt in Ungarn nicht viel. Mit Ausnahme der Hostels in Budapest liegen die meisten *ifjúsági szállók* (Jugendherbergen) abseits der wichtigen touristischen Orte. Die einzigen ganzjährig geöffneten Jugendherbergen liegen in Budapest. Eine nützliche Website ist www.youthhos tels.hu (in Englisch).

In Budapest kostet ein Schlafsaalbett im Hostel zwischen 2000 und 5000 Ft. pro Person (DZ 6000–12 000 Ft.); in der Provinz liegen die Preise deutlich niedriger. Der Jugendherbergsausweis wird nicht verlangt, wer ihn vorzeigt, bekommt aber teilweise 10 % Ermäßigung oder muss keine Tourismustaxe zahlen. Die Hostels haben keine Altersgrenze und bleiben den ganzen Tag über geöffnet. In allen Hostels gibt es Koch- und Waschgelegenheiten und freien oder sehr preiswerten Internetzugang.

Hotels

Hotels – *szállók* oder *szállodák* – gibt es in allen Klassen von Fünf-Sterne-Palästen bis hin zu heruntergekommenen Schuppen aus der sozialistischen Ära, die in einigen Städten noch überlebt haben. Das Frühstück ist normalerweise im Preis inbegriffen.

Ein preiswertes Hotel ist oft immer noch teurer als ein Privatzimmer, doch für Reisende, die nur eine Nacht bleiben oder zu spät dran sind, sich noch ein Privatzimmer vermitteln zu lassen, ist es oft die einzige Wahl. Zwei-Sterne-Hotels haben fast immer Zimmer mit Bad, bei einem Stern gibt es nur ein Gemeinschaftsbad. Drei- und Vier-Sterne-Hotels – viele davon in neuen oder frisch renovierten Villen – bieten im Vergleich zu anderen europäischen Ländern ein ausgezeichnetes Preis-Leistungs-Verhältnis.

Wer gerne im Luxus schwelgt oder die Romantik liebt, sollte sich unter den ungarischen *kastély szállók* (Schlosshotels) oder *kúria szállók* (Landhäusern) umsehen.

Pensionen

Privat geführte Pensionen (*panziók* oder *pensions*) sind in den letzten Jahren wie Pilze aus dem Boden geschossen. Sie sind eigentlich kleine Hotels mit bis zu einem Dutzend Zimmern (DZ mit Dusche um die 8500 Ft.). Sie sind meist neu und sehr sauber und haben oft sogar ein eigenes Restaurant. Ein Nachteil ist, dass sie meistens etwas außerhalb liegen, sodass ein fahrbarer Untersatz ganz sinnvoll oder sogar nötig ist. Eine nützliche Website (nur auf Ungarisch) ist www.panzio.lap.hu.

Privatzimmer

Ungarns *fizetővendég szolgálat* („Service für zahlende Gäste") bietet sehr viel und ist immer noch relativ preisgünstig, doch seit dem Anstieg an Pensionen nicht mehr so verbreitet wie früher. Für ein Einzel-/Doppelzimmer muss man mit etwa 2000 bis 4200 Ft. (Budapest: 4500–6500 Ft.) rechnen – je nach Qualität und Lage des Zimmers. Privatzimmer am Plattensee sind selbst in der Nachsaison teurer. Einzelzimmer gibt es selten. Wer weniger als drei oder vier Nächte bleibt, zahlt oft einen Aufschlag von bis zu 30 %.

Die Vermittlung von Privatzimmern übernehmen meist Reisebüros. Oft gibt es verschiedene, die Zimmer anbieten, sodass sich ein Preisvergleich und ein Blick auf die Karte wegen der Lage lohnen. In Urlaubsregionen hängen oft auch Schilder mit „*szoba kiadó*" oder auf Deutsch „*Zimmer frei*" vor den Häusern.

Wer ein Privatzimmer nimmt, teilt sich das Haus mit seinen ungarischen Bewohnern. Bad und Toilette werden meist gemeinsam benutzt, ansonsten kann der Gast die Tür hinter sich schließen und je nach Wunsch auch ganz für sich bleiben. Fast alle Privatzimmer bieten die Möglichkeit der Küchenmitbenutzung. In Budapest liegen die Privatzimmer oft weit vom Stadtzentrum entfernt. Einige Vermittlungen bieten auch Wohnungen oder Ferienhäuser bei Übernahme der Miete an, wenn deren Besitzer gerade nicht anwesend sind. Ab vier Personen kann dies eine sehr gute (und kostengünstige) Lösung sein.

Studentenheime

Vom 1. Juli bis zum 20. August (oder später) und manchmal auch während der Osterferien bekommt man die billigsten Zimmer in den leerstehenden Studentenheimen (*kollégium* oder *diákszálló*). Dort werden Betten in Zwei-, Drei- und Vierbettzimmern schon ab 1200 Ft. pro Person vermietet. Keiner verlangt einen Studenten- oder Jugendherbergsausweis, auf den es meist sowieso keine Preisermäßigung gibt. Viele Studentenheime haben nur Gemeinschaftsbäder.

VERSICHERUNG

Eine Reiseversicherung, die Diebstahl, Verlust und medizinische Versorgung abdeckt, ist sicherlich eine gute Investition. Es gibt viele verschiedene Policen, also unbedingt das Kleingedruckte studieren.

Ein Anruf bei der gesetzlichen Krankenkasse gibt Auskunft, welche Unterlagen für eine mögliche Erstattung mitgenommen werden sollten. Sinnvoll ist auch der Abschluss einer zusätzlichen privaten Auslandskrankenversicherung. Diese schließt meistens eine Rückführung in ein heimisches Krankenhaus mit ein oder hilft in Notfällen per Telefon oder Vertretern vor Ort. Weitere Informationen zur Krankenversicherung, S. 417 und Informationen zur Kfz-Versicherung, S. 411.

VISA

EU-Bürger und Schweizer Staatsangehörige brauchen für einen Aufenthalt bis zu 90 Tagen kein Visum.

Reisende, die sich länger als 30 Tage an einem Ort aufhalten, sollten sich bei der Polizei melden. Normalerweise übernimmt das Personal des Hotel, Hostels oder Campingplatzes bzw. die Gastgeber der Privatzimmer diese Aufgabe. In andern Fällen – etwa bei einem Aufenthalt bei Freunden oder Verwandten – muss der Gast oder Haushaltsvorstand sich binnen 72 Stunden darum kümmern. Die entsprechenden Formulare für Ausländer *(lakcímbejelentő lap külföldiek részére)* gibt es für gewöhnlich auf Postämtern.

NÜTZLICHE RUFNUMMERN

- Auskunft Inland (in Englisch) ☎ 198
- Information Plus (jede Anfrage; in Englisch) ☎ 197
- Auskunft Ausland (in Englisch) ☎ 199
- Zeitansage (Ungarisch) ☎ 180
- Weckdienst (Ungarisch) ☎ 193

ZEIT

In Ungarn gilt die Mitteleuropäische Zeit; es gibt keine Zeitunterschiede zu Deutschland, Österreich und der Schweiz.

Informationen über weltweite Zeitzonen und ihr Verhältnis zur MEZ zeigt die Weltzeitzonenkarte (S. 433).
Die Ungarn haben teilweise eine ungewöhnliche Art, die Uhrzeit zu benennen. 7.30 Uhr ist *fél nyolc óra* (halb acht oder f8). Ein Kinofilm, der um 19.30 Uhr beginnt, wird auch schon mal mit f8, f20, ½8 oder ½20 angegeben. Die letzte Viertelstunde wird mit einer ¾ vor der Uhrzeit angegeben: ¾8 ist 7.45 Uhr, Gleiches gilt für die erste Viertelstunde: ¼9 ist 8.15 Uhr.

ZOLL

Ungarn ist Mitglied der Europäischen Union, Duty-free-Einkauf ist deshalb nicht mehr möglich. 250 Zigaretten, 50 Zigarren oder 250g Tabak; 2 l Wein und 1 Spirituosen; 100 ml Parfum dürfen zollfrei eingeführt werden. Die Einfuhr von Milchprodukten und Frischfleisch ist verboten. Geldbeträge über 1 000 000 Ft. müssen bei Ein- und Ausfuhr angegeben werden.

Für die Ausfuhr wertvoller Antiquitäten ist ein Zertifikat notwendig; es wird beim Kauf ausgestellt.

Verkehrsmittel & -wege

INHALT

AN- & WEITERREISE

EINREISE

An den Grenzen zu den drei ungarischen EU-Nachbarn – Österreich, Slowenien und Slowakei – gibt es so gut wie keine Formalitäten. Als Mitgliedsstaat der EU mit einer Außengrenze muss Ungarn die Bestimmungen des Schengener Abkommens umsetzen, d. h bei Reisenden aus Kroatien, Rumänien, der Ukraine oder Serbien werden die Papiere genauer kontrolliert.

Ausweise

Wer einreisen will, braucht einen gültigen Reisepass. Bei Besuchern aus Deutschland oder Österreich genügt ein Personalausweis.

Tickets für Flüge oder Rundfahrten und Bahnfahrkarten können online über www.lonelyplanet.com/travel_services gebucht werden.

FLUGZEUG

Flughäfen & -linien

Malév Hungarian Airlines (MA; ☎ Ungarn 06 40 21 21 21, im Ausland 1 235 3888; www.malev.hu) fliegt von mehr als 60 Städten in Europa den **Flughafen Ferihegy** (☎ 1-296 7000; www.bud.hu) an.

Malév-Flüge starten und landen meistens am Terminal 2A. Malév hat dort auch einen **Ticketschalter** (☎ 1-296 7211; 🕓 5–23 Uhr) und einen weiteren im **Terminal 2B** (☎ 1-296 5767; 🕓 6–20.30 Uhr); im Terminal 2B gibt es auch eine **Gepäckaufbewahrung** (1/2/3/6 Std. 350/700/1050/1400 Ft., 12/24 Std. 1880/2200 Ft., 1 Woche 6500 Ft.; 🕓 24 Std.).

Die meisten internationalen Fluglinien nutzen den Terminal 2B, der neben Terminal 2A liegt und gut zu Fuß zu erreichen ist. Die europäischen Billigflieger (s. unten) findet man am Terminal 1, etwa 5 km westlich.

Die Fluglinien der deutschsprachigen Länder in Budapest:

Austrian Airlines (OS; ☎ 1-327 9080; www.aua.com)
Lufthansa (LH; ☎ 1-266 4511; www.lufthansa.com)
Swiss (LX; ☎ 1-328 5000; www.swiss.com)

Flugverbindungen

Malév fliegt von Budapest nonstop in viele europäische Städte, darunter auch Berlin, Frankfurt, Genf, Hamburg, München, Stuttgart, Wien und Zürich.

Die meisten innereuropäischen Flüge von Malév kosten ab Budapest 19 900Ft. Oft gibt es auch spezielle Angebote. Teurer wird es allerdings, wenn der Reisende sich Optionen offen halten möchte, etwa die Möglichkeit zur Umbuchung oder einen offenen Termin für den Rückflug.

Den Billigfliegern wie **Air Berlin** (www.airberlin.com), **EasyJet** (www.easyjet.com), **SkyEurope** (www.skyeurope.com) und **Wizzair** (www.wizzair.com), von den Ungarn *fapados* (Holzbank) genannt, ist es zu verdanken, dass heute Flüge von und nach Budapest wirklich erschwinglich

DIE DINGE ÄNDERN SICH

Die Daten und Fakten in diesem Kapitel können sich besonders leicht ändern – das liegt in der Natur der Sache. Eine Rückfrage bei der Fluglinie oder im Reisebüro ist deshalb immer sehr empfehlenswert. Ein Preisvergleich lohnt sich in jedem Fall. Die Angaben in diesem Kapitel sind eher als Hinweise zur ersten Orientierung gedacht, sie sind aber kein Ersatz für eigene sorgfältige Recherchen.

geworden sind. Je nach Ziel und Saison bekommt man schon Flüge für 15 000Ft.

AUF DEM LANDWEG

Ungarn ist mit seinen sieben Nachbarstaaten über Straßen, Eisenbahnlinien und sogar Fähren verbunden. Manchmal stehen auf Bus- und Zugfahrplänen die ungarischen Namen der Städte im benachbarten Ausland (S. 430).

Grenzübergänge

Von den rund 65 Grenzübergängen, die es entlang der ungarischen Grenzen gibt, sind etwas ein Drittel (meist im Norden und Nordosten) nur für die Bewohner grenznaher Gebiete geöffnet (oder im Fall von Österreich, der Slowakei und Slowenien für EU-Bürger).

Bus

Die meisten internationalen Busse werden von **Eurolines** (☎ 1-219 8021; www.eurolines.com) oder deren ungarischem Partner **Volánbusz** (☎ 1-382 0888; www.volanbusz.hu) betrieben. Ankunft und Abfahrt aller internationalen Busse in der Hauptstadt am **Népliget-Busbahnhof** (Karte S. 132; ☎ 1-219 8080; IX., Üllői út 131; metro Népliget) in Pest. Der **Kartenschalter** (Sept.–Mai Mo–Fr 6–18 Uhr, Juni–Aug. 6–20 Uhr, ganzjährig Sa & So 6–16 Uhr) befindet sich im 1. Stock.

BUSPÄSSE

Eurolines bietet Pässe an, die an 15/30 Tagen unbeschränkte Fahrten zwischen 46 europäischen Städten beinhalten, darunter auch Budapest. Dabei darf der Reisende die gleiche Strecke nicht zweimal zurücklegen. Erwachsene zahlen 199/299 € (Jan.–März und Anfang Nov.–Mitte Dez.), 229/319 € (April–Ende Juni) oder 329/439 € (Ende Juni–Mitte Sept. und über Weihnachten/Neujahr). Die Pässe für alle unter 26 Jahren kosten 169/229 €, 199/259 € oder 279/359 €.

DEUTSCHER SPRACHRAUM

Eurolines hat regelmäßige Verbindungen mit vielen deutschen Städten im Angebot, darunter Berlin, Frankfurt, Hamburg und München. In Österreich gehen Busse ab Salzburg, St. Pölten und Wien. Die Buchung ist online möglich: www.eurolines.de bzw. www.eurolines.at.

Berlin (über Prag und Dresden, 72 €, 14¾ Std., 910 km, 4-mal wöchentl.) Bei Weiterfahrt bis Hamburg steigt der Preis auf 95 €. Die Busse fahren Di, Do, Fr und Sa.
Wien (über Győr, 28 €, 3¼ Std., 254 km, 4-mal tgl.)

KROATIEN UND SERBIEN & MONTENEGRO

Von Ende Juni bis September fährt jeden Freitag ein Bus vom Busbahnhof Népliget nach Pula (hin und zurück 16 900Ft., 9¾ Std., 775 km); er fährt über Rijeka (hin und zurück 14 900 Ft., 8¾ Std., 830 km) und weiter nach Porec (hin und zurück 16 900 Ft., 11½ Std., 910 km). Ganzjährig gehen täglich ein Bus nach Belgrad (einfache Fahrt/ hin und zurück 4100/6800 Ft., 9 Std., 422 km) und zwei Busse täglich nach Subotica (ungarisch: Szabadka; einfache Fahrt/hin und zurück 3700/5500 Ft., 5¾ Std., 224 km).

SLOWAKEI & TSCHECHIEN

Ab dem Busbahnhof Népliget verkehren ganzjährig täglich Busse nach Bratislava (ungarisch: Pozsony; einfache Fahrt/hin und zurück 3400/5400 Ft., 4 Std., 213 km), von Dienstag bis Sonntag fahren Busse nach Prag. Von Ende Juni bis Mitte August gibt es donnerstags bis sonntags zusätzliche Nachtbusse nach Prag.

Zug

Magyar Államvasutak (www.mav.hu), die Ungarische Staatsbahn, abgekürzt MÁV, ist in alle Richtungen ans europäische Eisenbahnnetz angeschlossen. Ihre Züge fahren zu so entfernten Zielen wie London (über München und Paris), Stockholm (über Hamburg und Kopenhagen), Moskau, Rom und Istanbul (über Belgrad).

Alle hier aufgeführten internationalen Zügen sind Express-Züge, und für die meisten ist eine Reservierung erforderlich. Auf den langen Strecken gibt es in der ersten und zweiten Klasse fast immer Schlafwagen und in der zweiten Klasse Liegewagen. Nicht alle Express-Züge führen einen Speisewagen mit; die Reisenden sollten also Essen und Getränke einpacken. Ungarische Züge sind nicht gerade luxuriös, aber sie sind im Allgemeinen sauber und pünktlich.

In Budapest kommen fast alle internationalen Züge am **Bahnhof Keleti** (Karte S. 88; Ostbahnhof; ☎ 1-313 6835; VIII., Kerepesi út 2–6) an und fahren auch von dort ab, manche Züge in Richtung Osten (etwa nach Rumänien) stehen aber auch am **Bahnhof Nyugati** (Karte S. 90; Westbahnhof; ☎ 1-349 0115; VI., Teréz körút 55–57) bereit. Am **Bahnhof Déli** (Karte S. 89; Südbahnhof; ☎ 1-375 6293; I., Krisztina körút 37) starten Züge zu einigen Zielen im Süden (z. B. Osijek in Kroatien und Sarajewo in Bosnien). In jedem Fall unbedingt beim Fahrtkartenkauf nachfragen, von welchem Bahnhof der Zug abgeht! Auskunft über internationale Zugverbindungen gibt es rund um die Uhr landesweit unter ☎ 06 40 49 49 49 oder in Budapest unter ☎ 1-461 5500.

Um Missverständnisse zu vermeiden, sollte man am Fahrkartenschalter den genauen Namen des Zuges angeben. Internationale Fahrkarten sind an den drei wichtigsten Bahnhöfen in Budapest erhältlich, ansonsten im **MÁV-Informations- und Fahrkartenzentrum** (Karte S. 90; ☎ 1-461 5500, 352 2800; www.mav.hu; VI., Andrássy út 35; April–Sept. Mo–Fr 9–18 Uhr, Okt.–März Mo–Fr 9–17 Uhr). Dort ist auch Kreditkartenzahlung möglich. Weitere Infos unter www.elvira.hu.

FAHRKARTEN & PREISE

Es gibt beträchtliche Ermäßigungen für Rückfahrkarten in die benachbarten Länder: 50 % nach Bulgarien, Tschechien und Polen; 60 % nach Serbien und Montenegro; 50 % in die Ukraine; und bis zu 60 % nach Rumänien, in die Slowakei und nach Slowenien. Außerdem bekommt man eine vierzigprozentige Ermäßigung auf Hin- und Rückfahrten in sechs Städte (von Budapest aus): Prag und Brno in Tschechien, Warschau, Krakau, Katowice und Gdynia in Polen. Preise für Zweiter-Klasse-Fahrten: Prag 17 799 Ft., Moskau 35 292 Ft. und Warschau 24 276 Ft.

Für Fahrten ins westliche Europa gelten die regulären Preise; nur junge Leute unter 26 Jahren bekommen mit dem Billet International de Jeunesse (BIJ) Ermäßigungen von 30 % bis 60 %. Informationen dazu gibt es bei MÁV, Express oder **Wasteels** (Karte S. 88; ☎ 1-210 2802; Mo–Fr 8–20, Sa 8–18 Uhr) am Bahnhof Keleti.

Hier einige Beispiele für Fahrpreise (zweiter Klasse, ohne Ermäßigung) ab Budapest: Berlin (über Prag) 40 800 Ft. bzw. (über Wien) 45 645 Ft., München 25 143 Ft., Wien 11 578 Ft. Nach Wien bzw. Graz gibt es eine um 30 % ermäßigte Rückfahrkarte für 8823Ft. bzw. 10 710 Ft., wenn die Rückfahrt nach Budapest innerhalb von vier Tagen erfolgt. In der ersten Klasse sind alle Fahrten rund 50 % teurer.

Für InterCity (IC) und EuroCity (EC) werden Zuschläge von 200 Ft. bis 480 Ft. verlangt. Eine Platzreservierung im internationalen Zugverkehr kostet je nach Ziel. Wer ohne Fahrkarte erwischt wird, zahlt 2000 Ft. plus den vollen Fahrpreis; wer in Zügen mit Reservierungspflicht ohne Platzkarte fährt, berappt 2000 Ft. plus die Reservierungsgebühr von 200 Ft. bis 350 Ft.

Die Preise für Schlafwagen hängen vom Ziel ab, in der zweiten Klasse kostet ein Platz in einem Zweierabteil nach Berlin/Prag/Venedig/Moskau 5585/3570/6630/5360 Ft. pro Person und Nacht. Ein Liegewagenplatz in der 2. Klasse in einem Abteil für sechs Personen kostet im Transbalkan nach Rumänien und Griechenland zwischen 2400 Ft. und 3417 Ft., 4973 Ft. im Kálmán Imre nach München. Die Karten gelten ab Ausstellungsdatum 60 Tage, Zwischenstopps sind erlaubt.

ERMÄSSIGUNGEN

Der **Inter-Rail-Pass** (www.interrailnet.com) ist bei der MÁV erhältlich. Es gibt drei Preisgruppen für den Pass: Erwachsene, 12- bis 26-Jährige (Jugendliche) und Kinder (bis 11 Jahre). Der Preis pro Zone beträgt 229/156/115 € für Erwachsene/Jugendliche/Kinder für insgesamt 16 Tage. Für 22 Tage in zwei Zonen zahlt man 317/220/159 €. Ungarn gehört mit Tschechien, der Slowakei, Polen, Kroatien und Bosnien-Herzegowina zur Zone D. Ein Pass, der für alle acht Zonen gilt, kostet 437/308/219 €.

WESTLICHES EUROPA

Sieben Züge pendeln täglich zwischen Wien und Budapest (3 Std., 273 km), und zwar über Hegyeshalom und Győr. Die meisten fahren in Wien am Westbahnhof ab, darunter der EuroCity Béla Bartók und der EuroNight Imre Kálmán; beide kommen aus München (7½ Std., 742 km) über Salzburg (6 Std., 589 km). Weitere Züge ab Westbahnhof sind der EC 25/24 aus Köln (11 Std., 1247 km) und Frankfurt (10 Std., 1026 km), der EN Wiener Walzer (11½ Std., 808 km) aus Zürich, der Dacia nach Bukarest (13½ Std., 874 km) und der IC Avala nach Belgrad (10 Std., 647 km). Der EC Ferenc Lehár fährt früh morgens am Wiener

Südbahnhof ab. Für keinen dieser Züge ist eine Platzreservierung Vorschrift, doch im Sommer lohnt sie sich ganz sicher.

Bis zu vier Züge fahren täglich vom Wiener Südbahnhof über Ebenfurth nach Sopron (75 Min., 76 km). Ein Dutzend pro Tag verbinden Wiener Neustadt und Sopron. Drei Personenzüge machen täglich die zweieinhalbstündige Fahrt (136 km) von Graz nach Szombathely.

Der EC 171/170 fährt von Berlin (Bahnhof Zoo und Ostbahnhof) nach Budapest (12½ Std., 1002 km), über Dresden, Prag und Bratislava. Der Express Spree-Donau-Kurier kommt von Berlin über Nürnberg und Wien (14 Std.).

TSCHECHIEN, SLOWAKEI & POLEN

Von Prag (7 Std., 611 km) aus gehen neben dem EC 171/170 auch noch der EC 175/174, der Express Jaroslav Hašek und der Pannónia-Express (bis Bukarest) nach Ungarn. Der Amicus fährt täglich direkt von Bratislava (3 Std., 235 km).

Der EC Polonia und der Expresszug Báthory fahren täglich von Warschau nach Budapest (13 Std., 901 km) – über Bratislava oder Štúrovo und Katowice. Der Cracóvia verbindet Krakau über Košice mit Budapest (10½ Std., 590 km). Ein weiterer Zug, der Rákóczi, fährt zwischen Budapest und Košice.

Drei Züge täglich legen die 90 km von Košice nach Miskolc (2 Std.) zurück. Die 2-km-Fahrt von Sátoraljaújhely nach Slovenské Nové Mesto dauert nur 4 Minuten, der Zug fährt täglich um 8.40 Uhr.

BULGARIEN UND SERBIEN & MONTENEGRO

Der Transbalkan kommt aus Thessaloniki in Nordgriechenland und verbindet Sofia mit Budapest (25 Std., 1366 km). Zwischen Budapest und Belgrad (7 Std., 374 km) über Subotica verkehren der Beograd und der IC Avala. Zwei Züge legen jeden Tag in 1¾ Stunden die 45 km lange Strecke zwischen Subotica und Szeged zurück.

KROATIEN, SLOWENIEN & BOSNIEN-HERZEGOWINA

Zwei Züge verbinden Budapest mit Zagreb (7 Std., 395 km); sie fahren über Siófok am Südufer des Plattensees: Maestral, der aus Split kommt, und der EC Goldoni von Venedig über Ljubljana (10 Std., 504 km) nach Budapest. Zwei weitere Züge aus Ljubljana sind der IC Citadella und der EN Venezia, der auch in Venedig losfährt. Der IC 817/816 von Sarajewo nach Budapest (14 Std., 616 km) geht über Pécs.

UKRAINE & RUSSLAND

Von Moskau nach Budapest (42 Std., 2106 km) gibt es nur den Tisza-Express, der über Kiew und Lwow in der Ukraine fährt. Die meisten Ausländer brauchen ein Transitvisum, um durch die Ukraine zu fahren.

RUMÄNIEN

Von Bukarest nach Budapest (14 Std., 874 km) stehen vier Züge zur Auswahl: der Dacia, der EN Ister, der Transbalkan und der Pannonia. Alle fahren über Arad (5½ Std., 253 km), und für einige ist die Platzreservierung Pflicht.

Es gibt zwei Verbindungen pro Tag von Cluj-Napoca über Oradea nach Budapest (8 Std., 402 km): der Ady Endre und der Corona. Der EC Traianus verbindet Budapest mit Timişoara (6 Std., 310 km).

AUF DEM FLUSS

Ein Tragflügelboot verkehrt von Anfang April bis Oktober täglich zwischen Budapest und Wien (5½ bis 6½ Std., 282 km); Passagiere können auch in Bratislava aussteigen, wenn das vorher vereinbart wurde. Die einfache Fahrt/Hin- und Rückfahrt für Erwachsene nach Wien kostet 79/99 € und nach Bratislava 69/89 €. Studenten mit Internationalem Studentenausweis zahlen 67/84 € bis Wien und 59/76 € bis Bratislava. Kinder unter sechs Jahren zahlen nichts. Die Mitnahme eines Fahrrads kostet pro Fahrt 18 €.

In Budapest legen Schiffe am Internationalen Fähranleger (Nemzetközi hajóállomás) am Belgrád rakpart (V. Bezirk) zwischen der Elisabeth- (Erzsébet híd) und der Freiheitsbrücke (Szabadság híd) auf der Pester Seite an und ab. In Wien ankern sie an der Reichsbrücke beim Mexikoplatz.

Im April und von Mitte September bis Oktober legt je ein Schiff in Budapest und in Wien täglich um 9 Uhr ab. Von Mai bis Mitte September ist die Abfahrtszeit in beiden Städten 8 Uhr.

Informationen und Tickets bei **Mahart PassNave** (Karte S. 92; ☎ 1-484 4013; www.mahartpassnave.hu; V., Belgrád rakpart; 8–18 Uhr) in Budapest und **Mahart PassNave Wien** (☎ 01-72 92 161/2; Handelskai 265) in Wien.

UNTERWEGS VOR ORT

Das Netz der öffentlichen Verkehrsmittel in Ungarn ist gut ausgebaut: Für wenig Geld kommt der Reisende praktisch überall hin. Im Allgemeinen gibt es keine Verspätungen. Die meisten ungarischen Städte lassen sich gut zu Fuß erkunden.

AUTO & MOTORRAD

Automobilclubs

Bei einer Panne erledigen die so genannten **Gelben Engel** (Sárga Angyal; ☎ landesweit 24 Std. 188, Budapest 1-345 1755) des **Ungarischen Automobilclubs** (Karte S. 86; Magyar Autóklub; ☎ 1-212 2821, 24-Std.-Notruftelefon ☎ 1-345 1755; II., Rómer Flóris 4/a) auch für Mitglieder ausländischer Automobilclubs kostenlos einfache Reparaturen. Doch selbst bei Mitgliedschaft in einem Automobilclub ist das Abschleppen eine ziemlich kostspielige Angelegenheit. Die Notrufnummer ist ☎ 188.

Rund um die Uhr Informationen zur Verkehrssituation und zum Straßenzustand gibt es bei **Útinform** (☎ 1-336 2400, 322 2238; www.kozut.hu). In der Hauptstadt steht **Főinform** (☎ 1-317 1173) zur Verfügung.

Benzin

Ólommentes benzin (bleifreies Benzin, Normal und Super) gibt es überall. Die meisten Tankstellen haben auch *gázolaj* (Diesel).

Führerschein

Ausländische Führerscheine gelten ein Jahr ab der Einreise nach Ungarn.

Wenn ein Auto in der EU zugelassen ist, entspricht die Versicherung den ungarischen Vorschriften. Autofahrer, die aus nicht zur EU gehörigen Ländern kommen, müssen an der Grenze die grüne Versicherungskarte vorzeigen oder eine Versicherung erwerben.

Mietwagen

Wer ein Auto mieten will, muss im Allgemeinen 21 Jahre alt sein und den Führerschein wenigstens ein Jahr besitzen . Fahrer unter 25 Jahren müssen einen Aufpreis bezahlen. Alle großen Mietwagenfirmen haben Filialen in Budapest, außerdem gibt es viele örtliche Firmen, doch günstige Angebote sind selten. Nähere Informationen finden siech auf S. 131.

Straßenverhältnisse

Die Straßen in Ungarn sind meist gut – in manchen Fällen sogar ausgezeichnet. Es gibt verschiedene Straßentypen. Autobahnen erkennt man an einem vorangestellten „M" (dazu gehört auch die originellerweise M0 benannte Ringstraße um halb Budapest); insgesamt gibt es acht. Sie verbinden die Hauptstadt mit Wien über Győr (M1) und mit Kroatien entlang des Plattensee-Südufers (M7). Sie führen auch am Ostufer des Donauknies entlang (M2), decken die Strecke Richtung Slowakei bis Miskolc (M3) ab und führen nach Szeged und weiter nach Serbien, vorbei an Kecskemét und Kiskunfélegyháza (M5). Hauptstraßen (mit doppelten Fahrbahnen) sind durch eine einstellige Ziffer ohne Buchstaben gekennzeichnet; sie gehen meist von Budapest aus. Landstraßen haben je nach Bedeutung zwei- oder dreistellige Nummern.

Verkehrsregeln

In Ungarn herrscht Rechtsverkehr. Die Geschwindigkeitsbeschränkungen für Autos und Motorräder werden genau überwacht: 50 km/h in geschlossenen Ortschaften; 90 km/h auf Landstraßen; 110 km/h auf den meisten vierspurigen Straßen und 130 km/h auf den Autobahnen. Geschwindigkeitsüberschreitungen kosten zwischen 5000 Ft. und 30 000 .Ft., die per Postanweisung bezahlt werden müssen.

Auf den Vordersitzen besteht Gurtpflicht (auch auf den Rücksitzen, wenn sie mit Gurten ausgestattet sind). Es ist zwar verboten, beim Fahren mit dem Handy zu telefonieren, doch halten sich sehr viele Fahrer nicht daran. Sehr ernst genommen wird dagegen die Vorschrift, auch bei Tag außerhalb geschlossener Ortschaften das Licht einzuschalten. Motorradfahrer müssen die Scheinwerfer immer und überall einschalten. Für sie besteht Helmpflicht – darauf wird streng geachtet.

In Ungarn gilt absolutes Alkoholverbot für Autofahrer, und es finden häufig Kontrollen statt (S. 400). Also sollte immer einer auf Alkohol verzichten, um fahren zu können. Wer diese Warnung in den Wind schlägt, wird das bereuen – was die Autoren

Entfernungen (km)

	Békéscsaba	Budapest	Debrecen	Dunaújváros	Eger	Győr	Kaposvár	Kecskemét	Miskolc	Nyíregyháza	Pécs	Sopron	Szeged	Székesfehérvár	Szolnok	Szombathely	Veszprém
Budapest	203																
Debrecen	130	226															
Dunaújváros	210	67	277														
Eger	220	128	130	194													
Győr	327	123	350	142	251												
Kaposvár	314	189	381	146	317	201											
Kecskemét	124	85	191	86	158	208	190										
Miskolc	228	179	98	246	61	303	368	199									
Nyíregyháza	179	245	49	311	145	368	434	240	93								
Pécs	283	198	367	131	326	241	67	176	377	416							
Sopron	414	217	436	229	338	87	220	295	390	455	287						
Szeged	94	171	224	158	245	294	251	86	286	273	189	381					
Székesfehérvár	258	66	292	55	194	87	126	134	245	310	153	174	206				
Szolnok	107	97	129	148	121	220	252	62	162	179	238	307	130	163			
Szombathely	404	222	448	211	350	105	178	280	402	467	245	70	352	156	319		
Veszprém	292	110	336	99	238	77	127	168	289	355	166	143	240	44	207	111	
Zalaegerszeg	392	224	450	216	352	154	124	268	403	468	190	124	342	161	321	54	119

dieses Buches aus eigener Erfahrung bestätigen können.

In jedem Fall erfordert das Autofahren in Ungarn, dass man hellwach ist. Die ungarischen Fahrer kennen die Straßenverkehrsordnung, haben eine Fahrschule besucht und eine Prüfung abgelegt. (Das „T" auf einem Auto bedeutet übrigens nicht Taxi, sondern *tanuló vezető*, Fahrschüler.) Trotzdem sind das Überholen in unübersichtlichen Kurven, riskantes Spurwechseln, Überfahren von Stoppschildern und roten Ampeln an der Tagesordnung.

Viele Städte haben zwar ein verwirrendes Netz von Einbahnstraßen, Fußgängerzonen und Radwegen, doch die Parkplatzsuche ist in der Provinz kaum ein Problem. In den meisten Städten muss man heute fürs Parken bezahlen – Parkscheiben oder -scheine gibt es an Kiosken, Tankstellen und immer häufiger an Automaten. In kleineren Städten kommt ein Parkwächter (meist ein freundlicher Rentner), sobald ein Fahrer aus dem Auto steigt, und kassiert etwa 100 Ft. für jede Stunde geplante Parkzeit. In Budapest kostet das Parken am Straßenrand je nach Viertel zwischen 120 Ft. und 400 Ft. pro Stunde.

Für die Benutzung der Autobahn muss man eine *matrica* (Vignette) erwerben. Sie kostet 1120 Ft. für vier Tage (1450 Ft. zwischen Mai und September), 2300 Ft. für 10 Tage und 3900 Ft. für einen ganzen Monat. Verkauft wird die Vignette an Tankstellen, Postämtern, an manchen Autobahnauffahrten und an den Grenzübergängen.

Versicherung

Alle Unfälle sollten sofort bei der Polizei (☎ 107) gemeldet werden. Ansprüche aus Versicherungsverträgen, die in Ungarn abgeschlossen wurden, können bei der **Allianz Hungária** (☎ 06 40 421 421, 01-269 0033) in Budapest geltend gemacht werden Sie ist eine der größten Versicherungsgesellschaften Ungarns und hat Erfahrung bei der Schadensregulierung mit Ausländern.

BUS

Das Liniennetz von **Volánbusz** (www.volanbusz.hu) ist eine gute – und manchmal notwendige – Alternative zu Zügen. In Süd-Transdanubien und in weiten Teilen der großen Tiefebene sind Busse unentbehrlich, weil das häufige Umsteigen bei den Zügen sehr viel Zeit kostet. Für kurze Ausflüge zum Donauknie oder zum Plattensee eignen sich Busse besser als Züge.

In den meisten Großstädten bekommt man Busse auch in entferntere Landesteile – zum Beispiel von Pécs nach Sopron (5½ Std., 285 km) oder von Eger nach Szeged (5 Std., 240 km).

Die landesweiten Busse fahren in Budapest am *távolságiautóbusz pályaudvar* (Busbahnhof) ab, nicht an den Haltestellen des örtlichen Nahverkehrs, den *helyiautóbusz pályaudvar*. Außerhalb der Hauptstadt liegen die Haltestellen oft nebeneinander. Es lohnt sich, früh genug zu kommen, um den richtigen *kocsiállás* (Bussteig) herauszufinden; manchmal unterscheiden sich auch die Abfahrtszeiten an der Haltestelle von der allgemeinen Fahrplanübersicht.

Meistens verkauft der Fahrer die Fahrkarten, gibt das Geld heraus und händigt den Beleg als Fahrkarte aus. An innerstädtischen Bussen heißt es mitunter Schlange stehen (vor allem am Freitagnachmittag), deshalb sollte man früh kommen. In Bussen ist das Rauchen verboten, doch wird alle zwei bis drei Stunden eine Pause von 10 bis 20 Minuten eingelegt. Die Sitze bei Volánbusz haben genug Abstand, dass die Passagiere einen Rucksack oder eine Tasche zwischen den Beinen abstellen können.

BUS-FAHRPLAN-SYMBOLE

⚒	Montag bis Sonntag (außer an Feiertagen)
⊗	Montag bis Freitag (außer an Feiertagen)
☒	Montag bis Donnerstag (außer an Feiertagen)
□	1. Arbeitstag der Woche (normalerweise Montags)
T	letzter Arbeitstag der Woche (normalerweise Freitags)
⊙	Samstag & Feiertage
⊕	Samstag, Sonntag & Feiertage
+	Sonntag & Feiertage
⊞	Tag vor dem 1. Arbeitstag einer Woche (normalerweise Sonntag, aber Montags, wenn der Sonntag ein Feiertag ist)
▼	Schultage
▽	Arbeitstage während der Schulferien (Mitte Juni bis August; 1. Novemberwoche; Heilig Abend & Neujahr; eine Woche im März/April)

Für Ausländer ohne Ungarischkenntnisse sind die angeschlagenen Busfahrpläne höchst verwirrend. *Indulás* bedeutet „Abfahrt" und *érkezés* „Ankunft". Einige Symbole von Fahrplänen zeigt die Tabelle links.

Zahlen von eins bis sieben im Kreis beziehen sich auf die Wochentage , der Montag ist die Nummer eins. Dazu kann es Anmerkungen geben wie *naponta* (täglich), *hétköznap* (wochentags), *munkanap* (werktags), *szabadnap* (Samstag), *munkaszünetes nap* (Sonn- und Feiertag), *szabad és munkaszünetes nap* (Samstag, Sonn- und Feiertag), *szabadnap kivételével naponta* (täglich außer Sonntag), *munkaszünetes nap kivételével naponta* (täglich außer an Feiertagen) und *iskolai nap* (an Schultagen).

Bussefahren die meisten Zielen im Inland an. Vor allem die Busse nach Nord- und Zentralungarn stehen am **Busbahnhof Népliget** (Karte S. 94; ☎ 1-219 8080; IX., Üllői út 131; Ⓜ M3 Népliget; 🕒 Kartenschalter Sept.–Mai Mo–Fr 6–18 Uhr, Juni–Aug. Mo–Fr 6–20, Sa & So 6–16 Uhr). Vom **Busbahnhof Stadionok** (Karte S. 86; ☎ 1-251 0125, 252 2995; XIV., Hungária körút 48–52; Ⓜ M2 Stadionok; 🕒 Kartenschalter Mo–Fr 6–18, Sa & So 6–16 Uhr) fahren Busse in Richtung Osten ab, während der **Busbahnhof am Etele tér** (Karte S. 94; ☎ 1-382 4900; XI., Etele tér; roter Bus Nr. 7; 🕒 6–18 Uhr) in Buda den Südwesten des Landes bedient.

Am **Busbahnhof an der Árpád-Brücke** (Karte S. 84; ☎ 1-329 1450; XIII., Róbert Károly körút; Ⓜ M3 Árpád híd; 🕒 Kartenschalter 6–20 Uhr) auf der Pester Seite der Árpád-Brücke starten die Busse zum Donauknie und zu einigen Städten im Nordosten (z.B. nach Balassagyarmat, Szécsény und Salgótarján). Der kleine **Busbahnhof am Széna tér** (Karte S. 86; ☎ 1-201 3688; I., Széna tér 1/a; 🕒 Kartenschalter 6.30–16.30 Uhr; Ⓜ M3 Moszkva tér) in Buda ist Startpunkt für Busse zum Pilis-Gebirge und zu den Städten nordwestlich der Hauptstadt; auch von hier – nicht nur von der Árpád-Brücke – fahren sechs Busse nach Esztergom (von Bussteig Nr. 5) ab.

Bei einigen der größeren Busbahnhöfe gibt es eine Gepäckaufbewahrung , die im Allgemeinen früh schließt (etwa 18 Uhr). Es ist besser, die Tasche an einem der meist in der Nähe gelegenen Bahnhöfe abzustellen, dort ist deutlich länger geöffnet.

Preise

Die Kosten für ein Busticket liegen um 20 % bis 30 % höher als für ein vergleichbares Bahnticket der zweiten Klasse. Zur Entstehungszeit des Buches verlangte Volánbusz:

Preis	Entfernung
97 Ft.	bis zu 5 km
133 Ft.	für 10 km
605 Ft.	für 50 km
1210 Ft.	für 100 km
2410 Ft.	für 200 km
3630 Ft .	für 300 km

FAHRRAD

Ungarn bietet Radfahrern traumhafte Möglichkeiten: Bergland im Norden, sehr viel weniger anstrengende Hügel in Transdanubien und in der Tiefeben Flachland mit viel Wind (und im Sommer auch mit großer Hitze). Das Mieten eines Fahrrads stellt allerdings ein Problem dar. Am ehesten ist es noch auf Campingplätzen, in Resort-Hotels und – gelegentlich – in Fahrradgeschäften möglich. Hinweise unter „Aktivitäten" bei den einzelnen Städten.

Bei der Tourenplanung müssen Radfahrer bedenken, dass Fahrräder auf allen Autobahnen und Straßen mit einer einstelligen Zahl verboten sind. Die Räder müssen Lampen und Reflektoren besitzen. In vielen Zügen darf man Fahrräder mitnehmen, in Bussen dagegen nicht.

Mehr Informationen s. S. 54.

FLUGZEUG

Es gibt keine Linienflüge innerhalb Ungarns. Die Kosten für einen Flug liegen daher extrem hoch (z. B. bei mindestens 150 000 Ft. für bis zu drei Personen von Budapest nach Szeged und zurück), und die Reise dauert fast genauso lang wie mit dem Zug, wenn man die Zeit für die Fahrt zum Flughafen dazurechnet.

Zwei Lufttaxi-Gesellschaften sind **Farnair Hungary** (☎ 1-347 6040; www.farnair.com), die in Ferihegy neben dem Terminal 1 abfliegt, und **Jetstream** (☎ 06 20 399 6782; www.jetstream.hu, in Ungarisch) mit einer Niederlassung am Flughafen von Tököl auf der Insel Csepel gegenüber von Százhalombatta, etwa 30 km südwestlich vom Budapester Zentrum.

GEFÜHRTE TOUREN

Eine Reihe von Reisebüros, darunter Vista und Ibusz (S. 74), Cityrama und das Hungary Program Centrum (S. 110) bieten Ausflüge und Thementouren (Reiten, Radfahren, Vogelbeobachtung, jüdische Kultur etc.) zu jedem Winkel Ungarns an.

So gibt es bei Cityrama eine Tour von 4½ Stunden mit Schiff und Bus nach Szentendre oder mit dem Bus nach Gödöllő (11 000 Ft.; Kinder unter 12 Jahren frei oder halber Preis); eine andere Bus- und Schiffstour dauert 8½ Stunden und geht zum Donauknie, mit Zwischenstopps in Visegrád und Esztergom (14 000 Ft.). Cityrama bietet Tagestouren zum Plattensee (Balatonfüred und Tihany) und nach Herend (16 000 Ft., 9–10 Std.), auch nach Lajosmizse in der Südlichen Tiefebene (18 000 Ft., 8 Std.). Beim Hungary Program Centrum sind ähnliche Touren zu fast genau den gleichen Preisen im Programm, dazu ein achtstündiger Trip nach Bugac im Nationalpark Kiskunság (19 000 Ft.) und eine neunstündige Tour in die Weingegend von Eger (22 000 Ft.). Bei Vista gibt es eine sechstägige Tour durch das ganze Land, die in Teile des Nordens, der Großen Tiefebene, Süd-Transdanubiens und in die Gegend um den Plattensee führt. Mit Unterkunft und Halbpension kostet die Tour 599/499 € pro Person im Einzel-/Doppelzimmer.

NAHVERKEHR

Öffentliche Verkehrsmittel

Die öffentlichen Verkehrsmittel in Ungarn funktionieren gut, in den meisten Städten gibt es ein vernünftig ausgebautes Bus- und Trolleybus-Netz. Budapest, Szeged, Miskolc und Debrecen besitzen auch eine Straßenbahn, und Budapest hat sogar eine U-Bahn mit drei Linien und eine Vorort- oder S-Bahn, die HÉV.

In Budapest nutzen auch Urlauber häufig die öffentlichen Verkehrsmittel, in den meisten kleineren Städten sind die Sehenswürdigkeiten zu Fuß zu erreichen; außerdem ist dort das Nahverkehrsnetz weniger dicht ausgebaut. Im Allgemeinen warten Stadtbusse an den Bahnhöfen, wenn die Fernzüge ankommen. Der Besucher kann meist in irgendeinen einsteigen, er wird immer in unmittelbarer Nähe des Stadtzentrums landen.

Fahrscheine (meist ab 150 Ft.) muss man vor Antritt der Fahrt an einem Kiosk oder Kartenschalter kaufen und in Bus, Straßenbahn oder U-Bahn entwerten. Schwarzfahren kann teuer werden, wenn der Übeltäter erwischt wird. Diskussionen führen dann auch zu nichts mehr – die Kontrolleure haben alle Ausreden schon oft genug gehört.

Taxi

Taxis gibt es in den meisten ungarischen Städten in großer Zahl, und wenn der korrekte Fahrpreis verlangt wird, sind sie nicht übermäßig teuer. Zwischen 6 und 22 Uhr kostet eine Fahrt 200 Ft. (in Budapest ab 300 Ft.) Grundgebühr und etwa das Gleiche je gefahrenem Kilometer. Am leichtesten findet man Taxistände in der Nähe von Bushaltestellen und Bahnhöfen, bei Märkten und Hauptplätzen. Aber man kann Taxis auch einfach überall anhalten. Abends tragen Taxis ohne Fahrgäste ein beleuchtetes Zeichen auf dem Dach.

SCHIFF

Von April bis Ende Oktober betreibt die Budapester Schifffahrtsgesellschaft Mahart PassNave (S. 409) Ausflugsboote auf der Donau, und zwar von Budapest nach Szentendre, Vác, Visegrád und Esztergom. Außerdem fahren zwischen Ende Mai und Anfang September Tragflächenboote von Budapest nach Visegrád, Nagymaros und Esztergom. Details s. S. 137.

Mahart führt im Sommer auch drei bis fünf Ausflüge von Budapest zu Orten wie Kalocsa und Solt in der Großen Tiefebene durch. Die Schiffe von Mahart befahren von April bis Mitte Oktober bestimmte Abschnitte der Theiß – etwa von Sárospatak bis Tokaj (2¼ Std., 36 km) und von Szeged nach Csongrád (4¼ Std., 72 km); diese Ausflüge sind nur für Gruppen von wenigstens 40 Personen und kosten zwischen 19 000 Ft. und 29 000 Ft. pro Stunde.

Passagierfähren werden von der **BKV** (Budapest Transport Company; ☎ 369 1359; www.bkv.hu) betrieben, und zwar auf der Donau in Budapest, die **Balaton-Schifffahrtsgesellschaft** (Balatoni Hajózási Rt; ☎ 84-310 050; www.balatonihajozas.hu; Krúdy sétány 2, Siófok) unterhält Schiffe für den Ausflugs- und Personenverkehr am Plattensee.

TRAMPEN

Trampen ist in keinem Land eine ganz sichere Angelegenheit und soll hier deshalb auch nicht empfohlen werden. Reisende, die sich dafür entscheiden, nehmen ein geringes, aber nicht zu unterschätzendes Risiko auf sich.

Trampen ist in Ungarn außer auf den Autobahnen überall erlaubt. Es ist zwar nicht mehr so beliebt, wie es einmal war (und man wartet manchmal recht lange), aber gerade die Straße zum Plattensee wimmelt in der Ferienzeit immer von Trampern. Es gibt in Budapest auch eine Mitfahrzentrale namens Kenguru (S. 132), die gegen eine Gebühr Fahrer und Fahrgäste zusammenbringt.

ZUG

MÁV (www.mav.hu) unterhält relativ bequeme und pünktliche Züge, die auf knapp 8000 km Gleisnetz verkehren, davon ist etwa ein Drittel elektrifiziert. Alle Hauptstrecken laufen in Budapest zusammen, obwohl viele Nebenstrecken auch die Städte der Provinz untereinander verbinden. In Budapest gibt es drei wichtige Bahnhöfe. Als Faustregel gilt: Am Bahnhof gehen die Züge nach Norden und Nordosten ab, am Bahnhof Nyugati diejenigen zur Großen Tiefebene und zum Donauknie und am Bahnhof Déli Züge nach Transdanubien und zum Plattensee. Doch Ausnahmen bestätigen die Regel, und so ist es besser, sich beim Fahrkartenkauf zu vergewissern, an welchem Bahnhof der Zug tatsächlich bereitsteht. Rund um die Uhr Infos zu innerungarischen Zugverbindungen gibt es landesweit unter ☎ 06 40 49 49 49 und in Budapest unter 1-461 5400.

Fahrkarten für *egy útra* (einfache Fahrt) und *oda-vissza* (Hin- und Rückfahrt) in der ersten und zweiten Klasse gibt's an allen Bahnhöfen, bei der **Fahrkartenzentrale der MÁV** (☎ 1-461 5400, 322 8082; VI., Andrássy út 35; April–Sept. Mo–Fr 9–18 Uhr, Okt.–März Mo–Fr 9–17 Uhr) in Budapest und in einigen Reisebüros.

Es gibt verschiedene Zugtypen . Expresszüge („Ex" auf dem Fahrplan) verlangen normalerweise eine Platzreservierung. Die InterCity-Züge (IC), die schnellste und bequemste Kategorie, und die EuroCitys (EC) kosten einen Zuschlag, in dem meist die Platzreservierung enthalten ist. Im *Gyorsvonat* (Schnellzug), auf den Fahrplänen fett gedruckt mit einer dickeren Linie für den Streckenverlauf und/oder einem „S", ist oft eine Platzreservierung nötig. *Személyvonat*

DAS SCHIENENNETZ IN UNGARN

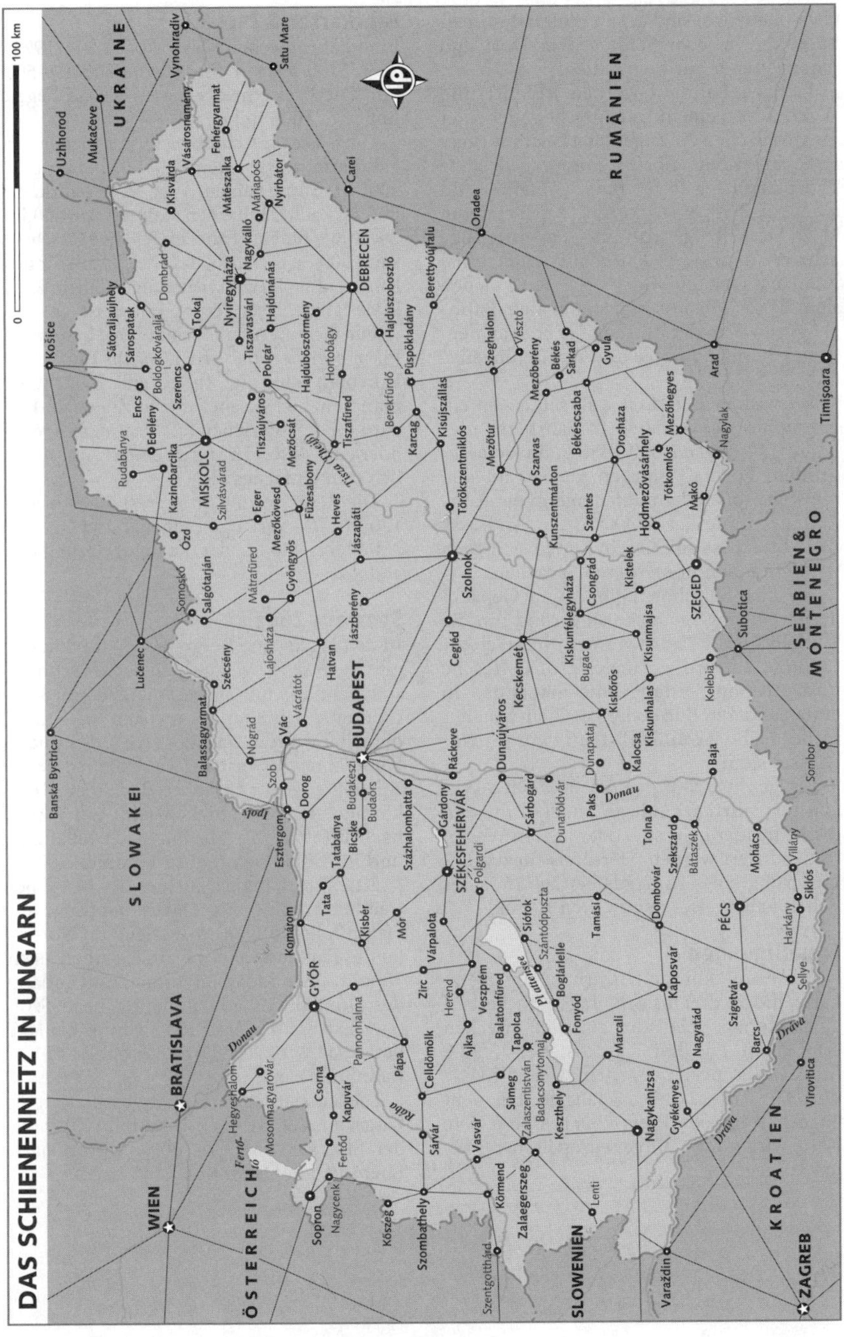

(Personenzüge) sind die absoluten Bummelzüge, die in jeder Stadt, jedem Dorf und jedem Weiler am Weg halten.

Je nach Bahnhof werden Abfahrt und Ankunft von einem Lautsprecher oder einer elektronischen Anzeigentafel bekannt gegeben, außerdem gibt es immer gedruckte Fahrplänen - gelb für *indul* (Abfahrt) und weiß für *érkezik* (Ankunft). Auf Letzteren sind Schnellzüge rot und Personenzüge schwarz markiert. Die Zahl (manchmal kann es auch ein Buchstabe sein) neben dem Wort *vágány* bezeichnet den Bahnsteig, von dem der Zug abfährt oder an dem er ankommt. Symbole und Abkürzungen s. Tabelle S. 412.

Wer sehr viel fahren will, sollte sich ein Exemplar des offiziellen Fahrplans der MÁV (*Menetrend*; 850/1550 Ft. in kleinem/großem Format) zulegen, den es an den meisten großen Bahnhöfen und in der Fahrkartenzentrale der MÁV an der Andrássy út in Budapest gibt. Darin finden sich auch Anmerkungen in mehreren Sprachen.

An allen Bahnhöfen gibt es eine Gepäckaufbewahrung ; manche sind rund um die Uhrgeöffnet. Es wird immer eine Gebühr (300/600 Ft. pro normaler/großer Tasche und pro Tag) verlangt, die manchmal in einem anderen Büro oder an einem Schalter in der Nähe zu zahlen ist, an dem *pénztár* (Kasse) steht.

Einige Züge führen einen speziellen Wagen für Fahrräder mit, in anderen müssen die Fahrräder im ersten oder letzten Wagen transportiert werden. Der Preis für die Beförderung eines Fahrrads beträgt 25 % des vollen Fahrpreises der zweiten Klasse.

Ermäßigungen

Der Euro Domino Ungarn ist eine Netzkarte, die an drei bis acht Tagen im Verlauf eines Monats freie Fahrt auf allen Strecken ermöglicht. Für drei Tage kostet er 72/52 € für Erwachsene in der ersten/zweiten Klasse und 41 € für 12- bis 25-Jährige. Für acht Tage beträgt der Preis 152/112/86 €. Die Karte wird nur an Bürger europäischer Staaten ausgegeben.

Fahrkarten & Preise

Eine Fahrt zweiter Klasse kostet 946/1926/2676/3100/3524 Ft. für 100/200/300/400/500 km. Die Preise in der ersten Klasse liegen um etwa 50 % höher.

Fahrgäste mit einer nicht ausreichenden Fahrkarte müssen den Differenzbetrag plus 2000 Ft. Strafe zahlen. Wer seine Fahrkarte im Zug kauft, zahlt einen Aufpreis von 500 Ft. Die Strafe für eine Fahrt im IC ohne Zuschlag kann 500 Ft. betragen, das Gleiche gilt für das Fahren ohne Platzreservierung in einem Zug, in dem eine Reservierung Pflicht ist.

Für die innerungarischen Züge kann eine Platzreservierung Pflicht sein (auf dem Fahrplan ein „R" in einem Kästchen), manchmal ist sie aber nur in Zügen ab Budapest vorgeschrieben („R" in einem Kreis), oder eine Reservierung ist einfach nur möglich (ein einfaches „R").

Die Reservierung in Expresszügen kostet 130 Ft., ICs verlangen einen Zuschlag von 200 Ft. bis 480 Ft., der die Reservierung mit abdeckt.

Spezielle Züge

In den Wald- und Bergregionen des Landes gibt es 16 *keskenynyomközű vonat* (Schmalspurbahnen) mit insgesamt 220 km Streckennetz; Betreiber der meisten Bahnen ist die Állami Erdei Vasutak (ÁEV; Staatliche Forstbahnen). Normalerweise dienen sie als Ausflugszüge für Urlauber, doch manchmal können sie auch nützlich sein, um von A nach B (etwa von Miskolc nach Lillafüred und ins Bükk-Gebirge) zu kommen.

Eine unabhängige Tochter der MÁV betreibt im Sommer *nosztalgiavonat* (Züge mit Dampflokomotiven), vor allem am Nordufer des Plattensees (etwa von Keszthely nach Tapolca über Badacsonytomaj) und entlang des Donauknies von Budapest nach Szob oder Esztergom. Auskünfte gibt es bei **MÁV Nostalgia** (☎ 1-238 0558; www.mavnosztalgia.hu) am Bahnhof Keleti.

Die einzige andere Bahngesellschaft in Ungarn heißt GySEV; sie betreibt Züge auf der Strecke von Győr über Sopron nach Ebenfurth in Österreich.

Gesundheit

INHALT

Ob man gesund und munter durch den Urlaub kommt, hängt davon ab, wie sich die Reisevorbereitungen gestalten und wie eventuelle Gesundheitsprobleme während der Reise gelöst werden. Obwohl die möglichen Gefahren auf den ersten Blick abschreckend wirken, droht normalerweise schlimmstenfalls ein verdorbener Magen.

VOR DER REISE

Ein bisschen systematische Planung vor der Abreise, besonders, was den allgemeinen Gesundheitszustand oder schon bestehende Krankheiten angeht, erspart einem später eine Menge Ärger. Wichtig ist, vor einer längeren Reise noch mal zum Zahnarzt zu gehen, eine zweite Brille oder Ersatzkontaktlinsen einzupacken und das Rezept vom Augenarzt für alle Fälle nicht zu vergessen. Medikamente sollten in der Originalverpackung mitgeführt werden, wobei das Etikett und die Packungsbeilage gut lesbar sein sollen. Wer regelmäßig Medikamente einnehmen muss, sollte einen Brief mitnehmen, auf dem der Hausarzt die Notwendigkeit einschließlich Namen und Wirkstoffen der Medikamente bestätigt. Müssen Spritzen mit auf die Reise, empfiehlt sich auch hier ein vom Arzt unterschriebener Brief.

VERSICHERUNG

Zurzeit löst die europäische Krankenversicherungskarte das Formular E111 (Auslandskrankenschein) schrittweise ab. Nehmen Reisende diese Krankenversicherungskarte mit in den Urlaub, bekommen sie in Ungarn Zugang zu allen nötigen medizinischen Leistungen, es sei denn, es handelt sich nicht um einen unmittelbaren Notfall. Ein Rücktransport nach Hause zu Behandlungszwecken wird durch die Karte nicht abgedeckt.

In Ungarn bekommen Ausländer kostenlose Erste Hilfe und Notfallbehandlungen nach einem Unfall; alle Folgebehandlungen müssen sie selbst bezahlen.

Wenn eine Reisekrankenversicherung (S. 405) abgeschlossen wird, ist es wichtig, dass die Police auch den schlimmstmöglichen Fall abdeckt, z. B. einen Unfall, der zur Rückreise zwingt. Praktisch ist es, wenn die Versicherung schon direkt vor Ort die Kosten übernimmt, statt später die Behandlungskosten zurückzuerstatten – man muss dann nicht so viel Geld für den Notfall bereithalten.

EMPFOHLENE IMPFUNGEN

Ungarn verlangt von Besuchern keine speziellen Impfungen, aber die World Health Organisation (WHO) empfiehlt generell, sich gegen Diphterie, Tetanus, Masern, Mumps, Röteln und Polio impfen zu lassen, egal wohin die Reise geht.

Da die meisten Impfungen erst nach zwei Wochen wirken, empfiehlt es sich, sechs Wochen vor der Abreise zum Arzt oder in die Klinik zu gehen.

INFOS IM INTERNET

Weitere Informationen bietet z. B. die Internetseite der WHO *International Travel and Health*, die jährlich aktualisiert wird, unter folgender Adresse: www.who.int/ith.
Andere Websites, die weiterhelfen:
www.meine-gesundheit.de/134.0.html
www.fit-for-travel.de/

GESUNDHEIT

MEDIZINISCHE VERSORGUNG & KOSTEN

Die medizinische Versorgung in Ungarn ist normalerweise bei den üblichen Gesundheitsproblemen recht zuverlässig, aber nicht unbedingt bei komplizierteren Fällen. Eine Behandlung in einer *rendelő intézet* (einer öffentlichen ambulanten Klinik) ist nicht teuer, privat praktizierende Ärzte nehmen da schon mehr. Ein Besuch in einer *orvosi rendelő* (Arztpraxis) kann schon einmal über 5000 Ft. kosten, ein Hausbesuch sogar mehr als 10 000 Ft.

Die meisten großen Städte und alle 23 Stadtbezirke Budapests besitzen eine *gyógyszertár* oder *patika* (eine Notapotheke, die alle 24 Stunden wechselt). An den Türen aller Apotheken sind entsprechende Hinweise angebracht.

INFEKTIONEN

Borreliose ist eine in Mittel- und Osteuropa durchaus verbreitete Infektionskrankheit, die durch Zecken übertragen wird. Die Beschwerden beginnen in der Regel damit, dass sich ein Hautausschlag rund um einen Zeckenbiss bildet. Außerdem ist mit Fieber, Kopfschmerzen, extremer Müdigkeit, schmerzenden Gelenken und Muskeln und leichter Nackenstarre zu rechen. Falls nichts gegen die Krankheit unternommen wird, verschwinden die Symptome zwar im Laufe einiger Wochen. Aber auf längere Sicht stellen sich Störungen im Nervensystem, Herz- und Muskelnbeschwerden ein.

Poliomyelitis, besser bekannt als Polio oder Kinderlähmung, wird durch verunreinigtes Essen oder Wasser übertragen. Eine erste Impfung dagegen wird normalerweise schon in der Kindheit verabreicht; sie sollte alle zehn Jahre, entweder durch Schluckimpfung oder eine Injektion, aufgefrischt werden.

Tollwut wird übertragen, wenn ein infiziertes Tier einen Menschen beißt oder an offenen Wunden leckt; die Krankheit endet immer tödlich, wenn sie nicht behandelt wird. Dabei werden innerhalb eines Monats drei Injektionen verabreicht. Wer vorher nicht geimpft wurde, braucht so schnell wie möglich, spätestens aber 24 Stunden nach der Verletzung, eine Behandlung mit fünf Injektionen.

Typhus und Hepatitis A breiten sich durch verunreinigte Speisen (vor allem Muscheln) und unsauberes Wasser aus. Typhus kann eine Blutvergiftung bewirken; Hepatitis A zieht Leberentzündungen und Gelbsucht nach sich. Zwar endet beides meistens nicht tödlich, aber die Genesung kann sich sehr hinziehen. Eine Typhusimpfung (Typhim Vi, Typherix) schützt etwa drei Jahre. In manchen Ländern steht die Schluckimpfung Vivotif zur Verfügung . Die Hepatitis-A-Impfung (Avaxim, VAQTA, Havrix) wird per Spritze verabreicht; die erste Impfung hält ca. ein Jahr vor, die Auffrischung nach einem Jahr wirkt dann 10 Jahre lang. Hepatitis A- und Typhusimpfungen gibt es auch als einmalige Injektion.

GESUNDHEITSRISIKEN

Insektenbisse & -stiche

Mücken sind im Sommer an Ungarns Seen und Flüssen eine echte Plage; die kleinen Blutsauger übertragen zwar keine Malaria, können aber trotzdem für Hautreizungen und Infektionen sorgen. Dann ist ein Abwehrversuch mit einem wirksamen Insektenschutzmittel angesagt. Außerdem hilft es, vor allem bei Sonnenuntergang langärmelige Shirts und lange Hosen zu tragen.

Bienen und Wespen können nur denen wirklich gefährlich werden, die an einer ernsten Insektenstichallergie (Anaphylaxe) leiden. Wer hier gefährdet ist, sollte sowieso immer ein ärztlich verordnetes Gegenmittel im Hause haben und natürlich auch mit auf die Reise nehmen.

Wasser

Die WHO bemängelt, dass im ungarischen Trinkwasser mehr Arsen nachweisbar ist, als der normale Richtwert von 0,01 mg/l zulässt. Deswegen sollte man lieber Mineralwasser aus Flaschen, die es ja überall zu kaufen gibt, trinken.

FRAUEN & GESUNDHEIT

Wer orale Kontrazeptiva (also die Anti-Baby-Pille) benutzt, sollte bedenken, dass einige Antibiotika, aber auch Durchfall oder Erbrechen die Wirkung der Pille beeinträchtigen und zu ungewollter Schwangerschaft führen können. Magen- und Darmverstimmungen und Antibiotika wirken sich natürlich nicht auf Verhütungsmittel aus, die auf andere Weise verabreicht werden.

Reisen während der Schwangerschaft sind normalerweise kein Problem, doch sollten werdende Mütter auf jeden Fall erst mit dem Arzt sprechen, bevor sie einen Trip planen. Am riskantesten ist es, in den ersten zwölf oder nach der 30. Woche der Schwangerschaft zu reisen.

SEX & GESUNDHEIT

Die Anzahl registrierter AIDS-Fälle und bekannter HIV-Infektionen ist in Ungarn relativ niedrig (etwas mehr als 1100). Ungarische Epidemiologen gehen aber davon aus, dass es tatsächlich ungefähr 3000 HIV-Infizierte sind. Diese Zahl könnte allerdings in Zukunft drastisch ansteigen, genießt Budapest doch mittlerweile einen zweifelhaften Ruf als „Hauptstadt der Sex-Industrie in Mittel- und Osteuropa". Zur Information und Beratung sind in Budapest zwei AIDS-Hotlines eingerichtet: Der **Anonyme AIDS Verband** (☎ 1-466-9283; 17–20 Uhr ⏲ Mo, Mi & Do 17–20, Di & Fr 9–12 Uhr) und die **AIDS-Hilfshotline** (☎ 1-338 2419, 266 0465; ⏲ Mo–Do 8–15, Fr 8–13 Uhr). Dort sprechen auch einige Mitarbeiter englisch.

Sprache

INHALT

Ungarisch *(Magyarisch)* gehört zur Ugrischen Gruppe der Uralischen Sprachfamilien und ist sehr, sehr entfernt mit Finnisch (fünf Millionen Sprecher), Estnisch (eine Million) und einem Dutzend anderer Minderheitensprachen in Russland und Westsibirien (mit weit weniger Sprechern) verwandt. Es handelt sich nicht um eine Indo-Europäische Sprache, also hat Deutsch mehr mit Französisch, Russisch oder sogar Hindi gemeinsam, was den Wortschatz und die grammatische Struktur angeht, als mit Ungarisch. Man stößt deshalb nur auf wenige vertraut klingende Worte, es sei denn, es haben sich Lehnwörter und -ausdrücke wie *Zimmer frei!* eingeschlichen.

Leider ist hier nicht genug Platz für einen wirklich umfassenden Sprachführer. Bei Interesse an mehr als den unten aufgeführten Worten und Wendungen empfiehlt sich ein Blick ins *Hungarian Phrasebook von Lonely Planet.*

AUSSPRACHE

Ungarisch kann einen ganz schön einschüchtern mit seinen langen Wörtern und seltsamen Akzenten, aber es ist überraschend einfach auszusprechen. Zwar wird nicht alles auch so ausgesprochen, wie es geschrieben wird, doch wenn man sich an die phonetischen Regeln hält, die hier zu jedem Wort und Satz angegeben sind, kann eigentlich nichts schief gehen.

Das ungarische Alphabet hat 44 Buchstaben und basiert auf dem lateinischen Alphabet. Darin sind sowohl Vokale mit Akzenten als auch Konsonantenkombinationen enthalten.

Die Buchstaben **ö** und **ő**, **ü** und **ű** werden üblicherweise als eigenständige Buchstaben behandelt, ähnlich wie Buchstaben mit Akzenten. Die Konsonantenkombinationen **cs**, **dz**, **dzs**, **gy**, **ly**, **ny**, **sz**, **ty** und **zs** werden ebenfalls als eigene Zeichen gewertet.

Vokale

a	o	wie in „Topf"
á	a	wie in „Tag"
e	e	wie in „Weg"
é	ä	wie in „Käse"
i	i	wie in „Kind"
í	ii	wie in „Tier"
o	o'	wie im Englischen „ball", also ein ein sehr offenes o, aber eher kurz
ó	oh'	wie im Englischen „law", also ein sehr offenes, langes o
ö	ö	wie in „Wörter", eher kurz
ő	öh	wie in „Frisör"
u	u	wie in „Hund"
ú	uh	wie in „Stuhl"
ü	ü	wie in „Müller"
ű	üh	wie in „kühl"

Es ist wichtig, ein **y** immer wie ein deutsches j auszusprechen, aber ohne danach einen Vokal folgen zu lassen. Wenn sich Doppelkonsonanten wie **bb**, **dd** or **tt** stoßen, sollten diese mit etwas mehr Nachdruck als im Deutschen gesprochen werden.

Konsonanten

c	ts	wie in „Katze"
cs	**ts**ch	wie das „ch" im englischen „cheese"
dz	dz	stimmhaftes „ds"
dzs	**d**sch	wie das „dsch" in „Journalist"
gy	dj	ein stimmhaftes „dj" (kein „dsch")
j/ly	j	wie in „Jahr"
ny	nj	„j" und „n" zusammengesprochen, wie in „Anja"
r	r	das „r" wird immer gerollt, also mit der Zunge am Gaumen gebildet
s	sch	wie in „Schiff"

sz	ß	wie in „Riss“
ty	tj	wie in „tja“
zs	j'	wie das zweite „g“ in „Garage“
v	w	wie in „Wald“
z	s	stimmhaftes „s“ wie in „Hase“

Silben & Betonung

In diesem Sprachführer sind die Silben in den Anweisungen durch einen Punkt voneinander getrennt (z. B. *ko'n*·tsert). Das hilft bei der Unterscheidung der verschiedenen Lauteinheiten. Der betonte Teil des Wortes ist immer die erste Silbe, wobei die Akzente auf den Buchstaben keine Rolle spielen. Um es noch einfacher zu machen, werden hier betonte Silben kursiv angegeben.

GESUNDHEIT

Wo ist der nächste...?
Hol a legközelebbi ...? ho'l o *leg*·kö·se·leb·bi ...

Zahnarzt
fogorvos *fo'g*·o'r·wo'sch

Doktor
orvos *o'r*·wo'sch

Krankenhaus
kórház *koh'r*·has

Medizinisches Zentrum
orvosi rendelő *o'r*·wo'·schi *ren*·de·löh

(Nacht-) Apotheke
(éjszaka nyitvatartó) (*ä*·ßo·ko *njit*·wo·tor·toh')
gyógyszertár *djoh'dj*·ßer·tar

Ich habe Kopfschmerzen.
Fáj a fejem. *fa*·j o *fe*·jem

Ich habe Halsschmerzen.
Fáj a torkom. *fa*·j o *to'r*·ko'm

Ich habe ...	*... van.*	... won
Asthma	*Asztmám*	*oßt*·mam
Durchfall	*Hasmenésem*	*hosch*·me·nä·schem
Fieber	*Lázam*	*la*·som
Übelkeit	*Hányingerem*	*hanj*·in·ge·rem

Ich bin allergisch gegen ...
Allergiás vagyo k... *ol*·ler·gi·asch *wo*·djo'k ...

Antibiotika
az antibiotikumokra os *on*·ti·bi·o'·ti·ku·mo'k·ro

Penizillin
a penicillinre o *pe*·ni·tsil·lin·re

Entzündungshemmende Mittel
fertőzésgátló *fer*·töh·zäsch·gat·loh'

Verhütungsmittel
fogamzásgátló *fo*·gom·zasch·gat·loh'

Schmerztabletten
fájdalomcsillapító *fa*·j·do·lo'm·tschil·lo·pii·toh'

NOTFÄLLE

Hilfe!
Segítség! *sche*·giit·schäg

Können Sie mir helfen?
Tudna segíteni? *tud*·no *sche*·gii·te·ni

Kann ich mal Ihr Telefon benutzen?
Használhatom a telefonját? *hoß*·nal·ho·to'm o *te*·le·fo'n·jat

Rufen Sie die Polizei!
Hívja a rendőrséget! *hiiw*·jo o *rend*·öh'r·schä·get

Ich bin krank.
Rosszul vagyok. *Ro'ß* ßul *vo'*·djo'k

Rufen Sie einen Arzt!
Hívjon orvost! *hiiw-jo'n o'r-vo'scht*

Wo ist die Polizeistation?
Hol a rendőrség? Ho'l o *rend*·öh'r·schäg

Wo ist die Toilette?
Hol a véce? Ho'l o *wä*·tse

Ich habe mich verlaufen.
Eltévedtem. *el*·tä·ved·tem

Gehen Sie weg!
Menjen el! *men*·jen el

MIT KINDERN REISEN

Gibt es ein ...?
Van ...? won ...

Ich brauche ein/e/en ...
Szükségem van egy ...
ßük·schä·gem won edj ...

Wickeltisch/-raum
babapelenkázó szobára
bo·bo·pe·len·ka·soh' *ßo'*·ba·ro

Babysitz
babaülésre
bo·bo·ü ·läsch·re

(englischsprachigen) Babysitter
(angolul beszélő) bébiszitterre
(*on*·go'·lul *be*·ßä·lö) *bä*·bi·ßit·ter·re

Kindersitz
gyereküIésre
dje·rek·ü ·läsch·re

Pampers
eldobható pelenkára
el·do'b·ho·toh' *pe*·len·ka·ro

Hochstuhl
etetőszékre
e·te·töh·ßäk·re

Töpfchen
bilire
bi·li·re

Kinder-Buggy
ülő gyerekkocsira
ü·löh *dje*·rek·ko'·tschi·ro

Dürfen Kinder mitkommen?
Beengedik a gyerekeket?
be·en·ge·dik o *dje*·re·ke·ket
Stört es Sie, wenn ich hier stille?
Megengedi, hogy itt szoptassak?
meg·en·ge·di ho'dj itt *ßo'p*·tosch·schok

KONVERSATION & NÜTZLICHES

Immer höflich bleiben!

Wie im Deutschen und auch in vielen anderen westliche Sprachen gibt es im Ungarischen formelle und informelle Formen des Verbs im Singular und Plural. Die förmliche Anrede (in der Übersetzung mit „fml." angegeben) benutzen die Ungarn gegenüber Fremden, älteren Menschen, bei Beamten und Dienstpersonal. Die informelle Anrede (als „inf." gekennzeichnet) wird bei Freunden, Kindern und manchmal auch gegenüber Ausländern verwendet (allerdings ist eine Anrede mit „du" in Ungarn viel häufiger als beispielsweise in Frankreich). Gerade junge Leute benutzen untereinander – auch wenn sie das Gegenüber gar nicht kennen – fast immer die informelle Form. In den folgenden Sätzen wird fast immer die förmliche Anrede, also „Sie" (*Ön* und *Önok)* angegeben, außer in solchen Fällen, wo vielleicht ein etwas vertraulicherer Ton zwischen den Gesprächspartnern angestrebt wird.

Zu beachten ist außerdem, dass Grußformeln wie „Hallo", „Hi" oder „Auf Wiedersehen" in ihrer Form davon abhängen, ob eine oder mehrere Personen angesprochen werden. Hier helfen die Hinweise „sg." (Singular) und „pl." (Plural), um festzustellen, welches Wort zu wählen ist.

Hallo.
Szervusz. (sg.) — *ßer*·wuß
Szervusztok. (pl.) — *ßer*·wuß·to'k
Hi.
Szia/Sziasztok. (sg./pl.) — *ßi*·o/*ßi*·oß·to'k
Szia. (inf. sg.) — *ßi*·o
Sziasztok. (inf. pl.) — *ßi*·oß·to'k

Guten ...
Jó ... kívánok. — joh' ... *kii*·wa·no'k
Morgen
reggelt — *reg*·gelt
Tag
napot — *no*·po't
Abend
estét — *esch*·tät
Auf Wiedersehen.
Viszontlátásra. (fml.) — *wi*·ßo'nt·la·tasch·ro

Gute Nacht.
Jó éjszakát. — joh' *ä*·j·ßo·kat
Ja.
Igen. — *i*·gen
Nein.
Nem. — nem
Bitte.
Kérem. (fml.) — *kä*·rem
Kérlek. (inf.) — *kär*·lek
Dankeschön.
(Nagyon) Köszönöm. — (*no*·djo'n) *kö*·ßö·nöm
Gern geschehen.
Szívesen. — *ßii*·we·schen
Entschuldigung. (um Aufmerksamkeit bittend)
Elnézést kérek. — *el*·nä·säscht *kä*·rek
Entschuldigung. (um vorbeigelassen zu werden)
Bocsánat. — *Bo'*·tscha·not
Entschuldigung.
Sajnálom. — *schoj*·na·lo'm
Wie gehts?
Hogy van? (fml.) — ho'dj won
Hogy vagy? (inf.) — ho'dj wodj
Gut. Und selbst?
Jól. És Ön/te? (fml./inf.) — joh'l äsch ön/te
Wie heißen Sie/ heißt du?
Mi a neve? (fml.) — mi o *ne*·we
Mi a neved? (inf.) — mi o *ne*·wed
Ich heiße...
A nevem... — o *ne*·wem ...
Freut mich Sie/dich kennenzulernen.
Örvendek. — *ör*·wen·dek
Woher kommen Sie/kommst du?
Ön honnan jön? (fml.) — ön *ho'n*·non jön
Te honnan jössz? (inf.) — te *ho'n*·non jöß
Ich komme aus ...
É n... jövök. — än ... *jö*·wök

Etwas lockerer
Super!
Nagyszerű! — *nodj*·ße·rüh
Vielleicht.
Talán. — *to*·lan
Nur einen Moment.
Egy pillanat. — edj *pil*·lo·not
Kein Problem.
Nem probléma. — nem *pro'b*·lä·mo
Klar. (im Sinne von „verstanden")
Világos. — *wi*·la·go'sch

SHOPPEN & SERVICE

Wo ist ...?
Hol van...? — ho'l won...

ein Geldautomat
egy bankautomata edj *bonk*·o·u·to'·mo·to
eine Wechselstube
egy valutaváltó ügynökség *edj vo*·lu·to·val·toh' *üdj*·nök·schäg
der Markt
a piac o *pi*·ots
ein Einkaufszentrum
egy bevásárlóközpont edj *be*·wa·schar·loh'·köz·po'nt
ein Supermarkt
egy élelmiszeráruház edj *ä*·lel·mi·ßer·a·ru·has

Ich würde gern ...
Szeretnék ... *ße*·ret·näk ...
Nehmen Sie...?
Elfogadna k...? *el*·fo'·god·nok ...
Kreditkarten
hitelkártyát *hi*·tel·kar·tjat
Wo kann ich ... kaufen ?
Hol tudok venn i...? ho'l *tu*·do'k *wen*·ni ...
Ich würde gern ... kaufen
Szeretnék venn i... *ße*·ret·näk *wen*·ni ...
Ich sehe mich nur um.
Csak nézegetek. tschok *nä*·se·ge·tek
Wie teuer ist es?
Mennyibe kerül ez? *men*·ji·be *ke*·rül es
Können Sie mir den Preis aufschreiben?
Le tudná írni az árát? le *tud*·na *iir*·ni os *a*·rat
Wann macht es auf/zu?
Mikor nyit/zár? *mi*·ko'r njit/sar
Wo ist die nächste Telefonzelle?
Hol a legközelebbi nyilvános telefon?
Ho'l o *leg*·kö·se·leb·bi *njil*·wa·no'sch *te*·le·fo'n
Ich möchte eine Telefonkarte kaufen.
Szeretnék telefonkártyát venni.
ße·ret·näk *te*·le·fo'n·kar·tjat *wen*·ni
Wo ist das örtliche Internet-Café?
Hol van a legközelebbi internet kávézó?
Ho'l won o *leg*·kö·se·leb·bi *in*·ter·net *ka*·vä·soh'
Ich würde gern ...
Szeretném ... *ße*·ret·näm ...
meine E-Mails checken.
megnézni az e-mailjeimet *meg*·näs·ni os *ee*·mayl·ye·i·met
ins Internet gehen.
rámenni az internetre *ra*·men·ni os *in*·ter·net·re

UHRZEIT & DATUM

Wie spät ist es?
Hány óra? hanj *oh'*·ra
Es ist (ein/zehn) Uhr.
(Egy/Tíz) óra van. (edj/tiis) *oh'*·ra won
Fünf nach (zehn).
Öt perccel múlt (tíz). öt *perts*·tsel muhlt (tiis)
Viertel nach (zehn).
Negyed (tizenegy). ne·djed (*ti*·sen·edj)
Halb (elf).
Fél (tizenegy). fäl (*ti*·sen·edj)

Jetzt	*most*	mo'scht
Heute	*ma*	mo
Heute Abend	*ma este*	mo *esch*·te
Gestern	*tegnap*	*teg*·nop
Morgen (am nächsten Tag)	*holnap*	*ho'l*·nop
Nachmittag	*délután*	*däl*·u·tan
Abend	*este*	*ecsh*·te
Morgen	*reggel*	*reg*·gel
Nacht	*éjszaka*	*ä*·ßo·ko
Montag	*hétfő*	*hät*·föh
Dienstag	*kedd*	kedd
Mittwoch	*szerda*	*ßer*·do
Donnerstag	*csütörtök*	*tschü*·tör·tök
Freitag	*péntek*	*pän*·tek
Samstag	*szombat*	*ßo'm*·bot
Sonntag	*vasárnap*	*wo*·schar·nop
Januar	*január*	*jo*·nu·ar
Februar	*február*	*feb*·ru·ar
März	*március*	*mar*·tsi·usch
April	*április*	*ap*·ri·lisch
Mai	*május*	*ma*·jusch
Juni	*június*	*juh*·ni·usch
Juli	*július*	*juh*·li·usch
August	*augusztus*	*o*·u·gus·tusch
September	*szeptember*	*ßep*·tem·ber
Oktober	*október*	*o'k*·toh'·ber
November	*november*	*no'*·wem·ber
Dezember	*december*	*de*·tsem·ber

UNTERKUNFT

Wo gibt es hier ein(e/en) ...?
Hol van egy ...? ho'l won edj ...
Campingplatz
kemping *kem*·ping
Gasthaus
panzió *pon*·si·oh'
Hotel
szálloda *ßal*·lo'·do
Zimmer in einem Privathaus
fizető vendégszoba *fi*·se·töh wen·däg *ßo'*·bo
Jugendherberge
ifjúsági szálló *if*·juh·scha·gi *ßal*·loh'

Wie lautet die Adresse?
Mi a cím? mi o tsiim
Kann ich es sehen?
Megnézhetem? *meg*·näs·he·tem
Ich nehme es.
Kiveszem. *ki*·we·ßem

Ich würde gern ein ...zimmer mieten.
Szeretnék egy ... szobát foglalni.
ße·ret·näk edj ... *ßo'*·bat *fo'g*·lol·ni

Einzel-
egyágyas — *edj*·a·djosch

Doppel-
francia ágyas/ duplaágyas — *fran*·tsi·o *a*·djosch/ *dup*·lo·a·djosch

Zweibett-
kétágyas — *kät*·a·djosch

Wie viel kostet es pro ...?
Mennyibe kerül egy...? — *men*·nji·be *ke*·rühl edj ...

Nacht
éjszakára — *ä*·ßo·ka·ro

Person
főre — *föh*·re

VERKEHRSMITTEL & -WEGE

Öffentliche Verkehrsmittel

Wo ist der Fahrkartenschalter?
Hol a jegypénztár? — Ho'l o *jedj*·päns·tar

Wann fährt er ab?
Mikor indul? — *mi*·ko'r *in*·dul

Wann sind wir in (Eger)?
Mikor ér (Egerbe)? — *mi*·ko'r är (*e*·ger·be)

Wie lange dauert die Fahrt?
Mennyi ideig tart az út? — *me'*·ji *i*·de·ig tort os uht

Wie viel Verspätung hat er?
Mennyit késik? — *me'*·jit *kä*·schik

Bitte halten Sie an.
Kérem, álljon meg itt. — *kä*·rem *all*·yo'n meg itt

Was kostet das?
Mennyibe kerül? — *men*·ji·be *ke*·rül

Örtliche Bushaltestelle
helyi buszállamás — *he*·ji *bus*·*al*·lo'·masch

Bushaltestelle für Fernfahrten
távolsági autóbusz-államás — *ta*·wo'l·scha·gi *o*·u·toh'buß *al*·lo·masch·

Welcher/e/es ... fährt (nach Budapest/zum Parlament)?
Melyi k... megy (Budapestre/a Parlamenthez)?
me·jik ... medj (*bu*·do·pescht·re/o *por*·lo·ment·hes)

Bus
busz — buß

Zug
vonat — *wo'*·not

Tram
villamos — *wil*·lo·mo'sch

Trolleybus
trolibusz — *tro'*·li·buß

Metrolinie
metró — *met*·roh'

Wann geht der/die/das ...?
Mikor meg y...? — *mi*·ko'r medj ...

erste
az első — os *el*·schöh

letzte
az utolsó — os *u*·to'l·schoh'

nächste
a következő — o *kö*·wet·ke·söh

Ein ...-Ticket nach (Eger).
Egy ... jegy (Eger)be. — edj... je (*e*·ger)·be

Hinfahrt
csak oda — *tschok o'*·do

Rückfahrt
oda-vissza — *o*·do·*wiß*·ßo

Ist dieses Taxi frei?
Szabad ez a taxi? — *ßo*·bod es o *tok*·si

Bitte stellen Sie den Zähler ein.
Kérem, kapcsolja be az órát. — *kä*·rem *kop*·tscho'l·jo be os *oh'*·rat

Wie viel kostet es, nach ... zu fahren?
Mennyibe kerül ... ba? — *men*·ji·be *ke*·rül ... bo

Bitte fahren Sie mich zu (dieser Adresse).
Kérem, vigyen el (erre a címre). — *kä*·rem *wi*·djen el (*er*·re o *tsiim*·re)

Wie teuer ist es?
Mennyit fizetek? — *men*·njit *fi*·se·tek

Private Verkehrsmittel

Ich würde gern ein ... mieten
Szeretnék egy ... bérelni. — *ße*·ret·näk edj ... *bä*·rel·ni

Auto
autót — *o*·u·toh't

Motorrad
motort — *mo'*·to'rt

STRASSENSCHILDER

Autópálya Kijárat	Autobahnausfahrt
Behajtani Tilos	Kein Zugang
Bejárat	Eingang
Egyirányú	Einbahnstraße
Megállni Tilos	Halteverbot
Terelőút	Umleitung
Útépítés	Baustelle
Várakozni Tilos	Parkverbot

Ist das die Straße nach (Sopron)?
Ez az út vezet (Sopronba)? — es os uht *we*·set (*scho'p*·ro'n·bo)

Wo ist die Tankstelle?
Hol van egy benzinkút? — Ho'l won edj *ben*·sin·kuht

Bitte auftanken.
Kérem, töltse tele. — *kä*·rem *tölt*·sche *te*·le

Ich hätte gern ... Liter.
... litert kérek. — ... *li*·tert *kä*·rek

SPRACHE

Benzin
benzin ben·sin
Diesel
dízel/gázolaj dii·sel/ga·so·lä
Verbleit
ólmozott oh'l·mo'·so'tt
Autogas
folyékony autógáz fo'·jä·ko'nj o·u·toh'·gas
Normal
normál no'r·mal
Super bleifrei
ólommentes szuper oh'·lo'm·men·tesch su·per
Bleifrei
ólommentes oh'·lo'm·men·tesch
(Wie lange) Kann ich hier parken?
(Meddig) Parkolhatok itt?
(med·dig) por·ko'l·ho·to'k itt
Ich brauche einen Mechaniker.
Szükségem van egy autószerelőre.
ßük·schä·gem won edj o·u·toh'·ße·re·löh·re
Mein Auto/Motorrad hat (in Sopron) schlappgemacht.
Az autó/A motor elromlott (Sopronnál).
os o·u·toh'/o mo'·to'r el·ro'm·lo'tt (scho'p·ro'n·nal)
Das Auto/Motorrad springt nicht mehr an.
Az autó/A motor nem indul.
os o·u·toh'/o mo'·to'r nem in·dul
Ich habe eine Reifenpanne.
Defektem van. de·fek·tem won

VERSTÄNDIGUNG

Sprechen Sie (Deutsch)?
Beszél (németül)? (fml.) be·ßäl (nä·me tül)
Beszélsz (németül)? (inf.) be·ßälß (nä·me tül)
Spricht irgendjemand (Deutsch)?
Beszél valaki (németül)? be·ßäl wo·lo·ki (nä·me·tül)
Ich verstehe Sie (nicht).
(Nem) Értem. (nem) är·tem
Was heißt ...?
Mit jelent az, hogy ...? mit je·lent os ho'dj ...
Könnten Sie es bitte aufschreiben?
Leírná, kérem. le·iir·na kä·rem

WEGWEISER

Wo ist (der Markt)?
Hol van (a piac)? Ho'l won (o pi·ots)
Wie lautet die Adresse?
Mi a cím? mi o tsiim
Wie komme ich dahin?
Hogyan jutok oda? Ho'·djon ju·to'k o'·do
Wie weit ist es weg?
Milyen messze van? mi·jen mes·se won
Können Sie es mir (auf der Karte) zeigen?
Meg tudja mutatni nekem (a térképen)? meg tud·jo mu·tot·ni ne·kem (o tär·kä·pen)

Es ist gleich da vorne.
egyenesen előttünk van. e·dje·ne·schen e·löht·tünk won

SCHILDER

Bejárat	Eingang
Kijárat	Ausgang
Nyitva	Offen
Zárva	Geschlossen
Foglalt	Reserviert/Besetzt
Felvilágosítás/Információ	Information
Belépni Tilos	Kein Eingang
Tilos	Verboten
Tilos a Dohányzás	Rauchen verboten
Toalett/WC	Toiletten
Férfiak	Männer
Nők	Frauen

Biegen Sie ... ab
Forduljo n... fo'r·dul·jo'n ...
an der Ecke
a saroknál o scho·ro'k·nal
an der Ampel
a közlekedési lámpánál o köz·le·ke·dä·schi laam·paa·naal
links/rechts
balra/jobbra bol·ro/jo'bb·ro

Norden	*észak*	ä·ßok
Süden	*dél*	däl
Osten	*kelet*	ke·let
Westen	*nyugat*	nju·got

ZAHLEN

0	*nulla*	nul·lo
1	*egy*	edj edj
2	*kettő/két*	ket·töh/kät
3	*három*	ha·ro'm
4	*négy*	nädj
5	*öt*	öt
6	*hat*	hot
7	*hét*	hät
8	*nyolc*	njo'lts
9	*kilenc*	ki·lents
10	*tíz*	tiis
11	*tizenegy*	ti·sen·edj
12	*tizenkettő*	ti·sen·ket·töh
13	*tizenhárom*	ti·sen·ha·ro'm
14	*tizennégy*	ti·sen·nädj
15	*tizenöt*	ti·sen·öt
16	*tizenhat*	ti·sen·hot
17	*tizenhét*	ti·sen·hät
18	*tizennyolc*	ti·sen·jo'lts
19	*tizenkilenc*	ti·sen·ki·lents
20	*húsz*	huhß

21 *huszonegy*	*hu*·ßon·ed'j	
22 *huszonkettő*	*hu*·ßo'n·ket·töh	
30 *harminc*	*hor*·mints	
31 *harmincegy*	*hor*·mints·edj	
32 *harminckettő*	*hor*·mints·ket·töh	
40 *negyven*	*nej'*·wen	
41 *negyvenegy*	*nedj*·wen·edj	
42 *negyvenkettő*	*nej'*·wen·ket·töh	
50 *ötven*	*öt*·wen	
60 *hatvan*	*hot*·won	
70 *hetven*	*het*·wen	
80 *nyolcvan*	*no'lts*·won	
90 *kilencven*	*ki*·lents·wen	
100	*száz*	ßas
200	*kétszáz*	*kät*·ßas
1000	*ezer*	*e*·ser
Wie viel (unzählbar)?	*Mennyi?*	*men'*·ji
Wie viele (zählbar)?	*Hány?*	han'

Glossar

Falls hier das gesuchte Wort nicht zu finden ist, helfen vielleicht der Sprachführer (S. 420) oder das Kapitel über Essen & Trinken (S. 66) weiter.

ÁEV – Állami Erdei Vasutak (Staatliche Waldeisenbahn)
ÁFA – Mehrwertsteuer
Alföld – s. *Nagyalföld* und *pustza*
aluljáró – Unterführung
Ausgleich – Fachterminus für den Vertrag von 1867 (Entstehung der Doppelmonarchie Österreich-Ungarn)
autóbusz – Bus
áutóbuszállomás – Bushaltestelle
Avars – Kaukasisches Volk, das im 6. Jh. n. Chr. in Europa einfiel
ÁVO – Geheimpolizei in den frühen Jahren des Kommunismus; später in ÁVH umbenannt

bal – Links
bejárat – Eingang
bélyeg – Briefmarke
benzin – Benzin
BKV – Budapest Közlekedési Vállalat (Budapester Transportgesellschaft)
bokor tanyák – Waldbauernhöfe
bolhapiac – Flohmarkt
borozó – Weinbar; jegliche Lokalität, die Wein ausschenkt
Bp. – Häuige Abkürzung für Budapest
búcsú – Abschiedsparty; auch Fest eines Kirchenpatrons
büfé – Büfett
centrum – Stadtzentrum
čevapčiči – Kleine gewürzte Fleischbällchen aus dem Balkan

Copf – *Zopf* (architektonischer Übergangsstil zwischen dem späten Barock und dem Neoklassizismus)
csárda – Ungarische Lokalität oder Restaurant
csatorna – Kanal
csikós – „Cowboy" aus der *puszta*
csomagmegőrző – Fundbüro
cukrászda – Konditorei, Patisserie

D – Abkürzung für *dél* (Süden) auf Landkarten und Kompassen
Dacia – Lateinischer Name für Rumänien und die Gebiete östlich des Flusses Theiß
db. oder **drb.** – Stück (Maßeinheit auf dem Markt)
de – Morgens, vormittags
dél – Süden
du – Nachmittags, abends

É – Abkürzung für *észak* (Norden) auf Landkarten und Kompassen
Eclectic – Stil in Kunst und Architektur, der in der ungarischen Romantik beliebt war und sowohl aus einheimischen als auch fremden Quellen schöpfte
élelmiszer – Lebensmittelgeschäft oder Laden für den täglichen Bedarf
előszoba – Vorhof oder Vorzimmer; einer der drei Räume eines traditionellen ungarischen Landhauses
em. – Abkürzung für *emelet* (Etage oder Stockwerk)
emelet – Etage oder Stockwerk
erdő – Wald
érkezés – Ankunftsterminal
észak – Norden
eszpresszó – Café, das oft auch alkoholische Getränke oder Snacks anbietet; starker schwarzer Kaffee (Espresso); siehe *presszó*
étkezde – Kantinen mit einfacher Küche
étterem – Restaurant

falu – Dorf
fasor – Boulevard
felvilágosítás – Information
fogas – Hecht- oder barschartiger Fisch, der im Balaton vorkommt
földszint – Erdgeschoss
folyó – Fluss
Forint – ungarische Währungseinheit
főkapitányság – Polizeihauptquartier
főváros – Hauptstadt
főzelék – Traditionelle Art der Zubereitung, bei der Gemüse gekocht oder frittiert und dann in einer Mehlschwitze mit Milch vermengt wird
fsz. – Abkürzung für *földszint* (Erdgeschoss)
Ft. – Forint; siehe auch *HUF*

gázolaj – Diesel
gulyás oder **gulyásleves** – Dicke Rindfleischsuppe mit Zwiebeln und Kartoffeln, die für gewöhnlich als Hauptgang serviert wird
gyógyfürdő – (Heil-)Bad
gyógyszertár – Apotheke
gyógyvíz – Heilwasser
gyorsvonat – Schnellzüge
gyűjtemény – Kollektion
gyula – Militärischer Oberbefehlshaber in der frühen Magyarenzeit

Haiducken – Viehtreiber und Geächtete aus der *puszta*, die als Söldner gegen die Habsburger kämpften
hajdúk – Ungarisch für *Haiduck*en
hajó – Boot
hajóallomás – Anlegestelle für Boote und Fähren
ház – Haus
hegy – Hügel, Berg
hegyalja – Hügellandschaft
helyi autóbusz pályaudvar – Örtliche Bushaltestelle
HÉV – Helyiérdekű Vasút (Pendlerzug von den Vororten nach Budapest)
híd – Brücke
HNTO – Nationales ungarisches Tourismusbüro
hőforrás – Thermalquelle
honfoglalás – Eroberung des karpatischen Beckens durch die Magyaren im späten 9. Jh.
HUF – Internationale Abkürzung für die ungarische Währung (Forint)
Hunnen – Mongolenstamm, der unter Attila im 5. Jh. n. Chr. Europa überfiel

Ibusz –Ungarischer Reisebüroverband
ifjúsági szálló – Jugendherberge
illeték – Abgabe oder Steuer
indulás – Abreiseterminal

jobb – Rechts

K – Abkürzung für *kelet* (Osten)
kamra – Werkstatt oder Schuppen; einer der drei Räume eines traditionellen ungarischen Landhauses
kastély – Herrschaftshaus (s. *vár*)
kb. – Abkürzung für *körülbelül* (ungefähr)
kékfestő – In sattem Indigoblau gefärbter Baumwollstoff
kelet – Osten
kemping – Campingplatz
képtár – Kunstgalerie
kerület – Stadtbezirk
khas – Städte aus der osmanischen Zeit, die direkt dem Sultan unterstanden
kijárat – Ausgang
kincstár – (Staatliche) Schatzkammer
kirándulás – Ausflug
Kiskörút – Kleiner Stadtring von Budapest
kocsma – Pub oder Kneipe
kolostor – Kloster oder Kreuzgang
komp – Fähre
könyvesbolt – Bücherladen
könyvtár – Bücherei
konzumlányok – Animierdamen: Attraktive junge Frauen, die mit Bars und Clubs zusammenarbeiten, um nichts ahnende männliche Touristen zum Konsum zu verleiten
kórház – Krankenhaus
körülbelül – ungefähr (Abkürzung: kb.)
körút – Stadtring
korzó – Uferbefestigung, Promenade
köz – Allee, Stallung, Gasse
központ – Zentrum
krt. – Abkürzung für *körút* (Stadtring)
kúria – Herrschaftssitz
kuruc – Ungarische Söldner, Partisanen oder Aufständische, die sich der Habsburgerischen Regierung nach dem Rückzug der Türken (spätes 17./frühes 18. Jh.) widersetzten

lángos – Stark frittierter Teig mit verschiedenen Belägen
lekvár – Marmelade
lépcső – (Treppen-)Stufen
liget – Park

Magyarország autóatlasza – Straßenatlas von Ungarn
Mahart – Ungarische Gesellschaft der Passagierfährenbetreiber
Malév – Ungarns nationale Airline
MÁV – Magyar Államvasutak (Staatliche ungarische Eisenbahn)
megye – Grafschaft
menetrend – Zeitplan
mihrab – Muslimische Gebetsnische, die nach Mekka ausgerichtet ist
MNB – Magyar Nemzeti Bank (Nationalbank von Ungarn)
Maurische Romantik – Kunststil, der bei der Dekoration von Synagogen des 19. Jhs. beliebt war
mozi – Kino
műemlék – Denkmal, Monument
munkavállalási engedély – Arbeitserlaubnis

Nagyalföld – Die Große Ebene (siehe *Alföld* und *puszta*)
Nagykörút – Großer Stadtring von Budapest
népművészeti bolt – Geschäft für Folkloreartikel
Nonius – Ungarische Pferderasse
nosztalgiavonat – Historische Dampflokomotive
Ny – Abkürzung für *nyugat* (Westen)
nyitva – Offen
nyugat – Westen

ó – Abkürzung für *óra*
önkiszolgáló – Selbstbedienung
óra – Stunde; das „Uhr" bei Stundenangaben
orvosi rendelő – Arztpraxis
osztály – Abteilung
OTP – Országos Takarékpenztár (Nationale Sparkasse)
Osmanisches Reich – Türkisches Imperium, Nachfolger des Byzantinischen Reiches (nach der Eroberung Konstantinopels 1453), das sich anschließend über Südeuropa ausbreitete

pálinka – Obstschnaps
palota – Palast

pályaudvar – Bahnhof
Pannonia – Lateinischer Name der Länder südlich und westlich der Donau
panzió – *Pension, Gästehaus*
part – Uferbefestigung
patika – Apotheke
patyolat – Wäscherei
pénztár – Kassierer
pénzváltó – Wechselstube
piac – Markt
pince – Weinkeller
plébánia – Pfarr-, Gemeindehaus
polgármester – Bürgermeister
pörkölt – Geschmortes Gericht
porta – Bauernhaustyp im Gebiet östlich der Donau
presszó – s. *eszpresszó* (Café; starker, schwarzer Kaffee)
pu. – Abkürzung für *pályaudvar* (Bahnhof)
puli – Ungarische Schäferhundrasse mit zottigem Fell
puszta – wörtlich „verwüstet"; anderer Name für die Große Ebene (s. *Alföld* und *Nagyalföld*)
puttony – Anzahl der „Stückfässer" mit süßer *aszú*-Essenz, die bei der Herstellung von *Tokajer* verwendet wird

racka – Schafe auf der Großen Ebene mit markanten Korkenzieherhörnern
rakpart – Kai, befestigtes Ufer
rendőrkapitányság – Polizeistation
repülőtér – Flughafen
Romany – Sprache und Kultur der Roma (Zigeuner)

sebesvonat – Eilzüge
Sezession – Kunst- und Architekturstil, ähnlich dem Art nouveau
sedile (pl. **sedilia**) – Mittelalterliche Steinnische mit Sitzen
sétány – Spazierweg, Promenade
shahoof – Auffälliger Schwengelbrunnen, der nur auf der Großen Ebene zu finden ist (ungarisch: *gémeskút*)
skanzen – Freilichtmuseum, das dörfliche Architektur ausstellt
söröző – Pub oder Kneipe
spahi – Name der Mitglieder der inoffiziellen türkischen Kavallerie. Die Spahi-Offiziere bekamen Land zum Lehen und durften den gesamten Ertrag als Lohn für militärischen Dienst beim Sultan nutzen
stb. – Akürzung für *s a többi* (und so weiter); das Pendant zum deutschen „usw."
strand – Grasufer an einem Fluss oder See
sugárút – Boulevard
szálló oder **szálloda** – Hotel
székesegyház – Kathedrale
személyvonat – „Bummelzug", der an nahezu jedem größeren oder kleineren Ort auf dem Weg hält
sziget – Insel
színház – Theater
szoba kiadó – Freies Zimmer (zu vermieten)
szűr – Langer bestickter Filzmantel oder -umhang, die traditionelle Kleidung ungarischer Schäfer
Tanácsköztársaság – Kommunistische Räterepublik von 1919 unter Béla Kun

táncház – Volksmusik- oder Tanzschuppen
tanya – Gehöft oder Bauernkotten; Bahnhof
tartózkodási engedély – Wohnrecht
távolsági autóbusz pályaudvar – Bushaltestelle für Fernfahrten
templom – Kirche
tér – Altstadt oder Marktplatz
tere – Genitiv von *tér* wie in Hősök tere (Feld der Helden)
tilos – verboten
tiszta szoba – Wohnzimmer; einer der drei Räume eines traditionellen ungarischen Landhauses
tó – See
toalett – Toilette
Trianon-Vertrag – Vertrag von 1920, der von den Siegermächten auf Ungarn angewandt wurde und das Land auf ein Drittel der ursprünglichen Größe reduzierte
Dreierallianz – Allianz zwischen Deutschland, Österreich-Ungarn und Italien (1882–1914)
Dreier-Entente – Einigung zwischen Großbritannien, Frankreich und Russland, die als Gegengewicht zur „Dreierallianz" gedacht war
turul – Adlerähnliches Zeichen der alten Magyaren, heute das Nationalsymbol Ungarns
u. – Abkürzung für *utca* (Straße)

udvar – Hof
ünnep – Staatlicher Feiertag
úszoda – Swimmingpool
út – Weg
utca – Straße
utcája – Genitiv von *utca* wie in Ferencesek utcája (Franziskanerstraße)
útja – Genitiv von *út* wie in Mártíroká útja (Märtyrerstraße)
üzlet – Geschäft

vá – Abkürzung für *vasútmegállo* (Bahnhof)
vágány – Bahnsteig
vár – Schloss
város – Großstadt
városház oder **városháza** – Rathaus
vasútállomás – Bahnhof oder Bahnstation
vendéglő – Bestimmte Art von Restaurant
vm. – Abkürzung für *vasútállomás* (Bahnhof)
Volán – Ungarische Busgesellschaft
vonat – Zug
zárva – geschlossen
Zopf – s. Copf

Ortsnamen in fremden Sprachen

Auf vielen ungarischen Fahrplänen findet man für Städte im benachbarten Ausland ungarische Namen; oft handelt es sich um ehemaliges ungarisches Staatsgebiet, und die Namen werden von den ungarischen Minderheiten dort verwendet. Zumindest die wichtigsten sollte man kennen. Umgekehrt lebten und leben in Ungarn auch deutschsprachige Minderheiten, und so gibt es für eine Reihe von Städten deutsche Namen (die in der Regel im Buch auch erwähnt werden).

ABKÜRZUNGEN

(D) Deutsch, (K) Kroatisch, (R) Rumänisch, (S) Serbisch, (Slk) Slowakisch, (Slo) Slowenisch, (U) Ukrainisch, (H) Ungarisch

Alba Iulia (R) – Gyula Fehérvár (H), Karlsburg/Weißenburg (D)
Baia Mare (R) – Nagybánya (H)
Banská Bystrica (Slk) – Besztercebánya (H)
Belgrad (D) – Beograd (S), Nándorfehérvár (H)
Beregovo (U) – Beregszász (H)
Braşov (R) – Brassó (H), Kronstadt (D)
Bratislava (Slk) – Pozsony (H), Preßburg (D)

Carei (R) – Nagykároly (H)
Cluj-Napoca (R) – Kolozsvár (H), Klausenburg (D)

Debrezin (D) – **Debrecen** (H)
Donau (D) – Duna (H)
Donauknie (D) – Dunakanyar (H)

Eisenstadt (D) – Kismárton (H)
Erlau (D) – **Eger** (H)
Fünfkirchen (D) – **Pécs** (H)

Gran (D) – **Esztergom** (H)
Großwardein (D) – Nagyvárad (H)
Growisch (D) – **Villánykövesd** (H)
Güns (D) – **Kőszeg** (H)

Hermannstadt (D) – Nagyszében (H)

Karlsburg/Weißenburg (D) – Gyula Fehérvár
Kaschau (D) – Kassa (H)
Klausenburg (D) – Kolozsvár (H)
Komárom (H) – Komárno (Slk)
Košice (Slk) – Kassa (H), Kaschau (D)
Kronstadt (D) – Brassó (H)

Lendava (Slo) – Lendva (H)
Lučenec (Slk) – Losonc (H)

Mattersburg (D) – Nagymárton (H)
Mukačevo (U) – Munkács (H)
Murska Sobota (Slo) – Muraszombat (H)

Ödenburg (D) – **Sopron** (H)
Oradea (R) – Nagyvárad (H), Grosswardein (D)
Osijek (K) – Eszék (H)

Plattensee (D) – **Balaton** (H)
Raab (D) – **Győr** (H)
Rožnava (Slk) – Rozsnyó (H)

Satu Mare (R) – Szatmárnémeti (H)
Schäßburg (D) – Szegesvár (H)
Segedin (D) – **Szeged** (H)
Senta (S) – Zenta (H)
Sibiu (R) – Nagyszében (H), Hermannstadt (D)
Sic (R) – Szék (H)
Siebenbürgen (D) – Erdély (H)
Sighişoara (R) – Szegesvár (H), Schäßburg (D)
Steinamanger (D) – **Szombathely** (H)
Stuhlweißenburg (D) – **Székesfehérvár** (H)
Štúrovo (Slk) – Párkány (H)
Subotica (S) – Szabadka (H)

Timişoara (R) – Temesvár (H)
Tirgu Mureş (R) – Marosvásárhely (H)
Totis (D) – **Tata** (H)
Transdanubien (D) – Dunántúl (H)
Transylvania (R) – Erdély (H), Siebenbürgen (D)
Trnava (Slk) – Nagyszombat (H)

Uzhhorod (U) – Ungvár (H)

Wartzen (D) – **Vác** (H)
Wieland (D) – **Villány** (H)
Wien (D) – Bécs (H)
Wiener Neustadt (D) – Bécsújhely (H)

Hinter den Kulissen

ÜBER DIESES BUCH

Dies ist die 1. deutsche Auflage von *Ungarn*, basierend auf der mittlerweile 5. englischen Auflage von *Hungary*. Die ersten drei Auflagen hat Steve Fallon geschrieben. Bei der 4. und 5. Auflage hat Neal Bedford ihn unterstützt. Erarbeitet wurde dieser Reiseführer im Londoner Büro von Lonely Planet.

MITWIRKENDE

Redaktion Fiona Buchan
Redaktionelle Leitung Lutie Clark
Verantwortlich für die Kartografie Hunor Csutoros
Verantwortlich für das Layout Margaret Jung
Redaktions-Assistenz David Andrew, Monique Choy, Kristin Odijk
Kartografie-Assistenz Csanad Csutoros, Anneka Imkamp
Covergestaltung Nic Lehman
Kartografie Mark Griffiths
Projektleitung Brigitte Ellemor
Sprache Quentin Frayne

Danke an Yvonne Byron, Hunor Csutoros, Sally Darmody, Bruce Evans, Nancy Ianni, Adriana Mammarella, Alan Murphy, Wibowo Rusli, Liz White, Celia Wood.

DANK DER AUTOREN

STEVE FALLON

Besonders danken möchte ich meiner guten Freundin Bea Szirti für ihre nützlichen Vorschläge, außerdem Erzsébet Tiszai für die Unterstützung bei den Kapiteln über Budapest, Allgemeine Informationen und Verkehrsmittel & -wege. Péter Lengyel hat mir wieder einmal bei den Infos über den Wein geholfen, Gerard Gorman hat mich bei den vogelkundlichen Dingen beraten; beiden bin ich dafür sehr dankbar. Dr. Zsuzsa Medgyes von M&G Marketing in Budapest hat viele nützliche Details beigesteuert. Brandon Krueger und Anna Reich von der Europäischen Universität, László Józsa vom Sender TV2 und Eric D'Amato von Pestiside. hu verdanke ich wichtige Tipps zum Budapester Nachtleben. Ildikó Nagy Moran war so hilfsbereit wie immer. Und natürlich war es wieder einmal ein Vergnügen, mit meinem Co-Autor Neal Bedford zusammenzuarbeiten.

Mein Anteil an *Ungarn* ist, wie schon zuvor, Michael Rothschild in Liebe und Dankbarkeit gewidmet.

NEAL BEDFORD

Zu allererst danke ich meinem Freund, dem Hauptautor Steve Fallon, der mich immer wieder ermutig hat und immer ein paar kalte *sör* für mich hatte, wenn ich sie brauchte. Ein Dankeschön auch an Tiffany, die in den nördlichen Mittelgebirgen mit mir gereist ist, und an Zsuzsa für ihre ungarischen Übersetzungskünste.

Einige Leute haben zusätzliche Mühen auf sich genommen, um mir bei der Recherche für dieses Buch zu helfen; dafür ein ganz besonderer Dank: an Emese Sziklay und seine Mitarbeiter beim Hullám-Hostel am Plattensee; an Henrietta Harcsa bei der EU-Auskunft in Debrecen; an David Kendall von

DIE LONELY PLANET STORY

Die Geschichte begann mit einem klassischen Reiseabenteuer: Tony und Maureen Wheeler tourten 1972 durch Europa und Asien nach Australien. Damals gab es für die Reise über Land keine wirklich hilfreichen Informationen, also veröffentlichten Tony und Maureen ihren ersten Lonely-Planet-Führer, der dem ständig wachsenden Bedarf nach solchen Informationen entsprach.

Am Küchentisch fing alles an – heute ist Lonely Planet der weltweit größte unabhängige Verlag für Reiseliteratur mit Büros in Melbourne (Australien), Oakland (USA) und London. Lonely Planet deckt den ganzen Globus ab, und die Liste der veröffentlichten Bücher und der Infos in verschiedenen Medien wird immer länger. Manche Dinge haben sich bis heute nicht verändert: Das Hauptziel ist nach wie vor, abenteuerlustigen Reisenden das an die Hand zu geben, was sie brauchen, um die Welt zu entdecken und besser zu verstehen.

Wir von Lonely Planet glauben, dass Traveller die Länder, die sie besuchen, bereichern können – sofern sie sich als Gäste respektvoll benehmen und ihr Geld klug ausgeben. Jedes Jahr spenden wir 5 % des Firmengewinns an karitative Einrichtungen rund um den Globus.

„David's National Anthems" (alles über Nationalhymnen; s. david.national-anthems.net); an Andrew Ruttkay für seine Extra-Texte über Szeged und Gyula; an Györgyi Tóth von der NANE Women's Rights Association (www.nane.hu).

Während ich im Land unterwegs war, haben unzählige Tourinform-Mitarbeiter meine Arbeit erleichtert, so wie mir auch viele Einheimische immer wieder geholfen haben. Ganz besonders danken möchte ich schließlich noch den Leuten, dir mir in Hajdúszoboszló den Auspuff wieder angeschweißt haben.

DANK VON LONELY PLANET

Wir möchten den Reisenden danken, die mit der letzten Ausgabe gereist sind und uns wertvolle Hinweise, nützliche Tipps und interessante Anekdoten mitgeteilt haben:

Bev & Joe Atiyah, Leonardo Aversa, Bruce Bachman, Janita Bannister, Deborah Bogenhuber, Geoff Brandwood, Pauline Brennan, Angela Budai, Cass Chan, Marie Corn, Sally Coshow, Andras Czvek, Henry Dawson, Jack DeLuca, Bruce Denner, Ian Donchi, David Doughan, Olivier Dubarry, Med Lars Floter, Michael Fox, Geer Furtjes, Patrick Gallagher, Norman Gamble, Nathanael Genet, Prue Gifford-Ellis, Jane Gilmour, Peter Gilyen, Gudrun Gisladottir, P Goldsmith, Tom Grevatte, Laura Grignani, Matt Hartcher, Howard Hodges, Joan Joesting-Mahoney, Jeannie Jones, Judy Kell, Damian Klepaczek, Melissa Kluger, Mark Koltun, Laura Konig, Cees Krommenhoek, Viktoria Ladanyi, Roland Landor, Pászthory László, Helen Mannhart, Mirek Marut, Anna Mccreadie, J S McLintock, Susan Meek, Pat Metharom, Joanne Michaels, Kevin Miles, Jordan Mitchell, Anna Morris, Beth Mylius, Axel Nelms, Carrie Ng, Liz Pal, Matti Paljakka, Mathilde Philippe, Erin Propas, Nick Quantock, Eric Reber, Lisa Redfern, Lois Robey, David Route, Andy Ryan, Korino Sango, Keela Shackell, Fergus Smith, Simon, Judy & Matthew Smith, Damian Spellman, Susanne Stoelting, Amy Szabados, Karin Thorneman, Marjan van Denhoeck, Wim Vandenbussche, Judith Vasey, Jonathan Wickens, Chad Williams, David Wood, Rebecca Wood, David Woodberry, John Woods, Caroline Woolf, Carolyn Yohn, Sarah Zarrow

QUELLENNACHWEIS

Der Verlag dankt für die freundliche Bereitstellung:

Dr. Caroline Evans für das Material zum Kapitel „Gesundheit".

WIR FREUEN UNS ÜBER EIN FEEDBACK

Post von Travellern zu bekommen ist für uns ungemein hilfreich – Kritik und Anregungen halten uns auf dem Laufenden und helfen, unsere Bücher zu verbessern. Unser reiseerfahrenes Team liest alle Zuschriften genau durch, um zu erfahren, was an unseren Reiseführern gut und was schlecht ist. Wir können solche Post zwar nicht individuell beantworten, aber jedes Feedback wird garantiert schnurstracks an die jeweiligen Autoren weitergeleitet, rechtzeitig vor der nächsten Nachauflage.

Wer uns schreiben will, schickt einfach eine Mail an lonelyplanet@mairdumont.com.

Hinweis: Da wir Beiträge möglicherweise in Lonely-Planet-Produkten (Reiseführer, Websites, digitale Medien) veröffentlichen, ggf. auch in gekürzter Form, bitten wir um Mitteilung, falls ein Kommentar nicht veröffentlicht oder ein Name nicht genannt werden soll. Wer Näheres über unsere Datenschutzpolitik wissen will, erfährt das unter www.lonelyplanet.com/privacy.

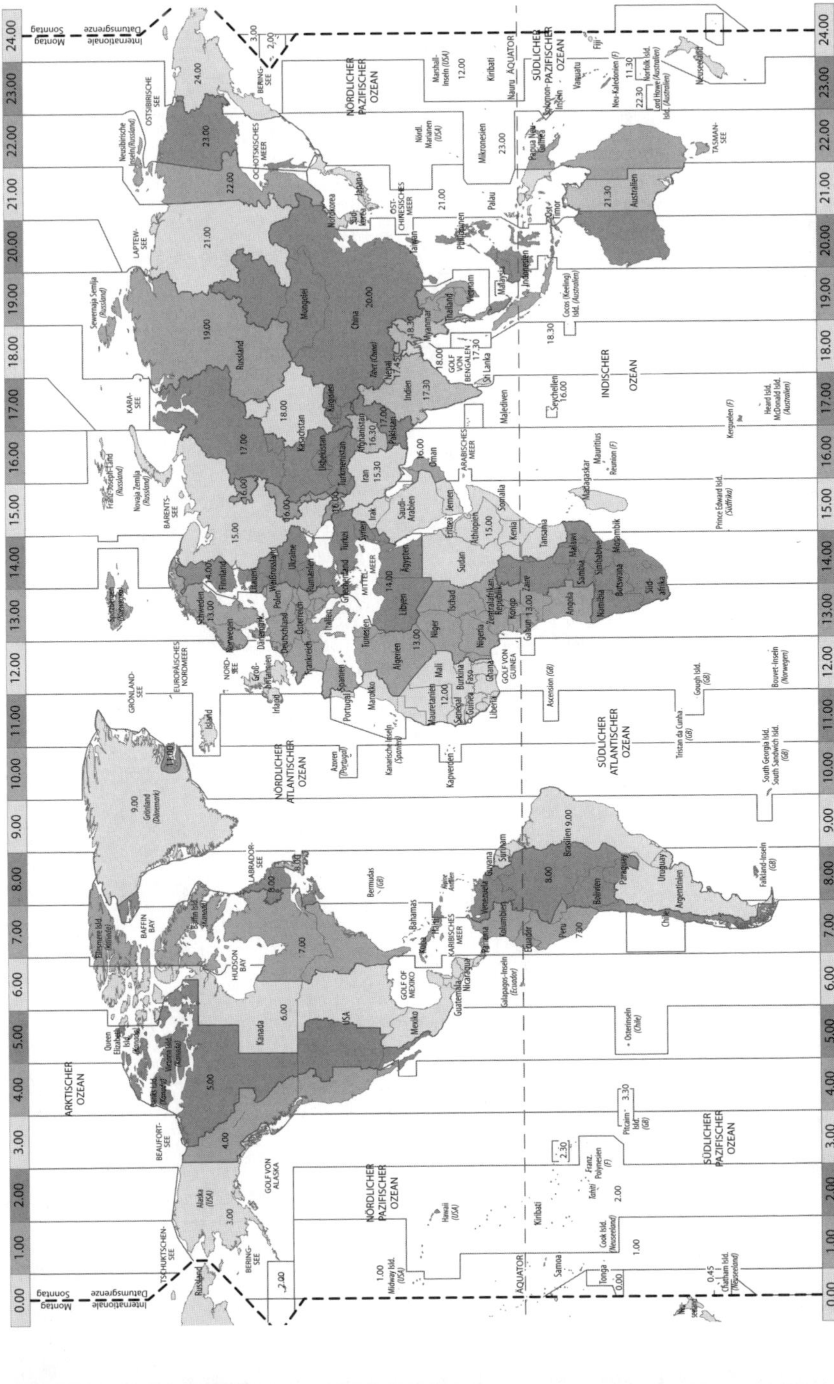
0.00
1.00
2.00
3.00
4.00
5.00
6.00
7.00
8.00
9.00
10.00
11.00
12.00
13.00
14.00
15.00
16.00
17.00
18.00
19.00
20.00
21.00
22.00
23.00
24.00
Internationale Datumsgrenze
Montag
Sonntag
ARKTISCHER OZEAN
BEAUFORT-SEE
TSCHUKTSCHEN-SEE
BERING-SEE
GOLF VON ALASKA
NÖRDLICHER PAZIFISCHER OZEAN
SÜDLICHER PAZIFISCHER OZEAN
NÖRDLICHER ATLANTISCHER OZEAN
SÜDLICHER ATLANTISCHER OZEAN
INDISCHER OZEAN
ÄQUATOR
BAFFIN BAY
HUDSON BAY
LABRADOR-SEE
GRÖNLAND-SEE
EUROPÄISCHES NORDMEER
NORD-SEE
BARENTS-SEE
KARA-SEE
LAPTEW-SEE
OSTSIBIRISCHE SEE
OCHOTSKISCHES MEER
OST-CHINESISCHES MEER
GOLF VON MEXIKO
KARIBISCHES MEER
MITTEL-MEER
ARABISCHES MEER
GOLF VON BENGALEN
GOLF VON GUINEA
TASMAN-SEE
Alaska (USA)
Kanada
USA
Mexiko
Grönland (Dänemark)
Island
Russland
China
Mongolei
Indien
Australien
Brasilien
Argentinien
Chile
Peru
Bolivien
Kolumbien
Venezuela
Ecuador
Paraguay
Uruguay
Guyana
Surinam
Panama
Nicaragua
Guatemala
Kuba
Haiti
Bahamas
Bermudas (GB)
Kapverden
Azoren (Portugal)
Kanarische Inseln (Spanien)
Portugal
Spanien
Frankreich
Irland
Groß-britannien
Norwegen
Schweden
Finnland
Dänemark
Deutschland
Polen
Österreich
Italien
Griechenland
Türkei
Rumänien
Ukraine
Weißrussland
Litauen
Marokko
Algerien
Tunesien
Libyen
Ägypten
Sudan
Tschad
Niger
Mali
Mauretanien
Senegal
Guinea
Liberia
Ghana
Burkina Faso
Nigeria
Zentralafrik. Republik
Kongo
Gabun
Zaire
Angola
Namibia
Botswana
Sambia
Simbabwe
Malawi
Mosambik
Süd-afrika
Tansania
Kenia
Äthiopien
Somalia
Eritrea
Jemen
Saudi-Arabien
Oman
Irak
Iran
Syrien
Afghanistan
Pakistan
Turkmenistan
Usbekistan
Kasachstan
Kirgisien
Nepal
Tibet (China)
Myanmar
Thailand
Vietnam
Malaysia
Indonesien
Philippinen
Taiwan
Japan
Nordkorea
Süd-korea
Sri Lanka
Malediven
Seychellen
Madagaskar
Mauritius
Réunion (F)
Papua Neu-Guinea
Ost-Timor
Palau
Mikronesien
Nördl. Marianen (USA)
Marshall-Inseln (USA)
Kiribati
Nauru
Salomon-Inseln
Vanuatu
Fiji
Neu-Kaledonien (F)
Norfolk Isld. (Australien)
Lord Howe Isld. (Australien)
Neuseeland
Hawaii (USA)
Midway Isld. (USA)
Samoa
Tonga
Cook Isld. (Neuseeland)
Franz. Polynesien (F)
Tahiti
Pitcairn Isld. (GB)
Osterinseln (Chile)
Galapagos-Inseln (Ecuador)
Chatham Isld. (Neuseeland)
Falkland-Inseln (GB)
South Georgia Isld. South Sandwich Isld. (GB)
Tristan da Cunha (GB)
Gough Isld. (GB)
Bouvet-Inseln (Norwegen)
Ascension (GB)
Prince Edward Isld. (Südafrika)
Kerguelen (F)
Heard Isld. McDonald Isld. (Australien)
Cocos (Keeling) Isld. (Australien)
Franz-Joseph-Land (Russland)
Nowaja Zemlja (Russland)
Sewernaja Semlja (Russland)
Neusibirische Inseln (Russland)
Spitzbergen (Norwegen)
Ellesmere Isld. (Kanada)
Baffin Isld. (Kanada)
Queen Elizabeth Isld. (Kanada)
Victoria Isld. (Kanada)
Banks Isld. (Kanada)

Szentendre / Kunstgalerien?

- Boot von Vigadó ter 7.30
  > Vac Ft. 735 | 9.50h
  > Visegrad Ft. 1635 | 10.50 h

zurück ab Esztergom ab 16⁰⁰ > 18⁰⁰ / 19⁰⁰

BudaPEST Restau(Schnell)
- GURU in Mammut 2 2nd floor
- Hornos Kebap nahe Blaha, immer offen
- Klassz
- Raday utca / Liszt Ferenc

BudaPEST Ausgehen
- Szimpla + Instant = Ruinenkneipe "Simpel" kann man sich streiten, typisch Budapest Szimpla lohnt auch am Nachmittag, ruhig

Medien: Deutsche Zeitungen

Pest: Essen Kaffee
- Royal Szamos – nicht so überfüllt + man hört eher ungarisch als in Gerb.

Nachtclubs: Oft über Sommer geschlossen
openair: Romkert
A38 Schiff m. Terasse auf Deck
int. DJs > Elektro

Register

REGISTER

000 Kartenseiten
000 Abbildungen

REGISTER

000 Kartenseiten
000 Abbildungen

000 Kartenseiten
000 Abbildungen

N

O

P

000 Kartenseiten
000 Abbildungen

REGISTER

T

U

REGISTER

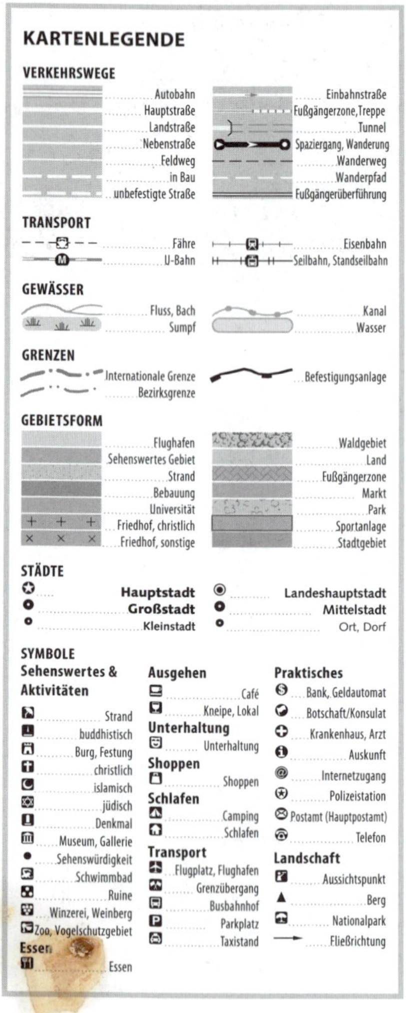

Lonely Planet Publications, Locked Bag 1, Footscray, Melbourne, Victoria 3011, Australia

Verlag der deutschen Ausgabe:
MAIRDUMONT, Marco-Polo-Str. 1, 73760 Ostfildern, www.mairdumont.com, lonelyplanet@mairdumont.com

Chefredakteurin deutsche Ausgabe: Marion Zorn
Übersetzung: Matthias Eickhoff, Mayela Gerhardt, Daniela Grapatin, Christiane Gsänger, Dr. Ulrike Jamin, Jutta Ressel M.A., Kristiana Ruhl, Renate Weinberger
Redaktion: CLP Carlo Lauer & Partner, Aschheim
Technischer Support: Typomedia, Ostfildern/Scharnhausen

Ungarn
1. deutsche Auflage Oktober 2006, übersetzt von *Hungary 5th edition,* Juni 2006 Lonely Planet Publications Pty

Titelfotos: Badegäste in einem der öffentlichen Bäder in Budapest, Adam Woolfitt/APL/Corbis (vorne); die Széchenyi-Kettenbrücke in der Hauptstadt, Jonathan Smith/Lonely Planet Images (hinten)

Die meisten Fotos in diesem Reiseführer können bei Lonely Planet Images, www.lonelyplanetimages.com auch lizensiert werden.